Wettbewerbsrecht, Markenrecht und Kartellrecht

dtv

Schnellübersicht

Datenschutz in der elektronischen
Kommunikation 8, Richtlinie
EG-Verbraucherschutzdurchsetzungsgesetz 2
AEU-Vertrag, Auszug 15
Dienstleistungs-InfoV 5
Elektronischer Geschäftsverkehr, Richtlinie 7
Fairness- und Transparenz 20
FusionskontrollVO 17
Geschäftsgeheimnisschutzgesetz (GeschGehG) 19
GWB 14
Gruppenfreistellungsverordnung (vertikal) 18
Irreführende und vergleichende Werbung, Richtlinie 6
Kartellgesetz 14
Kartellverfahrensverordnung 16
Markengesetz 10
Markenrichtlinie 13
Markenverordnung 11
Preisangabenverordnung 3 und 3a
Unionsmarkenverordnung 12
Unlautere Geschäftspraktiken, Richtlinie, 9
Unlauterer Wettbewerb, Gesetz 1
Unterlassungsklagegesetz 4
Vertikal-GVO 18

Wettbewerbsrecht, Markenrecht und Kartellrecht

Gesetz gegen den unlauteren Wettbewerb
Preisangabenverordnung
Markengesetz, Markenverordnung
Unionsmarkenverordnung
Gesetz gegen Wettbewerbsbeschränkungen sowie
die wichtigsten wettbewerbsrechtlichen Vorschriften der
Europäischen Union

Textausgabe mit ausführlichem Sachverzeichnis
und einer Einführung
von Professor Dr. Helmut Köhler

44. neubearbeitete Auflage
Stand 1.12.2021

dtv

www.dtv.de
www.beck.de

Sonderausgabe
dtv Verlagsgesellschaft mbH & Co. KG,
Tumblingerstraße 21, 80337 München
© 2022 Redaktionelle Verantwortung: Verlag C. H. Beck oHG
Gesamtherstellung: Druckerei C. H. Beck, Nördlingen
(Adresse der Druckerei: Wilhelmstraße 9, 80801 München)
Umschlagtypographie auf der Grundlage
der Gestaltung von Celestino Piatti

chbeck.de/nachhaltig

ISBN 978-3-423-53126-9 (dtv)
ISBN 978-3-406-78553-5 (C. H. Beck)

Inhaltsverzeichnis

Abkürzungsverzeichnis VII

Einführung von Professor Dr. Helmut Köhler IX

Texte der Gesetze, Verordnungen und internationalen Vereinbarungen

I. Recht des unlauteren Wettbewerbs

1. **Gesetz gegen den unlauteren Wettbewerb (UWG)** in der Fassung der Bekanntmachung vom 3. März 2010 1
2. **EG-Verbraucherschutzdurchsetzungsgesetz** vom 21. Dezember 2006 29
3. **Preisangabenverordnung (PAngV)** in der Fassung der Bekanntmachung vom 18. Oktober 2002 (ab 28. Mai 2022 a. K.) 42
3a. **Preisangabenverordnung (PAngV)** in der Fassung der Bekanntmachung vom 12. November 2021 (ab 28. Mai 2022 i. K.) 56
4. **Gesetz über Unterlassungsklagen bei Verbraucherrechts- und anderen Verstößen (Unterlassungsklagengesetz – UKlaG)** in der Fassung der Bekanntmachung vom 27. August 2002 72
5. **Verordnung über Informationspflichten für Dienstleistungserbringer (Dienstleistungs-Informationspflichten-Verordnung – DL-InfoV)** vom 12. März 2010 84
6. **Richtlinie 2006/114/EG** des Europäischen Parlaments und des Rates **über irreführende und vergleichende Werbung** vom 12. Dezember 2006 88
7. **Richtlinie 2000/31/EG** des Europäischen Parlaments und des Rates vom 8. Juni 2000 über bestimmte rechtliche Aspekte der Dienste der Informationsgesellschaft, insbesondere des elektronischen Geschäftsverkehrs, im Binnenmarkt (**„Richtlinie über den elektronischen Geschäftsverkehr")** [e-commerce-Richtlinie] vom 17. Juli 2000 98
8. **Richtlinie 2002/58/EG** des Europäischen Parlaments und des Rates vom 12. Juli 2002 über die Verarbeitung personenbezogener Daten und den Schutz der Privatsphäre in der elektronischen Kommunikation **(Datenschutzrichtlinie für elektronische Kommunikation)** vom 31. Juli 2002 110
9. **Richtlinie 2005/29/EG** des Europäischen Parlaments und des Rates vom 11. Mai 2005 **über unlautere Geschäftspraktiken** von Unternehmen gegenüber Verbrauchern im Binnenmarkt und zur Änderung der Richtlinie 84/450/EWG des Rates, der Richtlinien

Inhalt

97/7/EG, 98/27/EG und 2002/65/EG des Europäischen Parlaments und des Rates sowie der Verordnung (EG) Nr. 2006/2004 des Europäischen Parlaments und des Rates **(Richtlinie über unlautere Geschäftspraktiken)** vom 11. Mai 2005 122

II. Markenrecht

10. Gesetz über den Schutz von Marken und sonstigen Kennzeichen **(Markengesetz – MarkenG)** vom 25. Oktober 1994 144
11. Verordnung zur Ausführung des Markengesetzes **(Markenverordnung)** in der Fassung der Bekanntmachung vom 11. Mai 2004 225
12. **Verordnung (EU) 2017/1001** des Europäischen Parlaments und des Rates in der Fassung der Bekanntmachung vom 14. Juni 2017 über die **Unionsmarke** vom 14. Juni 2017 249
13. **Richtlinie(EU) 2015/2436** des Europäischen Parlaments und des Rates in der Fassung der Bekanntmachung vom 16. Dezember 2015 zur Angleichung der Rechtsvorschriften der Mitgliedstaaten **über die Marken** vom 16. Dezember 2015 366

III. Kartellrecht

14. **Gesetz gegen Wettbewerbsbeschränkungen (GWB)** in der Fassung der Bekanntmachung vom 26. Juni 2013 396
15. **Vertrag über die Arbeitsweise der Europäischen Union** in der Fassung der Bekanntmachung vom 9. Mai 2008 540
16. **Verordnung (EG) Nr. 1/2003 des Rates zur Durchführung der in den Artikeln 81 und 82 des Vertrags niedergelegten Wettbewerbsregeln ("Kartellverfahrensverordnung")** vom 16. Dezember 2002 552
17. **Verordnung (EG) Nr. 139/2004 des Rates über die Kontrolle von Unternehmenszusammenschlüssen ("EG-Fusionskontrollverordnung")** vom 20. Januar 2004 580
18. **Verordnung (EG) Nr. 330/2010** der Kommission über die Anwendung von Artikel 101 Absatz 3 des Vertrags über die Arbeitsweise der Europäischen Union auf Gruppen von vertikalen Vereinbarungen und aufeinander abgestimmten Verhaltensweisen **(Vertikal-Gruppenfreistellungsverordnung)** vom 20. April 2010 617

IV. Geheimnisschutz

19. Gesetz zum Schutz von Geschäftsgeheimnissen **(GeschGehG)** vom 18. April 2019 626

V. Fairness und Transparenz

20. **Verordnung (EU) 2019/1150** des Europäischen Parlaments und des Rates zur Förderung von **Fairness und Transparenz für gewerbliche Nutzer von Online-Vermittlungsdiensten** vom 20. Juni 2019 635

Sachverzeichnis 651

Abkürzungsverzeichnis

ABl.	Amtsblatt der Europäischen Gemeinschaften
Abk.	Abkommen
Abs.	Absatz
AktG	Aktiengesetz
Amtl. Anm.	Amtliche Anmerkung
AO	Anordnung
Art.	Artikel
AEUV	Vertrag über die Arbeitsweise der Europäischen Union
BAnz.	Bundesanzeiger
Bek.	Bekanntmachung
BGB	Bürgerliches Gesetzbuch
BGBl. I, II bzw. III	Bundesgesetzblatt Teil I, II bzw. III
BGH	Bundesgerichtshof
DPMA	Deutsches Patent- und Markenamt
DVO	Durchführungsverordnung
e-commerce-RiLi	Richtlinie über dem elektronischen Geschäftsverkehr
EG	Europäische Gemeinschaft
EGGVG	Einführungsgesetz zum Gerichtsverfassungsgesetz
EGKS	Europäische Gemeinschaft für Kohle und Stahl
ErstrG	Erstreckungsgesetz
EU	Europäische Union
EuGH	Europäischer Gerichtshof
EWG	Europäische Wirtschaftsgemeinschaft
EWR	Europäischer Wirtschaftsraum
FKVO	Verordnung (EG) über die Kontrolle von Unternehmenszusammenschlüssen
G	Gesetz
GeschGehG	Geschäftsgeheimnisschutzgesetz
GG	Grundgesetz
geänd.	geändert
GBl.	Gesetzblatt
gem	gemäß
GVBl.	Gesetz- und Verordnungsblatt
GVG	Gerichtsverfassungsgesetz
GVO	Gruppenfreistellungsverordnung
GWB	Gesetz gegen Wettbewerbsbeschränkungen
i. d. F.	in der Fassung

Abkürzungen

MarkenG	Markengesetz
MarkenV	Markenverordnung
Nr.	Nummer
PAngV	Preisangabenverordnung
RiLi	Richtlinie
S.	Seite
StGB	Strafgesetzbuch
UKlaG	Unterlassungsklagengesetz
UWG	Gesetz gegen den unlauteren Wettbewerb
vgl.	vergleiche
VO	Verordnung
VSchDG	EG-Verbraucherschutzdurchsetzungsgesetz
WTO	Welthandelsorganisation *(World Trade Organisation)*
z. B.	zum Beispiel
ZPO	Zivilprozessordnung

Einführung

von

Prof. Dr. Helmut Köhler

I. Das Recht des unlauteren Wettbewerbs

1. Die Aufgabe des Rechts gegen den unlauteren Wettbewerb

Das Recht des unlauteren Wettbewerbs (auch Wettbewerbsrecht oder – präziser – Lauterkeitsrecht genannt) ist im Gesetz gegen den unlauteren Wettbewerb (UWG) geregelt. Es hat die Aufgabe, Mitbewerber, Verbraucher und sonstige Marktteilnehmer vor unlauteren geschäftlichen Handlungen und das Interesse der Allgemeinheit an einem unverfälschten Wettbewerb zu schützen (§ 1 UWG). Dazu stellt es Marktverhaltensregelungen gewissermaßen als „Spielregeln des Markts" auf. Seiner Struktur nach ist es ein Sonderdeliktsrecht.

Verhaltensweisen, die die wirtschaftlichen Interessen von Mitbewerbern, Verbrauchern oder sonstigen Marktteilnehmern unangemessen beeinträchtigen, werden im Gesetz als „unlauter" bezeichnet. Was aber ist im Einzelnen unlauter? Im Hinblick auf die unerschöpfliche Vielfalt von geschäftlichen Handlungen und die Unterschiedlichkeit der Interessen besteht das Problem für Gesetzgebung und Rechtsprechung darin, sachgerechte und praktikable Maßstäbe zur Abgrenzung von erlaubten und unerlaubten Verhaltensweisen aufzustellen. Diese Aufgabe ist – entsprechend den sich wandelnden sozialen, wirtschaftlichen und technischen Gegebenheiten und gesellschaftspolitischen Anschauungen – stets aufs Neue zu lösen. Immer stärker wird das Wettbewerbsrecht in Deutschland jedoch durch Vorgaben des vorrangigen Unionsrechts (Richtlinien und zunehmend Verordnungen) und die Rechtsprechung des EuGH geprägt. Leitbild ist dabei der gegenüber dem Unternehmer schutzbedürftigen Verbrauchers.

Die Unlauterkeit kann sich sowohl im Verhalten des Unternehmers gegenüber seinen Mitbewerbern (Horizontalverhältnis) als auch im Verhalten gegenüber seinen potenziellen Marktpartnern (Vertikalverhältnis) äußern. Häufig sind – wie z. B. bei der irreführenden Werbung – beide Gruppen betroffen. Maßstab zur Bewertung im Horizontalverhältnis ist, ob Mitbewerber in ihrer wettbewerblichen Entfaltungsfreiheit unangemessen beeinträchtigt werden und daher ihre Leistung nicht ungehindert auf dem Markt anbieten können. Maßstab zur Bewertung im Vertikalverhältnis ist, ob die potenziellen Marktpartner, insbesondere die Verbraucher, in ihrer Fähigkeit zu einer informierten und freien geschäftlichen Entscheidung oder in ihren sonstigen Interessen unangemessen beeinträchtigt werden.

Zum Recht der Wettbewerbsbeschränkungen (Kartellrecht) bestehen vielfältige Berührungspunkte, insbesondere bei der Behinderung von Mitbewerbern (vgl. §§ 19, 20 GWB und § 4 Nr. 4 UWG). Das gemeinsame Schutzgut beider Rechtsbereiche ist – wenn auch unter verschiedenen Aspekten – der Wettbewerb. Freiheit und Lauterkeit des Wettbewerbs sind in einer marktwirtschaftlichen Ordnung keine gegensätzlichen, sondern einander ergänzende Prinzipien.

Einführung

Gleichwohl ist die Zielsetzung des Kartellrechts eine andere. Es geht ihm um den Schutz der Freiheit des Wettbewerbs vor vertraglichen Beschränkungen und vor Machtmissbräuchen. Der Wettbewerb auf den Märkten soll offen bleiben.

2. Die Rechtsentwicklung bis zum UWG 2004

Die Einführung der *Gewerbefreiheit* durch § 1 der Gewerbeordnung von 1869 setzte die Kräfte des wirtschaftlichen Wettbewerbs frei. Die wachsende Produktion und das Entstehen neuer Absatzformen verbunden mit einer Verschlechterung der Konjunktur ab Mitte der 70er-Jahre des 19. Jhs führten zu einer Verschärfung des Konkurrenzkampfs. Damit kam es verstärkt zu unlauteren Verhaltensweisen im Wettbewerb. Den deutschen Gerichten gelang es aber nicht, einen Mindestschutz gegen unerlaubten Wettbewerb zu entwickeln. Ebenso wenig waren sie in der Lage, die Kartellierung der deutschen Wirtschaft zu verhindern.

Eine erste gesetzliche Regelung des Rechts des unlauteren Wettbewerbs erfolgte im Gesetz zur Bekämpfung des unlauteren Wettbewerbs vom 27.5.1896 *(UWG 1896)*. Es war ganz auf Einzelfallbestimmungen zugeschnitten, kannte keine Generalklausel und war darum zum Scheitern verurteilt.

Das darauf folgende Gesetz gegen unlauteren Wettbewerb vom 7.6.1909 *(UWG 1909)* sollte dagegen für fast einhundert Jahre die gesetzliche Grundlage des deutschen Lauterkeitsrechts bilden. Es stellte an die Spitze des Gesetzes die berühmte *Generalklausel:* „Wer im geschäftlichen Verkehr zu Zwecken des Wettbewerbs Handlungen vornimmt, die gegen die guten Sitten verstoßen, kann auf Unterlassung und Schadensersatz in Anspruch genommen werden." Außer der „großen" Generalklausel des § 1, die das ganze Wettbewerbsrecht beherrschte, enthielt das Gesetz eine Reihe von Einzeltatbeständen, darunter die „kleine Generalklausel" des § 3 zur irreführenden Werbung.

Im Laufe der Zeit entwickelte sich die Generalklausel des § 1 UWG 1909 von einer die Einzeltatbestände nur ergänzenden zur beherrschenden Vorschrift des Rechts gegen den unlauteren Wettbewerb. Der auf die guten Sitten im Wettbewerb bezogene Tatbestand machte das Wettbewerbsrecht zu einem weitgehend offenen Recht. Was als lauter oder als unlauter anzusehen war, ergab sich erst aufgrund einer Konkretisierung der Generalklausel durch die Rechtsprechung des Reichsgerichts und später des Bundesgerichtshofes. Dementsprechend entwickelte sich das Wettbewerbsrecht weithin zu einem Richterrecht. Die Rechtsprechung entwickelte bestimmte Grundsätze für das Verhalten im Wettbewerb (Fallgruppenbildung) und gab damit der Generalklausel ein großes Maß an Rationalität und Berechenbarkeit. Aus heutiger Sicht war freilich diese Rechtsprechung mehr auf den Schutz bestehender wettbewerblicher Strukturen und auf den Schutz des Verbrauchers vor allen erdenklichen Gefahren ausgerichtet. Auch der Gesetzgeber hatte, verstärkt seit den 30er-Jahren des vorigen Jahrhunderts, mit Novellierungen und Spezialregelungen (Rabattgesetz und Zugabeverordnung) das Recht des unlauteren Wettbewerbs verschärft. Deutschland erwarb sich damit den zweifelhaften Ruf, das strengste Wettbewerbsrecht Europas zu haben.

Etwa seit 1995 kam es dann unter dem Druck des Gemeinschaftsrechts zu einer *Liberalisierung* des deutschen Lauterkeitsrechts. Zwar konnte man sich damals noch nicht auf eine umfassende Überarbeitung des UWG verständigen. Wohl aber steuerte die Rechtsprechung einen anderen Kurs. Sie übernahm das

Einführung

gemeinschaftsrechtliche Leitbild des „durchschnittlich informierten, aufmerksamen und verständigen Durchschnittsverbrauchers" als Maßstab zur Beurteilung irreführender und unsachlicher Einflussnahme auf den Verbraucher. Das Bundesverfassungsgericht schränkte die mitunter sehr extensive Auslegung des Lauterkeitsrechts unter Hinweis auf die Grundrechte aus Art. 5 und 12 GG deutlich ein. Der Gesetzgeber regelte 2000 die vergleichende Werbung in Umsetzung der Richtlinie 84/450/EWG (nunmehr Richtlinie 2006/114/EG) im Sinne einer grundsätzlichen Zulässigkeit dieser Art der Werbung. Des Weiteren hob der Gesetzgeber 2001 das Rabattgesetz und die Zugabeverordnung, die bis dahin eine unerschöpfliche Quelle von Wettbewerbsstreitigkeiten waren, ersatzlos auf.

3. Das UWG 2004

Das UWG 1909 wurde nach nahezu hundertjähriger Geltungsdauer vom *UWG 2004* abgelöst, das am 8.7.2004 in Kraft trat. Der Gesetzgeber verfolgte damit vornehmlich das Ziel einer Liberalisierung und Europäisierung des Lauterkeitsrechts. Damit verbunden waren die Ziele der Kodifizierung richterrechtlicher Grundsätze und die Verbesserung des Verbraucherschutzes.

4. Das UWG 2008

Eine neuerliche Reform wurde zur Umsetzung der Richtlinie 2005/29/EG über unlautere Geschäftspraktiken vom 11.5.2005, sog. UGP-Richtlinie (dazu unten 8c) ee) erforderlich. Sie erfolgte in der *UWG-Novelle 2008*, die am 28.12.2008 in Kraft trat. Die Reform bezweckte vornehmlich die Stärkung des Verbraucherschutzes, dem eigentlichen Ziel der UGP-Richtlinie. Eine weitere Änderung (§§ 7 II Nr. 2, 20 UWG) brachte das *Gesetz zur Bekämpfung unerlaubter Telefonwerbung und zur Verbesserung des Verbraucherschutzes bei besonderen Vertriebsformen*, das am 4.8.2009 in Kraft trat. Zuletzt wurden durch das am 9.10.2013 in Kraft getretene *Gesetz gegen unseriöse Geschäftspraktiken* einige Vorschriften geändert bzw. hinzugefügt (§ 7 II Nr. 4; § 8 IV 2; § 12 IV, V; § 20 UWG). Geringfügige Änderungen brachte auch das Gesetz vom 20.9.2013 zur Umsetzung der Verbraucherrechterichtlinie 2011/83/EU mit sich.

5. Das UWG 2015

Da die Umsetzung der UGP-Richtlinie in vielen Punkten unzureichend erfolgt war, wurde eine neuerliche Reform erforderlich. Sie erfolgte in der *UWG-Novelle 2015* v 2.12.2015 (BGBl I 2158). Da das UWG 2008 bereits von der Rechtsprechung richtlinienkonform ausgelegt werden musste, war mit dieser Novelle keine wirkliche Änderung der materiellen Rechtslage verbunden. Es wurde lediglich der Gesetzestext stärker an den Vorgaben der UGP-Richtlinie ausgerichtet.

6. Das Gesetz zur Änderung des Telemediengesetzes

Durch das Gesetz zur Änderung des Telemediengesetzes v. 19.11.2020 (BGBl 2020 I 2456) wurde ein neuer § 8a in das UWG eingefügt. Darin wird die Anspruchsberechtigung nach § 8 Abs. 1 bei einem Verstoß gegen die P2B-VO (EU) 2019/1150 abweichend von § 8 Abs. 3 UWG nF geregelt.

Einführung

7. Das Gesetz zur Stärkung des fairen Wettbewerbs

Eine weitere Änderung des UWG erfolgte durch das am 2.12.2020 in Kraft getretene *Gesetz zur Stärkung des fairen Wettbewerbs* vom 26.11.2020 (BGBl 2020 I 2568). Die Neuregelungen betreffen im Wesentlichen die Anspruchsberechtigung von Mitbewerbern und qualifizierten Wirtschaftsverbänden (§§ 8 III Nr. 1 und 2, 8b UWG), die Konkretisierung des Missbrauchseinwands (§ 8c UWG), die Verschärfung der Anforderungen an eine Abmahnung (§ 13 UWG) und an die Vereinbarung einer Vertragsstrafe (§ 13a UWG) sowie die Einschränkung des fliegenden Gerichtsstands (§ 14 II UWG).

8. Das Gesetz über faire Verbraucherverträge

Durch das *Gesetz über faire Verbraucherverträge* v. 10.8.2021 (BGBl 2020 I 3433) wurde ein neuer § 7a in das UWG eingefügt. Danach müssen Unternehmer, die mit Telefonanrufen gegenüber Verbrauchern werben, deren vorherige Einwilligung dokumentieren und den entsprechenden Nachweis 5 Jahre lang aufbewahren. Darüber hinaus wurde der Bußgeldtatbestand des § 20 UWG neu gefasst.

9. Das Gesetz zur Stärkung des Verbraucherschutzes im Wettbewerbs- und Gewerberecht

Das *Gesetz zur Stärkung des Verbraucherschutzes im Wettbewerbs- und Gewerberecht* v. 10.8.2021 (BGBl 2021 I 3504) tritt erst am 28.5.2022 in Kraft. Damit wird aber den Rechtsanwendern ermöglicht, sich bereits jetzt auf die sehr umfangreichen Änderungen des UWG einzustellen. Das Gesetz dient insbes. der Umsetzung der Änderungen der UGP-Richtlinie aufgrund der RL 2019/2161/EU.

Dazu gehören u. a. die Einfügung weiterer Per-se-Verbote in den Anh. zu § 3 Abs. 3 UWG, nämlich der Nrn. 11a, 23a, 23b und 23c. Außerdem wurde die fehlerhafte Umsetzung der Nr. 26 Anh. I UGP-RL in § 7 II Nr. 1 UWG dadurch korrigiert, dass dieses Per-se-Verbot in Anh. 26 zu § 3 III übernommen wurde.

Weitere Änderungen erfolgten bei § 1 UWG durch Einfügung eines Abs. 2, vor allem aber bei § 5a UWG (Irreführung durch Unterlassen). In dieser Vorschrift wurde Abs. 1 gestrichen. Der bisherige Abs. 2 wurde durch die Abs. 2 und 3, und der bisherige Abs. 6 wurde durch Abs. 4 ersetzt. Der Anwendungsbereich dieser Bestimmungen wurde auf den Schutz sonstiger Marktteilnehmer erweitert. Darüber hinaus wurde ein § 5b UWG eingefügt. In Abs. 1 wurde der bisherige § 5a Abs. 3, erweitert um eine Regelung für Angebote auf Online-Marktplätzen (Abs. 1 Nr. 6) und in Abs. 4 der bisherige § 5a IV aufgenommen. Neu hinzukamen in Abs. 2 und 3 Regelungen zum Ranking und zu Kundenbewertungen. In einem neuen § 5c UWG wurde ein spezielles Verbot der Verletzung von Verbraucherinteressen durch unlautere geschäftliche Handlungen für den Fall geregelt, dass es sich um „weit verbreitete Verstöße" oder „weitverbreitete Verstöße mit Unionsdimension" iSd Unionsrechts handelt.

Von grundsätzlicher Bedeutung ist die Einführung eines neuen § 9 Abs. 2 UWG. Darin wird in Umsetzung des Art. 11a UGP-Richtlinie ein Schadensersatzanspruch der Verbraucher geregelt und eine dazugehörige Regelung der Verjährung in § 11 Abs. 1 UWG getroffen.

Einführung

10. Überblick über das heutige UWG

a) Gesetzesaufbau

Das UWG gliedert sich in vier Kapitel. Das 1. Kapitel hat „Allgemeine Bestimmungen" zum Gegenstand. Der Schutzzweckbestimmung (§ 1 UWG) folgen Definitionen zentraler Begriffe (§ 2 UWG). Die eigentlichen materiellrechtlichen Regelungen finden sich in § 3 UWG, ergänzt durch die §§ 3a bis 6 UWG, sowie in § 7 UWG. Das zweite Kapitel regelt die „Rechtsfolgen", nämlich die Ansprüche auf Unterlassung und Beseitigung, Schadensersatz und Gewinnherausgabe sowie die Verjährung (§§ 8 bis 11 UWG). Das dritte Kapitel enthält „Verfahrensvorschriften" (§§ 12 bis 15 UWG). Das vierte Kapitel umfasst die „Straf- und Bußgeldvorschriften" (§§ 16, 19, 20 UWG).

b) Schutzzwecke

In § 1 Abs. 1 S. 1 UWG nF werden die Schutzzwecke des Lauterkeitsrechts verdeutlicht („Schutzzwecktrias"). Neben dem Schutz der Mitbewerber wird ausdrücklich auch der Schutz der „Verbraucherinnen und Verbraucher" und der „sonstigen Marktteilnehmer" vor unlauteren geschäftlichen Handlungen erwähnt. Hinzu kommt in § 1 Abs. 1 S. 2 UWG nF der Schutz des Allgemeininteresses an einem unverfälschten Wettbewerb. Der Schutz sonstiger Allgemeininteressen (wie z.B. Umweltschutz, Gesundheitsschutz, Schutz der Rechtspflege, Arbeitnehmerschutz) ist dagegen keine Aufgabe des Lauterkeitsrechts. Allenfalls werden diese Interessen reflexartig mitgeschützt, soweit sie Gegenstand von Marktverhaltensregelungen i. S. des § 3a UWG sind.

c) Anwendungsbereich

Das UWG ist nur dann anwendbar, wenn eine *„geschäftliche Handlung"* vorliegt. Dieser Begriff stellt eine Übersetzung des Begriffs der „Geschäftspraxis" (oder „Geschäftspraktik") i. S. der UGP-Richtlinie dar. Er ist in § 2 Abs. 1 Nr. 2 UWG nF definiert als „jedes Verhalten einer Person zugunsten des eigenen oder eines fremden Unternehmens vor, bei oder nach einem Geschäftsabschluss, das mit der Förderung des Absatzes oder Bezugs von Waren oder Dienstleistungen oder mit dem Abschluss oder der Durchführung eines Vertrags über Waren oder Dienstleistungen unmittelbar und objektiv zusammenhängt". Ein objektiver Zusammenhang ist nach der Rechtsprechung dann anzunehmen, wenn das Verhalten bei objektiver Betrachtung darauf gerichtet ist, geschäftliche Entscheidungen (§ 2 Abs. Nr. 1 UWG nF) von Verbrauchern oder sonstigen Marktteilnehmern zu beeinflussen.

d) Der Grundtatbestand des § 3 Abs. 1 UWG

Herzstück des UWG ist der Grundtatbestand des § 3 Abs. 1 UWG. Er besagt lapidar: *„Unlautere geschäftliche Handlungen sind unzulässig"*. Offen bleibt damit die entscheidende Frage, wann eine geschäftliche Handlung unlauter ist. Hierzu stellt das UWG in den nachfolgenden Bestimmungen eine Reihe von sog. *Unlauterkeitstatbeständen* auf. Sie sind nicht streng systematisch geordnet, sondern eher willkürlich aneinandergereiht. Eine eigene materiellrechtliche Bedeutung hat § 3 I UWG nur in seiner Funktion als *Auffangtatbestand* für Fälle, die nicht von den besonderen Unlauterkeitstatbeständen erfasst sind, aber einen vergleichbaren Unlauterkeitsgehalt haben. Es bleibt der Rechtsprechung überlassen, entsprechende Fallgruppen zu bilden.

Einführung

e) Die Verbrauchergeneralklausel des § 3 Abs. 2 UWG

Den Vorgaben der UGP-Richtlinie entsprechend enthält § 3 II UWG die sog. Verbrauchergeneralklausel. Sie gilt nur für geschäftliche Handlungen gegenüber *Verbrauchern* und kommt auch nur dann zur Anwendung, wenn eine Handlung nicht schon nach anderen verbraucherschützenden Tatbeständen des UWG anwendbar ist, ist also *subsidiär*. Maßstab für die Unlauterkeit ist die Nichtbeachtung der *unternehmerischen Sorgfalt* (§ 2 I Nr. 7 UWG) gegenüber dem Verbraucher.

f) Die stets unzulässigen Handlungen nach § 3 Abs. 3 UWG

Nach § 3 III UWG nF sind die im Anhang aufgeführten 32 geschäftlichen Handlungen stets unzulässig („*Schwarze Liste*"). Das bedeutet, dass bei ihnen nicht zu prüfen ist, ob sie im Einzelfall geeignet sind, den Verbraucher zu einer geschäftlichen Handlung zu veranlassen, die er andernfalls nicht getroffen hätte. Um ein Beispiel herauszugreifen: Stets unzulässig ist nach Nr. 15 „die unwahre Angabe, der Unternehmer werde demnächst sein Geschäft aufgeben oder seine Geschäftsräume verlegen".

g) Die aggressiven und irreführenden Handlungen nach § 4a, 5 und 5a UWG

Liegt kein Fall der „*Schwarzen Liste*" vor, muss der Rechtsanwender prüfen, ob die geschäftliche Handlung den Tatbestand einer *aggressiven* geschäftlichen Handlung (§ 4a UWG) oder einer *irreführenden* geschäftlichen Handlung (§§ 5, 5a, 5b UWG nF) vorliegt. Ein Beispiel einer aggressiven geschäftlichen Handlung ist es, wenn auf einer „Kaffeefahrt" der Veranstalter die Teilnehmer mit der Drohung, man werde nicht eher heimfahren, bis jeder Teilnehmer etwas gekauft habe, zum Kauf von Artikeln nötigt. Bei den Irreführungstatbeständen ist wiederum zwischen den „*irreführenden Handlungen*" (§ 5 UWG nF) und der „*Irreführung durch Unterlassen*" (§§ 5a, 5b UWG nF) zu unterscheiden. Ein Beispiel einer irreführenden Unterlassung ist es, wenn ein Unternehmer in einer Prospektwerbung nicht seine Identität und Anschrift angibt (vgl. § 5b I Nr. 2 UWG nF). – Erst wenn eine Handlung auch keinen dieser Tatbestände erfüllt, ist zuletzt noch zu prüfen, ob ein Fall des § 3 II UWG oder des § 3 I UWG vorliegt.

h) Der Schutz der sonstigen Marktteilnehmer

Den Schutz der *Marktteilnehmer* (§ 2 I Nr. 3 UWG nF), typischerweise also Unternehmer in ihrer Eigenschaft als Nachfrager oder Abnehmer, regelt das UWG auf einfache Weise: Sie werden, soweit es aggressive und irreführende geschäftliche Handlungen betrifft, den Verbrauchern gleichgestellt (Ausnahme: § 5b I bis IV UWG nF). Dagegen gilt § 3 II UWG für sie nicht. Etwaige Schutzlücken werden durch § 3 I UWG aufgefangen.

i) Der Schutz der Mitbewerber

Die Mitbewerber werden durch vier spezielle Regelungen in § 4 UWG geschützt. Dabei haben die Tatbestände des § 4 Nr. 3 UWG (sog. wettbewerbsrechtlicher Leistungsschutz bei Produktnachahmung sowie des § 4 Nr. 4 UWG (Schutz vor gezielter Behinderung) große praktische Bedeutung.

Einführung

j) Der Rechtsbruch

Mit Abstand am wichtigsten ist in der Praxis jedoch der *Rechtsbruchtatbestand* (§ 3a UWG). Unlauter sind Verstöße gegen gesetzliche Vorschriften, die auch dazu bestimmt sind, im Interesse der Marktteilnehmer das Marktverhalten zu regeln (sog. *Marktverhaltensregelungen*), wenn die Verstöße geeignet sind, die Interessen von Marktteilnehmern spürbar zu beeinträchtigen. Damit wird eine unübersehbare Vielzahl von Regelungen des Unionsrechts sowie des Bürgerlichen Rechts, des Öffentlichen Rechts und des Strafrechts in den Schutzmechanismus des UWG einbezogen. Um nur ein Beispiel zu nennen: Verstöße gegen Werbeverbote des HWG (Heilmittelwerbegesetz) können mittels § 3a UWG auch lauterkeitsrechtlich verfolgt werden.

k) Die vergleichende Werbung

Eine spezielle Regelung enthält § 6 UWG für die vergleichende Werbung. In ihr werden die entsprechenden Vorgaben aus der Werberichtlinie 2006/114/EG umgesetzt. Danach ist vergleichende Werbung grundsätzlich zulässig, muss aber bestimmte Anforderungen erfüllen. Sie muss sich u. a. auf Waren für den gleichen Bedarf oder dieselbe Zweckbestimmung beziehen (§ 6 II Nr. 1 UWG). Es dürfen m. a. W. nicht „Äpfel mit Birnen" verglichen werden.

l) Die Sonderregelung für „unzumutbare Belästigungen"

Als selbständiger Verbotstatbestand ist die „unzumutbare Belästigung" von Marktteilnehmern in § 7 Abs. 1 UWG geregelt. Stets unzulässig sind die in § 7 Abs. 2 UWG aufgeführten Werbemaßnahmen. Die wichtigsten Tatbestände sind dabei die unerwünschte Telefonwerbung (§ 7 Abs. 2 Nr. 1 UWG nF), die unerwünschte Telefax- und E-Mail-Werbung (§ 7 Abs. 2 Nr. 2 UWG nF) und die anonyme elektronische Werbung (§ 7 Abs. 2 Nr. 3 UWG nF). Eine begrenzte Ausnahme ist für den Fall vorgesehen, dass ein Unternehmer die E-Mail-Adresse eines Kunden im Zusammenhang mit dem Verkauf einer Ware oder Dienstleistung erlangt hat. Er darf dann Direktwerbung für eigene ähnliche Waren oder Dienstleistungen mittels E-Mail betreiben, sofern der Kunde jederzeit die Möglichkeit hat, einer solchen Werbung zu widersprechen (§ 7 Abs. 3 UWG).

m) Ansprüche und Anspruchsberechtigung

Verstöße gegen Vorschriften des UWG werden mit Hilfe von zivilrechtlichen Ansprüchen bekämpft. Es sind dies der *Unterlassungsanspruch* und der *Beseitigungsanspruch* (§ 8 Abs. 1 UWG), der *Schadensersatzanspruch* (§ 9 UWG nF) und der *Gewinnabschöpfungsanspruch* (§ 10 UWG). Die (kurze) Verjährung ist in § 11 UWG geregelt. Zur Geltendmachung von lauterkeitsrechtlichen Abwehransprüchen sind neben den betroffenen Mitbewerbern (§ 8 III Nr. 1 UWG nF) auch „qualifizierte Wirtschaftsverbände" (§§ 8 Abs. 3 Nr. 2, 8b UWG nF) und „qualifizierte Einrichtungen" (§ 8 III Nr. 3 UWG nF) [Verbraucherverbände] sowie die Industrie- und Handelskammern, andere berufsständische Kammern und Gewerkschaften berechtigt (§ 8 Abs. 3 Nr 4 UWG nF) berechtigt. Schadensersatzansprüche stehen nach § 9 Abs. 1 UWG nF den Mitbewerbern und nach § 9 Abs. 2 UWG nF den Verbrauchern zu.

n) Anspruchsdurchsetzung

Um zeitraubende und kostspielige Gerichtsverfahren zu vermeiden, hat sich in der Praxis die außergerichtliche Streitbeilegung mittels *Abmahnung* und *Un-*

Einführung

terwerfung (Abgabe einer mit einer angemessenen Vertragsstrafe bewehrten Unterlassungsverpflichtung) eingebürgert. Diese, auch dem Schuldnerinteresse dienenden Rechtsinstitute sind in § 13 Abs. 1 UWG geregelt. Die Durchsetzung lauterkeitsrechtlicher Ansprüche erfolgt durch gerichtliche Geltendmachung vor den *ordentlichen Gerichten*, sei es durch Erhebung einer Klage, sei es – im Falle des Unterlassungsanspruchs – durch Antrag auf Erlass einer einstweiligen Verfügung. Eingangsgericht ist nach § 14 Abs. 1 UWG, unabhängig vom Streitwert, stets das *Landgericht* (LG). Im Instanzenzug folgen das *Oberlandesgericht (OLG)* als Berufungsgericht und der *Bundesgerichtshof (BGH)* als Revisionsgericht. Berufung gegen Urteile des Landgerichts ist nach § 511 ZPO möglich, wenn der Streitwert 600 Euro übersteigt oder das Landgericht die Berufung zugelassen hat. Revision gegen Urteile des Oberlandesgerichts ist nach § 543 I ZPO möglich, wenn sie das Oberlandesgericht oder das Revisionsgericht auf Beschwerde gegen die Nichtzulassung zugelassen hat. – Gegen Entscheidungen der ordentlichen Gerichte kann unter dem Gesichtspunkt der Verletzung von Grundrechten Verfassungsbeschwerde zum *Bundesverfassungsgericht* (BVerfG) erhoben werden.

Daneben besteht noch die Möglichkeit der Streitschlichtung durch die *Einigungsstellen* bei den Industrie- und Handelskammern (§ 15 UWG). In der Praxis spielt ferner die freiwillige Selbstkontrolle der Wirtschaft anhand von Verhaltenskodizes (§ 2 Abs. 1 Nr. 10 UWG nF) eine nicht unbedeutende Rolle.

In § 14 Abs. 2 UWG nF ist die die sachliche Zuständigkeit der Landgerichte geregelt.

o) Strafrecht und Ordnungswidrigkeitenrecht

Das Straf- und Ordnungswidrigkeitenrecht als *ultima ratio* ergänzt das zivilrechtliche Lauterkeitsrecht, kommt aber nur bei einigen schwerwiegenden Rechtsverstößen zum Einsatz. In § 16 Abs. 1 UWG ist die strafbare irreführende Werbung und in § 16 Abs. 2 UWG die progressive Kundenwerbung geregelt. Zunehmende Bedeutung erlangt die Bekämpfung unerbetener Telefonwerbung durch Verhängung von Bußgeldern (§ 20 UWG). Die strafrechtlichen Regelungen über den Schutz von Geschäfts- und Betriebsgeheimnissen (§§ 17–19 UWG aF) wurden 2019 zeitgleich mit dem Inkrafttreten des *Gesetzes zum Schutz von Geschäftsgeheimnissen (GeschGehG)* [dazu unter IV. Nr. 19] aufgehoben.

11. Der Einfluss des Unionsrechts

a) Vorrang des Unionsrechts

Das Unionsrecht (früher: Gemeinschaftsrecht) gilt in den Mitgliedstaaten **unmittelbar** und **vorrangig** vor widerstreitendem innerstaatlichem Recht. Für den Bereich des Rechts des unlauteren Wettbewerbs ist die Union zur Rechtssetzung befugt (Art. 4 II lit. a AEUV [„Binnenmarkt"] und Art. 4 II lit. f [„Verbraucherschutz"]). Sie hat diese Befugnis bisher nur für Teilbereiche genutzt, eine umfassende Regelung des Lauterkeitsrechts steht noch aus. Das nationale Lauterkeitsrecht unterliegt jedoch vielfältigen Einwirkungen des Unionsrechts, und zwar sowohl auf der Ebene des primären Unionsrechts als auch auf der Ebene des sekundären Unionsrechts.

Einführung

b) Bedeutung des primären Unionsrechts

Das primäre Unionsrecht wirkt vornehmlich über die Vorschriften zum Schutze des freien Warenverkehrs (Art. 34 ff. AEUV) und des freien Dienstleistungsverkehrs (Art. 56 ff. AEUV), darüber hinaus auch über das Diskriminierungsverbot (Art. 18 AEUV) auf das nationale Lauterkeitsrecht ein. Die Anwendung des nationalen Rechts auf den grenzüberschreitenden Handel muss sich an diesen Regelungen messen lassen. Allerdings sind nationale Regelungen in einem Bereich, der auf Unionsebene abschließend harmonisiert wurde, anhand der betreffenden Harmonisierungsmaßnahmen und nicht des primären Unionsrechts zu beurteilen.

Nach Art. 34 AEUV sind mengenmäßige Einfuhrbeschränkungen sowie Maßnahmen gleicher Wirkung zwischen den Mitgliedstaaten verboten. Dieses grundsätzliche Verbot wird durch Art. 36 AEUV (= ex-Art. 30 EG) eingeschränkt. Darauf aufbauend hat der EuGH Grundsätze zur Beurteilung solcher nationalen Vorschriften des Wettbewerbsrechts entwickelt, die sich im Handel zwischen den Mitgliedstaaten als Hemmnis erweisen können. Als „Maßnahme mit gleicher Wirkung" i. S. d. Art. 34 AEUV ist jede Regelung der Mitgliedstaaten anzusehen, die geeignet ist, den Handel zwischen den Mitgliedstaaten unmittelbar oder mittelbar, tatsächlich oder potenziell zu behindern (sog. *Dassonville*-Formel). Dazu gehören auch solche Regelungen, die sich nicht auf eingeführte Waren beziehen, sondern unterschiedslos für ausländische und inländische Waren gelten, sofern sie die Einfuhr solcher ausländischen Waren behindern, die nach ausländischem Recht rechtmäßig hergestellt und in den Verkehr gebracht werden. Jedoch können solche Regelungen nicht nur nach Art. 36 AEUV, sondern auch dann zulässig sein, wenn sie notwendig sind, um zwingenden Erfordernissen des Allgemeininteresses, insbesondere des Verbraucherschutzes, des Schutzes der Gesundheit von Menschen, der Lauterkeit des Handelsverkehrs, gerecht zu werden (*Cassis-de-Dijon*-Formel). Allerdings sind Regelungen, welche nicht die Merkmale der Ware selbst, sondern lediglich Modalitäten des Verkaufs der Ware betreffen (z. B. Werbebeschränkungen und -verbote), privilegiert (*Keck*-Formel). Sie fallen von vornherein nicht unter Art. 34 AEUV, wenn sie für alle betroffenen Wirtschaftsteilnehmer gelten, die ihre Tätigkeit im Inland ausüben, und wenn sie den Absatz der inländischen Erzeugnisse und der Erzeugnisse aus anderen Mitgliedstaaten rechtlich wie tatsächlich in gleicher Weise berühren.

Wettbewerbsrechtliche Regelungen können auch in den freien Dienstleistungsverkehr (Art. 56 ff. AEUV) eingreifen. Beschränkungen der Dienstleistungsfreiheit sind nach der Rechtsprechung des EuGH zulässig, wenn sie aus zwingenden Gründen des Allgemeininteresses oder zur Erreichung eines der Ziele des Art 62 AEUV i. V. mit Art. 52 AEUV (= ex-Art. 46 EG) erforderlich sind, hierzu in einem angemessenen Verhältnis stehen und diese zwingenden Gründe oder Ziele nicht durch weniger einschneidende Maßnahmen hätten erreicht werden können. Stets müssen die Beschränkungen in nicht diskriminierender Weise angewandt werden. Zu den „zwingenden Gründen des Allgemeininteresses" zählen, wie bei Art. 34 AEUV, insbes. die Lauterkeit des Handelsverkehrs und der Schutz der Verbraucher. Mit Rücksicht auf die sittlichen, religiösen oder kulturellen Besonderheiten steht den Mitgliedstaaten ein Ermessensspielraum zu, um festzulegen, welche Erfordernisse sich aus dem Schutz der Verbraucher ergeben.

Einführung

c) Bedeutung des sekundären Unionsrechts

Der Angleichung des Rechts des unlauteren Wettbewerbs innerhalb der Union dienen die Rechtsakte der *Verordnung* und der *Richtlinie*. Während die Verordnung sofort, unmittelbar und mit gleichem Inhalt in allen Mitgliedstaaten Geltung hat, bedarf die Richtlinie der Umsetzung durch den nationalen Gesetzgeber. Angesichts der Schwierigkeiten der Konsensfindung beschränkte sich die Gemeinschaft (jetzt: Union) zunächst auf die Regelung von Ausschnitten des Rechts des unlauteren Wettbewerbs durch Richtlinien. Eine weitreichende Harmonisierung, wenngleich begrenzt auf das Verhältnis von Unternehmern zu Verbrauchern (B2C), erfolgte 2005 durch die Richtlinie über unlautere Geschäftspraktiken. Im Folgenden sollen die wichtigsten einschlägigen Richtlinien und Verordnungen kurz vorgestellt werden.

aa) Die Richtlinie über unlautere Geschäftspraktiken (2005/29/EG)

Die Richtlinie über unlautere Geschäftspraktiken 2005/29/EG vom 11.5.2005 stellt den bisher bedeutsamsten Schritt zur Harmonisierung des Lauterkeitsrechts dar. Sie will in erster Linie die wirtschaftlichen Interessen der Verbraucher vor unlauteren Geschäftspraktiken im Geschäftsverkehr zwischen Unternehmern und Verbrauchern (B2C), mittelbar aber auch rechtmäßig handelnde Unternehmen vor unlauter handelnden Mitbewerbern schützen und damit einen lauteren Wettbewerb gewährleisten. Dagegen regelt sie nicht das Verhältnis der Unternehmer untereinander (B2B), und zwar weder im Horizontalverhältnis noch im Vertikalverhältnis. Dies soll der künftigen Gesetzgebung vorbehalten bleiben.

Herzstück der Regelung ist die Generalklausel des Art. 5 I: „Unlautere Geschäftspraktiken sind verboten."

Zu den Geschäftspraktiken gehört nach Art. 2 lit. d) „jede unmittelbar mit der Absatzförderung, dem Verkauf oder der Lieferung eines Produkts an Verbraucher zusammenhängende Handlung, Unterlassung, Verhaltensweise oder Erklärung, kommerzielle Mitteilung einschließlich Werbung und Marketing eines Gewerbetreibenden".

Nach Art. 5 II ist eine Geschäftspraxis unlauter, wenn a) sie den Erfordernissen der beruflichen Sorgfaltspflicht widerspricht und b) sie das wirtschaftliche Verhalten des Durchschnittsverbrauchers, den sie erreicht oder an den sie sich richtet, bzw. des durchschnittlichen Mitglieds einer Gruppe von Verbrauchern, wenn sich eine Geschäftspraxis an eine bestimmte Gruppe von Verbrauchern wendet, in Bezug auf das jeweilige Produkt wesentlich beeinflusst oder dazu geeignet ist. Der Begriff der beruflichen Sorgfaltspflicht wird seinerseits wieder in Art. 2 lit. h) definiert. Er beschreibt den „Standard an Fachkenntnissen und Sorgfalt, bei denen billigerweise davon ausgegangen werden kann, dass der Gewerbetreibende sie gegenüber dem Verbraucher gemäß den Marktgepflogenheiten und/oder dem allgemeinen Grundsatz von Treu und Glauben in seinem Geschäftsbereich anwendet". Das Bemühen um eine präzise Definition der Unlauterkeit kann freilich nicht darüber hinwegtäuschen, dass angesichts der Vielgestaltigkeit des Wirtschaftslebens letztlich eine Konkretisierung nur durch die Rechtsprechung des EuGH erfolgen kann.

Allerdings konkretisiert die Richtlinie den Tatbestand der Unlauterkeit ihrerseits durch zwei Beispielstatbestände, nämlich die Tatbestände der irreführenden und der aggressiven Geschäftspraktiken. Die irreführenden Geschäftspraktiken werden in Art. 6 (Irreführende Handlungen) und Art. 7 (Irre-

Einführung

führende Unterlassungen) sehr ausführlich umschrieben. Die Anforderungen an die Unternehmen hinsichtlich der Information der Verbraucher sind dabei sehr streng. In den Art. 8 und 9 werden „aggressive Geschäftspraktiken" geregelt. Damit sind die Fälle der Belästigung, der Nötigung, einschließlich der Anwendung von Gewalt, und der „unzulässigen Beeinflussung" von Verbrauchern gemeint. Im Anhang I wird überdies noch eine Liste von 31 irreführenden und aggressiven Geschäftspraktiken aufgeführt, die unter allen Umständen als unlauter gelten. Der EuGH hat in den letzten Jahren zahlreiche Entscheidungen zur Auslegung der Tatbestände der UGP-Richtlinie und zur (Un)Vereinbarkeit nationaler Gesetze mit ihr getroffen, die für die nationalen Gerichte verbindlich sind.

Die (verspätete und unzureichende) Umsetzung dieser Richtlinie erfolgte durch das Erste Gesetz zur Änderung des Gesetzes gegen den unlauteren Wettbewerb vom 22.12.2008 (*UWG-Novelle 2008*). Die *UWG-Novelle 2015* stellte die meisten Mängel der Umsetzung ab. Die Gerichte müssen versuchen, im Wege der richtlinienkonformen Auslegung des UWG Abweichungen von den Vorgaben der UGP-Richtlinie vermeiden.

Durch die Richtlinie (EU) 2019/2161 vom 27.11.2019 wurden zahlreiche Bestimmungen der UGP-Richtlinie geändert und zugleich neue Bestimmungen, insbesondere hinsichtlich ihrer Durchsetzung eingeführt. Eine Umsetzung im UWG soll in einem *Gesetz zur Stärkung des Verbraucherschutzes im Wettbewerbs- und Gewerberecht* erfolgen.

bb) Richtlinie über irreführende und vergleichende Werbung (2006/114/EG)

Die Richtlinie über irreführende und vergleichende Werbung (Werberichtlinie) vom 12.12.2006 (2006/114/EG) hat die frühere Richtlinie (84/450/EWG) vom 10.9.1984 abgelöst. Soweit es um die Irreführung geht, beschränkt sie sich allerdings auf den Schutz der Gewerbetreibenden und bezweckt lediglich eine Mindestharmonisierung. Der Schutz der Verbraucher vor irreführenden Geschäftspraktiken ist nämlich in der UGP-Richtlinie geregelt. Die Irreführungsregelungen in den §§ 5, 5a UWG tragen beiden Richtlinien Rechnung. – Soweit es um die vergleichende Werbung geht, legt die Werberichtlinie dagegen abschließend fest, unter welchen Voraussetzungen diese Art von Werbung zulässig ist. Die Umsetzung dieser Richtlinie ist in den §§ 5 II, III, 6 UWG erfolgt.

cc) Richtlinie über den elektronischen Geschäftsverkehr (2000/31/EG)

Die Richtlinie über den elektronischen Geschäftsverkehr vom 4.5.2000 (2000/31/EG) schafft einen einheitlichen Rechtsrahmen für den elektronischen Geschäftsverkehr (electronic commerce). Sie regelt u. a. die elektronisch, insbes. über Internet und E-Mail abgewickelte „kommerzielle Kommunikation" zwischen „Diensteanbietern" und „Nutzern". Darunter fallen insbes. Maßnahmen der Werbung und des Marketings. Ein Kernelement der Richtlinie ist die Einführung des Herkunftslandprinzips in Art. 3. Danach hat der Staat, in dem der Werbende seine Niederlassung hat, dafür zu sorgen, dass sein innerstaatliches Recht, bezogen auf den koordinierten Bereich, eingehalten wird. Die anderen Mitgliedstaaten dürfen den freien Verkehr von Diensten der Informationsgesellschaft nicht aus Gründen einschränken, die den koordinierten Bereich betreffen (Art. 3 II). Für die Werbung im Internet bedeutet dies, dass der Mitgliedstaat, in dem der Verbraucher die Information abruft („Nutzer"), zwar grundsätzlich sein Recht auf diese Werbung anwenden darf. Allerdings darf dies nicht dazu

Einführung

führen, dass die Maßnahme strenger beurteilt wird als nach dem Recht des Herkunftslandes. In Art. 5 stellt die Richtlinie allgemeine Informationspflichten, u. a. hinsichtlich des Namens und der Adresse des Diensteanbieters auf. In Art. 6 werden für die kommerzielle Kommunikation zusätzliche Informationspflichten begründet. Die Richtlinie wurde im Telemediengesetz (TMG) und im Rundfunk-Staatsvertrag umgesetzt. Lauterkeitsrechtliche Bedeutung erlangen diese Regelungen über den Rechtsbruchtatbestand (§ 3a UWG) und über § 5a IV UWG.

dd) Datenschutzrichtlinie für elektronische Kommunikation (2002/58/EG)

Die Datenschutzrichtlinie 2002/58/EG für elektronische Kommunikation vom 12.7.2002, zuletzt geändert durch die Richtlinie 2009/136/EG vom 25.11.2009 regelt u. a. die „unerbetenen Nachrichten". Sie will natürliche Personen als Teilnehmer eines elektronischen Kommunikationssystems vor einer Verletzung ihrer *Privatsphäre* durch unerbetene Nachrichten für Zwecke der Direktwerbung schützen. Die Verwendung von automatischen Anrufmaschinen, Faxgeräten oder elektronischer Post für die Zwecke der Direktwerbung gegenüber natürlichen Personen darf nach Art. 13 I nur bei vorheriger Einwilligung der Teilnehmer gestattet werden. Eine Ausnahme davon macht Art. 13 II für die Direktwerbung mittels elektronischer Post, wenn der Werbende die E-Mail-Adresse des Kunden im Zusammenhang mit dem Verkauf eines Produkts oder einer Dienstleistung erhalten hat, sofern die Kunden klar und deutlich die Möglichkeit erhalten haben, eine solche Nutzung ihrer E-Mail-Adresse bei der Erhebung und bei jeder Übertragung gebührenfrei und problemlos abzulehnen, wenn der Kunde diese Nutzung nicht von vornherein abgelehnt hat. Für die individuelle Telefonwerbung eröffnet Art. 13 III den Mitgliedstaaten die Möglichkeit sowohl der Opt-in- als auch der Opt-out-Lösung. Sowohl gegenüber natürlichen als auch juristischen Personen ist es nach Art. 13 IV verboten, u. a. eine E-Mail-Werbung zu verschicken, in der die Identität des Absenders verschleiert oder verheimlicht wird oder bei der keine gültige Adresse vorhanden ist, an die der Empfänger eine Aufforderung zur Einstellung solcher Nachrichten richten kann. Die Umsetzung dieser Regelungen erfolgte in § 7 II und III UWG. – Die Datenschutz-Richtlinie soll durch die E-Privacy-Verordnung abgelöst werden, in der dann auch u. a. die Telefon- und E-Mail-Werbung geregelt werden und damit die nationalen Regelungen verdrängen.

ee) Richtlinie (EU) 2020/1828 über Verbandsklagen zum Schutz der Kollektivinteressen der Verbraucher

Die Verbandsklagenrichtlinie vom 25.11.2020 ersetzt die Richtlinie über Unterlassungsklagen zum Schutz der Verbraucherinteressen 2009/22/EG vom 23. April 2009, mit Wirkung vom 25.6.2023. Die Umsetzung der neuen Richtlinie hat bis zum 25.12.2022 zu erfolgen; die entsprechenden Vorschriften sind ab dem 25.6.2023 anzuwenden. Für bis dahin erhobene Klagen gilt noch das Unterlassungsklagengesetz [Nr. 4]. Die Richtlinie soll es nach Art. 7 *„qualifizierten Einrichtungen"* ermöglichen, gegen Unternehmen vorzugehen, die gegen eine der im Anhang I aufgeführten 66 Richtlinien und Verordnungen zum Verbraucherschutz verstoßen. Die Klage kann auf Unterlassung (Art. 8) und Abhilfe (Art. 9) gerichtet werden. Die Abhilfe kann in Schadensersatz, Reparatur, Ersatzleistung, Preisminderung, Vertragsauflösung oder Erstattung des gezahlten Preises bestehen.

Einführung

ff) Verordnung (EU) Nr. 2017/2394 über die Zusammenarbeit im Verbraucherschutz

Die VO (EU) Nr. 2017/2394 trat mit Wirkung von 17.1.2020 an die Stelle der VO (EG) Nr. 2006/2004. Sie regelt die Zusammenarbeit im Verbraucherschutz und verpflichtet die Mitgliedstaaten, Behörden einzurichten, um Verstöße gegen verbraucherschützende Vorschriften im grenzüberschreitenden Verkehr besser ahnden zu können. Eine entsprechende nationale Regelung enthält das EU-VerbraucherschutzdurchführungsG vom 26.11.2020 (BGBl 2020 I 2568 Nr. 56).

12. Die Preisangaben-Verordnung (PAngV)

a) Rechtsentwicklung

Neben dem UWG hat sich, historisch bedingt, ein Sonderrecht für Preisangaben entwickelt. Am Anfang stand die PreisauszeichnungsVO von 1940, gefolgt von der PreisauszeichnungsVO von 1969. Diese wurde abgelöst von der PreisangabenVO 1973, novelliert in den Jahren 1985, 2002 und 2017 (abgedruckt in Nr. 3). Die jüngste umfassende Novellierung erfolgte 2021 (abgedruckt in Nr. 3a). Die Neufassung (im folgenden PAngV nF) tritt am 28.5.2022 in Kraft.

b) Schutzzweck

Die PAngV dient dem Schutz der Verbraucher und zugleich dem Schutz des unverfälschten Wettbewerbs. Sie will sicherstellen, dass Verbraucher durch wahre und klare Informationen über den Preis einer Ware oder Dienstleistungen eine optimale Preisvergleichsmöglichkeit mit den Angeboten anderer Unternehmer erlangen.

c) Grundregelungen

Die erste und wichtigste Grundregelung ist die Pflicht jedes Unternehmers, der Waren oder Leistungen anbietet oder für diese unter Angabe von Preisen wirbt, deren Gesamtpreis, also den Preis einschließlich Umsatzsteuer und sonstigen Preisbestandteilen, anzugeben (§ 1 Abs. 1 S. 1 PAngV; § 3 Abs. 1 PAngV nF). Dieser Grundsatz wird für bestimmte Sachverhalte, wie z.B. Fernabsatzverträge, präzisiert (§ 1 Abs. 2 bis 7 PAngV; §§ 6 bis 9 PAngV nF). Die zweite Grundregelung betrifft die zusätzliche Angabe des Grundpreises neben dem Gesamtpreis, wenn Waren oder Leistungen in Fertigpackungen, offenen Packungen oder nach bestimmten Maßeinheiten (Gewicht, Volumen usw.) angeboten werden, um dem Verbraucher einen echten Preisvergleich zu ermöglichen (§ 2 PAngV; §§ 4, 5 PAngV nF)). Eine dritte, neu geschaffene Grundregelung für die Werbung für Preisermäßigungen ist in § 9 PAngV nF enthalten. Sie dient der Umsetzung des Art. 6a der PreisangabenRL 98/6/EG.

d Besondere Regelungen

Neben die drei Grundregelungen treten einige besondere Regelungen. So gilt u.a. eine Preisauszeichnungspflicht für den Handel, wenn er Waren in besonderer Weise anbietet, wie z.B. im Schaufenster oder in Katalogen, (§ 4 PAngV; § 10 PAngV nF), für das Angebot von Leistungen, wie z.B. Reinigungsbetriebe, Friseure, (§ 5 PAngV; § 12 PAngV nF), für Gaststätten und Beherbergungsbetriebe (§ 7 PAngV; § 13 PAngV nF), für Tankstellen und Parkplätze (§ 8 PAngV; § 15 PAngV nF) und für das Angebot von Elektrizität, Gas, Fernwärme und Wasser (§ 3 PAngV). In § 14 Abs. 2 PAngV nF ist zusätzlich eine

Einführung

Regelung für das punktuelle Aufladen von elektrisch betriebenen Fahrzeugen an Ladepunkten getroffen. Besondere Regelungen für Finanzdienstleistungen enthalten die §§ 6 bis 6c PAngV, denen die §§ 16 bis 19 PAngV nF entsprechen.

e) Durchsetzung

Verstöße gegen die PAngV können zivilrechtlich nach den §§ 3, 3a UWG verfolgt werden. Darüber hinaus sind eine Vielzahl von Ordnungswidrigkeitstatbeständen geregelt (§ 10 PAngV; § 20 PAngV nF).

f) Verhältnis zu anderen Preisangabenregelungen

Die PAngV stellt keine abschließende Regelung der Preisangaben dar. Vielmehr gibt es eine Reihe sonstiger Vorschriften, insbesondere des Unionsrechts, die der PAngV vorgehen, wie z. B. die VO (EG) Nr. 1008/2008 über Luftverkehrsdienste.

II. Das Markenrecht

1. Aufgabe des Markenrechts

Aufgabe des Markenrechts ist es, Bezeichnungen, die Unternehmer zur Kennzeichnung ihres Unternehmens und ihrer Produkte wählen, vor der Benutzung durch Dritte zu schützen, insbesondere um Verwechslungen im Geschäftsverkehr zu verhindern. Zu diesem Zweck gewährt es unter bestimmten Voraussetzungen den Inhabern der Kennzeichen eigentumsähnliche Rechte.

2. Rechtsgrundlagen

Rechtsgrundlage des Markenrechts ist das Gesetz über den Schutz von Marken und sonstigen Kennzeichen vom 25.10.1994 (MarkenG, Nr. 6) nebst der Verordnung zur Ausführung des Markengesetzes vom 30.11.1994 (MarkenVO). Es löste das Warenzeichengesetz von 1968 ab und trat am 1. Januar 1995 in Kraft. Um die Hindernisse für die Herstellung eines gemeinsamen Marktes auszuräumen, die sich aus den Unterschieden nationaler Markenrechte ergeben, wurde die Verordnung über die Gemeinschaftsmarke vom 20. Dezember 1993 (GMV) erlassen (Neufassung 2009 durch VO (EG) Nr. 2007/2009: Unionsmarkenverordnung). Durch das am 19.7.1996 (BGBl. I S. 104) verkündete Markenrechtsänderungsgesetz 1996 wurde die Brücke zum europäischen Markenrecht hergestellt. Dazu wurde der Abschnitt 3 über die Gemeinschaftsmarken (§§ 125a bis 125h) in das Markengesetz eingefügt. Die jüngste Änderung erfolgte durch das am 14. Januar 2019 in Kraft getretene Markenrechts-Modernisierungsgesetz (MaMoG), das der Umsetzung der Richtlinie 2015/2436/EU dient.

3. Geschützte Kennzeichen

Das Markengesetz schützt nicht nur Marken im eigentlichen Sinn, sondern auch **geschäftliche Bezeichnungen** und **geographische Herkunftsangaben** (§ 1 MarkenG). Sie werden unter dem Begriff der Kennzeichen zusammengefasst. Das Markengesetz schließt zwar den Schutz dieser Kennzeichen durch andere Rechtsvorschriften nicht aus (§ 2 MarkenG). Jedoch ist nach der Rechtsprechung im Anwendungsbereich der §§ 9 I Nr. 3, 14 II Nr. 3, 15 III MarkenG ein wettbewerbsrechtlicher Schutz ausgeschlossen, weil es sich inso-

Einführung

weit um eine umfassende, in sich geschlossene Regelung handelt. Das schließt allerdings nicht die Anwendung solcher wettbewerbsrechtlichen Vorschriften nicht aus, die dem Verbraucherschutz dienen (wie z. B. § 5 Abs. 3 UWG nF).

4. Der Schutz der Marke

a) Begriff, Funktion und Wert der Marke

Marken sind *Zeichen, die geeignet sind, Waren oder Dienstleistungen eines Unternehmens von denjenigen anderer Unternehmen zu unterscheiden* (vgl. § 3 I MarkenG). Der Begriff des Zeichens ist dabei sehr weit gefasst. Dazu gehören neben Wörtern einschließlich Personennamen, auch Abbildungen, Buchstaben, Zahlen, Klänge, dreidimensionale Gestaltungen einschließlich der Form einer Ware oder ihrer Verpackung sowie sonstige Aufmachungen einschließlich Farben und Farbzusammenstellungen (§ 3 I MarkenG). Nicht als Marke schutzfähig sind Zeichen, die ausschließlich aus Formen oder anderen charakteristischen Merkmalen bestehen, die durch die Art der Ware selbst bedingt sind, die zur Erreichung einer technischen Wirkung erforderlich sind oder die der Ware einen wesentlichen Wert verleihen (§ 3 II MarkenG).

Aus dem Begriff der Marke ergibt sich auch ihre Hauptfunktion im Wirtschaftsleben, die *Herkunftsfunktion*. Die Marke soll es dem Verbraucher ermöglichen, die damit gekennzeichnete Ware oder Dienstleistung ohne Verwechslungsgefahr von Waren oder Dienstleistungen anderer Herkunft zu unterscheiden. Damit eng verbunden sind weitere Funktionen der Marke. Dazu gehören: die *Garantiefunktion*, also die Gewähr, dass die betreffenden Waren oder Dienstleistungen unter der Kontrolle des Unternehmens hergestellt oder erbracht worden sind, das für ihre Qualität verantwortlich gemacht werden kann; die *Werbefunktion*; die *Kommunikationsfunktion* und die *Investitionsfunktion*.

Die Marke stellt einen selbständigen Vermögenswert dar, der sich durch Veräußerung (§ 27 MarkenG), Belastung (§ 29 MarkenG) oder Lizenzvergabe (§ 30 MarkenG) realisieren lässt. Der Verbraucher kann daher nicht darauf vertrauen, dass die mit einer bestimmten Marke gekennzeichnete Ware oder Dienstleistung stets vom gleichen Unternehmen hergestellt oder erbracht wird.

Eine wichtige Neuregelung betrifft die *Gewährleistungsmarken* (§§ 106a bis 106h MarkenG), die Prüfzeichen (z. B. Gütesiegel) zum Gegenstand haben.

b) Beginn und Ende des Markenschutzes

Marken erlangen Schutz entweder durch Eintragung eines Zeichens als Marke in das vom Patentamt geführte Register (§ 4 Nr. 1 MarkenG) oder durch Benutzung im geschäftlichen Verkehr, soweit das Zeichen innerhalb beteiligter Verkehrskreise als Marke Verkehrsgeltung erworben hat (§ 4 Nr. 2 MarkenG). Was eine Marke kraft Eintragung sein kann, kann daher auch eine Marke kraft Verkehrsgeltung sein. Aber der Schutz kraft Verkehrsgeltung reicht weiter. Während als Marke schutzfähige Zeichen (§ 3 MarkenG) von der Eintragung als Marke nach § 8 I MarkenG ausgeschlossen sind, wenn sie sich nicht graphisch darstellen lassen, können kraft Verkehrsgeltung auch Klänge, dreidimensionale Gestaltungen, die Verpackung von Waren sowie Farben und Farbzusammenstellungen geschützt sein, ohne graphisch darstellbar sein zu müssen. Neben den nationalen Marken gibt es die **Unionsmarken** (früher: **Gemeinschaftsmarken**). Es sind dies Marken, die durch Eintragung Schutz in allen Mitgliedstaaten erlangen. Für die Eintragung zuständig ist das „Amt der Europäischen

Einführung

Union für geistiges Eigentum" (EUIPO; früher HABM) in Alicante. Für die Unionsmarke gelten die Vorschriften der Unionsmarkenverordnung (UMV) Nr. 207/2009/EG (früher: Gemeinschaftsmarkenverordnung) sowie ergänzend die §§ 125a bis 125i MarkenG.

Wer eine Marke eintragen lässt, muss sie nicht sofort benutzen. Allerdings besteht die Gefahr, dass die Anmeldung lediglich dazu erfolgt, sich Marken zu reservieren, und um andere an deren Benutzung zu hindern. Wer daher innerhalb von fünf Jahren (§§ 25, 26 MarkenG) eine Marke nicht ernsthaft benutzt, kann auf sie keinen Widerspruch mehr gegen die Eintragung einer neu angemeldeten übereinstimmenden Marke stützen, wenn der Anmelder die Benutzung bestreitet (§ 43 MarkenG). Die unbenutzte Marke kann ferner nach § 49 I MarkenG zwar nicht von Amts wegen, aber auf Antrag eines Dritten hin wegen Verfalls gelöscht werden, es sei denn, dass berechtigte Gründe für die Nichtbenutzung vorliegen. Der Markeninhaber muss daher seine Marke während des fünfjährigen Zeitraums ernsthaft benutzen, andernfalls läuft er Gefahr, sein Markenrecht einzubüßen.

Die Schutzdauer einer eingetragenen Marke beträgt zehn Jahre ab der Markenanmeldung (§ 47 I MarkenG). Jedoch kann auf Antrag (und gegen Zahlung einer Verlängerungsgebühr) die Schutzdauer um jeweils zehn Jahre verlängert werden (§ 47 II MarkenG).

c) Die Rechte des Markeninhabers

Der Erwerb des Markenschutzes nach § 4 MarkenG gewährt dem Inhaber ein ausschließliches Recht (§ 14 I MarkenG). Aufgrund dessen ist es nach § 14 II MarkenG Drittem untersagt, ohne Zustimmung des Inhabers im geschäftlichen Verkehr in Bezug auf Waren oder Dienstleistungen folgende Handlungen vorzunehmen: ein mit der Marke identisches Zeichen für Waren oder Dienstleistungen zu benutzen, die mit denjenigen identisch sind, für die sie Schutz genießt (§ 14 II Nr. 1 MarkenG); ein Zeichen zu benutzen, wenn das Zeichen mit einer Marke identisch ist oder ihr ähnlich ist und für Waren oder Dienstleistungen benutzt wird, die mit denjenigen identisch oder ihnen ähnlich sind, die von der Marke erfasst werden und für das Publikum die Gefahr einer Verwechslung besteht (§ 14 II Nr. 2 MarkenG); ein mit der Marke identisches Zeichen oder ein ähnliches Zeichen für Waren oder Dienstleistungen zu benutzen, wenn es sich bei dieser Marke um eine im Inland bekannte Marke handelt und durch die Benutzung des Zeichens die Unterscheidungskraft oder die Wertschätzung der bekannten Marke ohne rechtfertigenden Grund in unlauterer Weise ausgenutzt oder beeinträchtigt wird (§ 14 II Nr. 3 MarkenG). Wer ein Zeichen entgegen diesen Vorschriften benutzt, kann auf Unterlassung in Anspruch genommen werden (§ 14 V MarkenG). Wer die Verletzungshandlungen vorsätzlich oder fahrlässig begeht, ist dem Markeninhaber außerdem zum Schadensersatz verpflichtet (§ 14 VI MarkenG).

Um der Produktpiraterie wirksam zu beggenen, hat der verletzte Markeninhaber ferner einen Anspruch auf Vernichtung der im Besitz oder im Eigentum des Verletzers befindlichen widerrechtlich gekennzeichneten Gegenstände und der dem Verletzer gehörenden, ausschließlich zur widerrechtlichen Kennzeichnung gebrauchten oder bestimmten Vorrichtungen (§ 18 MarkenG). – Außer dem Vernichtungsanspruch steht dem verletzten Markeninhaber gegen den Verletzer ein Anspruch auf unverzügliche Auskunft über die Herkunft und den Vertriebsweg der widerrechtlich gekennzeichneten Waren zu (§ 19 MarkenG).

Einführung

5. Der Schutz geschäftlicher Bezeichnungen

a) Begriffe

Als geschäftliche Bezeichnungen sind Unternehmenskennzeichen und Werktitel geschützt (§ 5 I MarkenG). Unternehmenskennzeichen sind Zeichen, die im geschäftlichen Verkehr als Name, als Firma oder als besondere Bezeichnung eines Geschäftsbetriebs oder eines Unternehmens benutzt werden (§ 5 II 1 MarkenG). Während die kraft Eintragung oder Verkehrsgeltung bestehende Marke eine Ware oder Dienstleistung als aus einem bestimmten Unternehmen stammend kennzeichnet, bezeichnen also Unternehmenskennzeichen das Unternehmen selbst. Werktitel sind die Namen oder besonderen Bezeichnungen von Druckschriften, Filmwerken, Tonwerken, Bühnenwerken oder sonstigen vergleichbaren Werken (§ 5 III MarkenG).

b) Beginn und Ende des Schutzes

Der Schutz eines Unternehmenskennzeichens setzt voraus, dass es im geschäftlichen Verkehr benutzt wird und Kennzeichnungskraft besitzt. Die Kennzeichnungskraft kann von Anfang an bestehen oder durch Verkehrsgeltung erlangt werden. Dementsprechend endet der Schutz, wenn die Kennzeichnungskraft entfällt. Eine Eintragung in ein besonderes Register ist im Gesetz nicht vorgesehen. Werktitel erlangen Schutz ebenfalls durch Benutzungsaufnahme und Bestehen einer Kennzeichnungskraft. Der Benutzungsaufnahme steht die sog. Titelschutzanzeige, d. h. die öffentliche Ankündigung des Werks, gleich, sofern das Werk innerhalb angemessener Frist unter diesem Titel erscheint.

c) Die Rechte des Inhabers einer geschäftlichen Bezeichnung

Ebenso wie einem Markeninhaber steht auch dem Inhaber eines Unternehmenskennzeichens oder Werktitels ein ausschließliches Recht (§ 15 I MarkenG) zu. Die Unterschiede zwischen Marke und Unternehmenskennzeichen schließen nicht aus, dass dieselbe Bezeichnung zugleich Marke und Unternehmenskennzeichen sein kann. Aufgrund seines ausschließlichen Rechts kann der Inhaber einer geschäftlichen Bezeichnung nach § 15 IV MarkenG gegen jeden mit der Unterlassungsklage vorgehen, der die Bezeichnung im geschäftlichen Verkehr unbefugt in einer Weise benutzt, die geeignet ist, Verwechslungen mit seiner geschäftlichen Bezeichnung hervorzurufen (§ 15 II MarkenG). Auch wenn keine Verwechslungsgefahr besteht, es sich jedoch um eine im Inland bekannte geschäftliche Bezeichnung handelt, ist es Dritten untersagt, die geschäftliche Bezeichnung zu benutzen, soweit die Benutzung des Zeichens die Unterscheidungskraft oder die Wertschätzung der geschäftlichen Bezeichnung ohne rechtfertigenden Grund in unlauterer Weise ausnutzt oder beeinträchtigt (§ 15 III MarkenG).

6. Geographische Herkunftsangaben

Von den Marken unterscheiden sich die geographischen Herkunftsangaben dadurch, dass sie nicht die betriebliche, sondern die geographische Herkunft von Waren oder Dienstleistungen kennzeichnen. Sie sind gegen eine Benutzung für Waren oder Dienstleistungen anderer Herkunft geschützt, wenn die Gefahr der Irreführung besteht (§ 127 I MarkenG). Weisen die durch eine geographische Herkunftsangabe gekennzeichneten Waren oder Dienstleistungen besondere Eigenschaften oder eine besondere Qualität auf, so dürfen sie im geschäftlichen Verkehr für die entsprechenden Waren oder Dienstleistungen dieser

Einführung

Herkunft nur benutzt werden, wenn die Waren oder Dienstleistungen auch diese Eigenschaften oder diese Qualität aufweisen (§ 127 II MarkenG). Auch wenn keine Irreführungsgefahr besteht, die geographische Herkunftsangabe aber einen *besonderen Ruf* genießt, darf sie im geschäftlichen Verkehr für Waren oder Dienstleistungen anderer Herkunft nicht benutzt werden, wenn die Benutzung geeignet ist, den *Ruf* der geographischen Herkunftsangabe oder ihre Unterscheidungskraft ohne rechtfertigenden Grund *in unlauterer Weise auszunutzen oder zu beeinträchtigen* (§ 127 III MarkenG). Diese drei Verbote greifen auch ein, wenn Namen, Angaben oder Zeichen benutzt werden, die der geschützten geographischen Herkunftsangabe *ähnlich* sind oder wenn die geographische Herkunftsangabe mit *Zusätzen* benutzt wird, sofern trotz der Abweichung oder der Zusätze eine Gefahr der *Irreführung* über die geographische Herkunft oder der *Eignung zur unlauteren Ausnutzung oder Beeinträchtigung des Rufs oder der Unterscheidungskraft* der geographischen Herkunftsangabe besteht (§ 127 IV MarkenG). Wer im geschäftlichen Verkehr Namen, Angaben oder Zeichen verbotswidrig benutzt, kann von Mitbewerbern, gewerblichen Verbänden, Verbraucherverbänden und von den Industrie- und Handelskammern auf *Unterlassung* in Anspruch genommen werden (§ 128 I MarkenG). Wer vorsätzlich oder fahrlässig die Benutzungsverbote verletzt hat, ist zum Ersatz des durch die Zuwiderhandlung entstandenen *Schadens* verpflichtet (§ 128 II MarkenG).

III. Das Kartellrecht

1. Grundlagen und Aufgaben des Kartellrechts

Das Kartellrecht (Wettbewerbsrecht, Recht gegen Wettbewerbsbeschränkungen) ist sowohl im europäischen als auch im deutschen Recht geregelt. Beide Rechte sind grundsätzlich nebeneinander anzuwenden (sog. Zweischrankentheorie; vgl. § 22 GWB). Im Anwendungsbereich des Art. 101 AEUV geht jedoch das Unionsrecht dem nationalen Recht vor (Art. 3 II VO Nr. 1/2003). Beide Rechte dienen dem Schutz des Wettbewerbs auf dem Markt vor einer Beeinträchtigung durch Marktabsprachen, Machtmissbräuche und Machtkonzentration. Im deutschen Kartellrecht wird dazu die Wettbewerbsfreiheit als Grundvoraussetzung für den Wettbewerb als Schutzgut hervorgehoben. Im europäischen Recht wird verstärkt auf die Verbraucherwohlfahrt abgestellt.

2. Das europäische Kartellrecht

Das europäische Kartellrecht ist in den sog. Wettbewerbsregeln der Art. 101 ff. AEUV sowie in den dazu ergangenen Verordnungen geregelt. Es ist allerdings nur anwendbar, soweit die betreffenden Maßnahmen geeignet sind, den zwischenstaatlichen Handel zu beeinträchtigen. Da die Zwischenstaatlichkeitsklausel vom EuGH und von der Kommission sehr weit ausgelegt wird, fallen mittlerweile nahezu alle wettbewerbsbeschränkenden Verhaltensweisen von einigem Gewicht in den Anwendungsbereich des Unionsrechts. Da ferner im Bereich der Kartellabsprachen das nationale Kartellrecht nicht vom Unionsrecht abweichen darf, hat das deutsche Kartellrecht eigenständige Bedeutung faktisch daher nur noch im Bereich einseitiger wettbewerbsbeschränkender Handlungen (§§ 19 ff. GWB) und im Bereich der Fusionskontrolle.

Einführung

a) Kartellverbot

Nach Art. 101 I AEUV sind grundsätzlich alle Vereinbarungen zwischen Unternehmen, Beschlüsse von Unternehmensvereinigungen und aufeinander abgestimmte Verhaltensweisen, welche den Handel zwischen Mitgliedstaaten zu beeinträchtigen geeignet sind und eine Verhinderung, Einschränkung oder Verfälschung des Wettbewerbs innerhalb des Binnenmarkts bezwecken oder bewirken, verboten. Dieses sog. Kartellverbot gilt unterschiedslos für horizontale und vertikale Wettbewerbsbeschränkungen, greift jedoch nur bei spürbaren Auswirkungen auf den Wettbewerb ein. Vereinbarungen oder Beschlüsse, die gegen Art. 101 I AEUV verstoßen, sind nach Art. 101 II AEUV nichtig.

Ausnahmen vom Kartellverbot sind in Art. 101 III AEUV vorgesehen. Dazu müssen bestimmte Voraussetzungen erfüllt sein. Damit die Ausnahmeregelung eingreift, bedarf es auf Grund der Regelung in Art. 1 II VO Nr. 1/2003 nicht mehr, wie früher, der konstitutiven Freistellung vom Verbot des Art. 101 I AEUV durch die Kommission. Vielmehr gilt nunmehr das Prinzip der Legalausnahmen. Das bedeutet einerseits eine Entlastung der Unternehmen von der Anmeldung und der Kommission von der Prüfung, andererseits tragen nunmehr die Unternehmen selbst das Risiko, dass eine von ihnen für zulässig gehaltene Vereinbarung später von den Kartellbehörden und Gerichten als kartellrechtswidrig angesehen wird. Allerdings wird durch eine Reihe von Gruppenfreistellungsverordnungen (GVO) die Reichweite des Art. 101 III AEUV näher bestimmt. Die wichtigste davon ist die VO Nr. 330/2010 vom 20.4.2010 über die Anwendung von Art. 101 III AEUV auf Gruppen von vertikalen Vereinbarungen und aufeinander abgestimmten Verhaltensweisen (Vertikal-GVO).

b) Verbot des Missbrauchs einer marktbeherrschenden Stellung

Die missbräuchliche Ausnutzung einer beherrschenden Stellung auf dem Gemeinsamen Markt oder auf einem wesentlichen Teil desselben durch ein oder mehrere Unternehmen ist nach Art. 102 S. 1 AEUV verboten, soweit dies dazu führen kann, den Handel zwischen den Mitgliedstaaten zu beeinträchtigen. Einige Beispielsfälle des Missbrauchs werden in Art. 102 S. 2 AEUV geregelt. Geplant ist außerdem ein Digital Market Act, der das Marktverhalten großer Digitalkonzerne, der sog. Gatekeepers" in der Digitalwirtschaft, wie Amazon, Google, Facebook und Apple, strengen Regeln unterwirft und für Verstöße Geldbußen bis zu 10 Prozent des Jahresumsatzes vorsieht.

c) Zusammenschlusskontrolle

Die Zusammenschlusskontrolle ist in der VO (EG) Nr. 139/2004 über die Kontrolle von Unternehmenszusammenschlüssen (sog. EG-Fusionskontrollverordnung – FKVO) geregelt. Ihr Anliegen ist es, Zusammenschlüsse von Unternehmen zu unterbinden, wenn sie eine beherrschende Stellung begründen oder verstärken, durch die wirksamer Wettbewerb im Gemeinsamen Markt oder in einem wesentlichen Teil desselben erheblich behindert würde (Art. 2 III FKVO). Erfasst werden jedoch nur Zusammenschlüsse von gemeinschaftsweiter Bedeutung (Art. 1 I FKVO). Hierfür werden bestimmte Umsatzkriterien aufgestellt (Art. 1 II und III FKVO). Welche Vorgänge im Einzelnen einen Zusammenschluss begründen, wird in Art. 3 FKVO definiert. Um der Kommission die sachliche Kontrolle zu ermöglichen, ob der Zusammenschluss für vereinbar oder unvereinbar mit dem Gemeinsamen Markt erklärt wird (Art. 6, FKVO), ist er bei der Kommission vor seinem Vollzug anzumelden (Art. 4 FKVO).

Einführung

d) Sanktionen

Der Durchführung der Wettbewerbsregeln der Art. 101, 102 AEUV dient die VO Nr. 1/2003 vom 16.12.2002. Sie ist seit 1.5.2004 in Kraft. Die Kommission kann bei Verstößen gegen die Art. 101 oder 102 AEUV die beteiligten Unternehmen durch Entscheidung verpflichten, die festgestellte Zuwiderhandlung abzustellen (Art. 7 I VO Nr. 1/2003). Verpflichtungszusagen der beteiligten Unternehmen zur Ausräumung der Bedenken der Kommission können im Wege einer Entscheidung für bindend für die Unternehmen erklärt werden (Art. 9 VO Nr. 1/2003).

Des Weiteren kann die Kommission bei vorsätzlichen oder fahrlässigen Verstößen gegen die Art. 101 und 102 AEUV Geldbußen verhängen (Art. 23 II VO Nr. 1/2003). Im Rahmen ihrer Zuständigkeit können auch die Wettbewerbsbehörden der Mitgliedstaaten derartige Entscheidungen treffen (Art. 5 VO Nr. 1/2003).

Die von Verstößen gegen die Art. 101 I oder 102 AEUV Betroffenen können in Deutschland nach Maßgabe der §§ 33 ff. GWB Unterlassung, Beseitigung und Schadensersatz von den handelnden Unternehmen verlangen.

3. Das deutsche Kartellrecht

a) Rechtsentwicklung

Die deutsche Wirtschaft war bis zum Ende des 2. Weltkriegs von Kartellen überzogen. Die KartellVO vom 2.11.1923 hatte die bloße Aufgabe einer Missbrauchsaufsicht. Die Dekartellierungsgesetze der Alliierten beendeten diesen Zustand. Sie wurden abgelöst durch das Gesetz gegen Wettbewerbsbeschränkungen (GWB) vom 27.7.1957. Dieses Gesetz ist aber im Laufe der Jahre mehrfach novelliert worden. Die 7. Kartellnovelle von 2005 hatte insbesondere die weitere Angleichung des deutschen an das europäische Kartellrecht, den Ausbau der kartellbehördlichen Befugnisse und die Verbesserung des zivilrechtlichen Rechtsschutzes gegen Kartellrechtsverstöße zum Ziel. – Die 8. GWB-Novelle vom 26.6.2013 bezweckt insbesondere, die Vorschriften über die Missbrauchsaufsicht über marktbeherrschende und marktstarke Unternehmen (§§ 19, 20 GWB) übersichtlicher zu gestalten, Verbraucherverbände in die private Kartellrechtsdurchsetzung einzubeziehen (§§ 33, 34a GWB) und die Fusionskontrolle (§§ 35 ff. GWB) an die erhebliche Behinderung wirksamen Wettbewerbs anzuknüpfen. – Die 9. GWB-Novelle vom 9.6.2017 diente u. a. der Umsetzung der Kartellschadensersatz-Richtlinie 2014/104/EU in den §§ 33a–33h GWB. Damit soll es den durch Kartellverstöße geschädigten Unternehmen und Verbrauchern ermöglicht werden, Schadensersatzansprüche schneller und leichter durchzusetzen. Ferner wurde die Marktmacht- und Fusionskontrolle an die zunehmende Digitalisierung der Wirtschaft angepasst. Das sog. Anzapfverbot (§ 19 II Nr. 5 GWB) wurde präzisiert. Verkäufe unter Einstandspreis wurden eingehender geregelt (§ 20 III 2–4). Für verlagswirtschaftliche Kooperationen wurde eine Ausnahme vom Kartellverbot geschaffen (§ 30 IIb GWB). Konzernmuttergesellschaften und Rechtsnachfolger trifft nunmehr eine verschuldensunabhängige Haftung für Bußgelder (§ 81 IIIa–IIIe GWB). – Die 10. GWB-Novelle (GWB-Digitalisierungsgesetz) v. 18.1.2021 (BGBl I 2) verfolgt insbes. das Ziel, die Marktmacht von großen Digitalkonzernen, wie zB Amazon, Google, Apple und Facebook, auf mehrseitigen Märkten zu begrenzen, die zur Selbstbevorzugung Nutzerdaten sammeln und auswerten und anderen Anbietern den Zugang zu Kundengruppen erschweren können. Dazu

Einführung

werden in § 18 IIIa GWB für die Bewertung der Marktstellung eines Unternehmens insbesondere bei mehrseitigen Märkten und Netzwerken eine Reihe von Kriterien, ua. direkte und indirekte Netzwerkeffekte, Größenvorteile im Zusammenhang mit Netzwerkeffekten und der Zugang zu wettbewerbsrelevanten Daten, aufgestellt. Dem BKartA wird in § 19a I 1 GWB die Befugnis eingeräumt, bei derartigen Unternehmen eine überragende marktübergreifende Bedeutung für den Wettbewerb festzustellen. Dabei ist nach § 19a I 2 Nr. 4 GWB insbesondere ihr Zugang zu wettbewerbsrelevanten Daten zu berücksichtigen. Daran anknüpfend kann das BKartA nach § 19a II GWB einem solchen Unternehmen eine Vielzahl von wettbewerbsbeschränkenden Maßnahmen untersagen. (In die gleiche Richtung zielt der von der EU geplante Digital Market Act.) Darüber hinaus wird eine Vielzahl sonstiger Regelungen im GWB getroffen. So wird die Definition der relativen Marktmacht eines Unternehmens in § 20 I 1 GWB dahin geändert, dass nicht mehr nur kleine oder mittlere Unternehmen von ihm abhängig sein können, sondern alle Unternehmen, sofern ein deutliches Ungleichgewicht zur Gegenmacht dieser Unternehmen besteht. Nach § 20 Ia 1 GWB kann sich eine Abhängigkeit im Sinne von § 20 I GWB auch daraus ergeben, dass ein Unternehmen für die eigene Tätigkeit auf den Zugang zu Daten angewiesen ist, die von einem anderen Unternehmen kontrolliert werden. Ferner werden bei der Zusammenschlusskontrolle die Aufgreifschwellen des § 35 I GWB erhöht. Änderungen erfolgen auch für das Verwaltungsverfahren vor den Kartellbehörden. So werden in § 56 III bis V GWB die Akteneinsicht, in § 59 GWB das Auskunftsverlangen, in § 59a GWB die Prüfung von geschäftlichen Unterlagen und in § 59b GWB die Durchsuchungen näher geregelt. Für das Bußgeldverfahren wird u. a. die Berücksichtigung des Nachtatverhaltens in § 81d I 2 Nr. 5 GWB und das Kronzeugenprogramm in den §§ 81h bis 81n GBW geregelt.

b) Verhältnis des deutschen zum europäischen Kartellrecht

In § 22 GWB wurde das Verhältnis des deutschen zum europäischen Kartellrecht geregelt. Danach sind grundsätzlich beide Regelungswerke nebeneinander anwendbar. Jedoch darf das nationale Kartellrecht nicht zum Verbot von Vereinbarungen, Beschlüssen oder abgestimmten Verhaltensweisen führen, welche den Handel zwischen den Mitgliedstaaten zu beeinträchtigen geeignet sind, aber den Wettbewerb i. S. des Art. 101 I AEUV nicht einschränken oder die Bedingungen des Art. 101 III AEUV erfüllen oder durch eine Gruppenfreistellungsverordnung erfasst sind. Strengere Vorschriften dürfen die Mitgliedstaaten nur hinsichtlich der Unterbindung oder Ahndung **einseitiger** Handlungen von Unternehmen erlassen oder anwenden.

c) Wettbewerbsbeschränkende Vereinbarungen, Beschlüsse und Verhaltensweisen

Das sog. **Kartellverbot** des § 1 GWB verbietet Vereinbarungen zwischen Unternehmen, Beschlüsse von Unternehmensvereinigungen und aufeinander abgestimmte Verhaltensweisen, die eine Verhinderung, Einschränkung oder Verfälschung des Wettbewerbs bezwecken oder bewirken. Anders als im früheren Recht wird dabei nicht zwischen horizontalen und vertikalen Vereinbarungen unterschieden. Zu den klassischen horizontalen wettbewerbsbeschränkenden Vereinbarungen gehören insbesondere Preis-, Mengen- und Gebietsabsprachen. Jedoch kann sich die Bindung auf jeden möglichen Wettbewerbsparameter (z. B. auch Forschung und Entwicklung) beziehen. Zu den

Einführung

klassischen vertikalen Vereinbarungen gehören insbesondere die Preis- und Konditionenbindung von Vertragspartnern und die sog. Ausschließlichkeitsbindungen.

Die Reichweite des Kartellverbots ist allerdings eingeschränkt. Verboten sind nur solche Maßnahmen, die sich **spürbar** auf den Wettbewerb auswirken. Vor allem aber erfährt das Kartellverbot eine wichtige Einschränkung in § 2 I GWB, der inhaltlich dem Art. 101 III AEUV entspricht. Danach sind solche Vereinbarungen usw. vom Kartellverbot freigestellt, die unter angemessener Beteiligung der Verbraucher an dem entstehenden Gewinn bestimmte wirtschaftliche oder technische Verbesserungen mit sich bringen, ohne den Beteiligten Bedingungen aufzuerlegen, die zur Verwirklichung der Ziele nicht unerlässlich sind, und Möglichkeiten zu eröffnen, für einen wesentlichen Teil der betreffenden Waren den Wettbewerb auszuschalten. Diese Freistellung gilt kraft Gesetzes, bedarf daher keines förmlichen Aktes der Kartellbehörde.

Zur Konkretisierung des Freistellungstatbestands knüpfte der Gesetzgeber in § 2 II GWB an die zu Art. 101 III AEUV ergangenen sog Gruppenfreistellungsverordnungen an: Sie gelten entsprechend. Dazu gehört insbesondere die sog. Vertikal-GVO für vertikale Vereinbarungen, wie etwa selektive Vertriebssysteme. Außerdem erfüllen sog. Mittelstandskartelle nach § 3 I GWB die Voraussetzungen des § 2 I GWB, wenn sie der Rationalisierung wirtschaftlicher Vorgänge durch zwischenbetriebliche Zusammenarbeit dienen und dadurch der Wettbewerb auf dem Markt nicht wesentlich beeinträchtigt wird und die Vereinbarung dazu dient, die Wettbewerbsfähigkeit kleiner oder mittlerer Unternehmen zu verbessern (Beispiel: Gemeinschaftswerbung von kleinen oder mittleren Unternehmen).

d) Verbote des Missbrauchs von Marktmacht

Die §§ 19 und 20 GWB verbieten den Missbrauch von Marktmacht durch marktbeherrschende und marktstarke Unternehmen. Ein Unternehmen ist nach § 18 I GWB dann marktbeherrschend, wenn es auf dem sog. relevanten Markt entweder „ohne Wettbewerber ist" oder „keinem wesentlichen Wettbewerb ausgesetzt" ist oder „eine im Verhältnis zu seinen Wettbewerbern überragende Marktstellung hat". Der Missbrauch einer marktbeherrschenden Stellung wird im Gesetz zwar nicht definiert, aber durch fünf Regelbeispiele konkretisiert (§ 19 II GWB). Es sind dies der Missbrauch durch unbillige Behinderung oder sachlich nicht gerechtfertigte Ungleichbehandlung, der Ausbeutungsmissbrauch (z. B. durch Fordern überhöhter Preise), der Strukturmissbrauch (z. B. durch Preisspaltung), der Missbrauch durch Zugangsverweigerung zu eigenen Netzen oder Infrastruktureinrichtungen und der Missbrauch der Nachfragemacht durch das sog. „Anzapfen" (§ 19 II Nr. 5 GWB). Unternehmen mit *relativer* Marktmacht, nämlich Unternehmen, die von ihnen abhängig sind, dürfen diese Unternehmen nicht unbillig behindern oder ohne sachlich gerechtfertigten Grund ungleich behandeln (§ 20 I GWB iVm § 19 II Nr. 1) oder sie „anzuzapfen" (§ 20 II GWB iVm § 19 II Nr. 5 GWB). In § 20 III GWB wird das Verbot der unbilligen Behinderung auch auf Unternehmen erstreckt, die im Verhältnis zu kleinen und mittleren Wettbewerbern eine *überlegene* Marktmacht besitzen. Konkreter Anwendungsfall ist der Verkauf unter Einstandspreis (§ 20 III 2 GWB).

In der 10. GWB-Novelle v. 18.1.2021 (BGBl 2021 I 2) wurde mit einem neuen § 19a GWB eine Regelung zur Begrenzung der Marktmacht von großen Plattformbetreibern, wie zB Amazon und Facebook, eingefügt. Darin wer-

Einführung

den dem BKartA bestimmte Feststellungs- und Untersagungsbefugnisse eingeräumt.

e) Sonstige wettbewerbsbeschränkende Verhaltensweisen

In § 21 GWB werden bestimmte wettbewerbsbeschränkende Verhaltensweisen ohne Rücksicht auf das Bestehen von Marktmacht verboten. Dazu gehören insbesondere der Boykott (§ 21 I GWB) und die Veranlassung zu einem Verhalten, das nicht zum Gegenstand einer vertraglichen Bindung gemacht werden darf (§ 21 II GWB).

f) Zusammenschlusskontrolle

Der Bekämpfung wettbewerbsschädlicher Machtkonzentrationen dient die Zusammenschlusskontrolle (§§ 35 ff. GWB), die allerdings nicht bei Zusammenschlüssen von gemeinschaftsweiter Bedeutung eingreift (Vorrang der FKVO). Unternehmenszusammenschlüsse (Fusionen) sind danach – anders als Kartelle – zwar grundsätzlich erlaubt. Sie sind aber von einer bestimmten Größenordnung an (Aufgreifschwelle) anmeldepflichtig (§ 39 GWB). Als Zusammenschluss gilt nach § 37 GWB außer dem Vermögenserwerb, dem Kontrollerwerb und dem Anteilserwerb (Erwerb von mindestens 50% oder 25% der Anteile eines anderen Unternehmens) auch die Begründung eines wettbewerblich erheblichen Einflusses auf ein anderes Unternehmen. Das Bundeskartellamt hat den Zusammenschluss nach § 36 I 1 GWB dann zu untersagen, wenn durch den Zusammenschluss wirksamer Wettbewerb erheblich behindert würde (sog. SIEC-Test), insbesondere wenn von ihm zu erwarten ist, dass er eine marktbeherrschende Stellung begründet oder verstärkt. Dies gilt dann nicht, wenn die beteiligten Unternehmen nachweisen, dass durch den Zusammenschluss auch Verbesserungen der Wettbewerbsbedingungen eintreten und dass diese Verbesserungen die Behinderung des Wettbewerbs überwiegen (§ 36 I 2 Nr. 1 GWB).

g) Sanktionen und Verfahren

Das Sanktionensystem des deutschen Kartellrechts ist dreigliedrig. Es ermöglicht verwaltungsrechtliche, zivilrechtliche und strafrechtliche Sanktionen. Dieses Sanktionssystem ist durch die 7., 8. und 9. Kartellnovelle stark ausgebaut worden. Das gilt insbesondere für die verwaltungsrechtlichen Befugnisse der Kartellbehörde. Sie kann Unternehmen oder Vereinigungen von Unternehmen durch eine Abstellungsverfügung verpflichten, eine Zuwiderhandlung gegen deutsches oder europäisches Kartellrecht abzustellen (§ 32 I GWB). Zu diesem Zweck kann sie Abhilfemaßnahmen verhaltensorientierter oder struktureller Art vorschreiben, die gegenüber der festgestellten Zuwiderhandlung verhältnismäßig und erforderlich sind (§ 32 II 1 GWB). Im Unterschied zum früheren Recht sind daher neben Untersagungsverfügungen auch Gebotsverfügungen zulässig. – Des Weiteren kann die Kartellbehörde, soweit ein berechtigtes Interesse besteht, eine Zuwiderhandlung feststellen, nachdem diese beendet ist (§ 32 III GWB). – In dringenden Fällen kann die Kartellbehörde von Amts wegen einstweilige Maßnahmen anordnen (§ 32a GWB). Ein weiteres Instrument zur Bekämpfung von Kartellverstößen ist die Verpflichtungszusage (§ 32b GWB). Unternehmen können einer Verfügung der Kartellbehörde dadurch vorbeugen, dass sie sich zu einem bestimmten Verhalten verpflichten. Die Kartellbehörde kann dann diese Verpflichtungszusage durch Verfügung für bindend für die Unternehmen erklären. In diesem Fall besteht für ein Tätigwerden der Kartellbehörde kein Anlass mehr. Jedoch kann die Kartellbehörde das Verfahren

Einführung

wiederaufnehmen, wenn beispielsweise die Unternehmen ihre Verpflichtungen nicht einhalten. – Dem Interesse der Unternehmen an größtmöglicher Rechtssicherheit dient die Regelung in § 32c GWB: Sofern im Einzelfall nach den der Kartellbehörde vorliegenden Informationen die Voraussetzungen für ein Einschreiten nicht gegeben sind, kann sie entscheiden, dass für sie kein Anlass zum Tätigwerden besteht. Sie darf daher nur dann tätig werden, wenn sich die Informationen als unrichtig erweisen oder neue Umstände eintreten. – Ferner kann die Kartellbehörde den Rechtsvorteil einer Gruppenfreistellung entziehen, wenn ihre Wirkungen mit § 2 I GWB bzw. Art. 101 III AEUV nicht mehr vereinbar sind (§ 32d GWB). – Außerdem kann die Kartellbehörde nach § 32e GWB unter bestimmten Voraussetzungen ganze Wirtschaftszweige oder einzelne Arten von Vereinbarungen untersuchen und zu diesem Zweck von den betreffenden Unternehmen Auskünfte einholen (sog. Enqueterecht). – Schließlich kann die Kartellbehörde bei (auch schuldlosen) Verstößen gegen das deutsche oder europäische Kartellrecht eine sog. Vorteilsabschöpfung anordnen (§ 34 GWB). Dadurch soll den Unternehmen der Vorteil entzogen werden, den sie auf Grund des Kartellverstoßes erzielt haben (z. B. Erzielung höherer Preise auf Grund einer Kartellabsprache).

Gegen Verfügungen der Kartellbehörde ist Beschwerde möglich. Die gerichtliche Überprüfung ist aber nicht den Verwaltungsgerichten vorbehalten, sondern den für den Sitz der Kartellbehörde zuständigen Oberlandesgerichten (§§ 63 ff. GWB). Gegen deren Entscheidungen ist unter bestimmten Voraussetzungen die Rechtsbeschwerde an den Bundesgerichtshof möglich (§§ 74 ff. GWB).

Zivilrechtlicher Natur ist die Einräumung von Unterlassungs- und Beseitigungsansprüchen (§ 33 GWB) und von verschuldensabhängigen Schadensersatzansprüchen (§§ 33a–33h GWB) gegen Unternehmen, die gegen kartellrechtliche Vorschriften oder Verfügungen der Kartellbehörde verstoßen. Zur Geltendmachung dieser Ansprüche ist der „Betroffene" berechtigt. Betroffen ist, wer als Mitbewerber oder sonstiger Marktbeteiligter durch den Verstoß beeinträchtigt ist (§ 33 III GWB). Danach können – anders als im UWG – auch Verbrauchern Ansprüche zustehen, etwa wenn sie auf Grund einer Kartellabsprache überhöhte Preise zahlen mussten. Eine wichtige Stellung kommt auch den Wirtschafts- und Verbraucherverbänden zu. Sie können Unterlassungs- und Beseitigungsansprüche geltend machen (§ 33 IV GWB). Ferner können sie, soweit die Kartellbehörde von der Möglichkeit der Vorteilsabschöpfung nach § 34 GWB keinen Gebrauch macht, ihrerseits nach § 34a GWB Herausgabe des Vorteils aus einem Kartellverstoß an den Bundeshaushalt verlangen. Diese Ansprüche werden vor den ordentlichen Gerichten geltend gemacht (§§ 87 ff. GWB). Erstinstanzlich ist ausschließlich das Landgericht zuständig (§ 87 I GWB). – Strafrechtlicher Natur sind die Ordnungswidrigkeitstatbestände des § 81 GWB. Für sie gibt es ein Bußgeldverfahren (§§ 81 ff. GWB).

h) Kartellbehörden

Kartellbehörden sind nach § 48 GWB das Bundeskartellamt, das Bundesministerium für Wirtschaft und Technologie und die nach Landesrecht zuständigen obersten Landesbehörden. In der Praxis liegt der Vollzug des Kartellrechts ganz überwiegend beim Bundeskartellamt mit Sitz in Bonn (§ 51 GWB).

Einführung

IV. Das Recht des Geheimnisschutzes

1. Die Rechtsentwicklung

Der Schutz von Geschäfts- und Betriebsgeheimnissen war früher in den strafrechtlichen Bestimmungen der §§ 17–19 UWG geregelt. Sie wurden mit Wirkung zum 26.4.2019 durch das *Gesetz zum Schutz von Geschäftsgeheimnissen (GeschGehG)* vom 18.4.2019 abgelöst. Dieses Gesetz dient der Umsetzung der zivilrechtlich konzipierten *Richtlinie 2016/943/EU* und ist dementsprechend richtlinienkonform auszulegen. Die Konkretisierung der zahlreichen unbestimmten Rechtsbegriffe in der Richtlinie und im GeschGehG und die Entscheidung von Streitfragen durch die Gerichte wird noch einige Zeit in Anspruch nehmen.

2. Die Aufgabe des Geheimnisschutzes

Das GeschGehG dient dem Schutz von Geschäftsgeheimnissen vor unerlaubter Erlangung, Nutzung und Offenlegung (§ 1 I GeschgehG). Der Begriff des Geschäftsgeheimnisses ist in § 2 I GeschGehG definiert. Es muss sich um eine Information handeln, die (1) weder allgemein bekannt noch ohne Weiteres zugänglich und daher von wirtschaftlichem Wert ist, (2) die Gegenstand von den Umständen nach angemessenen Geheimhaltungsmaßnahmen durch ihren rechtmäßigen Inhaber ist und (3) bei der ein berechtigtes Interesse an der Geheimhaltung besteht.

Welche Verhaltensweisen erlaubt, verboten und ausnahmsweise zulässig sind, ist in den §§ 3 bis 5 GeschgehG geregelt. Erlaubt ist u. a. die Erlangung eines Geschäftsgeheimnisses durch ein *reverse engineering* (§ 3 I Nr. 2 GeschGehG). Verboten ist zum einen das rechtswidrige Erlangen eines Geschäftsgeheimnisses durch Einsatz bestimmter technischer Mittel (§ 4 I GeschGehG), zum anderen das rechtswidrige Offenlegen und Nutzen eines Geschäftsgeheimnisses (§ 4 II GeschGehG). Darüber hinaus handelt nach § 4 III 1 GeschGehG auch derjenige rechtswidrig, der ein Geschäftsgeheimnis über einen Dritten erlangt hat und zum Zeitpunkt der Erlangung, Nutzung oder Offenlegung wusste oder hätte wissen müssen, dass dieser das Geschäftsgeheimnis entgegen § 4 II GeschGehG genutzt oder offengelegt hat. Dies hat insbesondere Bedeutung für die Herstellung und Vermarktung rechtsverletzender Produkte (§ 4 III 2 GeschGehG). Ausgenommen vom Verbot sind Handlungen, die einem berechtigten Interesse dienen (§ 5 GeschGehG), wie beispielsweise der investigative Journalismus (§ 5 Nr. 1 GeschGehG) und das sog. *Whistleblowing* (§ 5 Nr. 2 GeschGehG).

3. Die Durchsetzung des Geheimnisschutzes

Zur Durchsetzung des Geheimnisschutzes werden dem verletzten Inhaber des Geschäftsgeheimnisses in den §§ 6 bis 11 GeschGehG eine Reihe von Ansprüchen gegen den Verletzer eingeräumt. Dazu gehören der Unterlassungs- und Beseitigungsanspruch (§§ 6, 7 GeschGehG), der Auskunftsanspruch (§ 8 GeschGehG), der Schadensersatzanspruch (§ 10 GeschGehG) und der Abfindungsanspruch bei nicht schuldhaften Rechtsverletzungen (§ 11 GeschGehG).

Die §§ 15 bis 22 GeschGehG enthalten verfahrensrechtliche Vorschriften, insbesondere zum Geheimhaltungsschutz während und nach einem Prozess.

Der zivilrechtliche Geheimnisschutz wird durch die Strafbestimmung des § 23 GeschGehG ergänzt.

Einführung

V. Das Recht der Online-Plattformen

1. Die P2B-VO als erste Regelung des Rechts der Online-Plattformen

Eine erste Regelung des Rechts der Online-Plattformen (Online-Vermittlungsdienste, wie insbes. Online-Marktplätze und Vergleichsportale, und Online-Suchmaschinen) enthält die sog. P2B-VO (VO EU) 2019/1150) v. 20.6.2019. Sie bezweckt den Schutz von gewerblichen Nutzern und Nutzern mit Unternehmenswebsite mittels Transparenzanforderungen. Die einzelnen Transparenzanforderungen sind in den Art. 3 bis 10 P2B-VO festgelegt. Die Art. 11 bis 13 P2B-VO regeln das interne Beschwerdemanagement und die Mediation, die Art. 14 und 15 P2B-VO die Rechtsdurchsetzung bei Verstößen gegen die Verordnung. In § 8a UWG ist die Anspruchsberechtigung bei derartigen Verstößen geregelt.

2. Beispiele für Transparenzanforderungen der P2B-VO

Ein konkretes Beispiel für Transparenzanforderungen stellen die Grundanforderungen an AGB in den Art. 3 I bis 4 P2B-VO dar. Ein weiteres Beispiel enthält die Regelung für das Ranking (Art. 5 P2B-VO) dar. Sie ergänzt die entsprechenden Regelungen im Verhältnis B2C in den Art. 7 IVa UGP-RL und Nr. 11a Anh. I UGP-RL. Für die Praxis dürften ua. die Transparenzanforderungen hinsichtlich Diskriminierungen (Art. 7 P2B-VO) und den Datenzugang (Art. 9 P2B-VO) von Bedeutung sein.

1. Gesetz gegen den unlauteren Wettbewerb (UWG)[1)]

in der Fassung der Bekanntmachung vom 3. März 2010[2)]
(BGBl. I S. 254)
FNA 43-7
zuletzt geänd. durch Art. 1 G zur Stärkung des Verbraucherschutzes im Wettbewerbs- und Gewerberecht[3)] v. 10.8.2021 (BGBl. I S. 3504)

Kapitel 1. Allgemeine Bestimmungen

[§ 1 bis 27.5.2022:]

§ 1 Zweck des Gesetzes. ¹Dieses Gesetz dient dem Schutz der Mitbewerber, der Verbraucherinnen und Verbraucher sowie der sonstigen Marktteilnehmer vor unlauteren geschäftlichen Handlungen. ²Es schützt zugleich das Interesse der Allgemeinheit an einem unverfälschten Wettbewerb.

[§ 1 ab 28.5.2022:]

§ 1 Zweck des Gesetzes; Anwendungsbereich. (1) ¹Dieses Gesetz dient dem Schutz der Mitbewerber, der Verbraucher sowie der sonstigen Marktteilnehmer vor unlauteren geschäftlichen Handlungen. ²Es schützt zugleich das Interesse der Allgemeinheit an einem unverfälschten Wettbewerb.

(2) Vorschriften zur Regelung besonderer Aspekte unlauterer geschäftlicher Handlungen gehen bei der Beurteilung, ob eine unlautere geschäftliche Handlung vorliegt, den Regelungen dieses Gesetzes vor.

[§ 2 bis 27.5.2022:]

§ 2 Definitionen. (1) Im Sinne dieses Gesetzes bedeutet

[1)] **Amtl. Anm.:** Dieses Gesetz dient der Umsetzung der Richtlinie 2005/29/EG des Europäischen Parlaments und des Rates vom 11. Mai 2005 über unlautere Geschäftspraktiken von Unternehmen gegenüber Verbrauchern im Binnenmarkt und zur Änderung der Richtlinie 84/450/EWG des Rates, der Richtlinien 97/7/EG, 98/27/EG und 2002/65/EG des Europäischen Parlaments und des Rates sowie der Verordnung (EG) Nr. 2006/2004 des Europäischen Parlaments und des Rates (ABl. L 149 vom 11.6.2005, S. 22; berichtigt im ABl. L 253 vom 25.9.2009, S. 18) sowie der Richtlinie 2006/114/EG des Europäischen Parlaments und des Rates vom 12. Dezember 2006 über irreführende und vergleichende Werbung (kodifizierte Fassung) (ABl. L 376 vom 27.12.2006, S. 21). Es dient ferner der Umsetzung von Artikel 13 der Richtlinie 2002/58/EG *[Nr. 8]* des Europäischen Parlaments und des Rates vom 12. Juli 2002 über die Verarbeitung personenbezogener Daten und den Schutz der Privatsphäre in der elektronischen Kommunikation (ABl. L 201 vom 31.7.2002, S. 37), der zuletzt durch Artikel 2 Nummer 7 der Richtlinie 2009/136/EG (ABl. L 337 vom 18.12.2009, S. 11) geändert worden ist.

Die Verpflichtungen aus der Richtlinie 98/34/EG des Europäischen Parlaments und des Rates vom 22. Juni 1998 über ein Informationsverfahren auf dem Gebiet der Normen und technischen Vorschriften und der Vorschriften für die Dienste der Informationsgesellschaft (ABl. L 204 vom 21.7.1998, S. 37), die zuletzt durch die Richtlinie 2006/96/EG (ABl. L 363 vom 20.12.2006, S. 81) geändert worden ist, sind beachtet worden.

[2)] Neubekanntmachung des UWG v. 3.7.2004 (BGBl. I S. 1414) in der ab 4.8.2009 geltenden Fassung

[3)] **Amtl. Anm.:** Dieses Gesetz dient der Umsetzung der Richtlinie (EU) 2019/2161 des Europäischen Parlaments und des Rates vom 27. November 2019 zur Änderung der Richtlinie 93/13/EWG des Rates und der Richtlinien 98/6/EG, 2005/29/EG und 2011/83/EU des Europäischen Parlaments und des Rates zur besseren Durchsetzung und Modernisierung der Verbraucherschutzvorschriften der Union (ABl. L 328 vom 18.12.2019, S. 7).

1. „geschäftliche Handlung" jedes Verhalten einer Person zugunsten des eigenen oder eines fremden Unternehmens vor, bei oder nach einem Geschäftsabschluss, das mit der Förderung des Absatzes oder des Bezugs von Waren oder Dienstleistungen oder mit dem Abschluss oder der Durchführung eines Vertrags über Waren oder Dienstleistungen objektiv zusammenhängt; als Waren gelten auch Grundstücke, als Dienstleistungen auch Rechte und Verpflichtungen;
2. „Marktteilnehmer" neben Mitbewerbern und Verbrauchern alle Personen, die als Anbieter oder Nachfrager von Waren oder Dienstleistungen tätig sind;
3. „Mitbewerber" jeder Unternehmer, der mit einem oder mehreren Unternehmern als Anbieter oder Nachfrager von Waren oder Dienstleistungen in einem konkreten Wettbewerbsverhältnis steht;
4. „Nachricht" jede Information, die zwischen einer endlichen Zahl von Beteiligten über einen öffentlich zugänglichen elektronischen Kommunikationsdienst ausgetauscht oder weitergeleitet wird; dies schließt nicht Informationen ein, die als Teil eines Rundfunkdienstes über ein elektronisches Kommunikationsnetz an die Öffentlichkeit weitergeleitet werden, soweit die Informationen nicht mit dem identifizierbaren Teilnehmer oder Nutzer, der sie erhält, in Verbindung gebracht werden können;
5. „Verhaltenskodex" Vereinbarungen oder Vorschriften über das Verhalten von Unternehmern, zu welchem diese sich in Bezug auf Wirtschaftszweige oder einzelne geschäftliche Handlungen verpflichtet haben, ohne dass sich solche Verpflichtungen aus Gesetzes- oder Verwaltungsvorschriften ergeben;
6. „Unternehmer" jede natürliche oder juristische Person, die geschäftliche Handlungen im Rahmen ihrer gewerblichen, handwerklichen oder beruflichen Tätigkeit vornimmt, und jede Person, die im Namen oder Auftrag einer solchen Person handelt;
7. „unternehmerische Sorgfalt" der Standard an Fachkenntnissen und Sorgfalt, von dem billigerweise angenommen werden kann, dass ein Unternehmer ihn in seinem Tätigkeitsbereich gegenüber Verbrauchern nach Treu und Glauben unter Berücksichtigung der anständigen Marktgepflogenheiten einhält;
8. „wesentliche Beeinflussung des wirtschaftlichen Verhaltens des Verbrauchers" die Vornahme einer geschäftlichen Handlung, um die Fähigkeit des Verbrauchers, eine informierte Entscheidung zu treffen, spürbar zu beeinträchtigen und damit den Verbraucher zu einer geschäftlichen Entscheidung zu veranlassen, die er andernfalls nicht getroffen hätte;
9. „geschäftliche Entscheidung" jede Entscheidung eines Verbrauchers oder sonstigen Marktteilnehmers darüber, ob, wie und unter welchen Bedingungen er ein Geschäft abschließen, eine Zahlung leisten, eine Ware oder Dienstleistung behalten oder abgeben oder ein vertragliches Recht im Zusammenhang mit einer Ware oder Dienstleistung ausüben will, unabhängig davon, ob der Verbraucher oder sonstige Marktteilnehmer sich entschließt, tätig zu werden.

(2) Für den Verbraucherbegriff gilt § 13 des Bürgerlichen Gesetzbuchs entsprechend.

[§ 2 ab 28.5.2022:]
§ 2 *Begriffsbestimmungen. (1) Im Sinne dieses Gesetzes ist*

2

Gesetz gegen den unlauteren Wettbewerb § 2 UWG 1

1. „*geschäftliche Entscheidung*" *jede Entscheidung eines Verbrauchers oder sonstigen Marktteilnehmers darüber, ob, wie und unter welchen Bedingungen er ein Geschäft abschließen, eine Zahlung leisten, eine Ware oder Dienstleistung behalten oder abgeben oder ein vertragliches Recht im Zusammenhang mit einer Ware oder Dienstleistung ausüben will, unabhängig davon, ob der Verbraucher oder sonstige Marktteilnehmer sich entschließt, tätig zu werden;*
2. „*geschäftliche Handlung*" *jedes Verhalten einer Person zugunsten des eigenen oder eines fremden Unternehmens vor, bei oder nach einem Geschäftsabschluss, das mit der Förderung des Absatzes oder des Bezugs von Waren oder Dienstleistungen oder mit dem Abschluss oder der Durchführung eines Vertrags über Waren oder Dienstleistungen unmittelbar und objektiv zusammenhängt; als Waren gelten auch Grundstücke und digitale Inhalte, Dienstleistungen sind auch digitale Dienstleistungen, als Dienstleistungen gelten auch Rechte und Verpflichtungen;*
3. „*Marktteilnehmer*" *neben Mitbewerber und Verbraucher auch jede weitere Person, die als Anbieter oder Nachfrager von Waren oder Dienstleistungen tätig ist;*
4. „*Mitbewerber*" *jeder Unternehmer, der mit einem oder mehreren Unternehmern als Anbieter oder Nachfrager von Waren oder Dienstleistungen in einem konkreten Wettbewerbsverhältnis steht;*
5. „*Nachricht*" *jede Information, die zwischen einer endlichen Zahl von Beteiligten über einen öffentlich zugänglichen elektronischen Kommunikationsdienst ausgetauscht oder weitergeleitet wird; nicht umfasst sind Informationen, die als Teil eines Rundfunkdienstes über ein elektronisches Kommunikationsnetz an die Öffentlichkeit weitergeleitet werden, soweit diese Informationen nicht mit dem identifizierbaren Teilnehmer oder Nutzer, der sie erhält, in Verbindung gebracht werden können;*
6. „*Online-Marktplatz*" *ein Dienst, der es Verbrauchern ermöglicht, durch die Verwendung von Software, die von einem Unternehmer oder in dessen Namen betrieben wird, einschließlich einer Website, eines Teils einer Website oder einer Anwendung, Fernabsatzverträge (§ 312c des Bürgerlichen Gesetzbuchs) mit anderen Unternehmern oder Verbrauchern abzuschließen;*
7. „*Ranking*" *die von einem Unternehmer veranlasste relative Hervorhebung von Waren oder Dienstleistungen, unabhängig von den hierfür verwendeten technischen Mitteln;*
8. „*Unternehmer*" *jede natürliche oder juristische Person, die geschäftliche Handlungen im Rahmen ihrer gewerblichen, handwerklichen oder beruflichen Tätigkeit vornimmt, und jede Person, die im Namen oder Auftrag einer solchen Person handelt;*
9. „*unternehmerische Sorgfalt*" *der Standard an Fachkenntnissen und Sorgfalt, von dem billigerweise angenommen werden kann, dass ein Unternehmer ihn in seinem Tätigkeitsbereich gegenüber Verbrauchern nach Treu und Glauben unter Berücksichtigung der anständigen Marktgepflogenheiten einhält;*
10. „*Verhaltenskodex*" *jede Vereinbarung oder Vorschrift über das Verhalten von Unternehmern, zu welchem diese sich in Bezug auf Wirtschaftszweige oder einzelne geschäftliche Handlungen verpflichtet haben, ohne dass sich solche Verpflichtungen aus Gesetzes- oder Verwaltungsvorschriften ergeben;*
11. „*wesentliche Beeinflussung des wirtschaftlichen Verhaltens des Verbrauchers*" *die Vornahme einer geschäftlichen Handlung, um die Fähigkeit des Verbrauchers, eine informierte Entscheidung zu treffen, spürbar zu beeinträchtigen und damit den Verbraucher zu einer geschäftlichen Entscheidung zu veranlassen, die er andernfalls nicht getroffen hätte.*

(2) Für den Verbraucherbegriff ist § 13 des Bürgerlichen Gesetzbuchs entsprechend anwendbar.

§ 3 Verbot unlauterer geschäftlicher Handlungen. (1) Unlautere geschäftliche Handlungen sind unzulässig.

(2) Geschäftliche Handlungen, die sich an Verbraucher richten oder diese erreichen, sind unlauter, wenn sie nicht der unternehmerischen Sorgfalt entsprechen und dazu geeignet sind, das wirtschaftliche Verhalten des Verbrauchers wesentlich zu beeinflussen.

(3) Die im Anhang dieses Gesetzes aufgeführten geschäftlichen Handlungen gegenüber Verbrauchern sind stets unzulässig.

(4) [1] Bei der Beurteilung von geschäftlichen Handlungen gegenüber Verbrauchern ist auf den durchschnittlichen Verbraucher oder, wenn sich die geschäftliche Handlung an eine bestimmte Gruppe von Verbrauchern wendet, auf ein durchschnittliches Mitglied dieser Gruppe abzustellen. [2] Geschäftliche Handlungen, die für den Unternehmer vorhersehbar das wirtschaftliche Verhalten nur einer eindeutig identifizierbaren Gruppe von Verbrauchern wesentlich beeinflussen, die auf Grund von geistigen oder körperlichen Beeinträchtigungen, Alter oder Leichtgläubigkeit im Hinblick auf diese geschäftlichen Handlungen oder die diesen zugrunde liegenden Waren oder Dienstleistungen besonders schutzbedürftig sind, sind aus der Sicht eines durchschnittlichen Mitglieds dieser Gruppe zu beurteilen.

§ 3a Rechtsbruch. Unlauter handelt, wer einer gesetzlichen Vorschrift zuwiderhandelt, die auch dazu bestimmt ist, im Interesse der Marktteilnehmer das Marktverhalten zu regeln, und der Verstoß geeignet ist, die Interessen von Verbrauchern, sonstigen Marktteilnehmern oder Mitbewerbern spürbar zu beeinträchtigen.

§ 4 Mitbewerberschutz. Unlauter handelt, wer

1. die Kennzeichen, Waren, Dienstleistungen, Tätigkeiten oder persönlichen oder geschäftlichen Verhältnisse eines Mitbewerbers herabsetzt oder verunglimpft;
2. über die Waren, Dienstleistungen oder das Unternehmen eines Mitbewerbers oder über den Unternehmer oder ein Mitglied der Unternehmensleitung Tatsachen behauptet oder verbreitet, die geeignet sind, den Betrieb des Unternehmens oder den Kredit des Unternehmers zu schädigen, sofern die Tatsachen nicht erweislich wahr sind; handelt es sich um vertrauliche Mitteilungen und hat der Mitteilende oder der Empfänger der Mitteilung an ihr ein berechtigtes Interesse, so ist die Handlung nur dann unlauter, wenn die Tatsachen der Wahrheit zuwider behauptet oder verbreitet wurden;
3. Waren oder Dienstleistungen anbietet, die eine Nachahmung der Waren oder Dienstleistungen eines Mitbewerbers sind, wenn er
   a) eine vermeidbare Täuschung der Abnehmer über die betriebliche Herkunft herbeiführt,
   b) die Wertschätzung der nachgeahmten Ware oder Dienstleistung unangemessen ausnutzt oder beeinträchtigt oder
   c) die für die Nachahmung erforderlichen Kenntnisse oder Unterlagen unredlich erlangt hat;
4. Mitbewerber gezielt behindert.

Gesetz gegen den unlauteren Wettbewerb §§ 4a, 5 UWG 1

§ 4a Aggressive geschäftliche Handlungen. (1) ¹Unlauter handelt, wer eine aggressive geschäftliche Handlung vornimmt, die geeignet ist, den Verbraucher oder sonstigen Marktteilnehmer zu einer geschäftlichen Entscheidung zu veranlassen, die dieser andernfalls nicht getroffen hätte. ²Eine geschäftliche Handlung ist aggressiv, wenn sie im konkreten Fall unter Berücksichtigung aller Umstände geeignet ist, die Entscheidungsfreiheit des Verbrauchers oder sonstigen Marktteilnehmers erheblich zu beeinträchtigen durch

1. Belästigung,
2. Nötigung einschließlich der Anwendung körperlicher Gewalt oder
3. unzulässige Beeinflussung.

³Eine unzulässige Beeinflussung liegt vor, wenn der Unternehmer eine Machtposition gegenüber dem Verbraucher oder sonstigen Marktteilnehmer zur Ausübung von Druck, auch ohne Anwendung oder Androhung von körperlicher Gewalt, in einer Weise ausnutzt, die die Fähigkeit des Verbrauchers oder sonstigen Marktteilnehmers zu einer informierten Entscheidung wesentlich einschränkt.

(2) ¹Bei der Feststellung, ob eine geschäftliche Handlung aggressiv im Sinne des Absatzes 1 Satz 2 ist, ist abzustellen auf

1. Zeitpunkt, Ort, Art oder Dauer der Handlung;
2. die Verwendung drohender oder beleidigender Formulierungen oder Verhaltensweisen;
3. die bewusste Ausnutzung von konkreten Unglückssituationen oder Umständen von solcher Schwere, dass sie das Urteilsvermögen des Verbrauchers oder sonstigen Marktteilnehmers beeinträchtigen, um dessen Entscheidung zu beeinflussen;
4. belastende oder unverhältnismäßige Hindernisse nichtvertraglicher Art, mit denen der Unternehmer den Verbraucher oder sonstigen Marktteilnehmer an der Ausübung seiner vertraglichen Rechte zu hindern versucht, wozu auch das Recht gehört, den Vertrag zu kündigen oder zu einer anderen Ware oder Dienstleistung oder einem anderen Unternehmer zu wechseln;
5. Drohungen mit rechtlich unzulässigen Handlungen.

²Zu den Umständen, die nach Nummer 3 zu berücksichtigen sind, zählen insbesondere geistige und körperliche Beeinträchtigungen, das Alter, die geschäftliche Unerfahrenheit, die Leichtgläubigkeit, die Angst und die Zwangslage von Verbrauchern.

§ 5 Irreführende geschäftliche Handlungen. (1) ¹Unlauter handelt, wer eine irreführende geschäftliche Handlung vornimmt, die geeignet ist, den Verbraucher oder sonstigen Marktteilnehmer zu einer geschäftlichen Entscheidung zu veranlassen, die er andernfalls nicht getroffen hätte. *[Satz 2 bis 27.5.2022:]* ²Eine geschäftliche Handlung ist irreführend, wenn sie unwahre Angaben enthält oder sonstige zur Täuschung geeignete Angaben über folgende Umstände enthält.

1. die wesentlichen Merkmale der Ware oder Dienstleistung wie Verfügbarkeit, Art, Ausführung, Vorteile, Risiken, Zusammensetzung, Zubehör, Verfahren oder Zeitpunkt der Herstellung, Lieferung oder Erbringung, Zwecktauglichkeit, Verwendungsmöglichkeit, Menge, Beschaffenheit, Kundendienst und Beschwerdeverfahren, geographische oder betriebliche Herkunft, von der

Verwendung zu erwartende Ergebnisse oder die Ergebnisse oder wesentlichen Bestandteile von Tests der Waren oder Dienstleistungen;
2. den Anlass des Verkaufs wie das Vorhandensein eines besonderen Preisvorteils, den Preis oder die Art und Weise, in der er berechnet wird, oder die Bedingungen, unter denen die Ware geliefert oder die Dienstleistung erbracht wird;
3. die Person, Eigenschaften oder Rechte des Unternehmers wie Identität, Vermögen einschließlich der Rechte des geistigen Eigentums, den Umfang von Verpflichtungen, Befähigung, Status, Zulassung, Mitgliedschaften oder Beziehungen, Auszeichnungen oder Ehrungen, Beweggründe für die geschäftliche Handlung oder die Art des Vertriebs;
4. Aussagen oder Symbole, die im Zusammenhang mit direktem oder indirektem Sponsoring stehen oder sich auf eine Zulassung des Unternehmers oder der Waren oder Dienstleistungen beziehen;
5. die Notwendigkeit einer Leistung, eines Ersatzteils, eines Austauschs oder einer Reparatur;
6. die Einhaltung eines Verhaltenskodexes, auf den sich der Unternehmer verbindlich verpflichtet hat, wenn er auf diese Bindung hinweist, oder
7. Rechte des Verbrauchers, insbesondere solche auf Grund von Garantieversprechen oder Gewährleistungsrechte bei Leistungsstörungen.

[Abs. 2 ab 28.5.2022:]
(2) Eine geschäftliche Handlung ist irreführend, wenn sie unwahre Angaben enthält oder sonstige zur Täuschung geeignete Angaben über folgende Umstände enthält:
1. *die wesentlichen Merkmale der Ware oder Dienstleistung wie Verfügbarkeit, Art, Ausführung, Vorteile, Risiken, Zusammensetzung, Zubehör, Verfahren oder Zeitpunkt der Herstellung, Lieferung oder Erbringung, Zwecktauglichkeit, Verwendungsmöglichkeit, Menge, Beschaffenheit, Kundendienst und Beschwerdeverfahren, geographische oder betriebliche Herkunft, von der Verwendung zu erwartende Ergebnisse oder die Ergebnisse oder wesentlichen Bestandteile von Tests der Waren oder Dienstleistungen;*
2. *den Anlass des Verkaufs wie das Vorhandensein eines besonderen Preisvorteils, den Preis oder die Art und Weise, in der er berechnet wird, oder die Bedingungen, unter denen die Ware geliefert oder die Dienstleistung erbracht wird;*
3. *die Person, Eigenschaften oder Rechte des Unternehmers wie Identität, Vermögen einschließlich der Rechte des geistigen Eigentums, den Umfang von Verpflichtungen, Befähigung, Status, Zulassung, Mitgliedschaften oder Beziehungen, Auszeichnungen oder Ehrungen, Beweggründe für die geschäftliche Handlung oder die Art des Vertriebs;*
4. *Aussagen oder Symbole, die im Zusammenhang mit direktem oder indirektem Sponsoring stehen oder sich auf eine Zulassung des Unternehmers oder der Waren oder Dienstleistungen beziehen;*
5. *die Notwendigkeit einer Leistung, eines Ersatzteils, eines Austauschs oder einer Reparatur;*
6. *die Einhaltung eines Verhaltenskodexes, auf den sich der Unternehmer verbindlich verpflichtet hat, wenn er auf diese Bindung hinweist, oder*
7. *Rechte des Verbrauchers, insbesondere solche auf Grund von Garantieversprechen oder Gewährleistungsrechte bei Leistungsstörungen.*

[Abs. 2 bis 27.5.2022:]
(2) Eine geschäftliche Handlung ist auch irreführend, wenn sie im Zusammenhang mit der Vermarktung von Waren oder Dienstleistungen einschließlich vergleichender Werbung eine Verwechslungsgefahr mit einer anderen Ware oder Dienstleistung oder mit der Marke oder einem anderen Kennzeichen eines Mitbewerbers hervorruft.

[Abs. 3 ab 28.5.2022:]
(3) Eine geschäftliche Handlung ist auch irreführend, wenn
1. *sie im Zusammenhang mit der Vermarktung von Waren oder Dienstleistungen einschließlich vergleichender Werbung eine Verwechslungsgefahr mit einer anderen Ware oder Dienstleistung oder mit der Marke oder einem anderen Kennzeichen eines Mitbewerbers hervorruft oder*
2. *mit ihr eine Ware in einem Mitgliedstaat der Europäischen Union als identisch mit einer in anderen Mitgliedstaaten der Europäischen Union auf dem Markt bereitgestellten Ware vermarktet wird, obwohl sich diese Waren in ihrer Zusammensetzung oder in ihren Merkmalen wesentlich voneinander unterscheiden, sofern dies nicht durch legitime und objektive Faktoren gerechtfertigt ist.*

(3) *[ab 28.5.2022: (4)]* Angaben im Sinne von Absatz 1 Satz 2 sind auch Angaben im Rahmen vergleichender Werbung sowie bildliche Darstellungen und sonstige Veranstaltungen, die darauf zielen und geeignet sind, solche Angaben zu ersetzen.

(4) *[ab 28.5.2022: (5)]* ¹Es wird vermutet, dass es irreführend ist, mit der Herabsetzung eines Preises zu werben, sofern der Preis nur für eine unangemessen kurze Zeit gefordert worden ist. ²Ist streitig, ob und in welchem Zeitraum der Preis gefordert worden ist, so trifft die Beweislast denjenigen, der mit der Preisherabsetzung geworben hat.

[§ 5a bis 27.5.2022:]
§ 5a Irreführung durch Unterlassen. (1) Bei der Beurteilung, ob das Verschweigen einer Tatsache irreführend ist, sind insbesondere deren Bedeutung für die geschäftliche Entscheidung nach der Verkehrsauffassung sowie die Eignung des Verschweigens zur Beeinflussung der Entscheidung zu berücksichtigen.

(2) ¹Unlauter handelt, wer im konkreten Fall unter Berücksichtigung aller Umstände dem Verbraucher eine wesentliche Information vorenthält,
1. die der Verbraucher je nach den Umständen benötigt, um eine informierte geschäftliche Entscheidung zu treffen, und
2. deren Vorenthalten geeignet ist, den Verbraucher zu einer geschäftlichen Entscheidung zu veranlassen, die er andernfalls nicht getroffen hätte.

²Als Vorenthalten gilt auch
1. das Verheimlichen wesentlicher Informationen,
2. die Bereitstellung wesentlicher Informationen in unklarer, unverständlicher oder zweideutiger Weise,
3. die nicht rechtzeitige Bereitstellung wesentlicher Informationen.

(3) Werden Waren oder Dienstleistungen unter Hinweis auf deren Merkmale und Preis in einer dem verwendeten Kommunikationsmittel angemessenen Weise so angeboten, dass ein durchschnittlicher Verbraucher das Geschäft ab-

schließen kann, gelten folgende Informationen als wesentlich im Sinne des Absatzes 2, sofern sie sich nicht unmittelbar aus den Umständen ergeben:
1. alle wesentlichen Merkmale der Ware oder Dienstleistung in dem dieser und dem verwendeten Kommunikationsmittel angemessenen Umfang;
2. die Identität und Anschrift des Unternehmers, gegebenenfalls die Identität und Anschrift des Unternehmers, für den er handelt;
3. der Gesamtpreis oder in Fällen, in denen ein solcher Preis auf Grund der Beschaffenheit der Ware oder Dienstleistung nicht im Voraus berechnet werden kann, die Art der Preisberechnung sowie gegebenenfalls alle zusätzlichen Fracht-, Liefer- und Zustellkosten oder in Fällen, in denen diese Kosten nicht im Voraus berechnet werden können, die Tatsache, dass solche zusätzlichen Kosten anfallen können;
4. Zahlungs-, Liefer- und Leistungsbedingungen sowie Verfahren zum Umgang mit Beschwerden, soweit sie von Erfordernissen der unternehmerischen Sorgfalt abweichen, und
5. das Bestehen eines Rechts zum Rücktritt oder Widerruf.

(4) Als wesentlich im Sinne des Absatzes 2 gelten auch Informationen, die dem Verbraucher auf Grund unionsrechtlicher Verordnungen oder nach Rechtsvorschriften zur Umsetzung unionsrechtlicher Richtlinien für kommerzielle Kommunikation einschließlich Werbung und Marketing nicht vorenthalten werden dürfen.

(5) Bei der Beurteilung, ob Informationen vorenthalten wurden, sind zu berücksichtigen:
1. räumliche oder zeitliche Beschränkungen durch das für die geschäftliche Handlung gewählte Kommunikationsmittel sowie
2. alle Maßnahmen des Unternehmers, um dem Verbraucher die Informationen auf andere Weise als durch das Kommunikationsmittel nach Nummer 1 zur Verfügung zu stellen.

(6) Unlauter handelt auch, wer den kommerziellen Zweck einer geschäftlichen Handlung nicht kenntlich macht, sofern sich dieser nicht unmittelbar aus den Umständen ergibt, und das Nichtkenntlichmachen geeignet ist, den Verbraucher zu einer geschäftlichen Entscheidung zu veranlassen, die er andernfalls nicht getroffen hätte.

[§ 5a ab 28.5.2022:]
§ 5a *Irreführung durch Unterlassen. (1) Unlauter handelt auch, wer einen Verbraucher oder sonstigen Marktteilnehmer irreführt, indem er ihm eine wesentliche Information vorenthält,*
1. *die der Verbraucher oder der sonstige Marktteilnehmer nach den jeweiligen Umständen benötigt, um eine informierte geschäftliche Entscheidung zu treffen, und*
2. *deren Vorenthalten dazu geeignet ist, den Verbraucher oder den sonstigen Marktteilnehmer zu einer geschäftlichen Entscheidung zu veranlassen, die er andernfalls nicht getroffen hätte.*

(2) Als Vorenthalten gilt auch
1. *das Verheimlichen wesentlicher Informationen,*
2. *die Bereitstellung wesentlicher Informationen in unklarer, unverständlicher oder zweideutiger Weise sowie*

3. die nicht rechtzeitige Bereitstellung wesentlicher Informationen.

(3) Bei der Beurteilung, ob wesentliche Informationen vorenthalten wurden, sind zu berücksichtigen:
1. räumliche oder zeitliche Beschränkungen durch das für die geschäftliche Handlung gewählte Kommunikationsmittel sowie
2. alle Maßnahmen des Unternehmers, um dem Verbraucher oder sonstigen Marktteilnehmer die Informationen auf andere Weise als durch das für die geschäftliche Handlung gewählte Kommunikationsmittel zur Verfügung zu stellen.

(4) ¹Unlauter handelt auch, wer den kommerziellen Zweck einer geschäftlichen Handlung nicht kenntlich macht, sofern sich dieser nicht unmittelbar aus den Umständen ergibt, und das Nichtkenntlichmachen geeignet ist, den Verbraucher oder sonstigen Marktteilnehmer zu einer geschäftlichen Entscheidung zu veranlassen, die er andernfalls nicht getroffen hätte. ²Ein kommerzieller Zweck liegt bei einer Handlung zugunsten eines fremden Unternehmens nicht vor, wenn der Handelnde kein Entgelt oder keine ähnliche Gegenleistung für die Handlung von dem fremden Unternehmen erhält oder sich versprechen lässt. ³Der Erhalt oder das Versprechen einer Gegenleistung wird vermutet, es sei denn der Handelnde macht glaubhaft, dass er eine solche nicht erhalten hat.

[§ 5b ab 28.5.2022:]

§ 5b *Wesentliche Informationen. (1) Werden Waren oder Dienstleistungen unter Hinweis auf deren Merkmale und Preis in einer dem verwendeten Kommunikationsmittel angemessenen Weise so angeboten, dass ein durchschnittlicher Verbraucher das Geschäft abschließen kann, so gelten die folgenden Informationen als wesentlich im Sinne des § 5a Absatz 1, sofern sie sich nicht unmittelbar aus den Umständen ergeben:*
1. alle wesentlichen Merkmale der Ware oder Dienstleistung in dem der Ware oder Dienstleistung und dem verwendeten Kommunikationsmittel angemessenen Umfang,
2. die Identität und Anschrift des Unternehmers, gegebenenfalls die Identität und Anschrift desjenigen Unternehmers, für den er handelt,
3. der Gesamtpreis oder in Fällen, in denen ein solcher Preis auf Grund der Beschaffenheit der Ware oder Dienstleistung nicht im Voraus berechnet werden kann, die Art der Preisberechnung sowie gegebenenfalls alle zusätzlichen Fracht-, Liefer- und Zustellkosten oder in Fällen, in denen diese Kosten nicht im Voraus berechnet werden können, die Tatsache, dass solche zusätzlichen Kosten anfallen können,
4. Zahlungs-, Liefer- und Leistungsbedingungen, soweit diese von den Erfordernissen unternehmerischer Sorgfalt abweichen,
5. das Bestehen des Rechts auf Rücktritt oder Widerruf und
6. bei Waren oder Dienstleistungen, die über einen Online-Marktplatz angeboten werden, die Information, ob es sich bei dem Anbieter der Waren oder Dienstleistungen nach dessen eigener Erklärung gegenüber dem Betreiber des Online-Marktplatzes um einen Unternehmer handelt.

(2) ¹Bietet ein Unternehmer Verbrauchern die Möglichkeit, nach Waren oder Dienstleistungen zu suchen, die von verschiedenen Unternehmern oder von Verbrauchern angeboten werden, so gelten unabhängig davon, wo das Rechtsgeschäft abgeschlossen werden kann, folgende allgemeine Informationen als wesentlich:
1. die Hauptparameter zur Festlegung des Rankings der dem Verbraucher als Ergebnis seiner Suchanfrage präsentierten Waren oder Dienstleistungen sowie
2. die relative Gewichtung der Hauptparameter zur Festlegung des Rankings im Vergleich zu anderen Parametern.

² Die Informationen nach Satz 1 müssen von der Anzeige der Suchergebnisse aus unmittelbar und leicht zugänglich sein. ³ Die Sätze 1 und 2 gelten nicht für Betreiber von Online-Suchmaschinen im Sinne des Artikels 2 Nummer 6 der Verordnung (EU) 2019/1150[1]) des Europäischen Parlaments und des Rates vom 20. Juni 2019 zur Förderung von Fairness und Transparenz für gewerbliche Nutzer von Online-Vermittlungsdiensten (ABl. L 186 vom 11.7.2019, S. 57).

(3) Macht ein Unternehmer Bewertungen zugänglich, die Verbraucher im Hinblick auf Waren oder Dienstleistungen vorgenommen haben, so gelten als wesentlich Informationen darüber, ob und wie der Unternehmer sicherstellt, dass die veröffentlichten Bewertungen von solchen Verbrauchern stammen, die die Waren oder Dienstleistungen tatsächlich genutzt oder erworben haben.

(4) Als wesentlich im Sinne des § 5a Absatz 1 gelten auch solche Informationen, die dem Verbraucher auf Grund unionsrechtlicher Verordnungen oder nach Rechtsvorschriften zur Umsetzung unionsrechtlicher Richtlinien für kommerzielle Kommunikation einschließlich Werbung und Marketing nicht vorenthalten werden dürfen.

[§ 5c ab 28.5.2022:]
§ 5c *Verbotene Verletzung von Verbraucherinteressen durch unlautere geschäftliche Handlungen. (1) Die Verletzung von Verbraucherinteressen durch unlautere geschäftliche Handlungen ist verboten, wenn es sich um einen weitverbreiteten Verstoß gemäß Artikel 3 Nummer 3 der Verordnung (EU) 2017/2394 des Europäischen Parlaments und des Rates vom 12. Dezember 2017 über die Zusammenarbeit zwischen den für die Durchsetzung der Verbraucherschutzgesetze zuständigen nationalen Behörden und zur Aufhebung der Verordnung (EG) Nr. 2006/2004 (ABl. L 345 vom 27.12. 2017, S. 1), die zuletzt durch die Richtlinie (EU) 2019/771 (ABl. L 136 vom 22.5.2019, S. 28; L 305 vom 26.11.2019, S. 66) geändert worden ist, oder einen weitverbreiteten Verstoß mit Unions-Dimension gemäß Artikel 3 Nummer 4 der Verordnung (EU) 2017/2394 handelt.*

(2) Eine Verletzung von Verbraucherinteressen durch unlautere geschäftliche Handlungen im Sinne des Absatzes 1 liegt vor, wenn

1. eine unlautere geschäftliche Handlung nach § 3 Absatz 3 in Verbindung mit den Nummern 1 bis 31 des Anhangs vorgenommen wird,

2. eine aggressive geschäftliche Handlung nach § 4a Absatz 1 Satz 1 vorgenommen wird,

3. eine irreführende geschäftliche Handlung nach § 5 Absatz 1 oder § 5a Absatz 1 vorgenommen wird oder

4. eine unlautere geschäftliche Handlung nach § 3 Absatz 1 fortgesetzt vorgenommen wird, die durch eine vollziehbare Anordnung der zuständigen Behörde im Sinne des Artikels 3 Nummer 6 der Verordnung (EU) 2017/2394 oder durch eine vollstreckbare Entscheidung eines Gerichts untersagt worden ist, sofern die Handlung nicht bereits von den Nummern 1 bis 3 erfasst ist.

(3) Eine Verletzung von Verbraucherinteressen durch unlautere geschäftliche Handlungen im Sinne des Absatzes 1 liegt auch vor, wenn

1. eine geschäftliche Handlung die tatsächlichen Voraussetzungen eines der in Absatz 2 geregelten Fälle erfüllt und

---

[1]) Nr. **20**.

2. auf die geschäftliche Handlung das nationale Recht eines anderen Mitgliedstaates der Europäischen Union anwendbar ist, welches eine Vorschrift enthält, die der jeweiligen in Absatz 2 genannten Vorschrift entspricht.

§ 6 Vergleichende Werbung. (1) Vergleichende Werbung ist jede Werbung, die unmittelbar oder mittelbar einen Mitbewerber oder die von einem Mitbewerber angebotenen Waren oder Dienstleistungen erkennbar macht.

(2) Unlauter handelt, wer vergleichend wirbt, wenn der Vergleich

1. sich nicht auf Waren oder Dienstleistungen für den gleichen Bedarf oder dieselbe Zweckbestimmung bezieht,
2. nicht objektiv auf eine oder mehrere wesentliche, relevante, nachprüfbare und typische Eigenschaften oder den Preis dieser Waren oder Dienstleistungen bezogen ist,
3. im geschäftlichen Verkehr zu einer Gefahr von Verwechslungen zwischen dem Werbenden und einem Mitbewerber oder zwischen den von diesen angebotenen Waren oder Dienstleistungen oder den von ihnen verwendeten Kennzeichen führt,
4. den Ruf des von einem Mitbewerber verwendeten Kennzeichens in unlauterer Weise ausnutzt oder beeinträchtigt,
5. die Waren, Dienstleistungen, Tätigkeiten oder persönlichen oder geschäftlichen Verhältnisse eines Mitbewerbers herabsetzt oder verunglimpft oder
6. eine Ware oder Dienstleistung als Imitation oder Nachahmung einer unter einem geschützten Kennzeichen vertriebenen Ware oder Dienstleistung darstellt.

§ 7 Unzumutbare Belästigungen. (1) [1] Eine geschäftliche Handlung, durch die ein Marktteilnehmer in unzumutbarer Weise belästigt wird, ist unzulässig. [2] Dies gilt insbesondere für Werbung, obwohl erkennbar ist, dass der angesprochene Marktteilnehmer diese Werbung nicht wünscht.

(2) Eine unzumutbare Belästigung ist stets anzunehmen

[Nr. 1 bis 27.5.2022:]
1. bei Werbung unter Verwendung eines in den Nummern 2 und 3 nicht aufgeführten, für den Fernabsatz geeigneten Mittels der kommerziellen Kommunikation, durch die ein Verbraucher hartnäckig angesprochen wird, obwohl er dies erkennbar nicht wünscht;
2. *[ab 28.5.2022: 1.]* bei Werbung mit einem Telefonanruf gegenüber einem Verbraucher ohne dessen vorherige ausdrückliche Einwilligung oder gegenüber einem sonstigen Marktteilnehmer ohne dessen zumindest mutmaßliche Einwilligung,
3. *[ab 28.5.2022: 2.]* bei Werbung unter Verwendung einer automatischen Anrufmaschine, eines Faxgerätes oder elektronischer Post, ohne dass eine vorherige ausdrückliche Einwilligung des Adressaten vorliegt, oder
4. *[ab 28.5.2022: 3.]* bei Werbung mit einer Nachricht,
   a) bei der die Identität des Absenders, in dessen Auftrag die Nachricht übermittelt wird, verschleiert oder verheimlicht wird oder
   b) bei der gegen § 6 Absatz 1 des Telemediengesetzes verstoßen wird oder in der der Empfänger aufgefordert wird, eine Website aufzurufen, die gegen diese Vorschrift verstößt, oder

c) bei der keine gültige Adresse vorhanden ist, an die der Empfänger eine Aufforderung zur Einstellung solcher Nachrichten richten kann, ohne dass hierfür andere als die Übermittlungskosten nach den Basistarifen entstehen.

(3) Abweichend von Absatz 2 *[bis 27.5.2022:* Nummer 3*][ab 28.5.2022: Nummer 2]* ist eine unzumutbare Belästigung bei einer Werbung unter Verwendung elektronischer Post nicht anzunehmen, wenn

1. ein Unternehmer im Zusammenhang mit dem Verkauf einer Ware oder Dienstleistung von dem Kunden dessen elektronische Postadresse erhalten hat,
2. der Unternehmer die Adresse zur Direktwerbung für eigene ähnliche Waren oder Dienstleistungen verwendet,
3. der Kunde der Verwendung nicht widersprochen hat und
4. der Kunde bei Erhebung der Adresse und bei jeder Verwendung klar und deutlich darauf hingewiesen wird, dass er der Verwendung jederzeit widersprechen kann, ohne dass hierfür andere als die Übermittlungskosten nach den Basistarifen entstehen.

§ 7a Einwilligung in Telefonwerbung. (1) Wer mit einem Telefonanruf gegenüber einem Verbraucher wirbt, hat dessen vorherige ausdrückliche Einwilligung in die Telefonwerbung zum Zeitpunkt der Erteilung in angemessener Form zu dokumentieren und gemäß Absatz 2 Satz 1 aufzubewahren.

(2) [1] Die werbenden Unternehmen müssen den Nachweis nach Absatz 1 ab Erteilung der Einwilligung sowie nach jeder Verwendung der Einwilligung fünf Jahre aufbewahren. [2] Die werbenden Unternehmen haben der nach § 20 Absatz 3 zuständigen Verwaltungsbehörde den Nachweis nach Absatz 1 auf Verlangen unverzüglich vorzulegen.

Kapitel 2. Rechtsfolgen

§ 8 Beseitigung und Unterlassung. (1) [1] Wer eine nach § 3 oder § 7 unzulässige geschäftliche Handlung vornimmt, kann auf Beseitigung und bei Wiederholungsgefahr auf Unterlassung in Anspruch genommen werden. [2] Der Anspruch auf Unterlassung besteht bereits dann, wenn eine derartige Zuwiderhandlung gegen § 3 oder § 7 droht.

(2) Werden die Zuwiderhandlungen in einem Unternehmen von einem Mitarbeiter oder Beauftragten begangen, so sind der Unterlassungsanspruch und der Beseitigungsanspruch auch gegen den Inhaber des Unternehmens begründet.

(3) Die Ansprüche aus Absatz 1 stehen zu:

1. jedem Mitbewerber, der Waren oder Dienstleistungen in nicht unerheblichem Maße und nicht nur gelegentlich vertreibt oder nachfragt,
2. denjenigen rechtsfähigen Verbänden zur Förderung gewerblicher oder selbstständiger beruflicher Interessen, die in der Liste der qualifizierten Wirtschaftsverbände nach § 8b eingetragen sind, soweit ihnen eine erhebliche Zahl von Unternehmern angehört, die Waren oder Dienstleistungen gleicher oder verwandter Art auf demselben Markt vertreiben, und die Zuwiderhandlung die Interessen ihrer Mitglieder berührt,

3. den qualifizierten Einrichtungen, die in der Liste der qualifizierten Einrichtungen nach § 4 des Unterlassungsklagengesetzes[1] eingetragen sind, oder den qualifizierten Einrichtungen aus anderen Mitgliedstaaten der Europäischen Union, die in dem Verzeichnis der Europäischen Kommission nach Artikel 4 Absatz 3 der Richtlinie 2009/22/EG des Europäischen Parlaments und des Rates vom 23. April 2009 über Unterlassungsklagen zum Schutz der Verbraucherinteressen (ABl. L 110 vom 1.5.2009, S. 30), die zuletzt durch die Verordnung (EU) 2018/302 (ABl. L 60I vom 2.3.2018, S. 1) geändert worden ist, eingetragen sind,
4. den Industrie- und Handelskammern, den nach der Handwerksordnung errichteten Organisationen und anderen berufsständischen Körperschaften des öffentlichen Rechts im Rahmen der Erfüllung ihrer Aufgaben sowie den Gewerkschaften im Rahmen der Erfüllung ihrer Aufgaben bei der Vertretung selbstständiger beruflicher Interessen.

(4) Stellen nach Absatz 3 Nummer 2 und 3 können die Ansprüche nicht geltend machen, solange ihre Eintragung ruht.

(5) [1] § 13 des Unterlassungsklagengesetzes ist entsprechend anzuwenden; in § 13 Absatz 1 und 3 Satz 2 des Unterlassungsklagengesetzes treten an die Stelle der dort aufgeführten Ansprüche nach dem Unterlassungsklagengesetz die Ansprüche nach dieser Vorschrift. [2] Im Übrigen findet das Unterlassungsklagengesetz keine Anwendung, es sei denn, es liegt ein Fall des § 4e des Unterlassungsklagengesetzes vor.

§ 8a Anspruchsberechtigte bei einem Verstoß gegen die Verordnung (EU) 2019/1150.
Anspruchsberechtigt nach § 8 Absatz 1 sind bei einem Verstoß gegen die Verordnung (EU) 2019/1150[2] des Europäischen Parlaments und des Rates vom 20. Juni 2019 zur Förderung von Fairness und Transparenz für gewerbliche Nutzer von Online-Vermittlungsdiensten (ABl. L 186 vom 11.7.2019, S. 57) abweichend von § 8 Absatz 3 die Verbände, Organisationen und öffentlichen Stellen, die die Voraussetzungen des Artikels 14 Absatz 3 und 4 der Verordnung (EU) 2019/1150 erfüllen.

§ 8b Liste der qualifizierten Wirtschaftsverbände.
(1) Das Bundesamt für Justiz führt eine Liste der qualifizierten Wirtschaftsverbände und veröffentlicht sie in der jeweils aktuellen Fassung auf seiner Internetseite.

(2) Ein rechtsfähiger Verband, zu dessen satzungsmäßigen Aufgaben es gehört, gewerbliche oder selbstständige berufliche Interessen zu verfolgen und zu fördern sowie zu Fragen des lauteren Wettbewerbs zu beraten und zu informieren, wird auf seinen Antrag in die Liste eingetragen, wenn
1. er mindestens 75 Unternehmer als Mitglieder hat,
2. er zum Zeitpunkt der Antragstellung seit mindestens einem Jahr seine satzungsmäßigen Aufgaben wahrgenommen hat,
3. auf Grund seiner bisherigen Tätigkeit sowie seiner personellen, sachlichen und finanziellen Ausstattung gesichert erscheint, dass er
   a) seine satzungsmäßigen Aufgaben auch künftig dauerhaft wirksam und sachgerecht erfüllen wird und

---
[1] Nr. 4.
[2] Nr. 20.

b) seine Ansprüche nicht vorwiegend geltend machen wird, um für sich Einnahmen aus Abmahnungen oder Vertragsstrafen zu erzielen,
4. seinen Mitgliedern keine Zuwendungen aus dem Verbandsvermögen gewährt werden und Personen, die für den Verband tätig sind, nicht durch unangemessen hohe Vergütungen oder andere Zuwendungen begünstigt werden.

(3) § 4 Absatz 3 und 4 sowie die §§ 4a bis 4d des Unterlassungsklagengesetzes[1]) sind entsprechend anzuwenden.

§ 8c Verbot der missbräuchlichen Geltendmachung von Ansprüchen; Haftung. (1) Die Geltendmachung der Ansprüche aus § 8 Absatz 1 ist unzulässig, wenn sie unter Berücksichtigung der gesamten Umstände missbräuchlich ist.

(2) Eine missbräuchliche Geltendmachung ist im Zweifel anzunehmen, wenn

1. die Geltendmachung der Ansprüche vorwiegend dazu dient, gegen den Zuwiderhandelnden einen Anspruch auf Ersatz von Aufwendungen oder von Kosten der Rechtsverfolgung oder die Zahlung einer Vertragsstrafe entstehen zu lassen,
2. ein Mitbewerber eine erhebliche Anzahl von Verstößen gegen die gleiche Rechtsvorschrift durch Abmahnungen geltend macht, wenn die Anzahl der geltend gemachten Verstöße außer Verhältnis zum Umfang der eigenen Geschäftstätigkeit steht oder wenn anzunehmen ist, dass der Mitbewerber das wirtschaftliche Risiko seines außergerichtlichen oder gerichtlichen Vorgehens nicht selbst trägt,
3. ein Mitbewerber den Gegenstandswert für eine Abmahnung unangemessen hoch ansetzt,
4. offensichtlich überhöhte Vertragsstrafen vereinbart oder gefordert werden,
5. eine vorgeschlagene Unterlassungsverpflichtung offensichtlich über die abgemahnte Rechtsverletzung hinausgeht,
6. mehrere Zuwiderhandlungen, die zusammen hätten abgemahnt werden können, einzeln abgemahnt werden oder
7. wegen einer Zuwiderhandlung, für die mehrere Zuwiderhandelnde verantwortlich sind, die Ansprüche gegen die Zuwiderhandelnden ohne sachlichen Grund nicht zusammen geltend gemacht werden.

(3) [1]Im Fall der missbräuchlichen Geltendmachung von Ansprüchen kann der Anspruchsgegner vom Anspruchsteller Ersatz der für seine Rechtsverteidigung erforderlichen Aufwendungen fordern. [2]Weitergehende Ersatzansprüche bleiben unberührt.

[§ 9 bis 27.5.2022:]
§ 9 Schadensersatz. [1]Wer vorsätzlich oder fahrlässig eine nach § 3 oder § 7 unzulässige geschäftliche Handlung vornimmt, ist den Mitbewerbern zum Ersatz des daraus entstehenden Schadens verpflichtet. [2]Gegen verantwortliche Personen von periodischen Druckschriften kann der Anspruch auf Schadensersatz nur bei einer vorsätzlichen Zuwiderhandlung geltend gemacht werden.

---

[1]) Nr. 4.

[§ 9 ab 28.5.2022:]
§ 9 Schadensersatz. (1) Wer vorsätzlich oder fahrlässig eine nach § 3 oder § 7 unzulässige geschäftliche Handlung vornimmt, ist den Mitbewerbern zum Ersatz des daraus entstehenden Schadens verpflichtet.

(2) ¹Wer vorsätzlich oder fahrlässig eine nach § 3 unzulässige geschäftliche Handlung vornimmt und hierdurch Verbraucher zu einer geschäftlichen Entscheidung veranlasst, die sie andernfalls nicht getroffen hätten, ist ihnen zum Ersatz des daraus entstehenden Schadens verpflichtet. ²Dies gilt nicht für unlautere geschäftliche Handlungen nach den §§ 3a, 4 und 6 sowie nach Nummer 32 des Anhangs.

(3) Gegen verantwortliche Personen von periodischen Druckschriften kann der Anspruch auf Schadensersatz nach den Absätzen 1 und 2 nur bei einer vorsätzlichen Zuwiderhandlung geltend gemacht werden.

§ 10 Gewinnabschöpfung. (1) Wer vorsätzlich eine nach § 3 oder § 7 unzulässige geschäftliche Handlung vornimmt und hierdurch zu Lasten einer Vielzahl von Abnehmern einen Gewinn erzielt, kann von den gemäß § 8 Absatz 3 Nummer 2 bis 4 zur Geltendmachung eines Unterlassungsanspruchs Berechtigten auf Herausgabe dieses Gewinns an den Bundeshaushalt in Anspruch genommen werden.

(2) ¹Auf den Gewinn sind die Leistungen anzurechnen, die der Schuldner auf Grund der Zuwiderhandlung an Dritte oder an den Staat erbracht hat. ²Soweit der Schuldner solche Leistungen erst nach Erfüllung des Anspruchs nach Absatz 1 erbracht hat, erstattet die zuständige Stelle des Bundes dem Schuldner den abgeführten Gewinn in Höhe der nachgewiesenen Zahlungen zurück.

(3) Beanspruchen mehrere Gläubiger den Gewinn, so gelten die §§ 428 bis 430 des Bürgerlichen Gesetzbuchs entsprechend.

(4) ¹Die Gläubiger haben der zuständigen Stelle des Bundes über die Geltendmachung von Ansprüchen nach Absatz 1 Auskunft zu erteilen. ²Sie können von der zuständigen Stelle des Bundes Erstattung der für die Geltendmachung des Anspruchs erforderlichen Aufwendungen verlangen, soweit sie vom Schuldner keinen Ausgleich erlangen können. ³Der Erstattungsanspruch ist auf die Höhe des an den Bundeshaushalt abgeführten Gewinns beschränkt.

(5) Zuständige Stelle im Sinn der Absätze 2 und 4 ist das Bundesamt für Justiz.

§ 11 Verjährung.
[Abs. 1 bis 27.5.2022:]
(1) Die Ansprüche aus §§ 8, 9 und 13 Absatz 3 verjähren in sechs Monaten.
[Abs. 1 ab 28.5.2022:]
(1) Die Ansprüche aus den §§ 8, 9 Absatz 1 und § 13 Absatz 3 verjähren in sechs Monaten und der Anspruch aus § 9 Absatz 2 Satz 1 verjährt in einem Jahr.

(2) Die Verjährungsfrist beginnt, wenn
1. der Anspruch entstanden ist und
2. der Gläubiger von den den Anspruch begründenden Umständen und der Person des Schuldners Kenntnis erlangt oder ohne grobe Fahrlässigkeit erlangen müsste.

(3) Schadensersatzansprüche verjähren ohne Rücksicht auf die Kenntnis oder grob fahrlässige Unkenntnis in zehn Jahren von ihrer Entstehung, spätestens in 30 Jahren von der den Schaden auslösenden Handlung an.

(4) Andere Ansprüche verjähren ohne Rücksicht auf die Kenntnis oder grob fahrlässige Unkenntnis in drei Jahren von der Entstehung an.

Kapitel 3. Verfahrensvorschriften

§ 12 Einstweiliger Rechtsschutz; Veröffentlichungsbefugnis; Streitwertminderung. (1) Zur Sicherung der in diesem Gesetz bezeichneten Ansprüche auf Unterlassung können einstweilige Verfügungen auch ohne die Darlegung und Glaubhaftmachung der in den §§ 935 und 940 der Zivilprozessordnung bezeichneten Voraussetzungen erlassen werden.

(2) [1] Ist auf Grund dieses Gesetzes Klage auf Unterlassung erhoben worden, so kann das Gericht der obsiegenden Partei die Befugnis zusprechen, das Urteil auf Kosten der unterliegenden Partei öffentlich bekannt zu machen, wenn sie ein berechtigtes Interesse dartut. [2] Art und Umfang der Bekanntmachung werden im Urteil bestimmt. [3] Die Befugnis erlischt, wenn von ihr nicht innerhalb von drei Monaten nach Eintritt der Rechtskraft Gebrauch gemacht worden ist. [4] Der Ausspruch nach Satz 1 ist nicht vorläufig vollstreckbar.

(3) [1] Macht eine Partei in Rechtsstreitigkeiten, in denen durch Klage ein Anspruch aus einem der in diesem Gesetz geregelten Rechtsverhältnisse geltend gemacht wird, glaubhaft, dass die Belastung mit den Prozesskosten nach dem vollen Streitwert ihre wirtschaftliche Lage erheblich gefährden würde, so kann das Gericht auf ihren Antrag anordnen, dass die Verpflichtung dieser Partei zur Zahlung von Gerichtskosten sich nach einem ihrer Wirtschaftslage angepassten Teil des Streitwerts bemisst. [2] Die Anordnung hat zur Folge, dass

1. die begünstigte Partei die Gebühren ihres Rechtsanwalts ebenfalls nur nach diesem Teil des Streitwerts zu entrichten hat,
2. die begünstigte Partei, soweit ihr Kosten des Rechtsstreits auferlegt werden oder soweit sie diese übernimmt, die von dem Gegner entrichteten Gerichtsgebühren und die Gebühren seines Rechtsanwalts nur nach dem Teil des Streitwerts zu erstatten hat und
3. der Rechtsanwalt der begünstigten Partei, soweit die außergerichtlichen Kosten dem Gegner auferlegt oder von ihm übernommen werden, seine Gebühren von dem Gegner nach dem für diesen geltenden Streitwert beitreiben kann.

(4) [1] Der Antrag nach Absatz 3 kann vor der Geschäftsstelle des Gerichts zur Niederschrift erklärt werden. [2] Er ist vor der Verhandlung zur Hauptsache anzubringen. [3] Danach ist er nur zulässig, wenn der angenommene oder festgesetzte Streitwert später durch das Gericht heraufgesetzt wird. [4] Vor der Entscheidung über den Antrag ist der Gegner zu hören.

§ 13 Abmahnung; Unterlassungsverpflichtung; Haftung. (1) Die zur Geltendmachung eines Unterlassungsanspruchs Berechtigten sollen den Schuldner vor der Einleitung eines gerichtlichen Verfahrens abmahnen und ihm Gelegenheit geben, den Streit durch Abgabe einer mit einer angemessenen Vertragsstrafe bewehrten Unterlassungsverpflichtung beizulegen.

(2) In der Abmahnung muss klar und verständlich angegeben werden:

Gesetz gegen den unlauteren Wettbewerb § 13a UWG 1

1. Name oder Firma des Abmahnenden sowie im Fall einer Vertretung zusätzlich Name oder Firma des Vertreters,
2. die Voraussetzungen der Anspruchsberechtigung nach § 8 Absatz 3,
3. ob und in welcher Höhe ein Aufwendungsersatzanspruch geltend gemacht wird und wie sich dieser berechnet,
4. die Rechtsverletzung unter Angabe der tatsächlichen Umstände,
5. in den Fällen des Absatzes 4, dass der Anspruch auf Aufwendungsersatz ausgeschlossen ist.

(3) Soweit die Abmahnung berechtigt ist und den Anforderungen des Absatzes 2 entspricht, kann der Abmahnende vom Abgemahnten Ersatz der erforderlichen Aufwendungen verlangen.

(4) Der Anspruch auf Ersatz der erforderlichen Aufwendungen nach Absatz 3 ist für Anspruchsberechtigte nach § 8 Absatz 3 Nummer 1 ausgeschlossen bei
1. im elektronischen Geschäftsverkehr oder in Telemedien begangenen Verstößen gegen gesetzliche Informations- und Kennzeichnungspflichten oder
2. sonstigen Verstößen gegen die Verordnung (EU) 2016/679 des Europäischen Parlaments und des Rates vom 27. April 2016 zum Schutz natürlicher Personen bei der Verarbeitung personenbezogener Daten, zum freien Datenverkehr und zur Aufhebung der Richtlinie 95/46/EG (Datenschutz-Grundverordnung) (ABl. L 119 vom 4.5.2016, S. 1; L 314 vom 22.11.2016, S. 72; L 127 vom 23.5.2018, S. 2) und das Bundesdatenschutzgesetz durch Unternehmen sowie gewerblich tätige Vereine, sofern sie in der Regel weniger als 250 Mitarbeiter beschäftigen.

(5) [1] Soweit die Abmahnung unberechtigt ist oder nicht den Anforderungen des Absatzes 2 entspricht oder soweit entgegen Absatz 4 ein Anspruch auf Aufwendungsersatz geltend gemacht wird, hat der Abgemahnte gegen den Abmahnenden einen Anspruch auf Ersatz der für seine Rechtsverteidigung erforderlichen Aufwendungen. [2] Der Anspruch nach Satz 1 ist beschränkt auf die Höhe des Aufwendungsersatzanspruchs, die der Abmahnende geltend macht. [3] Bei einer unberechtigten Abmahnung ist der Anspruch nach Satz 1 ausgeschlossen, wenn die fehlende Berechtigung der Abmahnung für den Abmahnenden zum Zeitpunkt der Abmahnung nicht erkennbar war. [4] Weitergehende Ersatzansprüche bleiben unberührt.

§ 13a Vertragsstrafe. (1) Bei der Festlegung einer angemessenen Vertragsstrafe nach § 13 Absatz 1 sind folgende Umstände zu berücksichtigen:
1. Art, Ausmaß und Folgen der Zuwiderhandlung,
2. Schuldhaftigkeit der Zuwiderhandlung und bei schuldhafter Zuwiderhandlung die Schwere des Verschuldens,
3. Größe, Marktstärke und Wettbewerbsfähigkeit des Abgemahnten sowie
4. wirtschaftliches Interesse des Abgemahnten an erfolgten und zukünftigen Verstößen.

(2) Die Vereinbarung einer Vertragsstrafe nach Absatz 1 ist für Anspruchsberechtigte nach § 8 Absatz 3 Nummer 1 bei einer erstmaligen Abmahnung bei Verstößen nach § 13 Absatz 4 ausgeschlossen, wenn der Abgemahnte in der Regel weniger als 100 Mitarbeiter beschäftigt.

(3) Vertragsstrafen dürfen eine Höhe von 1 000 Euro nicht überschreiten, wenn die Zuwiderhandlung angesichts ihrer Art, ihres Ausmaßes und ihrer Folgen die Interessen von Verbrauchern, Mitbewerbern und sonstigen Marktteilnehmern in nur unerheblichem Maße beeinträchtigt und wenn der Abgemahnte in der Regel weniger als 100 Mitarbeiter beschäftigt.

(4) Verspricht der Abgemahnte auf Verlangen des Abmahnenden eine unangemessen hohe Vertragsstrafe, schuldet er lediglich eine Vertragsstrafe in angemessener Höhe.

(5) [1] Ist lediglich eine Vertragsstrafe vereinbart, deren Höhe noch nicht beziffert wurde, kann der Abgemahnte bei Uneinigkeit über die Höhe auch ohne Zustimmung des Abmahnenden eine Einigungsstelle nach § 15 anrufen. [2] Das Gleiche gilt, wenn der Abgemahnte nach Absatz 4 nur eine Vertragsstrafe in angemessener Höhe schuldet. [3] Ist ein Verfahren vor der Einigungsstelle anhängig, so ist eine erst nach Anrufung der Einigungsstelle erhobene Klage nicht zulässig.

§ 14 Sachliche und örtliche Zuständigkeit; Verordnungsermächtigung. (1) Für alle bürgerlichen Rechtsstreitigkeiten, mit denen ein Anspruch auf Grund dieses Gesetzes geltend gemacht wird, sind die Landgerichte ausschließlich zuständig.

(2) [1] Für alle bürgerlichen Rechtsstreitigkeiten, mit denen ein Anspruch auf Grund dieses Gesetzes geltend gemacht wird, ist das Gericht zuständig, in dessen Bezirk der Beklagte seinen allgemeinen Gerichtsstand hat. [2] Für alle bürgerlichen Rechtsstreitigkeiten, mit denen ein Anspruch auf Grund dieses Gesetzes geltend gemacht wird, ist außerdem das Gericht zuständig, in dessen Bezirk die Zuwiderhandlung begangen wurde. [3] Satz 2 gilt nicht für

1. Rechtsstreitigkeiten wegen Zuwiderhandlungen im elektronischen Geschäftsverkehr oder in Telemedien oder
2. Rechtsstreitigkeiten, die von den nach § 8 Absatz 3 Nummer 2 bis 4 zur Geltendmachung eines Unterlassungsanspruchs Berechtigten geltend gemacht werden,

es sei denn, der Beklagte hat im Inland keinen allgemeinen Gerichtsstand.

(3) [1] Die Landesregierungen werden ermächtigt, durch Rechtsverordnung für die Bezirke mehrerer Landgerichte eines von ihnen als Gericht für Wettbewerbsstreitsachen zu bestimmen, wenn dies der Rechtspflege in Wettbewerbsstreitsachen dienlich ist. [2] Die Landesregierungen können die Ermächtigung durch Rechtsverordnung auf die Landesjustizverwaltungen übertragen. [3] Die Länder können außerdem durch Vereinbarung die den Gerichten eines Landes obliegenden Klagen nach Absatz 1 insgesamt oder teilweise dem zuständigen Gericht eines anderen Landes übertragen.

[Abs. 4 ab 28.5.2022:]
(4) Abweichend von den Absätzen 1 bis 3 richtet sich die Zuständigkeit für bürgerliche Rechtsstreitigkeiten, mit denen ein Anspruch nach § 9 Absatz 2 Satz 1 geltend gemacht wird, nach den allgemeinen Vorschriften.

§ 15 Einigungsstellen. (1) Die Landesregierungen errichten bei Industrie- und Handelskammern Einigungsstellen zur Beilegung von bürgerlichen Rechtsstreitigkeiten, in denen ein Anspruch auf Grund dieses Gesetzes geltend gemacht wird (Einigungsstellen).

Gesetz gegen den unlauteren Wettbewerb **§ 15 UWG 1**

(2) ¹Die Einigungsstellen sind mit einer vorsitzenden Person, die die Befähigung zum Richteramt nach dem Deutschen Richtergesetz hat, und beisitzenden Personen zu besetzen. ²Als beisitzende Personen werden im Falle einer Anrufung durch eine nach § 8 Absatz 3 Nummer 3 zur Geltendmachung eines Unterlassungsanspruchs berechtigte qualifizierte Einrichtung Unternehmer und Verbraucher in gleicher Anzahl tätig, sonst mindestens zwei sachverständige Unternehmer. ³Die vorsitzende Person soll auf dem Gebiet des Wettbewerbsrechts erfahren sein. ⁴Die beisitzenden Personen werden von der vorsitzenden Person für den jeweiligen Streitfall aus einer alljährlich für das Kalenderjahr aufzustellenden Liste berufen. ⁵Die Berufung soll im Einvernehmen mit den Parteien erfolgen. ⁶Für die Ausschließung und Ablehnung von Mitgliedern der Einigungsstelle sind die § 41 bis 43 und § 44 Absatz 2 bis 4 der Zivilprozessordnung entsprechend anzuwenden. ⁷Über das Ablehnungsgesuch entscheidet das für den Sitz der Einigungsstelle zuständige Landgericht (Kammer für Handelssachen oder, falls es an einer solchen fehlt, Zivilkammer).

(3) ¹Die Einigungsstellen können bei bürgerlichen Rechtsstreitigkeiten, in denen ein Anspruch auf Grund dieses Gesetzes geltend gemacht wird, angerufen werden, wenn der Gegner zustimmt. ²Soweit die geschäftlichen Handlungen Verbraucher betreffen, können die Einigungsstellen von jeder Partei zu einer Aussprache mit dem Gegner über den Streitfall angerufen werden; einer Zustimmung des Gegners bedarf es nicht.

(4) Für die Zuständigkeit der Einigungsstellen ist § 14 entsprechend anzuwenden.

(5) ¹Die der Einigungsstelle vorsitzende Person kann das persönliche Erscheinen der Parteien anordnen. ²Gegen eine unentschuldigt ausbleibende Partei kann die Einigungsstelle ein Ordnungsgeld festsetzen. ³Gegen die Anordnung des persönlichen Erscheinens und gegen die Festsetzung des Ordnungsgeldes findet die sofortige Beschwerde nach den Vorschriften der Zivilprozessordnung an das für den Sitz der Einigungsstelle zuständige Landgericht (Kammer für Handelssachen oder, falls es an einer solchen fehlt, Zivilkammer) statt.

(6) ¹Die Einigungsstelle hat einen gütlichen Ausgleich anzustreben. ²Sie kann den Parteien einen schriftlichen, mit Gründen versehenen Einigungsvorschlag machen. ³Der Einigungsvorschlag und seine Begründung dürfen nur mit Zustimmung der Parteien veröffentlicht werden.

(7) ¹Kommt ein Vergleich zustande, so muss er in einem besonderen Schriftstück niedergelegt und unter Angabe des Tages seines Zustandekommens von den Mitgliedern der Einigungsstelle, welche in der Verhandlung mitgewirkt haben, sowie von den Parteien unterschrieben werden. ²Aus einem vor der Einigungsstelle geschlossenen Vergleich findet die Zwangsvollstreckung statt; § 797a der Zivilprozessordnung ist entsprechend anzuwenden.

(8) Die Einigungsstelle kann, wenn sie den geltend gemachten Anspruch von vornherein für unbegründet oder sich selbst für unzuständig erachtet, die Einleitung von Einigungsverhandlungen ablehnen.

(9) ¹Durch die Anrufung der Einigungsstelle wird die Verjährung in gleicher Weise wie durch Klageerhebung gehemmt. ²Kommt ein Vergleich nicht zustande, so ist der Zeitpunkt, zu dem das Verfahren beendet ist, von der Einigungsstelle festzustellen. ³Die vorsitzende Person hat dies den Parteien mitzuteilen.

(10) ¹Ist ein Rechtsstreit der in Absatz 3 Satz 2 bezeichneten Art ohne vorherige Anrufung der Einigungsstelle anhängig gemacht worden, so kann das Gericht auf Antrag den Parteien unter Anberaumung eines neuen Termins aufgeben, vor diesem Termin die Einigungsstelle zur Herbeiführung eines gütlichen Ausgleichs anzurufen. ²In dem Verfahren über den Antrag auf Erlass einer einstweiligen Verfügung ist diese Anordnung nur zulässig, wenn der Gegner zustimmt. ³Absatz 8 ist nicht anzuwenden. ⁴Ist ein Verfahren vor der Einigungsstelle anhängig, so ist eine erst nach Anrufung der Einigungsstelle erhobene Klage des Antragsgegners auf Feststellung, dass der geltend gemachte Anspruch nicht bestehe, nicht zulässig.

(11) ¹Die Landesregierungen werden ermächtigt, durch Rechtsverordnung die zur Durchführung der vorstehenden Bestimmungen und zur Regelung des Verfahrens vor den Einigungsstellen erforderlichen Vorschriften zu erlassen, insbesondere über die Aufsicht über die Einigungsstellen, über ihre Besetzung unter angemessener Beteiligung der nicht den Industrie- und Handelskammern angehörenden *Unternehmern*[1]) (§ 2 Abs. 2 bis 6 des Gesetzes zur vorläufigen Regelung des Rechts der Industrie- und Handelskammern in der im Bundesgesetzblatt Teil III, Gliederungsnummer 701-1, veröffentlichten bereinigten Fassung), und über die Vollstreckung von Ordnungsgeldern, sowie Bestimmungen über die Erhebung von Auslagen durch die Einigungsstelle zu treffen. ²Bei der Besetzung der Einigungsstellen sind die Vorschläge der für ein Bundesland errichteten, mit öffentlichen Mitteln geförderten Verbraucherzentralen zur Bestimmung der in Absatz 2 Satz 2 genannten Verbraucher zu berücksichtigen.

(12) Abweichend von Absatz 2 Satz 1 kann in den Ländern Brandenburg, Mecklenburg-Vorpommern, Sachsen, Sachsen-Anhalt und Thüringen die Einigungsstelle auch mit einem Rechtskundigen als Vorsitzendem besetzt werden, der die Befähigung zum Berufsrichter nach dem Recht der Deutschen Demokratischen Republik erworben hat.

§ 15a Überleitungsvorschrift zum Gesetz zur Stärkung des fairen Wettbewerbs. (1) § 8 Absatz 3 Nummer 2 ist nicht anzuwenden auf Verfahren, die am 1. September 2021 bereits rechtshängig sind.

(2) Die §§ 13 und 13a Absatz 2 und 3 sind nicht anzuwenden auf Abmahnungen, die vor dem 2. Dezember 2020 bereits zugegangen sind.

Kapitel 4. Straf- und Bußgeldvorschriften

§ 16 Strafbare Werbung. (1) Wer in der Absicht, den Anschein eines besonders günstigen Angebots hervorzurufen, in öffentlichen Bekanntmachungen oder in Mitteilungen, die für einen größeren Kreis von Personen bestimmt sind, durch unwahre Angaben irreführend wirbt, wird mit Freiheitsstrafe bis zu zwei Jahren oder mit Geldstrafe bestraft.

(2) Wer es im geschäftlichen Verkehr unternimmt, Verbraucher zur Abnahme von Waren, Dienstleistungen oder Rechten durch das Versprechen zu veranlassen, sie würden entweder vom Veranstalter selbst oder von einem Dritten besondere Vorteile erlangen, wenn sie andere zum Abschluss gleichartiger Geschäfte veranlassen, die ihrerseits nach der Art dieser Werbung der-

---

[1]) Richtig wohl: „Unternehmer".

artige Vorteile für eine entsprechende Werbung weiterer Abnehmer erlangen sollen, wird mit Freiheitsstrafe bis zu zwei Jahren oder mit Geldstrafe bestraft.

[§§ 17–19 bis 27.5.2022:]
§§ 17–19 *(aufgehoben)*

[§§ 17, 18 ab 28.5.2022:]
§§ 17, 18 *(aufgehoben)*

[§ 19 ab 28.5.2022:]
§ 19 *Bußgeldvorschriften bei einem weitverbreiteten Verstoß und einem weitverbreiteten Verstoß mit Unions-Dimension.* (1) Ordnungswidrig handelt, wer vorsätzlich oder fahrlässig entgegen § 5c Absatz 1 Verbraucherinteressen verletzt.

(2) ¹Die Ordnungswidrigkeit kann mit einer Geldbuße bis zu fünfzigtausend Euro geahndet werden. ²Gegenüber einem Unternehmer, der in den von dem Verstoß betroffenen Mitgliedstaaten der Europäischen Union in dem der Behördenentscheidung vorausgegangenen Geschäftsjahr mehr als eine Million zweihundertfünfzigtausend Euro Jahresumsatz erzielt hat, kann eine höhere Geldbuße verhängt werden; diese darf 4 Prozent des Jahresumsatzes nicht übersteigen. ³Die Höhe des Jahresumsatzes kann geschätzt werden. ⁴Liegen keine Anhaltspunkte für eine Schätzung des Jahresumsatzes vor, so beträgt das Höchstmaß der Geldbuße zwei Millionen Euro. ⁵Abweichend von den Sätzen 2 bis 4 gilt gegenüber einem Täter oder einem Beteiligten, der im Sinne des § 9 des Gesetzes über Ordnungswidrigkeiten für einen Unternehmer handelt, und gegenüber einem Beteiligten im Sinne des § 14 Absatz 1 Satz 2 des Gesetzes über Ordnungswidrigkeiten, der kein Unternehmer ist, der Bußgeldrahmen des Satzes 1. ⁶Das für die Ordnungswidrigkeit angedrohte Höchstmaß der Geldbuße im Sinne des § 30 Absatz 2 Satz 2 des Gesetzes über Ordnungswidrigkeiten ist das nach den Sätzen 1 bis 4 anwendbare Höchstmaß.

(3) Die Ordnungswidrigkeit kann nur im Rahmen einer koordinierten Durchsetzungsmaßnahme nach Artikel 21 der Verordnung (EU) 2017/2394 geahndet werden.

(4) Verwaltungsbehörden im Sinne des § 36 Absatz 1 Nummer 1 des Gesetzes über Ordnungswidrigkeiten sind

1. das Bundesamt für Justiz,

2. die Bundesanstalt für Finanzdienstleistungsaufsicht bei einer Zuwiderhandlung, die sich auf die Tätigkeit eines Unternehmens im Sinne des § 2 Nummer 2 des EU-Verbraucherschutzdurchführungsgesetzes[1] *bezieht, und*

3. die nach Landesrecht zuständige Behörde bei einer Zuwiderhandlung, die sich auf die Tätigkeit eines Unternehmens im Sinne des § 2 Nummer 4 des EU-Verbraucherschutzdurchführungsgesetzes bezieht.

§ 20 **Bußgeldvorschriften.** (1) Ordnungswidrig handelt, wer vorsätzlich oder fahrlässig

1. entgegen § 7 Absatz 1 Satz 1 in Verbindung mit Absatz 2 *[bis 27.5.2022:* Nummer 2 oder 3*][ab 28.5.2022: Nummer 1 oder 2]* mit einem Telefonanruf oder unter Verwendung einer automatischen Anrufmaschine gegenüber einem Verbraucher ohne dessen vorherige ausdrückliche Einwilligung wirbt,

---

[1] Nr. 2.

2. entgegen § 7a Absatz 1 eine dort genannte Einwilligung nicht, nicht richtig, nicht vollständig oder nicht rechtzeitig dokumentiert oder nicht oder nicht mindestens fünf Jahre aufbewahrt,
3. entgegen § 8b Absatz 3 in Verbindung mit § 4b Absatz 1 des Unterlassungsklagengesetzes[1], auch in Verbindung mit einer Rechtsverordnung nach § 4d Nummer 2 des Unterlassungsklagengesetzes, einen dort genannten Bericht nicht, nicht richtig, nicht vollständig oder nicht rechtzeitig erstattet oder
4. einer Rechtsverordnung nach § 8b Absatz 3 in Verbindung mit § 4d Nummer 1 des Unterlassungsklagengesetzes oder einer vollziehbaren Anordnung auf Grund einer solchen Rechtsverordnung zuwiderhandelt, soweit die Rechtsverordnung für einen bestimmten Tatbestand auf diese Bußgeldvorschrift verweist.

(2) Die Ordnungswidrigkeit kann in den Fällen des Absatzes 1 Nummer 1 mit einer Geldbuße bis zu dreihunderttausend Euro, in den Fällen des Absatzes 1 Nummer 2 mit einer Geldbuße bis zu fünfzigtausend Euro und in den übrigen Fällen mit einer Geldbuße bis zu hunderttausend Euro geahndet werden.

(3) Verwaltungsbehörde im Sinne des § 36 Absatz 1 Nummer 1 des Gesetzes über Ordnungswidrigkeiten ist in den Fällen des Absatzes 1 Nummer 1 und 2 die Bundesnetzagentur für Elektrizität, Gas, Telekommunikation, Post und Eisenbahnen, in den übrigen Fällen das Bundesamt für Justiz.

[Anh. bis 27.5.2022:]
Anhang
(zu § 3 Absatz 3)

Unzulässige geschäftliche Handlungen im Sinne des § 3 Absatz 3 sind
1. die unwahre Angabe eines Unternehmers, zu den Unterzeichnern eines Verhaltenskodexes zu gehören;
2. die Verwendung von Gütezeichen, Qualitätskennzeichen oder Ähnlichem ohne die erforderliche Genehmigung;
3. die unwahre Angabe, ein Verhaltenskodex sei von einer öffentlichen oder anderen Stelle gebilligt;
4. die unwahre Angabe, ein Unternehmer, eine von ihm vorgenommene geschäftliche Handlung oder eine Ware oder Dienstleistung sei von einer öffentlichen oder privaten Stelle bestätigt, gebilligt oder genehmigt worden, oder die unwahre Angabe, den Bedingungen für die Bestätigung, Billigung oder Genehmigung werde entsprochen;
5. Waren- oder Dienstleistungsangebote im Sinne des § 5a Abs. 3 zu einem bestimmten Preis, wenn der Unternehmer nicht darüber aufklärt, dass er hinreichende Gründe für die Annahme hat, er werde nicht in der Lage sein, diese oder gleichartige Waren oder Dienstleistungen für einen angemessenen Zeitraum in angemessener Menge zum genannten Preis bereitzustellen oder bereitstellen zu lassen (Lockangebote). Ist die Bevorratung kürzer als zwei Tage, obliegt es dem Unternehmer, die Angemessenheit nachzuweisen;

---

[1] Nr. 4.

Gesetz gegen den unlauteren Wettbewerb **Anh. UWG 1**

6. Waren- oder Dienstleistungsangebote im Sinne des § 5a Abs. 3 zu einem bestimmten Preis, wenn der Unternehmer sodann in der Absicht, stattdessen eine andere Ware oder Dienstleistung abzusetzen, eine fehlerhafte Ausführung der Ware oder Dienstleistung vorführt oder sich weigert zu zeigen, was er beworben hat, oder sich weigert, Bestellungen dafür anzunehmen oder die beworbene Leistung innerhalb einer vertretbaren Zeit zu erbringen;
7. die unwahre Angabe, bestimmte Waren oder Dienstleistungen seien allgemein oder zu bestimmten Bedingungen nur für einen sehr begrenzten Zeitraum verfügbar, um den Verbraucher zu einer sofortigen geschäftlichen Entscheidung zu veranlassen, ohne dass dieser Zeit und Gelegenheit hat, sich auf Grund von Informationen zu entscheiden;
8. Kundendienstleistungen in einer anderen Sprache als derjenigen, in der die Verhandlungen vor dem Abschluss des Geschäfts geführt worden sind, wenn die ursprünglich verwendete Sprache nicht Amtssprache des Mitgliedstaats ist, in dem der Unternehmer niedergelassen ist; dies gilt nicht, soweit Verbraucher vor dem Abschluss des Geschäfts darüber aufgeklärt werden, dass diese Leistungen in einer anderen als der ursprünglich verwendeten Sprache erbracht werden;
9. die unwahre Angabe oder das Erwecken des unzutreffenden Eindrucks, eine Ware oder Dienstleistung sei verkehrsfähig;
10. die unwahre Angabe oder das Erwecken des unzutreffenden Eindrucks, gesetzlich bestehende Rechte stellten eine Besonderheit des Angebots dar;
11. der vom Unternehmer finanzierte Einsatz redaktioneller Inhalte zu Zwecken der Verkaufsförderung, ohne dass sich dieser Zusammenhang aus dem Inhalt oder aus der Art der optischen oder akustischen Darstellung eindeutig ergibt (als Information getarnte Werbung);
12. unwahre Angaben über Art und Ausmaß einer Gefahr für die persönliche Sicherheit des Verbrauchers oder seiner Familie für den Fall, dass er die angebotene Ware nicht erwirbt oder die angebotene Dienstleistung nicht in Anspruch nimmt;
13. Werbung für eine Ware oder Dienstleistung, die der Ware oder Dienstleistung eines bestimmten Herstellers ähnlich ist, wenn dies in der Absicht geschieht, über die betriebliche Herkunft der beworbenen Ware oder Dienstleistung zu täuschen;
14. die Einführung, der Betrieb oder die Förderung eines Systems zur Verkaufsförderung, bei dem vom Verbraucher ein finanzieller Beitrag für die Möglichkeit verlangt wird, allein oder hauptsächlich durch die Einführung weiterer Teilnehmer in das System eine Vergütung zu erlangen (Schneeball- oder Pyramidensystem);
15. die unwahre Angabe, der Unternehmer werde demnächst sein Geschäft aufgeben oder seine Geschäftsräume verlegen;
16. die Angabe, durch eine bestimmte Ware oder Dienstleistung ließen sich die Gewinnchancen bei einem Glücksspiel erhöhen;
17. die unwahre Angabe oder das Erwecken des unzutreffenden Eindrucks, der Verbraucher habe bereits einen Preis gewonnen oder werde ihn gewinnen oder werde durch eine bestimmte Handlung einen Preis gewinnen oder einen sonstigen Vorteil erlangen, wenn es einen solchen Preis oder Vorteil tatsächlich nicht gibt, oder wenn jedenfalls die Möglichkeit, einen Preis

1 UWG Anh.   I. Recht des unlauteren Wettbewerbs

oder sonstigen Vorteil zu erlangen, von der Zahlung eines Geldbetrags oder der Übernahme von Kosten abhängig gemacht wird;
18. die unwahre Angabe, eine Ware oder Dienstleistung könne Krankheiten, Funktionsstörungen oder Missbildungen heilen;
19. eine unwahre Angabe über die Marktbedingungen oder Bezugsquellen, um den Verbraucher dazu zu bewegen, eine Ware oder Dienstleistung zu weniger günstigen Bedingungen als den allgemeinen Marktbedingungen abzunehmen oder in Anspruch zu nehmen;
20. das Angebot eines Wettbewerbs oder Preisausschreibens, wenn weder die in Aussicht gestellten Preise noch ein angemessenes Äquivalent vergeben werden;
21. das Angebot einer Ware oder Dienstleistung als „gratis", „umsonst", „kostenfrei" oder dergleichen, wenn hierfür gleichwohl Kosten zu tragen sind; dies gilt nicht für Kosten, die im Zusammenhang mit dem Eingehen auf das Waren- oder Dienstleistungsangebot oder für die Abholung oder Lieferung der Ware oder die Inanspruchnahme der Dienstleistung unvermeidbar sind;
22. die Übermittlung von Werbematerial unter Beifügung einer Zahlungsaufforderung, wenn damit der unzutreffende Eindruck vermittelt wird, die beworbene Ware oder Dienstleistung sei bereits bestellt;
23. die unwahre Angabe oder das Erwecken des unzutreffenden Eindrucks, der Unternehmer sei Verbraucher oder nicht für Zwecke seines Geschäfts, Handels, Gewerbes oder Berufs tätig;
24. die unwahre Angabe oder das Erwecken des unzutreffenden Eindrucks, es sei im Zusammenhang mit Waren oder Dienstleistungen in einem anderen Mitgliedstaat der Europäischen Union als dem des Warenverkaufs oder der Dienstleistung ein Kundendienst verfügbar;
25. das Erwecken des Eindrucks, der Verbraucher könne bestimmte Räumlichkeiten nicht ohne vorherigen Vertragsabschluss verlassen;
26. bei persönlichem Aufsuchen in der Wohnung die Nichtbeachtung einer Aufforderung des Besuchten, diese zu verlassen oder nicht zu ihr zurückzukehren, es sein denn, der Besuch ist zur rechtmäßigen Durchsetzung einer vertraglichen Verpflichtung gerechtfertigt;
27. Maßnahmen, durch die der Verbraucher von der Durchsetzung seiner vertraglichen Rechte aus einem Versicherungsverhältnis dadurch abgehalten werden soll, dass von ihm bei der Geltendmachung seines Anspruchs die Vorlage von Unterlagen verlangt wird, die zum Nachweis dieses Anspruchs nicht erforderlich sind, oder dass Schreiben zur Geltendmachung eines solchen Anspruchs systematisch nicht beantwortet werden;
28. die in eine Werbung einbezogene unmittelbare Aufforderung an Kinder, selbst die beworbene Ware zu erwerben oder die beworbene Dienstleistung in Anspruch zu nehmen oder ihre Eltern oder andere Erwachsene dazu zu veranlassen;
29. die Aufforderung zur Bezahlung nicht bestellter, aber gelieferter Waren oder erbrachter Dienstleistungen oder eine Aufforderung zur Rücksendung oder Aufbewahrung nicht bestellter Sachen und
30. die ausdrückliche Angabe, dass der Arbeitsplatz oder Lebensunterhalt des Unternehmers gefährdet sei, wenn der Verbraucher die Ware oder Dienstleistung nicht abnehme.

Gesetz gegen den unlauteren Wettbewerb **Anh.kF UWG 1**

[Anh. ab 28.5.2022:]
Anhang
(zu § 3 Absatz 3)
Folgende geschäftliche Handlungen sind gegenüber Verbrauchern stets unzulässig:

Irreführende geschäftliche Handlungen

1. *unwahre Angabe über die Unterzeichnung eines Verhaltenskodexes*
   die unwahre Angabe eines Unternehmers, zu den Unterzeichnern eines Verhaltenskodexes zu gehören;
2. *unerlaubte Verwendung von Gütezeichen und Ähnlichem*
   die Verwendung von Gütezeichen, Qualitätskennzeichen oder Ähnlichem ohne die erforderliche Genehmigung;
3. *unwahre Angabe über die Billigung eines Verhaltenskodexes*
   die unwahre Angabe, ein Verhaltenskodex sei von einer öffentlichen oder anderen Stelle gebilligt;
4. *unwahre Angabe über Anerkennungen durch Dritte*
   die unwahre Angabe,
   a) ein Unternehmer, eine von ihm vorgenommene geschäftliche Handlung oder eine Ware oder Dienstleistung sei von einer öffentlichen oder privaten Stelle bestätigt, gebilligt oder genehmigt worden, oder
   b) den Bedingungen für die Bestätigung, Billigung oder Genehmigung werde entsprochen;
5. *Lockangebote ohne Hinweis auf Unangemessenheit der Bevorratungsmenge*
   Waren- oder Dienstleistungsangebote im Sinne des § 5b Absatz 1 zu einem bestimmten Preis, wenn der Unternehmer nicht darüber aufklärt, dass er hinreichende Gründe für die Annahme hat, er werde nicht in der Lage sein, diese oder gleichartige Waren oder Dienstleistungen für einen angemessenen Zeitraum in angemessener Menge zum genannten Preis bereitzustellen oder bereitstellen zu lassen; ist die Bevorratung kürzer als zwei Tage, obliegt es dem Unternehmer, die Angemessenheit nachzuweisen;
6. *Lockangebote zum Absatz anderer Waren oder Dienstleistungen*
   Waren- oder Dienstleistungsangebote im Sinne des § 5b Absatz 1 zu einem bestimmten Preis, wenn der Unternehmer sodann in der Absicht, stattdessen eine andere Ware oder Dienstleistung abzusetzen,
   a) eine fehlerhafte Ausführung der Ware oder Dienstleistung vorführt,
   b) sich weigert zu zeigen, was er beworben hat, oder
   c) sich weigert, Bestellungen dafür anzunehmen oder die beworbene Leistung innerhalb einer vertretbaren Zeit zu erbringen;
7. *unwahre Angabe über zeitliche Begrenzung des Angebots*
   die unwahre Angabe, bestimmte Waren oder Dienstleistungen seien allgemein oder zu bestimmten Bedingungen nur für einen sehr begrenzten Zeitraum verfügbar, um den Verbraucher zu einer sofortigen geschäftlichen Entscheidung zu veranlassen, ohne dass dieser Zeit und Gelegenheit hat, sich auf Grund von Informationen zu entscheiden;
8. *Sprachenwechsel für Kundendienstleistungen bei einer in einer Fremdsprache geführten Vertragsverhandlung*
   Kundendienstleistungen in einer anderen Sprache als derjenigen, in der die Verhandlungen vor dem Abschluss des Geschäfts geführt worden sind, wenn die

ursprünglich verwendete Sprache nicht Amtssprache desjenigen Mitgliedstaats der Europäischen Union ist, in dem der Unternehmer niedergelassen ist; dies gilt nicht, soweit Verbraucher vor dem Abschluss des Geschäfts darüber aufgeklärt werden, dass diese Leistungen in einer anderen als der ursprünglich verwendeten Sprache erbracht werden;

9. *unwahre Angabe über die Verkehrsfähigkeit*
   die unwahre Angabe oder das Erwecken des unzutreffenden Eindrucks, eine Ware oder Dienstleistung sei verkehrsfähig;
10. *Darstellung gesetzlicher Verpflichtungen als Besonderheit eines Angebots*
    die unwahre Angabe oder das Erwecken des unzutreffenden Eindrucks, gesetzlich bestehende Rechte stellten eine Besonderheit des Angebots dar;
11. *als Information getarnte Werbung*
    der vom Unternehmer finanzierte Einsatz redaktioneller Inhalte zu Zwecken der Verkaufsförderung, ohne dass sich dieser Zusammenhang aus dem Inhalt oder aus der Art der optischen oder akustischen Darstellung eindeutig ergibt;
11a. *verdeckte Werbung in Suchergebnissen*
    die Anzeige von Suchergebnissen aufgrund der Online-Suchanfrage eines Verbrauchers, ohne dass etwaige bezahlte Werbung oder spezielle Zahlungen, die dazu dienen, ein höheres Ranking der jeweiligen Waren oder Dienstleistungen im Rahmen der Suchergebnisse zu erreichen, eindeutig offengelegt werden;
12. *unwahre Angabe über Gefahren für die persönliche Sicherheit*
    unwahre Angaben über Art und Ausmaß einer Gefahr für die persönliche Sicherheit des Verbrauchers oder seiner Familie für den Fall, dass er die angebotene Ware nicht erwirbt oder die angebotene Dienstleistung nicht in Anspruch nimmt;
13. *Täuschung über betriebliche Herkunft*
    Werbung für eine Ware oder Dienstleistung, die der Ware oder Dienstleistung eines bestimmten Herstellers ähnlich ist, wenn in der Absicht geworben wird, über die betriebliche Herkunft der beworbenen Ware oder Dienstleistung zu täuschen;
14. *Schneeball- oder Pyramidensystem*
    die Einführung, der Betrieb oder die Förderung eines Systems zur Verkaufsförderung, bei dem vom Verbraucher ein finanzieller Beitrag für die Möglichkeit verlangt wird, eine Vergütung allein oder zumindest hauptsächlich durch die Einführung weiterer Teilnehmer in das System zu erlangen;
15. *unwahre Angabe über Geschäftsaufgabe*
    die unwahre Angabe, der Unternehmer werde demnächst sein Geschäft aufgeben oder seine Geschäftsräume verlegen;
16. *Angaben über die Erhöhung der Gewinnchancen bei Glücksspielen*
    die Angabe, durch eine bestimmte Ware oder Dienstleistung ließen sich die Gewinnchancen bei einem Glücksspiel erhöhen;
17. *unwahre Angaben über die Heilung von Krankheiten*
    die unwahre Angabe, eine Ware oder Dienstleistung könne Krankheiten, Funktionsstörungen oder Missbildungen heilen;
18. *unwahre Angabe über Marktbedingungen oder Bezugsquellen*
    eine unwahre Angabe über die Marktbedingungen oder Bezugsquellen, um den Verbraucher dazu zu bewegen, eine Ware oder Dienstleistung zu weniger günstigen Bedingungen als den allgemeinen Marktbedingungen abzunehmen oder in Anspruch zu nehmen;
19. *Nichtgewährung ausgelobter Preise*

Gesetz gegen den unlauteren Wettbewerb   **Anh.kF UWG 1**

das Angebot eines Wettbewerbs oder Preisausschreibens, wenn weder die in Aussicht gestellten Preise noch ein angemessenes Äquivalent vergeben werden;
20. *unwahre Bewerbung als kostenlos*
    das Angebot einer Ware oder Dienstleistung als „gratis", „umsonst", „kostenfrei" oder dergleichen, wenn für die Ware oder Dienstleistung gleichwohl Kosten zu tragen sind; dies gilt nicht für Kosten, die im Zusammenhang mit dem Eingehen auf das Waren- oder Dienstleistungsangebot oder für die Abholung oder Lieferung der Ware oder die Inanspruchnahme der Dienstleistung unvermeidbar sind;
21. *Irreführung über das Vorliegen einer Bestellung*
    die Übermittlung von Werbematerial unter Beifügung einer Zahlungsaufforderung, wenn damit der unzutreffende Eindruck vermittelt wird, die beworbene Ware oder Dienstleistung sei bereits bestellt;
22. *Irreführung über Unternehmereigenschaft*
    die unwahre Angabe oder das Erwecken des unzutreffenden Eindrucks, der Unternehmer sei Verbraucher oder nicht für Zwecke seines Geschäfts, Handels, Gewerbes oder Berufs tätig;
23. *Irreführung über Kundendienst in anderen Mitgliedstaaten der Europäischen Union*
    die unwahre Angabe oder das Erwecken des unzutreffenden Eindrucks, es sei im Zusammenhang mit Waren oder Dienstleistungen in einem anderen Mitgliedstaat der Europäischen Union als dem des Warenverkaufs oder der Dienstleistung ein Kundendienst verfügbar;
23a. *Wiederverkauf von Eintrittskarten für Veranstaltungen*
    der Wiederverkauf von Eintrittskarten für Veranstaltungen an Verbraucher, wenn der Unternehmer diese Eintrittskarten unter Verwendung solcher automatisierter Verfahren erworben hat, die dazu dienen, Beschränkungen zu umgehen in Bezug auf die Zahl der von einer Person zu erwerbenden Eintrittskarten oder in Bezug auf andere für den Verkauf der Eintrittskarten geltende Regeln;
23b. *Irreführung über die Echtheit von Verbraucherbewertungen*
    die Behauptung, dass Bewertungen einer Ware oder Dienstleistung von solchen Verbrauchern stammen, die diese Ware oder Dienstleistung tatsächlich erworben oder genutzt haben, ohne dass angemessene und verhältnismäßige Maßnahmen zur Überprüfung ergriffen wurden, ob die Bewertungen tatsächlich von solchen Verbrauchern stammen;
23c. *gefälschte Verbraucherbewertungen*
    die Übermittlung oder Beauftragung gefälschter Bewertungen oder Empfehlungen von Verbrauchern sowie die falsche Darstellung von Bewertungen oder Empfehlungen von Verbrauchern in sozialen Medien zu Zwecken der Verkaufsförderung;

Aggressive geschäftliche Handlungen

24. *räumliches Festhalten des Verbrauchers*
    das Erwecken des Eindrucks, der Verbraucher könne bestimmte Räumlichkeiten nicht ohne vorherigen Vertragsabschluss verlassen;
25. *Nichtverlassen der Wohnung des Verbrauchers trotz Aufforderung*
    bei persönlichem Aufsuchen des Verbrauchers in dessen Wohnung die Nichtbeachtung seiner Aufforderung, die Wohnung zu verlassen oder nicht zu ihr zurückzukehren, es sei denn, das Aufsuchen ist zur rechtmäßigen Durchsetzung einer vertraglichen Verpflichtung gerechtfertigt;
26. *unzulässiges hartnäckiges Ansprechen über Fernabsatzmittel*

hartnäckiges und unerwünschtes Ansprechen des Verbrauchers mittels Telefonanrufen, unter Verwendung eines Faxgerätes, elektronischer Post oder sonstiger für den Fernabsatz geeigneter Mittel der kommerziellen Kommunikation, es sei denn, dieses Verhalten ist zur rechtmäßigen Durchsetzung einer vertraglichen Verpflichtung gerechtfertigt;

27. *Verhinderung der Durchsetzung vertraglicher Rechte im Versicherungsverhältnis Maßnahmen, durch die der Verbraucher von der Durchsetzung seiner vertraglichen Rechte aus einem Versicherungsverhältnis dadurch abgehalten werden soll, dass*

   a) von ihm bei der Geltendmachung eines Anspruchs die Vorlage von Unterlagen verlangt wird, die zum Nachweis dieses Anspruchs nicht erforderlich sind, oder

   b) Schreiben zur Geltendmachung eines Anspruchs systematisch nicht beantwortet werden;

28. *Kaufaufforderung an Kinder die in eine Werbung einbezogene unmittelbare Aufforderung an Kinder, selbst die beworbene Ware zu erwerben oder die beworbene Dienstleistung in Anspruch zu nehmen oder ihre Eltern oder andere Erwachsene dazu zu veranlassen;*

29. *Aufforderung zur Bezahlung nicht bestellter Waren oder Dienstleistungen die Aufforderung zur Bezahlung nicht bestellter, aber gelieferter Waren oder erbrachter Dienstleistungen oder eine Aufforderung zur Rücksendung oder Aufbewahrung nicht bestellter Waren;*

30. *Angaben über die Gefährdung des Arbeitsplatzes oder des Lebensunterhalts die ausdrückliche Angabe, dass der Arbeitsplatz oder der Lebensunterhalt des Unternehmers gefährdet sei, wenn der Verbraucher die Ware oder Dienstleistung nicht abnehme;*

31. *Irreführung über Preis oder Gewinn die unwahre Angabe oder das Erwecken des unzutreffenden Eindrucks, der Verbraucher habe bereits einen Preis gewonnen oder werde ihn gewinnen oder werde durch eine bestimmte Handlung einen Preis gewinnen oder einen sonstigen Vorteil erlangen, wenn*

   a) es einen solchen Preis oder Vorteil tatsächlich nicht gibt oder

   b) die Möglichkeit, einen solchen Preis oder Vorteil zu erlangen, von der Zahlung eines Geldbetrags oder der Übernahme von Kosten abhängig gemacht wird.

32. *Aufforderung zur Zahlung bei unerbetenen Besuchen in der Wohnung eines Verbrauchers am Tag des Vertragsschlusses bei einem im Rahmen eines unerbetenen Besuchs in der Wohnung eines Verbrauchers geschlossenen Vertrag die an den Verbraucher gerichtete Aufforderung zur Bezahlung der Ware oder Dienstleistung vor Ablauf des Tages des Vertragsschlusses; dies gilt nicht, wenn der Verbraucher einen Betrag unter 50 Euro schuldet.*

2. Gesetz zur Durchführung der Verordnung (EU) 2017/2394 des Europäischen Parlaments und des Rates über die Zusammenarbeit zwischen den für die Durchsetzung der Verbraucherschutzgesetze zuständigen nationalen Behörden und zur Aufhebung der Verordnung (EG) Nr. 2006/2004 (EU-Verbraucherschutzdurchführungsgesetz – EU-VSchDG)[1)]

Vom 21. Dezember 2006

(BGBl. I S. 3367)

FNA 402-41

zuletzt geänd. durch Art. 4 G zur Umsetzung der RL über bestimmte vertragsrechtliche Aspekte der Bereitstellung digitaler Inhalte und digitaler Dienstleistungen[2)] v. 25.6.2021 (BGBl. I S. 2123)

Abschnitt 1. Allgemeine Bestimmungen

§ 1 Anwendungsbereich. (1) Dieses Gesetz dient der Durchführung der Verordnung (EU) 2017/2394 des Europäischen Parlaments und des Rates vom 12. Dezember 2017 über die Zusammenarbeit zwischen den für die Durchsetzung der Verbraucherschutzgesetze zuständigen nationalen Behörden und zur Aufhebung der Verordnung (EG) Nr. 2006/2004 (ABl. L 345 vom 27.12.2017, S. 1), die zuletzt durch die Richtlinie (EU) 2019/771 (ABl. L 136 vom 22.5.2019, S. 28) geändert worden ist, in der jeweils geltenden Fassung.

(2) Unberührt von den Vorschriften dieses Gesetzes bleiben die Zuständigkeiten und Befugnisse nach

1. den Rechtsvorschriften, die zur Umsetzung oder Durchführung der im Anhang der Verordnung (EU) 2017/2394 genannten Rechtsakte der Europäischen Gemeinschaft oder der Europäischen Union erlassen sind, oder
2. den im Anhang der Verordnung (EU) 2017/2394 genannten unmittelbar geltenden Rechtsakten der Europäischen Gemeinschaft oder der Europäischen Union und nach den in ihrem Rahmen oder zu ihrer Durchführung erlassenen Rechtsvorschriften.

(3) Die Befugnisse nach diesem Gesetz gelten nicht, soweit in anderen Rechtsvorschriften entsprechende oder weitergehende Regelungen vorgesehen sind.

§ 2 Zuständige Behörde. Für die Durchführung der Verordnung (EU) 2017/2394 sind bei Verstößen innerhalb der Union, weitverbreiteten Verstößen und weitverbreiteten Verstößen mit Unions-Dimension zuständig

---

[1)] Verkündet als Art. 1 G über die Durchsetzung der Verbraucherschutzgesetze bei innergemeinschaftlichen Verstößen v. 21.12.2006 (BGBl. I S. 3367); Inkrafttreten gem. Art. 9 dieses G am 29.12.2006.

[2)] **Amtl. Anm.:** Dieses Gesetz dient der Umsetzung der Richtlinie (EU) 2019/770 des Europäischen Parlaments und des Rates vom 20. Mai 2019 über bestimmte vertragsrechtliche Aspekte der Bereitstellung digitaler Inhalte und digitaler Dienstleistungen (ABl. L 136 vom 22.5.2019, S. 1; L 305 vom 26.11.2019, S. 62).

1. das Bundesamt für Justiz im Falle eines Verdachtes eines Verstoßes gegen
   a) die in den Nummern 1, 3, 4, 6, 7, 9, 11, 14 bis 16, 20 bis 23, 25, 26 und 28 des Anhangs der Verordnung (EU) 2017/2394 genannten Rechtsakte und die zu ihrer Umsetzung oder Durchführung erlassenen Rechtsvorschriften,
   b) sonstige Rechtsakte der Europäischen Gemeinschaft oder der Europäischen Union und die zu ihrer Umsetzung oder Durchführung erlassenen Rechtsvorschriften, soweit die Rechtsakte in den Anwendungsbereich der Verordnung (EU) 2017/2394 einbezogen worden sind und dem Bundesamt für Justiz die Zuständigkeit durch Rechtsverordnung nach § 12 Absatz 1 übertragen worden ist,
2. die Bundesanstalt für Finanzdienstleistungsaufsicht in Fällen der Nummer 1, soweit es sich um den Verdacht eines Verstoßes
   a) eines Unternehmens handelt, das
      aa) eine Tätigkeit ausübt, die einer Erlaubnis nach § 8 Absatz 1, § 67 Absatz 1 oder § 236 Absatz 4 des Versicherungsaufsichtsgesetzes bedarf, und der Aufsicht der Bundesanstalt für Finanzdienstleistungsaufsicht untersteht oder
      bb) nach § 61 Absatz 1 des Versicherungsaufsichtsgesetzes im Inland eine Zweigniederlassung betreibt oder im Wege des grenzüberschreitenden Dienstleistungsverkehrs tätig wird,
   b) eines Unternehmens handelt, das
      aa) Bankgeschäfte betreibt oder Finanzdienstleistungen erbringt, die einer Erlaubnis nach § 32 Absatz 1 Satz 1 oder Absatz 1a des Kreditwesengesetzes bedürfen,
      bb) nach § 53b Absatz 1 oder Absatz 7 des Kreditwesengesetzes im Inland eine Zweigniederlassung betreibt oder im Wege des grenzüberschreitenden Dienstleistungsverkehrs Bankgeschäfte betreibt oder Finanzdienstleistungen erbringt,
      cc) Wertpapierdienstleistungen oder Wertpapiernebendienstleistungen erbringt, die einer Erlaubnis nach § 15 Absatz 1, 3, 4 oder 6 des Wertpapierinstitutsgesetzes bedürfen, oder
      dd) nach § 73 Absatz 1 des Wertpapierinstitutsgesetzes im Inland eine Zweigniederlassung betreibt oder nach § 74 Absatz 1 des Wertpapierinstitutsgesetzes im Wege des grenzüberschreitenden Dienstleistungsverkehrs Wertpapierdienstleistungen oder Wertpapiernebendienstleistungen erbringt,
   und der Verdacht des Verstoßes sich auf die jeweilige Tätigkeit bezieht,
2a. die Bundesanstalt für Finanzdienstleistungsaufsicht im Falle eines Verdachtes eines Verstoßes gegen die zur Umsetzung der in Nummer 24 des Anhangs der Verordnung (EU) 2017/2394 erlassenen Rechtsvorschriften,
3. das Luftfahrt-Bundesamt im Falle eines Verdachtes eines Verstoßes gegen die in den Nummern 8 und 10 des Anhangs der Verordnung (EU) 2017/2394 genannten Rechtsakte und die zu ihrer Durchführung erlassenen Rechtsvorschriften,
4. die nach Landesrecht zuständige Behörde in den Fällen der Nummer 1, soweit es sich um den Verdacht eines Verstoßes eines Unternehmens handelt, das

a) eine Tätigkeit ausübt, die einer Erlaubnis nach § 8 Absatz 1, § 67 Absatz 1 oder § 236 Absatz 4 des Versicherungsaufsichtsgesetzes bedarf, und
b) der Aufsicht der zuständigen Landesbehörde untersteht,
und der Verdacht des Verstoßes sich auf die Tätigkeit bezieht,
5. das Eisenbahn-Bundesamt im Fall eines Verdachts eines Verstoßes gegen die in den Nummern 13, 18 und 19 des Anhangs der Verordnung (EU) 2017/2394 genannten Rechtsakte und die zu ihrer Durchführung erlassenen Rechtsvorschriften,
6. die Bundesnetzagentur im Falle eines Verdachtes eines Verstoßes gegen die in den Nummern 12 und 27 des Anhangs der Verordnung (EU) 2017/2394 genannten Rechtsakte und die zu ihrer Durchführung erlassenen Rechtsvorschriften,
7. vorbehaltlich der Nummer 1 Buchstabe b die nach Landesrecht zuständige Behörde in den übrigen Fällen

§ 3 Zentrale Verbindungsstelle. (1) Das Bundesministerium der Justiz und für Verbraucherschutz ist zentrale Verbindungsstelle im Sinne des Artikels 5 Absatz 1 der Verordnung (EU) 2017/2394.

(2) ¹Die zentrale Verbindungsstelle berichtet den für den Verbraucherschutz zuständigen obersten Landesbehörden jährlich, erstmals zum 31. Dezember 2007, umfassend und in anonymisierter Form über die im Zusammenhang mit diesem Gesetz empfangenen und weitergeleiteten Ersuchen um Amtshilfe und Informationsaustausch. ²Dazu gehören insbesondere Klagen und Urteile, die im Zusammenhang mit einem Verdacht eines Verstoßes innerhalb der Union, eines weitverbreiteten Verstoßes oder eines weitverbreiteten Verstoßes mit Unions-Dimension gegen Unionsrecht zum Schutz der Verbraucherinteressen erhoben worden oder ergangen sind.

(3) ¹Die zentrale Verbindungsstelle koordiniert den fachlichen Austausch. ²Um der zentralen Verbindungsstelle die Koordinierung der Anwendung der Verordnung (EU) 2017/2394 und dieses Gesetzes zu ermöglichen, berichten ihr die zuständigen Behörden auf Anforderung, mindestens aber jeweils zum Abschluss des dritten Kalenderquartals über ihre Tätigkeit aufgrund der Verordnung (EU) 2017/2394 und aufgrund dieses Gesetzes. ³Die Bundesregierung kann zur weiteren Durchführung der Verordnung (EU) 2017/2394 und dieses Gesetzes Verwaltungsvorschriften erlassen.

(4) Sind nach § 2 verschiedene Bundesbehörden zuständig, bestimmt die zentrale Verbindungsstelle, welche dieser Behörden zuständig ist und welche unterstützende Funktion übernimmt.

(5) Die zentrale Verbindungsstelle ist befugt, Ermächtigungen nach Artikel 27 Absatz 1 der Verordnung (EU) 2017/2394 vorzunehmen.

Abschnitt 2. Durchsetzung der Gesetze zum Schutz der Verbraucherinteressen

§§ 4, 5 *(aufgehoben)*

§ 6 Ergänzende Verfahrensvorschriften. (1) ¹Für das Verwaltungsverfahren der Bundesbehörden gelten ergänzend die Vorschriften des Verwaltungsverfahrensgesetzes. ²Der zur Erteilung einer Auskunft Verpflichtete kann die

Auskunft auf solche Fragen verweigern, deren Beantwortung ihn selbst oder einen der in § 383 Absatz 1 Nummer 1 bis 3 der Zivilprozessordnung bezeichneten Angehörigen der Gefahr strafgerichtlicher Verfolgung oder eines Verfahrens nach dem Gesetz über Ordnungswidrigkeiten aussetzen würde.

(2) ¹Im Verwaltungsverfahren sind durch den Richter anzuordnen:
1. Durchsuchungen von Geschäftsräumen und Personen und die Sicherstellung von Informationen, Datenträgern und Dokumenten gegen den Willen des Gewahrsaminhabers nach Artikel 9 Absatz 3 Buchstabe c der Verordnung (EU) 2017/2394 zur Verfolgung von Verstößen nach der Verordnung (EU) 2017/2394, außer bei Gefahr im Verzug,
2. Durchsuchungen von Räumen, die als Wohnung dienen.

²Zuständig ist das Amtsgericht, in dessen Bezirk sich die zuständige Behörde befindet. ³Gegen die richterliche Entscheidung ist die Beschwerde zulässig; die §§ 306 bis 310 und 311a der Strafprozessordnung gelten entsprechend. ⁴Über die Durchsuchung ist eine Niederschrift zu fertigen. ⁵Sie muss Angaben zur verantwortlichen Dienststelle, zu Grund, Zeit und Ort der Durchsuchung und zu ihrem Ergebnis und, falls keine richterliche Anordnung ergangen ist, auch zu den Tatsachen, welche die Annahme einer Gefahr im Verzug begründet haben, enthalten. ⁶§ 98 Absatz 2 der Strafprozessordnung gilt entsprechend.

(3) Bei Inanspruchnahme Dritter gilt § 23 Absatz 1 und 2 des Justizvergütungs- und -entschädigungsgesetzes entsprechend.

(4) Die zuständige Behörde kann den Unternehmer verpflichten, seine Zusage nach Artikel 9 Absatz 4 Buchstabe b und c der Verordnung (EU) 2017/2394 zu erfüllen.

(5) ¹Soweit Maßnahmen nach Artikel 9 Absatz 3 Buchstabe d der Verordnung (EU) 2017/2394 erforderlich sind, kann sich die zuständige Behörde auch anderer Personen und Einrichtungen bedienen. ²Die zuständige Behörde hat dabei die Einhaltung des Artikels 10 Absatz 2 der Verordnung (EU) 2017/2394 durch die anderen Personen und Einrichtungen zu gewährleisten. ³Sowohl die zuständige Behörde als auch die anderen Personen und Einrichtungen sind von den Pflichten der Artikel 12 bis 14 der Verordnung (EU) 2016/679 in Bezug auf die personenbezogenen Daten der von der Ermittlungsmaßnahme betroffenen Personen befreit, solange und soweit die Erfüllung dieser Pflichten den Zweck der Ermittlungsmaßnahme gefährden würde. ⁴Nach Wegfall der Beschränkung sind die betroffenen Personen jeweils in geeigneter Form zu informieren, wobei keine Pflicht zur Offenbarung von Ort und Zeitpunkt der durchgeführten Ermittlungsmaßnahme oder der Identität der natürlichen Personen, die die Ermittlungsmaßnahme durchgeführt haben, besteht. ⁵Die zuständige Behörde darf die durch Maßnahmen nach Artikel 9 Absatz 3 Buchstabe d der Verordnung (EU) 2017/2394 gewonnenen Erkenntnisse auch für andere Zwecke als für die Durchführung des Verwaltungsverfahrens nach diesem Gesetz verarbeiten, soweit dies für die Erfüllung der ihr durch Gesetz zugewiesenen Aufgaben erforderlich ist.

§ 7[1] Beauftragung Dritter. (1) ¹Die nach § 2 Nummer 1, 2 oder 2a zuständige Behörde soll bei Vorliegen der Voraussetzungen des Artikels 7 Absatz 1

---

[1] Siehe hierzu ua: Rahmenvereinbarung über Beauftragungen nach dem EU-VerbraucherschutzdurchführungsG v. 17.11.2020 (BAnz AT 05.01.2021 B1, 2).

EG- Verbraucherschutzdurchsetzungsgesetz §§ 8–11 VSchDG 2

Satz 2 der Verordnung (EU) 2017/2394 eine in § 3 Abs. 1 Satz 1 Nr. 1 bis 3 des Unterlassungsklagengesetzes[1)] oder in § 8 Abs. 3 Nr. 2 bis 4 des Gesetzes gegen den unlauteren Wettbewerb[2)] genannte Stelle (beauftragter Dritter) nach Maßgabe der Absätze 2 und 3 beauftragen, nach § 4e des Unterlassungsklagengesetzes, auch in Verbindung mit § 8 Abs. 5 Satz 2 zweiter Halbsatz des Gesetzes gegen den unlauteren Wettbewerb, auf das Abstellen dieser Verstöße hinzuwirken. ²Der beauftragte Dritte handelt im eigenen Namen.

(2) Kommt die zuständige Behörde zu der Überzeugung, dass die ordnungsgemäße Erfüllung der Aufgaben nicht mehr gewährleistet ist, so ist die Beauftragung ohne Entschädigung zu widerrufen.

(3) ¹Die zuständige Behörde kann Rahmenvereinbarungen über eine allgemeine Beauftragung nach Absatz 1 unter Beachtung des Absatzes 2 abschließen und den Vertragspartner im Sinne von Artikel 3 Nummer 8 der Verordnung (EU) 2017/2394 benennen (benannter Dritter). ²Die Rahmenvereinbarung bedarf der Genehmigung der für die zuständige Behörde zuständigen obersten Bundesbehörde. ³Die Rahmenvereinbarung ist im Bundesanzeiger bekannt zu machen.

(4) ¹Die Landesregierungen werden ermächtigt, für ihre Behörden durch Rechtsverordnung den Absätzen 1 bis 3 entsprechende Regelungen zu erlassen. ²Die Landesregierungen sind befugt, die Ermächtigung nach Satz 1 durch Rechtsverordnung ganz oder teilweise auf andere Behörden des Landes zu übertragen.

§ 8 Außenverkehr. Die Befugnis zum Verkehr mit der Europäischen Kommission und den mit der Durchführung der Verordnung (EU) 2017/2394 befassten Behörden anderer Mitgliedstaaten der Europäischen Union wird der zentralen Verbindungsstelle übertragen.

Abschnitt 3. Bußgeldvorschriften, Vollstreckung, Umlagen und Kostenerstattung

§ 9 Bußgeldvorschriften. (1) Ordnungswidrig handelt, wer vorsätzlich oder fahrlässig einer vollziehbaren Anordnung nach Artikel 9 Absatz 3 Buchstabe a, b oder c oder Absatz 4 Buchstabe a, e oder g der Verordnung (EU) 2017/2394 zuwiderhandelt.

(2) Die Ordnungswidrigkeit kann mit einer Geldbuße bis zu zehntausend Euro geahndet werden.

§ 10 Vollstreckung. ¹Die zuständige Behörde kann ihre Anordnungen nach den für die Vollstreckung von Verwaltungsmaßnahmen geltenden Vorschriften durchsetzen. ²Die Höhe des Zwangsgeldes für Entscheidungen nach Artikel 9 Absatz 4 Buchstabe a, e und g der Verordnung (EU) 2017/2394 beträgt für jeden Einzelfall höchstens zweihundertfünfzigtausend Euro.

§ 11 Umlagen und Kostenerstattung, Verordnungsermächtigung.
(1) ¹Soweit die Kosten der nach § 2 Nr. 2 zuständigen Behörde nicht durch Gebühren und Auslagen, gesonderte Erstattung nach Satz 2 oder sonstige Ein-

---
[1)] Nr. 4.
[2)] Nr. 1.

nahmen gedeckt werden, sind sie nach Maßgabe des Absatzes 2 auf die Unternehmen und Kredit- oder Finanzdienstleistungsinstitute oder Wertpapierinstitute, die von § 2 Nr. 2 Buchstabe a und b erfasst sind, umzulegen. ²Die Kosten, die der zuständigen Behörde durch eine auf Grund des Artikels 9 Absatz 3 Buchstabe c der Verordnung (EU) 2017/2394 vorgenommene Besichtigung oder Prüfung entstehen, sind von den Betroffenen der Behörde gesondert zu erstatten und ihr auf Verlangen vorzuschießen. ³Zu den Kosten nach Satz 2 gehören auch die Kosten, mit denen die zuständige Behörde von der Deutschen Bundesbank und anderen Behörden, die im Rahmen solcher Maßnahmen für die zuständige Behörde tätig werden, belastet wird, sowie die Kosten für den Einsatz eigener Mitarbeiter. ⁴Auf diese Kosten ist § 15 Abs. 2 des Finanzdienstleistungsaufsichtsgesetzes entsprechend anzuwenden.

(2) ¹Die nach Absatz 1 Satz 1 umzulegenden Kosten sind in die Umlage einzubeziehen, die nach den §§ 16 bis 16r des Finanzdienstleistungsaufsichtsgesetzes erhoben wird. ²Dabei sind Unternehmen nach § 2 Nummer 2 Buchstabe a dem Aufgabenbereich Versicherungen und Kreditinstitute, Finanzdienstleistungsinstitute oder Wertpapierinstitute nach § 2 Nummer 2 Buchstabe b dem Aufgabenbereich Banken und sonstige Finanzdienstleistungen zuzuordnen.

(3) Das Bundesministerium der Justiz und für Verbraucherschutz, das Bundesministerium der Finanzen, das Bundesministerium für Wirtschaft und Energie und das Bundesministerium für Verkehr und digitale Infrastruktur werden jeweils ermächtigt, die Ermächtigung zum Erlass einer Rechtsverordnung nach § 22 Absatz 4 Satz 1 des Bundesgebührengesetzes durch Rechtsverordnung ohne Zustimmung des Bundesrates auf die zu ihrem jeweiligen Geschäftsbereich gehörende, in § 2 Nummer 1, 2, 2a, 3, 5 oder 6 genannte Behörde in dem Umfang zu übertragen, in dem diese individuell zurechenbare öffentliche Leistungen nach diesem Gesetz oder aufgrund dieses Gesetzes erbringt.

Abschnitt 4. Anpassung an geändertes Gemeinschaftsrecht

§ 12 Verordnungsermächtigung. (1) ¹Soweit weitere Rechtsakte der Europäischen Union in den Anwendungsbereich der Verordnung (EU) 2017/2394 einbezogen worden sind, wird das Bundesministerium der Justiz und für Verbraucherschutz ermächtigt, die Zuständigkeit für die Durchführung der Verordnung (EU) 2017/2394 im Einvernehmen mit dem Bundesministerium der Finanzen durch Rechtsverordnung ohne Zustimmung des Bundesrates auf das Bundesamt für Justiz zu übertragen. ²Im Falle einer Rechtsverordnung nach Satz 1 bleibt § 2 Nummer 2 und 4 unberührt.

(2) Das Bundesministerium der Justiz und für Verbraucherschutz wird ferner ermächtigt, durch Rechtsverordnung ohne Zustimmung des Bundesrates

1. Verweisungen auf Vorschriften der Verordnung (EU) 2017/2394 in diesem Gesetz zu ändern, soweit es zur Anpassung an Änderungen dieser Vorschriften erforderlich ist,
2. Vorschriften dieses Gesetzes zu streichen oder in ihrem Wortlaut einem verbleibenden Anwendungsbereich anzupassen, soweit sie durch den Erlass entsprechender Vorschriften in Verordnungen der Europäischen Gemeinschaft oder der Europäischen Union unanwendbar geworden sind.

Abschnitt 5. Rechtsschutz bei bestimmten Verwaltungsmaßnahmen

§ 13 Zulässigkeit, Zuständigkeit. (1) ¹Gegen eine Entscheidung nach

1. Artikel 9 Absatz 4 Buchstabe a, soweit es sich um die Anordnung einer Beseitigung oder Unterlassung handelt, Artikel 9 Absatz 4 Buchstabe e oder Artikel 9 Absatz 7 der Verordnung (EU) 2017/2394 oder
2. § 10 oder § 11, soweit eine Entscheidung nach diesen Vorschriften in einem sachlichen Zusammenhang mit einer Entscheidung nach Nummer 1 steht,

der zuständigen Behörde ist die Beschwerde zulässig. ²Im Übrigen bleiben die Vorschriften über Rechtsbehelfe bei Verwaltungsmaßnahmen unberührt.

(2) ¹Die zuständige Behörde hat einer Entscheidung im Sinne des Absatzes 1 Satz 1 eine Rechtsbehelfsbelehrung nach § 37 Absatz 6 des Verwaltungsverfahrensgesetzes beizufügen. ²§ 58 der Verwaltungsgerichtsordnung gilt entsprechend.

(3) Die Beschwerde ist nur zulässig, wenn der Antragsteller geltend macht, durch die Entscheidung im Sinne des Absatzes 1 Satz 1 oder deren Ablehnung oder Unterlassung in seinen Rechten verletzt zu sein; sie kann auch auf neue Tatsachen und Beweismittel gestützt werden.

(4) ¹Über die Beschwerde entscheidet ausschließlich das für den Sitz der zuständigen Behörde zuständige Landgericht. ²§ 36 der Zivilprozessordnung gilt entsprechend.

§ 14 Aufschiebende Wirkung, Anordnung der sofortigen Vollziehung.

(1) Die Beschwerde hat aufschiebende Wirkung.

(2) Die zuständige Behörde kann die sofortige Vollziehung der Entscheidung anordnen, soweit dies im öffentlichen Interesse geboten ist.

(3) ¹Die Anordnung nach Absatz 2 kann bereits vor der Einreichung der Beschwerde getroffen werden. ²Die Anordnung ist zu begründen.

(4) Auf Antrag kann das Beschwerdegericht die aufschiebende Wirkung ganz oder teilweise wiederherstellen, soweit

1. die Voraussetzungen für die Anordnung nach Absatz 2 nicht vorgelegen haben oder nicht mehr vorliegen,
2. ernstliche Zweifel an der Rechtmäßigkeit der angefochtenen Entscheidung bestehen oder
3. die Vollziehung für den Betroffenen eine unbillige, nicht durch überwiegende öffentliche Interessen gebotene Härte zur Folge hätte.

(5) ¹Der Antrag nach Absatz 4 ist schon vor Einreichung der Beschwerde zulässig. ²Die Tatsachen, auf die der Antrag gestützt wird, sind vom Antragsteller glaubhaft zu machen. ³Ist die Entscheidung der zuständigen Behörde schon vollzogen, kann das Beschwerdegericht auch die Aufhebung der Vollziehung anordnen. ⁴Die Wiederherstellung und die Anordnung der aufschiebenden Wirkung können von der Leistung einer Sicherheit oder von anderen Auflagen abhängig gemacht werden. ⁵Sie können auch befristet werden.

(6) ¹Entscheidungen nach Absatz 4 können jederzeit geändert oder aufgehoben werden. ²Jeder Beteiligte kann die Änderung oder Aufhebung wegen

veränderter oder im ursprünglichen Verfahren ohne Verschulden nicht geltend gemachter Umstände beantragen.

(7) ¹Das Beschwerdegericht entscheidet über einen Antrag nach Absatz 4 oder 6 durch Beschluss. ²Der Beschluss kann ohne mündliche Verhandlung ergehen.

(8) Für das Ende der aufschiebenden Wirkung der Beschwerde gilt § 80b Abs. 1 der Verwaltungsgerichtsordnung entsprechend.

(9) In dringenden Fällen kann der Vorsitzende entscheiden.

§ 15 Frist und Form. (1) ¹Die Beschwerde ist binnen einer Frist von einem Monat bei der zuständigen Behörde schriftlich einzureichen. ²Die Frist beginnt mit der Zustellung der Entscheidung der Behörde. ³Es genügt, wenn die Beschwerde innerhalb der Frist bei dem Beschwerdegericht eingeht.

(2) ¹Die Beschwerde muss den Antragsteller, den Antragsgegner und den Gegenstand des Beschwerdebegehrens bezeichnen. ²Die angefochtene Entscheidung soll in Urschrift oder in Abschrift beigefügt werden.

(3) ¹Die Beschwerde ist zu begründen. ²Die Frist für die Beschwerdebegründung beträgt einen Monat; sie beginnt mit der Einlegung der Beschwerde und kann auf Antrag von dem Vorsitzenden des Beschwerdegerichts verlängert werden.

(4) Die Beschwerdebegründung muss enthalten

1. die Erklärung, inwieweit die Entscheidung angefochten und ihre Abänderung oder Aufhebung beantragt wird,
2. die Angabe der Tatsachen und Beweismittel, auf die sich die Beschwerde stützt.

(5) Die Beschwerdeschrift und die Beschwerdebegründung müssen durch einen bei einem deutschen Gericht zugelassenen Rechtsanwalt oder Rechtslehrer an einer deutschen Hochschule im Sinne des Hochschulrahmengesetzes mit Befähigung zum Richteramt unterzeichnet sein.

§ 16 Beteiligte am Beschwerdeverfahren. An dem Verfahren vor dem Beschwerdegericht sind beteiligt

1. der Beschwerdeführer,
2. die zuständige Behörde,
3. Personen und Personenvereinigungen, deren Interessen durch die Entscheidung erheblich berührt werden und die das Beschwerdegericht auf ihren Antrag zu dem Verfahren beigeladen hat; Interessen der Verbraucherzentralen und anderer Verbraucherverbände, die mit öffentlichen Mitteln gefördert werden, werden auch dann erheblich berührt, wenn sich die Entscheidung auf eine Vielzahl von Verbrauchern auswirkt und dadurch die Interessen der Verbraucher insgesamt erheblich berührt werden.

§ 17 Anwaltszwang. ¹Vor dem Beschwerdegericht müssen die Beteiligten sich durch einen bei einem deutschen Gericht zugelassenen Rechtsanwalt oder Rechtslehrer an einer deutschen Hochschule im Sinne des Hochschulrahmengesetzes mit Befähigung zum Richteramt als Bevollmächtigten vertreten lassen. ²Die zuständige Behörde kann sich auch durch Beamte oder Angestellte mit

Befähigung zum Richteramt sowie Diplomjuristen im höheren Dienst vertreten lassen.

§ 18 Mündliche Verhandlung. (1) Das Beschwerdegericht entscheidet über die Beschwerde auf Grund mündlicher Verhandlung; mit Einverständnis der Beteiligten kann ohne mündliche Verhandlung entschieden werden.

(2) Sind die Beteiligten in dem Verhandlungstermin trotz rechtzeitiger Benachrichtigung nicht erschienen oder gehörig vertreten, so kann gleichwohl in der Sache verhandelt und entschieden werden.

§ 19 Untersuchungsgrundsatz. (1) ¹Das Beschwerdegericht erforscht den Sachverhalt von Amts wegen; die Beteiligten sind dabei heranzuziehen. ²Es ist an das Vorbringen und an die Beweisanträge der Beteiligten nicht gebunden.

(2) Behörden sind zur Vorlage von Urkunden oder Akten, zur Übermittlung elektronischer Dokumente und zu Auskünften verpflichtet.

(3) Der Vorsitzende hat darauf hinzuwirken, dass Formfehler beseitigt, unklare Anträge erläutert, sachdienliche Anträge gestellt, ungenügende tatsächliche Angaben ergänzt, ferner alle für die Feststellung und Beurteilung des Sachverhalts wesentlichen Erklärungen abgegeben werden.

(4) ¹Das Beschwerdegericht kann den Beteiligten aufgeben, sich innerhalb einer zu bestimmenden Frist über aufklärungsbedürftige Punkte zu äußern, Beweismittel zu bezeichnen und in ihren Händen befindliche Urkunden sowie andere Beweismittel vorzulegen. ²Bei Versäumung der Frist kann nach Lage der Sache ohne Berücksichtigung der nicht beigebrachten Unterlagen entschieden werden.

§ 20 Beschwerdeentscheidung. (1) ¹Das Beschwerdegericht entscheidet durch Beschluss nach seiner freien, aus dem Gesamtergebnis des Verfahrens gewonnenen Überzeugung. ²Der Beschluss darf nur auf Tatsachen und Beweismittel gestützt werden, zu denen die Beteiligten sich äußern konnten. ³Das Beschwerdegericht kann hiervon abweichen, soweit Beigeladenen aus wichtigen Gründen, insbesondere zur Wahrung von Betriebs- oder Geschäftsgeheimnissen, Akteneinsicht nicht gewährt und der Akteninhalt aus diesen Gründen auch nicht vorgetragen worden ist. ⁴Dies gilt nicht für solche Beigeladene, die an dem streitigen Rechtsverhältnis derart beteiligt sind, dass die Entscheidung auch ihnen gegenüber nur einheitlich ergehen kann.

(2) Für die Beschwerdeentscheidung gelten § 113 Abs. 1, 3 bis 5 und § 114 der Verwaltungsgerichtsordnung entsprechend.

(3) Der Beschluss ist zu begründen und mit einer Rechtsmittelbelehrung den Beteiligten zuzustellen.

§ 21 Akteneinsicht. (1) ¹Die in § 16 Nr. 1 und 2 bezeichneten Beteiligten können die Akten des Beschwerdegerichts einsehen und sich durch die Geschäftsstelle auf ihre Kosten Ausfertigungen, Auszüge und Abschriften erteilen lassen. ²§ 299 Abs. 3 der Zivilprozessordnung gilt entsprechend.

(2) ¹Einsicht in Vorakten, Beiakten, Gutachten und Auskünfte sind nur mit Zustimmung der Stellen zulässig, die die Akten gehören oder die die Äußerung eingeholt haben. ²Die zuständige Behörde hat die Zustimmung zur Einsicht in ihre Unterlagen zu versagen, soweit dies aus wichtigen Gründen, insbesondere zur Wahrung von Betriebs- oder Geschäftsgeheimnissen, geboten

ist. ³Wird die Einsicht abgelehnt oder ist sie unzulässig, dürfen diese Unterlagen der Entscheidung nur insoweit zugrunde gelegt werden, als ihr Inhalt vorgetragen worden ist. ⁴Das Beschwerdegericht kann die Offenlegung von Tatsachen oder Beweismitteln, deren Geheimhaltung aus wichtigen Gründen, insbesondere zur Wahrung von Betriebs- oder Geschäftsgeheimnissen, verlangt wird, nach Anhörung des von der Offenlegung Betroffenen durch Beschluss anordnen, soweit es für die Entscheidung auf diese Tatsachen oder Beweismittel ankommt, andere Möglichkeiten der Sachaufklärung nicht bestehen und nach Abwägung aller Umstände des Einzelfalles die Bedeutung der Sache das Interesse des Betroffenen an der Geheimhaltung überwiegt. ⁵Der Beschluss ist zu begründen. ⁶In dem Verfahren nach Satz 4 muss sich der Betroffene nicht anwaltlich vertreten lassen.

(3) Den in § 16 Nr. 3 bezeichneten Beteiligten soll das Beschwerdegericht nach Anhörung des Verfügungsberechtigten Akteneinsicht in gleichem Umfang gewähren.

§ 22 Geltung von Vorschriften des Gerichtsverfassungsgesetzes und der Zivilprozessordnung. ¹Im Verfahren vor dem Beschwerdegericht gelten ergänzend, soweit nichts anderes bestimmt ist,
1. die Vorschriften der §§ 169 bis 197 des Gerichtsverfassungsgesetzes über Öffentlichkeit und Sitzungspolizei, Gerichtssprache, Beratung und Abstimmung;
2. die Vorschriften der Zivilprozessordnung, insbesondere über Ausschließung und Ablehnung eines Richters, über Prozessbevollmächtigte und Beistände, über die Zustellung von Amts wegen, über Ladungen, Termine und Fristen, über die Anordnung des persönlichen Erscheinens der Parteien, über die Verbindung mehrerer Prozesse, über die Erledigung des Zeugen- und Sachverständigenbeweises sowie über die sonstigen Arten des Beweisverfahrens, über die Wiedereinsetzung in den vorigen Stand gegen die Versäumung einer Frist, entsprechend.

²Die Vorschriften des Siebzehnten Titels des Gerichtsverfassungsgesetzes sind entsprechend anzuwenden.

§ 23 Einstweilige Anordnung. (1) ¹Auf Antrag kann das Beschwerdegericht, auch schon vor Beschwerdeerhebung, eine einstweilige Anordnung in Bezug auf den Streitgegenstand treffen, wenn die Gefahr besteht, dass durch eine Veränderung des bestehenden Zustands die Verwirklichung eines Rechts des Antragstellers vereitelt oder wesentlich erschwert werden könnte. ²Einstweilige Anordnungen sind auch zur Regelung eines vorläufigen Zustands in Bezug auf ein streitiges Rechtsverhältnis zulässig, wenn diese Regelung, vor allem bei dauernden Rechtsverhältnissen, um wesentliche Nachteile abzuwenden oder drohende Gewalt zu verhindern oder aus anderen Gründen nötig erscheint.

(2) ¹Für den Erlass einstweiliger Anordnungen ist das Beschwerdegericht zuständig. ²§ 14 Abs. 6, 7 und 9 gilt entsprechend.

(3) Für den Erlass einstweiliger Anordnungen gelten die §§ 920, 921, 923, 926, 928 bis 932, 938, 939, 941 und 945 der Zivilprozessordnung entsprechend.

(4) Die Absätze 1 bis 3 gelten nicht für die Fälle des § 14.

§ 24 Rechtsbeschwerde. (1) Gegen die in der Hauptsache erlassenen Beschlüsse der Landgerichte findet die Rechtsbeschwerde an den Bundesgerichtshof statt, wenn das Landgericht die Rechtsbeschwerde zugelassen hat.

(2) Die Rechtsbeschwerde ist zuzulassen, wenn
1. eine Rechtsfrage von grundsätzlicher Bedeutung zu entscheiden ist oder
2. die Fortbildung des Rechts oder die Sicherung einer einheitlichen Rechtsprechung eine Entscheidung des Bundesgerichtshofs erfordert.

(3) ¹Über die Zulassung oder Nichtzulassung der Rechtsbeschwerde ist in der Entscheidung des Landgerichts zu befinden. ²Die Nichtzulassung ist zu begründen.

(4) Einer Zulassung zur Einlegung der Rechtsbeschwerde gegen Entscheidungen des Beschwerdegerichts bedarf es nicht, wenn einer der folgenden Mängel des Verfahrens vorliegt und gerügt wird:
1. das beschließende Gericht war nicht vorschriftsmäßig besetzt,
2. bei der Entscheidung hat ein Richter mitgewirkt, der von der Ausübung des Richteramtes kraft Gesetzes ausgeschlossen oder wegen Besorgnis der Befangenheit mit Erfolg abgelehnt war,
3. einem Beteiligten war das rechtliche Gehör versagt,
4. ein Beteiligter im Verfahren war nicht nach Vorschrift des Gesetzes vertreten, soweit er nicht der Führung des Verfahrens ausdrücklich oder stillschweigend zugestimmt hat,
5. die Entscheidung ist auf Grund einer mündlichen Verhandlung ergangen, bei der die Vorschriften über die Öffentlichkeit des Verfahrens verletzt worden sind, oder
6. die Entscheidung ist nicht mit Gründen versehen.

§ 25 Nichtzulassungsbeschwerde. (1) Die Nichtzulassung der Rechtsbeschwerde kann selbständig durch Nichtzulassungsbeschwerde angefochten werden.

(2) ¹Über die Nichtzulassungsbeschwerde entscheidet der Bundesgerichtshof durch Beschluss, der zu begründen ist. ²Der Beschluss kann ohne mündliche Verhandlung ergehen.

(3) ¹Die Nichtzulassungsbeschwerde ist binnen einer Frist von einem Monat schriftlich bei dem Landgericht einzulegen. ²Die Frist beginnt mit der Zustellung der anzufechtenden Entscheidung.

(4) Für die Nichtzulassungsbeschwerde gelten § 14 Abs. 1, § 15 Abs. 2, 3, 4 Nr. 1 und Abs. 5, die §§ 16, 17, 21 und 22 Nr. 2 dieses Gesetzes sowie die §§ 192 bis 197 des Gerichtsverfassungsgesetzes über die Beratung und Abstimmung entsprechend.

(5) ¹Wird die Rechtsbeschwerde nicht zugelassen, so wird die Entscheidung des Landgerichts mit der Zustellung des Beschlusses des Bundesgerichtshofes rechtskräftig. ²Wird die Rechtsbeschwerde zugelassen, so beginnt mit der Zustellung des Beschlusses des Bundesgerichtshofes der Lauf der Beschwerdefrist.

§ 26 Beschwerdeberechtigte, Form und Frist. (1) Die Rechtsbeschwerde steht den am Beschwerdeverfahren Beteiligten zu.

(2) Die Rechtsbeschwerde kann nur darauf gestützt werden, dass die Entscheidung auf einer Verletzung des Rechts beruht; die §§ 546 und 547 der Zivilprozessordnung gelten entsprechend.

(3) [1] Die Rechtsbeschwerde ist binnen einer Frist von einem Monat schriftlich bei dem Landgericht einzulegen. [2] Die Frist beginnt mit der Zustellung der angefochtenen Entscheidung.

(4) Der Bundesgerichtshof ist an die in der angefochtenen Entscheidung getroffenen tatsächlichen Feststellungen gebunden, außer wenn in Bezug auf diese Feststellungen zulässige und begründete Rechtsbeschwerdegründe vorgebracht sind.

(5) Für die Rechtsbeschwerde gelten im Übrigen § 14 Abs. 1, § 15 Abs. 2, 3, 4 Nr. 1 und Abs. 5, die §§ 16 bis 18 sowie die §§ 20 bis 22 entsprechend.

§ 27 Kostentragung und -festsetzung. [1] Im Beschwerdeverfahren und im Rechtsbeschwerdeverfahren kann das Gericht anordnen, dass die Kosten, die zur zweckentsprechenden Erledigung der Angelegenheit notwendig waren, von einem Beteiligten ganz oder teilweise zu erstatten sind, wenn dies der Billigkeit entspricht. [2] Hat ein Beteiligter Kosten durch ein unbegründetes Rechtsmittel oder durch grobes Verschulden veranlasst, so sind ihm die Kosten aufzuerlegen. [3] Im Übrigen gelten die Vorschriften der Zivilprozessordnung über das Kostenfestsetzungsverfahren und die Zwangsvollstreckung aus Kostenfestsetzungsbeschlüssen entsprechend.

§ 28 Abhilfe bei Verletzung des Anspruchs auf rechtliches Gehör.

(1) [1] Auf die Rüge eines durch eine gerichtliche Entscheidung beschwerten Beteiligten ist das Verfahren fortzuführen, wenn

1. ein Rechtsmittel oder ein anderer Rechtsbehelf gegen die Entscheidung nicht gegeben ist und
2. das Gericht den Anspruch dieses Beteiligten auf rechtliches Gehör in entscheidungserheblicher Weise verletzt hat.

[2] Gegen eine der Endentscheidung vorausgehende Entscheidung findet die Rüge nicht statt.

(2) [1] Die Rüge ist innerhalb von zwei Wochen nach Kenntnis von der Verletzung des rechtlichen Gehörs zu erheben; der Zeitpunkt der Kenntniserlangung ist glaubhaft zu machen. [2] Nach Ablauf eines Jahres seit Bekanntgabe der angegriffenen Entscheidung kann die Rüge nicht mehr erhoben werden. [3] Formlos mitgeteilte Entscheidungen gelten mit dem dritten Tage nach Aufgabe zur Post als bekannt gegeben. [4] Die Rüge ist schriftlich oder zur Niederschrift des Urkundsbeamten der Geschäftsstelle bei dem Gericht zu erheben, dessen Entscheidung angegriffen wird. [5] Die Rüge muss die angegriffene Entscheidung bezeichnen und das Vorliegen der in Absatz 1 Satz 1 Nr. 2 genannten Voraussetzungen darlegen.

(3) Den übrigen Beteiligten ist, soweit erforderlich, Gelegenheit zur Stellungnahme zu geben.

(4) [1] Ist die Rüge nicht statthaft oder nicht in der gesetzlichen Form oder Frist erhoben, so ist sie als unzulässig zu verwerfen. [2] Ist die Rüge unbegründet, weist das Gericht sie zurück. [3] Die Entscheidung ergeht durch unanfechtbaren Beschluss. [4] Der Beschluss soll kurz begründet werden.

(5) ¹Ist die Rüge begründet, so hilft ihr das Gericht ab, indem es das Verfahren fortführt, soweit dies auf Grund der Rüge geboten ist. ²Das Verfahren wird in die Lage zurückversetzt, in der es sich vor dem Schluss der mündlichen Verhandlung befand. ³Im schriftlichen Verfahren tritt an die Stelle des Schlusses der mündlichen Verhandlung der Zeitpunkt, bis zu dem Schriftsätze eingereicht werden können. ⁴Für den Ausspruch des Gerichts ist § 343 der Zivilprozessordnung anzuwenden.

(6) § 149 Abs. 1 Satz 2 der Verwaltungsgerichtsordnung ist entsprechend anzuwenden.

§ 29 Evaluierung. Das Bundesministerium der Justiz und für Verbraucherschutz berichtet dem Deutschen Bundestag bis zum 31. Januar 2025 über die Anwendung des Gesetzes durch Bundesbehörden.

3. Preisangabenverordnung (PAngV)[1) 2)]

In der Fassung der Bekanntmachung vom 18. Oktober 2002[3)]
(BGBl. I S. 4197)

FNA 720-17-1

zuletzt geänd. durch Art. 3 Satz 2 VO zur Novellierung der PreisangabenVO v. 12.11.2021 (BGBl. I S. 4921)

§ 1 Grundvorschriften. (1) ¹Wer Verbrauchern gemäß § 13 des Bürgerlichen Gesetzbuchs gewerbs- oder geschäftsmäßig oder wer ihnen regelmäßig in sonstiger Weise Waren oder Leistungen anbietet oder als Anbieter von Waren oder Leistungen gegenüber Verbrauchern unter Angabe von Preisen wirbt, hat die Preise anzugeben, die einschließlich der Umsatzsteuer und sonstiger Preisbestandteile zu zahlen sind (Gesamtpreise). ²Soweit es der allgemeinen Verkehrsauffassung entspricht, sind auch die Verkaufs- oder Leistungseinheit und die Gütebezeichnung anzugeben, auf die sich die Preise beziehen. ³Auf die Bereitschaft, über den angegebenen Preis zu verhandeln, kann hingewiesen werden, soweit es der allgemeinen Verkehrsauffassung entspricht und Rechtsvorschriften nicht entgegenstehen.

(2) ¹Wer Verbrauchern gewerbs- oder geschäftsmäßig oder wer ihnen regelmäßig in sonstiger Weise Waren oder Leistungen zum Abschluss eines Fernabsatzvertrages anbietet, hat zusätzlich zu Absatz 1 und § 2 Absatz 2 anzugeben,

1. dass die für Waren oder Leistungen geforderten Preise die Umsatzsteuer und sonstige Preisbestandteile enthalten und
2. ob zusätzlich Fracht-, Liefer- oder Versandkosten oder sonstige Kosten anfallen.

²Fallen zusätzliche Fracht-, Liefer- oder Versandkosten oder sonstige Kosten an, so ist deren Höhe anzugeben, soweit diese Kosten vernünftigerweise im Voraus berechnet werden können.

(3) ¹Bei Leistungen können, soweit es üblich ist, abweichend von Absatz 1 Satz 1 Stundensätze, Kilometersätze und andere Verrechnungssätze angegeben werden, die alle Leistungselemente einschließlich der anteiligen Umsatzsteuer enthalten. ²Die Materialkosten können in die Verrechnungssätze einbezogen werden.

(4) Wird außer dem Entgelt für eine Ware oder Leistung eine rückstattbare Sicherheit gefordert, so ist deren Höhe neben dem Preis für die Ware oder Leistung anzugeben und kein Gesamtbetrag zu bilden.

(5) Die Angabe von Preisen mit einem Änderungsvorbehalt ist abweichend von Absatz 1 Satz 1 nur zulässig

---

[1)] Die VO wurde erlassen auf Grund von § 1 des Preisangaben- und Preisklauselgesetzes und des § 8 Abs. 1 Satz 1 Nr. 9 des Eichgesetzes.
[2)] **Aufgehoben mit Ablauf des 27.5.2022** durch Art. 3 Satz 2 VO v. 12.11.2021 (BGBl. I S. 4921) v. 12.11.2021 (BGBl. I S. 4921); siehe ab dem 28.5.2022 die Preisangabenverordnung 2021 (Nr. **3a**).
[3)] Neubekanntmachung der PAngV idF der Bek. v. 28.7.2000 (BGBl. I S. 1244) in der ab 1.1.2003 geltenden Fassung.

Preisangabenverordnung **§ 2 PAngV**

1. bei Waren oder Leistungen, für die Liefer- oder Leistungsfristen von mehr als vier Monaten bestehen, soweit zugleich die voraussichtlichen Liefer- und Leistungsfristen angegeben werden, oder
2. bei Waren oder Leistungen, die im Rahmen von Dauerschuldverhältnissen erbracht werden.

(6) Der in der Werbung, auf der Webseite oder in Prospekten eines Reiseveranstalters angegebene Reisepreis kann abweichend von Absatz 1 Satz 1 nach Maßgabe des § 651d Absatz 3 Satz 1 des Bürgerlichen Gesetzbuchs und des Artikels 250 § 1 Absatz 2 des Einführungsgesetzes zum Bürgerlichen Gesetzbuche geändert werden.

(7) [1] Die Angaben nach dieser Verordnung müssen der allgemeinen Verkehrsauffassung und den Grundsätzen von Preisklarheit und Preiswahrheit entsprechen. [2] Wer zu Angaben nach dieser Verordnung verpflichtet ist, hat diese dem Angebot oder der Werbung eindeutig zuzuordnen sowie leicht erkennbar und deutlich lesbar oder sonst gut wahrnehmbar zu machen. [3] Bei der Aufgliederung von Preisen sind die Gesamtpreise hervorzuheben.

§ 2 Grundpreis. (1) [1] Wer Verbrauchern gewerbs- oder geschäftsmäßig oder wer ihnen regelmäßig in sonstiger Weise Waren in Fertigpackungen, offenen Packungen oder als Verkaufseinheiten ohne Umhüllung nach Gewicht, Volumen, Länge oder Fläche anbietet, hat neben dem Gesamtpreis auch den Preis je Mengeneinheit einschließlich der Umsatzsteuer und sonstiger Preisbestandteile (Grundpreis) in unmittelbarer Nähe des Gesamtpreises gemäß Absatz 3 Satz 1, 2, 4 oder 5 anzugeben. [2] Dies gilt auch für denjenigen, der als Anbieter dieser Waren gegenüber Verbrauchern unter Angabe von Preisen wirbt. [3] Auf die Angabe des Grundpreises kann verzichtet werden, wenn dieser mit dem Gesamtpreis identisch ist.

(2) Wer Verbrauchern gewerbs- oder geschäftsmäßig oder wer ihnen regelmäßig in sonstiger Weise unverpackte Waren, die in deren Anwesenheit oder auf deren Veranlassung abgemessen werden (lose Ware), nach Gewicht, Volumen, Länge oder Fläche anbietet oder als Anbieter dieser Waren gegenüber Verbrauchern unter Angabe von Preisen wirbt, hat lediglich den Grundpreis gemäß Absatz 3 anzugeben.

(3) [1] Die Mengeneinheit für den Grundpreis ist jeweils 1 Kilogramm, 1 Liter, 1 Kubikmeter, 1 Meter oder 1 Quadratmeter der Ware. [2] Bei Waren, deren Nenngewicht oder Nennvolumen üblicherweise 250 Gramm oder Milliliter nicht übersteigt, dürfen als Mengeneinheit für den Grundpreis 100 Gramm oder Milliliter verwendet werden. [3] Bei nach Gewicht oder nach Volumen angebotener loser Ware ist als Mengeneinheit für den Grundpreis entsprechend der allgemeinen Verkehrsauffassung entweder 1 Kilogramm oder 100 Gramm oder 1 Liter oder 100 Milliliter zu verwenden. [4] Bei Waren, die üblicherweise in Mengen von 100 Liter und mehr, 50 Kilogramm und mehr oder 100 Meter und mehr abgegeben werden, ist für den Grundpreis die Mengeneinheit zu verwenden, die der allgemeinen Verkehrsauffassung entspricht. [5] Bei Waren, bei denen das Abtropfgewicht anzugeben ist, ist der Grundpreis auf das angegebene Abtropfgewicht zu beziehen.

(4) [1] Bei Haushaltswaschmitteln kann als Mengeneinheit für den Grundpreis eine übliche Anwendung verwendet werden. [2] Dies gilt auch für Wasch- und

Reinigungsmittel, sofern sie einzeln portioniert sind und die Zahl der Portionen zusätzlich zur Gesamtfüllmenge angegeben ist.

§ 3 Elektrizität, Gas, Fernwärme und Wasser. [1] Wer Verbrauchern gewerbs- oder geschäftsmäßig oder wer ihnen regelmäßig in sonstiger Weise Elektrizität, Gas, Fernwärme oder Wasser leitungsgebunden anbietet oder als Anbieter dieser Waren gegenüber Verbrauchern unter Angabe von Preisen wirbt, hat den verbrauchsabhängigen Preis je Mengeneinheit einschließlich der Umsatzsteuer und aller spezifischen Verbrauchssteuern (Arbeits- oder Mengenpreis) gemäß Satz 2 im Angebot oder in der Werbung anzugeben. [2] Als Mengeneinheit für den Arbeitspreis bei Elektrizität, Gas und Fernwärme ist 1 Kilowattstunde und für den Mengenpreis bei Wasser 1 Kubikmeter zu verwenden. [3] Wer neben dem Arbeits- oder Mengenpreis leistungsabhängige Preise fordert, hat diese vollständig in unmittelbarer Nähe des Arbeits- oder Mengenpreises anzugeben. [4] Satz 3 gilt entsprechend für die Forderungen nicht verbrauchsabhängiger Preise.

§ 4 Handel. (1) Waren, die in Schaufenstern, Schaukästen, innerhalb oder außerhalb des Verkaufsraumes auf Verkaufsständen oder in sonstiger Weise sichtbar ausgestellt werden, und Waren, die vom Verbraucher unmittelbar entnommen werden können, sind durch Preisschilder oder Beschriftung der Ware auszuzeichnen.

(2) Waren, die nicht unter den Voraussetzungen des Absatzes 1 im Verkaufsraum zum Verkauf bereitgehalten werden, sind entweder nach Absatz 1 auszuzeichnen oder dadurch, dass die Behältnisse oder Regale, in denen sich die Waren befinden, beschriftet werden oder dass Preisverzeichnisse angebracht oder zur Einsichtnahme aufgelegt werden.

(3) Waren, die nach Musterbüchern angeboten werden, sind dadurch auszuzeichnen, dass die Preise für die Verkaufseinheit auf den Mustern oder damit verbundenen Preisschildern oder Preisverzeichnissen angegeben werden.

(4) Waren, die nach Katalogen oder Warenlisten oder auf Bildschirmen angeboten werden, sind dadurch auszuzeichnen, dass die Preise unmittelbar bei den Abbildungen oder Beschreibungen der Waren oder in mit den Katalogen oder Warenlisten im Zusammenhang stehenden Preisverzeichnissen angegeben werden.

(5) Auf Angebote von Waren, deren Preise üblicherweise aufgrund von Tarifen oder Gebührenregelungen bemessen werden, ist § 5 Abs. 1 und 2 entsprechend anzuwenden.

§ 5 Leistungen. (1) [1] Wer Leistungen anbietet, hat ein Preisverzeichnis mit den Preisen für seine wesentlichen Leistungen oder in den Fällen des § 1 Abs. 3 mit seinen Verrechnungssätzen aufzustellen. [2] Dieses ist im Geschäftslokal oder am sonstigen Ort des Leistungsangebots und, sofern vorhanden, zusätzlich im Schaufenster oder Schaukasten anzubringen. [3] Ort des Leistungsangebots ist auch die Bildschirmanzeige. [4] Wird eine Leistung über Bildschirmanzeige erbracht und nach Einheiten berechnet, ist eine gesonderte Anzeige über den Preis der fortlaufenden Nutzung unentgeltlich anzubieten.

(2) Werden entsprechend der allgemeinen Verkehrsauffassung die Preise und Verrechnungssätze für sämtliche angebotenen Leistungen in Preisverzeichnisse aufgenommen, so sind diese zur Einsichtnahme am Ort des Leistungsangebots

Preisangabenverordnung §6 PAngV 3

bereitzuhalten, wenn das Anbringen der Preisverzeichnisse wegen ihres Umfangs nicht zumutbar ist.

(3) Werden die Leistungen in Fachabteilungen von Handelsbetrieben angeboten, so genügt das Anbringen der Preisverzeichnisse in den Fachabteilungen.

§ 6 Verbraucherdarlehen. (1) Wer Verbrauchern gewerbs- oder geschäftsmäßig oder wer ihnen regelmäßig in sonstiger Weise den Abschluss von Verbraucherdarlehen im Sinne des § 491 des Bürgerlichen Gesetzbuchs anbietet, hat als Preis die nach den Absätzen 2 bis 6 und 8 berechneten Gesamtkosten des Verbraucherdarlehens für den Verbraucher, ausgedrückt als jährlicher Prozentsatz des Nettodarlehensbetrags, soweit zutreffend, einschließlich der Kosten gemäß Absatz 3 Satz 2 Nummer 1, anzugeben und als effektiven Jahreszins zu bezeichnen.

(2) [1] Der anzugebende effektive Jahreszins gemäß Absatz 1 ist mit der in der Anlage angegebenen mathematischen Formel und nach den in der Anlage zugrunde gelegten Vorgehensweisen zu berechnen. [2] Bei der Berechnung des effektiven Jahreszinses wird von der Annahme ausgegangen, dass der Verbraucherdarlehensvertrag für den vereinbarten Zeitraum gilt und dass Darlehensgeber und Verbraucher ihren Verpflichtungen zu den im Verbraucherdarlehensvertrag niedergelegten Bedingungen und Terminen nachkommen.

(3) [1] In die Berechnung des anzugebenden effektiven Jahreszinses sind als Gesamtkosten die vom Verbraucher zu entrichtenden Zinsen und alle sonstigen Kosten einschließlich etwaiger Vermittlungskosten einzubeziehen, die der Verbraucher im Zusammenhang mit dem Verbraucherdarlehensvertrag zu entrichten hat und die dem Darlehensgeber bekannt sind. [2] Zu den sonstigen Kosten gehören:
1. Kosten für die Eröffnung und Führung eines spezifischen Kontos, Kosten für die Verwendung eines Zahlungsmittels, mit dem sowohl Geschäfte auf diesem Konto getätigt als auch Verbraucherdarlehensbeträge in Anspruch genommen werden können, sowie sonstige Kosten für Zahlungsgeschäfte, wenn die Eröffnung oder Führung eines Kontos Voraussetzung dafür ist, dass das Verbraucherdarlehen überhaupt oder nach den vorgesehenen Vertragsbedingungen gewährt wird;
2. Kosten für die Immobilienbewertung, sofern eine solche Bewertung für die Gewährung des Verbraucherdarlehens erforderlich ist.

(4) Nicht in die Berechnung der Gesamtkosten einzubeziehen sind, soweit zutreffend:
1. Kosten, die vom Verbraucher bei Nichterfüllung seiner Verpflichtungen aus dem Verbraucherdarlehensvertrag zu tragen sind;
2. Kosten für solche Versicherungen und für solche anderen Zusatzleistungen, die keine Voraussetzung für die Verbraucherdarlehensvergabe oder für die Verbraucherdarlehensvergabe zu den vorgesehenen Vertragsbedingungen sind;
3. Kosten mit Ausnahme des Kaufpreises, die vom Verbraucher beim Erwerb von Waren oder Dienstleistungen unabhängig davon zu tragen sind, ob es sich um ein Bar- oder Verbraucherdarlehensgeschäft handelt;
4. Gebühren für die Eintragung der Eigentumsübertragung oder der Übertragung eines grundstücksgleichen Rechts in das Grundbuch;

5. Notarkosten.

(5) Ist eine Änderung des Zinssatzes oder sonstiger in die Berechnung des anzugebenden effektiven Jahreszinses einzubeziehender Kosten vorbehalten und ist ihre zahlenmäßige Bestimmung im Zeitpunkt der Berechnung des anzugebenden effektiven Jahreszinses nicht möglich, so wird bei der Berechnung von der Annahme ausgegangen, dass der Sollzinssatz und die sonstigen Kosten gemessen an der ursprünglichen Höhe fest bleiben und bis zum Ende des Verbraucherdarlehensvertrags gelten.

(6) Erforderlichenfalls ist bei der Berechnung des anzugebenden effektiven Jahreszinses von den in der Anlage niedergelegten Annahmen auszugehen.

(7) Ist der Abschluss eines Vertrags über die Inanspruchnahme einer Nebenleistung, insbesondere eines Versicherungsvertrags oder allgemein einer Mitgliedschaft, zwingende Voraussetzung dafür, dass das Verbraucherdarlehen überhaupt oder nach den vorgesehenen Vertragsbedingungen gewährt wird, und können die Kosten der Nebenleistung nicht im Voraus bestimmt werden, so ist in klarer, eindeutiger und auffallender Art und Weise darauf hinzuweisen,

1. dass eine Verpflichtung zum Abschluss des Vertrages über die Nebenleistung besteht und

2. wie hoch der effektive Jahreszins des Verbraucherdarlehens ist.

(8) [1] Bei Bauspardarlehen ist bei der Berechnung des anzugebenden effektiven Jahreszinses davon auszugehen, dass im Zeitpunkt der Verbraucherdarlehensauszahlung das vertragliche Mindestspargutshaben angespart ist. [2] Von der Abschlussgebühr ist im Zweifel lediglich der Teil zu berücksichtigen, der auf den Verbraucherdarlehensanteil der Bausparsumme entfällt. [3] Bei Verbraucherdarlehen, die der Vor- oder Zwischenfinanzierung von Leistungen einer Bausparkasse aus Bausparverträgen dienen und deren preisbestimmende Faktoren bis zur Zuteilung unveränderbar sind, ist als Laufzeit von den Zuteilungsfristen auszugehen, die sich aus der Zielbewertungszahl für Bausparverträge gleicher Art ergeben. [4] Bei vor- oder zwischenfinanzierten Bausparverträgen gemäß Satz 3 ist für das Gesamtprodukt aus Vor- oder Zwischenfinanzierungsdarlehen und Bausparvertrag der effektive Jahreszins für die Gesamtlaufzeit anzugeben.

§ 6a Werbung für Verbraucherdarlehen. (1) [1] Jegliche Kommunikation für Werbe- und Marketingzwecke, die Verbraucherdarlehen betrifft, hat den Kriterien der Redlichkeit und Eindeutigkeit zu genügen und darf nicht irreführend sein. [2] Insbesondere sind Formulierungen unzulässig, die beim Verbraucher falsche Erwartungen in Bezug auf die Möglichkeit, ein Verbraucherdarlehen zu erhalten oder in Bezug auf die Kosten eines Verbraucherdarlehens wecken.

(2) [1] Wer gegenüber Verbrauchern für den Abschluss eines Verbraucherdarlehensvertrags mit Zinssätzen oder sonstigen Zahlen, die die Kosten betreffen, wirbt, hat in klarer, eindeutiger und auffallender Art und Weise anzugeben:

1. die Identität und Anschrift des Darlehensgebers oder gegebenenfalls des Darlehensvermittlers,

2. den Nettodarlehensbetrag,

3. den Sollzinssatz und die Auskunft, ob es sich um einen festen oder einen variablen Zinssatz oder um eine Kombination aus beiden handelt, sowie

Einzelheiten aller für den Verbraucher anfallenden, in die Gesamtkosten einbezogenen Kosten,
4. den effektiven Jahreszins.

²In der Werbung ist der effektive Jahreszins mindestens genauso hervorzuheben wie jeder andere Zinssatz.

(3) In der Werbung gemäß Absatz 2 sind zusätzlich, soweit zutreffend, folgende Angaben zu machen:
1. der vom Verbraucher zu zahlende Gesamtbetrag,
2. die Laufzeit des Verbraucherdarlehensvertrags,
3. die Höhe der Raten,
4. die Anzahl der Raten,
5. bei Immobiliar-Verbraucherdarlehen der Hinweis, dass der Verbraucherdarlehensvertrag durch ein Grundpfandrecht oder eine Reallast besichert wird,
6. bei Immobiliar-Verbraucherdarlehen in Fremdwährung ein Warnhinweis, dass sich mögliche Wechselkursschwankungen auf die Höhe des vom Verbraucher zu zahlenden Gesamtbetrags auswirken könnten.

(4) ¹Die in den Absätzen 2 und 3 genannten Angaben sind mit Ausnahme der Angaben nach Absatz 2 Satz 1 Nummer 1 und Absatz 3 Nummer 5 und 6 mit einem Beispiel zu versehen. ²Bei der Auswahl des Beispiels muss der Werbende von einem effektiven Jahreszins ausgehen, von dem er erwarten darf, dass er mindestens zwei Drittel der auf Grund der Werbung zustande kommenden Verträge zu dem angegebenen oder einem niedrigeren effektiven Jahreszins abschließen wird.

(5) Verlangt der Werbende den Abschluss eines Versicherungsvertrags oder eines Vertrags über andere Zusatzleistungen und können die Kosten für diesen Vertrag nicht im Voraus bestimmt werden, ist auf die Verpflichtung zum Abschluss dieses Vertrags klar und verständlich an gestalterisch hervorgehobener Stelle zusammen mit dem effektiven Jahreszins hinzuweisen.

(6) Die Informationen nach den Absätzen 2, 3 und 5 müssen in Abhängigkeit vom Medium, das für die Werbung gewählt wird, akustisch gut verständlich oder deutlich lesbar sein.

(7) Auf Immobiliar-Verbraucherdarlehensverträge gemäß § 491 Absatz 2 Satz 2 Nummer 5 des Bürgerlichen Gesetzbuchs ist nur Absatz 1 anwendbar.

§ 6b Überziehungsmöglichkeiten. Bei Überziehungsmöglichkeiten im Sinne des § 504 Abs. 2 des Bürgerlichen Gesetzbuchs hat der Darlehensgeber statt des effektiven Jahreszinses den Sollzinssatz pro Jahr und die Zinsbelastungsperiode anzugeben, wenn diese nicht kürzer als drei Monate ist und der Darlehensgeber außer den Sollzinsen keine weiteren Kosten verlangt.

§ 6c Entgeltliche Finanzierungshilfen. Die §§ 6 und 6a sind auf Verträge entsprechend anzuwenden, durch die ein Unternehmer einem Verbraucher einen entgeltlichen Zahlungsaufschub oder eine sonstige entgeltliche Finanzierungshilfe im Sinne des § 506 des Bürgerlichen Gesetzbuchs gewährt.

§ 7 Gaststätten, Beherbergungsbetriebe. (1) ¹In Gaststätten und ähnlichen Betrieben, in denen Speisen oder Getränke angeboten werden, sind die Preise in Preisverzeichnissen anzugeben. ²Die Preisverzeichnisse sind entweder auf Tischen aufzulegen oder jedem Gast vor Entgegennahme von Bestellungen und auf Verlangen bei Abrechnung vorzulegen oder gut lesbar anzubringen. [3] Werden Speisen und Getränke gemäß § 4 Abs. 1 angeboten, so muss die Preisangabe dieser Vorschrift entsprechen.

(2) [1] Neben dem Eingang der Gaststätte ist ein Preisverzeichnis anzubringen, aus dem die Preise für die wesentlichen angebotenen Speisen und Getränke ersichtlich sind. [2] Ist der Gaststättenbetrieb Teil eines Handelsbetriebes, so genügt das Anbringen des Preisverzeichnisses am Eingang des Gaststättenteils.

(3) In Beherbergungsbetrieben ist beim Eingang oder bei der Anmeldestelle des Betriebes an gut sichtbarer Stelle ein Verzeichnis anzubringen oder auszulegen, aus dem die Preise der im Wesentlichen angebotenen Zimmer und gegebenenfalls der Frühstückspreis ersichtlich sind.

(4) Kann in Gaststätten- und Beherbergungsbetrieben eine Telekommunikationsanlage benutzt werden, so ist der bei Benutzung geforderte Preis je Minute oder je Benutzung in der Nähe der Telekommunikationsanlage anzugeben.

(5) Die in den Preisverzeichnissen aufgeführten Preise müssen das Bedienungsgeld und sonstige Zuschläge einschließen.

§ 8 Tankstellen, Parkplätze. (1) [1] An Tankstellen sind die Kraftstoffpreise so auszuzeichnen, dass sie

1. für den auf der Straße heranfahrenden Kraftfahrer,
2. auf Bundesautobahnen für den in den Tankstellenbereich einfahrenden Kraftfahrer

deutlich lesbar sind. [2] Dies gilt nicht für Kraftstoffmischungen, die erst in der Tankstelle hergestellt werden.

(2) Wer für weniger als einen Monat Garagen, Einstellplätze oder Parkplätze vermietet oder bewacht oder Kraftfahrzeuge verwahrt, hat am Anfang der Zufahrt ein Preisverzeichnis anzubringen, aus dem die von ihm geforderten Preise ersichtlich sind.

§ 9 Ausnahmen. (1) Die Vorschriften dieser Verordnung sind nicht anzuwenden

1. auf Angebote oder Werbung gegenüber Verbrauchern, die die Ware oder Leistung in ihrer selbständigen beruflichen oder gewerblichen oder in ihrer behördlichen oder dienstlichen Tätigkeit verwenden; für Handelsbetriebe gilt dies nur, wenn sie sicherstellen, dass als Verbraucher ausschließlich die in Halbsatz 1 genannten Personen Zutritt haben, und wenn sie durch geeignete Maßnahmen dafür Sorge tragen, dass diese Personen nur die in ihrer jeweiligen Tätigkeit verwendbaren Waren kaufen;
2. auf Leistungen von Gebietskörperschaften des öffentlichen Rechts, soweit es sich nicht um Leistungen handelt, für die Benutzungsgebühren oder privatrechtliche Entgelte zu entrichten sind;
3. auf Waren und Leistungen, soweit für sie aufgrund von Rechtsvorschriften eine Werbung untersagt ist;
4. auf mündliche Angebote, die ohne Angabe von Preisen abgegeben werden;
5. auf Warenangebote bei Versteigerungen.

(2) § 1 Abs. 1 und § 2 Abs. 1 sind nicht anzuwenden auf individuelle Preisnachlässe sowie auf nach Kalendertagen zeitlich begrenzte und durch Werbung bekannt gemachte generelle Preisnachlässe.

(3) § 1 Abs. 2 ist nicht anzuwenden auf die in § 312 Absatz 2 Nummer 2, 3, 6, 9 und 10 und Absatz 6 des Bürgerlichen Gesetzbuchs genannten Verträge.

(4) § 2 Abs. 1 ist nicht anzuwenden auf Waren, die

1. über ein Nenngewicht oder Nennvolumen von weniger als 10 Gramm oder Milliliter verfügen;
2. verschiedenartige Erzeugnisse enthalten, die nicht miteinander vermischt oder vermengt sind;
3. von kleinen Direktvermarktern sowie kleinen Einzelhandelsgeschäften angeboten werden, bei denen die Warenausgabe überwiegend im Wege der Bedienung erfolgt, es sei denn, dass das Warensortiment im Rahmen eines Vertriebssystems bezogen wird;
4. im Rahmen einer Dienstleistung angeboten werden;
5. in Getränke- und Verpflegungsautomaten angeboten werden.

(5) § 2 Abs. 1 ist ferner nicht anzuwenden bei

1. Kau- und Schnupftabak mit einem Nenngewicht bis 25 Gramm;
2. kosmetischen Mitteln, die ausschließlich der Färbung oder Verschönerung der Haut, des Haares oder der Nägel dienen;
3. Parfüms und parfümierten Duftwässern, die mindestens 3 Volumenprozent Duftöl und mindestens 70 Volumenprozent reinen Äthylalkohol enthalten.

(6) Die Angabe eines neuen Grundpreises nach § 2 Abs. 1 ist nicht erforderlich bei

1. Waren ungleichen Nenngewichts oder -volumens oder ungleicher Nennlänge oder -fläche mit gleichem Grundpreis, wenn der geforderte Gesamtpreis um einen einheitlichen Betrag herabgesetzt wird;
2. leicht verderblichen Lebensmitteln, wenn der geforderte Gesamtpreis wegen einer drohenden Gefahr des Verderbs herabgesetzt wird.

(7) § 4 ist nicht anzuwenden

1. auf Kunstgegenstände, Sammlungsstücke und Antiquitäten im Sinne des Kapitels 97 des Gemeinsamen Zolltarifs;
2. auf Waren, die in Werbevorführungen angeboten werden, sofern der Preis der jeweiligen Ware bei deren Vorführung und unmittelbar vor Abschluss des Kaufvertrages genannt wird;
3. auf Blumen und Pflanzen, die unmittelbar vom Freiland, Treibbeet oder Treibhaus verkauft werden.

(8) § 5 ist nicht anzuwenden

1. auf Leistungen, die üblicherweise aufgrund von schriftlichen Angeboten oder schriftlichen Voranschlägen erbracht werden, die auf den Einzelfall abgestellt sind;
2. auf künstlerische, wissenschaftliche und pädagogische Leistungen; dies gilt nicht, wenn die Leistungen in Konzertsälen, Theatern, Filmtheatern, Schulen, Instituten oder dergleichen erbracht werden;
3. auf Leistungen, bei denen in Gesetzen oder Rechtsverordnungen die Angabe von Preisen besonders geregelt ist.

3 PAngV §§ 10, 11   I. Recht des unlauteren Wettbewerbs

§ 10 Ordnungswidrigkeiten. (1) Ordnungswidrig im Sinne des § 3 Abs. 1 Nr. 2 des Wirtschaftsstrafgesetzes 1954 handelt, wer vorsätzlich oder fahrlässig

1. entgegen § 1 Abs. 1 Satz 1 Preise nicht, nicht richtig oder nicht vollständig angibt,
2. entgegen § 1 Abs. 1 Satz 2 die Verkaufs- oder Leistungseinheit oder Gütebezeichnung nicht oder nicht richtig angibt, auf die sich die Preise beziehen,
3. entgegen § 1 Abs. 2 Satz 1 Nr. 1, eine Angabe nicht, nicht richtig oder nicht vollständig macht,
4. entgegen § 1 Abs. 3 Satz 1 Stundensätze, Kilometersätze oder andere Verrechnungssätze nicht richtig angibt,
5. entgegen § 1 Abs. 4 oder 7 Satz 2 Angaben nicht in der dort vorgeschriebenen Form macht,
6. entgegen § 1 Abs. 7 Satz 3 den Gesamtpreis nicht hervorhebt oder
7. entgegen § 2 Abs. 1 Satz 1, auch in Verbindung mit Satz 2, oder § 2 Abs. 2 oder § 3 Satz 1 oder 3, auch in Verbindung mit Satz 4, eine Angabe nicht, nicht richtig oder nicht vollständig macht.

(2) Ordnungswidrig im Sinne des § 3 Abs. 1 Nr. 2 des Wirtschaftsstrafgesetzes 1954 handelt auch, wer vorsätzlich oder fahrlässig einer Vorschrift

1. des § 4 Abs. 1 bis 4 über das Auszeichnen von Waren,
2. des § 5 Abs. 1 Satz 1, 2 oder 4 oder Abs. 2, jeweils auch in Verbindung mit § 4 Abs. 5, über das Aufstellen, das Anbringen oder das Bereithalten von Preisverzeichnissen oder über das Anbieten einer Anzeige des Preises,
3. des § 6 Absatz 1 über die Angabe oder die Bezeichnung des Preises bei Verbraucherdarlehen,
4. des § 6 Absatz 7 oder § 6b über die Angabe von Voraussetzungen für die Verbraucherdarlehensgewährung oder des Zinssatzes oder der Zinsbelastungsperiode,
5. des § 6a Absatz 2 Satz 1 oder Absatz 3 über die Pflichtangaben in der Werbung,
6. des § 7 Abs. 1 Satz 1 oder 2, Abs. 2 Satz 1, Abs. 3 oder 4 über die Angabe von Preisen oder über das Auflegen, das Vorlegen, das Anbringen oder das Auslegen eines dort genannten Verzeichnisses,
7. des § 8 Abs. 1 Satz 1 über das Auszeichnen von Kraftstoffpreisen oder
8. des § 8 Abs. 2 über das Anbringen eines Preisverzeichnisses

zuwiderhandelt.

(3) Ordnungswidrig im Sinne des § 3 Abs. 1 Satz 1 Nr. 3 des Wirtschaftsstrafgesetzes 1954 handelt, wer vorsätzlich oder fahrlässig entgegen § 1 Abs. 2 Satz 1 Nr. 2 oder Satz 2, eine Angabe nicht, nicht richtig oder nicht vollständig macht.

§ 11 *(aufgehoben)*

Preisangabenverordnung Anl. PAngV 3

Anlage
(zu § 6)

Berechnung des effektiven Jahreszinses

1. Grundgleichung zur Darstellung der Gleichheit zwischen Verbraucherdarlehens-Auszahlungsbeträgen einerseits und Rückzahlungen (Tilgung, Zinsen und Verbraucherdarlehenskosten) andererseits.

Die nachstehende Gleichung zur Ermittlung des effektiven Jahreszinses drückt auf jährlicher Basis die rechnerische Gleichheit zwischen der Summe der Gegenwartswerte der in Anspruch genommenen Verbraucherdarlehens-Auszahlungsbeträge einerseits und der Summe der Gegenwartswerte der Rückzahlungen (Tilgung, Zinsen und Verbraucherdarlehenskosten) andererseits aus:

$$\sum_{k=1}^{m} C_k (1+X)^{-t_k} = \sum_{l=1}^{m'} D_l (1+X)^{-s_l}$$

Hierbei ist
- X der effektive Jahreszins;
- m die laufende Nummer des letzten Verbraucherdarlehens-Auszahlungsbetrags;
- k die laufende Nummer eines Verbraucherdarlehens-Auszahlungsbetrags, wobei $1 \leq k \leq m$;
- C_k die Höhe des Verbraucherdarlehens-Auszahlungsbetrags mit der Nummer k;
- t_k der in Jahren oder Jahresbruchteilen ausgedrückte Zeitraum zwischen der ersten Verbraucherdarlehensvergabe und dem Zeitpunkt der einzelnen nachfolgenden in Anspruch genommenen VerbraucherdarlehensAuszahlungsbeträge, wobei $t_1 = 0$;
- m' die laufende Nummer der letzten Tilgungs-, Zins- oder Kostenzahlung;
- l die laufende Nummer einer Tilgungs-, Zins- oder Kostenzahlung;
- D_l der Betrag einer Tilgungs-, Zins- oder Kostenzahlung;
- s_l der in Jahren oder Jahresbruchteilen ausgedrückte Zeitraum zwischen dem Zeitpunkt der Inanspruchnahme des ersten Verbraucherdarlehens-Auszahlungsbetrags und dem Zeitpunkt jeder einzelnen Tilgungs-, Zins- oder Kostenzahlung.

Anmerkungen:
a) Die von beiden Seiten zu unterschiedlichen Zeitpunkten gezahlten Beträge sind nicht notwendigerweise gleich groß und werden nicht notwendigerweise in gleichen Zeitabständen entrichtet.
b) Anfangszeitpunkt ist der Tag der Auszahlung des ersten Verbraucherdarlehensbetrags.
c) Der Zeitraum zwischen diesen Zeitpunkten wird in Jahren oder Jahresbruchteilen ausgedrückt. Zugrunde gelegt werden für ein Jahr 365 Tage (bzw. für ein Schaltjahr 366 Tage), 52 Wochen oder zwölf Standardmonate. Ein Standardmonat hat 30,41666 Tage (d.h. 365/12), unabhängig davon, ob es sich um ein Schaltjahr handelt oder nicht.

Können die Zeiträume zwischen den in den Berechnungen verwendeten Zeitpunkten nicht als ganze Zahl von Wochen, Monaten oder Jahren ausgedrückt werden, so sind sie als ganze Zahl eines dieser Zeitabschnitte in Kombination mit einer Anzahl von Tagen auszudrücken. Bei der Verwendung von Tagen

aa) werden alle Tage einschließlich Wochenenden und Feiertagen gezählt;

bb) werden gleich lange Zeitabschnitte und dann Tage bis zur Inanspruchnahme des ersten Verbraucherdarlehensbetrags zurückgezählt;

cc) wird die Länge des in Tagen bemessenen Zeitabschnitts ohne den ersten und einschließlich des letzten Tages berechnet und in Jahren ausgedrückt, indem dieser Zeitabschnitt durch die Anzahl von Tagen des gesamten Jahres (365 oder 366 Tage), zurückgezählt ab dem letzten Tag bis zum gleichen Tag des Vorjahres, geteilt wird.

d) Das Rechenergebnis wird auf zwei Dezimalstellen genau angegeben. Ist die Ziffer der dritten Dezimalstelle größer als oder gleich 5, so erhöht sich die Ziffer der zweiten Dezimalstelle um den Wert 1.

e) Mathematisch darstellen lässt sich diese Gleichung durch eine einzige Summation unter Verwendung des Faktors „Ströme" (A_k), die entweder positiv oder negativ sind, je nachdem, ob sie für Auszahlungen oder für Rückzahlungen innerhalb der Perioden 1 bis n, ausgedrückt in Jahren, stehen:

$$S = \sum_{k=1}^{n} A_k (1+X)^{-t_k},$$

dabei ist S der Saldo der Gegenwartswerte aller „Ströme", deren Wert gleich Null sein muss, damit die Gleichheit zwischen den „Strömen" gewahrt bleibt.

2. Es gelten die folgenden zusätzlichen Annahmen für die Berechnung des effektiven Jahreszinses:

a) Ist dem Verbraucher nach dem Verbraucherdarlehensvertrag freigestellt, wann er das Verbraucherdarlehen in Anspruch nehmen will, so gilt das gesamte Verbraucherdarlehen als sofort in voller Höhe in Anspruch genommen.

b) Ist dem Verbraucher nach dem Verbraucherdarlehensvertrag generell freigestellt, wann er das Verbraucherdarlehen in Anspruch nehmen will, sind jedoch je nach Art der Inanspruchnahme Beschränkungen in Bezug auf Verbraucherdarlehensbetrag und Zeitraum vorgesehen, so gilt das gesamte Verbraucherdarlehen als zu dem im Verbraucherdarlehensvertrag vorgesehenen frühestmöglichen Zeitpunkt mit den entsprechenden Beschränkungen in Anspruch genommen.

c) Sieht der Verbraucherdarlehensvertrag verschiedene Arten der Inanspruchnahme mit unterschiedlichen Kosten oder Sollzinssätzen vor, so gilt das gesamte Verbraucherdarlehen als zu den höchsten Kosten und zum höchsten Sollzinssatz in Anspruch genommen, wie sie für die Kate-

Preisangabenverordnung **Anl. PAngV 3**

gorie von Geschäften gelten, die bei dieser Art von Verbraucherdarlehensverträgen am häufigsten vorkommt.

d) Bei einer Überziehungsmöglichkeit gilt das gesamte Verbraucherdarlehen als in voller Höhe und für die gesamte Laufzeit des Verbraucherdarlehensvertrags in Anspruch genommen. Ist die Dauer der Überziehungsmöglichkeit nicht bekannt, so ist bei der Berechnung des effektiven Jahreszinses von der Annahme auszugehen, dass die Laufzeit des Verbraucherdarlehensvertrags drei Monate beträgt.

e) Bei einem Überbrückungsdarlehen gilt das gesamte Verbraucherdarlehen als in voller Höhe und für die gesamte Laufzeit des Verbraucherdarlehensvertrags in Anspruch genommen. Ist die Laufzeit des Verbraucherdarlehensvertrags nicht bekannt, so wird bei der Berechnung des effektiven Jahreszinses von der Annahme ausgegangen, dass sie zwölf Monate beträgt.

f) Bei einem unbefristeten Verbraucherdarlehensvertrag, der weder eine Überziehungsmöglichkeit noch ein Überbrückungsdarlehen beinhaltet, wird angenommen, dass

aa) das Verbraucherdarlehen bei Immobiliar-Verbraucherdarlehensverträgen für einen Zeitraum von 20 Jahren ab der ersten Inanspruchnahme gewährt wird und dass mit der letzten Zahlung des Verbrauchers der Saldo, die Zinsen und etwaige sonstige Kosten ausgeglichen sind; bei Allgemein-Verbraucherdarlehensverträgen, die nicht für den Erwerb oder die Erhaltung von Rechten an Immobilien bestimmt sind oder bei denen das Verbraucherdarlehen im Rahmen von Debit-Karten mit Zahlungsaufschub oder Kreditkarten in Anspruch genommen wird, dieser Zeitraum ein Jahr beträgt und dass mit der letzten Zahlung des Verbrauchers der Saldo, die Zinsen und etwaige sonstige Kosten ausgeglichen sind;

bb) der Verbraucherdarlehensbetrag in gleich hohen monatlichen Zahlungen, beginnend einen Monat nach dem Zeitpunkt der ersten Inanspruchnahme, zurückgezahlt wird; muss der Verbraucherdarlehensbetrag jedoch vollständig, in Form einer einmaligen Zahlung, innerhalb jedes Zahlungszeitraums zurückgezahlt werden, so ist anzunehmen, dass spätere Inanspruchnahmen und Rückzahlungen des gesamten Verbraucherdarlehensbetrags durch den Verbraucher innerhalb eines Jahres stattfinden; Zinsen und sonstige Kosten werden entsprechend diesen Inanspruchnahmen und Tilgungszahlungen und nach den Bestimmungen des Verbraucherdarlehensvertrags festgelegt.

Als unbefristete Verbraucherdarlehensverträge gelten für die Zwecke dieses Buchstabens Verbraucherdarlehensverträge ohne feste Laufzeit, einschließlich solcher Verbraucherdarlehen, bei denen der Verbraucherdarlehensbetrag innerhalb oder nach Ablauf eines Zeitraums vollständig zurückgezahlt werden muss, dann aber erneut in Anspruch genommen werden kann.

g) Bei Verbraucherdarlehensverträgen, die weder Überziehungsmöglichkeiten beinhalten noch Überbrückungsdarlehen, Verbraucherdarlehensverträge mit Wertbeteiligung, Eventualverpflichtungen oder Garantien sind, und bei unbefristeten Verbraucherdarlehensverträgen (siehe die Annahmen unter den Buchstaben d, e, f, l und m) gilt Folgendes:

aa) Lassen sich der Zeitpunkt oder die Höhe einer vom Verbraucher zu leistenden Tilgungszahlung nicht feststellen, so ist anzunehmen, dass die Rückzahlung zu dem im Verbraucherdarlehensvertrag genannten frühestmöglichen Zeitpunkt und in der darin festgelegten geringsten Höhe erfolgt.

bb) Lässt sich der Zeitraum zwischen der ersten Inanspruchnahme und der ersten vom Verbraucher zu leistenden Zahlung nicht feststellen, so wird der kürzestmögliche Zeitraum angenommen.

cc) Ist der Zeitpunkt des Abschlusses des Verbraucherdarlehensvertrags nicht bekannt, so ist anzunehmen, dass das Verbraucherdarlehen erstmals zu dem Zeitpunkt in Anspruch genommen wurde, der sich aus dem kürzesten zeitlichen Abstand zwischen diesem Zeitpunkt und der Fälligkeit der ersten vom Verbraucher zu leistenden Zahlung ergibt.

h) Lassen sich der Zeitpunkt oder die Höhe einer vom Verbraucher zu leistenden Zahlung nicht anhand des Verbraucherdarlehensvertrags oder der Annahmen nach den Buchstaben d, e, f, g, l oder m feststellen, so ist anzunehmen, dass die Zahlung in Übereinstimmung mit den vom Darlehensgeber bestimmten Fristen und Bedingungen erfolgt und dass, falls diese nicht bekannt sind,

aa) die Zinszahlungen zusammen mit den Tilgungszahlungen erfolgen,

bb) Zahlungen für Kosten, die keine Zinsen sind und die als Einmalbetrag ausgedrückt sind, bei Abschluss des Verbraucherdarlehensvertrags erfolgen,

cc) Zahlungen für Kosten, die keine Zinsen sind und die als Mehrfachzahlungen ausgedrückt sind, beginnend mit der ersten Tilgungszahlung in regelmäßigen Abständen erfolgen und es sich, falls die Höhe dieser Zahlungen nicht bekannt ist, um jeweils gleich hohe Beträge handelt,

dd) mit der letzten Zahlung der Saldo, die Zinsen und etwaige sonstige Kosten ausgeglichen sind.

i) Ist keine Verbraucherdarlehensobergrenze vereinbart, ist anzunehmen, dass die Obergrenze des gewährten Verbraucherdarlehens 170 000 Euro beträgt. Bei Verbraucherdarlehensverträgen, die weder Eventualverpflichtungen noch Garantien sind und die nicht für den Erwerb oder die Erhaltung eines Rechts an Wohnimmobilien oder Grundstücken bestimmt sind, sowie bei Überziehungsmöglichkeiten, Debit-Karten mit Zahlungsaufschub oder Kreditkarten ist anzunehmen, dass die Obergrenze des gewährten Verbraucherdarlehens 1 500 Euro beträgt.

j) Werden für einen begrenzten Zeitraum oder Betrag verschiedene Sollzinssätze und Kosten angeboten, so sind während der gesamten Laufzeit des Verbraucherdarlehensvertrags der höchste Sollzinssatz und die höchsten Kosten anzunehmen.

k) Bei Verbraucherdarlehensverträgen, bei denen für den Anfangszeitraum ein fester Sollzinssatz vereinbart wurde, nach dessen Ablauf ein neuer Sollzinssatz festgelegt wird, der anschließend in regelmäßigen Abständen nach einem vereinbarten Indikator oder einem internen Referenzzinssatz angepasst wird, wird bei der Berechnung des effektiven Jahreszinses von der Annahme ausgegangen, dass der Sollzinssatz ab dem Ende der Festzinsperiode dem Sollzinssatz entspricht, der sich aus dem Wert des vereinbarten Indikators oder des internen Referenzzinssatzes zum Zeitpunkt der Berechnung des effektiven Jahreszinses ergibt, die Höhe des festen Sollzinssatzes jedoch nicht unterschreitet.

l) Bei Eventualverpflichtungen oder Garantien wird angenommen, dass das gesamte Verbraucherdarlehen zum früheren der beiden folgenden Zeitpunkte als einmaliger Betrag vollständig in Anspruch genommen wird:

aa) zum letztzulässigen Zeitpunkt nach dem Verbraucherdarlehensvertrag, welcher die potenzielle Quelle der Eventualverbindlichkeit oder Garantie ist, oder

bb) bei einem Roll-over-Verbraucherdarlehensvertrag am Ende der ersten Zinsperiode vor der Erneuerung der Vereinbarung.

m) Bei Verbraucherdarlehensverträgen mit Wertbeteiligung wird angenommen, dass

aa) die Zahlungen der Verbraucher zu den letzten nach dem Verbraucherdarlehensvertrag möglichen Zeitpunkten geleistet werden;

bb) die prozentuale Wertsteigerung der Immobilie, die die Sicherheit für den Vertrag darstellt, und ein in dem Vertrag genannter Inflationsindex ein Prozentsatz ist, der – je nachdem, welcher Satz höher ist – dem aktuellen Inflationsziel der Zentralbank oder der Höhe der Inflation in dem Mitgliedstaat, in dem die Immobilie belegen ist, zum Zeitpunkt des Abschlusses des Verbraucherdarlehensvertrags oder dem Wert 0 %, falls diese Prozentsätze negativ sind, entspricht.

3a. Preisangabenverordnung (PAngV)[1)][2)]
Vom 12. November 2021
(BGBl. I S. 4921)
FNA 720-17-3

Inhaltsübersicht
Abschnitt 1. Allgemeine Bestimmungen
§ 1   Anwendungsbereich; Grundsatz
§ 2   Begriffsbestimmungen

[1)] Verkündet als Art. 1 VO v. 12.11.2021 (BGBl. I S. 4921) v. 12.11.2021 (BGBl. I S. 4921); **Inkrafttreten gem. Art. 3 Satz 1 dieser VO am 28.5.2022**; siehe bis zum 27.5.2022 die Preisangabenverordnung (Nr. **3**) idF der Bek. v. 18.10.2002 (BGBl. I S. 4197).

Es verordnen auf Grund
– des § 6c der Gewerbeordnung idF der Bek. v. 22.2.1999 (BGBl. I S. 202), zuletzt geänd. durch G v. 10.8.2021 (BGBl. I S. 3504) in der Fassung der Bekanntmachung vom 22. Februar 1999 (BGBl. I S. 202), der durch Artikel 1 des Gesetzes vom 17. Juli 2009 (BGBl. I S. 2091) eingefügt worden ist, die Bundesregierung,
– des § 1 des Preisangabengesetzes v. 3.12.1984 (BGBl. I S. 1429), zuletzt geänd. durch VO v. 31.8.2015 (BGBl. I S. 1474) vom 3. Dezember 1984 (BGBl. I S. 1429), der zuletzt durch Artikel 296 der Verordnung vom 31. August 2015 (BGBl. I S. 1474) geändert worden ist, das Bundesministerium für Wirtschaft und Energie, [...]

[2)] **Amtl. Anm. am Titel der Mantelverordnung:** „Diese Verordnung dient der Umsetzung
– der Richtlinie 98/6/EG des Europäischen Parlaments und des Rates vom 16. Februar 1998 über den Schutz der Verbraucher bei der Angabe der Preise der ihnen angebotenen Erzeugnisse (ABl. L 80 vom 18.3.1998, S. 27),
– der Richtlinie 2000/31/EG des Europäischen Parlaments und des Rates vom 8. Juni 2000 über bestimmte rechtliche Aspekte der Dienste der Informationsgesellschaft, insbesondere des elektronischen Geschäftsverkehrs, im Binnenmarkt (ABl. L 178 vom 17.7.2000, S. 1),
– der Richtlinie 2005/29/EG des Europäischen Parlaments und des Rates vom 11. Mai 2005 über unlautere Geschäftspraktiken im binnenmarktinternen Geschäftsverkehr zwischen Unternehmen und Verbrauchern und zur Änderung der Richtlinie 84/450/EWG des Rates, der Richtlinien 97/7/EG, 98/27/EG und 2002/65/EG des Europäischen Parlaments und des Rates sowie der Verordnung (EG) Nr. 2006/2004 des Europäischen Parlaments und des Rates (ABl. L 149 vom 11.6.2005, S. 22),
– der Richtlinie 2006/123/EG des Europäischen Parlaments und des Rates vom 12. Dezember 2006 über Dienstleistungen im Binnenmarkt (ABl. L 376 vom 27.12.2006, S. 36),
– der Richtlinie 2007/64/EG des Europäischen Parlaments und des Rates vom 13. November 2007 über Zahlungsdienste im Binnenmarkt, zur Änderung der Richtlinien 97/7/EG, 2002/65/EG, 2005/60/EG und 2006/48/EG sowie zur Aufhebung der Richtlinie 97/5/EG (ABl. L 319 vom 5.12.2007, S. 1),
– der Richtlinie 2008/48/EG des Europäischen Parlaments und des Rates vom 23. April 2008 über Verbraucherkreditverträge und zur Aufhebung der Richtlinie 87/102/EWG des Rates (ABl. L 133 vom 22.5.2008, S. 66),
– der Richtlinie 2011/83/EU des Europäischen Parlaments und des Rates vom 25. Oktober 2011 über die Rechte der Verbraucher, zur Abänderung der Richtlinie 93/13/EWG des Rates und der Richtlinie 1999/44/EG des Europäischen Parlaments und des Rates sowie zur Aufhebung der Richtlinie 85/577/EWG des Rates und der Richtlinie 97/7/EG des Europäischen Parlaments und des Rates (ABl. L 304 vom 22.11.2011, S. 64),
– der Richtlinie 2011/90/EU der Kommission vom 14. November 2011 zur Änderung von Anhang I Teil II der Richtlinie 2008/48/EG des Europäischen Parlaments und des Rates mit zusätzlichen Annahmen für die Berechnung des effektiven Jahreszinses (ABl. L 296 vom 15.11.2011, S. 35),
– der Richtlinie 2014/17/EU des Europäischen Parlaments und des Rates vom 4. Februar 2014 über Wohnimmobilienkreditverträge für Verbraucher und zur Änderung der Richtlinien 2008/48/EG und 2013/36/EU und der Verordnung (EU) Nr. 1093/2010 (ABl. L 60 vom 28.2.2014, S. 34),
– der Richtlinie (EU) 2015/2302 des Europäischen Parlaments und des Rates vom 25. November 2015 über Pauschalreisen und verbundene Reiseleistungen, zur Änderung der Verordnung (EG) →

	Abschnitt 2. Grundvorschriften
§ 3	Pflicht zur Angabe des Gesamtpreises
§ 4	Pflicht zur Angabe des Grundpreises
§ 5	Mengeneinheit für die Angabe des Grundpreises
§ 6	Preisangaben bei Fernabsatzverträgen
§ 7	Rückerstattbare Sicherheit
§ 8	Preisangaben mit Änderungsvorbehalt; Reisepreisänderungen
§ 9	Preisermäßigungen
	Abschnitt 3. Besondere Bestimmungen
§ 10	Preisangaben im Handel
§ 11	Zusätzliche Preisangabenpflicht bei Preisermäßigungen für Waren
§ 12	Preisangaben für Leistungen
§ 13	Gaststätten, Beherbergungsbetriebe
§ 14	Elektrizität, Gas, Fernwärme und Wasser
§ 15	Tankstellen, Parkplätze
	Abschnitt 4. Bestimmungen zu Finanzdienstleistungen
§ 16	Verbraucherdarlehen
§ 17	Werbung für Verbraucherdarlehen
§ 18	Überziehungsmöglichkeiten
§ 19	Entgeltliche Finanzierungshilfen
	Abschnitt 5. Ordnungswidrigkeiten
§ 20	Ordnungswidrigkeiten

Anlage: Berechnung des effektiven Jahreszinses

Abschnitt 1. Allgemeine Bestimmungen

§ 1 Anwendungsbereich; Grundsatz. (1) Diese Verordnung regelt die Angabe von Preisen für Waren oder Leistungen von Unternehmern gegenüber Verbrauchern.

(2) Diese Verordnung gilt nicht für

1. Leistungen von Gebietskörperschaften des öffentlichen Rechts, soweit es sich nicht um Leistungen handelt, für die Benutzungsgebühren oder privatrechtliche Entgelte zu entrichten sind;
2. Waren und Leistungen, soweit für sie auf Grund von Rechtsvorschriften eine Werbung untersagt ist;
3. mündliche Angebote, die ohne Angabe von Preisen abgegeben werden;
4. Warenangebote bei Versteigerungen.

(3) [1] Wer zu Angaben nach dieser Verordnung verpflichtet ist, hat diese

1. dem Angebot oder der Werbung eindeutig zuzuordnen sowie
2. leicht erkennbar und deutlich lesbar oder sonst gut wahrnehmbar zu machen.

[2] Angaben über Preise müssen der allgemeinen Verkehrsauffassung und den Grundsätzen von Preisklarheit und Preiswahrheit entsprechen.

(Fortsetzung der Anm. von voriger Seite)
Nr. 2006/2004 und der Richtlinie 2011/83/EU des Europäischen Parlaments und des Rates sowie zur Aufhebung der Richtlinie 90/314/EWG des Rates (ABl. L 326 vom 11.12.2015, S. 1),
– der Richtlinie (EU) 2019/2161 des Europäischen Parlaments und des Rates vom 27. November 2019 zur Änderung der Richtlinie 93/13/EWG des Rates und der Richtlinien 98/6/EG, 2005/29/EG und 2011/83/EU des Europäischen Parlaments und des Rates zur besseren Durchsetzung und Modernisierung der Verbraucherschutzvorschriften der Union (ABl. L 328 vom 18.12.2019, S. 7)."

§ 2 Begriffsbestimmungen. Im Sinne dieser Verordnung bedeutet
1. „Arbeits- oder Mengenpreis" den verbrauchsabhängigen Preis je Mengeneinheit einschließlich der Umsatzsteuer und aller besonderen Verbrauchssteuern für die leitungsgebundene Abgabe von Elektrizität, Gas, Fernwärme oder Wasser;
2. „Fertigpackung" eine Verpackung im Sinne des § 42 Absatz 1 des Mess- und Eichgesetzes;
3. „Gesamtpreis" den Preis, der einschließlich der Umsatzsteuer und sonstiger Preisbestandteile für eine Ware oder eine Leistung zu zahlen ist;
4. „Grundpreis" den Preis je Mengeneinheit einer Ware einschließlich der Umsatzsteuer und sonstiger Preisbestandteile;
5. „lose Ware" unverpackte Ware, die durch den Unternehmer in Anwesenheit der Verbraucher, durch die Verbraucher selbst oder auf deren Veranlassung abgemessen wird;
6. „offene Packung" eine Verkaufseinheit im Sinne des § 42 Absatz 2 Nummer 1 des Mess- und Eichgesetzes;
7. „Selbstabfüllung" die Abgabe von flüssiger loser Ware, die durch die Verbraucher selbst in die jeweilige Umverpackung abgefüllt wird;
8. „Unternehmer" jede natürliche oder juristische Person im Sinne des § 2 Absatz 1 Nummer 8 des Gesetzes gegen den unlauteren Wettbewerb[1] in der Fassung der Bekanntmachung vom 3. März 2010 (BGBl. I S. 254), das zuletzt durch Artikel 1 des Gesetzes vom 10. August 2021 (BGBl. I S. 3504) geändert worden ist, in der am 28. Mai 2022 geltenden Fassung;
9. „Verbraucher" jede natürliche Person im Sinne des § 13 des Bürgerlichen Gesetzbuchs.

Abschnitt 2. Grundvorschriften

§ 3 Pflicht zur Angabe des Gesamtpreises. (1) Wer als Unternehmer Verbrauchern Waren oder Leistungen anbietet oder als Anbieter von Waren oder Leistungen gegenüber Verbrauchern unter Angabe von Preisen wirbt, hat die Gesamtpreise anzugeben.

(2) ¹Soweit es der allgemeinen Verkehrsauffassung entspricht, sind auch die Verkaufs- oder Leistungseinheit und die Gütebezeichnung anzugeben, auf die sich die Preise beziehen. ²Auf die Bereitschaft, über den angegebenen Preis zu verhandeln, kann hingewiesen werden, soweit es der allgemeinen Verkehrsauffassung entspricht und Rechtsvorschriften nicht entgegenstehen.

(3) Wird ein Preis aufgegliedert, ist der Gesamtpreis hervorzuheben.

§ 4 Pflicht zur Angabe des Grundpreises. (1) ¹Wer als Unternehmer Verbrauchern Waren in Fertigpackungen, offenen Packungen oder als Verkaufseinheiten ohne Umhüllung nach Gewicht, Volumen, Länge oder Fläche anbietet oder als Anbieter dieser Waren gegenüber Verbrauchern unter Angabe von Preisen wirbt, hat neben dem Gesamtpreis auch den Grundpreis unmissverständlich, klar erkennbar und gut lesbar anzugeben. ²Auf die Angabe des

---

[1] Nr. 1.

Grundpreises kann verzichtet werden, wenn dieser mit dem Gesamtpreis identisch ist.

(2) Wer als Unternehmer Verbrauchern lose Ware nach Gewicht, Volumen, Länge oder Fläche anbietet oder als Anbieter dieser Waren gegenüber Verbrauchern unter Angabe von Preisen wirbt, hat lediglich den Grundpreis anzugeben.

(3) Absatz 1 ist nicht anzuwenden auf
1. Waren, die über ein Nenngewicht oder Nennvolumen von weniger als 10 Gramm oder 10 Milliliter verfügen;
2. Waren, die verschiedenartige Erzeugnisse enthalten, die nicht miteinander vermischt oder vermengt sind;
3. Waren, die von kleinen Direktvermarktern, insbesondere Hofläden, Winzerbetrieben oder Imkern, sowie kleinen Einzelhandelsgeschäften, insbesondere Kiosken, mobilen Verkaufsstellen oder Ständen auf Märkten oder Volksfesten, angeboten werden, bei denen die Warenausgabe überwiegend im Wege der Bedienung erfolgt, es sei denn, dass das Warensortiment im Rahmen eines Vertriebssystems bezogen wird;
4. Waren, die im Rahmen einer Dienstleistung angeboten werden;
5. Waren, die in Getränke- und Verpflegungsautomaten angeboten werden;
6. Kau- und Schnupftabak mit einem Nenngewicht bis 25 Gramm;
7. kosmetische Mittel, die ausschließlich der Färbung oder Verschönerung der Haut, des Haares oder der Nägel dienen;
8. Parfüms und parfümierte Duftwässer, die mindestens 3 Volumenprozent Duftöl und mindestens 70 Volumenprozent reinen Ethylalkohol enthalten.

§ 5 Mengeneinheit für die Angabe des Grundpreises. (1) ¹Die Mengeneinheit für den Grundpreis ist jeweils 1 Kilogramm, 1 Liter, 1 Kubikmeter, 1 Meter oder 1 Quadratmeter der Ware. ²Bei Waren, die üblicherweise in Mengen von 100 Liter und mehr, 50 Kilogramm und mehr oder 100 Meter und mehr abgegeben werden, ist für den Grundpreis die Mengeneinheit zu verwenden, die der allgemeinen Verkehrsauffassung entspricht.

(2) Bei nach Gewicht oder nach Volumen angebotener loser Ware ist als Mengeneinheit für den Grundpreis entsprechend der allgemeinen Verkehrsauffassung entweder 1 Kilogramm oder 100 Gramm oder 1 Liter oder 100 Milliliter zu verwenden.

(3) Bei zur Selbstabfüllung angebotener flüssiger loser Ware kann abweichend von der allgemeinen Verkehrsauffassung zusätzlich zum Grundpreis nach Absatz 2 der Grundpreis nach Gewicht angegeben werden.

(4) Bei Waren, bei denen das Abtropfgewicht anzugeben ist, ist der Grundpreis auf das angegebene Abtropfgewicht zu beziehen.

(5) ¹Bei Haushaltswaschmitteln kann als Mengeneinheit für den Grundpreis eine übliche Anwendung verwendet werden. ²Dies gilt auch für Wasch- und Reinigungsmittel, sofern sie einzeln portioniert sind und die Zahl der Portionen zusätzlich zur Gesamtfüllmenge angegeben ist.

§ 6 Preisangaben bei Fernabsatzverträgen. (1) Wer als Unternehmer Verbrauchern Waren oder Leistungen zum Abschluss eines Fernabsatzvertrages anbietet, hat zusätzlich zu den nach § 3 Absatz 1 und 2 und § 4 Absatz 1 und 2 verlangten Angaben anzugeben,

1. dass die für Waren oder Leistungen geforderten Preise die Umsatzsteuer und sonstige Preisbestandteile enthalten und
2. ob zusätzlich Fracht-, Liefer- oder Versandkosten oder sonstige Kosten anfallen.

(2) Fallen zusätzliche Fracht-, Liefer- oder Versandkosten oder sonstige Kosten an, so ist deren Höhe anzugeben, soweit diese Kosten vernünftigerweise im Voraus berechnet werden können.

(3) Die Absätze 1 und 2 sind nicht anzuwenden auf die in § 312 Absatz 2 Nummer 2, 3, 6, 9 und 10 und Absatz 6 des Bürgerlichen Gesetzbuchs genannten Verträge.

§ 7 Rückerstattbare Sicherheit. [1] Wer neben dem Gesamtpreis für eine Ware oder Leistung eine rückerstattbare Sicherheit fordert, insbesondere einen Pfandbetrag, hat deren Höhe neben dem Gesamtpreis anzugeben und nicht in diesen einzubeziehen. [2] Der für die rückerstattbare Sicherheit zu entrichtende Betrag hat bei der Berechnung des Grundpreises unberücksichtigt zu bleiben.

§ 8 Preisangaben mit Änderungsvorbehalt; Reisepreisänderungen.

(1) Die Angabe von Preisen mit einem Änderungsvorbehalt ist nur zulässig

1. bei Waren oder Leistungen, für die Liefer- oder Leistungsfristen von mehr als vier Monaten bestehen, soweit zugleich die voraussichtlichen Liefer- und Leistungsfristen angegeben werden, oder
2. bei Waren oder Leistungen, die im Rahmen von Dauerschuldverhältnissen erbracht werden.

(2) Der in der Werbung, auf der Webseite oder in Prospekten eines Reiseveranstalters angegebene Reisepreis darf nach Maßgabe des § 651d Absatz 3 Satz 1 des Bürgerlichen Gesetzbuchs und des Artikels 250 § 1 Absatz 2 des Einführungsgesetzes zum Bürgerlichen Gesetzbuche geändert werden.

§ 9 Preisermäßigungen. (1) Die Pflicht zur Angabe eines neuen Gesamtpreises oder Grundpreises gilt nicht bei

1. individuellen Preisermäßigungen;
2. nach Kalendertagen zeitlich begrenzten und durch Werbung oder in sonstiger Weise bekannt gemachten generellen Preisermäßigungen;
3. schnell verderblichen Waren oder Waren mit kurzer Haltbarkeit, wenn der geforderte Gesamtpreis wegen einer drohenden Gefahr des Verderbs oder eines drohenden Ablaufs der Haltbarkeit herabgesetzt wird und dies für die Verbraucher in geeigneter Weise kenntlich gemacht wird.

(2) Die Pflicht zur Angabe eines neuen Grundpreises gilt nicht bei Waren ungleichen Nenngewichts oder -volumens oder ungleicher Nennlänge oder -fläche mit gleichem Grundpreis, wenn der geforderte Gesamtpreis um einen einheitlichen Betrag oder Prozentsatz ermäßigt wird.

Abschnitt 3. Besondere Bestimmungen

§ 10 Preisangaben im Handel. (1) ¹Wer Verbrauchern Waren, die von diesen unmittelbar entnommen werden können, anbietet, hat die Waren durch Preisschilder oder Beschriftung der Waren auszuzeichnen. ²Satz 1 gilt auch für das sichtbare Anbieten von Waren innerhalb oder außerhalb des Verkaufsraumes in Schaufenstern, Schaukästen, auf Regalen, Verkaufsständen oder in sonstiger Weise.

(2) Wer Verbrauchern Waren nicht unter den in Absatz 1 genannten Voraussetzungen im Verkaufsraum anbietet, hat diese Waren durch Preisschilder, Beschriftung der Ware, Anbringung oder Auslage von Preisverzeichnissen oder Beschriftung der Behältnisse oder Regale, in denen sich die Waren befinden, auszuzeichnen.

(3) Wer Waren nach Musterbüchern anbietet, hat diese Waren durch Angabe der Preise für die Verkaufseinheit auf den Mustern oder damit verbundenen Preisschildern oder in Preisverzeichnissen auszuzeichnen.

(4) Wer Waren nach Katalogen oder Warenlisten oder auf Bildschirmen anbietet, hat diese Waren durch unmittelbare Angabe der Preise bei den Abbildungen oder Beschreibungen der Waren oder in Preisverzeichnissen, die mit den Katalogen oder Warenlisten im Zusammenhang stehen, auszuzeichnen.

(5) Wer Waren anbietet, deren Preise üblicherweise auf Grund von Tarifen oder Gebührenregelungen bemessen werden, hat Preisverzeichnisse nach Maßgabe des § 12 Absatz 1 und 2 aufzustellen und bekannt zu machen.

(6) Die Absätze 1 bis 5 sind nicht anzuwenden auf

1. Kunstgegenstände, Sammlungsstücke und Antiquitäten im Sinne des Kapitels 97 des Anhangs I der Verordnung (EWG) Nr. 2658/87 des Rates vom 23. Juli 1987 über die zolltarifliche und statistische Nomenklatur sowie den Gemeinsamen Zolltarif (ABl. L 256 vom 7.9.1987, S. 1), die zuletzt durch die Durchführungsverordnung (EU) 2020/2159 (ABl. L 431 vom 21.12.2020, S. 34) geändert worden ist;
2. Waren, die in Werbevorführungen angeboten werden, sofern der Preis der jeweiligen Ware bei deren Vorführung und unmittelbar vor Abschluss des Kaufvertrags genannt wird;
3. Blumen und Pflanzen, die unmittelbar vom Freiland, Treibbeet oder Treibhaus verkauft werden.

§ 11 Zusätzliche Preisangabenpflicht bei Preisermäßigungen für Waren. (1) Wer zur Angabe eines Gesamtpreises verpflichtet ist, hat gegenüber Verbrauchern bei jeder Bekanntgabe einer Preisermäßigung für eine Ware den niedrigsten Gesamtpreis anzugeben, den er innerhalb der letzten 30 Tage vor der Anwendung der Preisermäßigung gegenüber Verbrauchern angewendet hat.

(2) Im Fall einer schrittweisen, ohne Unterbrechung ansteigenden Preisermäßigung des Gesamtpreises einer Ware kann während der Dauer der Preisermäßigung der niedrigste Gesamtpreis nach Absatz 1 angegeben werden, der vor Beginn der schrittweisen Preisermäßigung gegenüber Verbrauchern für diese Ware angewendet wurde.

(3) Die Absätze 1 und 2 gelten entsprechend für nach § 4 Absatz 2 lediglich zur Angabe des Grundpreises Verpflichtete.

(4) Die Absätze 1 bis 3 gelten nicht bei der Bekanntgabe von
1. individuellen Preisermäßigungen oder
2. Preisermäßigungen für schnell verderbliche Waren oder Waren mit kurzer Haltbarkeit, wenn der geforderte Preis wegen einer drohenden Gefahr des Verderbs oder eines drohenden Ablaufs der Haltbarkeit herabgesetzt wird und dies für die Verbraucher in geeigneter Weise kenntlich gemacht wird.

§ 12 Preisangaben für Leistungen. (1) [1] Wer Verbrauchern Leistungen anbietet, hat ein Preisverzeichnis über die Preise für seine wesentlichen Leistungen oder über seine Verrechnungssätze nach Maßgabe der Sätze 2 bis 4 aufzustellen. [2] Soweit üblich, können für Leistungen Stundensätze, Kilometersätze und andere Verrechnungssätze angegeben werden. [3] Diese müssen alle Leistungselemente einschließlich der anteiligen Umsatzsteuer enthalten. [4] Die Materialkosten können in die Verrechnungssätze einbezogen werden.

(2) [1] Das Preisverzeichnis nach Absatz 1 ist in den Geschäftsräumen oder am sonstigen Ort des Leistungsangebots anzubringen. [2] Ist ein Schaufenster oder Schaukasten vorhanden, ist es auch dort anzubringen. [3] Werden die Leistungen in Fachabteilungen von Handelsbetrieben angeboten, so genügt das Anbringen der Preisverzeichnisse in den Fachabteilungen. [4] Ist das Anbringen des Preisverzeichnisses wegen des Umfangs nicht zumutbar, so ist es zur Einsichtnahme am Ort des Leistungsangebots bereitzuhalten.

(3) Wer eine Leistung über Bildschirmanzeige erbringt und nach Einheiten berechnet, hat eine gesonderte Anzeige über den Preis der fortlaufenden Nutzung unentgeltlich anzubieten.

(4) Die Absätze 1 bis 3 sind nicht anzuwenden auf
1. Leistungen, die üblicherweise aufgrund von schriftlichen Angeboten oder schriftlichen Voranschlägen erbracht werden, die auf den Einzelfall abgestellt sind;
2. künstlerische, wissenschaftliche und pädagogische Leistungen, sofern diese Leistungen nicht in Konzertsälen, Theatern, Filmtheatern, Schulen, Instituten oder dergleichen erbracht werden;
3. Leistungen, bei denen in Gesetzen oder Rechtsverordnungen die Angabe von Preisen besonders geregelt ist.

§ 13 Gaststätten, Beherbergungsbetriebe. (1) [1] Wer in Gaststätten und ähnlichen Betrieben Speisen oder Getränke anbietet, hat deren Preise in einem Preisverzeichnis anzugeben. [2] Wer Speisen und Getränke sichtbar ausstellt oder Speisen und Getränke zur unmittelbaren Entnahme anbietet, hat diese während des Angebotes durch Preisschilder oder Beschriftung der Ware auszuzeichnen. [3] Werden Speisen und Getränke nach Satz 2 angeboten, kann die Preisangabe alternativ auch nach Satz 1 erfolgen. [4] § 11 ist nicht anzuwenden auf die Bekanntgabe von Preisermäßigungen in Betrieben nach diesem Absatz.

(2) [1] Die Preisverzeichnisse sind zum Zeitpunkt des Angebotes entweder gut lesbar anzubringen, auf Tischen auszulegen oder jedem Gast vor Entgegennahme von Bestellungen und auf Verlangen bei der Abrechnung der Bestellung vorzulegen. [2] Neben dem Eingang der Gaststätte ist ein Preisverzeichnis anzubringen, aus dem die Preise für die wesentlichen angebotenen Speisen und

Getränke ersichtlich sind. ³Ist der Gaststättenbetrieb Teil eines anderen Betriebes, so genügt das Anbringen des Preisverzeichnisses am Eingang des Gaststättenteils.

(3) ¹Wer in Beherbergungsbetrieben Zimmer anbietet, hat beim Eingang oder bei der Anmeldestelle des Betriebes an gut sichtbarer Stelle ein Verzeichnis anzubringen oder auszulegen, aus dem die Preise der im Wesentlichen angebotenen Zimmer ersichtlich sind. ²Satz 1 ist im Fall des Angebots eines Frühstückes für den Frühstückspreis entsprechend anzuwenden.

(4) Kann in Gaststätten- und Beherbergungsbetrieben eine Telekommunikationsanlage benutzt werden, so ist der bei Benutzung geforderte Preis in den Preisverzeichnissen nach Absatz 1 Satz 1 oder Absatz 3 anzugeben.

(5) Die in den Preisverzeichnissen nach den Absätzen 1 bis 3 aufgeführten Preise müssen das Bedienungsgeld und alle sonstigen Zuschläge einschließen.

§ 14 Elektrizität, Gas, Fernwärme und Wasser. (1) Wer als Unternehmer Verbrauchern Elektrizität, Gas, Fernwärme oder Wasser leitungsgebunden anbietet oder als Anbieter dieser Waren gegenüber Verbrauchern unter Angabe von Preisen wirbt, hat den Arbeits- oder Mengenpreis im Angebot oder in der Werbung anzugeben.

(2) ¹Wer an einem öffentlich zugänglichen Ladepunkt Verbrauchern das punktuelle Aufladen von elektrisch betriebenen Fahrzeugen nach der Ladesäulenverordnung anbietet, hat beim Einsatz eines für das punktuelle Aufladen vorgesehenen Bezahlverfahrens den für den jeweiligen Ladepunkt geltenden Arbeitspreis an dem Ladepunkt oder in dessen unmittelbarer Nähe anzugeben. ²Die Preisangabe hat mindestens zu erfolgen mittels
1. eines Aufdrucks, Aufklebers oder Preisaushangs,
2. einer Anzeige auf einem Display des Ladepunktes oder
3. einer registrierungsfreien und kostenlosen mobilen Webseite oder Abrufoption für eine Anzeige auf dem Display eines mobilen Endgerätes, auf die am Ladepunkt oder in dessen unmittelbarer Nähe hingewiesen wird.
³Wird für das punktuelle Aufladen von Verbrauchern ein webbasiertes System verwendet, so hat der Anbieter den Arbeitspreis für das punktuelle Laden über dieses webbasierte System spätestens vor dem Start des Ladevorgangs anzugeben.

(3) Wer in den Fällen des Absatzes 1 oder 2 zusätzlich leistungsabhängige oder nicht verbrauchsabhängige Preise fordert, hat diese vollständig in unmittelbarer Nähe der Angabe des Arbeits- oder Mengenpreises oder des Ladepunktes anzugeben.

(4) Als Mengeneinheit ist für die Angabe des Arbeitspreises bei Elektrizität, Gas und Fernwärme 1 Kilowattstunde und für die Angabe des Mengenpreises bei Wasser 1 Kubikmeter zu verwenden.

§ 15 Tankstellen, Parkplätze. (1) ¹Wer an einer Tankstelle Kraftstoffe anbietet, hat die Kraftstoffpreise so auszuzeichnen, dass sie deutlich lesbar für Kraftfahrer sind, die
1. auf der Straße heranfahren oder
2. auf Bundesautobahnen in den Tankstellenbereich einfahren.

²Satz 1 gilt nicht für die Preise von Kraftstoffmischungen, die erst in der Tankstelle hergestellt werden.

(2) Wer für einen kürzeren Zeitraum als einen Monat Garagen, Einstellplätze oder Parkplätze vermietet oder bewacht oder Kraftfahrzeuge verwahrt, hat zum Zeitpunkt des Angebotes am Anfang der Zufahrt ein Preisverzeichnis anzubringen, aus dem die von ihm geforderten Preise ersichtlich sind.

Abschnitt 4. Bestimmungen zu Finanzdienstleistungen

§ 16 Verbraucherdarlehen. (1) Wer als Unternehmer den Abschluss von Verbraucherdarlehen im Sinne des § 491 des Bürgerlichen Gesetzbuchs anbietet, hat als Preis die nach den Absätzen 2 bis 6 und 8 berechneten Gesamtkosten des Verbraucherdarlehens für den Verbraucher, ausgedrückt als jährlicher Prozentsatz des Nettodarlehensbetrags, soweit zutreffend, einschließlich der Kosten gemäß Absatz 3 Satz 2 Nummer 2, anzugeben und als effektiven Jahreszins zu bezeichnen.

(2) ¹Der effektive Jahreszins ist mit der in der Anlage angegebenen mathematischen Formel und nach den in der Anlage zugrunde gelegten Vorgehensweisen zu berechnen. ²Bei der Berechnung des effektiven Jahreszinses wird von der Annahme ausgegangen, dass der Verbraucherdarlehensvertrag für den vereinbarten Zeitraum gilt und dass Darlehensgeber und Verbraucher ihren Verpflichtungen zu den im Verbraucherdarlehensvertrag niedergelegten Bedingungen und Terminen nachkommen.

(3) ¹In die Berechnung des effektiven Jahreszinses sind als Gesamtkosten die vom Verbraucher zu entrichtenden Zinsen und alle sonstigen Kosten einzubeziehen, die der Verbraucher im Zusammenhang mit dem Verbraucherdarlehensvertrag zu entrichten hat und die dem Darlehensgeber bekannt sind. ²Zu den sonstigen Kosten nach Satz 1 gehören:

1. Kosten für die Vermittlung des Verbraucherdarlehens;
2. Kosten für die Eröffnung und Führung eines spezifischen Kontos, Kosten für die Verwendung eines Zahlungsmittels, mit dem sowohl Geschäfte auf diesem Konto getätigt als auch Verbraucherdarlehensbeträge in Anspruch genommen werden können, sowie sonstige Kosten für Zahlungsgeschäfte, wenn die Eröffnung oder Führung eines Kontos Voraussetzung dafür ist, dass das Verbraucherdarlehen überhaupt oder nach den vorgesehenen Vertragsbedingungen gewährt wird;
3. Kosten für die Immobilienbewertung, sofern eine solche Bewertung für die Gewährung des Verbraucherdarlehens erforderlich ist.

(4) Nicht in die Berechnung der Gesamtkosten einzubeziehen sind:

1. Kosten, die vom Verbraucher bei Nichterfüllung seiner Verpflichtungen aus dem Verbraucherdarlehensvertrag zu tragen sind;
2. Kosten für solche Versicherungen und für solche anderen Zusatzleistungen, die keine Voraussetzung für die Verbraucherdarlehensvergabe überhaupt oder zu den vorgesehenen Vertragsbedingungen sind;
3. Kosten mit Ausnahme des Kaufpreises, die vom Verbraucher beim Erwerb von Waren oder Dienstleistungen unabhängig davon zu tragen sind, ob es sich um ein Bar- oder Verbraucherdarlehensgeschäft handelt;

4. Gebühren für die Eintragung der Eigentumsübertragung oder der Übertragung eines grundstücksgleichen Rechts in das Grundbuch;
5. Notarkosten.

(5) Ist eine Änderung des Zinssatzes oder sonstiger in die Berechnung des effektiven Jahreszinses einzubeziehender Kosten vorbehalten und ist ihre zahlenmäßige Bestimmung im Zeitpunkt der Berechnung des effektiven Jahreszinses nicht möglich, so wird bei der Berechnung von der Annahme ausgegangen, dass der Sollzinssatz und die sonstigen Kosten gemessen an der ursprünglichen Höhe fest bleiben und bis zum Ende des Verbraucherdarlehensvertrags gelten.

(6) Soweit die in der Anlage niedergelegten Annahmen zutreffend sind, sind diese bei der Berechnung des effektiven Jahreszinses zu berücksichtigen.

(7) Ist der Abschluss eines Vertrags über die Inanspruchnahme einer Nebenleistung, insbesondere eines Versicherungsvertrags oder allgemein einer Mitgliedschaft, zwingende Voraussetzung dafür, dass das Verbraucherdarlehen überhaupt oder nach den vorgesehenen Vertragsbedingungen gewährt wird, und können die Kosten der Nebenleistung nicht im Voraus bestimmt werden, so ist in klarer, eindeutiger und auffallender Art und Weise darauf hinzuweisen,
1. dass eine Verpflichtung zum Abschluss des Vertrages über die Nebenleistung besteht und
2. wie hoch der effektive Jahreszins des Verbraucherdarlehens ist.

(8) [1] Bei Bauspardarlehen ist bei der Berechnung des effektiven Jahreszinses davon auszugehen, dass im Zeitpunkt der Auszahlung des Verbraucherdarlehens das vertragliche Mindestspartguthaben angespart ist. [2] Von der Abschlussgebühr ist im Zweifel lediglich der Teil zu berücksichtigen, der auf den Verbraucherdarlehensanteil der Bausparvertragssumme entfällt. [3] Bei Verbraucherdarlehen, die der Vor- oder Zwischenfinanzierung von Leistungen einer Bausparkasse aus Bausparverträgen dienen und deren preisbestimmende Faktoren bis zur Zuteilung unveränderbar sind, ist als Laufzeit von den Zuteilungsfristen auszugehen, die sich aus der Zielbewertungszahl für Bausparverträge gleicher Art ergeben. [4] Bei vor- oder zwischenfinanzierten Bausparverträgen nach Satz 3 ist für das Gesamtprodukt aus Vor- oder Zwischenfinanzierungsdarlehen und Bausparvertrag der effektive Jahreszins für die Gesamtlaufzeit anzugeben.

§ 17 Werbung für Verbraucherdarlehen. (1) [1] Jegliche Kommunikation für Werbe- und Marketingzwecke, die Verbraucherdarlehen betrifft, hat den Kriterien der Redlichkeit und Eindeutigkeit zu genügen und darf nicht irreführend sein. [2] Insbesondere sind Formulierungen unzulässig, die bei Verbrauchern falsche Erwartungen wecken über die Kosten eines Verbraucherdarlehens oder in Bezug auf die Möglichkeit, ein Verbraucherdarlehen zu erhalten.

(2) [1] Wer gegenüber Verbrauchern für den Abschluss eines Verbraucherdarlehensvertrags mit Zinssätzen oder sonstigen Zahlen, die die Kosten betreffen, wirbt, hat in klarer, eindeutiger und auffallender Art und Weise anzugeben:
1. die Identität und Anschrift des Darlehensgebers oder gegebenenfalls des Darlehensvermittlers,
2. den Nettodarlehensbetrag,
3. den Sollzinssatz und die Auskunft, ob es sich um einen festen oder einen variablen Zinssatz oder um eine Kombination aus beiden handelt, sowie

Einzelheiten aller für den Verbraucher anfallenden, in die Gesamtkosten einbezogenen Kosten,

4. den effektiven Jahreszins.

²In der Werbung ist der effektive Jahreszins mindestens genauso hervorzuheben wie jeder andere Zinssatz.

(3) In der Werbung nach Absatz 2 sind ferner, soweit zutreffend, folgende Angaben zu machen:

1. der vom Verbraucher zu zahlende Gesamtbetrag,
2. die Laufzeit des Verbraucherdarlehensvertrags,
3. die Höhe der Raten,
4. die Anzahl der Raten,
5. bei Immobiliar-Verbraucherdarlehen der Hinweis, dass der Verbraucherdarlehensvertrag durch ein Grundpfandrecht oder eine Reallast besichert wird,
6. bei Immobiliar-Verbraucherdarlehen in Fremdwährung ein Warnhinweis, dass sich mögliche Wechselkursschwankungen auf die Höhe des vom Verbraucher zu zahlenden Gesamtbetrags auswirken könnten.

(4) ¹Die in den Absätzen 2 und 3 genannten Angaben sind mit Ausnahme der Angaben nach Absatz 2 Satz 1 Nummer 1 und Absatz 3 Nummer 5 und 6 mit einem Beispiel zu versehen. ²Bei der Auswahl des Beispiels muss der Werbende von einem effektiven Jahreszins ausgehen, von dem der Werbende erwarten darf, dass mindestens zwei Drittel der auf Grund der Werbung zustande kommenden Verträge zu dem angegebenen oder einem niedrigeren effektiven Jahreszins abgeschlossen werden.

(5) Verlangt der Werbende den Abschluss eines Versicherungsvertrags oder eines Vertrags über andere Zusatzleistungen und können die Kosten für diesen Vertrag nicht im Voraus bestimmt werden, ist auf die Verpflichtung zum Abschluss dieses Vertrags klar und verständlich an gestalterisch hervorgehobener Stelle zusammen mit dem effektiven Jahreszins hinzuweisen.

(6) Die Informationen nach den Absätzen 2, 3 und 5 müssen in Abhängigkeit vom Medium, das für die Werbung gewählt wird, akustisch gut verständlich oder deutlich lesbar sein.

(7) Auf Immobiliar-Verbraucherdarlehensverträge nach § 491 Absatz 2 Satz 2 Nummer 5 des Bürgerlichen Gesetzbuchs sind die Absätze 2 bis 6 nicht anwendbar.

§ 18 Überziehungsmöglichkeiten. Bei Überziehungsmöglichkeiten im Sinne des § 504 Absatz 2 des Bürgerlichen Gesetzbuchs hat der Darlehensgeber statt des effektiven Jahreszinses den Sollzinssatz pro Jahr und die Zinsbelastungsperiode anzugeben, wenn diese nicht kürzer als drei Monate ist und der Darlehensgeber außer den Sollzinsen keine weiteren Kosten verlangt.

§ 19 Entgeltliche Finanzierungshilfen. Die §§ 16 und 17 sind auf Verträge entsprechend anzuwenden, durch die ein Unternehmer einem Verbraucher einen entgeltlichen Zahlungsaufschub oder eine sonstige entgeltliche Finanzierungshilfe im Sinne des § 506 des Bürgerlichen Gesetzbuchs gewährt.

Preisangabenverordnung 2022 § 20, Anl. PAngV 2022 3a

Abschnitt 5. Ordnungswidrigkeiten

§ 20 Ordnungswidrigkeiten. Ordnungswidrig im Sinne des § 3 Absatz 1 Satz 1 Nummer 2 des Wirtschaftsstrafgesetzes 1954 handelt, wer vorsätzlich oder fahrlässig

1. entgegen § 1 Absatz 3 Satz 1 Nummer 2, § 3 Absatz 1, auch in Verbindung mit Absatz 2 Satz 1 oder Absatz 3, entgegen § 4 Absatz 1 Satz 1 oder Absatz 2, § 6 Absatz 1 oder 2, § 7 Satz 1, § 10 Absatz 1 Satz 1, auch in Verbindung mit Satz 2, entgegen § 10 Absatz 2, 3 oder 4, § 11 Absatz 1, auch in Verbindung mit Absatz 3, § 13 Absatz 1 Satz 1 oder Absatz 4, § 14 Absatz 1, 2 oder 3, § 15 Absatz 1, § 17 Absatz 2 Satz 1, auch in Verbindung mit Absatz 3, oder entgegen § 18 eine Angabe oder Auszeichnung nicht, nicht richtig oder nicht vollständig macht,
2. entgegen § 12 Absatz 2 Satz 4, auch in Verbindung mit § 10 Absatz 5, ein Preisverzeichnis nicht, nicht richtig oder nicht vollständig bereithält,
3. entgegen § 12 Absatz 3 ein Angebot nicht, nicht richtig, nicht vollständig oder nicht in der vorgeschriebenen Weise macht,
4. entgegen § 13 Absatz 2 Satz 1 ein Preisverzeichnis nicht, nicht richtig, nicht vollständig oder nicht rechtzeitig vorlegt oder
5. entgegen § 16 Absatz 7 einen Hinweis nicht, nicht richtig oder nicht vollständig gibt.

Anlage
(zu § 16)

Berechnung des effektiven Jahreszinses

1. Grundgleichung zur Darstellung der Gleichheit zwischen Verbraucherdarlehens-Auszahlungsbeträgen einerseits und Rückzahlungen (Tilgung, Zinsen und Verbraucherdarlehenskosten) andererseits.
Die nachstehende Gleichung zur Ermittlung des effektiven Jahreszinses drückt auf jährlicher Basis die rechnerische Gleichheit zwischen der Summe der Gegenwartswerte der in Anspruch genommenen Verbraucherdarlehens-Auszahlungsbeträge einerseits und der Summe der Gegenwartswerte der Rückzahlungen (Tilgung, Zinsen und Verbraucherdarlehenskosten) andererseits aus:

$$\sum_{k=1}^{m} C_k (1+X)^{-t_k} = \sum_{l=1}^{m'} D_l (1+X)^{-s_l}$$

Hierbei ist
- X der effektive Jahreszins;
- m die laufende Nummer des letzten Verbraucherdarlehens-Auszahlungsbetrags;
- k die laufende Nummer eines Verbraucherdarlehens-Auszahlungsbetrags, wobei $1 \leq k \leq m$;
- C_k die Höhe des Verbraucherdarlehens-Auszahlungsbetrags mit der Nummer k;

- t_k der in Jahren oder Jahresbruchteilen ausgedrückte Zeitraum zwischen der ersten Verbraucherdarlehensvergabe und dem Zeitpunkt der einzelnen nachfolgenden in Anspruch genommenen Verbraucherdarlehens-Auszahlungsbeträge, wobei $t_1 = 0$;
- m' die laufende Nummer der letzten Tilgungs-, Zins- oder Kostenzahlung;
- l die laufende Nummer einer Tilgungs-, Zins- oder Kostenzahlung;
- D_l der Betrag einer Tilgungs-, Zins- oder Kostenzahlung;
- s_l der in Jahren oder Jahresbruchteilen ausgedrückte Zeitraum zwischen dem Zeitpunkt der Inanspruchnahme des ersten Verbraucherdarlehens-Auszahlungsbetrags und dem Zeitpunkt jeder einzelnen Tilgungs-, Zins- oder Kostenzahlung.

Anmerkungen:

a) Die von beiden Seiten zu unterschiedlichen Zeitpunkten gezahlten Beträge sind nicht notwendigerweise gleich groß und werden nicht notwendigerweise in gleichen Zeitabständen entrichtet.

b) Anfangszeitpunkt ist der Tag der Auszahlung des ersten Verbraucherdarlehensbetrags.

c) Der Zeitraum zwischen diesen Zeitpunkten wird in Jahren oder Jahresbruchteilen ausgedrückt. Zugrunde gelegt werden für ein Jahr 365 Tage (bzw. für ein Schaltjahr 366 Tage), 52 Wochen oder 12 Standardmonate. Ein Standardmonat hat 30,41666 Tage (d.h. 365/12), unabhängig davon, ob es sich um ein Schaltjahr handelt oder nicht.

Können die Zeiträume zwischen den in den Berechnungen verwendeten Zeitpunkten nicht als ganze Zahl von Wochen, Monaten oder Jahren ausgedrückt werden, so sind sie als ganze Zahl eines dieser Zeitabschnitte in Kombination mit einer Anzahl von Tagen auszudrücken. Bei der Verwendung von Tagen

aa) werden alle Tage einschließlich Wochenenden und Feiertage gezählt;

bb) werden gleich lange Zeitabschnitte und dann Tage bis zur Inanspruchnahme des ersten Verbraucherdarlehensbetrags zurückgezählt;

cc) wird die Länge des in Tagen bemessenen Zeitabschnitts ohne den ersten und einschließlich des letzten Tages berechnet und in Jahren ausgedrückt, indem dieser Zeitabschnitt durch die Anzahl von Tagen des gesamten Jahres (365 oder 366 Tage), zurückgezählt ab dem letzten Tag bis zum gleichen Tag des Vorjahres, geteilt wird.

d) Das Rechenergebnis wird auf zwei Dezimalstellen genau angegeben. Ist die Ziffer der dritten Dezimalstelle größer als oder gleich 5, so erhöht sich die Ziffer der zweiten Dezimalstelle um den Wert 1.

e) Mathematisch darstellen lässt sich diese Gleichung durch eine einzige Summation unter Verwendung des Faktors „Ströme" (A_k), die entweder positiv oder negativ sind, je nachdem, ob sie für Auszahlungen oder für Rückzahlungen innerhalb der Perioden 1 bis n, ausgedrückt in Jahren, stehen:

$$S = \sum_{k=1}^{n} A_k (1 + X)^{-t_k}$$

dabei ist S der Saldo der Gegenwartswerte aller „Ströme", deren Wert gleich Null sein muss, damit die Gleichheit zwischen den „Strömen" gewahrt bleibt.

2. Es gelten die folgenden zusätzlichen Annahmen für die Berechnung des effektiven Jahreszinses:
   a) Ist dem Verbraucher nach dem Verbraucherdarlehensvertrag freigestellt, wann er das Verbraucherdarlehen in Anspruch nehmen will, so gilt das gesamte Verbraucherdarlehen als sofort in voller Höhe in Anspruch genommen.
   b) Ist dem Verbraucher nach dem Verbraucherdarlehensvertrag generell freigestellt, wann er das Verbraucherdarlehen in Anspruch nehmen will, sind jedoch je nach Art der Inanspruchnahme Beschränkungen in Bezug auf Verbraucherdarlehensbetrag und Zeitraum vorgesehen, so gilt das gesamte Verbraucherdarlehen als zu dem im Verbraucherdarlehensvertrag vorgesehenen frühestmöglichen Zeitpunkt mit den entsprechenden Beschränkungen in Anspruch genommen.
   c) Sieht der Verbraucherdarlehensvertrag verschiedene Arten der Inanspruchnahme mit unterschiedlichen Kosten oder Sollzinssätzen vor, so gilt das gesamte Verbraucherdarlehen als zu den höchsten Kosten und zum höchsten Sollzinssatz in Anspruch genommen, wie sie für die Kategorie von Geschäften gelten, die bei dieser Art von Verbraucherdarlehensverträgen am häufigsten vorkommt.
   d) Bei einer Überziehungsmöglichkeit gilt das gesamte Verbraucherdarlehen als in voller Höhe und für die gesamte Laufzeit des Verbraucherdarlehensvertrags in Anspruch genommen. Ist die Dauer der Überziehungsmöglichkeit nicht bekannt, so ist bei der Berechnung des effektiven Jahreszinses von der Annahme auszugehen, dass die Laufzeit des Verbraucherdarlehensvertrags drei Monate beträgt.
   e) Bei einem Überbrückungsdarlehen gilt das gesamte Verbraucherdarlehen als in voller Höhe und für die gesamte Laufzeit des Verbraucherdarlehensvertrags in Anspruch genommen. Ist die Laufzeit des Verbraucherdarlehensvertrags nicht bekannt, so wird bei der Berechnung des effektiven Jahreszinses von der Annahme ausgegangen, dass sie 12 Monate beträgt.
   f) Bei einem unbefristeten Verbraucherdarlehensvertrag, der weder eine Überziehungsmöglichkeit noch ein Überbrückungsdarlehen beinhaltet, wird angenommen, dass
      aa) das Verbraucherdarlehen bei Immobiliar-Verbraucherdarlehensverträgen für einen Zeitraum von 20 Jahren ab der ersten Inanspruchnahme gewährt wird und dass mit der letzten Zahlung des Verbrauchers der Saldo, die Zinsen und etwaige sonstige Kosten ausgeglichen sind; bei Allgemein-Verbraucherdarlehensverträgen, die nicht für den Erwerb oder die Erhaltung von Rechten an Immobilien bestimmt sind oder bei denen das Verbraucherdarlehen im Rahmen von Debit-Karten mit Zahlungsaufschub oder Kreditkarten in Anspruch genommen wird, dieser Zeitraum ein Jahr beträgt und dass mit der letzten

Zahlung des Verbrauchers der Saldo, die Zinsen und etwaige sonstige Kosten ausgeglichen sind;

bb) der Verbraucherdarlehensbetrag in gleich hohen monatlichen Zahlungen, beginnend einen Monat nach dem Zeitpunkt der ersten Inanspruchnahme, zurückgezahlt wird; muss der Verbraucherdarlehensbetrag jedoch vollständig, in Form einer einmaligen Zahlung, innerhalb jedes Zahlungszeitraums zurückgezahlt werden, so ist anzunehmen, dass spätere Inanspruchnahmen und Rückzahlungen des gesamten Verbraucherdarlehensbetrags durch den Verbraucher innerhalb eines Jahres stattfinden; Zinsen und sonstige Kosten werden entsprechend diesen Inanspruchnahmen und Tilgungszahlungen und nach den Bestimmungen des Verbraucherdarlehensvertrags festgelegt.

Als unbefristete Verbraucherdarlehensverträge gelten für die Zwecke dieses Buchstabens Verbraucherdarlehensverträge ohne feste Laufzeit, einschließlich solcher Verbraucherdarlehen, bei denen der Verbraucherdarlehensbetrag innerhalb oder nach Ablauf eines Zeitraums vollständig zurückgezahlt werden muss, dann aber erneut in Anspruch genommen werden kann.

g) Bei Verbraucherdarlehensverträgen, die weder Überziehungsmöglichkeiten beinhalten noch Überbrückungsdarlehen, Verbraucherdarlehensverträge mit Wertbeteiligung, Eventualverpflichtungen oder Garantien sind, und bei unbefristeten Verbraucherdarlehensverträgen (siehe die Annahmen unter den Buchstaben d, e, f, l und m) gilt Folgendes:

aa) Lassen sich der Zeitpunkt oder die Höhe einer vom Verbraucher zu leistenden Tilgungszahlung nicht feststellen, so ist anzunehmen, dass die Rückzahlung zu dem im Verbraucherdarlehensvertrag genannten frühestmöglichen Zeitpunkt und in der darin festgelegten geringsten Höhe erfolgt.

bb) Lässt sich der Zeitraum zwischen der ersten Inanspruchnahme und der ersten vom Verbraucher zu leistenden Zahlung nicht feststellen, so wird der kürzest mögliche Zeitraum angenommen.

cc) Ist der Zeitpunkt des Abschlusses des Verbraucherdarlehensvertrags nicht bekannt, so ist anzunehmen, dass das Verbraucherdarlehen erstmals zu dem Zeitpunkt in Anspruch genommen wurde, der sich aus dem kürzesten zeitlichen Abstand zwischen diesem Zeitpunkt und der Fälligkeit der ersten vom Verbraucher zu leistenden Zahlung ergibt.

h) Lassen sich der Zeitpunkt oder die Höhe einer vom Verbraucher zu leistenden Zahlung nicht anhand des Verbraucherdarlehensvertrags oder der Annahmen nach den Buchstaben d, e, f, g, l oder m feststellen, so ist anzunehmen, dass die Zahlung in Übereinstimmung mit den vom Darlehensgeber bestimmten Fristen und Bedingungen erfolgt, und dass, falls diese nicht bekannt sind,

aa) die Zinszahlungen zusammen mit den Tilgungszahlungen erfolgen,

bb) Zahlungen für Kosten, die keine Zinsen sind und die als Einmalbetrag ausgedrückt sind, bei Abschluss des Verbraucherdarlehensvertrags erfolgen,

cc) Zahlungen für Kosten, die keine Zinsen sind und die als Mehrfachzahlungen ausgedrückt sind, beginnend mit der ersten Tilgungszah-

Preisangabenverordnung 2022 **Anl. PAngV 2022 3a**

lung in regelmäßigen Abständen erfolgen, und es sich, falls die Höhe dieser Zahlungen nicht bekannt ist, um jeweils gleich hohe Beträge handelt,

dd) mit der letzten Zahlung der Saldo, die Zinsen und etwaige sonstige Kosten ausgeglichen sind.

i) Ist keine Verbraucherdarlehensobergrenze vereinbart, ist anzunehmen, dass die Obergrenze des gewährten Verbraucherdarlehens 170 000 EUR beträgt. Bei Verbraucherdarlehensverträgen, die weder Eventualverpflichtungen noch Garantien sind und die nicht für den Erwerb oder die Erhaltung eines Rechts an Wohnimmobilien oder Grundstücken bestimmt sind, sowie bei Überziehungsmöglichkeiten, Debit-Karten mit Zahlungsaufschub oder Kreditkarten ist anzunehmen, dass die Obergrenze des gewährten Verbraucherdarlehens 1 500 EUR beträgt.

j) Werden für einen begrenzten Zeitraum oder Betrag verschiedene Sollzinssätze und Kosten angeboten, so sind während der gesamten Laufzeit des Verbraucherdarlehensvertrags der höchste Sollzinssatz und die höchsten Kosten anzunehmen.

k) Bei Verbraucherdarlehensverträgen, bei denen für den Anfangszeitraum ein fester Sollzinssatz vereinbart wurde, nach dessen Ablauf ein neuer Sollzinssatz festgelegt wird, der anschließend in regelmäßigen Abständen nach einem vereinbarten Indikator oder einem internen Referenzzinssatz angepasst wird, wird bei der Berechnung des effektiven Jahreszinses von der Annahme ausgegangen, dass der Sollzinssatz ab dem Ende der Festzinsperiode dem Sollzinssatz entspricht, der sich aus dem Wert des vereinbarten Indikators oder des internen Referenzzinssatzes zum Zeitpunkt der Berechnung des effektiven Jahreszinses ergibt, die Höhe des festen Sollzinssatzes jedoch nicht unterschreitet.

l) Bei Eventualverpflichtungen oder Garantien wird angenommen, dass das gesamte Verbraucherdarlehen zum früheren der beiden folgenden Zeitpunkte als einmaliger Betrag vollständig in Anspruch genommen wird:

aa) zum letztzulässigen Zeitpunkt nach dem Verbraucherdarlehensvertrag, welcher die potenzielle Quelle der Eventualverbindlichkeit oder Garantie ist, oder

bb) bei einem Roll-over-Verbraucherdarlehensvertrag am Ende der ersten Zinsperiode vor der Erneuerung der Vereinbarung.

m) Bei Verbraucherdarlehensverträgen mit Wertbeteiligung wird angenommen, dass

aa) die Zahlungen der Verbraucher zu den letzten nach dem Verbraucherdarlehensvertrag möglichen Zeitpunkten geleistet werden,

bb) die prozentuale Wertsteigerung der Immobilie, die die Sicherheit für den Vertrag darstellt, und ein in dem Vertrag genannter Inflationsindex ein Prozentsatz ist, der – je nachdem, welcher Satz höher ist – dem aktuellen Inflationsziel der Zentralbank oder der Höhe der Inflation in dem Mitgliedstaat, in dem die Immobilie belegen ist, zum Zeitpunkt des Abschlusses des Verbraucherdarlehensvertrags oder dem Wert 0 %, falls diese Prozentsätze negativ sind, entspricht.

4. Gesetz über Unterlassungsklagen bei Verbraucherrechts- und anderen Verstößen (Unterlassungsklagengesetz – UKlaG)

In der Fassung der Bekanntmachung vom 27. August 2002[1)]
(BGBl. I S. 3422, ber. S. 4346)
FNA 402-37
zuletzt geänd. durch Art. 3 G zur Umsetzung der RL über bestimmte vertragsrechtliche Aspekte der Bereitstellung digitaler Inhalte und digitaler Dienstleistungen[2)] v. 25.6.2021 (BGBl. I S. 2123)

Abschnitt 1. Ansprüche bei Verbraucherrechts- und anderen Verstößen

§ 1 Unterlassungs- und Widerrufsanspruch bei Allgemeinen Geschäftsbedingungen. Wer in Allgemeinen Geschäftsbedingungen Bestimmungen, die nach den §§ 307 bis 309 des Bürgerlichen Gesetzbuchs unwirksam sind, verwendet oder für den rechtsgeschäftlichen Verkehr empfiehlt, kann auf Unterlassung und im Fall des Empfehlens auch auf Widerruf in Anspruch genommen werden.

§ 1a Unterlassungsanspruch wegen der Beschränkung der Haftung bei Zahlungsverzug. Wer in anderer Weise als durch Verwendung oder Empfehlung von Allgemeinen Geschäftsbedingungen den Vorschriften des § 271a Absatz 1 bis 3, des § 286 Absatz 5 oder des § 288 Absatz 6 des Bürgerlichen Gesetzbuchs zuwiderhandelt, kann auf Unterlassung in Anspruch genommen werden.

§ 2 Ansprüche bei verbraucherschutzgesetzwidrigen Praktiken.

(1) [1]Wer in anderer Weise als durch Verwendung oder Empfehlung von Allgemeinen Geschäftsbedingungen Vorschriften zuwiderhandelt, die dem Schutz der Verbraucher dienen (Verbraucherschutzgesetze), kann im Interesse des Verbraucherschutzes auf Unterlassung und Beseitigung in Anspruch genommen werden. [2]Werden die Zuwiderhandlungen in einem Unternehmen von einem Mitarbeiter oder Beauftragten begangen, so ist der Unterlassungsanspruch oder der Beseitigungsanspruch auch gegen den Inhaber des Unternehmens begründet. [3]Bei Zuwiderhandlungen gegen die im Absatz 2 Satz 1 Nummer 11 genannten Vorschriften richtet sich der Beseitigungsanspruch nach den entsprechenden datenschutzrechtlichen Vorschriften.

(2) [1]Verbraucherschutzgesetze im Sinne dieser Vorschrift sind insbesondere

1. die Vorschriften des Bürgerlichen Rechts, die für

   a) außerhalb von Geschäftsräumen geschlossene Verträge,

   b) Fernabsatzverträge,

[1)] Neubekanntmachung des UKlaG v. 26.11.2001 (BGBl. I S. 3138, 3173) in der ab 21.8.2002 geltenden Fassung.

[2)] **Amtl. Anm.:** Dieses Gesetz dient der Umsetzung der Richtlinie (EU) 2019/770 des Europäischen Parlaments und des Rates vom 20. Mai 2019 über bestimmte vertragsrechtliche Aspekte der Bereitstellung digitaler Inhalte und digitaler Dienstleistungen (ABl. L 136 vom 22.5.2019, S. 1; L 305 vom 26.11.2019, S. 62).

bei Verbrauchsrechts- und anderen Verstößen **§ 2 UKlaG 4**

    c) Verbraucherverträge über digitale Produkte,
    d) Verbrauchsgüterkäufe,
    e) Teilzeit-Wohnrechteverträge, Verträge über langfristige Urlaubsprodukte sowie Vermittlungsverträge und Tauschsystemverträge,
    f) Verbraucherdarlehensverträge, Finanzierungshilfen und Ratenlieferungsverträge,
    g) Bauverträge,
    h) Pauschalreiseverträge, die Reisevermittlung und die Vermittlung verbundener Reiseleistungen,
    i) Darlehensvermittlungsverträge sowie
    j) Zahlungsdiensteverträge
    zwischen einem Unternehmer und einem Verbraucher gelten,
2. die Vorschriften zur Umsetzung der Artikel 5, 10 und 11 der Richtlinie 2000/31/EG[1] des Europäischen Parlaments und des Rates vom 8. Juni 2000 über bestimmte rechtliche Aspekte der Dienste der Informationsgesellschaft, insbesondere des elektronischen Geschäftsverkehrs, im Binnenmarkt („Richtlinie über den elektronischen Geschäftsverkehr", ABl. EG Nr. L 178 S. 1),
3. das Fernunterrichtsschutzgesetz,
4. die Vorschriften zur Umsetzung der Artikel 19 bis 26 der Richtlinie 2010/13/EU des Europäischen Parlaments und des Rates vom 10. März 2010 zur Koordinierung bestimmter Rechts- und Verwaltungsvorschriften der Mitgliedstaaten über die Bereitstellung audiovisueller Mediendienste (ABl. L 95 vom 15.4.2010, S. 1),
5. die entsprechenden Vorschriften des Arzneimittelgesetzes sowie Artikel 1 §§ 3 bis 13 des Gesetzes über die Werbung auf dem Gebiete des Heilwesens,
6. § 126 des Investmentgesetzes oder § 305 des Kapitalanlagegesetzbuchs,
7. die Vorschriften des Abschnitts 11 des Wertpapierhandelsgesetzes, die das Verhältnis zwischen einem Wertpapierdienstleistungsunternehmen und einem Kunden regeln,
8. das Rechtsdienstleistungsgesetz,
9. die §§ 59 und 60 Absatz 1, die §§ 78, 79 Absatz 2 und 3 sowie § 80 des Erneuerbare-Energien-Gesetzes,
10. das Wohn- und Betreuungsvertragsgesetz,
11. die Vorschriften, welche die Zulässigkeit regeln
    a) der Erhebung personenbezogener Daten eines Verbrauchers durch einen Unternehmer oder
    b) der Verarbeitung oder der Nutzung personenbezogener Daten, die über einen Verbraucher erhoben wurden, durch einen Unternehmer,
    wenn die Daten zu Zwecken der Werbung, der Markt- und Meinungsforschung, des Betreibens einer Auskunftei, des Erstellens von Persönlichkeits- und Nutzungsprofilen, des Adresshandels, des sonstigen Datenhandels oder zu vergleichbaren kommerziellen Zwecken erhoben, verarbeitet oder genutzt werden,

---

[1] Nr. 7.

12. § 2 Absatz 2 sowie die §§ 36 und 37 des Verbraucherstreitbeilegungsgesetzes vom 19. Februar 2016 (BGBl. I S. 254) und Artikel 14 Absatz 1 und 2 der Verordnung (EU) Nr. 524/2013 des Europäischen Parlaments und des Rates vom 21. Mai 2013 über die Online-Beilegung verbraucherrechtlicher Streitigkeiten und zur Änderung der Verordnung (EG) Nr. 2006/2004 und der Richtlinie 2009/22/EG (ABl. L 165 vom 18.6.2013, S. 1),
13. die Vorschriften des Zahlungskontengesetzes, die das Verhältnis zwischen einem Zahlungsdienstleister und einem Verbraucher regeln, und
14. die Vorschriften des Telekommunikationsgesetzes, die das Verhältnis zwischen Anbietern von öffentlich zugänglichen Telekommunikationsdiensten und Verbrauchern regeln.

[2] Eine Datenerhebung, Datenverarbeitung oder Datennutzung zu einem vergleichbaren kommerziellen Zweck im Sinne des Satzes 1 Nummer 11 liegt insbesondere nicht vor, wenn personenbezogene Daten eines Verbrauchers von einem Unternehmer ausschließlich für die Begründung, Durchführung oder Beendigung eines rechtsgeschäftlichen oder rechtsgeschäftsähnlichen Schuldverhältnisses mit dem Verbraucher erhoben, verarbeitet oder genutzt werden.

§ 2a Unterlassungsanspruch nach dem Urheberrechtsgesetz. Wer gegen § 95b Absatz 1 Satz 1 des Urheberrechtsgesetzes verstößt, kann auf Unterlassung in Anspruch genommen werden.

§ 2b Missbräuchliche Geltendmachung von Ansprüchen. [1] Die Geltendmachung eines Anspruchs nach den §§ 1 bis 2a ist unzulässig, wenn sie unter Berücksichtigung der gesamten Umstände missbräuchlich ist, insbesondere wenn sie vorwiegend dazu dient, gegen den Anspruchsgegner einen Anspruch auf Ersatz von Aufwendungen oder Kosten der Rechtsverfolgung entstehen zu lassen. [2] Eine missbräuchliche Geltendmachung ist im Zweifel anzunehmen, wenn

1. die Vereinbarung einer offensichtlich überhöhten Vertragsstrafe verlangt wird,
2. die vorgeschlagene Unterlassungsverpflichtung offensichtlich über die abgemahnte Rechtsverletzung hinausgeht,
3. mehrere Zuwiderhandlungen, die zusammen hätten abgemahnt werden können, einzeln abgemahnt werden oder
4. wegen einer Zuwiderhandlung, für die mehrere Zuwiderhandelnde verantwortlich sind, die Ansprüche gegen die Zuwiderhandelnden ohne sachlichen Grund nicht zusammen geltend gemacht werden.

[3] In diesen Fällen kann der Anspruchsgegner Ersatz der für seine Rechtsverteidigung erforderlichen Aufwendungen verlangen. [4] Weitergehende Ersatzansprüche bleiben unberührt.

§ 3 Anspruchsberechtigte Stellen. (1) [1] Die in den §§ 1 bis 2 bezeichneten Ansprüche auf Unterlassung, auf Widerruf und auf Beseitigung stehen zu:
1. den qualifizierten Einrichtungen, die in der Liste nach § 4 eingetragen sind, oder den qualifizierten Einrichtungen aus anderen Mitgliedstaaten der Europäischen Union, die in dem Verzeichnis der Europäischen Kommission nach Artikel 4 Absatz 3 der Richtlinie 2009/22/EG eingetragen sind,

bei Verbrauchsrechts- und anderen Verstößen §§ 3a, 4 UKlaG 4

2. den qualifizierten Wirtschaftsverbänden, die in die Liste nach § 8b des Gesetzes gegen den unlauteren Wettbewerb[1]) eingetragen sind, soweit ihnen eine erhebliche Zahl von Unternehmern angehört, die Waren und Dienstleistungen gleicher oder verwandter Art auf demselben Markt vertreiben, und die Zuwiderhandlung die Interessen ihrer Mitglieder berührt,
3. den Industrie- und Handelskammern, den nach der Handwerksordnung errichteten Organisationen und anderen berufsständischen Körperschaften des öffentlichen Rechts sowie den Gewerkschaften im Rahmen der Erfüllung ihrer Aufgaben bei der Vertretung selbstständiger beruflicher Interessen.

²Der Anspruch kann nur an Stellen im Sinne des Satzes 1 abgetreten werden.
³Stellen nach Satz 1 Nummer 1 und 2 können die Ansprüche nicht geltend machen, solange ihre Eintragung ruht.

(2) Die in Absatz 1 Satz 1 Nummer 1 bezeichneten Stellen können die folgenden Ansprüche nicht geltend machen:
1. Ansprüche nach § 1, wenn Allgemeine Geschäftsbedingungen gegenüber einem Unternehmer (§ 14 des Bürgerlichen Gesetzbuchs) oder einem öffentlichen Auftraggeber (§ 99 Nummer 1 bis 3 des Gesetzes gegen Wettbewerbsbeschränkungen[2])) verwendet oder wenn Allgemeine Geschäftsbedingungen zur ausschließlichen Verwendung zwischen Unternehmern oder zwischen Unternehmern und öffentlichen Auftraggebern empfohlen werden,
2. Ansprüche nach § 1a, es sei denn, eine Zuwiderhandlung gegen § 288 Absatz 6 des Bürgerlichen Gesetzbuchs betrifft einen Anspruch eines Verbrauchers.

§ 3a Anspruchsberechtigte Verbände nach § 2a. ¹Der in § 2a bezeichnete Anspruch auf Unterlassung steht rechtsfähigen Verbänden zur nicht gewerbsmäßigen und nicht nur vorübergehenden Förderung der Interessen derjenigen zu, die durch § 95b Abs. 1 Satz 1 des Urheberrechtsgesetzes begünstigt werden. ²Der Anspruch kann nur an Verbände im Sinne des Satzes 1 abgetreten werden.

§ 4 Liste der qualifizierten Einrichtungen. (1) ¹Das Bundesamt für Justiz führt eine Liste der qualifizierten Einrichtungen und veröffentlicht sie in der jeweils aktuellen Fassung auf seiner Internetseite. ²Es übermittelt die Liste mit Stand zum 1. Januar und zum 1. Juli eines jeden Jahres an die Europäische Kommission unter Hinweis auf Artikel 4 Absatz 2 der Richtlinie 2009/22/EG.

(2) ¹Ein eingetragener Verein, zu dessen satzungsmäßigen Aufgaben es gehört, Interessen der Verbraucher durch nicht gewerbsmäßige Aufklärung und Beratung wahrzunehmen, wird auf seinen Antrag in die Liste eingetragen, wenn
1. er mindestens drei Verbände, die im gleichen Aufgabenbereich tätig sind, oder mindestens 75 natürliche Personen als Mitglieder hat,
2. er zum Zeitpunkt der Antragstellung seit mindestens einem Jahr im Vereinsregister eingetragen ist und ein Jahr seine satzungsmäßigen Aufgaben wahrgenommen hat,

---

[1]) Nr. **1**.
[2]) Nr. **14**.

3. auf Grund seiner bisherigen Tätigkeit sowie seiner personellen, sachlichen und finanziellen Ausstattung gesichert erscheint, dass er
   a) seine satzungsgemäßen Aufgaben auch künftig dauerhaft wirksam und sachgerecht erfüllen wird und
   b) seine Ansprüche nicht vorwiegend geltend machen wird, um für sich Einnahmen aus Abmahnungen oder Vertragsstrafen zu erzielen,
4. den Mitgliedern keine Zuwendungen aus dem Vereinsvermögen gewährt werden und Personen, die für den Verein tätig sind, nicht durch unangemessen hohe Vergütungen oder andere Zuwendungen begünstigt werden.

²Es wird unwiderleglich vermutet, dass Verbraucherzentralen sowie andere Verbraucherverbände, wenn sie überwiegend mit öffentlichen Mitteln gefördert werden, diese Voraussetzungen erfüllen.

(3) ¹Über die Eintragung wird durch einen schriftlichen Bescheid entschieden, der dem antragstellenden Verein zuzustellen ist. ²Auf der Grundlage eines wirksamen Bescheides ist der Verein unter Angabe des Namens, der Anschrift, des zuständigen Registergerichts, der Registernummer und des satzungsmäßigen Zwecks in die Liste einzutragen.

(4) Auf Antrag erteilt das Bundesamt für Justiz einer qualifizierten Einrichtung, die in der Liste eingetragen ist, eine Bescheinigung über ihre Eintragung.

§ 4a Überprüfung der Eintragung. (1) Das Bundesamt für Justiz überprüft von Amts wegen, ob eine qualifizierte Einrichtung, die in der Liste nach § 4 eingetragen ist, die Eintragungsvoraussetzungen nach § 4 Absatz 2 Satz 1 erfüllt,
1. nach Ablauf von zwei Jahren nach ihrer Ersteintragung und danach jeweils nach Ablauf von fünf Jahren nach Abschluss der letzten Überprüfung oder
2. unabhängig von den Fristen nach Nummer 1, wenn begründete Zweifel am Vorliegen der Eintragungsvoraussetzungen bestehen.

(2) Ergeben sich in einem Rechtsstreit begründete Zweifel daran, ob eine qualifizierte Einrichtung, die in der Liste nach § 4 eingetragen ist, die Eintragungsvoraussetzungen nach § 4 Absatz 2 Satz 1 erfüllt, kann das Gericht das Bundesamt für Justiz zur Überprüfung der Eintragung auffordern und die Verhandlung bis zum Abschluss der Überprüfung aussetzen.

(3) Das Bundesamt für Justiz kann die qualifizierten Einrichtungen und deren Vorstandsmitglieder zur Befolgung der Pflichten im Verfahren zur Überprüfung der Eintragung durch die Festsetzung eines Zwangsgelds anhalten.

§ 4b Berichtspflichten und Mitteilungspflichten. (1) ¹Die qualifizierten Einrichtungen, die in der Liste nach § 4 Absatz 1 eingetragen sind, sind verpflichtet, bis zum 30. Juni eines jeden Kalenderjahres dem Bundesamt für Justiz für das vorangegangene Kalenderjahr zu berichten über
1. die Anzahl der von ihnen ausgesprochenen Abmahnungen, gestellten Anträge auf einstweilige Verfügungen und erhobene Klagen zur Durchsetzung ihrer Ansprüche unter Angabe der diesen Durchsetzungsmaßnahmen zugrunde liegenden Zuwiderhandlungen,
2. die Anzahl der auf Grund von Abmahnungen vereinbarten strafbewehrten Unterlassungsverpflichtungen unter Angabe der Höhe der darin vereinbarten Vertragsstrafe,

3. die Höhe der entstandenen Ansprüche auf
   a) Aufwendungsersatz für Abmahnungen,
   b) Erstattung der Kosten der gerichtlichen Rechtsverfolgung und
   c) verwirkte Vertragsstrafen sowie
4. die Anzahl ihrer Mitglieder zum 31. Dezember und deren Bezeichnung.

²Satz 1 Nummer 4 ist nicht anzuwenden auf qualifizierte Einrichtungen, für die die Vermutung nach § 4 Absatz 2 Satz 2 gilt.

(2) Das Bundesamt für Justiz kann die qualifizierten Einrichtungen und deren Vorstandsmitglieder zur Befolgung der Pflichten nach Absatz 1 durch die Festsetzung eines Zwangsgelds anhalten.

(3) Gerichte haben dem Bundesamt für Justiz Entscheidungen mitzuteilen, in denen festgestellt wird, dass eine qualifizierte Einrichtung, die in der Liste nach § 4 eingetragen ist, einen Anspruch missbräuchlich geltend gemacht hat.

§ 4c Aufhebung der Eintragung. (1) Die Eintragung einer qualifizierten Einrichtung in der Liste nach § 4 ist mit Wirkung für die Zukunft aufzuheben, wenn

1. die qualifizierte Einrichtung dies beantragt oder
2. die Voraussetzungen für die Eintragung nach § 4 Absatz 2 Satz 1 nicht vorlagen oder weggefallen sind.

(2) ¹Ist auf Grund tatsächlicher Anhaltspunkte damit zu rechnen, dass die Eintragung nach Absatz 1 Nummer 2 zurückzunehmen oder zu widerrufen ist, so soll das Bundesamt für Justiz das Ruhen der Eintragung für einen bestimmten Zeitraum anordnen. ²Das Ruhen darf für längstens drei Monate angeordnet werden. ³Ruht die Eintragung, ist dies in der Liste nach § 4 zu vermerken.

(3) Widerspruch und Anfechtungsklage gegen Entscheidungen nach Absatz 1 oder Absatz 2 haben keine aufschiebende Wirkung.

(4) Auf Antrag bescheinigt das Bundesamt für Justiz einem Dritten, der ein rechtliches Interesse daran hat, dass die Eintragung einer qualifizierten Einrichtung in der Liste nach § 4 ruht oder aufgehoben worden ist.

§ 4d Verordnungsermächtigung. Das Bundesministerium der Justiz und für Verbraucherschutz wird ermächtigt, durch Rechtsverordnung ohne Zustimmung des Bundesrates die Einzelheiten zu regeln

1. zur Eintragung von eingetragenen Vereinen in die Liste nach § 4 sowie zur Überprüfung und Aufhebung von Eintragungen einer qualifizierten Einrichtung in der Liste nach § 4, einschließlich der in den Verfahren bestehenden Mitwirkungs- und Nachweispflichten und
2. zu den Berichtspflichten der qualifizierten Einrichtungen nach § 4b Absatz 1.

§ 4e Unterlassungsanspruch bei innergemeinschaftlichen Verstößen.
(1) Wer einen Verstoß im Sinne von Artikel 3 Nummer 5 der Verordnung (EU) 2017/2394 des Europäischen Parlaments und des Rates vom 12. Dezember 2017 über die Zusammenarbeit zwischen den für die Durchsetzung der Verbraucherschutzgesetze zuständigen nationalen Behörden und zur Aufhebung der Verordnung (EG) Nr. 2006/2004 (ABl. L 345 vom 27.12.2017, S. 1), die zuletzt durch die Richtlinie (EU) 2019/771 (ABl. L 136 vom 22.5.

2019, S. 28) geändert worden ist, in der jeweils geltenden Fassung, begeht, kann auf Unterlassung in Anspruch genommen werden.

(2) ¹Die Ansprüche stehen den Stellen nach § 3 Absatz 1 Satz 1 zu. ²Es wird unwiderleglich vermutet, dass ein nach § 7 Absatz 3 des EU-Verbraucherschutzdurchführungsgesetzes[1)] benannter Dritter eine Stelle nach Satz 1 ist. ³§ 3 Absatz 1 Satz 2 und 3 ist entsprechend anzuwenden.

Abschnitt 2. Verfahrensvorschriften

Unterabschnitt 1. Allgemeine Vorschriften

§ 5 Anwendung der Zivilprozessordnung und anderer Vorschriften.
Auf das Verfahren sind die Vorschriften der Zivilprozessordnung und § 12 Absatz 1, 3 und 4, § 13 Absatz 1 bis 3 und 5 sowie § 13a des Gesetzes gegen den unlauteren Wettbewerb[2)] anzuwenden, soweit sich aus diesem Gesetz nicht etwas anderes ergibt.

§ 6 Zuständigkeit. (1) ¹Für Klagen nach diesem Gesetz ist das Landgericht ausschließlich zuständig, in dessen Bezirk der Beklagte seine gewerbliche Niederlassung oder in Ermangelung einer solchen seinen Wohnsitz hat. ²Hat der Beklagte im Inland weder eine gewerbliche Niederlassung noch einen Wohnsitz, so ist das Gericht des inländischen Aufenthaltsorts zuständig, in Ermangelung eines solchen das Gericht, in dessen Bezirk
1. die nach den §§ 307 bis 309 des Bürgerlichen Gesetzbuchs unwirksamen Bestimmungen in Allgemeinen Geschäftsbedingungen verwendet wurden,
2. gegen Verbraucherschutzgesetze verstoßen wurde oder
3. gegen § 95b Absatz 1 Satz 1 des Urheberrechtsgesetzes verstoßen wurde.

(2) ¹Die Landesregierungen werden ermächtigt, zur sachdienlichen Förderung oder schnelleren Erledigung der Verfahren durch Rechtsverordnung einem Landgericht für die Bezirke mehrerer Landgerichte Rechtsstreitigkeiten nach diesem Gesetz zuzuweisen. ²Die Landesregierungen können die Ermächtigung durch Rechtsverordnung auf die Landesjustizverwaltungen übertragen.

(3) Die vorstehenden Absätze gelten nicht für Klagen, die einen Anspruch der in § 13 bezeichneten Art zum Gegenstand haben.

§ 7 Veröffentlichungsbefugnis. ¹Wird der Klage stattgegeben, so kann dem Kläger auf Antrag die Befugnis zugesprochen werden, die Urteilsformel mit der Bezeichnung des verurteilten Beklagten auf dessen Kosten im Bundesanzeiger, im Übrigen auf eigene Kosten bekannt zu machen. ²Das Gericht kann die Befugnis zeitlich begrenzen.

Unterabschnitt 2. Besondere Vorschriften für Klagen nach § 1

§ 8 Klageantrag und Anhörung. (1) Der Klageantrag muss bei Klagen nach § 1 auch enthalten:
1. den Wortlaut der beanstandeten Bestimmungen in Allgemeinen Geschäftsbedingungen,

---

[1)] Nr. 2.
[2)] Nr. 1.

bei Verbrauchsrechts- und anderen Verstößen §§ 9–12a UKlaG 4

2. die Bezeichnung der Art der Rechtsgeschäfte, für die die Bestimmungen beanstandet werden.

(2) Das Gericht hat vor der Entscheidung über eine Klage nach § 1 die Bundesanstalt für Finanzdienstleistungsaufsicht zu hören, wenn Gegenstand der Klage

1. Bestimmungen in Allgemeinen Versicherungsbedingungen sind oder
2. Bestimmungen in Allgemeinen Geschäftsbedingungen sind, für die nach dem Bausparkassengesetz oder dem Kapitalanlagegesetzbuch eine Genehmigung vorgesehen ist.

§ 9 Besonderheiten der Urteilsformel. Erachtet das Gericht die Klage nach § 1 für begründet, so enthält die Urteilsformel auch:

1. die beanstandeten Bestimmungen der Allgemeinen Geschäftsbedingungen im Wortlaut,
2. die Bezeichnung der Art der Rechtsgeschäfte, für welche die den Unterlassungsanspruch begründenden Bestimmungen der Allgemeinen Geschäftsbedingungen nicht verwendet oder empfohlen werden dürfen,
3. das Gebot, die Verwendung oder Empfehlung inhaltsgleicher Bestimmungen in Allgemeinen Geschäftsbedingungen zu unterlassen,
4. für den Fall der Verurteilung zum Widerruf das Gebot, das Urteil in gleicher Weise bekannt zu geben, wie die Empfehlung verbreitet wurde.

§ 10 Einwendung wegen abweichender Entscheidung. Der Verwender, dem die Verwendung einer Bestimmung untersagt worden ist, kann im Wege der Klage nach § 767 der Zivilprozessordnung einwenden, dass nachträglich eine Entscheidung des Bundesgerichtshofs oder des Gemeinsamen Senats der Obersten Gerichtshöfe des Bundes ergangen ist, welche die Verwendung dieser Bestimmung für dieselbe Art von Rechtsgeschäften nicht untersagt, und dass die Zwangsvollstreckung aus dem Urteil gegen ihn in unzumutbarer Weise seinen Geschäftsbetrieb beeinträchtigen würde.

§ 11 Wirkungen des Urteils. [1]Handelt der verurteilte Verwender einem auf § 1 beruhenden Unterlassungsgebot zuwider, so ist die Bestimmung in den Allgemeinen Geschäftsbedingungen als unwirksam anzusehen, soweit sich der betroffene Vertragsteil auf die Wirkung des Unterlassungsurteils beruft. [2]Er kann sich jedoch auf die Wirkung des Unterlassungsurteils nicht berufen, wenn der verurteilte Verwender gegen das Urteil die Klage nach § 10 erheben könnte.

Unterabschnitt 3. Besondere Vorschriften für Klagen nach § 2

§ 12 Einigungsstelle. Für Klagen nach § 2 gelten § 15 des Gesetzes gegen den unlauteren Wettbewerb[1]) und die darin enthaltene Verordnungsermächtigung entsprechend.

§ 12a Anhörung der Datenschutzbehörden in Verfahren über Ansprüche nach § 2. [1]Das Gericht hat vor einer Entscheidung in einem Verfahren über einen Anspruch nach § 2, das eine Zuwiderhandlung gegen ein Ver-

---

[1]) Nr. 1.

braucherschutzgesetz nach § 2 Absatz 2 Satz 1 Nummer 11 zum Gegenstand hat, die zuständige inländische Datenschutzbehörde zu hören. ²Satz 1 ist nicht anzuwenden, wenn über einen Antrag auf Erlass einer einstweiligen Verfügung ohne mündliche Verhandlung entschieden wird.

Abschnitt 3. Auskunft zur Durchsetzung von Ansprüchen

§ 13 Auskunftsanspruch der anspruchsberechtigten Stellen. (1) Wer geschäftsmäßig Post-, Telekommunikations- oder Telemediendienste erbringt oder an der Erbringung solcher Dienste mitwirkt, hat anspruchsberechtigten Stellen nach § 3 Absatz 1 Satz 1 auf deren Verlangen den Namen und die zustellfähige Anschrift eines an Post-, Telekommunikations- oder Telemediendiensten Beteiligten mitzuteilen, wenn diese Stellen schriftlich versichern, dass sie die Angaben zur Durchsetzung ihrer Ansprüche nach den §§ 1 bis 2a oder nach § 4e benötigen und nicht anderweitig beschaffen können.

(2) ¹Der Anspruch besteht nur, soweit die Auskunft ausschließlich anhand der bei dem Auskunftspflichtigen vorhandenen Bestandsdaten erteilt werden kann. ²Die Auskunft darf nicht deshalb verweigert werden, weil der Beteiligte, dessen Angaben mitgeteilt werden sollen, in die Übermittlung nicht einwilligt.

(3) ¹Der Auskunftspflichtige kann von dem Auskunftsberechtigten einen angemessenen Ausgleich für die Erteilung der Auskunft verlangen. ²Der Auskunftsberechtigte kann von dem Beteiligten, dessen Angaben mitgeteilt worden sind, Erstattung des gezahlten Ausgleichs verlangen, wenn er gegen diesen Beteiligten einen Anspruch nach den §§ 1 bis 2a oder nach § 4e hat.

§ 13a Auskunftsanspruch sonstiger Betroffener. Wer von einem anderen Unterlassung der Lieferung unbestellter Sachen, der Erbringung unbestellter sonstiger Leistungen oder der Zusendung oder sonstiger Übermittlung unverlangter Werbung verlangen kann, hat die Ansprüche gemäß § 13 mit der Maßgabe, dass an die Stelle eines Anspruchs nach den §§ 1 bis 2a oder nach § 4e sein Anspruch auf Unterlassung nach allgemeinen Vorschriften tritt.

Abschnitt 4. Außergerichtliche Schlichtung

§ 14 Schlichtungsverfahren und Verordnungsermächtigung. (1) ¹Bei Streitigkeiten aus der Anwendung

1. der Vorschriften des Bürgerlichen Gesetzbuchs betreffend Fernabsatzverträge über Finanzdienstleistungen,
2. der §§ 491 bis 508, 511 und 655a bis 655d des Bürgerlichen Gesetzbuchs sowie Artikel 247a § 1 des Einführungsgesetzes zum Bürgerlichen Gesetzbuche,
3. der Vorschriften betreffend Zahlungsdiensteverträge in
    a) den §§ 675c bis 676c des Bürgerlichen Gesetzbuchs,
    b) der Verordnung (EG) Nr. 924/2009 des Europäischen Parlaments und des Rates vom 16. September 2009 über grenzüberschreitende Zahlungen in der Gemeinschaft und zur Aufhebung der Verordnung (EG) Nr. 2560/2001 (ABl. L 266 vom 9.10.2009, S. 11), die zuletzt durch Artikel 17 der Verordnung (EU) Nr. 260/2012 (ABl. L 94 vom 30.3.2012, S. 22) geändert worden ist, und

bei Verbrauchsrechts- und anderen Verstößen § 14 UKlaG 4

c) der Verordnung (EU) Nr. 260/2012 des Europäischen Parlaments und des Rates vom 14. März 2012 zur Festlegung der technischen Vorschriften und der Geschäftsanforderungen für Überweisungen und Lastschriften in Euro und zur Änderung der Verordnung (EG) Nr. 924/2009 (ABl. L 94 vom 30.3.2012, S. 22), die durch die Verordnung (EU) Nr. 248/2014 (ABl. L 84 vom 20.3.2014, S. 1) geändert worden ist,

d) der Verordnung (EU) 2015/751 des Europäischen Parlaments und des Rates vom 29. April 2015 über Interbankenentgelte für kartengebundene Zahlungsvorgänge (ABl. L 123 vom 19.5.2015, S. 1),

4. der Vorschriften des Zahlungsdiensteaufsichtsgesetzes, soweit sie Pflichten von E-Geld-Emittenten oder Zahlungsdienstleistern gegenüber ihren Kunden begründen,

5. der Vorschriften des Zahlungskontengesetzes, die das Verhältnis zwischen einem Zahlungsdienstleister und einem Verbraucher regeln,

6. der Vorschriften des Kapitalanlagegesetzbuchs, wenn an der Streitigkeit Verbraucher beteiligt sind, oder

7. sonstiger Vorschriften im Zusammenhang mit Verträgen, die Bankgeschäfte nach § 1 Absatz 1 Satz 2 des Kreditwesengesetzes oder Finanzdienstleistungen nach § 1 Absatz 1a Satz 2 des Kreditwesengesetzes betreffen, zwischen Verbrauchern und nach dem Kreditwesengesetz beaufsichtigten Unternehmen

können die Beteiligten unbeschadet ihres Rechts, die Gerichte anzurufen, eine vom Bundesamt für Justiz für diese Streitigkeiten anerkannte private Verbraucherschlichtungsstelle oder die bei der Deutschen Bundesbank oder die bei der Bundesanstalt für Finanzdienstleistungsaufsicht eingerichtete Verbraucherschlichtungsstelle anrufen. ²Die bei der Deutschen Bundesbank eingerichtete Verbraucherschlichtungsstelle ist für die Streitigkeiten nach Satz 1 Nummer 1 bis 5 zuständig; die bei der Bundesanstalt für Finanzdienstleistungsaufsicht eingerichtete Verbraucherschlichtungsstelle ist für die Streitigkeiten nach Satz 1 Nummer 6 und 7 zuständig. ³Diese behördlichen Verbraucherschlichtungsstellen sind nur zuständig, soweit es für die Streitigkeit keine zuständige anerkannte Verbraucherschlichtungsstelle gibt.

(2) ¹Jede Verbraucherschlichtungsstelle nach Absatz 1 muss mit mindestens zwei Schlichtern besetzt sein, die die Befähigung zum Richteramt haben. ²Die Schlichter müssen unabhängig sein und das Schlichtungsverfahren fair und unparteiisch führen. ³Sie sollen ihre Schlichtungsvorschläge am geltenden Recht ausrichten und sie sollen insbesondere die zwingenden Verbraucherschutzgesetze beachten. ⁴Für das Schlichtungsverfahren kann von einem Verbraucher kein Entgelt verlangt werden.

(3) ¹Das Bundesamt für Justiz erkennt auf Antrag eine Schlichtungsstelle als private Verbraucherschlichtungsstelle nach Absatz 1 Satz 1 an, wenn

1. der Träger der Schlichtungsstelle ein eingetragener Verein ist,

2. die Schlichtungsstelle für die Streitigkeiten nach Absatz 1 Satz 1 zuständig ist und

3. die Organisation, Finanzierung und Verfahrensordnung der Schlichtungsstelle den Anforderungen dieses Gesetzes und der Rechtsverordnung entspricht, die auf Grund dieses Gesetzes erlassen wurde.

²Die Verfahrensordnung einer anerkannten Schlichtungsstelle kann nur mit Zustimmung des Bundesamts für Justiz geändert werden.

(4) Das Bundesamt für Justiz nimmt die Verbraucherschlichtungsstellen nach Absatz 1 in die Liste nach § 33 Absatz 1 des Verbraucherstreitbeilegungsgesetzes auf und macht die Anerkennung und den Widerruf oder die Rücknahme der Anerkennung im Bundesanzeiger bekannt.

(5) Das Bundesministerium der Justiz und für Verbraucherschutz regelt im Einvernehmen mit dem Bundesministerium der Finanzen durch Rechtsverordnung, die nicht der Zustimmung des Bundesrates bedarf, entsprechend den Anforderungen der Richtlinie 2013/11/EU des Europäischen Parlaments und des Rates vom 21. Mai 2013 über die alternative Beilegung verbraucherrechtlicher Streitigkeiten und zur Änderung der Verordnung (EG) Nr. 2006/2004 und der Richtlinie 2009/22/EG (ABl. L 165 vom 18.6.2013, S. 63)

1. die näheren Einzelheiten der Organisation und des Verfahrens der bei der Deutschen Bundesbank und der bei der Bundesanstalt für Finanzdienstleistungsaufsicht nach diesem Gesetz eingerichteten Verbraucherschlichtungsstellen, insbesondere auch die Kosten des Schlichtungsverfahrens für einen am Schlichtungsverfahren beteiligten Unternehmer,
2. die Voraussetzungen und das Verfahren für die Anerkennung einer privaten Verbraucherschlichtungsstelle und für die Aufhebung dieser Anerkennung sowie die Voraussetzungen und das Verfahren für die Zustimmung zur Änderung der Verfahrensordnung,
3. die Zusammenarbeit der behördlichen Verbraucherschlichtungsstellen und der privaten Verbraucherschlichtungsstellen mit
    a) staatlichen Stellen, insbesondere der Bundesanstalt für Finanzdienstleistungsaufsicht, und
    b) vergleichbaren Stellen zur außergerichtlichen Streitbeilegung in anderen Vertragsstaaten des Abkommens über den Europäischen Wirtschaftsraum.

Abschnitt 5. Anwendungsbereich

§ 15 Ausnahme für das Arbeitsrecht. Dieses Gesetz findet auf das Arbeitsrecht keine Anwendung.

Abschnitt 6. Bußgeldvorschriften

§ 16 Bußgeldvorschriften. (1) Ordnungswidrig handelt, wer vorsätzlich oder fahrlässig

1. entgegen § 4b Absatz 1, auch in Verbindung mit einer Rechtsverordnung nach § 4d Nummer 2, einen dort genannten Bericht nicht, nicht richtig, nicht vollständig oder nicht rechtzeitig erstattet oder
2. einer Rechtsverordnung nach § 4d Nummer 1 oder einer vollziehbaren Anordnung auf Grund einer solchen Rechtsverordnung zuwiderhandelt, soweit die Rechtsverordnung für einen bestimmten Tatbestand auf diese Bußgeldvorschrift verweist.

(2) Die Ordnungswidrigkeit kann mit einer Geldbuße bis zu hunderttausend Euro geahndet werden.

bei Verbrauchsrechts- und anderen Verstößen

(3) Verwaltungsbehörde im Sinne des § 36 Absatz 1 Nummer 1 des Gesetzes über Ordnungswidrigkeiten ist das Bundesamt für Justiz.

Abschnitt 7. Überleitungsvorschriften

§ 17 Überleitungsvorschriften zu dem Gesetz zur Stärkung des fairen Wettbewerbs. (1) Abweichend von § 4a Absatz 1 Nummer 1 sind die Eintragungsvoraussetzungen bei qualifizierten Einrichtungen, die vor dem 2. Dezember 2020 in die Liste nach § 4 eingetragen wurden und die am 2. Dezember 2020 schon länger als zwei Jahre in der Liste nach § 4 eingetragen sind, vom Bundesamt für Justiz im Zeitraum vom 2. Dezember 2020 bis zum 31. Dezember 2021 zu überprüfen.

(2) Die Berichtspflichten nach § 4b Absatz 1 sind erstmals für das Kalenderjahr 2021 zu erfüllen.

5. Verordnung über Informationspflichten für Dienstleistungserbringer (Dienstleistungs-Informationspflichten-Verordnung – DL-InfoV)[1)][2)]

Vom 12. März 2010

(BGBl. I S. 267)

FNA 7100-1-10

zuletzt geänd. durch Art. 2 Abs. 2 VO zur Novellierung der PreisangabenVO[3)] v. 12.11.2021 (BGBl. I S. 4921)

[1)] **Amtl. Anm.:** Diese Verordnung dient der Umsetzung der Richtlinie 2006/123/EG des Europäischen Parlaments und des Rates vom 12. Dezember 2006 über Dienstleistungen im Binnenmarkt (ABl. L 376 vom 27.12.2006, S. 36).
[2)] Die Änderung durch G v. 10.8.2021 (BGBl. I S. 3436) tritt erst **mWv 1.1.2024** in Kraft und ist im Text noch nicht berücksichtigt.
[3)] **Amtl. Anm.:** Diese Verordnung dient der Umsetzung
– der Richtlinie 98/6/EG des Europäischen Parlaments und des Rates vom 16. Februar 1998 über den Schutz der Verbraucher bei der Angabe der Preise der ihnen angebotenen Erzeugnisse (ABl. L 80 vom 18.3.1998, S. 27),
– der Richtlinie 2000/31/EG des Europäischen Parlaments und des Rates vom 8. Juni 2000 über bestimmte rechtliche Aspekte der Dienste der Informationsgesellschaft, insbesondere des elektronischen Geschäftsverkehrs, im Binnenmarkt (ABl. L 178 vom 17.7.2000, S. 1),
– der Richtlinie 2005/29/EG des Europäischen Parlaments und des Rates vom 11. Mai 2005 über unlautere Geschäftspraktiken im binnenmarktinternen Geschäftsverkehr zwischen Unternehmen und Verbrauchern und zur Änderung der Richtlinie 84/450/EWG des Rates, der Richtlinien 97/7/EG, 98/27/EG und 2002/65/EG des Europäischen Parlaments und des Rates sowie der Verordnung (EG) Nr. 2006/2004 des Europäischen Parlaments und des Rates (ABl. L 149 vom 11.6.2005, S. 22),
– der Richtlinie 2006/123/EG des Europäischen Parlaments und des Rates vom 12. Dezember 2006 über Dienstleistungen im Binnenmarkt (ABl. L 376 vom 27.12.2006, S. 36),
– der Richtlinie 2007/64/EG des Europäischen Parlaments und des Rates vom 13. November 2007 über Zahlungsdienste im Binnenmarkt, zur Änderung der Richtlinien 97/7/EG, 2002/65/EG, 2005/60/EG und 2006/48/EG sowie zur Aufhebung der Richtlinie 97/5/EG (ABl. L 319 vom 5.12.2007, S. 1),
– der Richtlinie 2008/48/EG des Europäischen Parlaments und des Rates vom 23. April 2008 über Verbraucherkreditverträge und zur Aufhebung der Richtlinie 87/102/EWG des Rates (ABl. L 133 vom 22.5.2008, S. 66),
– der Richtlinie 2011/83/EU des Europäischen Parlaments und des Rates vom 25. Oktober 2011 über die Rechte der Verbraucher, zur Abänderung der Richtlinie 93/13/EWG des Rates und der Richtlinie 1999/44/EG des Europäischen Parlaments und des Rates sowie zur Aufhebung der Richtlinie 85/577/EWG des Rates und der Richtlinie 97/7/EG des Europäischen Parlaments und des Rates (ABl. L 304 vom 22.11.2011, S. 64),
– der Richtlinie 2011/90/EU der Kommission vom 14. November 2011 zur Änderung von Anhang I Teil II der Richtlinie 2008/48/EG des Europäischen Parlaments und des Rates mit zusätzlichen Annahmen für die Berechnung des effektiven Jahreszinses (ABl. L 296 vom 15.11.2011, S. 35),
– der Richtlinie 2014/17/EG des Europäischen Parlaments und des Rates vom 4. Februar 2014 über Wohnimmobilienkreditverträge für Verbraucher und zur Änderung der Richtlinien 2008/48/EG und 2013/36/EU und der Verordnung (EU) Nr. 1093/2010 (ABl. L 60 vom 28.2.2014, S. 34),
– der Richtlinie (EU) 2015/2302 des Europäischen Parlaments und des Rates vom 25. November 2015 über Pauschalreisen und verbundene Reiseleistungen, zur Änderung der Verordnung (EG) Nr. 2006/2004 und der Richtlinie 2011/83/EU des Europäischen Parlaments und des Rates sowie zur Aufhebung der Richtlinie 90/314/EWG des Rates (ABl. L 326 vom 11.12.2015, S. 1),
– der Richtlinie (EU) 2019/2161 des Europäischen Parlaments und des Rates vom 27. November 2019 zur Änderung der Richtlinie 93/13/EWG des Rates und der Richtlinien 98/6/EG, 2005/29/EG und 2011/83/EU des Europäischen Parlaments und des Rates zur besseren Durchsetzung und Modernisierung der Verbraucherschutzvorschriften der Union (ABl. L 328 vom 18.12.2019, S. 7).

Auf Grund des § 6c in Verbindung mit § 146 Absatz 2 Nummer 1 der Gewerbeordnung, die durch Artikel 1 des Gesetzes vom 17. Juli 2009 (BGBl. I S. 2091) eingefügt worden sind, verordnet die Bundesregierung:

§ 1 Anwendungsbereich. (1) Diese Verordnung gilt für Personen, die Dienstleistungen erbringen, die in den Anwendungsbereich des Artikels 2 der Richtlinie 2006/123/EG des Europäischen Parlaments und des Rates vom 12. Dezember 2006 über Dienstleistungen im Binnenmarkt (ABl. L 376 vom 27.12.2006, S. 36) fallen.

(2) Die Verordnung findet auch Anwendung, wenn im Inland niedergelassene Dienstleistungserbringer unter Inanspruchnahme der Dienstleistungsfreiheit in einem anderen Mitgliedstaat der Europäischen Union oder einem anderen Vertragsstaat des Abkommens über den Europäischen Wirtschaftsraum tätig werden.

(3) Die Verordnung findet keine Anwendung, wenn in einem anderen Mitgliedstaat der Europäischen Union oder einem anderen Vertragsstaat des Abkommens über den Europäischen Wirtschaftsraum niedergelassene Dienstleistungserbringer unter Inanspruchnahme der Dienstleistungsfreiheit im Inland tätig werden.

(4) ¹Die nach dieser Verordnung zur Verfügung zu stellenden Informationen sind in deutscher Sprache zu erbringen. ²Das gilt nicht für Informationen nach Absatz 2.

§ 2 Stets zur Verfügung zu stellende Informationen. (1) Unbeschadet weiter gehender Anforderungen aus anderen Rechtsvorschriften muss ein Dienstleistungserbringer einem Dienstleistungsempfänger vor Abschluss eines schriftlichen Vertrages oder, sofern kein schriftlicher Vertrag geschlossen wird, vor Erbringung der Dienstleistung folgende Informationen in klarer und verständlicher Form zur Verfügung stellen:
1. seinen Familien- und Vornamen; bei rechtsfähigen Personengesellschaften und juristischen Personen die Firma unter Angabe der Rechtsform,
2. die Anschrift seiner Niederlassung oder, sofern keine Niederlassung besteht, eine ladungsfähige Anschrift sowie weitere Angaben, die es dem Dienstleistungsempfänger ermöglichen, schnell und unmittelbar mit ihm in Kontakt zu treten, insbesondere eine Telefonnummer und eine E-Mail-Adresse oder Faxnummer,
3. falls er in ein solches eingetragen ist, das Handelsregister, Vereinsregister, Partnerschaftsregister oder Genossenschaftsregister unter Angabe des Registergerichts und der Registernummer,
4. bei erlaubnispflichtigen Tätigkeiten Name und Anschrift der zuständigen Behörde oder der einheitlichen Stelle,
5. falls er eine Umsatzsteuer-Identifikationsnummer nach § 27a des Umsatzsteuergesetzes besitzt, die Nummer,
6. falls die Dienstleistung in Ausübung eines reglementierten Berufs im Sinne von Artikel 3 Absatz 1 Buchstabe a der Richtlinie 2005/36/EG des Europäischen Parlaments und des Rates vom 7. September 2005 über die Anerkennung von Berufsqualifikationen (ABl. L 255 vom 30.9.2005, S. 22) erbracht wird, die gesetzliche Berufsbezeichnung, den Staat, in dem sie

verliehen wurde und, falls er einer Kammer, einem Berufsverband oder einer ähnlichen Einrichtung angehört, deren oder dessen Namen,
7. die von ihm gegebenenfalls verwendeten allgemeinen Geschäftsbedingungen,
8. von ihm gegebenenfalls verwendete Vertragsklauseln über das auf den Vertrag anwendbare Recht oder über den Gerichtsstand,
9. gegebenenfalls bestehende Garantien, die über die gesetzlichen Gewährleistungsrechte hinausgehen,
10. die wesentlichen Merkmale der Dienstleistung, soweit sich diese nicht bereits aus dem Zusammenhang ergeben,
11. falls eine Berufshaftpflichtversicherung besteht, Angaben zu dieser, insbesondere den Namen und die Anschrift des Versicherers und den räumlichen Geltungsbereich.

(2) Der Dienstleistungserbringer hat die in Absatz 1 genannten Informationen wahlweise
1. dem Dienstleistungsempfänger von sich aus mitzuteilen,
2. am Ort der Leistungserbringung oder des Vertragsschlusses so vorzuhalten, dass sie dem Dienstleistungsempfänger leicht zugänglich sind,
3. dem Dienstleistungsempfänger über eine von ihm angegebene Adresse elektronisch leicht zugänglich zu machen oder
4. in alle von ihm dem Dienstleistungsempfänger zur Verfügung gestellten ausführlichen Informationsunterlagen über die angebotene Dienstleistung aufzunehmen.

§ 3 Auf Anfrage zur Verfügung zu stellende Informationen. (1) Unbeschadet weiter gehender Anforderungen aus anderen Rechtsvorschriften muss der Dienstleistungserbringer dem Dienstleistungsempfänger auf Anfrage folgende Informationen vor Abschluss eines schriftlichen Vertrages oder, sofern kein schriftlicher Vertrag geschlossen wird, vor Erbringung der Dienstleistung in klarer und verständlicher Form zur Verfügung stellen:
1. falls die Dienstleistung in Ausübung eines reglementierten Berufs im Sinne von Artikel 3 Absatz 1 Buchstabe a der Richtlinie 2005/36/EG des Europäischen Parlaments und des Rates vom 7. September 2005 über die Anerkennung von Berufsqualifikationen (ABl. L 255 vom 30.9.2005, S. 22) erbracht wird, eine Verweisung auf die berufsrechtlichen Regelungen und dazu, wie diese zugänglich sind,
2. Angaben zu den vom Dienstleistungserbringer ausgeübten multidisziplinären Tätigkeiten und den mit anderen Personen bestehenden beruflichen Gemeinschaften, die in direkter Verbindung zu der Dienstleistung stehen und, soweit erforderlich, zu den Maßnahmen, die er ergriffen hat, um Interessenkonflikte zu vermeiden,
3. die Verhaltenskodizes, denen er sich unterworfen hat, die Adresse, unter der diese elektronisch abgerufen werden können, und die Sprachen, in der diese vorliegen, und
4. falls er sich einem Verhaltenskodex unterworfen hat oder einer Vereinigung angehört, der oder die ein außergerichtliches Streitschlichtungsverfahren vorsieht, Angaben zu diesem, insbesondere zum Zugang zum Verfahren und zu näheren Informationen über seine Voraussetzungen.

(2) Der Dienstleistungserbringer stellt sicher, dass die in Absatz 1 Nummer 2, 3 und 4 genannten Informationen in allen ausführlichen Informationsunterlagen über die Dienstleistung enthalten sind.

§ 4 Erforderliche Preisangaben. (1) Der Dienstleistungserbringer muss dem Dienstleistungsempfänger vor Abschluss eines schriftlichen Vertrages oder, sofern kein schriftlicher Vertrag geschlossen wird, vor Erbringung der Dienstleistung, folgende Informationen in klarer und verständlicher Form zur Verfügung stellen:

1. sofern er den Preis für die Dienstleistung im Vorhinein festgelegt hat, diesen Preis in der in § 2 Absatz 2 festgelegten Form,
2. sofern er den Preis der Dienstleistung nicht im Vorhinein festgelegt hat, auf Anfrage den Preis der Dienstleistung oder, wenn kein genauer Preis angegeben werden kann, entweder die näheren Einzelheiten der Berechnung, anhand derer der Dienstleistungsempfänger die Höhe des Preises leicht errechnen kann, oder einen Kostenvoranschlag.

(2) Absatz 1 findet keine Anwendung auf Dienstleistungsempfänger, *[bis 27.5.2022: die Letztverbraucher sind im Sinne der Preisangabenverordnung[1]) in der Fassung der Bekanntmachung vom 18. Oktober 2002 (BGBl. I S. 4197), die zuletzt durch Artikel 6 des Gesetzes vom 29. Juli 2009 (BGBl. I S. 2355) geändert worden ist, in der jeweils geltenden Fassung]/[ab 28.5.2022: die Verbraucher im Sinne des § 13 des Bürgerlichen Gesetzbuchs sind]*.

§ 5 Verbot diskriminierender Bestimmungen. [1]Der Dienstleistungserbringer darf keine Bedingungen für den Zugang zu einer Dienstleistung bekannt machen, die auf der Staatsangehörigkeit oder dem Wohnsitz des Dienstleistungsempfängers beruhende diskriminierende Bestimmungen enthalten. [2]Dies gilt nicht für Unterschiede bei den Zugangsbedingungen, die unmittelbar durch objektive Kriterien gerechtfertigt sind.

§ 6 Ordnungswidrigkeiten. Ordnungswidrig im Sinne des § 146 Absatz 2 Nummer 1 der Gewerbeordnung handelt, wer vorsätzlich oder fahrlässig

1. entgegen § 2 Absatz 1, § 3 Absatz 1 oder § 4 Absatz 1 eine Information nicht, nicht richtig, nicht vollständig, nicht in der vorgeschriebenen Weise oder nicht rechtzeitig zur Verfügung stellt,
2. entgegen § 3 Absatz 2 nicht sicherstellt, dass eine dort genannte Information in jeder ausführlichen Informationsunterlage enthalten ist, oder
3. entgegen § 5 Satz 1 Bedingungen bekannt macht.

§ 7 Inkrafttreten. Diese Verordnung tritt zwei Monate nach der Verkündung[2]) in Kraft.

---

[1]) Nr. **3**.
[2]) Verkündet am 17.3.2010.

6. Richtlinie 2006/114/EG des Europäischen Parlaments und des Rates vom 12. Dezember 2006 über irreführende und vergleichende Werbung

(kodifizierte Fassung)
(Text von Bedeutung für den EWR)
(ABl. L 376 S. 21)
Celex-Nr. 3 2006 L 0114

Das Europäische Parlament und der Rat der Europäischen Union –

gestützt auf den Vertrag zur Gründung der Europäischen Gemeinschaft, insbesondere auf Artikel 95,

auf Vorschlag der Kommission,

nach Stellungnahme des Europäischen Wirtschafts- und Sozialausschusses[1],

gemäß dem Verfahren des Artikels 251 des Vertrags[2],

in Erwägung nachstehender Gründe:

(1) Die Richtlinie 84/450/EWG des Rates vom 10. September 1984 über irreführende und vergleichende Werbung[3] ist mehrfach und in wesentlichen Punkten geändert worden[4]. Aus Gründen der Übersichtlichkeit und Klarheit empfiehlt es sich, sie zu kodifizieren.

(2) Die in den Mitgliedstaaten geltenden Vorschriften gegen irreführende Werbung weichen stark voneinander ab. Da die Werbung über die Grenzen der einzelnen Mitgliedstaaten hinausreicht, wirkt sie sich unmittelbar auf das reibungslose Funktionieren des Binnenmarktes aus.

(3) Irreführende und unzulässige vergleichende Werbung ist geeignet, zur Verfälschung des Wettbewerbs im Binnenmarkt zu führen.

(4) Die Werbung berührt unabhängig davon, ob sie zum Abschluss eines Vertrags führt, die wirtschaftlichen Interessen der Verbraucher und der Gewerbetreibenden.

(5) Die Unterschiede zwischen den einzelstaatlichen Rechtsvorschriften über Werbung, die für Unternehmen irreführend ist, behindern die Durchführung von Werbekampagnen, die die Grenzen eines Staates überschreiten, und beeinflussen so den freien Verkehr von Waren und Dienstleistungen.

(6) Mit der Vollendung des Binnenmarktes ist das Angebot vielfältig. Da die Verbraucher und Gewerbetreibenden aus dem Binnenmarkt den größtmöglichen Vorteil ziehen können und sollen, und da die Werbung ein sehr wichtiges Instrument ist, mit dem überall in der Gemeinschaft wirksam Märkte für Erzeugnisse und Dienstleistungen erschlossen werden können, sollten die wesentlichen Vorschriften für Form und Inhalt der Werbung

---

[1] **Amtl. Anm.:** Stellungnahme vom 26. Oktober 2006 (noch nicht im Amtsblatt veröffentlicht).
[2] **Amtl. Anm.:** Stellungnahme des Europäischen Parlaments vom 12. Oktober 2006 (noch nicht im Amtsblatt veröffentlicht) und Beschluss des Rates vom 30. November 2006.
[3] **Amtl. Anm.:** ABl. L 250 vom 19.9.1984, S. 17. Zuletzt geändert durch die Richtlinie 2005/29/EG des Europäischen Parlaments und des Rates (ABl. L 149 vom 11.6.2005, S. 22).
[4] **Amtl. Anm.:** Siehe Anhang I Teil A.

einheitlich sein und die Bedingungen für vergleichende Werbung in den Mitgliedstaaten harmonisiert werden. Unter diesen Umständen sollte dies dazu beitragen, die Vorteile der verschiedenen vergleichbaren Erzeugnisse objektiv herauszustellen. Vergleichende Werbung kann ferner den Wettbewerb zwischen den Anbietern von Waren und Dienstleistungen im Interesse der Verbraucher fördern.

(7) Es sollten objektive Mindestkriterien aufgestellt werden, nach denen beurteilt werden kann, ob eine Werbung irreführend ist.

(8) Vergleichende Werbung kann, wenn sie wesentliche, relevante, nachprüfbare und typische Eigenschaften vergleicht und nicht irreführend ist, ein zulässiges Mittel zur Unterrichtung der Verbraucher über ihre Vorteile darstellen. Der Begriff „vergleichende Werbung" sollte breit gefasst werden, so dass alle Arten der vergleichenden Werbung abgedeckt werden.

(9) Es sollten Bedingungen für zulässige vergleichende Werbung vorgesehen werden, soweit der vergleichende Aspekt betroffen ist, mit denen festgelegt wird, welche Praktiken der vergleichenden Werbung den Wettbewerb verzerren, die Mitbewerber schädigen und die Entscheidung der Verbraucher negativ beeinflussen können. Diese Bedingungen für zulässige vergleichende Werbung sollten Kriterien beinhalten, die einen objektiven Vergleich der Eigenschaften von Waren und Dienstleistungen ermöglichen.

(10) Werden in der vergleichenden Werbung die Ergebnisse der von Dritten durchgeführten vergleichenden Tests angeführt oder wiedergegeben, so sollten die internationalen Vereinbarungen zum Urheberrecht und die innerstaatlichen Bestimmungen über vertragliche und außervertragliche Haftung gelten.

(11) Die Bedingungen für vergleichende Werbung sollten kumulativ sein und uneingeschränkt eingehalten werden. Die Wahl der Form und der Mittel für die Umsetzung dieser Bedingungen sollte gemäß dem Vertrag den Mitgliedstaaten überlassen bleiben, sofern Form und Mittel noch nicht durch diese Richtlinie festgelegt sind.

(12) Zu diesen Bedingungen sollte insbesondere die Einhaltung der Vorschriften gehören, die sich aus der Verordnung (EG) Nr. 510/2006 des Rates vom 20. März 2006 zum Schutz von geographischen Angaben und Ursprungsbezeichnungen für Agrarerzeugnisse und Lebensmittel[1], insbesondere aus Artikel 13 dieser Verordnung, und den übrigen Gemeinschaftsvorschriften im Bereich der Landwirtschaft ergeben.

(13) Gemäß Artikel 5 der Ersten Richtlinie 89/104/EWG des Rates vom 21. Dezember 1988 zur Angleichung der Rechtsvorschriften der Mitgliedstaaten über die Marken[2] steht dem Inhaber einer eingetragenen Marke ein Ausschließlichkeitsrecht zu, das insbesondere das Recht einschließt, Dritten im geschäftlichen Verkehr die Benutzung eines identischen oder ähnlichen Zeichens für identische Produkte oder Dienstleistungen, gegebenenfalls sogar für andere Produkte, zu untersagen.

(14) Indessen kann es für eine wirksame vergleichende Werbung unerlässlich sein, Waren oder Dienstleistungen eines Mitbewerbers dadurch erkennbar

---

[1] **Amtl. Anm.:** ABl. L 93 vom 31.3.2006, S. 12.
[2] **Amtl. Anm.:** ABl. L 40 vom 11.2.1989, S. 1. Geändert durch den Beschluss 92/10/EWG (ABl. L 6 vom 11.1.1992, S. 35).

zu machen, dass auf eine ihm gehörende Marke oder auf seinen Handelsnamen Bezug genommen wird.

(15) Eine solche Benutzung von Marken, Handelsnamen oder anderen Unterscheidungszeichen eines Mitbewerbers verletzt nicht das Ausschließlichkeitsrecht Dritter, wenn sie unter Beachtung der in dieser Richtlinie aufgestellten Bedingungen erfolgt und nur eine Unterscheidung bezweckt, durch die Unterschiede objektiv herausgestellt werden sollen.

(16) Personen oder Organisationen, die nach dem nationalen Recht ein berechtigtes Interesse an der Angelegenheit haben, sollten die Möglichkeit besitzen, vor Gericht oder bei einer Verwaltungsbehörde, die über Beschwerden entscheiden oder geeignete gerichtliche Schritte einleiten kann, gegen irreführende und unzulässige vergleichende Werbung vorzugehen.

(17) Die Gerichte oder Verwaltungsbehörden sollten die Befugnis haben, die Einstellung einer irreführenden oder einer unzulässigen vergleichenden Werbung anzuordnen oder zu erwirken. In bestimmten Fällen kann es zweckmäßig sein, irreführende und unzulässige vergleichende Werbung zu untersagen, noch ehe sie veröffentlicht worden ist. Das bedeutet jedoch nicht, dass die Mitgliedstaaten verpflichtet sind, eine Regelung einzuführen, die eine systematische Vorabkontrolle der Werbung vorsieht.

(18) Freiwillige Kontrollen, die durch Einrichtungen der Selbstverwaltung zur Unterbindung irreführender und unzulässiger vergleichender Werbung durchgeführt werden, können die Einleitung eines Verwaltungs- oder Gerichtsverfahrens entbehrlich machen und sollten deshalb gefördert werden.

(19) Zwar wird die Beweislast vom nationalen Recht bestimmt, die Gerichte und Verwaltungsbehörden sollten aber in die Lage versetzt werden, von Gewerbetreibenden zu verlangen, den Beweis für die Richtigkeit der von ihnen behaupteten Tatsachen zu erbringen.

(20) Die Regelung der vergleichenden Werbung ist für das reibungslose Funktionieren des Binnenmarktes erforderlich, und eine Aktion auf Gemeinschaftsebene ist daher notwendig. Eine Richtlinie ist das geeignete Instrument, da sie einheitliche allgemeine Prinzipien festlegt, es aber den Mitgliedstaaten überlässt, die Form und die geeignete Methode zu wählen, um diese Ziele zu erreichen. Sie entspricht dem Subsidiaritätsprinzip.

(21) Die vorliegende Richtlinie sollte die Verpflichtungen der Mitgliedstaaten hinsichtlich der in Anhang I Teil B genannten Fristen für die Umsetzung der dort genannten Richtlinien in innerstaatliches Recht und für die Anwendung dieser Richtlinien unberührt lassen –

Haben folgende Richtlinie erlassen:

Art. 1 [Zweck der Richtlinie] Zweck dieser Richtlinie ist der Schutz von Gewerbetreibenden vor irreführender Werbung und deren unlauteren Auswirkungen sowie die Festlegung der Bedingungen für zulässige vergleichende Werbung.

Art. 2 [Begriffsdefinitionen] Im Sinne dieser Richtlinie bedeutet

a) „Werbung" jede Äußerung bei der Ausübung eines Handels, Gewerbes, Handwerks oder freien Berufs mit dem Ziel, den Absatz von Waren oder die

Erbringung von Dienstleistungen, einschließlich unbeweglicher Sachen, Rechte und Verpflichtungen, zu fördern;

b) „irreführende Werbung" jede Werbung, die in irgendeiner Weise – einschließlich ihrer Aufmachung – die Personen, an die sie sich richtet oder die von ihr erreicht werden, täuscht oder zu täuschen geeignet ist und die infolge der ihr innewohnenden Täuschung ihr wirtschaftliches Verhalten beeinflussen kann oder aus diesen Gründen einen Mitbewerber schädigt oder zu schädigen geeignet ist;

c) „vergleichende Werbung" jede Werbung, die unmittelbar oder mittelbar einen Mitbewerber oder die Erzeugnisse oder Dienstleistungen, die von einem Mitbewerber angeboten werden, erkennbar macht;

d) „Gewerbetreibender" jede natürliche oder juristische Person, die im Rahmen ihrer gewerblichen, handwerklichen oder beruflichen Tätigkeit handelt, und jede Person, die im Namen oder Auftrag des Gewerbetreibenden handelt;

e) „Urheber eines Kodex" jede Rechtspersönlichkeit, einschließlich einzelner Gewerbetreibender oder Gruppen von Gewerbetreibenden, die für die Formulierung und Überarbeitung eines Verhaltenskodex und/oder für die Überwachung der Einhaltung dieses Kodex durch alle diejenigen, die sich darauf verpflichtet haben, zuständig ist.

Art. 3 [Beurteilungsgrundlage] Bei der Beurteilung der Frage, ob eine Werbung irreführend ist, sind alle ihre Bestandteile zu berücksichtigen, insbesondere in ihr enthaltene Angaben über:

a) die Merkmale der Waren oder Dienstleistungen wie Verfügbarkeit, Art, Ausführung, Zusammensetzung, Verfahren und Zeitpunkt der Herstellung oder Erbringung, die Zwecktauglichkeit, Verwendungsmöglichkeit, Menge, Beschaffenheit, die geographische oder kommerzielle Herkunft oder die von der Verwendung zu erwartenden Ergebnisse oder die Ergebnisse und wesentlichen Bestandteile von Tests der Waren oder Dienstleistungen;

b) den Preis oder die Art und Weise, in der er berechnet wird, und die Bedingungen unter denen die Waren geliefert oder die Dienstleistungen erbracht werden;

c) die Art, die Eigenschaften und die Rechte des Werbenden, wie seine Identität und sein Vermögen, seine Befähigungen und seine gewerblichen, kommerziellen oder geistigen Eigentumsrechte oder seine Auszeichnungen oder Ehrungen.

Art. 4 [Vergleichende Werbung] Vergleichende Werbung gilt, was den Vergleich anbelangt, als zulässig, sofern folgende Bedingungen erfüllt sind:

a) Sie ist nicht irreführend im Sinne der Artikel 2 Buchstabe b, Artikel 3 und Artikel 8 Absatz 1 der vorliegenden Richtlinie oder im Sinne der Artikel 6 und 7 der Richtlinie 2005/29/EG[1)] des Europäischen Parlaments und des Rates vom 11. Mai 2005 über unlautere Geschäftspraktiken im binnenmarktinternen Geschäftsverkehr zwischen Unternehmen und Verbrauchern (Richtlinie über unlautere Geschäftspraktiken)[2)];

[1)] Nr. **9**.
[2)] **Amtl. Anm.:** ABl. L 149 vom 11.6.2005, S. 22.

b) sie vergleicht Waren oder Dienstleistungen für den gleichen Bedarf oder dieselbe Zweckbestimmung;
c) sie vergleicht objektiv eine oder mehrere wesentliche, relevante, nachprüfbare und typische Eigenschaften dieser Waren und Dienstleistungen, zu denen auch der Preis gehören kann;
d) durch sie werden weder die Marken, die Handelsnamen oder andere Unterscheidungszeichen noch die Waren, die Dienstleistungen, die Tätigkeiten oder die Verhältnisse eines Mitbewerbers herabgesetzt oder verunglimpft;
e) bei Waren mit Ursprungsbezeichnung bezieht sie sich in jedem Fall auf Waren mit der gleichen Bezeichnung;
f) sie nutzt den Ruf einer Marke, eines Handelsnamens oder anderer Unterscheidungszeichen eines Mitbewerbers oder der Ursprungsbezeichnung von Konkurrenzerzeugnissen nicht in unlauterer Weise aus;
g) sie stellt nicht eine Ware oder eine Dienstleistung als Imitation oder Nachahmung einer Ware oder Dienstleistung mit geschützter Marke oder geschütztem Handelsnamen dar;
h) sie begründet keine Verwechslungsgefahr bei den Gewerbetreibenden, zwischen dem Werbenden und einem Mitbewerber oder zwischen den Warenzeichen, Warennamen, sonstigen Kennzeichen, Waren oder Dienstleistungen des Werbenden und denen eines Mitbewerbers.

Art. 5 [Sanktionsmittel; Regularien; Befugnisse] (1) *[1]* Die Mitgliedstaaten stellen im Interesse der Gewerbetreibenden und ihrer Mitbewerber sicher, dass geeignete und wirksame Mittel zur Bekämpfung der irreführenden Werbung vorhanden sind, und gewährleisten die Einhaltung der Bestimmungen über vergleichende Werbung.

[2] Diese Mittel umfassen Rechtsvorschriften, die es den Personen oder Organisationen, die nach dem nationalen Recht ein berechtigtes Interesse am Verbot irreführender Werbung oder an der Regelung vergleichender Werbung haben, gestatten,

a) gerichtlich gegen eine solche Werbung vorzugehen
oder
b) eine solche Werbung vor eine Verwaltungsbehörde zu bringen, die zuständig ist, über Beschwerden zu entscheiden oder geeignete gerichtliche Schritte einzuleiten.

(2) *[1]* Es obliegt jedem Mitgliedstaat zu entscheiden, welches der in Absatz 1 Unterabsatz 2 genannten Mittel gegeben sein soll und ob das Gericht oder die Verwaltungsbehörden ermächtigt werden sollen, vorab die Durchführung eines Verfahrens vor anderen bestehenden Einrichtungen zur Regelung von Beschwerden, einschließlich der in Artikel 6 genannten Einrichtungen, zu verlangen.

[2] Es obliegt jedem Mitgliedstaat zu entscheiden,

a) ob sich diese Rechtsbehelfe getrennt oder gemeinsam gegen mehrere Gewerbetreibende desselben Wirtschaftssektors richten können
und
b) ob sich diese Rechtsbehelfe gegen den Urheber eines Verhaltenskodex richten können, wenn der betreffende Kodex der Nichteinhaltung rechtlicher Vorschriften Vorschub leistet.

(3) *[1]* Im Rahmen der in den Absätzen 1 und 2 genannten Vorschriften übertragen die Mitgliedstaaten den Gerichten oder Verwaltungsbehörden Befugnisse, die sie ermächtigen, in Fällen, in denen sie diese Maßnahmen unter Berücksichtigung aller betroffenen Interessen und insbesondere des Allgemeininteresses für erforderlich halten,

a) die Einstellung einer irreführenden oder unzulässigen vergleichenden Werbung anzuordnen oder geeignete gerichtliche Schritte zur Veranlassung der Einstellung dieser Werbung einzuleiten, oder

b) sofern eine irreführende oder unzulässige vergleichende Werbung noch nicht veröffentlicht ist, die Veröffentlichung aber bevorsteht, die Veröffentlichung zu verbieten oder geeignete gerichtliche Schritte einzuleiten, um das Verbot dieser Veröffentlichung anzuordnen.

[2] Unterabsatz 1 soll auch angewandt werden, wenn kein Beweis eines tatsächlichen Verlustes oder Schadens oder der Absicht oder Fahrlässigkeit seitens des Werbenden erbracht wird.

[3] Die Mitgliedstaaten sehen vor, dass die in Unterabsatz 1 bezeichneten Maßnahmen nach ihrem Ermessen im Rahmen eines beschleunigten Verfahrens entweder mit vorläufiger oder mit endgültiger Wirkung getroffen werden.

(4) Die Mitgliedstaaten können den Gerichten oder Verwaltungsbehörden Befugnisse übertragen, die es diesen gestatten, zur Ausräumung der fortdauernden Wirkung einer irreführenden oder unzulässigen vergleichenden Werbung, deren Einstellung durch eine rechtskräftige Entscheidung angeordnet worden ist,

a) die Veröffentlichung dieser Entscheidung ganz oder auszugsweise und in der von ihnen für angemessen erachteten Form zu verlangen;

b) außerdem die Veröffentlichung einer berichtigenden Erklärung zu verlangen.

(5) Die in Absatz 1 Unterabsatz 2 Buchstabe b genannten Verwaltungsbehörden müssen

a) so zusammengesetzt sein, dass ihre Unparteilichkeit nicht in Zweifel gezogen werden kann;

b) ausreichende Befugnisse haben, die Einhaltung ihrer Entscheidungen wirksam zu überwachen und durchzusetzen, sofern sie über die Beschwerden entscheiden;

c) in der Regel ihre Entscheidungen begründen.

(6) [1] Werden die in den Absätzen 3 und 4 genannten Befugnisse ausschließlich von einer Verwaltungsbehörde ausgeübt, sind die Entscheidungen stets zu begründen. [2] In diesem Fall sind Verfahren vorzusehen, in denen eine fehlerhafte oder unsachgemäße Ausübung der Befugnisse durch die Verwaltungsbehörde oder eine ungerechtfertigte unsachgemäße Unterlassung, diese Befugnisse auszuüben, von den Gerichten überprüft werden kann.

Art. 6 [Freiwillige Kontrolle] [1] Diese Richtlinie schließt die freiwillige Kontrolle irreführender oder vergleichender Werbung durch Einrichtungen der Selbstverwaltung oder die Inanspruchnahme dieser Einrichtungen durch die in Artikel 5 Absatz 1 Unterabsatz 2 genannten Personen oder Organisationen nicht aus, unter der Bedingung, dass entsprechende Verfahren vor solchen

Einrichtungen zusätzlich zu den in Artikel 5 Absatz 1 Unterabsatz 2 genannten Gerichts- oder Verwaltungsverfahren zur Verfügung stehen. ²Die Mitgliedstaaten können diese freiwillige Kontrolle fördern.

Art. 7 [Übertragung von Befugnissen] Die Mitgliedstaaten übertragen den Gerichten oder Verwaltungsbehörden Befugnisse, die sie ermächtigen, in den in Artikel 5 genannten Verfahren vor den Zivilgerichten oder Verwaltungsbehörden

a) vom Werbenden Beweise für die Richtigkeit von in der Werbung enthaltenen Tatsachenbehauptungen zu verlangen, wenn ein solches Verlangen unter Berücksichtigung der berechtigten Interessen des Werbenden und anderer Verfahrensbeteiligter im Hinblick auf die Umstände des Einzelfalls angemessen erscheint, und bei vergleichender Werbung vom Werbenden zu verlangen, die entsprechenden Beweise kurzfristig vorzulegen,
sowie

b) Tatsachenbehauptungen als unrichtig anzusehen, wenn der gemäß Buchstabe a verlangte Beweis nicht angetreten wird oder wenn er von dem Gericht oder der Verwaltungsbehörde für unzureichend erachtet wird.

Art. 8 [Geltungsbereich] (1) *[1]* Diese Richtlinie hindert die Mitgliedstaaten nicht daran, Bestimmungen aufrechtzuerhalten oder zu erlassen, die bei irreführender Werbung einen weiterreichenden Schutz der Gewerbetreibenden und Mitbewerber vorsehen.

[2] Unterabsatz 1 gilt nicht für vergleichende Werbung, soweit es sich um den Vergleich handelt.

(2) Diese Richtlinie gilt unbeschadet der Rechtsvorschriften der Gemeinschaft, die auf die Werbung für bestimmte Waren und/oder Dienstleistungen anwendbar sind, sowie unbeschadet der Beschränkungen oder Verbote für die Werbung in bestimmten Medien.

(3) ¹Aus den die vergleichende Werbung betreffenden Bestimmungen dieser Richtlinie ergibt sich keine Verpflichtung für diejenigen Mitgliedstaaten, die unter Einhaltung der Vorschriften des Vertrags ein Werbeverbot für bestimmte Waren oder Dienstleistungen aufrechterhalten oder einführen, vergleichende Werbung für diese Waren oder Dienstleistungen zuzulassen; dies gilt sowohl für unmittelbar ausgesprochene Verbote als auch für Verbote durch eine Einrichtung oder Organisation, die gemäß den Rechtsvorschriften des Mitgliedstaats für die Regelung eines Handels, Gewerbes, Handwerks oder freien Berufs zuständig ist. ²Sind diese Verbote auf bestimmte Medien beschränkt, so gilt diese Richtlinie für diejenigen Medien, die nicht unter diese Verbote fallen.

(4) Diese Richtlinie hindert die Mitgliedstaaten nicht daran, unter Einhaltung der Bestimmungen des Vertrags Verbote oder Beschränkungen für die Verwendung von Vergleichen in der Werbung für Dienstleistungen freier Berufe aufrechtzuerhalten oder einzuführen, und zwar unabhängig davon, ob diese Verbote oder Beschränkungen unmittelbar auferlegt oder von einer Einrichtung oder Organisation verfügt werden, die nach dem Recht der Mitgliedstaaten für die Regelung der Ausübung einer beruflichen Tätigkeit zuständig ist.

Art. 9 [Mitteilung] Die Mitgliedstaaten teilen der Kommission den Wortlaut der wichtigsten innerstaatlichen Rechtsvorschriften mit, die sie auf dem unter diese Richtlinie fallenden Gebiet erlassen.

Art. 10 [Übergangsbestimmungen] *[1]* Die Richtlinie 84/450/EWG wird unbeschadet der Verpflichtungen der Mitgliedstaaten hinsichtlich der in Anhang I Teil B genannten Fristen für die Umsetzung der dort genannten Richtlinien in innerstaatliches Recht und für die Anwendung dieser Richtlinien aufgehoben.

[2] Verweisungen auf die aufgehobene Richtlinie gelten als Verweisungen auf die vorliegende Richtlinie und sind nach Maßgabe der Entsprechungstabelle in Anhang II zu lesen.

Art. 11 [In-Kraft-Treten] Diese Richtlinie tritt am 12. Dezember 2007 in Kraft.

Art. 12 [Geltungsbereich] Diese Richtlinie ist an alle Mitgliedstaaten gerichtet.

Anhang I

Teil A. Aufgehobene Richtlinie mit ihren nachfolgenden Änderungen

Richtlinie 84/450/EWG des Rates (ABl. L 250 vom 19.9.1984, S. 17)	
Richtlinie 97/55/EG des Europäischen Parlaments und des Rates (ABl. L 290 vom 23.10.1997, S. 18)	
Richtlinie 2005/29/EG des Europäischen Parlaments und des Rates (ABl. L 149 vom 11.6.2005, S. 22)	nur Artikel 14

Teil B. Fristen für die Umsetzung in innerstaatliches Recht und Anwendungsfristen

(gemäß Artikel 10)

Richtlinie	Umsetzungsfrist	Anpassungsdatum
84/450/EWG	1. Oktober 1986	–
97/55/EG	23. April 2000	–
2005/29/EG[1)]	12. Juni 2007	12. Dezember 2007

Anhang II.
Entsprechungstabelle

Richtlinie 84/450/EWG	Vorliegende Richtlinie
Artikel 1	Artikel 1
Artikel 2 einleitende Worte	Artikel 2 einleitende Worte
Artikel 2 Nummer 1	Artikel 2 Buchstabe a)

[1)] Nr. **9**.

Richtlinie 84/450/EWG	Vorliegende Richtlinie
Artikel 2 Nummer 2	Artikel 2 Buchstabe b)
Artikel 2 Nummer 2a	Artikel 2 Buchstabe c)
Artikel 2 Nummer 3	Artikel 2 Buchstabe d)
Artikel 2 Nummer 4	Artikel 2 Buchstabe e)
Artikel 3	Artikel 3
Artikel 3a Absatz 1	Artikel 4
Artikel 4 Absatz 1 Unterabsatz 1 Satz 1	Artikel 5 Absatz 1 Unterabsatz 1
Artikel 4 Absatz 1 Unterabsatz 1 Satz 2	Artikel 5 Absatz 1 Unterabsatz 2
Artikel 4 Absatz 1 Unterabsatz 2	Artikel 5 Absatz 2 Unterabsatz 1
Artikel 4 Absatz 1 Unterabsatz 3	Artikel 5 Absatz 2 Unterabsatz 2
Artikel 4 Absatz 2 Unterabsatz 1 einleitende Worte	Artikel 5 Absatz 3 Unterabsatz 1 einleitende Worte
Artikel 4 Absatz 2 Unterabsatz 1 erster Gedankenstrich	Artikel 5 Absatz 3 Unterabsatz 1 Buchstabe a
Artikel 4 Absatz 2 Unterabsatz 1 zweiter Gedankenstrich	Artikel 5 Absatz 3 Unterabsatz 1 Buchstabe b
Artikel 4 Absatz 2 Unterabsatz 1 letzte Worte	Artikel 5 Absatz 3 Unterabsatz 2
Artikel 4 Absatz 2 Unterabsatz 2 einleitende Worte	Artikel 5 Absatz 3 Unterabsatz 3
Artikel 4 Absatz 2 Unterabsatz 2 erster Gedankenstrich	Artikel 5 Absatz 3 Unterabsatz 3
Artikel 4 Absatz 2 Unterabsatz 2 zweiter Gedankenstrich	Artikel 5 Absatz 3 Unterabsatz 3
Artikel 4 Absatz 2 Unterabsatz 2 letzte Worte	Artikel 5 Absatz 3 Unterabsatz 3
Artikel 4 Absatz 2 Unterabsatz 3 einleitende Worte	Artikel 5 Absatz 4 einleitende Worte
Artikel 4 Absatz 2 Unterabsatz 3 erster Gedankenstrich	Artikel 5 Absatz 4 Buchstabe a
Artikel 4 Absatz 2 Unterabsatz 3 zweiter Gedankenstrich	Artikel 5 Absatz 4 Buchstabe b
Artikel 4 Absatz 3 Unterabsatz 1	Artikel 5 Absatz 5
Artikel 4 Absatz 3 Unterabsatz 2	Artikel 5 Absatz 6
Artikel 5	Artikel 6
Artikel 6	Artikel 7
Artikel 7 Absatz 1	Artikel 8 Absatz 1 Unterabsatz 1
Artikel 7 Absatz 2	Artikel 8 Absatz 1 Unterabsatz 2
Artikel 7 Absatz 3	Artikel 8 Absatz 2
Artikel 7 Absatz 4	Artikel 8 Absatz 3
Artikel 7 Absatz 5	Artikel 8 Absatz 4
Artikel 8 Absatz 1	–

Richtlinie 84/450/EWG	Vorliegende Richtlinie
Artikel 8 Absatz 2	Artikel 9
–	Artikel 10
–	Artikel 11
Artikel 9	Artikel 12
–	Anhang I
–	Anhang II

7. Richtlinie 2000/31/EG des Europäischen Parlaments und des Rates vom 8. Juni 2000 über bestimmte rechtliche Aspekte der Dienste der Informationsgesellschaft, insbesondere des elektronischen Geschäftsverkehrs, im Binnenmarkt („Richtlinie über den elektronischen Geschäftsverkehr")

(ABl. L 178 S. 1)

Celex-Nr. 3 2000 L 0031

Kapitel I. Allgemeine Bestimmungen

Art. 1 Zielsetzung und Anwendungsbereich. (1) Diese Richtlinie soll einen Beitrag zum einwandfreien Funktionieren des Binnenmarktes leisten, indem sie den freien Verkehr von Diensten der Informationsgesellschaft zwischen den Mitgliedstaaten sicherstellt.

(2) Diese Richtlinie sorgt, soweit dies für die Erreichung des in Absatz 1 genannten Ziels erforderlich ist, für eine Angleichung bestimmter für die Dienste der Informationsgesellschaft geltender innerstaatlicher Regelungen, die den Binnenmarkt, die Niederlassung der Diensteanbieter, kommerzielle Kommunikationen, elektronische Verträge, die Verantwortlichkeit von Vermittlern, Verhaltenskodizes, Systeme zur außergerichtlichen Beilegung von Streitigkeiten, Klagemöglichkeiten sowie die Zusammenarbeit zwischen den Mitgliedstaaten betreffen.

(3) Diese Richtlinie ergänzt das auf die Dienste der Informationsgesellschaft anwendbare Gemeinschaftsrecht und läßt dabei das Schutzniveau insbesondere für die öffentliche Gesundheit und den Verbraucherschutz, wie es sich aus Gemeinschaftsrechtsakten und einzelstaatlichen Rechtsvorschriften zu deren Umsetzung ergibt, unberührt, soweit die Freiheit, Dienste der Informationsgesellschaft anzubieten, dadurch nicht eingeschränkt wird.

(4) Diese Richtlinie schafft weder zusätzliche Regeln im Bereich des internationalen Privatrechts, noch befaßt sie sich mit der Zuständigkeit der Gerichte.

(5) Diese Richtlinie findet keine Anwendung auf

a) den Bereich der Besteuerung,

b) Fragen betreffend die Dienste der Informationsgesellschaft, die von den Richtlinien 95/46/EG und 97/66/EG erfaßt werden,

c) Fragen betreffend Vereinbarungen oder Verhaltensweisen, die dem Kartellrecht unterliegen,

d) die folgenden Tätigkeiten der Dienste der Informationsgesellschaft:

– Tätigkeiten von Notaren oder Angehörigen gleichwertiger Berufe, soweit diese eine unmittelbare und besondere Verbindung zur Ausübung öffentlicher Befugnisse aufweisen;

– Vertretung eines Mandanten und Verteidigung seiner Interessen vor Gericht;

– Gewinnspiele mit einem einen Geldwert darstellenden Einsatz bei Glücksspielen, einschließlich Lotterien und Wetten.

(6) Maßnahmen auf gemeinschaftlicher oder einzelstaatlicher Ebene, die unter Wahrung des Gemeinschaftsrechts der Förderung der kulturellen und sprachlichen Vielfalt und dem Schutz des Pluralismus dienen, bleiben von dieser Richtlinie unberührt.

Art. 2 Begriffsbestimmungen. Im Sinne dieser Richtlinie bezeichnet der Ausdruck

a) „Dienste der Informationsgesellschaft" Dienste im Sinne von Artikel 1 Nummer 2 der Richtlinie 98/34/EG in der Fassung der Richtlinie 98/48/EG;

b) „Diensteanbieter" jede natürliche oder juristische Person, die einen Dienst der Informationsgesellschaft anbietet;

c) „niedergelassener Diensteanbieter" ein Anbieter, der mittels einer festen Einrichtung auf unbestimmte Zeit eine Wirtschaftstätigkeit tatsächlich ausübt; Vorhandensein und Nutzung technischer Mittel und Technologien, die zum Anbieten des Dienstes erforderlich sind, begründen allein keine Niederlassung des Anbieters;

d) „Nutzer" jede natürliche oder juristische Person, die zu beruflichen oder sonstigen Zwecken einen Dienst der Informationsgesellschaft in Anspruch nimmt, insbesondere um Informationen zu erlangen oder zugänglich zu machen;

e) „Verbraucher" jede natürliche Person, die zu Zwecken handelt, die nicht zu ihren gewerblichen, geschäftlichen oder beruflichen Tätigkeiten gehören;

f) „kommerzielle Kommunikation" alle Formen der Kommunikation, die der unmittelbaren oder mittelbaren Förderung des Absatzes von Waren und Dienstleistungen oder des Erscheinungsbilds eines Unternehmens, einer Organisation oder einer natürlichen Person dienen, die eine Tätigkeit in Handel, Gewerbe oder Handwerk oder einen reglementierten Beruf ausübt; die folgenden Angaben stellen als solche keine Form der kommerziellen Kommunikation dar:

– Angaben, die direkten Zugang zur Tätigkeit des Unternehmens bzw. der Organisation oder Person ermöglichen, wie insbesondere ein Domain-Name oder eine Adresse der elektronischen Post;

– Angaben in bezug auf Waren und Dienstleistungen oder das Erscheinungsbild eines Unternehmens, einer Organisation oder Person, die unabhängig und insbesondere ohne finanzielle Gegenleistung gemacht werden;

g) „reglementierter Beruf" alle Berufe im Sinne von Artikel 1 Buchstabe d) der Richtlinie 89/48/EWG des Rates vom 21. Dezember 1988 über eine allgemeine Regelung zur Anerkennung der Hochschuldiplome, die eine mindestens dreijährige Berufsausbildung abschließen[1], oder im Sinne von Artikel 1 Buchstabe f) der Richtlinie 92/51/EWG des Rates vom 18. Juni 1992 über eine zweite allgemeine Regelung zur Anerkennung beruflicher Befähigungsnachweise in Ergänzung zur Richtlinie 89/48/EWG[2];

---

[1] **Amtl. Anm.:** ABl. L 19 vom 24.1.1989, S. 16.
[2] **Amtl. Anm.:** ABl. L 209 vom 24.7.1992, S. 25. Richtlinie zuletzt geändert durch die Richtlinie 97/38/EWG der Kommission (ABl. L 184 vom 12.7.1997, S. 31).

h) „koordinierter Bereich" die für die Anbieter von Diensten der Informationsgesellschaft und die Dienste der Informationsgesellschaft in den Rechtssystemen der Mitgliedstaaten festgelegten Anforderungen, ungeachtet der Frage, ob sie allgemeiner Art oder speziell für sie bestimmt sind.

i) Der koordinierte Bereich betrifft vom Diensteanbieter zu erfüllende Anforderungen in bezug auf
 – die Aufnahme der Tätigkeit eines Dienstes der Informationsgesellschaft, beispielsweise Anforderungen betreffend Qualifikationen, Genehmigung oder Anmeldung;
 – die Ausübung der Tätigkeit eines Dienstes der Informationsgesellschaft, beispielsweise Anforderungen betreffend das Verhalten des Diensteanbieters, Anforderungen betreffend Qualität oder Inhalt des Dienstes, einschließlich der auf Werbung und Verträge anwendbaren Anforderungen, sowie Anforderungen betreffend die Verantwortlichkeit des Diensteanbieters.

ii) Der koordinierte Bereich umfaßt keine Anforderungen wie
 – Anforderungen betreffend die Waren als solche;
 – Anforderungen betreffend die Lieferung von Waren;
 – Anforderungen betreffend Dienste, die nicht auf elektronischem Wege erbracht werden.

Art. 3 Binnenmarkt. (1) Jeder Mitgliedstaat trägt dafür Sorge, daß die Dienste der Informationsgesellschaft, die von einem in seinem Hoheitsgebiet niedergelassenen Diensteanbieter erbracht werden, den in diesem Mitgliedstaat geltenden innerstaatlichen Vorschriften entsprechen, die in den koordinierten Bereich fallen.

(2) Die Mitgliedstaaten dürfen den freien Verkehr von Diensten der Informationsgesellschaft aus einem anderen Mitgliedstaat nicht aus Gründen einschränken, die in den koordinierten Bereich fallen.

(3) Die Absätze 1 und 2 finden keine Anwendung auf die im Anhang genannten Bereiche.

(4) Die Mitgliedstaaten können Maßnahmen ergreifen, die im Hinblick auf einen bestimmten Dienst der Informationsgesellschaft von Absatz 2 abweichen, wenn die folgenden Bedingungen erfüllt sind:

a) Die Maßnahmen
 i) sind aus einem der folgenden Gründe erforderlich:
  – Schutz der öffentlichen Ordnung, insbesondere Verhütung, Ermittlung, Aufklärung und Verfolgung von Straftaten, einschließlich des Jugendschutzes und der Bekämpfung der Hetze aus Gründen der Rasse, des Geschlechts, des Glaubens oder der Nationalität, sowie von Verletzungen der Menschenwürde einzelner Personen,
  – Schutz der öffentlichen Gesundheit,
  – Schutz der öffentlichen Sicherheit, einschließlich der Wahrung nationaler Sicherheits- und Verteidigungsinteressen,
  – Schutz der Verbraucher, einschließlich des Schutzes von Anlegern;
 ii) betreffen einen bestimmten Dienst der Informationsgesellschaft, der die unter Ziffer i) genannten Schutzziele beeinträchtigt oder eine ernsthafte und schwerwiegende Gefahr einer Beeinträchtigung dieser Ziele darstellt;

iii) stehen in einem angemessenen Verhältnis zu diesen Schutzzielen.
b) Der Mitgliedstaat hat vor Ergreifen der betreffenden Maßnahmen unbeschadet etwaiger Gerichtsverfahren, einschließlich Vorverfahren und Schritten im Rahmen einer strafrechtlichen Ermittlung,
- den in Absatz 1 genannten Mitgliedstaat aufgefordert, Maßnahmen zu ergreifen, und dieser hat dem nicht Folge geleistet oder die von ihm getroffenen Maßnahmen sind unzulänglich;
- die Kommission und den in Absatz 1 genannten Mitgliedstaat über seine Absicht, derartige Maßnahmen zu ergreifen, unterrichtet.

(5) [1] Die Mitgliedstaaten können in dringlichen Fällen von den in Absatz 4 Buchstabe b) genannten Bedingungen abweichen. [2] In diesem Fall müssen die Maßnahmen so bald wie möglich und unter Angabe der Gründe, aus denen der Mitgliedstaat der Auffassung ist, daß es sich um einen dringlichen Fall handelt, der Kommission und dem in Absatz 1 genannten Mitgliedstaat mitgeteilt werden.

(6) Unbeschadet der Möglichkeit des Mitgliedstaates, die betreffenden Maßnahmen durchzuführen, muß die Kommission innerhalb kürzestmöglicher Zeit prüfen, ob die mitgeteilten Maßnahmen mit dem Gemeinschaftsrecht vereinbar sind; gelangt sie zu dem Schluß, daß die Maßnahme nicht mit dem Gemeinschaftsrecht vereinbar ist, so fordert sie den betreffenden Mitgliedstaat auf, davon Abstand zu nehmen, die geplanten Maßnahmen zu ergreifen, bzw. bereits ergriffene Maßnahmen unverzüglich einzustellen.

Kapitel II. Grundsätze

Abschnitt 1. Niederlassung und Informationspflichten

Art. 4 Grundsatz der Zulassungsfreiheit. (1) Die Mitgliedstaaten stellen sicher, daß die Aufnahme und die Ausübung der Tätigkeit eines Anbieters von Diensten der Informationsgesellschaft nicht zulassungspflichtig ist und keiner sonstigen Anforderung gleicher Wirkung unterliegt.

(2) Absatz 1 gilt unbeschadet der Zulassungsverfahren, die nicht speziell und ausschließlich Dienste der Informationsgesellschaft betreffen oder die in den Anwendungsbereich der Richtlinie 97/13/EG des Europäischen Parlaments und des Rates vom 10. April 1997 über einen gemeinsamen Rahmen für Allgemein- und Einzelgenehmigungen für Telekommunikationsdienste[1] fallen.

Art. 5 Allgemeine Informationspflichten. (1) Zusätzlich zu den sonstigen Informationsanforderungen nach dem Gemeinschaftsrecht stellen die Mitgliedstaaten sicher, daß der Diensteanbieter den Nutzern des Dienstes und den zuständigen Behörden zumindest die nachstehend aufgeführten Informationen leicht, unmittelbar und ständig verfügbar macht:

a) den Namen des Diensteanbieters;

b) die geographische Anschrift, unter der der Diensteanbieter niedergelassen ist;

c) Angaben, die es ermöglichen, schnell mit dem Diensteanbieter Kontakt aufzunehmen und unmittelbar und effizient mit ihm zu kommunizieren, einschließlich seiner Adresse der elektronischen Post;

---

[1] **Amtl. Anm.:** ABl. L 117 vom 7.5.1997, S. 15.

d) wenn der Diensteanbieter in ein Handelsregister oder ein vergleichbares öffentliches Register eingetragen ist, das Handelsregister, in das der Diensteanbieter eingetragen ist, und seine Handelsregisternummer oder eine gleichwertige in diesem Register verwendete Kennung;
e) soweit für die Tätigkeit eine Zulassung erforderlich ist, die Angaben zur zuständigen Aufsichtsbehörde;
f) hinsichtlich reglementierter Berufe:
   – gegebenenfalls der Berufsverband, die Kammer oder eine ähnliche Einrichtung, dem oder der der Diensteanbieter angehört,
   – die Berufsbezeichnung und der Mitgliedstaat, in der sie verliehen worden ist;
   – eine Verweisung auf die im Mitgliedstaat der Niederlassung anwendbaren berufsrechtlichen Regeln und Angaben dazu, wie sie zugänglich sind;
g) in Fällen, in denen der Diensteanbieter Tätigkeiten ausübt, die der Mehrwertsteuer unterliegen, die Identifikationsnummer gemäß Artikel 22 Absatz 1 der Sechsten Richtlinie 77/388/EWG des Rates vom 17. Mai 1977 zur Harmonisierung der Rechtsvorschriften der Mitgliedstaaten über die Umsatzsteuer – Gemeinsames Mehrwertsteuersystem: einheitliche steuerpflichtige Bemessungsgrundlage[1)].

(2) Zusätzlich zu den sonstigen Informationsanforderungen nach dem Gemeinschaftsrecht tragen die Mitgliedstaaten zumindest dafür Sorge, daß, soweit Dienste der Informationsgesellschaft auf Preise Bezug nehmen, diese klar und unzweideutig ausgewiesen werden und insbesondere angegeben wird, ob Steuern und Versandkosten in den Preisen enthalten sind.

Abschnitt 2. Kommerzielle Kommunikationen

Art. 6 Informationspflichten. Zusätzlich zu den sonstigen Informationsanforderungen nach dem Gemeinschaftsrecht stellen die Mitgliedstaaten sicher, daß kommerzielle Kommunikationen, die Bestandteil eines Dienstes der Informationsgesellschaft sind oder einen solchen Dienst darstellen, zumindest folgende Bedingungen erfüllen:

a) Kommerzielle Kommunikationen müssen klar als solche zu erkennen sein;
b) die natürliche oder juristische Person, in deren Auftrag kommerzielle Kommunikationen erfolgen, muß klar identifizierbar sein;
c) soweit Angebote zur Verkaufsförderung wie Preisnachlässe, Zugaben und Geschenke im Mitgliedstaat der Niederlassung des Diensteanbieters zulässig sind, müssen sie klar als solche erkennbar sein, und die Bedingungen für ihre Inanspruchnahme müssen leicht zugänglich sein sowie klar und unzweideutig angegeben werden;
d) soweit Preisausschreiben oder Gewinnspiele im Mitgliedstaat der Niederlassung des Diensteanbieters zulässig sind, müssen sie klar als solche erkennbar sein, und die Teilnahmebedingungen müssen leicht zugänglich sein sowie klar und unzweideutig angegeben werden.

[1)] **Amtl. Anm.:** ABl. L 145 vom 13.6.1977, S. 1. Richtlinie zuletzt geändert durch die Richtlinie 1999/85/EG (ABl. L 277 vom 28.10.1999, S. 34).

Art. 7 Nicht angeforderte kommerzielle Kommunikationen. (1) Zusätzlich zu den sonstigen Anforderungen des Gemeinschaftsrechts stellen Mitgliedstaaten, die nicht angeforderte kommerzielle Kommunikation mittels elektronischer Post zulassen, sicher, daß solche kommerziellen Kommunikationen eines in ihrem Hoheitsgebiet niedergelassenen Diensteanbieters bei Eingang beim Nutzer klar und unzweideutig als solche erkennbar sind.

(2) Unbeschadet der Richtlinien 97/7/EG und 97/66/EG ergreifen die Mitgliedstaaten Maßnahmen um sicherzustellen, daß Diensteanbieter, die nicht angeforderte kommerzielle Kommunikation durch elektronische Post übermitteln, regelmäßig sog. Robinson-Listen konsultieren, in die sich natürliche Personen eintragen können, die keine derartigen kommerziellen Kommunikationen zu erhalten wünschen, und daß die Diensteanbieter diese Listen beachten.

Art. 8 Reglementierte Berufe. (1) Die Mitgliedstaaten stellen sicher, daß die Verwendung kommerzieller Kommunikationen, die Bestandteil eines von einem Angehörigen eines reglementierten Berufs angebotenen Dienstes der Informationsgesellschaft sind oder einen solchen Dienst darstellen, gestattet ist, soweit die berufsrechtlichen Regeln, insbesondere zur Wahrung von Unabhängigkeit, Würde und Ehre des Berufs, des Berufsgeheimnisses und eines lauteren Verhaltens gegenüber Kunden und Berufskollegen, eingehalten werden.

(2) Unbeschadet der Autonomie von Berufsvereinigungen und -organisationen ermutigen die Mitgliedstaaten und die Kommission die Berufsvereinigungen und -organisationen dazu, Verhaltenskodizes auf Gemeinschaftsebene aufzustellen, um zu bestimmen, welche Arten von Informationen im Einklang mit den in Absatz 1 genannten Regeln zum Zwecke der kommerziellen Kommunikation erteilt werden können.

(3) Bei der Ausarbeitung von Vorschlägen für Gemeinschaftsinitiativen, die erforderlich werden könnten, um das Funktionieren des Binnenmarktes im Hinblick auf die in Absatz 2 genannten Informationen zu gewährleisten, trägt die Kommission den auf Gemeinschaftsebene geltenden Verhaltenskodizes gebührend Rechnung und handelt in enger Zusammenarbeit mit den einschlägigen Berufsvereinigungen und -organisationen.

(4) Diese Richtlinie findet zusätzlich zu den Gemeinschaftsrichtlinien betreffend den Zugang zu und die Ausübung von Tätigkeiten im Rahmen der reglementierten Berufe Anwendung.

Abschnitt 3. Abschluß von Verträgen auf elektronischem Weg

Art. 9 Behandlung von Verträgen. (1) [1]Die Mitgliedstaaten stellen sicher, daß ihr Rechtssystem den Abschluß von Verträgen auf elektronischem Wege ermöglicht. [2]Die Mitgliedstaaten stellen insbesondere sicher, daß ihre für den Vertragsabschluß geltenden Rechtsvorschriften weder Hindernisse für die Verwendung elektronischer Verträge bilden noch dazu führen, daß diese Verträge aufgrund des Umstandes, daß sie auf elektronischem Wege zustande gekommen sind, keine rechtliche Wirksamkeit oder Gültigkeit haben.

(2) Die Mitgliedstaaten können vorsehen, daß Absatz 1 auf alle oder bestimmte Verträge einer der folgenden Kategorien keine Anwendung findet:

a) Verträge, die Rechte an Immobilien mit Ausnahme von Mietrechten begründen oder übertragen;

b) Verträge, bei denen die Mitwirkung von Gerichten, Behörden oder öffentliche Befugnisse ausübenden Berufen gesetzlich vorgeschrieben ist;
c) Bürgschaftsverträge und Verträge über Sicherheiten, die von Personen außerhalb ihrer gewerblichen, geschäftlichen oder beruflichen Tätigkeit eingegangen werden;
d) Verträge im Bereich des Familienrechts oder des Erbrechts.

(3) ¹Die Mitgliedstaaten teilen der Kommission mit, für welche der in Absatz 2 genannten Kategorien sie Absatz 1 nicht anwenden. ²Die Mitgliedstaaten übermitteln der Kommission alle fünf Jahre einen Bericht über die Anwendung des Absatzes 2, aus dem hervorgeht, aus welchen Gründen es ihres Erachtens weiterhin gerechtfertigt ist, auf die unter Absatz 2 Buchstabe b) fallende Kategorie Absatz 1 nicht anzuwenden.

Art. 10 Informationspflichten. (1) Zusätzlich zu den sonstigen Informationspflichten aufgrund des Gemeinschaftsrechts stellen die Mitgliedstaaten sicher, daß – außer im Fall abweichender Vereinbarungen zwischen Parteien, die nicht Verbraucher sind – vom Diensteanbieter zumindest folgende Informationen klar, verständlich und unzweideutig erteilt werden, bevor der Nutzer des Dienstes die Bestellung abgibt:
a) die einzelnen technischen Schritte, die zu einem Vertragsabschluß führen;
b) Angaben dazu, ob der Vertragstext nach Vertragsabschluß vom Diensteanbieter gespeichert wird und ob er zugänglich sein wird;
c) die technischen Mittel zur Erkennung und Korrektur von Eingabefehlern vor Abgabe der Bestellung;
d) die für den Vertragsabschluß zur Verfügung stehenden Sprachen.

(2) Die Mitgliedstaaten stellen sicher, daß – außer im Fall abweichender Vereinbarungen zwischen Parteien, die nicht Verbraucher sind – der Diensteanbieter alle einschlägigen Verhaltenskodizes angibt, denen er sich unterwirft, einschließlich Informationen darüber, wie diese Kodizes auf elektronischem Wege zugänglich sind.

(3) Die Vertragsbestimmungen und die allgemeinen Geschäftsbedingungen müssen dem Nutzer so zur Verfügung gestellt werden, daß er sie speichern und reproduzieren kann.

(4) Die Absätze 1 und 2 gelten nicht für Verträge, die ausschließlich durch den Austausch von elektronischer Post oder durch damit vergleichbare individuelle Kommunikation geschlossen werden.

Art. 11 Abgabe einer Bestellung. (1) Die Mitgliedstaaten stellen sicher, daß – außer im Fall abweichender Vereinbarungen zwischen Parteien, die nicht Verbraucher sind – im Fall einer Bestellung durch einen Nutzer auf elektronischem Wege folgende Grundsätze gelten:
– Der Diensteanbieter hat den Eingang der Bestellung des Nutzers unverzüglich auf elektronischem Wege zu bestätigen;
– Bestellung und Empfangsbestätigung gelten als eingegangen, wenn die Parteien, für die sie bestimmt sind, sie abrufen können.

(2) Die Mitgliedstaaten stellen sicher, daß – außer im Fall abweichender Vereinbarungen zwischen Parteien, die nicht Verbraucher sind – der Diensteanbieter dem Nutzer angemessene, wirksame und zugängliche technische

Mittel zur Verfügung stellt, mit denen er Eingabefehler vor Abgabe der Bestellung erkennen und korrigieren kann.

(3) Absatz 1 erster Gedankenstrich und Absatz 2 gelten nicht für Verträge, die ausschließlich durch den Austausch von elektronischer Post oder durch vergleichbare individuelle Kommunikation geschlossen werden.

Abschnitt 4. Verantwortlichkeit der Vermittler

Art. 12 Reine Durchleitung. (1) Die Mitgliedstaaten stellen sicher, daß im Fall eines Dienstes der Informationsgesellschaft, der darin besteht, von einem Nutzer eingegebene Informationen in einem Kommunikationsnetz zu übermitteln oder Zugang zu einem Kommunikationsnetz zu vermitteln, der Diensteanbieter nicht für die übermittelten Informationen verantwortlich ist, sofern er

a) die Übermittlung nicht veranlaßt,

b) den Adressaten der übermittelten Informationen nicht auswählt und

c) die übermittelten Informationen nicht auswählt oder verändert.

(2) Die Übermittlung von Informationen und die Vermittlung des Zugangs im Sinne von Absatz 1 umfassen auch die automatische kurzzeitige Zwischenspeicherung der übermittelten Informationen, soweit dies nur zur Durchführung der Übermittlung im Kommunikationsnetz geschieht und die Information nicht länger gespeichert wird, als es für die Übermittlung üblicherweise erforderlich ist.

(3) Dieser Artikel läßt die Möglichkeit unberührt, daß ein Gericht oder eine Verwaltungsbehörde nach den Rechtssystemen der Mitgliedstaaten vom Diensteanbieter verlangt, die Rechtsverletzung abzustellen oder zu verhindern.

Art. 13 Caching. (1) Die Mitgliedstaaten stellen sicher, daß im Fall eines Dienstes der Informationsgesellschaft, der darin besteht, von einem Nutzer eingegebene Informationen in einem Kommunikationsnetz zu übermitteln, der Diensteanbieter nicht für die automatische, zeitlich begrenzte Zwischenspeicherung verantwortlich ist, die dem alleinigen Zweck dient, die Übermittlung der Information an andere Nutzer auf deren Anfrage effizienter zu gestalten, sofern folgende Voraussetzungen erfüllt sind:

a) Der Diensteanbieter verändert die Information nicht;

b) der Diensteanbieter beachtet die Bedingungen für den Zugang zu der Information;

c) der Diensteanbieter beachtet die Regeln für die Aktualisierung der Information, die in weithin anerkannten und verwendeten Industriestandards festgelegt sind;

d) der Diensteanbieter beeinträchtigt nicht die erlaubte Anwendung von Technologien zur Sammlung von Daten über die Nutzung der Information, die in weithin anerkannten und verwendeten Industriestandards festgelegt sind;

e) der Diensteanbieter handelt zügig, um eine von ihm gespeicherte Information zu entfernen oder den Zugang zu ihr zu sperren, sobald er tatsächliche Kenntnis davon erhält, daß die Information am ursprünglichen Ausgangsort der Übertragung aus dem Netz entfernt wurde oder der Zugang zu ihr gesperrt wurde oder ein Gericht oder eine Verwaltungsbehörde die Entfernung oder Sperrung angeordnet hat.

(2) Dieser Artikel läßt die Möglichkeit unberührt, daß ein Gericht oder eine Verwaltungsbehörde nach den Rechtssystemen der Mitgliedstaaten vom Diensteanbieter verlangt, die Rechtsverletzung abzustellen oder zu verhindern.

Art. 14 Hosting. (1) Die Mitgliedstaaten stellen sicher, daß im Fall eines Dienstes der Informationsgesellschaft, der in der Speicherung von durch einen Nutzer eingegebenen Informationen besteht, der Diensteanbieter nicht für die im Auftrag eines Nutzers gespeicherten Informationen verantwortlich ist, sofern folgende Voraussetzungen erfüllt sind:

a) Der Anbieter hat keine tatsächliche Kenntnis von der rechtswidrigen Tätigkeit oder Information, und, in bezug auf Schadenersatzansprüche, ist er sich auch keiner Tatsachen oder Umstände bewußt, aus denen die rechtswidrige Tätigkeit oder Information offensichtlich wird, oder

b) der Anbieter wird, sobald er diese Kenntnis oder dieses Bewußtsein erlangt, unverzüglich tätig, um die Information zu entfernen oder den Zugang zu ihr zu sperren.

(2) Absatz 1 findet keine Anwendung, wenn der Nutzer dem Diensteanbieter untersteht oder von ihm beaufsichtigt wird.

(3) Dieser Artikel läßt die Möglichkeit unberührt, daß ein Gericht oder eine Verwaltungsbehörde nach den Rechtssystemen der Mitgliedstaaten vom Diensteanbieter verlangt, die Rechtsverletzung abzustellen oder zu verhindern, oder daß die Mitgliedstaaten Verfahren für die Entfernung einer Information oder die Sperrung des Zugangs zu ihr festlegen.

Art. 15 Keine allgemeine Überwachungspflicht. (1) Die Mitgliedstaaten erlegen Anbietern von Diensten im Sinne der Artikel 12, 13 und 14 keine allgemeine Verpflichtung auf, die von ihnen übermittelten oder gespeicherten Informationen zu überwachen oder aktiv nach Umständen zu forschen, die auf eine rechtswidrige Tätigkeit hinweisen.

(2) Die Mitgliedstaaten können Anbieter von Diensten der Informationsgesellschaft dazu verpflichten, die zuständigen Behörden unverzüglich über mutmaßliche rechtswidrige Tätigkeiten oder Informationen der Nutzer ihres Dienstes zu unterrichten, oder dazu verpflichten, den zuständigen Behörden auf Verlangen Informationen zu übermitteln, anhand deren die Nutzer ihres Dienstes, mit denen sie Vereinbarungen über die Speicherung geschlossen haben, ermittelt werden können.

Kapitel III. Umsetzung

Art. 16 Verhaltenskodizes. (1) Die Mitgliedstaaten und die Kommission ermutigen

a) die Handels-, Berufs- und Verbraucherverbände und -organisationen, auf Gemeinschaftsebene Verhaltenskodizes aufzustellen, die zur sachgemäßen Anwendung der Artikel 5 bis 15 beitragen;

b) zur freiwilligen Übermittlung der Entwürfe für Verhaltenskodizes auf der Ebene der Mitgliedstaaten oder der Gemeinschaft an die Kommission;

c) zur elektronischen Abrufbarkeit der Verhaltenskodizes in den Sprachen der Gemeinschaft;

d) die Handels-, Berufs- und Verbraucherverbände und -organisationen, die Mitgliedstaaten und die Kommission darüber zu unterrichten, zu welchen Ergebnissen sie bei der Bewertung der Anwendung ihrer Verhaltenskodizes und von deren Auswirkungen auf die Praktiken und Gepflogenheiten des elektronischen Geschäftsverkehrs gelangen;

e) zur Aufstellung von Verhaltenskodizes zum Zwecke des Jugendschutzes und des Schutzes der Menschenwürde.

(2) ¹Die Mitgliedstaaten und die Kommission ermutigen dazu, die Verbraucherverbände und -organisationen bei der Ausarbeitung und Anwendung von ihre Interessen berührenden Verhaltenskodizes im Sinne von Absatz 1 Buchstabe a) zu beteiligen. ²Gegebenenfalls sind Vereinigungen zur Vertretung von Sehbehinderten und allgemein von Behinderten zu hören, um deren besonderen Bedürfnissen Rechnung zu tragen.

Art. 17 Außergerichtliche Beilegung von Streitigkeiten. (1) Die Mitgliedstaaten stellen sicher, daß ihre Rechtsvorschriften bei Streitigkeiten zwischen einem Anbieter eines Dienstes der Informationsgesellschaft und einem Nutzer des Dienstes die Inanspruchnahme der nach innerstaatlichem Recht verfügbaren Verfahren zur außergerichtlichen Beilegung, auch auf geeignetem elektronischem Wege, nicht erschweren.

(2) Die Mitgliedstaaten ermutigen Einrichtungen zur außergerichtlichen Beilegung von Streitigkeiten, insbesondere in Fragen des Verbraucherrechts, so vorzugehen, daß angemessene Verfahrensgarantien für die Beteiligten gegeben sind.

(3) Die Mitgliedstaaten ermutigen Einrichtungen zur außergerichtlichen Beilegung von Streitigkeiten, die Kommission über signifikante Entscheidungen, die sie hinsichtlich der Dienste der Informationsgesellschaft erlassen, zu unterrichten und ihr alle sonstigen Informationen über Praktiken und Gepflogenheiten des elektronischen Geschäftsverkehrs zu übermitteln.

Art. 18 Klagemöglichkeiten. (1) Die Mitgliedstaaten stellen sicher, daß die nach innerstaatlichem Recht verfügbaren Klagemöglichkeiten im Zusammenhang mit Diensten der Informationsgesellschaft es ermöglichen, daß rasch Maßnahmen, einschließlich vorläufiger Maßnahmen, getroffen werden können, um eine mutmaßliche Rechtsverletzung abzustellen und zu verhindern, daß den Betroffenen weiterer Schaden entsteht.

(2) *(Änderung der RL 98/27/EG)*

Art. 19 Zusammenarbeit. (1) Die Mitgliedstaaten müssen geeignete Aufsichts- und Untersuchungsinstrumente für die wirksame Umsetzung dieser Richtlinie besitzen und stellen sicher, daß die Dienstanbieter ihnen die erforderlichen Informationen zur Verfügung stellen.

(2) Die Mitgliedstaaten arbeiten mit den anderen Mitgliedstaaten zusammen; hierzu benennen sie eine oder mehrere Verbindungsstellen, deren Anschrift sie den anderen Mitgliedstaaten und der Kommission mitteilen.

(3) Die Mitgliedstaaten kommen Amtshilfe- und Auskunftsbegehren anderer Mitgliedstaaten oder der Kommission im Einklang mit ihren innerstaatlichen Rechtsvorschriften so rasch wie möglich nach, auch auf geeignetem elektronischem Wege.

(4) Die Mitgliedstaaten richten Verbindungsstellen ein, die zumindest auf elektronischem Wege zugänglich sind und bei denen Nutzer von Diensten und Diensteanbieter

a) allgemeine Informationen über ihre vertraglichen Rechte und Pflichten sowie über die bei Streitfällen zur Verfügung stehenden Beschwerde- und Rechtsbehelfsmechanismen, einschließlich der praktischen Aspekte der Inanspruchnahme dieser Mechanismen, erhalten können;

b) Anschriften von Behörden, Vereinigungen und Organisationen erhalten können, von denen sie weitere Informationen oder praktische Unterstützung bekommen können.

(5) [1] Die Mitgliedstaaten ermutigen dazu, die Kommission über alle signifikanten behördlichen und gerichtlichen Entscheidungen, die in ihrem Hoheitsgebiet über Streitigkeiten im Zusammenhang mit Diensten der Informationsgesellschaft ergehen, sowie über die Praktiken und Gepflogenheiten des elektronischen Geschäftsverkehrs zu unterrichten. [2] Die Kommission teilt derartige Entscheidungen den anderen Mitgliedstaaten mit.

Art. 20 Sanktionen. [1] Die Mitgliedstaaten legen die Sanktionen fest, die bei Verstößen gegen die einzelstaatlichen Vorschriften zur Umsetzung dieser Richtlinie anzuwenden sind, und treffen alle geeigneten Maßnahmen, um ihre Durchsetzung sicherzustellen. [2] Die Sanktionen müssen wirksam, verhältnismäßig und abschreckend sein.

Kapitel IV. Schlussbestimmungen

Art. 21 Überprüfung. (1) Die Kommission legt dem Europäischen Parlament, dem Rat und dem Wirtschfts- und Sozialausschuß vor dem 17. Juli 2003 und danach alle zwei Jahre einen Bericht über die Anwendung dieser Richtlinie vor und unterbreitet gegebenenfalls Vorschläge für die Anpassung dieser Richtlinie an die rechtlichen, technischen und wirtschaftlichen Entwicklungen im Bereich der Dienste der Informationsgesellschaft, insbesondere in bezug auf die Verbrechensverhütung, den Jugendschutz, den Verbraucherschutz und das einwandfreie Funktionieren des Binnenmarktes.

(2) [1] Im Hinblick auf das etwaige Erfordernis einer Anpassung dieser Richtlinie wird in dem Bericht insbesondere untersucht, ob Vorschläge in bezug auf die Haftung der Anbieter von Hyperlinks und von Instrumenten zur Lokalisierung von Informationen, Verfahren zur Meldung und Entfernung rechtswidriger Inhalte („notice and take down"-Verfahren) und eine Haftbarmachung im Anschluß an die Entfernung von Inhalten erforderlich sind. [2] In dem Bericht ist auch zu untersuchen, ob angesichts der technischen Entwicklungen zusätzliche Bedingungen für die in den Artikeln 12 und 13 vorgesehene Haftungsfreistellung erforderlich sind und ob die Grundsätze des Binnenmarkts auf nicht angeforderte kommerziellen Kommunikationen mittels elektronischer Post angewendet werden können.

Art. 22 Umsetzung. (1) [1] Die Mitgliedstaaten setzen die erforderlichen Rechts- und Verwaltungsvorschriften in Kraft, um dieser Richtlinie vor dem 17. Januar 2002 nachzukommen. [2] Sie setzen die Kommission unverzüglich davon in Kenntnis.

(2) ¹Wenn die Mitgliedstaaten die in Absatz 1 genannten Vorschriften erlassen, nehmen sie in den Vorschriften selbst oder durch einen Hinweis bei der amtlichen Veröffentlichung auf diese Richtlinie Bezug. ²Die Mitgliedstaaten regeln die Einzelheiten der Bezugnahme.

Art. 23 Inkrafttreten. Diese Richtlinie tritt am Tag ihrer Veröffentlichung[1] im *Amtsblatt der Europäischen Gemeinschaften* in Kraft.

Art. 24 Adressaten. Diese Richtlinie ist an die Mitgliedstaaten gerichtet.

Anhang.
Ausnahmen im Rahmen von Artikel 3

Bereiche gemäß Artikel 3 Absatz 3, auf die Artikel 3 Absätze 1 und 2 keine Anwendung findet:

– Urheberrecht, verwandte Schutzrechte, Rechte im Sinne der Richtlinie 87/54/EWG[2] und der Richtlinie 96/9/EG[3] sowie gewerbliche Schutzrechte;
– Ausgabe elektronischen Geldes durch Institute, auf die die Mitgliedstaaten eine der in Artikel 8 Absatz 1 der Richtlinie 2000/46/EG[4] vorgesehenen Ausnahmen angewendet haben;
– Artikel 44 Absatz 2 der Richtlinie 85/611/EWG[5];
– Artikel 30 und Titel IV der Richtlinie 92/49/EWG[6], Titel IV der Richtlinie 92/96/EWG[7] sowie die Artikel 7 und 8 der Richtlinie 88/357/EWG[8] und Artikel 4 der Richtlinie 90/619/EWG[9];
– Freiheit der Rechtswahl für Vertragsparteien;
– vertragliche Schuldverhältnisse in bezug auf Verbraucherverträge;
– formale Gültigkeit von Verträgen, die Rechte an Immobilien begründen oder übertragen, sofern diese Verträge nach dem Recht des Mitgliedstaates, in dem sich die Immobilie befindet, zwingenden Formvorschriften unterliegen;
– Zulässigkeit nicht angeforderter kommerzieller Kommunikation mittels elektronischer Post.

---

[1] Veröffentlicht am 17.7.2000.
[2] **Amtl. Anm.:** ABl. L 24 vom 27.1.1987, S. 36.
[3] **Amtl. Anm.:** ABl. L 77 vom 27.3.1996, S. 20.
[4] **Amtl. Anm.:** Noch nicht im Amtsblatt veröffentlicht.
[5] **Amtl. Anm.:** ABl. L 375 vom 31.12.1985, S. 3. Richtlinie zuletzt geändert durch die Richtlinie 95/26/EG (ABl. L 168 vom 18.7.1995, S. 7).
[6] **Amtl. Anm.:** ABl. L 228 vom 11.8.1992, S. 1. Richtlinie zuletzt geändert durch die Richtlinie 95/26/EG.
[7] **Amtl. Anm.:** ABl. L 360 vom 9.12.1992, S. 1. Richtlinie zuletzt geändert durch die Richtlinie 95/26/EG.
[8] **Amtl. Anm.:** ABl. L 172 vom 4.7.1988, S. 1. Richtlinie zuletzt geändert durch die Richtlinie 92/49/EG.
[9] **Amtl. Anm.:** ABl. L 330 vom 29.11.1990, S. 50. Richtlinie zuletzt geändert durch die Richtlinie 92/96/EG.

8. Richtlinie 2002/58/EG des Europäischen Parlaments und des Rates vom 12. Juli 2002 über die Verarbeitung personenbezogener Daten und den Schutz der Privatsphäre in der elektronischen Kommunikation (Datenschutzrichtlinie für elektronische Kommunikation)

(ABl. L 201 S. 37)

Celex-Nr. 3 2002 L 0058

zuletzt geänd. durch Art. 2 RL 2009/136/EG v. 25.11.2009 (ABl. L 337 S. 11, ber. 2013 ABl. L 241 S. 9, ber. 2017 ABl. L 162 S. 56)

Art. 1 Geltungsbereich und Zielsetzung. (1) Diese Richtlinie sieht die Harmonisierung der Vorschriften der Mitgliedstaaten vor, die erforderlich sind, um einen gleichwertigen Schutz der Grundrechte und Grundfreiheiten, insbesondere des Rechts auf Privatsphäre und Vertraulichkeit, in Bezug auf die Verarbeitung personenbezogener Daten im Bereich der elektronischen Kommunikation sowie den freien Verkehr dieser Daten und von elektronischen Kommunikationsgeräten und -diensten in der Gemeinschaft zu gewährleisten.

(2) [1] Die Bestimmungen dieser Richtlinie stellen eine Detaillierung und Ergänzung der Richtlinie 95/46/EG im Hinblick auf die in Absatz 1 genannten Zwecke dar. [2] Darüber hinaus regeln sie den Schutz der berechtigten Interessen von Teilnehmern, bei denen es sich um juristische Personen handelt.

(3) Diese Richtlinie gilt nicht für Tätigkeiten, die nicht in den Anwendungsbereich des Vertrags zur Gründung der Europäischen Gemeinschaft fallen, beispielsweise Tätigkeiten gemäß den Titeln V und VI des Vertrags über die Europäische Union, und auf keinen Fall für Tätigkeiten betreffend die öffentliche Sicherheit, die Landesverteidigung, die Sicherheit des Staates (einschließlich seines wirtschaftlichen Wohls, wenn die Tätigkeit die Sicherheit des Staates berührt) und die Tätigkeiten des Staates im strafrechtlichen Bereich.

Art. 2 Begriffsbestimmungen. *[1]* Sofern nicht anders angegeben, gelten die Begriffsbestimmungen der Richtlinie 95/46/EG und der Richtlinie 2002/21/EG des Europäischen Parlaments und des Rates vom 7. März 2002 über einen gemeinsamen Rechtsrahmen für elektronische Kommunikationsnetze und -dienste („Rahmenrichtlinie")[1] auch für diese Richtlinie.

[2] Weiterhin bezeichnet im Sinne dieser Richtlinie der Ausdruck

a) „Nutzer" eine natürliche Person, die einen öffentlich zugänglichen elektronischen Kommunikationsdienst für private oder geschäftliche Zwecke nutzt, ohne diesen Dienst notwendigerweise abonniert zu haben;

b) „Verkehrsdaten" Daten, die zum Zwecke der Weiterleitung einer Nachricht an ein elektronisches Kommunikationsnetz oder zum Zwecke der Fakturierung dieses Vorgangs verarbeitet werden;

c) „Standortdaten" Daten, die in einem elektronischen Kommunikationsnetz oder von einem elektronischen Kommunikationsdienst verarbeitet werden

---

[1] **Amtl. Anm.:** ABl. L 108 vom 24.4.2002, S. 33.

und die den geografischen Standort des Endgeräts eines Nutzers eines öffentlich zugänglichen elektronischen Kommunikationsdienstes angeben;
d) „Nachricht" jede Information, die zwischen einer endlichen Zahl von Beteiligten über einen öffentlich zugänglichen elektronischen Kommunikationsdienst ausgetauscht oder weitergeleitet wird. Dies schließt nicht Informationen ein, die als Teil eines Rundfunkdienstes über ein elektronisches Kommunikationsnetz an die Öffentlichkeit weitergeleitet werden, soweit die Informationen nicht mit dem identifizierbaren Teilnehmer oder Nutzer, der sie erhält, in Verbindung gebracht werden können;
e) *(aufgehoben)*
f) „Einwilligung" eines Nutzers oder Teilnehmers die Einwilligung der betroffenen Person im Sinne von Richtlinie 95/46/EG;
g) „Dienst mit Zusatznutzen" jeden Dienst, der die Bearbeitung von Verkehrsdaten oder anderen Standortdaten als Verkehrsdaten in einem Maße erfordert, das über das für die Übermittlung einer Nachricht oder die Fakturierung dieses Vorgangs erforderliche Maß hinausgeht;
h) „elektronische Post" jede über ein öffentliches Kommunikationsnetz verschickte Text-, Sprach-, Ton- oder Bildnachricht, die im Netz oder im Endgerät des Empfängers gespeichert werden kann, bis sie von diesem abgerufen wird;
i) „Verletzung des Schutzes personenbezogener Daten" eine Verletzung der Sicherheit, die auf unbeabsichtigte oder unrechtmäßige Weise zur Vernichtung, zum Verlust, zur Veränderung und zur unbefugten Weitergabe von bzw. zum unbefugten Zugang zu personenbezogenen Daten führt, die übertragen, gespeichert oder auf andere Weise im Zusammenhang mit der Bereitstellung öffentlich zugänglicher elektronischer Kommunikationsdienste in der Gemeinschaft verarbeitet werden.

Art. 3 Betroffene Dienste. Diese Richtlinie gilt für die Verarbeitung personenbezogener Daten in Verbindung mit der Bereitstellung öffentlich zugänglicher elektronischer Kommunikationsdienste in öffentlichen Kommunikationsnetzen in der Gemeinschaft, einschließlich öffentlicher Kommunikationsnetze, die Datenerfassungs- und Identifizierungsgeräte unterstützen.

Art. 4 Sicherheit der Verarbeitung. (1) [1]Der Betreiber eines öffentlich zugänglichen elektronischen Kommunikationsdienstes muss geeignete technische und organisatorische Maßnahmen ergreifen, um die Sicherheit seiner Dienste zu gewährleisten; die Netzsicherheit ist hierbei erforderlichenfalls zusammen mit dem Betreiber des öffentlichen Kommunikationsnetzes zu gewährleisten. [2]Diese Maßnahmen müssen unter Berücksichtigung des Standes der Technik und der Kosten ihrer Durchführung ein Sicherheitsniveau gewährleisten, das angesichts des bestehenden Risikos angemessen ist.

(1a) *[1]* Unbeschadet der Richtlinie 95/46/EG ist durch die in Absatz 1 genannten Maßnahmen zumindest Folgendes zu erreichen:
– Sicherstellung, dass nur ermächtigte Personen für rechtlich zulässige Zwecke Zugang zu personenbezogenen Daten erhalten,
– Schutz gespeicherter oder übermittelter personenbezogener Daten vor unbeabsichtigter oder unrechtmäßiger Zerstörung, unbeabsichtigtem Verlust oder unbeabsichtigter Veränderung und unbefugter oder unrechtmäßiger Speiche-

rung oder Verarbeitung, unbefugtem oder unberechtigtem Zugang oder unbefugter oder unrechtmäßiger Weitergabe und
– Sicherstellung der Umsetzung eines Sicherheitskonzepts für die Verarbeitung personenbezogener Daten.

[2] Die zuständigen nationalen Behörden haben die Möglichkeit, die von den Betreibern öffentlich zugänglicher elektronischer Kommunikationsdienste getroffenen Maßnahmen zu prüfen und Empfehlungen zu bewährten Verfahren im Zusammenhang mit dem mit Hilfe dieser Maßnahmen zu erreichenden Sicherheitsniveau zu abzugeben.

(2) Besteht ein besonderes Risiko der Verletzung der Netzsicherheit, muss der Betreiber eines öffentlich zugänglichen elektronischen Kommunikationsdienstes die Teilnehmer über dieses Risiko und – wenn das Risiko außerhalb des Anwendungsbereichs der vom Diensteanbieter zu treffenden Maßnahmen liegt – über mögliche Abhilfen, einschließlich der voraussichtlich entstehenden Kosten, unterrichten.

(3) *[1]* Im Fall einer Verletzung des Schutzes personenbezogener Daten benachrichtigt der Betreiber der öffentlich zugänglichen elektronischen Kommunikationsdienste unverzüglich die zuständige nationale Behörde von der Verletzung.

[2] Ist anzunehmen, dass durch die Verletzung personenbezogener Daten die personenbezogenen Daten, oder Teilnehmer oder Personen in ihrer Privatsphäre, beeinträchtigt werden, so benachrichtigt der Betreiber auch den Teilnehmer bzw. die Person unverzüglich von der Verletzung.

[3] [1] Der Anbieter braucht die betroffenen Teilnehmer oder Personen nicht von einer Verletzung des Schutzes personenbezogener Daten zu benachrichtigen, wenn er zur Zufriedenheit der zuständigen Behörde nachgewiesen hat, dass er geeignete technische Schutzmaßnahmen getroffen hat und dass diese Maßnahmen auf die von der Sicherheitsverletzung betroffenen Daten angewendet wurden. [2] Diese technischen Schutzmaßnahmen verschlüsseln die Daten für alle Personen, die nicht befugt sind, Zugang zu den Daten zu haben.

[4] Unbeschadet der Pflicht des Betreibers, den betroffenen Teilnehmer und die Person zu benachrichtigen, kann die zuständige nationale Behörde, wenn der Betreiber den Teilnehmer bzw. die Person noch nicht über die Verletzung des Schutzes personenbezogener Daten benachrichtigt hat, diesen nach Berücksichtigung der wahrscheinlichen nachteiligen Auswirkungen der Verletzung zur Benachrichtigung auffordern.

[5] [1] In der Benachrichtigung des Teilnehmers bzw. der Person werden mindestens die Art der Verletzung des Schutzes personenbezogener Daten und die Kontaktstellen, bei denen weitere Informationen erhältlich sind, genannt und Maßnahmen zur Begrenzung der möglichen nachteiligen Auswirkungen der Verletzung des Schutzes personenbezogener Daten empfohlen. [2] In der Benachrichtigung der zuständigen nationalen Behörde werden zusätzlich die Folgen der Verletzung des Schutzes personenbezogener Daten und die vom Betreiber nach der Verletzung vorgeschlagenen oder ergriffenen Maßnahmen dargelegt.

(4) *[1]* [1] Vorbehaltlich technischer Durchführungsmaßnahmen nach Absatz 5 können die zuständigen nationalen Behörden Leitlinien annehmen und gegebenenfalls Anweisungen erteilen bezüglich der Umstände, unter denen die Benachrichtigung seitens der Betreiber über eine Verletzung des Schutzes personenbezogener Daten erforderlich ist, sowie bezüglich des Formates und

der Verfahrensweise für die Benachrichtigung. ²Sie müssen auch in der Lage sein zu überwachen, ob die Betreiber ihre Pflichten zur Benachrichtigung nach diesem Absatz erfüllt haben, und verhängen, falls dies nicht der Fall ist, geeignete Sanktionen.

[2] ¹Die Betreiber führen ein Verzeichnis der Verletzungen des Schutzes personenbezogener Daten, das Angaben zu den Umständen der Verletzungen, zu deren Auswirkungen und zu den ergriffenen Abhilfemaßnahmen enthält, wobei diese Angaben ausreichend sein müssen, um den zuständigen nationalen Behörden die Prüfung der Einhaltung der Bestimmungen des Absatzes 3 zu ermöglichen. ²Das Verzeichnis enthält nur die zu diesem Zweck erforderlichen Informationen.

(5) *[1]* ¹Zur Gewährleistung einer einheitlichen Anwendung der in den Absätzen 2, 3 und 4 vorgesehenen Maßnahmen kann die Kommission nach Anhörung der Europäischen Agentur für Netz- und Informationssicherheit (ENISA), der gemäß Artikel 29 der Richtlinie 95/46/EG eingesetzten Gruppe für den Schutz von Personen bei der Verarbeitung personenbezogener Daten und des Europäischen Datenschutzbeauftragten technische Durchführungsmaßnahmen in Bezug auf Umstände, Form und Verfahren der in diesem Artikel vorgeschriebenen Informationen und Benachrichtigungen erlassen. ²Beim Erlass dieser Maßnahmen bezieht die Kommission alle relevanten Interessengruppen mit ein, um sich insbesondere über die besten verfügbaren technischen und wirtschaftlichen Mittel zur Durchführung dieses Artikels zu informieren.

[2] Diese Maßnahmen zur Änderung nicht wesentlicher Bestimmungen dieser Richtlinie durch Ergänzung werden nach dem in Artikel 14a Absatz 2 genannten Regelungsverfahren mit Kontrolle erlassen.

Art. 5 Vertraulichkeit der Kommunikation. (1)[1]) ¹Die Mitgliedstaaten stellen die Vertraulichkeit der mit öffentlichen Kommunikationsnetzen und öffentlich zugänglichen Kommunikationsdiensten übertragenen Nachrichten und der damit verbundenen Verkehrsdaten durch innerstaatliche Vorschriften sicher. ²Insbesondere untersagen sie das Mithören, Abhören und Speichern sowie andere Arten des Abfangens oder Überwachens von Nachrichten und der damit verbundenen Verkehrsdaten durch andere Personen als die Nutzer, wenn keine Einwilligung der betroffenen Nutzer vorliegt, es sei denn, dass diese Personen gemäß Artikel 15 Absatz 1 gesetzlich dazu ermächtigt sind. ³Diese Bestimmung steht – unbeschadet des Grundsatzes der Vertraulichkeit – der für die Weiterleitung einer Nachricht erforderlichen technischen Speicherung nicht entgegen.

(2) Absatz 1 betrifft nicht das rechtlich zulässige Aufzeichnen von Nachrichten und der damit verbundenen Verkehrsdaten, wenn dies im Rahmen einer rechtmäßigen Geschäftspraxis zum Nachweis einer kommerziellen Transaktion oder einer sonstigen geschäftlichen Nachricht geschieht.

(3) ¹Die Mitgliedstaaten stellen sicher, dass die Speicherung von Informationen oder der Zugriff auf Informationen, die bereits im Endgerät eines Teilnehmers oder Nutzers gespeichert sind, nur gestattet ist, wenn der betreffende Teilnehmer oder Nutzer auf der Grundlage von klaren und umfassenden Informationen, die er gemäß der Richtlinie 95/46/EG u.a. über die Zwecke

---
[1]) Siehe hierzu die Maßgabe in VO (EU) 2021/1232 v. 14.7.2021 (ABl. L 274 S. 41).

der Verarbeitung erhält, seine Einwilligung gegeben hat. ²Dies steht einer technischen Speicherung oder dem Zugang nicht entgegen, wenn der alleinige Zweck die Durchführung der Übertragung einer Nachricht über ein elektronisches Kommunikationsnetz ist oder wenn dies unbedingt erforderlich ist, damit der Anbieter eines Dienstes der Informationsgesellschaft, der vom Teilnehmer oder Nutzer ausdrücklich gewünscht wurde, diesen Dienst zur Verfügung stellen kann.

Art. 6 Verkehrsdaten. (1)[1] Verkehrsdaten, die sich auf Teilnehmer und Nutzer beziehen und vom Betreiber eines öffentlichen Kommunikationsnetzes oder eines öffentlich zugänglichen Kommunikationsdienstes verarbeitet und gespeichert werden, sind unbeschadet der Absätze 2, 3 und 5 des vorliegenden Artikels und des Artikels 15 Absatz 1 zu löschen oder zu anonymisieren, sobald sie für die Übertragung einer Nachricht nicht mehr benötigt werden.

(2) ¹Verkehrsdaten, die zum Zwecke der Gebührenabrechnung und der Bezahlung von Zusammenschaltungen erforderlich sind, dürfen verarbeitet werden. ²Diese Verarbeitung ist nur bis zum Ablauf der Frist zulässig, innerhalb deren die Rechnung rechtlich angefochten oder der Anspruch auf Zahlung geltend gemacht werden kann.

(3) ¹Der Betreiber eines öffentlich zugänglichen elektronischen Kommunikationsdienstes kann die in Absatz 1 genannten Daten zum Zwecke der Vermarktung elektronischer Kommunikationsdienste oder zur Bereitstellung von Diensten mit Zusatznutzen im dazu erforderlichen Maß und innerhalb des dazu oder zur Vermarktung erforderlichen Zeitraums verarbeiten, sofern der Teilnehmer oder der Nutzer, auf den sich die Daten beziehen, zuvor seine Einwilligung gegeben hat. ²Der Nutzer oder der Teilnehmer hat die Möglichkeit, seine Einwilligung zur Verarbeitung der Verkehrsdaten jederzeit zu widerrufen.

(4) Der Diensteanbieter muss dem Teilnehmer oder Nutzer mitteilen, welche Arten von Verkehrsdaten für die in Absatz 2 genannten Zwecke verarbeitet werden und wie lange das geschieht; bei einer Verarbeitung für die in Absatz 3 genannten Zwecke muss diese Mitteilung erfolgen, bevor um Einwilligung ersucht wird.

(5) Die Verarbeitung von Verkehrsdaten gemäß den Absätzen 1, 2, 3 und 4 darf nur durch Personen erfolgen, die auf Weisung der Betreiber öffentlicher Kommunikationsnetze und öffentlich zugänglicher Kommunikationsdienste handeln und die für Gebührenabrechnungen oder Verkehrsabwicklung, Kundenanfragen, Betrugsermittlung, die Vermarktung der elektronischen Kommunikationsdienste oder für die Bereitstellung eines Dienstes mit Zusatznutzen zuständig sind; ferner ist sie auf das für diese Tätigkeiten erforderliche Maß zu beschränken.

(6) Die Absätze 1, 2, 3 und 5 gelten unbeschadet der Möglichkeit der zuständigen Gremien, in Einklang mit den geltenden Rechtsvorschriften für die Beilegung von Streitigkeiten, insbesondere Zusammenschaltungs- oder Abrechnungsstreitigkeiten, von Verkehrsdaten Kenntnis zu erhalten.

Art. 7 Einzelgebührennachweis. (1) Die Teilnehmer haben das Recht, Rechnungen ohne Einzelgebührennachweis zu erhalten.

---

[1] Siehe hierzu die Maßgabe in VO (EU) 2021/1232 v. 14.7.2021 (ABl. L 274 S. 41).

(2) Die Mitgliedstaaten wenden innerstaatliche Vorschriften an, um das Recht der Teilnehmer, Einzelgebührennachweise zu erhalten, und das Recht anrufender Nutzer und angerufener Teilnehmer auf Vertraulichkeit miteinander in Einklang zu bringen, indem sie beispielsweise sicherstellen, dass diesen Nutzern und Teilnehmern genügend andere, den Schutz der Privatsphäre fördernde Methoden für die Kommunikation oder Zahlungen zur Verfügung stehen.

Art. 8 Anzeige der Rufnummer des Anrufers und des Angerufenen und deren Unterdrückung. (1) [1]Wird die Anzeige der Rufnummer des Anrufers angeboten, so muss der Diensteanbieter dem anrufenden Nutzer die Möglichkeit geben, die Rufnummernanzeige für jeden Anruf einzeln auf einfache Weise und gebührenfrei zu verhindern. [2]Dem anrufenden Teilnehmer muss diese Möglichkeit anschlussbezogen zur Verfügung stehen.

(2) Wird die Anzeige der Rufnummer des Anrufers angeboten, so muss der Diensteanbieter dem angerufenen Teilnehmer die Möglichkeit geben, die Anzeige der Rufnummer eingehender Anrufe auf einfache Weise und für jede vertretbare Nutzung dieser Funktion gebührenfrei zu verhindern.

(3) Wird die Anzeige der Rufnummer des Anrufers angeboten und wird die Rufnummer vor der Herstellung der Verbindung angezeigt, so muss der Diensteanbieter dem angerufenen Teilnehmer die Möglichkeit geben, eingehende Anrufe, bei denen die Rufnummernanzeige durch den anrufenden Nutzer oder Teilnehmer verhindert wurde, auf einfache Weise und gebührenfrei abzuweisen.

(4) Wird die Anzeige der Rufnummer des Angerufenen angeboten, so muss der Diensteanbieter dem angerufenen Teilnehmer die Möglichkeit geben, die Anzeige seiner Rufnummer beim anrufenden Nutzer auf einfache Weise und gebührenfrei zu verhindern.

(5) [1]Absatz 1 gilt auch für aus der Gemeinschaft kommende Anrufe in Drittländern. [2]Die Absätze 2, 3 und 4 gelten auch für aus Drittländern kommende Anrufe.

(6) Wird die Anzeige der Rufnummer des Anrufers und/oder des Angerufenen angeboten, so stellen die Mitgliedstaaten sicher, dass die Betreiber öffentlich zugänglicher elektronischer Kommunikationsdienste die Öffentlichkeit hierüber und über die in den Absätzen 1, 2, 3 und 4 beschriebenen Möglichkeiten unterrichten.

Art. 9 Andere Standortdaten als Verkehrsdaten. (1) [1]Können andere Standortdaten als Verkehrsdaten in Bezug auf die Nutzer oder Teilnehmer von öffentlichen Kommunikationsnetzen oder öffentlich zugänglichen Kommunikationsdiensten verarbeitet werden, so dürfen diese Daten nur in dem Bereitstellung von Diensten mit Zusatznutzen erforderlichen Maß und innerhalb des dafür erforderlichen Zeitraums verarbeitet werden, wenn sie anonymisiert wurden oder wenn die Nutzer oder Teilnehmer ihre Einwilligung gegeben haben. [2]Der Diensteanbieter muss den Nutzern oder Teilnehmern vor Einholung ihrer Einwilligung mitteilen, welche Arten anderer Standortdaten als Verkehrsdaten verarbeitet werden, für welche Zwecke und wie lange das geschieht, und ob die Daten zum Zwecke der Bereitstellung des Dienstes mit Zusatznutzen an einen Dritten weitergegeben werden. [3]Die Nutzer oder Teilnehmer können ihre Einwilligung zur Verarbeitung anderer Standortdaten als Verkehrsdaten jederzeit zurückziehen.

(2) Haben die Nutzer oder Teilnehmer ihre Einwilligung zur Verarbeitung von anderen Standortdaten als Verkehrsdaten gegeben, dann müssen sie auch weiterhin die Möglichkeit haben, die Verarbeitung solcher Daten für jede Verbindung zum Netz oder für jede Übertragung einer Nachricht auf einfache Weise und gebührenfrei zeitweise zu untersagen.

(3) Die Verarbeitung anderer Standortdaten als Verkehrsdaten gemäß den Absätzen 1 und 2 muss auf das für die Bereitstellung des Dienstes mit Zusatznutzen erforderliche Maß sowie auf Personen beschränkt werden, die im Auftrag des Betreibers des öffentlichen Kommunikationsnetzes oder öffentlich zugänglichen Kommunikationsdienstes oder des Dritten, der den Dienst mit Zusatznutzen anbietet, handeln.

Art. 10 Ausnahmen. Die Mitgliedstaaten stellen sicher, dass es transparente Verfahren gibt, nach denen der Betreiber eines öffentlichen Kommunikationsnetzes und/oder eines öffentlich zugänglichen elektronischen Kommunikationsdienstes

a) die Unterdrückung der Anzeige der Rufnummer des Anrufers vorübergehend aufheben kann, wenn ein Teilnehmer beantragt hat, dass böswillige oder belästigende Anrufe zurückverfolgt werden; in diesem Fall werden nach innerstaatlichem Recht die Daten mit der Rufnummer des anrufenden Teilnehmers vom Betreiber des öffentlichen Kommunikationsnetzes und/oder des öffentlich zugänglichen elektronischen Kommunikationsdienstes gespeichert und zur Verfügung gestellt;

b) die Unterdrückung der Anzeige der Rufnummer des Anrufers aufheben und Standortdaten trotz der vorübergehenden Untersagung oder fehlenden Einwilligung durch den Teilnehmer oder Nutzer verarbeiten kann, und zwar anschlussbezogen für Einrichtungen, die Notrufe bearbeiten und dafür von einem Mitgliedstaat anerkannt sind, einschließlich Strafverfolgungsbehörden, Ambulanzdiensten und Feuerwehren, zum Zwecke der Beantwortung dieser Anrufe.

Art. 11 Automatische Anrufweiterschaltung. Die Mitgliedstaaten stellen sicher, dass jeder Teilnehmer die Möglichkeit hat, auf einfache Weise und gebührenfrei die von einer dritten Partei veranlasste automatische Anrufweiterschaltung zum Endgerät des Teilnehmers abzustellen.

Art. 12 Teilnehmerverzeichnisse. (1) Die Mitgliedstaaten stellen sicher, dass die Teilnehmer gebührenfrei und vor Aufnahme in das Teilnehmerverzeichnis über den Zweck bzw. die Zwecke von gedruckten oder elektronischen, der Öffentlichkeit unmittelbar oder über Auskunftsdienste zugänglichen Teilnehmerverzeichnissen, in die ihre personenbezogenen Daten aufgenommen werden können, sowie über weitere Nutzungsmöglichkeiten aufgrund der in elektronischen Fassungen der Verzeichnisse eingebetteten Suchfunktionen informiert werden.

(2) [1] Die Mitgliedstaaten stellen sicher, dass die Teilnehmer Gelegenheit erhalten festzulegen, ob ihre personenbezogenen Daten – und ggf. welche – in ein öffentliches Verzeichnis aufgenommen werden, sofern diese Daten für den vom Anbieter des Verzeichnisses angegebenen Zweck relevant sind, und diese

Daten prüfen, korrigieren oder löschen dürfen. ²Für die Nicht-Aufnahme in ein der Öffentlichkeit zugängliches Teilnehmerverzeichnis oder die Prüfung, Berichtigung oder Streichung personenbezogener Daten aus einem solchen Verzeichnis werden keine Gebühren erhoben.

(3) Die Mitgliedstaaten können verlangen, dass eine zusätzliche Einwilligung der Teilnehmer eingeholt wird, wenn ein öffentliches Verzeichnis anderen Zwecken als der Suche nach Einzelheiten betreffend die Kommunikation mit Personen anhand ihres Namens und gegebenenfalls eines Mindestbestands an anderen Kennzeichen dient.

(4) ¹Die Absätze 1 und 2 gelten für Teilnehmer, die natürliche Personen sind. ²Die Mitgliedstaaten tragen im Rahmen des Gemeinschaftsrechts und der geltenden einzelstaatlichen Rechtsvorschriften außerdem dafür Sorge, dass die berechtigten Interessen anderer Teilnehmer als natürlicher Personen in Bezug auf ihre Aufnahme in öffentliche Verzeichnisse ausreichend geschützt werden.

Art. 13 Unerbetene Nachrichten. (1) Die Verwendung von automatischen Anruf- und Kommunikationssystemen ohne menschlichen Eingriff (automatische Anrufmaschinen), Faxgeräten oder elektronischer Post für die Zwecke der Direktwerbung darf nur bei vorheriger Einwilligung der Teilnehmer oder Nutzer gestattet werden.

(2) Ungeachtet des Absatzes 1 kann eine natürliche oder juristische Person, wenn sie von ihren Kunden im Zusammenhang mit dem Verkauf eines Produkts oder einer Dienstleistung gemäß der Richtlinie 95/46/EG deren elektronische Kontaktinformationen für elektronische Post erhalten hat, diese zur Direktwerbung für eigene ähnliche Produkte oder Dienstleistungen verwenden, sofern die Kunden klar und deutlich die Möglichkeit erhalten, eine solche Nutzung ihrer elektronischen Kontaktinformationen zum Zeitpunkt ihrer Erhebung und bei jeder Übertragung gebührenfrei und problemlos abzulehnen, wenn der Kunde diese Nutzung nicht von vornherein abgelehnt hat.

(3) Die Mitgliedstaaten ergreifen geeignete Maßnahmen, um sicherzustellen, dass außer in den in den Absätzen 1 und 2 genannten Fällen unerbetene Nachrichten zum Zwecke der Direktwerbung, die entweder ohne die Einwilligung der betreffenden Teilnehmer oder Nutzer erfolgen oder an Teilnehmer oder Nutzer gerichtet sind, die keine solchen Nachrichten erhalten möchten, nicht gestattet sind; welche dieser Optionen gewählt wird, wird im innerstaatlichen Recht geregelt, wobei berücksichtigt wird, dass beide Optionen für den Teilnehmer oder Nutzer gebührenfrei sein müssen.

(4) Auf jeden Fall verboten ist die Praxis des Versendens elektronischer Nachrichten zu Zwecken der Direktwerbung, bei der die Identität des Absenders, in dessen Auftrag die Nachricht übermittelt wird, verschleiert oder verheimlicht wird, bei der gegen Artikel 6 der Richtlinie 2000/31/EG[1]) verstoßen wird oder bei der keine gültige Adresse vorhanden ist, an die der Empfänger eine Aufforderung zur Einstellung solcher Nachrichten richten kann, oder in denen der Empfänger aufgefordert wird, Websites zu besuchen, die gegen den genannten Artikel verstoßen.

(5) ¹Die Absätze 1 und 3 gelten für Teilnehmer, die natürliche Personen sind. ²Die Mitgliedstaaten stellen im Rahmen des Gemeinschaftsrechts und der

---

¹) Nr. 7.

geltenden nationalen Rechtsvorschriften außerdem sicher, dass die berechtigten Interessen anderer Teilnehmer als natürlicher Personen in Bezug auf unerbetene Nachrichten ausreichend geschützt werden.

(6) ¹Unbeschadet etwaiger Verwaltungsvorschriften, die unter anderem gemäß Artikel 15a Absatz 2 erlassen werden können, stellen die Mitgliedstaaten sicher, dass natürliche oder juristische Personen, die durch Verstöße gegen die aufgrund dieses Artikels erlassenen nationalen Vorschriften beeinträchtigt werden und somit ein berechtigtes Interesse an der Einstellung oder dem Verbot solcher Verstöße haben, einschließlich der Anbieter elektronischer Kommunikationsdienste, die ihre berechtigten Geschäftsinteressen schützen wollen, gegen solche Verstöße gerichtlich vorgehen können. ²Die Mitgliedstaaten können auch spezifische Vorschriften über Sanktionen festlegen, die gegen Betreiber elektronischer Kommunikationsdienste zu verhängen sind, die durch Fahrlässigkeit zu Verstößen gegen die aufgrund dieses Artikels erlassenen nationalen Vorschriften beitragen.

Art. 14 Technische Merkmale und Normung. (1) Bei der Durchführung der Bestimmungen dieser Richtlinie stellen die Mitgliedstaaten vorbehaltlich der Absätze 2 und 3 sicher, dass keine zwingenden Anforderungen in Bezug auf spezifische technische Merkmale für Endgeräte oder sonstige elektronische Kommunikationsgeräte gestellt werden, die deren Inverkehrbringen und freien Vertrieb in und zwischen den Mitgliedstaaten behindern können.

(2) Soweit die Bestimmungen dieser Richtlinie nur mit Hilfe spezifischer technischer Merkmale elektronischer Kommunikationsnetze durchgeführt werden können, unterrichten die Mitgliedstaaten die Kommission darüber gemäß der Richtlinie 98/34/EG des Europäischen Parlaments und des Rates vom 22. Juni 1998 über ein Informationsverfahren auf dem Gebiet der Normen und technischen Vorschriften und der Vorschriften für die Dienste der Informationsgesellschaft[1].

(3) Erforderlichenfalls können gemäß der Richtlinie 1999/5/EG und dem Beschluss 87/95/EWG des Rates vom 22. Dezember 1986 über die Normung auf dem Gebiet der Informationstechnik und der Telekommunikation[2] Maßnahmen getroffen werden, um sicherzustellen, dass Endgeräte in einer Weise gebaut sind, die mit dem Recht der Nutzer auf Schutz und Kontrolle der Verwendung ihrer personenbezogenen Daten vereinbar ist.

Art. 14a Ausschussverfahren. (1) Die Kommission wird von dem durch Artikel 22 der Richtlinie 2002/21/EG (Rahmenrichtlinie) eingesetzten Kommunikationsausschuss unterstützt.

(2) Wird auf diesen Absatz Bezug genommen, so gelten Artikel 5a Absätze 1 bis 4 und Artikel 7 des Beschlusses 1999/468/EG unter Beachtung von dessen Artikel 8.

(3) Wird auf diesen Absatz Bezug genommen, so gelten Artikel 5a Absätze 1, 2, 4 und 6 und Artikel 7 des Beschlusses 1999/468/EG unter Beachtung von dessen Artikel 8.

---

[1] **Amtl. Anm.:** ABl. L 204 vom 21.7.1998, S. 37. Richtlinie geändert durch die Richtlinie 98/48/EG (ABl. L 217 vom 5.8.1998, S. 18).
[2] **Amtl. Anm.:** ABl. L 36 vom 7.2.1987. Beschluss zuletzt geändert durch die Beitrittsakte von 1994.

Richtl. der elektron. Kommunikation **Art. 15, 15a RL 2002/58/EG 8**

Art. 15 Anwendung einzelner Bestimmungen der Richtlinie 95/46/ EG. (1) ¹Die Mitgliedstaaten können Rechtsvorschriften erlassen, die die Rechte und Pflichten gemäß Artikel 5, Artikel 6, Artikel 8 Absätze 1, 2, 3 und 4 sowie Artikel 9 dieser Richtlinie beschränken, sofern eine solche Beschränkung gemäß Artikel 13 Absatz 1 der Richtlinie 95/46/EG für die nationale Sicherheit, (d.h. die Sicherheit des Staates), die Landesverteidigung, die öffentliche Sicherheit sowie die Verhütung, Ermittlung, Feststellung und Verfolgung von Straftaten oder des unzulässigen Gebrauchs von elektronischen Kommunikationssystemen in einer demokratischen Gesellschaft notwendig, angemessen und verhältnismäßig ist. ²Zu diesem Zweck können die Mitgliedstaaten unter anderem durch Rechtsvorschriften vorsehen, dass Daten aus den in diesem Absatz aufgeführten Gründen während einer begrenzten Zeit aufbewahrt werden. ³Alle in diesem Absatz genannten Maßnahmen müssen den allgemeinen Grundsätzen des Gemeinschaftsrechts einschließlich der in Artikel 6 Absätze 1 und 2 des Vertrags über die Europäische Union niedergelegten Grundsätzen entsprechen.

(1a) Absatz 1 gilt nicht für Daten, für die in der Richtlinie 2006/24/EG des Europäischen Parlaments und des Rates vom 15. März 2006 über die Vorratsspeicherung von Daten, die bei der Bereitstellung öffentlich zugänglicher elektronischer Kommunikationsdienste oder öffentlicher Kommunikationsnetze erzeugt oder verarbeitet werden[1]), eine Vorratsspeicherung zu den in Artikel 1 Absatz 1 der genannten Richtlinie aufgeführten Zwecken ausdrücklich vorgeschrieben ist.

(1b) ¹Die Anbieter richten nach den gemäß Absatz 1 eingeführten nationalen Vorschriften interne Verfahren zur Beantwortung von Anfragen über den Zugang zu den personenbezogenen Daten der Nutzer ein. ²Sie stellen den zuständigen nationalen Behörden auf Anfrage Informationen über diese Verfahren, die Zahl der eingegangenen Anfragen, die vorgebrachten rechtlichen Begründungen und ihrer Antworten zur Verfügung.

(2) Die Bestimmungen des Kapitels III der Richtlinie 95/46/EG über Rechtsbehelfe, Haftung und Sanktionen gelten im Hinblick auf innerstaatliche Vorschriften, die nach der vorliegenden Richtlinie erlassen werden, und im Hinblick auf die aus dieser Richtlinie resultierenden individuellen Rechte.

(3) Die gemäß Artikel 29 der Richtlinie 95/46/EG eingesetzte Datenschutzgruppe nimmt auch die in Artikel 30 jener Richtlinie festgelegten Aufgaben im Hinblick auf die von der vorliegenden Richtlinie abgedeckten Aspekte, nämlich den Schutz der Grundrechte und der Grundfreiheiten und der berechtigten Interessen im Bereich der elektronischen Kommunikation wahr.

Art. 15a Umsetzung und Durchsetzung. (1) ¹Die Mitgliedstaaten legen fest, welche Sanktionen, gegebenenfalls einschließlich strafrechtlicher Sanktionen, bei einem Verstoß gegen die innerstaatlichen Vorschriften zur Umsetzung dieser Richtlinie zu verhängen sind, und treffen die zu deren Durchsetzung erforderlichen Maßnahmen. ²Die vorgesehenen Sanktionen müssen wirksam, verhältnismäßig und abschreckend sein und können für den gesamten Zeitraum einer Verletzung angewendet werden, auch wenn die Verletzung in der Folge abgestellt wurde. ³Die Mitgliedstaaten teilen der Kommission diese Vorschrif-

---
[1]) **Amtl. Anm.:** ABl. L 105 vom 13.4.2006, S. 54.

ten bis zum 25. Mai 2011 mit und melden ihr unverzüglich etwaige spätere Änderungen, die diese Vorschriften betreffen.

(2) Unbeschadet etwaiger gerichtlicher Rechtsbehelfe stellen die Mitgliedstaaten sicher, dass die zuständige nationale Behörde und gegebenenfalls andere nationale Stellen befugt sind, die Einstellung der in Absatz 1 genannten Verstöße anzuordnen.

(3) Die Mitgliedstaaten stellen sicher, dass die zuständigen nationalen Regulierungsbehörden und gegebenenfalls andere nationale Stellen über die erforderlichen Untersuchungsbefugnisse und Mittel verfügen, einschließlich der Befugnis, sämtliche zweckdienliche Informationen zu erlangen, die sie benötigen, um die Einhaltung der gemäß dieser Richtlinie erlassenen innerstaatlichen Rechtsvorschriften zu überwachen und durchzusetzen.

(4) [1] Zur Gewährleistung einer wirksamen grenzübergreifenden Koordinierung der Durchsetzung der gemäß dieser Richtlinie erlassenen innerstaatlichen Rechtsvorschriften und zur Schaffung harmonisierter Bedingungen für die Erbringung von Diensten, mit denen ein grenzüberschreitender Datenfluss verbunden ist, können die zuständigen nationalen Regulierungsbehörden Maßnahmen erlassen.

[2] ¹Die nationalen Regulierungsbehörden übermitteln der Kommission rechtzeitig vor dem Erlass solcher Maßnahmen eine Zusammenfassung der Gründe für ein Tätigwerden, der geplanten Maßnahmen und der vorgeschlagenen Vorgehensweise. ²Die Kommission kann hierzu nach Anhörung der ENISA und der gemäß Artikel 29 der Richtlinie 95/46/EG eingesetzten Gruppe für den Schutz von Personen bei der Verarbeitung personenbezogener Daten Kommentare oder Empfehlungen abgeben, insbesondere um sicherzustellen, dass die vorgesehenen Maßnahmen ein ordnungsmäßiges Funktionieren des Binnenmarktes nicht beeinträchtigen. ³Die nationalen Regulierungsbehörden tragen den Kommentaren oder Empfehlungen der Kommission weitestgehend Rechnung, wenn sie die Maßnahmen beschließen.

Art. 16 Übergangsbestimmungen. (1) Artikel 12 gilt nicht für Ausgaben von Teilnehmerverzeichnissen, die vor dem Inkrafttreten der nach dieser Richtlinie erlassenen innerstaatlichen Vorschriften bereits in gedruckter oder in netzunabhängiger elektronischer Form produziert oder in Verkehr gebracht wurden.

(2) Sind die personenbezogenen Daten von Teilnehmern von Festnetz- oder Mobil-Sprachtelefondiensten in ein öffentliches Teilnehmerverzeichnis gemäß der Richtlinie 95/46/EG und gemäß Artikel 11 der Richtlinie 97/66/EG aufgenommen worden, bevor die nach der vorliegenden Richtlinie erlassenen innerstaatlichen Rechtsvorschriften in Kraft treten, so können die personenbezogenen Daten dieser Teilnehmer in der gedruckten oder elektronischen Fassung, einschließlich Fassungen mit Umkehrsuchfunktionen, in diesem öffentlichen Verzeichnis verbleiben, sofern die Teilnehmer nach Erhalt vollständiger Informationen über die Zwecke und Möglichkeiten gemäß Artikel 12 nicht etwas anderes wünschen.

Art. 17 Umsetzung. (1) [1] ¹Die Mitgliedstaaten setzen vor dem 31. Oktober 2003 die Rechtsvorschriften in Kraft, die erforderlich sind, um dieser Richtlinie nachzukommen. ²Sie setzen die Kommission unverzüglich davon in Kenntnis.

Richtl. der elektron. Kommunikation **Art. 18–21 RL 2002/58/EG 8**

[2] ¹Wenn die Mitgliedstaaten diese Vorschriften erlassen, nehmen sie in den Vorschriften selbst oder durch einen Hinweis bei der amtlichen Veröffentlichung auf diese Richtlinie Bezug. ²Die Mitgliedstaaten regeln die Einzelheiten der Bezugnahme.

(2) Die Mitgliedstaaten teilen der Kommission den Wortlaut der innerstaatlichen Rechts-Vorschriften mit, die sie auf dem unter diese Richtlinie fallenden Gebiet erlassen, sowie aller späteren Änderungen dieser Vorschriften.

Art. 18 Überprüfung. ¹Die Kommission unterbreitet dem Europäischen Parlament und dem Rat spätestens drei Jahre nach dem in Artikel 17 Absatz 1 genannten Zeitpunkt einen Bericht über die Durchführung dieser Richtlinie und ihre Auswirkungen auf die Wirtschaftsteilnehmer und Verbraucher, insbesondere in Bezug auf die Bestimmungen über unerbetene Nachrichten, unter Berücksichtigung des internationalen Umfelds. ²Hierzu kann die Kommission von den Mitgliedstaaten Informationen einholen, die ohne unangemessene Verzögerung zu liefern sind. ³Gegebenenfalls unterbreitet die Kommission unter Berücksichtigung der Ergebnisse des genannten Berichts, etwaiger Änderungen in dem betreffenden Sektor sowie etwaiger weiterer Vorschläge, die sie zur Verbesserung der Wirksamkeit dieser Richtlinie für erforderlich hält, Vorschläge zur Änderung dieser Richtlinie.

Art. 19 Aufhebung. *[1]* Die Richtlinie 97/66/EG wird mit Wirkung ab dem in Artikel 17 Absatz 1 genannten Zeitpunkt aufgehoben.

[2] Verweisungen auf die aufgehobene Richtlinie gelten als Verweisungen auf die vorliegende Richtlinie.

Art. 20 Inkrafttreten. Diese Richtlinie tritt am Tag ihrer Veröffentlichung[1] im *Amtsblatt der Europäischen Gemeinschaften* in Kraft.

Art. 21 Adressaten. Diese Richtlinie ist an alle Mitgliedstaaten gerichtet.

---

[1] Veröffentlicht am 31.7.2002.

9. Richtlinie 2005/29/EG des Europäischen Parlaments und des Rates vom 11. Mai 2005 über unlautere Geschäftspraktiken von Unternehmen gegenüber Verbrauchern im Binnenmarkt und zur Änderung der Richtlinie 84/450/EWG des Rates, der Richtlinien 97/7/EG, 98/27/EG und 2002/65/EG des Europäischen Parlaments und des Rates sowie der Verordnung (EG) Nr. 2006/2004 des Europäischen Parlaments und des Rates (Richtlinie über unlautere Geschäftspraktiken)

(Text von Bedeutung für den EWR)

Vom 11. Mai 2005

(ABl. L 149 S. 22, ber. ABl. 2009 L 253 S. 18)

Celex-Nr. 3 2005 L 0029

geänd. durch Art. 3 RL (EU) 2019/2161 v. 27.11.2019 (ABl. L 328 S. 7)

DAS EUROPÄISCHE PARLAMENT UND DER RAT DER EUROPÄISCHEN UNION –

gestützt auf den Vertrag zur Gründung der Europäischen Gemeinschaft, insbesondere auf Artikel 95,

auf Vorschlag der Kommission,

nach Stellungnahme des Europäischen Wirtschafts- und Sozialausschusses[1],

gemäß dem Verfahren des Artikel 251 des Vertrags[2],

in Erwägung nachstehender Gründe:

(1) Nach Artikel 153 Absatz 1 und Absatz 3 Buchstabe a des Vertrags hat die Gemeinschaft durch Maßnahmen, die sie nach Artikel 95 erlässt, einen Beitrag zur Gewährleistung eines hohen Verbraucherschutzniveaus zu leisten.

(2) Gemäß Artikel 14 Absatz 2 des Vertrags umfasst der Binnenmarkt einen Raum ohne Binnengrenzen, in dem der freie Verkehr von Waren und Dienstleistungen sowie die Niederlassungsfreiheit gewährleistet sind. Die Entwicklung der Lauterkeit des Geschäftsverkehrs innerhalb dieses Raums ohne Binnengrenzen ist für die Förderung grenzüberschreitender Geschäftstätigkeiten wesentlich.

(3) Die Rechtsvorschriften der Mitgliedstaaten in Bezug auf unlautere Geschäftspraktiken unterscheiden sich deutlich voneinander, wodurch erhebliche Verzerrungen des Wettbewerbs und Hemmnisse für das ordnungsgemäße Funktionieren des Binnenmarktes entstehen können. Im Bereich der Werbung legt die Richtlinie 84/450/EWG des Rates vom 10. Septem-

---

[1] **Amtl. Anm.:** ABl. C 108 vom 30.4.2004, S. 81.
[2] **Amtl. Anm.:** Stellungnahme des Europäischen Parlaments vom 20. April 2004 (ABl. C 104 E vom 30.4.2004, S. 260), Gemeinsamer Standpunkt des Rates vom 15. November 2004 (ABl. C 38 E vom 15.2.2005, S. 1) und Standpunkt des Europäischen Parlaments vom 24. Februar 2005 (noch nicht im Amtsblatt veröffentlicht). Beschluss des Rates vom 12. April 2005.

ber 1984 über irreführende und vergleichende Werbung[1]) Mindestkriterien für die Angleichung der Rechtsvorschriften im Bereich der irreführenden Werbung fest, hindert die Mitgliedstaaten jedoch nicht daran, Vorschriften aufrechtzuerhalten oder zu erlassen, die einen weiterreichenden Schutz der Verbraucher vorsehen. Deshalb unterscheiden sich die Rechtsvorschriften der Mitgliedstaaten im Bereich der irreführenden Werbung erheblich.

(4) Diese Unterschiede führen zu Unsicherheit darüber, welche nationalen Regeln für unlautere Geschäftspraktiken gelten, die die wirtschaftlichen Interessen der Verbraucher schädigen, und schaffen viele Hemmnisse für Unternehmen wie Verbraucher. Diese Hemmnisse verteuern für die Unternehmen die Ausübung der Freiheiten des Binnenmarkts, insbesondere, wenn Unternehmen grenzüberschreitend Marketing-, Werbe- oder Verkaufskampagnen betreiben wollen. Auch für Verbraucher schaffen solche Hemmnisse Unsicherheit hinsichtlich ihrer Rechte und untergraben ihr Vertrauen in den Binnenmarkt.

(5) In Ermangelung einheitlicher Regeln auf Gemeinschaftsebene könnten Hemmnisse für den grenzüberschreitenden Dienstleistungs- und Warenverkehr oder die Niederlassungsfreiheit im Lichte der Rechtsprechung des Gerichtshofs der Europäischen Gemeinschaften gerechtfertigt sein, sofern sie dem Schutz anerkannter Ziele des öffentlichen Interesses dienen und diesen Zielen angemessen sind. Angesichts der Ziele der Gemeinschaft, wie sie in den Bestimmungen des Vertrags und im sekundären Gemeinschaftsrecht über die Freizügigkeit niedergelegt sind, und in Übereinstimmung mit der in der Mitteilung der Kommission „Folgedokument zum Grünbuch über kommerzielle Kommunikationen im Binnenmarkt" genannten Politik der Kommission auf dem Gebiet der kommerziellen Kommunikation sollten solche Hemmnisse beseitigt werden. Diese Hemmnisse können nur beseitigt werden, indem in dem Maße, wie es für das ordnungsgemäße Funktionieren des Binnenmarktes und im Hinblick auf das Erfordernis der Rechtssicherheit notwendig ist, auf Gemeinschaftsebene einheitliche Regeln, die ein hohes Verbraucherschutzniveau gewährleisten, festgelegt und bestimmte Rechtskonzepte geklärt werden.

(6) Die vorliegende Richtlinie gleicht deshalb die Rechtsvorschriften der Mitgliedstaaten über unlautere Geschäftspraktiken einschließlich der unlauteren Werbung an, die die wirtschaftlichen Interessen der Verbraucher unmittelbar und dadurch die wirtschaftlichen Interessen rechtmäßig handelnder Mitbewerber mittelbar schädigen. Im Einklang mit dem Verhältnismäßigkeitsprinzip schützt diese Richtlinie die Verbraucher vor den Auswirkungen solcher unlauteren Geschäftspraktiken, soweit sie als wesentlich anzusehen sind, berücksichtigt jedoch, dass die Auswirkungen für den Verbraucher in manchen Fällen unerheblich sein können. Sie erfasst und berührt nicht die nationalen Rechtsvorschriften in Bezug auf unlautere Geschäftspraktiken, die lediglich die wirtschaftlichen Interessen von Mitbewerbern schädigen oder sich auf ein Rechtsgeschäft zwischen Gewerbetreibenden beziehen; die Mitgliedstaaten können solche Praktiken, falls sie es wünschen, unter uneingeschränkter Wahrung des Subsidiaritäts-

---

[1]) **Amtl. Anm.:** ABl. L 250 vom 19.9.1984, S. 17. Richtlinie geändert durch die Richtlinie 97/55/EG des Europäischen Parlaments und des Rates (ABl. L 290 vom 23.10.1997, S. 18).

9 RL 2005/29/EG I. Recht des unlauteren Wettbewerbs

prinzips im Einklang mit dem Gemeinschaftsrecht weiterhin regeln. Diese Richtlinie erfasst und berührt auch nicht die Bestimmungen der Richtlinie 84/450/EWG über Werbung, die für Unternehmen, nicht aber für Verbraucher irreführend ist, noch die Bestimmungen über vergleichende Werbung. Darüber hinaus berührt diese Richtlinie auch nicht die anerkannten Werbe- und Marketingmethoden wie rechtmäßige Produktplatzierung, Markendifferenzierung oder Anreize, die auf rechtmäßige Weise die Wahrnehmung von Produkten durch den Verbraucher und sein Verhalten beeinflussen können, die jedoch seine Fähigkeit, eine informierte Entscheidung zu treffen, nicht beeinträchtigen.

(7) Diese Richtlinie bezieht sich auf Geschäftspraktiken, die in unmittelbarem Zusammenhang mit der Beeinflussung der geschäftlichen Entscheidungen des Verbrauchers in Bezug auf Produkte stehen. Sie bezieht sich nicht auf Geschäftspraktiken, die vorrangig anderen Zielen dienen, wie etwa bei kommerziellen, für Investoren gedachten Mitteilungen, wie Jahresberichten und Unternehmensprospekten. Sie bezieht sich nicht auf die gesetzlichen Anforderungen in Fragen der guten Sitten und des Anstands, die in den Mitgliedstaaten sehr unterschiedlich sind. Geschäftspraktiken wie beispielsweise das Ansprechen von Personen auf der Straße zu Verkaufszwecken können in manchen Mitgliedstaaten aus kulturellen Gründen unerwünscht sein. Die Mitgliedstaaten sollten daher im Einklang mit dem Gemeinschaftsrecht in ihrem Hoheitsgebiet weiterhin Geschäftspraktiken aus Gründen der guten Sitten und des Anstands verbieten können, auch wenn diese Praktiken die Wahlfreiheit des Verbrauchers nicht beeinträchtigen. Bei der Anwendung dieser Richtlinie, insbesondere der Generalklauseln, sollten die Umstände des Einzelfalles umfassend gewürdigt werden.

(8) Diese Richtlinie schützt unmittelbar die wirtschaftlichen Interessen der Verbraucher vor unlauteren Geschäftspraktiken von Unternehmen gegenüber Verbrauchern. Sie schützt somit auch mittelbar rechtmäßig handelnde Unternehmen vor Mitbewerbern, die sich nicht an die Regeln dieser Richtlinie halten, und gewährleistet damit einen lauteren Wettbewerb in dem durch sie koordinierten Bereich. Selbstverständlich gibt es andere Geschäftspraktiken, die zwar nicht den Verbraucher schädigen, sich jedoch nachteilig für die Mitbewerber und gewerblichen Kunden auswirken können. Die Kommission sollte sorgfältig prüfen, ob auf dem Gebiet des unlauteren Wettbewerbs über den Regelungsbereich dieser Richtlinie hinausgehende gemeinschaftliche Maßnahmen erforderlich sind, und sollte gegebenenfalls einen Gesetzgebungsvorschlag zur Erfassung dieser anderen Aspekte des unlauteren Wettbewerbs vorlegen.

(9) Diese Richtlinie berührt nicht individuelle Klagen von Personen, die durch eine unlautere Geschäftspraxis geschädigt wurden. Sie berührt ferner nicht die gemeinschaftlichen und nationalen Vorschriften in den Bereichen Vertragsrecht, Schutz des geistigen Eigentums, Sicherheit und Gesundheitsschutz im Zusammenhang mit Produkten, Niederlassungsbedingungen und Genehmigungsregelungen, einschließlich solcher Vorschriften, die sich im Einklang mit dem Gemeinschaftsrecht auf Glücksspiele beziehen, sowie die Wettbewerbsregeln der Gemeinschaft und die nationalen Rechtsvorschriften zur Umsetzung derselben. Die Mitgliedstaaten können somit unabhängig davon, wo der Gewerbetreibende niedergelassen ist, unter Berufung auf den Schutz der Gesundheit und der Sicherheit der

Verbraucher in ihrem Hoheitsgebiet für Geschäftspraktiken Beschränkungen aufrechterhalten oder einführen oder diese Praktiken verbieten, beispielsweise im Zusammenhang mit Spirituosen, Tabakwaren und Arzneimitteln. Für Finanzdienstleistungen und Immobilien sind aufgrund ihrer Komplexität und der ihnen inhärenten ernsten Risiken detaillierte Anforderungen erforderlich, einschließlich positiver Verpflichtungen für die betreffenden Gewerbetreibenden. Deshalb lässt diese Richtlinie im Bereich der Finanzdienstleistungen und Immobilien das Recht der Mitgliedstaaten unberührt, zum Schutz der wirtschaftlichen Interessen der Verbraucher über ihre Bestimmungen hinauszugehen. Es ist nicht angezeigt, in dieser Richtlinie die Zertifizierung und Angabe des Feingehalts von Artikeln aus Edelmetall zu regeln.

(10) Es muss sichergestellt werden, dass diese Richtlinie insbesondere in Fällen, in denen Einzelvorschriften über unlautere Geschäftspraktiken in speziellen Sektoren anwendbar sind auf das geltende Gemeinschaftsrecht abgestimmt ist. Diese Richtlinie ändert daher die Richtlinie 84/450/EWG, die Richtlinie 97/7/EG des Europäischen Parlaments und des Rates vom 20. Mai 1997 über den Verbraucherschutz bei Vertragsabschlüssen im Fernabsatz[1], die Richtlinie 98/27/EG des Europäischen Parlaments und des Rates vom 19. Mai 1998 über Unterlassungsklagen zum Schutz der Verbraucherinteressen[2] und die Richtlinie 2002/65/EG des Europäischen Parlaments und des Rates vom 23. September 2002 über den Fernabsatz von Finanzdienstleistungen an Verbraucher[3]. Diese Richtlinie gilt dementsprechend nur insoweit, als keine spezifischen Vorschriften des Gemeinschaftsrechts vorliegen, die spezielle Aspekte unlauterer Geschäftspraktiken regeln, wie etwa Informationsanforderungen oder Regeln darüber, wie dem Verbraucher Informationen zu vermitteln sind. Sie bietet den Verbrauchern in den Fällen Schutz, in denen es keine spezifischen sektoralen Vorschriften auf Gemeinschaftsebene gibt, und untersagt es Gewerbetreibenden, eine Fehlvorstellung von der Art ihrer Produkte zu wecken. Dies ist besonders wichtig bei komplexen Produkten mit einem hohen Risikograd für die Verbraucher, wie etwa bestimmten Finanzdienstleistungen. Diese Richtlinie ergänzt somit den gemeinschaftlichen Besitzstand in Bezug auf Geschäftspraktiken, die den wirtschaftlichen Interessen der Verbraucher schaden.

(11) Das hohe Maß an Konvergenz, das die Angleichung der nationalen Rechtsvorschriften durch diese Richtlinie hervorbringt, schafft ein hohes allgemeines Verbraucherschutzniveau. Diese Richtlinie stellt ein einziges generelles Verbot jener unlauteren Geschäftspraktiken auf, die das wirtschaftliche Verhalten des Verbrauchers beeinträchtigen. Sie stellt außerdem Regeln über aggressive Geschäftspraktiken auf, die gegenwärtig auf Gemeinschaftsebene nicht geregelt sind.

(12) Durch die Angleichung wird die Rechtssicherheit sowohl für Verbraucher als auch für Unternehmen beträchtlich erhöht. Sowohl die Verbraucher als auch die Unternehmen werden in die Lage versetzt, sich an einem einzigen

---

[1] **Amtl. Anm.**: ABl. L 144 vom 4.6.1997, S. 19. Richtlinie geändert durch die Richtlinie 2002/65/EG (ABl. L 271 vom 9.10.2002, S. 16).
[2] **Amtl. Anm.**: ABl. L 166 vom 11.6.1998, S. 51. Richtlinie zuletzt geändert durch die Richtlinie 2002/65/EG.
[3] **Amtl. Anm.**: ABl. L 271 vom 9.10.2002, S. 16.

Rechtsrahmen zu orientieren, der auf einem klar definierten Rechtskonzept beruht, das alle Aspekte unlauterer Geschäftspraktiken in der EU regelt. Dies wird zur Folge haben, dass die durch die Fragmentierung der Vorschriften über unlautere, die wirtschaftlichen Interessen der Verbraucher schädigende Geschäftspraktiken verursachten Handelshemmnisse beseitigt werden und die Verwirklichung des Binnenmarktes in diesem Bereich ermöglicht wird.

(13) Zur Erreichung der Ziele der Gemeinschaft durch die Beseitigung von Hemmnissen für den Binnenmarkt ist es notwendig, die in den Mitgliedstaaten existierenden unterschiedlichen Generalklauseln und Rechtsgrundsätze zu ersetzen. Das durch diese Richtlinie eingeführte einzige, gemeinsame generelle Verbot umfasst daher unlautere Geschäftspraktiken, die das wirtschaftliche Verhalten der Verbraucher beeinträchtigen. Zur Förderung des Verbrauchervertrauens sollte das generelle Verbot für unlautere Geschäftspraktiken sowohl außerhalb einer vertraglichen Beziehung zwischen Gewerbetreibenden und Verbrauchern als auch nach Abschluss eines Vertrags und während dessen Ausführung gelten. Das generelle Verbot wird durch Regeln über die beiden bei weitem am meisten verbreiteten Arten von Geschäftspraktiken konkretisiert, nämlich die irreführenden und die aggressiven Geschäftspraktiken.

(14) Es ist wünschenswert, dass der Begriff der irreführenden Praktiken auch Praktiken, einschließlich irreführender Werbung, umfasst, die den Verbraucher durch Täuschung davon abhalten, eine informierte und deshalb effektive Wahl zu treffen. In Übereinstimmung mit dem Recht und den Praktiken der Mitgliedstaaten zur irreführenden Werbung unterteilt diese Richtlinie irreführende Praktiken in irreführende Handlungen und irreführende Unterlassungen. Im Hinblick auf Unterlassungen legt diese Richtlinie eine bestimmte Anzahl von Basisinformationen fest, die der Verbraucher benötigt, um eine informierte geschäftliche Entscheidung treffen zu können. Solche Informationen müssen nicht notwendigerweise in jeder Werbung enthalten sein, sondern nur dann, wenn der Gewerbetreibende zum Kauf auffordert; dieses Konzept wird in dieser Richtlinie klar definiert. Die in dieser Richtlinie vorgesehene vollständige Angleichung hindert die Mitgliedstaaten nicht daran, in ihren nationalen Rechtsvorschriften für bestimmte Produkte, zum Beispiel Sammlungsstücke oder elektrische Geräte, die wesentlichen Kennzeichen festzulegen, deren Weglassen bei einer Aufforderung zum Kauf rechtserheblich wäre. Mit dieser Richtlinie wird nicht beabsichtigt, die Wahl für die Verbraucher einzuschränken, indem die Werbung für Produkte, die anderen Produkten ähneln, untersagt wird, es sei denn, dass diese Ähnlichkeit eine Verwechslungsgefahr für die Verbraucher hinsichtlich der kommerziellen Herkunft des Produkts begründet und daher irreführend ist. Diese Richtlinie sollte das bestehende Gemeinschaftsrecht unberührt lassen, das den Mitgliedstaaten ausdrücklich die Wahl zwischen mehreren Regelungsoptionen für den Verbraucherschutz auf dem Gebiet der Geschäftspraktiken lässt. Die vorliegende Richtlinie sollte insbesondere Artikel 13 Absatz 3 der Richtlinie 2002/58/EG[1)] des Europäischen Parlaments und des Rates vom 12. Juli 2002 über die Verarbeitung personenbezogener Daten und den

---

[1)] Nr. 8.

Schutz der Privatsphäre in der elektronischen Kommunikation[1] unberührt lassen.

(15) Legt das Gemeinschaftsrecht Informationsanforderungen in Bezug auf Werbung, kommerzielle Kommunikation oder Marketing fest, so werden die betreffenden Informationen im Rahmen dieser Richtlinie als wesentlich angesehen. Die Mitgliedstaaten können die Informationsanforderungen in Bezug auf das Vertragsrecht oder mit vertragsrechtlichen Auswirkungen aufrechterhalten oder erweitern, wenn dies aufgrund der Mindestklauseln in den bestehenden gemeinschaftlichen Rechtsakten zulässig ist. Eine nicht erschöpfende Auflistung solcher im Besitzstand vorgesehenen Informationsanforderungen ist in Anhang II enthalten. Aufgrund der durch diese Richtlinie eingeführten vollständigen Angleichung werden nur die nach dem Gemeinschaftsrecht vorgeschriebenen Informationen als wesentlich für die Zwecke des Artikels 7 Absatz 5 dieser Richtlinie betrachtet. Haben die Mitgliedstaaten auf der Grundlage von Mindestklauseln Informationsanforderungen eingeführt, die über das hinausgehen, was im Gemeinschaftsrecht geregelt ist, so kommt das Vorenthalten dieser Informationen einem irreführenden Unterlassen nach dieser Richtlinie nicht gleich. Die Mitgliedstaaten können demgegenüber, sofern dies nach den gemeinschaftsrechtlichen Mindestklauseln zulässig ist, im Einklang mit dem Gemeinschaftsrecht strengere Bestimmungen aufrechterhalten oder einführen, um ein höheres Schutzniveau für die individuellen vertraglichen Rechte der Verbraucher zu gewährleisten.

(16) Die Bestimmungen über aggressive Handelspraktiken sollten solche Praktiken einschließen, die die Wahlfreiheit des Verbrauchers wesentlich beeinträchtigen. Dabei handelt es sich um Praktiken, die sich der Belästigung, der Nötigung, einschließlich der Anwendung von Gewalt, und der unzulässigen Beeinflussung bedienen.

(17) Es ist wünschenswert, dass diejenigen Geschäftspraktiken, die unter allen Umständen unlauter sind, identifiziert werden, um größere Rechtssicherheit zu schaffen. Anhang I enthält daher eine umfassende Liste solcher Praktiken. Hierbei handelt es sich um die einzigen Geschäftspraktiken, die ohne eine Beurteilung des Einzelfalls anhand der Bestimmungen der Artikel 5 bis 9 als unlauter gelten können. Die Liste kann nur durch eine Änderung dieser Richtlinie abgeändert werden.

(18) Es ist angezeigt, alle Verbraucher vor unlauteren Geschäftspraktiken zu schützen; der Gerichtshof hat es allerdings bei seiner Rechtsprechung im Zusammenhang mit Werbung seit dem Erlass der Richtlinie 84/450/EWG für erforderlich gehalten, die Auswirkungen auf einen fiktiven typischen Verbraucher zu prüfen. Dem Verhältnismäßigkeitsprinzip entsprechend und um die wirksame Anwendung der vorgesehenen Schutzmaßnahmen zu ermöglichen, nimmt diese Richtlinie den Durchschnittsverbraucher, der angemessen gut unterrichtet und angemessen aufmerksam und kritisch ist, unter Berücksichtigung sozialer, kultureller und sprachlicher Faktoren in der Auslegung des Gerichtshofs als Maßstab, enthält aber auch Bestimmungen zur Vermeidung der Ausnutzung von Verbrauchern, deren Eigenschaften sie für unlautere Geschäftspraktiken besonders anfällig machen. Richtet sich eine Geschäftspraxis speziell an eine besondere Ver-

---

[1] **Amtl. Anm.:** ABl. L 201 vom 31.7.2002, S. 37.

brauchergruppe wie z.B. Kinder, so sollte die Auswirkung der Geschäftspraxis aus der Sicht eines Durchschnittsmitglieds dieser Gruppe beurteilt werden. Es ist deshalb angezeigt, in die Liste der Geschäftspraktiken, die unter allen Umständen unlauter sind, eine Bestimmung aufzunehmen, mit der an Kinder gerichtete Werbung zwar nicht völlig untersagt wird, mit der Kinder aber vor unmittelbaren Kaufaufforderungen geschützt werden. Der Begriff des Durchschnittsverbrauchers beruht dabei nicht auf einer statistischen Grundlage. Die nationalen Gerichte und Verwaltungsbehörden müssen sich bei der Beurteilung der Frage, wie der Durchschnittsverbraucher in einem gegebenen Fall typischerweise reagieren würde, auf ihre eigene Urteilsfähigkeit unter Berücksichtigung der Rechtsprechung des Gerichtshofs verlassen.

(19) Sind Verbraucher aufgrund bestimmter Eigenschaften wie Alter, geistige oder körperliche Gebrechen oder Leichtgläubigkeit besonders für eine Geschäftspraxis oder das ihr zugrunde liegende Produkt anfällig und wird durch diese Praxis voraussichtlich das wirtschaftliche Verhalten nur dieser Verbraucher in einer für den Gewerbetreibenden vernünftigerweise vorhersehbaren Art und Weise wesentlich beeinflusst, muss sichergestellt werden, dass diese entsprechend geschützt werden, indem die Praxis aus der Sicht eines Durchschnittsmitglieds dieser Gruppe beurteilt wird.

(20) Es ist zweckmäßig, die Möglichkeit von Verhaltenskodizes vorzusehen, die es Gewerbetreibenden ermöglichen, die Grundsätze dieser Richtlinie in spezifischen Wirtschaftsbranchen wirksam anzuwenden. In Branchen, in denen es spezifische zwingende Vorschriften gibt, die das Verhalten von Gewerbetreibenden regeln, ist es zweckmäßig, dass aus diesen auch die Anforderungen an die berufliche Sorgfalt in dieser Branche ersichtlich sind. Die von den Urhebern der Kodizes auf nationaler oder auf Gemeinschaftsebene ausgeübte Kontrolle hinsichtlich der Beseitigung unlauterer Geschäftspraktiken könnte die Inanspruchnahme der Verwaltungsbehörden oder Gerichte unnötig machen und sollte daher gefördert werden. Mit dem Ziel, ein hohes Verbraucherschutzniveau zu erreichen, könnten Verbraucherverbände informiert und an der Ausarbeitung von Verhaltenskodizes beteiligt werden.

(21) Personen oder Organisationen, die nach dem nationalen Recht ein berechtigtes Interesse geltend machen können, müssen über Rechtsbehelfe verfügen, die es ihnen erlauben, vor Gericht oder bei einer Verwaltungsbehörde, die über Beschwerden entscheiden oder geeignete gerichtliche Schritte einleiten kann, gegen unlautere Geschäftspraktiken vorzugehen. Zwar wird die Beweislast vom nationalen Recht bestimmt, die Gerichte und Verwaltungsbehörden sollten aber in die Lage versetzt werden, von Gewerbetreibenden zu verlangen, dass sie den Beweis für die Richtigkeit der von ihnen behaupteten Tatsachen erbringen.

(22) Es ist notwendig, dass die Mitgliedstaaten Sanktionen für Verstöße gegen diese Richtlinie festlegen und für deren Durchsetzung sorgen. Die Sanktionen müssen wirksam, verhältnismäßig und abschreckend sein.

(23) Da die Ziele dieser Richtlinie, nämlich durch Angleichung der Rechts- und Verwaltungsvorschriften der Mitgliedstaaten über unlautere Geschäftspraktiken die durch derartige Vorschriften verursachten Handelshemmnisse zu beseitigen und ein hohes gemeinsames Verbraucherschutzniveau zu gewährleisten, auf Ebene der Mitgliedstaaten nicht ausreichend erreicht

werden können und daher besser auf Gemeinschaftsebene zu erreichen sind, kann die Gemeinschaft im Einklang mit dem in Artikel 5 des Vertrags niedergelegten Subsidiaritätsprinzip tätig werden. Entsprechend dem in demselben Artikel genannten Verhältnismäßigkeitsprinzip geht diese Richtlinie nicht über das für die Beseitigung der Handelshemmnisse und die Gewährleistung eines hohen gemeinsamen Verbraucherschutzniveaus erforderliche Maß hinaus.

(24) Diese Richtlinie sollte überprüft werden um sicherzustellen, dass Handelshemmnisse für den Binnenmarkt beseitigt und ein hohes Verbraucherschutzniveau erreicht wurden. Diese Überprüfung könnte zu einem Vorschlag der Kommission zur Änderung dieser Richtlinie führen, der eine begrenzte Verlängerung der Geltungsdauer der Ausnahmeregelung des Artikels 3 Absatz 5 vorsehen und/oder Änderungsvorschläge zu anderen Rechtsvorschriften über den Verbraucherschutz beinhalten könnte, in denen die von der Kommission im Rahmen der verbraucherpolitischen Strategie der Gemeinschaft eingegangene Verpflichtung zur Überprüfung des Besitzstands zur Erreichung eines hohen gemeinsamen Verbraucherschutzniveaus zum Ausdruck kommt.

(25) Diese Richtlinie achtet die insbesondere in der Charta der Grundrechte der Europäischen Union anerkannten Grundrechte und Grundsätze –

HABEN FOLGENDE RICHTLINIE ERLASSEN:

Kapitel 1. Allgemeine Bestimmungen

Art. 1 Zweck der Richtlinie. Zweck dieser Richtlinie ist es, durch Angleichung der Rechts- und Verwaltungsvorschriften der Mitgliedstaaten über unlautere Geschäftspraktiken, die die wirtschaftlichen Interessen der Verbraucher beeinträchtigen, zu einem reibungslosen Funktionieren des Binnenmarkts und zum Erreichen eines hohen Verbraucherschutzniveaus beizutragen.

Art. 2 Definitionen. Im Sinne dieser Richtlinie bezeichnet der Ausdruck

a) „Verbraucher" jede natürliche Person, die im Geschäftsverkehr im Sinne dieser Richtlinie zu Zwecken handelt, die nicht ihrer gewerblichen, handwerklichen oder beruflichen Tätigkeit zugerechnet werden können;

b) „Gewerbetreibender" jede natürliche oder juristische Person, die im Geschäftsverkehr im Sinne dieser Richtlinie im Rahmen ihrer gewerblichen, handwerklichen oder beruflichen Tätigkeit handelt, und jede Person, die im Namen oder Auftrag des Gewerbetreibenden handelt;

c) „Produkte" jede Ware oder Dienstleistung, einschließlich Immobilien, digitaler Dienstleistungen und digitaler Inhalte, sowie Rechte und Verpflichtungen;

d) „Geschäftspraktiken von Unternehmen gegenüber Verbrauchern" (nachstehend auch „Geschäftspraktiken" genannt) jede Handlung, Unterlassung, Verhaltensweise oder Erklärung, kommerzielle Mitteilung einschließlich Werbung und Marketing eines Gewerbetreibenden, die unmittelbar mit der Absatzförderung, dem Verkauf oder der Lieferung eines Produkts an Verbraucher zusammenhängt;

e) „wesentliche Beeinflussung des wirtschaftlichen Verhaltens des Verbrauchers" die Anwendung einer Geschäftspraxis, um die Fähigkeit des Verbrauchers, eine informierte Entscheidung zu treffen, spürbar zu beeinträchtigen und damit den Verbraucher zu einer geschäftlichen Entscheidung zu veranlassen, die er andernfalls nicht getroffen hätte;

f) „Verhaltenskodex" eine Vereinbarung oder ein Vorschriftenkatalog, die bzw. der nicht durch die Rechts- und Verwaltungsvorschriften eines Mitgliedstaates vorgeschrieben ist und das Verhalten der Gewerbetreibenden definiert, die sich in Bezug auf eine oder mehrere spezielle Geschäftspraktiken oder Wirtschaftszweige auf diesen Kodex verpflichten;

g) „Urheber eines Kodex" jede Rechtspersönlichkeit, einschließlich einzelner Gewerbetreibender oder Gruppen von Gewerbetreibenden, die für die Formulierung und Überarbeitung eines Verhaltenskodex und/oder für die Überwachung der Einhaltung dieses Kodex durch alle diejenigen, die sich darauf verpflichtet haben, zuständig ist;

h) „berufliche Sorgfalt" der Standard an Fachkenntnissen und Sorgfalt, bei denen billigerweise davon ausgegangen werden kann, dass der Gewerbetreibende sie gegenüber dem Verbraucher gemäß den anständigen Marktgepflogenheiten und/oder dem allgemeinen Grundsatz von Treu und Glauben in seinem Tätigkeitsbereich anwendet;

i) „Aufforderung zum Kauf" jede kommerzielle Kommunikation, die die Merkmale des Produkts und den Preis in einer Weise angibt, die den Mitteln der verwendeten kommerziellen Kommunikation angemessen ist und den Verbraucher dadurch in die Lage versetzt, einen Kauf zu tätigen;

j) „unzulässige Beeinflussung" die Ausnutzung einer Machtposition gegenüber dem Verbraucher zur Ausübung von Druck, auch ohne die Anwendung oder Androhung von körperlicher Gewalt, in einer Weise, die die Fähigkeit des Verbrauchers zu einer informierten Entscheidung wesentlich einschränkt;

k) „geschäftliche Entscheidung" jede Entscheidung eines Verbrauchers darüber, ob, wie und unter welchen Bedingungen er einen Kauf tätigen, eine Zahlung insgesamt oder teilweise leisten, ein Produkt behalten oder abgeben oder ein vertragliches Recht im Zusammenhang mit dem Produkt ausüben will, unabhängig davon, ob der Verbraucher beschließt, tätig zu werden oder ein Tätigwerden zu unterlassen;

l) „reglementierter Beruf" eine berufliche Tätigkeit oder eine Reihe beruflicher Tätigkeiten, bei der die Aufnahme oder Ausübung oder eine der Arten der Ausübung direkt oder indirekt durch Rechts- oder Verwaltungsvorschriften an das Vorhandensein bestimmter Berufsqualifikationen gebunden ist.[1)]

m) „Ranking" die relative Hervorhebung von Produkten, wie sie vom Gewerbetreibenden dargestellt, organisiert oder kommuniziert wird, unabhängig von den technischen Mitteln, die für die Darstellung, Organisation oder Kommunikation verwendet werden;

n) „Online-Marktplatz" einen Dienst, der es Verbrauchern durch die Verwendung von Software, einschließlich einer Website, eines Teils einer Website oder einer Anwendung, die vom oder im Namen des Gewerbetreibenden betrieben wird, ermöglicht, Fernabsatzverträge mit anderen Gewerbetreibenden oder Verbrauchern, abzuschließen.

[1)] Zeichensetzung amtlich.

Art. 3 Anwendungsbereich. (1) Diese Richtlinie gilt für unlautere Geschäftspraktiken im Sinne des Artikels 5 von Unternehmen gegenüber Verbrauchern vor, während und nach Abschluss eines auf ein Produkt bezogenen Handelsgeschäfts.

(2) Diese Richtlinie lässt das Vertragsrecht und insbesondere die Bestimmungen über die Wirksamkeit, das Zustandekommen oder die Wirkungen eines Vertrags unberührt.

(3) Diese Richtlinie lässt die Rechtsvorschriften der Gemeinschaft oder der Mitgliedstaaten in Bezug auf die Gesundheits- und Sicherheitsaspekte von Produkten unberührt.

(4) Kollidieren die Bestimmungen dieser Richtlinie mit anderen Rechtsvorschriften der Gemeinschaft, die besondere Aspekte unlauterer Geschäftspraktiken regeln, so gehen die Letzteren vor und sind für diese besonderen Aspekte maßgebend.

(5) [1] Diese Richtlinie hindert die Mitgliedstaaten nicht daran, Bestimmungen zum Schutz der berechtigten Interessen der Verbraucher in Bezug auf aggressive oder irreführende Vermarktungs- oder Verkaufspraktiken im Zusammenhang mit unerbetenen Besuchen eines Gewerbetreibenden in der Wohnung eines Verbrauchers oder Ausflügen, die von einem Gewerbetreibenden in der Absicht oder mit dem Ergebnis organisiert werden, dass für den Verkauf von Produkten bei Verbrauchern geworben wird oder Produkte an Verbraucher verkauft werden, zu erlassen. [2] Diese Bestimmungen müssen verhältnismäßig, nicht diskriminierend und aus Gründen des Verbraucherschutzes gerechtfertigt sein.

(6) [1] Die Mitgliedstaaten teilen der Kommission unverzüglich die auf der Grundlage von Absatz 5 erlassenen nationalen Vorschriften sowie alle nachfolgenden Änderungen mit. [2] Die Kommission stellt diese Informationen den Verbrauchern und den Gewerbetreibenden in leicht zugänglicher Weise auf einer speziellen Website zur Verfügung.

(7) Diese Richtlinie lässt die Bestimmungen über die Zuständigkeit der Gerichte unberührt.

(8) Diese Richtlinie lässt alle Niederlassungs- oder Genehmigungsbedingungen, berufsständischen Verhaltenskodizes oder andere spezifische Regeln für reglementierte Berufe unberührt, damit die strengen Integritätsstandards, die die Mitgliedstaaten den in dem Beruf tätigen Personen nach Maßgabe des Gemeinschaftsrechts auferlegen können, gewährleistet bleiben.

(9) Im Zusammenhang mit „Finanzdienstleistungen" im Sinne der Richtlinie 2002/65/EG und Immobilien können die Mitgliedstaaten Anforderungen stellen, die im Vergleich zu dem durch diese Richtlinie angeglichenen Bereich restriktiver und strenger sind.

(10) Diese Richtlinie gilt nicht für die Anwendung der Rechts- und Verwaltungsvorschriften der Mitgliedstaaten in Bezug auf die Zertifizierung und Angabe des Feingehalts von Artikeln aus Edelmetall.

Art. 4 Binnenmarkt. Die Mitgliedstaaten dürfen den freien Dienstleistungsverkehr und den freien Warenverkehr nicht aus Gründen, die mit dem durch diese Richtlinie angeglichenen Bereich zusammenhängen, einschränken.

Kapitel 2. Unlautere Geschäftspraktiken

Art. 5 Verbot unlauterer Geschäftspraktiken. (1) Unlautere Geschäftspraktiken sind verboten.

(2) Eine Geschäftspraxis ist unlauter, wenn

a) sie den Erfordernissen der beruflichen Sorgfaltspflicht widerspricht und

b) sie in Bezug auf das jeweilige Produkt das wirtschaftliche Verhalten des Durchschnittsverbrauchers, den sie erreicht oder an den sie sich richtet oder des durchschnittlichen Mitglieds einer Gruppe von Verbrauchern, wenn sich eine Geschäftspraxis an eine bestimmte Gruppe von Verbrauchern wendet, wesentlich beeinflusst oder dazu geeignet ist, es wesentlich zu beeinflussen.

(3) ¹Geschäftspraktiken, die voraussichtlich in einer für den Gewerbetreibenden vernünftigerweise vorhersehbaren Art und Weise das wirtschaftliche Verhalten nur einer eindeutig identifizierbaren Gruppe von Verbrauchern wesentlich beeinflussen, die aufgrund von geistigen oder körperlichen Gebrechen, Alter oder Leichtgläubigkeit im Hinblick auf diese Praktiken oder die ihnen zugrunde liegenden Produkte besonders schutzbedürftig sind, werden aus der Perspektive eines durchschnittlichen Mitglieds dieser Gruppe beurteilt ²Die übliche und rechtmäßige Werbepraxis, übertriebene Behauptungen oder nicht wörtlich zu nehmende Behauptungen aufzustellen, bleibt davon unberührt.

(4) Unlautere Geschäftspraktiken sind insbesondere solche, die

a) irreführend im Sinne der Artikel 6 und 7 oder

b) aggressiv im Sinne der Artikel 8 und 9 sind.

(5) ¹Anhang I enthält eine Liste jener Geschäftspraktiken, die unter allen Umständen als unlauter anzusehen sind. ²Diese Liste gilt einheitlich in allen Mitgliedstaaten und kann nur durch eine Änderung dieser Richtlinie abgeändert werden.

Abschnitt 1. Irreführende Geschäftspraktiken

Art. 6 Irreführende Handlungen. (1) Eine Geschäftspraxis gilt als irreführend, wenn sie falsche Angaben enthält und somit unwahr ist oder wenn sie in irgendeiner Weise, einschließlich sämtlicher Umstände ihrer Präsentation, selbst mit sachlich richtigen Angaben den Durchschnittsverbraucher in Bezug auf einen oder mehrere der nachstehend aufgeführten Punkte täuscht oder ihn zu täuschen geeignet ist und ihn in jedem Fall tatsächlich oder voraussichtlich zu einer geschäftlichen Entscheidung veranlasst, die er ansonsten nicht getroffen hätte:

a) das Vorhandensein oder die Art des Produkts;

b) die wesentlichen Merkmale des Produkts wie Verfügbarkeit, Vorteile, Risiken, Ausführung, Zusammensetzung, Zubehör, Kundendienst und Beschwerdeverfahren, Verfahren und Zeitpunkt der Herstellung oder Erbringung, Lieferung, Zwecktauglichkeit, Verwendung, Menge, Beschaffenheit, geografische oder kommerzielle Herkunft oder die von der Verwendung zu erwartenden Ergebnisse oder die Ergebnisse und wesentlichen Merkmale von Tests oder Untersuchungen, denen das Produkt unterzogen wurde;

c) den Umfang der Verpflichtungen des Gewerbetreibenden, die Beweggründe für die Geschäftspraxis und die Art des Vertriebsverfahrens, die Aussagen oder Symbole jeder Art, die im Zusammenhang mit direktem oder indirektem Sponsoring stehen oder sich auf eine Zulassung des Gewerbetreibenden oder des Produkts beziehen;

d) der Preis, die Art der Preisberechnung oder das Vorhandensein eines besonderer Preisvorteils;

e) die Notwendigkeit einer Leistung, eines Ersatzteils, eines Austauschs oder einer Reparatur;

f) die Person, die Eigenschaften oder die Rechte des Gewerbetreibenden oder seines Vertreters, wie Identität und Vermögen, seine Befähigungen, seinen Status, seine Zulassung, Mitgliedschaften oder Beziehungen sowie gewerbliche oder kommerzielle Eigentumsrechte oder Rechte an geistigem Eigentum oder seine Auszeichnungen und Ehrungen;

g) die Rechte des Verbrauchers einschließlich des Rechts auf Ersatzlieferung oder Erstattung gemäß der Richtlinie 1999/44/EG des Europäischen Parlaments und des Rates vom 25. Mai 1999 zu bestimmten Aspekten des Verbrauchsgüterkaufs und der Garantien für Verbrauchsgüter[1]) oder die Risiken, denen er sich möglicherweise aussetzt.

(2) Eine Geschäftspraxis gilt ferner als irreführend, wenn sie im konkreten Fall unter Berücksichtigung aller tatsächlichen Umstände einen Durchschnittsverbraucher zu einer geschäftlichen Entscheidung veranlasst oder zu veranlassen geeignet ist, die er ansonsten nicht getroffen hätte, und Folgendes beinhaltet:

a) jegliche Art der Vermarktung eines Produkts, einschließlich vergleichender Werbung, die eine Verwechslungsgefahr mit einem anderen Produkt, Warenzeichen, Warennamen oder anderen Kennzeichen eines Mitbewerbers begründet;

b) die Nichteinhaltung von Verpflichtungen, die der Gewerbetreibende im Rahmen von Verhaltenskodizes, auf die er sich verpflichtet hat, eingegangen ist, sofern
   i) es sich nicht um eine Absichtserklärung, sondern um eine eindeutige Verpflichtung handelt, deren Einhaltung nachprüfbar ist, und
   ii) der Gewerbetreibende im Rahmen einer Geschäftspraxis darauf hinweist, dass er durch den Kodex gebunden ist.[2])

c) jegliche Art der Vermarktung einer Ware in einem Mitgliedstaat als identisch mit einer in anderen Mitgliedstaaten vermarkteten Ware, obgleich sich diese Waren in ihrer Zusammensetzung oder ihren Merkmalen wesentlich voneinander unterscheiden, sofern dies nicht durch legitime und objektive Faktoren gerechtfertigt ist;[2])

Art. 7 Irreführende Unterlassungen. (1) Eine Geschäftspraxis gilt als irreführend, wenn sie im konkreten Fall unter Berücksichtigung aller tatsächlichen Umstände und der Beschränkungen des Kommunikationsmediums wesentliche Informationen vorenthält, die der durchschnittliche Verbraucher je nach den Umständen benötigt, um eine informierte geschäftliche Entscheidung zu tref-

---

[1]) **Amtl. Anm.:** ABl. L 171 vom 7.7.1999, S. 12.
[2]) Zeichensetzung amtlich.

fen, und die somit einen Durchschnittsverbraucher zu einer geschäftlichen Entscheidung veranlasst oder zu veranlassen geeignet ist, die er sonst nicht getroffen hätte.

(2) Als irreführende Unterlassung gilt es auch, wenn ein Gewerbetreibender wesentliche Informationen gemäß Absatz 1 unter Berücksichtigung der darin beschriebenen Einzelheiten verheimlicht oder auf unklare, unverständliche, zweideutige Weise oder nicht rechtzeitig bereitstellt oder wenn er den kommerziellen Zweck der Geschäftspraxis nicht kenntlich macht, sofern er sich nicht unmittelbar aus den Umständen ergibt, und dies jeweils einen Durchschnittsverbraucher zu einer geschäftlichen Entscheidung veranlasst oder zu veranlassen geeignet ist, die er ansonsten nicht getroffen hätte.

(3) Werden durch das für die Geschäftspraxis verwendete Kommunikationsmedium räumliche oder zeitliche Beschränkungen auferlegt, so werden diese Beschränkungen und alle Maßnahmen, die der Gewerbetreibende getroffen hat, um den Verbrauchern die Informationen anderweitig zur Verfügung zu stellen, bei der Entscheidung darüber, ob Informationen vorenthalten wurden, berücksichtigt.

(4) Im Falle der Aufforderung zum Kauf gelten folgende Informationen als wesentlich, sofern sie sich nicht unmittelbar aus den Umständen ergeben:

a) die wesentlichen Merkmale des Produkts in dem für das Medium und das Produkt angemessenen Umfang;

b) Anschrift und Identität des Gewerbetreibenden, wie sein Handelsname und gegebenenfalls Anschrift und Identität des Gewerbetreibenden, für den er handelt;

c) der Preis einschließlich aller Steuern und Abgaben oder in den Fällen, in denen der Preis aufgrund der Beschaffenheit des Produkts vernünftigerweise nicht im Voraus berechnet werden kann, die Art der Preisberechnung sowie gegebenenfalls alle zusätzlichen Fracht-, Liefer- oder Zustellkosten oder in den Fällen, in denen diese Kosten vernünftigerweise nicht im Voraus berechnet werden können, die Tatsache, dass solche zusätzlichen Kosten anfallen können;

d) die Zahlungs-, Liefer- und Leistungsbedingungen, falls sie von den Erfordernissen der beruflichen Sorgfalt abweichen;

e) für Produkte und Rechtsgeschäfte, die ein Rücktritts- oder Widerrufsrecht beinhalten, das Bestehen eines solchen Rechts.[1]

f) für Produkte, die auf Online-Marktplätzen angeboten werden, ob es sich bei dem Dritten, der die Produkte anbietet, um einen Gewerbetreibenden handelt oder nicht, auf der Grundlage der Erklärung dieses Dritten gegenüber dem Anbieter des Online-Marktplatzes.

(4a) [1] Wenn Verbrauchern die Möglichkeit geboten wird, mithilfe eines Stichworts, einer Wortgruppe oder einer anderen Eingabe nach Produkten zu suchen, die von verschiedenen Gewerbetreibenden oder von Verbrauchern angeboten werden, gelten, unabhängig davon, wo Rechtsgeschäfte letztendlich abgeschlossen werden, allgemeine Informationen, die die Hauptparameter für die Festlegung des Rankings der dem Verbraucher im Ergebnis der Suche vorgeschlagenen Produkte, sowie die relative Gewichtung dieser Parameter im

---

[1] Zeichensetzung amtlich.

Vergleich zu anderen Parametern, betreffen und die in einem bestimmten Bereich der Online-Benutzeroberfläche zur Verfügung gestellt werden, der von der Seite, auf der die Suchergebnisse angezeigt werden, unmittelbar und leicht zugänglich ist, als wesentlich,.[1] ²Dieser Absatz gilt nicht für Anbieter von Online-Suchmaschinen im Sinne von Artikel 2 Nummer 6 der Verordnung (EU) 2019/1150[2] des Europäischen Parlaments und des Rates[3].

(5) Die im Gemeinschaftsrecht festgelegten Informationsanforderungen in Bezug auf kommerzielle Kommunikation einschließlich Werbung oder Marketing, auf die in der nicht erschöpfenden Liste des Anhangs II verwiesen wird, gelten als wesentlich.

(6) Wenn ein Gewerbetreibender Verbraucherbewertungen von Produkten zugänglich macht, gelten Informationen darüber, ob und wie der Gewerbetreibende sicherstellt, dass die veröffentlichten Bewertungen von Verbrauchern stammen, die die Produkte tatsächlich verwendet oder erworben haben, als wesentlich.

Abschnitt 2. Aggressive Geschäftspraktiken

Art. 8 Aggressive Geschäftspraktiken. Eine Geschäftspraxis gilt als aggressiv, wenn sie im konkreten Fall unter Berücksichtigung aller tatsächlichen Umstände die Entscheidungs- oder Verhaltensfreiheit des Durchschnittsverbrauchers in Bezug auf das Produkt durch Belästigung, Nötigung, einschließlich der Anwendung körperlicher Gewalt, oder durch unzulässige Beeinflussung tatsächlich oder voraussichtlich erheblich beeinträchtigt und dieser dadurch tatsächlich oder voraussichtlich dazu veranlasst wird, eine geschäftliche Entscheidung zu treffen, die er andernfalls nicht getroffen hätte.

Art. 9 Belästigung, Nötigung und unzulässige Beeinflussung. Bei der Feststellung, ob im Rahmen einer Geschäftspraxis die Mittel der Belästigung, der Nötigung, einschließlich der Anwendung körperlicher Gewalt, oder der unzulässigen Beeinflussung eingesetzt werden, ist abzustellen auf:

a) Zeitpunkt, Ort, Art oder Dauer des Einsatzes;

b) die Verwendung drohender oder beleidigender Formulierungen oder Verhaltensweisen;

c) die Ausnutzung durch den Gewerbetreibenden von konkreten Unglückssituationen oder Umständen von solcher Schwere, dass sie das Urteilsvermögen des Verbrauchers beeinträchtigen, worüber sich der Gewerbetreibende bewusst ist, um die Entscheidung des Verbrauchers in Bezug auf das Produkt zu beeinflussen;

d) belastende oder unverhältnismäßige Hindernisse nichtvertraglicher Art, mit denen der Gewerbetreibende den Verbraucher an der Ausübung seiner vertraglichen Rechte zu hindern versucht, wozu auch das Recht gehört, den Vertrag zu kündigen oder zu einem anderen Produkt oder einem anderen Gewerbetreibenden zu wechseln;

e) Drohungen mit rechtlich unzulässigen Handlungen.

---

[1] Zeichensetzung amtlich.
[2] Nr. **20**.
[3] **Amtl. Anm.:** Verordnung (EU) 2019/1150 des Europäischen Parlaments und des Rates vom 20. Juni 2019 zur Förderung von Fairness und Transparenz für gewerbliche Nutzer von Online-Vermittlungsdiensten (ABl. L 186 vom 11.7.2019, S. 57).

Kapitel 3. Verhaltenskodizes

Art. 10 Verhaltenskodizes. *[1]* Diese Richtlinie schließt die Kontrolle – die von den Mitgliedstaaten gefördert werden kann – unlauterer Geschäftspraktiken durch die Urheber von Kodizes und die Inanspruchnahme solcher Einrichtungen durch die in Artikel 11 genannten Personen oder Organisationen nicht aus, wenn entsprechende Verfahren vor solchen Einrichtungen zusätzlich zu den Gerichts- oder Verwaltungsverfahren gemäß dem genannten Artikel zur Verfügung stehen.

[2] Die Inanspruchnahme derartiger Kontrolleinrichtungen bedeutet keineswegs einen Verzicht auf einen Rechtsbehelf vor einem Gericht oder einer Verwaltungsbehörde gemäß Artikel 11.

Kapitel 4. Schlussbestimmungen

Art. 11 Durchsetzung. (1) *[1]* Die Mitgliedstaaten stellen im Interesse der Verbraucher sicher, dass geeignete und wirksame Mittel zur Bekämpfung unlauterer Geschäftspraktiken vorhanden sind, um die Einhaltung dieser Richtlinie durchzusetzen.

[2] Diese Mittel umfassen Rechtsvorschriften, die es Personen oder Organisationen, die nach dem nationalen Recht ein berechtigtes Interesse an der Bekämpfung unlauterer Geschäftspraktiken haben, einschließlich Mitbewerbern, gestatten,

a) gerichtlich gegen solche unlauteren Geschäftspraktiken vorzugehen und/oder

b) gegen solche unlauteren Geschäftspraktiken ein Verfahren bei einer Verwaltungsbehörde einzuleiten, die für die Entscheidung über Beschwerden oder für die Einleitung eines geeigneten gerichtlichen Verfahrens zuständig ist.

[3] [1]Jedem Mitgliedstaat bleibt es vorbehalten zu entscheiden, welcher dieser Rechtsbehelfe zur Verfügung stehen wird und ob das Gericht oder die Verwaltungsbehörde ermächtigt werden soll, vorab die Durchführung eines Verfahrens vor anderen bestehenden Einrichtungen zur Regelung von Beschwerden, einschließlich der in Artikel 10 genannten Einrichtungen, zu verlangen. [2]Diese Rechtsbehelfe stehen unabhängig davon zur Verfügung, ob die Verbraucher sich im Hoheitsgebiet des Mitgliedstaats, in dem der Gewerbetreibende niedergelassen ist, oder in einem anderen Mitgliedstaat befinden.

[4] Jedem Mitgliedstaat bleibt vorbehalten zu entscheiden,

a) ob sich diese Rechtsbehelfe getrennt oder gemeinsam gegen mehrere Gewerbetreibende desselben Wirtschaftssektors richten können und

b) ob sich diese Rechtsbehelfe gegen den Urheber eines Verhaltenskodex richten können, wenn der betreffende Kodex der Nichteinhaltung rechtlicher Vorschriften Vorschub leistet.

(2) *[1]* Im Rahmen der in Absatz 1 genannten Rechtsvorschriften übertragen die Mitgliedstaaten den Gerichten oder Verwaltungsbehörden Befugnisse, die sie ermächtigen, in Fällen, in denen sie diese Maßnahmen unter Berücksichtigung aller betroffenen Interessen und insbesondere des öffentlichen Interesses für erforderlich halten,

a) die Einstellung der unlauteren Geschäftspraktiken anzuordnen oder ein geeignetes gerichtliches Verfahren zur Anordnung der Einstellung der betreffenden unlauteren Geschäftspraxis einzuleiten,
oder

b) falls die unlautere Geschäftspraxis noch nicht angewandt wurde, ihre Anwendung jedoch bevorsteht, diese Praxis zu verbieten oder ein geeignetes gerichtliches Verfahren zur Anordnung des Verbots dieser Praxis einzuleiten,

auch wenn kein tatsächlicher Verlust oder Schaden bzw. Vorsatz oder Fahrlässigkeit seitens des Gewerbetreibenden nachweisbar ist.

[2] Die Mitgliedstaaten sehen ferner vor, dass die in Unterabsatz 1 genannten Maßnahmen im Rahmen eines beschleunigten Verfahrens mit

– vorläufiger Wirkung

oder

– endgültiger Wirkung

getroffen werden können, wobei jedem Mitgliedstaat vorbehalten bleibt zu entscheiden, welche dieser beiden Möglichkeiten gewählt wird.

[3] Außerdem können die Mitgliedstaaten den Gerichten oder Verwaltungsbehörden Befugnisse übertragen, die sie ermächtigen, zur Beseitigung der fortdauernden Wirkung unlauterer Geschäftspraktiken, deren Einstellung durch eine rechtskräftige Entscheidung angeordnet worden ist,

a) die Veröffentlichung dieser Entscheidung ganz oder auszugsweise und in der von ihnen für angemessen erachteten Form zu verlangen;

b) außerdem die Veröffentlichung einer berichtigenden Erklärung zu verlangen.

(3) *[1]* Die in Absatz 1 genannten Verwaltungsbehörden müssen

a) so zusammengesetzt sein, dass ihre Unparteilichkeit nicht in Zweifel gezogen werden kann;

b) über ausreichende Befugnisse verfügen, um die Einhaltung ihrer Entscheidungen über Beschwerden wirksam überwachen und durchsetzen zu können;

c) in der Regel ihre Entscheidungen begründen.

[2] ¹Werden die in Absatz 2 genannten Befugnisse ausschließlich von einer Verwaltungsbehörde ausgeübt, so sind die Entscheidungen stets zu begründen. ²In diesem Fall sind ferner Verfahren vorzusehen, in denen eine fehlerhafte oder unsachgemäße Ausübung der Befugnisse durch die Verwaltungsbehörde oder eine fehlerhafte oder unsachgemäße Nichtausübung dieser Befugnisse von den Gerichten überprüft werden kann.

Art. 11a Rechtsschutz. (1) ¹Verbraucher, die durch unlautere Geschäftspraktiken geschädigt wurden, haben Zugang zu angemessenen und wirksamen Rechtsbehelfen, einschließlich Ersatz des dem Verbraucher entstandenen Schadens sowie gegebenenfalls Preisminderung oder Beendigung des Vertrags. ²Die Mitgliedstaaten können die Voraussetzungen für die Anwendung und die Folgen der Rechtsbehelfe festlegen. ³Die Mitgliedstaaten können gegebenenfalls die Schwere und Art der unlauteren Geschäftspraktik, den dem Verbraucher entstandenen Schaden sowie weitere relevante Umstände berücksichtigen.

(2) Diese Rechtsbehelfe berühren nicht die Anwendung anderer Rechtsbehelfe, die den Verbrauchern nach dem Unionsrecht oder dem nationalen Recht zur Verfügung stehen.

Art. 12 Gerichte und Verwaltungsbehörden: Begründung von Behauptungen. Die Mitgliedstaaten übertragen den Gerichten oder Verwaltungsbehörden Befugnisse, die sie ermächtigt, in den in Artikel 11 vorgesehenen Verfahren vor den Zivilgerichten oder Verwaltungsbehörden

a) vom Gewerbetreibenden den Beweis der Richtigkeit von Tatsachenbehauptungen im Zusammenhang mit einer Geschäftspraxis zu verlangen, wenn ein solches Verlangen unter Berücksichtigung der berechtigten Interessen des Gewerbetreibenden und anderer Verfahrensbeteiligter im Hinblick auf die Umstände des Einzelfalls angemessen erscheint,

b) Tatsachenbehauptungen als unrichtig anzusehen, wenn der gemäß Buchstabe a verlangte Beweis nicht angetreten wird oder wenn er von dem Gericht oder der Verwaltungsbehörde für unzureichend erachtet wird.

Art. 13 Sanktionen. (1) [1] Die Mitgliedstaaten erlassen Vorschriften über Sanktionen, die bei Verstößen gegen die gemäß dieser Richtlinie erlassenen nationalen Vorschriften zu verhängen sind, und treffen alle für die Anwendung der Sanktionen erforderlichen Maßnahmen. [2] Die vorgesehenen Sanktionen müssen wirksam, verhältnismäßig und abschreckend sein.

(2) Die Mitgliedstaaten stellen sicher, dass bei der Verhängung der Sanktionen folgende als nicht abschließend zu verstehende und beispielhafte Kriterien, sofern zutreffend, berücksichtigt werden:

a) die Art, die Schwere, der Umfang und die Dauer des Verstoßes;

b) Maßnahmen des Gewerbetreibenden zur Minderung oder Beseitigung des Schadens, der Verbrauchern entstanden ist;

c) frühere Verstöße des Gewerbetreibenden;

d) vom Gewerbetreibenden aufgrund des Verstoßes erlangte finanzielle Vorteile oder vermiedene Verluste, wenn dazu die entsprechenden Daten verfügbar sind;

e) Sanktionen, die gegen den Gewerbetreibenden für denselben Verstoß in grenzüberschreitenden Fällen in anderen Mitgliedstaaten verhängt wurden, sofern Informationen über solche Sanktionen im Rahmen des aufgrund der Verordnung (EU) 2017/2394 des Europäischen Parlaments und des Rates[1] errichteten Mechanismus verfügbar sind;

f) andere erschwerende oder mildernde Umstände im jeweiligen Fall.

(3) [1] Die Mitgliedstaaten stellen sicher, dass im Rahmen der Verhängung von Sanktionen nach Artikel 21 der Verordnung (EU) 2017/2394 entweder Geldbußen im Verwaltungsverfahren verhängt werden können oder gerichtliche Verfahren zur Verhängung von Geldbußen eingeleitet werden können oder beides erfolgen kann, wobei sich der Höchstbetrag solcher Geldbußen auf mindestens 4 % des Jahresumsatzes des Gewerbetreibenden in dem (den) betref-

---

[1] **Amtl. Anm.:** Verordnung (EU) 2017/2394 des Europäischen Parlaments und des Rates vom 12. Dezember 2017 über die Zusammenarbeit zwischen den für die Durchsetzung der Verbraucherschutzgesetze zuständigen nationalen Behörden und zur Aufhebung der Verordnung (EG) Nr. 2006/2004 (ABl. L 345 vom 27.12.2017, S. 1).

fenden Mitgliedstaat(en) beläuft. ²Unbeschadet der genannten Verordnung können die Mitgliedstaaten die Verhängung von Geldbußen aus verfassungsrechtlichen Gründen beschränken auf:

a) Verstöße gegen die Artikel 6, 7, 8 und 9 sowie gegen Anhang I dieser Richtlinie und

b) die fortgesetzte Anwendung einer Geschäftspraktik durch einen Gewerbetreibenden, die von der zuständigen nationalen Behörde oder dem zuständigen nationalen Gericht als unlauter eingestuft worden ist, wenn diese Geschäftspraktik keinen Verstoß gemäß Buchstaben a darstellt.

(4) Für den Fall, dass eine Geldbuße gemäß Absatz 3 zu verhängen ist, jedoch keine Informationen über den Jahresumsatz des Gewerbetreibenden verfügbar sind, sehen die Mitgliedstaaten die Möglichkeit der Verhängung von Geldbußen mit einem Höchstbetrag von mindestens 2 Mio. EUR vor.

(5) Die Mitgliedstaaten teilen der Kommission ihre Vorschriften und Maßnahmen nach Absatz 1 bis zum 28. November 2021 mit und unterrichten sie unverzüglich über etwaige spätere Änderungen dieser Vorschriften und Maßnahmen.

Art. 14–16 [Änderung anderer Richtlinien] *(hier nicht wiedergegeben)*

Art. 17 Information. Die Mitgliedstaaten treffen angemessene Maßnahmen, um die Verbraucher über die nationalen Bestimmungen zur Umsetzung dieser Richtlinie zu informieren, und regen gegebenenfalls Gewerbetreibende und Urheber von Kodizes dazu an, die Verbraucher über ihre Verhaltenskodizes zu informieren.

Art. 18 Änderung. (1) ¹Die Kommission legt dem Europäischen Parlament und dem Rat spätestens am 12. Juni 2011 einen umfassenden Bericht über die Anwendung dieser Richtlinie, insbesondere von Artikel 3 Absatz 9, Artikel 4 und Anhang I, den Anwendungsbereich einer weiteren Angleichung und die Vereinfachung des Gemeinschaftsrechts zum Verbraucherschutz sowie, unter Berücksichtigung des Artikels 3 Absatz 5, über Maßnahmen vor, die auf Gemeinschaftsebene ergriffen werden müssen, um sicherzustellen, dass ein angemessenes Verbraucherschutzniveau beibehalten wird. ²Dem Bericht wird erforderlichenfalls ein Vorschlag zur Änderung dieser Richtlinie oder anderer einschlägiger Teile des Gemeinschaftsrechts beigefügt.

(2) Das Europäische Parlament und der Rat streben gemäß dem Vertrag danach, binnen zwei Jahren nach Vorlage eines Vorschlags der Kommission nach Absatz 1 geeignete Maßnahmen zu treffen.

Art. 19 Umsetzung. *[1]* ¹Die Mitgliedstaaten erlassen und veröffentlichen bis zum 12. Juni 2007 die Rechts- und Verwaltungsvorschriften, die erforderlich sind, um dieser Richtlinie nachzukommen. ²Sie setzen die Kommission davon und von allen späteren Änderungen unverzüglich in Kenntnis.

[2] ¹Sie wenden diese Vorschriften ab dem 12. Dezember 2007 an. ²Wenn die Mitgliedstaaten diese Vorschriften erlassen, nehmen sie in den Vorschriften selbst oder durch einen Hinweis bei der amtlichen Veröffentlichung auf diese Richtlinie Bezug. ³Die Mitgliedstaaten regeln die Einzelheiten der Bezugnahme.

Art. 20 Inkrafttreten. Diese Richtlinie tritt am Tag nach ihrer Veröffentlichung[1] im *Amtsblatt der Europäischen Union* in Kraft.

Art. 21 Adressaten. Diese Richtlinie ist an die Mitgliedstaaten gerichtet.

Anhang I. Geschäftspraktiken, die unter allen Umständen als Unlauter gelten

Irreführende Geschäftspraktiken

1. Die Behauptung eines Gewerbetreibenden, zu den Unterzeichnern eines Verhaltenskodex zu gehören, obgleich dies nicht der Fall ist.
2. Die Verwendung von Gütezeichen, Qualitätskennzeichen oder Ähnlichem ohne die erforderliche Genehmigung.
3. Die Behauptung, ein Verhaltenskodex sei von einer öffentlichen oder anderen Stelle gebilligt, obgleich dies nicht der Fall ist.
4. Die Behauptung, dass ein Gewerbetreibender (einschließlich seiner Geschäftspraktiken) oder ein Produkt von einer öffentlichen oder privaten Stelle bestätigt, gebilligt oder genehmigt worden sei, obwohl dies nicht der Fall ist, oder die Aufstellung einer solchen Behauptung, ohne dass den Bedingungen für die Bestätigung, Billigung oder Genehmigung entsprochen wird.
5. Aufforderung zum Kauf von Produkten zu einem bestimmten Preis, ohne dass darüber aufgeklärt wird, dass der Gewerbetreibende hinreichende Gründe für die Annahme hat, dass er nicht in der Lage sein wird, dieses oder ein gleichwertiges Produkt zu dem genannten Preis für einen Zeitraum und in einer Menge zur Lieferung bereitzustellen oder durch einen anderen Gewerbetreibenden bereitstellen zu lassen, wie es in Bezug auf das Produkt, den Umfang der für das Produkt eingesetzten Werbung und den Angebotspreis angemessen wäre (Lockangebote).
6. Aufforderung zum Kauf von Produkten zu einem bestimmten Preis und dann
   a) Weigerung, dem Verbraucher den beworbenen Artikel zu zeigen, oder
   b) Weigerung, Bestellungen dafür anzunehmen oder innerhalb einer vertretbaren Zeit zu liefern, oder
   c) Vorführung eines fehlerhaften Exemplars
   in der Absicht, stattdessen ein anderes Produkt abzusetzen („bait-and-switch"-Technik).
7. Falsche Behauptung, dass das Produkt nur eine sehr begrenzte Zeit oder nur eine sehr begrenzte Zeit zu bestimmten Bedingungen verfügbar sein werde, um so den Verbraucher zu einer sofortigen Entscheidung zu verleiten, so dass er weder Zeit noch Gelegenheit hat, eine informierte Entscheidung zu treffen.
8. Verbrauchern, mit denen der Gewerbetreibende vor Abschluss des Geschäfts in einer Sprache kommuniziert hat, bei der es sich nicht um eine Amtssprache des Mitgliedstaats handelt, in dem der Gewerbetreibende

---

[1] Veröffentlicht am 11.6.2005.

niedergelassen ist, wird eine nach Abschluss des Geschäfts zu erbringende Leistung zugesichert, diese Leistung wird anschließend aber nur in einer anderen Sprache erbracht, ohne dass der Verbraucher eindeutig hierüber aufgeklärt wird, bevor er das Geschäft tätigt.

9. Behauptung oder anderweitige Herbeiführung des Eindrucks, ein Produkt könne rechtmäßig verkauft werden, obgleich dies nicht der Fall ist.

10. Den Verbrauchern gesetzlich zugestandene Rechte werden als Besonderheit des Angebots des Gewerbetreibenden präsentiert.

11. Es werden redaktionelle Inhalte in Medien zu Zwecken der Verkaufsförderung eingesetzt und der Gewerbetreibende hat diese Verkaufsförderung bezahlt, ohne dass dies aus dem Inhalt oder aus für den Verbraucher klar erkennbaren Bildern und Tönen eindeutig hervorgehen würde (als Information getarnte Werbung). Die Richtlinie 89/552/EWG[1]) bleibt davon unberührt.

11a. Anzeige von Suchergebnissen aufgrund der Online-Suchanfrage eines Verbrauchers ohne dass etwaige Werbung oder spezielle Zahlungen, die dazu dienen, ein höheres Ranking der jeweiligen Produkte im Rahmen der Suchergebnisse zu erreichen, eindeutig offengelegt werden.

12. Aufstellen einer sachlich falschen Behauptung über die Art und das Ausmaß der Gefahr für die persönliche Sicherheit des Verbrauchers oder seiner Familie für den Fall, dass er das Produkt nicht kauft.

13. Werbung für ein Produkt, das einem Produkt eines bestimmten Herstellers ähnlich ist, in einer Weise, die den Verbraucher absichtlich dazu verleitet, zu glauben, das Produkt sei von jenem Hersteller hergestellt worden, obwohl dies nicht der Fall ist.

14. Einführung, Betrieb oder Förderung eines Schneeballsystems zur Verkaufsförderung, bei dem der Verbraucher die Möglichkeit vor Augen hat, eine Vergütung zu erzielen, die hauptsächlich durch die Einführung neuer Verbraucher in ein solches System und weniger durch den Verkauf oder Verbrauch von Produkten zu erzielen ist.

15. Behauptung, der Gewerbetreibende werde demnächst sein Geschäft aufgeben oder seine Geschäftsräume verlegen, obwohl er dies keineswegs beabsichtigt.

16. Behauptung, Produkte könnten die Gewinnchancen bei Glücksspielen erhöhen.

17. Falsche Behauptung, ein Produkt könne Krankheiten, Funktionsstörungen oder Missbildungen heilen.

18. Erteilung sachlich falscher Informationen über die Marktbedingungen oder die Möglichkeit, das Produkt zu finden, mit dem Ziel, den Verbraucher dazu zu bewegen, das Produkt zu weniger günstigen Bedingungen als den normalen Marktbedingungen zu kaufen.

19. Es werden Wettbewerbe und Preisausschreiben angeboten, ohne dass die beschriebenen Preise oder ein angemessenes Äquivalent vergeben werden.

---

[1]) **Amtl. Anm.:** Richtlinie 89/552/EWG des Rates vom 3. Oktober 1989 zur Koordinierung bestimmter Rechts- und Verwaltungsvorschriften der Mitgliedstaaten über die Ausübung der Fernsehtätigkeit (ABl. L 298 vom 17.10.1989, S. 23). Geändert durch die Richtlinie 97/36/EG des Europäischen Parlaments und des Rates (ABl. L 202 vom 30.7.1997, S. 60).

20. Ein Produkt wird als „gratis", „umsonst", „kostenfrei" oder Ähnliches beschrieben, obwohl der Verbraucher weitere Kosten als die Kosten zu tragen hat, die im Rahmen des Eingehens auf die Geschäftspraktik und für die Abholung oder Lieferung der Ware unvermeidbar sind.

21. Werbematerialien wird eine Rechnung oder ein ähnliches Dokument mit einer Zahlungsaufforderung beigefügt, die dem Verbraucher den Eindruck vermitteln, dass er das beworbene Produkt bereits bestellt hat, obwohl dies nicht der Fall ist.

22. Fälschliche Behauptung oder Erweckung des Eindrucks, dass der Händler nicht für die Zwecke seines Handels, Geschäfts, Gewerbes oder Berufs handelt, oder fälschliches Auftreten als Verbraucher.

23. Erwecken des fälschlichen Eindrucks, dass der Kundendienst im Zusammenhang mit einem Produkt in einem anderen Mitgliedstaat verfügbar sei als demjenigen, in dem das Produkt verkauft wird.

23a. Der Wiederverkauf von Eintrittskarten für Veranstaltungen an Verbraucher, wenn der Gewerbetreibende diese Eintrittskarten unter Verwendung automatisierter Verfahren erworben hat, die dazu dienen, Beschränkungen in Bezug auf die Zahl der von einer Person zu erwerbenden Eintrittskarten oder andere für den Verkauf der Eintrittskarten geltende Regeln zu umgehen.

23b. Die Behauptung, dass Bewertungen eines Produkts von Verbrauchern stammen, die das Produkt tatsächlich verwendet oder erworben haben, ohne dass angemessene und verhältnismäßige Schritte unternommen wurden, um zu prüfen, ob die Bewertungen wirklich von solchen Verbrauchern stammen.

23c. Die Abgabe gefälschter Bewertungen oder Empfehlungen von Verbrauchern bzw. die Erteilung des Auftrags an andere juristische oder natürliche Personen, gefälschte Bewertungen oder Empfehlungen von Verbrauchern abzugeben, sowie die falsche Darstellung von Verbraucherbewertungen oder Empfehlungen in sozialen Medien zu Zwecken der Verkaufsförderung.

Aggressive Geschäftspraktiken

24. Erwecken des Eindrucks, der Verbraucher könne die Räumlichkeiten ohne Vertragsabschluss nicht verlassen.

25. Nichtbeachtung der Aufforderung des Verbrauchers bei persönlichen Besuchen in dessen Wohnung, diese zu verlassen bzw. nicht zurückzukehren, außer in Fällen und in den Grenzen, in denen dies nach dem nationalen Recht gerechtfertigt ist, um eine vertragliche Verpflichtung durchzusetzen.

26. Kunden werden durch hartnäckiges und unerwünschtes Ansprechen über Telefon, Fax, E-Mail oder sonstige für den Fernabsatz geeignete Medien geworben, außer in Fällen und in den Grenzen, in denen ein solches Verhalten nach den nationalen Rechtsvorschriften gerechtfertigt ist, um eine vertragliche Verpflichtung durchzusetzen. Dies gilt unbeschadet des Artikels 10 der Richtlinie 97/7/EG sowie der Richtlinien 95/46/EG[1]) und 2002/58/EG[2]).

---

[1]) **Amtl. Anm.:** Richtlinie 95/46/EG des Europäischen Parlaments und des Rates vom 24. Oktober 1995 zum Schutz natürlicher Personen bei der Verarbeitung personenbezogener Daten und zum →

27. Aufforderung eines Verbrauchers, der eine Versicherungspolice in Anspruch nehmen möchte, Dokumente vorzulegen, die vernünftigerweise nicht als relevant für die Gültigkeit des Anspruchs anzusehen sind, oder systematische Nichtbeantwortung einschlägiger Schreiben, um so den Verbraucher von der Ausübung seiner vertraglichen Rechte abzuhalten.

28. Einbeziehung einer direkten Aufforderung an Kinder in eine Werbung, die beworbenen Produkte zu kaufen oder ihre Eltern oder andere Erwachsene zu überreden, die beworbenen Produkte für sie zu kaufen. Diese Bestimmung gilt unbeschadet des Artikels 16 der Richtlinie 89/552/EWG über die Ausübung der Fernsehtätigkeit.

29. Aufforderung des Verbrauchers zur sofortigen oder späteren Bezahlung oder zur Rücksendung oder Verwahrung von Produkten, die der Gewerbetreibende geliefert, der Verbraucher aber nicht bestellt hat (unbestellte Waren oder Dienstleistungen); ausgenommen hiervon sind Produkte, bei denen es sich um Ersatzlieferungen gemäß Artikel 7 Absatz 3 der Richtlinie 97/7/EG handelt.

30. Ausdrücklicher Hinweis gegenüber dem Verbraucher, dass Arbeitsplatz oder Lebensunterhalt des Gewerbetreibenden gefährdet sind, falls der Verbraucher das Produkt oder die Dienstleistung nicht erwirbt.

31. Erwecken des fälschlichen Eindrucks, der Verbraucher habe bereits einen Preis gewonnen, werde einen Preis gewinnen oder werde durch eine bestimmte Handlung einen Preis oder einen sonstigen Vorteil gewinnen, obwohl:

– es in Wirklichkeit keinen Preis oder sonstigen Vorteil gibt, oder

– die Möglichkeit des Verbrauchers, Handlungen in Bezug auf die Inanspruchnahme des Preises oder eines sonstigen Vorteils vorzunehmen, in Wirklichkeit von der Zahlung eines Betrags oder der Übernahme von Kosten durch den Verbraucher abhängig gemacht wird.

Anhang II. Bestimmungen des Gemeinschaftsrechts zur Regelung der Bereiche Werbung und kommerzielle Kommunikation

(hier nicht wiedergegeben)

(Fortsetzung der Anm. von voriger Seite)
freien Datenverkehr (ABl. L 281 vom 23.11.1995, S. 31). Geändert durch die Verordnung (EG) Nr. 1882/2003 (ABl. L 284 vom 31.10.2003, S. 1).
[2]) Nr. **8**.

10. Gesetz über den Schutz von Marken und sonstigen Kennzeichen (Markengesetz – MarkenG)[1]

Vom 25. Oktober 1994
(BGBl. I S. 3082, ber. 1995 I S. 156)
FNA 423-5-2

zuletzt geänd. durch Art. 5 Zweites G zur Vereinfachung und Modernisierung des Patentrechts v. 10.8.2021 (BGBl. I S. 3490)

Inhaltsübersicht
Teil 1. Anwendungsbereich
§ 1 Geschützte Marken und sonstige Kennzeichen
§ 2 Anwendung anderer Vorschriften

Teil 2. Voraussetzungen, Inhalt und Schranken des Schutzes von Marken und geschäftlichen Bezeichnungen; Übertragung und Lizenz

Abschnitt 1. Marken und geschäftliche Bezeichnungen; Vorrang und Zeitrang

§ 3 Als Marke schutzfähige Zeichen
§ 4 Entstehung des Markenschutzes
§ 5 Geschäftliche Bezeichnungen
§ 6 Vorrang und Zeitrang

Abschnitt 2. Voraussetzungen für den Schutz von Marken durch Eintragung

§ 7 Inhaberschaft
§ 8 Absolute Schutzhindernisse
§ 9 Angemeldete oder eingetragene Marken als relative Schutzhindernisse
§ 10 Notorisch bekannte Marken
§ 11 Agentenmarken
§ 12 Durch Benutzung erworbene Marken und geschäftliche Bezeichnungen mit älterem Zeitrang
§ 13 Sonstige ältere Rechte

Abschnitt 3. Schutzinhalt; Rechtsverletzungen

§ 14 Ausschließliches Recht des Inhabers einer Marke; Unterlassungsanspruch; Schadensersatzanspruch
§ 14a Waren unter zollamtlicher Überwachung
§ 15 Ausschließliches Recht des Inhabers einer geschäftlichen Bezeichnung; Unterlassungsanspruch; Schadensersatzanspruch
§ 16 Wiedergabe einer eingetragenen Marke in Nachschlagewerken
§ 17 Ansprüche gegen Agenten oder Vertreter
§ 18 Vernichtungs- und Rückrufansprüche
§ 19 Auskunftsanspruch
§ 19a Vorlage- und Besichtigungsansprüche
§ 19b Sicherung von Schadensersatzansprüchen
§ 19c Urteilsbekanntmachung
§ 19d Ansprüche aus anderen gesetzlichen Vorschriften

Abschnitt 4. Schranken des Schutzes

§ 20 Verjährung
§ 21 Verwirkung von Ansprüchen
§ 22 Ausschluß von Ansprüchen bei Bestandskraft der Eintragung einer Marke mit jüngerem Zeitrang
§ 23 Benutzung von Namen und beschreibenden Angaben; Ersatzteilgeschäft

---

[1] Verkündet als Art. 1 MarkenrechtsreformG v. 25.10.1994 (BGBl. I S. 3082); Inkrafttreten gem. Art. 50 dieses G am 1.1.1995 mit Ausnahme der §§ 65, 130–139, 140 Abs. 2, § 144 Abs. 6 und § 145 Abs. 2 und 3, die am 1.11.1994 in Kraft getreten sind.
Die §§ 119–125 traten gem. Bek. v. 24.4.1996 (BGBl. I S. 682) mit dem Protokoll v. 27.6.1989 zum Abkommen von Madrid über die internationale Registrierung von Marken am 20.3.1996 in Kraft.

Markengesetz **MarkenG 10**

- § 24 Erschöpfung
- § 25 Ausschluß von Ansprüchen bei mangelnder Benutzung
- § 26 Benutzung der Marke

Abschnitt 5. Marken als Gegenstand des Vermögens

- § 27 Rechtsübergang
- § 28 Vermutung der Rechtsinhaberschaft; Zustellungen an den Inhaber
- § 29 Dingliche Rechte; Zwangsvollstreckung; Insolvenzverfahren
- § 30 Lizenzen
- § 31 Angemeldete Marken

Teil 3. Verfahren in Markenangelegenheiten

Abschnitt 1. Eintragungsverfahren

- § 32 Erfordernisse der Anmeldung
- § 33 [Anmeldetag; Anspruch auf Eintragung; Veröffentlichung der Anmeldung]
- § 34 Ausländische Priorität
- § 35 Ausstellungspriorität
- § 36 Prüfung der Anmeldungserfordernisse
- § 37 Prüfung auf absolute Schutzhindernisse; Bemerkungen Dritter
- § 38 Beschleunigte Prüfung
- § 39 Zurücknahme, Einschränkung und Berichtigung der Anmeldung
- § 40 Teilung der Anmeldung
- § 41 Eintragung, Veröffentlichung und Markeninformation
- § 42 Widerspruch
- § 43 Einrede mangelnder Benutzung; Entscheidung über den Widerspruch
- § 44 Eintragungsbewilligungsklage

Abschnitt 2. Berichtigung; Teilung; Schutzdauer und Verlängerung

- § 45 Berichtigung des Registers und von Veröffentlichungen
- § 46 Teilung der Eintragung
- § 47 Schutzdauer und Verlängerung

Abschnitt 3. Verzicht; Verfalls- und Nichtigkeitsverfahren

- § 48 Verzicht
- § 49 Verfall
- § 50 Nichtigkeit wegen absoluter Schutzhindernisse
- § 51 Nichtigkeit wegen des Bestehens älterer Rechte
- § 52 Wirkungen des Verfalls und der Nichtigkeit
- § 53 Verfalls- und Nichtigkeitsverfahren vor dem Deutschen Patent- und Markenamt
- § 54 Beitritt zum Verfalls- und Nichtigkeitsverfahren
- § 55 Verfalls- und Nichtigkeitsverfahren vor den ordentlichen Gerichten

Abschnitt 4. Allgemeine Vorschriften für das Verfahren vor dem Deutschen Patent- und Markenamt

- § 56 Zuständigkeiten im Deutschen Patent- und Markenamt
- § 57 Ausschließung und Ablehnung
- § 58 Gutachten
- § 59 Ermittlung des Sachverhalts; rechtliches Gehör
- § 60 Ermittlungen; Anhörungen; Niederschrift
- § 61 Beschlüsse; Rechtsmittelbelehrung
- § 62 Akteneinsicht; Registereinsicht
- § 62a Datenschutz
- § 63 Kosten der Verfahren
- § 64 Erinnerung
- § 64a Kostenregelungen im Verfahren vor dem Deutschen Patent- und Markenamt
- § 65 Rechtsverordnungsermächtigung
- § 65a Verwaltungszusammenarbeit

Abschnitt 5. Verfahren vor dem Bundespatentgericht

- § 66 Beschwerde
- § 67 Beschwerdesenate; Öffentlichkeit der Verhandlung
- § 68 Beteiligung des Präsidenten oder der Präsidentin des Deutschen Patent- und Markenamts
- § 69 Mündliche Verhandlung
- § 70 Entscheidung über die Beschwerde
- § 71 Kosten des Beschwerdeverfahrens

145

§ 72	Ausschließung und Ablehnung
§ 73	Ermittlung des Sachverhalts; Vorbereitung der mündlichen Verhandlung
§ 74	Beweiserhebung
§ 75	Ladungen
§ 76	Gang der Verhandlung
§ 77	Niederschrift
§ 78	Beweiswürdigung; rechtliches Gehör
§ 79	Verkündung; Zustellung; Begründung
§ 80	Berichtigungen
§ 81	Vertretung; Vollmacht
§ 81a	Verfahrenskostenhilfe
§ 82	Anwendung weiterer Vorschriften; Anfechtbarkeit; Akteneinsicht

Abschnitt 6. Verfahren vor dem Bundesgerichtshof

§ 83	Zugelassene und zulassungsfreie Rechtsbeschwerde
§ 84	Beschwerdeberechtigung; Beschwerdegründe
§ 85	Förmliche Voraussetzungen
§ 86	Prüfung der Zulässigkeit
§ 87	Mehrere Beteiligte
§ 88	Anwendung weiterer Vorschriften
§ 89	Entscheidung über die Rechtsbeschwerde
§ 89a	Abhilfe bei Verletzung des Anspruchs auf rechtliches Gehör
§ 90	Kostenentscheidung

Abschnitt 7. Gemeinsame Vorschriften

§ 91	Wiedereinsetzung
§ 91a	Weiterbehandlung der Anmeldung
§ 92	Wahrheitspflicht
§ 93	Amtssprache und Gerichtssprache
§ 93a	Entschädigung von Zeugen, Vergütung von Sachverständigen
§ 94	Zustellungen; Verordnungsermächtigung
§ 95	Rechtshilfe
§ 95a	Elektronische Verfahrensführung, Verordnungsermächtigung
§ 96	Inlandsvertreter
§ 96a	Rechtsschutz bei überlangen Gerichtsverfahren

Teil 4. Kollektivmarken

§ 97	Kollektivmarken
§ 98	Inhaberschaft
§ 99	Eintragbarkeit von geographischen Herkunftsangaben als Kollektivmarken
§ 100	Schranken des Schutzes; Benutzung
§ 101	Klagebefugnis; Schadensersatz
§ 102	Kollektivmarkensatzung
§ 103	Prüfung der Anmeldung
§ 104	Änderung der Kollektivmarkensatzung
§ 105	Verfall
§ 106	Nichtigkeit wegen absoluter Schutzhindernisse

Teil 5. Gewährleistungsmarken

§ 106a	Gewährleistungsmarken
§ 106b	Inhaberschaft und ernsthafte Benutzung
§ 106c	Klagebefugnis; Schadensersatz
§ 106d	Gewährleistungsmarkensatzung
§ 106e	Prüfung der Anmeldung
§ 106f	Änderung der Gewährleistungsmarkensatzung
§ 106g	Verfall
§ 106h	Nichtigkeit wegen absoluter Schutzhindernisse

[bis 30.4.2022:]

Teil 6. Schutz von Marken nach dem Madrider Markenabkommen und nach dem Protokoll zum Madrider Markenabkommen; Unionsmarken

Abschnitt 1. Schutz von Marken nach dem Madrider Markenabkommen

| § 107 | Entsprechende Anwendung der Vorschriften dieses Gesetzes; Sprache |
| § 108 | Antrag auf internationale Registrierung |

§ 109	Gebühren
§ 110	Eintragung im Register
§ 111	Nachträgliche Schutzerstreckung
§ 112	Wirkung der internationalen Registrierung
§ 113	Prüfung auf absolute Schutzhindernisse
§ 114	Widerspruch gegen eine international registrierte Marke
§ 115	Schutzentziehung
§ 116	Widerspruch aufgrund einer international registrierten Marke und Antrag auf Erklärung der Nichtigkeit aufgrund einer international registrierten Marke
§ 117	Ausschluß von Ansprüchen wegen mangelnder Benutzung
§ 118	Zustimmung bei Übertragungen international registrierter Marken

Abschnitt 2. Schutz von Marken nach dem Protokoll zum Madrider Markenabkommen

§ 119	Anwendung der Vorschriften dieses Gesetzes; Sprachen
§ 120	Antrag auf internationale Registrierung
§ 121	Gebühren
§ 122	Vermerk in den Akten; Eintragung im Register
§ 123	Nachträgliche Schutzerstreckung
§ 124	Entsprechende Anwendung der Vorschriften über die Wirkung der nach dem Madrider Markenabkommen international registrierten Marken
§ 125	Umwandlung einer internationalen Registrierung

Abschnitt 3. Unionsmarken

§ 125a	(weggefallen)
§ 125b	[Anwendung der Vorschriften dieses Gesetzes]
§ 125c	[Nachträgliche Feststellung der Ungültigkeit einer Marke]
§ 125d	Umwandlung von Unionsmarken
§ 125e	Unionsmarkenstreitsachen; Unionsmarkengerichte
§ 125f	[Unterrichtung der Kommission]
§ 125g	Örtliche Zuständigkeit der Unionsmarkengerichte
§ 125h	[Insolvenzverfahren]
§ 125i	Erteilung der Vollstreckungsklausel

[ab 1.5.2022:]

Teil 6. Schutz von Marken nach dem Protokoll zum Madrider Markenabkommen; Unionsmarken

Abschnitt 1. Schutz von Marken nach dem Protokoll zum Madrider Markenabkommen

§ 107	*Anwendung der Vorschriften dieses Gesetzes; Sprachen*
§ 108	*Antrag auf internationale Registrierung*
§ 109	*Gebühren*
§ 110	*Vermerk in den Akten, Eintragung im Register*
§ 111	*Nachträgliche Schutzerstreckung*
§ 112	*Wirkung der internationalen Registrierung und der nachträglichen Schutzerstreckung*
§ 113	*Prüfung auf absolute Schutzhindernisse*
§ 114	*Widerspruch gegen eine international registrierte Marke*
§ 115	*Schutzentziehung*
§ 116	*Widerspruch aufgrund einer international registrierten Marke und Antrag oder Klage auf Erklärung der Nichtigkeit aufgrund einer international registrierten Marke*
§ 117	*Ausschluss von Ansprüchen wegen mangelnder Benutzung*
§ 118	*Umwandlung einer internationalen Registrierung*

Abschnitt 2. Unionsmarken

§ 119	*Anwendung der Vorschriften dieses Gesetzes*
§ 120	*Nachträgliche Feststellung der Ungültigkeit einer Marke*
§ 121	*Umwandlung von Unionsmarken*
§ 122	*Unionsmarkenstreitsachen, Unionsmarkengerichte*
§ 123	*Unterrichtung der Kommission*
§ 124	*Örtliche Zuständigkeit der Unionsmarkengerichte*
§ 125	*Insolvenzverfahren*
§ 125a	*Erteilung der Vollstreckungsklausel*

Teil 7. Geographische Herkunftsangaben

Abschnitt 1. Schutz geographischer Herkunftsangaben

§ 126	Als geographische Herkunftsangaben geschützte Namen, Angaben oder Zeichen
§ 127	Schutzinhalt

§ 128 Ansprüche wegen Verletzung
§ 129 Verjährung

Abschnitt 2. Schutz von geographischen Angaben und Ursprungsbezeichnungen gemäß der Verordnung (EU) Nr. 1151/2012

§ 130 Verfahren vor dem Deutschen Patent- und Markenamt; nationales Einspruchsverfahren
§ 131 Zwischenstaatliches Einspruchsverfahren
§ 132 Antrag auf Änderung der Spezifikation, Löschungsverfahren
§ 133 Rechtsmittel
§ 134 Überwachung
§ 135 Ansprüche wegen Verletzung
§ 136 Verjährung

Abschnitt 3. Ermächtigungen zum Erlaß von Rechtsverordnungen

§ 137 Nähere Bestimmungen zum Schutz einzelner geographischer Herkunftsangaben
§ 138 Sonstige Vorschriften für das Verfahren bei Anträgen und Einsprüchen nach der Verordnung (EU) Nr. 1151/2012
§ 139 Durchführungsbestimmungen zur Verordnung (EU) Nr. 1151/2012; Verordnungsermächtigung

Teil 8. Verfahren in Kennzeichenstreitsachen

§ 140 Kennzeichenstreitsachen
§ 141 Gerichtsstand bei Ansprüchen nach diesem Gesetz und dem Gesetz gegen den unlauteren Wettbewerb
§ 142 Streitwertbegünstigung

Teil 9. Straf- und Bußgeldvorschriften; Beschlagnahme bei der Einfuhr und Ausfuhr

Abschnitt 1. Straf- und Bußgeldvorschriften

§ 143 Strafbare Kennzeichenverletzung
§ 143a Strafbare Verletzung der Unionsmarke
§ 144 Strafbare Benutzung geographischer Herkunftsangaben
§ 145 Bußgeldvorschriften

Abschnitt 2. Beschlagnahme von Waren bei der Einfuhr und Ausfuhr

§ 146 Beschlagnahme bei der Verletzung von Kennzeichenrechten
§ 147 Einziehung; Widerspruch; Aufhebung der Beschlagnahme
§ 148 Zuständigkeiten; Rechtsmittel
§ 149 Schadensersatz bei ungerechtfertigter Beschlagnahme
§ 150 Verfahren nach der Verordnung (EU) Nr. 608/2013
§ 151 Verfahren nach deutschem Recht bei geographischen Herkunftsangaben

Teil 10. Übergangsvorschriften

§ 152 Anwendung dieses Gesetzes
§ 153 Schranken für die Geltendmachung von Verletzungsansprüchen
§ 154 Dingliche Rechte; Zwangsvollstreckung; Konkursverfahren
§ 155 Lizenzen
§ 156 Löschung einer eingetragenen Marke wegen absoluter Schutzhindernisse
§ 157 Löschung einer eingetragenen Marke wegen des Bestehens älterer Rechte
§ 158 Übergangsvorschriften
§ 159 Schutzdauer und Verlängerung

Teil 1. Anwendungsbereich

§ 1 Geschützte Marken und sonstige Kennzeichen. Nach diesem Gesetz werden geschützt:

1. Marken,

2. geschäftliche Bezeichnungen,

3. geographische Herkunftsangaben.

§ 2 **Anwendung anderer Vorschriften.** Der Schutz von Marken, geschäftlichen Bezeichnungen und geographischen Herkunftsangaben nach diesem Gesetz schließt die Anwendung anderer Vorschriften zum Schutz dieser Kennzeichen nicht aus.

Teil 2. Voraussetzungen, Inhalt und Schranken des Schutzes von Marken und geschäftlichen Bezeichnungen; Übertragung und Lizenz

Abschnitt 1. Marken und geschäftliche Bezeichnungen; Vorrang und Zeitrang

§ 3 **Als Marke schutzfähige Zeichen.** (1) Als Marke können alle Zeichen, insbesondere Wörter einschließlich Personennamen, Abbildungen, Buchstaben, Zahlen, Klänge, dreidimensionale Gestaltungen einschließlich der Form einer Ware oder ihrer Verpackung sowie sonstige Aufmachungen einschließlich Farben und Farbzusammenstellungen geschützt werden, die geeignet sind, Waren oder Dienstleistungen eines Unternehmens von denjenigen anderer Unternehmen zu unterscheiden.

(2) Dem Markenschutz nicht zugänglich sind Zeichen, die ausschließlich aus Formen oder anderen charakteristischen Merkmalen bestehen,

1. die durch die Art der Ware selbst bedingt sind,

2. die zur Erreichung einer technischen Wirkung erforderlich sind oder

3. die der Ware einen wesentlichen Wert verleihen.

§ 4 **Entstehung des Markenschutzes.** Der Markenschutz entsteht

1. durch die Eintragung eines Zeichens als Marke in das vom Deutschen Patent- und Markenamt geführte Register,

2. durch die Benutzung eines Zeichens im geschäftlichen Verkehr, soweit das Zeichen innerhalb beteiligter Verkehrskreise als Marke Verkehrsgeltung erworben hat, oder

3. durch die im Sinne des Artikels 6bis der Pariser Verbandsübereinkunft zum Schutz des gewerblichen Eigentums (Pariser Verbandsübereinkunft) notorische Bekanntheit einer Marke.

§ 5 **Geschäftliche Bezeichnungen.** (1) Als geschäftliche Bezeichnungen werden Unternehmenskennzeichen und Werktitel geschützt.

(2) ¹Unternehmenskennzeichen sind Zeichen, die im geschäftlichen Verkehr als Name, als Firma oder als besondere Bezeichnung eines Geschäftsbetriebs oder eines Unternehmens benutzt werden. ²Der besonderen Bezeichnung eines Geschäftsbetriebs stehen solche Geschäftsabzeichen und sonstige zur Unterscheidung des Geschäftsbetriebs von anderen Geschäftsbetrieben bestimmte Zeichen gleich, die innerhalb beteiligter Verkehrskreise als Kennzeichen des Geschäftsbetriebs gelten.

(3) Werktitel sind die Namen oder besonderen Bezeichnungen von Druckschriften, Filmwerken, Tonwerken, Bühnenwerken oder sonstigen vergleichbaren Werken.

§ 6 Vorrang und Zeitrang. (1) Ist im Falle des Zusammentreffens von Rechten im Sinne der §§ 4, 5 und 13 nach diesem Gesetz für die Bestimmung des Vorrangs der Rechte ihr Zeitrang maßgeblich, wird der Zeitrang nach den Absätzen 2 und 3 bestimmt.

(2) Für die Bestimmung des Zeitrangs von angemeldeten oder eingetragenen Marken ist der Anmeldetag (§ 33 Abs. 1) oder, falls eine Priorität nach § 34 oder nach § 35 in Anspruch genommen wird, der Prioritätstag maßgeblich.

(3) Für die Bestimmung des Zeitrangs von Rechten im Sinne des § 4 Nr. 2 und 3 und der §§ 5 und 13 ist der Zeitpunkt maßgeblich, zu dem das Recht erworben wurde.

(4) Kommt Rechten nach den Absätzen 2 und 3 derselbe Tag als ihr Zeitrang zu, so sind die Rechte gleichrangig und begründen gegeneinander keine Ansprüche.

Abschnitt 2. Voraussetzungen für den Schutz von Marken durch Eintragung

§ 7 Inhaberschaft. Inhaber von eingetragenen und angemeldeten Marken können sein:
1. natürliche Personen,
2. juristische Personen oder
3. Personengesellschaften, sofern sie mit der Fähigkeit ausgestattet sind, Rechte zu erwerben und Verbindlichkeiten einzugehen.

§ 8 Absolute Schutzhindernisse. (1) Von der Eintragung sind als Marke schutzfähige Zeichen im Sinne des § 3 ausgeschlossen, die nicht geeignet sind, in dem Register so dargestellt zu werden, dass die zuständigen Behörden und das Publikum den Gegenstand des Schutzes klar und eindeutig bestimmen können.

(2) Von der Eintragung ausgeschlossen sind Marken,
1. denen für die Waren oder Dienstleistungen jegliche Unterscheidungskraft fehlt,
2. die ausschließlich aus Zeichen oder Angaben bestehen, die im Verkehr zur Bezeichnung der Art, der Beschaffenheit, der Menge, der Bestimmung, des Wertes, der geographischen Herkunft, der Zeit der Herstellung der Waren oder der Erbringung der Dienstleistungen oder zur Bezeichnung sonstiger Merkmale der Waren oder Dienstleistungen dienen können,
3. die ausschließlich aus Zeichen oder Angaben bestehen, die im allgemeinen Sprachgebrauch oder in den redlichen und ständigen Verkehrsgepflogenheiten zur Bezeichnung der Waren oder Dienstleistungen üblich geworden sind,
4. die geeignet sind, das Publikum insbesondere über die Art, die Beschaffenheit oder die geographische Herkunft der Waren oder Dienstleistungen zu täuschen,
5. die gegen die öffentliche Ordnung oder die gegen die guten Sitten verstoßen,
6. die Staatswappen, Staatsflaggen oder andere staatliche Hoheitszeichen oder Wappen eines inländischen Ortes oder eines inländischen Gemeinde- oder weiteren Kommunalverbandes enthalten,

7. die amtliche Prüf- oder Gewährzeichen enthalten,
8. die Wappen, Flaggen oder andere Kennzeichen, Siegel oder Bezeichnungen internationaler zwischenstaatlicher Organisationen enthalten,
9. die nach deutschem Recht, nach Rechtsvorschriften der Europäischen Union oder nach internationalen Übereinkünften, denen die Europäische Union oder die Bundesrepublik Deutschland angehört, und die Ursprungsbezeichnungen und geografische Angaben schützen, von der Eintragung ausgeschlossen sind,
10. die nach Rechtsvorschriften der Europäischen Union oder von internationalen Übereinkünften, denen die Europäische Union angehört, und die dem Schutz von traditionellen Bezeichnungen für Weine dienen, von der Eintragung ausgeschlossen sind,
11. die nach Rechtsvorschriften der Europäischen Union oder nach internationalen Übereinkünften, denen die Europäische Union angehört, und die dem Schutz von traditionellen Spezialitäten dienen, von der Eintragung ausgeschlossen sind,
12. die aus einer im Einklang mit deutschem Recht, mit den Rechtsvorschriften der Europäischen Union oder mit internationalen Übereinkünften, denen die Europäische Union oder die Bundesrepublik Deutschland angehört, zu Sortenschutzrechten eingetragenen früheren Sortenbezeichnung bestehen oder diese in ihren wesentlichen Elementen wiedergeben und die sich auf Pflanzensorten derselben Art oder eng verwandter Arten beziehen,
13. deren Benutzung ersichtlich nach sonstigen Vorschriften im öffentlichen Interesse untersagt werden kann, oder
14. die bösgläubig angemeldet worden sind.

(3) Absatz 2 Nr. 1, 2 und 3 findet keine Anwendung, wenn die Marke sich vor dem Zeitpunkt der Entscheidung über die Eintragung infolge ihrer Benutzung für die Waren oder Dienstleistungen, für die sie angemeldet worden ist, in den beteiligten Verkehrskreisen durchgesetzt hat.

(4) [1] Absatz 2 Nr. 6, 7 und 8 ist auch anzuwenden, wenn die Marke die Nachahmung eines dort aufgeführten Zeichens enthält. [2] Absatz 2 Nr. 6, 7 und 8 ist nicht anzuwenden, wenn der Anmelder befugt ist, in der Marke eines der dort aufgeführten Zeichen zu führen, selbst wenn es mit einem anderen der dort aufgeführten Zeichen verwechselt werden kann. [3] Absatz 2 Nr. 7 ist ferner nicht anzuwenden, wenn die Waren oder Dienstleistungen, für die die Marke angemeldet worden ist, mit denen, für die das Prüf- oder Gewährzeichen eingeführt ist, weder identisch noch diesen ähnlich sind. [4] Absatz 2 Nr. 8 ist ferner nicht anzuwenden, wenn die angemeldete Marke nicht geeignet ist, beim Publikum den unzutreffenden Eindruck einer Verbindung mit der internationalen zwischenstaatlichen Organisation hervorzurufen.

§ 9 Angemeldete oder eingetragene Marken als relative Schutzhindernisse. (1) Die Eintragung einer Marke kann gelöscht werden,

1. wenn sie mit einer angemeldeten oder eingetragenen Marke mit älterem Zeitrang identisch ist und die Waren oder Dienstleistungen, für die sie eingetragen worden ist, mit den Waren oder Dienstleistungen identisch sind, für die die Marke mit älterem Zeitrang angemeldet oder eingetragen worden ist,
2. wenn wegen ihrer Identität oder Ähnlichkeit mit einer angemeldeten oder eingetragenen Marke mit älterem Zeitrang und der Identität oder der Ähn-

lichkeit der durch die beiden Marken erfaßten Waren oder Dienstleistungen für das Publikum die Gefahr von Verwechslungen besteht, einschließlich der Gefahr, daß die Marken gedanklich miteinander in Verbindung gebracht werden, oder

3. wenn sie mit einer angemeldeten oder eingetragenen Marke mit älterem Zeitrang identisch ist oder dieser ähnlich ist, falls es sich bei der Marke mit älterem Zeitrang um eine im Inland bekannte Marke handelt und die Benutzung der eingetragenen Marke die Unterscheidungskraft oder die Wertschätzung der bekannten Marke ohne rechtfertigenden Grund in unlauterer Weise ausnutzen oder beeinträchtigen würde.

(2) Anmeldungen von Marken stellen ein Schutzhindernis im Sinne des Absatzes 1 nur dar, wenn sie eingetragen werden.

(3) [1] Waren und Dienstleistungen werden nicht schon deswegen als ähnlich angesehen, weil sie in derselben Klasse gemäß dem in der Genfer Fassung vom 13. Mai 1977 des Abkommens vom 15. Juni 1957 von Nizza über die internationale Klassifikation von Waren und Dienstleistungen für die Eintragung von Marken (BGBl. 1981 II S. 358, 359) festgelegten Klassifikationssystem (Nizza-Klassifikation) erscheinen. [2] Waren und Dienstleistungen werden nicht schon deswegen als unähnlich angesehen, weil sie in verschiedenen Klassen der Nizza-Klassifikation erscheinen.

§ 10 Notorisch bekannte Marken. (1) Von der Eintragung ausgeschlossen ist eine Marke, wenn sie mit einer im Inland im Sinne des Artikels 6bis der Pariser Verbandsübereinkunft notorisch bekannten Marke mit älterem Zeitrang identisch oder dieser ähnlich ist und die weiteren Voraussetzungen des § 9 Abs. 1 Nr. 1, 2 oder 3 gegeben sind.

(2) Absatz 1 findet keine Anwendung, wenn der Anmelder von dem Inhaber der notorisch bekannten Marke zur Anmeldung ermächtigt worden ist.

§ 11 Agentenmarken. Die Eintragung einer Marke kann gelöscht werden, wenn die Marke ohne die Zustimmung des Inhabers der Marke für dessen Agenten oder Vertreter eingetragen worden ist, es sei denn, es liegt ein Rechtfertigungsgrund für die Handlungsweise des Agenten oder des Vertreters vor.

§ 12 Durch Benutzung erworbene Marken und geschäftliche Bezeichnungen mit älterem Zeitrang. Die Eintragung einer Marke kann gelöscht werden, wenn ein anderer vor dem für den Zeitrang der eingetragenen Marke maßgeblichen Tag Rechte an einer Marke im Sinne des § 4 Nr. 2 oder an einer geschäftlichen Bezeichnung im Sinne des § 5 erworben hat und diese ihn berechtigen, die Benutzung der eingetragenen Marke im gesamten Gebiet der Bundesrepublik Deutschland zu untersagen.

§ 13 Sonstige ältere Rechte. (1) Die Eintragung einer Marke kann gelöscht werden, wenn ein anderer vor dem für den Zeitrang der eingetragenen Marke maßgeblichen Tag ein sonstiges, nicht in den §§ 9 bis 12 aufgeführtes Recht erworben hat und dieses ihn berechtigt, die Benutzung der eingetragenen Marke im gesamten Gebiet der Bundesrepublik Deutschland zu untersagen.

(2) Zu den sonstigen Rechten im Sinne des Absatzes 1 gehören insbesondere:

1. Namensrechte,

und Schranken des Schutzes

2. das Recht an der eigenen Abbildung,
3. Urheberrechte,
4. Sortenbezeichnungen,
5. geographische Herkunftsangaben,
6. sonstige gewerbliche Schutzrechte.

Abschnitt 3. Schutzinhalt; Rechtsverletzungen

§ 14 Ausschließliches Recht des Inhabers einer Marke; Unterlassungsanspruch; Schadensersatzanspruch. (1) Der Erwerb des Markenschutzes nach § 4 gewährt dem Inhaber der Marke ein ausschließliches Recht.

(2) [1]Dritten ist es untersagt, ohne Zustimmung des Inhabers der Marke im geschäftlichen Verkehr in Bezug auf Waren oder Dienstleistungen
1. ein mit der Marke identisches Zeichen für Waren oder Dienstleistungen zu benutzen, die mit denjenigen identisch sind, für die sie Schutz genießt,
2. ein Zeichen zu benutzen, wenn das Zeichen mit einer Marke identisch oder ihr ähnlich ist und für Waren oder Dienstleistungen benutzt wird, die mit denjenigen identisch oder ihnen ähnlich sind, die von der Marke erfasst werden, und für das Publikum die Gefahr einer Verwechslung besteht, die die Gefahr einschließt, dass das Zeichen mit der Marke gedanklich in Verbindung gebracht wird, oder
3. ein mit der Marke identisches Zeichen oder ein ähnliches Zeichen für Waren oder Dienstleistungen zu benutzen, wenn es sich bei der Marke um eine im Inland bekannte Marke handelt und die Benutzung des Zeichens die Unterscheidungskraft oder die Wertschätzung der bekannten Marke ohne rechtfertigenden Grund in unlauterer Weise ausnutzt oder beeinträchtigt.

[2]Waren und Dienstleistungen werden nicht schon deswegen als ähnlich angesehen, weil sie in derselben Klasse gemäß dem in der Nizza-Klassifikation festgelegten Klassifikationssystem erscheinen. [3]Waren und Dienstleistungen werden nicht schon deswegen als unähnlich angesehen, weil sie in verschiedenen Klassen der Nizza-Klassifikation erscheinen.

(3) Sind die Voraussetzungen des Absatzes 2 erfüllt, so ist es insbesondere untersagt,
1. das Zeichen auf Waren oder ihrer Aufmachung oder Verpackung anzubringen,
2. unter dem Zeichen Waren anzubieten, in den Verkehr zu bringen oder zu den genannten Zwecken zu besitzen,
3. unter dem Zeichen Dienstleistungen anzubieten oder zu erbringen,
4. unter dem Zeichen Waren einzuführen oder auszuführen,
5. das Zeichen als Handelsnamen oder geschäftliche Bezeichnung oder als Teil eines Handelsnamens oder einer geschäftlichen Bezeichnung zu benutzen,
6. das Zeichen in Geschäftspapieren oder in der Werbung zu benutzen,
7. das Zeichen in der vergleichenden Werbung in einer der Richtlinie 2006/114/EG[1]) des Europäischen Parlaments und des Rates vom 12. Dezember

---

[1]) Nr. 6.

2006 über irreführende und vergleichende Werbung (ABl. L 376 vom 27.12. 2006, S. 21) zuwiderlaufenden Weise zu benutzen.

(4) Dritten ist es ferner untersagt, ohne Zustimmung des Inhabers der Marke im geschäftlichen Verkehr

1. ein mit der Marke identisches Zeichen oder ein ähnliches Zeichen auf Aufmachungen oder Verpackungen oder auf Kennzeichnungsmitteln wie Etiketten, Anhängern, Aufnähern oder dergleichen anzubringen,

2. Aufmachungen, Verpackungen oder Kennzeichnungsmittel, die mit einem mit der Marke identischen Zeichen oder einem ähnlichen Zeichen versehen sind, anzubieten, in den Verkehr zu bringen oder zu den genannten Zwecken zu besitzen oder

3. Aufmachungen, Verpackungen oder Kennzeichnungsmittel, die mit einem mit der Marke identischen Zeichen oder einem ähnlichen Zeichen versehen sind, einzuführen oder auszuführen,

wenn die Gefahr besteht, daß die Aufmachungen oder Verpackungen zur Aufmachung oder Verpackung oder die Kennzeichnungsmittel zur Kennzeichnung von Waren oder Dienstleistungen benutzt werden, hinsichtlich deren Dritten die Benutzung des Zeichens nach den Absätzen 2 und 3 untersagt wäre.

(5) [1] Wer ein Zeichen entgegen den Absätzen 2 bis 4 benutzt, kann von dem Inhaber der Marke bei Wiederholungsgefahr auf Unterlassung in Anspruch genommen werden. [2] Der Anspruch besteht auch dann, wenn eine Zuwiderhandlung erstmalig droht.

(6) [1] Wer die Verletzungshandlung vorsätzlich oder fahrlässig begeht, ist dem Inhaber der Marke zum Ersatz des durch die Verletzungshandlung entstandenen Schadens verpflichtet. [2] Bei der Bemessung des Schadensersatzes kann auch der Gewinn, den der Verletzer durch die Verletzung des Rechts erzielt hat, berücksichtigt werden. [3] Der Schadensersatzanspruch kann auch auf der Grundlage des Betrages berechnet werden, den der Verletzer als angemessene Vergütung hätte entrichten müssen, wenn er die Erlaubnis zur Nutzung der Marke eingeholt hätte.

(7) Wird die Verletzungshandlung in einem geschäftlichen Betrieb von einem Angestellten oder Beauftragten begangen, so kann der Unterlassungsanspruch und, soweit der Angestellte oder Beauftragte vorsätzlich oder fahrlässig gehandelt hat, der Schadensersatzanspruch auch gegen den Inhaber des Betriebs geltend gemacht werden.

§ 14a Waren unter zollamtlicher Überwachung. (1) Der Inhaber einer Marke oder einer geschäftlichen Bezeichnung ist berechtigt, Dritten zu untersagen, im geschäftlichen Verkehr Waren in das Gebiet der Bundesrepublik Deutschland zu verbringen, ohne die Waren dort in den zollrechtlich freien Verkehr zu überführen, wenn die Waren, einschließlich ihrer Verpackung, aus Drittstaaten stammen und ohne Zustimmung eine Marke oder eine geschäftliche Bezeichnung aufweisen, die mit der für derartige Waren eingetragenen Marke oder geschäftlichen Bezeichnung identisch ist oder in ihren wesentlichen Aspekten nicht von dieser Marke oder dieser geschäftlichen Bezeichnung zu unterscheiden ist.

(2) Die Berechtigung des Inhabers der Marke oder der geschäftlichen Bezeichnung nach Absatz 1 erlischt, wenn während eines Verfahrens, das der

Feststellung dient, ob eine eingetragene Marke oder eine geschäftliche Bezeichnung verletzt wurde, und das gemäß der Verordnung (EU) Nr. 608/2013 des Europäischen Parlaments und des Rates vom 12. Juni 2013 zur Durchsetzung der Rechte geistigen Eigentums durch die Zollbehörden und zur Aufhebung der Verordnung (EG) Nr. 1383/2003 des Rates (ABl. L 181 vom 29.6.2013, S. 15) eingeleitet wurde, der zollrechtliche Anmelder oder der Besitzer der Waren nachweist, dass der Inhaber der eingetragenen Marke oder der geschäftlichen Bezeichnung nicht berechtigt ist, das Inverkehrbringen der Waren im endgültigen Bestimmungsland zu untersagen.

§ 15 Ausschließliches Recht des Inhabers einer geschäftlichen Bezeichnung; Unterlassungsanspruch; Schadensersatzanspruch. (1) Der Erwerb des Schutzes einer geschäftlichen Bezeichnung gewährt ihrem Inhaber ein ausschließliches Recht.

(2) Dritten ist es untersagt, die geschäftliche Bezeichnung oder ein ähnliches Zeichen im geschäftlichen Verkehr unbefugt in einer Weise zu benutzen, die geeignet ist, Verwechslungen mit der geschützten Bezeichnung hervorzurufen.

(3) Handelt es sich bei der geschäftlichen Bezeichnung um eine im Inland bekannte geschäftliche Bezeichnung, so ist es Dritten ferner untersagt, die geschäftliche Bezeichnung oder ein ähnliches Zeichen im geschäftlichen Verkehr zu benutzen, wenn keine Gefahr von Verwechslungen im Sinne des Absatzes 2 besteht, soweit die Benutzung des Zeichens die Unterscheidungskraft oder die Wertschätzung der geschäftlichen Bezeichnung ohne rechtfertigenden Grund in unlauterer Weise ausnutzt oder beeinträchtigt.

(4) [1]Wer eine geschäftliche Bezeichnung oder ein ähnliches Zeichen entgegen Absatz 2 oder Absatz 3 benutzt, kann von dem Inhaber der geschäftlichen Bezeichnung bei Wiederholungsgefahr auf Unterlassung in Anspruch genommen werden. [2]Der Anspruch besteht auch dann, wenn eine Zuwiderhandlung droht.

(5) [1]Wer die Verletzungshandlung vorsätzlich oder fahrlässig begeht, ist dem Inhaber der geschäftlichen Bezeichnung zum Ersatz des daraus entstandenen Schadens verpflichtet. [2]§ 14 Abs. 6 Satz 2 und 3 gilt entsprechend.

(6) § 14 Abs. 7 ist entsprechend anzuwenden.

§ 16 Wiedergabe einer eingetragenen Marke in Nachschlagewerken.
(1) Erweckt die Wiedergabe einer eingetragenen Marke in einem Wörterbuch, einem Lexikon oder einem ähnlichen Nachschlagewerk den Eindruck, daß es sich bei der Marke um eine Gattungsbezeichnung für die Waren oder Dienstleistungen handelt, für die die Marke eingetragen ist, kann der Inhaber der Marke vom Verleger des Werkes verlangen, daß der Wiedergabe der Marke ein Hinweis beigefügt wird, daß es sich um eine eingetragene Marke handelt.

(2) Ist das Werk bereits erschienen, so beschränkt sich der Anspruch darauf, daß der Hinweis nach Absatz 1 bei einer neuen Auflage des Werkes aufgenommen wird.

(3) Die Absätze 1 und 2 sind entsprechend anzuwenden, wenn das Nachschlagewerk in der Form einer elektronischen Datenbank vertrieben wird oder wenn zu einer elektronischen Datenbank, die ein Nachschlagewerk enthält, Zugang gewährt wird.

§ 17 Ansprüche gegen Agenten oder Vertreter. (1) Ist eine Marke entgegen § 11 für den Agenten oder Vertreter des Inhabers der Marke ohne dessen Zustimmung angemeldet oder eingetragen worden, so ist der Inhaber der Marke berechtigt, von dem Agenten oder Vertreter die Übertragung des durch die Anmeldung oder Eintragung der Marke begründeten Rechts zu verlangen.

(2) [1] Ist eine Marke entgegen § 11 für einen Agenten oder Vertreter des Inhabers der Marke eingetragen worden, so kann der Inhaber die Benutzung der Marke im Sinne des § 14 durch den Agenten oder Vertreter untersagen, wenn er der Benutzung nicht zugestimmt hat. [2] Handelt der Agent oder Vertreter vorsätzlich oder fahrlässig, so ist er dem Inhaber der Marke zum Ersatz des durch die Verletzungshandlung entstandenen Schadens verpflichtet. [3] § 14 Abs. 7 ist entsprechend anzuwenden.

(3) Die Absätze 1 und 2 finden keine Anwendung, wenn Rechtfertigungsgründe für die Handlungsweise des Agenten oder des Vertreters vorliegen.

§ 18 Vernichtungs- und Rückrufansprüche. (1) [1] Der Inhaber einer Marke oder einer geschäftlichen Bezeichnung kann den Verletzer in den Fällen der §§ 14, 15 und 17 auf Vernichtung der im Besitz oder Eigentum des Verletzers befindlichen widerrechtlich gekennzeichneten Waren in Anspruch nehmen. [2] Satz 1 ist entsprechend auf die im Eigentum des Verletzers stehenden Materialien und Geräte anzuwenden, die vorwiegend zur widerrechtlichen Kennzeichnung der Waren gedient haben.

(2) Der Inhaber einer Marke oder einer geschäftlichen Bezeichnung kann den Verletzer in den Fällen der §§ 14, 15 und 17 auf Rückruf von widerrechtlich gekennzeichneten Waren oder auf deren endgültiges Entfernen aus den Vertriebswegen in Anspruch nehmen.

(3) [1] Die Ansprüche nach den Absätzen 1 und 2 sind ausgeschlossen, wenn die Inanspruchnahme im Einzelfall unverhältnismäßig ist. [2] Bei der Prüfung der Verhältnismäßigkeit sind auch die berechtigten Interessen Dritter zu berücksichtigen.

§ 19 Auskunftsanspruch. (1) Der Inhaber einer Marke oder einer geschäftlichen Bezeichnung kann den Verletzer in den Fällen der §§ 14, 15 und 17 auf unverzügliche Auskunft über die Herkunft und den Vertriebsweg von widerrechtlich gekennzeichneten Waren oder Dienstleistungen in Anspruch nehmen.

(2) [1] In Fällen offensichtlicher Rechtsverletzung oder in Fällen, in denen der Inhaber einer Marke oder einer geschäftlichen Bezeichnung gegen den Verletzer Klage erhoben hat, besteht der Anspruch unbeschadet von Absatz 1 auch gegen eine Person, die in gewerblichem Ausmaß

1. rechtsverletzende Ware in ihrem Besitz hatte,
2. rechtsverletzende Dienstleistungen in Anspruch nahm,
3. für rechtsverletzende Tätigkeiten genutzte Dienstleistungen erbrachte oder
4. nach den Angaben einer in Nummer 1, 2 oder Nummer 3 genannten Person an der Herstellung, Erzeugung oder am Vertrieb solcher Waren oder an der Erbringung solcher Dienstleistungen beteiligt war,

es sei denn, die Person wäre nach den §§ 383 bis 385 der Zivilprozessordnung im Prozess gegen den Verletzer zur Zeugnisverweigerung berechtigt. [2] Im Fall der gerichtlichen Geltendmachung des Anspruchs nach Satz 1 kann das Gericht

und Schranken des Schutzes **§ 19a MarkenG 10**

den gegen den Verletzer anhängigen Rechtsstreit auf Antrag bis zur Erledigung des wegen des Auskunftsanspruchs geführten Rechtsstreits aussetzen. ³Der zur Auskunft Verpflichtete kann von dem Verletzten den Ersatz der für die Auskunftserteilung erforderlichen Aufwendungen verlangen.

(3) Der zur Auskunft Verpflichtete hat Angaben zu machen über

1. Namen und Anschrift der Hersteller, Lieferanten und anderer Vorbesitzer der Waren oder Dienstleistungen sowie der gewerblichen Abnehmer und Verkaufsstellen, für die sie bestimmt waren, und

2. die Menge der hergestellten, ausgelieferten, erhaltenen oder bestellten Waren sowie über die Preise, die für die betreffenden Waren oder Dienstleistungen bezahlt wurden.

(4) Die Ansprüche nach den Absätzen 1 und 2 sind ausgeschlossen, wenn die Inanspruchnahme im Einzelfall unverhältnismäßig ist.

(5) Erteilt der zur Auskunft Verpflichtete die Auskunft vorsätzlich oder grob fahrlässig falsch oder unvollständig, ist er dem Inhaber einer Marke oder einer geschäftlichen Bezeichnung zum Ersatz des daraus entstehenden Schadens verpflichtet.

(6) Wer eine wahre Auskunft erteilt hat, ohne dazu nach Absatz 1 oder Absatz 2 verpflichtet gewesen zu sein, haftet Dritten gegenüber nur, wenn er wusste, dass er zur Auskunftserteilung nicht verpflichtet war.

(7) In Fällen offensichtlicher Rechtsverletzung kann die Verpflichtung zur Erteilung der Auskunft im Wege der einstweiligen Verfügung nach den §§ 935 bis 945 der Zivilprozessordnung angeordnet werden.

(8) Die Erkenntnisse dürfen in einem Strafverfahren oder in einem Verfahren nach dem Gesetz über Ordnungswidrigkeiten wegen einer vor der Erteilung der Auskunft begangenen Tat gegen den Verpflichteten oder gegen einen in § 52 Abs. 1 der Strafprozessordnung bezeichneten Angehörigen nur mit Zustimmung des Verpflichteten verwertet werden.

(9) ¹Kann die Auskunft nur unter Verwendung von Verkehrsdaten (§ 3 Nummer 70 des Telekommunikationsgesetzes) erteilt werden, ist für ihre Erteilung eine vorherige richterliche Anordnung über die Zulässigkeit der Verwendung der Verkehrsdaten erforderlich, die von dem Verletzten zu beantragen ist. ²Für den Erlass dieser Anordnung ist das Landgericht, in dessen Bezirk der zur Auskunft Verpflichtete seinen Wohnsitz, seinen Sitz oder eine Niederlassung hat, ohne Rücksicht auf den Streitwert ausschließlich zuständig. ³Die Entscheidung trifft die Zivilkammer. ⁴Für das Verfahren gelten die Vorschriften des Gesetzes über das Verfahren in Familiensachen und in den Angelegenheiten der freiwilligen Gerichtsbarkeit entsprechend. ⁵Die Kosten der richterlichen Anordnung trägt der Verletzte. ⁶Gegen die Entscheidung des Landgerichts ist die Beschwerde statthaft. ⁷Die Beschwerde ist binnen einer Frist von zwei Wochen einzulegen. ⁸Die Vorschriften zum Schutz personenbezogener Daten bleiben im Übrigen unberührt.

(10) Durch Absatz 2 in Verbindung mit Absatz 9 wird das Grundrecht des Fernmeldegeheimnisses (Artikel 10 des Grundgesetzes) eingeschränkt.

§ 19a Vorlage- und Besichtigungsansprüche. (1) ¹Bei hinreichender Wahrscheinlichkeit einer Rechtsverletzung nach den §§ 14, 15 und 17 kann der Inhaber einer Marke oder einer geschäftlichen Bezeichnung den vermeintlichen Verletzer auf Vorlage einer Urkunde oder Besichtigung einer Sache in

10 MarkenG §§ 19b, 19c Teil 2. Voraussetzungen, Inhalt

Anspruch nehmen, die sich in dessen Verfügungsgewalt befindet, wenn dies zur Begründung seiner Ansprüche erforderlich ist. [2] Besteht die hinreichende Wahrscheinlichkeit einer in gewerblichem Ausmaß begangenen Rechtsverletzung, erstreckt sich der Anspruch auch auf die Vorlage von Bank-, Finanz- oder Handelsunterlagen. [3] Soweit der vermeintliche Verletzer geltend macht, dass es sich um vertrauliche Informationen handelt, trifft das Gericht die erforderlichen Maßnahmen, um den im Einzelfall gebotenen Schutz zu gewährleisten.

(2) Der Anspruch nach Absatz 1 ist ausgeschlossen, wenn die Inanspruchnahme im Einzelfall unverhältnismäßig ist.

(3) [1] Die Verpflichtung zur Vorlage einer Urkunde oder zur Duldung der Besichtigung einer Sache kann im Wege der einstweiligen Verfügung nach den §§ 935 bis 945 der Zivilprozessordnung angeordnet werden. [2] Das Gericht trifft die erforderlichen Maßnahmen, um den Schutz vertraulicher Informationen zu gewährleisten. [3] Dies gilt insbesondere in den Fällen, in denen die einstweilige Verfügung ohne vorherige Anhörung des Gegners erlassen wird.

(4) § 811 des Bürgerlichen Gesetzbuchs sowie § 19 Abs. 8 gelten entsprechend.

(5) Wenn keine Verletzung vorlag oder drohte, kann der vermeintliche Verletzer von demjenigen, der die Vorlage oder Besichtigung nach Absatz 1 begehrt hat, den Ersatz des ihm durch das Begehren entstandenen Schadens verlangen.

§ 19b Sicherung von Schadensersatzansprüchen. (1) [1] Der Inhaber einer Marke oder einer geschäftlichen Bezeichnung kann den Verletzer bei einer in gewerblichem Ausmaß begangenen Rechtsverletzung in den Fällen des § 14 Abs. 6, § 15 Abs. 5 sowie § 17 Abs. 2 Satz 2 auch auf Vorlage von Bank-, Finanz- oder Handelsunterlagen oder einen geeigneten Zugang zu den entsprechenden Unterlagen in Anspruch nehmen, die sich in der Verfügungsgewalt des Verletzers befinden und die für die Durchsetzung des Schadensersatzanspruchs erforderlich sind, wenn ohne die Vorlage die Erfüllung des Schadensersatzanspruchs fraglich ist. [2] Soweit der Verletzer geltend macht, dass es sich um vertrauliche Informationen handelt, trifft das Gericht die erforderlichen Maßnahmen, um den im Einzelfall gebotenen Schutz zu gewährleisten.

(2) Der Anspruch nach Absatz 1 ist ausgeschlossen, wenn die Inanspruchnahme im Einzelfall unverhältnismäßig ist.

(3) [1] Die Verpflichtung zur Vorlage der in Absatz 1 bezeichneten Urkunden kann im Wege der einstweiligen Verfügung nach den §§ 935 bis 945 der Zivilprozessordnung angeordnet werden, wenn der Schadensersatzanspruch offensichtlich besteht. [2] Das Gericht trifft die erforderlichen Maßnahmen, um den Schutz vertraulicher Informationen zu gewährleisten. [3] Dies gilt insbesondere in den Fällen, in denen die einstweilige Verfügung ohne vorherige Anhörung des Gegners erlassen wird.

(4) § 811 des Bürgerlichen Gesetzbuchs sowie § 19 Abs. 8 gelten entsprechend.

§ 19c Urteilsbekanntmachung. [1] Ist eine Klage auf Grund dieses Gesetzes erhoben worden, kann der obsiegenden Partei im Urteil die Befugnis zugesprochen werden, das Urteil auf Kosten der unterliegenden Partei öffentlich bekannt zu machen, wenn sie ein berechtigtes Interesse darlegt. [2] Art und Umfang der Bekanntmachung werden im Urteil bestimmt. [3] Die Befugnis erlischt, wenn von ihr nicht innerhalb von drei Monaten nach Eintritt der Rechtskraft des Urteils Gebrauch gemacht wird. ⁴Der Ausspruch nach Satz 1 ist nicht vorläufig vollstreckbar.

§ 19d Ansprüche aus anderen gesetzlichen Vorschriften. Ansprüche aus anderen gesetzlichen Vorschriften bleiben unberührt.

Abschnitt 4. Schranken des Schutzes

§ 20 Verjährung. ¹Auf die Verjährung der in den §§ 14 bis 19c genannten Ansprüche finden die Vorschriften des Abschnitts 5 des Buches 1 des Bürgerlichen Gesetzbuchs entsprechende Anwendung. ²Hat der Verpflichtete durch die Verletzung auf Kosten des Berechtigten etwas erlangt, findet § 852 des Bürgerlichen Gesetzbuchs entsprechende Anwendung.

§ 21 Verwirkung von Ansprüchen. (1) Der Inhaber einer Marke oder einer geschäftlichen Bezeichnung hat nicht das Recht, die Benutzung einer eingetragenen Marke mit jüngerem Zeitrang für die Waren oder Dienstleistungen, für die sie eingetragen ist, zu untersagen, soweit er die Benutzung der Marke während eines Zeitraums von fünf aufeinanderfolgenden Jahren in Kenntnis dieser Benutzung geduldet hat, es sei denn, daß die Anmeldung der Marke mit jüngerem Zeitrang bösgläubig vorgenommen worden ist.

(2) Der Inhaber einer Marke oder einer geschäftlichen Bezeichnung hat nicht das Recht, die Benutzung einer Marke im Sinne des § 4 Nr. 2 oder 3, einer geschäftlichen Bezeichnung oder eines sonstigen Rechts im Sinne des § 13 mit jüngerem Zeitrang zu untersagen, soweit er die Benutzung dieses Rechts während eines Zeitraums von fünf aufeinanderfolgenden Jahren in Kenntnis dieser Benutzung geduldet hat, es sei denn, daß der Inhaber dieses Rechts im Zeitpunkt des Rechtserwerbs bösgläubig war.

(3) In den Fällen der Absätze 1 und 2 kann der Inhaber des Rechts mit jüngerem Zeitrang die Benutzung des Rechts mit älterem Zeitrang nicht untersagen.

(4) Die Absätze 1 bis 3 lassen die Anwendung allgemeiner Grundsätze über die Verwirkung von Ansprüchen unberührt.

§ 22 Ausschluß von Ansprüchen bei Bestandskraft der Eintragung einer Marke mit jüngerem Zeitrang. (1) Der Inhaber einer Marke oder einer geschäftlichen Bezeichnung hat nicht das Recht, die Benutzung einer eingetragenen Marke mit jüngerem Zeitrang für die Waren oder Dienstleistungen, für die sie eingetragen ist, zu untersagen, wenn ein Antrag auf Erklärung der Nichtigkeit der Marke mit jüngerem Zeitrang zurückgewiesen worden ist oder zurückzuweisen wäre,

1. weil die Marke oder geschäftliche Bezeichnung mit älterem Zeitrang an dem für den Zeitrang der Eintragung der Marke mit jüngerem Zeitrang maßgeblichen Tag noch nicht im Sinne des § 9 Abs. 1 Nr. 3, des § 14 Absatz 2 Satz 1 Nummer 3 oder des § 15 Abs. 3 bekannt war (§ 51 Abs. 3),
2. weil die Eintragung der Marke mit älterem Zeitrang am Tag der Veröffentlichung der Eintragung der Marke mit jüngerem Zeitrang wegen Verfalls oder wegen absoluter Schutzhindernisse hätte für verfallen oder für nichtig erklärt und gelöscht werden können (§ 51 Abs. 4),

3. weil an dem für den Zeitrang der Eintragung der jüngeren Marke maßgeblichen Tag noch keine Verwechslungsgefahr im Sinne des § 9 Absatz 1 Nummer 2, des § 14 Absatz 2 Satz 1 Nummer 2 oder des § 15 Absatz 2 bestand.

(2) In den Fällen des Absatzes 1 kann der Inhaber der eingetragenen Marke mit jüngerem Zeitrang die Benutzung der Marke oder der geschäftlichen Bezeichnung mit älterem Zeitrang nicht untersagen.

§ 23 Benutzung von Namen und beschreibenden Angaben; Ersatzteilgeschäft. (1) Der Inhaber einer Marke oder einer geschäftlichen Bezeichnung darf einem Dritten nicht untersagen, im geschäftlichen Verkehr Folgendes zu benutzen:

1. den Namen oder die Anschrift des Dritten, wenn dieser eine natürliche Person ist,
2. ein mit der Marke oder der geschäftlichen Bezeichnung identisches Zeichen oder ähnliches Zeichen, dem jegliche Unterscheidungskraft fehlt, oder ein identisches Zeichen oder ein ähnliches Zeichen als Angabe über Merkmale oder Eigenschaften von Waren oder Dienstleistungen, wie insbesondere deren Art, Beschaffenheit, Bestimmung, Wert, geografische Herkunft oder die Zeit ihrer Herstellung oder ihrer Erbringung, oder
3. die Marke oder die geschäftliche Bezeichnung zu Zwecken der Identifizierung oder zum Verweis auf Waren oder Dienstleistungen als die des Inhabers der Marke, insbesondere wenn die Benutzung der Marke als Hinweis auf die Bestimmung einer Ware insbesondere als Zubehör oder Ersatzteil oder einer Dienstleistung erforderlich ist.

(2) Absatz 1 findet nur dann Anwendung, wenn die Benutzung durch den Dritten den anständigen Gepflogenheiten in Gewerbe oder Handel entspricht.

§ 24 Erschöpfung. (1) Der Inhaber einer Marke oder einer geschäftlichen Bezeichnung hat nicht das Recht, einem Dritten zu untersagen, die Marke oder die geschäftliche Bezeichnung für Waren zu benutzen, die unter dieser Marke und dieser geschäftlichen Bezeichnung von ihm oder mit seiner Zustimmung im Inland, in einem der übrigen Mitgliedstaaten der Europäischen Union oder in einem anderen Vertragsstaat des Abkommens über den Europäischen Wirtschaftsraum in den Verkehr gebracht worden sind.

(2) Absatz 1 findet keine Anwendung, wenn sich der Inhaber der Marke oder der geschäftlichen Bezeichnung der Benutzung der Marke oder der geschäftlichen Bezeichnung im Zusammenhang mit dem weiteren Vertrieb der Waren aus berechtigten Gründen widersetzt, insbesondere wenn der Zustand der Waren nach ihrem Inverkehrbringen verändert oder verschlechtert ist.

§ 25 Ausschluss von Ansprüchen bei mangelnder Benutzung.

(1) Der Inhaber einer eingetragenen Marke kann gegen Dritte Ansprüche im Sinne der §§ 14 und 18 bis 19c nicht geltend machen, wenn die Marke innerhalb der letzten fünf Jahre vor der Geltendmachung des Anspruchs für die Waren oder Dienstleistungen, auf die er sich zur Begründung seines Anspruchs beruft, nicht gemäß § 26 benutzt worden ist, sofern zu diesem Zeitpunkt seit mindestens fünf Jahren kein Widerspruch mehr gegen die Marke möglich war.

und Schranken des Schutzes §§ 26, 27 MarkenG 10

(2) ¹Werden Ansprüche im Sinne der §§ 14 und 18 bis 19c wegen Verletzung einer eingetragenen Marke im Wege der Klage geltend gemacht, so hat der Kläger auf Einrede des Beklagten nachzuweisen, dass die Marke innerhalb der letzten fünf Jahre vor Erhebung der Klage für die Waren oder Dienstleistungen, auf die er sich zur Begründung seines Anspruchs beruft, gemäß § 26 benutzt worden ist oder dass berechtigte Gründe für die Nichtbenutzung vorliegen, sofern zum Zeitpunkt der Klageerhebung seit mindestens fünf Jahren kein Widerspruch mehr gegen die Marke möglich war. ²Endet der Zeitraum von fünf Jahren der Nichtbenutzung nach Erhebung der Klage, so hat der Kläger auf Einrede des Beklagten nachzuweisen, dass die Marke innerhalb der letzten fünf Jahre vor dem Schluss der mündlichen Verhandlung gemäß § 26 benutzt worden ist oder dass berechtigte Gründe für die Nichtbenutzung vorlagen. ³Bei der Entscheidung werden nur die Waren oder Dienstleistungen berücksichtigt, für die die Benutzung nachgewiesen worden ist.

§ 26 Benutzung der Marke. (1) Soweit die Geltendmachung von Ansprüchen aus einer eingetragenen Marke oder die Aufrechterhaltung der Eintragung davon abhängig ist, daß die Marke benutzt worden ist, muß sie von ihrem Inhaber für die Waren oder Dienstleistungen, für die sie eingetragen ist, im Inland ernsthaft benutzt worden sein, es sei denn, daß berechtigte Gründe für die Nichtbenutzung vorliegen.

(2) Die Benutzung der Marke mit Zustimmung des Inhabers gilt als Benutzung durch den Inhaber.

(3) Als Benutzung einer eingetragenen Marke gilt, unabhängig davon, ob die Marke in der benutzten Form auch auf den Namen des Inhabers eingetragen ist, auch die Benutzung der Marke in einer Form, die von der Eintragung abweicht, soweit die Abweichung den kennzeichnenden Charakter der Marke nicht verändert.

(4) Als Benutzung im Inland gilt auch das Anbringen der Marke auf Waren oder deren Aufmachung oder Verpackung im Inland, wenn die Waren ausschließlich für die Ausfuhr bestimmt sind.

(5) Soweit die Benutzung innerhalb von fünf Jahren ab dem Zeitpunkt, ab dem kein Widerspruch mehr gegen die Marke möglich ist, erforderlich ist, tritt in den Fällen, in denen gegen die Eintragung Widerspruch erhoben worden ist, an die Stelle des Ablaufs der Widerspruchsfrist der Zeitpunkt, ab dem die das Widerspruchsverfahren beendende Entscheidung Rechtskraft erlangt hat oder der Widerspruch zurückgenommen wurde.

Abschnitt 5. Marken als Gegenstand des Vermögens

§ 27 Rechtsübergang. (1) Das durch die Eintragung, die Benutzung oder die notorische Bekanntheit einer Marke begründete Recht kann für alle oder für einen Teil der Waren oder Dienstleistungen, für die die Marke Schutz genießt, auf andere übertragen werden oder übergehen.

(2) ¹Gehört die Marke zu einem Geschäftsbetrieb oder zu einem Teil eines Geschäftsbetriebs, so wird das durch die Eintragung, die Benutzung oder die notorische Bekanntheit der Marke begründete Recht im Zweifel von der Übertragung oder dem Übergang des Geschäftsbetriebs oder des Teils des Geschäftsbetriebs, zu dem die Marke gehört, erfaßt. ²Dies gilt entsprechend für

die rechtsgeschäftliche Verpflichtung zur Übertragung eines Geschäftsbetriebs oder eines Teils eines Geschäftsbetriebs.

(3) Der Übergang des durch die Eintragung einer Marke begründeten Rechts wird auf Antrag eines Beteiligten in das Register eingetragen, wenn er dem Deutschen Patent- und Markenamt nachgewiesen wird.

(4) Betrifft der Rechtsübergang nur einen Teil der Waren oder Dienstleistungen, für die die Marke eingetragen ist, so sind die Vorschriften über die Teilung der Eintragung mit Ausnahme von § 46 Abs. 2 und 3 Satz 1 entsprechend anzuwenden.

§ 28 Vermutung der Rechtsinhaberschaft; Zustellungen an den Inhaber. (1) Es wird vermutet, daß das durch die Eintragung einer Marke begründete Recht dem im Register als Inhaber Eingetragenen zusteht.

(2) [1] Ist das durch die Eintragung einer Marke begründete Recht auf einen anderen übertragen worden oder übergegangen, so kann der Rechtsnachfolger in einem Verfahren vor dem Deutschen Patent- und Markenamt, einem Beschwerdeverfahren vor dem Bundespatentgericht oder einem Rechtsbeschwerdeverfahren vor dem Bundesgerichtshof den Anspruch auf Schutz dieser Marke und das durch die Eintragung begründete Recht erst von dem Zeitpunkt an geltend machen, in dem dem Deutschen Patent- und Markenamt der Antrag auf Eintragung des Rechtsübergangs zugegangen ist. [2] Satz 1 gilt entsprechend für sonstige Verfahren vor dem Deutschen Patent- und Markenamt, Beschwerdeverfahren vor dem Bundespatentgericht oder Rechtsbeschwerdeverfahren vor dem Bundesgerichtshof, an denen der Inhaber einer Marke beteiligt ist. [3] Übernimmt der Rechtsnachfolger ein Verfahren nach Satz 1 oder 2, so ist die Zustimmung der übrigen Verfahrensbeteiligten nicht erforderlich.

(3) [1] Verfügungen und Beschlüsse des Deutschen Patent- und Markenamts, die der Zustellung an den Inhaber der Marke bedürfen, sind dem als Inhaber Eingetragenen zuzustellen. [2] Ist dem Deutschen Patent- und Markenamt ein Antrag auf Eintragung eines Rechtsübergangs zugegangen, so sind die in Satz 1 genannten Verfügungen und Beschlüsse auch dem Rechtsnachfolger zuzustellen.

§ 29 Dingliche Rechte; Zwangsvollstreckung; Insolvenzverfahren.

(1) Das durch die Eintragung, die Benutzung oder die notorische Bekanntheit einer Marke begründete Recht kann

1. verpfändet werden oder Gegenstand eines sonstigen dinglichen Rechts sein oder

2. Gegenstand von Maßnahmen der Zwangsvollstreckung sein.

(2) Betreffen die in Absatz 1 Nr. 1 genannten Rechte oder die in Absatz 1 Nr. 2 genannten Maßnahmen das durch die Eintragung einer Marke begründete Recht, so werden sie auf Antrag eines Beteiligten in das Register eingetragen, wenn sie dem Deutschen Patent- und Markenamt nachgewiesen werden.

(3) [1] Wird das durch die Eintragung einer Marke begründete Recht durch ein Insolvenzverfahren erfaßt, so wird dies auf Antrag des Insolvenzverwalters oder auf Ersuchen des Insolvenzgerichts in das Register eingetragen. [2] Im Falle der Eigenverwaltung (§ 270 der Insolvenzordnung) tritt der Sachwalter an die Stelle des Insolvenzverwalters.

§ 30 Lizenzen. (1) Das durch die Eintragung, die Benutzung oder die notorische Bekanntheit einer Marke begründete Recht kann für alle oder für einen Teil der Waren oder Dienstleistungen, für die die Marke Schutz genießt, Gegenstand von ausschließlichen oder nicht ausschließlichen Lizenzen für das Gebiet der Bundesrepublik Deutschland insgesamt oder einen Teil dieses Gebiets sein.

(2) Der Inhaber einer Marke kann die Rechte aus der Marke gegen einen Linzenznehmer geltend machen, der hinsichtlich

1. der Dauer der Lizenz,
2. der von der Eintragung erfaßten Form, in der die Marke benutzt werden darf,
3. der Art der Waren oder Dienstleistungen, für die die Lizenz erteilt wurde,
4. des Gebiets, in dem die Marke angebracht werden darf, oder
5. der Qualität der von ihm hergestellten Waren oder der von ihm erbrachten Dienstleistungen

gegen eine Bestimmung des Lizenzvertrages verstößt.

(3) [1] Der Lizenznehmer kann Klage wegen Verletzung einer Marke nur mit Zustimmung ihres Inhabers erheben. [2] Abweichend von Satz 1 kann der Inhaber einer ausschließlichen Lizenz Klage wegen Verletzung einer Marke erheben, wenn der Inhaber der Marke nach förmlicher Aufforderung nicht selbst innerhalb einer angemessenen Frist Klage wegen Verletzung einer Marke erhoben hat.

(4) Jeder Lizenznehmer kann einer vom Inhaber der Marke erhobenen Verletzungsklage beitreten, um den Ersatz seines Schadens geltend zu machen.

(5) Ein Rechtsübergang nach § 27 oder die Erteilung einer Lizenz nach Absatz 1 berührt nicht die Lizenzen, die Dritten vorher erteilt worden sind.

(6) [1] Das Deutsche Patent- und Markenamt trägt auf Antrag des Inhabers der Marke oder des Lizenznehmers die Erteilung einer Lizenz in das Register ein, wenn ihm die Zustimmung des anderen Teils nachgewiesen wird. [2] Für die Änderung einer eingetragenen Lizenz gilt Entsprechendes. [3] Die Eintragung wird auf Antrag des Inhabers der Marke oder des Lizenznehmers gelöscht. [4] Der Löschungsantrag des Inhabers der Marke bedarf des Nachweises der Zustimmung des bei der Eintragung benannten Lizenznehmers oder seines Rechtsnachfolgers.

§ 31 Angemeldete Marken. Die §§ 27 bis 30 gelten entsprechend für durch Anmeldung von Marken begründete Rechte.

Teil 3. Verfahren in Markenangelegenheiten
Abschnitt 1. Eintragungsverfahren

§ 32 Erfordernisse der Anmeldung. (1) [1] Die Anmeldung zur Eintragung einer Marke in das Register ist beim Deutschen Patent- und Markenamt einzureichen. [2] Die Anmeldung kann auch über ein Patentinformationszentrum eingereicht werden, wenn diese Stelle durch Bekanntmachung[1]) des Bundes-

---
[1]) Siehe hierzu Bek. der zur Entgegennahme von Patent-, Gebrauchsmuster-, Marken- und Geschmacksmusteranmeldungen befugten Patentinformationszentren idF der Bek. v. 5.10.2004 (BGBl. I ➔

ministeriums der Justiz und für Verbraucherschutz im Bundesgesetzblatt dazu bestimmt ist, Markenanmeldungen entgegenzunehmen.

(2) Die Anmeldung muß enthalten:
1. einen Antrag auf Eintragung,
2. Angaben, die es erlauben, die Identität des Anmelders festzustellen,
3. eine Darstellung der Marke, die nicht dem Schutzhindernis nach § 8 Absatz 1 unterfällt, und
4. ein Verzeichnis der Waren oder Dienstleistungen, für die die Eintragung beantragt wird.

(3) Die Anmeldung muß den weiteren Anmeldungserfordernissen entsprechen, die in einer Rechtsverordnung nach § 65 Abs. 1 Nr. 2 bestimmt worden sind.

§ 33 Anmeldetag; Anspruch auf Eintragung; Veröffentlichung der Anmeldung. (1) [1]Der Anmeldetag einer Marke ist der Tag, an dem der Anmelder die Anmeldung mit den Angaben nach § 32 Absatz 2 beim Deutschen Patent- und Markenamt eingereicht hat. [2]Der Eingang der Anmeldeunterlagen bei einem Patentinformationszentrum, das durch Bekanntmachung[1]) des Bundesministeriums der Justiz und für Verbraucherschutz im Bundesgesetzblatt zur Entgegennahme von Markenanmeldungen bestimmt ist, gilt als Eingang beim Deutschen Patent- und Markenamt.

(2) [1]Die Anmeldung einer Marke, deren Anmeldetag feststeht, begründet einen Anspruch auf Eintragung. [2]Dem Eintragungsantrag ist stattzugeben, es sei denn, daß die Anmeldungserfordernisse nicht erfüllt sind oder daß absolute Schutzhindernisse der Eintragung entgegenstehen.

(3) [1]Die Anmeldung einer Marke, die sämtliche Angaben nach § 32 Absatz 2 enthält, wird einschließlich solcher Angaben veröffentlicht, die es erlauben, die Identität des Anmelders festzustellen. [2]Das Deutsche Patent- und Markenamt kann von einer Veröffentlichung absehen, soweit die Anmeldung eine Marke betrifft, die offensichtlich gegen die öffentliche Ordnung oder die guten Sitten verstößt.

§ 34 Ausländische Priorität. (1) Die Inanspruchnahme der Priorität einer früheren ausländischen Anmeldung richtet sich nach den Vorschriften der Staatsverträge mit der Maßgabe, daß die Priorität nach der Pariser Verbandsübereinkunft auch für Dienstleistungen in Anspruch genommen werden kann.

(2) Ist die frühere ausländische Anmeldung in einem Staat eingereicht worden, mit dem kein Staatsvertrag über die Anerkennung der Priorität besteht, so kann der Anmelder ein dem Prioritätsrecht nach der Pariser Verbandsübereinkunft entsprechendes Prioritätsrecht in Anspruch nehmen, soweit nach einer Bekanntmachung des Bundesministeriums der Justiz und für Verbraucherschutz im Bundesgesetzblatt der andere Staat aufgrund einer ersten Anmeldung beim

---

(Fortsetzung der Anm. von voriger Seite)
S. 2599), zuletzt geänd. durch Bek. v. 29.10.2020 (BGBl. I S. 2336) und Patentinformationszentren-Bekanntmachung 2018 v. 23.10.2018 (BGBl. I S. 1843).
[1]) Siehe hierzu Bek. der zur Entgegennahme von Patent-, Gebrauchsmuster-, Marken- und Geschmacksmusteranmeldungen befugten Patentinformationszentren idF der Bek. v. 5.10.2004 (BGBl. I S. 2599), zuletzt geänd. durch Bek. v. 29.10.2020 (BGBl. I S. 2336) und Patentinformationszentren-Bekanntmachung 2018 v. 23.10.2018 (BGBl. I S. 1843).

Teil 3. Verfahren in Markenangelegenheiten §§ 35, 36 MarkenG 10

Deutsche Patent- und Markenamt ein Prioritätsrecht gewährt, das nach Voraussetzungen und Inhalt dem Prioritätsrecht nach der Pariser Verbandsübereinkunft vergleichbar ist.

(3) ¹Wer eine Priorität nach Absatz 1 oder 2 in Anspruch nimmt, hat innerhalb von zwei Monaten nach dem Anmeldetag Zeit und Staat der früheren Anmeldung anzugeben. ²Hat der Anmelder diese Angaben gemacht, fordert ihn das Deutsche Patent- und Markenamt auf, innerhalb von zwei Monaten nach der Zustellung der Aufforderung das Aktenzeichen der früheren Anmeldung anzugeben und eine Abschrift der früheren Anmeldung einzureichen. ³Innerhalb dieser Fristen können die Angaben geändert werden. ⁴Werden die Angaben nicht rechtzeitig gemacht, so wird der Prioritätsanspruch für diese Anmeldung verwirkt.

§ 35 Ausstellungspriorität. (1) Hat der Anmelder der Marke Waren oder Dienstleistungen unter der angemeldeten Marke

1. auf einer amtlichen oder amtlich anerkannten internationalen Ausstellung im Sinne des am 22. November 1928 in Paris unterzeichneten Abkommens über internationale Ausstellungen oder

2. auf einer sonstigen inländischen oder ausländischen Ausstellung

zur Schau gestellt, kann er, wenn er die Anmeldung innerhalb einer Frist von sechs Monaten seit der erstmaligen Zurschaustellung der Waren oder Dienstleistungen unter der angemeldeten Marke einreicht, von diesem Tag an ein Prioritätsrecht im Sinne des § 34 in Anspruch nehmen.

(2) Die in Absatz 1 Nr. 1 bezeichneten Ausstellungen werden vom Bundesministerium der Justiz und für Verbraucherschutz im Bundesanzeiger bekanntgemacht.

(3) Die Ausstellungen nach Absatz 1 Nummer 2 werden im Einzelfall vom Bundesministerium der Justiz und für Verbraucherschutz bestimmt und im Bundesanzeiger bekanntgemacht.

(4) ¹Wer eine Priorität nach Absatz 1 in Anspruch nimmt, hat innerhalb von zwei Monaten nach dem Anmeldetag den Tag der erstmaligen Zurschaustellung sowie die Ausstellung anzugeben. ²Hat der Anmelder diese Angaben gemacht, fordert ihn das Deutsche Patent- und Markenamt auf, innerhalb von zwei Monaten nach der Zustellung der Aufforderung die Nachweise für die Zurschaustellung der Waren oder Dienstleistungen unter der angemeldeten Marke einzureichen. ³Werden die Nachweise nicht rechtzeitig eingereicht, so wird der Prioritätsanspruch für diese Anmeldung verwirkt.

(5) Die Ausstellungspriorität nach Absatz 1 verlängert nicht die Prioritätsfrist nach § 34.

§ 36 Prüfung der Anmeldungserfordernisse. (1) Das Deutsche Patent- und Markenamt prüft, ob

1. die Anmeldung der Marke den Erfordernissen für die Zuerkennung eines Anmeldetages nach § 33 Abs. 1 genügt,

2. die Anmeldung den sonstigen Anmeldungserfordernissen entspricht,

3. die Gebühren in ausreichender Höhe gezahlt worden sind und

4. der Anmelder nach § 7 Inhaber einer Marke sein kann.

10 MarkenG § 37

(2) ¹Werden nach Absatz 1 Nummer 1 festgestellte Mängel der Anmeldung nicht innerhalb einer vom Deutschen Patent- und Markenamt bestimmten Frist beseitigt, so gilt die Anmeldung als zurückgenommen. ²Werden die festgestellten Mängel fristgerecht beseitigt, so wird als Anmeldetag der Tag zuerkannt, an dem die Mängel beseitigt worden sind.

(3) ¹Werden innerhalb einer vom Deutschen Patent- und Markenamt bestimmten Frist Klassengebühren nicht oder in nicht ausreichender Höhe nachgezahlt oder wird vom Anmelder keine Bestimmung darüber getroffen, welche Waren- oder Dienstleistungsklassen durch den gezahlten Gebührenbetrag gedeckt werden sollen, so werden zunächst die Leitklasse und sodann die übrigen Klassen in der Reihenfolge der Klasseneinteilung berücksichtigt. ²Im Übrigen gilt die Anmeldung als zurückgenommen.

(4) Werden sonstige Mängel innerhalb einer vom Deutschen Patent- und Markenamt bestimmten Frist nicht beseitigt, so weist das Deutsche Patent- und Markenamt die Anmeldung zurück.

(5) Kann der Anmelder nicht nach § 7 Inhaber einer Marke sein, so weist das Deutsche Patent- und Markenamt die Anmeldung zurück.

§ 37 Prüfung auf absolute Schutzhindernisse; Bemerkungen Dritter.

(1) Ist die Marke nach § 3, 8 oder 10 von der Eintragung ausgeschlossen, so wird die Anmeldung zurückgewiesen.

(2) Ergibt die Prüfung, daß die Marke zwar am Anmeldetag (§ 33 Abs. 1) nicht den Voraussetzungen des § 8 Abs. 2 Nr. 1, 2 oder 3 entsprach, daß das Schutzhindernis aber nach dem Anmeldetag weggefallen ist, so kann die Anmeldung nicht zurückgewiesen werden, wenn der Anmelder sich damit einverstanden erklärt, daß ungeachtet des ursprünglichen Anmeldetages und einer etwa nach § 34 oder § 35 in Anspruch genommenen Priorität der Tag, an dem das Schutzhindernis weggefallen ist, als Anmeldetag gilt und für die Bestimmung des Zeitrangs im Sinne des § 6 Abs. 2 maßgeblich ist.

(3) Eine Anmeldung wird nach § 8 Abs. 2 Nr. 4 oder Nummer 14 nur zurückgewiesen, wenn die Eignung zur Täuschung oder die Bösgläubigkeit ersichtlich ist.

(4) Eine Anmeldung wird nach § 10 nur zurückgewiesen, wenn die Notorietät der älteren Marke amtsbekannt ist und wenn die weiteren Voraussetzungen des § 9 Abs. 1 Nr. 1 oder 2 gegeben sind.

(5) Die Absätze 1 bis 4 sind entsprechend anzuwenden, wenn die Marke nur für einen Teil der Waren oder Dienstleistungen, für die sie angemeldet worden ist, von der Eintragung ausgeschlossen ist.

(6) ¹Natürliche oder juristische Personen sowie die Verbände der Hersteller, Erzeuger, Dienstleistungsunternehmer, Händler und Verbraucher können vor der Eintragung der Marke beim Deutschen Patent- und Markenamt schriftliche Bemerkungen einreichen, in denen sie erläutern, aus welchen Gründen die Marke von Amts wegen nicht eingetragen werden sollte. ²Die Personen und Verbände können beim Deutschen Patent- und Markenamt auch schriftliche Bemerkungen einreichen, in denen sie erläutern, aus welchen Gründen die Anmeldung einer Kollektiv- oder Gewährleistungsmarke zurückzuweisen ist. ³Die Personen und Verbände sind an dem Verfahren beim Deutschen Patent- und Markenamt nicht beteiligt.

Teil 3. Verfahren in Markenangelegenheiten §§ 38–42 MarkenG 10

§ 38 Beschleunigte Prüfung. Auf Antrag des Anmelders wird die Prüfung nach den §§ 36 und 37 beschleunigt durchgeführt.

§ 39 Zurücknahme, Einschränkung und Berichtigung der Anmeldung. (1) Der Anmelder kann die Anmeldung jederzeit zurücknehmen oder das in der Anmeldung enthaltene Verzeichnis der Waren und Dienstleistungen einschränken.

(2) Der Inhalt der Anmeldung kann auf Antrag des Anmelders zur Berichtigung von sprachlichen Fehlern, Schreibfehlern oder sonstigen offensichtlichen Unrichtigkeiten geändert werden.

§ 40 Teilung der Anmeldung. (1) [1] Der Anmelder kann die Anmeldung teilen, indem er erklärt, daß die Anmeldung der Marke für die in der Teilungserklärung aufgeführten Waren und Dienstleistungen als abgetrennte Anmeldung weiterbehandelt werden soll. [2] Für jede Teilanmeldung bleibt der Zeitrang der ursprünglichen Anmeldung erhalten.

(2) [1] Wird die Gebühr nach dem Patentkostengesetz für das Teilungsverfahren nicht innerhalb von drei Monaten nach dem Zugang der Teilungserklärung gezahlt, so gilt die abgetrennte Anmeldung als zurückgenommen. [2] Die Teilungserklärung kann nicht widerrufen werden.

§ 41 Eintragung, Veröffentlichung und Markeninformation. (1) Entspricht die Anmeldung den Anmeldungserfordernissen und wird sie nicht gemäß § 37 zurückgewiesen, so wird die angemeldete Marke in das Register eingetragen.

(2) [1] Die Eintragung wird veröffentlicht. [2] Die Veröffentlichung kann in elektronischer Form erfolgen.

(3) [1] Zur weiteren Verarbeitung oder Nutzung zu Zwecken der Markeninformation kann das Deutsche Patent- und Markenamt die in das Register eingetragenen Angaben an Dritte in elektronischer Form übermitteln. [2] Die Übermittlung erfolgt nicht, soweit die Einsicht nach § 62 Absatz 4 ausgeschlossen ist.

§ 42 Widerspruch. (1) [1] Innerhalb einer Frist von drei Monaten nach dem Tag der Veröffentlichung der Eintragung der Marke gemäß § 41 Absatz 2 kann von dem Inhaber einer Marke oder einer geschäftlichen Bezeichnung mit älterem Zeitrang gegen die Eintragung der Marke Widerspruch erhoben werden. [2] Innerhalb dieser Frist kann auch von Personen, die berechtigt sind, Rechte aus einer geschützten Ursprungsbezeichnung oder einer geschützten geografischen Angabe mit älterem Zeitrang geltend zu machen, gegen die Eintragung der Marke Widerspruch erhoben werden.

(2) Der Widerspruch kann nur darauf gestützt werden, daß die Marke

1. wegen einer angemeldeten oder eingetragenen Marke mit älterem Zeitrang nach § 9,
2. wegen einer notorisch bekannten Marke mit älterem Zeitrang nach § 10 in Verbindung mit § 9,
3. wegen ihrer Eintragung für einen Agenten oder Vertreter des Markeninhabers nach § 11,

10 MarkenG §§ 43—45   Teil 3. Verfahren in Markenangelegenheiten

4. wegen einer nicht eingetragenen Marke mit älterem Zeitrang nach § 4 Nr. 2 oder einer geschäftlichen Bezeichnung mit älterem Zeitrang nach § 5 in Verbindung mit § 12 oder
5. wegen einer Ursprungsbezeichnung oder geografischen Angabe mit älterem Zeitrang in Verbindung mit § 13

gelöscht werden kann.

(3) Ein Widerspruch kann auf der Grundlage eines älteren Rechts oder mehrerer älterer Rechte erhoben werden, wenn diese Rechte demselben Inhaber gehören.

(4) Den am Widerspruchsverfahren beteiligten Parteien wird auf beiderseitigen Antrag eine Frist von mindestens zwei Monaten eingeräumt, um eine gütliche Einigung zu ermöglichen.

§ 43 Einrede mangelnder Benutzung; Entscheidung über den Widerspruch. (1) [1] Ist der Widerspruch vom Inhaber einer eingetragenen Marke mit älterem Zeitrang erhoben worden, so hat er, wenn der Gegner die Einrede der Nichtbenutzung erhebt, nachzuweisen, dass die Marke innerhalb der letzten fünf Jahre vor dem Anmelde- oder Prioritätstag der Marke, gegen die der Widerspruch sich richtet, gemäß § 26 benutzt worden ist, sofern zu diesem Zeitpunkt seit mindestens fünf Jahren kein Widerspruch mehr gegen sie möglich war. [2] Der Nachweis kann auch durch eine eidesstattliche Versicherung erbracht werden. [3] Bei der Entscheidung werden nur Waren und Dienstleistungen berücksichtigt, für die die Benutzung nachgewiesen worden ist.

(2) [1] Ergibt die Prüfung des Widerspruchs, daß die Marke für alle oder für einen Teil der Waren oder Dienstleistungen, für die sie eingetragen ist, zu löschen ist, so wird die Eintragung ganz oder teilweise gelöscht. [2] Kann die Eintragung der Marke nicht gelöscht werden, so wird der Widerspruch zurückgewiesen.

(3) Ist die eingetragene Marke wegen einer oder mehrerer Marken mit älterem Zeitrang zu löschen, so kann das Verfahren über weitere Widersprüche bis zur rechtskräftigen Entscheidung über die Eintragung der Marke ausgesetzt werden.

(4) Im Falle der Löschung nach Absatz 2 ist § 52 Abs. 2 und 3 entsprechend anzuwenden.

§ 44 Eintragungsbewilligungsklage. (1) Der Inhaber der Marke kann im Wege der Klage gegen den Widersprechenden geltend machen, daß ihm trotz der Löschung der Eintragung nach § 43 ein Anspruch auf die Eintragung zusteht.

(2) Die Klage nach Absatz 1 ist innerhalb von sechs Monaten nach Unanfechtbarkeit der Entscheidung, mit der die Eintragung gelöscht worden ist, zu erheben.

(3) Die Eintragung aufgrund einer Entscheidung zugunsten des Inhabers der Marke wird unter Wahrung des Zeitrangs der Eintragung vorgenommen.

Abschnitt 2. Berichtigung; Teilung; Schutzdauer und Verlängerung

§ 45 Berichtigung des Registers und von Veröffentlichungen.

(1) [1] Eintragungen im Register können auf Antrag oder von Amts wegen zur Berichtigung von sprachlichen Fehlern, Schreibfehlern oder sonstigen offen-

Teil 3. Verfahren in Markenangelegenheiten §§ 46, 47 MarkenG 10

sichtlichen Unrichtigkeiten geändert werden. ²War die von der Berichtigung betroffene Eintragung veröffentlicht worden, so ist die berichtigte Eintragung zu veröffentlichen.

(2) Absatz 1 ist entsprechend auf die Berichtigung von Veröffentlichungen anzuwenden.

§ 46 Teilung der Eintragung. (1) ¹Der Inhaber einer eingetragenen Marke kann die Eintragung teilen, indem er erklärt, daß die Eintragung der Marke für die in der Teilungserklärung aufgeführten Waren oder Dienstleistungen als abgetrennte Eintragung fortbestehen soll. ²Für jede Teileintragung bleibt der Zeitrang der ursprünglichen Eintragung erhalten.

(2) ¹Die Teilung kann erst nach Ablauf der Frist zur Erhebung des Widerspruchs erklärt werden. ²Die Erklärung ist nur zulässig, wenn ein im Zeitpunkt ihrer Abgabe anhängiger Widerspruch gegen die Eintragung der Marke oder eine in diesem Zeitpunkt anhängige Klage auf Erklärung des Verfalls oder der Nichtigkeit oder ein in diesem Zeitpunkt gestellter Antrag auf Erklärung des Verfalls oder der Nichtigkeit der Marke sich nach der Teilung nur gegen einen der Teile der ursprünglichen Eintragung richten würde.

(3) ¹Wird die Gebühr nach dem Patentkostengesetz für das Teilungsverfahren nicht innerhalb von drei Monaten nach dem Zugang der Teilungserklärung gezahlt, so gilt dies als Verzicht auf die abgetrennte Eintragung. ²Die Teilungserklärung kann nicht widerrufen werden.

§ 47 Schutzdauer und Verlängerung. (1) Die Schutzdauer einer eingetragenen Marke beträgt zehn Jahre, gerechnet vom Tag der Anmeldung an (§ 33 Absatz 1).

(2) Die Eintragung der Marke wird auf Antrag des Markeninhabers oder einer durch Gesetz oder Vertrag hierzu ermächtigten Person um jeweils zehn Jahre verlängert, sofern die Verlängerungsgebühr entrichtet worden ist.

(3) ¹Die Verlängerung der Schutzdauer kann auch dadurch bewirkt werden, dass die Verlängerungsgebühr und eine Klassengebühr für jede zu verlängernde Klasse ab der vierten Klasse der Klasseneinteilung der Waren und Dienstleistungen gezahlt wird. ²Der Erhalt der Zahlung gilt als Antrag des Markeninhabers oder einer ermächtigten Person nach Absatz 2.

(4) ¹Beziehen sich die Gebühren nur auf einen Teil der Waren oder Dienstleistungen, für die die Marke eingetragen ist, so wird die Schutzdauer nur für diese Waren oder Dienstleistungen verlängert. ²Werden lediglich die erforderlichen Klassengebühren nicht gezahlt, so wird die Schutzdauer, soweit nicht Satz 1 Anwendung findet, nur für die Klassen verlängert, für die die gezahlten Gebühren ausreichen. ³Besteht eine Leitklasse, so wird sie vorrangig berücksichtigt. ⁴Im Übrigen werden die Klassen in der Reihenfolge der Klasseneinteilung berücksichtigt.

(5) ¹Das Deutsche Patent- und Markenamt unterrichtet den Markeninhaber mindestens sechs Monate im Voraus über den Ablauf der Schutzdauer. ²Das Deutsche Patent- und Markenamt haftet nicht für eine unterbliebene Unterrichtung.

(6) ¹Der Antrag auf Verlängerung soll innerhalb eines Zeitraums von sechs Monaten vor Ablauf der Schutzdauer eingereicht werden. ²Der Antrag kann

noch innerhalb einer Nachfrist von sechs Monaten nach Ablauf der Schutzdauer eingereicht werden.

(7) ¹Die Verlängerung der Schutzdauer wird am Tag nach dem Ablauf der vorausgehenden Schutzdauer wirksam. ²Sie wird in das Register eingetragen und veröffentlicht.

(8) Wird die Schutzdauer nicht verlängert, so wird die Eintragung der Marke mit Wirkung zum Ablauf der Schutzdauer gelöscht.

Abschnitt 3. Verzicht; Verfalls- und Nichtigkeitsverfahren

§ 48 Verzicht. (1) Auf Antrag des Inhabers der Marke wird die Eintragung jederzeit für alle oder für einen Teil der Waren oder Dienstleistungen, für die sie eingetragen ist, im Register gelöscht.

(2) Ist im Register eine Person als Inhaber eines Rechts an der Marke eingetragen, so wird die Eintragung nur mit Zustimmung dieser Person gelöscht.

§ 49 Verfall. (1) ¹Die Eintragung einer Marke wird auf Antrag für verfallen erklärt und gelöscht, wenn die Marke nach dem Tag, ab dem kein Widerspruch mehr gegen sie möglich ist, innerhalb eines ununterbrochenen Zeitraums von fünf Jahren nicht gemäß § 26 benutzt worden ist. ²Der Verfall einer Marke kann jedoch nicht geltend gemacht werden, wenn nach Ende dieses Zeitraums und vor Stellung des Antrags auf Erklärung des Verfalls eine Benutzung der Marke gemäß § 26 begonnen oder wieder aufgenommen worden ist. ³Wird die Benutzung jedoch im Anschluß an einen ununterbrochenen Zeitraum von fünf Jahren der Nichtbenutzung innerhalb von drei Monaten vor der Stellung des Antrags auf Erklärung des Verfalls begonnen oder wieder aufgenommen, so bleibt sie unberücksichtigt, sofern die Vorbereitungen für die erstmalige oder die erneute Benutzung erst stattgefunden haben, nachdem der Inhaber der Marke Kenntnis davon erhalten hat, daß der Antrag auf Erklärung des Verfalls gestellt werden könnte. ⁴Wird der Antrag auf Erklärung des Verfalls nach § 53 Abs. 1 beim Deutschen Patent- und Markenamt gestellt, so bleibt für die Berechnung der Frist nach drei Monaten nach Satz 3 der Antrag beim Deutschen Patent- und Markenamt maßgeblich, wenn die Klage auf Erklärung des Verfalls nach § 55 Abs. 1 innerhalb von drei Monaten nach Zustellung der Mitteilung nach § 53 Abs. 4 erhoben wird.

(2) Die Eintragung einer Marke wird ferner auf Antrag für verfallen erklärt und gelöscht,

1. wenn die Marke infolge des Verhaltens oder der Untätigkeit ihres Inhabers im geschäftlichen Verkehr zur gebräuchlichen Bezeichnung der Waren oder Dienstleistungen, für die sie eingetragen ist, geworden ist;

2. wenn die Marke infolge ihrer Benutzung durch den Inhaber oder mit seiner Zustimmung für die Waren oder Dienstleistungen, für die sie eingetragen ist, geeignet ist, das Publikum insbesondere über die Art, die Beschaffenheit oder die geographische Herkunft dieser Waren oder Dienstleistungen zu täuschen oder

3. wenn der Inhaber der Marke nicht mehr die in § 7 genannten Voraussetzungen erfüllt.

Teil 3. Verfahren in Markenangelegenheiten §§ 50, 51 MarkenG 10

(3) Liegt ein Verfallsgrund nur für einen Teil der Waren oder Dienstleistungen vor, für die die Marke eingetragen ist, so wird die Eintragung nur für diese Waren oder Dienstleistungen für verfallen erklärt und gelöscht.

§ 50 Nichtigkeit wegen absoluter Schutzhindernisse. (1) Die Eintragung einer Marke wird auf Antrag für nichtig erklärt und gelöscht, wenn sie entgegen §§ 3, 7 oder 8 eingetragen worden ist.

(2) ¹Ist die Marke entgegen § 3, 7 oder 8 Absatz 2 Nummer 1 bis 13 eingetragen worden, so kann die Eintragung nur für nichtig erklärt und gelöscht werden, wenn das Schutzhindernis noch im Zeitpunkt der Entscheidung über den Antrag auf Erklärung der Nichtigkeit besteht. ²§ 8 Absatz 2 Nummer 1, 2 oder 3 findet im Nichtigkeitsverfahren keine Anwendung, wenn die Marke sich bis zu dem Antrag auf Erklärung der Nichtigkeit infolge ihrer Benutzung für die Waren und Dienstleistungen, für die sie eingetragen worden ist, in den beteiligten Verkehrskreisen durchgesetzt hat. ³Ist die Marke entgegen § 8 Absatz 2 Nummer 1, 2 oder 3 eingetragen worden, so kann die Eintragung nur dann gelöscht werden, wenn der Antrag auf Löschung innerhalb von zehn Jahren seit dem Tag der Eintragung gestellt wird.

(3) Die Eintragung einer Marke kann von Amts wegen für nichtig erklärt und gelöscht werden, wenn sie entgegen § 8 Abs. 2 Nummer 4 bis 14 eingetragen worden ist und

1. das Nichtigkeitsverfahren innerhalb eines Zeitraums von zwei Jahren seit dem Tag der Eintragung eingeleitet wird,
2. das Schutzhindernis gemäß § 8 Abs. 2 Nummer 4 bis 13 auch noch im Zeitpunkt der Entscheidung über die Erklärung der Nichtigkeit besteht und
3. die Eintragung ersichtlich entgegen den genannten Vorschriften vorgenommen worden ist.

(4) Liegt ein Nichtigkeitsgrund nur für einen Teil der Waren oder Dienstleistungen vor, für die die Marke eingetragen ist, so wird die Eintragung nur für diese Waren oder Dienstleistungen für nichtig erklärt und gelöscht.

§ 51 Nichtigkeit wegen des Bestehens älterer Rechte. (1) ¹Die Eintragung einer Marke wird auf Klage gemäß § 55 oder Antrag gemäß § 53 für nichtig erklärt und gelöscht, wenn ihr ein Recht im Sinne der §§ 9 bis 13 mit älterem Zeitrang entgegensteht. ²Der Antrag auf Erklärung der Nichtigkeit kann auch auf mehrere ältere Rechte desselben Inhabers gestützt werden.

(2) ¹Die Eintragung kann aufgrund der Eintragung einer Marke mit älterem Zeitrang nicht für nichtig erklärt und gelöscht werden, soweit der Inhaber der Marke mit älterem Zeitrang die Benutzung der Marke mit jüngerem Zeitrang für die Waren oder Dienstleistungen, für die sie eingetragen ist, während eines Zeitraums von fünf aufeinanderfolgenden Jahren in Kenntnis dieser Benutzung geduldet hat, es sei denn, daß die Anmeldung der Marke mit jüngerem Zeitrang bösgläubig vorgenommen worden ist. ²Das gleiche gilt für den Inhaber eines Rechts mit älterem Zeitrang an einer durch Benutzung erworbenen Marke im Sinne des § 4 Nr. 2, an einer notorisch bekannten Marke im Sinne des § 4 Nr. 3, an einer geschäftlichen Bezeichnung im Sinne des § 5 oder an einer Sortenbezeichnung im Sinne des § 13 Abs. 2 Nr. 4. ³Die Eintragung einer Marke kann ferner nicht für nichtig erklärt und gelöscht werden, wenn der Inhaber eines der in den §§ 9 bis 13 genannten Rechte mit älterem

10 MarkenG §§ 52, 53   Teil 3. Verfahren in Markenangelegenheiten

Zeitrang der Eintragung der Marke vor der Stellung des Antrags auf Erklärung der Nichtigkeit zugestimmt hat.

(3) Die Eintragung kann aufgrund einer bekannten Marke oder einer bekannten geschäftlichen Bezeichnung mit älterem Zeitrang nicht für nichtig erklärt und gelöscht werden, wenn die Marke oder die geschäftliche Bezeichnung an dem für den Zeitrang der Eintragung der Marke mit jüngerem Zeitrang maßgeblichen Tag noch nicht im Sinne des § 9 Abs. 1 Nr. 3, des § 14 Absatz 2 Satz 1 Nummer 3 oder des § 15 Abs. 3 bekannt war.

(4) ¹Die Eintragung kann aufgrund der Eintragung einer Marke mit älterem Zeitrang nicht für nichtig erklärt und gelöscht werden, wenn die Eintragung der Marke mit älterem Zeitrang am Anmelde- oder Prioritätstag der Marke mit jüngerem Zeitrang aus folgenden Gründen hätte für verfallen oder nichtig erklärt und gelöscht werden können:

1. Verfall nach § 49 oder
2. absolute Schutzhindernisse nach § 50.

²Für die Prüfung der Verwechslungsgefahr nach § 9 Absatz 1 Nummer 2 ist auf die Kennzeichnungskraft der älteren Marke am Anmelde- oder Prioritätstag der jüngeren Marke abzustellen.

(5) Liegt ein Nichtigkeitsgrund nur für einen Teil der Waren oder Dienstleistungen vor, für die die Marke eingetragen ist, so wird die Eintragung nur für diese Waren oder Dienstleistungen für nichtig erklärt und gelöscht.

§ 52 Wirkungen des Verfalls und der Nichtigkeit. (1) ¹Die Wirkungen einer eingetragenen Marke gelten in dem Umfang, in dem die Marke für verfallen erklärt wird, von dem Zeitpunkt der Stellung des Antrags (§ 53) oder der Erhebung der Klage (§ 55) auf Erklärung des Verfalls an als nicht eingetreten. ²In der Entscheidung kann auf Antrag einer Partei ein früherer Zeitpunkt, zu dem einer der Verfallsgründe eingetreten ist, festgesetzt werden.

(2) Die Wirkungen einer eingetragenen Marke gelten in dem Umfang, in dem die Marke für nichtig erklärt worden ist, von Anfang an als nicht eingetreten.

(3) Vorbehaltlich der Vorschriften über den Ersatz des Schadens, der durch fahrlässiges oder vorsätzliches Verhalten des Inhabers einer Marke verursacht worden ist, sowie der Vorschriften über ungerechtfertigte Bereicherung berührt die Löschung der Eintragung aufgrund Verfalls oder Nichtigkeit der Marke nicht

1. Entscheidungen in Verletzungsverfahren, die vor der Entscheidung über den Antrag auf Erklärung des Verfalls oder der Nichtigkeit rechtskräftig geworden und vollstreckt worden sind, und
2. vor der Entscheidung über den Antrag auf Erklärung des Verfalls oder der Nichtigkeit geschlossene Verträge insoweit, als sie vor dieser Entscheidung erfüllt worden sind. Es kann jedoch verlangt werden, daß in Erfüllung des Vertrages gezahlte Beträge aus Billigkeitsgründen insoweit zurückerstattet werden, wie die Umstände dies rechtfertigen.

§ 53 Verfalls- und Nichtigkeitsverfahren vor dem Deutschen Patent- und Markenamt. (1) ¹Der Antrag auf Erklärung des Verfalls (§ 49) und der Nichtigkeit wegen absoluter Schutzhindernisse (§ 50) und älterer Rechte (§ 51) ist schriftlich beim Deutschen Patent- und Markenamt zu stellen. ²Die zur

Begründung dienenden Tatsachen und Beweismittel sind anzugeben. ³Für die Sicherheitsleistung gilt § 81 Absatz 6 des Patentgesetzes entsprechend. ⁴Der Antrag ist unzulässig, soweit über denselben Streitgegenstand zwischen den Parteien durch unanfechtbaren Beschluss oder rechtskräftiges Urteil entschieden wurde. ⁵Dies gilt auch, wenn über denselben Streitgegenstand zwischen den Parteien eine Klage nach § 55 rechtshängig ist. ⁶§ 325 Absatz 1 der Zivilprozessordnung gilt entsprechend. ⁷Werden zwischen denselben Beteiligten mehrere Anträge nach Satz 1 gestellt, so können diese verbunden werden und kann über diese in einem Verfahren durch Beschluss entschieden werden.

(2) Der Antrag auf Erklärung des Verfalls und der Nichtigkeit wegen absoluter Schutzhindernisse kann von jeder natürlichen oder juristischen Person gestellt werden sowie von jedem Interessenverband von Herstellern, Erzeugern, Dienstleistungsunternehmern, Händlern oder Verbrauchern, der am Verfahren beteiligt sein kann.

(3) Der Antrag auf Erklärung der Nichtigkeit wegen des Bestehens älterer Rechte kann von dem Inhaber der in den §§ 9 bis 13 genannten Rechte und Personen, die berechtigt sind, Rechte aus einer geschützten geografischen Angabe oder geschützten Ursprungsbezeichnung geltend zu machen, gestellt werden.

(4) Wird ein Antrag auf Erklärung des Verfalls oder der Nichtigkeit gestellt oder ein Nichtigkeitsverfahren von Amts wegen eingeleitet, so stellt das Deutsche Patent- und Markenamt dem Inhaber der eingetragenen Marke eine Mitteilung hierüber zu und fordert ihn auf, sich innerhalb von zwei Monaten nach der Zustellung zu dem Antrag oder dem von Amts wegen eingeleiteten Verfahren zu erklären.

(5) ¹Widerspricht der Inhaber der Löschung aufgrund Verfalls oder Nichtigkeit nicht innerhalb der in Absatz 4 genannten Frist, so wird die Nichtigkeit oder der Verfall erklärt und die Eintragung gelöscht. ²Wird dem Antrag auf Nichtigkeit fristgemäß widersprochen, so teilt das Deutsche Patent- und Markenamt dem Antragsteller den Widerspruch mit. ³Wird dem Antrag auf Verfall fristgemäß widersprochen, so stellt das Deutsche Patent- und Markenamt dem Antragsteller den Widerspruch zu. ⁴Das Verfallsverfahren wird nur fortgesetzt, wenn innerhalb eines Monats nach Zustellung des Widerspruchs die Gebühr zur Weiterverfolgung des Verfallsverfahrens nach dem Patentkostengesetz gezahlt wird. ⁵Anderenfalls gilt das Verfallsverfahren als abgeschlossen.

(6) ¹Ist der Antrag auf Erklärung der Nichtigkeit wegen älterer Rechte vom Inhaber einer eingetragenen Marke mit älterem Zeitrang erhoben worden, so hat er auf Einrede des Antragsgegners nachzuweisen, dass die Marke innerhalb der letzten fünf Jahre vor Antragstellung gemäß § 26 benutzt worden ist, sofern zu diesem Zeitpunkt seit mindestens fünf Jahren kein Widerspruch mehr gegen sie möglich war. ²Wurde Widerspruch erhoben, werden die fünf Jahre ab dem Zeitpunkt gerechnet, ab dem die das Widerspruchsverfahren beendende Entscheidung Rechtskraft erlangt hat oder der Widerspruch zurückgenommen wurde. ³Endet der Zeitraum von fünf Jahren der Nichtbenutzung nach Stellung des Antrags, so hat der Antragsteller auf Einrede des Antragsgegners nachzuweisen, dass die Marke innerhalb der letzten fünf Jahre vor der Entscheidung gemäß § 26 benutzt worden ist. ⁴War die Marke mit älterem Zeitrang am Anmelde- oder Prioritätstag der Marke mit jüngerem Zeitrang bereits seit mindestens fünf Jahren eingetragen, so hat der Antragsteller auf Einrede des Antragsgegners ferner nachzuweisen, dass die Eintragung der Marke mit älte-

rem Zeitrang an diesem Tag nicht nach § 49 Absatz 1 für verfallen hätte erklärt werden können. ⁵Bei der Entscheidung werden nur die Waren oder Dienstleistungen berücksichtigt, für die die Benutzung nachgewiesen worden ist. ⁶Der Nachweis kann auch durch eine eidesstattliche Versicherung erbracht werden.

(7) ¹Ist das durch die Eintragung der Marke begründete Recht auf einen anderen übertragen worden oder übergegangen, so ist die Entscheidung in der Sache auch gegen den Rechtsnachfolger wirksam und vollstreckbar. ²Für die Befugnis des Rechtsnachfolgers, in das Verfahren einzutreten, gelten die §§ 66 bis 74 und 76 der Zivilprozessordnung entsprechend.

§ 54 Beitritt zum Verfalls- und Nichtigkeitsverfahren. (1) ¹Ein Dritter kann einem Verfalls- oder Nichtigkeitsverfahren beitreten, wenn über den Antrag auf Erklärung des Verfalls oder der Nichtigkeit noch keine unanfechtbare Entscheidung getroffen wurde und er glaubhaft machen kann, dass

1. gegen ihn ein Verfahren wegen Verletzung derselben eingetragenen Marke anhängig ist oder
2. er aufgefordert wurde, eine behauptete Verletzung derselben eingetragenen Marke zu unterlassen.

²Der Beitritt kann innerhalb von drei Monaten ab Einleitung des Verfahrens nach Satz 1 Nummer 1 oder ab Zugang der Unterlassungsaufforderung nach Satz 1 Nummer 2 beantragt werden.

(2) ¹Für die Antragstellung gilt § 53 Absatz 1 bis 3 entsprechend. ²Erfolgt der Beitritt im Beschwerdeverfahren vor dem Bundespatentgericht, erhält der Beitretende die Stellung eines Beschwerdebeteiligten.

§ 55 Verfalls- und Nichtigkeitsverfahren vor den ordentlichen Gerichten. (1) ¹Die Klage auf Erklärung des Verfalls (§ 49) oder der Nichtigkeit wegen Bestehens älterer Rechte (§ 51) ist gegen den als Inhaber der Marke Eingetragenen oder seinen Rechtsnachfolger zu richten. ²Die Klage ist unzulässig, wenn über denselben Streitgegenstand zwischen den Parteien

1. bereits gemäß § 53 entschieden wurde,
2. ein Antrag gemäß § 53 beim Deutschen Patent- und Markenamt gestellt wurde.

³§ 325 Absatz 1 der Zivilprozessordnung gilt entsprechend.

(2) Zur Erhebung der Klage sind befugt:

1. in den Fällen des Antrags auf Erklärung des Verfalls jede Person,
2. in den Fällen des Antrags auf Erklärung der Nichtigkeit wegen des Bestehens von Rechten mit älterem Zeitrang die Inhaber der in den §§ 9 bis 13 aufgeführten Rechte,
3. in den Fällen des Antrags auf Erklärung der Nichtigkeit wegen des Bestehens einer geographischen Herkunftsangabe mit älterem Zeitrang (§ 13 Abs. 2 Nr. 5) die nach § 8 Abs. 3 des Gesetzes gegen den unlauteren Wettbewerb[1] zur Geltendmachung von Ansprüchen Berechtigten.

---

[1] Nr. 1.

Teil 3. Verfahren in Markenangelegenheiten **§ 56 MarkenG 10**

(3) ¹Ist die Klage auf Erklärung der Nichtigkeit vom Inhaber einer eingetragenen Marke mit älterem Zeitrang erhoben worden, so hat er auf Einrede des Beklagten nachzuweisen, dass die Marke innerhalb der letzten fünf Jahre vor Erhebung der Klage gemäß § 26 benutzt worden ist, sofern zu diesem Zeitpunkt seit mindestens fünf Jahren kein Widerspruch mehr gegen sie möglich war. ²Endet der Zeitraum von fünf Jahren der Nichtbenutzung nach Erhebung der Klage, so hat der Kläger auf Einrede des Beklagten nachzuweisen, daß die Marke innerhalb der letzten fünf Jahre vor dem Schluß der mündlichen Verhandlung gemäß § 26 benutzt worden ist. ³War die Marke mit älterem Zeitrang am Anmelde- oder Prioritätstag der jüngeren Marke bereits seit mindestens fünf Jahren eingetragen, so hat der Kläger auf Einrede des Beklagten ferner nachzuweisen, dass die Eintragung der Marke mit älterem Zeitrang an diesem Tag nicht nach § 49 Absatz 1 hätte für verfallen erklärt und gelöscht werden können. ⁴Bei der Entscheidung werden nur die Waren oder Dienstleistungen berücksichtigt, für die die Benutzung nachgewiesen worden ist.

(4) ¹Ist vor oder nach Erhebung der Klage das durch die Eintragung der Marke begründete Recht auf einen anderen übertragen worden oder übergegangen, so ist die Entscheidung in der Sache selbst auch gegen den Rechtsnachfolger wirksam und vollstreckbar. ²Für die Befugnis des Rechtsnachfolgers, in den Rechtsstreit einzutreten, gelten die §§ 66 bis 74 und 76 der Zivilprozeßordnung entsprechend.

(5) ¹Das Gericht teilt dem Deutschen Patent- und Markenamt den Tag der Erhebung der Klage mit. ²Das Deutsche Patent- und Markenamt vermerkt den Tag der Erhebung der Klage im Register. ³Das Gericht übermittelt dem Deutschen Patent- und Markenamt eine Ausfertigung des rechtskräftigen Urteils. ⁴Das Deutsche Patent- und Markenamt trägt das Ergebnis des Verfahrens mit dem Datum der Rechtskraft in das Register ein.

Abschnitt 4. Allgemeine Vorschriften für das Verfahren vor dem Deutschen Patent- und Markenamt

§ 56 Zuständigkeiten im Deutschen Patent- und Markenamt.

(1) Im Deutschen Patent- und Markenamt werden zur Durchführung der Verfahren in Markenangelegenheiten Markenstellen und Markenabteilungen gebildet.

(2) ¹Die Markenstellen sind für die Prüfung von angemeldeten Marken und für die Beschlußfassung im Eintragungsverfahren zuständig. ²Die Aufgaben einer Markenstelle nimmt ein Mitglied des Deutschen Patent- und Markenamts (Prüfer) wahr. ³Die Aufgaben können auch von einem Beamten des gehobenen Dienstes oder von einem vergleichbaren Angestellten wahrgenommen werden. ⁴Beamte des gehobenen Dienstes und vergleichbare Angestellte sind jedoch nicht befugt, eine Beeidigung anzuordnen, einen Eid abzunehmen oder ein Ersuchen nach § 95 Abs. 2 an das Bundespatentgericht zu richten.

(3) ¹Die Markenabteilungen sind für die Angelegenheiten zuständig, die nicht in die Zuständigkeit der Markenstellen fallen. ²Die Aufgaben einer Markenabteilung werden in der Besetzung mit mindestens drei Mitgliedern des Deutschen Patent- und Markenamts wahrgenommen. ³Der Vorsitzende der Markenabteilung kann alle in die Zuständigkeit der Markenabteilung fallenden Angelegenheiten mit Ausnahme der Entscheidung über die Erklärung des

175

Verfalls oder der Nichtigkeit einer Marke nach § 53 allein bearbeiten oder diese Angelegenheiten einem Angehörigen der Markenabteilung zur Bearbeitung übertragen.

§ 57 Ausschließung und Ablehnung. (1) Für die Ausschließung und Ablehnung der Prüfer und der Mitglieder der Markenabteilungen sowie der mit der Wahrnehmung von Angelegenheiten, die den Markenstellen oder den Markenabteilungen obliegen, betrauten Beamten und Beamtinnen des gehobenen und mittleren Dienstes oder Angestellten gelten die §§ 41 bis 44, 45 Abs. 2 Satz 2, §§ 47 bis 49 der Zivilprozeßordnung über die Ausschließung und Ablehnung der Gerichtspersonen entsprechend.

(2) Über das Ablehnungsgesuch entscheidet, soweit es einer Entscheidung bedarf, eine Markenabteilung.

§ 58 Gutachten. (1) Das Deutsche Patent- und Markenamt ist verpflichtet, auf Ersuchen der Gerichte oder der Staatsanwaltschaften über Fragen, die angemeldete oder eingetragene Marken betreffen, Gutachten abzugeben, wenn in dem Verfahren voneinander abweichende Gutachten mehrerer Sachverständiger vorliegen.

(2) Im übrigen ist das Deutsche Patent- und Markenamt nicht befugt, ohne Genehmigung des Bundesministeriums der Justiz und für Verbraucherschutz außerhalb seines gesetzlichen Aufgabenbereichs Beschlüsse zu fassen oder Gutachten abzugeben.

§ 59 Ermittlung des Sachverhalts; rechtliches Gehör. (1) [1] Das Deutsche Patent- und Markenamt ermittelt den Sachverhalt von Amts wegen. [2] Es ist an das Vorbringen und die Beweisanträge der Beteiligten nicht gebunden.

(2) Soll die Entscheidung des Deutschen Patent- und Markenamts auf Umstände gestützt werden, die dem Anmelder oder Inhaber der Marke oder einem anderen am Verfahren Beteiligten noch nicht mitgeteilt waren, so ist ihm vorher Gelegenheit zu geben, sich dazu innerhalb einer bestimmten Frist zu äußern.

§ 60 Ermittlungen; Anhörungen; Niederschrift. (1) [1] Das Deutsche Patent- und Markenamt kann jederzeit die Beteiligten laden und anhören, Zeugen, Sachverständige und Beteiligte eidlich oder uneidlich vernehmen, Augenschein nehmen, die Beweiskraft einer vorgelegten Urkunde würdigen sowie andere zur Aufklärung der Sache erforderlichen Ermittlungen anstellen. [2] Die Vorschriften des Buches 2 der Zivilprozessordnung zu diesen Beweismitteln *[ab 1.5.2022: sowie § 128a der Zivilprozessordnung]* sind entsprechend anzuwenden.

(2) [1] Bis zum Beschluß, mit dem das Verfahren abgeschlossen wird, ist der Anmelder oder Inhaber der Marke oder ein anderer an dem Verfahren Beteiligter auf Antrag anzuhören, wenn dies sachdienlich ist. [2] Hält das Deutsche Patent- und Markenamt die Anhörung nicht für sachdienlich, so weist es den Antrag zurück. [3] Der Beschluß, durch den der Antrag zurückgewiesen wird, ist selbständig nicht anfechtbar. [4] Im Verfalls- oder Nichtigkeitsverfahren findet eine Anhörung statt, wenn ein Beteiligter dies beantragt oder das Deutsche Patent- und Markenamt dies für sachdienlich erachtet.

(3) [1] Über die Anhörungen und Vernehmungen ist eine Niederschrift zu fertigen, die den wesentlichen Gang der Verhandlung wiedergeben und die rechtserheblichen Erklärungen der Beteiligten enthalten soll. [2] Die §§ 160a

Teil 3. Verfahren in Markenangelegenheiten §§ 61–62a MarkenG 10

162 und 163 der Zivilprozeßordnung sind entsprechend anzuwenden. ³Die Beteiligten erhalten eine Abschrift der Niederschrift.

§ 61 Beschlüsse; Rechtsmittelbelehrung. (1) ¹Die Beschlüsse des Deutschen Patent- und Markenamts sind, auch wenn sie nach Satz 3 verkündet worden sind, zu begründen und den Beteiligten von Amts wegen in Abschrift zuzustellen; eine Beglaubigung der Abschrift ist nicht erforderlich. ²Ausfertigungen werden nur auf Antrag eines Beteiligten und nur in Papierform erteilt. ³Falls eine Anhörung stattgefunden hat, können sie auch am Ende der Anhörung verkündet werden. ⁴Einer Begründung bedarf es nicht, wenn am Verfahren nur der Anmelder oder Inhaber der Marke beteiligt ist und seinem Antrag stattgegeben wird.

(2) ¹Mit Zustellung des Beschlusses sind die Beteiligten über das Rechtsmittel, das gegen den Beschluss gegeben ist, über die Stelle, bei der das Rechtsmittel einzulegen ist, über die Rechtsmittelfrist und, sofern für das Rechtsmittel eine Gebühr nach dem Patentkostengesetz zu zahlen ist, über die Gebühr zu belehren. ²Die Frist für das Rechtsmittel beginnt nur zu laufen, wenn die Beteiligten nach Satz 1 belehrt worden sind. ³Ist die Belehrung unterblieben oder unrichtig erteilt, so ist die Einlegung des Rechtsmittels nur innerhalb eines Jahres seit Zustellung des Beschlusses zulässig, außer wenn der Beteiligte schriftlich dahingehend belehrt worden ist, daß ein Rechtsmittel nicht gegeben sei. ⁴§ 91 ist entsprechend anzuwenden. ⁵Die Sätze 1 bis 4 gelten entsprechend für den Rechtsbehelf der Erinnerung nach § 64.

§ 62 Akteneinsicht; Registereinsicht. (1) Das Deutsche Patent- und Markenamt gewährt auf Antrag Einsicht in die Akten von Anmeldungen von Marken, wenn ein berechtigtes Interesse glaubhaft gemacht wird.

(2) Nach der Eintragung der Marke wird Einsicht in die Akten der eingetragenen Marke gewährt.

(3) Die Einsicht in die Akten nach Absatz 2 kann bei elektronisch geführten Akten auch über das Internet gewährt werden.

(4) Die Akteneinsicht nach den Absätzen 1 bis 3 ist ausgeschlossen, soweit
1. ihr eine Rechtsvorschrift entgegensteht,
2. das schutzwürdige Interesse der betroffenen Person im Sinne des Artikels 4 Nummer 1 der Verordnung (EU) 679/2016 des Europäischen Parlaments und des Rates vom 27. April 2016 zum Schutz natürlicher Personen bei der Verarbeitung personenbezogener Daten, zum freien Datenverkehr und zur Aufhebung der Richtlinie 95/46/EG (Datenschutz-Grundverordnung) (ABl. L 119 vom 4.5.2016, S. 1; L 314 vom 22.11.2016, S. 72; L 127 vom 23.5.2018, S. 2) in der jeweils geltenden Fassung offensichtlich überwiegt oder
3. sie auf Akteninhalte bezogen ist, die offensichtlich gegen die öffentliche Ordnung oder die guten Sitten verstoßen.

(5) Die Einsicht in das Register steht jeder Person frei.

§ 62a Datenschutz. ¹Soweit personenbezogene Daten im Register oder in öffentlich zugänglichen elektronischen Informationsdiensten des Deutschen Patent- und Markenamtes enthalten sind, bestehen nicht

1. das Recht auf Auskunft gemäß Artikel 15 Absatz 1 Buchstabe c der Verordnung (EU) 2016/679,
2. die Mitteilungspflicht gemäß Artikel 19 Satz 2 der Verordnung (EU) 2016/679 und
3. das Recht auf Widerspruch gemäß Artikel 21 Absatz 1 der Verordnung (EU) 2016/679.

²Das Recht auf Erhalt einer Kopie nach Artikel 15 Absatz 3 der Verordnung (EU) 2016/679 wird dadurch erfüllt, dass die betroffene Person Einsicht in das Register oder in öffentlich zugängliche elektronische Informationsdienste des Deutschen Patent- und Markenamtes nehmen kann.

§ 63 Kosten der Verfahren. (1) ¹Sind an dem Verfahren mehrere Personen beteiligt, so kann das Deutsche Patent- und Markenamt in der Entscheidung bestimmen, daß die Kosten des Verfahrens einschließlich der Auslagen des Deutschen Patent- und Markenamts und der den Beteiligten erwachsenen Kosten, soweit sie zur zweckentsprechenden Wahrung der Ansprüche und Rechte notwendig waren, einem Beteiligten ganz oder teilweise zur Last fallen, wenn dies der Billigkeit entspricht. ²Die Bestimmung kann auch getroffen werden, wenn der Beteiligte die Erinnerung, die Anmeldung der Marke, den Widerspruch oder den Antrag auf Erklärung des Verfalls oder der Nichtigkeit ganz oder teilweise zurücknimmt oder wenn die Eintragung der Marke wegen Verzichts oder wegen Nichtverlängerung der Schutzdauer ganz oder teilweise im Register gelöscht wird. ³Soweit eine Bestimmung über die Kosten nicht getroffen wird, trägt jeder Beteiligte die ihm erwachsenen Kosten selbst.

(2) ¹Wenn eine Entscheidung nach Absatz 1 ergeht, setzt das Deutsche Patent- und Markenamt den Gegenstandswert fest; § 23 Absatz 3 Satz 2 und § 33 Absatz 1 des Rechtsanwaltsvergütungsgesetzes gelten entsprechend. ²Der Beschluss über den Gegenstandswert kann mit der Entscheidung nach Absatz 1 verbunden werden.

(3) Das Deutsche Patent- und Markenamt kann anordnen, dass die Gebühr nach dem Patentkostengesetz für die beschleunigte Prüfung, für das Widerspruchs-, Verfalls- oder Nichtigkeitsverfahren ganz oder teilweise zurückgezahlt wird, wenn dies der Billigkeit entspricht.

(4) ¹Der Betrag der zu erstattenden Kosten wird auf Antrag durch das Deutsche Patent- und Markenamt festgesetzt. ²Die Vorschriften der Zivilprozessordnung über das Kostenfestsetzungsverfahren (§§ 103 bis 107) und die Zwangsvollstreckung aus Kostenfestsetzungsbeschlüssen (§§ 724 bis 802) sind entsprechend anzuwenden. ³An die Stelle der Erinnerung tritt die Beschwerde gegen den Kostenfestsetzungsbeschluß. ⁴§ 66 ist mit der Maßgabe anzuwenden, daß die Beschwerde innerhalb von zwei Wochen einzulegen ist. ⁵Die vollstreckbare Ausfertigung wird vom Urkundsbeamten der Geschäftsstelle des Bundespatentgerichts erteilt.

§ 64 Erinnerung. (1) ¹Gegen die Beschlüsse der Markenstellen und der Markenabteilungen, die von einem Beamten des gehobenen Dienstes oder einem vergleichbaren Angestellten erlassen worden sind, findet die Erinnerung statt. ²Die Erinnerung hat aufschiebende Wirkung.

(2) Die Erinnerung ist innerhalb eines Monats nach Zustellung beim Deutschen Patent- und Markenamt einzulegen.

Teil 3. Verfahren in Markenangelegenheiten   §§ 64a, 65   MarkenG   10

(3) ¹Erachtet der Beamte oder Angestellte, dessen Beschluß angefochten wird, die Erinnerung für begründet, so hat er ihr abzuhelfen. ²Dies gilt nicht, wenn dem Erinnerungsführer ein anderer an dem Verfahren Beteiligter gegenübersteht.

(4) Über die Erinnerung entscheidet ein Mitglied des Deutschen Patent- und Markenamts durch Beschluss.

(5) Die Markenstelle oder die Markenabteilung kann anordnen, dass die Gebühr nach dem Patentkostengesetz für die Erinnerung ganz oder teilweise zurückgezahlt wird.

(6) ¹Anstelle der Erinnerung kann die Beschwerde nach § 66 eingelegt werden. ²Ist in einem Verfahren, an dem mehrere Personen beteiligt sind, gegen einen Beschluss von einem Beteiligten Erinnerung und von einem anderen Beteiligten Beschwerde eingelegt worden, so kann der Erinnerungsführer ebenfalls Beschwerde einlegen. ³Wird die Beschwerde des Erinnerungsführers nicht innerhalb eines Monats nach Zustellung der Beschwerde des anderen Beteiligten gemäß § 66 Abs. 4 Satz 2 eingelegt, so gilt seine Erinnerung als zurückgenommen.

(7) ¹Nach Einlegung einer Beschwerde nach Absatz 6 Satz 2 oder nach § 66 Abs. 3 kann über eine Erinnerung nicht mehr entschieden werden. ²Eine gleichwohl danach erlassene Erinnerungsentscheidung ist gegenstandslos.

§ 64a Kostenregelungen im Verfahren vor dem Deutschen Patent- und Markenamt. Im Verfahren vor dem Deutschen Patent- und Markenamt gilt für die Kosten das Patentkostengesetz.

§ 65 Rechtsverordnungsermächtigung. (1) Das Bundesministerium der Justiz und für Verbraucherschutz wird ermächtigt, durch Rechtsverordnung[1]) ohne Zustimmung des Bundesrates

1. die Einrichtung und den Geschäftsgang sowie die Form des Verfahrens in Markenangelegenheiten zu regeln, soweit nicht durch Gesetz Bestimmungen darüber getroffen sind,
2. weitere Erfordernisse für die Anmeldung von Marken zu bestimmen,
3. die Klasseneinteilung von Waren und Dienstleistungen festzulegen,
4. nähere Bestimmungen für die Durchführung der Prüfungs-, Widerspruchs-, Verfalls- und Nichtigkeitsverfahren zu treffen,
5. Bestimmungen über das Register der eingetragenen Marken und gegebenenfalls gesonderte Bestimmungen über das Register für Kollektivmarken und Gewährleistungsmarken zu treffen,
6. die in das Register aufzunehmenden Angaben über eingetragene Marken sowie über Widerspruchs- und Nichtigkeitsverfahren zu regeln und Umfang sowie Art und Weise der Veröffentlichung dieser Angaben festzulegen,
7. Bestimmungen über die sonstigen in diesem Gesetz vorgesehenen Verfahren vor dem Deutschen Patent- und Markenamt zu treffen, wie insbesondere das Verfahren bei der Teilung von Anmeldungen und von Eintragungen, das Verfahren zur Erteilung von Auskünften oder Bescheinigungen, das Verfahren der Wiedereinsetzung, das Verfahren der Akteneinsicht, das Ver-

---

[1]) Siehe VO zur Ausführung des Markengesetzes (Markenverordnung – MarkenV) (Nr. 11).

10 MarkenG § 65a Teil 3. Verfahren in Markenangelegenheiten

fahren über den Schutz international registrierter Marken und das Verfahren über die Umwandlung von Unionsmarken,
8. Bestimmungen über die in das Register aufzunehmenden Angaben über Lizenzen zu treffen,
9. Bestimmungen über die Form zu treffen, in der Anträge und Eingaben in Markenangelegenheiten einzureichen sind, einschließlich der Übermittlung von Anträgen und Eingaben durch elektronische Datenübertragung,
10. Bestimmungen darüber zu treffen, in welcher Form Beschlüsse, Bescheide oder sonstige Mitteilungen des Deutschen Patent- und Markenamts in Markenangelegenheiten den Beteiligten zu übermitteln sind, einschließlich der Übermittlung durch elektronische Datenübertragung, soweit nicht eine bestimmte Form der Übermittlung gesetzlich vorgeschrieben ist,
11. Bestimmungen darüber zu treffen, in welchen Fällen und unter welchen Voraussetzungen Eingaben und Schriftstücke in Markenangelegenheiten in anderen Sprachen als der deutschen Sprache berücksichtigt werden,
12. Beamte und Beamtinnen des gehobenen Dienstes oder vergleichbare Angestellte mit der Wahrnehmung von Angelegenheiten zu betrauen, die den Markenabteilungen obliegen und die ihrer Art nach keine besonderen rechtlichen Schwierigkeiten bieten, mit Ausnahme der Beschlußfassung über die Löschung von Marken aufgrund Verzichts, Verfalls oder Nichtigkeit (§ 48 Abs. 1, § 53), der Abgabe von Gutachten (§ 58 Abs. 1) und der Entscheidungen, mit denen die Abgabe eines Gutachten abgelehnt wird,
13. Beamte und Beamtinnen des mittleren Dienstes oder vergleichbare Angestellte mit der Wahrnehmung von Angelegenheiten zu betrauen, die den Markenstellen oder Markenabteilungen obliegen und die ihrer Art nach keine besonderen rechtlichen Schwierigkeiten bieten, mit Ausnahme von Entscheidungen über Anmeldungen und Widersprüche,
14. die in die Veröffentlichung nach § 33 Abs. 3 aufzunehmenden Angaben zu regeln und Umfang sowie Art und Weise der Veröffentlichung dieser Angaben festzulegen,
15. für Fristen in Markenangelegenheiten eine für alle Dienststellen des Deutschen Patent- und Markenamts geltende Regelung über die zu berücksichtigenden gesetzlichen Feiertage zu treffen.

(2) Das Bundesministerium der Justiz und für Verbraucherschutz kann die Ermächtigung zum Erlaß von Rechtsverordnungen nach Absatz 1 durch Rechtsverordnung ohne Zustimmung des Bundesrates ganz oder teilweise dem Deutschen Patent- und Markenamt übertragen.

§ 65a Verwaltungszusammenarbeit. Das Deutsche Patent- und Markenamt arbeitet in den Tätigkeitsbereichen, die für den nationalen, internationalen und den Markenschutz in der Europäischen Union von Belang sind, effektiv mit anderen nationalen Markenämtern, der Weltorganisation für geistiges Eigentum und dem Amt der Europäischen Union für geistiges Eigentum zusammen und fördert die Angleichung von Vorgehensweisen und Instrumenten im Zusammenhang mit der Prüfung, Eintragung, Verwaltung und Löschung von Marken.

Teil 3. Verfahren in Markenangelegenheiten §§ 66, 67 MarkenG 10

Abschnitt 5. Verfahren vor dem Bundespatentgericht

§ 66 Beschwerde. (1) ¹Gegen die Beschlüsse der Markenstellen und der Markenabteilungen findet unbeschadet der Vorschrift des § 64 die Beschwerde an das Bundespatentgericht statt. ²Die Beschwerde steht den am Verfahren vor dem Deutschen Patent- und Markenamt Beteiligten zu. ³Die Beschwerde hat aufschiebende Wirkung.

(2) Die Beschwerde ist innerhalb eines Monats nach Zustellung des Beschlusses beim Deutschen Patent- und Markenamt schriftlich einzulegen.

(3) ¹Ist über eine Erinnerung nach § 64 innerhalb von sechs Monaten nach ihrer Einlegung nicht entschieden worden und hat der Erinnerungsführer nach Ablauf dieser Frist Antrag auf Entscheidung gestellt, so ist die Beschwerde abweichend von Absatz 1 Satz 1 unmittelbar gegen den Beschluß der Markenstelle oder der Markenabteilung zulässig, wenn über die Erinnerung nicht innerhalb von zwei Monaten nach Zugang des Antrags entschieden worden ist. ²Steht dem Erinnerungsführer in dem Erinnerungsverfahren ein anderer Beteiligter gegenüber, so ist Satz 1 mit der Maßgabe anzuwenden, daß an die Stelle der Frist von sechs Monaten nach Einlegung der Erinnerung eine Frist von zehn Monaten tritt. ³Hat der andere Beteiligte ebenfalls Erinnerung eingelegt, so bedarf die Beschwerde nach Satz 2 der Einwilligung des anderen Beteiligten. ⁴Die schriftliche Erklärung der Einwilligung ist der Beschwerde beizufügen. ⁵Legt der andere Beteiligte nicht innerhalb einer Frist von einem Monat nach Zustellung der Beschwerde gemäß Absatz 4 Satz 2 ebenfalls Beschwerde ein, so gilt seine Erinnerung als zurückgenommen. ⁶Der Lauf der Fristen nach den Sätzen 1 und 2 wird gehemmt, wenn das Verfahren ausgesetzt oder wenn einem Beteiligten auf sein Gesuch oder auf Grund zwingender Vorschriften eine Frist gewährt wird. ⁷Der noch übrige Teil der Fristen nach den Sätzen 1 und 2 beginnt nach Beendigung der Aussetzung oder nach Ablauf der gewährten Frist zu laufen. ⁸Nach Erlaß der Erinnerungsentscheidung findet die Beschwerde nach den Sätzen 1 und 2 nicht mehr statt.

(4) ¹Der Beschwerde und allen Schriftsätzen sollen Abschriften für die übrigen Beteiligten beigefügt werden. ²Die Beschwerde und alle Schriftsätze, die Sachanträge oder die Erklärung der Zurücknahme der Beschwerde oder eines Antrags enthalten, sind den übrigen Beteiligten von Amts wegen zuzustellen. ³Andere Schriftsätze sind ihnen formlos mitzuteilen, sofern nicht die Zustellung angeordnet wird.

(5) ¹Erachtet die Stelle, deren Beschluß angefochten wird, die Beschwerde für begründet, so hat sie ihr abzuhelfen. ²Dies gilt nicht, wenn dem Beschwerdeführer ein anderer an dem Verfahren Beteiligter gegenübersteht. ³Die Stelle kann anordnen, daß die Beschwerdegebühr nach dem Patentkostengesetz zurückgezahlt wird. ⁴Wird der Beschwerde nicht nach Satz 1 abgeholfen, so ist sie vor Ablauf von einem Monat ohne sachliche Stellungnahme dem Bundespatentgericht vorzulegen. ⁵In den Fällen des Satzes 2 ist die Beschwerde unverzüglich dem Bundespatentgericht vorzulegen. ⁶In den Verfahren ohne die Beteiligung Dritter im Sinne des Satzes 2 ist ein Antrag auf Bewilligung von Verfahrenskostenhilfe für das Beschwerdeverfahren dem Bundespatentgericht unverzüglich zur Vorabentscheidung vorzulegen.

§ 67 Beschwerdesenate; Öffentlichkeit der Verhandlung. (1) Über Beschwerden im Sinne des § 66 entscheidet ein Beschwerdesenat des Bundespatentgerichts in der Besetzung mit drei rechtskundigen Mitgliedern.

181

(2) Die Verhandlung über Beschwerden gegen Beschlüsse der Markenstellen und der Markenabteilungen einschließlich der Verkündung der Entscheidungen ist öffentlich, sofern die Eintragung veröffentlicht worden ist.

(3) Die §§ 172 bis 175 des Gerichtsverfassungsgesetzes gelten entsprechend mit der Maßgabe, daß

1. die Öffentlichkeit für die Verhandlung auf Antrag eines Beteiligten auch dann ausgeschlossen werden kann, wenn sie eine Gefährdung schutzwürdiger Interessen des Antragstellers besorgen läßt,
2. die Öffentlichkeit für die Verkündung der Entscheidungen bis zur Veröffentlichung der Eintragung ausgeschlossen ist.

§ 68 Beteiligung des Präsidenten oder der Präsidentin des Deutschen Patent- und Markenamts. (1) [1] Der Präsident oder die Präsidentin des Deutschen Patent- und Markenamts kann, wenn er oder sie dies zur Wahrung des öffentlichen Interesses als angemessen erachtet, im Beschwerdeverfahren dem Bundespatentgericht gegenüber schriftliche Erklärungen abgeben, an den Terminen teilnehmen und in ihnen Ausführungen machen. [2] Schriftliche Erklärungen des Präsidenten oder der Präsidentin des Deutschen Patent- und Markenamts sind den Beteiligten von dem Bundespatentgericht mitzuteilen.

(2) [1] Das Bundespatentgericht kann, wenn es dies wegen einer Rechtsfrage von grundsätzlicher Bedeutung als angemessen erachtet, dem Präsidenten oder der Präsidentin des Deutschen Patent- und Markenamts anheimgeben, dem Beschwerdeverfahren beizutreten. [2] Mit dem Eingang der Beitrittserklärung erlangt der Präsident oder die Präsidentin des Deutschen Patent- und Markenamts die Stellung eines oder einer Beteiligten.

§ 69 Mündliche Verhandlung. Eine mündliche Verhandlung findet statt, wenn

1. einer der Beteiligten sie beantragt,
2. vor dem Bundespatentgericht Beweis erhoben wird (§ 74 Abs. 1) oder
3. das Bundespatentgericht sie für sachdienlich erachtet.

§ 70 Entscheidung über die Beschwerde. (1) Über die Beschwerde wird durch Beschluß entschieden.

(2) Der Beschluß, durch den eine Beschwerde als unzulässig verworfen wird, kann ohne mündliche Verhandlung ergehen.

(3) Das Bundespatentgericht kann die angefochtene Entscheidung aufheben, ohne in der Sache selbst zu entscheiden, wenn

1. das Deutsche Patent- und Markenamt noch nicht in der Sache selbst entschieden hat,
2. das Verfahren vor dem Deutschen Patent- und Markenamt an einem wesentlichen Mangel leidet oder
3. neue Tatsachen oder Beweismittel bekannt werden, die für die Entscheidung wesentlich sind.

(4) Das Deutsche Patent- und Markenamt hat die rechtliche Beurteilung, die der Aufhebung nach Absatz 3 zugrunde liegt, auch seiner Entscheidung zugrunde zu legen.

Teil 3. Verfahren in Markenangelegenheiten §§ 71–74 MarkenG 10

§ 71 Kosten des Beschwerdeverfahrens. (1) ¹Sind an dem Verfahren mehrere Personen beteiligt, so kann das Bundespatentgericht bestimmen, daß die Kosten des Verfahrens einschließlich der den Beteiligten erwachsenen Kosten, soweit sie zur zweckentsprechenden Wahrung der Ansprüche und Rechte notwendig waren, einem Beteiligten ganz oder teilweise zur Last fallen, wenn dies der Billigkeit entspricht. ²Soweit eine Bestimmung über die Kosten nicht getroffen wird, trägt jeder Beteiligte die ihm erwachsenen Kosten selbst.

(2) Dem Präsidenten oder der Präsidentin des Deutschen Patent- und Markenamts können Kosten nur auferlegt werden, wenn er oder sie nach seinem oder ihrem Beitritt in dem Verfahren Anträge gestellt hat.

(3) Das Bundespatentgericht kann anordnen, daß die Beschwerdegebühr nach dem Patentkostengesetz zurückgezahlt wird.

(4) Die Absätze 1 bis 3 sind auch anzuwenden, wenn der Beteiligte die Beschwerde, die Anmeldung der Marke, den Widerspruch oder den Antrag auf Erklärung des Verfalls oder der Nichtigkeit ganz oder teilweise zurücknimmt oder wenn die Eintragung der Marke wegen Verzichts oder wegen Nichtverlängerung der Schutzdauer ganz oder teilweise im Register gelöscht wird.

(5) Im Übrigen gelten die Vorschriften der Zivilprozessordnung über das Kostenfestsetzungsverfahren (§§ 103 bis 107) und die Zwangsvollstreckung aus Kostenfestsetzungsbeschlüssen (§§ 724 bis 802) entsprechend.

§ 72 Ausschließung und Ablehnung. (1) Für die Ausschließung und Ablehnung der Gerichtspersonen gelten die §§ 41 bis 44 und 47 der Zivilprozeßordnung entsprechend.

(2) Von der Ausübung des Amtes als Richter ist auch ausgeschlossen, wer bei dem vorausgegangenen Verfahren vor dem Deutschen Patent- und Markenamt mitgewirkt hat.

(3) ¹Über die Ablehnung eines Richters entscheidet der Senat, dem der Abgelehnte angehört. ²Wird der Senat durch das Ausscheiden des abgelehnten Mitglieds beschlußunfähig, so entscheidet ein anderer Beschwerdesenat.

(4) Über die Ablehnung eines Urkundsbeamten entscheidet der Senat, in dessen Geschäftsbereich die Sache fällt.

§ 73 Ermittlung des Sachverhalts; Vorbereitung der mündlichen Verhandlung. (1) ¹Das Bundespatentgericht ermittelt den Sachverhalt von Amts wegen. ²Es ist an das Vorbringen und die Beweisanträge der Beteiligten nicht gebunden.

(2) ¹Der oder die Vorsitzende oder ein von ihm oder ihr zu bestimmendes Mitglied des Senats hat schon vor der mündlichen Verhandlung oder, wenn eine solche nicht stattfindet, vor der Entscheidung des Bundespatentgerichts alle Anordnungen zu treffen, die notwendig sind, um die Sache möglichst in einer mündlichen Verhandlung oder in einer Sitzung zu erledigen. ²Im übrigen gilt § 273 Abs. 2, Abs. 3 Satz 1 und Abs. 4 Satz 1 der Zivilprozeßordnung entsprechend.

§ 74 Beweiserhebung. (1) ¹Das Bundespatentgericht erhebt Beweis in der mündlichen Verhandlung. ²Es kann insbesondere Augenschein einnehmen, Zeugen, Sachverständige und Beteiligte vernehmen und Urkunden heranziehen.

(2) Das Bundespatentgericht kann in geeigneten Fällen schon vor der mündlichen Verhandlung durch eines seiner Mitglieder als beauftragten Richter Beweis erheben lassen oder unter Bezeichnung der einzelnen Beweisfragen ein anderes Gericht um die Beweisaufnahme ersuchen.

(3) [1] Die Beteiligten werden von allen Beweisterminen benachrichtigt und können der Beweisaufnahme beiwohnen. [2] Sie können an Zeugen und Sachverständige sachdienliche Fragen richten. [3] Wird eine Frage beanstandet, so entscheidet das Bundespatentgericht.

§ 75 Ladungen. (1) [1] Sobald der Termin zur mündlichen Verhandlung bestimmt ist, sind die Beteiligten mit einer Ladungsfrist von mindestens zwei Wochen zu laden. [2] In dringenden Fällen kann der Vorsitzende die Frist abkürzen.

(2) Bei der Ladung ist darauf hinzuweisen, daß beim Ausbleiben eines Beteiligten auch ohne ihn verhandelt und entschieden werden kann.

§ 76 Gang der Verhandlung. (1) Der oder die Vorsitzende eröffnet und leitet die mündliche Verhandlung.

(2) Nach Aufruf der Sache trägt der oder die Vorsitzende oder der Berichterstatter oder die Berichterstatterin den wesentlichen Inhalt der Akten vor.

(3) Hierauf erhalten die Beteiligten das Wort, um ihre Anträge zu stellen und zu begründen.

(4) Der oder die Vorsitzende hat die Sache mit den Beteiligten in tatsächlicher und rechtlicher Hinsicht zu erörtern.

(5) [1] Der oder die Vorsitzende hat jedem Mitglied des Senats auf Verlangen zu gestatten, Fragen zu stellen. [2] Wird eine Frage beanstandet, so entscheidet der Senat.

(6) [1] Nach Erörterung der Sache erklärt der oder die Vorsitzende die mündliche Verhandlung für geschlossen. [2] Der Senat kann die Wiedereröffnung beschließen.

§ 77 Niederschrift. (1) [1] Zur mündlichen Verhandlung und zu jeder Beweisaufnahme wird ein Urkundsbeamter der Geschäftsstelle als Schriftführer zugezogen. [2] Wird auf Anordnung des Vorsitzenden von der Zuziehung des Schriftführers abgesehen, besorgt ein Richter die Niederschrift.

(2) [1] Über die mündliche Verhandlung und jede Beweisaufnahme ist eine Niederschrift aufzunehmen. [2] Die §§ 160 bis 165 der Zivilprozeßordnung sind entsprechend anzuwenden.

§ 78 Beweiswürdigung; rechtliches Gehör. (1) [1] Das Bundespatentgericht entscheidet nach seiner freien, aus dem Gesamtergebnis des Verfahrens gewonnenen Überzeugung. [2] In der Entscheidung sind die Gründe anzugeben, die für die richterliche Überzeugung leitend gewesen sind.

(2) Die Entscheidung darf nur auf Tatsachen und Beweisergebnisse gestützt werden, zu denen die Beteiligten sich äußern konnten.

(3) Ist eine mündliche Verhandlung vorhergegangen, so kann ein Richter, der bei der letzten mündlichen Verhandlung nicht zugegen war, bei der Beschlußfassung nur mitwirken, wenn die Beteiligten zustimmen.

§ 79 Verkündung; Zustellung; Begründung. (1) ¹Die Endentscheidungen des Bundespatentgerichts werden, wenn eine mündliche Verhandlung stattgefunden hat, in dem Termin, in dem die mündliche Verhandlung geschlossen wird, oder in einem sofort anzuberaumenden Termin verkündet. ²Dieser soll nur dann über drei Wochen hinaus angesetzt werden, wenn wichtige Gründe, insbesondere der Umfang oder die Schwierigkeit der Sache, dies erfordern. ³Statt der Verkündung ist die Zustellung der Endentscheidung zulässig. ⁴Entscheidet das Bundespatentgericht ohne mündliche Verhandlung, so wird die Verkündung durch Zustellung an die Beteiligten ersetzt. ⁵Die Endentscheidungen sind den Beteiligten von Amts wegen zuzustellen.

(2) Die Entscheidungen des Bundespatentgerichts, durch die ein Antrag zurückgewiesen oder über ein Rechtsmittel entschieden wird, sind zu begründen.

§ 80 Berichtigungen. (1) Schreibfehler, Rechenfehler und ähnliche offenbare Unrichtigkeiten in der Entscheidung sind jederzeit vom Bundespatentgericht zu berichtigen.

(2) Enthält der Tatbestand der Entscheidung andere Unrichtigkeiten oder Unklarheiten, so kann die Berichtigung innerhalb von zwei Wochen nach Zustellung der Entscheidung beantragt werden.

(3) Über die Berichtigung nach Absatz 1 kann ohne vorherige mündliche Verhandlung entschieden werden.

(4) ¹Über den Antrag auf Berichtigung nach Absatz 2 entscheidet das Bundespatentgericht ohne Beweisaufnahme durch Beschluß. ²Hierbei wirken nur die Richter mit, die bei der Entscheidung, deren Berichtigung beantragt ist, mitgewirkt haben.

(5) Der Berichtigungsbeschluß wird auf der Entscheidung und den Ausfertigungen vermerkt.

§ 81 Vertretung; Vollmacht. (1) ¹Die Beteiligten können vor dem Bundespatentgericht den Rechtsstreit selbst führen. ² § 96 bleibt unberührt.

(2) ¹Die Beteiligten können sich durch einen Rechtsanwalt oder Patentanwalt als Bevollmächtigten vertreten lassen. ²Darüber hinaus sind als Bevollmächtigte vor dem Bundespatentgericht vertretungsbefugt nur

1. Beschäftigte des Beteiligten oder eines mit ihm verbundenen Unternehmens (§ 15 des Aktiengesetzes); Behörden und juristische Personen des öffentlichen Rechts einschließlich der von ihnen zur Erfüllung ihrer öffentlichen Aufgaben gebildeten Zusammenschlüsse können sich auch durch Beschäftigte anderer Behörden oder juristischer Personen des öffentlichen Rechts einschließlich der von ihnen zur Erfüllung ihrer öffentlichen Aufgaben gebildeten Zusammenschlüsse vertreten lassen,

2. volljährige Familienangehörige (§ 15 der Abgabenordnung, § 11 des Lebenspartnerschaftsgesetzes), Personen mit Befähigung zum Richteramt und Streitgenossen, wenn die Vertretung nicht im Zusammenhang mit einer entgeltlichen Tätigkeit steht.

³Bevollmächtigte, die keine natürlichen Personen sind, handeln durch ihre Organe und mit der Prozessvertretung beauftragten Vertreter.

(3) ¹Das Gericht weist Bevollmächtigte, die nicht nach Maßgabe des Absatzes 2 vertretungsbefugt sind, durch unanfechtbaren Beschluss zurück. ²Pro-

zesshandlungen eines nicht vertretungsbefugten Bevollmächtigten und Zustellungen oder Mitteilungen an diesen Bevollmächtigten sind bis zu seiner Zurückweisung wirksam. ³Das Gericht kann den in Absatz 2 Satz 2 bezeichneten Bevollmächtigten durch unanfechtbaren Beschluss die weitere Vertretung untersagen, wenn sie nicht in der Lage sind, das Sach- und Streitverhältnis sachgerecht darzustellen.

(4) Richter dürfen nicht als Bevollmächtigte vor dem Gericht auftreten, dem sie angehören.

(5) ¹Die Vollmacht ist schriftlich zu den Gerichtsakten einzureichen. ²Sie kann nachgereicht werden. ³Das Bundespatentgericht kann hierfür eine Frist bestimmen.

(6) ¹Der Mangel der Vollmacht kann in jeder Lage des Verfahrens geltend gemacht werden. ²Das Bundespatentgericht hat den Mangel der Vollmacht von Amts wegen zu berücksichtigen, wenn nicht als Bevollmächtigter ein Rechtsanwalt oder ein Patentanwalt auftritt.

§ 81a Verfahrenskostenhilfe. (1) Im Verfahren vor dem Bundespatentgericht erhält ein Beteiligter auf Antrag unter entsprechender Anwendung der §§ 114 bis 116 der Zivilprozessordnung Verfahrenskostenhilfe.

(2) Im Übrigen sind § 130 Absatz 2 und 3 sowie die §§ 133 bis 137 des Patentgesetzes entsprechend anzuwenden.

§ 82 Anwendung weiterer Vorschriften; Anfechtbarkeit; Akteneinsicht. (1) ¹Soweit dieses Gesetz keine Bestimmungen über das Verfahren vor dem Bundespatentgericht enthält, sind die Gerichtsverfassungsgesetz und die Zivilprozeßordnung entsprechend anzuwenden, wenn die Besonderheiten des Verfahrens vor dem Bundespatentgericht dies nicht ausschließen. ²§ 227 Abs. 3 Satz 1 der Zivilprozeßordnung ist nicht anzuwenden. ³Im Verfahren vor dem Bundespatentgericht gilt für die Gebühren das Patentkostengesetz, für die Auslagen gilt das Gerichtskostengesetz entsprechend.

(2) Eine Anfechtung der Entscheidungen des Bundespatentgerichts findet nur statt, soweit dieses Gesetz sie zuläßt.

(3) ¹Für die Gewährung der Akteneinsicht an dritte Personen ist § 62 Abs. 1 bis 4 entsprechend anzuwenden. ²Über den Antrag entscheidet das Bundespatentgericht.

Abschnitt 6. Verfahren vor dem Bundesgerichtshof

§ 83 Zugelassene und zulassungsfreie Rechtsbeschwerde. (1) ¹Gegen die Beschlüsse der Beschwerdesenate des Bundespatentgerichts, durch die über eine Beschwerde nach § 66 entschieden wird, findet die Rechtsbeschwerde an den Bundesgerichtshof statt, wenn der Beschwerdesenat die Rechtsbeschwerde in dem Beschluß zugelassen hat. ²Die Rechtsbeschwerde hat aufschiebende Wirkung.

(2) Die Rechtsbeschwerde ist zuzulassen, wenn

1. eine Rechtsfrage von grundsätzlicher Bedeutung zu entscheiden ist oder
2. die Fortbildung des Rechts oder die Sicherung einer einheitlichen Rechtsprechung eine Entscheidung des Bundesgerichtshofs erfordert.

Teil 3. Verfahren in Markenangelegenheiten §§ 84–87 MarkenG 10

(3) Einer Zulassung zur Einlegung der Rechtsbeschwerde bedarf es nicht, wenn gerügt wird,
1. daß das beschließende Gericht nicht vorschriftsmäßig besetzt war,
2. daß bei dem Beschluß ein Richter mitgewirkt hat, der von der Ausübung des Richteramtes kraft Gesetzes ausgeschlossen oder wegen Besorgnis der Befangenheit mit Erfolg abgelehnt war,
3. daß einem Beteiligten das rechtliche Gehör versagt war,
4. daß ein Beteiligter im Verfahren nicht nach Vorschrift des Gesetzes vertreten war, sofern er nicht der Führung des Verfahrens ausdrücklich oder stillschweigend zugestimmt hat,
5. daß der Beschluß aufgrund einer mündlichen Verhandlung ergangen ist, bei der die Vorschriften über die Öffentlichkeit des Verfahrens verletzt worden sind, oder
6. daß der Beschluß nicht mit Gründen versehen ist.

§ 84 Beschwerdeberechtigung; Beschwerdegründe. (1) Die Rechtsbeschwerde steht den am Beschwerdeverfahren Beteiligten zu.

(2) ¹Die Rechtsbeschwerde kann nur darauf gestützt werden, daß der Beschluß auf einer Verletzung des Rechts beruht. ²Die §§ 546 und 547 der Zivilprozeßordnung gelten entsprechend.

§ 85 Förmliche Voraussetzungen. (1) Die Rechtsbeschwerde ist innerhalb eines Monats nach Zustellung des Beschlusses beim Bundesgerichtshof schriftlich einzulegen.

(2) In dem Rechtsbeschwerdeverfahren vor dem Bundesgerichtshof gelten die Bestimmungen des § 142 über die Streitwertbegünstigung entsprechend.

(3) ¹Die Rechtsbeschwerde ist zu begründen. ²Die Frist für die Begründung beträgt einen Monat. ³Sie beginnt mit der Einlegung der Rechtsbeschwerde und kann auf Antrag vom Vorsitzenden verlängert werden.

(4) Die Begründung der Rechtsbeschwerde muß enthalten
1. die Erklärung, inwieweit der Beschluß angefochten und seine Abänderung oder Aufhebung beantragt wird,
2. die Bezeichnung der verletzten Rechtsnorm und
3. wenn die Rechtsbeschwerde auf die Verletzung von Verfahrensvorschriften gestützt wird, die Bezeichnung der Tatsachen, die den Mangel ergeben.

(5) ¹Vor dem Bundesgerichtshof müssen sich die Beteiligten durch einen beim Bundesgerichtshof zugelassenen Rechtsanwalt als Bevollmächtigten vertreten lassen. ²Auf Antrag eines Beteiligten ist seinem Patentanwalt das Wort zu gestatten. ³Von den Kosten, die durch die Mitwirkung eines Patentanwalts entstehen, sind die Gebühren nach § 13 des Rechtsanwaltsvergütungsgesetzes und außerdem die notwendigen Auslagen des Patentanwalts zu erstatten.

§ 86 Prüfung der Zulässigkeit. ¹Der Bundesgerichtshof hat von Amts wegen zu prüfen, ob die Rechtsbeschwerde an sich statthaft und ob sie in der gesetzlichen Form und Frist eingelegt und begründet ist. ²Liegen die Voraussetzungen nicht vor, so ist die Rechtsbeschwerde als unzulässig zu verwerfen.

§ 87 Mehrere Beteiligte. (1) ¹Sind an dem Verfahren über die Rechtsbeschwerde mehrere Personen beteiligt, so sind die Beschwerdeschrift und die

Beschwerdebegründung den anderen Beteiligten mit der Aufforderung zuzustellen, etwaige Erklärungen innerhalb einer bestimmten Frist nach Zustellung beim Bundesgerichtshof schriftlich einzureichen. ²Mit der Zustellung der Beschwerdeschrift ist der Zeitpunkt mitzuteilen, in dem die Rechtsbeschwerde eingelegt ist. ³Die erforderliche Zahl von beglaubigten Abschriften soll der Beschwerdeführer mit der Beschwerdeschrift oder der Beschwerdebegründung einreichen.

(2) Ist der Präsident oder die Präsidentin des Deutschen Patent- und Markenamts nicht am Verfahren über die Rechtsbeschwerde beteiligt, so ist § 68 Abs. 1 entsprechend anzuwenden.

§ 88 Anwendung weiterer Vorschriften. (1) ¹Im Verfahren über die Rechtsbeschwerde gelten die Vorschriften der Zivilprozessordnung über Ausschließung und Ablehnung der Gerichtspersonen (§§ 41 bis 49), über Prozessbevollmächtigte und Beistände (§§ 78 bis 90), über Zustellungen von Amts wegen (§§ 166 bis 190), über Ladungen, Termine und Fristen (§§ 214 bis 229) und über Wiedereinsetzung in den vorigen Stand (§§ 233 bis 238) entsprechend. ²Im Falle der Wiedereinsetzung in den vorigen Stand gilt § 91 Abs. 8 entsprechend. ³Auf Antrag ist einem Beteiligten unter entsprechender Anwendung des § 138 des Patentgesetzes Verfahrenskostenhilfe zu bewilligen.

(2) Für die Öffentlichkeit des Verfahrens gilt § 67 Abs. 2 und 3 entsprechend.

§ 89 Entscheidung über die Rechtsbeschwerde. (1) ¹Die Entscheidung über die Rechtsbeschwerde ergeht durch Beschluß. ²Die Entscheidung kann ohne mündliche Verhandlung getroffen werden.

(2) Der Bundesgerichtshof ist bei seiner Entscheidung an die in dem angefochtenen Beschluß getroffenen tatsächlichen Feststellungen gebunden, außer wenn in bezug auf diese Feststellungen zulässige und begründete Rechtsbeschwerdegründe vorgebracht sind.

(3) Die Entscheidung ist zu begründen und den Beteiligten von Amts wegen zuzustellen.

(4) ¹Im Falle der Aufhebung des angefochtenen Beschlusses ist die Sache zur anderweitigen Verhandlung und Entscheidung an das Bundespatentgericht zurückzuverweisen. ²Das Bundespatentgericht hat die rechtliche Beurteilung, die der Aufhebung zugrunde gelegt ist, auch seiner Entscheidung zugrunde zu legen.

§ 89a Abhilfe bei Verletzung des Anspruchs auf rechtliches Gehör.

¹Auf die Rüge der durch die Entscheidung beschwerten Partei ist das Verfahren fortzuführen, wenn das Gericht den Anspruch dieser Partei auf rechtliches Gehör in entscheidungserheblicher Weise verletzt hat. ²Gegen eine der Endentscheidung vorausgehende Entscheidung findet die Rüge nicht statt. ³ § 321a Abs. 2 bis 5 der Zivilprozessordnung ist entsprechend anzuwenden.

§ 90 Kostenentscheidung. (1) ¹Sind an dem Verfahren mehrere Personen beteiligt, so kann der Bundesgerichtshof bestimmen, daß die Kosten des Verfahrens einschließlich der den Beteiligten erwachsenen Kosten, soweit sie zur zweckentsprechenden Wahrung der Ansprüche und Rechte notwendig waren, einem Beteiligten ganz oder teilweise zur Last fallen, wenn dies der Billigkeit

Teil 3. Verfahren in Markenangelegenheiten　　**§ 91　MarkenG 10**

entspricht. ²Die Bestimmung kann auch getroffen werden, wenn der Beteiligte die Rechtsbeschwerde, die Anmeldung der Marke, den Widerspruch oder den Antrag auf Erklärung des Verfalls oder der Nichtigkeit ganz oder teilweise zurücknimmt oder wenn die Eintragung der Marke wegen Verzichts oder wegen Nichtverlängerung der Schutzdauer ganz oder teilweise im Register gelöscht wird. ³Soweit eine Bestimmung über die Kosten nicht getroffen wird, trägt jeder Beteiligte die ihm erwachsenen Kosten selbst.

(2) ¹Wird die Rechtsbeschwerde zurückgewiesen oder als unzulässig verworfen, so sind die durch die Rechtsbeschwerde veranlaßten Kosten dem Beschwerdeführer aufzuerlegen. ²Hat ein Beteiligter durch grobes Verschulden Kosten veranlaßt, so sind ihm diese aufzuerlegen.

(3) Dem Präsidenten oder der Präsidentin des Deutschen Patent- und Markenamts können Kosten nur auferlegt werden, wenn er oder sie die Rechtsbeschwerde eingelegt oder in dem Verfahren Anträge gestellt hat.

(4) Im Übrigen gelten die Vorschriften der Zivilprozeßordnung über das Kostenfestsetzungsverfahren (§§ 103 bis 107) und die Zwangsvollstreckung aus Kostenfestsetzungsbeschlüssen (§§ 724 bis 802) entsprechend.

Abschnitt 7. Gemeinsame Vorschriften

§ 91 Wiedereinsetzung. (1) ¹Wer ohne Verschulden verhindert war, dem Deutschen Patent- und Markenamt oder dem Bundespatentgericht gegenüber eine Frist einzuhalten, deren Versäumung nach gesetzlicher Vorschrift einen Rechtsnachteil zur Folge hat, ist auf Antrag wieder in den vorigen Stand einzusetzen. ²Dies gilt nicht für die Frist zur Erhebung des Widerspruchs und zur Zahlung der Widerspruchsgebühr (§ 6 Abs. 1 Satz 1 des Patentkostengesetzes).

(2) Die Wiedereinsetzung muß innerhalb von zwei Monaten nach Wegfall des Hindernisses beantragt werden.

(3) ¹Der Antrag muß die Angabe der die Wiedereinsetzung begründenden Tatsachen enthalten. ²Diese Tatsachen sind bei der Antragstellung oder im Verfahren über den Antrag glaubhaft zu machen.

(4) ¹Die versäumte Handlung ist innerhalb der Antragsfrist nachzuholen. ²Ist dies geschehen, so kann Wiedereinsetzung auch ohne Antrag gewährt werden.

(5) Ein Jahr nach Ablauf der versäumten Frist kann die Wiedereinsetzung nicht mehr beantragt und die versäumte Handlung nicht mehr nachgeholt werden.

(6) Über den Antrag beschließt die Stelle, die über die nachgeholte Handlung zu beschließen hat.

(7) Die Wiedereinsetzung ist unanfechtbar.

(8) Wird dem Inhaber einer Marke Wiedereinsetzung gewährt, so kann er Dritten gegenüber, die in dem Zeitraum zwischen dem Eintritt des Rechtsverlustes an der Eintragung der Marke und der Wiedereinsetzung unter einem mit der Marke identischen oder ihr ähnlichen Zeichen gutgläubig Waren in den Verkehr gebracht oder Dienstleistungen erbracht haben, hinsichtlich dieser Handlungen keine Rechte geltend machen.

§ 91a Weiterbehandlung der Anmeldung. (1) Ist nach Versäumung einer vom Deutschen Patent- und Markenamt bestimmten Frist die Markenanmeldung zurückgewiesen worden, so wird der Beschluss wirkungslos, ohne dass es seiner ausdrücklichen Aufhebung bedarf, wenn der Anmelder die Weiterbehandlung der Anmeldung beantragt und die versäumte Handlung nachholt.

(2) ¹Der Antrag ist innerhalb einer Frist von einem Monat nach Zustellung der Entscheidung über die Zurückweisung der Markenanmeldung einzureichen. ²Die versäumte Handlung ist innerhalb dieser Frist nachzuholen.

(3) Gegen die Versäumung der Frist nach Absatz 2 und der Frist zur Zahlung der Weiterbehandlungsgebühr nach § 6 Abs. 1 Satz 1 des Patentkostengesetzes ist eine Wiedereinsetzung nicht gegeben.

(4) Über den Antrag beschließt die Stelle, die über die nachgeholte Handlung zu beschließen hat.

§ 92 Wahrheitspflicht. In den Verfahren vor dem Deutschen Patent- und Markenamt, dem Bundespatentgericht und dem Bundesgerichtshof haben die Beteiligten ihre Erklärungen über tatsächliche Umstände vollständig und der Wahrheit gemäß abzugeben.

§ 93 Amtssprache und Gerichtssprache. ¹Die Sprache vor dem Deutschen Patent- und Markenamt und vor dem Bundespatentgericht ist deutsch. ²Im übrigen finden die Vorschriften des Gerichtsverfassungsgesetzes über die Gerichtssprache Anwendung.

§ 93a Entschädigung von Zeugen, Vergütung von Sachverständigen.
Zeugen erhalten eine Entschädigung und Sachverständige eine Vergütung nach dem Justizvergütungs- und -entschädigungsgesetz.

§ 94 Zustellungen; Verordnungsermächtigung. (1) Für Zustellungen im Verfahren vor dem Deutschen Patent- und Markenamt gelten die Vorschriften des Verwaltungszustellungsgesetzes mit folgenden Maßgaben:
1. ¹An Empfänger, die sich im Ausland aufhalten und die entgegen dem Erfordernis des § 96 keinen Inlandsvertreter bestellt haben, kann mit eingeschriebenem Brief durch Aufgabe zur Post zugestellt werden. ²Gleiches gilt für Empfänger, die selbst Inlandsvertreter im Sinne des § 96 Abs. 2 sind. ³§ 184 Abs. 2 Satz 1 und 4 der Zivilprozessordnung gilt entsprechend.
2. Für Zustellungen an Erlaubnisscheininhaber (§ 177 der Patentanwaltsordnung) ist § 5 Abs. 4 des Verwaltungszustellungsgesetzes entsprechend anzuwenden.
3. ¹An Empfänger, denen beim Deutschen Patent- und Markenamt ein Abholfach eingerichtet worden ist, kann auch dadurch zugestellt werden, daß das Schriftstück im Abholfach des Empfängers niedergelegt wird. ²Über die Niederlegung ist eine Mitteilung zu den Akten zu geben. ³Auf dem Schriftstück ist zu vermerken, wann es niedergelegt worden ist. ⁴Die Zustellung gilt als am dritten Tag nach der Niederlegung im Abholfach bewirkt.
4. ¹Für die Zustellung von elektronischen Dokumenten ist ein Übermittlungsweg zu verwenden, bei dem die Authentizität und Integrität der Daten gewährleistet ist und der bei Nutzung allgemein zugänglicher Netze die Vertraulichkeit der zu übermittelnden Daten durch ein Verschlüsselungsverfahren sicherstellt. ²Das Bundesministerium der Justiz und für Verbraucher-

Teil 3. Verfahren in Markenangelegenheiten §§ 95–96 MarkenG 10

schutz erlässt durch Rechtsverordnung, die nicht der Zustimmung des Bundesrates bedarf, nähere Bestimmungen über die nach Satz 1 geeigneten Übermittlungswege sowie die Form und den Nachweis der elektronischen Zustellung.

(2) Für Zustellungen im Verfahren vor dem Bundespatentgericht gelten die Vorschriften der Zivilprozessordnung.

§ 95 Rechtshilfe. (1) Die Gerichte sind verpflichtet, dem Deutschen Patent- und Markenamt Rechtshilfe zu leisten.

(2) ¹Im Verfahren vor dem Deutschen Patent- und Markenamt setzt das Bundespatentgericht auf Ersuchen des Deutschen Patent- und Markenamts Ordnungs- oder Zwangsmittel gegen Zeugen oder Sachverständige fest, die nicht erscheinen oder ihre Aussage oder deren Beeidigung verweigern. ²Ebenso ist die Vorführung eines nicht erschienenen Zeugen anzuordnen.

(3) ¹Über das Ersuchen nach Absatz 2 entscheidet ein Beschwerdesenat des Bundespatentgerichts in der Besetzung mit drei rechtskundigen Mitgliedern. ²Die Entscheidung ergeht durch Beschluß.

§ 95a Elektronische Verfahrensführung, Verordnungsermächtigung.

(1) Soweit in Verfahren vor dem Deutschen Patent- und Markenamt für Anmeldungen, Anträge oder sonstige Handlungen die Schriftform vorgesehen ist, gelten die Regelungen des § 130a Absatz 1, 2 Satz 1, Absatz 5 und 6 der Zivilprozessordnung entsprechend.

(2) ¹Die Prozessakten des Bundespatentgerichts und des Bundesgerichtshofs können elektronisch geführt werden. ²Die Vorschriften der Zivilprozessordnung über elektronische Dokumente, die elektronische Akte und die elektronische Verfahrensführung im Übrigen gelten entsprechend, soweit sich aus diesem Gesetz nichts anderes ergibt.

(3) Das Bundesministerium der Justiz und für Verbraucherschutz bestimmt durch Rechtsverordnung ohne Zustimmung des Bundesrates

1. den Zeitpunkt, von dem an elektronische Dokumente bei dem Deutschen Patent- und Markenamt und den Gerichten eingereicht werden können, die für die Bearbeitung der Dokumente geeignete Form, ob eine elektronische Signatur zu verwenden ist und wie diese Signatur beschaffen sein ist;
2. den Zeitpunkt, von dem an die Prozessakten nach Absatz 2 elektronisch geführt werden können, sowie die hierfür geltenden organisatorisch-technischen Rahmenbedingungen für die Bildung, Führung und Aufbewahrung der elektronischen Prozessakten.

§ 96 Inlandsvertreter. (1) Wer im Inland weder einen Wohnsitz, Sitz noch Niederlassung hat, kann an einem in diesem Gesetz geregelten Verfahren vor dem Deutschen Patent- und Markenamt oder dem Bundespatentgericht nur teilnehmen und die Rechte aus einer Marke nur geltend machen, wenn er einen Rechtsanwalt oder Patentanwalt als Vertreter bestellt hat, der zur Vertretung im Verfahren vor dem Deutschen Patent- und Markenamt, dem Bundespatentgericht und in bürgerlichen Streitigkeiten, die diese Marke betreffen, sowie zur Stellung von Strafanträgen befugt und bevollmächtigt ist.

(2) ¹Der Ort, an dem ein nach Absatz 1 bestellter Vertreter seinen Geschäftsraum hat, gilt im Sinne des § 23 der Zivilprozessordnung als der Ort, an dem

sich der Vermögensgegenstand befindet. ²Fehlt ein solcher Geschäftsraum, so ist der Ort maßgebend, an dem der Vertreter im Inland seinen Wohnsitz, und in Ermangelung eines solchen der Ort, an dem das Deutsche Patent- und Markenamt seinen Sitz hat.

(3) Die rechtsgeschäftliche Beendigung der Bestellung eines Vertreters nach Absatz 1 wird erst wirksam, wenn sowohl diese Beendigung als auch die Bestellung eines anderen Vertreters gegenüber dem Deutschen Patent- und Markenamt oder dem Bundespatentgericht angezeigt wird.

§ 96a Rechtsschutz bei überlangen Gerichtsverfahren. Die Vorschriften des Siebzehnten Titels des Gerichtsverfassungsgesetzes sind auf Verfahren vor dem Bundespatentgericht und dem Bundesgerichtshof entsprechend anzuwenden.

Teil 4. Kollektivmarken

§ 97 Kollektivmarken. (1) ¹Als Kollektivmarken können alle als Marke schutzfähigen Zeichen im Sinne des § 3 eingetragen werden, die geeignet sind, die Waren oder Dienstleistungen der Mitglieder des Inhabers der Kollektivmarke von denjenigen anderer Unternehmen nach ihrer betrieblichen oder geographischen Herkunft, ihrer Art, ihrer Qualität oder ihren sonstigen Eigenschaften zu unterscheiden. ²Eine Kollektivmarke muss bei der Anmeldung als solche bezeichnet werden.

(2) Auf Kollektivmarken sind die Vorschriften dieses Gesetzes anzuwenden, soweit in diesem Teil nicht etwas anderes bestimmt ist.

§ 98 Inhaberschaft. ¹Inhaber von angemeldeten oder eingetragenen Kollektivmarken können nur Verbände von Herstellern, Erzeugern, Dienstleistungsunternehmern oder Händlern sein, einschließlich der Dachverbände und Spitzenverbände, deren Mitglieder selbst Verbände sind, die die Fähigkeit haben, im eigenen Namen Träger von Rechten und Pflichten zu sein, Verträge zu schließen oder andere Rechtshandlungen vorzunehmen und vor Gericht zu klagen und verklagt zu werden. ²Diesen Verbänden sind die juristischen Personen des öffentlichen Rechts gleichgestellt.

§ 99 Eintragbarkeit von geografischen Herkunftsangaben als Kollektivmarken. Abweichend von § 8 Abs. 2 Nr. 2 können Kollektivmarken ausschließlich aus Zeichen oder Angaben bestehen, die im Verkehr zur Bezeichnung der geografischen Herkunft der Waren oder der Dienstleistungen dienen können.

§ 100 Schranken des Schutzes; Benutzung. (1) ¹Zusätzlich zu den Schutzschranken, die sich aus § 23 ergeben, gewährt die Eintragung einer geografischen Herkunftsangabe als Kollektivmarke ihrem Inhaber nicht das Recht, einem Dritten zu untersagen, solche Angaben im geschäftlichen Verkehr zu benutzen, sofern die Benutzung den guten Sitten entspricht und nicht gegen § 127 verstößt. ²Insbesondere kann eine solche Marke einem Dritten, der zur Benutzung einer geografischen Bezeichnung berechtigt ist, nicht entgegengehalten werden.

Teil 4. Kollektivmarken §§ 101–104 MarkenG 10

(2) Die ernsthafte Benutzung einer Kollektivmarke durch mindestens eine hierzu befugte Person oder durch den Inhaber der Kollektivmarke gilt als Benutzung im Sinne des § 26.

§ 101 Klagebefugnis; Schadensersatz. (1) Soweit in der Kollektivmarkensatzung nichts anderes bestimmt ist, kann eine zur Benutzung der Kollektivmarke berechtigte Person Klage wegen Verletzung einer Kollektivmarke nur mit Zustimmung ihres Inhabers erheben.

(2) Der Inhaber der Kollektivmarke kann auch Ersatz des Schadens verlangen, der den zur Benutzung der Kollektivmarke berechtigten Personen aus der unbefugten Benutzung der Kollektivmarke oder eines ähnlichen Zeichens entstanden ist.

§ 102 Kollektivmarkensatzung. (1) Der Anmeldung der Kollektivmarke muß eine Kollektivmarkensatzung beigefügt sein.

(2) Die Kollektivmarkensatzung muß mindestens enthalten:
1. Namen und Sitz des Verbandes,
2. Zweck und Vertretung des Verbandes,
3. Voraussetzungen für die Mitgliedschaft,
4. Angaben über den Kreis der zur Benutzung der Kollektivmarke befugten Personen,
5. die Bedingungen für die Benutzung der Kollektivmarke und
6. Angaben über die Rechte und Pflichten der Beteiligten im Falle von Verletzungen des Kollektivmarke.

(3) Besteht die Kollektivmarke aus einer geographischen Herkunftsangabe, muß die Satzung vorsehen, daß jede Person, deren Waren oder Dienstleistungen aus dem entsprechenden geographischen Gebiet stammen und den in der Kollektivmarkensatzung enthaltenen Bedingungen für die Benutzung der Kollektivmarke entsprechen, Mitglied des Verbandes werden kann und in den Kreis der zur Benutzung der Kollektivmarke befugten Personen aufzunehmen ist.

(4) Die Kollektivmarkensatzung wird im Register eingetragen.

(5) Die Einsicht in die Kollektivmarkensatzung steht jeder Person frei.

§ 103 Prüfung der Anmeldung. (1) Die Anmeldung einer Kollektivmarke wird außer nach § 37 auch dann zurückgewiesen, wenn sie nicht den Voraussetzungen der §§ 97, 98 oder 102 entspricht oder wenn die Kollektivmarkensatzung gegen die öffentliche Ordnung oder die guten Sitten verstößt.

(2) Die Anmeldung einer Kollektivmarke wird außerdem zurückgewiesen, wenn die Gefahr besteht, dass das Publikum über den Charakter oder die Bedeutung der Marke irregeführt wird, insbesondere wenn diese Marke den Eindruck erwecken kann, als wäre sie etwas anderes als eine Kollektivmarke.

(3) Die Anmeldung einer Kollektivmarke wird nicht zurückgewiesen, wenn der Anmelder die Kollektivmarkensatzung so ändert, dass die Zurückweisungsgründe der Absätze 1 und 2 nicht mehr bestehen.

§ 104 Änderung der Kollektivmarkensatzung. (1) Der Inhaber der Kollektivmarke hat dem Deutschen Patent- und Markenamt jede Änderung der Kollektivmarkensatzung mitzuteilen.

(2) Im Falle einer Änderung der Kollektivmarkensatzung sind die §§ 102 und 103 entsprechend anzuwenden.

(3) Für die Zwecke dieses Gesetzes wird die Änderung der Kollektivmarkensatzung erst ab dem Zeitpunkt wirksam, zu dem die Änderung im Register eingetragen ist.

(4) Schriftliche Bemerkungen Dritter gemäß § 37 Absatz 6 Satz 2 können auch in Bezug auf geänderte Kollektivmarkensatzungen eingereicht werden.

§ 105 Verfall. (1) Die Eintragung einer Kollektivmarke wird außer aus den in § 49 genannten Verfallsgründen auf Antrag für verfallen erklärt und gelöscht,

1. wenn der Inhaber der Kollektivmarke nicht mehr besteht,
2. wenn der Inhaber der Kollektivmarke keine geeigneten Maßnahmen trifft, um zu verhindern, daß die Kollektivmarke mißbräuchlich in einer den Verbandszwecken oder der Kollektivmarkensatzung widersprechenden Weise benutzt wird,
3. wenn die Art, in der die Marke von berechtigten Personen benutzt worden ist, bewirkt hat, dass die Gefahr besteht, dass das Publikum im Sinne von § 103 Absatz 2 irregeführt wird, oder
4. wenn eine Änderung der Kollektivmarkensatzung entgegen § 104 Abs. 2 in das Register eingetragen worden ist, es sei denn, daß der Inhaber der Kollektivmarke die Kollektivmarkensatzung erneut so ändert, daß der Löschungsgrund nicht mehr besteht.

(2) Als eine mißbräuchliche Benutzung im Sinne des Absatzes 1 Nr. 2 ist es insbesondere anzusehen, wenn die Benutzung der Kollektivmarke durch andere als die zur Benutzung befugten Personen geeignet ist, das Publikum zu täuschen.

(3) [1]Der Antrag auf Erklärung des Verfalls nach Absatz 1 ist beim Deutschen Patent- und Markenamt zu stellen. [2]Das Verfahren richtet sich nach § 53.

§ 106 Nichtigkeit wegen absoluter Schutzhindernisse. (1) [1]Die Eintragung einer Kollektivmarke wird außer aus den in § 50 genannten Nichtigkeitsgründen auf Antrag für nichtig erklärt und gelöscht, wenn sie entgegen § 103 eingetragen worden ist. [2]Betrifft der Nichtigkeitsgrund die Kollektivmarkensatzung, so wird die Eintragung nicht für nichtig erklärt und gelöscht, wenn der Inhaber der Kollektivmarke die Kollektivmarkensatzung so ändert, dass der Nichtigkeitsgrund nicht mehr besteht.

(2) [1]Der Antrag auf Erklärung der Nichtigkeit nach Absatz 1 ist beim Deutschen Patent- und Markenamt zu stellen. [2]Das Verfahren richtet sich nach § 53.

Teil 5. Gewährleistungsmarken

§ 106a Gewährleistungsmarken. (1) [1]Der Inhaber der Gewährleistungsmarke gewährleistet für die Waren und Dienstleistungen, für die sie angemeldet wird, das Vorliegen einer oder mehrerer der folgenden Eigenschaften:
1. das Material,
2. die Art und Weise der Herstellung der Waren oder der Erbringung der Dienstleistungen,

Teil 5. Gewährleistungsmarken §§ 106b–106d MarkenG 10

3. die Qualität, die Genauigkeit oder andere Eigenschaften mit Ausnahme der geografischen Herkunft.

²Die Marke muss geeignet sein, Waren und Dienstleistungen, für die die Gewährleistung besteht, von solchen Waren und Dienstleistungen zu unterscheiden, für die keine derartige Gewährleistung besteht. ³Eine Gewährleistungsmarke muss bei der Anmeldung als solche bezeichnet werden.

(2) Auf Gewährleistungsmarken sind die Vorschriften dieses Gesetzes anzuwenden, soweit in diesem Teil nicht etwas anderes bestimmt ist.

§ 106b Inhaberschaft und ernsthafte Benutzung. (1) Inhaber von angemeldeten oder eingetragenen Gewährleistungsmarken kann jede natürliche oder juristische Person einschließlich Einrichtungen, Behörden und juristischer Personen des öffentlichen Rechts sein, sofern sie keine Tätigkeit ausübt, die die Lieferung von Waren oder Dienstleistungen, für die eine Gewährleistung besteht, umfasst.

(2) Die ernsthafte Benutzung einer Gewährleistungsmarke durch mindestens eine hierzu befugte Person gilt als Benutzung im Sinne des § 26.

§ 106c Klagebefugnis; Schadensersatz. (1) Soweit in der Gewährleistungsmarkensatzung nichts anderes bestimmt ist, kann eine zur Benutzung der Gewährleistungsmarke berechtigte Person Klage wegen Verletzung der Gewährleistungsmarke nur erheben, wenn der Inhaber der Gewährleistungsmarke dem zustimmt.

(2) Der Inhaber der Gewährleistungsmarke kann auch Ersatz des Schadens verlangen, der den zur Benutzung der Gewährleistungsmarke berechtigten Personen aus der unbefugten Benutzung der Gewährleistungsmarke oder eines ähnlichen Zeichens entstanden ist.

§ 106d Gewährleistungsmarkensatzung. (1) Der Anmeldung der Gewährleistungsmarke muss eine Gewährleistungsmarkensatzung beigefügt sein.

(2) Die Gewährleistungsmarkensatzung muss mindestens enthalten:
1. Name des Inhabers der Gewährleistungsmarke,
2. eine Erklärung des Inhabers der Gewährleistungsmarke, selbst keine Tätigkeit auszuüben, die die Lieferung von Waren oder Dienstleistungen, für die eine Gewährleistung übernommen wird, umfasst,
3. eine Darstellung der Gewährleistungsmarke,
4. die Angabe der Waren und Dienstleistungen, für die eine Gewährleistung bestehen soll,
5. Angaben darüber, welche Eigenschaften der Waren oder Dienstleistungen von der Gewährleistung umfasst werden,
6. die Bedingungen für die Benutzung der Gewährleistungsmarke, insbesondere die Bedingungen für Sanktionen,
7. Angaben über die zur Benutzung der Gewährleistungsmarke befugten Personen,
8. Angaben über die Art und Weise, in der der Inhaber der Gewährleistungsmarke die von der Gewährleistung umfassten Eigenschaften zu prüfen und die Benutzung der Marke zu überwachen hat,
9. Angaben über die Rechte und Pflichten der Beteiligten im Fall von Verletzungen der Gewährleistungsmarke.

10 MarkenG §§ 106e–106g Teil 5. Gewährleistungsmarken

(3) Die Gewährleistungsmarkensatzung wird im Register eingetragen.

(4) Die Einsichtnahme in die Gewährleistungsmarkensatzung steht jeder Person frei.

§ 106e Prüfung der Anmeldung. (1) Die Anmeldung einer Gewährleistungsmarke wird außer nach § 37 auch zurückgewiesen, wenn sie nicht den Voraussetzungen der §§ 106a, 106b Absatz 1 oder § 106d entspricht oder wenn die Gewährleistungsmarkensatzung gegen die öffentliche Ordnung oder die guten Sitten verstößt.

(2) Die Anmeldung einer Gewährleistungsmarke wird außerdem zurückgewiesen, wenn die Gefahr besteht, dass das Publikum über den Charakter oder die Bedeutung der Marke irregeführt wird, insbesondere wenn diese Marke den Eindruck erwecken kann, als wäre sie etwas anderes als eine Gewährleistungsmarke.

(3) Die Anmeldung wird nicht zurückgewiesen, wenn der Anmelder die Gewährleistungsmarkensatzung so ändert, dass die Zurückweisungsgründe der Absätze 1 und 2 nicht mehr bestehen.

§ 106f Änderung der Gewährleistungsmarkensatzung. (1) Der Inhaber der Gewährleistungsmarke hat dem Deutschen Patent- und Markenamt jede Änderung der Gewährleistungsmarkensatzung mitzuteilen.

(2) Im Fall einer Änderung der Gewährleistungsmarkensatzung sind die §§ 106d und 106e entsprechend anzuwenden.

(3) Für die Zwecke dieses Gesetzes wird die Änderung der Gewährleistungsmarkensatzung erst ab dem Zeitpunkt wirksam, zu dem die Änderung ins Register eingetragen worden ist.

(4) Schriftliche Bemerkungen Dritter gemäß § 37 Absatz 6 Satz 2 können auch in Bezug auf geänderte Gewährleistungsmarkensatzungen eingereicht werden.

§ 106g Verfall. (1) Die Eintragung einer Gewährleistungsmarke wird außer aus den in § 49 genannten Verfallsgründen auf Antrag auch in den folgenden Fällen für verfallen erklärt und gelöscht:

1. wenn der Inhaber der Gewährleistungsmarke die Erfordernisse des § 106b nicht mehr erfüllt,
2. wenn der Inhaber der Gewährleistungsmarke keine geeigneten Maßnahmen trifft, um zu verhindern, dass die Gewährleistungsmarke missbräuchlich in einer der Gewährleistungsmarkensatzung widersprechenden Weise benutzt wird,
3. wenn die Gewährleistungsmarke von berechtigten Personen so benutzt worden ist, dass die Gefahr besteht, dass das Publikum nach § 106e Absatz 2 irregeführt wird, oder
4. wenn eine Änderung der Gewährleistungsmarkensatzung entgegen § 106f Absatz 2 gemäß § 106d Absatz 3 in das Register eingetragen worden ist, es sei denn, dass der Inhaber der Gewährleistungsmarke die Gewährleistungsmarkensatzung erneut so ändert, dass der Verfallsgrund nicht mehr besteht.

(2) Als eine missbräuchliche Benutzung im Sinne des Absatzes 1 Nummer 2 ist es insbesondere anzusehen, wenn die Benutzung der Gewährleistungsmarke

nach dem Madrider Abkommen §§ 106h–108 MarkenG 10

durch andere als die zur Benutzung befugten Personen geeignet ist, das Publikum zu täuschen.

(3) ¹Der Antrag auf Erklärung des Verfalls nach Absatz 1 ist beim Deutschen Patent- und Markenamt zu stellen. ²Das Verfahren richtet sich nach § 53.

§ 106h Nichtigkeit wegen absoluter Schutzhindernisse. (1) ¹Die Eintragung einer Gewährleistungsmarke wird außer aus den in § 50 genannten Nichtigkeitsgründen auf Antrag auch für nichtig erklärt und gelöscht, wenn sie entgegen § 106e nicht zurückgewiesen und eingetragen worden ist. ²Betrifft der Nichtigkeitsgrund die Gewährleistungsmarkensatzung, so wird die Eintragung nicht für nichtig erklärt und gelöscht, wenn der Inhaber der Gewährleistungsmarke die Gewährleistungsmarkensatzung so ändert, dass der Nichtigkeitsgrund nicht mehr besteht.

(2) ¹Der Antrag auf Erklärung der Nichtigkeit nach Absatz 1 ist beim Deutschen Patent- und Markenamt zu stellen. ²Das Verfahren richtet sich nach § 53.

Teil 6. Schutz von Marken*[bis 30.4.2022:* nach dem Madrider Markenabkommen und*]* nach dem Protokoll zum Madrider Markenabkommen; Unionsmarken

[Abschnitt 1 bis 30.4.2022:]
Abschnitt 1. Schutz von Marken nach dem Madrider Markenabkommen

§ 107 Entsprechende Anwendung der Vorschriften dieses Gesetzes; Sprache. (1) Die Vorschriften dieses Gesetzes sind auf internationale Registrierungen von Marken nach der Stockholmer Fassung vom 14. Juli 1967 des Madrider Abkommens vom 14. April 1891 über die internationale Registrierung von Marken (BGBl. 1970 II S. 293, 418) (Madrider Markenabkommen), die durch Vermittlung des Deutschen Patent- und Markenamts vorgenommen werden oder deren Schutz sich auf das Gebiet der Bundesrepublik Deutschland erstreckt, entsprechend anzuwenden, soweit in diesem Abschnitt oder im Madrider Markenabkommen nichts anderes bestimmt ist.

(2) Sämtliche Anträge sowie sonstige Mitteilungen im Verfahren der internationalen Registrierung und das Verzeichnis der Waren und Dienstleistungen sind nach Wahl des Antragstellers entweder in französischer oder in englischer Sprache einzureichen.

§ 108 Antrag auf internationale Registrierung. (1) Der Antrag auf internationale Registrierung einer in das Register eingetragenen Marke nach Artikel 3 des Madrider Markenabkommens ist beim Deutschen Patent- und Markenamt zu stellen.

(2) Wird der Antrag auf internationale Registrierung vor der Eintragung der Marke in das Register gestellt, so gilt er als am Tag der Eintragung der Marke zugegangen.

(3) Mit dem Antrag ist das Verzeichnis der Waren und Dienstleistungen, nach Klassen geordnet in der Reihenfolge der internationalen Klassifikation von Waren und Dienstleistungen, einzureichen.

§ 109 Gebühren. (1) Ist der Antrag auf internationale Registrierung vor der Eintragung der Marke in das Register gestellt worden, so wird die nationale Gebühr für das Verfahren auf internationale Registrierung am Tage der Eintragung fällig.

(2) Die nationale Gebühr nach dem Patentkostengesetz für die internationale Registrierung ist innerhalb eines Monats nach Fälligkeit, die sich nach § 3 Abs. 1 des Patentkostengesetzes oder nach Absatz 1 richtet, zu zahlen.

§ 110 Eintragung im Register. Der Tag und die Nummer der internationalen Registrierung einer im Register eingetragenen Marke sind in das Register einzutragen.

§ 111 Nachträgliche Schutzerstreckung. (1) Beim Deutschen Patent- und Markenamt kann ein Antrag auf nachträgliche Schutzerstreckung einer international registrierten Marke nach Artikel 3ter Abs. 2 des Madrider Markenabkommens gestellt werden.

(2) Die nationale Gebühr nach dem Patentkostengesetz für die nachträgliche Schutzerstreckung ist innerhalb eines Monats nach Fälligkeit (§ 3 Abs. 1 des Patentkostengesetzes) zu zahlen.

§ 112 Wirkung der internationalen Registrierung. (1) Die internationale Registrierung einer Marke, deren Schutz nach Artikel 3ter des Madrider Markenabkommens auf das Gebiet der Bundesrepublik Deutschland erstreckt worden ist, hat dieselbe Wirkung, wie wenn die Marke am Tag der internationalen Registrierung nach Artikel 3 Abs. 4 des Madrider Markenabkommens oder am Tag der Eintragung der nachträglichen Schutzerstreckung nach Artikel 3ter Abs. 2 des Madrider Markenabkommens zur Eintragung in das vom Deutschen Patent- und Markenamt geführte Register angemeldet und eingetragen wäre.

(2) Die in Absatz 1 bezeichnete Wirkung gilt als nicht eingetreten, wenn der international registrierten Marke nach den §§ 113 bis 115 der Schutz verweigert wird.

§ 113 Prüfung auf absolute Schutzhindernisse. (1) [1] International registrierte Marken werden in gleicher Weise wie zur Eintragung in das Register angemeldete Marken nach § 37 auf absolute Schutzhindernisse geprüft. [2] § 37 Abs. 2 ist nicht anzuwenden.

(2) An die Stelle der Zurückweisung der Anmeldung (§ 37 Abs. 1) tritt die Verweigerung des Schutzes.

§ 114 Widerspruch gegen eine international registrierte Marke.

(1) An die Stelle der Veröffentlichung der Eintragung (§ 41 Absatz 2) tritt für international registrierte Marken die Veröffentlichung in dem vom Internationalen Büro der Weltorganisation für geistiges Eigentum herausgegebenen Veröffentlichungsblatt.

(2) Die Frist zur Erhebung des Widerspruchs (§ 42 Abs. 1) gegen die Schutzgewährung für international registrierte Marken beginnt mit dem ersten Tag des Monats, der dem Monat folgt, der als Ausgabemonat des Heftes des Veröffentlichungsblattes angegeben ist, in dem die Veröffentlichung der international registrierten Marke enthalten ist.

(3) An die Stelle der Löschung der Eintragung (§ 43 Abs. 2) tritt die Verweigerung des Schutzes.

§ 115 Schutzentziehung. (1) An die Stelle des Antrags auf Erklärung des Verfalls einer Marke (§ 49) oder der Nichtigkeit wegen absoluter Schutzhindernisse (§ 50) oder älterer Rechte (§ 51) tritt für international registrierte Marken der Antrag auf Schutzentziehung.

(2) Wird ein Antrag auf Schutzentziehung nach § 49 Absatz 1 wegen mangelnder Benutzung gestellt, so tritt an die Stelle des Tages, ab dem kein Widerspruch mehr gegen die Marke möglich ist,

1. der Tag, an dem das Schutzerstreckungsverfahren abgeschlossen wurde, oder
2. der Tag, an dem die Frist des Artikels 5 Absatz 2 des Madrider Markenabkommens abgelaufen ist, sofern bis zu diesem Zeitpunkt dem Internationalen Büro der Weltorganisation für geistiges Eigentum weder eine Mitteilung über die Schutzbewilligung noch eine Mitteilung über die vorläufige Schutzverweigerung zugegangen ist.

§ 116 Widerspruch aufgrund einer international registrierten Marke und Antrag auf Erklärung der Nichtigkeit aufgrund einer international registrierten Marke. (1) Wird aufgrund einer international registrierten Marke Widerspruch gegen die Eintragung einer Marke erhoben, so ist § 43 Absatz 1 mit der Maßgabe anzuwenden, dass an die Stelle des Zeitpunkts, ab dem kein Widerspruch mehr gegen die Marke möglich war, einer der in § 115 Absatz 2 bezeichneten Tage tritt.

(2) Wird aufgrund einer international registrierten Marke ein Antrag auf Erklärung der Nichtigkeit einer eingetragenen Marke nach § 51 gestellt, so ist § 53 Absatz 5 mit der Maßgabe anzuwenden, dass an die Stelle des Zeitpunkts, ab dem kein Widerspruch mehr gegen die Marke möglich war, einer der in § 115 Absatz 2 bezeichneten Tage tritt.

§ 117 Ausschluß von Ansprüchen wegen mangelnder Benutzung.

Werden Ansprüche im Sinne der §§ 14 und 18 bis 19c wegen der Verletzung einer international registrierten Marke geltend gemacht, so ist § 25 mit der Maßgabe anzuwenden, daß an die Stelle des Zeitpunkts, ab dem kein Widerspruch mehr gegen die Marke möglich war, einer der in § 115 Absatz 2 bezeichneten Tage tritt.

§ 118 Zustimmung bei Übertragungen international registrierter Marken. Das Deutsche Patent- und Markenamt erteilt dem Internationalen Büro der Weltorganisation für geistiges Eigentum die nach Artikel 9bis Abs. 1 des Madrider Markenabkommens erforderliche Zustimmung im Falle der Übertragung einer international registrierten Marke ohne Rücksicht darauf, ob die Marke für den neuen Inhaber der international registrierten Marke in das vom Deutschen Patent- und Markenamt geführte Register eingetragen ist.

[Abschnitt 1 ab 1.5.2022:]
Abschnitt 1. Schutz von Marken nach dem Protokoll zum Madrider Markenabkommen

§ 107 *Anwendung der Vorschriften dieses Gesetzes; Sprachen.* *(1) Die Vorschriften dieses Gesetzes sind auf internationale Registrierungen von Marken nach dem Protokoll vom 27. Juni 1989 zum Madrider Abkommen über die internationale Registrierung von Marken (BGBl. 1995 II S. 1016, 1017), das zuletzt durch die Verordnung vom 24. August 2008 (BGBl. 2008 II S. 822) geändert worden ist (Protokoll zum Madrider Markenabkommen), die durch Vermittlung des Deutschen Patent- und Markenamts vorgenommen werden oder deren Schutz sich auf das Gebiet der Bundesrepublik Deutschland erstreckt, entsprechend anzuwenden, soweit in diesem Abschnitt oder im Protokoll zum Madrider Markenabkommen nichts anderes bestimmt ist.*

(2) Sämtliche Anträge sowie sonstige Mitteilungen im Verfahren der internationalen Registrierung und das Verzeichnis der Waren und Dienstleistungen sind nach Wahl des Antragstellers in französischer oder in englischer Sprache einzureichen.

§ 108 *Antrag auf internationale Registrierung.* *(1) ¹Der Antrag auf internationale Registrierung einer zur Eintragung in das Register angemeldeten Marke oder einer in das Register eingetragenen Marke nach Artikel 3 des Protokolls zum Madrider Markenabkommen ist beim Deutschen Patent- und Markenamt zu stellen. ²Der Antrag kann vor der Eintragung der Marke gestellt werden, wenn die internationale Registrierung auf der Grundlage einer im Register eingetragenen Marke vorgenommen werden soll.*

(2) Soll die internationale Registrierung auf der Grundlage einer im Register eingetragenen Marke vorgenommen werden und wird der Antrag auf internationale Registrierung vor der Eintragung der Marke in das Register gestellt, so gilt er als am Tag der Eintragung der Marke zugegangen.

(3) Mit dem Antrag ist das Verzeichnis der Waren und Dienstleistungen, nach Klassen geordnet in der Reihenfolge der internationalen Klassifikation von Waren und Dienstleistungen, einzureichen.

§ 109 *Gebühren.* *(1) Soll die internationale Registrierung auf der Grundlage einer im Register eingetragenen Marke vorgenommen werden und ist der Antrag auf internationale Registrierung vor der Eintragung der Marke in das Register gestellt worden, so wird die nationale Gebühr nach dem Patentkostengesetz für die internationale Registrierung am Tag der Eintragung fällig.*

(2) ¹Die nationale Gebühr nach dem Patentkostengesetz für die internationale Registrierung ist innerhalb eines Monats nach Fälligkeit zu zahlen. ²Die Fälligkeit richtet sich nach § 3 Absatz 1 des Patentkostengesetzes oder nach Absatz 1.

§ 110 *Vermerk in den Akten, Eintragung im Register.* *(1) Ist die internationale Registrierung auf der Grundlage einer zur Eintragung in das Register angemeldeten Marke vorgenommen worden, so sind der Tag und die Nummer der internationalen Registrierung in den Akten der angemeldeten Marke zu vermerken.*

(2) ¹Der Tag und die Nummer der internationalen Registrierung, die auf der Grundlage einer im Register eingetragenen Marke vorgenommen worden ist, sind in das Register einzutragen. ²Satz 1 ist auch anzuwenden, wenn die internationale Registrierung auf der Grundlage einer zur Eintragung in das Register angemeldeten Marke vorgenommen worden ist und die Anmeldung zur Eintragung geführt hat.

nach dem Madrider Abkommen §§ 111–115 MarkenG 10

§ 111 Nachträgliche Schutzerstreckung. (1) ¹ Der Antrag auf nachträgliche Schutzerstreckung einer international registrierten Marke nach Artikel 3ter Absatz 2 des Protokolls zum Madrider Markenabkommen kann beim Deutschen Patent- und Markenamt gestellt werden. ² Soll der Schutz auf der Grundlage einer im Register eingetragenen Marke nachträglich erstreckt werden und wird der Antrag schon vor der Eintragung der Marke gestellt, so gilt er als am Tag der Eintragung zugegangen.

(2) Die nationale Gebühr nach dem Patentkostengesetz für die nachträgliche Schutzerstreckung ist innerhalb eines Monats nach Fälligkeit (§ 3 Absatz 1 des Patentkostengesetzes) zu zahlen.

§ 112 Wirkung der internationalen Registrierung und der nachträglichen Schutzerstreckung. (1) ¹ Die internationale Registrierung oder die nachträgliche Schutzerstreckung einer Marke, deren Schutz nach Artikel 3 und 3ter des Protokolls zum Madrider Markenabkommen auf das Gebiet der Bundesrepublik Deutschland erstreckt worden ist, hat dieselbe Wirkung, wie wenn die Marke am Tag der internationalen Registrierung nach Artikel 3 Absatz 4 des Protokolls zum Madrider Markenabkommen oder am Tag der Eintragung der nachträglichen Schutzerstreckung nach Artikel 3ter Absatz 2 des Protokolls zum Madrider Markenabkommen zur Eintragung in das vom Deutschen Patent- und Markenamt geführte Register angemeldet und eingetragen worden wäre.

(2) Die in Absatz 1 bezeichnete Wirkung gilt als nicht eingetreten, wenn der international registrierten Marke nach den §§ 113 bis 115 der Schutz verweigert wird.

§ 113 Prüfung auf absolute Schutzhindernisse. (1) ¹ International registrierte Marken werden in gleicher Weise wie zur Eintragung in das Register angemeldete Marken nach § 37 auf absolute Schutzhindernisse geprüft. ² § 37 Absatz 2 ist nicht anzuwenden.

(2) An die Stelle der Zurückweisung der Anmeldung (§ 37 Absatz 1) tritt die Verweigerung des Schutzes.

§ 114 Widerspruch gegen eine international registrierte Marke. (1) An die Stelle der Veröffentlichung der Eintragung (§ 41 Absatz 2) tritt für international registrierte Marken die Veröffentlichung in dem vom Internationalen Büro der Weltorganisation für geistiges Eigentum herausgegebenen Veröffentlichungsblatt.

(2) Die Frist zur Erhebung des Widerspruchs (§ 42 Absatz 1) gegen die Schutzgewährung für international registrierte Marken beginnt mit dem ersten Tag des Monats, der dem Monat folgt, der als Ausgabemonat desjenigen Heftes des Veröffentlichungsblattes angegeben ist, in dem die Veröffentlichung der international registrierten Marke enthalten ist.

(3) An die Stelle der Löschung der Eintragung (§ 43 Absatz 2 Satz 1) tritt die Verweigerung des Schutzes.

§ 115 Schutzentziehung. (1) An die Stelle des Antrags (§ 49) oder der Klage (§ 55) auf Erklärung des Verfalls einer Marke oder des Antrags auf Erklärung der Nichtigkeit wegen absoluter Schutzhindernisse (§ 50) oder des Antrags oder der Klage auf Erklärung der Nichtigkeit wegen des Bestehens älterer Rechte (§ 51) tritt für international registrierte Marken der Antrag oder die Klage auf Schutzentziehung.

(2) Im Falle des Antrags oder der Klage auf Schutzentziehung nach § 49 Absatz 1 oder § 55 wegen mangelnder Benutzung tritt an die Stelle des Tages, ab dem kein Widerspruch mehr gegen die Marke möglich ist,

1. der Tag, an dem das Schutzerstreckungsverfahren abgeschlossen wurde, oder
2. der Tag, an dem die Frist des Artikels 5 Absatz 2a des Protokolls zum Madrider Markenabkommen abgelaufen ist, sofern bis zu diesem Zeitpunkt dem Internationalen Büro der Weltorganisation für geistiges Eigentum weder eine Mitteilung über die Schutzbewilligung noch eine Mitteilung über die vorläufige Schutzverweigerung zugegangen ist.

§ 116 *Widerspruch aufgrund einer international registrierten Marke und Antrag oder Klage auf Erklärung der Nichtigkeit aufgrund einer international registrierten Marke.* *(1) Wird aufgrund einer international registrierten Marke Widerspruch gegen die Eintragung einer Marke erhoben, so ist § 43 Absatz 1 mit der Maßgabe anzuwenden, dass an die Stelle des Zeitpunkts, ab dem kein Widerspruch mehr gegen die Marke möglich war, einer der in § 115 Absatz 2 bezeichneten Tage tritt.*

(2) Wird aufgrund einer international registrierten Marke ein Antrag auf Erklärung der Nichtigkeit einer eingetragenen Marke nach § 51 gestellt oder eine solche Klage erhoben, so sind § 53 Absatz 6 und § 55 Absatz 3 mit der Maßgabe anzuwenden, dass an die Stelle des Zeitpunkts, ab dem kein Widerspruch mehr gegen die Marke möglich war, einer der in § 115 Absatz 2 bezeichneten Tage tritt.

§ 117 *Ausschluss von Ansprüchen wegen mangelnder Benutzung.* *Werden Ansprüche im Sinne der §§ 14 und 18 bis 19c wegen der Verletzung einer international registrierten Marke geltend gemacht, so ist § 25 mit der Maßgabe anzuwenden, dass an die Stelle des Zeitpunkts, ab dem kein Widerspruch mehr gegen die Marke möglich war, einer der in § 115 Absatz 2 bezeichneten Tage tritt.*

§ 118 *Umwandlung einer internationalen Registrierung.* *(1) Wird beim Deutschen Patent- und Markenamt ein Antrag nach Artikel 9quinquies des Protokolls zum Madrider Markenabkommen auf Umwandlung einer im internationalen Register gemäß Artikel 6 Absatz 4 des Protokolls zum Madrider Markenabkommen gelöschten Marke gestellt und geht der Antrag mit den erforderlichen Angaben dem Deutschen Patent- und Markenamt innerhalb einer Frist von drei Monaten nach dem Tag der Löschung der Marke im internationalen Register zu, so ist der Tag der internationalen Registrierung dieser Marke nach Artikel 3 Absatz 4 des Protokolls zum Madrider Markenabkommen oder der Tag der Eintragung der nachträglichen Schutzerstreckung nach Artikel 3ter Absatz 2 des Protokolls zum Madrider Markenabkommen, gegebenenfalls mit der für die internationale Registrierung in Anspruch genommenen Priorität, für die Bestimmung des Zeitrangs im Sinne des § 6 Absatz 2 maßgebend.*

(2) Der Antragsteller hat eine Bescheinigung des Internationalen Büros der Weltorganisation für geistiges Eigentum einzureichen, aus der sich die Marke und die Waren oder Dienstleistungen ergeben, für die sich der Schutz der internationalen Registrierung vor ihrer Löschung im internationalen Register auf die Bundesrepublik Deutschland erstreckt hatte.

(3) Der Antragsteller hat außerdem eine deutsche Übersetzung des Verzeichnisses der Waren oder Dienstleistungen, für die die Eintragung beantragt wird, einzureichen.

(4) ¹Der Antrag auf Umwandlung wird im Übrigen wie eine Anmeldung zur Eintragung einer Marke behandelt. War jedoch am Tag der Löschung der Marke im internationalen Register die Frist nach Artikel 5 Absatz 2a des Protokolls zum Madrider Markenabkommen zur Verweigerung des Schutzes bereits abgelaufen und war an diesem Tag kein Verfahren zur Schutzverweigerung oder zur Schutzentziehung anhängig, so wird die Marke ohne vorherige Prüfung unmittelbar nach § 41 Absatz 1 in

das Register eingetragen. ²Gegen die Eintragung einer Marke nach Satz 2 kann kein Widerspruch erhoben werden.

[Abschnitt 2 bis 30.4.2022:]
Abschnitt 2. Schutz von Marken nach dem Protokoll zum Madrider Markenabkommen

§ 119 Anwendung der Vorschriften dieses Gesetzes; Sprachen.

(1) Die Vorschriften dieses Gesetzes sind auf internationale Registrierungen von Marken nach dem Madrider Protokoll vom 27. Juni 1989 zum Madrider Abkommen über die internationale Registrierung von Marken (Protokoll zum Madrider Markenabkommen), die durch Vermittlung des Deutschen Patent- und Markenamts vorgenommen werden oder deren Schutz sich auf das Gebiet der Bundesrepublik Deutschland erstreckt, entsprechend anzuwenden, soweit in diesem Abschnitt oder im Protokoll zum Madrider Markenabkommen nichts anderes bestimmt ist.

(2) Sämtliche Anträge sowie sonstige Mitteilungen im Verfahren der internationalen Registrierung und das Verzeichnis der Waren und Dienstleistungen sind nach Wahl des Antragstellers in französischer oder in englischer Sprache einzureichen.

§ 120 Antrag auf internationale Registrierung. (1) ¹Der Antrag auf internationale Registrierung einer zur Eintragung in das Register angemeldeten Marke oder einer in das Register eingetragenen Marke nach Artikel 3 des Protokolls zum Madrider Markenabkommen ist beim Deutschen Patent- und Markenamt zu stellen. ²Der Antrag kann auch schon vor der Eintragung der Marke gestellt werden, wenn die internationale Registrierung auf der Grundlage einer im Register eingetragenen Marke vorgenommen werden soll.

(2) Soll die internationale Registrierung auf der Grundlage einer im Register eingetragenen Marke vorgenommen werden und wird der Antrag auf internationale Registrierung vor der Eintragung der Marke in das Register gestellt, so gilt er als am Tag der Eintragung der Marke zugegangen.

(3) Mit dem Antrag ist das Verzeichnis der Waren und Dienstleistungen, nach Klassen geordnet in der Reihenfolge der internationalen Klassifikation von Waren und Dienstleistungen, einzureichen.

§ 121 Gebühren. (1) Soll die internationale Registrierung nach dem Madrider Markenabkommen und nach dem Protokoll zum Madrider Markenabkommen auf der Grundlage einer im Register eingetragenen Marke vorgenommen werden und ist der Antrag auf internationale Registrierung vor der Eintragung der Marke in das Register gestellt worden, so wird die nationale Gebühr nach dem Patentkostengesetz für die internationale Registrierung am Tag der Eintragung fällig.

(2) Die nationale Gebühr nach dem Patentkostengesetz für die internationale Registrierung ist innerhalb eines Monats nach Fälligkeit, die sich nach § 3 Abs. 1 des Patentkostengesetzes oder nach Absatz 1 richtet, zu zahlen.

§ 122 Vermerk in den Akten; Eintragung im Register. (1) Ist die internationale Registrierung auf der Grundlage einer zur Eintragung in das Register angemeldeten Marke vorgenommen worden, so sind der Tag und die Nummer der internationalen Registrierung in den Akten der angemeldeten Marke zu vermerken.

(2) ¹Der Tag und die Nummer der internationalen Registrierung, die auf der Grundlage einer im Register eingetragenen Marke vorgenommen worden ist, ist in das Register einzutragen. ²Satz 1 ist auch anzuwenden, wenn die internationale Registrierung auf der Grundlage einer zur Eintragung in das Register angemeldeten Marke vorgenommen worden ist und die Anmeldung zur Eintragung geführt hat.

§ 123 Nachträgliche Schutzerstreckung. (1) ¹Der Antrag auf nachträgliche Schutzerstreckung einer international registrierten Marke nach Artikel 3ter Abs. 2 des Protokolls zum Madrider Markenabkommen kann beim Deutschen Patent- und Markenamt gestellt werden. ²Soll die nachträgliche Schutzerstreckung auf der Grundlage einer im Register eingetragenen Marke vorgenommen werden und wird der Antrag schon vor der Eintragung der Marke gestellt, so gilt er als am Tag der Eintragung zugegangen.

(2) ¹Die nachträgliche Schutzerstreckung auf der Grundlage einer im Register eingetragenen Marke kann sowohl nach dem Madrider Markenabkommen als auch nach dem Protokoll zum Madrider Markenabkommen vorgenommen werden.

(3) Die nationale Gebühr nach dem Patentkostengesetz für die nachträgliche Schutzerstreckung ist innerhalb eines Monats nach Fälligkeit (§ 3 Abs. 1 des Patentkostengesetzes) zu zahlen.

§ 124 Entsprechende Anwendung der Vorschriften über die Wirkung der nach dem Madrider Markenabkommen international registrierten Marken. Die §§ 112 bis 117 sind auf international registrierte Marken, deren Schutz nach Artikel 3ter des Protokolls zum Madrider Markenabkommen auf das Gebiet der Bundesrepublik Deutschland erstreckt worden ist, entsprechend anzuwenden mit der Maßgabe, daß an die Stelle der in den §§ 112 bis 117 aufgeführten Vorschriften des Madrider Markenabkommens die entsprechenden Vorschriften des Protokolls zum Madrider Markenabkommen treten.

§ 125 Umwandlung einer internationalen Registrierung. (1) Wird beim Deutschen Patent- und Markenamt ein Antrag nach Artikel 9^{quinquies} des Protokolls zum Madrider Markenabkommen auf Umwandlung einer im internationalen Register gemäß Artikel 6 Abs. 4 des Protokolls zum Madrider Markenabkommen gelöschten Marke gestellt und geht der Antrag mit den erforderlichen Angaben dem Deutschen Patent- und Markenamt vor Ablauf einer Frist von drei Monaten nach dem Tag der Löschung der Marke im internationalen Register zu, so ist der Tag der internationalen Registrierung dieser Marke nach Artikel 3 Abs. 4 des Protokolls zum Madrider Markenabkommen oder der Tag der Eintragung der Schutzerstreckung nach Artikel 3ter Abs. 2 des Protokolls zum Madrider Markenabkommen, gegebenenfalls mit der für die internationale Registrierung in Anspruch genommenen Priorität, für die Bestimmung des Zeitrangs im Sinne des § 6 Abs. 2 maßgebend.

(2) Der Antragsteller hat eine Bescheinigung des Internationalen Büros der Weltorganisation für geistiges Eigentum einzureichen, aus der sich die Marke und die Waren oder Dienstleistungen ergeben, für die sich der Schutz der

internationalen Registrierung vor ihrer Löschung im internationalen Register auf die Bundesrepublik Deutschland erstreckt hatte.

(3) Der Antragsteller hat außerdem eine deutsche Übersetzung des Verzeichnisses der Waren oder Dienstleistungen, für die die Eintragung beantragt wird, einzureichen.

(4) ¹Der Antrag auf Umwandlung wird im übrigen wie eine Anmeldung zur Eintragung einer Marke behandelt. ²War jedoch am Tag der Löschung der Marke im internationalen Register die Frist nach Artikel 5 Abs. 2 des Protokolls zum Madrider Markenabkommen zur Verweigerung des Schutzes bereits abgelaufen und war an diesem Tag kein Verfahren zur Schutzverweigerung oder zur nachträglichen Schutzentziehung anhängig, so wird die Marke ohne vorherige Prüfung unmittelbar nach § 41 Absatz 1 in das Register eingetragen. ³Gegen die Eintragung einer Marke nach Satz 2 kann Widerspruch nicht erhoben werden.

Abschnitt 3. *[ab 1.5.2022: Abschnitt 2]* Unionsmarken

[§ 125a bis 30.4.2022:]
§ 125a *(aufgehoben)*

[§ 125b bis 30.4.2022:]
§ 125b Anwendung der Vorschriften dieses Gesetzes. Die Vorschriften dieses Gesetzes sind auf Marken, die nach der *Verordnung (EG) Nr. 207/2009*[1]) des Rates vom 26. Februar 2009 über die Unionsmarke (ABl. L 78 vom 24.3. 2009, S. 1), die durch die Verordnung (EU) 2015/2424 (ABl. L 341 vom 24.12.2015, S. 21; L 71 vom 16.3.2016, S. 322; L 110 vom 26.4.2016, S. 4) geändert worden ist (Unionsmarkenverordnung), angemeldet oder eingetragen worden sind, in den Fällen der Nummern 1 und 2 unmittelbar und in den Fällen der Nummern 3 bis 6 entsprechend wie folgt anzuwenden:

1. für die Anwendung des § 9 (relative Schutzhindernisse) sind angemeldete oder eingetragene Unionsmarken mit älterem Zeitrang den nach diesem Gesetz angemeldeten oder eingetragenen Marken mit älterem Zeitrang gleichgestellt, jedoch mit der Maßgabe, dass an die Stelle der Bekanntheit im Inland gemäß § 9 Absatz 1 Nummer 3 die Bekanntheit in der Union gemäß Artikel 9 Absatz 2 Buchstabe c der Unionsmarkenverordnung tritt;
2. dem Inhaber einer eingetragenen Unionsmarke stehen neben den Ansprüchen nach den Artikeln 9 bis 11 der Unionsmarkenverordnung die Ansprüche auf Schadensersatz (§ 14 Absatz 7 und 8), Vernichtung und Rückruf (§ 18), Auskunft (§ 19), Vorlage und Besichtigung (§ 19a), Sicherung von Schadensersatzansprüchen (§ 19b) und Urteilsbekanntmachung (§ 19c) zu;
3. werden Ansprüche aus einer eingetragenen Unionsmarke gegen die Benutzung einer nach diesem Gesetz eingetragenen Marke mit jüngerem Zeitrang geltend gemacht, so ist § 21 Absatz 1 entsprechend anzuwenden;
4. wird ein Widerspruch gegen die Eintragung einer Marke (§ 42) auf eine eingetragene Unionsmarke mit älterem Zeitrang gestützt, so ist § 43 Absatz 1 mit der Maßgabe entsprechend anzuwenden, dass an die Stelle der Benut-

---

[1]) Aufgeh. mit Ablauf des 30.9.2017 durch Unionsmarken-VO (Nr. **12**) v. 14.6.2017 (ABl. L 154 S. 1)

zung der Marke mit älterem Zeitrang gemäß § 26 die Benutzung der Unionsmarke mit älterem Zeitrang nach Artikel 18 der Unionsmarkenverordnung tritt;
5. wird ein Antrag auf Erklärung des Verfalls oder der Nichtigkeit der Eintragung einer Marke (§ 53 Absatz 1) auf eine eingetragene Unionsmarke mit älterem Zeitrang gestützt, so ist
   a) § 51 Absatz 2 Satz 1 entsprechend anzuwenden;
   b) § 53 Absatz 6 mit der Maßgabe entsprechend anzuwenden, dass an die Stelle der Benutzung der Marke mit älterem Zeitrang gemäß § 26 die Benutzung der Unionsmarke nach Artikel 18 der Unionsmarkenverordnung tritt;
6. Anträge auf Beschlagnahme bei der Einfuhr und Ausfuhr können von Inhabern eingetragener Unionsmarken in gleicher Weise gestellt werden wie von Inhabern von nach diesem Gesetz eingetragenen Marken; die §§ 146 bis 149 sind entsprechend anzuwenden.

[§ 119 ab 1.5.2022:]

§ 119 *Anwendung der Vorschriften dieses Gesetzes. Die Vorschriften dieses Gesetzes sind auf Marken, die nach der Verordnung (EU) 2017/1001[1] des Europäischen Parlaments und des Rates vom 14. Juni 2017 über die Unionsmarke (ABl. L 154 vom 16.6.2017, S. 1) angemeldet oder eingetragen worden sind, in den Fällen der Nummern 1 und 2 unmittelbar und in den Fällen der Nummern 3 bis 6 entsprechend wie folgt anzuwenden:*
1. *für die Anwendung des § 9 (relative Schutzhindernisse) sind angemeldete oder eingetragene Unionsmarken mit älterem Zeitrang den nach diesem Gesetz angemeldeten oder eingetragenen Marken mit älterem Zeitrang gleichgestellt, jedoch mit der Maßgabe, dass an die Stelle der Bekanntheit im Inland gemäß § 9 Absatz 1 Nummer 3 die Bekanntheit in der Union gemäß Artikel 9 Absatz 2 Buchstabe c der Verordnung (EU) 2017/1001 tritt;*
2. *dem Inhaber einer eingetragenen Unionsmarke stehen neben den Ansprüchen nach den Artikeln 9 bis 13 der Verordnung (EU) 2017/1001 die Ansprüche auf Schadensersatz (§ 14 Absatz 6 und 7), Vernichtung und Rückruf (§ 18), Auskunft (§ 19), Vorlage und Besichtigung (§ 19a), Sicherung von Schadensersatzansprüchen (§ 19b) und Urteilsbekanntmachung (§ 19c) zu;*
3. *werden Ansprüche aus einer eingetragenen Unionsmarke gegen die Benutzung einer nach diesem Gesetz eingetragenen Marke mit jüngerem Zeitrang geltend gemacht, so ist § 21 Absatz 1 entsprechend anzuwenden;*
4. *wird ein Widerspruch gegen die Eintragung einer Marke (§ 42) auf eine eingetragene Unionsmarke mit älterem Zeitrang gestützt, so ist § 43 Absatz 1 mit der Maßgabe entsprechend anzuwenden, dass an die Stelle der Benutzung der Marke mit älterem Zeitrang gemäß § 26 die Benutzung der Unionsmarke mit älterem Zeitrang nach Artikel 18 der Verordnung (EU) 2017/1001 tritt;*
5. *wird ein Antrag (§ 53 Absatz 1) oder eine Klage (§ 55 Absatz 1) auf Erklärung des Verfalls oder der Nichtigkeit der Eintragung einer Marke auf eine eingetragene Unionsmarke mit älterem Zeitrang gestützt, so*
   a) *ist § 51 Absatz 2 Satz 1 entsprechend anzuwenden;*

---

[1] Nr. **12**.

nach dem Madrider Abkommen **§§ 125c, 125d MarkenG 10**

b) sind § 53 Absatz 6 und § 55 Absatz 3 mit der Maßgabe entsprechend anzuwenden, dass an die Stelle der Benutzung der Marke mit älterem Zeitrang gemäß § 26 die Benutzung der Unionsmarke nach Artikel 18 der Verordnung (EU) 2017/1001 tritt;

6. Anträge auf Beschlagnahme bei der Einfuhr und Ausfuhr können von Inhabern eingetragener Unionsmarken in gleicher Weise gestellt werden wie von Inhabern von nach diesem Gesetz eingetragenen Marken; die §§ 146 bis 149 sind entsprechend anzuwenden.

§ 125c *[ab 1.5.2022: § 120]* **Nachträgliche Feststellung der Ungültigkeit einer Marke.** (1) ¹Ist für eine angemeldete oder eingetragene Unionsmarke der Zeitrang einer im Register des Deutschen Patent- und Markenamts eingetragenen Marke nach Artikel 39 oder Artikel 40 der Unionsmarkenverordnung in Anspruch genommen worden und ist die im Register des Deutschen Patent- und Markenamts eingetragene Marke wegen Nichtverlängerung der Schutzdauer nach § 47 Absatz **[bis 30.4.2022: 6]** **[ab 1.5.2022: 8]** oder wegen Verzichts nach § 48 Absatz 1 gelöscht worden, so kann auf Antrag nachträglich die Ungültigkeit dieser Marke wegen Verfalls oder wegen Nichtigkeit festgestellt werden. ²In diesem Fall entfaltet der Zeitrang keine Wirkung.

(2) ¹Die Feststellung der Ungültigkeit erfolgt unter den gleichen Voraussetzungen wie eine Erklärung des Verfalls oder der Nichtigkeit. ²Jedoch kann die Ungültigkeit einer Marke wegen Verfalls nach § 49 Abs. 1 nur festgestellt werden, wenn die Voraussetzungen für die Erklärung des Verfalls nach dieser Vorschrift auch schon in dem Zeitpunkt gegeben waren, in dem die Marke wegen Nichtverlängerung der Schutzdauer oder wegen Verzichts gelöscht worden ist.

(3) Das Verfahren zur Feststellung der Ungültigkeit richtet sich nach den Vorschriften, die für das Verfalls- und Nichtigkeitsverfahren einer eingetragenen Marke gelten, mit der Maßgabe, daß an die Stelle der Erklärung des Verfalls oder der Nichtigkeit der Marke die Feststellung ihrer Ungültigkeit tritt.

§ 125d *[ab 1.5.2022: § 121]* **Umwandlung von Unionsmarken.**

(1) Ist dem Deutschen Patent- und Markenamt ein Antrag auf Umwandlung einer angemeldeten oder eingetragenen Unionsmarke nach Artikel 139 Absatz 3 der Unionsmarkenverordnung übermittelt worden, so sind die Gebühr und die Klassengebühren nach dem Patentkostengesetz für das Umwandlungsverfahren mit Zugang des Umwandlungsantrages beim Deutschen Patent- und Markenamt fällig.

(2) ¹Betrifft der Umwandlungsantrag eine Marke, die noch nicht als Unionsmarke eingetragen war, so wird der Umwandlungsantrag wie die Anmeldung einer Marke zur Eintragung in das Register des Deutschen Patent- und Markenamts behandelt mit der Maßgabe, dass an die Stelle des Anmeldetages nach § 33 Absatz 1 der Anmeldetag der Unionsmarke nach Artikel 32 der Unionsmarkenverordnung oder der Tag einer für die Unionsmarke in Anspruch genommenen Priorität tritt. ²War für die Anmeldung der Unionsmarke der Zeitrang einer im Register des Deutschen Patent- und Markenamts eingetragenen Marke nach Artikel 39 der Unionsmarkenverordnung in Anspruch genommen worden, so tritt dieser Zeitrang an die Stelle des nach Satz 1 maßgeblichen Tages.

(3) ¹Betrifft der Umwandlungsantrag eine Marke, die bereits als Unionsmarke eingetragen war, so trägt das Deutsche Patent- und Markenamt die Marke ohne weitere Prüfung unmittelbar nach § 41 Absatz 1 unter Wahrung ihres ursprünglichen Zeitrangs in das Register ein. ²Gegen die Eintragung kann Widerspruch nicht erhoben werden.

(4) Im übrigen sind auf Umwandlungsanträge die Vorschriften dieses Gesetzes für die Anmeldung von Marken anzuwenden.

§ 125e *[ab 1.5.2022: § 122]* **Unionsmarkenstreitsachen; Unionsmarkengerichte.** (1) Für alle Klagen, für die nach der Unionsmarkenverordnung die Unionsmarkengerichte im Sinne des Artikels 123 Absatz 1 der Unionsmarkenverordnung zuständig sind (Unionsmarkenstreitsachen), sind als Unionsmarkengerichte im ersten Rechtszug die Landgerichte ohne Rücksicht auf den Streitwert ausschließlich zuständig.

(2) Unionsmarkengericht zweiter Instanz ist das Oberlandesgericht, in dessen Bezirk das Unionsmarkengericht erster Instanz seinen Sitz hat.

(3) ¹Die Landesregierungen werden ermächtigt, durch Rechtsverordnung die Unionsmarkenstreitsachen für die Bezirke mehrerer Unionsmarkengerichte einem dieser Gerichte zuzuweisen. ²Die Landesregierungen können diese Ermächtigung durch Rechtsverordnung auf die Landesjustizverwaltungen übertragen.

(4) Die Länder können durch Vereinbarung den Unionsmarkengerichten eines Landes obliegende Aufgaben ganz oder teilweise dem zuständigen Unionsmarkengericht eines anderen Landes übertragen.

(5) Auf Verfahren vor den Unionsmarkengerichten ist § 140 Absatz 4 und § 142 entsprechend anzuwenden.

§ 125f *[ab 1.5.2022: § 123]* **Unterrichtung der Kommission.** Das Bundesministerium der Justiz und für Verbraucherschutz teilt der Kommission der Europäischen Gemeinschaften die Unionsmarkengerichte erster und zweiter Instanz sowie jede Änderung der Anzahl, der Bezeichnung oder der örtlichen Zuständigkeit der Gemeinschaftsmarkengerichte erster und zweiter Instanz mit.

§ 125g *[ab 1.5.2022: § 124]* **Örtliche Zuständigkeit der Unionsmarkengerichte.** ¹Sind nach Artikel 125 der Unionsmarkenverordnung deutsche Unionsmarkengerichte international zuständig, so gelten für die örtliche Zuständigkeit dieser Gerichte die Vorschriften entsprechend, die anzuwenden wären, wenn es sich um eine beim Deutschen Patent- und Markenamt eingereichte Anmeldung einer Marke oder um eine im Register des Deutschen Patent- und Markenamts eingetragene Marke handelte. ²Ist eine Zuständigkeit danach nicht begründet, so ist das Gericht örtlich zuständig, bei dem der Kläger seinen allgemeinen Gerichtsstand hat.

§ 125h *[ab 1.5.2022: § 125]* **Insolvenzverfahren.** (1) Ist dem Insolvenzgericht bekannt, daß zur Insolvenzmasse eine angemeldete oder eingetragene Unionsmarke gehört, so ersucht es das Amt der Europäischen Union für geistiges Eigentum im unmittelbaren Verkehr,
1. die Eröffnung des Verfahrens und, soweit nicht bereits darin enthalten, die Anordnung einer Verfügungsbeschränkung,

2. die Freigabe oder die Veräußerung der Unionsmarke oder der Anmeldung der Unionsmarke,
3. die rechtskräftige Einstellung des Verfahrens und
4. die rechtskräftige Aufhebung des Verfahrens, im Falle einer Überwachung des Schuldners jedoch erst nach Beendigung dieser Überwachung, und einer Verfügungsbeschränkung

in das Register für Unionsmarken oder, wenn es sich um eine Anmeldung handelt, in die Akten der Anmeldung einzutragen.

(2) [1] Die Eintragung in das Register für Unionsmarken oder in die Akten der Anmeldung kann auch vom Insolvenzverwalter beantragt werden. [2] Im Falle der Eigenverwaltung (§ 270 der Insolvenzordnung) tritt der Sachwalter an die Stelle des Insolvenzverwalters.

§ 125i *[ab 1.5.2022: § 125a]* **Erteilung der Vollstreckungsklausel.** [1] Für die Erteilung der Vollstreckungsklausel nach Artikel 110 Absatz 2 Satz 3 der Unionsmarkenverordnung ist das Bundespatentgericht zuständig. [2] Die vollstreckbare Ausfertigung wird vom Urkundsbeamten der Geschäftsstelle des Bundespatentgerichts erteilt.

Teil 7. Geographische Herkunftsangaben

Abschnitt 1. Schutz geographischer Herkunftsangaben

§ 126 Als geographische Herkunftsangaben geschützte Namen, Angaben oder Zeichen. (1) Geographische Herkunftsangaben im Sinne dieses Gesetzes sind die Namen von Orten, Gegenden, Gebieten oder Ländern sowie sonstige Angaben oder Zeichen, die im geschäftlichen Verkehr zur Kennzeichnung der geographischen Herkunft von Waren oder Dienstleistungen benutzt werden.

(2) [1] Dem Schutz als geographische Herkunftsangaben sind solche Namen, Angaben oder Zeichen im Sinne des Absatzes 1 nicht zugänglich, bei denen es sich um Gattungsbezeichnungen handelt. [2] Als Gattungsbezeichnungen sind solche Bezeichnungen anzusehen, die zwar eine Angabe über die geographische Herkunft im Sinne des Absatzes 1 enthalten oder von einer solchen Angabe abgeleitet sind, die jedoch ihre ursprüngliche Bedeutung verloren haben und als Namen von Waren oder Dienstleistungen oder als Bezeichnungen oder Angaben der Art, der Beschaffenheit, der Sorte oder sonstiger Eigenschaften oder Merkmale von Waren oder Dienstleistungen dienen.

§ 127 Schutzinhalt. (1) Geographische Herkunftsangaben dürfen im geschäftlichen Verkehr nicht für Waren oder Dienstleistungen benutzt werden, die nicht aus dem Ort, der Gegend, dem Gebiet oder dem Land stammen, das durch die geographische Herkunftsangabe bezeichnet wird, wenn bei der Benutzung solcher Namen, Angaben oder Zeichen für Waren oder Dienstleistungen anderer Herkunft eine Gefahr der Irreführung über die geographische Herkunft besteht.

(2) Haben die durch eine geographische Herkunftsangabe gekennzeichneten Waren oder Dienstleistungen besondere Eigenschaften oder eine besondere Qualität, so darf die geographische Herkunftsangabe im geschäftlichen Verkehr für die entsprechenden Waren oder Dienstleistungen dieser Herkunft nur

benutzt werden, wenn die Waren oder Dienstleistungen diese Eigenschaften oder diese Qualität aufweisen.

(3) Genießt eine geographische Herkunftsangabe einen besonderen Ruf, so darf sie im geschäftlichen Verkehr für Waren oder Dienstleistungen anderer Herkunft auch dann nicht benutzt werden, wenn eine Gefahr der Irreführung über die geographische Herkunft nicht besteht, sofern die Benutzung für Waren oder Dienstleistungen anderer Herkunft geeignet ist, den Ruf der geographischen Herkunftsangabe oder ihre Unterscheidungskraft ohne rechtfertigenden Grund in unlauterer Weise auszunutzen oder zu beeinträchtigen.

(4) Die vorstehenden Absätze finden auch dann Anwendung, wenn Namen, Angaben oder Zeichen benutzt werden, die der geschützten geographischen Herkunftsangabe ähnlich sind oder wenn die geographische Herkunftsangabe mit Zusätzen benutzt wird, sofern

1. in den Fällen des Absatzes 1 trotz der Abweichung oder der Zusätze eine Gefahr der Irreführung über die geographische Herkunft besteht oder
2. in den Fällen des Absatzes 3 trotz der Abweichung oder der Zusätze die Eignung zur unlauteren Ausnutzung oder Beeinträchtigung des Rufs oder der Unterscheidungskraft der geographischen Herkunftsangabe besteht.

§ 128 Ansprüche wegen Verletzung. (1) [1]Wer im geschäftlichen Verkehr Namen, Angaben oder Zeichen entgegen § 127 benutzt, kann von den nach § 8 Abs. 3 des Gesetzes gegen den unlauteren Wettbewerb[1]) zur Geltendmachung von Ansprüchen Berechtigten bei Wiederholungsgefahr auf Unterlassung in Anspruch genommen werden. [2]Der Anspruch besteht auch dann, wenn eine Zuwiderhandlung droht. [3]Die §§ 18, 19, 19a und 19c gelten entsprechend.

(2) [1]Wer dem § 127 vorsätzlich oder fahrlässig zuwiderhandelt, ist dem berechtigten Nutzer der geographischen Herkunftsangabe zum Ersatz des durch die Zuwiderhandlung entstandenen Schadens verpflichtet. [2]Bei der Bemessung des Schadensersatzes kann auch der Gewinn, den der Verletzer durch die Verletzung des Rechts erzielt hat, berücksichtigt werden. [3]§ 19b gilt entsprechend.

(3) § 14 Abs. 7 und § 19d gelten entsprechend.

§ 129 Verjährung. Ansprüche nach § 128 verjähren gemäß § 20.

Abschnitt 2. Schutz von geographischen Angaben und Ursprungsbezeichnungen gemäß der Verordnung (EU) Nr. 1151/2012

§ 130 Verfahren vor dem Deutschen Patent- und Markenamt; nationales Einspruchsverfahren. (1) Anträge auf Eintragung einer geographischen Angabe oder einer Ursprungsbezeichnung in das Register der geschützten Ursprungsbezeichnungen und der geschützten geographischen Angaben, das von der Europäischen Kommission nach Artikel 11 der Verordnung (EU) Nr. 1151/2012 des Europäischen Parlaments und des Rates vom 21. November 2012 über Qualitätsregelungen für Agrarerzeugnisse und Lebensmittel (ABl. L 343 vom 14.12.2012, S. 1) in ihrer jeweils geltenden Fassung geführt wird, sind beim Deutschen Patent- und Markenamt einzureichen.

---

[1]) Nr. 1.

Teil 7. Geographische Herkunftsangaben §§ 131, 132 MarkenG 10

(2) Für die in diesem Abschnitt geregelten Verfahren sind die im Deutschen Patent- und Markenamt errichteten Markenabteilungen zuständig.

(3) Bei der Prüfung des Antrags holt das Deutsche Patent- und Markenamt die Stellungnahmen des Bundesministeriums für Ernährung und Landwirtschaft, der zuständigen Fachministerien der betroffenen Länder, der interessierten öffentlichen Körperschaften sowie der interessierten Verbände und Organisationen der Wirtschaft ein.

(4) [1]Das Deutsche Patent- und Markenamt veröffentlicht den Antrag. [2]Gegen den Antrag kann innerhalb von zwei Monaten seit Veröffentlichung von jeder Person mit einem berechtigten Interesse, die im Gebiet der Bundesrepublik Deutschland niedergelassen oder ansässig ist, beim Deutschen Patent- und Markenamt Einspruch eingelegt werden.

(5) [1]Entspricht der Antrag den Anforderungen der Verordnung (EU) Nr. 1151/2012 und den zu ihrer Durchführung erlassenen Vorschriften, stellt das Deutsche Patent- und Markenamt dies durch Beschluss fest. [2]Andernfalls wird der Antrag durch Beschluss zurückgewiesen. [3]Das Deutsche Patent- und Markenamt veröffentlicht den stattgebenden Beschluss. [4]Kommt es zu wesentlichen Änderungen der nach Absatz 4 veröffentlichten Angaben, so werden diese zusammen mit dem stattgebenden Beschluss veröffentlicht. [5]Der Beschluss nach Satz 1 und nach Satz 2 ist dem Antragsteller und denjenigen zuzustellen, die fristgemäß Einspruch eingelegt haben.

(6) [1]Steht rechtskräftig fest, dass der Antrag den Anforderungen der Verordnung (EU) Nr. 1151/2012 und den zu ihrer Durchführung erlassenen Vorschriften entspricht, so unterrichtet das Deutsche Patent- und Markenamt den Antragsteller hierüber und übermittelt den Antrag mit den erforderlichen Unterlagen dem Bundesministerium der Justiz und für Verbraucherschutz. [2]Ferner veröffentlicht das Deutsche Patent- und Markenamt die Fassung der Spezifikation, auf die sich die positive Entscheidung bezieht. [3]Das Bundesministerium der Justiz und für Verbraucherschutz übermittelt den Antrag mit den erforderlichen Unterlagen an die Europäische Kommission.

(7) Sofern die Spezifikation im Eintragungsverfahren bei der Europäischen Kommission geändert worden ist, veröffentlicht das Deutsche Patent- und Markenamt die der Eintragung zugrunde liegende Fassung der Spezifikation.

§ 131 Zwischenstaatliches Einspruchsverfahren. (1) Einsprüche nach Artikel 51 Absatz 1 Unterabsatz 2 der Verordnung (EU) Nr. 1151/2012 gegen die beabsichtigte Eintragung von geographischen Angaben oder Ursprungsbezeichnungen in das von der Europäischen Kommission geführte Register der geschützten Ursprungsbezeichnungen und der geschützten geographischen Angaben sind beim Deutschen Patent- und Markenamt innerhalb von zwei Monaten ab der Veröffentlichung einzulegen, die im Amtsblatt der Europäischen Union nach Artikel 50 Absatz 2 der Verordnung (EU) Nr. 1151/2012 vorgenommen wird.

(2) [1]Die Zahlungsfrist für die Einspruchsgebühr richtet sich nach § 6 Abs. 1 Satz 1 des Patentkostengesetzes. [2]Eine Wiedereinsetzung in die Einspruchsfrist und in die Frist zur Zahlung der Einspruchsgebühr ist nicht gegeben.

§ 132 Antrag auf Änderung der Spezifikation, Löschungsverfahren.
(1) Für Anträge auf Änderung der Spezifikation einer geschützten geographischen Angabe oder einer geschützten Ursprungsbezeichnung nach Artikel 53

10 MarkenG §§ 133, 134   Teil 7. Geographische Herkunftsangaben

Absatz 2 Satz 1 der Verordnung (EU) Nr. 1151/2012 gelten die §§ 130 und 131 entsprechend.

(2) Für Anträge auf Löschung einer geschützten geographischen Angabe oder einer geschützten Ursprungsbezeichnung nach Artikel 54 Absatz 1 Satz 1 der Verordnung (EU) Nr. 1151/2012 gelten die §§ 130 und 131 entsprechend.

§ 133 Rechtsmittel. [1] Gegen Entscheidungen, die das Deutsche Patent- und Markenamt nach den Vorschriften dieses Abschnitts trifft, findet die Beschwerde zum Bundespatentgericht und die Rechtsbeschwerde zum Bundesgerichtshof statt. [2] Gegen eine Entscheidung nach § 130 Abs. 5 Satz 1 steht die Beschwerde denjenigen Personen zu, die gegen den Antrag fristgerecht Einspruch eingelegt haben oder die durch den stattgebenden Beschluss auf Grund der nach § 130 Abs. 5 Satz 4 veröffentlichten geänderten Angaben in ihrem berechtigten Interesse betroffen sind. [3] Im Übrigen sind die Vorschriften dieses Gesetzes über das Beschwerdeverfahren vor dem Bundespatentgericht (§§ 66 bis 82) und über das Rechtsbeschwerdeverfahren vor dem Bundesgerichtshof (§§ 83 bis 90) entsprechend anzuwenden.

§ 134 Überwachung. (1) Die nach der Verordnung (EU) Nr. 1151/2012 und den zu ihrer Durchführung erlassenen Vorschriften erforderliche Überwachung und Kontrolle obliegt den nach Landesrecht zuständigen Stellen.

(2) [1] Soweit es zur Überwachung und Kontrolle im Sinn des Absatzes 1 erforderlich ist, können die Beauftragten der zuständigen Stellen bei Betrieben, die Agrarerzeugnisse oder Lebensmittel in Verkehr bringen oder herstellen (§ 3 Absatz 1 Nummer 1 des Lebensmittel- und Futtermittelgesetzbuchs) oder innergemeinschaftlich verbringen, einführen oder ausführen, während der Geschäfts- oder Betriebszeit

1. Geschäftsräume und Grundstücke, Verkaufseinrichtungen und Transportmittel betreten und dort Besichtigungen vornehmen,
2. Proben gegen Empfangsbescheinigung entnehmen; auf Verlangen des Betroffenen ist ein Teil der Probe oder, falls diese unteilbar ist, eine zweite Probe amtlich verschlossen und versiegelt zurückzulassen,
3. Geschäftsunterlagen einsehen und prüfen,
4. Auskunft verlangen.

[2] Diese Befugnisse erstrecken sich auch auf Agrarerzeugnisse oder Lebensmittel, die an öffentlichen Orten, insbesondere auf Märkten, Plätzen, Straßen oder im Umherziehen in den Verkehr gebracht werden.

(3) Inhaber oder Leiter der Betriebe sind verpflichtet, das Betreten der Geschäftsräume und Grundstücke, Verkaufseinrichtungen und Transportmittel sowie die dort vorzunehmenden Besichtigungen zu gestatten, die zu besichtigenden Agrarerzeugnisse oder Lebensmittel selbst oder durch andere so darzulegen, dass die Besichtigung ordnungsgemäß vorgenommen werden kann, selbst oder durch andere die erforderliche Hilfe bei Besichtigungen zu leisten, die Proben entnehmen zu lassen, die geschäftlichen Unterlagen vorzulegen, prüfen zu lassen und Auskünfte zu erteilen.

(4) Erfolgt die Überwachung bei der Einfuhr oder bei der Ausfuhr, so gelten die Absätze 2 und 3 entsprechend auch für denjenigen, der die Agrarerzeugnisse oder Lebensmittel für den Betriebsinhaber innergemeinschaftlich verbringt, einführt oder ausführt.

(5) Der zur Erteilung einer Auskunft Verpflichtete kann die Auskunft auf solche Fragen verweigern, deren Beantwortung ihn selbst oder einen der in § 383 Abs. 1 Nr. 1 bis 3 der Zivilprozessordnung bezeichneten Angehörigen der Gefahr strafrechtlicher Verfolgung oder eines Verfahrens nach dem Gesetz über Ordnungswidrigkeiten aussetzen würde.

(6) ¹Für Amtshandlungen, die nach Artikel 37 Absatz 1 der Verordnung (EU) Nr. 1151/2012 zu Kontrollzwecken vorzunehmen sind, werden kostendeckende Gebühren und Auslagen erhoben. ²Die kostenpflichtigen Tatbestände werden durch das Landesrecht bestimmt.

§ 135 Ansprüche wegen Verletzung. (1) ¹Wer im geschäftlichen Verkehr Handlungen vornimmt, die gegen Artikel 13 der Verordnung (EU) Nr. 1151/2012 verstoßen, kann von den nach § 8 Abs. 3 des Gesetzes gegen den unlauteren Wettbewerb¹⁾ zur Geltendmachung von Ansprüchen Berechtigten bei Wiederholungsgefahr auf Unterlassung in Anspruch genommen werden. ²Der Anspruch besteht auch dann, wenn eine Zuwiderhandlung erstmalig droht. ³Die §§ 18, 19, 19a und 19c gelten entsprechend.

(2) § 128 Abs. 2 und 3 gilt entsprechend.

§ 136 Verjährung. Die Ansprüche nach § 135 verjähren nach § 20.

Abschnitt 3. Ermächtigungen zum Erlaß von Rechtsverordnungen

§ 137 Nähere Bestimmungen zum Schutz einzelner geographischer Herkunftsangaben. (1) Das Bundesministerium der Justiz und für Verbraucherschutz wird ermächtigt, im Einvernehmen mit den Bundesministerien für Wirtschaft und Energie und für Ernährung und Landwirtschaft durch Rechtsverordnung mit Zustimmung des Bundesrates nähere Bestimmungen über einzelne geographische Herkunftsangaben zu treffen.

(2) ¹In der Rechtsverordnung können

1. durch Bezugnahme auf politische oder geographische Grenzen das Herkunftsgebiet,
2. die Qualität oder sonstige Eigenschaften im Sinne des § 127 Abs. 2 sowie die dafür maßgeblichen Umstände, wie insbesondere Verfahren oder Art und Weise der Erzeugung oder Herstellung der Waren oder der Erbringung der Dienstleistungen oder Qualität oder sonstige Eigenschaften der verwendeten Ausgangsmaterialien wie deren Herkunft, und
3. die Art und Weise der Verwendung der geographischen Herkunftsangabe

geregelt werden. ²Bei der Regelung sind die bisherigen lauteren Praktiken, Gewohnheiten und Gebräuche bei der Verwendung der geographischen Herkunftsangabe zu berücksichtigen.

§ 138 Sonstige Vorschriften für das Verfahren bei Anträgen und Einsprüchen nach der Verordnung (EU) Nr. 1151/2012. (1) Das Bundesministerium der Justiz und für Verbraucherschutz wird ermächtigt, durch Rechtsverordnung²⁾ ohne Zustimmung des Bundesrates nähere Bestimmungen

---

¹⁾ Nr. **1**.
²⁾ Siehe VO zur Ausführung des Markengesetzes (Markenverordnung – MarkenV) (Nr. **11**).

10 MarkenG §§ 139, 140 Teil 8. Verfahren in Kennzeichenstreitsachen

über das Antrags-, Einspruchs-, Änderungs- und Löschungsverfahren (§§ 130 bis 132) zu treffen.

(2) Das Bundesministerium der Justiz und für Verbraucherschutz kann die Ermächtigung zum Erlass von Rechtsverordnungen nach Absatz 1 durch Rechtsverordnung[1]) ohne Zustimmung des Bundesrates ganz oder teilweise auf das Deutsche Patent- und Markenamt übertragen.

§ 139 Durchführungsbestimmungen zur Verordnung (EU) Nr. 1151/ 2012; Verordnungsermächtigung. (1) ¹Das Bundesministerium der Justiz und für Verbraucherschutz wird ermächtigt, im Einvernehmen mit dem Bundesministerium für Wirtschaft und Energie und dem Bundesministerium für Ernährung und Landwirtschaft durch Rechtsverordnung mit Zustimmung des Bundesrates weitere Einzelheiten des Schutzes von Ursprungsbezeichnungen und geographischen Angaben nach der Verordnung (EU) Nr. 1151/2012 zu regeln, soweit sich das Erfordernis hierfür aus der Verordnung (EU) Nr. 1151/ 2012 oder den zu ihrer Durchführung erlassenen Vorschriften des Rates oder der Europäischen Kommission ergibt. ²In Rechtsverordnungen nach Satz 1 können insbesondere Vorschriften über

1. die Kennzeichnung der Agrarerzeugnisse oder Lebensmittel,
2. die Berechtigung zum Verwenden der geschützten Bezeichnungen oder
3. die Voraussetzungen und das Verfahren bei der Überwachung oder Kontrolle beim innergemeinschaftlichen Verbringen oder bei der Einfuhr oder Ausfuhr

erlassen werden. ³Rechtsverordnungen nach Satz 1 können auch erlassen werden, wenn die Mitgliedstaaten nach den dort genannten gemeinschaftsrechtlichen Vorschriften befugt sind, ergänzende Vorschriften zu erlassen.

(2) ¹Die Landesregierungen werden ermächtigt, durch Rechtsverordnung die Durchführung der nach Artikel 37 Absatz 1 der Verordnung (EU) Nr. 1151/2012 erforderlichen Kontrollen zugelassenen privaten Kontrollstellen zu übertragen oder solche an der Durchführung dieser Kontrollen zu beteiligen. ²Die Landesregierungen können auch die Voraussetzungen und das Verfahren der Zulassung privater Kontrollstellen durch Rechtsverordnung regeln. ³Sie sind befugt, die Ermächtigung nach den Sätzen 1 und 2 durch Rechtsverordnung ganz oder teilweise auf andere Behörden zu übertragen.

Teil 8. Verfahren in Kennzeichenstreitsachen

§ 140 Kennzeichenstreitsachen. (1) Für alle Klagen, durch die ein Anspruch aus einem der in diesem Gesetz geregelten Rechtsverhältnisse geltend gemacht wird (Kennzeichenstreitsachen), sind die Landgerichte ohne Rücksicht auf den Streitwert ausschließlich zuständig.

(2) ¹Die Landesregierungen werden ermächtigt, durch Rechtsverordnung die Kennzeichenstreitsachen insgesamt oder teilweise für die Bezirke mehrerer Landgerichte einem von ihnen zuzuweisen,[2]) sofern dies der sachlichen För-

---

[1]) Siehe § 1 Abs. 2 VO über das Deutsche Patent- und Markenamt v. 1.4.2004 (BGBl. I S. 514), zuletzt geänd. durch G v. 10.8.2021 (BGBl. I S. 3490).
[2]) Die Länder haben hierzu folgende Vorschriften erlassen:
– **Baden-Württemberg:** Zuständig für Kennzeichenstreitsachen des OLG-Bezirks Karlsruhe ist das LG Mannheim und des OLG-Bezirks Stuttgart ist das LG Stuttgart (§ 13 Zuständigkeitsverordnung Justiz – ZuVOJu v. 20.11.1998 (GBl. S. 680), zuletzt geänd. durch VO v. 26.11.2020 (GBl. S. 1099))

Teil 8. Verfahren in Kennzeichenstreitsachen §§ 141, 142 MarkenG 10

derung oder schnelleren Erledigung der Verfahren dient. ²Die Landesregierungen können diese Ermächtigung auf die Landesjustizverwaltungen übertragen. ³Die Länder können außerdem durch Vereinbarung den Gerichten eines Landes obliegende Aufgaben insgesamt oder teilweise dem zuständigen Gericht eines anderen Landes übertragen.

(3) Zur Sicherung der in diesem Gesetz bezeichneten Ansprüche auf Unterlassung können einstweilige Verfügungen auch ohne die Darlegung und Glaubhaftmachung der in den §§ 935 und 940 der Zivilprozessordnung bezeichneten Voraussetzungen erlassen werden.

(4) Von den Kosten, die durch die Mitwirkung eines Patentanwalts in einer Kennzeichenstreitsache entstehen, sind die Gebühren nach § 13 des Rechtsanwaltsvergütungsgesetzes und außerdem die notwendigen Auslagen des Patentanwalts zu erstatten.

§ 141 Gerichtsstand bei Ansprüchen nach diesem Gesetz und dem Gesetz gegen den unlauteren Wettbewerb. Ansprüche, welche die in diesem Gesetz geregelten Rechtsverhältnisse betreffen und auf Vorschriften des Gesetzes gegen den unlauteren Wettbewerb[1] gegründet werden, brauchen nicht im Gerichtsstand des § 14 des Gesetzes gegen den unlauteren Wettbewerb geltend gemacht zu werden.

§ 142 Streitwertbegünstigung. (1) Macht in bürgerlichen Rechtsstreitigkeiten, in denen durch Klage ein Anspruch aus einem der in diesem Gesetz geregelten Rechtsverhältnisse geltend gemacht wird, eine Partei glaubhaft, daß

(Fortsetzung der Anm. von voriger Seite)
– **Bayern:** Zuständig für Kennzeichenstreitsachen des OLG-Bezirks München ist das LG München I, für die OLG-Bezirke Nürnberg und Bamberg das LG Nürnberg-Fürth (§ 43 GZVJu v. 11.6.2012 (GVBl. S. 295), zuletzt geänd. durch V v. 8.9.2021 (GVBl. S. 583))
– **Mecklenburg-Vorpommern:** Zuständig für Kennzeichenstreitsachen des OLG-Bezirks Rostock ist das LG Rostock (§ 4 KonzVO M-V v. 28.3.1994 (GVOBl. M-V S. 514), zuletzt geänd. durch VO v. 22.2.2018 (GVOBl. M-V S. 59))
– **Niedersachsen:** Zuständig für Kennzeichenstreitsachen für die Bezirke aller Landgerichte ist das LG Braunschweig (§ 5 ZustVO-Justiz v. 18.12.2009 (Nds. GVBl. S. 506, ber. S. 283), zuletzt geänd. durch VO v. 12.1.2021 (Nds. GVBl. S. 12))
– **Nordrhein-Westfalen:** Zuständig für Kennzeichenstreitsachen des OLG-Bezirks Düsseldorf ist das LG Düsseldorf, für die Landgerichtsbezirke Bielefeld, Detmold, Münster und Paderborn das LG Bielefeld, für die Landgerichtsbezirke Arnsberg, Bochum, Dortmund, Essen, Hagen und Siegen das LG Bochum und für den OLG-Bezirk Köln das LG Köln (§ 1 VO über die Zusammenfassung von Designstreitsachen, Kennzeichenstreitsachen und Urheberrechtsstreitsachen sowie Streitigkeiten nach dem Olympiamarkenschutzgesetz v. 30.8.2011 (GV. NRW. S. 468), geänd. durch VO v. 25.3.2014 (GV. NRW. S. 249))
– **Rheinland-Pfalz:** Zuständig für Kennzeichenstreitsachen des OLG-Bezirks Zweibrücken ist das LG Frankenthal (Pfalz) und des OLG-Bezirks Koblenz das LG Koblenz (§ 8 LandesVO über die gerichtliche Zuständigkeit in Zivilsachen und Angelegenheiten der freiwilligen Gerichtsbarkeit v. 22.11.1985 (GVBl. S. 267), zuletzt geänd. durch VO v. 27.11.2019 (GVBl. S. 345))
– **Sachsen-Anhalt:** Zuständig für Kennzeichenstreitsachen für die Bezirke aller Landgerichte ist das LG Magdeburg (§ 6 VO über Zuständigkeiten der Amtsgerichte und Landgerichte in Zivilsachen v. 1.9.1992 (GVBl. LSA S. 664), zuletzt geänd. durch VO v. 12.2.2021 (GVBl. LSA S. 57))
– **Schleswig-Holstein:** Zuständig für Kennzeichenstreitsachen für die Bezirke aller Landgerichte ist das LG Kiel (§ 22 Abs. 2 Justizzuständigkeitsverordnung – JZVO v. 15.11.2019 (GVOBl. Schl.-H. S. 546, 548), zuletzt geänd. durch VO v. 7.12.2020 (GVOBl. Schl.-H. S. 994))
– **Thüringen:** Zuständig für Kennzeichenstreitsachen des OLG-Bezirks ist das LG Erfurt (§ 5 ThürGerZustVO v. 17.11.2011 (GVBl. S. 511), zuletzt geänd. durch VO v. 6.12.2019 (GVBl. S. 562))

[1] Nr. 1.

die Belastung mit den Prozeßkosten nach dem vollen Streitwert ihre wirtschaftliche Lage erheblich gefährden würde, so kann das Gericht auf ihren Antrag anordnen, daß die Verpflichtung dieser Partei zur Zahlung von Gerichtskosten sich nach einem ihrer Wirtschaftslage angepaßten Teil des Streitwerts bemißt.

(2) ¹Die Anordnung nach Absatz 1 hat zur Folge, daß die begünstigte Partei die Gebühren ihres Rechtsanwalts ebenfalls nur nach diesem Teil des Streitwerts zu entrichten hat. ²Soweit ihr Kosten des Rechtsstreits auferlegt werden oder soweit sie diese übernimmt, hat sie die von dem Gegner entrichteten Gerichtsgebühren und die Gebühren seines Rechtsanwalts nur nach dem Teil des Streitwerts zu erstatten. ³Soweit die außergerichtlichen Kosten dem Gegner auferlegt oder von ihm übernommen werden, kann der Rechtsanwalt der begünstigten Partei seine Gebühren von dem Gegner nach dem für diesen geltenden Streitwert beitreiben.

(3) ¹Der Antrag nach Absatz 1 kann vor der Geschäftsstelle des Gerichts zur Niederschrift erklärt werden. ²Er ist vor der Verhandlung zur Hauptsache zu stellen. ³Danach ist er nur zulässig, wenn der angenommene oder festgesetzte Streitwert später durch das Gericht heraufgesetzt wird. ⁴Vor der Entscheidung über den Antrag ist der Gegner zu hören.

Teil 9. Straf- und Bußgeldvorschriften; Beschlagnahme bei der Einfuhr und Ausfuhr

Abschnitt 1. Straf- und Bußgeldvorschriften

§ 143 Strafbare Kennzeichenverletzung. (1) Wer im geschäftlichen Verkehr widerrechtlich

1. entgegen § 14 Abs. 2 Satz 1 Nr. 1 oder 2 ein Zeichen benutzt,
2. entgegen § 14 Abs. 2 Satz 1 Nr. 3 ein Zeichen in der Absicht benutzt, die Unterscheidungskraft oder die Wertschätzung einer bekannten Marke auszunutzen oder zu beeinträchtigen,
3. entgegen § 14 Abs. 4 Nr. 1 ein Zeichen anbringt oder entgegen § 14 Abs. 4 Nr. 2 oder 3 eine Aufmachung oder Verpackung oder ein Kennzeichnungsmittel anbietet, in den Verkehr bringt, besitzt, einführt oder ausführt, soweit Dritten die Benutzung des Zeichens
   a) nach § 14 Abs. 2 Satz 1 Nr. 1 oder 2 untersagt wäre oder
   b) nach § 14 Abs. 2 Satz 1 Nr. 3 untersagt wäre und die Handlung in der Absicht vorgenommen wird, die Ausnutzung oder Beeinträchtigung der Unterscheidungskraft oder der Wertschätzung einer bekannten Marke zu ermöglichen,
4. entgegen § 15 Abs. 2 eine Bezeichnung oder ein Zeichen benutzt oder
5. entgegen § 15 Abs. 3 eine Bezeichnung oder ein Zeichen in der Absicht benutzt, die Unterscheidungskraft oder die Wertschätzung einer bekannten geschäftlichen Bezeichnung auszunutzen oder zu beeinträchtigen,

wird mit Freiheitsstrafe bis zu drei Jahren oder mit Geldstrafe bestraft.

(2) Handelt der Täter in den Fällen des Absatzes 1 gewerbsmäßig oder als Mitglied einer Bande, die sich zur fortgesetzten Begehung solcher Taten verbunden hat, so ist die Strafe Freiheitsstrafe von drei Monaten bis zu fünf Jahren.

(3) Der Versuch ist strafbar.

Teil 9. Straf- und Bußgeldvorschriften §§ 143a, 144 MarkenG 10

(4) In den Fällen des Absatzes 1 wird die Tat nur auf Antrag verfolgt, es sei denn, daß die Strafverfolgungsbehörde wegen des besonderen öffentlichen Interesses an der Strafverfolgung ein Einschreiten von Amts wegen für geboten hält.

(5) ¹Gegenstände, auf die sich die Straftat bezieht, können eingezogen werden. ²§ 74a des Strafgesetzbuchs ist anzuwenden. ³Soweit den in § 18 bezeichneten Ansprüchen auf Vernichtung im Verfahren nach den Vorschriften der Strafprozeßordnung über die Entschädigung des Verletzten (§§ 403 bis 406c der Strafprozeßordnung) stattgegeben wird, sind die Vorschriften über die Einziehung (§§ 74 bis 74f des Strafgesetzbuches) nicht anzuwenden.

(6) ¹Wird auf Strafe erkannt, so ist, wenn der Verletzte es beantragt und ein berechtigtes Interesse daran dartut, anzuordnen, daß die Verurteilung auf Verlangen öffentlich bekanntgemacht wird. ²Die Art der Bekanntmachung ist im Urteil zu bestimmen.

§ 143a Strafbare Verletzung der Unionsmarke. (1) Wer die Rechte des Inhabers einer Unionsmarke nach Artikel 9 Absatz 1 der Unionsmarkenverordnung verletzt, indem er trotz eines Verbotes und ohne Zustimmung des Markeninhabers im geschäftlichen Verkehr

1. ein mit der Unionsmarke identisches Zeichen für Waren oder Dienstleistungen benutzt, die mit denjenigen identisch sind, für die sie eingetragen ist,
2. ein Zeichen benutzt, wenn wegen der Identität oder Ähnlichkeit des Zeichens mit der Unionsmarke und der Identität oder Ähnlichkeit der durch die Unionsmarke und das Zeichen erfassten Waren oder Dienstleistungen für das Publikum die Gefahr von Verwechslungen besteht, einschließlich der Gefahr, dass das Zeichen mit der Marke gedanklich in Verbindung gebracht wird, oder
3. ein mit der Unionsmarke identisches Zeichen oder ein ähnliches Zeichen für Waren oder Dienstleistungen benutzt, die nicht denen ähnlich sind, für die die Unionsmarke eingetragen ist, wenn diese in der Gemeinschaft bekannt ist und das Zeichen in der Absicht benutzt wird, die Unterscheidungskraft oder die Wertschätzung der Unionsmarke ohne rechtfertigenden Grund in unlauterer Weise auszunutzen oder zu beeinträchtigen,

wird mit Freiheitsstrafe bis zu drei Jahren oder mit Geldstrafe bestraft.

(2) § 143 Abs. 2 bis 6 gilt entsprechend.

§ 144 Strafbare Benutzung geographischer Herkunftsangaben.

(1) Wer im geschäftlichen Verkehr widerrechtlich eine geographische Herkunftsangabe, einen Namen, eine Angabe oder ein Zeichen

1. entgegen § 127 Abs. 1 oder 2, jeweils auch in Verbindung mit Abs. 4 oder einer Rechtsverordnung nach § 137 Abs. 1, benutzt oder
2. entgegen § 127 Abs. 3, auch in Verbindung mit Abs. 4 oder einer Rechtsverordnung nach § 137 Abs. 1, in der Absicht benutzt, den Ruf oder die Unterscheidungskraft einer geographischen Herkunftsangabe auszunutzen oder zu beeinträchtigen,

wird mit Freiheitsstrafe bis zu zwei Jahren oder mit Geldstrafe bestraft.

(2) Ebenso wird bestraft, wer entgegen Artikel 13 Absatz 1 Buchstabe a oder b der Verordnung (EU) Nr. 1151/2012 des Europäischen Parlaments und des

217

Rates vom 21. November 2012 über Qualitätsregelungen für Agrarerzeugnisse und Lebensmittel (ABl. L 343 vom 14.12.2012, S. 1) im geschäftlichen Verkehr

1. einen eingetragenen Namen für ein dort genanntes Erzeugnis verwendet oder
2. sich einen eingetragenen Namen aneignet oder ihn nachahmt.

(3) Der Versuch ist strafbar.

(4) Bei einer Verurteilung bestimmt das Gericht, daß die widerrechtliche Kennzeichnung der im Besitz des Verurteilten befindlichen Gegenstände beseitigt wird oder, wenn dies nicht möglich ist, die Gegenstände vernichtet werden.

(5) [1] Wird auf Strafe erkannt, so ist, wenn das öffentliche Interesse dies erfordert, anzuordnen, daß die Verurteilung öffentlich bekanntgemacht wird. [2] Die Art der Bekanntmachung ist im Urteil zu bestimmen.

§ 145 Bußgeldvorschriften. (1) Ordnungswidrig handelt, wer im geschäftlichen Verkehr widerrechtlich in identischer oder nachgeahmter Form

1. ein Wappen, eine Flagge oder ein anderes staatliches Hoheitszeichen oder ein Wappen eines inländischen Ortes oder eines inländischen Gemeinde- oder weiteren Kommunalverbandes im Sinne des § 8 Abs. 2 Nr. 6,
2. ein amtliches Prüf- oder Gewährzeichen im Sinne des § 8 Abs. 2 Nr. 7 oder
3. ein Kennzeichen, ein Siegel oder eine Bezeichnung im Sinne des § 8 Abs. 2 Nr. 8

zur Kennzeichnung von Waren oder Dienstleistungen benutzt.

(2) Ordnungswidrig handelt, wer vorsätzlich oder fahrlässig

1. entgegen § 134 Abs. 3, auch in Verbindung mit Abs. 4,
   a) das Betreten von Geschäftsräumen, Grundstücken, Verkaufseinrichtungen oder Transportmitteln oder deren Besichtigung nicht gestattet,
   b) die zu besichtigenden Agrarerzeugnisse oder Lebensmittel nicht so darlegt, daß die Besichtigung ordnungsgemäß vorgenommen werden kann,
   c) die erforderliche Hilfe bei der Besichtigung nicht leistet,
   d) Proben nicht entnehmen läßt,
   e) geschäftliche Unterlagen nicht oder nicht vollständig vorlegt oder nicht prüfen läßt oder
   f) eine Auskunft nicht, nicht richtig oder nicht vollständig erteilt oder
2. einer nach § 139 Abs. 1 erlassenen Rechtsverordnung zuwiderhandelt, soweit sie für einen bestimmten Tatbestand auf diese Bußgeldvorschrift verweist.

(3) Die Ordnungswidrigkeit kann in den Fällen des Absatzes 1 mit einer Geldbuße bis zu zweitausendfünfhundert Euro und in den Fällen des Absatzes 2 mit einer Geldbuße bis zu zehntausend Euro geahndet werden.

(4) In den Fällen des Absatzes 1 ist § 144 Abs. 4 entsprechend anzuwenden.

(5) Verwaltungsbehörde im Sinn des § 36 Abs. 1 Nr. 1 des Gesetzes über Ordnungswidrigkeiten ist in den Fällen des Absatzes 1 das Bundesamt für Justiz.

Abschnitt 2. Beschlagnahme von Waren bei der Einfuhr und Ausfuhr

§ 146 Beschlagnahme bei der Verletzung von Kennzeichenrechten.

(1) ¹Waren, die widerrechtlich mit einer nach diesem Gesetz geschützten Marke oder geschäftlichen Bezeichnung versehen sind, unterliegen, soweit nicht die Verordnung (EU) Nr. 608/2013 des Europäischen Parlaments und des Rates vom 12. Juni 2013 zur Durchsetzung der Rechte geistigen Eigentums durch die Zollbehörden und zur Aufhebung der Verordnung (EG) Nr. 1383/2003 des Rates (ABl. L 181 vom 29.6.2013, S. 15) in ihrer jeweils geltenden Fassung anzuwenden ist, auf Antrag und gegen Sicherheitsleistung des Rechtsinhabers bei ihrer Einfuhr oder Ausfuhr der Beschlagnahme durch die Zollbehörde, sofern die Rechtsverletzung offensichtlich ist. ²Dies gilt für den Verkehr mit anderen Mitgliedstaaten der Europäischen Union sowie mit den anderen Vertragsstaaten des Abkommens über den Europäischen Wirtschaftsraum nur, soweit Kontrollen durch die Zollbehörden stattfinden.

(2) ¹Ordnet die Zollbehörde die Beschlagnahme an, unterrichtet sie unverzüglich den Verfügungsberechtigten sowie den Antragsteller. ²Dem Antragsteller sind Herkunft, Menge und Lagerort der Waren sowie Name und Anschrift des Verfügungsberechtigten mitzuteilen. ³Das Brief- und Postgeheimnis (Artikel 10 des Grundgesetzes) wird insoweit eingeschränkt. ⁴Dem Antragsteller wird Gelegenheit gegeben, die Waren zu besichtigen, soweit hierdurch nicht in Geschäfts- oder Betriebsgeheimnisse eingegriffen wird.

§ 147 Einziehung; Widerspruch; Aufhebung der Beschlagnahme.

(1) Wird der Beschlagnahme nicht spätestens nach Ablauf von zwei Wochen nach Zustellung der Mitteilung nach § 146 Abs. 2 Satz 1 widersprochen, ordnet die Zollbehörde die Einziehung der beschlagnahmten Waren an.

(2) ¹Widerspricht der Verfügungsberechtigte der Beschlagnahme, unterrichtet die Zollbehörde hiervon unverzüglich den Antragsteller. ²Dieser hat gegenüber der Zollbehörde unverzüglich zu erklären, ob er den Antrag nach § 146 Abs. 1 in bezug auf die beschlagnahmten Waren aufrechterhält.

(3) ¹Nimmt der Antragsteller den Antrag zurück, hebt die Zollbehörde die Beschlagnahme unverzüglich auf. ²Hält der Antragsteller den Antrag aufrecht und legt er eine vollziehbare gerichtliche Entscheidung vor, die die Verwahrung der beschlagnahmten Waren oder eine Verfügungsbeschränkung anordnet, trifft die Zollbehörde die erforderlichen Maßnahmen.

(4) ¹Liegen die Fälle des Absatzes 3 nicht vor, hebt die Zollbehörde die Beschlagnahme nach Ablauf von zwei Wochen nach Zustellung der Mitteilung an den Antragsteller nach Absatz 2 auf. ²Weist der Antragsteller nach, daß die gerichtliche Entscheidung nach Absatz 3 Satz 2 beantragt, ihm aber noch nicht zugegangen ist, wird die Beschlagnahme für längstens zwei weitere Wochen aufrechterhalten.

§ 148 Zuständigkeiten; Rechtsmittel.

(1) ¹Der Antrag nach § 146 Abs. 1 ist bei der Generalzolldirektion zu stellen und hat Wirkung für ein Jahr, sofern keine kürzere Geltungsdauer beantragt wird. ²Der Antrag kann wiederholt werden.

(2) Für die mit dem Antrag verbundenen Amtshandlungen werden vom Antragsteller Kosten nach Maßgabe des § 178 der Abgabenordnung erhoben.

(3) ¹Die Beschlagnahme und die Einziehung können mit den Rechtsmitteln angefochten werden, die im Bußgeldverfahren nach dem Gesetz über Ordnungswidrigkeiten gegen die Beschlagnahme und Einziehung zulässig sind. ²Im Rechtsmittelverfahren ist der Antragsteller zu hören. ³Gegen die Entscheidung des Amtsgerichts ist die sofortige Beschwerde zulässig. ⁴Über die sofortige Beschwerde entscheidet das Oberlandesgericht.

§ 149 Schadensersatz bei ungerechtfertigter Beschlagnahme. Erweist sich die Beschlagnahme als von Anfang an ungerechtfertigt und hat der Antragsteller den Antrag nach § 146 Abs. 1 in bezug auf die beschlagnahmten Waren aufrechterhalten oder sich nicht unverzüglich erklärt (§ 147 Abs. 2 Satz 2), so ist er verpflichtet, den dem Verfügungsberechtigten durch die Beschlagnahme entstandenen Schaden zu ersetzen.

§ 150 Verfahren nach der Verordnung (EU) Nr. 608/2013. Für das Verfahren nach der Verordnung (EU) Nr. 608/2013 gelten § 148 Absatz 1 und 2 sowie § 149 entsprechend, soweit die Verordnung keine Bestimmungen enthält, die dem entgegenstehen.

§ 151 Verfahren nach deutschem Recht bei geographischen Herkunftsangaben. (1) ¹Waren, die widerrechtlich mit einer nach diesem Gesetz oder nach Rechtsvorschriften der Europäischen Union geschützten geographischen Herkunftsangabe versehen sind, unterliegen, soweit nicht die Verordnung (EU) Nr. 608/2013 anzuwenden ist, bei ihrer Einfuhr, Ausfuhr oder Durchfuhr der Beschlagnahme zum Zwecke der Beseitigung der widerrechtlichen Kennzeichnung, sofern die Rechtsverletzung offensichtlich ist. ²Dies gilt für den Verkehr mit anderen Mitgliedstaaten der Europäischen Union sowie mit den anderen Vertragsstaaten des Abkommens über den Europäischen Wirtschaftsraum nur, soweit Kontrollen durch die Zollbehörden stattfinden.

(2) ¹Die Beschlagnahme wird durch die Zollbehörde vorgenommen. ²Die Zollbehörde ordnet auch die zur Beseitigung der widerrechtlichen Kennzeichnung erforderlichen Maßnahmen an.

(3) Wird den Anordnungen der Zollbehörde nicht entsprochen oder ist die Beseitigung untunlich, ordnet die Zollbehörde die Einziehung der Waren an.

(4) ¹Die Beschlagnahme und die Einziehung können mit den Rechtsmitteln angefochten werden, die im Bußgeldverfahren nach dem Gesetz über Ordnungswidrigkeiten gegen die Beschlagnahme und Einziehung zulässig sind. ²Gegen die Entscheidung des Amtsgerichts ist die sofortige Beschwerde zulässig. ³Über die sofortige Beschwerde entscheidet das Oberlandesgericht.

Teil 10. Übergangsvorschriften

§ 152 Anwendung dieses Gesetzes. Die Vorschriften dieses Gesetzes finden, soweit nachfolgend nichts anderes bestimmt ist, auch auf Marken, die vor dem 1. Januar 1995 angemeldet oder eingetragen oder durch Benutzung im geschäftlichen Verkehr oder durch notorische Bekanntheit erworben worden sind, und auf geschäftliche Bezeichnungen Anwendung, die vor dem 1. Januar 1995 nach den bis dahin geltenden Vorschriften geschützt waren.

§ 153 Schranken für die Geltendmachung von Verletzungsansprüchen. (1) Standen dem Inhaber einer vor dem 1. Januar 1995 eingetragenen

Teil 10. Übergangsvorschriften §§ 154–156 MarkenG 10

oder durch Benutzung oder notorische Bekanntheit erworbenen Marke oder einer geschäftlichen Bezeichnung nach den bis dahin geltenden Vorschriften gegen die Benutzung der Marke, der geschäftlichen Bezeichnung oder eines übereinstimmenden Zeichens keine Ansprüche wegen Verletzung zu, so können die Rechte aus der Marke oder aus der geschäftlichen Bezeichnung nach diesem Gesetz nicht gegen die Weiterbenutzung dieser Marke, dieser geschäftlichen Bezeichnung oder dieses Zeichens geltend gemacht werden.

(2) Auf Ansprüche des Inhabers einer vor dem 1. Januar 1995 eingetragenen oder durch Benutzung oder notorische Bekanntheit erworbenen Marke oder einer geschäftlichen Bezeichnung ist § 21 mit der Maßgabe anzuwenden, daß die in § 21 Abs. 1 und 2 vorgesehene Frist von fünf Jahren mit dem 1. Januar 1995 zu laufen beginnt.

§ 154 Dingliche Rechte; Zwangsvollstreckung; Konkursverfahren.

(1) Ist vor dem 1. Januar 1995 an dem durch die Anmeldung oder Eintragung einer Marke begründeten Recht ein dingliches Recht begründet worden oder war das durch die Anmeldung oder Eintragung einer Marke begründete Recht Gegenstand von Maßnahmen der Zwangsvollstreckung, so können diese Rechte oder Maßnahmen nach § 29 Abs. 2 in das Register eingetragen werden.

(2) Absatz 1 ist entsprechend anzuwenden, wenn das durch die Anmeldung oder Eintragung einer Marke begründete Recht durch ein Konkursverfahren erfaßt worden ist.

§ 155 Lizenzen. Auf vor dem 1. Januar 1995 an dem durch die Anmeldung oder Eintragung, durch die Benutzung oder durch die notorische Bekanntheit einer Marke begründeten Recht erteilte Lizenzen ist § 30 mit der Maßgabe anzuwenden, daß diesen Lizenzen die Wirkung des § 30 Abs. 5 nur insoweit zugute kommt, als es sich um nach dem 1. Januar 1995 eingetretene Rechtsübergänge oder an Dritte erteilte Lizenzen handelt.

§ 156 Löschung einer eingetragenen Marke wegen absoluter Schutzhindernisse. ¹ Ist vor dem 1. Januar 1995 ein Verfahren von Amts wegen zur Löschung der Eintragung einer Marke wegen des Bestehens absoluter Schutzhindernisse nach § 10 Absatz 2 Nummer 2 des Warenzeichengesetzes[1]) eingeleitet worden oder ist vor diesem Zeitpunkt ein Antrag auf Löschung nach dieser Vorschrift gestellt worden, so wird die Eintragung nur gelöscht, wenn die Marke sowohl nach den bis dahin geltenden Vorschriften als auch nach den Vorschriften dieses Gesetzes nicht schutzfähig ist. ² Dies gilt auch dann, wenn

---

¹) § 10 WZG lautet:

§ 10 [Löschung auf Antrag des Inhabers oder von Amts wegen] (1) Auf Antrag des Inhabers wird das Zeichen jederzeit in der Rolle gelöscht.

(2) ¹ Von Amts wegen erfolgt die Löschung,
1. wenn nach Ablauf der Schutzdauer die Verlängerung des Schutzes (§ 9) unterblieben ist,
2. wenn die Eintragung des Zeichens hätte versagt werden müssen. ² Wird von einem Dritten aus diesem Grund die Löschung beantragt, so ist gleichzeitig eine Gebühr nach dem Tarif zu entrichten; sie kann erstattet oder dem Zeicheninhaber auferlegt werden, wenn der Antrag für berechtigt befunden wird. ³ Bei Nichtzahlung der Gebühr gilt der Antrag als nicht gestellt.

(3) ¹ Soll das Zeichen nach Absatz 2 Nr. 2 gelöscht werden, so gibt das Patentamt dem Inhaber zuvor Nachricht. ² Widerspricht er innerhalb eines Monats nach der Zustellung nicht, so erfolgt die Löschung. ³ Widerspricht er, so faßt das Patentamt Beschluß. ⁴ Ist die Löschung von einem Dritten beantragt, so gilt für die durch eine Anhörung oder Beweisaufnahme verursachten Kosten § 62 des Patentgesetzes entsprechend.

221

nach dem 1. Januar 1995 ein Verfahren nach § 54 zur Löschung der Eintragung einer Marke eingeleitet wird, die vor dem 1. Januar 1995 eingetragen worden ist.

§ 157 Löschung einer eingetragenen Marke wegen des Bestehens älterer Rechte. (1) ¹Ist vor dem 1. Januar 1995 eine Klage auf Löschung der Eintragung einer Marke aufgrund einer früher angemeldeten Marke nach § 11 Abs. 1 Nr. 1 des Warenzeichengesetzes[1]) oder aufgrund eines sonstigen älteren Rechtes erhoben worden, so wird, soweit in Absatz 2 nichts anderes bestimmt ist, die Eintragung nur gelöscht, wenn der Klage sowohl nach den bis dahin geltenden Vorschriften als auch nach den Vorschriften dieses Gesetzes stattzugeben ist. ²Dies gilt auch dann, wenn nach dem 1. Januar 1995 eine Klage nach § 55 auf Löschung der Eintragung einer Marke erhoben worden ist oder nach dem 1. Mai 2020 ein Antrag nach § 53 auf Erklärung des Verfalls und der

---

[1]) § 11 WZG lautet:
§ 11 [Löschung auf Antrag eines Dritten] (1) ¹Ein Dritter kann die Löschung eines Warenzeichens beantragen,
1. wenn das Zeichen für ihn auf Grund einer früheren Anmeldung für gleiche oder gleichartige Waren in der Zeichenrolle eingetragen steht,
1a. wenn er in einem anderen Staat auf Grund einer früheren Anmeldung oder Benutzung für gleiche oder gleichartige Waren Rechte an dem Zeichen erworben hat und nachweist, daß der als Inhaber des Zeichens Eingetragene auf Grund eines Arbeits- oder sonstigen Vertragsverhältnisses seine Interessen im geschäftlichen Verkehr wahrzunehmen hat und das Zeichen ohne seine Zustimmung während des Bestehens des Vertragsverhältnisses angemeldet hat,
1b. wenn er gegen die Eintragung des Zeichens nach § 5 Abs. 4 Nr. 3 hätte Widerspruch erheben können,
2. (aufgehoben)
3. wenn Umstände vorliegen, aus denen sich ergibt, daß der Inhalt des Warenzeichens den tatsächlichen Verhältnissen nicht entspricht und die Gefahr einer Täuschung begründet,
4. wenn das Warenzeichen mindestens fünf Jahre in der Warenzeichenrolle eingetragen ist und der Zeicheninhaber das Zeichen innerhalb der letzten fünf Jahre vor dem Antrag auf Löschung nicht benutzt hat, es sei denn, daß Umstände vorlagen, unter denen die Benutzung in diesem Zeitraum nicht zumutbar war. ²§ 5 Abs. 7 Satz 2 bis 4 ist entsprechend anzuwenden.
(2) Der Antrag auf Löschung ist durch Klage geltend zu machen und gegen den als Inhaber des Zeichens Eingetragenen oder seinen Rechtsnachfolger zu richten.
(3) ¹Ist vor oder nach Erhebung der Klage das Warenzeichen auf einen anderen übergegangen, so ist die Entscheidung in der Sache selbst auch gegen den Rechtsnachfolger wirksam und vollstreckbar. ²Für die Befugnis des Rechtsnachfolgers, in den Rechtsstreit einzutreten, gelten die Bestimmungen der §§ 66 bis 69 und 76 der Zivilprozeßordnung entsprechend.
(4) ¹In den Fällen des Absatzes 1 Nr. 4 kann der Antrag auf Löschung zunächst beim Patentamt angebracht werden. ²Es gibt dem als Inhaber des Warenzeichens Eingetragenen davon Nachricht. ³Widerspricht er innerhalb eines Monats nach der Zustellung nicht, so erfolgt die Löschung. ⁴Widerspricht er, so wird dem Antragsteller anheimgegeben, den Anspruch auf Löschung durch Klage zu verfolgen.
(5) Ist das Warenzeichen nach seiner Eintragung oder in den Fällen des § 6a nach Abschluß des Widerspruchsverfahrens innerhalb von fünf Jahren nicht benutzt worden, so kann sich der Zeicheninhaber gegenüber einem Antrag auf Löschung nach Absatz 1 Nr. 4 auf eine Benutzung des Zeichens nicht berufen, wenn
1. die Benutzung erst nach Androhung des Löschungsantrags aufgenommen worden ist oder
2. die Benutzung erst nach Bekanntmachung eines für gleiche oder gleichartige Waren später angemeldeten übereinstimmenden Zeichens (§ 5 Abs. 2, § 6a Abs. 3) aufgenommen worden ist und der Anmelder dieses Zeichens oder sein Rechtsnachfolger den Löschungsantrag innerhalb einer Frist von sechs Monaten nach der Bekanntmachung gestellt hat.
(6) Absatz 1 Nr. 1 ist nicht anzuwenden, wenn im Zeitpunkt der Bekanntmachung des Warenzeichens des Antragsgegners (§ 5 Abs. 2, § 6a Abs. 3) die Voraussetzungen für die Löschung des Warenzeichens des Antragstellers nach Absatz 1 Nr. 4 vorlagen.

Nichtigkeit einer Marke gestellt wird, die vor dem 1. Januar 1995 eingetragen worden ist.

(2) ¹In den Fällen des Absatzes 1 Satz 1 ist § 51 Abs. 2 Satz 1 und 2 nicht anzuwenden. ²In den Fällen des Absatzes 1 Satz 2 ist § 51 Abs. 2 Satz 1 und 2 mit der Maßgabe anzuwenden, daß die Frist von fünf Jahren mit dem 1. Januar 1995 zu laufen beginnt.

§ 158 Übergangsvorschriften. (1) Artikel 229 § 6 des Einführungsgesetzes zum Bürgerlichen Gesetzbuche findet mit der Maßgabe entsprechende Anwendung, dass § 20 in der bis zum 1. Januar 2002 geltenden Fassung den Vorschriften des Bürgerlichen Gesetzbuchs über die Verjährung in der bis zum 1. Januar 2002 geltenden Fassung gleichgestellt ist.

(2) Ist die Anmeldung vor dem 1. Oktober 2009 eingereicht worden, ist für den gegen die Eintragung erhobenen Widerspruch § 42 Absatz 1 und 2 in der bis zum 1. Oktober 2009 geltenden Fassung anzuwenden.

(3) Ist die Anmeldung zwischen dem 1. Oktober 2009 und dem 14. Januar 2019 eingereicht worden, ist für den gegen die Eintragung erhobenen Widerspruch § 42 Absatz 1 und 2 in der bis zum 14. Januar 2019 geltenden Fassung anzuwenden.

(4) Ist der Widerspruch vor dem 14. Januar 2019 erhoben worden, findet § 42 Absatz 3 und 4 keine Anwendung.

(5) Ist in einem Verfahren über einen Widerspruch, der vor dem 14. Januar 2019 erhoben worden ist, die Benutzung der Marke, wegen der Widerspruch erhoben worden ist, bestritten worden oder wird die Benutzung in einem solchen Widerspruchsverfahren bestritten, so sind die §§ 26 und 43 Absatz 1 in ihrer bis dahin geltenden Fassung weiter anzuwenden.

(6) Ist der Antrag auf Löschung einer eingetragenen Marke wegen Verfalls gemäß § 49 vor dem 14. Januar 2019 gestellt oder die Löschungsklage wegen Verfalls oder aufgrund älterer Rechte gemäß § 51 vor diesem Zeitpunkt erhoben worden, so sind § 49 Absatz 1, § 51 Absatz 4 Nummer 1, § 55 Absatz 3 und § 26 in ihrer bis dahin geltenden Fassung weiter anzuwenden.

(7) § 8 Absatz 2 Nummer 9 bis 12 gilt nicht für Marken, die vor dem 14. Januar 2019 beim Deutschen Patent- und Markenamt angemeldet worden sind.

(8) ¹§ 50 Absatz 2 Satz 1 gilt nur für Anträge gemäß § 50 Absatz 1, die nach dem 14. Januar 2019 erhoben worden sind. ²Ist der Antrag gemäß § 50 Absatz 1 vor dem 14. Januar 2019 gestellt worden, so ist § 50 Absatz 2 in seiner bisher geltenden Fassung anzuwenden.

(9) ¹Für Erinnerungen und Beschwerden, die vor dem 1. Oktober 2009 eingelegt worden sind, gelten die §§ 64 und 66 in der bis zum 1. Oktober 2009 geltenden Fassung. ²Für mehrseitige Verfahren, bei denen von einem Beteiligten Erinnerung und von einem anderen Beteiligten Beschwerde eingelegt worden ist, ist für die Anwendbarkeit der genannten Vorschriften der Tag der Einlegung der Beschwerde maßgebend.

(10) § 102 Absatz 4 gilt nicht für Kollektivmarken, die vor dem 14. Januar 2019 eingetragen worden sind.

§ 159 Schutzdauer und Verlängerung. (1) Die Vorschriften dieses Gesetzes über die Schutzdauer und ihre Verlängerung (§ 47) sind auf vor dem

14. Januar 2019 eingetragene Marken mit der Maßgabe anzuwenden, dass für die Berechnung der Frist, nach der die Schutzdauer endet, § 47 Absatz 1 in seiner bis dahin geltenden Fassung weiter anzuwenden ist.

(2) Für eingetragene Marken, deren Schutzdauer gemäß § 47 Absatz 1 spätestens zwölf Monate nach dem 31. Januar 2019 endet, sind die §§ 3, 5 und 7 des Patentkostengesetzes vom 13. Dezember 2001 (BGBl. I S. 3656), das zuletzt durch Artikel 13 des Gesetzes vom 4. April 2016 (BGBl. I S. 558) geändert worden ist, in ihrer bis dahin geltenden Fassung weiter anzuwenden.

§§ 160, 161 *(aufgehoben)*

11. Verordnung zur Ausführung des Markengesetzes (Markenverordnung – MarkenV)[1)]

Vom 11. Mai 2004

(BGBl. I S. 872)

FNA 423-5-2-5

zuletzt geänd. durch Art. 6 Zweites G zur Vereinfachung und Modernisierung des Patentrechts v. 10.8.2021 (BGBl. I S. 3490)

Auf Grund des § 65 Abs. 1 Nr. 2 bis 10 und 13 sowie des § 138 Abs. 1 des Markengesetzes[2)] vom 25. Oktober 1994 (BGBl. 1994 I S. 3084, 1995 I S. 156), von denen § 65 Abs. 1 zuletzt durch Artikel 2 Abs. 9 des Gesetzes vom 12. März 2004 (BGBl. I S. 390) geändert worden ist, in Verbindung mit § 1 Abs. 2 der DPMA-Verordnung vom 1. April 2004 (BGBl. I S. 514) verordnet das Deutsche Patent- und Markenamt:

Inhaltsübersicht
Teil 1. Anwendungsbereich
§ 1 Verfahren in Markenangelegenheiten

Teil 2. Verfahren bis zur Eintragung
Abschnitt 1. Anmeldungen

§ 2	Form der Anmeldung
§ 3	Inhalt der Anmeldung
§ 4	Anmeldung von Kollektiv- oder Gewährleistungsmarken
§ 5	Angaben zum Anmelder und zu seinem Vertreter
§ 6	Angaben zur Markenform
§ 6a	Markendarstellung
§ 6b	Markenbeschreibung
§ 7	Wortmarken
§ 8	Bildmarken
§ 9	Dreidimensionale Marken
§ 10	Farbmarken
§ 11	Klangmarken
§ 12	Positionsmarken, Kennfadenmarken, Mustermarken, Bewegungsmarken, Multimediamarken, Hologrammmarken
§ 12a	Sonstige Markenformen
§ 13	Muster und Modelle
§ 14	(weggefallen)
§ 15	Fremdsprachige Anmeldungen, Darstellungen mit nichtlateinischen Schriftzeichen
§ 16	Fremdsprachige Dokumente
§ 17	Berufung auf eine im Ursprungsland eingetragene Marke
§ 18	Verschiebung des Zeitrangs bei Verkehrsdurchsetzung

Abschnitt 2. Klasseneinteilung von Waren und Dienstleistungen

§ 19	Klassifizierung
§ 20	Verzeichnis der Waren und Dienstleistungen
§ 21	Entscheidung über die Klassifizierung
§ 22	(weggefallen)

Abschnitt 3. Veröffentlichung der Anmeldung

§ 23	Veröffentlichungen zur Anmeldung

[1)] Die Änderungen durch G v. 10.8.2021 (BGBl. I S. 3436) treten erst **mWv 1.1.2024** in Kraft und sind im Text noch nicht berücksichtigt.
[2)] Nr. **10**.

Teil 3. Register, Urkunde, Veröffentlichung

§ 24 Ort und Form des Registers
§ 25 Inhalt des Registers
§ 26 Urkunde, Bescheinigungen
§ 27 Veröffentlichungen zu Eintragungen im Register
§ 28 (weggefallen)

Teil 4. Einzelne Verfahren
Abschnitt 1. Widerspruchsverfahren

§ 29 Form des Widerspruchs
§ 30 Inhalt des Widerspruchs
§ 31 Gemeinsame Entscheidung über mehrere Widersprüche
§ 32 Aussetzung

Abschnitt 2. Teilübergang, Teilung von Anmeldungen und Eintragungen

§ 33 Teilübergang einer eingetragenen Marke
§ 34 Rechtsübergang, dingliche Rechte, Insolvenzverfahren und Maßnahmen der Zwangsvollstreckung bei Anmeldungen
§ 35 Teilung von Anmeldungen
§ 36 Teilung von Eintragungen

Abschnitt 3. Verlängerung

§ 37 Verlängerung durch Gebührenzahlung
§ 38 Antrag auf teilweise Verlängerung

Abschnitt 4. Verzicht

§ 39 Verzicht
§ 40 Zustimmung Dritter

Abschnitt 5. Löschung

§ 41 Verfall
§ 42 Nichtigkeit wegen absoluter Schutzhindernisse und älterer Rechte

Abschnitt 6. Lizenz

§ 42a Eintragung einer Lizenz
§ 42b Änderung oder Löschung einer Lizenz
§ 42c Erklärung der Lizenzierungs- oder Veräußerungsbereitschaft

[bis 30.4.2022:]

Teil 5. Internationale Registrierungen

§ 43 Anträge und sonstige Mitteilungen im Verfahren der internationalen Registrierung nach dem Madrider Markenabkommen
§ 44 Anträge und sonstige Mitteilungen im Verfahren der internationalen Registrierung nach dem Protokoll zum Madrider Markenabkommen
§ 45 Anträge und sonstige Mitteilungen im Verfahren der internationalen Registrierung nach dem Madrider Markenabkommen und nach dem Protokoll zum Madrider Markenabkommen
§ 46 Schutzverweigerung

[ab 1.5.2022:]

Teil 5. Internationale Registrierungen

§ 43 (weggefallen)
§ 44 Anträge und sonstige Mitteilungen im Verfahren der internationalen Registrierung nach dem Protokoll zum Madrider Markenabkommen
§ 45 (weggefallen)
§ 46 Schutzverweigerung

Teil 6. Verfahren nach der Verordnung (EU) Nr. 1151/2012
Abschnitt 1. Eintragungsverfahren

§ 47 Eintragungsantrag
§ 48 Veröffentlichung des Antrags
§ 49 Nationaler Einspruch

Abschnitt 2. Zwischenstaatliches Einspruchsverfahren nach § 131 des Markengesetzes

§ 50 Einspruch
§ 51 Einspruchsverfahren

Abschnitt 3. Änderungen der Spezifikation; Löschung; Akteneinsicht
§ 52 Änderungen der Spezifikation
§ 53 Löschungsantrag
§ 54 Akteneinsicht
§ 55 (weggefallen)

Teil 7. Schlussvorschriften
§ 56 Übergangsregelung aus Anlass des Inkrafttretens dieser Verordnung
§ 57 Übergangsregelung für künftige Änderungen
§ 58 Inkrafttreten, Außerkrafttreten

Anhang *(aufgehoben)*

Teil 1. Anwendungsbereich

§ 1 Verfahren in Markenangelegenheiten (1) Für die im Markengesetz[1]) geregelten Verfahren vor dem Deutschen Patent- und Markenamt (Markenangelegenheiten) gelten ergänzend zu den Bestimmungen des Markengesetzes und der DPMA-Verordnung die Bestimmungen dieser Verordnung.

(2) DIN-Normen, auf die in dieser Verordnung verwiesen wird, sind im Beuth-Verlag GmbH, Berlin und Köln, erschienen und beim Deutschen Patent- und Markenamt archivmäßig gesichert niedergelegt.

Teil 2. Verfahren bis zur Eintragung

Abschnitt 1. Anmeldungen

§ 2 Form der Anmeldung. (1) ¹Die Anmeldung kann schriftlich oder elektronisch eingereicht werden. ²Für die schriftliche Anmeldung ist das vom Deutschen Patent- und Markenamt herausgegebene Formblatt zu verwenden. ³Für die elektronische Einreichung ist die Verordnung über den elektronischen Rechtsverkehr beim Deutschen Patent- und Markenamt maßgebend.

(2) Für jede Marke ist eine gesonderte Anmeldung erforderlich.

§ 3 Inhalt der Anmeldung. (1) Die Anmeldung muss enthalten:

1. Angaben zum Anmelder und gegebenenfalls zu seinem Vertreter nach § 5,
2. eine Angabe zur Form der Marke nach § 6, eine Darstellung der Marke nach den §§ 7 bis 12 sowie in den Fällen des § 6b Absatz 2 eine Markenbeschreibung und
3. das Verzeichnis der Waren und Dienstleistungen, für die die Marke eingetragen werden soll, nach § 20.

(2) Wird in der Anmeldung

1. die Priorität einer früheren ausländischen Anmeldung in Anspruch genommen, so ist eine entsprechende Erklärung abzugeben sowie der Tag und der Staat dieser Anmeldung anzugeben,
2. eine Ausstellungspriorität in Anspruch genommen, so ist eine entsprechende Erklärung abzugeben sowie der Tag der erstmaligen Zurschaustellung und die Ausstellung anzugeben.

---

[1]) Nr. **10**.

§ 4 Anmeldung von Kollektiv- oder Gewährleistungsmarken.
(1) Falls die Eintragung als Kollektiv- oder Gewährleistungsmarke beantragt wird, muss eine entsprechende Erklärung bei der Anmeldung abgegeben werden.

(2) Kollektivmarken- oder Gewährleistungsmarkensatzungen in Papier sind ungebunden einzureichen.

(3) Im Fall von Änderungen von Kollektivmarken- oder Gewährleistungsmarkensatzungen ist jeweils eine aktuelle Fassung der Satzung einzureichen.

(4) Die Absätze 2 und 3 gelten auch für Satzungsänderungen nach Eintragung.

§ 5 Angaben zum Anmelder und zu seinem Vertreter. (1) ¹Die Anmeldung muss zum Anmelder folgende Angaben enthalten:

1. wenn der Anmelder eine natürliche Person ist: Vornamen und Namen oder, falls die Eintragung unter der Firma des Anmelders erfolgen soll, die Firma, wie sie im Handelsregister eingetragen ist, sowie die Anschrift des Wohn- oder Firmensitzes (Straße, Hausnummer, Postleitzahl, Ort),
2. wenn der Anmelder eine juristische Person oder eine Personengesellschaft ist:
   a) Name oder Firma, Rechtsform sowie Anschrift (Straße, Hausnummer, Postleitzahl, Ort) des Sitzes der juristischen Person oder Personengesellschaft; die Bezeichnung der Rechtsform kann auf übliche Weise abgekürzt werden; wenn die juristische Person oder Personengesellschaft in einem Register eingetragen ist, müssen die Angaben dem Registereintrag entsprechen;
   b) bei einer Gesellschaft bürgerlichen Rechts zusätzlich Name und Anschrift (Straße, Hausnummer, Postleitzahl, Ort) mindestens eines vertretungsberechtigten Gesellschafters.

²Wenn der Anmelder seinen Wohnsitz oder Sitz im Ausland hat, so ist bei der Angabe der Anschrift nach Satz 1 außer dem Ortsnamen auch der Staat anzugeben. ³Weitere Angaben zum Bezirk, zur Provinz oder zum Bundesstaat, in dem der Anmelder seinen Wohnsitz oder Sitz hat oder dessen Rechtsordnung er unterliegt, sind freiwillig.

(2) In der Anmeldung können zusätzlich eine von der Anschrift des Anmelders abweichende Postanschrift, eine Postfachanschrift sowie Telefonnummern, Telefaxnummern und E-Mail-Adressen angegeben werden.

(3) Wird die Anmeldung von mehreren Personen oder Personengesellschaften eingereicht, so gelten die Absätze 1 und 2 für alle anmeldenden Personen oder Personengesellschaften.

(4) ¹Ist ein Vertreter bestellt, so gelten hinsichtlich der Angaben zum Vertreter die Absätze 1 und 2 entsprechend. ²Hat das Deutsche Patent- und Markenamt dem Vertreter die Nummer einer allgemeinen Vollmacht zugeteilt, so soll diese zusätzlich angegeben werden.

§ 6 Angaben zur Markenform. In der Anmeldung ist anzugeben, ob die Marke als

1. Wortmarke (§ 7),
2. Bildmarke (§ 8),

3. dreidimensionale Marke (§ 9),
4. Farbmarke (§ 10),
5. Klangmarke (§ 11),
6. Positionsmarke, Kennfadenmarke, Mustermarke, Bewegungsmarke, Multimediamarke, Hologrammmarke (§ 12) oder
7. sonstige Marke (§ 12a)

in das Register eingetragen werden soll.

§ 6a Markendarstellung. (1) ¹Die Marke bedarf einer Darstellung, die den Erfordernissen des § 8 Absatz 1 des Markengesetzes[1]) genügt. ²Die Darstellung kann in Papierform oder auf einem Datenträger eingereicht werden. ³Der Datenträger muss vom Deutschen Patent- und Markenamt auslesbar sein. ⁴Die beim Deutschen Patent- und Markenamt lesbaren Datenträgertypen und Formatierungen werden auf der Internetseite www.dpma.de bekannt gegeben. ⁵Ist nach Maßgabe dieser Verordnung die Einreichung mehrerer Ansichten möglich, müssen alle Ansichten in einer einzigen Datei enthalten sein. ⁶Ist der Datenträger nicht lesbar, gilt die Darstellung als nicht eingereicht.

(2) ¹Bei sonstigen Marken, die sich nicht anderweitig darstellen lassen, ist eine Darstellung durch Text als alleiniges Darstellungsmittel möglich, wenn der Text den Gegenstand des Schutzes der Marke nach § 8 Absatz 1 des Markengesetzes klar und eindeutig bestimmbar macht. ²Der Text darf bis zu 150 Wörter umfassen, muss fortlaufend sein und darf keine grafischen oder sonstigen Gestaltungselemente enthalten.

(3) ¹Ist die Darstellung einer Markenform durch verschiedene Mittel möglich, entscheidet der Anmelder über die Art der Darstellung. ²Wird die gleiche Darstellung der Marke auf Papier und auf einem Datenträger eingereicht, ist die Darstellung auf einem Datenträger für den Schutzgegenstand maßgeblich. ³Für die Bestimmung des Anmeldetages ist in den Fällen des Satzes 2 das zuerst eingereichte Darstellungsmittel maßgeblich.

§ 6b Markenbeschreibung. (1) Für alle Markenformen außer Wortmarken im Sinne des § 7 kann mit der Markenanmeldung zur Erläuterung der Markendarstellung eine Markenbeschreibung eingereicht werden.

(2) ¹Eine Markenbeschreibung muss mit der Markenanmeldung eingereicht werden, wenn der Gegenstand des Schutzes der Marke erst dadurch bestimmbar wird. ²Dies gilt insbesondere für die Markenformen nach § 12 und für sonstige Markenformen nach § 12a.

(3) Die Markenbeschreibung muss den Gegenstand des Schutzes der Marke in objektiver Weise konkretisieren.

(4) ¹Die Markenbeschreibung darf bis zu 150 Wörter enthalten und ist auf einem gesonderten Blatt im Format 21 x 29,7 Zentimeter (DIN A4) einzureichen. ²Sie muss aus einem fortlaufenden Text bestehen und darf keine grafischen oder sonstigen Gestaltungselemente enthalten.

§ 7 Wortmarken. ¹Wenn der Anmelder angibt, dass die Marke in der vom Deutschen Patent- und Markenamt verwendeten üblichen Druckschrift eingetragen werden soll, so ist die Marke in der Anmeldung in üblichen Schriftzei-

---
[1]) Nr. **10**.

chen (Buchstaben, Zahlen oder sonstige Zeichen) wiederzugeben. ²Die beim Deutschen Patent- und Markenamt üblichen Schriftzeichen werden auf der Internetseite www.dpma.de bekannt gegeben.

§ 8 Bildmarken. (1) ¹Wenn der Anmelder angibt, dass die Marke als Wort-Bild-Marke oder reine Bildmarke eingetragen werden soll, so ist der Anmeldung eine grafische Darstellung der Marke beizufügen. ²Soll die Marke in Schwarz-Weiß eingetragen werden, so ist die grafische Darstellung in Schwarz-Weiß einzureichen. ³Soll die Marke in Farbe eingetragen werden, so ist die grafische Darstellung in Farbe einzureichen und die Farben sind in der Anmeldung zu bezeichnen.

(2) ¹Die Darstellung der Marke muss auf Papier dauerhaft wiedergegeben und in Farbtönen und Ausführung so beschaffen sein, dass sie die Bestandteile der Marke in allen Einzelheiten deutlich erkennen lässt. ²Überklebungen, Durchstreichungen und mit nicht dauerhafter Farbe hergestellte Überdeckungen sind unzulässig.

(3) ¹Für die Darstellung der Marke soll das vom Deutschen Patent- und Markenamt herausgegebene Formblatt verwendet werden, auf das die Darstellung der Marke aufzudrucken oder aufzukleben ist. ²Die Darstellung der Marke darf nicht kleiner als 8 Zentimeter in der Breite oder 8 Zentimeter in der Höhe sein. ³In dem für die Darstellung der Marke vorgesehenen Feld dürfen sich lediglich die Markendarstellung und die Angaben nach Absatz 5 befinden. ⁴Sonstiger erläuternder Text, erläuternde Bezeichnungen, Symbole oder Bemaßungen dürfen in dem Wiedergabefeld nicht enthalten sein.

(4) ¹Wird für die Darstellung der Marke das Formblatt nach Absatz 3 nicht verwendet, so muss ein Blatt im Format 21 × 29,7 Zentimeter (DIN-A4) verwendet werden. ²Die für die Darstellung benutzte Fläche (Satzspiegel) darf nicht größer als 26,2 × 17 Zentimeter und nicht kleiner als 8 Zentimeter in der Breite oder 8 Zentimeter in der Höhe sein. ³Das Blatt ist nur einseitig zu bedrucken. ⁴Vom oberen und vom linken Seitenrand jedes Blattes ist ein Randabstand von mindestens 2,5 Zentimetern einzuhalten.

(5) Die richtige Stellung der Marke ist durch den Vermerk „oben" abgesetzt oberhalb der Darstellung zu kennzeichnen, soweit sich dies nicht von selbst ergibt.

(6) § 6a bleibt unberührt.

§ 9 Dreidimensionale Marken. (1) ¹Wenn der Anmelder angibt, dass die Marke als dreidimensionale Marke eingetragen werden soll, so ist der Anmeldung eine Darstellung der Marke beizufügen, die den Erfordernissen des § 8 Absatz 1 des Markengesetzes[1] genügt. ²Soll die Marke in Schwarz-Weiß eingetragen werden, so ist die Darstellung in Schwarz-Weiß einzureichen. ³Soll die Marke in Farbe eingetragen werden, so ist die Darstellung in Farbe einzureichen und die Farben sind in der Anmeldung zu bezeichnen.

(2) Wird der Anmeldung eine grafische Darstellung beigefügt, kann die Darstellung bis zu sechs verschiedene Ansichten enthalten und ist auf einem Blatt Papier in dem Format des § 8 Absatz 3 oder Absatz 4 einzureichen.

---

[1] Nr. **10**.

(3) ¹Wird die grafische Darstellung mittels einer Strichzeichnung dargestellt, so muss diese in nicht verwischbaren und scharf begrenzten Linien ausgeführt sein. ²Sie kann Schraffuren und Schattierungen zur Darstellung plastischer Einzelheiten enthalten.

(4) Für die Form der Darstellung gilt im Übrigen § 8 Absatz 2 bis 6 entsprechend.

§ 10 Farbmarken. (1) ¹Wenn der Anmelder angibt, dass die Marke als Farbmarke eingetragen werden soll, so ist der Anmeldung einer einfarbigen abstrakten Farbmarke ein Farbmuster beizufügen. ²Die Farbe ist mit der Nummer eines international anerkannten Farbklassifikationssystems zu bezeichnen.

(2) Bei einer aus mehreren Farben bestehenden abstrakten Farbmarke muss die Anmeldung zusätzlich zu den Erfordernissen nach Absatz 1 die systematische Anordnung enthalten, in der die betreffenden Farben in festgelegter und beständiger Weise verbunden sind.

(3) Für die Form der Darstellung des Farbmusters gilt § 8 Absatz 2 bis 6 entsprechend.

§ 10a *(aufgehoben)*

§ 11 Klangmarken. (1) Wenn der Anmelder angibt, dass die Marke als Klangmarke eingetragen werden soll, so ist der Anmeldung eine Darstellung auf einem Datenträger oder eine grafische Darstellung der Klangmarke beizufügen.

(2) Die grafische Darstellung hat in einer üblichen Notenschrift zu erfolgen.

(3) Für die Form der Darstellung gilt im Übrigen § 8 Absatz 2 bis 6 entsprechend.

§ 12 Positionsmarken, Kennfadenmarken, Mustermarken, Bewegungsmarken, Multimediamarken, Hologrammmarken. (1) Wenn der Anmelder angibt, dass die Marke als Positionsmarke, Kennfadenmarke, Mustermarke, Bewegungsmarke, Multimediamarke oder als Hologrammmarke eingetragen werden soll, so ist der Anmeldung eine Darstellung der Marke beizufügen, die den Erfordernissen des § 8 Absatz 1 des Markengesetzes genügt.

(2) Für die Form der Darstellung gelten die §§ 8 bis 11 entsprechend.

§ 12a Sonstige Markenformen. (1) ¹Meldet der Anmelder eine Marke an, die nicht unter die Markenformen der §§ 7 bis 12 fällt, kann die Marke als sonstige Marke eingetragen werden. ²Der Anmeldung ist eine Darstellung der Marke beizufügen, die den Erfordernissen des § 8 Absatz 1 des Markengesetzes[1]) genügt. ³Unter den Voraussetzungen des § 6a Absatz 2 kann die Darstellung auch durch Text erfolgen.

(2) Für die Form der Darstellung gelten im Übrigen die §§ 8 bis 11 entsprechend.

§ 13 Muster und Modelle. Der Anmeldung dürfen keine Muster oder Modelle der mit der Marke versehenen Gegenstände oder der Marke selbst beigefügt werden.

---

[1]) Nr. **10.**

§ 14 *(aufgehoben)*

§ 15 Fremdsprachige Anmeldungen, Darstellungen mit nichtlateinischen Schriftzeichen. (1) Anmeldungen, die in fremder Sprache eingereicht werden, wird ein Anmeldetag nach § 33 Absatz 1 des Markengesetzes[1]) zuerkannt, sofern die Voraussetzungen des § 32 Absatz 2 des Markengesetzes erfüllt sind.

(2) ¹Enthält die Darstellung der Marke nichtlateinische Schriftzeichen, ist eine deutsche Übersetzung, eine Transliteration und eine Transkription des nichtlateinischen Markentextes beizufügen. ²Das Deutsche Patent- und Markenamt kann den Anmelder unter Setzung einer angemessenen Frist auffordern, die Übersetzung, die Transliteration und die Transkription durch einen Rechtsanwalt oder Patentanwalt beglaubigen oder von einem öffentlich bestellten Übersetzer anfertigen zu lassen.

(3) ¹Eine deutsche Übersetzung des sonstigen fremdsprachigen Inhalts der Anmeldung, insbesondere des Verzeichnisses der Waren und Dienstleistungen, ist abweichend von Absatz 2 innerhalb von drei Monaten ab Eingang der Anmeldung beim Deutschen Patent- und Markenamt einzureichen. ²Das Deutsche Patent- und Markenamt kann den Anmelder unter Setzung einer angemessenen Frist auffordern, die Übersetzung durch einen Rechtsanwalt oder Patentanwalt beglaubigen oder von einem öffentlich bestellten Übersetzer anfertigen zu lassen.

(4) ¹Wird die Übersetzung nach Absatz 3 Satz 1 nicht fristgerecht eingereicht, so gilt die Anmeldung als zurückgenommen. ²Wird die Übersetzung, die Transliteration oder die Transkription nach Absatz 2 Satz 2 oder Absatz 3 Satz 2 nicht fristgerecht eingereicht, so wird die Anmeldung zurückgewiesen.

(5) Die Prüfung der Anmeldung und alle weiteren Verfahren vor dem Deutschen Patent- und Markenamt finden auf Grundlage der deutschen Übersetzung statt.

§ 16 Fremdsprachige Dokumente. (1) Deutsche Übersetzungen von fremdsprachigen Dokumenten müssen von einem Rechtsanwalt oder Patentanwalt beglaubigt oder von einem öffentlich bestellten Übersetzer angefertigt sein.

(2) ¹Deutsche Übersetzungen von fremdsprachigen Prioritätsbelegen und Abschriften früherer Anmeldungen (§ 34 Absatz 3 Satz 2 des Markengesetzes[1])) sind nur auf Anforderung des Deutschen Patent- und Markenamts nachzureichen. ²Das Deutsche Patent- und Markenamt setzt für die Nachreichung eine angemessene Frist.

(3) ¹Deutsche Übersetzungen von sonstigen Dokumenten, die

1. nicht zu den Unterlagen der Anmeldung zählen und

2. in englischer, französischer, italienischer oder spanischer Sprache eingereicht wurden,

sind nur auf Anforderung des Deutschen Patent- und Markenamts nachzureichen. ²Das Deutsche Patent- und Markenamt setzt für die Nachreichung eine angemessene Frist.

---

[1]) Nr. 10.

(4) Werden sonstige Dokumente, die nicht zu den Unterlagen der Anmeldung zählen, in anderen Sprachen eingereicht als in Absatz 3 Satz 1 Nummer 2 aufgeführt, so sind Übersetzungen in die deutsche Sprache innerhalb eines Monats nach Eingang der Dokumente nachzureichen.

(5) ¹Wird die Übersetzung im Sinne der Absätze 2 bis 4 nach Ablauf der Frist eingereicht, so gilt das fremdsprachige Dokument als zum Zeitpunkt des Eingangs der Übersetzung eingegangen. ²Wird keine Übersetzung eingereicht, so gilt das fremdsprachige Dokument als nicht eingegangen.

§ 17 Berufung auf eine im Ursprungsland eingetragene Marke.
(1) Beruft sich der Anmelder auf eine im Ursprungsland eingetragene Marke nach Artikel 6quinquies der Pariser Verbandsübereinkunft, so kann die entsprechende Erklärung auch noch nach der Anmeldung abgegeben werden.

(2) Der Anmelder hat eine von der zuständigen Behörde ausgestellte Bescheinigung über die Eintragung im Ursprungsland vorzulegen.

§ 18 Verschiebung des Zeitrangs bei Verkehrsdurchsetzung. ¹Ergibt sich bei der Prüfung, dass die Voraussetzungen für die Verschiebung des Zeitrangs nach § 37 Abs. 2 des Markengesetzes[1]) gegeben sind, so unterrichtet das Deutsche Patent- und Markenamt den Anmelder entsprechend. ²In den Akten der Anmeldung wird der Tag vermerkt, der für die Bestimmung des Zeitrangs maßgeblich ist. ³Der Anmeldetag nach § 33 Abs. 1 des Markengesetzes bleibt im Übrigen unberührt.

Abschnitt 2. Klasseneinteilung von Waren und Dienstleistungen

§ 19[2]) Klassifizierung. Die Klassifizierung der Waren und Dienstleistungen richtet sich nach der vom Deutschen Patent- und Markenamt im Bundesanzeiger bekannt gemachten jeweils gültigen Fassung der Klasseneinteilung und der alphabetischen Listen der Waren und Dienstleistungen gemäß dem in der Genfer Fassung vom 13. Mai 1977 des Abkommens vom 15. Juni 1957 von Nizza über die internationale Klassifikation von Waren und Dienstleistungen für die Eintragung von Marken (BGBl. 1981 II S. 358, 359) festgelegten Klassifikationssystem (Nizza-Klassifikation).

§ 20 Verzeichnis der Waren und Dienstleistungen. (1) Die Waren und Dienstleistungen sind so zu bezeichnen, dass die Klassifizierung jeder einzelnen Ware oder Dienstleistung in eine Klasse der Klasseneinteilung nach § 19 möglich ist.

(2) Die Waren und Dienstleistungen, für die Markenschutz beantragt wird, sind vom Anmelder so klar und eindeutig anzugeben, dass die zuständigen Behörden und das Publikum allein auf dieser Grundlage den beantragten Schutzumfang bestimmen können.

---

[1]) Nr. **10**.
[2]) Siehe hierzu ua:
– Bek. der Klasseneinteilung und der alphabetischen Listen der Waren und Dienstleistungen gemäß § 19 MarkenVO v. 18.12.2019 (BAnz AT 27.12.2019 B8)
– Bek. der Klasseneinteilung und der alphabetischen Listen der Waren und Dienstleistungen gemäß § 19 MarkenVO 2021 v. 14.12.2020 (BAnz AT 22.12.2020 B8)

(3) Für die Angaben nach Absatz 2 können die in den Klassenüberschriften der Nizza-Klassifikation enthaltenen Oberbegriffe oder andere allgemeine Begriffe verwendet werden, sofern sie klar und eindeutig sind.
(4) Die Waren und Dienstleistungen sind nach Klassen geordnet in der Reihenfolge der Klasseneinteilung anzugeben.
(5) Die Verwendung allgemeiner Begriffe schließt alle Waren oder Dienstleistungen ein, die eindeutig von der wörtlichen Bedeutung des Begriffs erfasst sind.
(6) Das Verzeichnis der Waren und Dienstleistungen ist bei der schriftlichen Anmeldung in Schriftgrad 11 Punkt und mit einem Zeilenabstand von eineinhalb Zeilen abzufassen.

§ 21 Entscheidung über die Klassifizierung. (1) Sind die Waren und Dienstleistungen in der Anmeldung nicht zutreffend klassifiziert, so entscheidet das Deutsche Patent- und Markenamt über die Klassifizierung.
(2) [1] Das Deutsche Patent- und Markenamt legt als Leitklasse die Klasse der Klasseneinteilung fest, auf der der Schwerpunkt der Anmeldung liegt. [2] Es ist insoweit an eine Angabe des Anmelders über die Leitklasse nicht gebunden. [3] Das Deutsche Patent- und Markenamt berücksichtigt eine vom Anmelder angegebene Leitklasse bei der Gebührenzahlung.

§ 22 *(aufgehoben)*

Abschnitt 3. Veröffentlichung der Anmeldung

§ 23 Veröffentlichungen zur Anmeldung. (1) Die Veröffentlichung der Anmeldung einer Marke umfasst folgende Angaben:
1. das Aktenzeichen der Anmeldung,
2. das Datum des Eingangs der Anmeldung,
3. Angaben über die Marke,
4. Angaben zu einer vom Anmelder beanspruchten ausländischen Priorität (§ 34 des Markengesetzes[1]), Ausstellungspriorität (§ 35 des Markengesetzes) oder zu einem nach Artikel 35 der Verordnung (EG) Nr. 207/2009 des Rates vom 26. Februar 2009 über die Unionsmarke (ABl. L 78 vom 24.3.2009, S. 1), die durch die Verordnung (EU) 2015/2424 (ABl. L 341 vom 24.12.2015, S. 21) geändert worden ist, in Anspruch genommenen Zeitrang,
5. den Namen, gegebenenfalls die Rechtsform, den Wohnsitz oder Sitz des Anmelders,
6. wenn ein Vertreter bestellt ist, den Namen und Sitz des Vertreters,
7. die Anschrift mit einer Angabe zum Empfänger sowie
8. die Leitklasse und gegebenenfalls weitere Klassen des Verzeichnisses der Waren und Dienstleistungen.

(2) Wird eine angemeldete Marke nicht in das Register eingetragen, so umfasst die Veröffentlichung zusätzlich folgende Angaben:
1. bei vollständiger oder teilweiser Zurückweisung einer angemeldeten Marke eine entsprechende Angabe unter Bezeichnung des Zurückweisungsgrundes

---

[1] Nr. 10.

und der Waren und Dienstleistungen sowie der Klassen, auf die sich die Zurückweisung bezieht;
2. bei vollständiger oder teilweiser Rücknahme einer Markenanmeldung eine entsprechende Angabe unter Bezeichnung der Waren und Dienstleistungen sowie der Klassen, auf die sich die Rücknahme bezieht;
3. wenn eine Anmeldung wegen Nichtzahlung der Gebühr (§ 6 Abs. 2 des Patentkostengesetzes) oder wegen fehlender Mindestvoraussetzungen für die Zuerkennung eines Anmeldetages (§ 36 Abs. 2 Satz 1 in Verbindung mit § 36 Abs. 1 Nr. 1, § 33 Abs. 1 des Markengesetzes) als zurückgenommen gilt, eine entsprechende Angabe;
4. bei geschlossenen Mehrfachanmeldungen eine entsprechende Angabe.

(3) Die Veröffentlichung kann in elektronischer Form erfolgen.

Teil 3. Register, Urkunde, Veröffentlichung

§ 24 Ort und Form des Registers. (1) Das Register wird beim Deutschen Patent- und Markenamt geführt.

(2) Seit dem 1. August 1999 wird das Register in Form einer elektronischen Datenbank betrieben.

§ 25 Inhalt des Registers. In das Register werden eingetragen:
1. die Registernummer der Marke,
2. das Aktenzeichen der Anmeldung, sofern es nicht mit der Registernummer übereinstimmt,
3. die Darstellung der Marke,
4. die Angabe der Markenform,
5. bei farbig eingetragenen Marken die entsprechende Angabe und die Bezeichnung der Farben,
6. gegebenenfalls eine Beschreibung der Marke,
7. bei Marken, die wegen nachgewiesener Verkehrsdurchsetzung (§ 8 Abs. 3 des Markengesetzes[1]) eingetragen sind, die entsprechende Angabe,
8. bei Marken, die auf Grund einer im Ursprungsland eingetragenen Marke gemäß Artikel 6quinquies der Pariser Verbandsübereinkunft eingetragen sind, eine entsprechende Angabe,
9. gegebenenfalls die Angabe, dass es sich um eine Kollektiv- oder Gewährleistungsmarke handelt,
10. bei einer Marke, deren Zeitrang nach Artikel 34 oder Artikel 35 der Verordnung (EG) Nr. 207/2009 des Rates vom 26. Februar 2009 über die Unionsmarke (ABl. L 78 vom 24.3.2009, S. 1), die durch die Verordnung (EU) 2015/2424 (ABl. L 341 vom 24.12.2015, S. 21) geändert worden ist, für eine angemeldete oder eingetragene Unionsmarke in Anspruch genommen wurde, die Angabe des entsprechenden Aktenzeichens und im Fall der Löschung der Marke die Bezeichnung des Verfalls- oder Nichtigkeitsgrundes,
11. der Anmeldetag der Marke,

---
[1] Nr. **10.**

12. gegebenenfalls der Tag, der für die Bestimmung des Zeitrangs einer Marke nach § 37 Abs. 2 des Markengesetzes maßgeblich ist,
13. der Tag, der Staat und das Aktenzeichen einer vom Markeninhaber beanspruchten ausländischen Priorität (§ 34 des Markengesetzes),
14. Angaben zu einer vom Markeninhaber beanspruchten Ausstellungspriorität (§ 35 des Markengesetzes),
15. der Name, gegebenenfalls die Rechtsform und der Wohnsitz oder Sitz des Inhabers der Marke; bei einer Gesellschaft bürgerlichen Rechts auch der Name und Wohnsitz des benannten vertretungsberechtigten Gesellschafters,
16. wenn ein Vertreter bestellt ist, der Name und Sitz des Vertreters,
17. die Anschrift mit einer Angabe zum Empfänger,
18. das Verzeichnis der Waren und Dienstleistungen unter Angabe der Leitklasse und der weiteren Klassen in gruppierter Form,
19. der Tag der Eintragung in das Register,
20. der Tag der Veröffentlichung der Eintragung,
20a. der Beginn und das Ende der Benutzungsschonfrist nach den §§ 26 und 43 Absatz 1 des Markengesetzes,
21. wenn nach Ablauf der Widerspruchsfrist kein Widerspruch gegen die Eintragung der Marke erhoben worden ist, eine entsprechende Angabe,
22. wenn Widerspruch erhoben worden ist,
    a) eine entsprechende Angabe,
    b) Angaben zum Widerspruchszeichen, auf das der Widerspruch gestützt wird,
    c) der Status des Widerspruchs,
    d) der Tag des Abschlusses des Widerspruchsverfahrens,
    e) bei vollständiger Löschung der Marke eine entsprechende Angabe,
    f) bei teilweiser Löschung der Marke die Waren und Dienstleistungen, auf die sich die Löschung bezieht,
23. die Verlängerung der Schutzdauer,
24. wenn ein Dritter Antrag auf Erklärung des Verfalls oder der Nichtigkeit einer eingetragenen Marke gestellt oder Klage auf Erklärung des Verfalls oder der Nichtigkeit einer eingetragenen Marke erhoben hat,
    a) im Fall eines Antrags auf Erklärung des Verfalls oder der Nichtigkeit nach den §§ 49 bis 51 des Markengesetzes eine entsprechende Angabe,
    b) im Fall einer Klage auf Erklärung des Verfalls oder der Nichtigkeit einer eingetragenen Marke der Tag der Erhebung,
    c) im Fall eines Antrags auf Erklärung des Verfalls oder der Nichtigkeit nach den §§ 49 bis 51 des Markengesetzes der Abschluss des Verfalls- oder Nichtigkeitsverfahrens,
    d) im Fall einer Klage auf Erklärung des Verfalls oder der Nichtigkeit einer eingetragenen Marke das Ergebnis des Verfahrens mit dem Datum der Rechtskraft,
    e) bei vollständiger Verfalls- oder Nichtigkeitserklärung und Löschung der Marke eine entsprechende Angabe unter Bezeichnung des Verfalls- oder Nichtigkeitsgrundes,

f) bei teilweiser Verfalls- oder Nichtigkeitserklärung und Löschung der Marke eine entsprechende Angabe unter Bezeichnung des Verfalls- oder Nichtigkeitsgrundes und der Waren und Dienstleistungen, auf die sich die Löschung bezieht,
25. wenn ein Nichtigkeitsverfahren von Amts wegen eingeleitet wird,
  a) bei vollständiger Nichtigkeitserklärung und Löschung der Marke eine entsprechende Angabe unter Bezeichnung des Nichtigkeitsgrundes,
  b) bei teilweiser Nichtigkeitserklärung und Löschung der Marke eine entsprechende Angabe unter Bezeichnung des Nichtigkeitsgrundes und die Waren und Dienstleistungen, auf die sich die Löschung bezieht,
26. bei vollständiger oder teilweiser Löschung der Marke auf Grund einer entsprechenden Erklärung des Inhabers der Marke, wie insbesondere eines Antrags auf teilweise Verlängerung der Schutzdauer oder einem Teilverzicht, die entsprechende Angabe unter Bezeichnung des Löschungsgrundes und, soweit es sich um eine teilweise Löschung handelt, das Verzeichnis der Waren und Dienstleistungen in der Fassung, wie es sich nach dem Vollzug der Löschung ergibt,
27. Angaben über eine Eintragungsbewilligungsklage nach § 44 des Markengesetzes, soweit sie dem Deutschen Patent- und Markenamt mitgeteilt worden sind,
28. der Tag des Eingangs einer Teilungserklärung,
29. bei der Stammeintragung der Hinweis auf die Registernummer der infolge einer Teilungserklärung abgetrennten Eintragung,
30. bei der infolge einer Teilungserklärung abgetrennten Eintragung die entsprechende Angabe und die Registernummer der Stammeintragung,
31. der Tag und die Nummer der internationalen Registrierung (*[bis 30.4. 2022:* §§ 110, 122 Abs. 2 des Markengesetzes*][ab 1.5.2022:* § *110 Absatz 2 des Markengesetzes]*),
32. der Rechtsübergang einer Marke zusammen mit Angaben über den Rechtsnachfolger und gegebenenfalls seinen Vertreter gemäß den Nummern 15, 16 und 17,
33. bei einem Rechtsübergang der Marke für einen Teil der Waren und Dienstleistungen außerdem die Angaben nach den Nummern 29 und 30,
34. Angaben über dingliche Rechte (§ 29 des Markengesetzes),
34a. Angaben über Lizenzen, einschließlich den Namen, die Rechtsform sowie die Anschrift des Wohnsitzes oder Sitzes des Lizenznehmers,
34b. Erklärungen über die Lizenz- oder Veräußerungsbereitschaft,
34c. Angaben über Markensatzungen von Kollektiv- oder Gewährleistungsmarken,
35. Angaben über Maßnahmen der Zwangsvollstreckung (§ 29 Abs. 1 Nr. 2 des Markengesetzes) und die Erfassung der Marke durch ein Insolvenzverfahren (§ 29 Abs. 3 des Markengesetzes),
36. Änderungen der in den Nummern 15, 16 und 17 aufgeführten Angaben und
37. Berichtigungen von Eintragungen im Register (§ 45 Abs. 1 des Markengesetzes).

§ 26 Urkunde, Bescheinigungen. ¹Der Inhaber einer Marke erhält neben der Urkunde über die Eintragung der Marke in das Register nach § 25 der DPMA-Verordnung eine Bescheinigung über die in das Register eingetragenen Angaben. ²Nicht grafische Markendarstellungen und Markensatzungen werden dabei durch einen Verweis auf das Markenregister ersetzt.

§ 27 Veröffentlichungen zu Eintragungen im Register. (1) Eintragungen im Register gemäß § 25 werden in regelmäßig erscheinenden Übersichten vom Deutschen Patent- und Markenamt veröffentlicht.

(2) Die Veröffentlichung kann in elektronischer Form erfolgen.

(3) Die Veröffentlichung der Eintragung umfasst alle in das Register eingetragenen Angaben mit Ausnahme der in § 25 Nummer 20a, 22 Buchstabe b und c, Nummer 24 Buchstabe b und d, Nummer 31 und 34a bis 34c bezeichneten Angaben.

(4) ¹Der erstmaligen Veröffentlichung einer eingetragenen Marke ist ein Hinweis auf die Möglichkeit des Widerspruchs (§ 42 des Markengesetzes[1])) beizufügen. ²Dieser Hinweis wird wiederholt, wenn die eingetragene Marke wegen erheblicher Mängel der Erstveröffentlichung erneut veröffentlicht wird. ³Der Hinweis kann für alle Marken, die nach den Sätzen 1 und 2 veröffentlicht werden, gemeinsam erfolgen.

§ 28 *(aufgehoben)*

Teil 4. Einzelne Verfahren

Abschnitt 1. Widerspruchsverfahren

§ 29 Form des Widerspruchs. (1) ¹Für jede Marke, geschäftliche Bezeichnung, geschützte Ursprungsbezeichnung oder geografische Angabe, wegen der gegen die Eintragung einer Marke Widerspruch erhoben wird (Widerspruchskennzeichen), ist ein gesonderter Widerspruch erforderlich. ²Gehören alle Widerspruchskennzeichen demselben Inhaber, so liegt nur ein Widerspruch vor.

(2) Der Widerspruch soll unter Verwendung des vom Deutschen Patent- und Markenamt herausgegebenen Formblatts eingereicht werden.

§ 30 Inhalt des Widerspruchs. (1) ¹Der Widerspruch muss Angaben enthalten, die es erlauben, die Identität der angegriffenen Marke, des Widerspruchskennzeichens sowie des oder der Widersprechenden festzustellen. ²Bei den weder angemeldeten noch eingetragenen Widerspruchskennzeichen sind zu deren Identifizierung die Art, die Darstellung, die Form, der Zeitrang, der Gegenstand sowie der Inhaber des geltend gemachten Kennzeichenrechts anzugeben.

(2) In dem Widerspruch sollen, soweit nicht bereits zur Identitätsfeststellung nach Absatz 1 erforderlich, angegeben werden:

1. die Registernummer der Marke, gegen deren Eintragung der Widerspruch sich richtet,

---

[1]) Nr. 10.

Markenverordnung

2. die Registriernummer der eingetragenen Widerspruchsmarke oder das Aktenzeichen der angemeldeten Widerspruchsmarke oder die Dossier-Nummer der geschützten Ursprungsbezeichnung oder der geografischen Angabe,
3. die Darstellung und die Bezeichnung der Form des Widerspruchskennzeichens,
4. falls es sich bei der Widerspruchsmarke um eine international registrierte Marke handelt, die Registernummer der Widerspruchsmarke sowie bei international registrierten Widerspruchsmarken, die vor dem 3. Oktober 1990 mit Wirkung sowohl für die Bundesrepublik Deutschland als auch für die Deutsche Demokratische Republik registriert worden sind, die Erklärung, auf welchen Länderteil der Widerspruch gestützt wird,
5. der Name und die Anschrift des Inhabers des Widerspruchskennzeichens,
6. falls der Widerspruch aus einer angemeldeten oder eingetragenen Marke von einer Person erhoben wird, die nicht als Anmelder in den Akten der Anmeldung vermerkt oder im Register als Inhaber eingetragen ist, der Name und die Anschrift des oder der Widersprechenden sowie der Zeitpunkt, zu dem ein Antrag auf Vermerk oder Eintragung des Rechtsübergangs gestellt worden ist,
7. falls der oder die Widersprechende einen Vertreter bestellt hat, der Name und die Anschrift des Vertreters,
8. der Name des Inhabers der Marke, gegen deren Eintragung der Widerspruch sich richtet,
9. die Waren und Dienstleistungen, auf die der Widerspruch gestützt wird,
10. die Waren und Dienstleistungen, gegen die der Widerspruch sich richtet.

§ 31 Gemeinsame Entscheidung über mehrere Widersprüche. Über mehrere Widersprüche kann gemeinsam entschieden werden.

§ 32 Aussetzung. (1) Das Deutsche Patent- und Markenamt kann das Verfahren über einen Widerspruch außer in den in § 43 Abs. 3 des Markengesetzes[1]) genannten Fällen auch dann aussetzen, wenn dies sachdienlich ist.

(2) Eine Aussetzung kommt insbesondere in Betracht, wenn dem Widerspruch voraussichtlich stattzugeben wäre und der Widerspruch auf eine angemeldete Marke gestützt worden ist oder vor dem Deutschen Patent- und Markenamt ein Verfalls- und Nichtigkeitsverfahren anhängig ist.

Abschnitt 2. Teilübergang, Teilung von Anmeldungen und Eintragungen

§ 33 Teilübergang einer eingetragenen Marke. (1) Betrifft der Übergang des durch die Eintragung einer Marke begründeten Rechts nur einen Teil der eingetragenen Waren und Dienstleistungen, so sind in dem Antrag auf Eintragung des Rechtsübergangs nach § 28 der DPMA-Verordnung die Waren und Dienstleistungen anzugeben, auf die sich der Rechtsübergang bezieht.

(2) Im Übrigen ist § 36 Absatz 1 bis 4 und 6 entsprechend anzuwenden.

---

[1]) Nr. 10.

§ 34 Rechtsübergang, dingliche Rechte, Insolvenzverfahren und Maßnahmen der Zwangsvollstreckung bei Anmeldungen. (1) Der Übergang von Rechten, dingliche Rechte, Maßnahmen der Zwangsvollstreckung oder Insolvenzverfahren werden in den Akten der Anmeldung vermerkt.

(2) [1] Im Fall von Rechtsübergängen wird nur diejenige Person in das Register eingetragen, die zum Zeitpunkt der Eintragung Inhaberin der Marke ist. [2] Ein zum Zeitpunkt der Eintragung bestehendes dingliches Recht, eine zu diesem Zeitpunkt bestehende Maßnahme der Zwangsvollstreckung oder ein zu diesem Zeitpunkt anhängiges Insolvenzverfahren wird auch in das Register eingetragen.

(3) [1] Betrifft der Übergang des durch die Anmeldung einer Marke begründeten Rechts nur einen Teil der Waren und Dienstleistungen, für die die Marke angemeldet worden ist, so sind in dem Antrag auf Vermerk eines Teilübergangs die Waren und Dienstleistungen anzugeben, auf die sich der Rechtsübergang bezieht. [2] Im Übrigen ist § 35 Absatz 1 bis 4 und 6 entsprechend anzuwenden.

§ 35 Teilung von Anmeldungen. (1) [1] Eine angemeldete Marke kann nach § 40 Abs. 1 des Markengesetzes[1]) in zwei oder mehrere Anmeldungen geteilt werden. [2] Für jeden abgetrennten Teil ist eine gesonderte Teilungserklärung erforderlich. [3] Die Teilungserklärung soll unter Verwendung des vom Deutschen Patent- und Markenamt herausgegebenen Formblatts eingereicht werden.

(2) In der Teilungserklärung sind die Waren und Dienstleistungen anzugeben, die in die abgetrennte Anmeldung aufgenommen werden.

(3) [1] Das Verzeichnis der Waren und Dienstleistungen der verbleibenden Stammanmeldung und das Verzeichnis der Waren und Dienstleistungen der abgetrennten Anmeldung müssen insgesamt mit dem im Zeitpunkt des Zugangs der Teilungserklärung bestehenden Verzeichnis der Waren und Dienstleistungen der Ausgangsanmeldung deckungsgleich sein. [2] Betrifft die Teilung Waren und Dienstleistungen, die unter einen Oberbegriff fallen, so ist der Oberbegriff sowohl in der Stammanmeldung als auch in der abgetrennten Anmeldung zu verwenden und durch entsprechende Zusätze so einzuschränken, dass sich keine Überschneidungen der Verzeichnisse der Waren und Dienstleistungen ergeben.

(4) [1] Das Deutsche Patent- und Markenamt fertigt eine vollständige Kopie der Akten der Ausgangsanmeldung. [2] Diese Kopie wird zusammen mit der Teilungserklärung Bestandteil der Akten der abgetrennten Anmeldung. [3] Die abgetrennte Anmeldung erhält ein neues Aktenzeichen. [4] Eine Kopie der Teilungserklärung wird zu den Akten der Stammanmeldung genommen.

(5) [1] Ein für die Ausgangsanmeldung benannter Vertreter des Anmelders gilt auch als Vertreter des Anmelders für die abgetrennte Anmeldung. [2] Die Vorlage einer neuen Vollmacht ist nicht erforderlich.

(6) In Bezug auf die ursprüngliche Anmeldung gestellte Anträge gelten auch für die abgetrennte Anmeldung fort.

§ 36 Teilung von Eintragungen. (1) [1] Eine eingetragene Marke kann nach § 46 Abs. 1 des Markengesetzes[1]) in zwei oder mehrere Eintragungen geteilt

---

[1]) Nr. 10.

werden. ²Für jeden abgetrennten Teil ist eine gesonderte Teilungserklärung einzureichen. ³Die Teilungserklärung soll unter Verwendung des vom Deutschen Patent- und Markenamt herausgegebenen Formblatts eingereicht werden.

(2) In der Teilungserklärung sind die Waren und Dienstleistungen anzugeben, die in die abgetrennte Eintragung aufgenommen werden.

(3) ¹Das Verzeichnis der Waren und Dienstleistungen der verbleibenden Stammeintragung und das Verzeichnis der Waren und Dienstleistungen der abgetrennten Eintragung müssen insgesamt mit dem im Zeitpunkt des Zugangs der Teilungserklärung bestehenden Verzeichnis der Waren und Dienstleistungen der Ausgangseintragung deckungsgleich sein. ²Betrifft die Teilung Waren und Dienstleistungen, die unter einen Oberbegriff fallen, so ist der Oberbegriff sowohl in der Stammeintragung als auch in der abgetrennten Eintragung zu verwenden und durch entsprechende Zusätze so einzuschränken, dass sich keine Überschneidungen der Verzeichnisse der Waren und Dienstleistungen ergeben.

(4) ¹Das Deutsche Patent- und Markenamt fertigt eine vollständige Kopie der Akten der Ausgangseintragung. ²Diese Kopie wird zusammen mit der Teilungserklärung Bestandteil der Akten der abgetrennten Eintragung. ³Die abgetrennte Eintragung erhält eine neue Registernummer. ⁴Eine Kopie der Teilungserklärung wird zu den Akten der Stammeintragung genommen.

(5) ¹Ein für die Ausgangseintragung benannter Vertreter des Inhabers der Marke gilt auch als Vertreter des Inhabers der Marke für die abgetrennte Eintragung. ²Die Vorlage einer neuen Vollmacht ist nicht erforderlich.

(6) In Bezug auf die ursprüngliche Eintragung gestellte Anträge gelten auch für die abgetrennte Eintragung fort.

(7) ¹Ist gegen die Eintragung einer Marke, deren Teilung nach § 46 des Markengesetzes erklärt worden ist, Widerspruch erhoben worden, so fordert das Deutsche Patent- und Markenamt den Widersprechenden zu einer Erklärung darüber auf, gegen welche Teile der ursprünglichen Eintragung der Widerspruch sich richtet. ²Der Inhaber der eingetragenen Marke kann auch von sich aus eine entsprechende Erklärung des Widersprechenden beibringen. ³Wird eine solche Erklärung nicht abgegeben, so wird die Teilungserklärung als unzulässig zurückgewiesen.

Abschnitt 3. Verlängerung

§ 37 Verlängerung durch Gebührenzahlung. Bei der Zahlung der Verlängerungsgebühren nach § 47 Abs. 3 des Markengesetzes[1]) sind die Registernummer und der Name des Inhabers der Marke sowie der Verwendungszweck anzugeben.

§ 38 Antrag auf teilweise Verlängerung. (1) Soll die Verlängerung der Schutzdauer einer eingetragenen Marke nur für einen Teil der Waren und Dienstleistungen bewirkt werden, für die die Marke eingetragen ist, so kann der Inhaber der Marke einen entsprechenden Antrag stellen.

(2) In dem Antrag sind anzugeben:

---

¹) Nr. 10.

1. die Registernummer der Marke, deren Schutzdauer verlängert werden soll,
2. der Name und die Anschrift des Inhabers der Marke,
3. falls ein Vertreter bestellt ist, der Name und die Anschrift des Vertreters,
4. die Waren und Dienstleistungen, für die die Schutzdauer verlängert werden soll.

Abschnitt 4. Verzicht

§ 39 Verzicht. (1) Der Antrag auf vollständige oder teilweise Löschung einer Marke nach § 48 Abs. 1 des Markengesetzes[1)] soll unter Verwendung des vom Deutschen Patent- und Markenamt herausgegebenen Formblatts gestellt werden.

(2) In dem Antrag sind anzugeben:
1. die Registernummer der Marke, die ganz oder teilweise gelöscht werden soll,
2. der Name und die Anschrift des Inhabers der Marke,
3. falls ein Vertreter bestellt ist, der Name und die Anschrift des Vertreters,
4. falls eine Teillöschung beantragt wird, entweder die Waren und Dienstleistungen, die gelöscht werden sollen, oder die Waren und Dienstleistungen, für die die Marke nicht gelöscht werden soll.

§ 40 Zustimmung Dritter. [1]Für die nach § 48 Abs. 2 des Markengesetzes[1)] erforderliche Zustimmung eines im Register eingetragenen Inhabers eines Rechts an der Marke reicht die Abgabe einer von dieser Person oder ihrem Vertreter unterschriebenen Zustimmungserklärung aus. [2]Eine Beglaubigung der Erklärung oder der Unterschrift ist nicht erforderlich. [3]Die Zustimmung kann auch auf andere Weise nachgewiesen werden.

Abschnitt 5. Löschung

§ 41 Verfall. (1) Der Antrag auf Erklärung des Verfalls einer Marke nach § 53 Absatz 1 des Markengesetzes[1)] soll unter Verwendung des vom Deutschen Patent- und Markenamt herausgegebenen Formblatts gestellt werden.

(2) In dem Antrag sind anzugeben:
1. die Registernummer der Marke, deren Erklärung des Verfalls beantragt wird,
2. der Name und die Anschrift des Antragstellers,
3. falls der Antragsteller einen Vertreter bestellt hat, der Name und die Anschrift des Vertreters,
4. falls die Erklärung des Verfalls nur für einen Teil der Waren und Dienstleistungen beantragt wird, für die die Marke eingetragen ist, entweder die Waren und Dienstleistungen, für die die Erklärung der Nichtigkeit beantragt wird, oder die Waren und Dienstleistungen, für die die Erklärung der Nichtigkeit nicht beantragt wird, und
5. der Verfallsgrund nach § 49 des Markengesetzes.

§ 42 Nichtigkeit wegen absoluter Schutzhindernisse und älterer Rechte. (1) Für den Antrag auf Nichtigkeit wegen absoluter Schutzhindernisse und

---

[1)] Nr. 10.

älterer Rechte nach § 53 Absatz 1 des Markengesetzes[1]) gilt § 41 dieser Verordnung entsprechend.

(2) ¹Zusätzlich zu den Angaben nach § 41 Absatz 2 sind folgende Angaben zu machen:
1. bei einem Antrag auf Nichtigkeit wegen älterer Rechte nach § 53 Absatz 1 des Markengesetzes: Angaben, die es erlauben, die Identität des älteren Rechts festzustellen, und
2. bei einem Antrag nach § 53 Absatz 3 des Markengesetzes: Angaben, die es erlauben, den Inhaber des älteren Rechts festzustellen.

²Bei weder angemeldeten noch eingetragenen älteren Rechten sind zumindest die Art, die Wiedergabe, die Form, der Zeitrang, der Gegenstand sowie der Inhaber anzugeben.

(3) Für den Antrag auf Nichtigkeit wegen älterer Rechte nach § 53 Absatz 1 des Markengesetzes sind des Weiteren die zur Begründung dienenden Tatsachen und Beweismittel anzugeben.

(4) Sofern nicht bereits zur Identitätsfeststellung des älteren Rechts nach Absatz 2 Satz 1 Nummer 1 oder zur Feststellung des Inhabers nach Absatz 2 Satz 1 Nummer 2 erforderlich, sind bei sämtlichen Anträgen anzugeben:
1. die Registernummer einer eingetragenen älteren Marke, das Aktenzeichen einer angemeldeten älteren Marke oder die Dossier-Nummer der geschützten Ursprungsbezeichnung oder geografischen Angabe,
2. Angaben, die belegen, dass der Antragsteller, der nicht nach § 53 Absatz 3 des Markengesetzes Inhaber des älteren Rechts ist, berechtigt ist, dieses im Nichtigkeitsverfahren geltend zu machen,
3. die Wiedergabe und die Bezeichnung der Form des älteren Rechts,
4. falls es sich bei dem älteren Recht um eine international registrierte Marke handelt, deren Registernummer sowie bei international registrierten älteren Marken, die vor dem 3. Oktober 1990 mit Wirkung sowohl für die Bundesrepublik Deutschland als auch für die Deutsche Demokratische Republik registriert worden sind, die Erklärung, auf welche dieser Registrierungen der Antrag gestützt wird,
5. der Name und die Anschrift des Inhabers des älteren Rechts.

Abschnitt 6. Lizenz

§ 42a Eintragung einer Lizenz. (1) Der Antrag auf Eintragung der Erteilung einer Lizenz nach § 30 Absatz 6 Satz 1 des Markengesetzes[1]) soll unter Verwendung des vom Deutschen Patent- und Markenamt bereitgestellten Formblatts gestellt werden.

(2) In dem Antrag sind anzugeben:
1. die Registernummer der Marke, bei der die Lizenz erfasst werden soll,
2. der Name des Markeninhabers,
3. Angaben zum Lizenznehmer entsprechend § 5,
4. Angaben, ob es sich um eine ausschließliche oder einfache Lizenz handelt,

---

[1]) Nr. 10.

5. Angaben, ob es sich um eine Unterlizenz des im Register eingetragenen Lizenznehmers handelt,
6. Angaben zu einer zeitlichen, räumlichen oder gegenständlichen Beschränkung; falls die Lizenz auf einen Teil der Waren und Dienstleistungen beschränkt wurde, die Waren und Dienstleistungen, für die die Lizenz gewährt wurde.

(3) Die nach § 30 Absatz 6 des Markengesetzes erforderliche Zustimmung des Markeninhabers oder des Lizenznehmers bedarf der Schriftform.

§ 42b Änderung oder Löschung einer Lizenz. Der Antrag auf Änderung oder Löschung einer nach § 30 Absatz 6 des Markengesetzes[1] eingetragenen Lizenz muss die Registernummer der Marke und die Bezeichnung der Lizenz, die geändert oder gelöscht werden soll, enthalten.

§ 42c Erklärung der Lizenzierungs- oder Veräußerungsbereitschaft.

(1) [1] Der Anmelder oder der im Register eingetragene Markeninhaber kann gegenüber dem Deutschen Patent- und Markenamt seine unverbindliche Bereitschaft zur Vergabe von Lizenzen oder zur Veräußerung des Markenrechts schriftlich erklären. [2] Die Erklärung wird in das Register eingetragen.

(2) Die Erklärung der Bereitschaft zur Vergabe von Lizenzen ist unzulässig, solange im Register ein Vermerk über die Einräumung einer ausschließlichen Lizenz eingetragen ist oder dem Deutschen Patent- und Markenamt ein Antrag auf Eintragung eines solchen Vermerks vorliegt.

(3) Erklärungen nach Absatz 1 können jederzeit gegenüber dem Deutschen Patent- und Markenamt schriftlich zurückgenommen werden.

Teil 5. Internationale Registrierungen

[§ 43 bis 30.4.2022:]
§ 43 Anträge und sonstige Mitteilungen im Verfahren der internationalen Registrierung nach dem Madrider Markenabkommen. Für Anträge und für sonstige Mitteilungen im Verfahren der internationalen Registrierung einer in das Register eingetragenen Marke nach Artikel 3 des Madrider Markenabkommens beim Deutschen Patent- und Markenamt sind die vom Internationalen Büro der Weltorganisation für geistiges Eigentum herausgegebenen amtlichen Formblätter zu verwenden.

[§ 43 ab 1.5.2022:]
§ 43 *(aufgehoben)*

§ 44 Anträge und sonstige Mitteilungen im Verfahren der internationalen Registrierung nach dem Protokoll zum Madrider Markenabkommen. Für Anträge und für sonstige Mitteilungen im Verfahren der internationalen Registrierung einer beim Deutschen Patent- und Markenamt angemeldeten oder in das Register eingetragenen Marke nach Artikel 3 des Protokolls zum Madrider Markenabkommen sind die vom Internationalen Büro der Weltorganisation für geistiges Eigentum herausgegebenen amtlichen Formblätter zu verwenden.

---

[1] Nr. 10.

Markenverordnung §§ 45–47 MarkenV 11

[§ 45 bis 30.4.2022:]
§ 45 Anträge und sonstige Mitteilungen im Verfahren der internationalen Registrierung nach dem Madrider Markenabkommen und nach dem Protokoll zum Madrider Markenabkommen. Für Anträge und für sonstige Mitteilungen im Verfahren der internationalen Registrierung einer beim Deutschen Patent- und Markenamt in das Register eingetragenen Marke sowohl nach Artikel 3 des Madrider Markenabkommens als auch nach Artikel 3 des Protokolls zum Madrider Markenabkommen sind die vom Internationalen Büro der Weltorganisation für geistiges Eigentum herausgegebenen amtlichen Formblätter zu verwenden.

[§ 45 ab 1.5.2022:]
§ 45 *(aufgehoben)*

§ 46 Schutzverweigerung. (1) Wird einer international registrierten Marke, deren Schutz*[bis 30.4.2022:* nach Artikel 3ter des Madrider Markenabkommens oder*]* nach Artikel 3ter des Protokolls zum Madrider Markenabkommen auf das Gebiet der Bundesrepublik Deutschland erstreckt worden ist, der Schutz ganz oder teilweise verweigert und wird diese Schutzverweigerung dem Internationalen Büro der Weltorganisation für geistiges Eigentum zur Weiterleitung an den Inhaber der internationalen Registrierung übermittelt, so wird die Frist, innerhalb derer ein Inlandsvertreter bestellt werden muss, damit der Schutz nicht endgültig verweigert wird, auf vier Monate ab dem Tag der Absendung der Mitteilung der Schutzverweigerung durch das Internationale Büro der Weltorganisation für geistiges Eigentum festgesetzt.

(2) [1] Wird die Schutzverweigerung endgültig, weil der Inhaber der international registrierten Marke keinen Inlandsvertreter bestellt hat, so ist eine gegen die Schutzverweigerung gegebene Erinnerung oder Beschwerde beim Deutschen Patent- und Markenamt innerhalb eines weiteren Monats nach Ablauf der in Absatz 1 genannten Frist einzulegen. [2] Der Schutzverweigerung muss eine entsprechende Rechtsmittelbelehrung beigefügt sein. [3] § 61 Abs. 2 des Markengesetzes[1]) ist entsprechend anzuwenden.

Teil 6. Verfahren nach der Verordnung (EU) Nr. 1151/2012
Abschnitt 1. Eintragungsverfahren

§ 47 Eintragungsantrag. (1) Der Antrag auf Eintragung einer geografischen Angabe oder einer Ursprungsbezeichnung nach Artikel 49 der Verordnung (EU) Nr. 1151/2012 des Europäischen Parlaments und des Rates vom 21. November 2012 über Qualitätsregelungen für Agrarerzeugnisse und Lebensmittel (ABl. L 343 vom 14.12.2012, S. 1) in ihrer jeweils geltenden Fassung muss unter Verwendung des vom Deutschen Patent- und Markenamt herausgegebenen Formblatts eingereicht werden.

(2) In dem Antrag sind anzugeben:
1. der Name und die Anschrift des Antragstellers,
2. die Rechtsform, Größe und Zusammensetzung der den Antrag stellenden Vereinigung,

---

[1]) Nr. **10**.

3. falls ein Vertreter bestellt worden ist, der Name und die Anschrift des Vertreters,
4. der als geografische Angabe oder Ursprungsbezeichnung zu schützende Name,
5. die Art des Agrarerzeugnisses oder Lebensmittels,
6. die Spezifikation nach Artikel 7 Absatz 1 der Verordnung (EU) Nr. 1151/2012 gemäß Formblatt.

§ 48 Veröffentlichung des Antrags. (1) In der Veröffentlichung des Antrags (§ 130 Abs. 4 des Markengesetzes[1])) sind mindestens anzugeben:
1. der Name und die Anschrift des Antragstellers,
2. falls ein Vertreter bestellt worden ist, der Name und die Anschrift des Vertreters,
3. der als geografische Angabe oder als Ursprungsbezeichnung zu schützende Name,
4. die Art des Agrarerzeugnisses oder Lebensmittels,
5. die Spezifikation nach Artikel 7 Absatz 1 der Verordnung (EU) Nr. 1151/2012.

(2) In der Veröffentlichung ist auf die Möglichkeit des Einspruchs nach § 130 Abs. 4 des Markengesetzes in Verbindung mit Artikel 49 Absatz 3 der Verordnung (EU) Nr. 1151/2012 hinzuweisen.

§ 49 Nationaler Einspruch. (1) Der Einspruch nach § 130 Abs. 4 des Markengesetzes[1]) in Verbindung mit Artikel 49 Absatz 3 der Verordnung (EU) Nr. 1151/2012 soll unter Verwendung des vom Deutschen Patent- und Markenamt herausgegebenen Formblatts eingereicht werden.

(2) In der Einspruchsschrift sind anzugeben:
1. die geografische Angabe oder Ursprungsbezeichnung, gegen deren Eintragung sich der Einspruch richtet,
2. der Name und die Anschrift des Einsprechenden,
3. falls ein Vertreter bestellt worden ist, der Name und die Anschrift des Vertreters,
4. die Umstände, aus denen sich das berechtigte Interesse des Einsprechenden ergibt,
5. die Gründe, auf die sich der Einspruch stützt.

Abschnitt 2. Zwischenstaatliches Einspruchsverfahren nach § 131 des Markengesetzes

§ 50 Einspruch. (1) Der Einspruch nach § 131 des Markengesetzes[1]) in Verbindung mit Artikel 51 Absatz 1 Unterabsatz 2 der Verordnung (EU) Nr. 1151/2012 soll unter Verwendung des vom Deutschen Patent- und Markenamt herausgegebenen Formblatts eingereicht werden.

(2) In der Einspruchsschrift sind anzugeben:
1. die geografische Angabe oder Ursprungsbezeichnung, gegen deren Eintragung sich der Einspruch richtet,

---

[1]) Nr. **10**.

2. die EG-Nummer und das Datum der Veröffentlichung im Amtsblatt der Europäischen Union,
3. der Name und die Anschrift des Einsprechenden,
4. falls ein Vertreter bestellt worden ist, der Name und die Anschrift des Vertreters,
5. die Umstände, aus denen sich das berechtigte Interesse des Einsprechenden ergibt.

(3) ¹Der Einspruch ist innerhalb von zwei Monaten nach Einreichung zu begründen. ²Die Gründe nach Artikel 10 Absatz 1 der Verordnung (EU) Nr. 1151/2012, auf welche der Einspruch gestützt wird, sind anzugeben.

§ 51 Einspruchsverfahren. ¹Das Deutsche Patent- und Markenamt unterrichtet unverzüglich nach Ablauf der Einspruchsfrist das Bundesministerium der Justiz und für Verbraucherschutz über die eingegangenen Einsprüche durch Übersendung der Einsprüche mit den erforderlichen Unterlagen. ²Nachgereichte Einspruchsbegründungen werden unverzüglich weitergeleitet.

Abschnitt 3. Änderungen der Spezifikation; Löschung; Akteneinsicht

§ 52 Änderungen der Spezifikation. (1) Der Antrag auf Änderung der Spezifikation gemäß Artikel 53 der Verordnung (EU) Nr. 1151/2012 soll unter Verwendung des vom Deutschen Patent- und Markenamt herausgegebenen Formblatts eingereicht werden.

(2) In dem Antrag sind anzugeben:
1. die eingetragene geografische Angabe oder Ursprungsbezeichnung,
2. der Name und die Anschrift des Antragstellers,
3. Rechtsform, Größe und Zusammensetzung der den Antrag stellenden Vereinigung,
4. falls ein Vertreter bestellt worden ist, der Name und die Anschrift des Vertreters,
5. Umstände, aus denen sich das berechtigte Interesse des Antragstellers ergibt,
6. die Rubriken der Spezifikation, auf die sich die Änderungen beziehen,
7. die beabsichtigten Änderungen und deren Begründung.

(3) Für Anträge nach Artikel 53 Absatz 2 Satz 1 der Verordnung (EU) Nr. 1151/2012 gelten im Übrigen die §§ 48 bis 51 entsprechend.

§ 53 Löschungsantrag. (1) Der Antrag auf Löschung einer eingetragenen geografischen Angabe oder Ursprungsbezeichnung nach Artikel 54 Absatz 1 der Verordnung (EU) Nr. 1151/2012 soll unter Verwendung des vom Deutschen Patent- und Markenamt herausgegebenen Formblatts eingereicht werden.

(2) In dem Antrag sind anzugeben:
1. die geografische Angabe oder die Ursprungsbezeichnung, die gelöscht werden soll,
2. der Name und die Anschrift des Antragstellers,
3. falls ein Vertreter bestellt ist, der Name und die Anschrift des Vertreters,
4. Umstände, aus denen sich das berechtigte Interesse des Antragstellers ergibt,
5. Gründe für die Löschung.

§ 54 Akteneinsicht. In den Verfahren nach der Verordnung (EU) Nr. 1151/2012 gewährt das Deutsche Patent- und Markenamt Einsicht in die Akten.

§ 55 (weggefallen)

Teil 7. Schlussvorschriften

§ 56 Übergangsregelung aus Anlass des Inkrafttretens dieser Verordnung. Für Markenanmeldungen, die vor Inkrafttreten dieser Verordnung eingereicht worden sind, gelten die Vorschriften der Markenverordnung vom 30. November 1994 (BGBl. I S. 3555), zuletzt geändert durch die Verordnung vom 1. September 2003 (BGBl. I S. 1701).

§ 57 Übergangsregelung für künftige Änderungen. Für Markenanmeldungen, die vor Inkrafttreten von Änderungen dieser Verordnung eingereicht worden sind, gelten die Vorschriften dieser Verordnung in ihrer bis dahin geltenden Fassung.

§ 58 Inkrafttreten, Außerkrafttreten. [1]Diese Verordnung tritt am 1. Juni 2004 in Kraft. [2]Gleichzeitig tritt die Markenverordnung vom 30. November 1994 (BGBl. I S. 3555), zuletzt geändert durch die Verordnung vom 1. September 2003 (BGBl. I S. 1701), außer Kraft.

Anhang
(aufgehoben)

12. Verordnung (EU) 2017/1001 des Europäischen Parlaments und des Rates vom 14. Juni 2017 über die Unionsmarke

(Kodifizierter Text)
(Text von Bedeutung für den EWR)
(ABl. L 154 S. 1)
Celex-Nr. 3 2017 R 1001

DAS EUROPÄISCHE PARLAMENT UND DER RAT DER EUROPÄISCHEN UNION –

gestützt auf den Vertrag über die Arbeitsweise der Europäischen Union[1], insbesondere auf Artikel 118 Absatz 1,

auf Vorschlag der Europäischen Kommission,

nach Zuleitung des Entwurfs des Gesetzgebungsakts an die nationalen Parlamente,

gemäß dem ordentlichen Gesetzgebungsverfahren[2],

in Erwägung nachstehender Gründe:

(1) Die Verordnung (EG) Nr. 207/2009 des Rates[3] ist mehrfach und in wesentlichen Punkten geändert worden[4]. Aus Gründen der Übersichtlichkeit und Klarheit empfiehlt es sich, diese Verordnung zu kodifizieren.

(2) Mit der Verordnung (EG) Nr. 40/94 des Rates[5], die im Jahr 2009 als Verordnung (EG) Nr. 207/2009 kodifiziert wurde, wurde ein spezifisches Markenrechtsschutzsystem für die Union geschaffen, das parallel zu dem auf mitgliedstaatlicher Ebene verfügbaren Markenschutz gemäß den nationalen Markensystemen, die durch die Richtlinie 89/104/EWG des Rates[6] – kodifiziert als Richtlinie 2008/95/EG des Europäischen Parlaments und des Rates[7] – harmonisiert wurden, den Schutz von Marken auf Ebene der Union vorsieht.

(3) Die harmonische Entwicklung des Wirtschaftslebens innerhalb der Union und eine beständige und ausgewogene Wirtschaftsausweitung sind durch die Vollendung und das reibungslose Funktionieren des Binnenmarktes zu fördern, der mit einem einzelstaatlichen Markt vergleichbare Bedingungen bietet. Um einen solchen Markt zu verwirklichen und seine Einheit zu stärken, sollten nicht nur die Hindernisse für den freien Waren- und

---

[1] Auszugsweise abgedruckt unter Nr. **15**.
[2] **Amtl. Anm.:** Standpunkt des Europäischen Parlaments vom 27. April 2017 (noch nicht im Amtsblatt veröffentlicht) und Beschluss des Rates vom 22. Mai 2017.
[3] **Amtl. Anm.:** Verordnung (EG) Nr. 207/2009 des Rates vom 26. Februar 2009 über die Unionsmarke (ABl. L 78, 24.3.2009, S. 1).
[4] **Amtl. Anm.:** Siehe Anhang II.
[5] **Amtl. Anm.:** Verordnung (EG) Nr. 40/94 des Rates vom 20. Dezember 1993 über die Gemeinschaftsmarke (ABl. L 11 vom 14.1.1994, S. 1).
[6] **Amtl. Anm.:** Erste Richtlinie 89/104/EWG des Rates vom 21. Dezember 1988 zur Angleichung der Rechtsvorschriften der Mitgliedstaaten über die Marken (ABl. L 40 vom 11.2.1989, S. 1).
[7] **Amtl. Anm.:** Richtlinie 2008/95/EG des Europäischen Parlaments und des Rates vom 22. Oktober 2008 zur Angleichung der Rechtsvorschriften der Mitgliedstaaten über die Marken (kodifizierte Fassung) (Text von Bedeutung für den EWR) (ABl. L 299 vom 8.11.2008, S. 25).

Dienstleistungsverkehr beseitigt und ein System des unverfälschten Wettbewerbs errichtet, sondern auch rechtliche Bedingungen geschaffen werden, die es den Unternehmen ermöglichen, ihre Tätigkeiten in den Bereichen der Herstellung und der Verteilung von Waren und des Dienstleistungsverkehrs an die Dimensionen eines gemeinsamen Marktes anzupassen. Eine der besonders geeigneten rechtlichen Möglichkeiten, über die die Unternehmen zu diesem Zweck verfügen sollten, ist die Verwendung von Marken, mit denen sie ihre Waren oder Dienstleistungen in der gesamten Union ohne Rücksicht auf Grenzen kennzeichnen können.

(4) Für die Verwirklichung der oben erwähnten Ziele der Union ist ein Markensystem der Union erforderlich, das den Unternehmen ermöglicht, in einem einzigen Verfahren Unionsmarken zu erwerben, die einen einheitlichen Schutz genießen und im gesamten Gebiet der Union wirksam sind. Der hier aufgestellte Grundsatz der Einheitlichkeit der Unionsmarke sollte gelten, sofern in dieser Verordnung nichts anderes bestimmt ist.

(5) Im Wege der Angleichung der Rechtsvorschriften kann das Hindernis der territorialen Beschränkung der Rechte, die den Markeninhabern nach den Rechtsvorschriften der Mitgliedstaaten zustehen, nicht beseitigt werden. Um den Unternehmen eine unbehinderte Wirtschaftstätigkeit im gesamten Binnenmarkt zu ermöglichen, sollte es möglich sein, Marken einzutragen, die einem einheitlichen, unmittelbar in allen Mitgliedstaaten geltenden Unionsrecht unterliegen.

(6) Die seit der Einrichtung des Gemeinschaftsmarkensystems gesammelten Erfahrungen haben gezeigt, dass Unternehmen innerhalb der Union und in Drittstaaten das System angenommen haben, das eine erfolgreiche und tragfähige Ergänzung und Alternative zum Markenschutz auf mitgliedstaatlicher Ebene geworden ist.

(7) Das Unionsmarkenrecht tritt jedoch nicht an die Stelle der Markenrechte der Mitgliedstaaten, denn es erscheint nicht gerechtfertigt, die Unternehmen zu zwingen, ihre Marken als Unionsmarken anzumelden.

(8) Unternehmen, die keinen Markenschutz auf Unionsebene wollen oder denen ein solcher Schutz verwehrt ist, die auf nationaler Ebene jedoch problemlos Markenschutz beantragen können, benötigen weiterhin Markenschutz auf nationaler Ebene. Jede Person, die Markenschutz beantragen möchte, sollte selbst entscheiden können, ob der Markenschutz nur als nationale Marke in einem oder mehreren Mitgliedstaaten oder nur als Unionsmarke oder für beide Ebenen beantragt wird.

(9) Das Recht aus der Unionsmarke sollte nur durch Eintragung erworben werden können, die insbesondere dann verweigert wird, wenn die Marke keine Unterscheidungskraft besitzt, wenn sie rechtswidrig ist oder wenn ihr ältere Rechte entgegenstehen.

(10) Ein Zeichen sollte in jeder geeigneten Form unter Verwendung allgemein zugänglicher Technologie dargestellt werden dürfen und damit nicht notwendigerweise mit grafischen Mitteln, soweit die Darstellung eindeutig, präzise, in sich abgeschlossen, leicht zugänglich, verständlich, dauerhaft und objektiv ist.

(11) Zweck des durch die eingetragene Unionsmarke gewährten Schutzes ist es, insbesondere die Herkunftsfunktion der Marke zu gewährleisten; dieser Schutz sollte im Falle der Identität zwischen der Marke und dem Zeichen

und zwischen den Waren oder Dienstleistungen absolut sein. Der Schutz sollte sich ebenfalls auf Fälle der Ähnlichkeit von Zeichen und Marke sowie Waren und Dienstleistungen erstrecken. Der Begriff der Ähnlichkeit sollte im Hinblick auf die Verwechslungsgefahr ausgelegt werden. Die Verwechslungsgefahr sollte die spezifische Voraussetzung für den Schutz darstellen; ob sie vorliegt, hängt von einer Vielzahl von Umständen ab, insbesondere dem Bekanntheitsgrad der Marke auf dem Markt, der gedanklichen Verbindung, die das benutzte oder eingetragene Zeichen zu ihr hervorrufen kann, sowie dem Grad der Ähnlichkeit zwischen der Marke und dem Zeichen und zwischen den damit gekennzeichneten Waren oder Dienstleistungen.

(12) Zur Gewährleistung der Rechtssicherheit und der vollständigen Übereinstimmung mit dem Prioritätsgrundsatz, dem zufolge eine eingetragene ältere Marke Vorrang vor einer später eingetragenen Marke genießt, muss vorgesehen werden, dass die Durchsetzung von Rechten aus einer Unionsmarke die Rechte, die Inhaber vor dem Anmelde- oder Prioritätstag der Unionsmarke erworben haben, nicht beeinträchtigt. Dies steht in Einklang mit Artikel 16 Absatz 1 des Übereinkommens über handelsbezogene Aspekte der Rechte des geistigen Eigentums vom 15. April 1994.

(13) Benutzt ein Unternehmen dasselbe oder ein ähnliches Zeichen als Handelsnamen, sodass eine Verbindung zwischen dem Unternehmen mit dieser Firmenbezeichnung und den Waren oder Dienstleistungen dieses Unternehmens hergestellt wird, so kann es hinsichtlich der kommerziellen Herkunft der Waren oder Dienstleistungen zu Verwechslungen kommen. Die Verletzung einer Unionsmarke sollte demnach auch die Benutzung des Zeichens als Handelsnamen oder als ähnliche Benennung umfassen, solange die Benutzung der Unterscheidung von Waren oder Dienstleistungen dient.

(14) Um Rechtssicherheit und volle Übereinstimmung mit den spezifischen Unionsvorschriften zu gewährleisten, sollte der Inhaber einer Unionsmarke einem Dritten die Benutzung eines Zeichens in der vergleichenden Werbung untersagen können, wenn diese vergleichende Werbung gegen die Richtlinie 2006/114/EG[1)] des Europäischen Parlaments und des Rates[2)] verstößt.

(15) Um den Markenschutz sicherzustellen und wirksam gegen Produktpiraterie vorzugehen, und im Einklang mit den internationalen Verpflichtungen der Union gemäß dem Rahmen der Welthandelsorganisation (WTO), insbesondere Artikel V des Allgemeinen Zoll- und Handelsabkommens (GATT) über die Freiheit der Durchfuhr sowie, bezüglich Generika der auf der WTO-Ministerkonferenz in Doha am 14. November 2001 angenommenen „Erklärung über das TRIPS-Abkommen und die öffentliche Gesundheit", sollte der Inhaber einer Unionsmarke Dritten verbieten können, im geschäftlichen Verkehr Waren in die Union zu verbringen, ohne diese in den zollrechtlich freien Verkehr zu überführen, wenn die Waren aus Drittstaaten stammen und ohne Zustimmung eine Marke auf-

---

[1)] Nr. **6**.
[2)] **Amtl. Anm.:** Richtlinie 2006/114/EG des Europäischen Parlaments und des Rates vom 12. Dezember 2006 über irreführende und vergleichende Werbung (ABl. L 376 vom 27.12.2006, S. 21).

weisen, die mit der für derartige Waren eingetragenen Unionsmarke identisch oder im Wesentlichen identisch ist.

(16) Hierzu sollte es für Inhaber von Unionsmarken erlaubt sein, die Einfuhr rechtsverletzender Waren und ihre Überführung in alle zollrechtlichen Situationen, einschließlich Durchfuhr, Umladung, Lagerung, Freizonen, vorübergehender Verwahrung, aktiver Veredelung oder vorübergehender Verwendung, zu verhindern, und zwar auch dann, wenn diese Waren nicht dazu bestimmt sind, in der Union in Verkehr gebracht zu werden. Bei der Durchführung der Zollkontrollen sollten die Zollbehörden die in der Verordnung (EU) Nr. 608/2013 des Europäischen Parlaments und des Rates[1]) vorgesehenen Befugnisse und Verfahren, auch auf Ersuchen der Rechteinhaber, wahrnehmen. Insbesondere sollten die Zollbehörden die einschlägigen Kontrollen anhand von Kriterien der Risikoanalyse durchführen.

(17) Einerseits muss eine wirksame Durchsetzung der Markenrechte gewährleistet werden, und andererseits muss vermieden werden, dass der freie Handel mit rechtmäßigen Waren behindert wird; damit dies miteinander in Einklang gebracht werden kann, sollte der Anspruch des Inhabers einer Unionsmarke erlöschen, wenn im Zuge des Verfahrens, das vor dem für eine Sachentscheidung über eine Verletzung der Unionsmarke zuständigen Unionsmarkengericht eingeleitet wurde, der Anmelder oder der Besitzer der Waren in der Lage ist nachzuweisen, dass der Inhaber der Unionsmarke nicht berechtigt ist, das Inverkehrbringen der Waren im Endbestimmungsland zu untersagen.

(18) Artikel 28 der Verordnung (EU) Nr. 608/2013 sieht vor, dass ein Rechteinhaber dann für Schäden gegenüber dem Besitzer der Waren haftbar gemacht werden kann, wenn unter anderem in der Folge festgestellt wird, dass die betreffenden Waren kein Recht des geistigen Eigentums verletzen.

(19) Geeignete Maßnahmen sollten ergriffen werden, um eine reibungslose Durchfuhr von Generika sicherzustellen. In Bezug auf Internationale Freinamen (INN) als weltweit anerkannte allgemeine Bezeichnungen für Wirkstoffe in pharmazeutischen Zubereitungen muss unbedingt den bestehenden Einschränkungen in Bezug auf die Wirkung von Markenrechten der Europäischen Union Rechnung getragen werden. Daher sollte der Inhaber einer Unionsmarke nicht berechtigt sein, einem Dritten aufgrund von Ähnlichkeiten zwischen dem INN in dem Arzneimittel enthaltenen Wirkstoffs und der Marke zu untersagen, Waren in die Union zu verbringen, ohne die Waren dort in den zollrechtlich freien Verkehr zu überführen.

(20) Damit die Inhaber von Unionsmarken wirksam gegen Nachahmungen vorgehen können, sollten sie das Anbringen einer rechtsverletzenden Marke auf Waren sowie bestimmte Vorbereitungshandlungen, die vor dem Anbringen ausgeführt werden, untersagen können.

(21) Die ausschließlichen Rechte aus einer Unionsmarke sollten deren Inhaber nicht zum Verbot der Benutzung von Zeichen oder Angaben durch Dritte berechtigen, die rechtmäßig und damit im Einklang mit den anständigen Gepflogenheiten in Gewerbe und Handel benutzt werden. Um für Han-

---

[1]) **Amtl. Anm.:** Verordnung (EU) Nr. 608/2013 des Europäischen Parlaments und des Rates vom 12. Juni 2013 zur Durchsetzung der Rechte geistigen Eigentums durch die Zollbehörden und zur Aufhebung der Verordnung (EG) Nr. 1383/2003 des Rates (ABl. L 181 vom 29.6.2013, S. 15).

Unionsmarke VO (EU) 2017/1001 12

delsnamen und Unionsmarken bei Konflikten gleiche Bedingungen sicherzustellen, sollte die Benutzung von Handelsnamen vor dem Hintergrund, dass diesen regelmäßig unbeschränkter Schutz vor jüngeren Marken eingeräumt wird, nur die Verwendung des Personennamens des Dritten einschließen. Des Weiteren sollte die Verwendung von deskriptiven oder nicht unterscheidungskräftigen Zeichen oder Angaben allgemein gestattet sein. Auch sollte der Inhaber nicht berechtigt sein, die rechtmäßige und redliche Benutzung der Unionsmarke zum Zwecke der Identifizierung der Waren oder Dienstleistungen als die des Inhabers oder des Verweises darauf zu untersagen. Eine Benutzung einer Marke durch Dritte mit dem Ziel, die Verbraucher auf den Wiederverkauf von Originalwaren aufmerksam zu machen, die ursprünglich vom Inhaber der Unionsmarke selbst oder mit dessen Einverständnis in der Union verkauft wurden, sollte als rechtmäßig betrachtet werden, solange die Benutzung gleichzeitig den anständigen Gepflogenheiten in Gewerbe oder Handel entspricht. Eine Benutzung einer Marke durch Dritte zu künstlerischen Zwecken sollte als rechtmäßig betrachtet werden, sofern sie gleichzeitig den anständigen Gepflogenheiten in Gewerbe oder Handel entspricht. Außerdem sollte die vorliegende Verordnung so angewendet werden, dass den Grundrechten und Grundfreiheiten, insbesondere dem Recht auf freie Meinungsäußerung, in vollem Umfang Rechnung getragen wird.

(22) Aus dem Grundsatz des freien Warenverkehrs folgt, dass es von wesentlicher Bedeutung ist, dass der Inhaber der Unionsmarke einem Dritten die Benutzung der Marke für Waren, die im Europäischen Wirtschaftsraum unter der Marke von ihm oder mit seiner Zustimmung in den Verkehr gebracht worden sind, nicht untersagen kann, außer wenn berechtigte Gründe es rechtfertigen, dass der Inhaber sich dem weiteren Vertrieb der Waren widersetzt.

(23) Zur Gewährleistung von Rechtssicherheit und zum Schutz rechtmäßig erworbener Markenrechte ist es angemessen und notwendig, unbeschadet des Grundsatzes, wonach eine jüngere Marke vor einer älteren Marke zurücksteht, festzulegen, dass Inhaber von Unionsmarken nicht berechtigt sein sollten, sich der Benutzung einer jüngeren Marke zu widersetzen, wenn die jüngere Marke zu einem Zeitpunkt erworben wurde, zu dem die ältere Marke gegenüber der jüngeren Marke nicht durchgesetzt werden konnte.

(24) Der Schutz der Unionsmarke sowie jeder eingetragenen älteren Marke, die ihr entgegensteht, ist nur insoweit berechtigt, als diese Marken tatsächlich benutzt werden.

(25) Aus Gründen der Billigkeit und Rechtssicherheit sollte die Benutzung einer Unionsmarke in einer Form, die von der Eintragung nur in Bestandteilen abweicht, ohne dass dadurch die Unterscheidungskraft der Marke beeinflusst wird, ausreichend sein, um die Rechte aus der Marke zu wahren, unabhängig davon, ob die Marke in der benutzten Form auch eingetragen ist.

(26) Die Unionsmarke sollte als ein von dem Unternehmen, dessen Waren oder Dienstleistungen sie bezeichnet, unabhängiger Gegenstand des Vermögens behandelt werden. Sie sollte übertragen werden, an Dritte verpfändet werden oder Gegenstand von Lizenzen sein können.

(27) Das mit dieser Verordnung geschaffene Markenrecht bedarf für jede einzelne Marke des administrativen Vollzugs auf der Ebene der Union. Deshalb ist es erforderlich, unter Wahrung des bestehenden organisatorischen Aufbaus der Union und des institutionellen Gleichgewichts ein fachlich unabhängiges sowie rechtlich, organisatorisch und finanziell hinreichend selbständiges Amt der Europäischen Union für geistiges Eigentum (im Folgenden „Amt") vorzusehen. Für dieses Amt ist die Form einer Einrichtung der Union mit eigener Rechtspersönlichkeit erforderlich und geeignet, welche ihre Tätigkeit gemäß den ihr in dieser Verordnung zugewiesenen Befugnissen im Rahmen des Unionsrechts und unbeschadet der von den Organen der Union wahrgenommenen Befugnisse ausübt.

(28) Der Unionsmarkenschutz wird für spezifische Waren oder Dienstleistungen gewährt, deren Eigenschaften und Anzahl den Umfang des Schutzes bestimmen, den der Markeninhaber genießt. Daher ist es unerlässlich, in dieser Verordnung Vorschriften für die Bezeichnung und Klassifizierung von Waren und Dienstleistungen festzulegen und Rechtssicherheit und eine solide Verwaltung zu gewährleisten, indem vorgeschrieben wird, dass die Waren und Dienstleistungen, für die Markenschutz beantragt wird, vom Anmelder so klar und eindeutig anzugeben sind, dass die zuständigen Behörden und die Wirtschaftsteilnehmer allein auf dieser Grundlage den beantragten Schutzumfang bestimmen können. Die Verwendung allgemeiner Begriffe ist dahin gehend auszulegen, dass sie nur die Waren und Dienstleistungen einschließen, die eindeutig von der wörtlichen Bedeutung des Ausdrucks erfasst sind. Inhaber von Unionsmarken, die aufgrund der Praxis des Amtes vor dem 22. Juni 2012 im Zusammenhang mit einer gesamten Klasse des im Abkommen von Nizza über die internationale Klassifikation von Waren und Dienstleistungen für die Eintragung von Marken vom 15. Juni 1957 festgelegten Klassifikationssystems eingetragen wurden, sollten die Möglichkeit erhalten, ihre Listen der Waren und Dienstleistungen anzupassen, damit sichergestellt ist, dass der Inhalt des Registers im Einklang mit der Rechtsprechung des Gerichtshofs der Europäischen Union den Erfordernissen im Hinblick auf Klarheit und Eindeutigkeit genügt.

(29) Um unnötige Verzögerungen bei der Eintragung einer Unionsmarke zu vermeiden, empfiehlt es sich, einen Rahmen für optionale Recherchen in Bezug auf Unionsmarken und nationale Marken vorzusehen, der in Bezug auf die Bedürfnisse und Präferenzen der Nutzer flexibel gestaltet werden sollte. Die optionalen Recherchen in Bezug auf Unionsmarken und nationale Marken sollten ergänzt werden, indem dem Publikum im Rahmen der Zusammenarbeit zwischen dem Amt und den Zentralbehörden für den gewerblichen Rechtsschutz der Mitgliedstaaten, einschließlich des Benelux-Amts für geistiges Eigentum, umfassende, schnelle und leistungsfähige Rechercheinstrumente kostenfrei zur Verfügung gestellt werden.

(30) Den von den Entscheidungen des Amtes in Markensachen Betroffenen ist ein rechtlicher Schutz zu gewährleisten, welcher der Eigenart des Markenrechts voll gerecht wird. Zu diesem Zweck sollte vorgesehen werden, dass die Entscheidungen der verschiedenen Entscheidungsinstanzen des Amtes mit der Beschwerde anfechtbar sind. Eine Beschwerdekammer des Amtes sollte über die Beschwerde entscheiden. Die Entscheidungen der Be-

schwerdekammern sollten ihrerseits mit der Klage beim Gericht anfechtbar sein; dieses kann die angefochtene Entscheidung aufheben oder abändern.

(31) Um den Schutz der Unionsmarken sicherzustellen, sollten die Mitgliedstaaten gemäß ihrer innerstaatlichen Regelung eine möglichst begrenzte Anzahl nationaler Gerichte erster und zweiter Instanz benennen, die für Fragen der Verletzung und der Gültigkeit von Unionsmarken zuständig sind.

(32) Es ist entscheidend, dass sich Entscheidungen über die Gültigkeit und die Verletzung der Unionsmarke wirksam auf das gesamte Gebiet der Union erstrecken, da nur so widersprüchliche Entscheidungen der Gerichte und des Markenamtes und eine Beeinträchtigung des einheitlichen Charakters der Unionsmarke vermieden werden können. Die Bestimmungen der Verordnung (EU) Nr. 1215/2012 des Europäischen Parlaments und des Rates[1]) sollten für alle gerichtlichen Klagen im Zusammenhang mit den Unionsmarken gelten, es sei denn, dass die vorliegende Verordnung davon abweicht.

(33) Es soll vermieden werden, dass sich in Rechtsstreitigkeiten über denselben Tatbestand zwischen denselben Parteien voneinander abweichende Gerichtsurteile aus einer Unionsmarke und aus parallelen nationalen Marken ergeben. Zu diesem Zweck soll, sofern Klagen in demselben Mitgliedstaat erhoben werden, sich nach nationalem Verfahrensrecht – das durch diese Verordnung nicht berührt wird – bestimmen, wie dies erreicht wird; hingegen erscheinen, sofern Klagen in verschiedenen Mitgliedstaaten erhoben werden, Bestimmungen angebracht, die sich an den Vorschriften über Rechtshängigkeit und damit im Zusammenhang stehenden Verfahren der Verordnung (EU) Nr. 1215/2012 orientieren.

(34) Zur Förderung besser aufeinander abgestimmter Verfahren und der Entwicklung gemeinsamer Instrumente muss ein angemessener Regelungsrahmen für die Zusammenarbeit zwischen dem Amt und den Zentralbehörden für den gewerblichen Rechtsschutz der Mitgliedstaaten geschaffen werden, einschließlich des Benelux-Amts für geistiges Eigentum, der die zentralen Bereiche der Zusammenarbeit bestimmt und es dem Amt ermöglicht, relevante gemeinsame Projekte, die im Interesse der Union und der Mitgliedstaaten liegen, zu koordinieren und diese Projekte bis zu einem bestimmten Höchstbetrag zu finanzieren. Solche Kooperationsmaßnahmen sollten den Unternehmen zugutekommen, die die Markensysteme in Europa benutzen. Durch die Projekte, insbesondere die Datenbanken zu Recherche- und Konsultationszwecken, sollten den Nutzern des in dieser Verordnung geregelten Systems der Union zusätzliche, inklusive, effiziente und kostenfreie Instrumente an die Hand gegeben werden, die den spezifischen Erfordernissen Rechnung tragen, die sich aus der Einheitlichkeit der Unionsmarke ergeben.

(35) Es ist wünschenswert, eine gütliche, zügige und effiziente Streitbeilegung zu erleichtern, indem das Amt mit der Einrichtung eines Mediationszentrums beauftragt wird, dessen Dienste jeder in Anspruch nehmen könnte, um eine einvernehmliche Einigung bei Streitigkeiten im Zusammenhang

---

[1]) **Amtl. Anm.:** Verordnung (EU) Nr. 1215/2012 des Europäischen Parlaments und des Rates vom 12. Dezember 2012 über die gerichtliche Zuständigkeit und die Anerkennung und Vollstreckung von Entscheidungen in Zivil- und Handelssachen (ABl. L 351 vom 20.12.2012, S. 1).

mit Unionsmarken und Gemeinschaftsgeschmacksmustern herbeizuführen.

(36) Die Einrichtung des Markensystems der Union hat zu einer Zunahme der finanziellen Belastung für die Zentralbehörden für den gewerblichen Rechtsschutz und andere Behörden der Mitgliedstaaten geführt. Die zusätzlichen Kosten sind zurückzuführen auf die Bearbeitung einer höheren Zahl von Widerspruchs- und Nichtigkeitsverfahren, die Unionsmarken betreffen oder die von den Inhabern solcher Marken angestrengt wurden, auf Sensibilisierungsmaßnahmen im Zusammenhang mit dem Markenrecht der Union sowie auf Tätigkeiten, mit denen die Durchsetzung der Rechte aus Unionsmarken gewährleistet werden soll. Es sollte daher sichergestellt werden, dass das Amt Teile der Kosten, die den Mitgliedstaaten aufgrund ihrer Rolle bei der Gewährleistung des reibungslosen Funktionierens des Markensystems der Union entstehen, ausgleicht. Voraussetzung für die Zahlung eines solchen Ausgleichs sollte die Vorlage einschlägiger statistischer Daten durch die Mitgliedstaaten sein. Der Umfang eines solchen Ausgleichs sollte so erfolgen, dass er nicht zu einem Haushaltsdefizit für das Amt führt.

(37) Es wird für notwendig erachtet, dem Amt einen eigenen Haushalt zuzubilligen, um eine völlige Selbständigkeit und Unabhängigkeit zu gewährleisten. Die Einnahmen des Haushalts umfassen in erster Linie das Aufkommen an Gebühren, die von den Benutzern des Systems zu zahlen sind. Das Haushaltsverfahren der Union findet jedoch auf eventuelle Zuschüsse aus dem Gesamthaushaltsplan der Union Anwendung. Außerdem ist es angezeigt, dass die Überprüfung der Kontenabschlüsse vom Rechnungshof vorgenommen wird.

(38) Im Interesse einer wirtschaftlichen Haushaltsführung sollte es vermieden werden, dass das Amt Haushaltsüberschüsse akkumuliert. Die vom Amt vorgehaltene Finanzreserve in Höhe des Betrags zur Deckung der operativen Ausgaben während eines Jahres, die die Betriebskontinuität und die Durchführung seiner Aufgaben gewährleisten soll, sollte davon unberührt bleiben. Diese Reserve sollte nur dazu verwendet werden, die Kontinuität der Aufgaben des Amtes gemäß dieser Verordnung sicherzustellen.

(39) Angesichts der grundlegenden Bedeutung der Höhe der an das Amt zu entrichtenden Gebühren für das Funktionieren des Markensystems der Union und für dessen ergänzende Rolle zu den nationalen Markensystemen ist es notwendig, diese Gebühren in dieser Verordnung in Form eines Anhangs direkt festzulegen. Die Höhe der Gebühren sollte so bemessen werden, dass erstens die Einnahmen hieraus grundsätzlich einen ausgeglichenen Haushalt des Amtes gewährleisten, zweitens eine harmonische Koexistenz und Komplementarität zwischen dem Markensystem der Europäischen Union und den nationalen Markensystemen gewährleistet ist, wobei auch der Umfang des von der Unionsmarke abgedeckten Marktes und die Bedürfnisse von kleinen und mittleren Unternehmen berücksichtigt werden, und drittens gewährleistet wird, dass die Rechte der Inhaber von Unionsmarken in den Mitgliedstaaten effizient durchgesetzt werden.

(40) Um eine wirksame, effiziente und zügige Prüfung und Eintragung von Anmeldungen einer Unionsmarke durch das Amt mithilfe transparenter, sorgfältiger, gerechter und ausgewogener Verfahren sicherzustellen, sollte der Kommission die Befugnis übertragen werden, gemäß Artikel 290 des

Vertrages über die Arbeitsweise der Europäischen Union (AEUV) Rechtsakte zu erlassen, in denen die Einzelheiten der Verfahren für die Einreichung und Prüfung eines Widerspruchs und der Verfahren für die Änderung einer Anmeldung festgelegt werden.

(41) Damit sichergestellt ist, dass eine Unionsmarke wirksam und effizient durch transparente, sorgfältige, gerechte und ausgewogene Verfahren für verfallen oder nichtig erklärt werden kann, sollte der Kommission die Befugnis übertragen werden, gemäß Artikel 290 AEUV Rechtsakte zu erlassen, in denen die Verfahren bezüglich der Erklärung des Verfalls und der Nichtigkeit festgelegt werden.

(42) Um eine wirksame, effiziente und vollständige Prüfung von Entscheidungen des Amtes durch die Beschwerdekammern im Rahmen eines transparenten, sorgfältigen, gerechten und ausgewogenen Verfahrens zu ermöglichen, das die in dieser Verordnung festgelegten Grundsätze berücksichtigt, sollte der Kommission die Befugnis übertragen werden, gemäß Artikel 290 AEUV Rechtsakte zu erlassen, in denen der formale Inhalt einer Beschwerde, das Verfahren zur Einreichung und Prüfung einer Beschwerde, der formale Inhalt und die Form von Entscheidungen der Beschwerdekammer und die Erstattung der Gebühren für das Beschwerdeverfahren festgelegt werden.

(43) Um ein reibungsloses, wirksames und effizientes Funktionieren des Markensystems der Union sicherzustellen, sollte der Kommission die Befugnis übertragen werden, gemäß Artikel 290 AEUV Rechtsakte zu erlassen, in denen die Anforderungen an die Einzelheiten mündlicher Verhandlungen und die Modalitäten der Beweisaufnahme, die Einzelheiten der Zustellung, die Kommunikationsmittel und die von den Verfahrensbeteiligten zu verwendenden Formblätter, Regeln für die Berechnung und Dauer der Fristen, die Verfahren für den Widerruf einer Entscheidung oder für die Löschung einer Eintragung im Register, die Modalitäten für die Wiederaufnahme von Verfahren und die Einzelheiten im Zusammenhang mit der Vertretung vor dem Amt festgelegt werden.

(44) Um eine wirksame und effiziente Organisation der Beschwerdekammern sicherzustellen, sollte der Kommission die Befugnis übertragen werden, gemäß Artikel 290 AEUV Rechtsakte zu erlassen, in denen die Einzelheiten der Organisation der Beschwerdekammern festgelegt werden.

(45) Um die wirksame und effiziente Registrierung internationaler Marken in vollständiger Übereinstimmung mit den Regeln des Protokolls zu dem am 27. Juni 1989 in Madrid unterzeichneten Protokoll zum Madrider Abkommen über die internationale Registrierung von Marken (im Folgenden „Madrider Protokoll") über die internationale Registrierung von Marken zu gewährleisten, sollte der Kommission die Befugnis übertragen werden, gemäß Artikel 290 AEUV Rechtsakte zu erlassen, in denen die Einzelheiten der Verfahren zur Einreichung und Prüfung eines Widerspruchs, einschließlich der erforderlichen Mitteilungen an die Weltorganisation für geistiges Eigentum (WIPO), und die Einzelheiten des Verfahrens für internationale Registrierungen, die sich auf eine Basisanmeldung oder eine Basiseintragung einer Kollektiv-, Gewährleistungs- oder Garantiemarke stützen, festgelegt werden.

(46) Es ist von besonderer Bedeutung, dass die Kommission im Zuge ihrer Vorbereitungsarbeit angemessene Konsultationen, auch auf der Ebene von

Sachverständigen, durchführt, und dass diese Konsultationen mit den Grundsätzen in Einklang stehen, die in der Interinstitutionellen Vereinbarung vom 13. April 2016 über bessere Rechtsetzung[1]) niedergelegt wurden. Um insbesondere eine gleichberechtigte Beteiligung an der Ausarbeitung der delegierten Rechtsakte zu gewährleisten, erhalten das Europäische Parlament und der Rat alle Dokumente zur gleichen Zeit wie die Sachverständigen der Mitgliedstaaten, und ihre Sachverständigen haben systematisch Zugang zu den Sitzungen der Sachverständigengruppen der Kommission, die mit der Ausarbeitung der delegierten Rechtsakte befasst sind.

(47) Zur Gewährleistung einheitlicher Bedingungen für die Durchführung dieser Verordnung sollten der Kommission Durchführungsbefugnisse im Hinblick auf die Festlegung von Einzelheiten in Bezug auf Anmeldungen, Anträge, Bescheinigungen, Inanspruchnahmen, Vorschriften, Mitteilungen und sonstige Unterlagen im Rahmen der durch diese Verordnung festgelegten einschlägigen Verfahrensanforderungen sowie im Hinblick auf die Höchstsätze der für die Durchführung der Verfahren notwendigen Kosten und der tatsächlich entstandenen Kosten, die Einzelheiten in Bezug auf Veröffentlichungen im Blatt für Unionsmarken und im Amtsblatt des Amtes, die Modalitäten des Informationsaustauschs zwischen dem Amt und den nationalen Behörden, detaillierte Regelungen in Bezug auf Übersetzungen von Begleitunterlagen in schriftlichen Verfahren, die genauen Arten von Entscheidungen, die durch ein einzelnes Mitglied der Widerspruchs- oder der Nichtigkeitsabteilung zu treffen sind, Einzelheiten in Bezug auf die Mitteilungspflicht gemäß dem Madrider Protokoll und detaillierte Anforderungen in Bezug auf Anträge auf territoriale Ausdehnung des Schutzes im Anschluss an die internationale Registrierung übertragen werden. Diese Befugnisse sollten im Einklang mit der Verordnung (EU) Nr. 182/2011 des Europäischen Parlaments und des Rates[2]) ausgeübt werden.

(48) Da die Ziele dieser Verordnung von den Mitgliedstaaten nicht ausreichend verwirklicht werden können, sondern vielmehr wegen ihres Umfangs und ihrer Wirkungen auf Unionsebene besser zu verwirklichen sind, kann die Union im Einklang mit dem in Artikel 5 des Vertrags über die Europäische Union verankerten Subsidiaritätsprinzip tätig werden. Entsprechend dem in demselben Artikel genannten Grundsatz der Verhältnismäßigkeit geht diese Verordnung nicht über das für die Verwirklichung dieser Ziele erforderliche Maß hinaus –

HABEN FOLGENDE VERORDNUNG ERLASSEN:

---

[1]) **Amtl. Anm.:** ABl. L 123 vom 12.5.2016, S. 1.
[2]) **Amtl. Anm.:** Verordnung (EU) Nr. 182/2011 des Europäischen Parlaments und des Rates vom 16. Februar 2011 zur Festlegung der allgemeinen Regeln und Grundsätze, nach denen die Mitgliedstaaten die Wahrnehmung der Durchführungsbefugnisse durch die Kommission kontrollieren (ABl. L 55 vom 28.2.2011, S. 13).

Kapitel I. Allgemeine Bestimmungen

Art. 1 Unionsmarke. (1) Die entsprechend den Voraussetzungen und Einzelheiten dieser Verordnung eingetragenen Marken für Waren oder Dienstleistungen werden nachstehend „Unionsmarken" genannt.

(2) ¹Die Unionsmarke ist einheitlich. ²Sie hat einheitliche Wirkung für die gesamte Union: sie kann nur für dieses gesamte Gebiet eingetragen oder übertragen werden oder Gegenstand eines Verzichts oder einer Entscheidung über den Verfall der Rechte des Inhabers oder die Nichtigkeit sein, und ihre Benutzung kann nur für die gesamte Union untersagt werden. ³Dieser Grundsatz gilt, sofern in dieser Verordnung nichts anderes bestimmt ist.

Art. 2 Amt. (1) Es wird ein Amt der Europäischen Union für geistiges Eigentum (im Folgenden „Amt") errichtet,

(2) Alle Verweise auf das Harmonisierungsamt für den Binnenmarkt (Marken, Muster und Modelle) im Unionsrecht gelten als Verweise auf das Amt.

Art. 3 Rechtsfähigkeit. Für die Anwendung dieser Verordnung werden Gesellschaften und andere juristische Einheiten, die nach dem für sie maßgebenden Recht die Fähigkeit haben, im eigenen Namen Träger von Rechten und Pflichten jeder Art zu sein, Verträge zu schließen oder andere Rechtshandlungen vorzunehmen und vor Gericht zu stehen, juristischen Personen gleichgestellt.

Kapitel II. Materielles Markenrecht
Abschnitt 1. Begriff und Erwerb der Unionsmarke

Art. 4 Markenformen. Unionsmarken können Zeichen aller Art sein, insbesondere Wörter, einschließlich Personennamen, oder Abbildungen, Buchstaben, Zahlen, Farben, die Form oder Verpackung der Ware oder Klänge, soweit solche Zeichen geeignet sind,

a) Waren oder Dienstleistungen eines Unternehmens von denjenigen anderer Unternehmen zu unterscheiden und

b) in dem Register der Unionsmarken (im Folgenden „Register") in einer Weise dargestellt zu werden, dass die zuständigen Behörden und das Publikum den Gegenstand des dem Inhaber einer solchen Marke gewährten Schutzes klar und eindeutig bestimmen können.

Art. 5 Inhaber von Unionsmarken. Inhaber von Unionsmarken können alle natürlichen oder juristischen Personen, einschließlich Körperschaften des öffentlichen Rechts sein.

Art. 6 Erwerb der Unionsmarke. Die Unionsmarke wird durch Eintragung erworben.

Art. 7 Absolute Eintragungshindernisse. (1) Von der Eintragung ausgeschlossen sind

a) Zeichen, die nicht unter Artikel 4 fallen;

b) Marken, die keine Unterscheidungskraft haben;

c) Marken, die ausschließlich aus Zeichen oder Angaben bestehen, welche im Verkehr zur Bezeichnung der Art, der Beschaffenheit, der Menge, der Bestimmung, des Wertes, der geografischen Herkunft oder der Zeit der Herstellung der Ware oder der Erbringung der Dienstleistung oder zur Bezeichnung sonstiger Merkmale der Ware oder Dienstleistung dienen können;

d) Marken, die ausschließlich aus Zeichen oder Angaben zur Bezeichnung der Ware oder Dienstleistung bestehen, die im allgemeinen Sprachgebrauch oder in den redlichen und ständigen Verkehrsgepflogenheiten üblich geworden sind;

e) Zeichen, die ausschließlich bestehen aus

   i) der Form oder einem anderen charakteristischen Merkmal, die bzw. das durch die Art der Ware selbst bedingt ist;

   ii) der Form oder einem anderen charakteristischen Merkmal der Ware, die bzw. das zur Erreichung einer technischen Wirkung erforderlich ist;

   iii) der Form oder einem anderen charakteristischen Merkmal, die bzw. das der Ware einen wesentlichen Wert verleiht;

f) Marken, die gegen die öffentliche Ordnung oder gegen die guten Sitten verstoßen;

g) Marken, die geeignet sind, das Publikum zum Beispiel über die Art, die Beschaffenheit oder die geografische Herkunft der Ware oder Dienstleistung zu täuschen;

h) Marken, die mangels Genehmigung durch die zuständigen Stellen gemäß Artikel 6ter der Pariser Verbandsübereinkunft zum Schutz des gewerblichen Eigentums (im Folgenden „Pariser Verbandsübereinkunft") zurückzuweisen sind;

i) Marken, die nicht unter Artikel 6ter der Pariser Verbandsübereinkunft fallende Abzeichen, Embleme und Wappen, die von besonderem öffentlichem Interesse sind, enthalten, es sei denn, dass die zuständigen Stellen ihrer Eintragung zugestimmt haben;

j) Marken, die nach Maßgabe von Unionsvorschriften, von nationalem Recht oder von internationalen Übereinkünften, denen die Union oder der betreffende Mitgliedstaat angehört, und die Ursprungsbezeichnungen und geografische Angaben schützen, von der Eintragung ausgeschlossen sind;

k) Marken, die nach Maßgabe von Unionsvorschriften oder von internationalen Übereinkünften, denen die Union angehört, und die dem Schutz von traditionellen Bezeichnungen für Weine dienen, von der Eintragung ausgeschlossen sind;

l) Marken, die nach Maßgabe von Unionsvorschriften oder von internationalen Übereinkünften, denen die Union angehört, und die dem Schutz von garantiert traditionellen Spezialitäten dienen, von der Eintragung ausgeschlossen sind;

m) Marken, die aus einer im Einklang mit den Unionsvorschriften oder nationalem Recht oder internationalen Übereinkünften, denen die Union oder der betreffende Mitgliedstaat angehört, zu Sortenschutzrechten eingetragenen früheren Sortenbezeichnung bestehen oder diese in ihren wesentlichen Elementen wiedergeben und die sich auf Pflanzensorten derselben Art oder eng verwandter Arten beziehen.

(2) Die Vorschriften des Absatzes 1 finden auch dann Anwendung, wenn die Eintragungshindernisse nur in einem Teil der Union vorliegen.

(3) Die Vorschriften des Absatzes 1 Buchstaben b, c und d finden keine Anwendung, wenn die Marke für die Waren oder Dienstleistungen, für die die Eintragung beantragt wird, infolge ihrer Benutzung Unterscheidungskraft erlangt hat.

Art. 8 Relative Eintragungshindernisse. (1) Auf Widerspruch des Inhabers einer älteren Marke ist die angemeldete Marke von der Eintragung ausgeschlossen,

a) wenn sie mit der älteren Marke identisch ist und die Waren oder Dienstleistungen, für die die Marke angemeldet worden ist, mit den Waren oder Dienstleistungen identisch sind, für die die ältere Marke Schutz genießt;

b) wenn wegen ihrer Identität oder Ähnlichkeit mit der älteren Marke und der Identität oder Ähnlichkeit der durch die beiden Marken erfassten Waren oder Dienstleistungen für das Publikum die Gefahr von Verwechslungen in dem Gebiet besteht, in dem die ältere Marke Schutz genießt; dabei schließt die Gefahr von Verwechslungen die Gefahr ein, dass die Marke mit der älteren Marke gedanklich in Verbindung gebracht wird.

(2) „Ältere Marken" im Sinne von Absatz 1 sind

a) Marken mit einem früheren Anmeldetag als dem Tag der Anmeldung der Unionsmarke, gegebenenfalls mit der für diese Marken in Anspruch genommenen Priorität, die den nachstehenden Kategorien angehören:
  i) Unionsmarken;
  ii) in einem Mitgliedstaat oder, soweit Belgien, Luxemburg und die Niederlande betroffen sind, beim BENELUX-Amt für geistiges Eigentum eingetragene Marken;
  iii) mit Wirkung für einen Mitgliedstaat international registrierte Marken;
  iv) aufgrund internationaler Vereinbarungen mit Wirkung in der Union eingetragene Marken;

b) Anmeldungen von Marken nach Buchstabe a, vorbehaltlich ihrer Eintragung;

c) Marken, die am Tag der Anmeldung der Unionsmarke, gegebenenfalls am Tag der für die Anmeldung der Unionsmarke in Anspruch genommenen Priorität, in einem Mitgliedstaat im Sinne des Artikels 6bis der Pariser Verbandsübereinkunft notorisch bekannt sind.

(3) Auf Widerspruch des Markeninhabers ist von der Eintragung auch eine Marke ausgeschlossen, die der Agent oder Vertreter des Markeninhabers ohne dessen Zustimmung auf seinen eigenen Namen anmeldet, es sei denn, dass der Agent oder Vertreter seine Handlungsweise rechtfertigt.

(4) Auf Widerspruch des Inhabers einer nicht eingetragenen Marke oder eines sonstigen im geschäftlichen Verkehr benutzten Kennzeichenrechts von mehr als lediglich örtlicher Bedeutung ist die angemeldete Marke von der Eintragung ausgeschlossen, wenn und soweit nach dem für den Schutz des Kennzeichens maßgeblichen Recht der Union oder des Mitgliedstaats

a) Rechte an diesem Kennzeichen vor dem Tag der Anmeldung der Unionsmarke, gegebenenfalls vor dem Tag der für die Anmeldung der Unionsmarke in Anspruch genommenen Priorität, erworben worden sind;

b) dieses Kennzeichen seinem Inhaber das Recht verleiht, die Benutzung einer jüngeren Marke zu untersagen.

(5) Auf Widerspruch des Inhabers einer eingetragenen älteren Marke im Sinne des Absatzes 2 ist die angemeldete Marke auch dann von der Eintragung ausgeschlossen, wenn sie mit einer älteren Marke identisch ist oder dieser ähnlich ist, ungeachtet dessen, ob die Waren oder Dienstleistungen, für die sie eingetragen werden soll, mit denen identisch oder denen ähnlich oder nicht ähnlich sind, für die eine ältere Marke eingetragen ist, wenn es sich im Falle einer älteren Unionsmarke um eine in der Union bekannte Marke und im Falle einer älteren nationalen Marke um eine in dem betreffenden Mitgliedstaat bekannte Marke handelt und die Benutzung der angemeldeten Marke die Unterscheidungskraft oder die Wertschätzung der älteren Marke ohne rechtfertigenden Grund in unlauterer Weise ausnutzen oder beeinträchtigen würde.

(6) Auf Widerspruch einer Person, die gemäß dem einschlägigen Recht zur Ausübung der aus einer Ursprungsbezeichnung oder geografischen Angabe entstehenden Rechte berechtigt ist, ist die angemeldete Marke von der Eintragung ausgeschlossen, wenn und soweit nach den Unionsvorschriften oder dem nationalen Recht zum Schutz der Ursprungsbezeichnung oder der geografischen Angaben

i) ein Antrag auf Eintragung einer Ursprungsbezeichnung oder geografischen Angabe im Einklang mit den Unionsvorschriften oder mit dem nationalen Recht bereits vor dem Antrag auf Eintragung der Unionsmarke oder der für die Anmeldung in Anspruch genommenen Priorität vorbehaltlich der späteren Eintragung gestellt worden war;

ii) diese Ursprungsbezeichnung oder geografische Angabe das Recht verleiht, die Benutzung einer jüngeren Marke zu untersagen.

Abschnitt 2. Wirkungen der Unionsmarke

Art. 9 Rechte aus der Unionsmarke. (1) Mit der Eintragung einer Unionsmarke erwirbt ihr Inhaber ein ausschließliches Recht an ihr.

(2) Der Inhaber dieser Unionsmarke hat unbeschadet der von Inhabern vor dem Zeitpunkt der Anmeldung oder dem Prioritätstag der Unionsmarke erworbenen Rechte das Recht, Dritten zu verbieten, ohne seine Zustimmung im geschäftlichen Verkehr ein Zeichen für Waren oder Dienstleistungen zu benutzen, wenn

a) das Zeichen mit der Unionsmarke identisch ist und für Waren oder Dienstleistungen benutzt wird, die mit denjenigen identisch sind, für die die Unionsmarke eingetragen ist;

b) das Zeichen mit der Unionsmarke identisch oder ihr ähnlich ist und für Waren oder Dienstleistungen benutzt wird, die mit denjenigen identisch oder ihnen ähnlich sind, für die die Unionsmarke eingetragen ist, und für das Publikum die Gefahr einer Verwechslung besteht, die die Gefahr einschließt, dass das Zeichen mit der Marke gedanklich in Verbindung gebracht wird;

c) das Zeichen mit der Unionsmarke identisch oder ihr ähnlich ist, unabhängig davon, ob es für Waren oder Dienstleistungen benutzt wird, die mit denjenigen identisch sind oder denjenigen ähnlich oder nicht ähnlich sind, für die die Unionsmarke eingetragen ist, wenn diese in der Union bekannt ist und die Benutzung des Zeichens die Unterscheidungskraft oder die Wertschät-

Unionsmarke **Art. 10 VO (EU) 2017/1001 12**

zung der Unionsmarke ohne rechtfertigenden Grund in unlauterer Weise ausnutzt oder beeinträchtigt.

(3) Sind die Voraussetzungen des Absatzes 2 erfüllt, so kann insbesondere verboten werden,

a) das Zeichen auf Waren oder deren Verpackung anzubringen;
b) unter dem Zeichen Waren anzubieten, in Verkehr zu bringen oder zu den genannten Zwecken zu besitzen oder unter dem Zeichen Dienstleistungen anzubieten oder zu erbringen;
c) Waren unter dem Zeichen einzuführen oder auszuführen;
d) das Zeichen als Handelsnamen oder Unternehmensbezeichnung oder als Teil eines Handelsnamens oder einer Unternehmensbezeichnung zu benutzen;
e) das Zeichen in den Geschäftspapieren und in der Werbung zu benutzen;
f) das Zeichen in der vergleichenden Werbung in einer der Richtlinie 2006/114/EG[1)] zuwiderlaufenden Weise zu benutzen.

(4) *[1]* Unbeschadet der von Inhabern vor dem Zeitpunkt der Anmeldung oder dem Prioritätstag der Unionsmarke erworbenen Rechte ist der Inhaber dieser Unionsmarke auch berechtigt, Dritten zu untersagen, im geschäftlichen Verkehr Waren in die Union zu verbringen ohne diese in den zollrechtlich freien Verkehr zu überführen, wenn die Waren, einschließlich ihrer Verpackung, aus Drittstaaten stammen und ohne Zustimmung eine Marke aufweisen, die mit der für derartige Waren eingetragenen Unionsmarke identisch ist oder in ihren wesentlichen Aspekten nicht von dieser Marke zu unterscheiden ist.

[2] Die Berechtigung des Inhabers einer Unionsmarke gemäß Unterabsatz 1 erlischt, wenn während eines Verfahrens, das der Feststellung dient, ob eine Unionsmarke verletzt wurde, und das gemäß der Verordnung (EU) Nr. 608/2013 eingeleitet wurde, der zollrechtliche Anmelder oder der Besitzer der Waren nachweist, dass der Inhaber der Unionsmarke nicht berechtigt ist, das Inverkehrbringen der Waren im endgültigen Bestimmungsland zu untersagen.

Art. 10 Recht auf Untersagung von Vorbereitungshandlungen im Zusammenhang mit der Benutzung der Verpackung oder anderer Kennzeichnungsmittel. Besteht die Gefahr, dass die Verpackung, Etiketten, Anhänger, Sicherheits- oder Echtheitshinweise oder -nachweise oder andere Kennzeichnungsmittel, auf denen die Marke angebracht wird, für Waren oder Dienstleistungen benutzt wird und dass diese Benutzung eine Verletzung der Rechte des Inhabers einer Unionsmarke nach Artikel 9 Absätze 2 und 3 darstellt, so hat der Inhaber der Unionsmarke das Recht, die folgenden Handlungen zu verbieten, wenn diese im geschäftlichen Verkehr vorgenommen werden:

a) das Anbringen eines mit der Unionsmarke identischen oder ihr ähnlichen Zeichens auf der Verpackung, auf Etiketten, Anhängern, Sicherheits- oder Echtheitshinweisen oder -nachweisen oder anderen Kennzeichnungsmitteln, auf denen die Marke angebracht werden kann;
b) das Anbieten, Inverkehrbringen oder Besitzen für diese Zwecke oder die Einfuhr oder Ausfuhr von Verpackungen, Etiketten, Anhängern, Sicherheits-

---

[1)] Nr. 6.

oder Echtheitshinweisen oder -nachweisen oder anderen Kennzeichnungsmitteln, auf denen die Marke angebracht wird.

Art. 11 Zeitpunkt, ab dem Rechte Dritten entgegengehalten werden können. (1) Rechte aus der Unionsmarke können Dritten erst nach der Veröffentlichung der Eintragung der Marke entgegengehalten werden.

(2) Es kann eine angemessene Entschädigung für Handlungen verlangt werden, die nach Veröffentlichung der Anmeldung einer Unionsmarke vorgenommen werden und die nach Veröffentlichung der Eintragung aufgrund der Veröffentlichung verboten wären.

(3) Ein angerufenes Gericht trifft bis zur Veröffentlichung der Eintragung keine Entscheidung in der Hauptsache.

Art. 12 Wiedergabe der Unionsmarke in einem Wörterbuch. Erweckt die Wiedergabe einer Unionsmarke in einem Wörterbuch, Lexikon oder ähnlichen Nachschlagewerk den Eindruck, als sei sie eine Gattungsbezeichnung der Waren oder Dienstleistungen, für die sie eingetragen ist, so stellt der Verleger des Werkes auf Antrag des Inhabers der Unionsmarke sicher, dass der Wiedergabe der Marke spätestens bei einer Neuauflage des Werkes der Hinweis beigefügt wird, dass es sich um eine eingetragene Marke handelt.

Art. 13 Untersagung der Benutzung der Unionsmarke, die für einen Agenten oder Vertreter eingetragen ist. Ist eine Unionsmarke für einen Agenten oder Vertreter dessen, der Inhaber der Marke ist, ohne Zustimmung des Markeninhabers eingetragen worden, so ist der Markeninhaber berechtigt, sich dem Gebrauch seiner Marke durch seinen Agenten oder Vertreter zu widersetzen, wenn er diesen Gebrauch nicht gestattet hat, es sei denn, dass der Agent oder Vertreter seine Handlungsweise rechtfertigt.

Art. 14 Beschränkung der Wirkungen der Unionsmarke. (1) Die Unionsmarke gewährt ihrem Inhaber nicht das Recht, einem Dritten zu verbieten, Folgendes im geschäftlichen Verkehr zu benutzen:

a) den Namen oder die Adresse des Dritten, wenn es sich bei dem Dritten um eine natürliche Person handelt;

b) Zeichen oder Angaben ohne Unterscheidungskraft oder über die Art, die Beschaffenheit, die Menge, die Bestimmung, den Wert, die geografische Herkunft oder die Zeit der Herstellung der Ware oder der Erbringung der Dienstleistung oder über andere Merkmale der Ware oder Dienstleistung;

c) die Unionsmarke zu Zwecken der Identifizierung oder zum Verweis auf Waren oder Dienstleistungen als die des Inhabers dieser Marke, insbesondere wenn die Benutzung der Marke als Hinweis auf die Bestimmung einer Ware, insbesondere als Zubehör oder Ersatzteil, oder einer Dienstleistung erforderlich ist.

(2) Absatz 1 findet nur dann Anwendung, wenn die Benutzung durch den Dritten den anständigen Gepflogenheiten in Gewerbe oder Handel entspricht.

Art. 15 Erschöpfung des Rechts aus der Unionsmarke. (1) Eine Unionsmarke gewährt ihrem Inhaber nicht das Recht, die Benutzung der Marke für Waren zu untersagen, die unter dieser Marke von ihm oder mit seiner Zustimmung im Europäischen Wirtschaftsraum in den Verkehr gebracht worden sind.

(2) Absatz 1 findet keine Anwendung, wenn berechtigte Gründe es rechtfertigen, dass der Inhaber sich dem weiteren Vertrieb der Waren widersetzt, insbesondere wenn der Zustand der Waren nach ihrem Inverkehrbringen verändert oder verschlechtert ist.

Art. 16 Zwischenrecht des Inhabers einer später eingetragenen Marke als Einrede in Verletzungsverfahren. (1) In Verletzungsverfahren ist der Inhaber einer Unionsmarke nicht berechtigt, die Benutzung einer später eingetragenen Unionsmarke zu untersagen, wenn diese jüngere Marke nach Maßgabe von Artikel 60 Absätze 1, 3 oder 4, Artikel 61 Absätze 1 oder 2 oder Artikel 64 Absatz 2 dieser Verordnung nicht für nichtig erklärt werden könnte.

(2) In Verletzungsverfahren ist der Inhaber einer Unionsmarke nicht berechtigt, die Benutzung einer später eingetragenen nationalen Marke zu untersagen, wenn diese später eingetragene nationale Marke nach Maßgabe von Artikel 8 oder Artikel 9 Absätze 1 oder 2 oder Artikel 46 Absatz 3 der Richtlinie (EU) 2015/2436[1)] des Europäischen Parlaments und des Rates[2)] nicht für nichtig erklärt werden könnte.

(3) Ist der Inhaber einer Unionsmarke nicht berechtigt, die Benutzung einer später eingetragenen Marke nach Absatz 1 oder 2 zu untersagen, so kann sich der Inhaber der später eingetragenen Marke im Verletzungsverfahren der Benutzung der älteren Unionsmarke nicht widersetzen.

Art. 17 Ergänzende Anwendung des einzelstaatlichen Rechts bei Verletzung. (1) ¹Die Wirkung der Unionsmarke bestimmt sich ausschließlich nach dieser Verordnung. ²Im Übrigen unterliegt die Verletzung einer Unionsmarke dem für die Verletzung nationaler Marken geltenden Recht gemäß den Bestimmungen des Kapitels X.

(2) Diese Verordnung lässt das Recht unberührt, Klagen betreffend eine Unionsmarke auf innerstaatliche Rechtsvorschriften insbesondere über die zivilrechtliche Haftung und den unlauteren Wettbewerb zu stützen.

(3) Das anzuwendende Verfahrensrecht bestimmt sich nach den Vorschriften des Kapitels X.

Abschnitt 3. Benutzung der Unionsmarke

Art. 18 Benutzung der Unionsmarke. (1) *[1]* Hat der Inhaber die Unionsmarke für die Waren oder Dienstleistungen, für die sie eingetragen ist, innerhalb von fünf Jahren, gerechnet von der Eintragung an, nicht ernsthaft in der Union benutzt, oder hat er eine solche Benutzung während eines ununterbrochenen Zeitraums von fünf Jahren ausgesetzt, so unterliegt die Unionsmarke den in dieser Verordnung vorgesehenen Sanktionen, es sei denn, dass berechtigte Gründe für die Nichtbenutzung vorliegen.

[2] Folgendes gilt ebenfalls als Benutzung im Sinne des Unterabsatzes 1:

[1)] Nr. **13**.
[2)] **Amtl. Anm.:** Richtlinie (EU) 2015/2436 des Europäischen Parlaments und des Rates vom 16. Dezember 2015 zur Angleichung der Rechtsvorschriften der Mitgliedstaaten über die Marken (ABl. L 336 vom 23.12.2015, S. 1).

a) die Benutzung der Unionsmarke in einer Form, die von der Eintragung nur in Bestandteilen abweicht, ohne dass dadurch die Unterscheidungskraft der Marke beeinflusst wird, unabhängig davon, ob die Marke in der benutzten Form auch auf den Namen des Inhabers eingetragen ist;
b) das Anbringen der Unionsmarke auf Waren oder deren Verpackung in der Union ausschließlich für den Export.

(2) Die Benutzung der Unionsmarke mit Zustimmung des Inhabers gilt als Benutzung durch den Inhaber.

Abschnitt 4. Die Unionsmarke als Gegenstand des Vermögens

Art. 19 Gleichstellung der Unionsmarke mit der nationalen Marke.

(1) Soweit in den Artikeln 20 bis 28 nichts anderes bestimmt ist, wird die Unionsmarke als Gegenstand des Vermögens im Ganzen und für das gesamte Gebiet der Union wie eine nationale Marke behandelt, die in dem Mitgliedstaat eingetragen ist, in dem nach dem Register

a) der Inhaber zum jeweils maßgebenden Zeitpunkt seinen Wohnsitz oder Sitz hat;
b) wenn Buchstabe a nicht anwendbar ist, der Inhaber zum jeweils maßgebenden Zeitpunkt eine Niederlassung hat.

(2) Liegen die Voraussetzungen des Absatzes 1 nicht vor, so ist der nach Absatz 1 maßgebende Mitgliedstaat der Staat, in dem das Amt seinen Sitz hat.

(3) [1] Sind mehrere Personen als gemeinsame Inhaber in das Register eingetragen, so ist für die Anwendung des Absatzes 1 der zuerst genannte gemeinsame Inhaber maßgebend; liegen die Voraussetzungen des Absatzes 1 für diesen Inhaber nicht vor, so ist der jeweils nächstgenannte gemeinsame Inhaber maßgebend. [2] Liegen die Voraussetzungen des Absatzes 1 für keinen der gemeinsamen Inhaber vor, so ist Absatz 2 anzuwenden.

Art. 20 Rechtsübergang.

(1) Die Unionsmarke kann, unabhängig von der Übertragung des Unternehmens, für alle oder einen Teil der Waren oder Dienstleistungen, für die sie eingetragen ist, Gegenstand eines Rechtsübergangs sein.

(2) [1] Die Übertragung des Unternehmens in seiner Gesamtheit erfasst die Unionsmarke, es sei denn, dass in Übereinstimmung mit dem auf die Übertragung anwendbaren Recht etwas anderes vereinbart ist oder eindeutig aus den Umständen hervorgeht. [2] Dies gilt entsprechend für die rechtsgeschäftliche Verpflichtung zur Übertragung des Unternehmens.

(3) Vorbehaltlich der Vorschriften des Absatzes 2 muss die rechtsgeschäftliche Übertragung der Unionsmarke schriftlich erfolgen und bedarf der Unterschrift der Vertragsparteien, es sei denn, sie beruht auf einer gerichtlichen Entscheidung; anderenfalls ist sie nichtig.

(4) Der Rechtsübergang wird auf Antrag eines Beteiligten in das Register eingetragen und veröffentlicht.

(5) [1] Ein Antrag auf Eintragung eines Rechtsübergangs enthält Angaben zur Unionsmarke, zum neuen Inhaber und zu den Waren und Dienstleistungen, auf die sich der Rechtsübergang bezieht, sowie Unterlagen, aus denen sich der Rechtsübergang gemäß den Absätzen 2 und 3 ergibt. [2] Der Antrag kann zudem

gegebenenfalls Informationen zur Identifizierung des Vertreters des neuen Inhabers enthalten.

(6) ¹Die Kommission erlässt Durchführungsrechtsakte, in denen Folgendes festgelegt wird:
a) die Einzelheiten, die in dem Antrag auf Eintragung eines Rechtsübergangs anzugeben sind;
b) die Art der Unterlagen, die für den Rechtsübergang erforderlich sind, unter Berücksichtigung der vom eingetragenen Inhaber und dem Rechtsnachfolger getroffenen Vereinbarungen;
c) die Einzelheiten der Behandlung von Anträgen auf teilweisen Rechtsübergang, bei denen sicherzustellen ist, dass sich die Waren und Dienstleistungen der verbleibenden Eintragung und der neuen Eintragung nicht überschneiden und dass für die neue Eintragung eine getrennte Akte mit einer neuen Eintragungsnummer angelegt wird.

²Diese Durchführungsrechtsakte werden nach dem Prüfverfahren gemäß Artikel 207 Absatz 2 erlassen.

(7) ¹Sind die in den Absätzen 1, 2 und 3 oder in den in Absatz 6 genannten Durchführungsrechtsakten festgelegten Bedingungen für die Eintragung eines Rechtsübergangs nicht erfüllt, so teilt das Amt dem Antragsteller die Mängel mit. ²Werden die Mängel nicht innerhalb einer vom Amt festgelegten Frist beseitigt, so weist es den Antrag auf Eintragung des Rechtsübergangs zurück.

(8) Für zwei oder mehrere Marken kann ein einziger Antrag auf Eintragung eines Rechtsübergangs gestellt werden, sofern der eingetragene Inhaber und der Rechtsnachfolger in jedem Fall dieselbe Person ist.

(9) Die Absätze 5 bis 8 gelten auch für Anmeldungen von Unionsmarken.

(10) ¹Im Falle eines teilweisen Rechtsübergangs gilt ein Antrag des ursprünglichen Inhabers, über den in Bezug auf die ursprüngliche Eintragung noch nicht entschieden ist, in Bezug auf die verbleibende Eintragung und die neue Eintragung als noch nicht erledigt. ²Müssen für einen solchen Antrag Gebühren gezahlt werden und hat der ursprüngliche Inhaber diese Gebühren entrichtet, so ist der neue Inhaber nicht verpflichtet, zusätzliche Gebühren für diesen Antrag zu entrichten.

(11) Solange der Rechtsübergang nicht in das Register eingetragen ist, kann der Rechtsnachfolger seine Rechte aus der Eintragung der Unionsmarke nicht geltend machen.

(12) Sind gegenüber dem Amt Fristen zu wahren, so können, sobald der Antrag auf Eintragung des Rechtsübergangs beim Amt eingegangen ist, die entsprechenden Erklärungen gegenüber dem Amt von dem Rechtsnachfolger abgegeben werden.

(13) Alle Dokumente, die gemäß Artikel 98 der Zustellung an den Inhaber der Unionsmarke bedürfen, sind an den als Inhaber Eingetragenen zu richten.

Art. 21 Übertragung einer Agentenmarke. (1) Ist eine Unionsmarke für den Agenten oder Vertreter des Inhabers dieser Marke ohne dessen Zustimmung eingetragen worden, so ist der Inhaber berechtigt, die Übertragung der Eintragung der Unionsmarke zu seinen Gunsten zu verlangen, es sei denn, dass der Agent oder Vertreter seine Handlungsweise rechtfertigt.

(2) Der Inhaber kann bei folgenden Stellen eine Übertragung nach Absatz 1 dieses Artikels beantragen:
a) beim Amt nach Artikel 60 Absatz 1 Buchstabe b, statt eines Antrags auf Erklärung der Nichtigkeit;
b) bei einem Unionsmarkengericht nach Artikel 123, statt einer Widerklage auf Erklärung der Nichtigkeit auf der Grundlage von Artikel 128 Absatz 1.

Art. 22 Dingliche Rechte. (1) Die Unionsmarke kann unabhängig vom Unternehmen verpfändet werden oder Gegenstand eines sonstigen dinglichen Rechts sein.

(2) Die in Absatz 1 genannten Rechte oder der Übergang dieser Rechte werden auf Antrag eines Beteiligten in das Register eingetragen und veröffentlicht.

(3) Eine Eintragung im Register im Sinne des Absatzes 2 wird auf Antrag eines Beteiligten gelöscht oder geändert.

Art. 23 Zwangsvollstreckung. (1) Die Unionsmarke kann Gegenstand von Maßnahmen der Zwangsvollstreckung sein.

(2) Für die Zwangsvollstreckungsmaßnahmen sind die Gerichte und Behörden des nach Artikel 19 maßgebenden Mitgliedstaats ausschließlich zuständig.

(3) Die Zwangsvollstreckungsmaßnahmen werden auf Antrag eines Beteiligten in das Register eingetragen und veröffentlicht.

(4) Eine Eintragung im Register im Sinne des Absatzes 3 wird auf Antrag eines Beteiligten gelöscht oder geändert.

Art. 24 Insolvenzverfahren. (1) *[1]* Eine Unionsmarke kann nur dann von einem Insolvenzverfahren erfasst werden, wenn dieses in dem Mitgliedstaat eröffnet wird, in dessen Hoheitsgebiet der Schuldner den Mittelpunkt seiner Interessen hat.

[2] Ist der Schuldner jedoch ein Versicherungsunternehmen oder ein Kreditinstitut im Sinne der Richtlinie 2009/138/EG des Europäischen Parlaments und des Rates[1] bzw. der Richtlinie 2001/24/EG des Europäischen Parlaments und des Rates[2], so kann eine Unionsmarke nur dann von einem Insolvenzverfahren erfasst werden, wenn dieses in dem Mitgliedstaat eröffnet wird, in dem dieses Unternehmen bzw. dieses Institut zugelassen ist.

(2) Absatz 1 ist im Fall der Mitinhaberschaft an einer Unionsmarke auf den Anteil des Mitinhabers entsprechend anzuwenden.

(3) Wird die Unionsmarke von einem Insolvenzverfahren erfasst, so wird dies auf Antrag der zuständigen nationalen Stelle in das Register eingetragen und in dem Blatt für Unionsmarken gemäß Artikel 116 veröffentlicht.

Art. 25 Lizenz. (1) [1] Die Unionsmarke kann für alle oder einen Teil der Waren oder Dienstleistungen, für die sie eingetragen ist, und für das gesamte

---

[1] **Amtl. Anm.:** Richtlinie 2009/138/EG des Europäischen Parlaments und des Rates vom 25. November 2009 betreffend die Aufnahme und Ausübung der Versicherungs- und der Rückversicherungstätigkeit (Solvabilität II) (ABl. L 335 vom 17.12.2009, S. 1).

[2] **Amtl. Anm.:** Richtlinie 2001/24/EG des Europäischen Parlaments und des Rates vom 4. April 2001 über die Sanierung und Liquidation von Kreditinstituten (ABl. L 125 vom 5.5.2001, S. 15).

Gebiet oder einen Teil der Union Gegenstand von Lizenzen sein. ²Eine Lizenz kann ausschließlich oder nicht ausschließlich sein.

(2) Der Inhaber einer Unionsmarke kann die Rechte aus der Unionsmarke gegen einen Lizenznehmer geltend machen, der hinsichtlich des Folgenden gegen eine Bestimmung des Lizenzvertrags verstößt:

a) der Dauer der Lizenz;

b) der von der Eintragung erfassten Form, in der die Marke verwendet werden darf;

c) der Art der Waren oder Dienstleistungen, für die die Lizenz erteilt wurde;

d) des Gebiets, in dem die Marke angebracht werden darf;

e) der Qualität der vom Lizenznehmer hergestellten Waren oder erbrachten Dienstleistungen.

(3) ¹Unbeschadet der Bestimmungen des Lizenzvertrags kann der Lizenznehmer ein Verfahren wegen Verletzung einer Unionsmarke nur mit Zustimmung ihres Inhabers anhängig machen. ²Jedoch kann der Inhaber einer ausschließlichen Lizenz ein solches Verfahren anhängig machen, wenn der Inhaber der Unionsmarke nach Aufforderung nicht selber innerhalb einer angemessenen Frist die Verletzungsklage erhoben hat.

(4) Jeder Lizenznehmer kann einer vom Inhaber der Unionsmarke erhobenen Verletzungsklage beitreten, um den Ersatz seines eigenen Schadens geltend zu machen.

(5) Die Erteilung oder der Übergang einer Lizenz an einer Unionsmarke wird auf Antrag eines Beteiligten in das Register eingetragen und veröffentlicht.

(6) Eine Eintragung im Register im Sinne des Absatzes 5 wird auf Antrag eines Beteiligten gelöscht oder geändert.

Art. 26 Verfahren zur Eintragung von Lizenzen und anderen Rechten in das Register. (1) Artikel 20 Absätze 5 und 6 und die gemäß dem genannten Artikel erlassenen Vorschriften sowie Artikel 20 Absatz 8 gelten entsprechend für die Eintragung eines dinglichen Rechts oder des Übergangs eines dinglichen Rechts im Sinne des Artikels 22 Absatz 2, einer Zwangsvollstreckung im Sinne des Artikels 23 Absatz 3, einer Beteiligung an einem Insolvenzverfahren im Sinne des Artikels 24 Absatz 3 sowie für die Eintragung einer Lizenz oder eines Übergangs einer Lizenz im Sinne des Artikels 25 Absatz 5, vorbehaltlich des Folgenden:

a) Die Anforderung in Bezug auf die Angabe der Waren und Dienstleistungen, auf die sich der Übergang bezieht, gilt nicht für einen Antrag auf Eintragung eines dinglichen Rechts, einer Zwangsvollstreckung oder eines Insolvenzverfahrens.

b) Die Anforderung in Bezug auf die Unterlagen zum Nachweis des Übergangs gilt nicht, wenn der Antrag vom Inhaber der Unionsmarke gestellt wird.

(2) Der Antrag auf Eintragung der Rechte gemäß Absatz 1 gilt erst als eingereicht, wenn die geforderte Gebühr entrichtet worden ist.

(3) ¹Mit dem Antrag auf Eintragung einer Lizenz kann beantragt werden, dass die Lizenz als eine oder mehrere der folgenden Arten von Lizenzen im Register eingetragen wird:

a) als ausschließliche Lizenz;
b) als Unterlizenz, wenn sie von einem Lizenznehmer erteilt wird, dessen Lizenz im Register eingetragen ist;
c) als Teillizenz, die sich auf einen Teil der Waren oder Dienstleistungen beschränkt, für die die Marke eingetragen ist;
d) als Teillizenz, die sich auf einen Teil der Union beschränkt;
e) als befristete Lizenz.

² Wird der Antrag gestellt, die Lizenz als eine in Unterabsatz 1 Buchstaben c, d und e genannten Lizenz einzutragen, so ist im Antrag auf Lizenzeintragung anzugeben, für welche Waren und Dienstleistungen, für welchen Teil der Union und für welchen Zeitraum die Lizenz gewährt wird.

(4) ¹ Sind die in den Artikeln 22 bis 25, in den Absätzen 1 und 3 des vorliegenden Artikels und in den sonstigen anwendbaren Regeln, die nach dieser Verordnung erlassen werden, festgelegten Bedingungen für eine Eintragung nicht erfüllt, so teilt das Amt dem Antragsteller den Mangel mit. ² Wird der Mangel nicht innerhalb einer vom Amt festgelegten Frist beseitigt, so weist es den Eintragungsantrag zurück.

(5) Die Absätze 1 und 3 gelten entsprechend für Anmeldungen von Unionsmarken.

Art. 27 Wirkung gegenüber Dritten. (1) ¹ Die in den Artikeln 20, 22 und 25 bezeichneten Rechtshandlungen hinsichtlich einer Unionsmarke haben gegenüber Dritten in allen Mitgliedstaaten erst Wirkung, wenn sie eingetragen worden sind. ² Jedoch kann eine Rechtshandlung, die noch nicht eingetragen ist, Dritten entgegengehalten werden, die Rechte an der Marke nach dem Zeitpunkt der Rechtshandlung erworben haben, aber zum Zeitpunkt des Erwerbs dieser Rechte von der Rechtshandlung wussten.

(2) Absatz 1 ist nicht in Bezug auf eine Person anzuwenden, die die Unionsmarke oder ein Recht an der Unionsmarke im Wege des Rechtsübergangs des Unternehmens in seiner Gesamtheit oder einer anderen Gesamtrechtsnachfolge erwirbt.

(3) Die Wirkung einer in Artikel 23 bezeichneten Rechtshandlung gegenüber Dritten richtet sich nach dem Recht des nach Artikel 19 maßgebenden Mitgliedstaats.

(4) Bis zum Inkrafttreten gemeinsamer Vorschriften für die Mitgliedstaaten betreffend das Konkursverfahren richtet sich die Wirkung eines Konkursverfahrens oder eines konkursähnlichen Verfahrens gegenüber Dritten nach dem Recht des Mitgliedstaats, in dem nach seinen Rechtsvorschriften oder nach den geltenden einschlägigen Übereinkünften das Verfahren zuerst eröffnet wird.

Art. 28 Die Anmeldung der Unionsmarke als Gegenstand des Vermögens. Die Artikel 19 bis 27 gelten entsprechend für die Anmeldungen von Unionsmarken.

Art. 29 Verfahren zur Löschung oder Änderung der Eintragung einer Lizenz und anderer Rechte im Register. (1) Die Eintragung gemäß Artikel 26 Absatz 1 wird auf Antrag eines der Beteiligten gelöscht oder geändert.

(2) Der Antrag muss die Nummer der Eintragung der betreffenden Unionsmarke und die Bezeichnung des Rechts, dessen Eintragung gelöscht oder geändert werden soll, enthalten.

(3) Der Antrag auf Löschung einer Lizenz, eines dinglichen Rechts oder einer Zwangsvollstreckungsmaßnahme gilt erst als gestellt, wenn die diesbezügliche Gebühr entrichtet worden ist.

(4) Dem Antrag sind Unterlagen beizufügen, aus denen hervorgeht, dass das eingetragene Recht nicht mehr besteht oder dass der Lizenznehmer oder der Inhaber eines anderen Rechts der Löschung oder Änderung der Eintragung zustimmt.

(5) ¹Sind die Erfordernisse für die Löschung oder Änderung der Eintragung nicht erfüllt, so teilt das Amt dem Antragsteller den Mangel mit. ²Wird der Mangel nicht innerhalb einer vom Amt festgelegten Frist beseitigt, so weist es den Antrag auf Löschung oder Änderung der Eintragung zurück.

(6) Die Absätze 1 bis 5 dieses Artikels gelten entsprechend für Einträge, die gemäß Artikel 26 Absatz 5 in die Akte aufgenommen werden.

Kapitel III. Die Anmeldung der Unionsmarke

Abschnitt 1. Einreichung und Erfordernisse der Anmeldung

Art. 30 Einreichung der Anmeldung. (1) Die Anmeldung einer Unionsmarke wird beim Amt eingereicht.

(2) ¹Das Amt stellt dem Anmelder unverzüglich eine Empfangsbescheinigung aus, die mindestens das Aktenzeichen, eine Wiedergabe, eine Beschreibung oder sonstige Identifizierung der Marke, die Art und Zahl der Unterlagen und den Tag ihres Eingangs enthält. ²Diese Empfangsbescheinigung kann elektronisch ausgestellt werden.

Art. 31 Erfordernisse der Anmeldung. (1) Die Anmeldung der Unionsmarke muss Folgendes enthalten:

a) einen Antrag auf Eintragung einer Unionsmarke;

b) Angaben, die es erlauben, die Identität des Anmelders festzustellen;

c) ein Verzeichnis der Waren oder Dienstleistungen, für die die Eintragung begehrt wird;

d) eine Wiedergabe der Marke, die den Erfordernissen des Artikels 4 Buchstabe b genügt.

(2) Für die Anmeldung der Unionsmarke sind die Anmeldegebühr für eine Klasse von Waren oder Dienstleistungen und gegebenenfalls eine oder mehrere Klassengebühren für jede Klasse von Waren und Dienstleistungen, die über die erste Klasse hinausgeht, und gegebenenfalls die Recherchegebühr zu entrichten.

(3) ¹Zusätzlich zu den in den Absätzen 1 und 2 genannten Erfordernissen muss die Anmeldung der Unionsmarke den in dieser Verordnung und in den gemäß dieser Verordnung erlassenen Durchführungsrechtsakten vorgesehenen Formerfordernissen entsprechen. ²Ist in diesen Erfordernissen vorgesehen, dass die Marke elektronisch darzustellen ist, so darf der Exekutivdirektor die Formate und die maximale Größe einer derartigen elektronischen Datei bestimmen.

(4) ¹Die Kommission erlässt Durchführungsrechtsakte, in denen die Einzelheiten, die bei der Anmeldung anzugeben sind, festgelegt werden. ²Diese Durchführungsrechtsakte werden nach dem Prüfverfahren gemäß Artikel 207 Absatz 2 erlassen.

Art. 32 Anmeldetag. Der Anmeldetag einer Unionsmarke ist der Tag, an dem die die Angaben nach Artikel 31 Absatz 1 enthaltenden Unterlagen vom Anmelder beim Amt eingereicht worden sind, sofern innerhalb eines Monats nach Einreichung der genannten Unterlagen die Anmeldegebühr entrichtet wird.

Art. 33 Bezeichnung und Klassifizierung von Waren und Dienstleistungen. (1) Die Waren und Dienstleistungen, die Gegenstand einer Markenanmeldung sind, werden gemäß dem im Abkommen von Nizza über die internationale Klassifikation von Waren und Dienstleistungen für die Eintragung von Marken vom 15. Juni 1957 festgelegten Klassifikationssystem (im Folgenden „Nizza-Klassifikation") klassifiziert.

(2) Die Waren und Dienstleistungen, für die Markenschutz beantragt wird, sind vom Anmelder so klar und eindeutig anzugeben, dass die zuständigen Behörden und die Wirtschaftsteilnehmer allein auf dieser Grundlage den beantragten Schutzumfang bestimmen können.

(3) Für die Zwecke des Absatzes 2 können die in den Klassenüberschriften der Nizza-Klassifikation enthaltenen Oberbegriffe oder andere allgemeine Begriffe verwendet werden, sofern sie den Anforderungen dieses Artikels in Bezug auf Klarheit und Eindeutigkeit entsprechen.

(4) Das Amt weist eine Anmeldung bei unklaren oder nicht eindeutigen Begriffen zurück, sofern der Anmelder nicht innerhalb einer vom Amt zu diesem Zweck gesetzten Frist eine geeignete Formulierung vorschlägt.

(5) ¹Die Verwendung allgemeiner Begriffe, einschließlich der Oberbegriffe der Klassenüberschriften der Nizza-Klassifikation, ist dahin auszulegen, dass diese alle Waren oder Dienstleistungen einschließen, die eindeutig von der wörtlichen Bedeutung des Begriffs erfasst sind. ²Die Verwendung derartiger Begriffe ist nicht so auszulegen, dass Waren oder Dienstleistungen beansprucht werden können, die nicht darunter erfasst werden können.

(6) Beantragt der Anmelder eine Eintragung für mehr als eine Klasse, so fasst der Anmelder die Waren und Dienstleistungen gemäß den Klassen der Nizza-Klassifikation zusammen, wobei er jeder Gruppe die Nummer der Klasse, der diese Gruppe von Waren oder Dienstleistungen angehört, in der Reihenfolge dieser Klassifikation voranstellt.

(7) Waren und Dienstleistungen werden nicht deswegen als ähnlich angesehen, weil sie in derselben Klasse der Nizza-Klassifikation erscheinen, und Waren und Dienstleistungen werden nicht deswegen als verschieden angesehen, weil sie in verschiedenen Klassen der Nizza-Klassifikation erscheinen.

(8) *[1]* Inhaber von vor dem 22. Juni 2012 angemeldeten Unionsmarken, die in Bezug auf die gesamte Überschrift einer Nizza-Klasse eingetragen sind, dürfen erklären, dass es am Anmeldetag ihre Absicht war, Schutz in Bezug auf Waren oder Dienstleistungen zu beantragen, die über diejenigen hinausgehen, die von der wörtlichen Bedeutung der Überschrift der betreffenden Klasse erfasst sind, sofern die so bezeichneten Waren oder Dienstleistungen im alpha-

betischen Verzeichnis für diese Klasse in der zum Zeitpunkt der Anmeldung geltenden Fassung der Nizza-Klassifikation aufgeführt sind.

[2] ¹In der Erklärung, die beim Amt bis zum 24. September 2016 einzureichen ist, müssen klar, genau und konkret die Waren und Dienstleistungen angegeben werden, die nicht eindeutig von der wörtlichen Bedeutung der Begriffe in der Klassenüberschrift, unter die sie nach der ursprünglichen Absicht des Inhabers fielen, erfasst sind. ²Das Amt ergreift angemessene Maßnahmen, um das Register entsprechend zu ändern. ³Die Möglichkeit der Abgabe einer Erklärung nach Unterabsatz 1 dieses Absatzes lässt die Anwendung des Artikels 18, des Artikels 47 Absatz 2, des Artikels 58 Absatz 1 Buchstabe a und des Artikels 64 Absatz 2 unberührt.

[3] Unionsmarken, für die keine Erklärung binnen der in Unterabsatz 2 genannten Frist eingereicht wird, gelten nach Fristablauf nur für diejenigen Waren oder Dienstleistungen, die eindeutig von der wörtlichen Bedeutung der Begriffe in der Überschrift der einschlägigen Klasse erfasst sind.

(9) *[1]* ¹Wird das Register geändert, so hindern die durch die Unionsmarke gemäß Artikel 9 verliehenen ausschließlichen Rechte einen Dritten nicht daran, eine Marke weiterhin für Waren oder Dienstleistungen zu benutzen, wenn und soweit die Benutzung der Marke für diese Waren oder Dienstleistungen

a) vor Änderung des Registers begann und

b) die Rechte des Inhabers auf der Grundlage der wörtlichen Bedeutung der damaligen Eintragung der Waren oder Dienstleistungen im Register nicht verletzte.

[2] Ferner gibt die Änderung der Liste der in das Register eingetragenen Waren oder Dienstleistungen dem Inhaber der Unionsmarke nicht das Recht, sich der Benutzung einer jüngeren Marke zu widersetzen oder eine Erklärung der Nichtigkeit einer solchen Marke zu beantragen, wenn und soweit

a) vor Änderung des Registers die jüngere Marke entweder für die Waren oder Dienstleistungen benutzt wurde oder ein Antrag auf Eintragung der Marke für die Waren oder Dienstleistungen eingereicht worden war, und

b) die Benutzung der Marke für diese Waren oder Dienstleistungen die Rechte des Inhabers auf der Grundlage der wörtlichen Bedeutung der damaligen Eintragung der Waren und Dienstleistungen im Register nicht verletzte oder verletzt hätte.

Abschnitt 2. Priorität

Art. 34 Prioritätsrecht. (1) Jedermann, der in einem oder mit Wirkung für einen Vertragsstaat der Pariser Verbandsübereinkunft oder des Übereinkommens zur Errichtung der Welthandelsorganisation eine Marke vorschriftsmäßig angemeldet hat, oder sein Rechtsnachfolger genießt hinsichtlich der Anmeldung derselben Marke als Unionsmarke für die Waren oder Dienstleistungen, die mit denen identisch sind, für welche die Marke angemeldet ist, oder die von diesen Waren oder Dienstleistungen umfasst werden, während einer Frist von sechs Monaten nach Einreichung der ersten Anmeldung ein Prioritätsrecht.

(2) Als prioritätsbegründend wird jede Anmeldung anerkannt, der nach dem innerstaatlichen Recht des Staates, in dem sie eingereicht worden ist, oder nach

zwei- oder mehrseitigen Verträgen die Bedeutung einer vorschriftsmäßigen nationalen Anmeldung zukommt.

(3) Unter vorschriftsmäßiger nationaler Anmeldung ist jede Anmeldung zu verstehen, die zur Festlegung des Tages ausreicht, an dem sie eingereicht worden ist, wobei das spätere Schicksal der Anmeldung ohne Bedeutung ist.

(4) [1] Als die erste Anmeldung, von deren Einreichung an die Prioritätsfrist läuft, wird auch eine jüngere Anmeldung angesehen, die dieselbe Marke und dieselben Waren oder Dienstleistungen betrifft wie eine erste ältere in demselben oder für denselben Staat eingereichte Anmeldung, sofern diese ältere Anmeldung bis zur Einreichung der jüngeren Anmeldung zurückgenommen, fallengelassen oder zurückgewiesen worden ist, und zwar bevor sie öffentlich ausgelegt worden ist und ohne dass Rechte bestehen geblieben sind; ebenso wenig darf diese ältere Anmeldung schon Grundlage für die Inanspruchnahme des Prioritätsrechts gewesen sein. [2] Die ältere Anmeldung kann in diesem Fall nicht mehr als Grundlage für die Inanspruchnahme des Prioritätsrechts dienen.

(5) [1] Ist die erste Anmeldung in einem Staat eingereicht worden, der nicht zu den Vertragsstaaten der Pariser Verbandsübereinkunft oder des Übereinkommens zur Errichtung der Welthandelsorganisation gehört, so finden die Vorschriften der Absätze 1 bis 4 nur insoweit Anwendung, als dieser Staat gemäß einer veröffentlichten Feststellung aufgrund einer ersten Anmeldung beim Amt ein Prioritätsrecht gewährt, und zwar unter Voraussetzungen und mit Wirkungen, die denen dieser Verordnung vergleichbar sind. [2] Falls erforderlich, beantragt der Exekutivdirektor bei der Kommission, eine Prüfung zu erwägen, um festzustellen, ob ein Staat im Sinne von Satz 1 die Gegenseitigkeit gewährt. [3] Stellt die Kommission fest, dass die Gegenseitigkeit nach Satz 1 gewährt wird, so veröffentlicht sie eine entsprechende Mitteilung im *Amtsblatt der Europäischen Union*.

(6) [1] Absatz 5 findet Anwendung ab dem Tag, an dem die Mitteilung über die Feststellung, dass die Gegenseitigkeit gewährt ist, im *Amtsblatt der Europäischen Union* veröffentlicht wurde, sofern die Mitteilung kein früheres Datum nennt, ab dem Absatz 5 Anwendung findet. [2] Er gilt nicht mehr ab dem Tag, an dem die Kommission im *Amtsblatt der Europäischen Union* eine Mitteilung des Inhalts veröffentlicht, dass die Gegenseitigkeit nicht länger gewährt wird, sofern die Mitteilung kein früheres Datum nennt, ab dem Absatz 5 nicht mehr gilt.

(7) Mitteilungen nach den Absätzen 5 und 6 werden auch im Amtsblatt des Amtes veröffentlicht.

Art. 35 Inanspruchnahme der Priorität.
(1) [1] Eine Inanspruchnahme der Priorität wird zusammen mit der Anmeldung einer Unionsmarke beantragt und enthält das Datum, die Nummer und das Land der früheren Anmeldung. [2] Die Unterlagen zur Unterstützung der Inanspruchnahme der Priorität sind innerhalb von drei Monaten nach dem Anmeldetag einzureichen.

(2) [1] Die Kommission erlässt Durchführungsrechtsakte, in denen festgelegt wird, welche Art von Unterlagen für die Inanspruchnahme der Priorität einer früheren Anmeldung nach Absatz 1 dieses Artikels beizubringen sind. [2] Diese Durchführungsrechtsakte werden nach dem Prüfverfahren gemäß Artikel 207 Absatz 2 erlassen.

(3) Der Exekutivdirektor kann bestimmen, dass der Anmelder zur Unterstützung der beantragten Inanspruchnahme der Priorität weniger als die in den

Spezifikationen, die gemäß Absatz 2 erlassen werden, festgelegten Unterlagen beizubringen hat, sofern dem Amt die benötigten Informationen aus anderen Quellen zur Verfügung stehen.

Art. 36 Wirkung des Prioritätsrechts. Das Prioritätsrecht hat die Wirkung, dass für die Bestimmung des Vorrangs von Rechten der Prioritätstag als Tag der Anmeldung der Unionsmarke gilt.

Art. 37 Wirkung einer nationalen Hinterlegung der Anmeldung.

Die Anmeldung der Unionsmarke, deren Anmeldetag feststeht, hat in den Mitgliedstaaten die Wirkung einer vorschriftsmäßigen nationalen Hinterlegung, gegebenenfalls mit der für die Anmeldung der Unionsmarke in Anspruch genommenen Priorität.

Abschnitt 3. Ausstellungspriorität

Art. 38 Ausstellungspriorität. (1) [1] Hat der Anmelder der Unionsmarke Waren oder Dienstleistungen unter der angemeldeten Marke auf einer amtlichen oder amtlich anerkannten internationalen Ausstellung im Sinne des am 22. November 1928 in Paris unterzeichneten und zuletzt am 30. November 1972 revidierten Übereinkommens über internationale Ausstellungen zur Schau gestellt, kann er, wenn er die Anmeldung innerhalb einer Frist von sechs Monaten seit der erstmaligen Zurschaustellung der Waren oder Dienstleistungen unter der angemeldeten Marke einreicht, von diesem Tag an ein Prioritätsrecht im Sinne des Artikels 36 in Anspruch nehmen. [2] Die Inanspruchnahme der Priorität wird zusammen mit der Anmeldung der Unionsmarke beantragt.

(2) Der Anmelder, der die Priorität gemäß Absatz 1 in Anspruch nehmen will, hat innerhalb von drei Monaten nach dem Anmeldetag Nachweise für die Zurschaustellung der Waren oder Dienstleistungen unter der angemeldeten Marke einzureichen.

(3) Eine Ausstellungspriorität, die in einem Mitgliedstaat oder einem Drittland gewährt wurde, verlängert die Prioritätsfrist des Artikels 34 nicht.

(4) [1] Die Kommission erlässt Durchführungsrechtsakte, in denen die Art und die Einzelheiten der Nachweise festgelegt werden, die für die Inanspruchnahme einer Ausstellungspriorität nach Absatz 2 dieses Artikels beizubringen sind. [2] Dieser Durchführungsrechtsakt wird nach dem Prüfverfahren gemäß Artikel 207 Absatz 2 erlassen.

Abschnitt 4. Zeitrang einer nationalen Marke

Art. 39 Inanspruchnahme des Zeitrangs einer nationalen Marke bei der Anmeldung einer Unionsmarke oder nach der Einreichung der Anmeldung. (1) Der Inhaber einer in einem Mitgliedstaat, einschließlich des Benelux-Gebiets, oder einer mit Wirkung für einen Mitgliedstaat international registrierten älteren Marke, der eine identische Marke zur Eintragung als Unionsmarke für Waren oder Dienstleistungen anmeldet, die mit denen identisch sind, für welche die ältere Marke eingetragen ist, oder die von diesen Waren oder Dienstleistungen umfasst werden, kann für die Unionsmarke den Zeitrang der älteren Marke in Bezug auf den Mitgliedstaat, in dem oder für den sie eingetragen ist, in Anspruch nehmen.

(2) ¹Anträge auf Inanspruchnahme des Zeitrangs müssen entweder zusammen mit der Anmeldung der Unionsmarke oder innerhalb von zwei Monaten nach dem Anmeldetag eingereicht werden und Angaben enthalten zu dem Mitgliedstaat oder den Mitgliedstaaten, in dem/denen oder für den/die die Marke eingetragen ist, zur Nummer und zum Anmeldetag der maßgeblichen Eintragung und zu den Waren und Dienstleistungen, für die die Marke eingetragen ist. ²Wird der Zeitrang einer oder mehrerer eingetragener älterer Marken bei der Anmeldung in Anspruch genommen, so müssen die Unterlagen zur Unterstützung der beantragten Inanspruchnahme des Zeitrangs innerhalb von drei Monaten ab dem Anmeldetag eingereicht werden. ³Will der Antragsteller den Zeitrang nach der Einreichung der Anmeldung in Anspruch nehmen, so müssen die Unterlagen zur Unterstützung der beantragten Inanspruchnahme des Zeitrangs dem Amt innerhalb von drei Monaten nach Eingang des Antrags auf Inanspruchnahme des Zeitrangs vorgelegt werden.

(3) Der Zeitrang hat nach dieser Verordnung die alleinige Wirkung, dass dem Inhaber der Unionsmarke, falls er auf die ältere Marke verzichtet oder sie erlöschen lässt, weiter dieselben Rechte zugestanden werden, die er gehabt hätte, wenn die ältere Marke weiterhin eingetragen gewesen wäre.

(4) ¹Der für die Unionsmarke in Anspruch genommene Zeitrang erlischt, wenn die ältere Marke, deren Zeitrang in Anspruch genommen worden ist, für nichtig oder für verfallen erklärt wird. ²Wird die ältere Marke für verfallen erklärt, erlischt der Zeitrang, sofern der Verfall vor dem Anmeldetag oder dem Prioritätstag der Unionsmarke eintritt.

(5) Das Amt unterrichtet das Benelux-Amt für geistiges Eigentum oder die Zentralbehörde für den gewerblichen Rechtsschutz des betreffenden Mitgliedstaats über die wirksame Inanspruchnahme des Zeitrangs.

(6) ¹Die Kommission erlässt Durchführungsrechtsakte, in denen festgelegt wird, welche Art von Unterlagen für die Inanspruchnahme des Zeitrangs einer nationalen Marke oder einer aufgrund internationaler Übereinkünfte eingetragenen Marke mit Wirkung in einem Mitgliedstaat nach Absatz 2 dieses Artikels beizubringen sind. ²Diese Durchführungsrechtsakte werden nach dem Prüfverfahren gemäß Artikel 207 Absatz 2 erlassen.

(7) Der Exekutivdirektor kann bestimmen, dass der Anmelder zur Unterstützung der beantragten Inanspruchnahme des Zeitrangs weniger als die in den Spezifikationen, die gemäß Absatz 6 erlassen werden, festgelegten Unterlagen beizubringen hat, sofern dem Amt die benötigten Informationen aus anderen Quellen zur Verfügung stehen.

Art. 40 Inanspruchnahme des Zeitrangs einer nationalen Marke nach Eintragung einer Unionsmarke. (1) Der Inhaber einer Unionsmarke, der Inhaber einer in einem Mitgliedstaat, einschließlich des Benelux-Gebiets, oder einer mit Wirkung für einen Mitgliedstaat international registrierten identischen älteren Marke für Waren oder Dienstleistungen ist, die mit denen identisch sind, für welche die ältere Marke eingetragen ist, oder die von diesen Waren oder Dienstleistungen umfasst werden, kann den Zeitrang der älteren Marke in Bezug auf den Mitgliedstaat, in dem oder für den sie eingetragen ist, in Anspruch nehmen.

(2) Anträge auf Inanspruchnahme des Zeitrangs gemäß Absatz 1 dieses Artikels müssen die Nummer der Eintragung der Unionsmarke, den Namen und die Anschrift ihres Inhabers, Angaben zu dem Mitgliedstaat oder den

Mitgliedstaaten, in dem/denen oder für den/die die ältere Marke eingetragen ist, zur Nummer und zum Anmeldetag der maßgeblichen Eintragung, zu den Waren und Dienstleistungen, für die die Marke eingetragen ist, und zu jenen, für die der Zeitrang in Anspruch genommen wird, sowie die unterstützenden Unterlagen gemäß den nach Artikel 39 Absatz 6 angenommenen Vorschriften enthalten.

(3) ¹Sind die Erfordernisse für die Inanspruchnahme des Zeitrangs nicht erfüllt, so teilt das Amt dem Inhaber der Unionsmarke den Mangel mit. ²Wird der Mangel nicht innerhalb einer vom Amt festgesetzten Frist beseitigt, so weist es den Antrag zurück.

(4) Es gilt Artikel 39 Absätze 3, 4, 5 und 7.

Kapitel IV. Eintragungsverfahren
Abschnitt 1. Prüfung der Anmeldung

Art. 41 Prüfung der Anmeldungserfordernisse. (1) Das Amt prüft, ob

a) die Anmeldung der Unionsmarke den Erfordernissen für die Zuerkennung eines Anmeldetages nach Artikel 32 genügt;

b) die Anmeldung der Unionsmarke den in Artikel 31 Absatz 3 festgelegten Bedingungen und Erfordernissen genügt;

c) gegebenenfalls die Klassengebühren innerhalb der vorgeschriebenen Frist entrichtet worden sind.

(2) Entspricht die Anmeldung nicht den in Absatz 1 genannten Erfordernissen, so fordert das Amt den Anmelder auf, innerhalb von zwei Monaten nach Eingang der entsprechenden Mitteilung die festgestellten Mängel zu beseitigen oder die ausstehende Zahlung nachzuholen.

(3) ¹Werden innerhalb dieser Fristen die nach Absatz 1 Buchstabe a festgestellten Mängel nicht beseitigt oder wird die nach Absatz 1 Buchstabe a festgestellte ausstehende Zahlung nicht nachgeholt, so wird die Anmeldung nicht als Anmeldung einer Unionsmarke behandelt. ²Kommt der Anmelder der Aufforderung des Amtes nach, so erkennt das Amt der Anmeldung als Anmeldetag den Tag zu, an dem die festgestellten Mängel beseitigt werden oder die festgestellte ausstehende Zahlung nachgeholt wird.

(4) Werden innerhalb der vorgeschriebenen Fristen die nach Absatz 1 Buchstabe b festgestellten Mängel nicht beseitigt, so weist das Amt die Anmeldung zurück.

(5) ¹Wird die nach Absatz 1 Buchstabe c festgestellte ausstehende Zahlung nicht innerhalb der vorgeschriebenen Fristen nachgeholt, so gilt die Anmeldung als zurückgenommen, es sei denn, dass eindeutig ist, welche Waren- oder Dienstleistungsklassen durch den gezahlten Gebührenbetrag gedeckt werden sollen. ²Liegen keine anderen Kriterien vor, um zu bestimmen, welche Klassen durch den gezahlten Gebührenbetrag gedeckt werden sollen, so trägt das Amt den Klassen in der Reihenfolge der Klassifikation Rechnung. ³Die Anmeldung gilt für diejenigen Klassen als zurückgenommen, für die die Klassengebühren nicht oder nicht in voller Höhe gezahlt worden sind.

(6) Wird den Vorschriften über die Inanspruchnahme der Priorität nicht entsprochen, so erlischt der Prioritätsanspruch für die Anmeldung.

(7) Sind die Voraussetzungen für die Inanspruchnahme des Zeitrangs einer nationalen Marke nicht erfüllt, so kann deren Zeitrang für die Anmeldung nicht mehr beansprucht werden.

(8) Betrifft die Nichterfüllung der in Absatz 1 Buchstaben b und c genannten Erfordernisse lediglich einige Waren oder Dienstleistungen, so weist das Amt die Anmeldung nur in Bezug auf diese Waren oder Dienstleistungen zurück, oder es erlischt der Anspruch in Bezug auf die Priorität oder den Zeitrang nur in Bezug auf diese Waren und Dienstleistungen.

Art. 42 Prüfung auf absolute Eintragungshindernisse. (1) Ist die Marke nach Artikel 7 für alle oder einen Teil der Waren oder Dienstleistungen, für die die Unionsmarke angemeldet worden ist, von der Eintragung ausgeschlossen, so wird die Anmeldung für diese Waren oder Dienstleistungen zurückgewiesen.

(2) ¹Die Anmeldung kann nur zurückgewiesen werden, wenn dem Anmelder zuvor Gelegenheit gegeben worden ist, die Anmeldung zurückzunehmen, zu ändern oder eine Stellungnahme einzureichen. ²Hierzu teilt das Amt dem Anmelder mit, welche Hindernisse der Eintragung entgegenstehen, und setzt ihm eine Frist für die Zurücknahme oder Änderung der Anmeldung oder zur Einreichung einer Stellungnahme. ³Beseitigt der Anmelder die der Eintragung entgegenstehenden Hindernisse nicht, so weist das Amt die Eintragung ganz oder teilweise zurück.

Abschnitt 2. Recherche

Art. 43 Recherchenbericht. (1) Das Amt erstellt auf Antrag des Anmelders der Unionsmarke bei Einreichung der Anmeldung einen Unionsrecherchenbericht, in dem diejenigen ermittelten älteren Unionsmarken oder Anmeldungen von Unionsmarken aufgeführt werden, die gemäß Artikel 8 gegen die Eintragung der angemeldeten Unionsmarke geltend gemacht werden können.

(2) Beantragt der Anmelder bei der Anmeldung einer Unionsmarke, dass von den Zentralbehörden für den gewerblichen Rechtsschutz der Mitgliedstaaten ein Recherchenbericht erstellt wird, und wurde die entsprechende Recherchengebühr innerhalb der für die Zahlung der Anmeldegebühr vorgesehenen Frist entrichtet, so übermittelt das Amt den Zentralbehörden für den gewerblichen Rechtsschutz derjenigen Mitgliedstaaten, die dem Amt ihre Entscheidung mitgeteilt haben, für Anmeldungen von Unionsmarken in ihren eigenen Markenregistern eine Recherche durchzuführen, unverzüglich eine Abschrift dieser Anmeldung einer Unionsmarke.

(3) Jede Zentralbehörde für den gewerblichen Rechtsschutz der Mitgliedstaaten gemäß Absatz 2 übermittelt einen Recherchenbericht, in dem entweder alle älteren nationalen Marken, Anmeldungen nationaler Marken oder aufgrund internationaler Übereinkünfte eingetragenen Marken mit Wirkung in dem betreffenden Mitgliedstaat bzw. den betreffenden Mitgliedstaaten, die von ihr ermittelt wurden und die gemäß Artikel 8 gegen die Eintragung der angemeldeten Unionsmarke geltend gemacht werden können, aufgeführt sind, oder in dem mitgeteilt wird, dass solche Rechte bei der Recherche nicht festgestellt wurden.

(4) Das Amt legt nach Anhörung des in Artikel 153 vorgesehenen Verwaltungsrats (im Folgenden „Verwaltungsrat") den Inhalt und die Modalitäten der Berichte fest.

(5) ¹Das Amt zahlt jeder Zentralbehörde für den gewerblichen Rechtsschutz einen Betrag für jeden gemäß Absatz 3 vorgelegten Recherchenbericht. ²Dieser Betrag, der für jede Zentralbehörde gleich hoch zu sein hat, wird vom Haushaltsausschuss durch mit Dreiviertelmehrheit der Vertreter der Mitgliedstaaten gefassten Beschluss festgesetzt.

(6) Das Amt übermittelt dem Anmelder der Unionsmarke auf Antrag den Unionsrecherchenbericht und auf Antrag die eingegangenen nationalen Recherchenberichte.

(7) ¹Bei der Veröffentlichung der Anmeldung einer Unionsmarke unterrichtet das Amt die Inhaber älterer Unionsmarken oder Anmeldungen von Unionsmarken, die in dem Unionsrecherchenbericht genannt sind, von der Veröffentlichung der Anmeldung der Unionsmarke. ²Letzteres gilt unabhängig davon, ob der Anmelder darum ersucht hat, einen Unionsrecherchenbericht zu erhalten, es sei denn, der Inhaber einer älteren Eintragung oder Anmeldung ersucht darum, die Mitteilung nicht zu erhalten.

Abschnitt 3. Veröffentlichung der Anmeldung

Art. 44 Veröffentlichung der Anmeldung. (1) ¹Sind die Erfordernisse für die Anmeldung einer Unionsmarke erfüllt, so wird die Anmeldung für die Zwecke des Artikels 46 veröffentlicht, soweit sie nicht gemäß Artikel 42 zurückgewiesen wird. ²Die Veröffentlichung der Anmeldung lässt die im Einklang mit dieser Verordnung oder mit gemäß dieser Verordnung erlassenen Rechtsakten dem Publikum bereits anderweitig zur Verfügung gestellten Informationen unberührt.

(2) Wird die Anmeldung nach ihrer Veröffentlichung gemäß Artikel 42 zurückgewiesen, so wird die Entscheidung über die Zurückweisung veröffentlicht, sobald sie unanfechtbar geworden ist.

(3) *[1]* Enthält die Veröffentlichung der Anmeldung einen dem Amt zuzuschreibenden Fehler, so berichtigt das Amt von sich aus oder auf Antrag des Anmelders den Fehler und veröffentlicht diese Berichtigung.

[2] Die gemäß Artikel 49 Absatz 3 angenommenen Vorschriften finden entsprechend Anwendung, wenn eine Berichtigung vom Anmelder beantragt wird.

(4) Artikel 46 Absatz 2 findet auch Anwendung, wenn die Berichtigung die Liste der Waren oder Dienstleistungen oder die Wiedergabe der Marke betrifft.

(5) ¹Die Kommission erlässt Durchführungsrechtsakte mit den Einzelheiten, die die Veröffentlichung der Anmeldung zu enthalten hat. ²Diese Durchführungsrechtsakte werden nach dem Prüfverfahren gemäß Artikel 207 Absatz 2 erlassen.

Abschnitt 4. Bemerkungen Dritter und Widerspruch

Art. 45 Bemerkungen Dritter. (1) *[1]* Natürliche oder juristische Personen sowie die Verbände der Hersteller, Erzeuger, Dienstleistungsunternehmer, Händler und Verbraucher können beim Amt schriftliche Bemerkungen einreichen, in denen sie erläutern, aus welchen der in den Artikeln 5 und 7 aufgeführten Gründen die Marke nicht von Amts wegen eingetragen werden sollte.

[2] Personen und Verbände nach Unterabsatz 1 sind an dem Verfahren vor dem Amt nicht beteiligt.

(2) Die Bemerkungen Dritter sind vor Ablauf der Widerspruchsfrist oder, wenn ein Widerspruch gegen eine Marke eingereicht wurde, vor der abschließenden Entscheidung über den Widerspruch einzureichen.

(3) Die Einreichung gemäß Absatz 1 berührt nicht das Recht des Amtes, erforderlichenfalls die absoluten Eintragungshindernisse von Amts wegen jederzeit vor der Eintragung erneut zu prüfen.

(4) Die in Absatz 1 genannten Bemerkungen werden dem Anmelder mitgeteilt, der dazu Stellung nehmen kann.

Art. 46 Widerspruch. (1) Innerhalb einer Frist von drei Monaten nach Veröffentlichung der Anmeldung der Unionsmarke kann gegen die Eintragung der Unionsmarke Widerspruch mit der Begründung erhoben werden, dass die Marke nach Artikel 8 von der Eintragung auszuschließen ist; der Widerspruch kann erhoben werden

a) in den Fällen des Artikels 8 Absätze 1 und 5 von den Inhabern der in Artikel 8 Absatz 2 genannten älteren Marken sowie von Lizenznehmern, die von den Inhabern dieser Marken hierzu ausdrücklich ermächtigt worden sind;

b) in den Fällen des Artikels 8 Absatz 3 von den Inhabern der dort genannten Marken;

c) in den Fällen des Artikels 8 Absatz 4 von den Inhabern der dort genannten älteren Marken oder Kennzeichenrechte sowie von den Personen, die nach dem anzuwendenden nationalen Recht berechtigt sind, diese Rechte geltend zu machen;

d) in den Fällen des Artikels 8 Absatz 6 von den Personen, die gemäß den Unionsvorschriften oder dem nationalen Recht zur Ausübung der dort genannten Rechte berechtigt sind.

(2) Gegen die Eintragung der Marke kann unter den Voraussetzungen des Absatzes 1 ebenfalls Widerspruch erhoben werden, falls eine geänderte Anmeldung gemäß Artikel 49 Absatz 2 Satz 2 veröffentlicht worden ist.

(3) [1] Der Widerspruch ist schriftlich einzureichen und zu begründen. [2] Er gilt erst als erhoben, wenn die Widerspruchsgebühr entrichtet worden ist.

(4) Der Widerspruchsführer kann innerhalb einer vom Amt bestimmten Frist zur Stützung des Widerspruchs Tatsachen, Beweismittel und Bemerkungen vorbringen.

Art. 47 Prüfung des Widerspruchs. (1) Bei der Prüfung des Widerspruchs fordert das Amt die Beteiligten so oft wie erforderlich auf, innerhalb einer von ihm zu bestimmenden Frist eine Stellungnahme zu seinen Bescheiden oder zu den Schriftsätzen anderer Beteiligter einzureichen.

(2) [1] Auf Verlangen des Anmelders hat der Inhaber einer älteren Unionsmarke, der Widerspruch erhoben hat, den Nachweis zu erbringen, dass er innerhalb der letzten fünf Jahre vor dem Anmeldetag oder dem Prioritätstag der Anmeldung der Unionsmarke die ältere Unionsmarke in der Union für die Waren oder Dienstleistungen, für die sie eingetragen ist und auf die er sich zur Begründung seines Widerspruchs beruft, ernsthaft benutzt hat, oder dass berechtigte Gründe für die Nichtbenutzung vorliegen, sofern zu diesem Zeit-

punkt die ältere Unionsmarke seit mindestens fünf Jahren eingetragen ist.
²Kann er diesen Nachweis nicht erbringen, so wird der Widerspruch zurückgewiesen. ³Ist die ältere Unionsmarke nur für einen Teil der Waren oder Dienstleistungen, für die sie eingetragen ist, benutzt worden, so gilt sie zum Zwecke der Prüfung des Widerspruchs nur für diese Waren oder Dienstleistungen als eingetragen.

(3) Absatz 2 ist auf ältere nationale Marken im Sinne von Artikel 8 Absatz 2 Buchstabe a mit der Maßgabe entsprechend anzuwenden, dass an die Stelle der Benutzung in der Union die Benutzung in dem Mitgliedstaat tritt, in dem die ältere Marke geschützt ist.

(4) Das Amt kann die Beteiligten ersuchen, sich zu einigen, wenn es dies als sachdienlich erachtet.

(5) ¹Ergibt die Prüfung, dass die Marke für alle oder einen Teil der Waren oder Dienstleistungen, für die die Unionsmarke beantragt worden ist, von der Eintragung ausgeschlossen ist, so wird die Anmeldung für diese Waren oder Dienstleistungen zurückgewiesen. ²Ist die Marke von der Eintragung nicht ausgeschlossen, so wird der Widerspruch zurückgewiesen.

(6) Die Entscheidung über die Zurückweisung der Anmeldung wird veröffentlicht, sobald sie unanfechtbar geworden ist.

Art. 48 Übertragung von Befugnissen. Der Kommission wird die Befugnis übertragen, gemäß Artikel 208 delegierte Rechtsakte zu erlassen, in denen die Einzelheiten des Verfahrens für die Anmeldung und Prüfung eines Widerspruchs gemäß den Artikeln 46 und 47 festgelegt werden.

Abschnitt 5. Zurücknahme, Einschränkung, Änderung und Teilung der Anmeldung

Art. 49 Zurücknahme, Einschränkung und Änderung der Anmeldung. (1) ¹Der Anmelder kann seine Anmeldung jederzeit zurücknehmen oder das in der Anmeldung enthaltene Verzeichnis der Waren und Dienstleistungen einschränken. ²Ist die Anmeldung bereits veröffentlicht, so wird auch die Zurücknahme oder Einschränkung veröffentlicht.

(2) ¹Im Übrigen kann die Anmeldung der Unionsmarke auf Antrag des Anmelders nur geändert werden, um Name und Adresse des Anmelders, sprachliche Fehler, Schreibfehler oder offensichtliche Unrichtigkeiten zu berichtigen, soweit durch eine solche Berichtigung der wesentliche Inhalt der Marke nicht berührt oder das Verzeichnis der Waren oder Dienstleistungen nicht erweitert wird. ²Betreffen die Änderungen die Wiedergabe der Marke oder das Verzeichnis der Waren oder Dienstleistungen und werden sie nach Veröffentlichung der Anmeldung vorgenommen, so wird die Anmeldung in der geänderten Fassung veröffentlicht.

(3) Der Kommission wird die Befugnis übertragen, gemäß Artikel 208 delegierte Rechtsakte zu erlassen, in denen die Einzelheiten des Verfahrens für die Änderung der Anmeldung festgelegt werden.

Art. 50 Teilung der Anmeldung. (1) ¹Der Anmelder kann die Anmeldung teilen, indem er erklärt, dass ein Teil der in der ursprünglichen Anmeldung enthaltenen Waren oder Dienstleistungen Gegenstand einer oder mehrerer Teilanmeldungen sein soll. ²Die Waren oder Dienstleistungen der Teilanmeldung dürfen sich nicht mit den Waren oder Dienstleistungen der ursprünglichen Anmeldung oder anderen Teilanmeldungen überschneiden.

(2) Die Teilungserklärung ist nicht zulässig:
a) wenn gegen die ursprüngliche Anmeldung Widerspruch eingelegt wurde und die Teilungserklärung eine Teilung der Waren oder Dienstleistungen, gegen die sich der Widerspruch richtet, bewirkt, bis die Entscheidung der Widerspruchsabteilung unanfechtbar geworden ist oder das Widerspruchsverfahren eingestellt wird;
b) vor der Festlegung des Anmeldetags im Sinne des Artikels 32 durch das Amt und während der in Artikel 46 Absatz 1 vorgesehenen Widerspruchsfrist.

(3) [1] Die Teilungserklärung ist gebührenpflichtig. [2] Sie gilt als nicht abgegeben, solange die Gebühr nicht entrichtet ist.

(4) [1] Stellt das Amt fest, dass die in Absatz 1 und in den nach Absatz 9 Buchstabe a angenommenen Vorschriften festgelegten Anforderungen nicht erfüllt sind, so fordert es den Anmelder auf, die Mängel innerhalb einer vom Amt festzulegenden Frist zu beseitigen. [2] Werden die Mängel nicht fristgerecht beseitigt, so weist das Amt die Teilungserklärung als unzulässig zurück.

(5) Die Teilung wird an dem Tag wirksam, an dem sie in der vom Amt geführten Akte der ursprünglichen Anmeldung vermerkt wird.

(6) [1] Alle vor Eingang der Teilungserklärung beim Amt für die ursprüngliche Anmeldung eingereichten Anträge und gezahlten Gebühren gelten auch als für die Teilanmeldungen eingereicht oder gezahlt. [2] Gebühren für die ursprüngliche Anmeldung, die wirksam vor Eingang der Teilungserklärung beim Amt entrichtet wurden, werden nicht erstattet.

(7) Die Teilanmeldung genießt den Anmeldetag sowie gegebenenfalls den Prioritätstag und den Zeitrang der ursprünglichen Anmeldung.

(8) [1] Bezieht sich die Teilungserklärung auf eine Anmeldung, die bereits gemäß Artikel 44 veröffentlicht worden ist, so wird die Teilung veröffentlicht. [2] Die Teilanmeldung wird veröffentlicht. [3] Die Veröffentlichung setzt keine neue Widerspruchsfrist in Gang.

(9) Die Kommission erlässt Durchführungsrechtsakte, in denen Folgendes festgelegt wird:
a) die Einzelheiten, die bei einer Teilungserklärung in Bezug auf eine nach Absatz 1 getätigte Anmeldung anzugeben sind;
b) die Einzelheiten der Bearbeitung einer Erklärung über die Teilung einer Anmeldung, wobei sicherzustellen ist, dass eine getrennte Akte, einschließlich einer neuen Anmeldungsnummer, für die Teilanmeldung angelegt wird;
c) die Einzelheiten, die bei der Veröffentlichung der Teilanmeldung nach Absatz 8 anzugeben sind. Diese Durchführungsrechtsakte werden nach dem Prüfverfahren gemäß Artikel 207 Absatz 2 erlassen.

Abschnitt 6. Eintragung

Art. 51 Eintragung. (1) [1] Entspricht die Anmeldung den Vorschriften dieser Verordnung und wurde innerhalb der Frist gemäß Artikel 46 Absatz 1 kein Widerspruch erhoben oder hat sich ein erhobener Widerspruch durch Zurücknahme, Zurückweisung oder auf andere Weise endgültig erledigt, so wird die

Marke mit den in Artikel 111 Absatz 2 genannten Angaben in das Register eingetragen. ²Die Eintragung wird veröffentlicht.

(2) ¹Das Amt stellt eine Eintragungsurkunde aus. ²Diese Urkunde kann elektronisch ausgestellt werden. ³Das Amt stellt beglaubigte oder unbeglaubigte Abschriften der Urkunde aus, für die eine Gebühr zu entrichten ist, wenn diese Abschriften nicht elektronisch ausgestellt werden.

(3) ¹Die Kommission erlässt Durchführungsrechtsakte, in denen die Einzelheiten, die in der in Absatz 2 dieses Artikels genannten Eintragungsurkunde anzugeben sind, und die Form der in Absatz 2 dieses Artikels genannten Eintragungsurkunde im Einzelnen festgelegt werden. ²Diese Durchführungsrechtsakte werden nach dem Prüfverfahren gemäß Artikel 207 Absatz 2 erlassen.

Kapitel V. Dauer, Verlängerung, Änderung und Teilung der Unionsmarke

Art. 52 Dauer der Eintragung. ¹Die Dauer der Eintragung der Unionsmarke beträgt zehn Jahre, gerechnet vom Tag der Anmeldung an. ²Die Eintragung kann gemäß Artikel 53 um jeweils zehn Jahre verlängert werden.

Art. 53 Verlängerung. (1) Die Eintragung der Unionsmarke wird auf Antrag des Inhabers der Unionsmarke oder einer von ihm hierzu ausdrücklich ermächtigten Person verlängert, sofern die Gebühren entrichtet worden sind.

(2) ¹Das Amt unterrichtet den Inhaber der Unionsmarke und die im Register eingetragenen Inhaber von Rechten an der Unionsmarke mindestens sechs Monate vor dem Ablauf der Eintragung. ²Das Unterbleiben dieser Unterrichtung hat keine Haftung des Amtes zur Folge und berührt nicht den Ablauf der Eintragung.

(3) ¹Der Antrag auf Verlängerung ist innerhalb von sechs Monaten vor Ablauf der Eintragung einzureichen. ²Innerhalb dieser Frist sind auch die Grundgebühr für die Verlängerung sowie gegebenenfalls eine oder mehrere Klassengebühren für jede Klasse von Waren oder Dienstleistungen, die über die erste Klasse hinausgeht, zu entrichten. ³Der Antrag und die Gebühren können noch innerhalb einer Nachfrist von sechs Monaten nach Ablauf der Eintragung eingereicht bzw. gezahlt werden, sofern innerhalb dieser Nachfrist eine Zuschlagsgebühr für die verspätete Zahlung der Verlängerungsgebühr oder für die verspätete Einreichung des Antrags auf Verlängerung entrichtet wird.

(4) *[1]* Der Antrag auf Verlängerung umfasst

a) den Namen der Person, die die Verlängerung beantragt;

b) die Eintragungsnummer der zu verlängernden Unionsmarke;

c) falls die Verlängerung nur für einen Teil der eingetragenen Waren und Dienstleistungen beantragt wird, die Angabe der Klassen oder der Waren und Dienstleistungen, für die die Verlängerung beantragt wird, oder der Klassen oder der Waren und Dienstleistungen, für die die Verlängerung nicht beantragt wird; zu diesem Zweck sind die Waren und Dienstleistungen gemäß den Klassen der Nizza-Klassifikation in Gruppen zusammenzufassen, wobei jeder Gruppe die Nummer der Klasse dieser Klassifikation, zu der diese Gruppen von Waren oder Dienstleistungen gehört, vorangestellt und jede Gruppe in der Reihenfolge der Klassen dieser Klassifikation dargestellt wird.

[2] Wenn die Zahlung gemäß Absatz 3 erfolgt ist, gilt diese als Antrag auf Verlängerung, vorausgesetzt, es sind alle erforderlichen Angaben zur Feststellung des Zwecks der Zahlung vorhanden.

(5) [1] Beziehen sich der Antrag auf Verlängerung oder die Entrichtung der Gebühren nur auf einen Teil der Waren oder Dienstleistungen, für die die Unionsmarke eingetragen ist, so wird die Eintragung nur für diese Waren oder Dienstleistungen verlängert. [2] Reichen die entrichteten Gebühren nicht für alle Klassen von Waren und Dienstleistungen aus, für die die Verlängerung beantragt wird, so wird die Eintragung verlängert, wenn eindeutig ist, auf welche Klasse oder Klassen sich die Gebühren beziehen. [3] Liegen keine anderen Kriterien vor, so trägt das Amt den Klassen in der Reihenfolge der Klassifikation Rechnung.

(6) [1] Die Verlängerung wird am Tag nach dem Ablauf der Eintragung wirksam. [2] Sie wird eingetragen.

(7) Wenn der Antrag auf Verlängerung innerhalb der Fristen gemäß Absatz 3 gestellt wird, aber die anderen in diesem Artikel genannten Erfordernisse für eine Verlängerung nicht erfüllt sind, so teilt das Amt dem Antragsteller die festgestellten Mängel mit.

(8) [1] Wird ein Verlängerungsantrag nicht gestellt oder erst nach Ablauf der Frist gemäß Absatz 3 gestellt oder werden die Gebühren nicht entrichtet oder erst nach Ablauf der betreffenden Frist entrichtet oder werden die in Absatz 7 genannten Mängel nicht fristgemäß beseitigt, so stellt das Amt fest, dass die Eintragung abgelaufen ist, und teilt dies dem Inhaber der Unionsmarke entsprechend mit. [2] Ist diese Feststellung unanfechtbar geworden, so löscht das Amt die Marke im Register. [3] Die Löschung wird am Tag nach Ablauf der Eintragung wirksam. [4] Wenn die Verlängerungsgebühren entrichtet wurden, die Eintragung aber nicht verlängert wird, werden diese Gebühren erstattet.

(9) Für zwei und mehr Marken kann ein einziger Antrag auf Verlängerung gestellt werden, sofern für jede Marke die erforderlichen Gebühren entrichtet werden und es sich bei dem Inhaber bzw. dem Vertreter um dieselbe Person handelt.

Art. 54 Änderung. (1) Die Unionsmarke darf weder während der Dauer der Eintragung noch bei ihrer Verlängerung im Register geändert werden.

(2) Enthält jedoch die Unionsmarke den Namen und die Adresse ihres Inhabers, so kann die Änderung dieser Angaben, sofern dadurch die ursprünglich eingetragene Marke in ihrem wesentlichen Inhalt nicht beeinträchtigt wird, auf Antrag des Inhabers eingetragen werden.

(3) *[1]* Der Antrag auf Änderung umfasst den zu ändernden Bestandteil der Marke und denselben Bestandteil in seiner geänderten Fassung.

[2] [1] Die Kommission erlässt Durchführungsrechtsakte, in denen die in dem Antrag auf Änderung anzugebenden Einzelheiten im Einzelnen festgelegt werden. [2] Diese Durchführungsrechtsakte werden nach dem Prüfverfahren gemäß Artikel 207 Absatz 2 erlassen.

(4) [1] Der Antrag gilt erst als gestellt, wenn die Gebühr gezahlt worden ist. [2] Wurde die Gebühr nicht oder nicht vollständig entrichtet, so teilt das Amt dies dem Antragsteller mit. [3] Für die Änderung desselben Bestandteils in zwei oder mehr Eintragungen desselben Inhabers kann ein einziger Antrag gestellt werden. [4] Die diesbezügliche Gebühr ist für jede zu ändernde Eintragung zu

entrichten. ⁵ Sind die Erfordernisse für die Änderung der Eintragung nicht erfüllt, so teilt das Amt dem Antragsteller den Mangel mit. ⁶ Wird der Mangel nicht innerhalb einer vom Amt festzusetzenden Frist beseitigt, so weist es den Antrag zurück.

(5) ¹ Die Veröffentlichung der Eintragung der Änderung enthält eine Wiedergabe der geänderten Unionsmarke. ² Innerhalb einer Frist von drei Monaten nach Veröffentlichung können Dritte, deren Rechte durch die Änderung beeinträchtigt werden können, die Eintragung der Änderung der Marke anfechten. ³ Die Artikel 46 und 47 und die gemäß Artikel 48 erlassenen Regeln gelten für die Veröffentlichung der Eintragung der Änderung.

Art. 55 Änderung des Namens oder der Anschrift. (1) *[1]* Eine Änderung des Namens oder der Adresse des Inhabers einer Unionsmarke, die keine Änderung der Unionsmarke gemäß Artikel 54 Absatz 2 darstellt und bei der es sich nicht um die Folge einer vollständigen oder teilweisen Übertragung der Unionsmarke handelt, wird auf Antrag des Inhabers in das Register eingetragen.

[2] ¹ Die Kommission erlässt Durchführungsrechtsakte, in denen die in dem Antrag auf Änderung des Namens oder der Adresse gemäß Unterabsatz 1 anzugebenden Einzelheiten im Einzelnen festgelegt werden. ² Diese Durchführungsrechtsakte werden nach dem Prüfverfahren gemäß Artikel 207 Absatz 2 erlassen.

(2) Für die Änderung des Namens oder der Adresse in Bezug auf zwei oder mehr Eintragungen desselben Inhabers kann ein einziger Antrag gestellt werden.

(3) ¹ Sind die Erfordernisse für die Eintragung einer Änderung nicht erfüllt, so teilt das Amt dem Inhaber der Unionsmarke den Mangel mit. ² Wird der Mangel nicht innerhalb einer vom Amt festzusetzenden Frist beseitigt, so weist es den Antrag zurück.

(4) Die Absätze 1, 2 und 3 gelten auch für eine Änderung des Namens oder der Adresse des eingetragenen Vertreters.

(5) ¹ Die Absätze 1 bis 4 gelten für Anmeldungen von Unionsmarken. ² Die Änderung wird in der vom Amt geführten Akte über die Anmeldung der Unionsmarke vermerkt.

Art. 56 Teilung der Eintragung. (1) ¹ Der Inhaber einer Unionsmarke kann die Eintragung teilen, indem er erklärt, dass ein Teil der in der ursprünglichen Eintragung enthaltenen Waren oder Dienstleistungen Gegenstand einer oder mehrerer Teileintragungen sein soll. ² Die Waren oder Dienstleistungen der Teileintragung dürfen sich nicht mit den Waren oder Dienstleistungen der ursprünglichen Eintragung oder anderer Teileintragungen überschneiden.

(2) Die Teilungserklärung ist nicht zulässig,

a) wenn beim Amt ein Antrag auf Erklärung des Verfalls oder der Nichtigkeit gegen die ursprüngliche Eintragung eingereicht wurde und die Teilungserklärung eine Teilung der Waren oder Dienstleistungen, gegen die sich der Antrag auf Erklärung des Verfalls oder der Nichtigkeit richtet, bewirkt, bis die Entscheidung der Nichtigkeitsabteilung unanfechtbar geworden oder das Verfahren anderweitig erledigt ist;

b) wenn vor einem Unionsmarkengericht eine Widerklage auf Erklärung des Verfalls oder der Nichtigkeit anhängig ist und die Teilungserklärung eine Teilung der Waren oder Dienstleistungen, gegen die sich die Widerklage richtet, bewirkt, bis der Hinweis auf die Entscheidung des Unionsmarkengerichts gemäß Artikel 128 Absatz 6 im Register eingetragen ist.

(3) [1] Sind die Anforderungen nach Absatz 1 und nach den in Absatz 8 genannten Durchführungsrechtsakten nicht erfüllt oder überschneidet sich die Liste der Waren und Dienstleistungen, die Gegenstand der Teileintragung sind, mit den Waren und Dienstleistungen, die in der ursprünglichen Eintragung verbleiben, so fordert das Amt den Inhaber der Unionsmarke auf, die Mängel innerhalb einer vom Amt festgelegten Frist zu beseitigen. [2] Werden die Mängel nicht fristgerecht beseitigt, so weist das Amt die Teilungserklärung als unzulässig zurück.

(4) [1] Die Teilungserklärung ist gebührenpflichtig. [2] Sie gilt als nicht abgegeben, solange die Gebühr nicht entrichtet ist.

(5) Die Teilung wird an dem Tag wirksam, an dem sie im Register eingetragen wird.

(6) [1] Alle vor Eingang der Teilungserklärung beim Amt für die ursprüngliche Eintragung eingereichten Anträge und gezahlten Gebühren gelten auch als für die Teileintragungen eingereicht oder gezahlt. [2] Gebühren für die ursprüngliche Eintragung, die wirksam vor Eingang der Teilungserklärung beim Amt entrichtet wurden, werden nicht erstattet.

(7) Die Teileintragung genießt den Anmeldetag sowie gegebenenfalls den Prioritätstag und den Zeitrang der ursprünglichen Eintragung.

(8) *[1]* Die Kommission erlässt Durchführungsrechtsakte, in denen Folgendes festgelegt wird:

a) die Einzelheiten, die bei einer Teilungserklärung für eine Eintragung nach Absatz 1 anzugeben sind;

b) die Einzelheiten der Bearbeitung einer Teilungserklärung für eine Eintragung, wobei sicherzustellen ist, dass eine getrennte Akte, einschließlich einer neuen Eintragungsnummer, für die Teileintragung angelegt wird.

[2] Diese Durchführungsrechtsakte werden nach dem Prüfverfahren gemäß Artikel 207 Absatz 2 erlassen.

Kapitel VI. Verzicht, Verfall und Nichtigkeit
Abschnitt 1. Verzicht

Art. 57 Verzicht. (1) Die Unionsmarke kann Gegenstand eines Verzichts für alle oder einen Teil der Waren oder Dienstleistungen sein, für die sie eingetragen ist.

(2) [1] Der Verzicht ist vom Markeninhaber dem Amt schriftlich zu erklären. [2] Er wird erst wirksam, wenn er im Register eingetragen ist. [3] Die Gültigkeit des Verzichts auf eine Unionsmarke, der gegenüber dem Amt nach der Einreichung eines Antrags auf Erklärung des Verfalls dieser Marke im Sinne des Artikels 63 Absatz 1 erklärt wird, setzt die abschließende Zurückweisung des Antrags auf Erklärung des Verfalls oder dessen Rücknahme voraus.

(3) [1] Ist im Register eine Person als Inhaber eines Rechts im Zusammenhang mit der Unionsmarke eingetragen, so wird der Verzicht nur mit Zustimmung

dieser Person eingetragen. ²Ist eine Lizenz im Register eingetragen, so wird der Verzicht erst eingetragen, wenn der Inhaber der Unionsmarke glaubhaft macht, dass er den Lizenznehmer von seiner Verzichtsabsicht unterrichtet hat. ³Die Eintragung des Verzichts wird nach Ablauf einer Frist von drei Monaten ab dem Zeitpunkt vorgenommen, zu dem der Inhaber dem Amt glaubhaft gemacht hat, dass er den Lizenznehmer von seiner Verzichtsabsicht unterrichtet hat, oder vor Ablauf dieser Frist, sobald er die Zustimmung des Lizenznehmers nachweist.

(4) ¹Sind die Voraussetzungen für den Verzicht nicht erfüllt, so teilt das Amt dem Erklärenden die Mängel mit. ²Werden die Mängel nicht innerhalb einer vom Amt festzusetzenden Frist beseitigt, so lehnt es die Eintragung des Verzichts in das Register ab.

(5) ¹Die Kommission erlässt Durchführungsrechtsakte, in denen die Einzelheiten, die in einer Verzichtserklärung gemäß Absatz 2 dieses Artikels anzugeben sind, und die Art der Unterlagen, die zur Feststellung der Zustimmung eines Dritten gemäß Absatz 3 dieses Artikels erforderlich sind, im Einzelnen festgelegt werden. ²Diese Durchführungsrechtsakte werden nach dem Prüfverfahren gemäß Artikel 207 Absatz 2 erlassen.

Abschnitt 2. Verfallsgründe

Art. 58 Verfallsgründe. (1) Die Unionsmarke wird auf Antrag beim Amt oder auf Widerklage im Verletzungsverfahren für verfallen erklärt,

a) wenn die Marke innerhalb eines ununterbrochenen Zeitraums von fünf Jahren in der Union für die Waren oder Dienstleistungen, für die sie eingetragen ist, nicht ernsthaft benutzt worden ist und keine berechtigten Gründe für die Nichtbenutzung vorliegen; der Verfall der Rechte des Inhabers kann jedoch nicht geltend gemacht werden, wenn nach Ende dieses Zeitraums und vor Antragstellung oder vor Erhebung der Widerklage die Benutzung der Marke ernsthaft begonnen oder wieder aufgenommen worden ist; wird die Benutzung jedoch innerhalb eines nicht vor Ablauf des ununterbrochenen Zeitraums von fünf Jahren der Nichtbenutzung beginnenden Zeitraums von drei Monaten vor Antragstellung oder vor Erhebung der Widerklage begonnen oder wieder aufgenommen, so bleibt sie unberücksichtigt, sofern die Vorbereitungen für die erstmalige oder die erneute Benutzung erst stattgefunden haben, nachdem der Inhaber Kenntnis davon erhalten hat, dass der Antrag gestellt oder die Widerklage erhoben werden könnte;

b) wenn die Marke infolge des Verhaltens oder der Untätigkeit ihres Inhabers im geschäftlichen Verkehr zur gebräuchlichen Bezeichnung einer Ware oder einer Dienstleistung, für die sie eingetragen ist, geworden ist;

c) wenn die Marke infolge ihrer Benutzung durch den Inhaber oder mit seiner Zustimmung für Waren oder Dienstleistungen, für die sie eingetragen ist, geeignet ist, das Publikum insbesondere über die Art, die Beschaffenheit oder die geografische Herkunft dieser Waren oder Dienstleistungen irrezuführen.

(2) Liegt ein Verfallsgrund nur für einen Teil der Waren oder Dienstleistungen vor, für die die Unionsmarke eingetragen ist, so wird sie nur für diese Waren oder Dienstleistungen für verfallen erklärt.

Abschnitt 3. Nichtigkeitsgründe

Art. 59 Absolute Nichtigkeitsgründe. (1) Die Unionsmarke wird auf Antrag beim Amt oder auf Widerklage im Verletzungsverfahren für nichtig erklärt,
a) wenn sie entgegen den Vorschriften des Artikels 7 eingetragen worden ist;
b) wenn der Anmelder bei der Anmeldung der Marke bösgläubig war.

(2) Ist die Unionsmarke entgegen Artikel 7 Absatz 1 Buchstabe b, c oder d eingetragen worden, kann sie nicht für nichtig erklärt werden, wenn sie durch Benutzung im Verkehr Unterscheidungskraft für die Waren oder Dienstleistungen, für die sie eingetragen ist, erlangt hat.

(3) Liegt ein Nichtigkeitsgrund nur für einen Teil der Waren oder Dienstleistungen vor, für die die Unionsmarke eingetragen ist, so kann sie nur für diese Waren oder Dienstleistungen für nichtig erklärt werden.

Art. 60 Relative Nichtigkeitsgründe. (1) *[1]* Die Unionsmarke wird auf Antrag beim Amt oder auf Widerklage im Verletzungsverfahren für nichtig erklärt,
a) wenn eine in Artikel 8 Absatz 2 genannte ältere Marke besteht und die Voraussetzungen der Absätze 1 oder 5 des genannten Artikels erfüllt sind;
b) wenn eine in Artikel 8 Absatz 3 genannte Marke besteht und die Voraussetzungen des genannten Absatzes erfüllt sind;
c) wenn ein in Artikel 8 Absatz 4 genanntes älteres Kennzeichenrecht besteht und die Voraussetzungen des genannten Absatzes erfüllt sind;
d) wenn eine in Artikel 8 Absatz 6 genannte ältere Ursprungsbezeichnung oder geografische Angabe besteht und die Voraussetzungen des genannten Absatzes erfüllt sind.

[2] Alle in Unterabsatz 1 genannten Voraussetzungen müssen am Anmeldetag oder am Prioritätstag der Unionsmarke erfüllt sein.

(2) Die Unionsmarke wird auf Antrag beim Amt oder auf Widerklage im Verletzungsverfahren ebenfalls für nichtig erklärt, wenn ihre Benutzung aufgrund eines sonstigen älteren Rechts gemäß dem für dessen Schutz maßgebenden Unionsrecht oder nationalen Recht untersagt werden kann insbesondere eines
a) Namensrechts;
b) Rechts an der eigenen Abbildung;
c) Urheberrechts;
d) gewerblichen Schutzrechts.

(3) Die Unionsmarke kann nicht für nichtig erklärt werden, wenn der Inhaber eines der in Absatz 1 oder 2 genannten Rechte der Eintragung der Unionsmarke vor der Stellung des Antrags auf Nichtigerklärung oder der Erhebung der Widerklage ausdrücklich zustimmt.

(4) Hat der Inhaber eines der in Absatz 1 oder 2 genannten Rechte bereits einen Antrag auf Nichtigerklärung der Unionsmarke gestellt oder im Verletzungsverfahren Widerklage erhoben, so darf er nicht aufgrund eines anderen dieser Rechte, das er zur Unterstützung seines ersten Begehrens hätte geltend machen können, einen neuen Antrag auf Nichtigerklärung stellen oder Widerklage erheben.

(5) Artikel 59 Absatz 3 ist entsprechend anzuwenden.

Art. 61 Verwirkung durch Duldung. (1) Hat der Inhaber einer Unionsmarke die Benutzung einer jüngeren Unionsmarke in der Union während eines Zeitraums von fünf aufeinander folgenden Jahren in Kenntnis dieser Benutzung geduldet, so kann er für die Waren oder Dienstleistungen, für die die jüngere Marke benutzt worden ist, aufgrund dieser älteren Marke nicht die Nichtigerklärung dieser jüngeren Marke verlangen, es sei denn, dass die Anmeldung der jüngeren Unionsmarke bösgläubig vorgenommen worden ist.

(2) Hat der Inhaber einer in Artikel 8 Absatz 2 genannten älteren nationalen Marke oder eines in Artikel 8 Absatz 4 genannten sonstigen älteren Kennzeichenrechts die Benutzung einer jüngeren Unionsmarke in dem Mitgliedstaat, in dem diese ältere Marke oder dieses sonstige ältere Kennzeichenrecht geschützt ist, während eines Zeitraums von fünf aufeinander folgenden Jahren in Kenntnis dieser Benutzung geduldet, so kann er für die Waren oder Dienstleistungen, für die die jüngere Unionsmarke benutzt worden ist, aufgrund dieser älteren Marke oder dieses sonstigen älteren Kennzeichenrechts nicht die Nichtigerklärung der Unionsmarke verlangen, es sei denn, dass die Anmeldung der jüngeren Unionsmarke bösgläubig vorgenommen worden ist.

(3) In den Fällen der Absätze 1 und 2 kann der Inhaber der jüngeren Unionsmarke sich der Benutzung des älteren Rechts nicht widersetzen, obwohl dieses Recht gegenüber der jüngeren Unionsmarke nicht mehr geltend gemacht werden kann.

Abschnitt 4. Wirkungen des Verfalls und der Nichtigkeit

Art. 62 Wirkungen des Verfalls und der Nichtigkeit. (1) ¹Die in dieser Verordnung vorgesehenen Wirkungen der Unionsmarke gelten in dem Umfang, in dem die Marke für verfallen erklärt wird, als von dem Zeitpunkt der Antragstellung oder der Erhebung der Widerklage nicht eingetreten. ²In der Entscheidung kann auf Antrag einer Partei ein früherer Zeitpunkt, zu dem einer der Verfallsgründe eingetreten ist, festgesetzt werden.

(2) Die in dieser Verordnung vorgesehenen Wirkungen der Unionsmarke gelten in dem Umfang, in dem die Marke für nichtig erklärt worden ist, als von Anfang an nicht eingetreten.

(3) Vorbehaltlich der nationalen Rechtsvorschriften über Klagen auf Ersatz des Schadens, der durch fahrlässiges oder vorsätzliches Verhalten des Markeninhabers verursacht worden ist, sowie vorbehaltlich der nationalen Rechtsvorschriften über ungerechtfertigte Bereicherung berührt die Rückwirkung des Verfalls oder der Nichtigkeit der Marke nicht:

a) Entscheidungen in Verletzungsverfahren, die vor der Entscheidung über den Verfall oder die Nichtigkeit unanfechtbar geworden und vollstreckt worden sind;

b) vor der Entscheidung über den Verfall oder die Nichtigkeit geschlossene Verträge insoweit, als sie vor dieser Entscheidung erfüllt worden sind; es kann jedoch verlangt werden, dass in Erfüllung des Vertrags gezahlte Beträge aus Billigkeitsgründen insoweit zurückerstattet werden, als die Umstände dies rechtfertigen.

Abschnitt 5. Verfahren zur Erklärung des Verfalls oder der Nichtigkeit vor dem Amt

Art. 63 Antrag auf Erklärung des Verfalls oder der Nichtigkeit.
(1) Ein Antrag auf Erklärung des Verfalls oder der Nichtigkeit der Unionsmarke kann beim Amt gestellt werden:

a) in den Fällen der Artikel 58 und 59 von jeder natürlichen oder juristischen Person sowie jedem Interessenverband von Herstellern, Erzeugern, Dienstleistungsunternehmen, Händlern oder Verbrauchern, der nach dem für ihn maßgebenden Recht prozessfähig ist;

b) in den Fällen des Artikels 60 Absatz 1 von den in Artikel 46 Absatz 1 genannten Personen;

c) in den Fällen des Artikels 60 Absatz 2 von den Inhabern der dort genannten älteren Rechte sowie von den Personen, die nach den Unionsvorschriften oder dem Recht des betroffenen Mitgliedstaats berechtigt sind, diese Rechte geltend zu machen.

(2) ¹Der Antrag ist schriftlich einzureichen und zu begründen. ²Er gilt erst als gestellt, wenn die Gebühr entrichtet worden ist.

(3) Der Antrag auf Erklärung des Verfalls oder der Nichtigkeit ist unzulässig, wenn entweder das Amt oder das in Artikel 123 genannte Unionsmarkengericht über einen Antrag wegen desselben Anspruchs zwischen denselben Parteien in der Hauptsache bereits entschieden hat und diese Entscheidung unanfechtbar geworden ist.

Art. 64 Prüfung des Antrags. (1) Bei der Prüfung des Antrags auf Erklärung des Verfalls oder der Nichtigkeit fordert das Amt die Beteiligten so oft wie erforderlich auf, innerhalb einer von ihm zu bestimmenden Frist eine Stellungnahme zu seinen Bescheiden oder zu den Schriftsätzen der anderen Beteiligten einzureichen.

(2) ¹Auf Verlangen des Inhabers der Unionsmarke hat der Inhaber einer älteren Unionsmarke, der am Nichtigkeitsverfahren beteiligt ist, den Nachweis zu erbringen, dass er innerhalb der letzten fünf Jahre vor Stellung des Antrags auf Erklärung der Nichtigkeit die ältere Unionsmarke in der Union für die Waren oder Dienstleistungen, für die sie eingetragen ist und auf die der Inhaber der älteren Marke sich zur Begründung seines Antrags beruft, ernsthaft benutzt hat oder dass berechtigte Gründe für die Nichtbenutzung vorliegen, sofern zu diesem Zeitpunkt die ältere Unionsmarke seit mindestens fünf Jahren eingetragen ist. ²War die ältere Unionsmarke am Anmeldetag oder am Prioritätstag der Anmeldung der Unionsmarke bereits mindestens fünf Jahre eingetragen, so hat der Inhaber der älteren Unionsmarke auch den Nachweis zu erbringen, dass die in Artikel 47 Absatz 2 genannten Bedingungen an diesem Tage erfüllt waren. ³Kann er diesen Nachweis nicht erbringen, so wird der Antrag auf Erklärung der Nichtigkeit zurückgewiesen. ⁴Ist die ältere Unionsmarke nur für einen Teil der Waren oder Dienstleistungen, für die sie eingetragen ist, benutzt worden, so gilt sie zum Zwecke der Prüfung des Antrags auf Erklärung der Nichtigkeit nur für diesen Teil der Waren oder Dienstleistungen als eingetragen.

(3) Absatz 2 ist auf ältere nationale Marken im Sinne des Artikels 8 Absatz 2 Buchstabe a mit der Maßgabe entsprechend anzuwenden, dass an die Stelle der

Benutzung in der Union die Benutzung in dem Mitgliedstaat tritt, in dem die ältere Marke geschützt ist.

(4) Das Amt kann die Beteiligten ersuchen, sich zu einigen, wenn es dies als sachdienlich erachtet.

(5) [1] Ergibt die Prüfung des Antrags auf Erklärung des Verfalls oder der Nichtigkeit, dass die Marke für alle oder einen Teil der Waren oder Dienstleistungen, für die sie eingetragen ist, von der Eintragung ausgeschlossen ist, so wird die Marke für diese Waren oder Dienstleistungen für verfallen oder für nichtig erklärt. [2] Ist die Marke von der Eintragung nicht ausgeschlossen, so wird der Antrag zurückgewiesen.

(6) In das Register wird ein Hinweis auf die Entscheidung des Amtes über einen Antrag auf Erklärung des Verfalls oder der Nichtigkeit eingetragen, sobald sie unanfechtbar geworden ist.

Art. 65 Übertragung von Befugnissen. Der Kommission wird die Befugnis übertragen, gemäß Artikel 208 delegierte Rechtsakte zu erlassen, in denen die Einzelheiten der Verfahren zur Erklärung des Verfalls oder der Nichtigkeit einer Unionsmarke gemäß den Artikeln 63 und 64 sowie zur Übertragung einer Agentenmarke gemäß Artikel 21 festgelegt werden.

Kapitel VII. Beschwerdeverfahren

Art. 66 Beschwerdefähige Entscheidungen. (1) [1] Die Entscheidungen der in Artikel 159 Buchstaben a bis d und gegebenenfalls Buchstabe f aufgeführten Entscheidungsinstanzen des Amtes sind mit der Beschwerde anfechtbar. [2] Diese Entscheidungen werden erst ab dem Zeitpunkt des Ablaufs der Beschwerdefrist gemäß Artikel 68 wirksam. [3] Die Einlegung der Beschwerde hat aufschiebende Wirkung.

(2) Eine Entscheidung, die ein Verfahren gegenüber einem Beteiligten nicht abschließt, ist nur zusammen mit der Endentscheidung anfechtbar, sofern nicht in der Entscheidung die gesonderte Beschwerde zugelassen ist.

Art. 67 Beschwerdeberechtigte und Verfahrensbeteiligte. [1] Die Beschwerde steht denjenigen zu, die an einem Verfahren beteiligt waren, das zu einer Entscheidung geführt hat, soweit sie durch die Entscheidung beschwert sind. [2] Die übrigen an diesem Verfahren Beteiligten sind von Rechts wegen am Beschwerdeverfahren beteiligt.

Art. 68 Frist und Form. (1) [1] Die Beschwerde ist innerhalb von zwei Monaten nach Zustellung der Entscheidung schriftlich beim Amt einzulegen. [2] Die Beschwerde gilt erst als eingelegt, wenn die Beschwerdegebühr entrichtet worden ist. [3] Die Beschwerdeschrift muss in der Verfahrenssprache eingereicht werden, in der die Entscheidung, die Gegenstand der Beschwerde ist, ergangen ist. [4] Innerhalb von vier Monaten nach Zustellung der Entscheidung ist die Beschwerde schriftlich zu begründen.

(2) [1] In mehrseitigen Verfahren kann der Beschwerdegegner in seiner Stellungnahme zur Beschwerdebegründung Anträge stellen, die auf die Aufhebung oder Abänderung der angefochtenen Entscheidung in einem in der Beschwerde nicht geltend gemachten Punkt gerichtet sind. [2] Derartige Anträge werden gegenstandslos, wenn die Beschwerde zurückgenommen wird.

Art. 69 Abhilfe in einseitigen Verfahren. (1) Ist der Beschwerdeführer der einzige Verfahrensbeteiligte und erachtet die Stelle, deren Entscheidung angefochten wird, die Beschwerde als zulässig und begründet, so hat sie ihr abzuhelfen.

(2) Wird der Beschwerde nicht binnen eines Monats nach Eingang der Beschwerdebegründung abgeholfen, so ist die Beschwerde unverzüglich ohne sachliche Stellungnahme der Beschwerdekammer vorzulegen.

Art. 70 Prüfung der Beschwerde. (1) Ist die Beschwerde zulässig, so prüft die Beschwerdekammer, ob der Beschwerde stattzugeben ist.

(2) Bei der Prüfung der Beschwerde fordert die Beschwerdekammer die Beteiligten so oft wie erforderlich auf, innerhalb einer von ihr zu bestimmenden Frist eine Stellungnahme zu ihren Bescheiden oder zu den Schriftsätzen der anderen Beteiligten einzureichen.

Art. 71 Entscheidung über die Beschwerde. (1) [1]Nach der Prüfung, ob der Beschwerde stattzugeben ist, entscheidet die Beschwerdekammer über die Beschwerde. [2]Die Beschwerdekammer wird entweder im Rahmen der Zuständigkeit der Dienststelle tätig, die die angefochtene Entscheidung erlassen hat, oder verweist die Angelegenheit zur weiteren Behandlung an diese Dienststelle zurück.

(2) Verweist die Beschwerdekammer die Angelegenheit zur weiteren Behandlung an die Dienststelle zurück, die die angefochtene Entscheidung erlassen hat, so ist diese Dienststelle durch die rechtliche Beurteilung, die der Entscheidung der Beschwerdekammer zugrunde liegt, gebunden, soweit der Tatbestand derselbe ist.

(3) Die Entscheidungen der Beschwerdekammer werden erst mit Ablauf der in Artikel 72 Absatz 5 vorgesehenen Frist oder, wenn innerhalb dieser Frist eine Klage beim Gericht erhoben worden ist, mit deren Abweisung oder mit der Abweisung eines beim Gerichtshof eingelegten Rechtsmittels gegen die Entscheidung des Gerichts wirksam.

Art. 72 Klage beim Gerichtshof. (1) Die Entscheidungen der Beschwerdekammern, durch die über eine Beschwerde entschieden wird, sind mit der Klage beim Gericht anfechtbar.

(2) Die Klage kann zur Geltendmachung von Unzuständigkeit, Verletzung wesentlicher Formvorschriften, Verletzung des AEUV, Verletzung dieser Verordnung oder einer bei ihrer Durchführung anzuwendenden Rechtsnorm oder wegen Ermessensmissbrauchs erhoben werden.

(3) Das Gericht kann die angefochtene Entscheidung aufheben oder abändern.

(4) Die Klage steht den an dem Verfahren vor der Beschwerdekammer Beteiligten zu, soweit sie durch deren Entscheidung beschwert sind.

(5) Die Klage ist innerhalb von zwei Monaten nach Zustellung der Entscheidung der Beschwerdekammer beim Gericht zu erheben.

(6) Das Amt ergreift die notwendigen Maßnahmen, die sich aus dem Urteil des Gerichts oder, im Falle der Einlegung eines Rechtsmittels gegen dieses Urteil, des Gerichtshofs ergeben.

Art. 73 Übertragung von Befugnissen. Der Kommission wird die Befugnis übertragen, gemäß Artikel 208 delegierte Rechtsakte zu erlassen, in denen Folgendes festgelegt wird:
a) der formale Inhalt der Beschwerde nach Artikel 68 und das Verfahren für das Einlegen und die Prüfung der Beschwerde;
b) der formale Inhalt und die Form der Entscheidungen der Beschwerdekammer nach Artikel 71;
c) die Erstattung der Beschwerdegebühr nach Artikel 68.

Kapitel VIII. Spezifische Bestimmungen über Unionskollektivmarken und Unionsgewährleistungsmarken

Abschnitt 1. Unionskollektivmarken

Art. 74 Unionskollektivmarken. (1) [1] Eine Kollektivmarke der Europäischen Union (im Folgenden „Unionskollektivmarke") ist eine Unionsmarke, die bei der Anmeldung als solche bezeichnet wird und dazu dienen kann, Waren und Dienstleistungen der Mitglieder des Verbands, der Markeninhaber ist, von denen anderer Unternehmen zu unterscheiden. [2] Verbände von Herstellern, Erzeugern, Dienstleistungserbringern oder Händlern, die nach dem für sie maßgebenden Recht die Fähigkeit haben, im eigenen Namen Träger von Rechten und Pflichten jeder Art zu sein, Verträge zu schließen oder andere Rechtshandlungen vorzunehmen und vor Gericht zu stehen, sowie juristische Personen des öffentlichen Rechts können Unionskollektivmarken anmelden.

(2) [1] Abweichend von Artikel 7 Absatz 1 Buchstabe c können Unionskollektivmarken im Sinne des Absatzes 1 des vorliegenden Artikels aus Zeichen oder Angaben bestehen, die im Verkehr zur Bezeichnung der geografischen Herkunft der Waren oder der Dienstleistungen dienen können. [2] Die Unionskollektivmarke gewährt ihrem Inhaber nicht das Recht, einem Dritten zu verbieten, solche Zeichen oder Angaben im geschäftlichen Verkehr zu benutzen, sofern die Benutzung den anständigen Gepflogenheiten in Gewerbe oder Handel entspricht; insbesondere kann eine solche Marke einem Dritten, der zur Benutzung einer geografischen Bezeichnung berechtigt ist, nicht entgegengehalten werden.

(3) Auf Unionskollektivmarken sind die Kapitel I bis VII und IX bis XIV anzuwenden, soweit in diesem Abschnitt nichts anderes bestimmt ist.

Art. 75 Satzung der Unionskollektivmarke. (1) Der Anmelder einer Unionskollektivmarke muss innerhalb von zwei Monaten nach dem Anmeldetag eine Markensatzung vorlegen.

(2) [1] In der Markensatzung sind die zur Benutzung der Marke befugten Personen, die Voraussetzungen für die Mitgliedschaft im Verband und gegebenenfalls die Bedingungen für die Benutzung der Marke, einschließlich Sanktionen, anzugeben. [2] Die Satzung einer Marke nach Artikel 74 Absatz 2 muss es jeder Person, deren Waren oder Dienstleistungen aus dem betreffenden geografischen Gebiet stammen, gestatten, Mitglied des Verbandes zu werden, der Inhaber der Marke ist.

(3) [1] Die Kommission erlässt Durchführungsrechtsakte, in denen die in der in Absatz 2 dieses Artikels genannten Satzung anzugebenden Einzelheiten im

Einzelnen festgelegt werden. ²Diese Durchführungsrechtsakte werden nach dem Prüfverfahren gemäß Artikel 207 Absatz 2 erlassen.

Art. 76 Zurückweisung der Anmeldung. (1) Über die in den Artikeln 41 und 42 genannten Gründe für die Zurückweisung der Anmeldung der Unionsmarke hinaus wird die Anmeldung für eine Unionskollektivmarke zurückgewiesen, wenn den Vorschriften der Artikel 74 oder 75 nicht Genüge getan ist oder die Markensatzung gegen die öffentliche Ordnung oder die guten Sitten verstößt.

(2) Die Anmeldung einer Unionskollektivmarke wird außerdem zurückgewiesen, wenn die Gefahr besteht, dass das Publikum über den Charakter oder die Bedeutung der Marke irregeführt wird, insbesondere wenn diese Marke den Eindruck erwecken kann, als wäre sie etwas anderes als eine Kollektivmarke.

(3) Die Anmeldung wird nicht zurückgewiesen, wenn der Anmelder aufgrund einer Änderung der Markensatzung die Erfordernisse der Absätze 1 und 2 erfüllt.

Art. 77 Bemerkungen Dritter. Werden beim Amt schriftliche Bemerkungen nach Artikel 45 zu einer Unionskollektivmarke eingereicht, so können diese auch auf die spezifischen Gründe gestützt sein, aus welchen die Anmeldung der Unionskollektivmarke gemäß Artikel 76 zurückgewiesen werden sollte.

Art. 78 Benutzung der Marke. Die Benutzung der Unionskollektivmarke durch eine hierzu befugte Person genügt den Vorschriften dieser Verordnung, sofern die übrigen Bedingungen, denen die Benutzung der Unionsmarke aufgrund dieser Verordnung zu entsprechen hat, erfüllt sind.

Art. 79 Änderung der Satzung der Unionskollektivmarke. (1) Der Inhaber der Unionskollektivmarke hat dem Amt jede Änderung der Markensatzung zu unterbreiten.

(2) Auf die Änderung wird im Register nicht hingewiesen, wenn die geänderte Markensatzung den Vorschriften des Artikels 75 nicht entspricht oder einen Grund für eine Zurückweisung nach Artikel 76 bildet.

(3) Schriftliche Bemerkungen gemäß Artikel 77 können auch in Bezug auf geänderte Satzungen eingereicht werden.

(4) Zum Zwecke der Anwendung dieser Verordnung wird die Satzungsänderung erst ab dem Zeitpunkt wirksam, zu dem der Hinweis auf die Änderung ins Register eingetragen worden ist.

Art. 80 Erhebung der Verletzungsklage. (1) Die Vorschriften des Artikels 25 Absätze 3 und 4 über die Rechte der Lizenznehmer gelten für jede zur Benutzung einer Unionskollektivmarke befugte Person.

(2) Der Inhaber der Unionskollektivmarke kann im Namen der zur Benutzung der Marke befugten Personen Ersatz des Schadens verlangen, der diesen Personen aus der unberechtigten Benutzung der Marke entstanden ist.

Art. 81 Verfallsgründe. Außer aus den in Artikel 58 genannten Verfallsgründen wird die Unionskollektivmarke auf Antrag beim Amt oder auf Widerklage im Verletzungsverfahren für verfallen erklärt, wenn

a) ihr Inhaber keine angemessenen Maßnahmen ergreift, um eine Benutzung der Marke zu verhindern, die nicht im Einklang stünde mit den Benutzungsbedingungen, wie sie in der Satzung vorgesehen sind, auf deren Änderung gegebenenfalls im Register hingewiesen worden ist;

b) die Art der Benutzung der Marke durch ihren Inhaber bewirkt hat, dass die Gefahr besteht, dass das Publikum im Sinne von Artikel 76 Absatz 2 irregeführt wird;

c) entgegen den Vorschriften von Artikel 79 Absatz 2 im Register auf eine Änderung der Satzung hingewiesen worden ist, es sei denn, dass der Markeninhaber aufgrund einer erneuten Satzungsänderung den Erfordernissen des Artikels 79 Absatz 2 genügt.

Art. 82 Nichtigkeitsgründe. Außer aus den in den Artikeln 59 und 60 genannten Nichtigkeitsgründen wird die Unionskollektivmarke auf Antrag beim Amt oder auf Widerklage im Verletzungsverfahren für nichtig erklärt, wenn sie entgegen den Vorschriften des Artikels 76 eingetragen worden ist, es sei denn, dass der Markeninhaber aufgrund einer Satzungsänderung den Erfordernissen dieser Vorschriften genügt.

Abschnitt 2. Unionsgewährleistungsmarken

Art. 83 Unionsgewährleistungsmarken. (1) Eine Unionsgewährleistungsmarke ist eine Unionsmarke, die bei der Anmeldung als solche bezeichnet wird und geeignet ist, Waren oder Dienstleistungen, für die der Inhaber der Marke das Material, die Art und Weise der Herstellung der Waren oder der Erbringung der Dienstleistungen, die Qualität, Genauigkeit oder andere Eigenschaften – mit Ausnahme der geografischen Herkunft – gewährleistet, von solchen zu unterscheiden, für die keine derartige Gewährleistung besteht.

(2) Natürliche oder juristische Personen, einschließlich Einrichtungen, Behörden und juristische Personen des öffentlichen Rechts können eine Unionsgewährleistungsmarke anmelden, sofern sie keine gewerbliche Tätigkeit ausüben, die die Lieferung von Waren oder Dienstleistungen, für die eine Gewährleistung besteht, umfasst.

(3) Auf Unionsgewährleistungsmarken sind die Kapitel I bis VII und IX bis XIV anzuwenden, soweit in diesem Abschnitt nichts anderes bestimmt ist.

Art. 84 Satzung der Unionsgewährleistungsmarke. (1) Der Anmelder einer Unionsgewährleistungsmarke muss innerhalb von zwei Monaten nach dem Anmeldetag eine Satzung der Unionsgewährleistungsmarke vorlegen.

(2) ¹In der Markensatzung sind die zur Benutzung der Marke befugten Personen, die durch die Marke zu gewährleistenden Eigenschaften, die Art und Weise, wie die betreffende Stelle diese Eigenschaften zu prüfen und die Benutzung der Marke zu überwachen hat, anzugeben. ²In der Markensatzung sind außerdem die Bedingungen für die Benutzung der Marke, einschließlich Sanktionen, anzugeben.

(3) ¹Die Kommission erlässt Durchführungsrechtsakte, in denen die Einzelheiten, die die in Absatz 2 dieses Artikels genannte Satzung zu enthalten hat, festgelegt werden. ²Diese Durchführungsrechtsakte werden nach dem Prüfverfahren gemäß Artikel 207 Absatz 2 erlassen.

Art. 85 Zurückweisung der Anmeldung. (1) Über die in den Artikeln 41 und 42 genannten Gründe für die Zurückweisung der Anmeldung einer Unionsmarke hinaus wird die Anmeldung einer Unionsgewährleistungsmarke zurückgewiesen, wenn den Vorschriften der Artikel 83 und 84 nicht Genüge getan ist oder die Markensatzung gegen die öffentliche Ordnung oder die guten Sitten verstößt.

(2) Die Anmeldung einer Unionsgewährleistungsmarke wird außerdem zurückgewiesen, wenn die Gefahr besteht, dass das Publikum über den Charakter oder die Bedeutung der Marke irregeführt wird, insbesondere wenn diese Marke den Eindruck erwecken kann, als wäre sie etwas anderes als eine Gewährleistungsmarke.

(3) Die Anmeldung wird nicht zurückgewiesen, wenn der Anmelder aufgrund einer Änderung der Markensatzung die Erfordernisse der Absätze 1 und 2 erfüllt.

Art. 86 Bemerkungen Dritter. Werden beim Amt schriftliche Bemerkungen nach Artikel 45 zu einer Unionsgewährleistungsmarke eingereicht, so können diese auch auf die spezifischen Gründe gestützt sein, auf deren Grundlage die Anmeldung einer Unionsgewährleistungsmarke gemäß Artikel 85 zurückgewiesen werden sollte.

Art. 87 Benutzung der Unionsgewährleistungsmarke. Die Benutzung einer Unionsgewährleistungsmarke durch eine gemäß der in Artikel 84 genannten Satzung hierzu befugte Person genügt den Vorschriften dieser Verordnung, sofern die übrigen in dieser Verordnung genannten Bedingungen erfüllt sind.

Art. 88 Änderung der Satzung der Unionsgewährleistungsmarke.

(1) Der Inhaber einer Unionsgewährleistungsmarke hat dem Amt jede Änderung der Markensatzung zu unterbreiten.

(2) Auf Änderungen wird im Register nicht hingewiesen, wenn die geänderte Markensatzung den Vorschriften des Artikels 84 nicht entspricht oder einen Grund für eine Zurückweisung nach Artikel 85 bildet.

(3) Schriftliche Bemerkungen gemäß Artikel 86 können auch in Bezug auf geänderte Markensatzungen eingereicht werden.

(4) Zum Zwecke dieser Verordnung wird die Satzungsänderung erst ab dem Zeitpunkt wirksam, zu dem der Hinweis auf die Änderung ins Register eingetragen worden ist.

Art. 89 Rechtsübergang. Abweichend von Artikel 20 Absatz 1 kann eine Unionsgewährleistungsmarke nur auf eine Person übertragen werden, die die Erfordernisse des Artikels 83 Absatz 2 erfüllt.

Art. 90 Erhebung der Verletzungsklage. (1) Nur der Inhaber einer Unionsgewährleistungsmarke oder eine speziell von ihm hierzu ermächtigte Person kann eine Verletzungsklage erheben.

(2) Der Inhaber einer Unionsgewährleistungsmarke kann im Namen der zur Benutzung der Marke befugten Personen Ersatz des Schadens verlangen, der diesen Personen aus der unberechtigten Benutzung der Marke entstanden ist.

Art. 91 Verfallsgründe. Außer aus den in Artikel 58 genannten Verfallsgründen wird die Unionsgewährleistungsmarke auf Antrag beim Amt oder auf Widerklage im Verletzungsverfahren für verfallen erklärt, wenn eine der folgenden Voraussetzungen erfüllt ist:

a) der Inhaber erfüllt die Erfordernisse des Artikels 83 Absatz 2 nicht mehr;

b) der Inhaber ergreift keine angemessenen Maßnahmen, um eine Benutzung der Unionsgewährleistungsmarke zu verhindern, die nicht im Einklang steht mit den Benutzungsbedingungen, wie sie in der Satzung vorgesehen sind, auf deren Änderung gegebenenfalls im Register hingewiesen worden ist;

c) die Art der Benutzung der Unionsgewährleistungsmarke durch ihren Inhaber hat bewirkt, dass die Gefahr besteht, dass das Publikum im Sinne von Artikel 85 Absatz 2 irregeführt wird;

d) es ist entgegen Artikel 88 Absatz 2 im Register auf eine Änderung der Satzung der Unionsgewährleistungsmarke hingewiesen worden, es sei denn, dass der Markeninhaber aufgrund einer erneuten Satzungsänderung den Erfordernissen des genannten Artikels genügt.

Art. 92 Nichtigkeitsgründe. Über die in den Artikeln 59 und 60 genannten Nichtigkeitsgründe hinaus wird eine Unionsgewährleistungsmarke auf Antrag beim Amt oder auf Widerklage im Verletzungsverfahren für nichtig erklärt, wenn sie entgegen den Vorschriften des Artikels 85 eingetragen worden ist, es sei denn, dass der Inhaber der Unionsgewährleistungsmarke aufgrund einer Satzungsänderung den Erfordernissen des Artikels 85 genügt.

Art. 93 Umwandlung. Unbeschadet des Artikels 139 Absatz 2 findet keine Umwandlung einer Anmeldung einer Unionsgewährleistungsmarke oder einer eingetragenen Unionsgewährleistungsmarke statt, wenn die Eintragung von Garantie- oder Gewährleistungsmarken gemäß Artikel 28 der Richtlinie (EU) 2015/2436[1)] in den nationalen Rechtsvorschriften des betreffenden Mitgliedstaats nicht vorgesehen ist.

Kapitel IX. Verfahrensvorschriften

Abschnitt 1. Allgemeine Vorschriften

Art. 94 Entscheidungen und Mitteilungen des Amtes. (1) [1]Die Entscheidungen des Amtes sind mit Gründen zu versehen. [2]Sie dürfen nur auf Gründe gestützt werden, zu denen die Beteiligten sich äußern konnten. [3]Findet eine mündliche Verhandlung vor dem Amt statt, so kann die Entscheidung mündlich ergehen. [4]Die Entscheidung wird den Beteiligten anschließend in Schriftform zugestellt.

(2) [1]In allen Entscheidungen, Mitteilungen oder Bescheiden des Amtes sind die zuständige Dienststelle oder Abteilung des Amtes sowie die Namen des oder der zuständigen Bediensteten anzugeben. [2]Sie sind von dem oder den betreffenden Bediensteten zu unterzeichnen oder statt dessen mit einem vorgedruckten und aufgestempelten Dienstsiegel des Amtes zu versehen. [3]Der Exekutivdirektor kann bestimmen, dass andere Mittel zur Feststellung der zuständigen Dienststelle oder Abteilung des Amtes und des oder der zuständi-

---

[1)] Nr. 13.

gen Bediensteten oder eine andere Identifizierung als das Siegel verwendet werden dürfen, wenn Entscheidungen, Mitteilungen oder Bescheide des Amtes über Fernkopierer oder andere technische Kommunikationsmittel übermittelt werden.

(3) ¹Die Entscheidungen des Amtes, die mit der Beschwerde angefochten werden können, sind mit einer schriftlichen Belehrung darüber zu versehen, dass jede Beschwerde innerhalb von zwei Monaten nach Zustellung der fraglichen Entscheidung schriftlich beim Amt einzulegen ist. ²In der Belehrung sind die Beteiligten auch auf die Artikel 66, 67 und 68 hinzuweisen. ³Die Beteiligten können aus der Unterlassung der Rechtsbehelfsbelehrung seitens des Amtes keine Ansprüche herleiten.

Art. 95 Ermittlung des Sachverhalts von Amts wegen. (1) ¹In dem Verfahren vor dem Amt ermittelt das Amt den Sachverhalt von Amts wegen. ²Soweit es sich jedoch um Verfahren bezüglich relativer Eintragungshindernisse handelt, ist das Amt bei dieser Ermittlung auf das Vorbringen und die Anträge der Beteiligten beschränkt. ³In Nichtigkeitsverfahren nach Artikel 59 beschränkt das Amt seine Prüfung auf die von den Beteiligten angeführten Gründe und Argumente.

(2) Das Amt braucht Tatsachen und Beweismittel, die von den Beteiligten verspätet vorgebracht werden, nicht zu berücksichtigen.

Art. 96 Mündliche Verhandlung. (1) Das Amt ordnet von Amts wegen oder auf Antrag eines Verfahrensbeteiligten eine mündliche Verhandlung an, sofern es dies für sachdienlich erachtet.

(2) Die mündliche Verhandlung vor den Prüfern, vor der Widerspruchsabteilung und vor der Registerabteilung ist nicht öffentlich.

(3) Die mündliche Verhandlung, einschließlich der Verkündung der Entscheidung, ist vor der Nichtigkeitsabteilung und den Beschwerdekammern öffentlich, sofern die angerufene Dienststelle nicht in Fällen anderweitig entscheidet, in denen insbesondere für einen Verfahrensbeteiligten die Öffentlichkeit des Verfahrens schwerwiegende und ungerechtfertigte Nachteile zur Folge haben könnte.

(4) Der Kommission wird die Befugnis übertragen, gemäß Artikel 208 delegierte Rechtsakte zu erlassen, in denen die Modalitäten für mündliche Verfahren, einschließlich der Modalitäten zur Sprachenregelung im Einklang mit Artikel 146, im Einzelnen festgelegt werden.

Art. 97 Beweisaufnahme. (1) In den Verfahren vor dem Amt sind insbesondere folgende Beweismittel zulässig:

a) Vernehmung der Beteiligten;

b) Einholung von Auskünften;

c) Vorlegung von Urkunden und Beweisstücken;

d) Vernehmung von Zeugen;

e) Begutachtung durch Sachverständige;

f) schriftliche Erklärungen, die unter Eid oder an Eides statt abgegeben werden oder nach den Rechtsvorschriften des Staates, in dem sie abgegeben werden, eine ähnliche Wirkung haben.

Unionsmarke **Art. 98, 99 VO (EU) 2017/1001**

(2) Die befasste Dienststelle kann eines ihrer Mitglieder mit der Durchführung der Beweisaufnahme beauftragen.

(3) ¹Hält das Amt die mündliche Vernehmung eines Beteiligten, Zeugen oder Sachverständigen für erforderlich, so wird der Betroffene zu einer Vernehmung vor dem Amt geladen. ²Die Frist für die Ladung beträgt mindestens einen Monat, sofern der Betroffene nicht mit einer kürzeren Frist einverstanden *sind*[1]).

(4) ¹Die Beteiligten werden von der Vernehmung eines Zeugen oder eines Sachverständigen vor dem Amt benachrichtigt. ²Sie sind berechtigt, an der Zeugenvernehmung teilzunehmen und Fragen an den Zeugen oder Sachverständigen zu richten.

(5) Der Exekutivdirektor setzt die Beträge der zu erstattenden Auslagen, einschließlich der Beträge etwaiger Vorschüsse, für die Kosten fest, die im Fall einer Beweisaufnahme nach diesem Artikel entstehen.

(6) Der Kommission wird die Befugnis übertragen, gemäß Artikel 208 delegierte Rechtsakte zu erlassen, in denen die Modalitäten der Beweisaufnahme im Einzelnen festgelegt werden.

Art. 98 Zustellung. (1) Das Amt stellt von Amts wegen alle Entscheidungen und Ladungen sowie alle Bescheide oder sonstigen Mitteilungen zu, durch die eine Frist in Gang gesetzt wird oder die nach anderen Bestimmungen dieser Verordnung oder nach den gemäß dieser Verordnung erlassenen Rechtsakten zuzustellen sind oder für die der Exekutivdirektor die Zustellung vorgeschrieben hat.

(2) Der Exekutivdirektor kann bestimmen, dass auch andere Dokumente als Entscheidungen, durch die eine Beschwerdefrist in Gang gesetzt wird, und Ladungen durch eingeschriebenen Brief mit Rückschein zugestellt werden müssen.

(3) ¹Die Zustellung kann auf verschiedenen Wegen erfolgen, einschließlich auf elektronischem Weg. ²Die Einzelheiten bezüglich des elektronischen Weges werden vom Exekutivdirektor festgelegt.

(4) Erfolgt die Zustellung durch öffentliche Bekanntmachung, bestimmt der Exekutivdirektor die Art der öffentlichen Bekanntmachung und legt den Beginn der einmonatigen Frist fest, nach deren Ablauf die Dokumente als zugestellt gelten.

(5) Der Kommission wird die Befugnis übertragen, gemäß Artikel 208 delegierte Rechtsakte zu erlassen, in denen die Modalitäten für die Zustellung im Einzelnen festgelegt werden.

Art. 99 Mitteilung eines Rechtsverlusts. ¹Stellt das Amt fest, dass ein Rechtsverlust aus dieser Verordnung oder aus den gemäß dieser Verordnung erlassenen Rechtsakten eingetreten ist, ohne dass eine Entscheidung ergangen ist, so teilt es dies der betroffenen Person nach dem Verfahren des Artikels 98 mit. ²Die betroffene Person kann innerhalb von zwei Monaten nach Zustellung der Mitteilung eine Entscheidung in der Sache beantragen, wenn sie der Ansicht ist, dass die Feststellung des Amtes unrichtig ist. ³Das Amt erlässt eine solche Entscheidung nur dann, wenn es die Auffassung der beantragenden

---

[1]) Richtig wohl: „ist".

Person nicht teilt; anderenfalls ändert das Amt seine Feststellung und unterrichtet die beantragende Person.

Art. 100 Mitteilungen an das Amt. (1) [1] Mitteilungen an das Amt können auf elektronischem Wege erfolgen. [2] Der Exekutivdirektor bestimmt, in welchem Umfang und unter welchen technischen Bedingungen diese Mitteilungen elektronisch übermittelt werden können.

(2) Der Kommission wird die Befugnis übertragen, gemäß Artikel 208 delegierte Rechtsakte zu erlassen, in denen die Regeln für Kommunikationsmittel, einschließlich elektronischer Kommunikationsmittel, die von den Beteiligten bei Verfahren vor dem Amt zu benutzen sind, und für die vom Amt bereitzustellenden Formblätter festgelegt werden.

Art. 101 Fristen. (1) [1] Die Fristen werden nach vollen Jahren, Monaten, Wochen oder Tagen berechnet. [2] Die Berechnung beginnt an dem Tag, der auf den Tag folgt, an dem das relevante Ereignis eingetreten ist. [3] Die Dauer der Fristen beträgt nicht weniger als einen Monat und nicht mehr als sechs Monate.

(2) Der Exekutivdirektor legt vor Beginn eines jeden Kalenderjahres die Tage fest, an denen das Amt für die Entgegennahme von Dokumenten nicht geöffnet ist oder an denen gewöhnliche Postsendungen am Sitz des Amtes nicht zugestellt werden.

(3) Im Falle einer allgemeinen Unterbrechung der Postzustellung in dem Mitgliedstaat, in dem das Amt seinen Sitz hat, oder bei einer Störung des Zugangs des Amtes zu den zulässigen elektronischen Kommunikationsmitteln stellt der Exekutivdirektor die Dauer der Unterbrechung fest.

(4) [1] Wird die Kommunikation zwischen dem Amt und den Verfahrensbeteiligten durch ein nicht vorhersehbares Ereignis wie eine Naturkatastrophe oder einen Streik unterbrochen oder gestört, kann der Exekutivdirektor bestimmen, dass für die Verfahrensbeteiligten, die in dem betreffenden Mitgliedstaat ihren Wohnsitz oder Sitz haben oder einen Vertreter mit Geschäftssitz in diesem Mitgliedstaat bestellt haben, alle Fristen, die normalerweise am oder nach dem Tag des von ihm festgestellten Ereigniseintritts ablaufen, bis zu einem von ihm festzusetzenden Tag verlängert werden. [2] Bei der Festsetzung dieses Tages berücksichtigt er das voraussichtliche Ende des unvorhersehbaren Ereignisses. [3] Ist der Sitz des Amtes von dem Ereignis betroffen, stellt der Exekutivdirektor fest, dass die Fristverlängerung für alle Verfahrensbeteiligten gilt.

(5) Der Kommission wird die Befugnis übertragen, gemäß Artikel 208 delegierte Rechtsakte zu erlassen, in denen die Einzelheiten in Bezug auf die Berechnung und Dauer der Fristen festgelegt werden.

Art. 102 Berichtigung von Fehlern und offensichtlichen Versehen.

(1) Das Amt berichtigt sprachliche Fehler oder Transkriptionsfehler und offensichtliche Versehen in seinen Entscheidungen oder ihm zuzuschreibende technische Fehler bei der Eintragung einer Unionsmarke oder der Veröffentlichung der Eintragung von Amts wegen oder auf Antrag eines Beteiligten.

(2) Erfolgen Berichtigungen von Fehlern bei der Eintragung einer Unionsmarke oder der Veröffentlichung der Eintragung auf Antrag des Inhabers, so gilt Artikel 55 entsprechend.

(3) Berichtigungen von Fehlern bei der Eintragung einer Unionsmarke und bei der Veröffentlichung der Eintragung werden vom Amt veröffentlicht.

Art. 103 Löschung oder Widerruf. (1) ¹Nimmt das Amt eine Eintragung ins Register vor oder trifft es eine Entscheidung, so löscht es diese Eintragung oder widerruft diese Entscheidung, wenn die Eintragung oder die Entscheidung offensichtlich mit einem dem Amt anzulastenden Fehler behaftet ist. ²Gibt es nur einen einzigen Verfahrensbeteiligten und berührt die Eintragung oder der Vorgang dessen Rechte, so werden die Löschung bzw. der Widerruf auch dann angeordnet, wenn der Fehler für den Beteiligten nicht offenkundig war.

(2) ¹Die Löschung oder der Widerruf gemäß Absatz 1 werden von Amts wegen oder auf Antrag eines der Verfahrensbeteiligten von derjenigen Stelle angeordnet, die die Eintragung vorgenommen oder die Entscheidung erlassen hat. ²Die Löschung der Eintragung in das Register oder der Widerruf der Entscheidung erfolgen binnen eines Jahres ab dem Datum der Eintragung in das Register oder dem Erlass der Entscheidung nach Anhörung der Verfahrensbeteiligten sowie etwaiger Inhaber der Rechte an der betreffenden Unionsmarke, die im Register eingetragen sind. ³Das Amt führt Aufzeichnungen über diese Löschungen oder Widerrufe.

(3) Der Kommission wird die Befugnis übertragen, gemäß Artikel 208 delegierte Rechtsakte zu erlassen, in denen das Verfahren für den Widerruf einer Entscheidung oder für die Löschung einer Eintragung im Register festgelegt werden.

(4) ¹Dieser Artikel gilt unbeschadet des Rechts der Beteiligten, gemäß den Artikeln 66 und 72 Beschwerde einzulegen, sowie der Möglichkeit, Fehler und offensichtliche Versehen gemäß Artikel 102 zu berichtigen. ²Wurde gegen eine mit einem Fehler behaftete Entscheidung des Amtes Beschwerde eingelegt, wird das Beschwerdeverfahren gegenstandslos, wenn das Amt seine Entscheidung gemäß Absatz 1 des vorliegenden Artikels widerruft. ³Im letzteren Fall wird die Beschwerdegebühr dem Beschwerdeführer erstattet.

Art. 104 Wiedereinsetzung in den vorigen Stand. (1) Der Anmelder, der Inhaber der Unionsmarke oder jeder andere an einem Verfahren vor dem Amt Beteiligte, der trotz Beachtung aller nach den gegebenen Umständen gebotenen Sorgfalt verhindert worden ist, gegenüber dem Amt eine Frist einzuhalten, wird auf Antrag wieder in den vorigen Stand eingesetzt, wenn die Verhinderung nach dieser Verordnung den Verlust eines Rechts oder eines Rechtsbehelfs zur unmittelbaren Folge hat.

(2) ¹Der Antrag ist innerhalb von zwei Monaten nach Wegfall des Hindernisses schriftlich einzureichen. ²Die versäumte Handlung ist innerhalb dieser Frist nachzuholen. ³Der Antrag ist nur innerhalb eines Jahres nach Ablauf der versäumten Frist zulässig. ⁴Ist der Antrag auf Verlängerung der Eintragung nicht eingereicht worden oder sind die Verlängerungsgebühren nicht entrichtet worden, so wird die in Artikel 53 Absatz 3 Satz 3 vorgesehene Frist von sechs Monaten in die Frist von einem Jahr eingerechnet.

(3) ¹Der Antrag ist zu begründen, wobei die zur Begründung dienenden Tatsachen anzugeben sind. ²Er gilt erst als gestellt, wenn die Wiedereinsetzungsgebühr entrichtet worden ist.

(4) Über den Antrag entscheidet die Dienststelle, die über die versäumte Handlung zu entscheiden hat.

(5) Dieser Artikel ist nicht auf die in Absatz 2 sowie in Artikel 46 Absätze 1 und 3 und Artikel 105 genannten Fristen anzuwenden.

(6) Wird dem Anmelder oder dem Inhaber der Unionsmarke die Wiedereinsetzung in den vorigen Stand gewährt, so kann er Dritten gegenüber, die in der Zeit zwischen dem Verlust der Rechte an der Anmeldung oder der Unionsmarke und der Bekanntmachung des Hinweises auf die Wiedereinsetzung in den vorigen Stand unter einem mit der Unionsmarke identischen oder ihr ähnlichen Zeichen gutgläubig Waren in den Verkehr gebracht oder Dienstleistungen erbracht haben, diese Rechte nicht geltend machen.

(7) Dritte, die sich auf Absatz 6 berufen können, können gegen die Entscheidung über die Wiedereinsetzung des Anmelders oder des Inhabers der Unionsmarke in den vorigen Stand binnen zwei Monaten nach dem Zeitpunkt der Bekanntmachung des Hinweises auf die Wiedereinsetzung in den vorigen Stand Drittwiderspruch einlegen.

(8) Dieser Artikel lässt das Recht eines Mitgliedstaats unberührt, Wiedereinsetzung in den vorigen Stand in Bezug auf Fristen zu gewähren, die in dieser Verordnung vorgesehen und den Behörden dieses Staats gegenüber einzuhalten sind.

Art. 105 Weiterbehandlung. (1) [1] Dem Anmelder, dem Inhaber einer Unionsmarke oder einem anderen an einem Verfahren vor dem Amt Beteiligten, der eine gegenüber dem Amt einzuhaltende Frist versäumt hat, kann auf Antrag Weiterbehandlung gewährt werden, wenn mit dem Antrag die versäumte Handlung nachgeholt wird. [2] Der Antrag auf Weiterbehandlung ist nur zulässig, wenn er innerhalb von zwei Monaten nach Ablauf der versäumten Frist gestellt wird. [3] Der Antrag gilt erst als gestellt, wenn die Weiterbehandlungsgebühr gezahlt worden ist.

(2) Dieser Artikel gilt weder für die in Artikel 32, Artikel 34 Absatz 1, Artikel 38 Absatz 1, Artikel 41 Absatz 2, Artikel 46 Absätze 1 und 3, Artikel 53 Absatz 3, Artikel 68, Artikel 72 Absatz 5, Artikel 104 Absatz 2 und Artikel 139 genannten noch für die in Absatz 1 dieses Artikels vorgesehenen Fristen, noch für die Frist zur Inanspruchnahme eines Zeitrangs gemäß Artikel 39 nach Einreichung der Anmeldung.

(3) Über den Antrag entscheidet die Stelle, die über die versäumte Handlung zu entscheiden hat.

(4) [1] Gibt das Amt dem Antrag statt, so gelten die Folgen der Fristversäumnis als nicht eingetreten. [2] Ist zwischen dem Ablauf der Frist und dem Antrag auf Weiterbehandlung eine Entscheidung ergangen, überprüft die Stelle, die über die versäumte Handlung zu entscheiden hat, die Entscheidung und ändert sie ab, sofern die Nachholung der versäumten Handlung ausreicht. [3] Kommt das Amt nach der Überprüfung zu dem Schluss, dass die ursprüngliche Entscheidung nicht abgeändert werden muss, bestätigt sie die Entscheidung schriftlich.

(5) Weist das Amt den Antrag zurück, so wird die Gebühr erstattet.

Art. 106 Unterbrechung des Verfahrens. (1) Das Verfahren vor dem Amt wird unterbrochen,

a) wenn der Anmelder oder Inhaber der Unionsmarke oder die Person, die nach nationalem Recht berechtigt ist, in dessen Namen zu handeln, stirbt oder seine bzw. ihre Geschäftsfähigkeit verliert. Solange der Tod oder der

Verlust der Geschäftsfähigkeit der genannten Personen die Vertretungsbefugnis eines gemäß Artikel 120 bestellten Vertreters nicht berührt, wird das Verfahren jedoch nur auf Antrag dieses Vertreters unterbrochen;
b) wenn der Anmelder oder Inhaber der Unionsmarke aufgrund eines gegen sein Vermögen gerichteten Verfahrens aus rechtlichen Gründen gehindert ist, das Verfahren vor dem Amt fortzusetzen;
c) wenn der Vertreter des Anmelders oder Inhabers der Unionsmarke stirbt, seine Geschäftsfähigkeit verliert oder aufgrund eines gegen sein Vermögen gerichteten Verfahrens aus rechtlichen Gründen gehindert ist, das Verfahren vor dem Amt fortzusetzen.

(2) Das Verfahren vor dem Amt wird wieder aufgenommen, sobald die Identität der Person, die zur Fortsetzung des Verfahrens berechtigt ist, festgestellt ist.

(3) Der Kommission wird die Befugnis übertragen, gemäß Artikel 208 delegierte Rechtsakte zu erlassen, in denen die Modalitäten in Bezug auf die Wiederaufnahme des Verfahrens vor dem Amt im Einzelnen festgelegt werden.

Art. 107 Heranziehung allgemeiner Grundsätze. Soweit diese Verordnung oder die gemäß dieser Verordnung erlassenen Rechtsakte keine Verfahrensvorschriften enthalten, berücksichtigt das Amt die in den Mitgliedstaaten allgemein anerkannten Grundsätze des Verfahrensrechts.

Art. 108 Beendigung von Zahlungsverpflichtungen. (1) Ansprüche des Amts auf Zahlung von Gebühren erlöschen nach vier Jahren nach Ablauf des Kalenderjahres, in dem die Gebühr fällig geworden ist.

(2) Ansprüche gegen das Amt auf Rückerstattung von Gebühren oder von Geldbeträgen, die bei der Entrichtung einer Gebühr zu viel gezahlt worden sind, erlöschen nach vier Jahren nach Ablauf des Kalenderjahres, in dem der Anspruch entstanden ist.

(3) ¹Die in Absatz 1 vorgesehene Frist wird durch eine Aufforderung zur Zahlung der Gebühr und die Frist des Absatzes 2 durch eine schriftliche Geltendmachung des Anspruchs unterbrochen. ²Diese Frist beginnt mit der Unterbrechung erneut zu laufen und endet spätestens sechs Jahre nach Ablauf des Jahres, in dem sie ursprünglich zu laufen begonnen hat, es sei denn, dass der Anspruch gerichtlich geltend gemacht worden ist; in diesem Fall endet die Frist frühestens ein Jahr nach Eintritt der Unanfechtbarkeit der Entscheidung.

Abschnitt 2. Kosten

Art. 109 Kostenverteilung. (1) ¹Der im Widerspruchsverfahren, im Verfahren zur Erklärung des Verfalls oder der Nichtigkeit oder im Beschwerdeverfahren unterliegende Beteiligte trägt die von dem anderen Beteiligten entrichteten Gebühren. ²Unbeschadet des Artikels 146 Absatz 7 trägt der unterliegende Beteiligte ebenfalls alle für die Durchführung der Verfahren notwendigen Kosten, die dem anderen Beteiligten entstehen, einschließlich der Reise- und Aufenthaltskosten und der Kosten des Vertreters im Sinne des Artikels 120 Absatz 1 im Rahmen der Tarife, die für jede Kostengruppe in dem gemäß Absatz 2 dieses Artikels zu erlassenden Durchführungsrechtsakt festgelegt werden. ³Die von dem unterliegenden Beteiligten zu tragenden Gebühren beschränken sich auf die von dem anderen Beteiligten entrichteten Gebühren für den Widerspruch, für den Antrag auf Erklärung des Verfalls oder der Nichtigkeit der Unionsmarke und für die Beschwerde.

(2) *[1]* ¹Die Kommission erlässt Durchführungsrechtsakte, in denen die Höchstsätze der für die Durchführung der Verfahren notwendigen Kosten und der dem obsiegenden Beteiligten tatsächlich entstandenen Kosten im Einzelnen festgelegt werden. ²Diese Durchführungsrechtsakte werden nach dem Prüfverfahren gemäß Artikel 207 Absatz 2 erlassen.

[2] ¹Bei der Festlegung dieser Beträge in Bezug auf die Reise- und Aufenthaltskosten berücksichtigt die Kommission die Entfernung zwischen dem Wohnsitz oder Geschäftssitz des Beteiligten, Vertreters oder Zeugen oder Sachverständigen und dem Ort der mündlichen Verhandlung, die Verfahrensstufe, in der die Kosten entstehen, und, soweit es um die Kosten der Vertretung im Sinne des Artikels 120 Absatz 1 geht, die Erforderlichkeit sicherzustellen, dass die Pflicht der Kostenübernahme von dem anderen Beteiligten nicht aus verfahrenstaktischen Gründen missbraucht werden kann. ²Die Aufenthaltskosten werden gemäß dem Statut der Beamten der Union und den Beschäftigungsbedingungen für die sonstigen Bediensteten der Union festgelegt durch die Verordnung (EEG, Euratom, ESCS) Nr. 259/68 des Rates[1]) (im Folgenden „Statut" bzw. „Beschäftigungsbedingungen"), berechnet.

[3] Der unterliegende Beteiligte trägt lediglich die Kosten eines einzigen Widerspruchsführers und gegebenenfalls eines einzigen Vertreters.

(3) Soweit jedoch die Beteiligten jeweils in einem oder mehreren Punkten unterliegen oder soweit es die Billigkeit erfordert, beschließt die Widerspruchsabteilung, die Nichtigkeitsabteilung oder die Beschwerdekammer eine andere Kostenverteilung.

(4) Der Beteiligte, der ein Verfahren dadurch beendet, dass er die Anmeldung der Unionsmarke, den Widerspruch, den Antrag auf Erklärung des Verfalls oder der Nichtigkeit oder die Beschwerde zurücknimmt oder die Eintragung der Unionsmarke nicht verlängert oder auf diese verzichtet, trägt die Gebühren sowie die Kosten der anderen Beteiligten gemäß den Absätzen 1 und 3.

(5) Im Falle der Einstellung des Verfahrens entscheidet die Widerspruchsabteilung, die Nichtigkeitsabteilung oder die Beschwerdekammer über die Kosten nach freiem Ermessen.

(6) Vereinbaren die Beteiligten vor der Widerspruchsabteilung, der Nichtigkeitsabteilung oder der Beschwerdekammer eine andere als die in den Absätzen 1 bis 5 vorgesehene Kostenregelung, so nimmt die betreffende Abteilung diese Vereinbarung zur Kenntnis.

(7) ¹Die Widerspruchsabteilung, die Nichtigkeitsabteilung oder die Beschwerdekammer setzt den Betrag der nach den Absätzen 1 bis 6 dieses Artikels zu erstattenden Kosten fest, wenn sich diese Kosten auf die an das Amt gezahlten Gebühren und die Vertretungskosten beschränken. ²In allen anderen Fällen setzt die Geschäftsstelle der Beschwerdekammer oder ein Mitarbeiter der Widerspruchsabteilung oder der Nichtigkeitsabteilung auf Antrag den zu erstattenden Betrag fest. ³Der Antrag ist nur innerhalb der Frist von zwei Monaten zulässig, die mit dem Tag beginnt, an dem die Entscheidung, für die die Kostenfestsetzung beantragt wird, unanfechtbar wird; dem Antrag sind eine

---

[1]) **Amtl. Anm.**: ABl. L 56 vom 4.3.1968, S. 1.

Kostenaufstellung und entsprechende Belege beizufügen. ⁴Für Vertretungskosten gemäß Artikel 120 Absatz 1 reicht eine Zusicherung des Vertreters, dass diese Kosten entstanden sind. ⁵Für sonstige Kosten genügt, dass sie nachvollziehbar dargelegt werden. ⁶Wird der Betrag der Kosten gemäß Satz 1 dieses Absatzes festgesetzt, so werden Vertretungskosten in der in dem nach Absatz 2 dieses Artikels erlassenen Durchführungsrechtsakt festgelegten Höhe gewährt, unabhängig davon, ob sie tatsächlich entstanden sind.

(8) *¹Überprüfung durch die Widerspruchsabteilung, die Nichtigkeitsabteilung oder die Beschwerdekammer zulässig, der innerhalb eines Monats nach Zustellung der Kostenfestsetzung einzureichen ist.*[1]) ²Der Antrag gilt erst als eingereicht, wenn die Gebühr für die Überprüfung der Kostenfestsetzung entrichtet worden ist. ³Die Widerspruchsabteilung, die Nichtigkeitsabteilung bzw. die Beschwerdekammer entscheidet ohne mündliches Verfahren über den Antrag auf Überprüfung einer Entscheidung zur Kostenfestsetzung.

Art. 110 Vollstreckung der Entscheidungen, die Kosten festsetzen.

(1) Jede Entscheidung des Amtes, die Kosten festsetzt, ist ein vollstreckbarer Titel.

(2) ¹Die Zwangsvollstreckung erfolgt nach den Vorschriften des Zivilprozessrechts des Staates, in dessen Hoheitsgebiet sie stattfindet. ²Jeder Mitgliedstaat bestimmt eine einzige Behörde, die für die Prüfung der Echtheit des in Absatz 1 genannten Titels zuständig ist, und teilt deren Kontaktangaben dem Amt, dem Gerichtshof und der Kommission mit. ³Die Vollstreckungsklausel wird von dieser Behörde nach einer Prüfung, die sich lediglich auf die Echtheit des Titels erstreckt, erteilt.

(3) Sind diese Formvorschriften auf Antrag des die Vollstreckung betreibenden Beteiligten erfüllt, so kann dieser Beteiligte die Zwangsvollstreckung nach innerstaatlichem Recht betreiben, indem er die zuständige Stelle unmittelbar anruft.

(4) ¹Die Zwangsvollstreckung kann nur durch eine Entscheidung des Gerichtshofs ausgesetzt werden. ²Für die Prüfung der Ordnungsmäßigkeit der Vollstreckungsmaßnahmen sind jedoch die Rechtsprechungsorgane des betreffenden Staates zuständig.

Abschnitt 3. Unterrichtung der Öffentlichkeit und der Behörden der Mitgliedstaaten

Art. 111 Register der Unionsmarken.
(1) Das Amt führt ein Register der Unionsmarken und hält dieses Register auf dem neuesten Stand.

(2) Das Register enthält folgende Angaben bezüglich der Anmeldung und Eintragung von Unionsmarken:

a) den Anmeldetag;
b) das Aktenzeichen der Anmeldung;
c) den Tag der Veröffentlichung der Anmeldung;
d) den Namen und die Anschrift des Anmelders;
e) den Namen und die Geschäftsanschrift des Vertreters, soweit es sich nicht um einen Vertreter im Sinne des Artikels 119 Absatz 3 Satz 1 handelt;

---

[1]) Wortlaut amtlich.

f) die Wiedergabe der Marke mit Angaben über ihren Charakter; und gegebenenfalls eine Beschreibung der Marke;

g) die Bezeichnung der Waren und Dienstleistungen;

h) Angaben über die Inanspruchnahme einer Priorität gemäß Artikel 35;

i) Angaben über die Inanspruchnahme einer Ausstellungspriorität gemäß Artikel 38;

j) Angaben über die Inanspruchnahme des Zeitrangs einer eingetragenen älteren Marke gemäß Artikel 39;

k) die Erklärung, dass die Marke gemäß Artikel 7 Absatz 3 infolge ihrer Benutzung Unterscheidungskraft erlangt hat;

l) die Angabe, dass es sich um eine Kollektivmarke handelt;

m) die Angabe, dass es sich um eine Gewährleistungsmarke handelt;

n) die Sprache, in der die Anmeldung eingereicht wurde, und die zweite Sprache, die der Anmelder in seiner Anmeldung gemäß Artikel 146 Absatz 3 angegeben hat;

o) den Tag der Eintragung der Marke in das Register und die Nummer der Eintragung;

p) die Erklärung, dass die Anmeldung sich aus der Umwandlung einer internationalen Registrierung, in der die Union benannt ist, gemäß Artikel 204 ergibt, sowie den Tag der internationalen Registrierung gemäß Artikel 3 Absatz 4 des Madrider Protokolls oder den Tag der Eintragung der territorialen Ausdehnung auf die Union im Anschluss an die internationale Registrierung gemäß Artikel 3ter Absatz 2 des Madrider Protokolls und das Prioritätsdatum der internationalen Registrierung.

(3) In das Register wird unter Angabe des Tages der Vornahme der jeweiligen Eintragung ferner Folgendes eingetragen:

a) Änderungen des Namens, der Anschrift, der Staatsangehörigkeit oder des Wohnsitz-, Sitz- oder Niederlassungsstaats des Inhabers der Unionsmarke;

b) Änderungen des Namens oder der Geschäftsanschrift des Vertreters, soweit es sich nicht um einen Vertreter im Sinne des Artikels 119 Absatz 3 Satz 1 handelt;

c) wenn ein neuer Vertreter bestellt wird, der Name und die Geschäftsanschrift dieses Vertreters;

d) Änderungen der Marke gemäß den Artikeln 49 und 54 und Berichtigungen von Fehlern;

e) ein Hinweis auf die Änderung der Satzung einer Kollektivmarke gemäß Artikel 79;

f) Angaben über die Inanspruchnahme des Zeitrangs einer eingetragenen älteren Marke nach Artikel 39 gemäß Artikel 40;

g) der vollständige oder teilweise Rechtsübergang gemäß Artikel 20;

h) die Begründung oder Übertragung eines dinglichen Rechts gemäß Artikel 22 und die Art des dinglichen Rechts;

i) eine Zwangsvollstreckung gemäß Artikel 23 und ein Insolvenzverfahren gemäß Artikel 24;

j) die Erteilung oder Übertragung einer Lizenz gemäß Artikel 25 und gegebenenfalls die Art der Lizenz;

k) die Verlängerung einer Eintragung gemäß Artikel 53 und der Tag, an dem sie wirksam wird, sowie etwaige Einschränkungen gemäß Artikel 53 Absatz 4;

l) ein Vermerk über die Feststellung des Ablaufs einer Eintragung gemäß Artikel 53;

m) die Erklärung der Zurücknahme oder des Verzichts des Markeninhabers gemäß den Artikeln 49 beziehungsweise 57;

n) der Tag der Einreichung und die Einzelheiten eines Widerspruchs gemäß Artikel 46 oder eines Antrags gemäß Artikel 63 oder einer Widerklage auf Erklärung des Verfalls oder der Nichtigkeit gemäß Artikel 128 Absatz 4 oder einer Beschwerde gemäß Artikel 68;

o) der Tag und der Inhalt einer Entscheidung über einen Widerspruch, oder einen Antrag oder eine Widerklage gemäß Artikel 64 Absatz 6 oder Artikel 128 Absatz 6 Satz 3, oder eine Beschwerde gemäß Artikel 71;

p) ein Hinweis auf den Eingang des Umwandlungsantrags gemäß Artikel 140 Absatz 2;

q) die Löschung des gemäß Absatz 2 Buchstabe e dieses Artikels eingetragenen Vertreters;

r) die Löschung des Zeitrangs einer nationalen Marke;

s) die Änderung oder die Löschung der nach den Buchstaben h, i und j dieses Absatzes eingetragenen Angaben;

t) die Ersetzung der Unionsmarke durch eine internationale Registrierung gemäß Artikel 197;

u) der Tag und die Nummer internationaler Registrierungen auf der Grundlage der Anmeldung der Unionsmarke, die zur Eintragung einer Unionsmarke geführt hat, gemäß Artikel 185 Absatz 1;

v) der Tag und die Nummer internationaler Registrierungen auf der Grundlage der Unionsmarke gemäß Artikel 185 Absatz 2;

w) die Teilung einer Anmeldung nach Artikel 50 und der Eintragung gemäß Artikel 56 mit den Angaben nach Absatz 2 dieses Artikels bezüglich der Teileintragung sowie die geänderte Liste der Waren und Dienstleistungen der ursprünglichen Eintragung;

x) der Widerruf einer Entscheidung oder die Löschung einer Registereintragung gemäß Artikel 103, wenn der Widerruf bzw. die Löschung eine bereits veröffentlichte Entscheidung bzw. Eintragung betrifft;

y) ein Hinweis auf die Änderung der Satzung einer Unionsgewährleistungsmarke gemäß Artikel 88.

(4) Der Exekutivdirektor kann bestimmen, dass vorbehaltlich des Artikels 149 Absatz 4 noch andere als die in den Absätzen 2 und 3 dieses Artikels vorgesehenen Angaben einzutragen sind.

(5) ¹Das Register kann in elektronischer Form geführt werden. ²Das Amt erhebt, organisiert, veröffentlicht und speichert die in den Absätzen 2 und 3 vorgesehenen Angaben, einschließlich etwaiger personenbezogener Daten, zu den in Absatz 8 genannten Zwecken. ³Das Amt sorgt dafür, dass das Register für jedermann zur Einsichtnahme einfach zugänglich ist.

(6) Der Inhaber einer Unionsmarke erhält über jede Änderung im Register eine Mitteilung.

(7) Das Amt stellt auf Antrag und gegen Entrichtung einer Gebühr beglaubigte oder unbeglaubigte Auszüge aus dem Register aus.

(8) Die Verarbeitung der Daten betreffend die in den Absätzen 2 und 3 vorgesehenen Angaben, einschließlich etwaiger personenbezogener Daten, findet zu folgenden Zwecken statt:

a) zur Verwaltung der Anmeldungen und/oder Eintragungen gemäß dieser Verordnung und den gemäß dieser Verordnung erlassenen Rechtsakten,

b) zur Aufrechterhaltung eines öffentlichen Registers zur Einsichtnahme durch Behörden und Wirtschaftsteilnehmer und zu deren Information, damit sie die Rechte ausüben können, die ihnen mit dieser Verordnung übertragen werden, und damit sie Kenntnis von älteren Rechten Dritter erlangen können, und

c) zur Erstellung von Berichten und Statistiken, die es dem Amt ermöglichen, seine Vorgänge zu optimieren und die Funktionsweise des Systems zu verbessern.

(9) [1] Alle Daten, einschließlich personenbezogener Daten, betreffend die in den Absätzen 2 und 3 vorgesehenen Angaben gelten als von öffentlichem Interesse und sind für alle Dritten zugänglich. [2] Aus Gründen der Rechtssicherheit werden die Eintragungen im Register auf unbestimmte Zeit aufbewahrt.

Art. 112 Datenbank. (1) Zusätzlich zur Verpflichtung, ein Register im Sinne des Artikels 111 zu führen, sammelt das Amt alle Angaben, die von den Anmeldern oder anderen Verfahrensbeteiligten gemäß dieser Verordnung oder den gemäß dieser Verordnung erlassenen Rechtsakten bereitgestellt werden, und speichert diese in einer elektronischen Datenbank.

(2) [1] Die elektronische Datenbank kann personenbezogene Daten beinhalten, die über jene hinausgehen, die gemäß Artikel 111 im Register enthalten sind, insoweit diese Angaben gemäß dieser Verordnung oder den gemäß dieser Verordnung erlassenen Rechtsakten vorgeschrieben sind. [2] Die Sammlung, Speicherung und Verarbeitung dieser Daten dient folgenden Zwecken:

a) der Verwaltung der Anmeldungen und/oder Eintragungen gemäß dieser Verordnung und den gemäß dieser Verordnung erlassenen Rechtsakten;

b) dem Zugang zu den Informationen, die erforderlich sind, um die einschlägigen Verfahren einfacher und effizienter durchzuführen;

c) der Kommunikation mit den Anmeldern und sonstigen Verfahrensbeteiligten;

d) der Erstellung von Berichten und Statistiken, die es dem Amt ermöglichen, seine Vorgänge zu optimieren und die Funktionsweise des Systems zu verbessern.

(3) Der Exekutivdirektor bestimmt die Bedingungen für den Zugang zu der elektronischen Datenbank und die Art, in der ihr Inhalt, mit Ausnahme der in Absatz 2 dieses Artikels genannten personenbezogenen Daten, aber einschließlich der in Artikel 111 aufgelisteten personenbezogenen Daten, in maschinenlesbarer Form bereitgestellt werden können, einschließlich der Gebühren für den Zugang.

(4) Der Zugang zu den in Absatz 2 genannten personenbezogenen Daten wird beschränkt, und diese Daten werden nur öffentlich zugänglich gemacht, wenn der betreffende Beteiligte seine ausdrückliche Einwilligung erteilt hat.

(5) ¹Alle Daten werden auf unbestimmte Zeit aufbewahrt. ²Der betreffende Beteiligte kann die Löschung personenbezogener Daten aus der Datenbank jedoch 18 Monate nach Ablauf der Unionsmarke oder Abschluss des einschlägigen *Inter-partes*-Verfahrens beantragen. ³Der betreffende Beteiligte hat das Recht, jederzeit die Berichtigung unrichtiger oder falscher Daten zu veranlassen.

Art. 113 Online-Zugang zu Entscheidungen. (1) ¹Die Entscheidungen des Amtes werden im Hinblick auf Transparenz und Vorhersehbarkeit zur Information der Öffentlichkeit und zur Abfrage durch diese online zugänglich gemacht. ²Jeder Beteiligte an dem Verfahren, das zum Erlass der Entscheidung geführt hat, kann beantragen, dass alle ihn betreffenden personenbezogenen Daten in der Entscheidung unkenntlich gemacht werden.

(2) ¹Das Amt kann Online-Zugang zu mit seinen Aufgaben in Zusammenhang stehenden Urteilen der nationalen Gerichte und der Gerichte der Europäischen Union bereitstellen, um die Öffentlichkeit für Fragen des geistigen Eigentums zu sensibilisieren und die Konvergenz der Verfahren zu fördern. ²Das Amt beachtet die Bedingungen für eine erste Veröffentlichung in Bezug auf personenbezogene Daten.

Art. 114 Akteneinsicht. (1) Einsicht in die Akten von Anmeldungen für Unionsmarken, die noch nicht veröffentlicht worden sind, wird nur mit Zustimmung des Anmelders gewährt.

(2) Wer nachweist, dass der Anmelder behauptet hat, dass die Unionsmarke nach ihrer Eintragung gegen ihn geltend gemacht werden würde, kann vor der Veröffentlichung dieser Anmeldung und ohne Zustimmung des Anmelders Akteneinsicht verlangen.

(3) Nach der Veröffentlichung der Anmeldung der Unionsmarke wird auf Antrag Einsicht in die Akten der Anmeldung und der darauf eingetragenen Marke gewährt.

(4) Im Falle einer Akteneinsicht entsprechend Absatz 2 oder 3 dieses Artikels kann die Einsicht verwehrt werden in Dokumente im Zusammenhang mit der Ausschließung oder Ablehnung gemäß Artikel 169, in Entwürfe von Entscheidungen und Stellungnahmen und in alle anderen internen Dokumente, die der Vorbereitung von Entscheidungen und Stellungnahmen dienen, sowie in jene Akteile, an deren Geheimhaltung der betreffende Beteiligte ein besonderes Interesse dargelegt hat, bevor der Antrag auf Akteneinsicht gestellt wurde, es sei denn, die Einsicht in diese Akteile ist durch vorrangig berechtigte Interessen des die Akteneinsicht Beantragenden gerechtfertigt.

(5) ¹Die Einsicht in die Akten angemeldeter und eingetragener Unionsmarken wird in die Originalschriftstücke oder in Abschriften davon oder in die elektronischen Datenträger gewährt, wenn die Akten in dieser Weise gespeichert sind. ²Der Exekutivdirektor bestimmt, auf welchem Weg die Akteneinsicht erfolgen soll.

(6) ¹Bei einer Akteneinsicht gemäß Absatz 7 gilt der Antrag auf Einsichtnahme erst als gestellt, wenn die diesbezügliche Gebühr entrichtet worden ist. ²Die Online-Einsichtnahme in elektronische Datenträger ist gebührenfrei.

(7) ¹Die Akteneinsicht findet im Dienstgebäude des Amtes statt. ²Auf Antrag erfolgt die Akteneinsicht durch Ausstellung von Kopien der Dokumente aus der Akte. ³Diese Kopien sind gebührenpflichtig. ⁴Das Amt stellt auf Antrag

gegen Entrichtung einer Gebühr auch beglaubigte oder unbeglaubigte Kopien der Anmeldung für eine Unionsmarke aus.

(8) Die vom Amt geführten Akten über internationale Registrierungen, in denen die Union benannt ist, können auf Antrag ab dem Tag der Veröffentlichung gemäß Artikel 190 Absatz 1 unter den in den Absätzen 1, 3 und 4 dieses Artikels festgelegten Bedingungen eingesehen werden.

(9) [1] Das Amt kann vorbehaltlich der in Absatz 4 vorgesehenen Beschränkungen auf Antrag und gegen Entrichtung einer Gebühr Auskünfte aus den Akten angemeldeter oder eingetragener Unionsmarken erteilen. [2] Das Amt kann jedoch verlangen, dass von der Möglichkeit der Akteneinsicht Gebrauch gemacht wird, wenn dies im Hinblick auf den Umfang der zu erteilenden Auskünfte zweckmäßig erscheint.

Art. 115 Aufbewahrung der Akten. (1) [1] Das Amt führt die Akten aller Verfahren im Zusammenhang mit der Anmeldung oder Eintragung einer Unionsmarke. [2] Der Exekutivdirektor bestimmt, in welcher Form die Akten aufbewahrt werden.

(2) [1] Bei elektronischer Speicherung werden die elektronischen Akten, oder Sicherungskopien davon, auf unbefristete Zeit aufbewahrt. [2] Die den Dateien zugrunde liegenden Originalschriftstücke, die von den Verfahrensbeteiligten eingereicht wurden, werden nach Ablauf einer vom Exekutivdirektor festzulegenden Frist vernichtet.

(3) Wenn und soweit Akten oder Teile von Akten in anderer als elektronischer Form aufbewahrt werden, werden die Dokumente oder Beweisstücke, die Teil dieser Akten sind, mindestens fünf Jahre lang ab dem Ende des Jahres aufbewahrt, in dem die Anmeldung zurückgewiesen oder zurückgenommen worden ist oder als zurückgenommen gilt, die Eintragung der Unionsmarke gemäß Artikel 53 vollständig abgelaufen ist, der vollständige Verzicht auf die Unionsmarke gemäß Artikel 57 eingetragen worden ist oder die Unionsmarke gemäß Artikel 64 Absatz 6 oder Artikel 128 Absatz 6 vollständig im Register gelöscht worden ist.

Art. 116 Regelmäßig erscheinende Veröffentlichungen. (1) *[1]* Das Amt gibt regelmäßig folgende Veröffentlichungen heraus:

a) ein Blatt für Unionsmarken, das Veröffentlichungen der Anmeldungen und der Eintragungen in das Register sowie sonstige Details zu Anmeldungen oder Eintragungen von Unionsmarken enthält, deren Veröffentlichung gemäß dieser Verordnung oder den gemäß dieser Verordnung erlassenen Rechtsakten vorgeschrieben ist;

b) ein Amtsblatt des Amtes, das allgemeine Bekanntmachungen und Mitteilungen des Exekutivdirektors sowie sonstige diese Verordnung und ihre Anwendung betreffende Veröffentlichungen enthält.

[2] Die Veröffentlichungen gemäß Unterabsatz 1 Buchstaben a und b können in elektronischer Form herausgegeben werden.

(2) Das Blatt für Unionsmarken wird in einer vom Exekutivdirektor festzulegenden Form und Häufigkeit veröffentlicht.

(3) [1] Das Amtsblatt des Amtes wird in den Sprachen des Amtes veröffentlicht. [2] Der Exekutivdirektor kann jedoch beschließen, dass bestimmte Inhalte

im Amtsblatt des Amtes in den Amtssprachen der Europäischen Union veröffentlicht werden.

(4) *[1]* Die Kommission erlässt Durchführungsrechtsakte, in denen Folgendes festgelegt wird:
a) der Zeitpunkt, der als Zeitpunkt der Veröffentlichung im Blatt für Unionsmarken gilt;
b) die Art und Weise der Veröffentlichung von Angaben im Zusammenhang mit der Eintragung einer Marke, die keine Änderungen im Vergleich zu der Veröffentlichung der Anmeldung enthalten;
c) die Formen, in denen die Ausgaben des Amtsblatts des Amtes der Öffentlichkeit zur Verfügung gestellt werden können.

[2] Diese Durchführungsrechtsakte werden nach dem Prüfverfahren gemäß Artikel 207 Absatz 2 erlassen.

Art. 117 Amtshilfe. (1) [1]Das Amt und die Gerichte oder Behörden der Mitgliedstaaten unterstützen einander auf Antrag durch die Erteilung von Auskünften oder die Gewährung von Akteneinsicht, soweit nicht Vorschriften dieser Verordnung oder des nationalen Rechts dem entgegenstehen. [2]Gewährt das Amt Gerichten, Staatsanwaltschaften oder Zentralbehörden für den gewerblichen Rechtsschutz Akteneinsicht, so unterliegt diese nicht den Beschränkungen des Artikels 114.

(2) Das Amt erhebt keine Gebühren für die Erteilung von Auskünften oder die Gewährung von Akteneinsicht.

(3) [1]Die Kommission erlässt Durchführungsrechtsakte, in denen die Modalitäten für den Austausch von Informationen zwischen dem Amt und den Behörden der Mitgliedstaaten und die Gewährung von Akteneinsicht festgelegt werden, wobei sie den Beschränkungen Rechnung trägt, denen die Einsicht in Akten zur Anmeldung oder Eintragung einer Unionsmarke gemäß Artikel 114 unterliegt, wenn sie für Dritte geöffnet werden. [2]Diese Durchführungsrechtsakte werden nach dem Prüfverfahren gemäß Artikel 207 Absatz 2 erlassen.

Art. 118 Austausch von Veröffentlichungen. (1) Das Amt und die Zentralbehörden für den gewerblichen Rechtsschutz der Mitgliedstaaten übermitteln einander auf entsprechendes Ersuchen kostenlos für ihre eigenen Zwecke ein oder mehrere Exemplare ihrer Veröffentlichungen.

(2) Das Amt kann Vereinbarungen über den Austausch oder die Übermittlung von Veröffentlichungen treffen.

Abschnitt 4. Vertretung

Art. 119 Allgemeine Grundsätze der Vertretung. (1) Vorbehaltlich des Absatzes 2 ist niemand verpflichtet, sich vor dem Amt vertreten zu lassen.

(2) Unbeschadet des Absatzes 3 Satz 2 dieses Artikels müssen natürliche oder juristische Personen, die weder Wohnsitz noch Sitz noch eine tatsächliche und nicht nur zum Schein bestehende gewerbliche oder Handelsniederlassung im Europäischen Wirtschaftsraum haben, in jedem durch diese Verordnung geschaffenen Verfahren mit Ausnahme der Anmeldung einer Unionsmarke gemäß Artikel 120 Absatz 1 vor dem Amt vertreten sein.

(3) ¹Natürliche oder juristische Personen mit Wohnsitz oder Sitz oder einer tatsächlichen und nicht nur zum Schein bestehenden gewerblichen oder Handelsniederlassung im Europäischen Wirtschaftsraum können sich vor dem Amt durch einen ihrer Angestellten vertreten lassen. ²Angestellte einer juristischen Person im Sinne dieses Absatzes können auch andere juristische Personen, die mit der erstgenannten Person wirtschaftlich verbunden sind, vertreten, selbst wenn diese anderen juristischen Personen weder Wohnsitz noch Sitz noch eine tatsächliche und nicht nur zum Schein bestehende gewerbliche oder Handelsniederlassung im Europäischen Wirtschaftsraum haben. ³Arbeitnehmer, die Personen vertreten, im Sinne dieses Absatzes, haben auf Verlangen des Amtes oder gegebenenfalls des Verfahrensbeteiligten eine unterzeichnete Vollmacht zu den Akten einzureichen.

(4) Handeln mehrere Anmelder oder mehrere Dritte gemeinsam, ist ein gemeinsamer Vertreter zu bestellen.

Art. 120 Zugelassene Vertreter. (1) *[1]* Die Vertretung natürlicher oder juristischer Personen vor dem Amt kann nur wahrgenommen werden

a) durch einen Rechtsanwalt, der in einem der Mitgliedstaaten des Europäischen Wirtschaftsraums zugelassen ist und seinen Geschäftssitz im Europäischen Wirtschaftsraum hat, soweit er in diesem Mitgliedstaat die Vertretung auf dem Gebiet des Markenwesens ausüben kann;

b) durch zugelassene Vertreter, die in einer beim Amt geführten Liste eingetragen sind.

[2] Die vor dem Amt auftretenden Vertreter haben auf Verlangen des Amtes oder gegebenenfalls des anderen Verfahrensbeteiligten eine unterzeichnete Vollmacht zu den Akten einzureichen.

(2) In die Liste der zugelassenen Vertreter kann jede natürliche Person eingetragen werden, die folgende Voraussetzungen erfüllt:

a) sie besitzt die Staatsangehörigkeit eines Mitgliedstaats des Europäischen Wirtschaftsraums;

b) sie hat ihren Geschäftssitz oder Arbeitsplatz im Europäischen Wirtschaftsraum;

c) sie ist befugt, natürliche oder juristische Personen auf dem Gebiet des Markenwesens vor dem Benelux-Amt für geistiges Eigentum oder vor der Zentralbehörde für den gewerblichen Rechtsschutz eines Mitgliedstaats des Europäischen Wirtschaftsraums zu vertreten. Unterliegt die Befugnis in dem betroffenen Staat nicht dem Erfordernis einer besonderen beruflichen Befähigung, so muss die Person, die die Eintragung in die Liste beantragt, die Vertretung auf dem Gebiet des Markenwesens vor dem Benelux-Amt für geistiges Eigentum oder vor diesen Zentralbehörden für den gewerblichen Rechtsschutz dieses Staates mindestens fünf Jahre lang regelmäßig ausgeübt haben. Für Personen, deren berufliche Befähigung, natürliche oder juristische Personen auf dem Gebiet des Markenwesens vor dem Benelux-Amt für geistiges Eigentum oder vor diesen Zentralbehörden für den gewerblichen Rechtsschutz eines Mitgliedstaats des Europäischen Wirtschaftsraums zu vertreten, nach den Vorschriften des betroffenen Staates amtlich festgestellt worden ist, ist es nicht erforderlich, den Beruf ausgeübt zu haben.

(3) Die Eintragung erfolgt auf Antrag, dem eine Bescheinigung der Zentralbehörde für den gewerblichen Rechtsschutz des betreffenden Mitgliedstaats

beizufügen ist, aus der sich die Erfüllung der in Absatz 2 genannten Voraussetzungen ergibt.

(4) Der Exekutivdirektor kann eine Befreiung erteilen

a) vom Erfordernis nach Absatz 2 Buchstabe c Satz 2, wenn der Antragsteller nachweist, dass er die erforderliche Befähigung auf andere Weise erworben hat;

b) vom Erfordernis nach Absatz 2 Buchstabe a bei hoch qualifizierten Personen, sofern sie die in Absatz 2 Buchstaben b und c festgelegten Voraussetzungen erfüllen.

(5) ¹Eine Person kann von der Liste der zugelassenen Vertreter gestrichen werden, wenn sie dies beantragt oder wenn sie die Voraussetzungen für die Vertretung nicht mehr erfüllt. ²Die Änderungen der Liste der zugelassenen Vertreter werden im Amtsblatt des Amtes veröffentlicht.

Art. 121 Übertragung von Befugnissen. Der Kommission wird die Befugnis übertragen, gemäß Artikel 208 delegierte Rechtsakte zu erlassen, in denen Folgendes festgelegt wird:

a) die Voraussetzungen und das Verfahren für die Bestellung eines gemeinsamen Vertreters gemäß Artikel 119 Absatz 4;

b) die Bedingungen, unter denen Angestellte im Sinne des Artikels 119 Absatz 3 und zugelassene Vertreter im Sinne des Artikels 120 Absatz 1 beim Amt eine unterzeichnete Vollmacht einreichen müssen, um vertretungsbefugt zu sein, sowie den Inhalt dieser Vollmacht;

c) die Umstände, unter denen eine Person von der Liste der zugelassenen Vertreter nach Artikel 120 Absatz 5 gestrichen werden kann.

Kapitel X. Zuständigkeit und Verfahren für Klagen, die Unionsmarken betreffen

Abschnitt 1. Anwendung der Unionsvorschriften über die gerichtliche Zuständigkeit und die Anerkennung und Vollstreckung von Entscheidungen in Zivil- und Handelssachen

Art. 122 Anwendung der Unionsvorschriften über die gerichtliche Zuständigkeit und die Anerkennung und Vollstreckung von Entscheidungen in Zivil- und Handelssachen. (1) Soweit in dieser Verordnung nichts anderes bestimmt ist, sind die Unionsvorschriften über die gerichtliche Zuständigkeit und die Anerkennung und Vollstreckung von Entscheidungen in Zivil- und Handelssachen auf Verfahren betreffend Unionsmarken und Anmeldungen von Unionsmarken sowie auf Verfahren, die gleichzeitige oder aufeinander folgende Klagen aus Unionsmarken und aus nationalen Marken betreffen, anzuwenden.

(2) Auf Verfahren, welche durch die in Artikel 124 genannten Klagen und Widerklagen anhängig gemacht werden,

a) sind Artikel 4 und 6, Artikel 7 Nummern 1, 2, 3 und 5 sowie Artikel 35 der Verordnung (EU) Nr. 1215/2012 nicht anzuwenden;

b) sind Artikel 25 und 26 der Verordnung (EU) Nr. 1215/2012 vorbehaltlich der Einschränkungen in Artikel 125 Absatz 4 der vorliegenden Verordnung anzuwenden;

c) sind die Bestimmungen des Kapitels II der Verordnung (EU) Nr. 1215/2012, die für die in einem Mitgliedstaat wohnhaften Personen gelten, auch auf Personen anzuwenden, die keinen Wohnsitz, jedoch eine Niederlassung in einem Mitgliedstaat haben.

(3) Bezugnahmen in der vorliegenden Verordnung auf die Verordnung (EU) Nr. 1215/2012 schließen gegebenenfalls das Abkommen zwischen der Europäischen Gemeinschaft und dem Königreich Dänemark über die gerichtliche Zuständigkeit und die Anerkennung und Vollstreckung von Entscheidungen in Zivil- und Handelssachen vom 19. Oktober 2005 mit ein.

Abschnitt 2. Streitigkeiten über die Verletzung und Rechtsgültigkeit der Unionsmarken

Art. 123 Unionsmarkengerichte. (1) Die Mitgliedstaaten benennen für ihr Gebiet eine möglichst geringe Anzahl nationaler Gerichte erster und zweiter Instanz, die die ihnen durch diese Verordnung zugewiesenen Aufgaben wahrnehmen.

(2) Änderungen der Anzahl, der Bezeichnung oder der örtlichen Zuständigkeit der in die gemäß Artikel 95 Absatz 2 der Verordnung (EG) Nr. 207/2009 durch die Mitgliedstaaten an die Kommission übermittelte Aufstellung der Unionsmarkengerichte aufgenommenen Gerichte teilt der betreffende Mitgliedstaat unverzüglich der Kommission mit.

(3) Die in Absatz 2 genannten Angaben werden von der Kommission den Mitgliedstaaten notifiziert und im *Amtsblatt der Europäischen Union* veröffentlicht.

Art. 124 Zuständigkeit für Klagen betreffend Verletzung und Rechtsgültigkeit. Die Unionsmarkengerichte sind ausschließlich zuständig

a) für alle Klagen wegen Verletzung und – falls das nationale Recht dies zulässt – wegen drohender Verletzung einer Unionsmarke;

b) für Klagen auf Feststellung der Nichtverletzung, falls das nationale Recht diese zulässt;

c) für Klagen wegen Handlungen im Sinne des Artikels 11 Absatz 2;

d) für die in Artikel 128 genannten Widerklagen auf Erklärung des Verfalls oder der Nichtigkeit der Unionsmarke.

Art. 125 Internationale Zuständigkeit. (1) Vorbehaltlich der Vorschriften dieser Verordnung sowie der nach Artikel 122 anzuwendenden Bestimmungen der Verordnung (EU) Nr. 1215/2012 sind für die Verfahren, welche durch eine in Artikel 124 genannte Klage oder Widerklage anhängig gemacht werden, die Gerichte des Mitgliedstaats zuständig, in dem der Beklagte seinen Wohnsitz oder – in Ermangelung eines Wohnsitzes in einem Mitgliedstaat – eine Niederlassung hat.

(2) Hat der Beklagte weder einen Wohnsitz noch eine Niederlassung in einem der Mitgliedstaaten, so sind für diese Verfahren die Gerichte des Mitgliedstaats zuständig, in dem der Kläger seinen Wohnsitz oder – in Ermangelung eines Wohnsitzes in einem Mitgliedstaat – eine Niederlassung hat.

Unionsmarke Art. 126–128 VO (EU) 2017/1001

(3) Hat weder der Beklagte noch der Kläger einen Wohnsitz oder eine Niederlassung in einem der Mitgliedstaaten, so sind für diese Verfahren die Gerichte des Mitgliedstaats zuständig, in dem das Amt seinen Sitz hat.

(4) Ungeachtet der Absätze 1, 2 und 3 ist

a) Artikel 25 der Verordnung (EU) Nr. 1215/2012 anzuwenden, wenn die Parteien vereinbaren, dass ein anderes Unionsmarkengericht zuständig sein soll,

b) Artikel 26 der Verordnung (EU) Nr. 1215/2012 anzuwenden, wenn der Beklagte sich auf das Verfahren vor einem anderen Unionsmarkengericht einlässt.

(5) Die Verfahren, welche durch die in Artikel 124 genannten Klagen und Widerklagen anhängig gemacht werden – ausgenommen Klagen auf Feststellung der Nichtverletzung einer Unionsmarke –, können auch bei den Gerichten des Mitgliedstaats anhängig gemacht werden, in dem eine Verletzungshandlung begangen worden ist oder droht oder in dem eine Handlung im Sinne des Artikels 11 Absatz 2 begangen worden ist.

Art. 126 Reichweite der Zuständigkeit. (1) Ein Unionsmarkengericht, dessen Zuständigkeit auf Artikel 125 Absätze 1 bis 4 beruht, ist zuständig für:

a) die in einem jeden Mitgliedstaat begangenen oder drohenden Verletzungshandlungen;

b) die in einem jeden Mitgliedstaat begangenen Handlungen im Sinne des Artikels 11 Absatz 2.

(2) Ein nach Artikel 125 Absatz 5 zuständiges Unionsmarkengericht ist nur für die Handlungen zuständig, die in dem Mitgliedstaat begangen worden sind oder drohen, in dem das Gericht seinen Sitz hat.

Art. 127 Vermutung der Rechtsgültigkeit; Einreden. (1) Die Unionsmarkengerichte haben von der Rechtsgültigkeit der Unionsmarke auszugehen, sofern diese nicht durch den Beklagten mit einer Widerklage auf Erklärung des Verfalls oder der Nichtigkeit angefochten wird.

(2) Die Rechtsgültigkeit einer Unionsmarke kann nicht durch eine Klage auf Feststellung der Nichtverletzung angefochten werden.

(3) Gegen Klagen gemäß Artikel 124 Buchstaben a und c ist der Einwand des Verfalls der Unionsmarke, der nicht im Wege der Widerklage erhoben wird, insoweit zulässig, als sich der Beklagte darauf beruft, dass die Unionsmarke wegen mangelnder ernsthafter Benutzung zum Zeitpunkt der Verletzungsklage für verfallen erklärt werden könnte.

Art. 128 Widerklage. (1) Die Widerklage auf Erklärung des Verfalls oder der Nichtigkeit kann nur auf die in dieser Verordnung geregelten Verfalls- oder Nichtigkeitsgründe gestützt werden.

(2) Ein Unionsmarkengericht weist eine Widerklage auf Erklärung des Verfalls oder der Nichtigkeit ab, wenn das Amt über einen Antrag wegen desselben Anspruchs zwischen denselben Parteien bereits eine unanfechtbar gewordene Entscheidung erlassen hat.

(3) Wird die Widerklage in einem Rechtsstreit erhoben, in dem der Markeninhaber noch nicht Partei ist, so ist er hiervon zu unterrichten und kann dem Rechtsstreit nach Maßgabe des nationalen Rechts beitreten.

(4) ¹Das Unionsmarkengericht, bei dem Widerklage auf Erklärung des Verfalls oder der Nichtigkeit einer Unionsmarke erhoben worden ist, nimmt die Prüfung der Widerklage erst dann vor, wenn entweder die betroffene Partei oder das Gericht dem Amt den Tag der Erhebung der Widerklage mitgeteilt hat. ²Das Amt vermerkt diese Information im Register. ³War beim Amt ein Antrag auf Erklärung des Verfalls oder der Nichtigkeit der Unionsmarke bereits eingereicht worden, bevor die Widerklage erhoben wurde, wird das Gericht vom Amt hierüber unterrichtet; das Gericht setzt in diesem Fall das Verfahren gemäß Artikel 132 Absatz 1 so lange aus, bis abschließend über den Antrag entschieden wurde oder der Antrag zurückgezogen wird.

(5) Die Vorschriften des Artikels 64 Absätze 2 bis 5 sind anzuwenden.

(6) ¹Ist die Entscheidung eines Unionsmarkengerichts über eine Widerklage auf Erklärung des Verfalls oder der Nichtigkeit einer Unionsmarke unanfechtbar geworden, so wird eine Ausfertigung dieser Entscheidung dem Amt entweder durch das Gericht oder eine der Parteien des nationalen Verfahrens unverzüglich zugestellt. ²Das Amt oder jede andere betroffene Partei kann dazu nähere Auskünfte anfordern. ³Das Amt trägt einen Hinweis auf die Entscheidung im Register ein und trifft die erforderlichen Maßnahmen zur Umsetzung des Tenors der Entscheidung.

(7) ¹Das mit einer Widerklage auf Erklärung des Verfalls oder der Nichtigkeit befasste Unionsmarkengericht kann auf Antrag des Inhabers der Unionsmarke nach Anhörung der anderen Parteien das Verfahren aussetzen und den Beklagten auffordern, innerhalb einer zu bestimmenden Frist beim Amt die Erklärung des Verfalls oder der Nichtigkeit zu beantragen. ²Wird der Antrag nicht innerhalb der Frist gestellt, wird das Verfahren fortgesetzt; die Widerklage gilt als zurückgenommen. ³Die Vorschriften des Artikels 132 Absatz 3 sind anzuwenden.

Art. 129 Anwendbares Recht. (1) Die Unionsmarkengerichte wenden die Vorschriften dieser Verordnung an.

(2) In allen Markenfragen, die nicht durch diese Verordnung erfasst werden, wendet das betreffende Unionsmarkengericht das geltende nationale Recht an.

(3) Soweit in dieser Verordnung nichts anderes bestimmt ist, wendet das Unionsmarkengericht die Verfahrensvorschriften an, die in dem Mitgliedstaat, in dem es seinen Sitz hat, auf gleichartige Verfahren betreffend nationale Marken anwendbar sind.

Art. 130 Sanktionen. (1) ¹Stellt ein Unionsmarkengericht fest, dass der Beklagte eine Unionsmarke verletzt hat oder zu verletzen droht, so verbietet es dem Beklagten, die Handlungen, die die Unionsmarke verletzen oder zu verletzen drohen, fortzusetzen, sofern einer solchen Anordnung nicht besondere Gründe entgegenstehen. ²Es trifft ferner nach Maßgabe seines innerstaatlichen Rechts die erforderlichen Maßnahmen, um sicherzustellen, dass dieses Verbot befolgt wird.

(2) Das Unionsmarkengericht kann zudem vom anwendbaren Recht vorgesehene Maßnahmen ergreifen oder Anordnungen treffen, die ihm im jeweiligen Einzelfall zweckmäßig erscheinen.

Art. 131 Einstweilige Maßnahmen einschließlich Sicherungsmaßnahmen. (1) Bei den Gerichten eines Mitgliedstaats – einschließlich der Unionsmarkengerichte – können in Bezug auf eine Unionsmarke oder die Anmeldung einer Unionsmarke alle einstweiligen Maßnahmen einschließlich Sicherungsmaßnahmen beantragt werden, die in dem Recht dieses Staates für eine nationale Marke vorgesehen sind, auch wenn für die Entscheidung in der Hauptsache aufgrund dieser Verordnung ein Unionsmarkengericht eines anderen Mitgliedstaats zuständig ist.

(2) [1] Ein Unionsmarkengericht, dessen Zuständigkeit auf Artikel 125 Absätze 1, 2, 3 oder 4 beruht, kann einstweilige Maßnahmen einschließlich Sicherungsmaßnahmen anordnen, die vorbehaltlich des gegebenenfalls gemäß Kapitel III der Verordnung (EU) Nr. 1215/2012 erforderlichen Anerkennungs- und Vollstreckungsverfahrens in einem jeden Mitgliedstaat anwendbar sind. [2] Hierfür ist kein anderes Gericht zuständig.

Art. 132 Besondere Vorschriften über im Zusammenhang stehende Verfahren. (1) Ist vor einem Unionsmarkengericht eine Klage im Sinne des Artikels 124 – mit Ausnahme einer Klage auf Feststellung der Nichtverletzung – erhoben worden, so setzt es das Verfahren, soweit keine besonderen Gründe für dessen Fortsetzung bestehen, von Amts wegen nach Anhörung der Parteien oder auf Antrag einer Partei nach Anhörung der anderen Parteien aus, wenn die Rechtsgültigkeit der Unionsmarke bereits vor einem anderen Unionsmarkengericht im Wege der Widerklage angefochten worden ist oder wenn beim Amt bereits ein Antrag auf Erklärung des Verfalls oder der Nichtigkeit gestellt worden ist.

(2) [1] Ist beim Amt ein Antrag auf Erklärung des Verfalls oder der Nichtigkeit gestellt worden, so setzt es das Verfahren, soweit keine besonderen Gründe für dessen Fortsetzung bestehen, von Amts wegen nach Anhörung der Parteien oder auf Antrag einer Partei nach Anhörung der anderen Parteien aus, wenn die Rechtsgültigkeit der Unionsmarke im Wege der Widerklage bereits vor einem Unionsmarkengericht angefochten worden ist. [2] Das Unionsmarkengericht kann jedoch auf Antrag einer Partei des bei ihm anhängigen Verfahrens nach Anhörung der anderen Parteien das Verfahren aussetzen. [3] In diesem Fall setzt das Amt das bei ihm anhängige Verfahren fort.

(3) Setzt das Unionsmarkengericht das Verfahren aus, kann es für die Dauer der Aussetzung einstweilige Maßnahmen einschließlich Sicherungsmaßnahmen treffen.

Art. 133 Zuständigkeit der Unionsmarkengerichte zweiter Instanz; weitere Rechtsmittel. (1) Gegen Entscheidungen der Unionsmarkengerichte erster Instanz über Klagen und Widerklagen nach Artikel 124 findet die Berufung bei den Unionsmarkengerichten zweiter Instanz statt.

(2) Die Bedingungen für die Einlegung der Berufung bei einem Unionsmarkengericht zweiter Instanz richten sich nach dem nationalen Recht des Mitgliedstaats, in dem dieses Gericht seinen Sitz hat.

(3) Die nationalen Vorschriften über weitere Rechtsmittel sind auf Entscheidungen der Unionsmarkengerichte zweiter Instanz anwendbar.

Abschnitt 3. Sonstige Streitigkeiten über Unionsmarken

Art. 134 Ergänzende Vorschriften über die Zuständigkeit der nationalen Gerichte, die keine Unionsmarkengerichte sind. (1) Innerhalb des Mitgliedstaats, dessen Gerichte nach Artikel 122 Absatz 1 zuständig sind, sind andere als die in Artikel 124 genannten Klagen vor den Gerichten zu erheben, die örtlich und sachlich zuständig wären, wenn es sich um Klagen handeln würde, die eine in diesem Staat eingetragene nationale Marke betreffen.

(2) Ist nach Artikel 122 Absatz 1 und Absatz 1 des vorliegenden Artikels kein Gericht für die Entscheidung über andere als die in Artikel 124 genannten Klagen, die eine Unionsmarke betreffen, zuständig, so kann die Klage vor den Gerichten des Mitgliedstaats erhoben werden, in dem das Amt seinen Sitz hat.

Art. 135 Bindung des nationalen Gerichts. Das nationale Gericht, vor dem eine nicht unter Artikel 124 fallende Klage betreffend eine Unionsmarke anhängig ist, hat von der Rechtsgültigkeit der Unionsmarke auszugehen.

Kapitel XI. Auswirkungen auf das Recht der Mitgliedstaaten

Abschnitt 1. Zivilrechtliche Klagen aufgrund mehrerer Marken

Art. 136 Gleichzeitige und aufeinander folgende Klagen aus Unionsmarken und aus nationalen Marken. (1) Werden Verletzungsklagen zwischen denselben Parteien wegen derselben Handlungen bei Gerichten verschiedener Mitgliedstaaten anhängig gemacht, von denen das eine Gericht wegen Verletzung einer Unionsmarke und das andere Gericht wegen Verletzung einer nationalen Marke angerufen wird,

a) so hat sich das später angerufene Gericht von Amts wegen zugunsten des zuerst angerufenen Gerichts für unzuständig zu erklären, wenn die betreffenden Marken identisch sind und für identische Waren oder Dienstleistungen gelten. Das Gericht, das sich für unzuständig zu erklären hätte, kann das Verfahren aussetzen, wenn der Mangel der Zuständigkeit des anderen Gerichts geltend gemacht wird;

b) so kann das später angerufene Gericht das Verfahren aussetzen, wenn die betreffenden Marken identisch sind und für ähnliche Waren oder Dienstleistungen gelten oder wenn sie ähnlich sind und für identische oder ähnliche Waren oder Dienstleistungen gelten.

(2) Das wegen Verletzung einer Unionsmarke angerufene Gericht weist die Klage ab, falls wegen derselben Handlungen zwischen denselben Parteien ein unanfechtbares Urteil in der Sache aufgrund einer identischen nationalen Marke für identische Waren oder Dienstleistungen ergangen ist.

(3) Das wegen Verletzung einer nationalen Marke angerufene Gericht weist die Klage ab, falls wegen derselben Handlungen zwischen denselben Parteien ein unanfechtbares Urteil in der Sache aufgrund einer identischen Unionsmarke für identische Waren oder Dienstleistungen ergangen ist.

(4) Die Absätze 1, 2 und 3 gelten nicht für einstweilige Maßnahmen einschließlich solcher, die auf eine Sicherung gerichtet sind.

Abschnitt 2. Anwendung des einzelstaatlichen Rechts zum Zweck der Untersagung der Benutzung von Unionsmarken

Art. 137 Untersagung der Benutzung von Unionsmarken. (1) [1]Diese Verordnung lässt, soweit nichts anderes bestimmt ist, das nach den Rechtsvorschriften der Mitgliedstaaten bestehende Recht unberührt, Ansprüche wegen Verletzung älterer Rechte im Sinne des Artikels 8 oder des Artikels 60 Absatz 2

gegenüber der Benutzung einer jüngeren Unionsmarke geltend zu machen.
²Ansprüche wegen Verletzung älterer Rechte im Sinne des Artikels 8 Absätze 2 und 4 können jedoch nicht mehr geltend gemacht werden, wenn der Inhaber des älteren Rechts nach Artikel 61 Absatz 2 nicht mehr die Nichtigerklärung der Unionsmarke verlangen kann.

(2) Diese Verordnung lässt, soweit nichts anderes bestimmt ist, das Recht unberührt, aufgrund des Zivil-, Verwaltungs- oder Strafrechts eines Mitgliedstaats oder aufgrund von Bestimmungen des Unionsrechts Klagen oder Verfahren zum Zweck der Untersagung der Benutzung einer Unionsmarke anhängig zu machen, soweit nach dem Recht dieses Mitgliedstaats oder dem Unionsrecht die Benutzung einer nationalen Marke untersagt werden kann.

Art. 138 Ältere Rechte von örtlicher Bedeutung. (1) Der Inhaber eines älteren Rechts von örtlicher Bedeutung kann sich der Benutzung der Unionsmarke in dem Gebiet, in dem dieses ältere Recht geschützt ist, widersetzen, sofern dies nach dem Recht des betreffenden Mitgliedstaats zulässig ist.

(2) Absatz 1 findet keine Anwendung, wenn der Inhaber des älteren Rechts die Benutzung der Unionsmarke in dem Gebiet, in dem dieses ältere Recht geschützt ist, während fünf aufeinander folgender Jahre in Kenntnis dieser Benutzung geduldet hat, es sei denn, dass die Anmeldung der Unionsmarke bösgläubig vorgenommen worden ist.

(3) Der Inhaber der Unionsmarke kann sich der Benutzung des in Absatz 1 genannten älteren Rechts nicht widersetzen, auch wenn dieses ältere Recht gegenüber der Unionsmarke nicht mehr geltend gemacht werden kann.

Abschnitt 3. Umwandlung in eine Anmeldung für eine nationale Marke

Art. 139 Antrag auf Einleitung des nationalen Verfahrens. (1) Der Anmelder oder Inhaber einer Unionsmarke kann beantragen, dass seine Anmeldung oder seine Unionsmarke in eine Anmeldung für eine nationale Marke umgewandelt wird,

a) soweit die Anmeldung der Unionsmarke zurückgewiesen wird oder zurückgenommen worden ist oder als zurückgenommen gilt;
b) soweit die Unionsmarke ihre Wirkung verliert.

(2) Die Umwandlung findet nicht statt,

a) wenn die Unionsmarke wegen Nichtbenutzung für verfallen erklärt worden ist, es sei denn, dass in dem Mitgliedstaat, für den die Umwandlung beantragt wird, die Unionsmarke benutzt worden ist und dies eine ernsthafte Benutzung im Sinne der Rechtsvorschriften dieses Mitgliedstaats gilt;
b) wenn Schutz in einem Mitgliedstaat begehrt wird, in dem gemäß der Entscheidung des Amtes oder des einzelstaatlichen Gerichts der Anmeldung oder der Unionsmarke ein Eintragungshindernis oder ein Verfalls- oder Nichtigkeitsgrund entgegensteht.

(3) Die nationale Anmeldung, die aus der Umwandlung einer Anmeldung oder einer Unionsmarke hervorgeht, genießt in dem betreffenden Mitgliedstaat den Anmeldetag oder den Prioritätstag der Anmeldung oder der Unionsmarke sowie gegebenenfalls den nach Artikel 39 oder Artikel 40 beanspruchten Zeitrang einer Marke dieses Staates.

(4) Für den Fall, dass die Anmeldung der Unionsmarke als zurückgenommen gilt, teilt das Amt dies dem Anmelder mit und setzt ihm dabei für die Einreichung eines Umwandlungsantrags eine Frist von drei Monaten nach dieser Mitteilung.

(5) Wird die Anmeldung der Unionsmarke zurückgenommen oder verliert die Unionsmarke ihre Wirkung, weil ein Verzicht eingetragen oder die Eintragung nicht verlängert wurde, so ist der Antrag auf Umwandlung innerhalb von drei Monaten nach dem Tag einzureichen, an dem die Unionsmarke zurückgenommen wurde oder die Eintragung der Unionsmarke ihre Wirkung verloren hat.

(6) Wird die Anmeldung der Unionsmarke durch eine Entscheidung des Amtes zurückgewiesen oder verliert die Unionsmarke ihre Wirkung aufgrund einer Entscheidung des Amtes oder eines Unionsmarkengerichts, so ist der Umwandlungsantrag innerhalb von drei Monaten nach dem Tag einzureichen, an dem diese Entscheidung unanfechtbar geworden ist.

(7) Die in Artikel 37 genannte Wirkung erlischt, wenn der Antrag nicht innerhalb der vorgeschriebenen Zeit eingereicht wurde.

Art. 140 Einreichung, Veröffentlichung und Übermittlung des Umwandlungsantrags. (1) [1] Der Umwandlungsantrag ist innerhalb der in Artikel 139 Absätze 4, 5 oder 6 bestimmten Frist beim Amt zu stellen; der Antrag umfasst die Angabe der Gründe für die Umwandlung gemäß Artikel 139 Absatz 1 Buchstabe a oder b, der Mitgliedstaaten, für die die Umwandlung beantragt wird, und der Waren und Dienstleistungen, die Gegenstand der Umwandlung sind. [2] Wird die Umwandlung nach erfolglosem Antrag auf Verlängerung der Eintragung beantragt, beginnt die in Artikel 139 Absatz 5 vorgesehene Dreimonatsfrist an dem Tag, der auf den Tag folgt, an dem der Antrag auf Verlängerung gemäß Artikel 53 Absatz 3 spätestens gestellt werden könnte. [3] Der Antrag gilt erst als gestellt, wenn die Umwandlungsgebühr entrichtet worden ist.

(2) Betrifft der Umwandlungsantrag eine bereits veröffentlichte Anmeldung einer Unionsmarke oder eine Unionsmarke, so ist ein Hinweis auf den Eingang des Antrags in das Register einzutragen und der Umwandlungsantrag ist zu veröffentlichen.

(3) [1] Das Amt überprüft, ob der Umwandlungsantrag den Erfordernissen dieser Verordnung, insbesondere Artikel 139 Absätze 1, 2, 4, 5 und 6 sowie Absatz 1 des vorliegenden Artikels entspricht und die formalen Erfordernisse erfüllt, die in dem gemäß Absatz 6 des vorliegenden Artikels erlassenen Durchführungsrechtsakt festgelegt sind. [2] Sind die Erfordernisse für den Antrag nicht erfüllt, so teilt das Amt dem Antragsteller die Mängel mit. [3] Werden die Mängel nicht innerhalb einer vom Amt festgesetzten Frist beseitigt, so weist es den Umwandlungsantrag zurück. [4] Findet Artikel 139 Absatz 2 Anwendung, so weist das Amt den Umwandlungsantrag nur in Bezug auf die Mitgliedstaaten als unzulässig zurück, für die die Umwandlung nach der genannten Bestimmung ausgeschlossen ist. [5] Wird die Umwandlungsgebühr nicht innerhalb der maßgeblichen Frist von drei Monaten gemäß Artikel 139 Absatz 4, 5 oder 6 gezahlt, so teilt das Amt dem Antragsteller mit, dass der Umwandlungsantrag als nicht gestellt gilt.

(4) [1] Hat das Amt oder ein Unionsmarkengericht wegen absoluter Eintragungshindernisse bezüglich der Sprache eines Mitgliedstaats die Unionsmar-

kenanmeldung zurückgewiesen oder die Unionsmarke für nichtig erklärt, so ist die Umwandlung nach Artikel 139 Absatz 2 für alle Mitgliedstaaten unzulässig, in denen die betreffende Sprache Amtssprache ist. ²Hat das Amt oder ein Unionsmarkengericht wegen absoluter, überall in der Union geltender Eintragungshindernisse oder aufgrund einer älteren Unionsmarke oder eines sonstigen gewerblichen Schutzrechts der Union die Unionsmarkenanmeldung zurückgewiesen oder die Unionsmarke für nichtig erklärt, so ist die Umwandlung nach Artikel 139 Absatz 2 für alle Mitgliedstaaten unzulässig.

(5) ¹Genügt der Umwandlungsantrag den Erfordernissen des Absatzes 3 dieses Artikels, so übermittelt das Amt den Umwandlungsantrag und die in Artikel 111 Absatz 2 genannten Daten an die Zentralbehörden für den gewerblichen Rechtsschutz der Mitgliedstaaten, einschließlich des Benelux-Büros für geistiges Eigentum, für die der Antrag als zulässig beurteilt wurde. ²Das Amt teilt dem Antragsteller das Datum der Weiterleitung seines Antrags mit.

(6) Die Kommission erlässt Durchführungsrechtsakte, in denen Folgendes festgelegt wird:
a) die Einzelheiten, die in einem Antrag auf Umwandlung der Anmeldung einer Unionsmarke oder einer eingetragenen Unionsmarke in eine Anmeldung für eine nationale Marke gemäß Absatz 1 anzugeben sind;
b) die Einzelheiten, die bei der Veröffentlichung des Umwandlungsantrags nach Absatz 2 anzugeben sind. Diese Durchführungsrechtsakte werden nach dem Prüfverfahren gemäß Artikel 207 Absatz 2 erlassen.

Art. 141 Formvorschriften für die Umwandlung. (1) Jede Zentralbehörde für den gewerblichen Rechtsschutz, der der Umwandlungsantrag übermittelt worden ist, kann vom Amt alle ergänzenden Auskünfte bezüglich dieses Antrags erhalten, die für sie bei der Entscheidung über die nationale Marke, die aus der Umwandlung hervorgeht, sachdienlich sein können.

(2) Eine Anmeldung bzw. Unionsmarke, die nach Artikel 140 übermittelt worden ist, darf nicht Formerfordernissen des nationalen Rechts unterworfen werden, die von denen abweichen, die in dieser Verordnung oder den gemäß dieser Verordnung erlassenen Rechtsakten vorgesehen sind, oder über sie hinausgehen.

(3) Die Zentralbehörde für den gewerblichen Rechtsschutz, der der Umwandlungsantrag übermittelt worden ist, kann verlangen, dass der Anmelder innerhalb einer Frist, die nicht weniger als zwei Monate betragen darf,
a) die nationale Anmeldegebühr entrichtet;
b) eine Übersetzung – in einer der Amtssprachen des betreffenden Staats – des Umwandlungsantrags und der ihm beigefügten Unterlagen einreicht;
c) eine Anschrift angibt, unter der er in dem betreffenden Staat zu erreichen ist;
d) in der von dem betreffenden Staat genannten Anzahl eine bildliche Darstellung der Marke übermittelt.

Kapitel XII. Das Amt
Abschnitt 1. Allgemeine Bestimmungen
Art. 142 Rechtsstellung. (1) ¹Das Amt ist eine Agentur der Union. ²Es besitzt Rechtspersönlichkeit.

(2) Es besitzt in jedem Mitgliedstaat die weitestgehende Rechts- und Geschäftsfähigkeit, die juristischen Personen nach dessen Rechtsvorschriften zuerkannt ist; es kann insbesondere bewegliches und unbewegliches Vermögen erwerben oder veräußern und ist vor Gericht parteifähig.

(3) Das Amt wird von seinem Exekutivdirektor vertreten.

Art. 143 Personal. (1) Die Vorschriften des Statuts, der Beschäftigungsbedingungen und der von den Organen der Union im gegenseitigen Einvernehmen erlassenen Regelungen zur Durchführung dieser Vorschriften gelten für das Personal des Amtes unbeschadet der Anwendung des Artikels 166 der vorliegenden Verordnung auf die Mitglieder der Beschwerdekammern.

(2) [1] Unbeschadet des Absatzes 1 kann das Amt auf abgeordnete nationale Sachverständige oder sonstiges Personal zurückgreifen, das nicht vom Amt selbst beschäftigt wird. [2] Der Verwaltungsrat beschließt eine Regelung für die Abordnung nationaler Sachverständiger zum Amt.

Art. 144 Vorrechte und Immunitäten. Das Protokoll über die Vorrechte und Befreiungen der Union gilt für das Amt und dessen Personal.

Art. 145 Haftung. (1) Die vertragliche Haftung des Amtes bestimmt sich nach dem Recht, das auf den betreffenden Vertrag anzuwenden ist.

(2) Der Gerichtshof ist für Entscheidungen aufgrund einer Schiedsklausel zuständig, die in einem vom Amt abgeschlossenen Vertrag enthalten ist.

(3) Im Bereich der außervertraglichen Haftung ersetzt das Amt den durch seine Dienststellen oder Bediensteten in Ausübung ihrer Amtstätigkeit verursachten Schaden nach den allgemeinen Rechtsgrundsätzen, die den Rechtsordnungen der Mitgliedstaaten gemeinsam sind.

(4) Der Gerichtshof ist für Streitsachen über den in Absatz 3 vorgesehenen Schadensersatz zuständig.

(5) Die persönliche Haftung der Bediensteten gegenüber dem Amt bestimmt sich nach den Vorschriften des Statuts oder der für sie geltenden Beschäftigungsbedingungen.

Art. 146 Sprachen. (1) Anmeldungen von Unionsmarken sind in einer der Amtssprachen der Union einzureichen.

(2) Die Sprachen des Amtes sind Deutsch, Englisch, Französisch, Italienisch und Spanisch.

(3) [1] Der Anmelder hat eine zweite Sprache, die eine Sprache des Amtes ist, anzugeben, mit deren Benutzung als möglicher Verfahrenssprache er in Widerspruchs-, Verfalls- und Nichtigkeitsverfahren einverstanden ist.

[2] Ist die Anmeldung in einer Sprache, die nicht eine Sprache des Amtes ist, eingereicht worden, so sorgt das Amt dafür, dass die in Artikel 31 Absatz 1 vorgesehene Anmeldung in die vom Anmelder angegebene Sprache übersetzt wird.

(4) [1] Ist der Anmelder der Unionsmarke in einem Verfahren vor dem Amt der einzige Beteiligte, so ist Verfahrenssprache die Sprache, in der die Anmeldung der Unionsmarke eingereicht worden ist. [2] Ist die Anmeldung in einer Sprache, die nicht eine Sprache des Amtes ist, eingereicht worden, so kann das Amt für schriftliche Mitteilungen an den Anmelder auch die zweite Sprache wählen, die dieser in der Anmeldung angegeben hat.

(5) Widersprüche und Anträge auf Erklärung des Verfalls oder der Nichtigkeit sind in einer der Sprachen des Amtes einzureichen.

(6) [1] Unbeschadet des Absatzes 5 gilt Folgendes:

a) Alle Anträge oder Erklärungen, die sich auf die Anmeldung einer Unionsmarke beziehen, können in der Sprache der Anmeldung der Unionsmarke oder in der vom Anmelder in seiner Anmeldung angegebenen zweiten Sprache eingereicht werden.

b) Alle Anträge oder Erklärungen, die sich auf eine eingetragene Unionsmarke beziehen, können in einer der Sprachen des Amtes eingereicht werden.

[2] Wird die Anmeldung jedoch unter Verwendung eines vom Amt bereitgestellten Formblatts gemäß Artikel 100 Absatz 2 eingereicht, so können diese Formblätter in jeder der Amtssprachen der Union verwendet werden, sofern die Textbestandteile des Formblatts in einer der Sprachen des Amtes ausgefüllt werden.

(7) [1] Ist die nach Absatz 5 gewählte Sprache des Widerspruchs oder des Antrags auf Erklärung des Verfalls oder der Nichtigkeit die Sprache, in der die Anmeldung der Unionsmarke eingereicht wurde, oder die bei der Einreichung dieser Anmeldung angegebene zweite Sprache, so ist diese Sprache Verfahrenssprache.

[2] [1]Ist die nach Absatz 5 gewählte Sprache des Widerspruchs oder des Antrags auf Erklärung des Verfalls oder der Nichtigkeit weder die Sprache, in der die Anmeldung der Unionsmarke eingereicht wurde, noch die bei der Einreichung der Anmeldung angegebene zweite Sprache, so hat der Widersprechende oder derjenige, der einen Antrag auf Erklärung des Verfalls oder der Nichtigkeit gestellt hat, eine Übersetzung des Widerspruchs oder des Antrags auf eigene Kosten entweder in der Sprache, in der die Anmeldung der Unionsmarke eingereicht wurde – sofern sie eine Sprache des Amtes ist –, oder in der bei der Einreichung der Anmeldung der Unionsmarke angegebenen zweiten Sprache vorzulegen. [2]Die Übersetzung ist innerhalb eines Monats nach Ablauf der Widerspruchsfrist oder nach der Einreichung des Antrags auf Erklärung des Verfalls oder der Nichtigkeit vorzulegen. [3]Die Sprache, in der die Übersetzung vorliegt, wird dann Verfahrenssprache.

(8) Die an den Widerspruchs-, Verfalls-, Nichtigkeits- oder Beschwerdeverfahren Beteiligten können vereinbaren, dass eine andere Amtssprache der Union als Verfahrenssprache verwendet wird.

(9) [1]Unbeschadet der Absätze 4 und 8 und vorbehaltlich anderslautender Bestimmungen kann jeder Beteiligte im schriftlichen Verfahren vor dem Amt jede Sprache des Amtes benutzen. [2]Ist die von einem Beteiligten gewählte Sprache nicht die Verfahrenssprache, so legt dieser innerhalb eines Monats nach Vorlage des Originalschriftstücks eine Übersetzung in der Verfahrenssprache vor. [3]Ist der Anmelder einer Unionsmarke der einzige Beteiligte an einem Verfahren vor dem Amt und die Sprache, in der die Anmeldung der Unionsmarke eingereicht wurde, nicht eine der Sprachen des Amtes, so kann die Übersetzung auch in der zweiten Sprache vorgelegt werden, die der Anmelder in der Anmeldung angegeben hat.

(10) Der Exekutivdirektor legt fest, wie Übersetzungen zu beglaubigen sind.

(11) Die Kommission erlässt Durchführungsrechtsakte, in denen Folgendes festgelegt wird:

a) inwieweit unterstützende Dokumente, die im schriftlichen Verfahren vor dem Amt verwendet werden sollen, in einer Sprache der Union vorgelegt werden können und ob eine Übersetzung vorgelegt werden muss;
b) welchen Standards die Übersetzungen, die beim Amt eingereicht werden, entsprechen müssen. Diese Durchführungsrechtsakte werden nach dem Prüfverfahren gemäß Artikel 207 Absatz 2 erlassen.

Art. 147 Veröffentlichung, Eintragung. (1) Die in Artikel 31 Absatz 1 beschriebene Anmeldung der Unionsmarke und alle sonstigen Informationen, deren Veröffentlichung in dieser Verordnung oder in einem auf der Grundlage dieser Verordnung erlassenen Rechtsakt vorgeschrieben ist, werden in allen Amtssprachen der Union veröffentlicht.

(2) Sämtliche Eintragungen in das Register werden in allen Amtssprachen der Union vorgenommen.

(3) [1] In Zweifelsfällen ist der Wortlaut in der Sprache des Amtes maßgebend, in der die Anmeldung der Unionsmarke eingereicht wurde. [2] Wurde die Anmeldung in einer Amtssprache der Union eingereicht, die nicht eine Sprache des Amtes ist, so ist der Wortlaut in der vom Anmelder angegebenen zweiten Sprache verbindlich.

Art. 148 Übersetzungen. Die für die Arbeit des Amtes erforderlichen Übersetzungen werden von der Übersetzungszentrale für die Einrichtungen der Europäischen Union angefertigt.

Art. 149 Transparenz. (1) Für Dokumente im Besitz des Amtes gilt die Verordnung (EG) Nr. 1049/2001 des Europäischen Parlaments und des Rates[1].

(2) Der Verwaltungsrat beschließt die Einzelheiten zur Anwendung der Verordnung (EG) Nr. 1049/2001.

(3) Gegen Entscheidungen des Amtes nach Artikel 8 der Verordnung (EG) Nr. 1049/2001 kann nach Maßgabe der Artikel 228 bzw. 263 AEUV Beschwerde beim Europäischen Bürgerbeauftragten oder Klage beim Gerichtshof der Europäischen Union erhoben werden.

(4) Die Verarbeitung personenbezogener Daten durch das Amt unterliegt der Verordnung (EG) Nr. 45/2001 des Europäischen Parlaments und des Rates[2].

Art. 150 Sicherheitsvorschriften für den Schutz von Verschlusssachen und nicht als Verschlusssache eingestuften sensiblen Informationen.
[1] Das Amt wendet die Sicherheitsgrundsätze gemäß den Sicherheitsvorschriften der Kommission zum Schutz von EU-Verschlusssachen und nicht als Verschlusssache eingestuften sensiblen Informationen an, die in den Beschlüssen

---

[1] **Amtl. Anm.:** Verordnung (EG) Nr. 1049/2001 des Europäischen Parlaments und des Rates vom 30. Mai 2001 über den Zugang der Öffentlichkeit zu Dokumenten des Europäischen Parlaments, des Rates und der Kommission (ABl. L 145 vom 31.5.2001, S. 43).
[2] **Amtl. Anm.:** Verordnung (EG) Nr. 45/2001 des Europäischen Parlaments und des Rates vom 18. Dezember 2000 zum Schutz natürlicher Personen bei der Verarbeitung personenbezogener Daten durch die Organe und Einrichtungen der Gemeinschaft und zum freien Datenverkehr (ABl. L 8 vom 12.1.2001, S. 1).

(EU, Euratom) 2015/443[1]) und 2015/444[2]) der Kommission festgelegt sind. ²Die Sicherheitsgrundsätze umfassen unter anderem Bestimmungen über den Austausch, die Verarbeitung und die Speicherung von solchen Informationen.

Abschnitt 2. Aufgaben des Amtes und Zusammenarbeit zwecks besserer Abstimmung

Art. 151 Aufgaben des Amtes. (1) Das Amt nimmt folgende Aufgaben wahr:

a) Verwaltung und Förderung des mit dieser Verordnung eingerichteten Markensystems der Union;

b) Verwaltung und Förderung des mit der Verordnung (EG) Nr. 6/2002 des Rates[3]) geschaffenen Geschmacksmustersystems der Europäischen Union;

c) Förderung der Abstimmung von Verfahren und Instrumentarien im Bereich des Marken- und Geschmacksmusterwesens in Zusammenarbeit mit den Zentralbehörden für den gewerblichen Rechtsschutz der Mitgliedstaaten einschließlich des Benelux-Amtes für geistiges Eigentum;

d) die in der Verordnung (EU) Nr. 386/2012 des Europäischen Parlaments und des Rates[4]) genannten Aufgaben;

e) die ihm mit der Richtlinie 2012/28/EU des Europäischen Parlaments und des Rates[5]) übertragenen Aufgaben.

(2) Bei der Wahrnehmung der ihm in Absatz 1 übertragenen Aufgaben arbeitet das Amt mit Institutionen, Behörden, Einrichtungen, Behörden für den gewerblichen Rechtsschutz sowie internationalen und Nichtregierungsorganisationen zusammen.

(3) Das Amt kann den Parteien freiwillige Mediationsdienste zur Herbeiführung einer gütlichen Einigung anbieten.

Art. 152 Zusammenarbeit zwecks besserer Abstimmung von Verfahren und Instrumentarien. (1) *[1]* Das Amt, die Zentralbehörden für den gewerblichen Rechtsschutz der Mitgliedstaaten und das Benelux-Amt für geistiges Eigentum arbeiten zusammen, um die Verfahren und Instrumentarien im Bereich von Marken und Geschmacksmustern besser aufeinander abzustimmen.

[2] Unbeschadet des Absatzes 3 bezieht sich die Zusammenarbeit insbesondere auf folgende Tätigkeitsbereiche:

---

[1]) **Amtl. Anm.:** Beschluss (EU, Euratom) 2015/443 der Kommission vom 13. März 2015 über Sicherheit in der Kommission (ABl. L 72 vom 17.3.2015, S. 41).

[2]) **Amtl. Anm.:** Beschluss (EU, Euratom) 2015/444 der Kommission vom 13. März 2015 über die Sicherheitsvorschriften für den Schutz von EU-Verschlusssachen (ABl. L 72 vom 17.3.2015, S. 53).

[3]) **Amtl. Anm.:** Verordnung (EG) Nr. 6/2002 des Rates vom 12. Dezember 2001 über das Gemeinschaftsgeschmacksmuster (ABl. L 3 vom 5.1.2002, S. 1).

[4]) **Amtl. Anm.:** Verordnung (EU) Nr. 386/2012 des Europäischen Parlaments und des Rates vom 19. April 2012 zur Übertragung von Aufgaben, die die Durchsetzung von Rechten des geistigen Eigentums betreffen, einschließlich der Zusammenführung von Vertretern des öffentlichen und des privaten Sektors im Rahmen einer Europäischen Beobachtungsstelle für Verletzungen von Rechten des geistigen Eigentums, auf das Harmonisierungsamt für den Binnenmarkt (Marken, Muster und Modelle) (ABl. L 129 vom 16.5.2012, S. 1).

[5]) **Amtl. Anm.:** Richtlinie 2012/28/EU des Europäischen Parlaments und des Rates vom 25. Oktober 2012 über bestimmte zulässige Formen der Nutzung verwaister Werke (ABl. L 299 vom 27.10.2012, S. 5).

a) Entwicklung gemeinsamer Prüfstandards;
b) Einrichtung gemeinsamer oder vernetzter Datenbanken und Portale, die eine unionsweite Abfrage, Recherche und Klassifizierung ermöglichen;
c) kontinuierliche Bereitstellung und kontinuierlicher Austausch von Daten und Informationen einschließlich zur Einspeisung von Daten in die unter Buchstabe b genannten Datenbanken und Portale;
d) Festlegung gemeinsamer Standards und Verfahren, um die Interoperabilität von Verfahren und Systemen in der gesamten Union sicherzustellen und ihre Kohärenz, Effizienz und Leistungsfähigkeit zu verbessern;
e) wechselseitige Information über Rechte und Verfahren im Bereich des gewerblichen Rechtsschutzes, einschließlich wechselseitiger Unterstützung für Helpdesks und Informationsstellen;
f) Austausch von technischem Know-how und Hilfestellung in den von den Buchstaben a bis e erfassten Bereichen.

(2) *[1]* Auf der Grundlage eines Vorschlags des Exekutivdirektors definiert und koordiniert der Verwaltungsrat bezüglich der in den Absätzen 1 und 6 genannten Tätigkeitsbereiche Projekte, die im Interesse der Union und der Mitgliedstaaten liegen, und fordert die Zentralbehörden für den gewerblichen Rechtsschutz der Mitgliedstaaten sowie das Benelux-Amt für geistiges Eigentum auf, sich an diesen Projekten zu beteiligen.

[2] [1] In der Projektbeschreibung sind die besonderen Pflichten und Aufgaben jeder teilnehmenden Zentralbehörde der Mitgliedstaaten, des Benelux-Amtes für geistiges Eigentum und des Amtes darzulegen. [2] Das Amt konsultiert insbesondere in den Phasen der Definition der Projekte und der Bewertung ihrer Ergebnisse Vertreter der Nutzer.

(3) *[1]* Die Zentralbehörden für den gewerblichen Rechtsschutz der Mitgliedstaaten und das Benelux-Amt für geistiges Eigentum können ihre Zusammenarbeit an den in Absatz 2 Unterabsatz 1 genannten Projekten einstellen, einschränken oder vorübergehend aussetzen.

[2] Bei der Anwendung der Möglichkeiten nach Absatz 1 übermitteln die Zentralbehörden für den gewerblichen Rechtsschutz der Mitgliedstaaten und das Benelux-Amt für geistiges Eigentum dem Amt eine schriftliche Erklärung, in der sie die Gründe für ihre Entscheidung darlegen.

(4) Haben sie ihre Beteiligung an bestimmten Projekten zugesagt, so beteiligen sich die Zentralbehörden für den gewerblichen Rechtsschutz der Mitgliedstaaten sowie das Benelux-Amt für geistiges Eigentum unbeschadet des Absatzes 3 wirksam an den in Absatz 2 genannten Projekten mit dem Ziel zu gewährleisten, dass sie weiterentwickelt werden, funktionsfähig und interoperabel sind sowie ständig aktualisiert werden.

(5) [1] Das Amt unterstützt die in Absatz 2 genannten Projekte finanziell in dem Maße, wie dies erforderlich ist, um die wirksame Beteiligung der Zentralbehörden für den gewerblichen Rechtsschutz der Mitgliedstaaten sowie des Benelux-Amtes für geistiges Eigentum an diesen Projekten für die Zwecke von Absatz 4 sicherzustellen. [2] Die finanzielle Unterstützung kann in Form von Finanzhilfen und Sachleistungen gewährt werden. [3] Die Gesamthöhe der bereitgestellten Mittel darf 15 % der jährlichen Einnahmen des Amtes nicht übersteigen. [4] Begünstigte sind die Zentralbehörden für den gewerblichen Rechtsschutz der Mitgliedstaaten sowie das Benelux-Amt für geistiges Eigentum. [5] Die

Finanzhilfen können ohne Aufforderung zur Einreichung von Vorschlägen im Einklang mit der Finanzregelung des Amtes und den Grundsätzen für Finanzhilfeverfahren gemäß der Verordnung (EU, Euratom) Nr. 966/2012 des Europäischen Parlaments und des Rates[1] und der delegierten Verordnung (EU) Nr. 1268/2012 der Kommission[2] gewährt werden.

(6) ¹Das Amt und die einschlägigen zuständigen Behörden der Mitgliedstaaten arbeiten auf freiwilliger Basis zusammen, um die Sensibilisierung für das Markensystem und die Bekämpfung von Produktpiraterie zu unterstützen. ²Diese Zusammenarbeit umfasst Projekte, die insbesondere auf die Umsetzung der etablierten Standards und Praktiken sowie auf die Organisation von Ausbildungs- und Schulungsmaßnahmen ausgerichtet sind. ³Die finanzielle Unterstützung für diese Projekte ist Teil des Gesamtbetrages der gemäß Absatz 5 bereitgestellten Mittel. ⁴Die Absätze 2 bis 5 gelten entsprechend.

Abschnitt 3. Verwaltungsrat

Art. 153 Aufgaben des Verwaltungsrats. (1) Unbeschadet der Befugnisse, die gemäß Abschnitt 6 dem Haushaltsausschuss obliegen, nimmt der Verwaltungsrat die folgenden Aufgaben wahr:

a) Annahme des Jahresarbeitsprogramms des Amtes für das kommende Jahr anhand eines ihm vom Exekutivdirektor gemäß Artikel 157 Absatz 4 Buchstabe c unterbreiteten Entwurfs unter Berücksichtigung der Stellungnahme der Kommission und Übermittlung des Jahresarbeitsprogramms an das Europäische Parlament, den Rat und die Kommission;

b) Annahme eines strategischen Mehrjahresprogramms für das Amt, das unter anderem die Strategie des Amtes in Bezug auf die internationale Zusammenarbeit erläutert, anhand eines ihm vom Exekutivdirektor gemäß Artikel 157 Absatz 4 Buchstabe e unterbreiteten Entwurfs unter Berücksichtigung der Stellungnahme der Kommission und im Anschluss an einen Meinungsaustausch des Exekutivdirektors mit dem zuständigen Ausschuss des Europäischen Parlaments und Übermittlung des strategischen Mehrjahresprogramms an das Europäische Parlament, den Rat und die Kommission;

c) Annahme des Jahresberichts des Amtes anhand eines ihm vom Exekutivdirektor gemäß Artikel 157 Absatz 4 Buchstabe g unterbreiteten Entwurfs und Übermittlung des Jahresberichts an das Europäische Parlament, den Rat, die Kommission und den Rechnungshof;

d) Annahme des mehrjährigen Personalentwicklungsplans anhand eines ihm vom Exekutivdirektor gemäß Artikel 157 Absatz 4 Buchstabe h unterbreiteten Entwurfs;

e) Ausübung der ihm gemäß Artikel 152 Absatz 2 übertragenen Befugnisse;

f) Ausübung der ihm gemäß Artikel 172 Absatz 5 übertragenen Befugnisse;

---

[1] **Amtl. Anm.:** Verordnung (EU, Euratom) Nr. 966/2012 des Europäischen Parlaments und des Rates vom 25. Oktober 2012 über die Haushaltsordnung für den Gesamthaushaltsplan der Union und zur Aufhebung der Verordnung (EG, Euratom) Nr. 1605/2002 des Rates (ABl. L 298 vom 26.10.2012, S. 1).

[2] **Amtl. Anm.:** Delegierte Verordnung (EU) Nr. 1268/2012 der Kommission vom 29. Oktober 2012 über die Anwendungsbestimmungen für die Verordnung (EU, Euratom) Nr. 966/2012 des Europäischen Parlaments und des Rates über die Haushaltsordnung für den Gesamthaushaltsplan der Union (ABl. L 362 vom 31.12.2012, S. 1).

g) Erlass von Vorschriften zur Verhinderung und Bewältigung von Interessenkonflikten im Amt;
h) Ausübung, im Einklang mit Absatz 2, der Befugnisse in Bezug auf das Personal des Amtes, die der Anstellungsbehörde durch das Statut und der Stelle, die zum Abschluss von Dienstverträgen ermächtigt ist, durch die Beschäftigungsbedingungen übertragen wurden (im Folgenden „Befugnisse einer Anstellungsbehörde");
i) Erlass geeigneter Durchführungsbestimmungen, um dem Statut und den Beschäftigungsbedingungen nach dem Verfahren des Artikels 110 des Statuts Wirksamkeit zu verleihen;
j) Erstellung der in Artikel 158 Absatz 2 genannten Liste von Kandidaten;
k) Sicherstellung angemessener Folgemaßnahmen ausgehend von den Ergebnissen und Empfehlungen, die sich aus den internen oder externen Prüfberichten und Evaluierungen nach Maßgabe des Artikels 210 sowie aus den Untersuchungen des Europäischen Amtes für Betrugsbekämpfung (OLAF) ergeben;
l) vor Genehmigung der Richtlinien für die vom Amt durchgeführte Prüfung sowie in den übrigen in dieser Verordnung vorgesehenen Fällen gehört zu werden;
m) Abgabe von Stellungnahmen und Einholung von Auskünften vom Exekutivdirektor oder der Kommission, wenn er dies für erforderlich hält.

(2) [1] Der Verwaltungsrat erlässt gemäß dem Verfahren nach Artikel 110 des Statuts und nach Artikel 142 der Beschäftigungsbedingungen einen Beschluss auf der Grundlage von Artikel 2 Absatz 1 des Statuts und Artikel 6 der Beschäftigungsbedingungen, mit dem dem Exekutivdirektor die entsprechenden Befugnisse einer Anstellungsbehörde übertragen und die Bedingungen festgelegt werden, unter denen diese Übertragung der Befugnisse einer Anstellungsbehörde ausgesetzt werden kann.

[2] Der Exekutivdirektor kann diese Befugnisse weiter übertragen.

[3] Bei Vorliegen außergewöhnlicher Umstände kann der Verwaltungsrat die Übertragung von Befugnissen der Anstellungsbehörde auf den Exekutivdirektor sowie die von diesem weiter übertragenen Befugnisse durch einen Beschluss vorübergehend aussetzen und die Befugnisse selbst ausüben oder sie einem seiner Mitglieder oder einem anderen Mitglied des Personals als dem Exekutivdirektor übertragen.

Art. 154 Zusammensetzung des Verwaltungsrats. (1) Der Verwaltungsrat besteht aus je einem Vertreter pro Mitgliedstaat, zwei Vertretern der Kommission und einem Vertreter des Europäischen Parlaments sowie ihren jeweiligen Stellvertretern.

(2) Die Mitglieder des Verwaltungsrats dürfen nach Maßgabe seiner Geschäftsordnung Berater oder Sachverständige hinzuziehen.

Art. 155 Vorsitzender des Verwaltungsrats. (1) [1] Der Verwaltungsrat wählt aus dem Kreis seiner Mitglieder einen Vorsitzenden und einen stellvertretenden Vorsitzenden. [2] Der stellvertretende Vorsitzende tritt im Falle der Verhinderung des Vorsitzenden von Amts wegen an dessen Stelle.

(2) [1] Die Amtszeit des Vorsitzenden und des stellvertretenden Vorsitzenden beträgt vier Jahre. [2] Eine einmalige Wiederwahl ist zulässig. [3] Mit dem Ende der

Mitgliedschaft im Verwaltungsrat endet jedoch auch die Amtszeit automatisch am selben Tag.

Art. 156 Sitzungen. (1) Der Verwaltungsrat wird von seinem Vorsitzenden einberufen.

(2) Der Exekutivdirektor nimmt an den Beratungen teil, sofern der Verwaltungsrat nichts anderes beschließt.

(3) ¹Der Verwaltungsrat hält mindestens einmal jährlich eine ordentliche Sitzung ab. ²Außerdem tritt er auf Veranlassung seines Vorsitzenden oder auf Antrag der Kommission oder eines Drittels der Mitgliedstaaten zusammen.

(4) Der Verwaltungsrat gibt sich eine Geschäftsordnung.

(5) ¹Der Verwaltungsrat fasst seine Beschlüsse mit der absoluten Mehrheit seiner Mitglieder. ²Beschlüsse des Verwaltungsrats nach Artikel 153 Absatz 1 Buchstaben a und b, Artikel 155 Absatz 1 sowie Artikel 158 Absätze 2 und 4 bedürfen jedoch einer Zweidrittelmehrheit. ³In beiden Fällen verfügen die Mitglieder über je eine Stimme.

(6) Der Verwaltungsrat kann Beobachter zur Teilnahme an seinen Sitzungen einladen.

(7) Die Sekretariatsgeschäfte des Verwaltungsrats werden vom Amt wahrgenommen.

Abschnitt 4. Exekutivdirektor

Art. 157 Aufgaben des Exekutivdirektors. (1) ¹Das Amt wird von einem Exekutivdirektor geleitet. ²Der Exekutivdirektor ist gegenüber dem Verwaltungsrat rechenschaftspflichtig.

(2) Unbeschadet der Befugnisse der Kommission, des Verwaltungsrats und des Haushaltsausschusses gilt, dass der Exekutivdirektor bei der Erfüllung seiner Pflichten unabhängig ist und Weisungen von einer Regierung oder sonstigen Stelle weder anfordern noch entgegennehmen darf.

(3) Der Exekutivdirektor ist der rechtliche Vertreter des Amtes.

(4) Dem Exekutivdirektor obliegen insbesondere folgende Aufgaben, die übertragen werden können:

a) Treffen aller für die Tätigkeit des Amtes zweckmäßigen Maßnahmen, einschließlich des Erlasses interner Verwaltungsvorschriften und der Veröffentlichung von Mitteilungen;

b) Durchführung der vom Verwaltungsrat erlassenen Beschlüsse;

c) Entwurf des Jahresarbeitsprogramms unter Angabe des voraussichtlichen Personal- und Finanzbedarfs für jede einzelne Tätigkeit und, nach Rücksprache mit der Kommission, Vorlage des Jahresarbeitsprogramms an den Verwaltungsrat;

d) Vorlage von Vorschlägen gemäß Artikel 152 Absatz 2 an den Verwaltungsrat;

e) Entwurf eines strategischen Mehrjahresprogramms, das unter anderem die Strategie des Amtes in Bezug auf die internationale Zusammenarbeit umfasst, und Vorlage des strategischen Mehrjahresprogramms nach Rücksprache mit der Kommission und im Anschluss an einen Meinungsaustausch mit dem zuständigen Ausschuss des Europäischen Parlaments an den Verwaltungsrat;

f) Umsetzung des Jahresarbeitsprogramms und des strategischen Mehrjahresprogramms und Berichterstattung hierüber an den Verwaltungsrat;

g) Verfassen des jährlichen Tätigkeitsberichts des Amtes und Vorlage an den Verwaltungsrat zur Billigung;

h) Entwurf eines mehrjährigen Personalentwicklungsplans und nach Rücksprache mit der Kommission Vorlage an den Verwaltungsrat;

i) Erarbeiten eines Aktionsplans, der den Schlussfolgerungen der internen oder externen Prüfberichte und Evaluierungen sowie den Untersuchungen des OLAF Rechnung trägt und zweimal jährlich Berichterstattung über die Fortschritte an die Kommission und den Verwaltungsrat;

j) Schutz der finanziellen Interessen der Union durch die Anwendung vorbeugender Maßnahmen gegen Betrug, Korruption und sonstige rechtswidrige Handlungen, durch Vornahme wirksamer Kontrollen und, falls Unregelmäßigkeiten festgestellt werden, durch die Einziehung zu Unrecht gezahlter Beträge sowie gegebenenfalls durch wirksame, verhältnismäßige und abschreckende verwaltungsrechtliche und finanzielle Sanktionen;

k) Erarbeiten einer Betrugsbekämpfungsstrategie für das Amt und Vorlage zur Billigung an den Haushaltsausschuss;

l) im Interesse einer einheitlichen Anwendung der Verordnung Vorlage von Rechtsfragen, soweit angemessen, an die erweiterte Beschwerdekammer (im Folgenden „Große Kammer"), insbesondere dann, wenn die Beschwerdekammern in der Frage unterschiedlich entschieden haben;

m) Aufstellen des Voranschlags der Einnahmen und Ausgaben des Amtes und Ausführung des Haushaltsplans;

n) Ausübung der ihm vom Verwaltungsrat gemäß Artikel 153 Absatz 1 Buchstabe h übertragenen Befugnisse gegenüber dem Personal;

o) Ausübung der ihm nach Artikel 31 Absatz 3, Artikel 34 Absatz 5, Artikel 35 Absatz 3, Artikel 94 Absatz 2, Artikel 97 Absatz 5, Artikel 98, Artikel 100, Artikel 101, Artikel 111 Absatz 4, Artikel 112 Absatz 3, Artikel 114 Absatz 5, Artikel 115, Artikel 116, Artikel 120 Absatz 4, Artikel 146 Absatz 10, Artikel 178, Artikel 179 Absatz 1, Artikel 180 Absatz 2 und Artikel 181 übertragenen Befugnisse gemäß den Vorgaben in dieser Verordnung und in den gemäß dieser Verordnung erlassenen Rechtsakten.

(5) [1] Der Exekutivdirektor wird von einem oder mehreren stellvertretenden Exekutivdirektoren unterstützt. [2] In Abwesenheit oder bei Verhinderung des Exekutivdirektors wird er nach dem vom Verwaltungsrat festgelegten Verfahren von dem stellvertretenden Exekutivdirektor oder einem der stellvertretenden Exekutivdirektoren vertreten.

Art. 158 Ernennung, Verlängerung der Amtszeit und Entfernung aus dem Amt. (1) Der Exekutivdirektor wird als Zeitbediensteter des Amtes gemäß Artikel 2 Buchstabe a der Beschäftigungsbedingungen eingestellt.

(2) [1] [1] Der Exekutivdirektor wird im Anschluss an ein offenes und transparentes Auswahlverfahren vom Rat mit einfacher Mehrheit aus einer vom Verwaltungsrat vorgeschlagenen Liste von Kandidaten ernannt. [2] Vor seiner Ernennung kann der vom Verwaltungsrat ausgewählte Kandidat aufgefordert werden, vor jedwedem zuständigen Ausschuss des Europäischen Parlaments eine Erklärung abzugeben und sich den Fragen seiner Mitglieder zu stellen.

³ Für den Abschluss des Vertrags mit dem Exekutivdirektor wird das Amt durch den Vorsitzenden des Verwaltungsrats vertreten.

[2] Der Exekutivdirektor kann seines Amtes nur aufgrund eines Beschlusses des Rates auf Vorschlag des Verwaltungsrats enthoben werden.

(3) ¹ Die Amtszeit des Exekutivdirektors beträgt fünf Jahre. ² Am Ende dieses Zeitraums bewertet der Verwaltungsrat die Leistung des Exekutivdirektors mit Blick auf die künftigen Aufgaben und Herausforderungen des Amtes.

(4) Der Rat kann unter Berücksichtigung der Bewertung nach Absatz 3 die Amtszeit des Exekutivdirektors einmal um höchstens fünf Jahre verlängern.

(5) Ein Exekutivdirektor, dessen Amtszeit verlängert wurde, darf am Ende seiner Amtszeit nicht an einem weiteren Auswahlverfahren für dieselbe Stelle teilnehmen.

(6) ¹ Der oder die stellvertretenden Exekutivdirektoren werden nach Rücksprache mit dem amtierenden oder gegebenenfalls dem designierten Exekutivdirektor entsprechend dem Verfahren nach Absatz 2 ernannt oder aus dem Amt entfernt. ² Die Amtszeit des stellvertretenden Exekutivdirektors beträgt fünf Jahre. ³ Sie kann vom Rat nach Rücksprache mit dem Exekutivdirektor einmal um höchstens fünf Jahre verlängert werden.

Abschnitt 5. Durchführung der Verfahren

Art. 159 Zuständigkeit. Für Entscheidungen im Zusammenhang mit den in dieser Verordnung vorgeschriebenen Verfahren sind zuständig:

a) die Prüfer;

b) die Widerspruchsabteilungen;

c) die Registerabteilung;

d) die Nichtigkeitsabteilungen;

e) die Beschwerdekammern;

f) jede andere vom Exekutivdirektor hierfür bestimmte Stelle oder Person.

Art. 160 Prüfer. Die Prüfer sind zuständig für namens des Amtes zu treffende Entscheidungen im Zusammenhang mit einer Anmeldung einer Unionsmarke, einschließlich der in den Artikeln 41, 42, 76 und 85 genannten Angelegenheiten, sofern nicht eine Widerspruchsabteilung zuständig ist.

Art. 161 Widerspruchsabteilungen. (1) Die Widerspruchsabteilungen sind zuständig für Entscheidungen im Zusammenhang mit Widersprüchen gegen eine Anmeldung einer Unionsmarke.

(2) [1] ¹ Die Widerspruchsabteilungen entscheiden in der Besetzung von drei Mitgliedern. ² Mindestens ein Mitglied muss rechtskundig sein. ³ Entscheidungen über Kosten oder Verfahren ergehen durch ein einzelnes Mitglied.

[2] ¹ Die Kommission erlässt Durchführungsrechtsakte, in denen die Arten von Entscheidungen, die durch ein einzelnes Mitglied ergehen, genau festgelegt werden. ² Diese Durchführungsrechtsakte werden nach dem Prüfverfahren gemäß Artikel 207 Absatz 2 erlassen.

Art. 162 Registerabteilung. (1) Die Registerabteilung ist zuständig für Entscheidungen über Eintragungen im Register.

(2) Sie führt darüber hinaus die in Artikel 120 Absatz 2 genannte Liste der zugelassenen Vertreter.

(3) Die Entscheidungen der Abteilung ergehen durch ein einzelnes Mitglied.

Art. 163 Nichtigkeitsabteilungen. (1) Die Nichtigkeitsabteilungen sind zuständig für Entscheidungen über

a) Anträge auf Erklärung des Verfalls oder der Nichtigkeit einer Unionsmarke;

b) Anträge auf Übertragung einer Unionsmarke nach Artikel 21.

(2) ¹Die Nichtigkeitsabteilungen entscheiden in der Besetzung von drei Mitgliedern. ²Mindestens ein Mitglied muss rechtskundig sein. ³Die in den gemäß Artikel 161 Absatz 2 erlassenen Rechtsakten festgelegten Entscheidungen über Kosten oder Verfahren ergehen durch ein einzelnes Mitglied.

Art. 164 Allgemeine Zuständigkeit. Entscheidungen nach dieser Verordnung, die nicht in die Zuständigkeit eines Prüfers, einer Widerspruchsabteilung, einer Nichtigkeitsabteilung oder der Registerabteilung fallen, ergehen durch einen Bediensteten oder eine Stelle, den beziehungsweise die der Exekutivdirektor eigens dazu bestimmt hat.

Art. 165 Beschwerdekammern. (1) Die Beschwerdekammern sind zuständig für Entscheidungen über Beschwerden gegen Entscheidungen, die nach den Artikeln 160 bis 164 getroffen wurden.

(2) ¹Die Beschwerdekammern entscheiden in der Besetzung von drei Mitgliedern. ²Mindestens zwei Mitglieder müssen rechtskundig sein. ³Bestimmte Fälle werden in der Besetzung der Großen Kammer unter dem Vorsitz des Präsidenten der Beschwerdekammern oder durch ein Mitglied entschieden, das rechtskundig sein muss.

(3) ¹Bei der Festlegung der Fälle, in denen die Große Kammer entscheidungsbefugt ist, sind die rechtliche Schwierigkeit, die Bedeutung des Falles und das Vorliegen besonderer Umstände zu berücksichtigen. ²Solche Fälle können an die Große Kammer verwiesen werden

a) durch das Präsidium der Beschwerdekammern gemäß Artikel 166 Absatz 4 Buchstabe a oder

b) durch die Kammer, die mit der Sache befasst ist.

(4) Die Große Kammer gibt darüber hinaus begründete Stellungnahmen zu Rechtsfragen ab, die der Exekutivdirektor gemäß Artikel 157 Absatz 4 Buchstabe l an sie verweist.

(5) ¹Bei der Festlegung der Fälle, in denen ein Mitglied allein entscheidungsbefugt ist, wird berücksichtigt, dass es sich um rechtlich oder sachlich einfache Fragen oder um Fälle von begrenzter Bedeutung handelt und dass keine anderen besonderen Umstände vorliegen. ²Die Entscheidung, einen Fall einem Mitglied allein zu übertragen, wird von der den Fall behandelnden Kammer getroffen.

Art. 166 Unabhängigkeit der Mitglieder der Beschwerdekammern.

(1) ¹Der Präsident der Beschwerdekammern und die Vorsitzenden der einzelnen Kammern werden nach dem in Artikel 158 für die Ernennung des Exekutivdirektors des Amtes vorgesehenen Verfahren für einen Zeitraum von fünf Jahren ernannt. ²Sie können während ihrer Amtszeit nicht ihres Amtes

enthoben werden, es sei denn, dass schwerwiegende Gründe vorliegen und der Gerichtshof auf Antrag des Organs, das sie ernannt hat, einen entsprechenden Beschluss fasst.

(2) Die Amtszeit des Präsidenten der Beschwerdekammern kann nach einer positiven Bewertung seiner Leistung durch den Verwaltungsrat einmal um weitere fünf Jahre oder, wenn er das Ruhestandsalter während der neuen Amtsperiode erreicht, bis zu seinem Eintritt in den Ruhestand verlängert werden.

(3) Die Amtszeit der Vorsitzenden der Beschwerdekammern kann nach einer positiven Bewertung ihrer Leistung durch den Verwaltungsrat und nach Rücksprache mit dem Präsidenten der Beschwerdekammern um weitere fünf Jahre oder, wenn sie das Ruhestandsalter während ihrer neuen Amtsperiode erreichen, bis zu ihrem Eintritt in den Ruhestand verlängert werden.

(4) ¹Dem Präsidenten der Beschwerdekammern obliegen folgende organisatorischen und administrativen Aufgaben:

a) Vorsitz im Präsidium der Beschwerdekammern (im Folgenden „Präsidium"), das die Regeln für die Arbeit in den Kammern festlegt und deren Arbeit organisiert;
b) Sicherstellung, dass die Entscheidungen des Präsidiums vollzogen werden;
c) Zuweisung der Fälle auf der Grundlage der vom Präsidium festgelegten objektiven Kriterien an eine Kammer;
d) Übermittlung des Ausgabenbedarfs der Kammern an den Exekutivdirektor, damit der vorläufige Ausgabenplan erstellt werden kann.

²Der Präsident der Beschwerdekammern führt den Vorsitz in der Großen Kammer.

(5) ¹Die Mitglieder der Beschwerdekammern werden vom Verwaltungsrat für einen Zeitraum von fünf Jahren ernannt. ²Ihre Amtszeit kann nach einer positiven Bewertung ihrer Leistung durch den Verwaltungsrat und nach Rücksprache mit dem Präsidenten der Beschwerdekammern um weitere fünf Jahre oder, wenn sie das Ruhestandsalter während ihrer neuen Amtsperiode erreichen, bis zu ihrem Eintritt in den Ruhestand verlängert werden.

(6) Die Mitglieder der Beschwerdekammern können ihres Amtes nicht enthoben werden, es sei denn, es liegen schwerwiegende Gründe vor und der Gerichtshof beschließt die Amtsenthebung, nachdem die Angelegenheit auf Empfehlung des Präsidenten der Beschwerdekammern nach Anhörung des Vorsitzenden der Kammer, dem das betreffende Mitglied angehört, an ihn verwiesen wurde.

(7) ¹Der Präsident der Beschwerdekammern sowie die Vorsitzenden und die Mitglieder der einzelnen Kammern genießen Unabhängigkeit. ²Sie sind in ihren Entscheidungen an keinerlei Weisungen gebunden.

(8) Entscheidungen der Großen Kammer zu Beschwerden oder Stellungnahmen zu Rechtsfragen, die der Exekutivdirektor gemäß Artikel 165 an sie verweist, sind für die in Artikel 159 genannten Entscheidungsinstanzen des Amtes bindend.

(9) Der Präsident der Beschwerdekammern sowie die Vorsitzenden und die Mitglieder der einzelnen Kammern dürfen weder Prüfer sein noch einer Widerspruchsabteilung, der Registerabteilung oder einer Nichtigkeitsabteilung angehören.

Art. 167 Präsidium der Beschwerdekammern und Große Kammer.

(1) ¹Das Präsidium setzt sich zusammen aus dem Präsidenten der Beschwerdekammern als Vorsitzendem, den Vorsitzenden der Kammern und Mitgliedern der Kammern, die von der Gesamtheit der Mitglieder in den einzelnen Kammern mit Ausnahme des Präsidenten der Beschwerdekammern und der Vorsitzenden der Kammern für jedes Kalenderjahr aus ihren Reihen gewählt werden. ²Die Zahl der so gewählten Mitglieder beläuft sich auf ein Viertel der Kammermitglieder mit Ausnahme des Präsidenten der Beschwerdekammern und der Vorsitzenden der Kammern, und diese Zahl wird gegebenenfalls auf die nächsthöhere Zahl aufgerundet.

(2) Die Große Kammer gemäß Artikel 165 Absatz 2 ist mit neun Mitgliedern besetzt, zu denen der Präsident der Beschwerdekammern, die Vorsitzenden der Kammern, gegebenenfalls der vor der Verweisung an die Große Kammer bestimmte Berichterstatter sowie die Mitglieder zählen, die nach dem Rotationsprinzip aus einer Liste ausgewählt werden, die alle Mitglieder der Beschwerdekammern mit Ausnahme des Präsidenten der Beschwerdekammern und der Vorsitzenden der Kammern umfasst.

Art. 168 Übertragung von Befugnissen.
Der Kommission wird die Befugnis übertragen, gemäß Artikel 208 delegierte Rechtsakte zu erlassen, in denen die Einzelheiten im Hinblick auf die Organisation des Beschwerdekammern, unter anderem die Einsetzung und die Aufgaben des Präsidiums, die Zusammensetzung der Großen Kammer und die Modalitäten ihrer Anrufung und die Bedingungen, unter denen Entscheidungen durch ein einzelnes Mitglied nach Artikel 165 Absätze 2 und 5 ergehen, festgelegt werden.

Art. 169 Ausschließung und Ablehnung.
(1) ¹Die Prüfer, die Mitglieder der im Amt gebildeten Abteilungen und die Mitglieder der Beschwerdekammern dürfen nicht an der Erledigung einer Sache mitwirken, an der sie ein persönliches Interesse haben oder in der sie vorher als Vertreter eines Beteiligten tätig gewesen sind. ²Zwei der drei Mitglieder einer Widerspruchsabteilung dürfen nicht bei der Prüfung der Anmeldung mitgewirkt haben. ³Die Mitglieder der Nichtigkeitsabteilungen dürfen nicht an der Erledigung einer Sache mitwirken, wenn sie an deren abschließender Entscheidung im Verfahren zur Eintragung der Marke oder im Widerspruchsverfahren mitgewirkt haben. ⁴Die Mitglieder der Beschwerdekammern dürfen nicht an einem Beschwerdeverfahren mitwirken, wenn sie an der abschließenden Entscheidung in der Vorinstanz mitgewirkt haben.

(2) Glaubt ein Mitglied einer Abteilung oder einer Beschwerdekammer, aus einem der in Absatz 1 genannten Gründe oder aus einem sonstigen Grund an einem Verfahren nicht mitwirken zu können, so teilt es dies der Abteilung oder der Kammer mit.

(3) ¹Die Prüfer und die Mitglieder der Abteilungen oder einer Beschwerdekammer können von jedem Beteiligten aus einem der in Absatz 1 genannten Gründe oder wegen Besorgnis der Befangenheit abgelehnt werden. ²Die Ablehnung ist nicht zulässig, wenn der Beteiligte im Verfahren Anträge gestellt oder Stellungnahmen abgegeben hat, obwohl er bereits den Ablehnungsgrund kannte. ³Die Ablehnung kann nicht mit der Staatsangehörigkeit der Prüfer oder der Mitglieder begründet werden.

Unionsmarke Art. 170 VO (EU) 2017/1001

(4) ¹Die Abteilungen und die Beschwerdekammern entscheiden in den Fällen der Absätze 2 und 3 ohne Mitwirkung des betreffenden Mitglieds. ²Bei dieser Entscheidung wird das Mitglied, das sich der Mitwirkung enthält oder das abgelehnt worden ist, durch seinen Vertreter ersetzt.

Art. 170 Mediationszentrum. (1) Das Amt kann für die Zwecke des Artikels 151 Absatz 3 ein Mediationszentrum (im Folgenden „Zentrum") einrichten.

(2) Jede natürliche oder juristische Person kann die Dienste des Zentrums auf freiwilliger Basis in Anspruch nehmen, um Streitigkeiten auf der Grundlage dieser Verordnung oder der Verordnung (EG) Nr. 6/2002 im gegenseitigen Einvernehmen gütlich beizulegen.

(3) ¹Die Beteiligten nehmen die Mediation auf einen gemeinsamen Antrag hin in Anspruch. ²Der Antrag gilt erst als gestellt, wenn das entsprechende Entgelt entrichtet worden ist. ³Der Exekutivdirektor legt die Höhe der Entgelte gemäß Artikel 178 Absatz 1 fest.

(4) Bei Streitigkeiten in Bezug auf vor den Widerspruchsabteilungen, den Nichtigkeitsabteilungen oder den Beschwerdekammern des Amtes anhängige Verfahren kann jederzeit ein gemeinsamer Antrag auf Mediation gestellt werden, nachdem eine Widerspruchsschrift, ein Antrag auf Erklärung des Verfalls oder der Nichtigkeit oder eine Beschwerdeschrift gegen Entscheidungen der Widerspruchs- oder der Nichtigkeitsabteilung eingereicht worden ist.

(5) ¹Das betreffende Verfahren wird ausgesetzt, und die Fristen, mit Ausnahme der Frist für die Zahlung der entsprechenden Gebühr, werden ab dem Tag, an dem der gemeinsame Antrag auf Mediation eingereicht wurde, unterbrochen. ²Die Fristen laufen ab dem Tag weiter, an dem das Verfahren wieder aufgenommen wird.

(6) ¹Die Beteiligten werden aufgefordert, gemeinsam einen Mediator aus der in Absatz 12 genannten Liste zu benennen, der erklärt hat, dass er die Sprache der betreffenden Mediation beherrscht. ²Benennen die Beteiligten innerhalb von 20 Tagen nach der Aufforderung keinen Mediator, gilt die Mediation als gescheitert.

(7) Die Beteiligten legen die spezifischen Modalitäten für die Mediation gemeinsam mit dem Mediator in einer Mediationsvereinbarung fest.

(8) Der Mediator beendet das Mediationsverfahren entweder, sobald die Beteiligten eine Beilegungsvereinbarung erzielen, einer der Beteiligten erklärt, dass er die Mediation einstellen will, oder der Mediator feststellt, dass es den Beteiligten nicht gelungen ist, eine solche Vereinbarung zu erzielen.

(9) Der Mediator unterrichtet die Beteiligten sowie die zuständige Stelle des Amtes unverzüglich über die Beendigung des Mediationsverfahrens.

(10) ¹Die im Rahmen der Mediation geführten Gespräche und Verhandlungen sind für alle an der Mediation beteiligten Personen vertraulich, insbesondere für den Mediator, die Beteiligten und deren Vertreter. ²Alle im Zuge der Mediation bereitgestellten Unterlagen und Informationen werden getrennt von den Akten anderer Verfahren vor dem Amt aufbewahrt und sind nicht Teil dieser Akten.

(11) ¹Die Mediation wird in einer Amtssprache der Union, auf die sich die Beteiligten verständigt haben, durchgeführt. ²Falls die Mediation eine vor dem

Amt anhängige Streitigkeit betrifft, wird sie in der Sprache des Verfahrens vor dem Amt geführt, sofern von den Beteiligten nichts anderes vereinbart wurde.

(12) ¹Das Amt erstellt eine Liste von Mediatoren, die die Beteiligten bei der Beilegung von Streitigkeiten unterstützen. ²Die Mediatoren müssen unabhängig sein und über relevante Kompetenzen und Erfahrungen verfügen. ³Die Liste kann sowohl Mediatoren, die vom Amt beschäftigt werden, als auch Mediatoren, die nicht vom Amt beschäftigt werden, umfassen.

(13) ¹Die Mediatoren sind in der Wahrnehmung ihrer Pflichten unparteiisch und müssen zum Zeitpunkt ihrer Benennung alle tatsächlichen oder vermeintlichen Interessenkonflikte offenlegen. ²Mitglieder der in Artikel 159 genannten Entscheidungsinstanzen des Amtes dürfen nicht an der Mediation teilnehmen, sofern sie

a) in das Verfahren, das Gegenstand der Mediation ist, eingebunden waren,

b) ein persönliches Interesse an dem Verfahren haben oder

c) zuvor als Vertreter eines der Beteiligten eingebunden waren.

(14) Die Mediatoren nehmen nicht als Mitglieder der in Artikel 159 genannten Entscheidungsinstanzen des Amtes an Verfahren teil, die infolge des Scheiterns einer Mediation wieder aufgenommen wurden.

(15) Das Amt kann mit anderen anerkannten nationalen oder internationalen Mediationsgremien zusammenarbeiten.

Abschnitt 6. Haushalt und Finanzkontrolle

Art. 171 Haushaltsausschuss. (1) Der Haushaltsausschuss nimmt die Aufgaben wahr, die ihm in diesem Abschnitt übertragen werden.

(2) Die Artikel 154 und 155 sowie Artikel 156 Absätze 1 bis 4 – und 5, soweit die Wahl des Vorsitzenden und des stellvertretenden Vorsitzenden betroffen ist – sowie Artikel 6 und 7 finden auf den Haushaltsausschuss entsprechend Anwendung.

(3) ¹Der Haushaltsausschuss fasst seine Beschlüsse mit der absoluten Mehrheit seiner Mitglieder. ²Beschlüsse des Haushaltsausschusses nach Artikel 173 Absatz 3 und Artikel 177 bedürfen jedoch der Zweidrittelmehrheit seiner Mitglieder. ³In beiden Fällen verfügen die Mitglieder über je eine Stimme.

Art. 172 Haushalt. (1) ¹Alle Einnahmen und Ausgaben des Amtes werden für jedes Haushaltsjahr veranschlagt und in den Haushaltsplan des Amtes eingesetzt. ²Haushaltsjahr ist das Kalenderjahr.

(2) Der Haushaltsplan ist in Einnahmen und Ausgaben auszugleichen.

(3) Die Einnahmen des Haushalts umfassen unbeschadet anderer Einnahmen das Aufkommen an Gebühren, die aufgrund des Anhangs I der vorliegenden Verordnung zu zahlen sind, das Aufkommen an Gebühren gemäß der Verordnung (EG) Nr. 6/2002, das Aufkommen an Gebühren, die aufgrund des Madrider Protokolls für eine internationale Registrierung, in der die Union benannt ist, zu zahlen sind, und sonstige Zahlungen an Vertragsparteien des Madrider Protokoll, das Aufkommen an Gebühren, die aufgrund der Genfer Akte gemäß Artikel 106c der Verordnung (EG) Nr. 6/2002 für eine internationale Eintragung, in der die Union benannt ist, zu zahlen sind, und sonstige Zahlungen an die Vertragsparteien der Genfer Akte, und, soweit erforderlich,

Unionsmarke **Art. 172 VO (EU) 2017/1001 12**

einen Zuschuss, der in dem Einzelplan Kommission des Gesamthaushaltsplans der Union unter einer besonderen Haushaltslinie eingesetzt wird.

(4) Jedes Jahr gleicht das Amt die Kosten aus, die den Zentralbehörden für den gewerblichen Rechtsschutz der Mitgliedstaaten, dem Benelux-Amt für geistiges Eigentum sowie jeder anderen einschlägigen Behörde entstehen, die von einem Mitgliedstaat infolge der spezifischen Aufgaben, die sie als funktionale Bestandteile des Markensystems der Europäischen Union im Rahmen der folgenden Dienstleistungen und Verfahren durchführen, zu benennen ist:

a) Widerspruchs- und Nichtigkeitsverfahren vor den Zentralbehörden für den gewerblichen Rechtsschutz der Mitgliedstaaten und dem Benelux-Amt für geistiges Eigentum, bei denen es um Unionsmarken geht;
b) Bereitstellung von Informationen über die Funktionsweise des Markensystems der Union durch Helpdesks und Informationsstellen;
c) Durchsetzung von Unionsmarken, einschließlich gemäß Artikel 9 Absatz 4 ergriffener Maßnahmen.

(5) *[1]* ¹Der Ausgleich der Kosten nach Absatz 4 entspricht insgesamt 5 % der jährlichen Einnahmen des Amtes. ²Unbeschadet des Unterabsatzes 3 dieses Absatzes legt der Verwaltungsrat auf Vorschlag des Amtes und nach Rücksprache mit dem Haushaltsausschuss den Verteilungsschlüssel auf der Grundlage der folgenden gerechten, ausgewogenen und relevanten Indikatoren fest:

a) Anzahl der Anmeldungen von Unionsmarken durch Anmelder aus jedem Mitgliedstaat pro Jahr;
b) Anzahl der Anmeldungen nationaler Marken in jedem Mitgliedstaat pro Jahr;
c) Anzahl der Widersprüche und Anträge auf Erklärung der Nichtigkeit durch Inhaber von Unionsmarken in jedem Mitgliedstaat pro Jahr;
d) Anzahl der vor den von jedem Mitgliedstaat gemäß Artikel 123 benannten Unionsmarkengerichten eingelegten Klagen pro Jahr.

³Zur Belegung der in Absatz 4 genannten Kosten unterbreiten die Mitgliedstaaten dem Amt jedes Jahr bis zum 31. März Statistiken zum Nachweis der unter Unterabsatz 1 Buchstaben a bis d dieses Absatzes genannten Zahlen für das vorhergehende Jahr; diese werden in den Vorschlag aufgenommen, der dem Verwaltungsrat vorgelegt wird.

[2] Aus Gründen der Billigkeit wird davon ausgegangen, dass die Kosten, die den in Absatz 4 genannten Einrichtungen in jedem Mitgliedstaat entstanden sind, mindestens 2 % des Gesamtbetrags des Ausgleichs gemäß diesem Absatz entsprechen.

(6) Die Verpflichtung des Amtes zum Ausgleich der Kosten gemäß Absatz 4, die in einem bestimmten Jahr entstanden sind, gilt nur insoweit, als in diesem Jahr kein Haushaltsdefizit entsteht.

(7) Bei einem Haushaltsüberschuss kann der Verwaltungsrat unbeschadet des Absatzes 10 auf Vorschlag des Amtes und nach Rücksprache mit dem Haushaltsausschuss den Prozentsatz gemäß Absatz 5 auf höchstens 10 % der jährlichen Einnahmen des Amtes erhöhen.

(8) Unbeschadet der Absätze 4 bis 7 und Absatz 10 dieses Artikels und der Artikel 151 und 152 entscheidet der Haushaltsausschuss im Fall, dass in fünf aufeinander folgenden Jahren ein substanzieller Überschuss erwirtschaftet wur-

de, auf Vorschlag des Amtes und im Einklang mit dem Jahresarbeitsprogramm und dem strategischen Mehrjahresprogramm gemäß Artikel 153 Absatz 1 Buchstaben a und b mit Zweidrittelmehrheit über die Zuführung eines Überschusses, der ab dem 23. März 2016 entstanden ist, an den Unionshaushalt.

(9) ¹Das Amt erstellt halbjährlich einen Bericht an das Europäische Parlament, den Rat und die Kommission über seine finanzielle Situation, in dem auch die Finanzoperationen gemäß Artikel 152 Absätze 5 und 6 und gemäß der Absätze 5 und 7 des vorliegenden Artikels dargelegt werden. ²Anhand dieses Berichts prüft die Kommission die Finanzlage des Amtes.

(10) Das Amt hält einen Reservefonds vor, der seine operativen Ausgaben während eines Jahres deckt, um die Kontinuität seiner Arbeit und die Ausführung seiner Aufgaben zu gewährleisten.

Art. 173 Feststellung des Haushaltsplans. (1) Der Exekutivdirektor stellt jährlich für das folgende Haushaltsjahr einen Vorschlag der Einnahmen und Ausgaben des Amtes auf und übermittelt ihn sowie einen Stellenplan spätestens am 31. März jedes Jahres dem Haushaltsausschuss.

(2) ¹Ist in den Haushaltsvoranschlägen ein Unionszuschuss vorgesehen, so übermittelt der Haushaltsausschuss den Voranschlag unverzüglich der Kommission, die ihn an die Haushaltsbehörde der Union weiterleitet. ²Die Kommission kann diesem Voranschlag eine Stellungnahme mit abweichenden Voranschlägen beifügen.

(3) ¹Der Haushaltsausschuss stellt den Haushaltsplan fest, der auch den Stellenplan des Amtes umfasst. ²Enthalten die Haushaltsvoranschläge einen Zuschuss zulasten des Gesamthaushaltsplans der Union, so wird der Haushaltsplan des Amtes gegebenenfalls angepasst.

Art. 174 Rechnungsprüfung und Kontrolle. (1) ¹Beim Amt wird die Funktion eines Internen Prüfers eingerichtet, die unter Einhaltung der einschlägigen internationalen Normen ausgeübt werden muss. ²Der von dem Exekutivdirektor benannte Interne Prüfer ist diesem gegenüber für die Überprüfung des ordnungsgemäßen Funktionierens der Systeme und der Vollzugsverfahren des Amtshaushalts verantwortlich.

(2) Der Interne Prüfer berät den Exekutivdirektor in Fragen der Risikokontrolle, indem er unabhängige Stellungnahmen zur Qualität der Verwaltungs- und Kontrollsysteme und Empfehlungen zur Verbesserung der Bedingungen für die Abwicklung der Vorgänge sowie zur Förderung einer wirtschaftlichen Haushaltsführung abgibt.

(3) Der Anweisungsbefugte führt interne Kontrollsysteme und -verfahren ein, die für die Ausführung seiner Aufgaben geeignet sind.

Art. 175 Betrugsbekämpfung. (1) Zur besseren Bekämpfung von Betrug, Korruption und sonstigen rechtswidrigen Handlungen gemäß der Verordnung (EU, Euratom) Nr. 883/2013 des Europäischen Parlaments und des Rates[1]) tritt das Amt der Interinstitutionellen Vereinbarung vom 25. Mai 1999 über die

---

[1]) **Amtl. Anm.:** Verordnung (EU, Euratom) Nr. 883/2013 des Europäischen Parlaments und des Rates vom 11. September 2013 über die Untersuchungen des Europäischen Amtes für Betrugsbekämpfung (OLAF) und zur Aufhebung der Verordnung (EG) Nr. 1073/1999 des Europäischen Parlaments und des Rates und der Verordnung (Euratom) Nr. 1074/1999 des Rates (ABl. L 248 vom 18.9.2013, S. 1).

Unionsmarke   Art. 176–178 VO (EU) 2017/1001 12

internen Untersuchungen des OLAF bei und beschließt geeignete Vorschriften nach dem Muster in der Anlage zu der Vereinbarung, die für sämtliche Mitarbeiter des Amtes gelten.

(2) Der Rechnungshof ist befugt, bei allen Finanzhilfeempfängern, Auftragnehmern und Unterauftragnehmern, die Unionsgelder vom Amt erhalten haben, Rechnungsprüfungen anhand von Unterlagen sowie vor Ort durchzuführen.

(3) Das OLAF kann gemäß den Bestimmungen und Verfahren der Verordnung (EU, Euratom) Nr. 883/2013 und der Verordnung (Euratom, EG) Nr. 2185/96 des Rates[1)] Ermittlungen durchführen, darunter auch Kontrollen und Überprüfungen vor Ort, um festzustellen, ob im Zusammenhang mit vom Amt gewährten Finanzhilfen oder von ihm finanzierten Verträgen ein Betrugs- oder Korruptionsdelikt oder eine sonstige rechtswidrige Handlung zum Nachteil der finanziellen Interessen der Union vorliegt.

(4) Unbeschadet der Absätze 1, 2 und 3 müssen Kooperationsvereinbarungen mit Drittländern und internationalen Organisationen, Verträge, Finanzhilfevereinbarungen und Finanzhilfeentscheidungen des Amtes Bestimmungen enthalten, die den Rechnungshof und das OLAF ausdrücklich ermächtigen, solche Rechnungsprüfungen und Untersuchungen entsprechend ihren jeweiligen Zuständigkeiten durchzuführen.

(5) Der Haushaltsausschuss beschließt eine Betrugsbekämpfungsstrategie, bei der Kosten und Nutzen der durchzuführenden Maßnahmen in einem angemessenen Verhältnis zu den Betrugsrisiken stehen.

Art. 176 Rechnungsprüfung. (1) [1]Der Exekutivdirektor übermittelt der Kommission, dem Europäischen Parlament, dem Haushaltsausschuss und dem Rechnungshof spätestens am 31. März jedes Jahres die Rechnung für alle Einnahmen und Ausgaben des Amtes im abgelaufenen Haushaltsjahr. [2]Der Rechnungshof prüft die Rechnung nach Artikel 287 AEUV.

(2) Der Haushaltsausschuss erteilt dem Exekutivdirektor Entlastung zur Ausführung des Haushaltsplans.

Art. 177 Finanzvorschriften. [1]Der Haushaltsausschuss erlässt nach Stellungnahme der Kommission und des Rechnungshofs die internen Finanzvorschriften, in denen insbesondere die Einzelheiten der Aufstellung und Ausführung des Haushaltsplans des Amtes festgelegt werden. [2]Die Finanzvorschriften lehnen sich, soweit dies mit der Besonderheit des Amtes vereinbar ist, an die Haushaltsordnungen anderer von der Union geschaffener Einrichtungen an.

Art. 178 Gebühren und Entgelte und Fälligkeit. (1) [1]Der Exekutivdirektor legt die Höhe der Entgelte fest, die für andere als die in Anhang I genannten vom Amt erbrachten Dienstleistungen zu entrichten sind, sowie die Entgelte, die für das Blatt für Unionsmarken, das Amtsblatt des Amtes und alle anderen Veröffentlichungen des Amtes zu entrichten sind. [2]Die Entgelte werden in Euro festgelegt und im Amtsblatt des Amtes veröffentlicht. [3]Jedes einzelne

---

[1)] **Amtl. Anm.:** Verordnung (Euratom, EG) Nr. 2185/96 des Rates vom 11. November 1996 betreffend die Kontrollen und Überprüfungen vor Ort durch die Kommission zum Schutz der finanziellen Interessen der Europäischen Gemeinschaften vor Betrug und anderen Unregelmäßigkeiten (ABl. L 292 vom 15.11.1996, S. 2).

Entgelt darf nicht über das hinausgehen, was zur Deckung der Kosten der vom Amt erbrachten speziellen Dienstleistung erforderlich ist.

(2) *[1]* Die Gebühren und Entgelte, deren Fälligkeit nicht in dieser Verordnung geregelt ist, sind fällig bei Eingang des Antrags auf die Dienstleistung, für die die Gebühr oder das Entgelt anfällt.

[2] Mit Zustimmung des Haushaltsausschusses kann der Exekutivdirektor festlegen, welche der in Unterabsatz 1 genannten Dienstleistungen nicht die vorherige Zahlung der entsprechenden Gebühren oder Entgelte voraussetzen.

Art. 179 Zahlung der Gebühren und Entgelte. (1) *[1]* Die an das Amt zu entrichtenden Gebühren und Entgelte sind durch Einzahlung oder Überweisung auf ein Bankkonto des Amtes zu zahlen.

[2] Mit Zustimmung des Haushaltsausschusses kann der Exekutivdirektor andere besondere Zahlungsarten zulassen als diejenigen, die im Einklang mit Unterabsatz 1 festgelegt wurden, insbesondere mittels Einlagen auf laufenden Konten beim Amt.

[3] Die gemäß Unterabsatz 2 getroffenen Entscheidungen werden im Amtsblatt des Amtes veröffentlicht.

[4] Alle Zahlungen, auch mittels jeder anderen Zahlungsart, die gemäß Unterabsatz 2 festgelegt wird, sind in Euro zu leisten.

(2) ¹Bei jeder Zahlung ist der Name des Einzahlers anzugeben und sind die notwendigen Angaben zu machen, die es dem Amt ermöglichen, den Zweck der Zahlung ohne Weiteres zu erkennen. ²Insbesondere ist Folgendes anzugeben:

a) bei Zahlung der Anmeldegebühr der Zweck der Zahlung, also „Anmeldegebühr";

b) bei Zahlung der Widerspruchsgebühr das Aktenzeichen der Anmeldung und der Name des Anmelders der Unionsmarke, gegen deren Eintragung Widerspruch eingelegt wird, und der Zweck der Zahlung, also „Widerspruchsgebühr";

c) bei Zahlung der Gebühr für die Erklärung des Verfalls oder der Nichtigkeit die Eintragungsnummer und der Name des Inhabers der Unionsmarke, gegen die sich der Antrag richtet, sowie der Zweck der Zahlung, also „Gebühr für die Erklärung des Verfalls" oder „Gebühr für die Erklärung der Nichtigkeit".

(3) ¹Ist der Zweck der in Absatz 2 genannten Zahlung nicht ohne Weiteres erkennbar, so fordert das Amt den Einzahler auf, innerhalb einer vom Amt bestimmten Frist diesen Zweck schriftlich mitzuteilen. ²Kommt der Einzahler dieser Aufforderung nicht fristgerecht nach, so gilt die Zahlung als nicht erfolgt. ³Der gezahlte Betrag wird erstattet.

Art. 180 Maßgebender Zahlungstag. (1) In den Fällen des Artikels 179 Absatz 1 Unterabsatz 1 gilt der Tag, an dem der eingezahlte oder überwiesene Betrag tatsächlich einem Bankkonto des Amtes gutgeschrieben wird, als der Stichtag, zu dem die Zahlung an das Amt als erfolgt anzusehen ist.

(2) Bei Verwendung von Zahlungsarten nach Maßgabe des Artikels 179 Absatz 1 Unterabsatz 2 legt der Exekutivdirektor den Stichtag fest, zu dem die Zahlung als erfolgt anzusehen ist.

(3) ¹Ist nach den Absätzen 1 und 2 die Zahlung einer Gebühr erst nach Ablauf der Frist, innerhalb deren sie fällig war, als erfolgt anzusehen, so gilt diese Frist als gewahrt, wenn gegenüber dem Amt nachgewiesen wird, dass die Personen, die die Zahlung in einem Mitgliedstaat innerhalb der Frist getätigt haben, innerhalb deren die Zahlung hätte erfolgen müssen, einer Bank ordnungsgemäß einen Auftrag zur Überweisung des Zahlungsbetrags erteilt und eine Zuschlagsgebühr in Höhe von 10 % der entsprechenden Gebühr(en), jedoch höchstens 200 EUR entrichtet haben. ²Der Zuschlag entfällt, wenn der entsprechende Auftrag an die Bank spätestens zehn Tage vor Ablauf der Zahlungsfrist erteilt wurde.

(4) ¹Das Amt kann den Einzahler auffordern, zu belegen, an welchem Tag der Bank der Auftrag gemäß Absatz 3 erteilt wurde, und, falls erforderlich, innerhalb einer von ihm zu setzenden Frist den entsprechenden Zuschlag zu zahlen. ²Kommt der Einzahler dieser Aufforderung nicht nach oder ist der Nachweis unzureichend oder wird der Zuschlag nicht fristgemäß entrichtet, so gilt die Zahlungsfrist als versäumt.

Art. 181 Unzureichende Zahlungen und Erstattung geringfügiger Beträge. (1) ¹Eine Zahlungsfrist gilt grundsätzlich nur dann als eingehalten, wenn der volle Gebührenbetrag rechtzeitig gezahlt worden ist. ²Ist die Gebühr nicht in voller Höhe gezahlt worden, so wird der gezahlte Betrag nach Ablauf der Zahlungsfrist erstattet.

(2) Das Amt kann jedoch, soweit es die laufende Frist noch zulässt, dem Einzahler Gelegenheit geben, den Fehlbetrag nachzuzahlen oder, wenn dies gerechtfertigt erscheint, geringfügige Fehlbeträge ohne Rechtsnachteil für den Einzahler unberücksichtigt lassen.

(3) Mit Zustimmung des Haushaltsausschusses kann der Exekutivdirektor davon absehen, geschuldete Geldbeträge beizutreiben, wenn der beizutreibende Betrag unbedeutend oder der Erfolg der Beitreibung zu ungewiss ist.

(4) *[1]* Zu viel gezahlte Gebühren oder Entgelte werden nicht zurückerstattet, wenn der überschüssige Betrag geringfügig ist und der Einzahler die Erstattung nicht ausdrücklich verlangt hat.

[2] Mit Zustimmung des Haushaltsausschusses kann der Exekutivdirektor die Grenze bestimmen, unterhalb derer zu viel gezahlte Gebühren oder Entgelte nicht erstattet werden.

[3] Die gemäß Unterabsatz 2 getroffenen Entscheidungen werden im Amtsblatt des Amtes veröffentlicht.

Kapitel XIII. Internationale Registrierung von Marken
Abschnitt 1. Allgemeine Bestimmungen

Art. 182 Anwendung der Bestimmungen. Sofern in diesem Kapitel nichts anderes bestimmt ist, gelten die vorliegende Verordnung und die gemäß dieser Verordnung erlassenen Rechtsakte für Anträge auf internationale Registrierung nach dem in Madrid unterzeichneten Protokoll zum Madrider Abkommen (im Folgenden „internationale Anmeldungen"), die sich auf die Anmeldung einer Unionsmarke oder auf eine Unionsmarke stützen, und für Markeneintragungen im internationalen Register des Internationalen Büros der Weltorganisation für geistiges Eigentum (im Folgenden „internationale Registrierungen" bzw. „Internationales Büro"), deren Schutz sich auf die Union erstreckt.

Abschnitt 2. Internationale Registrierung auf der Grundlage einer Anmeldung einer Unionsmarke oder einer Unionsmarke

Art. 183 Einreichung einer internationalen Anmeldung. (1) Internationale Anmeldungen gemäß Artikel 3 des Madrider Protokolls, die sich auf eine Anmeldung einer Unionsmarke oder auf eine Unionsmarke stützen, werden beim Amt eingereicht.

(2) ¹Wird eine internationale Registrierung beantragt, bevor die Marke, auf die sich die internationale Registrierung stützen soll, als Unionsmarke eingetragen ist, so muss der Anmelder angeben, ob die internationale Registrierung auf der Grundlage einer Anmeldung einer Unionsmarke oder auf der Grundlage der Eintragung als Unionsmarke erfolgen soll. ²Soll sich die internationale Registrierung auf eine Unionsmarke stützen, sobald diese eingetragen ist, so gilt für den Eingang der internationalen Anmeldung beim Amt das Datum der Eintragung der Unionsmarke.

Art. 184 Form und Inhalt der internationalen Anmeldung. (1) ¹Die internationale Anmeldung wird mittels eines vom Amt bereitgestellten Formblatts in einer der Amtssprachen der Union eingereicht. ²Das Amt teilt dem Anmelder, der eine internationale Registrierung beantragt hat, den Tag mit, an dem die Unterlagen, aus denen die internationale Anmeldung besteht, beim Amt eingegangen sind. ³Gibt der Anmelder auf diesem Formblatt bei der Einreichung der internationalen Anmeldung nichts anderes an, so korrespondiert das Amt mit dem Anmelder in der Sprache der Anmeldung in standardisierter Form.

(2) ¹Wird die internationale Anmeldung in einer anderen Sprache als den Sprachen eingereicht, die nach dem Madrider Protokoll zulässig sind, so muss der Anmelder eine zweite Sprache aus dem Kreis dieser Sprachen angeben. ²Das Amt legt die internationale Anmeldung dem Internationalen Büro in dieser zweiten Sprache vor.

(3) ¹Wird die internationale Anmeldung in einer anderen Sprache als den Sprachen eingereicht, die nach dem Madrider Protokoll für die Einreichung internationaler Anmeldungen zulässig sind, so kann der Anmelder eine Übersetzung der Liste der Erzeugnisse oder Dienstleistungen und anderen Textelemente, die Bestandteil der internationalen Anmeldung ist, in der Sprache vorlegen, in der die internationale Anmeldung dem Internationalen Büro gemäß Absatz 2 vorgelegt werden soll. ²Wird der Anmeldung keine Übersetzung beigefügt, so muss der Anmelder dem Amt gestatten, der internationalen Anmeldung eine solche Übersetzung beizufügen. ³Ist noch keine solche Übersetzung im Laufe des Verfahrens für die Eintragung der Unionsmarke, auf die sich die internationale Anmeldung stützt, erstellt worden, so veranlasst das Amt unverzüglich die Übersetzung.

(4) ¹Für die Einreichung einer internationalen Anmeldung wird eine an das Amt zu entrichtende Gebühr erhoben. ²Soll sich die internationale Registrierung auf eine Unionsmarke stützen, sobald diese eingetragen ist, wird die Gebühr am Tag der Eintragung der Unionsmarke fällig. ³Die Anmeldung gilt erst als eingereicht, wenn die Gebühr gezahlt worden ist. ⁴Wurde die Gebühr

Unionsmarke   Art. 185   VO (EU) 2017/1001   12

nicht entrichtet, so teilt das Amt dies dem Anmelder mit. ⁵ Bei einer elektronischen Anmeldung kann das Amt das Internationale Büro ermächtigen, die Gebühr in seinem Namen zu erheben.

(5) Ergibt die Prüfung der internationalen Anmeldung, dass diese einen bzw. mehrere der folgenden Mängel aufweist, so fordert das Amt den Anmelder auf, die festgestellten Mängel innerhalb einer vom Amt festgelegten Frist zu beseitigen:

a) die internationale Anmeldung ist nicht unter Benutzung des Formblatts gemäß Absatz 1 eingereicht worden und enthält nicht alle in diesem Formblatt geforderten Angaben und Informationen;

b) die Liste der Waren und Dienstleistungen in der internationalen Anmeldung deckt sich nicht mit der Liste der Waren und Dienstleistungen in der Basisanmeldung oder Basiseintragung der Unionsmarke;

c) die Marke, auf die sich die internationale Anmeldung bezieht, ist nicht mit der Marke, die Gegenstand der Basisanmeldung oder Basiseintragung der Unionsmarke ist, identisch;

d) eine die Marke betreffende Angabe in der internationalen Anmeldung mit Ausnahme einer Verzichtserklärung oder eines Farbanspruchs ist nicht in der Basisanmeldung oder Basiseintragung der Unionsmarke enthalten;

e) in der internationalen Anmeldung wird Farbe als unterscheidendes Merkmal der Marke beansprucht, aber die Basisanmeldung oder Basiseintragung der Unionsmarke ist nicht in derselben Farbe oder denselben Farben; oder

f) der Anmelder ist den Angaben auf dem internationalen Formblatt zufolge nicht gemäß Artikel 2 Absatz 1 Ziffer ii des Madrider Protokolls berechtigt, eine internationale Anmeldung über das Amt einzureichen.

(6) Hat der Anmelder es versäumt, das Amt gemäß Absatz 3 zu ermächtigen, eine Übersetzung beizufügen, oder ist unklar, welche Liste von Waren und Dienstleistungen der internationalen Anmeldung zugrunde gelegt werden soll, fordert das Amt den Anmelder auf, diese Angaben innerhalb einer vom Amt festgelegten Frist nachzureichen.

(7) Werden die in Absatz 5 erwähnten Mängel nicht beseitigt oder die erforderlichen Angaben gemäß Absatz 6 nicht innerhalb der vom Amt gesetzten Frist vorgelegt, verweigert das Amt die Weiterleitung der internationalen Anmeldung an das Internationale Büro.

(8) Das Amt leitet die internationale Anmeldung zusammen mit der in Artikel 3 Absatz 1 des Madrider Protokolls vorgesehenen Bescheinigung an das Internationale Büro weiter, sobald die internationale Anmeldung die Anforderungen erfüllt, die in diesem Artikel, in dem gemäß Absatz 9 dieses Artikels erlassenen Durchführungsrechtsakt und in Artikel 183 der vorliegenden Verordnung festgelegt sind.

(9) ¹ Die Kommission erlässt Durchführungsrechtsakte, in denen das Formblatt für die Einreichung einer internationalen Anmeldung gemäß Absatz 1, einschließlich seiner Bestandteile, festgelegt wird. ² Diese Durchführungsrechtsakte werden nach dem Prüfverfahren gemäß Artikel 207 Absatz 2 erlassen.

Art. 185 Eintragung in die Akte und in das Register. (1) ¹ Tag und Nummer einer auf der Grundlage einer Anmeldung einer Unionsmarke beantragten internationalen Registrierung werden in die Akte der betreffenden Anmeldung eingetragen. ² Wird im Anschluss an die Anmeldung eine Unions-

343

marke eingetragen, so werden Tag und Nummer der internationalen Registrierung in das Register eingetragen.

(2) Tag und Nummer einer auf der Grundlage einer Unionsmarke beantragten internationalen Registrierung werden in das Register eingetragen.

Art. 186 Mitteilung der Nichtigkeit der Basisanmeldung oder Basiseintragung. (1) Das Amt teilt dem Internationalen Büro binnen fünf Jahren ab dem Datum der internationalen Registrierung alle Tatsachen und Entscheidungen mit, die die Gültigkeit der Anmeldung oder Eintragung der Unionsmarke, auf die sich die internationale Registrierung stützt, beeinträchtigen.

(2) ¹Die Kommission erlässt Durchführungsrechtsakte, in denen die einzelnen Umstände und die Entscheidungen, die der Mitteilungspflicht gemäß Artikel 6 Absatz 3 des Madrider Protokolls unterliegen, sowie der maßgebende Zeitpunkt dieser Mitteilungen festgelegt werden. ²Diese Durchführungsrechtsakte werden nach dem Prüfverfahren gemäß Artikel 207 Absatz 2 dieser Verordnung erlassen.

Art. 187 Antrag auf territoriale Ausdehnung des Schutzes im Anschluss an die internationale Registrierung. (1) ¹Ein Antrag auf territoriale Ausdehnung des Schutzes im Anschluss an eine internationale Registrierung gemäß Artikel 3ter Absatz 2 des Madrider Protokolls kann über das Amt gestellt werden. ²Der Antrag muss in der Sprache eingereicht werden, in der die internationale Anmeldung gemäß Artikel 184 der vorliegenden Verordnung eingereicht wurde. ³Er umfasst Angaben zur Begründung des Anspruchs auf eine Benennung gemäß Artikel 2 Absatz 1 Ziffer ii und Artikel 3ter Absatz 2 des Madrider Protokolls. ⁴Das Amt teilt dem Antragsteller den Tag mit, an dem der Antrag auf territoriale Ausdehnung des Schutzes eingegangen ist.

(2) ¹Die Kommission erlässt Durchführungsrechtsakte, in denen die Anforderungen im Hinblick auf einen Antrag auf territoriale Ausdehnung des Schutzes gemäß Absatz 1 dieses Artikels im Einzelnen festgelegt werden. ²Diese Durchführungsrechtsakte werden nach dem Prüfverfahren gemäß Artikel 207 Absatz 2 erlassen.

(3) ¹Erfüllt der Antrag auf territoriale Ausdehnung des Schutzes im Anschluss an die internationale Registrierung nicht die in Absatz 1 und in dem nach Absatz 2 erlassenen Durchführungsrechtsakt festgelegten Anforderungen, so fordert das Amt den Antragsteller auf, die festgestellten Mängel innerhalb einer vom Amt festgelegten Frist zu beseitigen. ²Werden die Mängel nicht innerhalb der vom Amt gesetzten Frist beseitigt, so verweigert das Amt die Weiterleitung des Antrags an das Internationale Büro. ³Das Amt darf die Weiterleitung des Antrags an das Internationale Büro nicht ablehnen, bevor dem Antragsteller die Gelegenheit gegeben wurde, etwaige in dem Antrag festgestellte Mängel zu beseitigen.

(4) Das Amt leitet den Antrag auf territoriale Ausdehnung des Schutzes im Anschluss an die internationale Registrierung an das Internationale Büro weiter, sobald die in Absatz 3 genannten Anforderungen erfüllt sind.

Art. 188 Internationale Gebühren. Alle an das Internationale Büro aufgrund des Madrider Protokolls zu entrichtenden Gebühren sind unmittelbar an das Internationale Büro zu zahlen.

Abschnitt 3. Internationale Registrierungen, in denen die Union benannt ist

Art. 189 Wirkung internationaler Registrierungen, in denen die Union benannt ist. (1) Eine internationale Registrierung, in der die Union benannt ist, hat vom Tage der Registrierung gemäß Artikel 3 Absatz 4 des Madrider Protokolls oder vom Tage der nachträglichen Benennung der Union gemäß Artikel 3ter Absatz 2 des Madrider Protokolls an dieselbe Wirkung wie die Anmeldung einer Unionsmarke.

(2) Wurde keine Schutzverweigerung gemäß Artikel 5 Absätze 1 und 2 des Madrider Protokolls mitgeteilt oder wurde eine solche Verweigerung widerrufen, so hat die internationale Registrierung einer Marke, in denen die Union benannt wird, von dem in Absatz 1 genannten Tag an dieselbe Wirkung wie die Eintragung einer Marke als Unionsmarke.

(3) Für die Zwecke der Anwendung des Artikels 11 der vorliegenden Verordnung tritt die Veröffentlichung der in Artikel 190 Absatz 1 genannten Einzelheiten der internationalen Registrierung, in der die Union benannt wird, an die Stelle der Veröffentlichung der Anmeldung einer Unionsmarke, und die Veröffentlichung gemäß Artikel 190 Absatz 2 tritt an die Stelle der Veröffentlichung der Eintragung einer Unionsmarke.

Art. 190 Veröffentlichung. (1) Das Amt veröffentlicht das Datum der Eintragung einer Marke, in der die Union benannt ist, gemäß Artikel 3 Absatz 4Madrider Protokolls oder das Datum der nachträglichen Benennung der Union gemäß Artikel 3ter Absatz 2 des Madrider Protokolls, die Sprache, in der die internationale Anmeldung eingereicht worden ist, und die zweite Sprache, die vom Anmelder angegeben wurde, die Nummer der internationalen Registrierung und das Datum der Veröffentlichung dieser Registrierung in dem vom Internationalen Büro herausgegebenen Blatt, eine Wiedergabe der Marke und die Nummern der Erzeugnis- oder Dienstleistungsklassen, für die ein Schutz in Anspruch genommen wird.

(2) Wurde für eine internationale Registrierung, in der die Union benannt ist, gemäß Artikel 5 Absätze 1 und 2 des Madrider Protokolls keine Schutzverweigerung mitgeteilt oder wurde eine solche Verweigerung widerrufen, so veröffentlicht das Amt diese Tatsache gleichzeitig mit der Nummer der internationalen Registrierung und gegebenenfalls das Datum der Veröffentlichung dieser Registrierung in dem vom Internationalen Büro herausgegebenen Blatt.

Art. 191 Beanspruchung des Zeitrangs in einer internationalen Anmeldung. (1) Der Anmelder einer internationalen Registrierung, in der die Union benannt ist, kann in der internationalen Anmeldung gemäß Artikel 39 den Zeitrang einer älteren Marke in Anspruch nehmen, die in einem Mitgliedstaat, einschließlich des Benelux-Gebiets, oder gemäß internationalen Regelungen mit Wirkung für einen Mitgliedstaat registriert ist.

(2) [1] Die Unterlagen zur Unterstützung der beantragten Inanspruchnahme des Zeitrangs, die in dem gemäß Artikel 39 Absatz 6 erlassenen Durchführungsrechtsakt festgelegt werden, sind dem Amt innerhalb von drei Monaten ab dem Tag vorzulegen, an dem das Internationale Büro dem Amt die internationale Registrierung mitgeteilt hat. [2] In diesem Zusammenhang gilt Artikel 39 Absatz 7.

(3) Falls der Inhaber der internationalen Registrierung gemäß Artikel 119 Absatz 2 verpflichtet ist, sich vor dem Amt vertreten zu lassen, so hat die in Absatz 2 dieses Artikels genannte Mitteilung die Bestellung eines Vertreters im Sinne des Artikels 120 Absatz 1 zu enthalten.

(4) [1] Stellt das Amt fest, dass die Inanspruchnahme des Zeitrangs nach Absatz 1 dieses Artikels nicht den Anforderungen des Artikels 39 oder den anderen im vorliegenden Artikel festgelegten Anforderungen entspricht, so fordert es den Antragsteller auf, die Mängel zu beseitigen. [2] Werden die in Satz 1 genannten Mängel nicht innerhalb der vom Amt festgelegten Frist beseitigt, so erlischt der Anspruch in Bezug auf den Zeitrang der internationalen Registrierung. [3] Betreffen die Mängel lediglich einige der Waren und Dienstleistungen, so erlischt der Anspruch nur in Bezug auf diese Waren und Dienstleistungen.

(5) [1] Das Amt unterrichtet das Internationale Büro über jede Erklärung des Erlöschens des Anspruchs auf Inanspruchnahme des Zeitrangs gemäß Absatz 4. [2] Zudem unterrichtet es das Internationale Büro über jede Zurücknahme oder Einschränkung einer Inanspruchnahme des Zeitrangs.

(6) Es gilt Artikel 39 Absatz 5, es sei denn, der Anspruch in Bezug auf den Zeitrang wird gemäß Absatz 4 des vorliegenden Artikels für erloschen erklärt.

Art. 192 Beantragte Inanspruchnahme des Zeitrangs beim Amt.

(1) Der Inhaber einer internationalen Registrierung, in der die Union benannt ist, kann ab dem Tag der Veröffentlichung der Wirkungen der Registrierung im Sinne des Artikels 190 Absatz 2 beim Amt gemäß Artikel 40 den Zeitrang einer älteren Marke in Anspruch nehmen, die in einem Mitgliedstaat, einschließlich des Benelux-Gebiets, oder gemäß internationalen Regelungen mit Wirkung für einen Mitgliedstaat registriert ist.

(2) Wird der Zeitrang vor dem in Absatz 1 genannten Zeitpunkt in Anspruch genommen, so gilt die Beantragung des Zeitrangs als zu diesem Zeitpunkt beim Amt eingegangen.

(3) Ein Antrag auf Inanspruchnahme des Zeitrangs gemäß Absatz 1 dieses Artikels muss den in Artikel 40 genannten Anforderungen entsprechen und Informationen umfassen, anhand derer überprüft werden kann, ob diese Anforderungen erfüllt sind.

(4) [1] Sind die Anforderungen für die Inanspruchnahme des Zeitrangs gemäß Absatz 3, die mit dem gemäß Absatz 6 erlassenen Durchführungsrechtsakt festgelegt werden, nicht erfüllt, so fordert das Amt den Inhaber der internationalen Registrierung auf, die Mängel zu beseitigen. [2] Werden die Mängel nicht innerhalb einer vom Amt festgesetzten Frist beseitigt, so weist es den Antrag zurück.

(5) Hat das Amt die beantragte Inanspruchnahme des Zeitrangs akzeptiert oder wurde eine Inanspruchnahme des Zeitrangs vom Amt zurückgenommen oder aufgehoben, so unterrichtet das Amt das Internationale Büro entsprechend.

(6) [1] Die Kommission erlässt Durchführungsrechtsakte, in denen die Einzelheiten, die in einem Antrag auf Inanspruchnahme des Zeitrangs gemäß Absatz 1 dieses Artikels anzugeben sind, und die Einzelheiten der gemäß Absatz 5 dieses Artikels mitzuteilenden Informationen festgelegt werden. [2] Diese Durchfüh-

rungsrechtsakte werden nach dem Prüfverfahren gemäß Artikel 207 Absatz 2 erlassen.

Art. 193 Bezeichnung von Waren und Dienstleistungen und Prüfung auf absolute Eintragungshindernisse. (1) Internationale Registrierungen, in denen die Union benannt ist, werden ebenso wie Anmeldungen von Unionsmarken auf ihre Übereinstimmung mit Artikel 33 Absätze 2, 3 und 4 und auf absolute Eintragungshindernisse geprüft.

(2) Stellt sich heraus, dass in Bezug auf eine internationale Registrierung, in der die Union benannt ist, kein Schutz gemäß Artikel 33 Absatz 4 oder Artikel 42 Absatz 1 dieser Verordnung für alle oder einen Teil der Waren und Dienstleistungen, für die sie beim Internationalen Büro eingetragen worden ist, gewährt werden kann, so erstellt das Amt von Amts wegen für das Internationale Büro eine Mitteilung über die vorläufige Schutzverweigerung gemäß Artikel 5 Absätze 1 und 2 des Madrider Protokolls.

(3) Falls der Inhaber einer internationalen Registrierung vor dem Amt gemäß Artikel 119 Absatz 2 vertreten sein muss, umfasst die in Absatz 2 dieses Artikels genannte Mitteilung auch die Aufforderung zur Bestellung eines Vertreters im Sinne des Artikels 120 Absatz 1.

(4) ¹In der Mitteilung über die vorläufige Schutzverweigerung sind die Gründe, auf die sich die Schutzverweigerung stützt, sowie eine Frist anzugeben, innerhalb derer der Inhaber der internationalen Registrierung eine Stellungnahme abgeben kann und gegebenenfalls einen Vertreter bestellen muss. ²Die Frist beginnt an dem Tag, an dem die vorläufige Schutzverweigerung durch das Amt ergeht.

(5) Stellt das Amt fest, dass in der internationalen Registrierung, in der die Union benannt ist, keine zweite Sprache gemäß Artikel 206 dieser Verordnung angegeben ist, so erstellt das Amt von Amts wegen für das Internationale Büro eine Mitteilung über die vorläufige Schutzverweigerung gemäß Artikel 5 Absätze 1 und 2 des Madrider Protokolls.

(6) ¹Kann der Inhaber einer internationalen Registrierung den Grund für die Schutzverweigerung nicht innerhalb der Frist beseitigen oder gegebenenfalls einen Vertreter benennen bzw. eine zweite Sprache angeben, so verweigert das Amt den Schutz für alle oder einen Teil der Waren und Dienstleistungen, für die die internationale Registrierung eingetragen ist. ²Die Schutzverweigerung tritt an die Stelle der Zurückweisung einer Anmeldung einer Unionsmarke. ³Gegen die Entscheidung kann gemäß den Artikeln 66 bis 72 Beschwerde eingelegt werden.

(7) ¹Hat das Amt zu Beginn der Frist für die Erhebung eines Widerspruchs gemäß Artikel 196 Absatz 2 keine Mitteilung über die vorläufige Schutzverweigerung von Amts wegen gemäß Absatz 2 dieses Artikels erstellt, so übermittelt das Amt dem Internationalen Büro eine Erklärung, in der es angibt, dass die Prüfung auf absolute Eintragungshindernisse gemäß Artikel 42 abgeschlossen ist, dass aber gegen die internationale Registrierung noch immer Widersprüche eingelegt oder Bemerkungen Dritter eingereicht werden können. ²Diese vorläufige Erklärung berührt nicht das Recht des Amtes, das Vorliegen absoluter Eintragungshindernisse jederzeit vor Ausstellung der abschließenden Erklärung über die Gewährung des Schutzes von Amts wegen erneut zu prüfen.

(8) ¹Die Kommission erlässt Durchführungsrechtsakte, in denen die Einzelheiten, die in der dem Internationalen Büro zu übermittelnden Mitteilung über die vorläufige Schutzverweigerung von Amts wegen und der abschließenden Mitteilungen an das Internationale Büro über die endgültige Gewährung oder Verweigerung des Schutzes anzugeben sind, festgelegt werden. ²Diese Durchführungsrechtsakte werden nach dem Prüfverfahren gemäß Artikel 207 Absatz 2 erlassen.

Art. 194 Kollektiv- und Gewährleistungsmarken. (1) Stützt sich eine internationale Registrierung auf eine Basisanmeldung oder eine Basiseintragung einer Kollektiv-, Gewährleistungs- oder Garantiemarke, so wird die internationale Registrierung, in der die Union benannt ist, als Unionskollektivmarke bzw. als Unionsgewährleistungsmarke behandelt.

(2) Der Inhaber der internationalen Registrierung legt die Markensatzung gemäß der Artikel 75 und 84 innerhalb von zwei Monaten ab dem Tag, an dem das Internationale Büro dem Amt die internationale Registrierung mitgeteilt hat, unmittelbar beim Amt vor.

(3) Der Kommission wird die Befugnis übertragen, gemäß Artikel 208 delegierte Rechtsakte zu erlassen, in denen die Einzelheiten des Verfahrens für internationale Registrierungen, die sich auf eine Basisanmeldung oder eine Basiseintragung einer Kollektiv-, Gewährleistungs- oder Garantiemarke stützen, festgelegt werden.

Art. 195 Recherche. (1) Hat das Amt die Mitteilung einer internationalen Registrierung erhalten, in der die Union benannt ist, erstellt es gemäß Artikel 43 Absatz 1 einen Unionsrecherchebericht, vorausgesetzt, ein Antrag auf einen Recherchenbericht gemäß Artikel 43 Absatz 1 geht innerhalb eines Monats ab dem Tag der Zustellung beim Amt ein.

(2) Sobald das Amt die Mitteilung einer internationalen Registrierung erhalten hat, in der die Union benannt ist, übermittelt es der Zentralbehörde für den gewerblichen Rechtsschutz eines jeden Mitgliedstaats, die dem Amt mitgeteilt hat, dass sie in ihrem eigenen Markenregister eine Recherche durchführt, gemäß Artikel 43 Absatz 2 ein Exemplar der internationalen Registrierung, vorausgesetzt, ein Antrag auf einen Recherchenbericht gemäß Artikel 43 Absatz 2 geht innerhalb eines Monats ab dem Tag der Zustellung beim Amt ein und die Recherchegebühr wird innerhalb derselben Frist entrichtet.

(3) Artikel 43 Absätze 3 bis 6 gilt entsprechend.

(4) ¹Das Amt unterrichtet die Inhaber älterer Unionsmarken oder Anmeldungen von Unionsmarken, die in dem Unionsrecherchenbericht genannt sind, von der in Artikel 190 Absatz 1 vorgesehenen Veröffentlichung der internationalen Registrierung, in der die Union benannt ist. ²Dies gilt unabhängig davon, ob der Inhaber der internationalen Registrierung darum ersucht hat, einen Unionsrecherchenbericht zu erhalten, es sei denn, der Inhaber einer älteren Eintragung oder Anmeldung ersucht darum, die Mitteilung nicht zu erhalten.

Art. 196 Widerspruch. (1) Gegen internationale Registrierungen, in denen die Union benannt ist, kann ebenso Widerspruch erhoben werden wie gegen veröffentlichte Anmeldungen von Unionsmarken.

(2) ¹Der Widerspruch ist innerhalb einer Frist von drei Monaten zu erheben, die einen Monat nach dem Datum der Veröffentlichung gemäß Artikel 190 Absatz 1 beginnt. ²Er gilt erst als erhoben, wenn die Widerspruchsgebühr entrichtet worden ist.

(3) Die Schutzverweigerung tritt an die Stelle der Zurückweisung einer Anmeldung einer Unionsmarke.

(4) Der Kommission wird die Befugnis übertragen, gemäß Artikel 208 delegierte Rechtsakte zu erlassen, in denen das Verfahren zur Einreichung und Prüfung eines Widerspruchs, einschließlich der erforderlichen Mitteilungen an das Internationale Büro, festgelegt wird.

Art. 197 Ersatz einer Unionsmarke durch eine internationale Registrierung. Das Amt trägt auf Antrag in das Register ein, dass eine Unionsmarke als durch eine internationale Registrierung gemäß Artikel 4bis des Madrider Protokolls ersetzt anzusehen ist.

Art. 198 Nichtigerklärung der Wirkung einer internationalen Registrierung. (1) Die Wirkung einer internationalen Registrierung, in der die Union benannt ist, kann für nichtig erklärt werden.

(2) Der Antrag auf Nichtigerklärung der Wirkung einer internationalen Registrierung, in der die Union benannt ist, tritt an die Stelle eines Antrags auf Erklärung des Verfalls gemäß dem Artikel 58 oder der Nichtigkeit gemäß Artikel 59 oder 60.

(3) Wurde die Wirkung einer internationalen Registrierung, in der die Union benannt ist, gemäß Artikel 64 oder Artikel 128 dieser Verordnung und dem vorliegenden Artikel endgültig für ungültig befunden, so setzt das Amt das Internationale Büro gemäß Artikel 5 Absatz 6 des Madrider Protokolls davon in Kenntnis.

(4) ¹Die Kommission erlässt Durchführungsrechtsakte, in denen die Einzelheiten, die in der Mitteilung an das Internationale Büro gemäß Absatz 3 dieses Artikels anzugeben sind, festgelegt werden. ²Diese Durchführungsrechtsakte werden nach dem Prüfverfahren gemäß Artikel 207 Absatz 2 erlassen.

Art. 199 Rechtswirkung der Eintragung eines Rechtsübergangs.
Die Eintragung einer Änderung des Inhabers einer internationalen Registrierung im Internationalen Register hat dieselbe Rechtswirkung wie die Eintragung eines Rechtsübergangs im Register gemäß Artikel 20.

Art. 200 Rechtswirkung der Eintragung von Lizenzen und anderen Rechten. Die Eintragung einer Lizenz oder einer Einschränkung des Verfügungsrechts des Inhabers bezüglich einer internationalen Registrierung im Internationalen Register hat dieselbe Rechtswirkung wie die Eintragung eines dinglichen Rechts, einer Zwangsvollstreckungsmaßnahme, eines Insolvenzverfahrens oder einer Lizenz im Register gemäß den Artikeln 22, 23, 24 beziehungsweise 25.

Art. 201 Prüfung von Anträgen auf Eintragung eines Rechtsübergangs, einer Lizenz oder einer Einschränkung des Verfügungsrechts des Inhabers. Das Amt übermittelt dem Internationalen Büro bei ihm eingereichte Anträge auf Eintragung einer Änderung der Eigentumsverhältnisse, einer Lizenz oder einer Einschränkung des Verfügungsrechts des Inhabers oder

der Änderung oder Löschung einer Lizenz oder der Aufhebung der Beschränkung des Verfügungsrechts des Inhabers, sofern der entsprechende Nachweis des Rechtsübergangs, der Lizenz oder der Einschränkung des Verfügungsrechts oder der Nachweis beigefügt ist, dass die Lizenz nicht mehr besteht oder geändert wurde oder dass die Beschränkung des Verfügungsrechts aufgehoben wurde.

Art. 202 Umwandlung einer im Wege einer internationalen Registrierung erfolgten Benennung der Union in eine nationale Markenanmeldung oder in eine Benennung von Mitgliedstaaten. (1) Wurde eine Benennung der Union im Wege einer internationalen Registrierung zurückgewiesen oder hat sie ihre Wirkung verloren, so kann der Inhaber der internationalen Registrierung beantragen, dass die Benennung der Union umgewandelt wird, und zwar

a) gemäß den Artikeln 139, 140 und 141 in eine Anmeldung für eine nationale Marke;

b) in eine Benennung eines Mitgliedstaats, der Vertragspartei des Madrider Protokolls ist, sofern die direkte Benennung dieses Mitgliedstaats auf der Grundlage des Madrider Protokolls zum Zeitpunkt des Antrags auf Umwandlung möglich war. Es gelten die Artikel 139, 140 und 141 der vorliegenden Verordnung.

(2) Die nationale Markenanmeldung oder die Benennung eines Mitgliedstaats, der Vertragspartei des Madrider Protokolls ist, die sich aus der Umwandlung der Benennung der Union im Wege einer internationalen Registrierung ergibt, erhält in dem betreffenden Mitgliedstaat das Datum der internationalen Eintragung gemäß Artikel 3 Absatz 4 des Madrider Protokolls oder das Datum der Ausdehnung auf die Union gemäß Artikel 3ter Absatz 2 des Madrider Protokolls, wenn diese Ausdehnung nach der internationalen Registrierung erfolgte, oder den Prioritätstag dieser Eintragung sowie gegebenenfalls den nach Artikel 191 der vorliegenden Verordnung beanspruchten Zeitrang einer Marke dieses Staates.

(3) Der Umwandlungsantrag wird veröffentlicht.

(4) Der Antrag auf Umwandlung einer internationalen Registrierung, in der die Union benannt ist, in eine Anmeldung einer nationalen Marke enthält die Informationen und Angaben gemäß Artikel 140 Absatz 1.

(5) [1] Wird die Umwandlung gemäß dem vorliegenden Artikel und Artikel 139 Absatz 5 dieser Verordnung aufgrund einer Nichtverlängerung der internationalen Registrierung beantragt, muss der in Absatz 4 des vorliegenden Artikels genannte Antrag einen entsprechenden Hinweis und den Zeitpunkt, an dem der Schutz abgelaufen ist, enthalten. [2] Die in Artikel 139 Absatz 5 der vorliegenden Verordnung vorgesehene Dreimonatsfrist beginnt an dem Tag, der auf den letzten Tag folgt, an dem die Verlängerung gemäß Artikel 7 Absatz 4 des Madrider Protokolls möglich ist.

(6) Artikel 140 Absätze 3 und 5 gelten entsprechend für Umwandlungsanträge nach Absatz 4 des vorliegenden Artikels.

(7) Der Antrag auf Umwandlung einer internationalen Registrierung, in der die Union benannt ist, in eine Benennung eines Mitgliedstaats, der Vertragspartei des Madrider Protokolls ist, enthält die Informationen und Angaben gemäß den Absätzen 4 und 5.

(8) ¹Artikel 140 Absatz 3 gilt entsprechend für Umwandlungsanträge nach Absatz 7 des vorliegenden Artikels. ²Das Amt weist den Umwandlungsantrag auch dann zurück, wenn die Voraussetzungen für die Benennung des Mitgliedstaats, der Vertragspartei des Madrider Protokolls oder des Madrider Abkommens ist, weder am Tag der Benennung der Union noch am Tag, an dem der Umwandlungsantrag eingegangen ist oder gemäß Artikel 140 Absatz 1 letzter Satz als eingegangen gilt, erfüllt waren.

(9) ¹Entspricht der Umwandlungsantrag nach Absatz 7 den Anforderungen dieser Verordnung und der gemäß dieser Verordnung erlassenen Vorschriften, so übermittelt das Amt den Antrag unverzüglich dem Internationalen Büro. ²Das Amt teilt dem Inhaber der internationalen Registrierung den Tag der Übermittlung mit.

(10) *[1]* Die Kommission erlässt Durchführungsrechtsakte, in denen Folgendes festgelegt wird:

a) die Einzelheiten, die in einem Umwandlungsantrag gemäß den Absätzen 4 und 7 anzugeben sind;

b) die Einzelheiten, die bei der Veröffentlichung des Umwandlungsantrags nach Absatz 3 anzugeben sind.

[2] Diese Durchführungsrechtsakte werden nach dem Prüfverfahren gemäß Artikel 207 Absatz 2 erlassen.

Art. 203 Benutzung einer Marke, die Gegenstand einer internationalen Registrierung ist. Für die Zwecke der Anwendung der Artikel 18 Absatz 1, Artikel 47 Absatz 2, Artikel 58 Absatz 1 Buchstabe a und Artikel 64 Absatz 2 tritt zur Festlegung des Datums, ab dem die Marke, die Gegenstand einer internationalen Registrierung mit Benennung der Union ist, ernsthaft in der Union benutzt werden muss, das Datum der Veröffentlichung gemäß Artikel 190 Absatz 2 an die Stelle des Datums der Eintragung.

Art. 204 Umwandlung. (1) Vorbehaltlich des Absatzes 2 gelten die für Anmeldungen von Unionsmarken anwendbaren Vorschriften entsprechend für Anträge auf Umwandlung einer internationalen Registrierung in eine Anmeldung einer Unionsmarke gemäß Artikel 9quinquies des Madrider Protokolls.

(2) Betrifft der Umwandlungsantrag eine internationale Registrierung, in der die Union benannt ist und deren Einzelheiten gemäß Artikel 190 Absatz 2 veröffentlicht worden sind, so sind die Artikel 42 bis 47 nicht anwendbar.

(3) ¹Damit die Anmeldung einer Unionsmarke als Umwandlung einer internationalen Registrierung gilt, die gemäß Artikel 9quinquies des Madrider Protokolls vom Internationalen Büro auf Antrag der Ursprungsbehörde gelöscht worden ist, muss sie einen entsprechenden Hinweis enthalten. ²Dieser Hinweis erfolgt bei der Einreichung der Anmeldung.

(4) Stellt das Amt bei der Prüfung gemäß Artikel 41 Absatz 1 Buchstabe b fest, dass die Anmeldung nicht innerhalb von drei Monaten nach dem Tag der Löschung der internationalen Registrierung durch das Internationale Büro eingereicht wurde oder dass die Waren und Dienstleistungen, für die die Unionsmarke eingetragen werden soll, nicht in der Liste der Waren und Dienstleistungen enthalten sind, für die die internationale Registrierung mit Wirkung für die Union erfolgte, so fordert das Amt den Anmelder auf, die Mängel zu beseitigen.

(5) Werden die in Absatz 4 aufgeführten Mängel nicht innerhalb der vom Amt festgelegten Frist beseitigt, so erlischt der Anspruch auf das Datum der internationalen Registrierung oder der territorialen Ausdehnung des Schutzes und gegebenenfalls das Prioritätsdatum der internationalen Registrierung.

(6) [1] Die Kommission erlässt Durchführungsrechtsakte, in denen die Einzelheiten, die in einem Antrag auf Umwandlung gemäß Absatz 3 dieses Artikels anzugeben sind, festgelegt werden. [2] Diese Durchführungsrechtsakte werden nach dem Prüfverfahren gemäß Artikel 207 Absatz 2 erlassen.

Art. 205 Kommunikation mit dem Internationalen Büro. [1] Die Kommunikation mit dem Internationalen Büro erfolgt in der Form und unter Verwendung der Formate, die zwischen dem Internationalen Büro und dem Amt vereinbart werden, und vorzugsweise auf elektronischem Weg. [2] Jede Bezugnahme auf Formblätter schließt in elektronischer Form bereitgestellte Formblätter ein.

Art. 206 Sprachenregelung. Für die Zwecke der Anwendung dieser Verordnung und der auf ihrer Grundlage erlassenen Regeln auf internationale Registrierungen, in denen die Union benannt ist, gilt die Sprache der internationalen Anmeldung als Verfahrenssprache im Sinne des Artikels 146 Absatz 4 und die in der internationalen Anmeldung angegebene zweite Sprache als zweite Sprache im Sinne des Artikels 146 Absatz 3.

Kapitel XIV. Schlussbestimmungen

Art. 207 Ausschussverfahren. (1) [1] Die Kommission wird von einem Ausschuss für Durchführungsvorschriften unterstützt. [2] Dieser Ausschuss ist ein Ausschuss im Sinne der Verordnung (EU) Nr. 182/2011.

(2) Wird auf den vorliegenden Absatz Bezug genommen, so gilt Artikel 5 der Verordnung (EU) Nr. 182/2011.

Art. 208 Ausübung der Befugnisübertragung. (1) Die Befugnis zum Erlass delegierter Rechtsakte wird der Kommission unter den in diesem Artikel festgelegten Bedingungen übertragen.

(2) Die Befugnis zum Erlass delegierter Rechtsakte gemäß Artikel 48, Artikel 49 Absatz 3, Artikel 65 und 73, Artikel 96 Absatz 4, Artikel 97 Absatz 6, Artikel 98 Absatz 5, Artikel 100 Absatz 2, Artikel 101 Absatz 5, Artikel 103 Absatz 3, Artikel 106 Absatz 3, Artikel 121 und 168, Artikel 194 Absatz 3 und Artikel 196 Absatz 4 wird der Kommission auf unbestimmte Zeit ab dem 23. März 2016 übertragen.

(3) [1] Die Befugnisübertragung gemäß Artikel 48, Artikel 49 Absatz 3, Artikel 65 und 73, Artikel 96 Absatz 4, Artikel 97 Absatz 6, Artikel 98 Absatz 5, Artikel 100 Absatz 2, Artikel 101 Absatz 5, Artikel 103 Absatz 3, Artikel 106 Absatz 3, Artikel 121 und 168, Artikel 194 Absatz 3 und Artikel 196 Absatz 4 kann vom Europäischen Parlament oder vom Rat jederzeit widerrufen werden. [2] Der Beschluss über den Widerruf beendet die Übertragung der in diesem Beschluss angegebenen Befugnis. [3] Er wird am Tag nach seiner Veröffentlichung im *Amtsblatt der Europäischen Union* oder zu einem im Beschluss über den Widerruf angegebenen späteren Zeitpunkt wirksam. [4] Die Gültigkeit von dele-

gierten Rechtsakten, die bereits in Kraft sind, wird von dem Beschluss über den Widerruf nicht berührt.

(4) Vor dem Erlass eines delegierten Rechtsakts konsultiert die Kommission die von den einzelnen Mitgliedstaaten benannten Sachverständigen, im Einklang mit den in der Interinstitutionellen Vereinbarung über bessere Rechtsetzung vom 13. April 2016 enthaltenen Grundsätzen.

(5) Sobald die Kommission einen delegierten Rechtsakt erlässt, übermittelt sie ihn gleichzeitig dem Europäischen Parlament und dem Rat.

(6) ¹Ein delegierter Rechtsakt, der gemäß Artikel 48, Artikel 49 Absatz 3, Artikel 65 und 73, Artikel 96 Absatz 4, Artikel 97 Absatz 6, Artikel 98 Absatz 5, Artikel 100 Absatz 2, Artikel 101 Absatz 5, Artikel 103 Absatz 3, Artikel 106 Absatz 3, Artikel 121 und 168, Artikel 194 Absatz 3 und Artikel 196 Absatz 4 erlassen wurde, tritt nur in Kraft, wenn weder das Europäische Parlament noch der Rat innerhalb der Frist von zwei Monaten nach Übermittlung dieses Rechtsakts an das Europäische Parlament und den Rat Einwände erhoben haben oder wenn vor Ablauf dieser Frist das Europäische Parlament und der Rat beide der Kommission mitgeteilt haben, dass sie keine Einwände erheben werden. ²Auf Initiative des Europäischen Parlaments oder des Rates wird diese Frist um zwei Monate verlängert.

Art. 209 Bestimmungen über die Erweiterung der Union. (1) Ab dem Tag des Beitritts Bulgariens, der Tschechischen Republik, Estlands, Kroatiens, Zyperns, Lettlands, Litauens, Ungarns, Maltas, Polens, Rumäniens, Sloweniens und der Slowakei (im Folgenden „neuer Mitgliedstaat" oder „neue Mitgliedstaaten") wird eine gemäß dieser Verordnung vor dem Tag des jeweiligen Beitritts eingetragene oder angemeldete Unionsmarke auf das Hoheitsgebiet dieser Mitgliedstaaten erstreckt, damit sie dieselbe Wirkung in der gesamten Union hat.

(2) Die Eintragung einer Unionsmarke, die am Tag des Beitritts bereits angemeldet war, darf nicht aufgrund der in Artikel 7 Absatz 1 aufgeführten absoluten Eintragungshindernisse abgelehnt werden, wenn diese Hindernisse lediglich durch den Beitritt eines neuen Mitgliedstaats entstanden sind.

(3) Wird eine Unionsmarke während der sechs Monate vor dem Tag des Beitritts angemeldet, so kann gemäß Artikel 46 Widerspruch erhoben werden, wenn eine ältere Marke oder ein sonstiges älteres Recht im Sinne von Artikel 8 in einem neuen Mitgliedstaat vor dem Beitritt erworben wurde, sofern der Erwerb gutgläubig war und das Anmeldedatum oder gegebenenfalls das Prioritätsdatum oder das Datum der Erlangung der älteren Marke bzw. des sonstigen älteren Rechts im neuen Mitgliedstaat vor dem Anmeldedatum oder gegebenenfalls vor dem Prioritätsdatum der angemeldeten Unionsmarke liegt.

(4) Eine Unionsmarke im Sinne von Absatz 1 kann nicht für nichtig erklärt werden

a) gemäß Artikel 59, wenn die Nichtigkeitsgründe lediglich durch den Beitritt eines neuen Mitgliedstaats entstanden sind;

b) gemäß Artikel 60 Absätze 1 und 2, wenn das ältere innerstaatliche Recht in einem neuen Mitgliedstaat vor dem Tag des Beitritts eingetragen, angemeldet oder erworben wurde.

(5) Die Benutzung einer Unionsmarke im Sinne von Absatz 1 kann gemäß Artikel 137 und Artikel 138 untersagt werden, wenn die ältere Marke oder das

sonstige ältere Recht in dem neuen Mitgliedstaat vor dem Tag des Beitritts dieses Staates eingetragen, angemeldet oder gutgläubig erworben wurde oder gegebenenfalls ein Prioritätsdatum hat, das vor dem Tag des Beitritts dieses Staates liegt.

Art. 210 Bewertung und Überprüfung. (1) Bis zum 24. März 2021 und danach alle fünf Jahre nimmt die Kommission eine Bewertung der Durchführung dieser Verordnung vor.

(2) ¹Dabei werden die rechtlichen Rahmenbedingungen für die Zusammenarbeit zwischen dem Amt und den Zentralbehörden für den gewerblichen Rechtsschutz der Mitgliedstaaten beziehungsweise dem Benelux-Amt für geistiges Eigentum unter besonderer Berücksichtigung des Finanzierungsmechanismus nach Artikel 152 überprüft. ²Des Weiteren werden die Wirkung, die Effektivität und die Effizienz des Amtes und seiner Arbeitsmethoden bewertet. ³Die Bewertung befasst sich besonders mit der etwaigen Notwendigkeit einer Änderung des Mandats des Amtes sowie den finanziellen Implikationen einer solchen Änderung.

(3) ¹Die Kommission übermittelt dem Europäischen Parlament, dem Rat und dem Verwaltungsrat den Bewertungsbericht zusammen mit ihren aus dem Bericht gezogenen Schlussfolgerungen. ²Die Ergebnisse der Bewertung werden veröffentlicht.

(4) Bei jeder zweiten Bewertung werden die vom Amt erzielten Ergebnisse anhand der Ziele, des Mandats und der Aufgaben des Amtes überprüft.

Art. 211 Aufhebung. *[1]* Die Verordnung (EG) Nr. 207/2009 wird aufgehoben.

[2] Bezugnahmen auf die aufgehobene Verordnung gelten als Bezugnahmen auf die vorliegende Verordnung und sind nach Maßgabe der Entsprechungstabelle in Anhang III zu lesen.

Art. 212 Inkrafttreten. *[1]* ¹Diese Verordnung tritt am zwanzigsten Tag nach ihrer Veröffentlichung[1)] im *Amtsblatt der Europäischen Union* in Kraft.

[2] Sie gilt ab dem 1. Oktober 2017.

[3] Diese Verordnung ist in allen ihren Teilen verbindlich und gilt unmittelbar in jedem Mitgliedstaat.

Geschehen zu Straßburg am 14. Juni 2017.

Im Namen des Europäischen Parlaments
Der Präsident
A. Tajani

Im Namen des Rates
Die Präsidentin
H. Dalli

[1)] Veröffentlicht am 16.6.2017.

Anhang I.
Höhe der Gebühren

A. Die im Rahmen dieser Verordnung an das Amt zu entrichtenden Gebühren sind folgende (in Euro):

1. Grundgebühr für die Anmeldung einer Unionsmarke (Artikel 31 Absatz 2):
   1 000 EUR

2. Grundgebühr für die elektronische Anmeldung einer Unionsmarke (Artikel 31 Absatz 2):
   850 EUR

3. Gebühr für die zweite Waren- und Dienstleistungsklasse für eine Unionsmarke (Artikel 31 Absatz 2):
   50 EUR

4. Gebühr für jede Waren- und Dienstleistungsklasse ab der dritten Klasse für eine Unionsmarke (Artikel 31 Absatz 2):
   150 EUR

5. Grundgebühr für die Anmeldung einer Unionskollektivmarke oder einer Unionsgewährleistungsmarke (Artikel 31 Absatz 2 und Artikel 74 Absatz 3 oder Artikel 83 Absatz 3):
   1 800 EUR

6. Grundgebühr für die elektronische Anmeldung einer Unionskollektivmarke oder einer Unionsgewährleistungsmarke (Artikel 31 Absatz 2 und Artikel 74 Absatz 3 oder Artikel 83 Absatz 3):
   1 500 EUR

7. Gebühr für die zweite Waren- und Dienstleistungsklasse für eine Unionskollektivmarke oder eine Unionsgewährleistungsmarke (Artikel 31 Absatz 2 und Artikel 74 Absatz 3 oder Artikel 83 Absatz 3):
   50 EUR

8. Gebühr für jede Waren- und Dienstleistungsklasse ab der dritten Klasse für eine Unionskollektivmarke oder eine Unionsgewährleistungsmarke (Artikel 31 Absatz 2 und Artikel 74 Absatz 3 oder Artikel 83 Absatz 3):
   150 EUR

9. Recherchegebühr für die Anmeldung einer Unionsmarke (Artikel 43 Absatz 2) oder für eine internationale Registrierung, in der die Union benannt ist (Artikel 43 Absatz 2 und Artikel 195 Absatz 2):
   12 EUR, multipliziert mit der Zahl der Zentralbehörden für den gewerblichen Rechtsschutz in Artikel 43 Absatz 2; dieser Betrag und seine späteren Anpassungen werden vom Amt im Amtsblatt des Amtes veröffentlicht.

10. Widerspruchsgebühr (Artikel 46 Absatz 3):
    320 EUR

11. Grundgebühr für die Verlängerung einer Unionsmarke (Artikel 53 Absatz 3):
    1 000 EUR

12. Grundgebühr für die elektronische Verlängerung einer Unionsmarke (Artikel 53 Absatz 3):
    850 EUR

13. Gebühr für die Verlängerung der zweiten Waren- und Dienstleistungsklasse für eine Unionsmarke (Artikel 53 Absatz 3):
50 EUR
14. Gebühr für die Verlängerung jeder Waren- und Dienstleistungsklasse ab der dritten Klasse für eine Unionsmarke (Artikel 53 Absatz 3):
150 EUR
15. Grundgebühr für die Verlängerung einer Unionskollektivmarke oder einer Unionsgewährleistungsmarke (Artikel 53 Absatz 3 und Artikel 74 Absatz 3 oder Artikel 83 Absatz 3):
1 800 EUR
16. Grundgebühr für die elektronische Verlängerung einer Unionskollektivmarke oder einer Unionsgewährleistungsmarke (Artikel 53 Absatz 3 und Artikel 74 Absatz 3 oder Artikel 83 Absatz 3):
1 500 EUR
17. Gebühr für die Verlängerung der zweiten Waren- und Dienstleistungsklasse für eine Unionskollektivmarke oder eine Unionsgewährleistungsmarke (Artikel 53 Absatz 3 und Artikel 74 Absatz 3 oder Artikel 83 Absatz 3):
50 EUR
18. Gebühr für die Verlängerung jeder Waren- und Dienstleistungsklasse ab der dritten Klasse für eine Unionskollektivmarke oder eine Unionsgewährleistungsmarke (Artikel 53 Absatz 3 und Artikel 74 Absatz 3 oder Artikel 83 Absatz 3):
150 EUR
19. Zusätzliche Gebühr für die verspätete Zahlung der Verlängerungsgebühr oder für die verspätete Einreichung des Antrags auf Verlängerung (Artikel 53 Absatz 3):
25 % der verspäteten Verlängerungsgebühr, jedoch höchstens 1 500 EUR
20. Gebühr für den Antrag auf Erklärung des Verfalls oder der Nichtigkeit (Artikel 63 Absatz 2):
630 EUR
21. Beschwerdegebühr (Artikel 68 Absatz 1):
720 EUR
22. Gebühr für den Antrag auf Wiedereinsetzung in den vorigen Stand (Artikel 104 Absatz 3):
200 EUR
23. Gebühr für den Antrag auf Umwandlung einer Anmeldung einer Unionsmarke oder einer Unionsmarke (Artikel 140 Absatz 1, auch in Verbindung mit Artikel 202 Absatz 1)
a) in eine Anmeldung für eine nationale Marke,
b) in eine Benennung von Mitgliedstaaten nach dem Madrider Protokoll:
200 EUR
24. Weiterbehandlungsgebühr (Artikel 105 Absatz 1):
400 EUR
25. Gebühr für die Teilungserklärung einer eingetragenen Unionsmarke (Artikel 56 Absatz 4) oder einer Anmeldung für eine Unionsmarke (Artikel 50 Absatz 3):

Unionsmarke Anh. I VO (EU) 2017/1001

250 EUR
26. Gebühr für den Antrag auf Eintragung einer Lizenz oder eines anderen Rechts an einer eingetragenen Unionsmarke (Artikel 26 Absatz 2) oder einer Anmeldung für eine Unionsmarke (Artikel 26 Absatz 2):
    a) Erteilung einer Lizenz
    b) Übertragung einer Lizenz
    c) Begründung eines dinglichen Rechts
    d) Übertragung eines dinglichen Rechts
    e) Zwangsvollstreckung
    200 EUR pro Eintragung, aber, wenn mehrere Anträge gebündelt oder gleichzeitig eingereicht werden, insgesamt höchstens 1 000 EUR
27. Gebühr für die Löschung der Eintragung einer Lizenz oder eines anderen Rechts (Artikel 29 Absatz 3):
    200 EUR pro Löschung, aber, wenn mehrere Anträge gebündelt oder gleichzeitig eingereicht werden, insgesamt höchstens 1 000 EUR
28. Gebühr für die Änderung einer eingetragenen Unionsmarke (Artikel 54 Absatz 4):
    200 EUR
29. Gebühr für die Ausstellung einer Kopie der Anmeldung für eine Unionsmarke (Artikel 114 Absatz 7), einer Kopie der Bescheinigung der Eintragung (Artikel 51 Absatz 2) oder eines Auszugs aus dem Register (Artikel 111 Absatz 7):
    a) nicht beglaubigte Kopie oder Auszug:
    10 EUR
    b) beglaubigte Kopie oder Auszug:
    30 EUR
30. Gebühr für die Einsicht in die Akten (Artikel 114 Absatz 6):
    30 EUR
31. Gebühr für die Ausstellung von Kopien von Dokumenten aus einer Akte (Artikel 114 Absatz 7):
    a) nicht beglaubigte Kopie:
    10 EUR
    b) beglaubigte Kopie:
    30 EUR
    bei mehr als 10 Seiten, pro Seite:
    1 EUR
32. Gebühr für Aktenauskunft (Artikel 114 Absatz 9):
    10 EUR
33. Gebühr für die Überprüfung der Festsetzung zu erstattender Verfahrenskosten (Artikel 109 Absatz 8).
    100 EUR
34. Gebühr für die Einreichung einer Internationalen Anmeldung beim Amt (Artikel 184 Absatz 4):
    300 EUR
B. An das Internationale Büro zu entrichtende Gebühren
    I. Individuelle Gebühr für eine internationale Registrierung, in der die Union benannt ist

1. Für einen Antrag auf eine internationale Registrierung, in der die Union benannt ist, ist an das Internationale Büro eine individuelle Gebühr gemäß Artikel 8 Absatz 7 des Madrider Protokolls für die Benennung der Union zu entrichten.

2. Der Inhaber einer internationalen Registrierung, der einen Antrag auf territoriale Ausdehnung des Schutzes im Anschluss an die internationale Registrierung stellt, in dem die Union benannt ist, hat an das Internationale Büro eine individuelle Gebühr gemäß Artikel 8 Absatz 7 des Madrider Protokolls für die Benennung der Union zu entrichten.

3. Die unter B.I.1 oder B.I.2 genannten Gebühren sind in Schweizer Franken zu entrichten und entsprechen dem Gegenwert der folgenden vom Generaldirektor der WIPO gemäß Regel 35 Absatz 2 der Gemeinsamen Ausführungsordnung zum Madrider Abkommen und zum Madrider Protokoll festgelegten Beträge:

    a) für eine Marke: 820 EUR, gegebenenfalls zuzüglich 50 EUR für die zweite Waren- und Dienstleistungsklasse und 150 EUR für jede Waren- und Dienstleistungsklasse in der internationalen Registrierung ab der dritten Klasse;

    b) für eine Kollektivmarke oder eine Gewährleistungsmarke: 1 400 EUR, gegebenenfalls zuzüglich 50 EUR für die zweite Waren- und Dienstleistungsklasse und 150 EUR für jede Waren- und Dienstleistungsklasse ab der dritten Klasse.

II. Individuelle Gebühr für die Verlängerung einer internationalen Registrierung, in der die Union benannt ist

1. Der Inhaber einer internationalen Registrierung, in der die Union benannt ist, hat als Teil der Gebühren für die Verlängerung an das Internationale Büro eine individuelle Gebühr gemäß Artikel 8 Absatz 7 des Madrider Protokolls für die Benennung der Union zu entrichten.

2. Die unter B.II.1 genannten Gebühren sind in Schweizer Franken zu entrichten und entsprechen dem Gegenwert der folgenden vom Generaldirektor der WIPO gemäß Regel 35 Absatz 2 der Gemeinsamen Ausführungsordnung zum Madrider Abkommen und zum Madrider Protokoll festgelegten Beträge:

    a) für eine Marke: 820 EUR, gegebenenfalls zuzüglich 50 EUR für die zweite Waren- und Dienstleistungsklasse und 150 EUR für jede Waren- und Dienstleistungsklasse in der internationalen Registrierung ab der dritten Klasse;

    b) für eine Kollektivmarke oder eine Gewährleistungsmarke: 1 400 EUR, gegebenenfalls zuzüglich 50 EUR für die zweite Waren- und Dienstleistungsklasse und 150 EUR für jede Waren- und Dienstleistungsklasse in der internationalen Registrierung ab der dritten Klasse.

Anhang II.
Aufgehobene Verordnung mit ihren nachfolgenden Änderungen

Verordnung (EG) Nr. 207/2009 des Rates (ABl. L 78 vom 24.3.2009, S. 1)
  Beitrittsakte von 2012, Anhang III, Nummer 2.I
  Verordnung (EU) Nr. 2015/2424 des Europaparlaments und des Rates (ABl. L 341 vom 24.12.2015, S. 21) — Nur Artikel 1

Anhang III.
Entsprechungstabelle

Verordnung (EG) Nr. 207/2009	Vorliegende Verordnung
Artikel 1 bis 7	Artikel 1 bis 7
Artikel 8 Absätze 1 bis 4	Artikel 8 Absätze 1 bis 4
Artikel 8 Absatz 4a	Artikel 8 Absatz 6
Artikel 8 Absatz 5	Artikel 8 Absatz 5
Artikel 9	Artikel 9
Artikel 9a	Artikel 10
Artikel 9b	Artikel 11
Artikel 10	Artikel 12
Artikel 11	Artikel 13
Artikel 12	Artikel 14
Artikel 13	Artikel 15
Artikel 13a	Artikel 16
Artikel 14	Artikel 17
Artikel 15	Artikel 18
Artikel 16	Artikel 19
Artikel 17 Absätze 1, 2 und 3	Artikel 20 Absätze 1, 2 und 3
Artikel 17 Absatz 5	Artikel 20 Absatz 4
Artikel 17 Absatz 5a	Artikel 20 Absatz 5
Artikel 17 Absatz 5b	Artikel 20 Absatz 6
Artikel 17 Absatz 5c	Artikel 20 Absatz 7
Artikel 17 Absatz 5d	Artikel 20 Absatz 8
Artikel 17 Absatz 5e	Artikel 20 Absatz 9
Artikel 17 Absatz 5f	Artikel 20 Absatz 10
Artikel 17 Absatz 6	Artikel 20 Absatz 11
Artikel 17 Absatz 7	Artikel 20 Absatz 12
Artikel 17 Absatz 8	Artikel 20 Absatz 13
Artikel 18	Artikel 21
Artikel 19	Artikel 22
Artikel 20	Artikel 23
Artikel 21	Artikel 24
Artikel 22	Artikel 25
Artikel 22a	Artikel 26

Verordnung (EG) Nr. 207/2009	Vorliegende Verordnung
Artikel 23	Artikel 27
Artikel 24	Artikel 28
Artikel 24a	Artikel 29
Artikel 25	Artikel 30
Artikel 26	Artikel 31
Artikel 27	Artikel 32
Artikel 28	Artikel 33
Artikel 29	Artikel 34
Artikel 30	Artikel 35
Artikel 31	Artikel 36
Artikel 32	Artikel 37
Artikel 33	Artikel 38
Artikel 34 Absatz 1	Artikel 39 Absatz 1
Artikel 34 Absatz 1a	Artikel 39 Absatz 2
Artikel 34 Absatz 2	Artikel 39 Absatz 3
Artikel 34 Absatz 3	Artikel 39 Absatz 4
Artikel 34 Absatz 4	Artikel 39 Absatz 5
Artikel 34 Absatz 5	Artikel 39 Absatz 6
Artikel 34 Absatz 6	Artikel 39 Absatz 7
Artikel 35	Artikel 40
Artikel 36	Artikel 41
Artikel 37 Absatz 1	Artikel 42 Absatz 1
Artikel 37 Absatz 3	Artikel 42 Absatz 2
Artikel 38	Artikel 43
Artikel 39	Artikel 44
Artikel 40	Artikel 45
Artikel 41	Artikel 46
Artikel 42	Artikel 47
Artikel 42a	Artikel 48
Artikel 43	Artikel 49
Artikel 44 Absätze 1 und 2	Artikel 50 Absätze 1 und 2
Artikel 44 Absatz 4	Artikel 50 Absatz 3
Artikel 44 Absatz 4a	Artikel 50 Absatz 4
Artikel 44 Absätze 5 bis 9	Artikel 50 Absätze 5 bis 9
Artikel 45	Artikel 51
Artikel 46	Artikel 52
Artikel 47	Artikel 53
Artikel 48	Artikel 54
Artikel 48a	Artikel 55
Artikel 49	Artikel 56

Verordnung (EG) Nr. 207/2009	Vorliegende Verordnung
Artikel 50	Artikel 57
Artikel 51	Artikel 58
Artikel 52	Artikel 59
Artikel 53	Artikel 60
Artikel 54	Artikel 61
Artikel 55	Artikel 62
Artikel 56	Artikel 63
Artikel 57	Artikel 64
Artikel 57a	Artikel 65
Artikel 58	Artikel 66
Artikel 59	Artikel 67
Artikel 60	Artikel 68
Artikel 61	Artikel 69
Artikel 63	Artikel 70
Artikel 64	Artikel 71
Artikel 65	Artikel 72
Artikel 65a	Artikel 73
Artikel 66	Artikel 74
Artikel 67	Artikel 75
Artikel 68	Artikel 76
Artikel 69	Artikel 77
Artikel 70	Artikel 78
Artikel 71	Artikel 79
Artikel 72	Artikel 80
Artikel 73	Artikel 81
Artikel 74	Artikel 82
Artikel 74a	Artikel 83
Artikel 74b	Artikel 84
Artikel 74c	Artikel 85
Artikel 74d	Artikel 86
Artikel 74e	Artikel 87
Artikel 74f	Artikel 88
Artikel 74g	Artikel 89
Artikel 74h	Artikel 90
Artikel 74i	Artikel 91
Artikel 74j	Artikel 92
Artikel 74k	Artikel 93
Artikel 75	Artikel 94
Artikel 76	Artikel 95
Artikel 77	Artikel 96

Verordnung (EG) Nr. 207/2009	Vorliegende Verordnung
Artikel 78	Artikel 97
Artikel 79	Artikel 98
Artikel 79a	Artikel 99
Artikel 79b	Artikel 100
Artikel 79c	Artikel 101
Artikel 79d	Artikel 102
Artikel 80	Artikel 103
Artikel 81	Artikel 104
Artikel 82	Artikel 105
Artikel 82a	Artikel 106
Artikel 83	Artikel 107
Artikel 84	Artikel 108
Artikel 85 Absatz 1	Artikel 109 Absatz 1
Artikel 85 Absatz 1a	Artikel 109 Absatz 2
Artikel 85 Absatz 2	Artikel 109 Absatz 3
Artikel 85 Absatz 3	Artikel 109 Absatz 4
Artikel 85 Absatz 4	Artikel 109 Absatz 5
Artikel 85 Absatz 5	Artikel 109 Absatz 6
Artikel 85 Absatz 6	Artikel 109 Absatz 7
Artikel 85 Absatz 7	Artikel 109 Absatz 8
Artikel 86	Artikel 110
Artikel 87	Artikel 111
Artikel 87a	Artikel 112
Artikel 87b	Artikel 113
Artikel 88	Artikel 114
Artikel 88a	Artikel 115
Artikel 89	Artikel 116
Artikel 90	Artikel 117
Artikel 91	Artikel 118
Artikel 92	Artikel 119
Artikel 93	Artikel 120
Artikel 93a	Artikel 121
Artikel 94	Artikel 122
Artikel 95 Absatz 1	Artikel 123 Absatz 1
Artikel 95 Absatz 2	–
Artikel 95 Absatz 3	Artikel 123 Absatz 2
Artikel 95 Absatz 4	Artikel 123 Absatz 3
Artikel 95 Absatz 5	–
Artikel 96	Artikel 124
Artikel 97	Artikel 125

Verordnung (EG) Nr. 207/2009	Vorliegende Verordnung
Artikel 98	Artikel 126
Artikel 99	Artikel 127
Artikel 100	Artikel 128
Artikel 101	Artikel 129
Artikel 102	Artikel 130
Artikel 103	Artikel 131
Artikel 104	Artikel 132
Artikel 105	Artikel 133
Artikel 106	Artikel 134
Artikel 107	Artikel 135
Artikel 109	Artikel 136
Artikel 110	Artikel 137
Artikel 111	Artikel 138
Artikel 112	Artikel 139
Artikel 113	Artikel 140
Artikel 114	Artikel 141
Artikel 115	Artikel 142
Artikel 116	Artikel 143
Artikel 117	Artikel 144
Artikel 118	Artikel 145
Artikel 119 Absätze 1 bis 5	Artikel 146 Absätze 1 bis 5
Artikel 119 Absatz 5a	Artikel 146 Absatz 6
Artikel 119 Absatz 6	Artikel 146 Absatz 7
Artikel 119 Absatz 7	Artikel 146 Absatz 8
Artikel 119 Absatz 8	Artikel 146 Absatz 9
Artikel 119 Absatz 9	Artikel 146 Absatz 10
Artikel 119 Absatz 10	Artikel 146 Absatz 11
Artikel 120	Artikel 147
Artikel 121	Artikel 148
Artikel 123	Artikel 149
Artikel 123a	Artikel 150
Artikel 123b	Artikel 151
Artikel 123c	Artikel 152
Artikel 124	Artikel 153
Artikel 125	Artikel 154
Artikel 126	Artikel 155
Artikel 127	Artikel 156
Artikel 128	Artikel 157
Artikel 129	Artikel 158
Artikel 130	Artikel 159

Verordnung (EG) Nr. 207/2009	Vorliegende Verordnung
Artikel 131	Artikel 160
Artikel 132	Artikel 161
Artikel 133	Artikel 162
Artikel 134	Artikel 163
Artikel 134a	Artikel 164
Artikel 135	Artikel 165
Artikel 136	Artikel 166
Artikel 136a	Artikel 167
Artikel 136b	Artikel 168
Artikel 137	Artikel 169
Artikel 137a	Artikel 170
Artikel 138	Artikel 171
Artikel 139	Artikel 172
Artikel 140	Artikel 173
Artikel 141	Artikel 174
Artikel 141a	Artikel 175
Artikel 142	Artikel 176
Artikel 143	Artikel 177
Artikel 144	Artikel 178
Artikel 144a	Artikel 179
Artikel 144b	Artikel 180
Artikel 144c	Artikel 181
Artikel 145	Artikel 182
Artikel 146	Artikel 183
Artikel 147	Artikel 184
Artikel 148	Artikel 185
Artikel 148a	Artikel 186
Artikel 149	Artikel 187
Artikel 150	Artikel 188
Artikel 151	Artikel 189
Artikel 152	Artikel 190
Artikel 153	Artikel 191
Artikel 153a	Artikel 192
Artikel 154	Artikel 193
Artikel 154a	Artikel 194
Artikel 155	Artikel 195
Artikel 156	Artikel 196
Artikel 157	Artikel 197
Artikel 158	Artikel 198
Artikel 158a	Artikel 199

Verordnung (EG) Nr. 207/2009	Vorliegende Verordnung
Artikel 158b	Artikel 200
Artikel 158c	Artikel 201
Artikel 159	Artikel 202
Artikel 160	Artikel 203
Artikel 161	Artikel 204
Artikel 161a	Artikel 205
Artikel 161b	Artikel 206
Artikel 163	Artikel 207
Artikel 163a Absatz 1	Artikel 208 Absatz 1
Artikel 163a Absatz 2 erster Satz	Artikel 208 Absatz 2
Artikel 163a Absatz 2 zweiter Satz	Artikel 208 Absatz 4
Artikel 163a Absatz 3	Artikel 208 Absatz 3
Artikel 163a Absatz 4	Artikel 208 Absatz 5
Artikel 163a Absatz 5	Artikel 208 Absatz 6
Artikel 165	Artikel 209
Artikel 165a	Artikel 210
Artikel 166	Artikel 211
Artikel 167	Artikel 212
Anhang -I	Anhang I
Anhang I	Anhang II
Anhang II	Anhang III

13. Richtlinie (EU) 2015/2436 des Europäischen Parlaments und des Rates vom 16. Dezember 2015 zur Angleichung der Rechtsvorschriften der Mitgliedstaaten über die Marken

(Neufassung) (Text von Bedeutung für den EWR)

(ABl. L 336 S. 1, ber. ABl. 2016 L 110 S. 6)

Celex-Nr. 3 2015 L 2436

DAS EUROPÄISCHE PARLAMENT UND DER RAT DER EUROPÄISCHEN UNION –

gestützt auf den Vertrag über die Arbeitsweise der Europäischen Union, insbesondere auf Artikel 114 Absatz 1,

auf Vorschlag der Europäischen Kommission,

nach Zuleitung des Entwurfs des Gesetzgebungsakts an die nationalen Parlamente,

nach Stellungnahme des Europäischen Wirtschafts- und Sozialausschusses[1],

gemäß dem ordentlichen Gesetzgebungsverfahren[2],

in Erwägung nachstehender Gründe:

(1) Die Richtlinie 2008/95/EG des Europäischen Parlaments und des Rates[3] sollte in einigen Punkten geändert werden. Aus Gründen der Klarheit empfiehlt sich eine Neufassung der Richtlinie.

(2) Die Richtlinie 2008/95/EG hat zentrale Bestimmungen des materiellen Markenrechts angeglichen, von denen man bei Erlass der Richtlinie annahm, dass sie den freien Waren- und Dienstleistungsverkehr in der Union behindern und sich so unmittelbar auf die Funktionsweise des Binnenmarkts auswirken würden.

(3) Der Markenrechtsschutz in den Mitgliedstaaten existiert neben dem auf Unionsebene bestehenden Rechtsschutz für die Marke der Europäischen Union (im Folgenden „Unionsmarke"), der gemäß der Verordnung (EG) Nr. 207/2009 des Rates[4] einheitlich und unionsweit gültig ist. Die Koexistenz und Ausgewogenheit der Markenrechtssysteme auf nationaler und Unionsebene ist fester Bestandteil der Strategie, die die Union im Bereich des gewerblichen Rechtsschutzes verfolgt.

(4) Im Anschluss an ihre Mitteilung über eine europäische Strategie für gewerbliche Schutzrechte vom 16. Juli 2008 hat die Kommission die Markenrechtssysteme in Europa umfassend untersucht und ihre allgemeine

---

[1] **Amtl. Anm.:** ABl. C 327 vom 12.11.2013, S. 42.
[2] **Amtl. Anm.:** Standpunkt des Europäischen Parlaments vom 25. Februar 2014 (noch nicht im Amtsblatt veröffentlicht) und Standpunkt des Rates in erster Lesung vom 10. November 2015 (noch nicht im Amtsblatt veröffentlicht). Standpunkt des Europäischen Parlaments vom 15. Dezember 2015.
[3] **Amtl. Anm.:** Richtlinie 2008/95/EG des Europäischen Parlaments und des Rates vom 22. Oktober 2008 zur Angleichung der Rechtsvorschriften der Mitgliedstaaten über die Marken (ABl. L 299 vom 8.11.2008, S. 25).
[4] **Amtl. Anm.:** Verordnung (EG) Nr. 207/2009 des Rates vom 26. Februar 2009 über die Unionsmarke (ABl. L 78 vom 24.3.2009, S. 1).

Funktionsweise auf Unionsebene und nationaler Ebene sowie deren Verhältnis untereinander bewertet.

(5) In seinen Schlussfolgerungen vom 25. Mai 2010 zur künftigen Überarbeitung des Markensystems in der Europäischen Union forderte der Rat die Kommission auf, Vorschläge für die Überarbeitung der Verordnung (EG) Nr. 207/2009 und der Richtlinie 2008/95/EG zu unterbreiten. Bei der Überarbeitung der Richtlinie sollte auf eine bessere Abstimmung mit der Verordnung (EG) Nr. 207/2009 geachtet werden, was die Diskrepanzen innerhalb des Markensystems in ganz Europa verringern und gleichzeitig den Schutz nationaler Marken als attraktive Option für die Anmelder aufrechterhalten würde. In diesem Zusammenhang sollte die komplementäre Beziehung zwischen dem Markensystem der Union und den nationalen Markensystemen sichergestellt werden.

(6) Die Kommission kam in ihrer Mitteilung vom 24. Mai 2011„Ein Binnenmarkt für die Rechte des geistigen Eigentums" zu dem Schluss, dass das europäische Markensystem modernisiert und an das Zeitalter des Internets angepasst werden muss, um den steigenden Erwartungen der Nutzer an schnellere, bessere, leistungsfähigere und rationellere Eintragungsverfahren zu entsprechen, die auch besser aufeinander abgestimmt, benutzerfreundlich, technologisch auf dem neuesten Stand und öffentlich zugänglich sind.

(7) Im Zuge des Konsultations- und Evaluierungsprozesses zur Vorbereitung dieser Richtlinie hat sich gezeigt, dass es trotz der bisherigen Teilharmonisierung des einzelstaatlichen Markenrechts noch Bereiche gibt, in denen eine weitere Harmonisierung positive Auswirkungen auf Wettbewerbsfähigkeit und Wachstum haben könnte.

(8) Im Interesse eines gut funktionierenden Binnenmarkts sowie eines einfacheren Erwerbs und Schutzes von Marken in der Union zur Förderung des Wachstums und der Wettbewerbsfähigkeit der europäischen Unternehmen, insbesondere der kleinen und mittleren Unternehmen, ist es erforderlich, über die beschränkte Rechtsangleichung, die mit der Richtlinie 2008/95/EG erreicht wurde, hinauszugehen und andere Aspekte des materiellen Markenrechts zu erfassen, das für Marken gilt, die gemäß der Verordnung (EG) Nr. 207/2009 geschützt sind.

(9) Wenn die Eintragung und Verwaltung von Marken unionsweit erleichtert werden soll, muss nicht nur das materielle Recht, sondern auch das Verfahrensrecht angeglichen werden. Deshalb sollten die wichtigsten Verfahrensvorschriften im Bereich der Markeneintragung in den Mitgliedstaaten und im Markensystem der Union angeglichen werden. In Bezug auf die einzelstaatlichen Verfahren reicht es aus, allgemeine Grundsätze festzulegen, die es den Mitgliedstaaten gestatten, diese durch konkretere Regelungen auszugestalten.

(10) Es muss unbedingt gewährleistet sein, dass eingetragene Marken im Recht aller Mitgliedstaaten einen einheitlichen Schutz genießen. Entsprechend dem umfassenden Schutz, der in der Union bekannten Unionsmarken gewährt wird, sollten alle eingetragenen Marken, die in einem Mitgliedstaat bekannt sind, auf einzelstaatlicher Ebene einen solchen Schutz genießen.

(11) Die vorliegende Richtlinie sollte den Mitgliedstaaten das Recht belassen, die durch Benutzung erworbenen Marken weiterhin zu schützen; diese

Marken sollten lediglich in ihrer Beziehung zu den durch Eintragung erworbenen Marken berücksichtigt werden.

(12) Die Verwirklichung der Ziele dieser Angleichung setzt voraus, dass für den Erwerb und die Aufrechterhaltung einer eingetragenen Marke in allen Mitgliedstaaten grundsätzlich gleiche Bedingungen gelten.

(13) Zu diesem Zweck muss eine Beispielliste der Zeichen erstellt werden, die geeignet sind, Waren oder Dienstleistungen eines Unternehmens von denjenigen anderer Unternehmen zu unterscheiden, und die somit eine Marke darstellen können. Um die mit den Markeneintragungsverfahren verfolgten Ziele, nämlich Rechtssicherheit und ordnungsgemäße Verwaltung, zu erreichen, muss das Zeichen in eindeutiger, präziser, in sich abgeschlossener, leicht zugänglicher, verständlicher, dauerhafter und objektiver Weise darstellbar sein. Ein Zeichen sollte daher in jeder geeigneten Form unter Verwendung allgemein zugänglicher Technologie dargestellt werden dürfen und damit nicht notwendigerweise mit grafischen Mitteln, solange die Darstellung mit Mitteln erfolgt, die ausreichende Garantien bieten.

(14) Die Eintragungshindernisse und Nichtigkeitsgründe betreffend die Marke selbst, wie fehlende Unterscheidungskraft, oder betreffend Kollisionen der Marke mit älteren Rechten sollten erschöpfend aufgeführt werden, selbst wenn einige dieser Gründe für die Mitgliedstaaten fakultativ aufgeführt sind und es diesen folglich freisteht, diese in ihren Rechtsvorschriften beizubehalten oder dort aufzunehmen.

(15) Um zu gewährleisten, dass der Schutz, den geografische Angaben aufgrund des nationalen Rechts und des Unionsrechts genießen, bei der Prüfung absoluter und relativer Eintragungshindernisse in der Union einheitlich und umfassend zum Tragen kommt, sollten in diese Richtlinie dieselben Bestimmungen zu geografischen Angaben aufgenommen werden wie in der Verordnung (EG) Nr. 207/2009. Des Weiteren sollte sichergestellt werden, dass der Geltungsbereich der absoluten Hindernisse auch auf geschützte traditionelle Bezeichnungen für Weine und garantiert traditionelle Spezialitäten ausgedehnt wird.

(16) Der durch die eingetragene Marke gewährte Schutz, der insbesondere die Herkunftsfunktion der Marke gewährleisten sollte, sollte im Falle der Identität zwischen der Marke und dem zugehörigen Zeichen und den Waren oder Dienstleistungen absolut sein. Der Schutz sollte sich ebenfalls auf Fälle der Ähnlichkeit von Zeichen und Marke und der jeweiligen Waren oder Dienstleistungen erstrecken. Es ist unbedingt erforderlich, den Begriff der Ähnlichkeit im Hinblick auf die Verwechslungsgefahr auszulegen. Die Verwechslungsgefahr sollte die spezifische Voraussetzung für den Schutz darstellen; ob sie vorliegt, hängt von einer Vielzahl von Umständen ab, insbesondere dem Bekanntheitsgrad der Marke im Markt, der gedanklichen Verbindung, die das benutzte oder eingetragene Zeichen zu ihr hervorrufen kann, sowie dem Grad der Ähnlichkeit zwischen der Marke und dem Zeichen und zwischen den damit gekennzeichneten Waren oder Dienstleistungen. Bestimmungen über die Art und Weise der Feststellung einer Verwechslungsgefahr, insbesondere über die diesbezügliche Beweislast, sollten Sache nationaler Verfahrensregeln sein, die von dieser Richtlinie nicht berührt werden sollten.

(17) Zur Gewährleistung der Rechtssicherheit und der vollen Übereinstimmung mit dem Prioritätsgrundsatz, demzufolge eine eingetragene ältere

Marke Vorrang vor einer später eingetragenen Marke genießt, muss vorgesehen werden, dass die Durchsetzung von Rechten aus einer Marke die Rechte, die Markeninhaber vor dem Anmelde- oder Prioritätstag der Marke erworben haben, nicht beeinträchtigt. Dieses Vorgehen steht in Einklang mit Artikel 16 Absatz 1 des Übereinkommens über handelsbezogene Aspekte der Rechte des geistigen Eigentums vom 15. April 1994 (im Folgenden „TRIPS-Übereinkommen").

(18) Es ist sachgerecht, als Voraussetzung für eine Markenrechtsverletzung vorzusehen, dass die rechtsverletzende Marke oder das rechtsverletzende Zeichen im Geschäftsverkehr zur Unterscheidung von Waren oder Dienstleistungen benutzt wird. Für die Benutzung eines Zeichens für andere Zwecke als die Unterscheidung von Waren oder Dienstleistungen sollte das einzelstaatliche Recht maßgebend sein.

(19) Als Verletzung einer Marke sollte auch die Benutzung eines Zeichens als Handelsname oder ähnliche Bezeichnung gelten, solange eine solche Benutzung der Unterscheidung von Waren oder Dienstleistungen dient.

(20) Um Rechtssicherheit und volle Übereinstimmung mit spezifischen Unionsvorschriften zu gewährleisten, sollte der Markeninhaber einem Dritten die Benutzung eines Zeichens in der vergleichenden Werbung untersagen können, wenn diese vergleichende Werbung gegen die Richtlinie 2006/114/EG[1]) des Europäischen Parlaments und des Rates[2]) verstößt.

(21) Um den Markenschutz zu stärken und wirksamer gegen Produktpiraterie vorzugehen, und im Einklang mit den internationalen Verpflichtungen der Mitgliedstaaten gemäß dem Rahmen der Welthandelsorganisation (WTO), insbesondere Artikel V des Allgemeinen Zoll- und Handelsabkommens (GATT) über die Freiheit der Durchfuhr sowie, bezüglich Generika, der auf der WTO-Ministerkonferenz in Doha am 14. November 2001 angenommenen „Erklärung über das TRIPS-Übereinkommen und die öffentliche Gesundheit" sollte der Inhaber einer Marke Dritten verbieten können, im geschäftlichen Verkehr Waren in den Mitgliedstaat, in dem die Marke eingetragen ist, zu verbringen, ohne diese in den zollrechtlich freien Verkehr zu überführen, wenn die Waren aus Drittstaaten stammen und ohne Zustimmung eine Marke aufweisen, die mit der für derartige Waren eingetragenen Marke identisch oder im Wesentlichen identisch ist.

(22) Hierzu sollte es für Markeninhaber erlaubt sein, die Einfuhr rechtsverletzender Waren und ihre Überführung in alle zollrechtlichen Situationen, einschließlich insbesondere Durchfuhr, Umladung, Lagerung, Freizonen, vorübergehende Verwahrung, aktive Veredelung oder vorübergehende Verwendung, zu verhindern, und zwar auch dann, wenn diese Waren nicht dazu bestimmt sind, in dem betreffenden Mitgliedstaat in Verkehr gebracht zu werden. Bei der Durchführung der Zollkontrollen sollten die Zollbehörden die in der Verordnung (EU) Nr. 608/2013 des Europäischen Parlaments und des Rates[3]) vorgesehenen Befugnisse und Verfahren, auch

---

[1]) Nr. **6**.
[2]) **Amtl. Anm.:** Richtlinie 2006/114/EG des Europäischen Parlaments und des Rates vom 12. Dezember 2006 über irreführende und vergleichende Werbung (ABl. L 376 vom 27.12.2006, S. 21).
[3]) **Amtl. Anm.:** Verordnung (EU) Nr. 608/2013 des Europäischen Parlaments und des Rates vom 12. Juni 2013 zur Durchsetzung der Rechte geistigen Eigentums durch die Zollbehörden und zur Aufhebung der Verordnung (EG) Nr. 1383/2003 des Rates (ABl. L 181 vom 29.6.2013, S. 15).

auf Ersuchen der Rechteinhaber, wahrnehmen. Insbesondere sollten die Zollbehörden die einschlägigen Kontrollen anhand von Kriterien der Risikoanalyse durchführen.

(23) Einerseits muss die wirksame Durchsetzung der Markenrechte gewährleistet werden, und andererseits muss vermieden werden, dass der freie Handel mit rechtmäßigen Waren behindert wird; damit dies miteinander in Einklang gebracht werden kann, sollte der Anspruch des Markeninhabers erlöschen, wenn im Zuge des Verfahrens, das vor der für eine Sachentscheidung über eine Verletzung der eingetragenen Marke zuständigen Justiz- oder sonstigen Behörde eingeleitet wurde, der Anmelder oder der Besitzer der Waren in der Lage ist nachzuweisen, dass der Inhaber der eingetragenen Marke nicht berechtigt ist, das Inverkehrbringen der Waren im Endbestimmungsland zu untersagen.

(24) Artikel 28 der Verordnung (EU) Nr. 608/2013 sieht vor, dass ein Rechteinhaber dann für Schäden gegenüber dem Besitzer der Waren haftbar gemacht werden kann, wenn unter anderem in der Folge festgestellt wird, dass die betreffenden Waren kein Recht des geistigen Eigentums verletzen.

(25) Geeignete Maßnahmen sollten ergriffen werden, um eine reibungslose Durchfuhr von Generika sicherzustellen. In Bezug auf internationale Freinamen (INN) als weltweit anerkannte allgemeine Bezeichnungen für Wirkstoffe in pharmazeutischen Zubereitungen muss unbedingt den bestehenden Einschränkungen in Bezug auf die Wirkung von Markenrechten Rechnung getragen werden. Daher sollte der Inhaber einer Marke nicht berechtigt sein, einem Dritten aufgrund von Ähnlichkeiten zwischen dem INN des in dem Arzneimittel enthaltenen Wirkstoffs und der Marke zu untersagen, Waren in einen Mitgliedstaat zu verbringen, in dem die Marke eingetragen ist, ohne die Waren dort in den zollrechtlich freien Verkehr zu überführen.

(26) Damit die Inhaber eingetragener Marken wirksamer gegen Nachahmungen vorgehen können, sollten sie das Anbringen einer rechtsverletzenden Marke auf Waren sowie bestimmte Vorbereitungshandlungen, die vor einem solchen Anbringen ausgeführt werden, untersagen können.

(27) Die ausschließlichen Rechte aus einer Marke sollten deren Inhaber nicht zum Verbot der Benutzung von Zeichen oder Angaben durch Dritte berechtigen, die rechtmäßig und damit im Einklang mit den anständigen Gepflogenheiten in Gewerbe und Handel benutzt werden. Um für Handelsnamen und Marken gleiche Bedingungen zu schaffen, sollte die Benutzung von Handelsnamen, denen regelmäßig unbeschränkter Schutz vor jüngeren Marken eingeräumt wird, nur die Verwendung des Personennamens Dritter einschließen. Diese Benutzung sollte weiterhin die Verwendung von deskriptiven oder nicht unterscheidungskräftigen Zeichen oder Angaben allgemein gestatten. Auch sollte der Markeninhaber nicht berechtigt sein, die rechtmäßige und redliche Benutzung der Marke zum Zwecke der Identifizierung der Waren oder Dienstleistungen als die des Markeninhabers oder des Verweises darauf zu untersagen. Eine Benutzung einer Marke durch Dritte mit dem Ziel, die Verbraucher auf den Wiederverkauf von Originalwaren aufmerksam zu machen, die ursprünglich vom Markeninhaber selbst oder mit dessen Einverständnis in der Union verkauft wurden, sollte als rechtmäßig betrachtet werden, sofern die Benutzung gleichzeitig den anständigen Gepflogenheiten in Gewerbe oder Handel

entspricht. Eine Benutzung einer Marke durch Dritte zu künstlerischen Zwecken sollte als rechtmäßig betrachtet werden, sofern die Benutzung gleichzeitig den anständigen Gepflogenheiten in Gewerbe oder Handel entspricht. Außerdem sollte die vorliegende Richtlinie so angewendet werden, dass den Grundrechten und Grundfreiheiten, insbesondere dem Recht auf freie Meinungsäußerung, in vollem Umfang Rechnung getragen wird.

(28) Aus dem Grundsatz des freien Warenverkehrs folgt, dass der Inhaber der Marke nicht berechtigt sein sollte, einem Dritten deren Benutzung für Waren, die in der Union unter der Marke von ihm oder mit seiner Zustimmung in Verkehr gebracht worden sind, zu untersagen, außer wenn berechtigte Gründe es rechtfertigen, dass der Inhaber sich dem weiteren Vertrieb der Waren widersetzt.

(29) Aus Gründen der Rechtssicherheit muss vorgesehen werden – ohne in die Interessen der Inhaber älterer Marken in unangemessener Weise einzugreifen –, dass diese nicht mehr die Nichtigerklärung einer jüngeren Marke beantragen oder sich deren Benutzung widersetzen können, wenn sie deren Benutzung während einer längeren Zeit geduldet haben, es sei denn, dass die Anmeldung der jüngeren Marke bösgläubig vorgenommen worden ist.

(30) Zur Gewährleistung des Rechtsschutzes und zum Schutz rechtmäßig erworbener Markenrechte ist es angemessen und notwendig, unbeschadet des Grundsatzes, wonach eine jüngere Marke vor einer älteren Marke zurücksteht, vorzusehen, dass Inhaber älterer Marken nicht das Recht haben sollten, die Ablehnung der Eintragung oder die Nichtigerklärung einer jüngeren Marke zu erwirken oder sich der Benutzung der jüngeren Marke zu widersetzen, wenn die jüngere Marke zu einem Zeitpunkt erworben wurde, als die ältere Marke für verfallen oder nichtig erklärt werden konnte, weil sie beispielsweise noch keine Unterscheidungskraft durch Benutzung erlangt hatte, oder zu einem Zeitpunkt, zu dem die ältere Marke gegenüber der jüngeren Marke nicht durchgesetzt werden konnte, weil die hierfür notwendigen Voraussetzungen wie Bekanntheit der älteren Marke nicht gegeben waren.

(31) Marken erfüllen nur dann ihren Zweck, Waren oder Dienstleistungen voneinander zu unterscheiden und Verbrauchern zu sachkundigen Entscheidungen zu verhelfen, wenn sie tatsächlich im Markt benutzt werden. Das Benutzungserfordernis ist auch notwendig, um die Gesamtzahl der in der Union eingetragenen und geschützten Marken und damit die Zahl der zwischen ihnen möglichen Konflikte zu verringern. Es ist daher unbedingt zu fordern, dass eingetragene Marken tatsächlich für die Waren oder Dienstleistungen, für die sie eingetragen sind, benutzt werden oder, wenn sie innerhalb von fünf Jahren nach dem Tag des Abschlusses des Eintragungsverfahrens nicht dafür benutzt werden, für verfallen erklärt werden.

(32) Eine eingetragene Marke sollte infolgedessen nur geschützt werden, soweit sie tatsächlich benutzt wird, mit der Folge, dass eine eingetragene ältere Marke ihren Inhaber nicht dazu berechtigen sollte, gegen die Eintragung einer jüngeren Marke Widerspruch zu erheben oder sie für nichtig erklären zu lassen, wenn er diese Marke nicht ernsthaft benutzt. Die Mitgliedstaaten sollten außerdem vorsehen, dass eine Marke in einem Verletzungsverfahren nicht wirksam geltend gemacht werden kann, wenn im

Wege der Einrede Nachweise erbracht werden, dass die Marke für verfallen erklärt werden könnte oder, wenn eine jüngere Marke Gegenstand des Verfahrens ist, zu dem Zeitpunkt, als die jüngere Marke erworben wurde, für verfallen hätte erklärt werden können.

(33) Wurde für eine Unionsmarke der Zeitrang einer nationalen Marke oder einer mit Wirkung für den Mitgliedstaat international registrierten Marke in Anspruch genommen und wurde auf die den Zeitrang begründende Marke anschließend verzichtet oder ist diese anschließend erloschen, so sollte vorgesehen werden, dass die Gültigkeit der betreffenden Marke weiterhin angefochten werden kann. Eine solche Anfechtung sollte auf Situationen beschränkt werden, in denen die Marke zu dem Zeitpunkt, zu dem sie im Register gelöscht wurde, für verfallen oder für nichtig hätte erklärt werden können.

(34) Aus Gründen der Kohärenz und um die gewerbliche Nutzung von Marken in der Union zu erleichtern, sollten die vermögensrechtlichen Markenvorschriften in angemessenem Umfang den bereits für die Unionsmarke geltenden Vorschriften angeglichen werden und Bestimmungen über Rechtsübertragung und Rechtsübergang, Lizenzvergabe, dingliche Rechte und Zwangsvollstreckungsmaßnahmen umfassen.

(35) Kollektivmarken haben sich als nützliches Werbeinstrument für Waren und Dienstleistungen mit bestimmten gemeinsamen Eigenschaften erwiesen. Es ist deshalb angemessen, auf nationale Kollektivmarken ähnliche Vorschriften wie auf Kollektivmarken der Union anzuwenden.

(36) Um den Zugang zum Markenschutz zu verbessern und die Rechtssicherheit und Berechenbarkeit zu erhöhen, sollte das Verfahren für die Eintragung von Marken in den Mitgliedstaaten effizient und transparent sein und ähnlichen Regeln wie denen folgen, die für Unionsmarken gelten.

(37) Um Rechtssicherheit in Bezug auf den Umfang der Markenrechte zu gewährleisten und den Zugang zum Markenschutz zu erleichtern, sollten für die Bezeichnung und Klassifizierung der Waren und Dienstleistungen, die Gegenstand einer Markenanmeldung sind, in allen Mitgliedstaaten dieselben Regeln gelten, die denen für die Unionsmarke nachgebildet sind. Damit die zuständigen Behörden und die Wirtschaftsteilnehmer den Umfang des beantragten Markenschutzes allein anhand der Anmeldung feststellen können, sollte die Bezeichnung der Waren und Dienstleistungen hinreichend klar und eindeutig sein. Werden allgemeine Ausdrücke verwendet, sollten diese so ausgelegt werden, dass sie nur Waren und Dienstleistungen einschließen, die eindeutig vom Wortsinn erfasst sind. Im Interesse der Klarheit und Rechtssicherheit sollten die Zentralbehörden der Mitgliedstaaten für den gewerblichen Rechtsschutz und das Benelux-Amt für geistiges Eigentum miteinander anstreben, eine Übersicht über ihre jeweiligen Verwaltungspraktiken in Bezug auf die Klassifizierung von Waren und Dienstleistungen zu erstellen.

(38) Im Interesse eines wirksamen Markenschutzes sollten die Mitgliedstaaten ein effizientes administratives Widerspruchsverfahren zur Verfügung stellen, das zumindest dem Inhaber älterer Markenrechte und der gemäß den einschlägigen Rechtsvorschriften zur Ausübung der sich aus einer geschützten Ursprungsbezeichnung oder einer geografischen Angabe ergebenden Rechte berechtigten Person die Möglichkeit gibt, gegen die Eintragung einer Markenanmeldung Widerspruch zu erheben. Darüber

Markenrichtlinie hinaus sollten die Mitgliedstaaten, binnen der längeren Umsetzungsfrist von sieben Jahren, nach Inkrafttreten dieser Richtlinie leistungsfähige Verwaltungsverfahren für die Erklärung des Verfalls oder der Nichtigkeit von Marken vorsehen.

(39) Es ist wünschenswert, dass die Zentralbehörden der Mitgliedstaaten für den gewerblichen Rechtsschutz und das Benelux-Amt für geistiges Eigentum miteinander und mit dem Amt der Europäischen Union für geistiges Eigentum in allen Bereichen der Markeneintragung und -verwaltung zusammenarbeiten, um die Abstimmung von Verfahren und Instrumenten wie die Einrichtung und Pflege gemeinsamer oder vernetzter Datenbanken und Portale zu Abfrage- und Recherchezwecken zu fördern. Die Mitgliedstaaten sollten ferner sicherstellen, dass ihre Markenämter miteinander und mit dem Amt der Europäischen Union für geistiges Eigentum in allen anderen Tätigkeitsbereichen zusammenarbeiten, die für den Markenrechtsschutz in der Union von Belang sind.

(40) Diese Richtlinie sollte nicht ausschließen, dass auf die Marken andere Rechtsvorschriften der Mitgliedstaaten als die des Markenrechts, wie Vorschriften gegen den unlauteren Wettbewerb, über die zivilrechtliche Haftung oder den Verbraucherschutz, Anwendung finden.

(41) Die Mitgliedstaaten sind durch die Pariser Verbandsübereinkunft zum Schutz des gewerblichen Eigentums (im Folgenden „Pariser Verbandsübereinkunft") und durch das TRIPS-Übereinkommen gebunden. Es ist erforderlich, dass sich diese Richtlinie mit der Pariser Verbandsübereinkunft und dem TRIPS-Übereinkommen in vollständiger Übereinstimmung befindet. Die Verpflichtungen der Mitgliedstaaten, die sich aus der Pariser Verbandsübereinkunft und dem jenem Übereinkommen ergeben, sollten durch diese Richtlinie nicht berührt werden. Gegebenenfalls sollte Artikel 351 Absatz 2 des Vertrags über die Arbeitsweise der Europäischen Union Anwendung finden.

(42) Da die Ziele dieser Richtlinie, nämlich die Förderung und Einrichtung eines gut funktionierenden Binnenmarktes und die Erleichterung der Eintragung, Verwaltung und des Schutzes von Marken in der Union zur Förderung von Wachstum und Wettbewerbsfähigkeit, von den Mitgliedstaaten nicht ausreichend verwirklicht werden können, sondern vielmehr wegen ihres Umfangs und ihrer Wirkungen auf Unionsebene besser zu verwirklichen sind, kann die Union im Einklang mit dem in Artikel 5 des Vertrags über die Europäische Union verankerten Subsidiaritätsprinzip tätig werden. Entsprechend dem in demselben Artikel genannten Grundsatz der Verhältnismäßigkeit geht diese Verordnung nicht über das für die Verwirklichung dieser Ziele erforderliche Maß hinaus.

(43) Die Verarbeitung personenbezogener Daten in den Mitgliedstaaten im Zusammenhang mit dieser Richtlinie erfolgt nach Maßgabe der Richtlinie 95/46/EG des Europäischen Parlaments und des Rates[1].

(44) Der Europäische Datenschutzbeauftragte wurde gemäß Artikel 28 Absatz 2 der Verordnung (EG) Nr. 45/2001 des Europäischen Parlaments und des

---

[1] **Amtl. Anm.:** Richtlinie 95/46/EG des Europäischen Parlaments und des Rates vom 24. Oktober 1995 zum Schutz natürlicher Personen bei der Verarbeitung personenbezogener Daten und zum freien Datenverkehr (ABl. L 281 vom 23.11.1995, S. 31).

Rates[1] konsultiert und hat am 11. Juli 2013 eine Stellungnahme abgegeben.

(45) Die Verpflichtung zur Umsetzung dieser Richtlinie in innerstaatliches Recht sollte nur jene Bestimmungen betreffen, die im Vergleich zu der bisherigen Richtlinie inhaltlich geändert wurden. Die Verpflichtung zur Umsetzung der inhaltlich unveränderten Bestimmungen ergibt sich aus der bisherigen Richtlinie.

(46) Diese Richtlinie sollte die Verpflichtung der Mitgliedstaaten nach der Richtlinie 2008/95/EG hinsichtlich der in Anhang I Teil B jener Richtlinie genannten Frist für die Umsetzung der Richtlinie 89/104/EWG des Rates[2] in innerstaatliches Recht unberührt lassen —

HABEN FOLGENDE RICHTLINIE ERLASSEN:

Kapitel 1. Allgemeine Bestimmungen

Art. 1 Anwendungsbereich. Diese Richtlinie findet auf Individual-, Garantie-, Gewährleistungs- oder Kollektivmarken für Waren oder Dienstleistungen Anwendung, die in einem Mitgliedstaat oder beim Benelux-Amt für geistiges Eigentum eingetragen oder angemeldet oder mit Wirkung für einen Mitgliedstaat international registriert worden sind.

Art. 2 Begriffsbestimmungen. Im Sinne dieser Richtlinie bezeichnet der Ausdruck

a) „Markenamt" die Zentralbehörde eines Mitgliedstaats für den gewerblichen Rechtsschutz oder das Benelux-Amt für geistiges Eigentum, die bzw. das mit der Eintragung von Marken betraut ist;

b) „Register" das von einem Markenamt geführte Markenregister.

Kapitel 2. Materielles Markenrecht

Abschnitt 1. Markenformen

Art. 3 Markenformen. Marken können Zeichen aller Art sein, insbesondere Wörter, einschließlich Personennamen, oder Abbildungen, Buchstaben, Zahlen, Farben, die Form oder Verpackung der Ware oder Klänge, soweit solche Zeichen geeignet sind,

a) Waren oder Dienstleistungen eines Unternehmens von denjenigen anderer Unternehmen zu unterscheiden und

b) in dem Register in einer Weise dargestellt zu werden, dass die zuständigen Behörden und das Publikum den Gegenstand des ihrem Inhaber gewährten Schutzes klar und eindeutig bestimmen können.

---

[1] **Amtl. Anm.:** Verordnung (EG) Nr. 45/2001 des Europäischen Parlaments und des Rates vom 18. Dezember 2000 zum Schutz natürlicher Personen bei der Verarbeitung personenbezogener Daten durch die Organe und Einrichtungen der Gemeinschaft und zum freien Datenverkehr (ABl. L 8 vom 12.1.2001, S. 1).

[2] **Amtl. Anm.:** Erste Richtlinie 89/104/EWG des Rates vom 21. Dezember 1988 zur Angleichung der Rechtsvorschriften der Mitgliedstaaten über die Marken (ABl. L 40 vom 11.2.1989, S. 1).

Abschnitt 2. Eintragungshindernisse oder Nichtigkeitsgründe

Art. 4 Absolute Eintragungshindernisse oder Nichtigkeitsgründe.

(1) Folgende Zeichen oder Marken sind von der Eintragung ausgeschlossen oder unterliegen im Falle der Eintragung der Nichtigerklärung:

a) Zeichen, die nicht als Marke eintragungsfähig sind;

b) Marken, die keine Unterscheidungskraft haben;

c) Marken, die ausschließlich aus Zeichen oder Angaben bestehen, welche im Verkehr zur Bezeichnung der Art, der Beschaffenheit, der Menge, der Bestimmung, des Wertes, der geografischen Herkunft oder der Zeit der Herstellung der Ware oder der Erbringung der Dienstleistung oder zur Bezeichnung sonstiger Merkmale der Ware oder Dienstleistung dienen können;

d) Marken, die ausschließlich aus Zeichen oder Angaben bestehen, die im allgemeinen Sprachgebrauch oder in den redlichen und ständigen Verkehrsgepflogenheiten üblich sind;

e) Zeichen, die ausschließlich bestehen aus
 i) der Form oder einem anderen charakteristischen Merkmal, die bzw. das durch die Art der Ware selbst bedingt ist;
 ii) der Form oder einem anderen charakteristischen Merkmal der Ware, die bzw. das zur Erreichung einer technischen Wirkung erforderlich ist;
 iii) der Form oder einem anderen charakteristischen Merkmal, die bzw. das der Ware einen wesentlichen Wert verleiht;

f) Marken, die gegen die öffentliche Ordnung oder gegen die guten Sitten verstoßen;

g) Marken, die geeignet sind, das Publikum zum Beispiel über die Art, die Beschaffenheit oder die geografische Herkunft der Ware oder Dienstleistung zu täuschen;

h) Marken, die mangels Genehmigung durch die zuständigen Stellen gemäß Artikel 6ter der Pariser Verbandsübereinkunft zurückzuweisen oder für nichtig zu erklären sind;

i) Marken, die nach Maßgabe von Unionsvorschriften, von nationalem Recht des betreffenden Mitgliedstaats oder von internationalen Übereinkünften, denen die Union oder der betreffende Mitgliedstaat angehört, und die Ursprungsbezeichnungen und geografische Angaben schützen, von der Eintragung ausgeschlossen sind;

j) Marken, die nach Maßgabe von Unionsvorschriften oder von internationalen Übereinkünften, denen die Union angehört, und die dem Schutz von traditionellen Bezeichnungen für Weine dienen, von der Eintragung ausgeschlossen sind;

k) Marken, die nach Maßgabe von Unionsvorschriften oder von internationalen Übereinkünften, denen die Union angehört, und die dem Schutz von traditionellen Spezialitäten dienen, von der Eintragung ausgeschlossen sind;

l) Marken, die aus einer im Einklang mit den Unionsvorschriften oder dem nationalen Recht des betreffenden Mitgliedstaats oder internationalen Übereinkünften, denen die Union oder der betreffende Mitgliedstaat angehört, zu Sortenschutzrechten eingetragenen früheren Sortenbezeichnung bestehen oder diese in ihren wesentlichen Elementen wiedergeben und die sich auf Pflanzensorten derselben Art oder eng verwandter Arten beziehen.

(2) ¹ Eine Marke ist für nichtig zu erklären, wenn der Anmelder die Marke bösgläubig zur Eintragung angemeldet hat. ² Jeder Mitgliedstaat kann überdies vorsehen, dass eine solche Marke von der Eintragung ausgeschlossen ist.

(3) Jeder Mitgliedstaat kann vorsehen, dass eine Marke von der Eintragung ausgeschlossen ist oder im Falle der Eintragung der Nichtigerklärung unterliegt, wenn und soweit

a) die Benutzung dieser Marke nach anderen Rechtsvorschriften als des Markenrechts des jeweiligen Mitgliedstaats oder der Union untersagt werden kann;

b) die Marke ein Zeichen mit hoher Symbolkraft enthält, insbesondere ein religiöses Symbol;

c) die Marke nicht unter Artikel 6ter der Pariser Verbandsübereinkunft fallende Abzeichen, Embleme oder Wappen enthält, denen ein öffentliches Interesse zukommt, es sei denn, dass die zuständigen Stellen nach dem Recht des Mitgliedstaats ihrer Eintragung zugestimmt haben.

(4) ¹ Eine Marke wird nicht gemäß Absatz 1 Buchstabe b, c oder d von der Eintragung ausgeschlossen, wenn sie vor der Anmeldung infolge ihrer Benutzung Unterscheidungskraft erworben hat. ² Eine Marke wird aus denselben Gründen nicht für nichtig erklärt, wenn sie vor dem Antrag auf Nichtigerklärung infolge ihrer Benutzung Unterscheidungskraft erworben hat.

(5) Die Mitgliedstaaten können vorsehen, dass Absatz 4 auch dann zu gelten hat, wenn die Unterscheidungskraft nach der Anmeldung, aber vor der Eintragung erworben wurde.

Art. 5 Relative Eintragungshindernisse oder Nichtigkeitsgründe.

(1) Eine Marke ist von der Eintragung ausgeschlossen oder unterliegt im Falle der Eintragung der Nichtigerklärung, wenn

a) sie mit einer älteren Marke identisch ist und die Waren oder Dienstleistungen, für die die Marke angemeldet oder eingetragen worden ist, mit den Waren oder Dienstleistungen identisch sind, für die die ältere Marke Schutz genießt;

b) wegen ihrer Identität oder Ähnlichkeit mit der älteren Marke und der Identität oder Ähnlichkeit der durch die beiden Marken erfassten Waren oder Dienstleistungen für das Publikum die Gefahr einer Verwechslung besteht, die die Gefahr einschließt, dass die Marke mit der älteren Marke gedanklich in Verbindung gebracht wird.

(2) „Ältere Marken" im Sinne von Absatz 1 sind

a) Marken mit einem früheren Anmeldetag als dem Tag der Anmeldung der Marke, gegebenenfalls mit der für diese Marken in Anspruch genommenen Priorität, die den nachstehenden Kategorien angehören:
   i) Unionsmarken;
   ii) in dem betreffenden Mitgliedstaat oder, soweit Belgien, Luxemburg und die Niederlande betroffen sind, beim Benelux-Amt für geistiges Eigentum eingetragene Marken;
   iii) mit Wirkung für den betreffenden Mitgliedstaat international registrierte Marken;

b) Unionsmarken, für die wirksam der Zeitrang gemäß der Verordnung (EG) Nr. 207/2009 aufgrund einer unter Buchstabe a Ziffern ii und iii genannten

Marke in Anspruch genommen wird, auch wenn letztere Marke Gegenstand eines Verzichts gewesen oder verfallen ist;

c) Anmeldungen von Marken nach Buchstaben a und b, vorbehaltlich ihrer Eintragung;

d) Marken, die am Tag der Anmeldung der Marke, gegebenenfalls am Tag der für die Anmeldung der Marke in Anspruch genommenen Priorität, in dem betreffenden Mitgliedstaat im Sinne des Artikels 6bis der Pariser Verbandsübereinkunft „notorisch bekannt" sind.

(3) Eine Marke ist außerdem von der Eintragung ausgeschlossen oder unterliegt im Falle der Eintragung der Nichtigerklärung, wenn

a) sie mit einer älteren Marke identisch ist oder dieser ähnlich ist unabhängig davon, ob die Waren oder Dienstleistungen, für die sie eingetragen werden soll oder eingetragen worden ist, mit denen identisch, denen ähnlich oder nicht denen ähnlich sind, für die die ältere Marke eingetragen ist, falls diese ältere Marke in dem Mitgliedstaat, für den die Eintragung angemeldet wird oder in dem die Marke eingetragen ist oder im Fall einer Unionsmarke in der Union bekannt ist und die Benutzung der jüngeren Marke die Unterscheidungskraft oder die Wertschätzung der älteren Marke ohne rechtfertigenden Grund in unlauterer Weise ausnutzen oder beeinträchtigen würde;

b) der Agent oder Vertreter des Markeninhabers die Marke ohne dessen Zustimmung auf seinen eigenen Namen anmeldet, es sei denn, der Agent oder Vertreter rechtfertigt seine Handlungsweise;

c) und soweit nach Maßgabe von Unionsvorschriften zum Schutz von Ursprungsbezeichnungen und geografischen Angaben oder nach dem einschlägigen Recht des betreffenden Mitgliedstaats

  i) ein Antrag auf Eintragung einer Ursprungsbezeichnung oder geografischen Angabe im Einklang mit Unionsvorschriften oder mit dem Recht des betreffenden Mitgliedstaats bereits vor der Anmeldung zur Eintragung der Marke oder der für die Anmeldung in Anspruch genommenen Priorität vorbehaltlich der späteren Eintragung gestellt worden war;

  ii) diese Ursprungsbezeichnung oder geografische Angabe der berechtigten Person gemäß den einschlägigen Rechtsvorschriften über die Ausübung der sich daraus ergebenden Rechte das Recht verleiht, die Benutzung einer jüngeren Marke zu untersagen.

(4) Jeder Mitgliedstaat kann vorsehen, dass eine Marke von der Eintragung auszuschließen ist oder im Falle der Eintragung der Nichtigerklärung zu unterliegen hat, wenn und soweit

a) Rechte an einer nicht eingetragenen Marke oder einem sonstigen im geschäftlichen Verkehr benutzten Zeichen vor dem Tag der Anmeldung der jüngeren Marke oder gegebenenfalls vor dem Tag der für die Anmeldung der jüngeren Marke in Anspruch genommenen Priorität erworben worden sind und diese nicht eingetragene Marke oder dieses sonstige Zeichen dem Inhaber das Recht verleiht, die Benutzung einer jüngeren Marke zu untersagen;

b) die Benutzung der Marke aufgrund eines älteren, nicht in Absatz 2 genannten Rechts, oder aufgrund von Buchstabe a des vorliegendem Absatzes untersagt werden kann, insbesondere aufgrund eines

  i) Namensrechts;

ii) Rechts an der eigenen Abbildung;

iii) Urheberrechts;

iv) gewerblichen Schutzrechts;

c) die Marke mit einer älteren, im Ausland geschützten Marke verwechselt werden kann, sofern der Anmelder die Anmeldung bösgläubig eingereicht hat.

(5) Die Mitgliedstaaten stellen sicher, dass unter geeigneten Umständen keine Pflicht zur Ablehnung der Eintragung oder zur Nichtigerklärung der Marke besteht, wenn der Inhaber der älteren Marke oder des älteren Rechts der Eintragung der jüngeren Marke zustimmt.

(6) Ein Mitgliedstaat kann vorsehen, dass abweichend von den Absätzen 1 bis 5 die Eintragungshindernisse oder Nichtigkeitsgründe, die in diesem Mitgliedstaat vor dem Zeitpunkt des Inkrafttretens der zur Umsetzung der Richtlinie 89/104/EWG erforderlichen Bestimmungen gegolten haben, auf Marken Anwendung zu finden haben, die vor diesem Zeitpunkt angemeldet worden sind.

Art. 6 Nachträgliche Feststellung der Nichtigkeit oder des Verfalls einer Marke.

¹Wird bei einer Unionsmarke der Zeitrang einer nationalen Marke oder einer auf der Grundlage internationaler Vereinbarungen mit Wirkung in dem betreffenden Mitgliedstaat eingetragenen Marke, die Gegenstand eines Verzichts gewesen oder die erloschen ist, in Anspruch genommen, so kann die Nichtigkeit oder der Verfall der Marke, die die Grundlage für die Beanspruchung des Zeitrangs bildet, nachträglich festgestellt werden, sofern die Nichtigkeit oder der Verfall zum Zeitpunkt des Verzichts auf die Marke oder ihres Erlöschens hätte erklärt werden können. ²In diesem Fall entfaltet der Zeitrang keine Wirkung mehr.

Art. 7 Eintragungshindernisse oder Nichtigkeitsgründe nur in Bezug auf einen Teil der Waren oder Dienstleistungen.

Liegt ein Eintragungshindernis oder ein Nichtigkeitsgrund nur für einen Teil der Waren oder Dienstleistungen vor, für die die Marke angemeldet oder eingetragen ist, so wird ihre Eintragung nur für diese Waren oder Dienstleistungen zurückgewiesen oder für nichtig erklärt.

Art. 8 Fehlende Unterscheidungskraft oder Bekanntheit einer älteren Marke als Grund für die Bestandskraft einer eingetragenen Marke.

Ein Antrag auf Nichtigerklärung wegen einer älteren Marke führt zum Zeitpunkt des Antrags auf Nichtigerklärung nicht zum Erfolg, wenn er zum Zeitpunkt der Anmeldung oder am Prioritätstag der jüngeren Marke aus einem der folgenden Gründe nicht erfolgreich gewesen wäre:

a) Die ältere Marke, die nach Artikel 4 Absatz 1 Buchstabe b, c oder d für nichtig erklärt werden kann, hatte noch keine Unterscheidungskraft gemäß Artikel 4 Absatz 4 erworben;

b) der Antrag auf Nichtigerklärung ist auf Artikel 5 Absatz 1 Buchstabe b gestützt, und die ältere Marke hatte noch keine hinreichende Unterscheidungskraft erworben, um die Feststellung zu stützen, dass die Gefahr einer Verwechslung im Sinne des Artikels 5 Absatz 1 Buchstabe b besteht;

c) der Antrag auf Nichtigerklärung ist auf Artikel 5 Absatz 3 Buchstabe a gestützt, und die ältere Marke hatte noch keine Bekanntheit im Sinne des Artikels 5 Absatz 3 Buchstabe a erlangt.

Art. 9 Ausschluss der Nichtigerklärung aufgrund von Duldung.

(1) Hat in einem Mitgliedstaat der Inhaber einer älteren Marke im Sinne von Artikel 5 Absatz 2 oder Artikel 5 Absatz 3 Buchstabe a die Benutzung einer später eingetragenen Marke in diesem Mitgliedstaat während eines Zeitraums von fünf aufeinanderfolgenden Jahren in Kenntnis dieser Benutzung geduldet, so kann dieser Inhaber für die Waren oder Dienstleistungen, für die die jüngere Marke benutzt worden ist, aufgrund der älteren Marke keine Nichtigerklärung der jüngeren Marke verlangen, es sei denn, die Anmeldung der jüngeren Marke wurde bösgläubig vorgenommen.

(2) Mitgliedstaaten können vorsehen, dass Absatz 1 dieses Artikels auch für den Inhaber eines sonstigen in Artikel 5 Absatz 4 Buchstabe a oder b genannten älteren Rechts gilt.

(3) In den Fällen der Absätze 1 oder 2 kann der Inhaber der später eingetragenen Marke sich der Benutzung des älteren Rechts nicht widersetzen, auch wenn dieses Recht gegenüber der jüngeren Marke nicht mehr geltend gemacht werden kann.

Abschnitt 3. Rechte aus der Marke und Beschränkungen

Art. 10 Rechte aus der Marke. (1) Mit der Eintragung der Marke erwirbt ihr Inhaber ein ausschließliches Recht an ihr.

(2) Der Inhaber einer eingetragenen Marke hat unbeschadet der von Inhabern vor dem Zeitpunkt der Anmeldung oder dem Prioritätstag der eingetragenen Marke erworbenen Rechte das Recht, Dritten zu verbieten, ohne seine Zustimmung im geschäftlichen Verkehr, in Bezug auf Waren oder Dienstleistungen, ein Zeichen zu benutzen, wenn

a) das Zeichen mit der Marke identisch ist und für Waren oder Dienstleistungen benutzt wird, die mit denjenigen identisch sind, für die die Marke eingetragen ist;

b) das Zeichen mit der Marke identisch oder ihr ähnlich ist und für Waren oder Dienstleistungen benutzt wird, die mit denjenigen identisch oder ihnen ähnlich sind, für die die Marke eingetragen ist, und für das Publikum die Gefahr einer Verwechslung besteht, die die Gefahr einschließt, dass das Zeichen mit der Marke gedanklich in Verbindung gebracht wird;

c) das Zeichen mit der Marke identisch oder ihr ähnlich ist, unabhängig davon, ob es für Waren oder Dienstleistungen benutzt wird, die mit denjenigen identisch sind oder denjenigen ähnlich sind oder nicht ähnlich sind, für die die Marke eingetragen ist, wenn diese in dem betreffenden Mitgliedstaat bekannt ist und die Benutzung des Zeichens die Unterscheidungskraft oder die Wertschätzung der Marke ohne rechtfertigenden Grund in unlauterer Weise ausnutzt oder beeinträchtigt.

(3) Sind die Voraussetzungen des Absatzes 2 erfüllt, so kann insbesondere verboten werden,

a) das Zeichen auf Waren oder deren Verpackung anzubringen;

b) unter dem Zeichen Waren anzubieten, in den Verkehr zu bringen oder zu den genannten Zwecken zu besitzen oder unter dem Zeichen Dienstleistungen anzubieten oder zu erbringen;
c) Waren unter dem Zeichen einzuführen oder auszuführen;
d) das Zeichen als Handelsnamen oder Unternehmensbezeichnung oder als Teil eines Handelsnamens oder einer Unternehmensbezeichnung zu benutzen;
e) das Zeichen in den Geschäftspapieren und in der Werbung zu benutzen;
f) das Zeichen in der vergleichenden Werbung in einer der Richtlinie 2006/114/EG[1]) zuwiderlaufenden Weise zu benutzen.

(4) *[1]* Unbeschadet der von Markeninhabern vor dem Zeitpunkt der Anmeldung oder dem Prioritätstag der eingetragenen Marke erworbenen Rechte ist der Inhaber dieser eingetragenen Marke auch berechtigt, Dritten zu untersagen, im geschäftlichen Verkehr Waren in den Mitgliedstaat zu verbringen, in dem die Marke eingetragen ist, ohne die Waren dort in den zollrechtlich freien Verkehr zu überführen, wenn die Waren, einschließlich ihrer Verpackung, aus Drittstaaten stammen und ohne Zustimmung eine Marke aufweisen, die mit der für derartige Waren eingetragenen Marke identisch ist oder in ihren wesentlichen Aspekten nicht von dieser Marke zu unterscheiden ist.

[2] Die Berechtigung des Markeninhabers gemäß Unterabsatz 1 erlischt, wenn während eines Verfahrens, das der Feststellung dient, ob eine eingetragene Marke verletzt wurde, und das gemäß der Verordnung (EU) Nr. 608/2013 eingeleitet wurde, der zollrechtliche Anmelder oder der Besitzer der Waren nachweist, dass der Inhaber der eingetragenen Marke nicht berechtigt ist, das Inverkehrbringen der Waren im endgültigen Bestimmungsland zu untersagen.

(5) Konnte vor dem Zeitpunkt des Inkrafttretens der zur Umsetzung der Richtlinie 89/104/EWG erforderlichen Vorschriften in einem Mitgliedstaat nach dem Recht dieses Mitgliedstaats die Benutzung eines Zeichens gemäß Absatz 2 Buchstabe b oder c nicht verboten werden, so kann das Recht aus der Marke der Weiterbenutzung dieses Zeichens nicht entgegengehalten werden.

(6) Die Absätze 1, 2, 3 und 5 berühren nicht die in einem Mitgliedstaat geltenden Bestimmungen über den Schutz gegenüber der Verwendung eines Zeichens zu anderen Zwecken als der Unterscheidung von Waren oder Dienstleistungen, wenn die Benutzung dieses Zeichens die Unterscheidungskraft oder die Wertschätzung der Marke ohne rechtfertigenden Grund in unlauterer Weise ausnutzt oder beeinträchtigt.

Art. 11 Recht auf Untersagung von Vorbereitungshandlungen im Zusammenhang mit der Benutzung der Verpackung oder anderer Kennzeichnungsmittel. Besteht die Gefahr, dass die Verpackung, Etiketten, Anhänger, Sicherheits- oder Echtheitshinweise oder -nachweise oder andere Kennzeichnungsmittel, auf denen die Marke angebracht wird, für Waren oder Dienstleistungen benutzt wird und dass diese Benutzung eine Verletzung der Rechte des Markeninhabers nach Artikel 10 Absätze 2 und 3 darstellt, so hat der Inhaber der Marke das Recht, die folgenden Handlungen zu verbieten, wenn diese im geschäftlichen Verkehr vorgenommen werden:

---

[1]) Nr. **6**.

a) das Anbringen eines mit der Marke identischen oder ihr ähnlichen Zeichens auf der Verpackung, auf Etiketten, Anhängern, Sicherheits- oder Echtheitshinweisen oder -nachweisen oder anderen Kennzeichnungsmitteln, auf denen die Marke angebracht werden kann;
b) das Anbieten, Inverkehrbringen oder Besitzen für diese Zwecke oder die Einfuhr oder Ausfuhr von Verpackungen, Etiketten, Anhängern, Sicherheits- oder Echtheitshinweisen oder -nachweisen oder anderen Kennzeichnungsmitteln, auf denen die Marke angebracht wird.

Art. 12 Wiedergabe von Marken in Wörterbüchern. Erweckt die Wiedergabe einer Marke in einem Wörterbuch, Lexikon oder ähnlichen Nachschlagewerk in gedruckter oder elektronischer Form den Eindruck, als sei sie eine Gattungsbezeichnung der Waren oder Dienstleistungen, für die sie eingetragen ist, so stellt der Verleger des Werkes auf Antrag des Inhabers der Marke sicher, dass der Wiedergabe der Marke unverzüglich – bei Druckerzeugnissen spätestens bei einer Neuauflage des Werkes – der Hinweis beigefügt wird, dass es sich um eine eingetragene Marke handelt.

Art. 13 Untersagung der Benutzung einer für einen Agenten oder Vertreter eingetragenen Marke. (1) Ist eine Marke für den Agenten oder Vertreter des Markeninhabers ohne dessen Zustimmung eingetragen worden, so ist der Markeninhaber berechtigt, eine oder beide der folgenden Optionen in Anspruch zu nehmen:
a) er kann sich der Benutzung der Marke durch seinen Agenten oder Vertreter zu widersetzen;
b) er kann die Übertragung der Eintragung der Marke zu seinen Gunsten zu verlangen.

(2) Absatz 1 findet keine Anwendung, wenn der Agent oder Vertreter seine Handlungsweise rechtfertigt.

Art. 14 Beschränkung der Wirkungen der Marke. (1) Eine Marke gewährt ihrem Inhaber nicht das Recht, einem Dritten zu verbieten, Folgendes im geschäftlichen Verkehr zu benutzen:
a) den Namen oder die Adresse des Dritten, wenn es sich bei diesem Dritten um eine natürliche Person handelt;
b) Zeichen oder Angaben ohne Unterscheidungskraft oder über die Art, die Beschaffenheit, die Menge, die Bestimmung, den Wert, die geografische Herkunft oder die Zeit der Herstellung der Ware oder der Erbringung der Dienstleistung oder über andere Merkmale der Ware oder Dienstleistung;
c) die Marke zu Zwecken der Identifizierung oder zum Verweis auf Waren oder Dienstleistungen als die des Inhabers dieser Marke, insbesondere wenn die Benutzung der Marke als Hinweis auf die Bestimmung einer Ware insbesondere als Zubehör oder Ersatzteil, oder einer Dienstleistung erforderlich ist.

(2) Absatz 1 findet nur dann Anwendung, wenn die Benutzung durch den Dritten den anständigen Gepflogenheiten in Gewerbe oder Handel entspricht.

(3) Ist in einem Mitgliedstaat nach dessen Rechtsvorschriften ein älteres Recht von örtlicher Bedeutung anerkannt, so gewährt eine Marke ihrem Inhaber nicht das Recht, einem Dritten die Benutzung dieses Rechts im geschäftlichen Verkehr in dem Gebiet, in dem es anerkannt ist, zu verbieten.

Art. 15 Erschöpfung der Rechte aus der Marke. (1) Eine Marke gewährt ihrem Inhaber nicht das Recht, die Benutzung der Marke für Waren zu untersagen, die unter dieser Marke von ihm oder mit seiner Zustimmung in der Union in Verkehr gebracht worden sind.

(2) Absatz 1 findet keine Anwendung, wenn berechtigte Gründe es rechtfertigen, dass der Inhaber sich dem weiteren Vertrieb der Waren widersetzt, insbesondere wenn der Zustand der Waren nach ihrem Inverkehrbringen verändert oder verschlechtert ist.

Art. 16 Benutzung der Marke. (1) Hat der Inhaber der Marke diese für die Waren oder Dienstleistungen, für die sie eingetragen ist, innerhalb von fünf Jahren nach Abschluss des Eintragungsverfahrens nicht ernsthaft in dem Mitgliedstaat benutzt oder wurde eine solche Benutzung während eines ununterbrochenen Zeitraums von fünf Jahren ausgesetzt, so unterliegt die Marke den in Artikel 17, Artikel 19 Absatz 1, Artikel 44 Absätze 1 und 2 und Artikel 46 Absätze 3 und 4 vorgesehenen Beschränkungen und Sanktionen, es sei denn, dass berechtigte Gründe für die Nichtbenutzung vorliegen.

(2) Sieht ein Mitgliedstaat nach der Eintragung ein Widerspruchsverfahren vor, werden die fünf Jahre gemäß Absatz 1 von dem Tag an gerechnet, ab dem kein Widerspruch mehr gegen die Marke möglich ist oder, falls Widerspruch erhoben wurde, ab dem Tag, an dem die das Widerspruchsverfahren beendende Entscheidung Rechtskraft erlangt hat oder der Widerspruch zurückgenommen wurde.

(3) [1] Bei Marken, die auf der Grundlage internationaler Vereinbarungen eingetragen worden sind und Wirkung in dem Mitgliedstaat entfalten, werden die fünf Jahre gemäß Absatz 1 von dem Tag an gerechnet, ab dem die Marke nicht mehr zurückgewiesen oder gegen sie kein Widerspruch mehr erhoben werden kann. [2] Wurde Widerspruch erhoben oder ein Einwand aus absoluten oder relativen Gründen mitgeteilt, wird die Frist von dem Tag an gerechnet, an dem eine das Widerspruchsverfahren beendende Entscheidung oder eine Entscheidung über die absoluten oder relativen Ablehnungsgründe Rechtskraft erlangt hat oder der Widerspruch zurückgenommen wurde.

(4) Der Zeitpunkt des Beginns der in den Absätzen 1 und 2 genannten Fünfjahresfrist ist in das Register aufzunehmen.

(5) Folgendes gilt ebenfalls als Benutzung im Sinne des Absatzes 1:

a) die Benutzung der Marke in einer Form, die von der Eintragung nur in Bestandteilen abweicht, ohne dass dadurch die Unterscheidungskraft der Marke beeinflusst wird, unabhängig davon, ob die Marke in der benutzten Form auch auf den Namen des Inhabers eingetragen ist;

b) das Anbringen der Marke auf Waren oder deren Verpackung in dem betreffenden Mitgliedstaat ausschließlich für den Export.

(6) Die Benutzung der Marke mit Zustimmung des Inhabers gilt als Benutzung durch den Inhaber.

Art. 17 Einrede der Nichtbenutzung in Verletzungsverfahren. [1] Der Inhaber einer Marke kann die Benutzung eines Zeichens nur so weit verbieten, wie die Rechte des Inhabers nicht gemäß Artikel 19 zum Zeitpunkt der Erhebung der Verletzungsklage für verfallen erklärt werden können. [2] Auf Verlangen des Beklagten hat der Markeninhaber den Nachweis zu erbringen, dass die Marke innerhalb der letzten fünf Jahre vor dem Zeitpunkt der Klageerhebung im Zusammenhang mit den Waren oder Dienstleistungen, für die sie eingetragen ist und auf die sich die Klage stützt, gemäß Artikel 16 ernsthaft benutzt worden ist oder dass berechtigte Gründe für die Nichtbenutzung vorliegen, sofern das Eintragungsverfahren zum Zeitpunkt der Klageerhebung seit mindestens fünf Jahren abgeschlossen ist.

Art. 18 Zwischenrecht des Inhabers einer später eingetragenen Marke als Einrede in Verletzungsverfahren. (1) In Verletzungsverfahren ist der Inhaber einer Marke nicht berechtigt, die Benutzung einer später eingetragenen Marke zu untersagen, wenn diese jüngere Marke nach Maßgabe von Artikel 8, Artikel 9 Absätze 1 oder 2 oder Artikel 46 Absatz 3 nicht für nichtig erklärt werden könnte.

(2) In Verletzungsverfahren ist der Inhaber einer Marke nicht berechtigt, die Benutzung einer später eingetragenen Unionsmarke zu untersagen, wenn diese jüngere Marke nach Maßgabe von Artikel 53 Absätze 1, 3 oder 4, Artikel 54 Absätze 1 oder 2 oder Artikel 57 Absatz 2 der Verordnung (EG) Nr. 207/2009 nicht für nichtig erklärt werden könnte.

(3) Ist der Inhaber einer Marke nicht berechtigt, die Benutzung einer später eingetragenen Marke nach Absatz 1 oder 2 zu untersagen, so kann sich der Inhaber der später eingetragenen Marke im Verletzungsverfahren der Benutzung der älteren Marke nicht widersetzen, auch wenn das ältere Recht nicht mehr gegen die jüngere Marke geltend gemacht werden kann.

Abschnitt 4. Verfall von Markenrechten

Art. 19 Fehlende ernsthafte Benutzung als Verfallsgrund. (1) Eine Marke wird für verfallen erklärt, wenn sie innerhalb eines ununterbrochenen Zeitraums von fünf Jahren in dem betreffenden Mitgliedstaat für die Waren oder Dienstleistungen, für die sie eingetragen ist, nicht ernsthaft benutzt worden ist und keine berechtigten Gründe für die Nichtbenutzung vorliegen.

(2) Der Verfall einer Marke kann nicht geltend gemacht werden, wenn nach Ende dieses Zeitraums und vor Stellung des Antrags auf Verfallserklärung die Benutzung der Marke ernsthaft begonnen oder wieder aufgenommen worden ist.

(3) Wird die Benutzung innerhalb eines nicht vor Ablauf des ununterbrochenen Zeitraums von fünf Jahren der Nichtbenutzung beginnenden Zeitraums von drei Monaten vor Stellung des Antrags auf Verfallserklärung begonnen oder wieder aufgenommen, so bleibt sie unberücksichtigt, sofern die Vorbereitungen für die erstmalige oder die erneute Benutzung erst stattgefunden haben, nachdem der Inhaber Kenntnis davon erhalten hat, dass der Antrag auf Verfallserklärung gestellt werden könnte.

Art. 20 Entwicklung der Marke zu einer Gattungsbezeichnung oder irreführenden Angabe als Verfallsgrund. Eine Marke wird für verfallen erklärt, wenn sie nach dem Zeitpunkt ihrer Eintragung
a) infolge des Verhaltens oder der Untätigkeit ihres Inhabers im geschäftlichen Verkehr zur gebräuchlichen Bezeichnung einer Ware oder Dienstleistung geworden ist, für die sie eingetragen wurde;

b) infolge ihrer Benutzung durch den Inhaber oder mit Zustimmung des Inhabers für Waren oder Dienstleistungen, für die sie eingetragen ist, geeignet ist, das Publikum insbesondere über die Art, die Beschaffenheit oder die geografische Herkunft dieser Waren oder Dienstleistungen irrezuführen.

Art. 21 Verfall nur in Bezug auf einen Teil der Waren oder Dienstleistungen. Liegt ein Grund für die Verfallserklärung einer Marke nur für einen Teil der Waren oder Dienstleistungen vor, für die die Marke eingetragen ist, so wird sie nur für diese Waren oder Dienstleistungen für verfallen erklärt.

Abschnitt 5. Marken als Gegenstand des Vermögens

Art. 22 Rechtsübergang einer eingetragenen Marke. (1) Eine Marke kann, unabhängig von der Übertragung des Unternehmens, für alle oder einen Teil der Waren oder Dienstleistungen, für die sie eingetragen ist, Gegenstand eines Rechtsübergangs sein.

(2) [1] Die Übertragung des Unternehmens in seiner Gesamtheit erfasst die Marke, es sei denn, es ist etwas anderes vereinbart oder aus den Umständen geht eindeutig etwas anderes hervor. [2] Dies gilt entsprechend für die rechtsgeschäftliche Verpflichtung zur Übertragung des Unternehmens.

(3) Die Mitgliedstaaten sehen Verfahren für die Erfassung von Rechtsübergängen in ihren Registern vor.

Art. 23 Dingliche Rechte. (1) Eine Marke kann unabhängig vom Unternehmen verpfändet werden oder Gegenstand eines sonstigen dinglichen Rechts sein.

(2) Die Mitgliedstaaten sehen Verfahren für die Erfassung von dinglichen Rechten in ihren Registern vor.

Art. 24 Zwangsvollstreckung. (1) Eine Marke kann Gegenstand von Maßnahmen der Zwangsvollstreckung sein.

(2) Die Mitgliedstaaten sehen Verfahren für die Erfassung von Zwangsvollstreckungsmaßnahmen in ihren Registern vor.

Art. 25 Lizenz. (1) [1] Eine Marke kann für alle oder einen Teil der Waren oder Dienstleistungen, für die sie eingetragen ist, und für das gesamte Gebiet oder einen Teil des Gebiets des betroffenen Mitgliedstaats Gegenstand einer Lizenz sein. [2] Eine Lizenz kann ausschließlich oder nicht ausschließlich sein.

(2) Der Inhaber einer Marke kann die Rechte aus der Marke gegen einen Lizenznehmer geltend machen, der in Bezug auf Folgendes gegen eine Bestimmung des Lizenzvertrags verstößt:

a) die Dauer der Lizenz;

b) die von der Eintragung erfasste Form, in der die Marke verwendet werden darf;

c) die Art der Waren oder Dienstleistungen, für die die Lizenz erteilt wurde;

d) das Gebiet, in dem die Marke angebracht werden darf;

e) die Qualität der vom Lizenznehmer hergestellten Waren oder erbrachten Dienstleistungen.

(3) [1] Unbeschadet der Bestimmungen des Lizenzvertrags kann der Lizenznehmer ein Verfahren wegen Verletzung einer Marke nur mit Zustimmung

ihres Inhabers anhängig machen. ²Der Inhaber einer ausschließlichen Lizenz kann jedoch ein solches Verfahren anhängig machen, wenn der Inhaber der Marke nach förmlicher Aufforderung nicht selbst innerhalb einer angemessenen Frist Verletzungsklage erhoben hat.

(4) Jeder Lizenznehmer kann einer vom Inhaber der Marke erhobenen Verletzungsklage beitreten, um den Ersatz seines eigenen Schadens geltend zu machen.

(5) Die Mitgliedstaaten sehen Verfahren für die Erfassung von Lizenzen in ihren Registern vor.

Art. 26 Anmeldungen einer Marke als Gegenstand des Vermögens. Die Artikel 22 bis 25 gelten entsprechend für Markenanmeldungen.

Abschnitt 6. Garantiemarken, Gewährleistungsmarken und Kollektivmarken

Art. 27 Begriffsbestimmungen. Für die Zwecke dieser Richtlinie gelten die folgenden Begriffsbestimmungen:

a) „Garantie- oder Gewährleistungsmarke" bezeichnet eine Marke, die bei der Anmeldung als solche bezeichnet wird und geeignet ist, die Waren und Dienstleistungen, für die der Inhaber der Marke das Material, die Art und Weise der Herstellung der Waren oder der Erbringung der Dienstleistungen, die Qualität, Genauigkeit oder andere Eigenschaften gewährleistet, von solchen zu unterscheiden, für die keine derartige Gewährleistung besteht.

b) „Kollektivmarke" bezeichnet eine Marke, die bei der Anmeldung als solche bezeichnet wird und geeignet ist, Waren und Dienstleistungen der Mitglieder des Verbands, der Markeninhaber ist, von denen anderer Unternehmen zu unterscheiden.

Art. 28 Garantie- oder Gewährleistungsmarken. (1) Die Mitgliedstaaten können die Eintragung von Garantie- oder Gewährleistungsmarken vorsehen.

(2) *[1]* Jede natürliche oder juristische Person einschließlich Einrichtungen, Behörden und juristische Personen des öffentlichen Rechts kann eine Garantie- oder Gewährleistungsmarke anmelden, sofern sie keine Tätigkeit ausübt, die die Lieferung von Waren oder Dienstleistungen, für die eine Gewährleistung besteht, umfasst.

[2] Die Mitgliedstaaten können vorsehen, dass eine Garantie- oder Gewährleistungsmarke nur dann eingetragen werden darf, wenn der Anmelder die Befähigung zur Gewährleistung der Waren oder Dienstleistungen, für die die Marke eingetragen werden soll, hat.

(3) Die Mitgliedstaaten können vorsehen, dass Garantie- oder Gewährleistungsmarken aus anderen als den in den Artikeln 4, 19 und 20 genannten Gründen von der Eintragung ausgeschlossen oder für verfallen oder ungültig erklärt werden, soweit es die Funktion dieser Marken erfordert.

(4) ¹Abweichend von Artikel 4 Absatz 1 Buchstabe c können die Mitgliedstaaten vorsehen, dass Zeichen oder Angaben, welche im Verkehr zur Bezeichnung der geografischen Herkunft der Ware oder Dienstleistung dienen können, Garantie- oder Gewährleistungsmarken darstellen können. ²Eine solche Garantie- oder Gewährleistungsmarke berechtigt den Inhaber nicht dazu, einem Dritten die Benutzung solcher Zeichen oder Angaben im geschäftlichen Ver-

kehr zu untersagen, sofern die Benutzung durch den Dritten den anständigen Gepflogenheiten in Gewerbe oder Handel entspricht. ³ Insbesondere kann eine solche Marke einem Dritten, der zur Benutzung einer geografischen Bezeichnung berechtigt ist, nicht entgegengehalten werden.

(5) Die Erfordernisse nach Artikel 16 sind erfüllt, wenn die Garantie- oder Gewährleistungsmarke von einer zur Benutzung berechtigten Person ernsthaft gemäß Artikel 16 benutzt wird.

Art. 29 Kollektivmarken. (1) Die Mitgliedstaaten sehen die Eintragung von Kollektivmarken vor.

(2) Verbände von Herstellern, Erzeugern, Dienstleistungsunternehmern oder Händlern, die nach dem für sie maßgebenden Recht die Fähigkeit haben, im eigenen Namen Träger von Rechten und Pflichten zu sein, Verträge zu schließen oder andere Rechtshandlungen vorzunehmen und vor Gericht zu klagen und verklagt zu werden, sowie juristische Personen des öffentlichen Rechts können Kollektivmarken anmelden.

(3) ¹ Abweichend von Artikel 4 Absatz 1 Buchstabe c können die Mitgliedstaaten vorsehen, dass Zeichen oder Angaben, welche im Verkehr zur Bezeichnung der geografischen Herkunft der Waren oder Dienstleistungen dienen können, Kollektivmarken darstellen können. ² Eine solche Kollektivmarke berechtigt den Inhaber nicht dazu, einem Dritten die Benutzung solcher Zeichen oder Angaben im geschäftlichen Verkehr zu untersagen, sofern die Benutzung durch den Dritten den anständigen Gepflogenheiten in Gewerbe oder Handel entspricht. ³ Insbesondere kann eine solche Marke einem Dritten, der zur Benutzung einer geografischen Bezeichnung berechtigt ist, nicht entgegengehalten werden.

Art. 30 Kollektivmarkensatzung. (1) Der Anmeldung der Kollektivmarke beim Markenamt muss eine Markensatzung beigefügt sein.

(2) ¹ In der Markensatzung sind mindestens die zur Benutzung der Marke berechtigten Personen, die Voraussetzungen für die Mitgliedschaft im Verband und die Bedingungen für die Benutzung der Marke, einschließlich Sanktionen, anzugeben. ² Die Markensatzung über die Benutzung einer Marke nach Artikel 29 Absatz 3 muss es jeder Person, deren Waren oder Dienstleistungen aus dem betreffenden geografischen Gebiet stammen, gestatten, Mitglied des Verbandes zu werden, der Inhaber der Marke ist, sofern diese Person alle anderen Bedingungen der Satzung erfüllt.

Art. 31 Zurückweisung einer Anmeldung. (1) Über die in Artikel 4 – gegebenenfalls mit Ausnahme des Artikels 4 Absatz 1 Buchstabe c in Bezug auf Zeichen oder Angaben, welche im Verkehr zur Bezeichnung der geografischen Herkunft der Waren oder Dienstleistungen dienen können – und in Artikel 5 genannten Eintragungshindernisse hinaus und unbeschadet des Rechts eines Markenamtes, nicht von Amts wegen eine Prüfung der relativen Gründe vorzunehmen, wird die Anmeldung einer Kollektivmarke zurückgewiesen, wenn den Bestimmungen von Artikel 27 Buchstabe b, Artikel 29 oder Artikel 30 nicht Genüge getan ist oder wenn die Kollektivmarkensatzung für diese Kollektivmarke gegen die öffentliche Ordnung oder die guten Sitten verstößt.

(2) Die Anmeldung einer Kollektivmarke wird außerdem zurückgewiesen, wenn die Gefahr besteht, dass das Publikum über den Charakter oder die

Bedeutung der Marke irregeführt wird, insbesondere wenn diese Marke den Eindruck erwecken kann, als wäre sie etwas anderes als eine Kollektivmarke.

(3) Die Anmeldung wird nicht zurückgewiesen, wenn der Anmelder aufgrund einer Änderung der Kollektivmarkensatzung die in den Absätzen 1 und 2 genannten Erfordernisse erfüllt.

Art. 32 Benutzung von Kollektivmarken. Die Erfordernisse des Artikels 16 sind erfüllt, wenn die Kollektivmarke von einer zur Benutzung berechtigten Person ernsthaft gemäß dem genannten Artikel benutzt wird.

Art. 33 Änderungen der Kollektivmarkensatzung. (1) Der Inhaber der Kollektivmarke hat dem Markenamt jede Änderung der Satzung vorzulegen.

(2) Die Satzungsänderung wird im Register vermerkt, es sei denn, die geänderte Satzung entspricht nicht den Erfordernissen des Artikels 30 oder begründet eine Zurückweisung der Anmeldung nach Artikel 31.

(3) Für die Zwecke dieser Richtlinie wird die Satzungsänderung erst ab dem Zeitpunkt wirksam, zu dem der Hinweis auf diese Änderung im Register vermerkt ist.

Art. 34 Berechtigung zur Erhebung der Verletzungsklage. (1) Artikel 25 Absätze 3 und 4 gilt für jede zur Benutzung einer Kollektivmarke berechtigte Person.

(2) Der Inhaber einer Kollektivmarke kann im Namen der zur Benutzung der Marke berechtigten Personen Ersatz des Schadens verlangen, der diesen Personen aus der unberechtigten Benutzung der Marke entstanden ist.

Art. 35 Weitere Verfallsgründe. Außer aus den in den Artikeln 19 und 20 genannten Verfallsgründen werden die Rechte des Inhabers einer Kollektivmarke für verfallen erklärt, wenn

a) der Inhaber keine angemessenen Maßnahmen ergreift, um eine Benutzung der Marke zu verhindern, die nicht im Einklang mit den Benutzungsbedingungen steht, wie sie in der Satzung vorgesehen sind, einschließlich aller im Register vermerkten Änderungen;

b) die Art, in der die Marke von berechtigten Personen benutzt worden ist, bewirkt hat, dass die Gefahr besteht, dass das Publikum im Sinne von Artikel 31 Absatz 2 irregeführt wird;

c) im Register eine Änderung der Satzung vermerkt ist, die gegen Artikel 33 Absatz 2 verstößt, es sei denn, der Markeninhaber ändert die Satzung erneut und kommt so den Erfordernissen des genannten Artikels nach.

Art. 36 Weitere Nichtigkeitsgrunde. Über die in Artikel 4 gegebenenfalls mit Ausnahme des Artikels 4 Absatz 1 Buchstabe c in Bezug auf Zeichen oder Angaben, welche im Verkehr zur Bezeichnung der geografischen Herkunft der Waren oder Dienstleistungen dienen können − und in Artikel 5 genannten Nichtigkeitsgründe hinaus wird eine entgegen Artikel 31 eingetragene Kollektivmarke für nichtig erklärt, es sei denn, der Markeninhaber ändert die Markensatzung und kommt so den Erfordernissen des Artikels 31 nach.

Kapitel 3. Verfahren

Abschnitt 1. Anmeldung und Eintragung

Art. 37 Erfordernisse der Anmeldung. (1) Die Anmeldung zur Eintragung einer Marke muss mindestens Folgendes enthalten:

a) einen Antrag auf Eintragung;
b) Angaben, die es erlauben, die Identität des Anmelders festzustellen;
c) ein Verzeichnis der Waren oder Dienstleistungen, für die die Eintragung beantragt wird;
d) eine Wiedergabe der Marke, die den Erfordernissen des Artikels 3 Buchstabe b genügt.

(2) Für die Anmeldung einer Marke sind die von dem betreffenden Mitgliedstaat festgesetzten Gebühren zu entrichten.

Art. 38 Anmeldetag. (1) Der Anmeldetag einer Marke ist der Tag, an dem der Anmelder die Unterlagen mit den Angaben nach Artikel 37 Absatz 1 beim Markenamt eingereicht hat.

(2) Die Mitgliedstaaten können die Zuerkennung des Anmeldetags zudem von der Zahlung einer Gebühr gemäß Artikel 37 Absatz 2 abhängig machen.

Art. 39 Bezeichnung und Klassifizierung von Waren und Dienstleistungen. (1) Die Waren und Dienstleistungen, die Gegenstand einer Markenanmeldung sind, werden gemäß dem im Abkommen von Nizza über die internationale Klassifikation von Waren und Dienstleistungen für die Eintragung von Marken vom 15. Juni 1957 festgelegten Klassifikationssystem (im Folgenden „Nizza-Klassifikation") klassifiziert.

(2) Die Waren und Dienstleistungen, für die Markenschutz beantragt wird, sind vom Anmelder so klar und eindeutig anzugeben, dass die zuständigen Behörden und die Wirtschaftsteilnehmer allein auf dieser Grundlage den beantragten Schutzumfang bestimmen können.

(3) Für die Zwecke von Absatz 2 können die in den Klassenüberschriften der Nizza-Klassifikation enthaltenen Oberbegriffe oder andere allgemeine Begriffe verwendet werden, sofern sie den Anforderungen dieses Artikels in Bezug auf Klarheit und Eindeutigkeit entsprechen.

(4) Das Markenamt weist eine Anmeldung bei unklaren oder nicht eindeutigen Begriffen zurück, sofern der Anmelder nicht innerhalb einer vom Markenamt zu diesem Zweck gesetzten Frist eine geeignete Formulierung vorschlägt.

(5) [1] Die Verwendung allgemeiner Begriffe, einschließlich der Oberbegriffe der Klassenüberschriften der Nizza-Klassifikation, ist dahin auszulegen, dass diese alle Waren oder Dienstleistungen einschließen, die eindeutig von der wörtlichen Bedeutung des Begriffs erfasst sind. [2] Die Verwendung derartiger Begriffe ist nicht so auszulegen, dass Waren oder Dienstleistungen beansprucht werden können, die nicht darunter erfasst werden können.

(6) Beantragt der Anmelder eine Eintragung für mehr als eine Klasse, so fasst der Anmelder die Waren und Dienstleistungen gemäß den Klassen der Nizza-Klassifikation zusammen, wobei er jeder Gruppe die Nummer der Klasse, der diese Gruppe von Waren oder Dienstleistungen angehört, in der Reihenfolge dieser Klassifikation voranstellt.

(7) ¹Waren und Dienstleistungen werden nicht deswegen als ähnlich angesehen, weil sie in derselben Klasse der Nizza-Klassifikation erscheinen. ²Waren und Dienstleistungen werden nicht deswegen als verschieden angesehen, weil sie in verschiedenen Klassen der Nizza-Klassifikation erscheinen.

Art. 40 Bemerkungen Dritter. (1) *[1]* Die Mitgliedstaaten können vorsehen, dass natürliche oder juristische Personen sowie die Verbände der Hersteller, Erzeuger, Dienstleistungsunternehmer, Händler und Verbraucher vor der Eintragung einer Marke beim Markenamt schriftliche Bemerkungen einreichen können, in denen sie erläutern, aus welchen Gründen die Marke von Amts wegen nicht eingetragen werden sollte.

[2] Personen und Verbände nach Unterabsatz 1 sind an dem Verfahren beim Markenamt nicht beteiligt.

(2) ¹Zusätzlich zu den in Absatz 1 dieses Artikels genannten Gründen können natürliche oder juristische Personen sowie die Verbände der Hersteller, Erzeuger, Dienstleistungsunternehmer, Händler und Verbraucher beim Markenamt schriftliche Bemerkungen einreichen, in denen sie erläutern, aus welchen Gründen die Anmeldung einer Kollektivmarke nach Artikel 31 Absätze 1 und 2 zurückzuweisen ist. ²Diese Bestimmung kann auf Gewährleistungs- und Garantiemarken ausgedehnt werden, sofern diese in den Mitgliedstaaten geregelt sind.

Art. 41 Teilung der Anmeldung und der Eintragung. Der Anmelder oder Inhaber einer nationalen Marke kann die Anmeldung oder Eintragung in zwei oder mehr getrennte Anmeldungen oder Eintragungen teilen, indem er dem Markenamt eine entsprechende Erklärung übermittelt und für jede Teilanmeldung oder -eintragung angibt, welche die Waren oder Dienstleistungen sind, die unter die ursprünglichen Anmeldung oder Eintragung fallen und die unter die Teilanmeldungen oder -eintragungen fallen sollen.

Art. 42 Klassengebühren. Die Mitgliedstaaten können vorsehen, dass für die Anmeldung einer Marke und deren Verlängerung über die erste Klasse hinaus für jede Klasse von Waren und Dienstleistungen eine Zusatzgebühr fällig wird.

Abschnitt 2. Widerspruchs-, Verfalls- und Nichtigkeitsverfahren

Art. 43 Widerspruchsverfahren. (1) Die Mitgliedstaaten stellen für den Widerspruch gegen die Eintragung einer Marke aus den in Artikel 5 genannten Gründen ein effizientes und zügiges Verwaltungsverfahren bei ihren Markenämtern bereit.

(2) ¹Im Rahmen des Verwaltungsverfahrens nach Absatz 1 dieses Artikels sind zumindest der Inhaber einer älteren Marke im Sinne des Artikels 5 Absatz 2 und Artikel 5 Absatz 3 Buchstabe a und die gemäß den einschlägigen Rechtsvorschriften zur Ausübung der aus einer geschützten Ursprungsbezeichnung oder geografischen Angabe im Sinne des Artikels 5 Absatz 3 Buchstabe c entstehenden Rechte berechtigte Person zur Erhebung eines Widerspruchs berechtigt. ²Ein Widerspruch kann auf der Grundlage eines älteren Rechts oder mehrerer älterer Rechte erhoben werden, vorausgesetzt, sie gehören alle demselben Inhaber, und auf der Grundlage eines Teils oder der Gesamtheit der Waren und Dienstleistungen, für die das ältere Recht geschützt oder angemel-

det ist, und kann gegen einen Teil oder die Gesamtheit der Waren und Dienstleistungen, für die die strittige Marke angemeldet wird, gerichtet sein.

(3) Den am Widerspruchsverfahren beteiligten Parteien wird auf deren gemeinsamen Antrag eine Frist von mindestens zwei Monaten eingeräumt, um eine gütliche Einigung zwischen dem Widersprechenden und dem Anmelder zu ermöglichen.

Art. 44 Einrede der Nichtbenutzung in Widerspruchsverfahren.

(1) ¹Ist im Widerspruchsverfahren gemäß Artikel 43 die Fünfjahresfrist, innerhalb deren die ältere Marke gemäß Artikel 16 ernsthaft benutzt worden sein muss, am Anmelde- oder Prioritätstag der jüngeren Marke abgelaufen, so hat der Inhaber der älteren Marke, der Widerspruch erhoben hat, auf Antrag des Anmelders den Nachweis zu erbringen, dass die ältere Marke in den fünf Jahren vor dem Anmelde- oder Prioritätstag der jüngeren Marke gemäß Artikel 16 ernsthaft benutzt worden ist oder dass berechtigte Gründe für die Nichtbenutzung vorlagen. ²Kann er diesen Nachweis nicht erbringen, so wird der Widerspruch zurückgewiesen.

(2) Ist die ältere Marke nur für einen Teil der Waren oder Dienstleistungen, für die sie eingetragen ist, benutzt worden, so gilt sie zum Zwecke der Prüfung des Widerspruchs nach Absatz 1 nur für diesen Teil der Waren oder Dienstleistungen als eingetragen.

(3) ¹Die Absätze 1 und 2 dieses Artikels finden auch dann Anwendung, wenn es sich bei der älteren Marke um eine Unionsmarke handelt. ²In diesem Fall bestimmt sich die ernsthafte Benutzung der Unionsmarke nach Artikel 15 der Verordnung (EG) Nr. 207/2009.

Art. 45 Verfahren zur Erklärung des Verfalls oder der Nichtigkeit einer Marke. (1) Unbeschadet des Rechts der Parteien auf Einlegung von Rechtsmitteln bei einem Gericht stellen die Mitgliedstaaten für die Erklärung des Verfalls oder der Nichtigkeit einer Marke ein effizientes und zügiges Verwaltungsverfahren bei ihren Markenämtern bereit.

(2) Im Verwaltungsverfahren zur Erklärung des Verfalls ist vorzusehen, dass die Marke aus den in den Artikeln 19 und 20 genannten Gründen für verfallen zu erklären ist.

(3) Im Verwaltungsverfahren zur Erklärung der Nichtigkeit ist vorzusehen, dass die Marke zumindest aus den folgenden Gründen für nichtig zu erklären ist:

a) Die Marke hätte nicht eingetragen werden dürfen, weil sie den Erfordernissen des Artikels 4 nicht genügt;
b) die Marke hätte nicht eingetragen werden dürfen, weil ein älteres Recht im Sinne des Artikels 5 Absätze 1 bis 3 besteht.

(4) Im Rahmen des Verwaltungsverfahrens sind zumindest folgende Personen berechtigt, einen Antrag auf Erklärung des Verfalls oder der Nichtigkeit einer Marke zu stellen:

a) in den Fällen des Absatzes 2 und des Absatzes 3 Buchstabe a jede natürliche oder juristische Person sowie jeder Interessenverband von Herstellern, Erzeugern, Dienstleistungsunternehmern, Händlern oder Verbrauchern, der nach dem für ihn maßgebenden Recht prozessfähig ist;

b) in den Fällen des Absatzes 3 Buchstabe b dieses Artikels der Inhaber einer älteren Marke im Sinne des Artikels 5 Absatz 2 und Artikel 5 Absatz 3 Buchstabe a und die gemäß den einschlägigen Rechtsvorschriften zur Ausübung der aus einer geschützten Ursprungsbezeichnung oder geografischen Angabe im Sinne des Artikels 5 Absatz 3 Buchstabe c entstehenden Rechte berechtigte Person.

(5) Ein Antrag auf Erklärung des Verfalls oder der Nichtigkeit kann gegen einen Teil oder die Gesamtheit der Waren und Dienstleistungen, für die die strittige Marke eingetragen ist, gerichtet sein.

(6) Ein Antrag auf Erklärung der Nichtigkeit kann auf der Grundlage eines älteren Rechts oder mehrerer älterer Rechte eingereicht werden, vorausgesetzt, sie gehören alle demselben Inhaber.

Art. 46 Einrede der Nichtbenutzung in Verfahren zur Erklärung der Nichtigkeit einer Marke. (1) Stützt sich der Antrag in einem Verfahren auf Nichtigerklärung einer Marke auf eine eingetragene Marke mit einem früheren Anmelde- oder Prioritätstag, so hat der Inhaber der älteren Marke auf Verlangen des Inhabers der jüngeren Marke den Nachweis zu erbringen, dass die ältere Marke in den fünf Jahren vor dem Antrag auf Nichtigerklärung für die Waren oder Dienstleistungen, für die sie eingetragen ist und die als Begründung für den Antrag auf Nichtigerklärung angeführt werden, gemäß Artikel 16 ernsthaft benutzt worden ist oder dass berechtigte Gründe für die Nichtbenutzung vorlagen, sofern das Eintragungsverfahren der älteren Marke zum Zeitpunkt des Antrags auf Nichtigerklärung seit mindestens fünf Jahren abgeschlossen ist.

(2) Ist der Zeitraum von fünf Jahren, innerhalb dessen die ältere Marke gemäß Artikel 16 ernsthaft benutzt worden sein muss, am Anmelde- oder Prioritätstag der jüngeren Marke abgelaufen, so hat der Inhaber der älteren Marke zusätzlich zu dem nach Absatz 1 dieses Artikels verlangten Nachweis den Nachweis zu erbringen, dass die ältere Marke in den fünf Jahren vor dem Anmelde- oder Prioritätstag der jüngeren Marke ernsthaft benutzt worden ist oder dass berechtigte Gründe für die Nichtbenutzung vorlagen.

(3) Wird der Nachweis im Sinne der Absätze 1 und 2 nicht erbracht, so wird ein auf eine ältere Marke gestützter Antrag auf Nichtigerklärung zurückgewiesen.

(4) Ist die ältere Marke im Sinne des Artikels 16 nur für einen Teil der Waren oder Dienstleistungen, für die sie eingetragen ist, benutzt worden, so gilt sie zum Zwecke der Prüfung des Antrags auf Nichtigerklärung nur für diesen Teil der Waren oder Dienstleistungen als eingetragen.

(5) [1] Die Absätze 1 bis 4 dieses Artikels finden auch dann Anwendung, wenn es sich bei der älteren Marke um eine Unionsmarke handelt. [2] In diesem Fall bestimmt sich die ernsthafte Benutzung der Unionsmarke nach Artikel 15 der Verordnung (EG) Nr. 207/2009.

Art. 47 Wirkungen des Verfalls und der Nichtigkeit. (1) [1] Die in dieser Richtlinie vorgesehenen Wirkungen einer eingetragenen Marke gelten in dem Umfang, in dem die Marke für verfallen erklärt wird, von dem Zeitpunkt der Stellung des Antrags auf Erklärung des Verfalls an als nicht eingetreten. [2] In der Entscheidung über den Antrag auf Erklärung des Verfalls kann auf Antrag einer beteiligten Partei ein früherer Zeitpunkt, zu dem einer der Verfallsgründe eingetreten ist, festgesetzt werden.

(2) Die in dieser Richtlinie vorgesehenen Wirkungen einer eingetragenen Marke gelten in dem Umfang, in dem die Marke für nichtig erklärt worden ist, von Anfang an als nicht eingetreten.

Abschnitt 3. Dauer und Verlängerung der Eintragung

Art. 48 Dauer der Eintragung. (1) Die Dauer der Eintragung beträgt zehn Jahre ab dem Tag der Anmeldung.

(2) Die Eintragung kann gemäß Artikel 49 um jeweils zehn Jahre verlängert werden.

Art. 49 Verlängerung. (1) [1] Die Eintragung einer Marke wird auf Antrag des Markeninhabers oder einer per Gesetz oder Vertrag hierzu ermächtigten Person verlängert, sofern die Verlängerungsgebühren entrichtet worden sind. [2] Die Mitgliedstaaten können vorsehen, dass der Erhalt der Zahlung der Verlängerungsgebühren als entsprechender Antrag gilt.

(2) [1] Das Markenamt unterrichtet den Markeninhaber mindestens sechs Monate im Voraus über den Ablauf der Eintragung. [2] Das Markenamt haftet nicht für eine unterbliebene Unterrichtung.

(3) [1] Innerhalb eines Zeitraums von mindestens sechs Monaten unmittelbar vor Ablauf der Eintragung sind der Antrag auf Verlängerung einzureichen und die Verlängerungsgebühren zu entrichten. [2] Der Antrag kann noch innerhalb einer Nachfrist von sechs Monaten unmittelbar nach Ablauf der Eintragung oder der erfolgten Verlängerung eingereicht werden. [3] Innerhalb dieser Nachfrist sind die Verlängerungsgebühren und eine Zuschlagsgebühr zu entrichten.

(4) Beziehen sich der Antrag auf Verlängerung oder die Entrichtung der Gebühren nur auf einen Teil der Waren oder Dienstleistungen, für die die Marke eingetragen ist, so wird die Eintragung nur für diese Waren oder Dienstleistungen verlängert.

(5) [1] Die Verlängerung wird am Tag nach dem Ablauf der Schutzdauer der bestehenden Eintragung wirksam. [2] Sie wird im Register vermerkt.

Abschnitt 4. Kommunikation mit dem Markenamt

Art. 50 Kommunikation mit dem Markenamt. [1] Die an den Verfahren beteiligten Parteien oder, soweit benannt, ihre Vertreter geben eine offizielle Adresse für den gesamten Geschäftsverkehr mit dem Markenamt an. [2] Die Mitgliedstaaten können verlangen, dass sich diese offizielle Adresse im Europäischen Wirtschaftsraum befindet.

Kapitel 4. Verwaltungszusammenarbeit

Art. 51 Zusammenarbeit bei der Eintragung und Verwaltung von Marken. Den Markenämtern steht es frei, miteinander und mit dem Amt der Europäischen Union für geistiges Eigentum effektiv zusammenzuarbeiten, um die Angleichung von Vorgehensweisen und Instrumenten im Zusammenhang mit der Prüfung und Eintragung von Marken zu fördern.

Art. 52 Zusammenarbeit in anderen Bereichen. Den Markenämtern steht es frei, in allen anderen als den in Artikel 51 genannten Tätigkeitsbereichen, die für den Markenschutz in der Union von Belang sind, miteinander und mit dem Amt der Europäischen Union für geistiges Eigentum effektiv zusammenzuarbeiten.

Kapitel 5. Schlussbestimmungen

Art. 53 Datenschutz. Für die Verarbeitung personenbezogener Daten in den Mitgliedstaaten im Rahmen dieser Richtlinie gilt das nationale Recht zur Umsetzung der Richtlinie 95/46/EG.

Art. 54 Umsetzung. (1) *[1]* ¹Die Mitgliedstaaten setzen die Rechts- und Verwaltungsvorschriften in Kraft, die erforderlich sind, um den Artikeln 3 bis 6, Artikeln 8 bis 14, Artikeln 16, 17 und 18, Artikeln 22 bis 39, Artikel 41, Artikeln 43 und 44 und Artikeln 46 bis 50 bis zum 14. Januar 2019 nachzukommen. ²Die Mitgliedstaaten erlassen die Rechts- und Verwaltungsvorschriften, die erforderlich sind, um Artikel 45 spätestens bis zum 14. Januar 2023 nachzukommen. ³Sie teilen der Kommission unverzüglich den Wortlaut dieser Vorschriften mit.

[2] ¹Wenn die Mitgliedstaaten diese Vorschriften erlassen, nehmen sie in den Vorschriften selbst oder durch einen Hinweis bei der amtlichen Veröffentlichung auf die vorliegende Richtlinie Bezug. ²In diese Vorschriften fügen sie die Erklärung ein, dass Bezugnahmen in den geltenden Rechts- und Verwaltungsvorschriften auf die durch die vorliegende Richtlinie aufgehobene Richtlinie als Bezugnahmen auf die vorliegende Richtlinie gelten. ³Die Mitgliedstaaten regeln die Einzelheiten dieser Bezugnahme und die Formulierung dieser Erklärung.

(2) Die Mitgliedstaaten teilen der Kommission den Wortlaut der wichtigsten innerstaatlichen Rechtsvorschriften mit, die sie auf dem unter diese Richtlinie fallenden Gebiet erlassen.

Art. 55 Aufhebung. *[1]* Die Richtlinie 2008/95/EG wird unbeschadet der Verpflichtung der Mitgliedstaaten hinsichtlich der in Anhang I Teil B der Richtlinie 2008/95/EG genannten Fristen für die Umsetzung der Richtlinie 89/104/EWG in innerstaatliches Recht mit Wirkung vom 15. Januar 2019 aufgehoben.

[2] Verweisungen auf die aufgehobene Richtlinie gelten als Verweisungen auf die vorliegende Richtlinie und sind nach Maßgabe der Entsprechungstabelle im Anhang zu lesen.

Art. 56 Inkrafttreten. *[1]* Diese Richtlinie tritt am zwanzigsten Tag nach ihrer Veröffentlichung[1]) im *Amtsblatt der Europäischen Union* in Kraft.

[2] Die Artikel 1, 7, 15, 19, 20, 21 gelten ab dem 15. Januar 2019.

Art. 57 Adressaten. Diese Richtlinie ist an die Mitgliedstaaten gerichtet.

Geschehen zu Straßburg am 16. Dezember 2015.

---

[1]) Veröffentlicht am 23.12.2015.

Anhang. Entsprechungstabelle

Richtlinie 2008/95/EG	Diese Richtlinie
Artikel 1	Artikel 1
–	Artikel 2
Artikel 2	Artikel 3
Artikel 3 Absatz 1 Buchstaben a bis h	Artikel 4 Absatz 1 Buchstaben a bis h
–	Artikel 4 Absatz 1 Buchstaben i bis l
Artikel 3 Absatz 2 Buchstaben a bis c	Artikel 4 Absatz 3 Buchstaben a bis c
Artikel 3 Absatz 2 Buchstabe d	Artikel 4 Absatz 2
Artikel 3 Absatz 3 Satz 1	Artikel 4 Absatz 4 Satz 1
–	Artikel 4 Absatz 4 Satz 2
Artikel 3 Absatz 3 Satz 2	Artikel 4 Absatz 5
Artikel 3 Absatz 4	–
Artikel 4 Absätze 1 und 2	Artikel 5 Absätze 1 und 2
Artikel 4 Absatz 3 und Absatz 4 Buchstabe a	Artikel 5 Absatz 3 Buchstabe a
–	Artikel 5 Absatz 3 Buchstabe b
–	Artikel 5 Absatz 3 Buchstabe c
Artikel 4 Absatz 4 Buchstaben b und c	Artikel 5 Absatz 4 Buchstaben a und b
Artikel 4 Absatz 4 Buchstaben d bis f	–
Artikel 4 Absatz 4 Buchstabe g	Artikel 5 Absatz 4 Buchstabe c
Artikel 4 Absätze 5 und 6	Artikel 5 Absätze 5 und 6
–	Artikel 8
Artikel 5 Absatz 1 Satz 1	Artikel 10 Absatz 1
Artikel 5 Absatz 1 Satz 2 Einleitung	Artikel 10 Absatz 2 Einleitungssatz
Artikel 5 Absatz 1 Buchstaben a und b	Artikel 10 Absatz 2 Buchstaben a und b
Artikel 5 Absatz 2	Artikel 10 Absatz 2 Buchstabe c
Artikel 5 Absatz 3 Buchstaben a bis c	Artikel 10 Absatz 3 Buchstaben a bis c
–	Artikel 10 Absatz 3 Buchstabe d
Artikel 5 Absatz 3 Buchstabe d	Artikel 10 Absatz 3 Buchstabe e
–	Artikel 10 Absatz 3 Buchstabe f
–	Artikel 10 Absatz 4
Artikel 5 Absätze 4 und 5	Artikel 10 Absätze 5 und 6
–	Artikel 11
–	Artikel 12
–	Artikel 13
Artikel 6 Absatz 1 Buchstaben a bis c	Artikel 14 Absatz 1 Buchstaben a bis c und Absatz 2
Artikel 6 Absatz 2	Artikel 14 Absatz 3
Artikel 7	Artikel 15
Artikel 8 Absätze 1 und 2	Artikel 25 Absätze 1 und 2

Richtlinie 2008/95/EG	Diese Richtlinie
–	Artikel 25 Absätze 3 bis 5
Artikel 9	Artikel 9
Artikel 10 Absatz 1 Unterabsatz 1	Artikel 16 Absatz 1
–	Artikel 16 Absätze 2 bis 4
Artikel 10 Absatz 1 Unterabsatz 2	Artikel 16 Absatz 5
Artikel 10 Absatz 2	Artikel 16 Absatz 6
Artikel 10 Absatz 3	–
Artikel 11 Absatz 1	Artikel 46 Absätze 1 bis 3
Artikel 11 Absatz 2	Artikel 44 Absatz 1
Artikel 11 Absatz 3	Artikel 17
Artikel 11 Absatz 4	Artikel 17, Artikel 44 Absatz 2 und Artikel 46 Absatz 4
–	Artikel 18
Artikel 12 Absatz 1 Unterabsatz 1	Artikel 19 Absatz 1
Artikel 12 Absatz 1 Unterabsatz 2	Artikel 19 Absatz 2
Artikel 12 Absatz 1 Unterabsatz 3	Artikel 19 Absatz 3
Artikel 12 Absatz 2	Artikel 20
Artikel 13	Artikel 7 und Artikel 21
Artikel 14	Artikel 6
–	Artikel 22 bis 24
–	Artikel 26
–	Artikel 27
Artikel 15 Absatz 1	Artikel 28 Absätze 1 und 3
Artikel 15 Absatz 2	Artikel 28 Absatz 4
–	Artikel 28 Absätze 2 und 5
–	Artikel 29 bis Artikel 54 Absatz 1
Artikel 16	Artikel 54 Absatz 2
Artikel 17	Artikel 55
Artikel 18	Artikel 56
Artikel 19	Artikel 57

14. Gesetz gegen Wettbewerbsbeschränkungen (GWB)[1) 2)]

In der Fassung der Bekanntmachung vom 26. Juni 2013[3)]
(BGBl. I S. 1750, ber. S. 3245)

FNA 703-5

zuletzt geänd. durch Art. 10 Abs. 2 Viertes G zur Änd. des Lebensmittel- und Futtermittelgesetzbuches sowie anderer Vorschriften v. 27.7.2021 (BGBl. I S. 3274)

Inhaltsübersicht
Teil 1. Wettbewerbsbeschränkungen

Kapitel 1. Wettbewerbsbeschränkende Vereinbarungen, Beschlüsse und abgestimmte Verhaltensweisen
§ 1   Verbot wettbewerbsbeschränkender Vereinbarungen
§ 2   Freigestellte Vereinbarungen
§ 3   Mittelstandskartelle
§§ 4 bis 17 (weggefallen)

Kapitel 2. Marktbeherrschung, sonstiges wettbewerbsbeschränkendes Verhalten
§ 18 Marktbeherrschung
§ 19 Verbotenes Verhalten von marktbeherrschenden Unternehmen
§ 19a Missbräuchliches Verhalten von Unternehmen mit überragender marktübergreifender Bedeutung für den Wettbewerb
§ 20 Verbotenes Verhalten von Unternehmen mit relativer oder überlegener Marktmacht
§ 21 Boykottverbot, Verbot sonstigen wettbewerbsbeschränkenden Verhaltens

Kapitel 3. Anwendung des europäischen Wettbewerbsrechts
§ 22 Verhältnis dieses Gesetzes zu den Artikeln 101 und 102 des Vertrages über die Arbeitsweise der Europäischen Union
§ 23 (weggefallen)

Kapitel 4. Wettbewerbsregeln
§ 24 Begriff, Antrag auf Anerkennung
§ 25 Stellungnahme Dritter
§ 26 Anerkennung
§ 27 Veröffentlichung von Wettbewerbsregeln, Bekanntmachungen

Kapitel 5. Sonderregeln für bestimmte Wirtschaftsbereiche
§ 28 Landwirtschaft
§ 29 Energiewirtschaft
§ 30 Presse
§ 31 Verträge der Wasserwirtschaft
§ 31a Wasserwirtschaft, Meldepflicht
§ 31b Wasserwirtschaft, Aufgaben und Befugnisse der Kartellbehörde, Sanktionen

Kapitel 6. Befugnisse der Kartellbehörden, Schadensersatz und Vorteilsabschöpfung
Abschnitt 1. Befugnisse der Kartellbehörden
§ 32 Abstellung und nachträgliche Feststellung von Zuwiderhandlungen
§ 32a Einstweilige Maßnahmen
§ 32b Verpflichtungszusagen
§ 32c Kein Anlass zum Tätigwerden
§ 32d Entzug der Freistellung
§ 32e Untersuchungen einzelner Wirtschaftszweige und einzelner Arten von Vereinbarungen

---

[1)] Die Neufassung des § 125 durch G v. 18.7.2017 (BGBl. I S. 2739, geänd. durch G v. 18.1.2021, BGBl. I S. 2) tritt erst **mit bisher noch unbestimmtem Datum** in Kraft und ist insoweit im Text noch nicht berücksichtigt.
[2)] Die Änderungen durch G v. 16.7.2021 (BGBl. I S. 2959) treten erst **mWv 1.1.2023** in Kraft und sind im Text noch nicht berücksichtigt.
[3)] Neubekanntmachung des GWB idF der Bek. v. 15.7.2005 (BGBl. I S. 2114, ber. 2009 S. 3850) in der ab 30.6.2013 geltenden Fassung.

Gesetz gegen Wettbewerbsbeschränkungen GWB 14

Abschnitt 2. Schadensersatz und Vorteilsabschöpfung
§ 33   Beseitigungs- und Unterlassungsanspruch
§ 33a   Schadensersatzpflicht
§ 33b   Bindungswirkung von Entscheidungen einer Wettbewerbsbehörde
§ 33c   Schadensabwälzung
§ 33d   Gesamtschuldnerische Haftung
§ 33e   Kronzeuge
§ 33f   Wirkungen des Vergleichs
§ 33g   Anspruch auf Herausgabe von Beweismitteln und Erteilung von Auskünften
§ 33h   Verjährung
§ 34   Vorteilsabschöpfung durch die Kartellbehörde
§ 34a   Vorteilsabschöpfung durch Verbände

Kapitel 7. Zusammenschlusskontrolle
§ 35   Geltungsbereich der Zusammenschlusskontrolle
§ 36   Grundsätze für die Beurteilung von Zusammenschlüssen
§ 37   Zusammenschluss
§ 38   Berechnung der Umsatzerlöse, der Marktanteile und des Wertes der Gegenleistung
§ 39   Anmelde- und Anzeigepflicht
§ 39a   Aufforderung zur Anmeldung künftiger Zusammenschlüsse
§ 40   Verfahren der Zusammenschlusskontrolle
§ 41   Vollzugsverbot, Entflechtung
§ 42   Ministererlaubnis
§ 43   Bekanntmachungen
§ 43a   Evaluierung

Kapitel 8. Monopolkommission
§ 44   Aufgaben
§ 45   Mitglieder
§ 46   Beschlüsse, Organisation, Rechte und Pflichten der Mitglieder
§ 47   Übermittlung statistischer Daten

Kapitel 9. Markttransparenzstellen für den Großhandel mit Strom und Gas und für Kraftstoffe
Abschnitt 1. Markttransparenzstelle für den Großhandel im Bereich Strom und Gas
§ 47a   Einrichtung, Zuständigkeit, Organisation
§ 47b   Aufgaben
§ 47c   Datenverwendung
§ 47d   Befugnisse
§ 47e   Mitteilungspflichten
§ 47f   Verordnungsermächtigung
§ 47g   Festlegungsbereiche
§ 47h   Berichtspflichten, Veröffentlichungen
§ 47i   Zusammenarbeit mit anderen Behörden und Aufsichtsstellen
§ 47j   Vertrauliche Informationen, operationelle Zuverlässigkeit, Datenschutz

Abschnitt 2. Markttransparenzstelle für Kraftstoffe
§ 47k   Marktbeobachtung im Bereich Kraftstoffe

Abschnitt 3. Evaluierung
§ 47l   Evaluierung der Markttransparenzstellen

Teil 2. Kartellbehörden
Kapitel 1. Allgemeine Vorschriften
§ 48   Zuständigkeit
§ 49   Bundeskartellamt und oberste Landesbehörden
§ 50   Vollzug des europäischen Rechts

Kapitel 2. Behördenzusammenarbeit
§ 50a   Ermittlungen im Netzwerk der europäischen Wettbewerbsbehörden
§ 50b   Zustellung im Netzwerk der europäischen Wettbewerbsbehörden
§ 50c   Vollstreckung im Netzwerk der europäischen Wettbewerbsbehörden
§ 50d   Informationsaustausch im Netzwerk der europäischen Wettbewerbsbehörden
§ 50e   Sonstige Zusammenarbeit mit ausländischen Wettbewerbsbehörden
§ 50f   Zusammenarbeit mit anderen Behörden

14 GWB III. Kartellrecht

Kapitel 3. Bundeskartellamt

§ 51 Sitz, Organisation
§ 52 Veröffentlichung allgemeiner Weisungen
§ 53 Tätigkeitsbericht und Monitoringberichte

Teil 3. Verfahren
Kapitel 1. Verwaltungssachen

Abschnitt 1. Verfahren vor den Kartellbehörden

§ 54 Einleitung des Verfahrens, Beteiligte, Beteiligtenfähigkeit
§ 55 Vorabentscheidung über Zuständigkeit
§ 56 Anhörung, Akteneinsicht, mündliche Verhandlung
§ 57 Ermittlungen, Beweiserhebung
§ 58 Beschlagnahme
§ 59 Auskunftsverlangen
§ 59a Prüfung von geschäftlichen Unterlagen
§ 59b Durchsuchungen
§ 60 Einstweilige Anordnungen
§ 61 Verfahrensabschluss, Begründung der Verfügung, Zustellung
§ 62 Gebührenpflichtige Handlungen

Abschnitt 2. Gemeinsame Bestimmungen für Rechtsbehelfsverfahren

§ 63 Beteiligte am Rechtsbehelfsverfahren, Beteiligtenfähigkeit
§ 64 Anwaltszwang
§ 65 Mündliche Verhandlung
§ 66 Aufschiebende Wirkung
§ 67 Anordnung der sofortigen Vollziehung
§ 68 Einstweilige Anordnungen im Rechtsbehelfsverfahren
§ 69 Abhilfe bei Verletzung des Anspruchs auf rechtliches Gehör
§ 70 Akteneinsicht
§ 71 Kostentragung und -festsetzung
§ 72 Geltung von Vorschriften des Gerichtsverfassungsgesetzes und der Zivilprozessordnung

Abschnitt 3. Beschwerde

§ 73 Zulässigkeit, Zuständigkeit
§ 74 Frist und Form
§ 75 Untersuchungsgrundsatz
§ 76 Beschwerdeentscheidung

Abschnitt 4. Rechtsbeschwerde und Nichtzulassungsbeschwerde

§ 77 Zulassung, absolute Rechtsbeschwerdegründe
§ 78 Nichtzulassungsbeschwerde
§ 79 Rechtsbeschwerdeberechtigte, Form und Frist
§ 80 Rechtsbeschwerdeentscheidung

Kapitel 2. Bußgeldsachen

Abschnitt 1. Bußgeldvorschriften

§ 81 Bußgeldtatbestände
§ 81a Geldbußen gegen Unternehmen
§ 81b Geldbußen gegen Unternehmensvereinigungen
§ 81c Höhe der Geldbuße
§ 81d Zumessung der Geldbuße
§ 81e Ausfallhaftung im Übergangszeitraum
§ 81f Verzinsung der Geldbuße
§ 81g Verjährung der Geldbuße

Abschnitt 2. Kronzeugenprogramm

§ 81h Ziel und Anwendungsbereich
§ 81i Antrag auf Kronzeugenbehandlung
§ 81j Allgemeine Voraussetzungen für die Kronzeugenbehandlung
§ 81k Erlass der Geldbuße
§ 81l Ermäßigung der Geldbuße
§ 81m Marker
§ 81n Kurzantrag

Gesetz gegen Wettbewerbsbeschränkungen **GWB 14**

Abschnitt 3. Bußgeldverfahren
§ 82 Zuständigkeiten in Kartellbußgeldsachen
§ 82a Befugnisse und Zuständigkeiten im Verfahren nach Einspruchseinlegung
§ 82b Besondere Ermittlungsbefugnisse
§ 83 Zuständigkeit des Oberlandesgerichts im gerichtlichen Verfahren
§ 84 Rechtsbeschwerde zum Bundesgerichtshof
§ 85 Wiederaufnahmeverfahren gegen Bußgeldbescheid
§ 86 Gerichtliche Entscheidungen bei der Vollstreckung

Kapitel 3. Vollstreckung
§ 86a Vollstreckung

Kapitel 4. Bürgerliche Rechtsstreitigkeiten
§ 87 Ausschließliche Zuständigkeit der Landgerichte
§ 88 Klageverbindung
§ 89 Zuständigkeit eines Landgerichts für mehrere Gerichtsbezirke
§ 89a Streitwertanpassung, Kostenerstattung
§ 89b Verfahren
§ 89c Offenlegung aus der Behördenakte
§ 89d Beweisregeln
§ 89e Gemeinsame Vorschriften für die §§ 33g und 89b bis 89d

Kapitel 5. Gemeinsame Bestimmungen
§ 90 Benachrichtigung und Beteiligung der Kartellbehörden
§ 90a Zusammenarbeit der Gerichte mit der Europäischen Kommission und den Kartellbehörden
§ 91 Kartellsenat beim Oberlandesgericht
§ 92 Zuständigkeit eines Oberlandesgerichts oder des Obersten Landesgerichts für mehrere Gerichtsbezirke in Verwaltungs- und Bußgeldsachen
§ 93 Zuständigkeit für Berufung und Beschwerde
§ 94 Kartellsenat beim Bundesgerichtshof
§ 95 Ausschließliche Zuständigkeit
§ 96 (weggefallen)

Teil 4. Vergabe von öffentlichen Aufträgen und Konzessionen
Kapitel 1. Vergabeverfahren
Abschnitt 1. Grundsätze, Definitionen und Anwendungsbereich
§ 97 Grundsätze der Vergabe
§ 98 Auftraggeber
§ 99 Öffentliche Auftraggeber
§ 100 Sektorenauftraggeber
§ 101 Konzessionsgeber
§ 102 Sektorentätigkeiten
§ 103 Öffentliche Aufträge, Rahmenvereinbarungen und Wettbewerbe
§ 104 Verteidigungs- oder sicherheitsspezifische öffentliche Aufträge
§ 105 Konzessionen
§ 106 Schwellenwerte
§ 107 Allgemeine Ausnahmen
§ 108 Ausnahmen bei öffentlich-öffentlicher Zusammenarbeit
§ 109 Ausnahmen für Vergaben auf der Grundlage internationaler Verfahrensregeln
§ 110 Vergabe von öffentlichen Aufträgen und Konzessionen, die verschiedene Leistungen zum Gegenstand haben
§ 111 Vergabe von öffentlichen Aufträgen und Konzessionen, deren Teile unterschiedlichen rechtlichen Regelungen unterliegen
§ 112 Vergabe von öffentlichen Aufträgen und Konzessionen, die verschiedene Tätigkeiten umfassen
§ 113 Verordnungsermächtigung
§ 114 Monitoring und Vergabestatistik

Abschnitt 2. Vergabe von öffentlichen Aufträgen durch öffentliche Auftraggeber
Unterabschnitt 1. Anwendungsbereich
§ 115 Anwendungsbereich
§ 116 Besondere Ausnahmen
§ 117 Besondere Ausnahmen für Vergaben, die Verteidigungs- oder Sicherheitsaspekte umfassen

14 GWB III. Kartellrecht

§ 118 Bestimmten Auftragnehmern vorbehaltene öffentliche Aufträge

Unterabschnitt 2. Vergabeverfahren und Auftragsausführung

§ 119 Verfahrensarten
§ 120 Besondere Methoden und Instrumente in Vergabeverfahren
§ 121 Leistungsbeschreibung
§ 122 Eignung
§ 123 Zwingende Ausschlussgründe
§ 124 Fakultative Ausschlussgründe
§ 125 Selbstreinigung
§ 126 Zulässiger Zeitraum für Ausschlüsse
§ 127 Zuschlag
§ 128 Auftragsausführung
§ 129 Zwingend zu berücksichtigende Ausführungsbedingungen
§ 130 Vergabe von öffentlichen Aufträgen über soziale und andere besondere Dienstleistungen
§ 131 Vergabe von öffentlichen Aufträgen über Personenverkehrsleistungen im Eisenbahnverkehr
§ 132 Auftragsänderungen während der Vertragslaufzeit
§ 133 Kündigung von öffentlichen Aufträgen in besonderen Fällen
§ 134 Informations- und Wartepflicht
§ 135 Unwirksamkeit

Abschnitt 3. Vergabe von öffentlichen Aufträgen in besonderen Bereichen und von Konzessionen

Unterabschnitt 1. Vergabe von öffentlichen Aufträgen durch Sektorenauftraggeber

§ 136 Anwendungsbereich
§ 137 Besondere Ausnahmen
§ 138 Besondere Ausnahme für die Vergabe an verbundene Unternehmen
§ 139 Besondere Ausnahme für die Vergabe durch oder an ein Gemeinschaftsunternehmen
§ 140 Besondere Ausnahme für unmittelbar dem Wettbewerb ausgesetzte Tätigkeiten
§ 141 Verfahrensarten
§ 142 Sonstige anwendbare Vorschriften
§ 143 Regelung für Auftraggeber nach dem Bundesberggesetz

Unterabschnitt 2. Vergabe von verteidigungs- oder sicherheitsspezifischen öffentlichen Aufträgen

§ 144 Anwendungsbereich
§ 145 Besondere Ausnahmen für die Vergabe von verteidigungs- oder sicherheitsspezifischen öffentlichen Aufträgen
§ 146 Verfahrensarten
§ 147 Sonstige anwendbare Vorschriften

Unterabschnitt 3. Vergabe von Konzessionen

§ 148 Anwendungsbereich
§ 149 Besondere Ausnahmen
§ 150 Besondere Ausnahmen für die Vergabe von Konzessionen in den Bereichen Verteidigung und Sicherheit
§ 151 Verfahren
§ 152 Anforderungen im Konzessionsvergabeverfahren
§ 153 Vergabe von Konzessionen über soziale und andere besondere Dienstleistungen
§ 154 Sonstige anwendbare Vorschriften

Kapitel 2. Nachprüfungsverfahren

Abschnitt 1. Nachprüfungsbehörden

§ 155 Grundsatz
§ 156 Vergabekammern
§ 157 Besetzung, Unabhängigkeit
§ 158 Einrichtung, Organisation
§ 159 Abgrenzung der Zuständigkeit der Vergabekammern

Abschnitt 2. Verfahren vor der Vergabekammer

§ 160 Einleitung, Antrag
§ 161 Form, Inhalt
§ 162 Verfahrensbeteiligte, Beiladung
§ 163 Untersuchungsgrundsatz
§ 164 Aufbewahrung vertraulicher Unterlagen
§ 165 Akteneinsicht

Kapitel 1. Wettbewerbsbeschr. Vereinbarungen §§ 1, 2 GWB 14

§ 166 Mündliche Verhandlung
§ 167 Beschleunigung
§ 168 Entscheidung der Vergabekammer
§ 169 Aussetzung des Vergabeverfahrens
§ 170 Ausschluss von abweichendem Landesrecht

Abschnitt 3. Sofortige Beschwerde

§ 171 Zulässigkeit, Zuständigkeit
§ 172 Frist, Form, Inhalt
§ 173 Wirkung
§ 174 Beteiligte am Beschwerdeverfahren
§ 175 Verfahrensvorschriften
§ 176 Vorabentscheidung über den Zuschlag
§ 177 Ende des Vergabeverfahrens nach Entscheidung des Beschwerdegerichts
§ 178 Beschwerdeentscheidung
§ 179 Bindungswirkung und Vorlagepflicht
§ 180 Schadensersatz bei Rechtsmissbrauch
§ 181 Anspruch auf Ersatz des Vertrauensschadens
§ 182 Kosten des Verfahrens vor der Vergabekammer
§ 183 Korrekturmechanismus der Kommission
§ 184 Unterrichtungspflichten der Nachprüfungsinstanzen

Teil 5. Anwendungsbereich der Teile 1 bis 3

§ 185 Unternehmen der öffentlichen Hand, Geltungsbereich

Teil 6. Übergangs- und Schlussbestimmungen

§ 186 Übergangsbestimmungen

Teil 1. Wettbewerbsbeschränkungen

Kapitel 1. Wettbewerbsbeschränkende Vereinbarungen, Beschlüsse und abgestimmte Verhaltensweisen

§ 1 Verbot wettbewerbsbeschränkender Vereinbarungen. Vereinbarungen zwischen Unternehmen, Beschlüsse von Unternehmensvereinigungen und aufeinander abgestimmte Verhaltensweisen, die eine Verhinderung, Einschränkung oder Verfälschung des Wettbewerbs bezwecken oder bewirken, sind verboten.

§ 2 Freigestellte Vereinbarungen. (1) Vom Verbot des § 1 freigestellt sind Vereinbarungen zwischen Unternehmen, Beschlüsse von Unternehmensvereinigungen oder aufeinander abgestimmte Verhaltensweisen, die unter angemessener Beteiligung der Verbraucher an dem entstehenden Gewinn zur Verbesserung der Warenerzeugung oder -verteilung oder zur Förderung des technischen oder wirtschaftlichen Fortschritts beitragen, ohne dass den beteiligten Unternehmen

1. Beschränkungen auferlegt werden, die für die Verwirklichung dieser Ziele nicht unerlässlich sind, oder
2. Möglichkeiten eröffnet werden, für einen wesentlichen Teil der betreffenden Waren den Wettbewerb auszuschalten.

(2) ¹Bei der Anwendung von Absatz 1 gelten die Verordnungen des Rates oder der Europäischen Kommission über die Anwendung von Artikel 101 Absatz 3 des Vertrages über die Arbeitsweise der Europäischen Union[1] auf bestimmte Gruppen von Vereinbarungen, Beschlüsse von Unternehmensver-

---

[1] Nr. 15.

einigungen und aufeinander abgestimmte Verhaltensweisen (Gruppenfreistellungsverordnungen) entsprechend. ²Dies gilt auch, soweit die dort genannten Vereinbarungen, Beschlüsse und Verhaltensweisen nicht geeignet sind, den Handel zwischen den Mitgliedstaaten der Europäischen Union zu beeinträchtigen.

§ 3 Mittelstandskartelle. Vereinbarungen zwischen miteinander im Wettbewerb stehenden Unternehmen und Beschlüsse von Unternehmensvereinigungen, die die Rationalisierung wirtschaftlicher Vorgänge durch zwischenbetriebliche Zusammenarbeit zum Gegenstand haben, erfüllen die Voraussetzungen des § 2 Absatz 1, wenn

1. dadurch der Wettbewerb auf dem Markt nicht wesentlich beeinträchtigt wird und
2. die Vereinbarung oder der Beschluss dazu dient, die Wettbewerbsfähigkeit kleiner oder mittlerer Unternehmen zu verbessern.

§§ 4 bis 17 (weggefallen)

Kapitel 2. Marktbeherrschung, sonstiges wettbewerbsbeschränkendes Verhalten

§ 18 Marktbeherrschung. (1) Ein Unternehmen ist marktbeherrschend, soweit es als Anbieter oder Nachfrager einer bestimmten Art von Waren oder gewerblichen Leistungen auf dem sachlich und räumlich relevanten Markt

1. ohne Wettbewerber ist,
2. keinem wesentlichen Wettbewerb ausgesetzt ist oder
3. eine im Verhältnis zu seinen Wettbewerbern überragende Marktstellung hat.

(2) Der räumlich relevante Markt kann weiter sein als der Geltungsbereich dieses Gesetzes.

(2a) Der Annahme eines Marktes steht nicht entgegen, dass eine Leistung unentgeltlich erbracht wird.

(3) Bei der Bewertung der Marktstellung eines Unternehmens im Verhältnis zu seinen Wettbewerbern ist insbesondere Folgendes zu berücksichtigen:

1. sein Marktanteil,
2. seine Finanzkraft,
3. sein Zugang zu wettbewerbsrelevanten Daten,
4. sein Zugang zu den Beschaffungs- oder Absatzmärkten,
5. Verflechtungen mit anderen Unternehmen,
6. rechtliche oder tatsächliche Schranken für den Marktzutritt anderer Unternehmen,
7. der tatsächliche oder potenzielle Wettbewerb durch Unternehmen, die innerhalb oder außerhalb des Geltungsbereichs dieses Gesetzes ansässig sind,
8. die Fähigkeit, sein Angebot oder seine Nachfrage auf andere Waren oder gewerbliche Leistungen umzustellen, sowie
9. die Möglichkeit der Marktgegenseite, auf andere Unternehmen auszuweichen.

(3a) Insbesondere bei mehrseitigen Märkten und Netzwerken sind bei der Bewertung der Marktstellung eines Unternehmens auch zu berücksichtigen:

1. direkte und indirekte Netzwerkeffekte,
2. die parallele Nutzung mehrerer Dienste und der Wechselaufwand für die Nutzer,
3. seine Größenvorteile im Zusammenhang mit Netzwerkeffekten,
4. sein Zugang zu wettbewerbsrelevanten Daten,
5. innovationsgetriebener Wettbewerbsdruck.

(3b) Bei der Bewertung der Marktstellung eines Unternehmens, das als Vermittler auf mehrseitigen Märkten tätig ist, ist insbesondere auch die Bedeutung der von ihm erbrachten Vermittlungsdienstleistungen für den Zugang zu Beschaffungs- und Absatzmärkten zu berücksichtigen.

(4) Es wird vermutet, dass ein Unternehmen marktbeherrschend ist, wenn es einen Marktanteil von mindestens 40 Prozent hat.

(5) Zwei oder mehr Unternehmen sind marktbeherrschend, soweit
1. zwischen ihnen für eine bestimmte Art von Waren oder gewerblichen Leistungen ein wesentlicher Wettbewerb nicht besteht und
2. sie in ihrer Gesamtheit die Voraussetzungen des Absatzes 1 erfüllen.

(6) Eine Gesamtheit von Unternehmen gilt als marktbeherrschend, wenn sie
1. aus drei oder weniger Unternehmen besteht, die zusammen einen Marktanteil von 50 Prozent erreichen, oder
2. aus fünf oder weniger Unternehmen besteht, die zusammen einen Marktanteil von zwei Dritteln erreichen.

(7) Die Vermutung des Absatzes 6 kann widerlegt werden, wenn die Unternehmen nachweisen, dass
1. die Wettbewerbsbedingungen zwischen ihnen wesentlichen Wettbewerb erwarten lassen oder
2. die Gesamtheit der Unternehmen im Verhältnis zu den übrigen Wettbewerbern keine überragende Marktstellung hat.

(8) Das Bundesministerium für Wirtschaft und Energie berichtet den gesetzgebenden Körperschaften nach Ablauf von drei Jahren nach Inkrafttreten der Regelungen in den Absätzen 2a und 3a über die Erfahrungen mit den Vorschriften.

§ 19 Verbotenes Verhalten von marktbeherrschenden Unternehmen.

(1) Der Missbrauch einer marktbeherrschenden Stellung durch ein oder mehrere Unternehmen ist verboten.

(2) Ein Missbrauch liegt insbesondere vor, wenn ein marktbeherrschendes Unternehmen als Anbieter oder Nachfrager einer bestimmten Art von Waren oder gewerblichen Leistungen
1. ein anderes Unternehmen unmittelbar oder mittelbar unbillig behindert oder ohne sachlich gerechtfertigten Grund unmittelbar oder mittelbar anders behandelt als gleichartige Unternehmen;
2. Entgelte oder sonstige Geschäftsbedingungen fordert, die von denjenigen abweichen, die sich bei wirksamem Wettbewerb mit hoher Wahrscheinlichkeit ergeben würden; hierbei sind insbesondere die Verhaltensweisen von Unternehmen auf vergleichbaren Märkten mit wirksamem Wettbewerb zu berücksichtigen;

3. ungünstigere Entgelte oder sonstige Geschäftsbedingungen fordert, als sie das marktbeherrschende Unternehmen selbst auf vergleichbaren Märkten von gleichartigen Abnehmern fordert, es sei denn, dass der Unterschied sachlich gerechtfertigt ist;
4. sich weigert, ein anderes Unternehmen gegen angemessenes Entgelt mit einer solchen Ware oder gewerblichen Leistung zu beliefern, insbesondere ihm Zugang zu Daten, zu Netzen oder anderen Infrastruktureinrichtungen zu gewähren, und die Belieferung oder die Gewährung des Zugangs objektiv notwendig ist, um auf einem vor- oder nachgelagerten Markt tätig zu sein und die Weigerung den wirksamen Wettbewerb auf diesem Markt auszuschalten droht, es sei denn, die Weigerung ist sachlich gerechtfertigt;
5. andere Unternehmen dazu auffordert, ihm ohne sachlich gerechtfertigten Grund Vorteile zu gewähren; hierbei ist insbesondere zu berücksichtigen, ob die Aufforderung für das andere Unternehmen nachvollziehbar begründet ist und ob der geforderte Vorteil in einem angemessenen Verhältnis zum Grund der Forderung steht.

(3) ¹Absatz 1 in Verbindung mit Absatz 2 Nummer 1 und Nummer 5 gilt auch für Vereinigungen von miteinander im Wettbewerb stehenden Unternehmen im Sinne der §§ 2, 3 und 28 Absatz 1, § 30 Absatz 2a, 2b und § 31 Absatz 1 Nummer 1, 2 und 4. ²Absatz 1 in Verbindung mit Absatz 2 Nummer 1 gilt auch für Unternehmen, die Preise nach § 28 Absatz 2 oder § 30 Absatz 1 Satz 1 oder § 31 Absatz 1 Nummer 3 binden.

§ 19a Missbräuchliches Verhalten von Unternehmen mit überragender marktübergreifender Bedeutung für den Wettbewerb. (1) ¹Das Bundeskartellamt kann durch Verfügung feststellen, dass einem Unternehmen, das in erheblichem Umfang auf Märkten im Sinne des § 18 Absatz 3a tätig ist, eine überragende marktübergreifende Bedeutung für den Wettbewerb zukommt. ²Bei der Feststellung der überragenden marktübergreifenden Bedeutung eines Unternehmens für den Wettbewerb sind insbesondere zu berücksichtigen:
1. seine marktbeherrschende Stellung auf einem oder mehreren Märkten,
2. seine Finanzkraft oder sein Zugang zu sonstigen Ressourcen,
3. seine vertikale Integration und seine Tätigkeit auf in sonstiger Weise miteinander verbundenen Märkten,
4. sein Zugang zu wettbewerbsrelevanten Daten,
5. die Bedeutung seiner Tätigkeit für den Zugang Dritter zu Beschaffungs- und Absatzmärkten sowie sein damit verbundener Einfluss auf die Geschäftstätigkeit Dritter.

³Die Verfügung nach Satz 1 ist auf fünf Jahre nach Eintritt der Bestandskraft zu befristen.

(2) ¹Das Bundeskartellamt kann im Falle einer Feststellung nach Absatz 1 dem Unternehmen untersagen,
1. beim Vermitteln des Zugangs zu Beschaffungs- und Absatzmärkten die eigenen Angebote gegenüber denen von Wettbewerbern bevorzugt zu behandeln, insbesondere
   a) die eigenen Angebote bei der Darstellung zu bevorzugen;
   b) ausschließlich eigene Angebote auf Geräten vorzuinstallieren oder in anderer Weise in Angebote des Unternehmens zu integrieren;

2. Maßnahmen zu ergreifen, die andere Unternehmen in ihrer Geschäftstätigkeit auf Beschaffungs- oder Absatzmärkten behindern, wenn die Tätigkeit des Unternehmens für den Zugang zu diesen Märkten Bedeutung hat, insbesondere
   a) Maßnahmen zu ergreifen, die zu einer ausschließlichen Vorinstallation oder Integration von Angeboten des Unternehmens führen;
   b) andere Unternehmen daran zu hindern oder es ihnen zu erschweren, ihre eigenen Angebote zu bewerben oder Abnehmer auch über andere als die von dem Unternehmen bereitgestellten oder vermittelten Zugänge zu erreichen;
3. Wettbewerber auf einem Markt, auf dem das Unternehmen seine Stellung, auch ohne marktbeherrschend zu sein, schnell ausbauen kann, unmittelbar oder mittelbar zu behindern, insbesondere
   a) die Nutzung eines Angebots des Unternehmens mit einer dafür nicht erforderlichen automatischen Nutzung eines weiteren Angebots des Unternehmens zu verbinden, ohne dem Nutzer des Angebots ausreichende Wahlmöglichkeiten hinsichtlich des Umstands und der Art und Weise der Nutzung des anderen Angebots einzuräumen;
   b) die Nutzung eines Angebots des Unternehmens von der Nutzung eines anderen Angebots des Unternehmens abhängig zu machen;
4. durch die Verarbeitung wettbewerbsrelevanter Daten, die das Unternehmen gesammelt hat, Marktzutrittsschranken zu errichten oder spürbar zu erhöhen, oder andere Unternehmen in sonstiger Weise zu behindern, oder Geschäftsbedingungen zu fordern, die eine solche Verarbeitung zulassen, insbesondere
   a) die Nutzung von Diensten davon abhängig zu machen, dass Nutzer der Verarbeitung von Daten aus anderen Diensten des Unternehmens oder eines Drittanbieters zustimmen, ohne den Nutzern eine ausreichende Wahlmöglichkeit hinsichtlich des Umstands, des Zwecks und der Art und Weise der Verarbeitung einzuräumen;
   b) von anderen Unternehmen erhaltene wettbewerbsrelevante Daten zu anderen als für die Erbringung der eigenen Dienste gegenüber diesen Unternehmen erforderlichen Zwecken zu verarbeiten, ohne diesen Unternehmen eine ausreichende Wahlmöglichkeit hinsichtlich des Umstands, des Zwecks und der Art und Weise der Verarbeitung einzuräumen;
5. die Interoperabilität von Produkten oder Leistungen oder die Portabilität von Daten zu verweigern oder zu erschweren und damit den Wettbewerb zu behindern;
6. andere Unternehmen unzureichend über den Umfang, die Qualität oder den Erfolg der erbrachten oder beauftragten Leistung zu informieren oder ihnen in anderer Weise eine Beurteilung des Wertes dieser Leistung zu erschweren;
7. für die Behandlung von Angeboten eines anderen Unternehmens Vorteile zu fordern, die in keinem angemessenen Verhältnis zum Grund der Forderung stehen, insbesondere
   a) für deren Darstellung die Übertragung von Daten oder Rechten zu fordern, die dafür nicht zwingend erforderlich sind;
   b) die Qualität der Darstellung dieser Angebote von der Übertragung von Daten oder Rechten abhängig zu machen, die hierzu in keinem angemessenen Verhältnis stehen.

² Dies gilt nicht, soweit die jeweilige Verhaltensweise sachlich gerechtfertigt ist. ³ Die Darlegungs- und Beweislast obliegt insoweit dem Unternehmen. ⁴ § 32 Absatz 2 und 3, die §§ 32a und 32b gelten entsprechend. ⁵ Die Verfügung nach Absatz 2 kann mit der Feststellung nach Absatz 1 verbunden werden.

(3) Die §§ 19 und 20 bleiben unberührt.

(4) Das Bundesministerium für Wirtschaft und Energie berichtet den gesetzgebenden Körperschaften nach Ablauf von vier Jahren nach Inkrafttreten der Regelungen in den Absätzen 1 und 2 über die Erfahrungen mit der Vorschrift.

§ 20 Verbotenes Verhalten von Unternehmen mit relativer oder überlegener Marktmacht. (1) ¹ § 19 Absatz 1 in Verbindung mit Absatz 2 Nummer 1 gilt auch für Unternehmen und Vereinigungen von Unternehmen, soweit von ihnen andere Unternehmen als Anbieter oder Nachfrager einer bestimmten Art von Waren oder gewerblichen Leistungen in der Weise abhängig sind, dass ausreichende und zumutbare Möglichkeiten, auf dritte Unternehmen auszuweichen, nicht bestehen und ein deutliches Ungleichgewicht zur Gegenmacht der anderen Unternehmen besteht (relative Marktmacht). ² § 19 Absatz 1 in Verbindung mit Absatz 2 Nummer 1 gilt ferner auch für Unternehmen, die als Vermittler auf mehrseitigen Märkten tätig sind, soweit andere Unternehmen mit Blick auf den Zugang zu Beschaffungs- und Absatzmärkten von ihrer Vermittlungsleistung in der Weise abhängig sind, dass ausreichende und zumutbare Ausweichmöglichkeiten nicht bestehen. ³ Es wird vermutet, dass ein Anbieter einer bestimmten Art von Waren oder gewerblichen Leistungen von einem Nachfrager abhängig im Sinne des Satzes 1 ist, wenn dieser Nachfrager bei ihm zusätzlich zu den verkehrsüblichen Preisnachlässen oder sonstigen Leistungsentgelten regelmäßig besondere Vergünstigungen erlangt, die gleichartigen Nachfragern nicht gewährt werden.

(1a) ¹ Eine Abhängigkeit nach Absatz 1 kann sich auch daraus ergeben, dass ein Unternehmen für die eigene Tätigkeit auf den Zugang zu Daten angewiesen ist, die von einem anderen Unternehmen kontrolliert werden. ² Die Verweigerung des Zugangs zu solchen Daten gegen angemessenes Entgelt kann eine unbillige Behinderung nach Absatz 1 in Verbindung mit § 19 Absatz 1, Absatz 2 Nummer 1 darstellen. ³ Dies gilt auch dann, wenn ein Geschäftsverkehr für diese Daten bislang nicht eröffnet ist.

(2) § 19 Absatz 1 in Verbindung mit Absatz 2 Nummer 5 gilt auch für Unternehmen und Vereinigungen von Unternehmen im Verhältnis zu den von ihnen abhängigen Unternehmen.

(3) ¹ Unternehmen mit gegenüber kleinen und mittleren Wettbewerbern überlegener Marktmacht dürfen ihre Marktmacht nicht dazu ausnutzen, solche Wettbewerber unmittelbar oder mittelbar unbillig zu behindern. ² Eine unbillige Behinderung im Sinne des Satzes 1 liegt insbesondere vor, wenn ein Unternehmen

1. Lebensmittel im Sinne des Artikels 2 der Verordnung (EG) Nr. 178/2002 des Europäischen Parlaments und des Rates zur Festlegung der allgemeinen Grundsätze und Anforderungen des Lebensmittelrechts, zur Errichtung der Europäischen Behörde für Lebensmittelsicherheit und zur Festlegung von Verfahren zur Lebensmittelsicherheit (ABl. L 31 vom 1.2.2002, S. 1), die zuletzt durch die Verordnung (EU) 2019/1381 (ABl. L 231 vom 6.9.2019, S. 1) geändert worden ist, unter Einstandspreis oder

Kapitel 2. Marktbeherrschung § 21 GWB 14

2. andere Waren oder gewerbliche Leistungen nicht nur gelegentlich unter Einstandspreis oder
3. von kleinen oder mittleren Unternehmen, mit denen es auf dem nachgelagerten Markt beim Vertrieb von Waren oder gewerblichen Leistungen im Wettbewerb steht, für deren Lieferung einen höheren Preis fordert, als es selbst auf diesem Markt

anbietet, es sei denn, dies ist jeweils sachlich gerechtfertigt. ³Einstandspreis im Sinne des Satzes 2 ist der zwischen dem Unternehmen mit überlegener Marktmacht und seinem Lieferanten vereinbarte Preis für die Beschaffung der Ware oder Leistung, auf den allgemein gewährte und im Zeitpunkt des Angebots bereits mit hinreichender Sicherheit feststehende Bezugsvergünstigungen anteilig angerechnet werden, soweit nicht für bestimmte Waren oder Leistungen ausdrücklich etwas anderes vereinbart ist. ⁴Das Anbieten von Lebensmitteln unter Einstandspreis ist sachlich gerechtfertigt, wenn es geeignet ist, den Verderb oder die drohende Unverkäuflichkeit der Waren beim Händler durch rechtzeitigen Verkauf zu verhindern sowie in vergleichbar schwerwiegenden Fällen. ⁵Werden Lebensmittel an gemeinnützige Einrichtungen zur Verwendung im Rahmen ihrer Aufgaben abgegeben, liegt keine unbillige Behinderung vor.

(3a) Eine unbillige Behinderung im Sinne des Absatzes 3 Satz 1 liegt auch vor, wenn ein Unternehmen mit überlegener Marktmacht auf einem Markt im Sinne des § 18 Absatz 3a die eigenständige Erzielung von Netzwerkeffekten durch Wettbewerber behindert und hierdurch die ernstliche Gefahr begründet, dass der Leistungswettbewerb in nicht unerheblichem Maße eingeschränkt wird.

(4) Ergibt sich auf Grund bestimmter Tatsachen nach allgemeiner Erfahrung der Anschein, dass ein Unternehmen seine Marktmacht im Sinne des Absatzes 3 ausgenutzt hat, so obliegt es diesem Unternehmen, den Anschein zu widerlegen und solche anspruchsbegründenden Umstände aus seinem Geschäftsbereich aufzuklären, deren Aufklärung dem betroffenen Wettbewerber oder einem Verband nach § 33 Absatz 4 nicht möglich, dem in Anspruch genommenen Unternehmen aber leicht möglich und zumutbar ist.

(5) Wirtschafts- und Berufsvereinigungen sowie Gütezeichengemeinschaften dürfen die Aufnahme eines Unternehmens nicht ablehnen, wenn die Ablehnung eine sachlich nicht gerechtfertigte ungleiche Behandlung darstellen und zu einer unbilligen Benachteiligung des Unternehmens im Wettbewerb führen würde.

§ 21 Boykottverbot, Verbot sonstigen wettbewerbsbeschränkenden Verhaltens. (1) Unternehmen und Vereinigungen von Unternehmen dürfen nicht ein anderes Unternehmen oder Vereinigungen von Unternehmen in der Absicht, bestimmte Unternehmen unbillig zu beeinträchtigen, zu Liefersperren oder Bezugssperren auffordern.

(2) Unternehmen und Vereinigungen von Unternehmen dürfen anderen Unternehmen keine Nachteile androhen oder zufügen und keine Vorteile versprechen oder gewähren, um sie zu einem Verhalten zu veranlassen, das nach folgenden Vorschriften nicht zum Gegenstand einer vertraglichen Bindung gemacht werden darf:
1. nach diesem Gesetz,

407

14 GWB § 22 Teil 1. Wettbewerbsbeschränkungen

2. nach Artikel 101 oder 102 des Vertrages über die Arbeitsweise der Europäischen Union[1]) oder
3. nach einer Verfügung der Europäischen Kommission oder der Kartellbehörde, die auf Grund dieses Gesetzes oder auf Grund der Artikel 101 oder 102 des Vertrages über die Arbeitsweise der Europäischen Union[1]) ergangen ist.

(3) Unternehmen und Vereinigungen von Unternehmen dürfen andere Unternehmen nicht zwingen,

1. einer Vereinbarung oder einem Beschluss im Sinne der §§ 2, 3, 28 Absatz 1 oder § 30 Absatz 2a oder Absatz 2b beizutreten oder
2. sich mit anderen Unternehmen im Sinne des § 37 zusammenzuschließen oder
3. in der Absicht, den Wettbewerb zu beschränken, sich im Markt gleichförmig zu verhalten.

(4) Es ist verboten, einem Anderen wirtschaftlichen Nachteil zuzufügen, weil dieser ein Einschreiten der Kartellbehörde beantragt oder angeregt hat.

Kapitel 3. Anwendung des europäischen Wettbewerbsrechts

§ 22 Verhältnis dieses Gesetzes zu den Artikeln 101 und 102 des Vertrages über die Arbeitsweise der Europäischen Union. (1) [1] Auf Vereinbarungen zwischen Unternehmen, Beschlüsse von Unternehmensvereinigungen und aufeinander abgestimmte Verhaltensweisen im Sinne des Artikels 101 Absatz 1 des Vertrages über die Arbeitsweise der Europäischen Union[1]), die den Handel zwischen den Mitgliedstaaten der Europäischen Union im Sinne dieser Bestimmung beeinträchtigen können, können auch die Vorschriften dieses Gesetzes angewandt werden. [2] Ist dies der Fall, ist daneben gemäß Artikel 3 Absatz 1 Satz 1 der Verordnung (EG) Nr. 1/2003[2]) des Rates vom 16. Dezember 2002 zur Durchführung der in den Artikeln 81 und 82 des Vertrages niedergelegten Wettbewerbsregeln (ABl. EG 2003 Nr. L 1 S. 1) auch Artikel 101 des Vertrages über die Arbeitsweise der Europäischen Union[1]) anzuwenden.

(2) [1] Die Anwendung der Vorschriften dieses Gesetzes darf gemäß Artikel 3 Absatz 2 Satz 1 der Verordnung (EG) Nr. 1/2003 nicht zum Verbot von Vereinbarungen zwischen Unternehmen, Beschlüssen von Unternehmensvereinigungen und aufeinander abgestimmten Verhaltensweisen führen, welche zwar den Handel zwischen den Mitgliedstaaten der Europäischen Union zu beeinträchtigen geeignet sind, aber

1. den Wettbewerb im Sinne des Artikels 101 Absatz 1 des Vertrages über die Arbeitsweise der Europäischen Union[1]) nicht beschränken oder
2. die Bedingungen des Artikels 101 Absatz 3 des Vertrages über die Arbeitsweise der Europäischen Union[1]) erfüllen oder
3. durch eine Verordnung zur Anwendung des Artikels 101 Absatz 3 des Vertrages über die Arbeitsweise der Europäischen Union[1]) erfasst sind.

[2] Die Vorschriften des Kapitels 2 bleiben unberührt. [3] In anderen Fällen richtet sich der Vorrang von Artikel 101 des Vertrages über die Arbeitsweise der

---

[1]) Nr. **15**.
[2]) Nr. **16**.

Europäischen Union[1]) nach dem insoweit maßgeblichen Recht der Europäischen Union.

(3) ¹Auf Handlungen, die einen nach Artikel 102 des Vertrages über die Arbeitsweise der Europäischen Union[1]) verbotenen Missbrauch darstellen, können auch die Vorschriften dieses Gesetzes angewandt werden. ²Ist dies der Fall, ist daneben gemäß Artikel 3 Absatz 1 Satz 2 der Verordnung (EG) Nr. 1/2003 auch Artikel 102 des Vertrages über die Arbeitsweise der Europäischen Union[1]) anzuwenden. ³Die Anwendung weitergehender Vorschriften dieses Gesetzes bleibt unberührt.

(4) ¹Die Absätze 1 bis 3 gelten unbeschadet des Rechts der Europäischen Union nicht, soweit die Vorschriften über die Zusammenschlusskontrolle angewandt werden. ²Vorschriften, die überwiegend ein von den Artikeln 101 und 102 des Vertrages über die Arbeitsweise der Europäischen Union[1]) abweichendes Ziel verfolgen, bleiben von den Vorschriften dieses Abschnitts unberührt.

§ 23 (weggefallen)

Kapitel 4. Wettbewerbsregeln

§ 24 Begriff, Antrag auf Anerkennung. (1) Wirtschafts- und Berufsvereinigungen können für ihren Bereich Wettbewerbsregeln aufstellen.

(2) Wettbewerbsregeln sind Bestimmungen, die das Verhalten von Unternehmen im Wettbewerb regeln zu dem Zweck, einem den Grundsätzen des lauteren oder der Wirksamkeit eines leistungsgerechten Wettbewerbs zuwiderlaufenden Verhalten im Wettbewerb entgegenzuwirken und ein diesen Grundsätzen entsprechendes Verhalten im Wettbewerb anzuregen.

(3) Wirtschafts- und Berufsvereinigungen können bei der Kartellbehörde die Anerkennung von Wettbewerbsregeln beantragen.

(4) ¹Der Antrag auf Anerkennung von Wettbewerbsregeln hat zu enthalten:
1. Name, Rechtsform und Anschrift der Wirtschafts- oder Berufsvereinigung;
2. Name und Anschrift der Person, die sie vertritt;
3. die Angabe des sachlichen und örtlichen Anwendungsbereichs der Wettbewerbsregeln;
4. den Wortlaut der Wettbewerbsregeln.

²Dem Antrag sind beizufügen:
1. die Satzung der Wirtschafts- oder Berufsvereinigung;
2. der Nachweis, dass die Wettbewerbsregeln satzungsmäßig aufgestellt sind;
3. eine Aufstellung von außenstehenden Wirtschafts- oder Berufsvereinigungen und Unternehmen der gleichen Wirtschaftsstufe sowie der Lieferanten- und Abnehmervereinigungen und der Bundesorganisationen der beteiligten Wirtschaftsstufen des betreffenden Wirtschaftszweiges.

³In dem Antrag dürfen keine unrichtigen oder unvollständigen Angaben gemacht oder benutzt werden, um für den Antragsteller oder einen anderen die Anerkennung einer Wettbewerbsregel zu erschleichen.

---
[1]) Nr. **15**.

(5) Änderungen und Ergänzungen anerkannter Wettbewerbsregeln sind der Kartellbehörde mitzuteilen.

§ 25 Stellungnahme Dritter. [1]Die Kartellbehörde hat nichtbeteiligten Unternehmen der gleichen Wirtschaftsstufe, Wirtschafts- und Berufsvereinigungen der durch die Wettbewerbsregeln betroffenen Lieferanten und Abnehmer sowie den Bundesorganisationen der beteiligten Wirtschaftsstufen Gelegenheit zur Stellungnahme zu geben. [2]Gleiches gilt für Verbraucherzentralen und andere Verbraucherverbände, die mit öffentlichen Mitteln gefördert werden, wenn die Interessen der Verbraucher erheblich berührt sind. [3]Die Kartellbehörde kann eine öffentliche mündliche Verhandlung über den Antrag auf Anerkennung durchführen, in der es jedermann freisteht, Einwendungen gegen die Anerkennung zu erheben.

§ 26 Anerkennung. (1) [1]Die Anerkennung erfolgt durch Verfügung der Kartellbehörde. [2]Sie hat zum Inhalt, dass die Kartellbehörde von den ihr nach Kapitel 6 zustehenden Befugnissen keinen Gebrauch machen wird.

(2) Soweit eine Wettbewerbsregel gegen das Verbot des § 1 verstößt und nicht nach den §§ 2 und 3 freigestellt ist oder andere Bestimmungen dieses Gesetzes, des Gesetzes gegen den unlauteren Wettbewerb[1]) oder eine andere Rechtsvorschrift verletzt, hat die Kartellbehörde den Antrag auf Anerkennung abzulehnen.

(3) Wirtschafts- und Berufsvereinigungen haben die Außerkraftsetzung von ihnen aufgestellter, anerkannter Wettbewerbsregeln der Kartellbehörde mitzuteilen.

(4) Die Kartellbehörde hat die Anerkennung zurückzunehmen oder zu widerrufen, wenn sie nachträglich feststellt, dass die Voraussetzungen für die Ablehnung der Anerkennung nach Absatz 2 vorliegen.

§ 27 Veröffentlichung von Wettbewerbsregeln, Bekanntmachungen.

(1) Anerkannte Wettbewerbsregeln sind im Bundesanzeiger zu veröffentlichen.

(2) Im Bundesanzeiger sind bekannt zu machen
1. die Anträge nach § 24 Absatz 3;
2. die Anberaumung von Terminen zur mündlichen Verhandlung nach § 25 Satz 3;
3. die Anerkennung von Wettbewerbsregeln, ihrer Änderungen und Ergänzungen;
4. die Ablehnung der Anerkennung nach § 26 Absatz 2, die Rücknahme oder der Widerruf der Anerkennung von Wettbewerbsregeln nach § 26 Absatz 4.

(3) Mit der Bekanntmachung der Anträge nach Absatz 2 Nummer 1 ist darauf hinzuweisen, dass die Wettbewerbsregeln, deren Anerkennung beantragt ist, bei der Kartellbehörde zur öffentlichen Einsichtnahme ausgelegt sind.

(4) Soweit die Anträge nach Absatz 2 Nummer 1 zur Anerkennung führen, genügt für die Bekanntmachung der Anerkennung eine Bezugnahme auf die Bekanntmachung der Anträge.

---

[1]) Nr. 1.

(5) Die Kartellbehörde erteilt zu anerkannten Wettbewerbsregeln, die nicht nach Absatz 1 veröffentlicht worden sind, auf Anfrage Auskunft über die Angaben nach § 24 Absatz 4 Satz 1.

Kapitel 5. Sonderregeln für bestimmte Wirtschaftsbereiche

§ 28 Landwirtschaft. (1) ¹§ 1 gilt nicht für Vereinbarungen von landwirtschaftlichen Erzeugerbetrieben sowie für Vereinbarungen und Beschlüsse von Vereinigungen von landwirtschaftlichen Erzeugerbetrieben und Vereinigungen von solchen Erzeugervereinigungen über
1. die Erzeugung oder den Absatz landwirtschaftlicher Erzeugnisse oder
2. die Benutzung gemeinschaftlicher Einrichtungen für die Lagerung, Be- oder Verarbeitung landwirtschaftlicher Erzeugnisse,

sofern sie keine Preisbindung enthalten und den Wettbewerb nicht ausschließen. ²Als landwirtschaftliche Erzeugerbetriebe gelten auch Pflanzen- und Tierzuchtbetriebe und die auf der Stufe dieser Betriebe tätigen Unternehmen.

(2) Für vertikale Preisbindungen, die die Sortierung, Kennzeichnung oder Verpackung von landwirtschaftlichen Erzeugnissen betreffen, gilt § 1 nicht.

(3) Landwirtschaftliche Erzeugnisse sind die in Anhang I des Vertrages über die Arbeitsweise der Europäischen Union aufgeführten Erzeugnisse sowie die durch Be- oder Verarbeitung dieser Erzeugnisse gewonnenen Waren, deren Be- oder Verarbeitung durch landwirtschaftliche Erzeugerbetriebe oder ihre Vereinigungen durchgeführt zu werden pflegt.

§ 29 Energiewirtschaft. ¹Einem Unternehmen ist es verboten, als Anbieter von Elektrizität oder leitungsgebundenem Gas (Versorgungsunternehmen) auf einem Markt, auf dem es allein oder zusammen mit anderen Versorgungsunternehmen eine marktbeherrschende Stellung hat, diese Stellung missbräuchlich auszunutzen, indem es
1. Entgelte oder sonstige Geschäftsbedingungen fordert, die ungünstiger sind als diejenigen anderer Versorgungsunternehmen oder von Unternehmen auf vergleichbaren Märkten, es sei denn, das Versorgungsunternehmen weist nach, dass die Abweichung sachlich gerechtfertigt ist, wobei die Umkehr der Darlegungs- und Beweislast nur in Verfahren vor den Kartellbehörden gilt, oder
2. Entgelte fordert, die die Kosten in unangemessener Weise überschreiten.

²Kosten, die sich ihrem Umfang nach im Wettbewerb nicht einstellen würden, dürfen bei der Feststellung eines Missbrauchs im Sinne des Satzes 1 nicht berücksichtigt werden. ³Die §§ 19 und 20 bleiben unberührt.

§ 30 Presse[1]). (1) ¹§ 1 gilt nicht für vertikale Preisbindungen, durch die ein Unternehmen, das Zeitungen oder Zeitschriften herstellt, die Abnehmer dieser Erzeugnisse rechtlich oder wirtschaftlich bindet, bei der Weiterveräußerung bestimmte Preise zu vereinbaren oder ihren Abnehmern die gleiche Bindung bis zur Weiterveräußerung an den letzten Verbraucher aufzuerlegen. ²Zu Zeitungen und Zeitschriften zählen auch Produkte, die Zeitungen oder Zeitschriften reproduzieren oder substituieren und bei Würdigung der Gesamtumstände

---

[1]) Beachte hierzu auch G über die Preisbindung für Bücher (Buchpreisbindungsgesetz) v. 2.9.2002 (BGBl. I S. 3448), zuletzt geänd. durch G v. 26.11.2020 (BGBl. I S. 2568).

14 GWB § 30 Teil 1. Wettbewerbsbeschränkungen

als überwiegend verlagstypisch anzusehen sind, sowie kombinierte Produkte, bei denen eine Zeitung oder eine Zeitschrift im Vordergrund steht.

(2) ¹Vereinbarungen der in Absatz 1 bezeichneten Art sind, soweit sie Preise und Preisbestandteile betreffen, schriftlich abzufassen. ²Es genügt, wenn die Beteiligten Urkunden unterzeichnen, die auf eine Preisliste oder auf Preismitteilungen Bezug nehmen. ³§ 126 Absatz 2 des Bürgerlichen Gesetzbuchs findet keine Anwendung.

(2a) ¹§ 1 gilt nicht für Branchenvereinbarungen zwischen Vereinigungen von Unternehmen, die nach Absatz 1 Preise für Zeitungen oder Zeitschriften binden (Presseverlage), einerseits und Vereinigungen von deren Abnehmern, die im Preis gebundene Zeitungen und Zeitschriften mit Remissionsrecht beziehen und mit Remissionsrecht an Letztveräußerer verkaufen (Presse-Grossisten), andererseits für die von diesen Vereinigungen jeweils vertretenen Unternehmen, soweit in diesen Branchenvereinbarungen der flächendeckende und diskriminierungsfreie Vertrieb von Zeitungs- und Zeitschriftensortimenten durch die Presse-Grossisten, insbesondere dessen Voraussetzungen und dessen Vergütungen sowie die dadurch abgegoltenen Leistungen geregelt sind. ²Insoweit sind die in Satz 1 genannten Vereinigungen und die von ihnen jeweils vertretenen Presseverlage und Presse-Grossisten zur Sicherstellung eines flächendeckenden und diskriminierungsfreien Vertriebs von Zeitungen und Zeitschriften im stationären Einzelhandel im Sinne von Artikel 106 Absatz 2 des Vertrages über die Arbeitsweise der Europäischen Union[1]) mit Dienstleistungen von allgemeinem wirtschaftlichem Interesse betraut. ³Die §§ 19 und 20 bleiben unberührt.

(2b) ¹§ 1 gilt nicht für Vereinbarungen zwischen Zeitungs- oder Zeitschriftenverlagen über eine verlagswirtschaftliche Zusammenarbeit, soweit die Vereinbarung den Beteiligten ermöglicht, ihre wirtschaftliche Basis für den intermedialen Wettbewerb zu stärken. ²Satz 1 gilt nicht für eine Zusammenarbeit im redaktionellen Bereich. ³Die Unternehmen haben auf Antrag einen Anspruch auf eine Entscheidung der Kartellbehörde nach § 32c, wenn

1. bei einer Vereinbarung nach Satz 1 die Voraussetzungen für ein Verbot nach Artikel 101 Absatz 1 des Vertrages über die Arbeitsweise der Europäischen Union[1]) nach den der Kartellbehörde vorliegenden Erkenntnissen nicht gegeben sind und
2. die Antragsteller ein erhebliches rechtliches und wirtschaftliches Interesse an dieser Entscheidung haben.

⁴Die §§ 19 und 20 bleiben unberührt.

(3) ¹Das Bundeskartellamt kann von Amts wegen oder auf Antrag eines gebundenen Abnehmers die Preisbindung für unwirksam erklären und die Anwendung einer neuen gleichartigen Preisbindung verbieten, wenn

1. die Preisbindung missbräuchlich gehandhabt wird oder
2. die Preisbindung oder ihre Verbindung mit anderen Wettbewerbsbeschränkungen geeignet ist, die gebundenen Waren zu verteuern oder ein Sinken ihrer Preise zu verhindern oder ihre Erzeugung oder ihren Absatz zu beschränken.

---

[1]) Nr. **15**.

² Soweit eine Branchenvereinbarung nach Absatz 2a oder eine Vereinbarung nach Absatz 2b einen Missbrauch der Freistellung darstellt, kann das Bundeskartellamt diese ganz oder teilweise für unwirksam erklären.

(4) Das Bundesministerium für Wirtschaft und Energie berichtet den gesetzgebenden Körperschaften nach Ablauf von fünf Jahren nach Inkrafttreten der Regelung in den Absätzen 2b und 3 Satz 2 über die Erfahrungen mit der Vorschrift.

§ 31 Verträge der Wasserwirtschaft. (1) Das Verbot wettbewerbsbeschränkender Vereinbarungen nach § 1 gilt nicht für Verträge von Unternehmen der öffentlichen Versorgung mit Wasser (Wasserversorgungsunternehmen) mit

1. anderen Wasserversorgungsunternehmen oder mit Gebietskörperschaften, soweit sich damit ein Vertragsbeteiligter verpflichtet, in einem bestimmten Gebiet eine öffentliche Wasserversorgung über feste Leitungswege zu unterlassen;
2. Gebietskörperschaften, soweit sich damit eine Gebietskörperschaft verpflichtet, die Verlegung und den Betrieb von Leitungen auf oder unter öffentlichen Wegen für eine bestehende oder beabsichtigte unmittelbare öffentliche Wasserversorgung von Letztverbrauchern im Gebiet der Gebietskörperschaft ausschließlich einem Versorgungsunternehmen zu gestatten;
3. Wasserversorgungsunternehmen der Verteilungsstufe, soweit sich damit ein Wasserversorgungsunternehmen der Verteilungsstufe verpflichtet, seine Abnehmer mit Wasser über feste Leitungswege nicht zu ungünstigeren Preisen oder Bedingungen zu versorgen, als sie das zuliefernde Wasserversorgungsunternehmen seinen vergleichbaren Abnehmern gewährt;
4. anderen Wasserversorgungsunternehmen, soweit sie zu dem Zweck abgeschlossen sind, bestimmte Versorgungsleistungen über feste Leitungswege einem oder mehreren Versorgungsunternehmen ausschließlich zur Durchführung der öffentlichen Versorgung zur Verfügung zu stellen.

(2) Verträge nach Absatz 1 sowie ihre Änderungen und Ergänzungen bedürfen der Schriftform.

(3) Durch Verträge nach Absatz 1 oder die Art ihrer Durchführung darf die durch die Freistellung von den Vorschriften dieses Gesetzes erlangte Stellung im Markt nicht missbraucht werden.

(4) Ein Missbrauch liegt insbesondere vor, wenn

1. das Marktverhalten eines Wasserversorgungsunternehmens den Grundsätzen zuwiderläuft, die für das Marktverhalten von Unternehmen bei wirksamem Wettbewerb bestimmend sind, oder
2. ein Wasserversorgungsunternehmen von seinen Abnehmern ungünstigere Preise oder Geschäftsbedingungen fordert als gleichartige Wasserversorgungsunternehmen, es sei denn, das Wasserversorgungsunternehmen weist nach, dass der Unterschied auf abweichenden Umständen beruht, die ihm nicht zurechenbar sind, oder
3. ein Wasserversorgungsunternehmen Entgelte fordert, die die Kosten in unangemessener Weise überschreiten; anzuerkennen sind die Kosten, die bei einer rationellen Betriebsführung anfallen.

(5) Ein Missbrauch liegt nicht vor, wenn ein Wasserversorgungsunternehmen sich insbesondere aus technischen oder hygienischen Gründen weigert,

mit einem anderen Unternehmen Verträge über die Einspeisung von Wasser in sein Versorgungsnetz abzuschließen, und eine damit verbundene Entnahme (Durchleitung) verweigert.

§ 31a Wasserwirtschaft, Meldepflicht. (1) ¹Verträge nach § 31 Absatz 1 Nummer 1, 2 und 4 sowie ihre Änderungen und Ergänzungen bedürfen zu ihrer Wirksamkeit der vollständigen Anmeldung bei der Kartellbehörde. ²Bei der Anmeldung sind für jedes beteiligte Unternehmen anzugeben:
1. Firma oder sonstige Bezeichnung,
2. Ort der Niederlassung oder Sitz,
3. Rechtsform und Anschrift sowie
4. Name und Anschrift des bestellten Vertreters oder des sonstigen Bevollmächtigten, bei juristischen Personen des gesetzlichen Vertreters.

(2) Die Beendigung oder Aufhebung der in § 31 Absatz 1 Nummer 1, 2 und 4 genannten Verträge ist der Kartellbehörde mitzuteilen.

§ 31b Wasserwirtschaft, Aufgaben und Befugnisse der Kartellbehörde, Sanktionen. (1) Die Kartellbehörde erteilt zu den nach § 31 Absatz 1 Nummer 1, 2 und 4 freigestellten Verträgen auf Anfrage Auskunft über
1. Angaben nach § 31a und
2. den wesentlichen Inhalt der Verträge und Beschlüsse, insbesondere Angaben über den Zweck, über die beabsichtigten Maßnahmen und über Geltungsdauer, Kündigung, Rücktritt und Austritt.

(2) Die Kartellbehörde erlässt Verfügungen nach diesem Gesetz, die die öffentliche Versorgung mit Wasser über feste Leitungswege betreffen, im Benehmen mit der Fachaufsichtsbehörde.

(3) Die Kartellbehörde kann in Fällen des Missbrauchs nach § 31 Absatz 4
1. die beteiligten Unternehmen verpflichten, einen beanstandeten Missbrauch abzustellen,
2. die beteiligten Unternehmen verpflichten, die Verträge oder Beschlüsse zu ändern, oder
3. die Verträge und Beschlüsse für unwirksam erklären.

(4) Bei einer Entscheidung über eine Maßnahme nach Absatz 3 berücksichtigt die Kartellbehörde Sinn und Zweck der Freistellung und insbesondere das Ziel einer möglichst sicheren und preisgünstigen Versorgung.

(5) Absatz 3 gilt entsprechend, soweit ein Wasserversorgungsunternehmen eine marktbeherrschende Stellung innehat.

(6) § 19 bleibt unberührt.

Kapitel 6. Befugnisse der Kartellbehörden, Schadensersatz und Vorteilsabschöpfung

Abschnitt 1. Befugnisse der Kartellbehörden

§ 32 Abstellung und nachträgliche Feststellung von Zuwiderhandlungen. (1) Die Kartellbehörde kann Unternehmen oder Vereinigungen von Unternehmen verpflichten, eine Zuwiderhandlung gegen eine Vorschrift dieses

Kapitel 6. Befugnisse der Kartellbehörden §§ 32a, 32b GWB 14

Teils oder gegen Artikel 101 oder 102 des Vertrages über die Arbeitsweise der Europäischen Union[1]) abzustellen.

(2) ¹Sie kann ihnen hierzu alle erforderlichen Abhilfemaßnahmen verhaltensorientierter oder struktureller Art vorschreiben, die gegenüber der festgestellten Zuwiderhandlung verhältnismäßig und für eine wirksame Abstellung der Zuwiderhandlung erforderlich sind. ²Abhilfemaßnahmen struktureller Art können nur in Ermangelung einer verhaltensorientierten Abhilfemaßnahme von gleicher Wirksamkeit festgelegt werden, oder wenn letztere im Vergleich zu Abhilfemaßnahmen struktureller Art mit einer größeren Belastung für die beteiligten Unternehmen verbunden wäre.

(2a) ¹In der Abstellungsverfügung kann die Kartellbehörde eine Rückerstattung der aus dem kartellrechtswidrigen Verhalten erwirtschafteten Vorteile anordnen. ²Die in den erwirtschafteten Vorteilen enthaltenen Zinsvorteile können geschätzt werden. ³Nach Ablauf der in der Abstellungsverfügung bestimmten Frist für die Rückerstattung sind die bis zu diesem Zeitpunkt erwirtschafteten Vorteile entsprechend § 288 Absatz 1 Satz 2 und § 289 Satz 1 des Bürgerlichen Gesetzbuchs zu verzinsen.

(3) Soweit ein berechtigtes Interesse besteht, kann die Kartellbehörde auch eine Zuwiderhandlung feststellen, nachdem diese beendet ist.

§ 32a Einstweilige Maßnahmen. (1) ¹Die Kartellbehörde kann von Amts wegen einstweilige Maßnahmen anordnen, wenn eine Zuwiderhandlung im Sinne des § 32 Absatz 1 überwiegend wahrscheinlich erscheint und die einstweilige Maßnahme zum Schutz des Wettbewerbs oder aufgrund einer unmittelbar drohenden, schwerwiegenden Beeinträchtigung eines anderen Unternehmens geboten ist. ²Dies gilt nicht, sofern das betroffene Unternehmen Tatsachen glaubhaft macht, nach denen die Anordnung eine unbillige, nicht durch überwiegende öffentliche Interessen gebotene Härte zur Folge hätte.

(2) ¹Die Anordnung gemäß Absatz 1 ist zu befristen. ²Die Frist kann verlängert werden. ³Sie soll insgesamt ein Jahr nicht überschreiten.

§ 32b Verpflichtungszusagen. (1) ¹Bieten Unternehmen im Rahmen eines Verfahrens nach § 30 Absatz 3, § 31b Absatz 3 oder § 32 an, Verpflichtungen einzugehen, die geeignet sind, die ihnen von der Kartellbehörde nach vorläufiger Beurteilung mitgeteilten Bedenken auszuräumen, so kann die Kartellbehörde diese Verpflichtungszusagen durch Verfügung für bindend erklären. ²Die Verfügung hat zum Inhalt, dass die Kartellbehörde vorbehaltlich des Absatzes 2 von ihren Befugnissen nach den § 30 Absatz 3, § 31b Absatz 3, §§ 32 und 32a keinen Gebrauch machen wird. ³Sie kann befristet werden.

(2) Die Kartellbehörde kann die Verfügung nach Absatz 1 aufheben und das Verfahren wieder aufnehmen, wenn

1. sich die tatsächlichen Verhältnisse in einem für die Verfügung wesentlichen Punkt nachträglich geändert haben,
2. die beteiligten Unternehmen ihre Verpflichtungen nicht einhalten oder
3. die Verfügung auf unvollständigen, unrichtigen oder irreführenden Angaben der Parteien beruht.

---

[1]) Nr. **15**.

§ 32c Kein Anlass zum Tätigwerden. (1) ¹Sind die Voraussetzungen für ein Verbot nach den §§ 1, 19 bis 21 und 29, nach Artikel 101 Absatz 1 oder Artikel 102 des Vertrages über die Arbeitsweise der Europäischen Union[1] nach den der Kartellbehörde vorliegenden Erkenntnissen nicht gegeben, so kann sie entscheiden, dass für sie kein Anlass besteht, tätig zu werden. ²Die Entscheidung hat zum Inhalt, dass die Kartellbehörde vorbehaltlich neuer Erkenntnisse von ihren Befugnissen nach den §§ 32 und 32a keinen Gebrauch machen wird. ³Sie hat keine Freistellung von einem Verbot im Sinne des Satzes 1 zum Inhalt.

(2) Unabhängig von den Voraussetzungen nach Absatz 1 kann die Kartellbehörde auch mitteilen, dass sie im Rahmen ihres Aufgreifermessens von der Einleitung eines Verfahrens absieht.

(3) Das Bundeskartellamt kann allgemeine Verwaltungsgrundsätze über die Ausübung seines nach Absatz 1 und 2 bestehenden Ermessens festlegen.

(4) ¹Unternehmen oder Unternehmensvereinigungen haben auf Antrag gegenüber dem Bundeskartellamt einen Anspruch auf eine Entscheidung nach Absatz 1, wenn im Hinblick auf eine Zusammenarbeit mit Wettbewerbern ein erhebliches rechtliches und wirtschaftliches Interesse an einer solchen Entscheidung besteht. ²Das Bundeskartellamt soll innerhalb von sechs Monaten über einen Antrag nach Satz 1 entscheiden.

§ 32d Entzug der Freistellung. Haben Vereinbarungen, Beschlüsse von Unternehmensvereinigungen oder aufeinander abgestimmte Verhaltensweisen, die unter eine Gruppenfreistellungsverordnung fallen, in einem Einzelfall Wirkungen, die mit § 2 Absatz 1 oder mit Artikel 101 Absatz 3 des Vertrages über die Arbeitsweise der Europäischen Union[1] unvereinbar sind und auf einem Gebiet im Inland auftreten, das alle Merkmale eines gesonderten räumlichen Marktes aufweist, so kann die Kartellbehörde den Rechtsvorteil der Gruppenfreistellung in diesem Gebiet entziehen.

§ 32e Untersuchungen einzelner Wirtschaftszweige und einzelner Arten von Vereinbarungen. (1) Lassen starre Preise oder andere Umstände vermuten, dass der Wettbewerb im Inland möglicherweise eingeschränkt oder verfälscht ist, können das Bundeskartellamt und die obersten Landesbehörden die Untersuchung eines bestimmten Wirtschaftszweiges oder – Sektor übergreifend – einer bestimmten Art von Vereinbarungen oder Verhaltensweisen durchführen.

(2) ¹Im Rahmen dieser Untersuchung können das Bundeskartellamt und die obersten Landesbehörden die zur Anwendung der Vorschriften dieses Teils oder des Artikels 101 oder 102 des Vertrages über die Arbeitsweise der Europäischen Union[1] erforderlichen Ermittlungen durchführen. ²Sie können dabei von den betreffenden Unternehmen und Vereinigungen Auskünfte verlangen, insbesondere die Unterrichtung über sämtliche Vereinbarungen, Beschlüsse und aufeinander abgestimmte Verhaltensweisen.

(3) Das Bundeskartellamt und die obersten Landesbehörden können einen Bericht über die Ergebnisse der Untersuchung nach Absatz 1 veröffentlichen und Dritte um Stellungnahme bitten.

(4) § 49 Absatz 1 sowie die §§ 57, 59, 59a, 59b und 61 gelten entsprechend.

---

[1] Nr. 15.

(5) ¹Die Absätze 1 bis 3 gelten entsprechend bei begründetem Verdacht des Bundeskartellamts auf erhebliche, dauerhafte oder wiederholte Verstöße gegen verbraucherrechtliche Vorschriften, die nach ihrer Art oder ihrem Umfang die Interessen einer Vielzahl von Verbraucherinnen und Verbrauchern beeinträchtigen. ²Dies gilt nicht, wenn die Durchsetzung der Vorschriften nach Satz 1 in die Zuständigkeit anderer Bundesbehörden fällt. ³Absatz 4 gilt mit der Maßgabe, dass die Regelungen zum Betreten von Räumlichkeiten der Betroffenen zum Zweck der Einsichtnahme und Prüfung von Unterlagen gemäß § 59a sowie die Regelungen zu Durchsuchungen nach § 59b keine Anwendung finden.

(6) Der Anspruch auf Ersatz der Aufwendungen einer Abmahnung nach § 13 Absatz 3 des Gesetzes gegen den unlauteren Wettbewerb[1] ist ab der Veröffentlichung eines Abschlussberichts über eine Sektoruntersuchung nach Absatz 5 für vier Monate ausgeschlossen.

Abschnitt 2. Schadensersatz und Vorteilsabschöpfung

§ 33 Beseitigungs- und Unterlassungsanspruch. (1) Wer gegen eine Vorschrift dieses Teils oder gegen Artikel 101 oder 102 des Vertrages über die Arbeitsweise der Europäischen Union[2] verstößt (Rechtsverletzer) oder wer gegen eine Verfügung der Kartellbehörde verstößt, ist gegenüber dem Betroffenen zur Beseitigung der Beeinträchtigung und bei Wiederholungsgefahr zur Unterlassung verpflichtet.

(2) Der Unterlassungsanspruch besteht bereits dann, wenn eine Zuwiderhandlung droht.

(3) Betroffen ist, wer als Mitbewerber oder sonstiger Marktbeteiligter durch den Verstoß beeinträchtigt ist.

(4) Die Ansprüche aus Absatz 1 können auch geltend gemacht werden von

1. rechtsfähigen Verbänden zur Förderung gewerblicher oder selbstständiger beruflicher Interessen, wenn

   a) ihnen eine erhebliche Anzahl betroffener Unternehmen im Sinne des Absatzes 3 angehört und

   b) sie insbesondere nach ihrer personellen, sachlichen und finanziellen Ausstattung imstande sind, ihre satzungsmäßigen Aufgaben der Verfolgung gewerblicher oder selbstständiger beruflicher Interessen tatsächlich wahrzunehmen;

2. Einrichtungen, die nachweisen, dass sie eingetragen sind in

   a) die Liste qualifizierter Einrichtungen nach § 4 des Unterlassungsklagengesetzes[3] oder

   b) das Verzeichnis der Europäischen Kommission nach Artikel 4 Absatz 3 der Richtlinie 2009/22/EG des Europäischen Parlaments und des Rates vom 23. April 2009 über Unterlassungsklagen zum Schutz der Verbraucherinteressen (ABl. L 110 vom 1.5.2009, S. 30) in der jeweils geltenden Fassung.

---

[1] Nr. 1.
[2] Nr. 15.
[3] Nr. 4.

§ 33a Schadensersatzpflicht. (1) Wer einen Verstoß nach § 33 Absatz 1 vorsätzlich oder fahrlässig begeht, ist zum Ersatz des daraus entstehenden Schadens verpflichtet.

(2) [1] Es wird widerleglich vermutet, dass ein Kartell einen Schaden verursacht. [2] Ein Kartell im Sinne dieses Abschnitts ist eine Absprache oder abgestimmte Verhaltensweise zwischen zwei oder mehr Wettbewerbern zwecks Abstimmung ihres Wettbewerbsverhaltens auf dem Markt oder Beeinflussung der relevanten Wettbewerbsparameter. [3] Zu solchen Absprachen oder Verhaltensweisen gehören unter anderem

1. die Festsetzung oder Koordinierung der An- oder Verkaufspreise oder sonstiger Geschäftsbedingungen,
2. die Aufteilung von Produktions- oder Absatzquoten,
3. die Aufteilung von Märkten und Kunden einschließlich Angebotsabsprachen, Einfuhr- und Ausfuhrbeschränkungen oder
4. gegen andere Wettbewerber gerichtete wettbewerbsschädigende Maßnahmen.

[4] Es wird widerleglich vermutet, dass Rechtsgeschäfte über Waren oder Dienstleistungen mit kartellbeteiligten Unternehmen, die sachlich, zeitlich und räumlich in den Bereich eines Kartells fallen, von diesem Kartell erfasst waren.

(3) [1] Für die Bemessung des Schadens gilt § 287 der Zivilprozessordnung. [2] Dabei kann insbesondere der anteilige Gewinn, den der Rechtsverletzer durch den Verstoß gegen Absatz 1 erlangt hat, berücksichtigt werden.

(4) [1] Geldschulden nach Absatz 1 hat der Schuldner ab Eintritt des Schadens zu verzinsen. [2] Die §§ 288 und 289 Satz 1 des Bürgerlichen Gesetzbuchs finden entsprechende Anwendung.

§ 33b Bindungswirkung von Entscheidungen einer Wettbewerbsbehörde. [1] Wird wegen eines Verstoßes gegen eine Vorschrift dieses Teils oder gegen Artikel 101 oder 102 des Vertrages über die Arbeitsweise der Europäischen Union[1] Schadensersatz gefordert, so ist das Gericht an die Feststellung des Verstoßes gebunden, wie sie in einer bestandskräftigen Entscheidung der Kartellbehörde, der Europäischen Kommission oder der Wettbewerbsbehörde oder des als solche handelnden Gerichts in einem anderen Mitgliedstaat der Europäischen Union getroffen wurde. [2] Das Gleiche gilt für entsprechende Feststellungen in rechtskräftigen Gerichtsentscheidungen, die infolge der Anfechtung von Entscheidungen nach Satz 1 ergangen sind. [3] Diese Verpflichtung gilt unbeschadet der Rechte und Pflichten nach Artikel 267 des Vertrages über die Arbeitsweise der Europäischen Union[1].

§ 33c Schadensabwälzung. (1) [1] Wird eine Ware oder Dienstleistung zu einem übertreuerten Preis bezogen (Preisaufschlag), so ist der Schaden nicht deshalb ausgeschlossen, weil die Ware oder Dienstleistung weiterveräußert wurde. [2] Der Schaden des Abnehmers ist ausgeglichen, soweit der Abnehmer einen Preisaufschlag, der durch einen Verstoß nach § 33 Absatz 1 verursacht worden ist, an seine Abnehmer (mittelbare Abnehmer) weitergegeben hat (Schadensabwälzung). [3] Davon unberührt bleibt der Anspruch des Geschädigten auf Ersatz seines entgangenen Gewinns nach § 252 des Bürgerlichen Gesetz-

---

[1] Nr. 15.

buchs, soweit der entgangene Gewinn durch die Weitergabe des Preisaufschlags verursacht worden ist.

(2) Dem Grunde nach wird zugunsten eines mittelbaren Abnehmers vermutet, dass der Preisaufschlag auf ihn abgewälzt wurde, wenn

1. der Rechtsverletzer einen Verstoß gegen § 1 oder 19 oder Artikel 101 oder 102 des Vertrages über die Arbeitsweise der Europäischen Union[1]) begangen hat,
2. der Verstoß einen Preisaufschlag für den unmittelbaren Abnehmer des Rechtsverletzers zur Folge hatte und
3. der mittelbare Abnehmer Waren oder Dienstleistungen erworben hat, die
   a) Gegenstand des Verstoßes waren,
   b) aus Waren oder Dienstleistungen hervorgegangen sind, die Gegenstand des Verstoßes waren, oder
   c) Waren oder Dienstleistungen enthalten haben, die Gegenstand des Verstoßes waren.

(3) [1] Die Vermutung einer Schadensabwälzung nach Absatz 2 findet keine Anwendung, wenn glaubhaft gemacht wird, dass der Preisaufschlag nicht oder nicht vollständig an den mittelbaren Abnehmer weitergegeben wurde. [2] Für mittelbare Abnehmer gilt § 33a Absatz 2 Satz 4 in Bezug auf Waren oder Dienstleistungen nach Absatz 2 Satz 1 Nummer 3 entsprechend.

(4) Die Absätze 1 bis 3 finden entsprechende Anwendung für den Fall, dass der Verstoß gegen § 1 oder 19 oder Artikel 101 oder 102 des Vertrages über die Arbeitsweise der Europäischen Union[1]) die Belieferung des Rechtsverletzers betrifft.

(5) Bei der Entscheidung über den Umfang der Schadensabwälzung findet § 287 der Zivilprozessordnung entsprechende Anwendung.

§ 33d Gesamtschuldnerische Haftung. (1) [1] Begehen mehrere gemeinschaftlich einen Verstoß im Sinne des § 33a Absatz 1, sind sie als Gesamtschuldner zum Ersatz des daraus entstehenden Schadens verpflichtet. [2] Im Übrigen finden die §§ 830 und 840 Absatz 1 des Bürgerlichen Gesetzbuchs Anwendung.

(2) [1] Das Verhältnis, in dem die Gesamtschuldner untereinander für die Verpflichtung zum Ersatz und den Umfang des zu leistenden Ersatzes haften, hängt von den Umständen ab, insbesondere davon, in welchem Maß sie den Schaden verursacht haben. [2] Im Übrigen finden die §§ 421 bis 425 sowie 426 Absatz 1 Satz 2 und Absatz 2 des Bürgerlichen Gesetzbuchs Anwendung.

(3) [1] Verstoßen mehrere Unternehmen gegen § 1 oder 19 oder gegen Artikel 101 oder 102 des Vertrages über die Arbeitsweise der Europäischen Union[1]), so ist die Verpflichtung eines kleinen oder mittleren Unternehmens im Sinne der Empfehlung 2003/361/EG der Kommission vom 6. Mai 2003 betreffend die Definition der Kleinstunternehmen sowie der kleinen und mittleren Unternehmen (ABl. L 124 vom 20.5.2003, S. 36) zum Schadensersatz nach § 33a Absatz 1 auf den Ersatz des Schadens beschränkt, der seinen unmittelbaren und mittelbaren Abnehmern oder Lieferanten aus dem Verstoß entsteht, wenn

---

[1]) Nr. **15**.

1. sein Anteil an dem relevanten Markt während des Zeitraums, in dem der Verstoß begangen wurde, stets weniger als 5 Prozent betrug und
2. die regelmäßige Ersatzpflicht nach Absatz 1 seine wirtschaftliche Lebensfähigkeit unwiederbringlich gefährden und seine Aktiva jeden Werts berauben würde.

²Anderen Geschädigten ist das kleine oder mittlere Unternehmen nur zum Ersatz des aus dem Verstoß gemäß § 33a Absatz 1 entstehenden Schadens verpflichtet, wenn sie von den übrigen Rechtsverletzern mit Ausnahme des Kronzeugen keinen vollständigen Ersatz erlangen konnten. ³§ 33e Absatz 2 findet entsprechende Anwendung.

(4) ¹Die übrigen Rechtsverletzer können von dem kleinen oder mittleren Unternehmen im Sinne von Absatz 3 Satz 1 Ausgleichung nach Absatz 2 nur bis zur Höhe des Schadens verlangen, den dieses seinen unmittelbaren und mittelbaren Abnehmern oder Lieferanten verursacht hat. ²Satz 1 gilt nicht für die Ausgleichung von Schäden, die anderen als den unmittelbaren oder mittelbaren Abnehmern oder Lieferanten der beteiligten Rechtsverletzer aus dem Verstoß entstehen.

(5) Die Beschränkung der Haftung nach den Absätzen 3 und 4 ist ausgeschlossen, wenn
1. das kleine oder mittlere Unternehmen den Verstoß organisiert oder
2. das kleine oder mittlere Unternehmen die anderen Rechtsverletzer zur Teilnahme an dem Verstoß gezwungen hat oder
3. in der Vergangenheit bereits die Beteiligung des kleinen oder mittleren Unternehmens an einem sonstigen Verstoß gegen § 1 oder 19 oder Artikel 101 oder 102 des Vertrages über die Arbeitsweise der Europäischen Union[1]) oder gegen Wettbewerbsrecht im Sinne des § 89e Absatz 2 behördlich oder gerichtlich festgestellt worden ist.

§ 33e Kronzeuge. (1) ¹Abweichend von § 33a Absatz 1 ist ein an einem Kartell beteiligtes Unternehmen oder eine an dem Kartell beteiligte natürliche Person, dem oder der im Rahmen eines Kronzeugenprogramms der vollständige Erlass der Geldbuße gewährt wurde (Kronzeuge), nur zum Ersatz des Schadens verpflichtet, der seinen oder ihren unmittelbaren und mittelbaren Abnehmern oder Lieferanten aus dem Verstoß entsteht. ²Anderen Geschädigten ist der Kronzeuge nur zum Ersatz des aus dem Verstoß gemäß § 33a Absatz 1 entstehenden Schadens verpflichtet, wenn sie von den übrigen Rechtsverletzern keinen vollständigen Ersatz erlangen konnten.

(2) In Fällen nach Absatz 1 Satz 1 ist der Kronzeuge nicht zum Ersatz des Schadens verpflichtet, soweit die Schadensersatzansprüche gegen die übrigen Rechtsverletzer bereits verjährt sind.

(3) ¹Die übrigen Rechtsverletzer können von dem Kronzeugen Ausgleichung nach § 33d Absatz 2 nur bis zur Höhe des Schadens verlangen, den dieser seinen unmittelbaren und mittelbaren Abnehmern oder Lieferanten verursacht hat. ²Diese Beschränkung gilt nicht für die Ausgleichung von Schäden, die anderen als den unmittelbaren oder mittelbaren Abnehmern oder Lieferanten der an dem Kartell beteiligten Unternehmen aus dem Verstoß entstehen.

---

[1]) Nr. **15**.

Kapitel 6. Befugnisse der Kartellbehörden §§ 33f, 33g GWB 14

§ 33f Wirkungen des Vergleichs. (1) [1]Wenn nicht anders vereinbart, wird im Falle einer durch einvernehmliche Streitbeilegung erzielten Einigung (Vergleich) über einen Schadensersatzanspruch nach § 33a Absatz 1 der sich vergleichende Gesamtschuldner in Höhe seines Anteils an dem Schaden von seiner Haftung gegenüber dem sich vergleichenden Geschädigten befreit. [2]Die übrigen Gesamtschuldner sind nur zum Ersatz des Schadens verpflichtet, der nach Abzug des Anteils des sich vergleichenden Gesamtschuldners verbleibt. [3]Den Ersatz des verbliebenen Schadens kann der sich vergleichende Geschädigte von dem sich vergleichenden Gesamtschuldner nur verlangen, wenn der sich vergleichende Geschädigte von den übrigen Gesamtschuldnern insoweit keinen vollständigen Ersatz erlangen konnte. [4]Satz 3 findet keine Anwendung, wenn die Vergleichsparteien dies in dem Vergleich ausgeschlossen haben.

(2) Gesamtschuldner, die nicht an dem Vergleich nach Absatz 1 beteiligt sind, können von dem sich vergleichenden Gesamtschuldner keine Ausgleichung nach § 33d Absatz 2 für den Ersatz des Schadens des sich vergleichenden Geschädigten verlangen, der nach Abzug des Anteils des sich vergleichenden Gesamtschuldners verblieben ist.

§ 33g Anspruch auf Herausgabe von Beweismitteln und Erteilung von Auskünften. (1) Wer im Besitz von Beweismitteln ist, die für die Erhebung eines auf Schadensersatz gerichteten Anspruchs nach § 33a Absatz 1 erforderlich sind, ist verpflichtet, sie demjenigen herauszugeben, der glaubhaft macht, einen solchen Schadensersatzanspruch zu haben, wenn dieser die Beweismittel so genau bezeichnet, wie dies auf Grundlage der mit zumutbarem Aufwand zugänglichen Tatsachen möglich ist.

(2) [1]Wer im Besitz von Beweismitteln ist, die für die Verteidigung gegen einen auf Schadensersatz gerichteten Anspruch nach § 33a Absatz 1 erforderlich sind, ist verpflichtet, sie demjenigen herauszugeben, gegen den ein Rechtsstreit über den Anspruch nach Absatz 1 oder den Anspruch auf Schadensersatz nach § 33a Absatz 1 rechtshängig ist, wenn dieser die Beweismittel so genau bezeichnet, wie dies auf Grundlage der mit zumutbarem Aufwand zugänglichen Tatsachen möglich ist. [2]Der Anspruch nach Satz 1 besteht auch, wenn jemand Klage auf Feststellung erhoben hat, dass ein anderer keinen Anspruch nach § 33a Absatz 1 gegen ihn hat, und er den der Klage zugrunde liegenden Verstoß im Sinne des § 33a Absatz 1 nicht bestreitet.

(3) [1]Die Herausgabe von Beweismitteln nach den Absätzen 1 und 2 ist ausgeschlossen, soweit sie unter Berücksichtigung der berechtigten Interessen der Beteiligten unverhältnismäßig ist. [2]Bei der Abwägung sind insbesondere zu berücksichtigen:

1. in welchem Umfang der Antrag auf zugängliche Informationen und Beweismittel gestützt wird,
2. der Umfang der Beweismittel und die Kosten der Herausgabe, insbesondere, wenn die Beweismittel von einem Dritten verlangt werden,
3. der Ausschluss der Ausforschung von Tatsachen, die für den Anspruch nach § 33a Absatz 1 oder für die Verteidigung gegen diesen Anspruch nicht erheblich sind,
4. die Bindungswirkung von Entscheidungen nach § 33b,
5. die Wirksamkeit der öffentlichen Durchsetzung des Kartellrechts und

6. der Schutz von Betriebs- und Geschäftsgeheimnissen und sonstiger vertraulicher Informationen und welche Vorkehrungen zu deren Schutz bestehen.

³ Das Interesse desjenigen, gegen den der Anspruch nach § 33a Absatz 1 geltend gemacht wird, die Durchsetzung des Anspruchs zu vermeiden, ist nicht zu berücksichtigen.

(4) ¹ Ausgeschlossen ist die Herausgabe eines Dokuments oder einer Aufzeichnung, auch über den Inhalt einer Vernehmung im wettbewerbsbehördlichen Verfahren, wenn und soweit darin eine freiwillige Erklärung seitens oder im Namen eines Unternehmens oder einer natürlichen Person gegenüber einer *Wettbewerbshörde*[1] enthalten ist,

1. in der das Unternehmen oder die natürliche Person die Kenntnis von einem Kartell und seine beziehungsweise ihre Beteiligung daran darlegt und die eigens zu dem Zweck formuliert wurde, im Rahmen eines Kronzeugenprogramms bei der Wettbewerbsbehörde den Erlass oder die Ermäßigung der Geldbuße zu erwirken (Kronzeugenerklärung) oder

2. die ein Anerkenntnis oder den Verzicht auf das Bestreiten seiner Beteiligung an einer Zuwiderhandlung gegen das Kartellrecht und seiner Verantwortung für diese Zuwiderhandlung enthält und die eigens für den Zweck formuliert wurde, der Wettbewerbsbehörde die Anwendung eines vereinfachten oder beschleunigten Verfahrens zu ermöglichen (Vergleichsausführungen).

² Nicht von der Kronzeugenerklärung umfasst sind Beweismittel, die unabhängig von einem wettbewerbsbehördlichen Verfahren vorliegen, unabhängig davon, ob diese Informationen in den Akten einer Wettbewerbsbehörde enthalten sind oder nicht. ³ Behauptet ein Verpflichteter, ein Beweismittel oder Teile davon seien nach Satz 1 von der Herausgabe ausgeschlossen, kann der Anspruchsteller insoweit die Herausgabe an das zuständige Gericht nach § 89b Absatz 8 allein zum Zweck der Prüfung verlangen.

(5) Bis zum vollständigen Abschluss des wettbewerbsbehördlichen Verfahrens gegen alle Beteiligten ist die Herausgabe von Beweismitteln ausgeschlossen, soweit sie Folgendes enthalten:

1. Informationen, die von einer natürlichen oder juristischen Person oder Personenvereinigung eigens für das wettbewerbsbehördliche Verfahren erstellt wurden,

2. Mitteilungen der Wettbewerbsbehörde an die Beteiligten in dem Verfahren oder

3. Vergleichsausführungen, die zurückgezogen wurden.

(6) ¹ Die Herausgabe von Beweismitteln nach den Absätzen 1 und 2 kann verweigert werden, soweit der Besitzer in einem Rechtsstreit über einen Anspruch nach § 33a Absatz 1 dieses Gesetzes gemäß § 383 Absatz 1 Nummer 4 bis 6 oder gemäß § 384 Nummer 3 der Zivilprozessordnung zur Zeugnisverweigerung berechtigt wäre. ² In diesem Fall kann der Anspruchsteller die Herausgabe der Beweismittel an das zuständige Gericht zur Entscheidung nach § 89b Absatz 6 verlangen. ³ Satz 2 ist nicht anzuwenden auf

---

[1] Richtig wohl: „Wettbewerbsbehörde".

Kapitel 6. Befugnisse der Kartellbehörden § 33h GWB 14

1. Personen im Sinne des § 383 Absatz 1 Nummer 4 und 5 der Zivilprozessordnung, soweit sie nach dieser Vorschrift zur Zeugnisverweigerung berechtigt wären, und
2. Personen im Sinne des § 203 Absatz 1 Nummer 1 bis 5, Absatz 2 und 3 des Strafgesetzbuchs, soweit sie nach § 383 Absatz 1 Nummer 6 der Zivilprozessordnung zur Zeugnisverweigerung berechtigt wären.

⁴Geistlichen stehen ihre berufsmäßig tätigen Gehilfen und die Personen gleich, die bei ihnen zur Vorbereitung auf den Beruf tätig sind.

(7) Macht der nach Absatz 1 oder Absatz 2 Verpflichtete zu der Herausgabe der Beweismittel Aufwendungen, die er den Umständen nach für erforderlich halten darf, kann er von dem anderen Teil den Ersatz dieser Aufwendungen verlangen.

(8) Erteilt der Verpflichtete nach Absatz 1 oder 2 die Auskunft vorsätzlich oder grob fahrlässig falsch, unvollständig oder gar nicht oder gibt er Beweismittel vorsätzlich oder grob fahrlässig fehlerhaft, unvollständig oder gar nicht heraus, ist er dem Anspruchsteller zum Ersatz des daraus entstehenden Schadens verpflichtet.

(9) ¹Die von dem Verpflichteten nach den Absätzen 1 und 2 erteilten Auskünfte oder herausgegebenen Beweismittel dürfen in einem Strafverfahren oder in einem Verfahren nach dem Gesetz über Ordnungswidrigkeiten wegen einer vor der Erteilung der Auskunft oder der Herausgabe eines Beweismittels begangenen Tat gegen den Verpflichteten oder gegen einen in § 52 Absatz 1 der Strafprozessordnung bezeichneten Angehörigen nur mit Zustimmung des Verpflichteten verwertet werden. ²Dies gilt auch, wenn die Auskunft im Rahmen einer Zeugen- oder Parteivernehmung erteilt oder wiederholt wird. ³Die Sätze 1 und 2 finden keine Anwendung in Verfahren gegen Unternehmen.

(10) Die Absätze 1 bis 9 sowie die §§ 89b bis 89d über die Herausgabe von Beweismitteln gelten für die Erteilung von Auskünften entsprechend.

§ 33h Verjährung. (1) Ansprüche aus § 33 Absatz 1 und § 33a Absatz 1 verjähren in fünf Jahren.

(2) Die Verjährungsfrist beginnt mit dem Schluss des Jahres, in dem

1. der Anspruch entstanden ist,
2. der Anspruchsberechtigte Kenntnis erlangt hat oder ohne grobe Fahrlässigkeit hätte erlangen müssen

   a) von den Umständen, die den Anspruch begründen, und davon, dass sich daraus ein Verstoß nach § 33 Absatz 1 ergibt, sowie

   b) von der Identität des Rechtsverletzers und
3. der den Anspruch begründende Verstoß nach § 33 Absatz 1 beendet worden ist.

(3) Ansprüche aus § 33 Absatz 1 und § 33a Absatz 1 verjähren ohne Rücksicht auf die Kenntnis oder grob fahrlässige Unkenntnis von den Umständen nach Absatz 2 Nummer 2 in zehn Jahren von dem Zeitpunkt an, in dem

1. der Anspruch entstanden ist und
2. der Verstoß nach § 33 Absatz 1 beendet wurde.

(4) Im Übrigen verjähren die Ansprüche in 30 Jahren nach dem Verstoß nach § 33 Absatz 1, der den Schaden ausgelöst hat.

(5) Verjährung tritt ein, wenn eine der Fristen nach den Absätzen 1, 3 oder 4 abgelaufen ist.

(6) ¹Die Verjährung eines Anspruchs nach § 33 Absatz 1 oder nach § 33a Absatz 1 wird gehemmt, wenn

1. eine Kartellbehörde Maßnahmen im Hinblick auf eine Untersuchung oder auf ihr Verfahren wegen eines Verstoßes im Sinne des § 33 Absatz 1 trifft;
2. die Europäische Kommission oder eine Wettbewerbsbehörde eines anderen Mitgliedstaates der Europäischen Union oder das als solche handelnde Gericht Maßnahmen im Hinblick auf eine Untersuchung oder auf ihr Verfahren wegen eines Verstoßes gegen Artikel 101 oder 102 des Vertrages über die Arbeitsweise der Europäischen Union[1]) oder gegen eine Bestimmung des nationalen Wettbewerbsrechts eines anderen Mitgliedstaates der Europäischen Union im Sinne des § 89e Absatz 2 trifft oder
3. der Anspruchsberechtigte gegen den Rechtsverletzer Klage auf Auskunft oder Herausgabe von Beweismitteln nach § 33g erhoben hat.

²Die Hemmung endet ein Jahr nach der bestands- und rechtskräftigen Entscheidung oder der anderweitigen Erledigung des Verfahrens. ³§ 204 Absatz 2 Satz 3 und 4 des Bürgerlichen Gesetzbuchs findet entsprechende Anwendung.

(7) Die Verjährungsfrist eines Anspruchs auf Ausgleichung nach § 33d Absatz 2 wegen der Befriedigung eines Schadensersatzanspruchs nach § 33a Absatz 1 beginnt mit der Befriedigung dieses Schadensersatzanspruchs.

(8) ¹Abweichend von Absatz 2 beginnt die Verjährungsfrist des Schadensersatzanspruchs nach § 33a Absatz 1 von Geschädigten,

1. die nicht unmittelbare oder mittelbare Abnehmer oder Lieferanten des Kronzeugen sind, gegen den Kronzeugen mit dem Schluss des Jahres, in dem der Geschädigte von den übrigen Rechtsverletzern keinen vollständigen Ersatz seines aus dem Verstoß entstehenden Schadens erlangen konnte;
2. die nicht unmittelbare oder mittelbare Abnehmer oder Lieferanten eines kleinen oder mittleren Unternehmens nach § 33d Absatz 3 Satz 1 sind, gegen dieses Unternehmen mit dem Schluss des Jahres, in dem der Geschädigte nach § 33d Absatz 3 Satz 2 von den übrigen Rechtsverletzern mit Ausnahme des Kronzeugen keinen vollständigen Ersatz seines aus dem Verstoß entstehenden Schadens erlangen konnte.

²Absatz 3 findet keine Anwendung auf Schadensersatzansprüche, deren Verjährungsfrist nach Maßgabe dieses Absatzes beginnt.

§ 34 Vorteilsabschöpfung durch die Kartellbehörde. (1) Hat ein Unternehmen vorsätzlich oder fahrlässig gegen eine Vorschrift dieses Teils, gegen Artikel 101 oder 102 des Vertrages über die Arbeitsweise der Europäischen Union[1]) oder eine Verfügung der Kartellbehörde verstoßen und dadurch einen wirtschaftlichen Vorteil erlangt, kann die Kartellbehörde die Abschöpfung des wirtschaftlichen Vorteils anordnen und dem Unternehmen die Zahlung eines entsprechenden Geldbetrags auferlegen.

---

[1]) Nr. **15**.

(2) ¹Absatz 1 gilt nicht, soweit der wirtschaftliche Vorteil abgeschöpft ist durch
1. Schadensersatzleistungen,
2. Festsetzung der Geldbuße,
3. Anordnung der Einziehung von Taterträgen oder
4. Rückerstattung.

²Soweit das Unternehmen Leistungen nach Satz 1 erst nach der Vorteilsabschöpfung erbringt, ist der abgeführte Geldbetrag in Höhe der nachgewiesenen Zahlungen an das Unternehmen zurückzuerstatten.

(3) ¹Wäre die Durchführung der Vorteilsabschöpfung eine unbillige Härte, soll die Anordnung auf einen angemessenen Geldbetrag beschränkt werden oder ganz unterbleiben. ²Sie soll auch unterbleiben, wenn der wirtschaftliche Vorteil gering ist.

(4) ¹Die Höhe des wirtschaftlichen Vorteils kann geschätzt werden. ²Der abzuführende Geldbetrag ist zahlenmäßig zu bestimmen.

(5) ¹Die Vorteilsabschöpfung kann nur innerhalb einer Frist von bis zu sieben Jahren seit Beendigung der Zuwiderhandlung und längstens für einen Zeitraum von fünf Jahren angeordnet werden. ²§ 33h Absatz 6 gilt entsprechend. ³Im Falle einer bestandskräftigen Entscheidung im Sinne des § 33b Satz 1 oder einer rechtskräftigen Gerichtsentscheidung im Sinne des § 33b Satz 2 beginnt die Frist nach Satz 1 erneut.

§ 34a Vorteilsabschöpfung durch Verbände. (1) Wer einen Verstoß im Sinne des § 34 Absatz 1 vorsätzlich begeht und hierdurch zu Lasten einer Vielzahl von Abnehmern oder Anbietern einen wirtschaftlichen Vorteil erlangt, kann von den gemäß § 33 Absatz 4 zur Geltendmachung eines Unterlassungsanspruchs Berechtigten auf Herausgabe dieses wirtschaftlichen Vorteils an den Bundeshaushalt in Anspruch genommen werden, soweit nicht die Kartellbehörde die Abschöpfung des wirtschaftlichen Vorteils durch Verhängung einer Geldbuße, durch Einziehung von Taterträgen, durch Rückerstattung oder nach § 34 Absatz 1 anordnet.

(2) ¹Auf den Anspruch sind Leistungen anzurechnen, die das Unternehmen auf Grund des Verstoßes erbracht hat. ²§ 34 Absatz 2 Satz 2 gilt entsprechend.

(3) Beanspruchen mehrere Gläubiger die Vorteilsabschöpfung, gelten die §§ 428 bis 430 des Bürgerlichen Gesetzbuchs entsprechend.

(4) ¹Die Gläubiger haben dem Bundeskartellamt über die Geltendmachung von Ansprüchen nach Absatz 1 Auskunft zu erteilen. ²Sie können vom Bundeskartellamt Erstattung der für die Geltendmachung des Anspruchs erforderlichen Aufwendungen verlangen, soweit sie vom Schuldner keinen Ausgleich erlangen können. ³Der Erstattungsanspruch ist auf die Höhe des an den Bundeshaushalt abgeführten wirtschaftlichen Vorteils beschränkt.

(5) ¹Ansprüche nach Absatz 1 verjähren in fünf Jahren. ²Die §§ 33b und 33h Absatz 6 gelten entsprechend.

Kapitel 7. Zusammenschlusskontrolle

§ 35 Geltungsbereich der Zusammenschlusskontrolle. (1) Die Vorschriften über die Zusammenschlusskontrolle finden Anwendung, wenn im letzten Geschäftsjahr vor dem Zusammenschluss

1. die beteiligten Unternehmen insgesamt weltweit Umsatzerlöse von mehr als 500 Millionen Euro und
2. im Inland mindestens ein beteiligtes Unternehmen Umsatzerlöse von mehr als 50 Millionen Euro und ein anderes beteiligtes Unternehmen Umsatzerlöse von mehr als 17,5 Millionen Euro

erzielt haben.

(1a) Die Vorschriften über die Zusammenschlusskontrolle finden auch Anwendung, wenn

1. die Voraussetzungen des Absatzes 1 Nummer 1 erfüllt sind,
2. im Inland im letzten Geschäftsjahr vor dem Zusammenschluss
   a) ein beteiligtes Unternehmen Umsatzerlöse von mehr als 50 Millionen Euro erzielt hat und
   b) weder das zu erwerbende Unternehmen noch ein anderes beteiligtes Unternehmen Umsatzerlöse von jeweils mehr als 17,5 Millionen Euro erzielt haben,
3. der Wert der Gegenleistung für den Zusammenschluss mehr als 400 Millionen Euro beträgt und
4. das zu erwerbende Unternehmen nach Nummer 2 in erheblichem Umfang im Inland tätig ist.

(2) ¹ Absatz 1 gilt nicht für Zusammenschlüsse durch die Zusammenlegung öffentlicher Einrichtungen und Betriebe, die mit einer kommunalen Gebietsreform einhergehen. ² Die Absätze 1 und 1a gelten nicht, wenn alle am Zusammenschluss beteiligten Unternehmen

1. Mitglied einer kreditwirtschaftlichen Verbundgruppe im Sinne des § 8b Absatz 4 Satz 8 des Körperschaftsteuergesetzes sind,
2. im Wesentlichen für die Unternehmen der kreditwirtschaftlichen Verbundgruppe, deren Mitglied sie sind, Dienstleistungen erbringen und
3. bei der Tätigkeit nach Nummer 2 keine eigenen vertraglichen Endkundenbeziehungen unterhalten.

³ Satz 2 gilt nicht für Zusammenschlüsse von Zentralbanken und Girozentralen im Sinne des § 21 Absatz 2 Nummer 2 des Kreditwesengesetzes.

(3) Die Vorschriften dieses Gesetzes finden keine Anwendung, soweit die Europäische Kommission nach der Verordnung (EG) Nr. 139/2004[1)] des Rates vom 20. Januar 2004 über die Kontrolle von Unternehmenszusammenschlüssen in ihrer jeweils geltenden Fassung ausschließlich zuständig ist.

§ 36 Grundsätze für die Beurteilung von Zusammenschlüssen.

(1) ¹ Ein Zusammenschluss, durch den wirksamer Wettbewerb erheblich behindert würde, insbesondere von dem zu erwarten ist, dass er eine marktbeherrschende Stellung begründet oder verstärkt, ist vom Bundeskartellamt zu untersagen. ² Dies gilt nicht, wenn

1. die beteiligten Unternehmen nachweisen, dass durch den Zusammenschluss auch Verbesserungen der Wettbewerbsbedingungen eintreten und diese Verbesserungen die Behinderung des Wettbewerbs überwiegen, oder

---

[1)] Nr. 17.

Kapitel 7. Zusammenschlusskontrolle **§ 37 GWB 14**

2. die Untersagungsvoraussetzungen ausschließlich auf Märkten vorliegen, auf denen seit mindestens fünf Jahren Waren oder gewerbliche Leistungen angeboten werden und auf denen im letzten Kalenderjahr im Inland insgesamt weniger als 20 Millionen Euro umgesetzt wurden, es sei denn, es handelt sich um Märkte im Sinne des § 18 Absatz 2a oder einen Fall des § 35 Absatz 1a, oder
3. die marktbeherrschende Stellung eines Zeitungs- oder Zeitschriftenverlags verstärkt wird, der einen kleinen oder mittleren Zeitungs- oder Zeitschriftenverlag übernimmt, falls nachgewiesen wird, dass der übernommene Verlag in den letzten drei Jahren jeweils in der Gewinn- und Verlustrechnung nach § 275 des Handelsgesetzbuchs einen erheblichen Jahresfehlbetrag auszuweisen hatte und er ohne den Zusammenschluss in seiner Existenz gefährdet wäre. Ferner muss nachgewiesen werden, dass vor dem Zusammenschluss kein anderer Erwerber gefunden wurde, der eine wettbewerbskonformere Lösung sichergestellt hätte.

(2) ¹Ist ein beteiligtes Unternehmen ein abhängiges oder herrschendes Unternehmen im Sinne des § 17 des Aktiengesetzes oder ein Konzernunternehmen im Sinne des § 18 des Aktiengesetzes, sind die so verbundenen Unternehmen als einheitliches Unternehmen anzusehen. ²Wirken mehrere Unternehmen derart zusammen, dass sie gemeinsam einen beherrschenden Einfluss auf ein anderes Unternehmen ausüben können, gilt jedes von ihnen als herrschendes.

(3) Steht einer Person oder Personenvereinigung, die nicht Unternehmen ist, die Mehrheitsbeteiligung an einem Unternehmen zu, gilt sie als Unternehmen.

§ 37 Zusammenschluss. (1) Ein Zusammenschluss liegt in folgenden Fällen vor:
1. Erwerb des Vermögens eines anderen Unternehmens ganz oder zu einem wesentlichen Teil; das gilt auch, wenn ein im Inland tätiges Unternehmen, dessen Vermögen erworben wird, noch keine Umsatzerlöse erzielt hat;
2. Erwerb der unmittelbaren oder mittelbaren Kontrolle durch ein oder mehrere Unternehmen über die Gesamtheit oder Teile eines oder mehrerer anderer Unternehmen. Die Kontrolle wird durch Rechte, Verträge oder andere Mittel begründet, die einzeln oder zusammen unter Berücksichtigung aller tatsächlichen und rechtlichen Umstände die Möglichkeit gewähren, einen bestimmenden Einfluss auf die Tätigkeit eines Unternehmens auszuüben, insbesondere durch
    a) Eigentums- oder Nutzungsrechte an einer Gesamtheit oder an Teilen des Vermögens des Unternehmens,
    b) Rechte oder Verträge, die einen bestimmenden Einfluss auf die Zusammensetzung, die Beratungen oder Beschlüsse der Organe des Unternehmens gewähren;
    das gilt auch, wenn ein im Inland tätiges Unternehmen noch keine Umsatzerlöse erzielt hat;
3. Erwerb von Anteilen an einem anderen Unternehmen, wenn die Anteile allein oder zusammen mit sonstigen, dem Unternehmen bereits gehörenden Anteilen
    a) 50 vom Hundert oder

b) 25 vom Hundert

des Kapitals oder der Stimmrechte des anderen Unternehmens erreichen. Zu den Anteilen, die dem Unternehmen gehören, rechnen auch die Anteile, die einem anderen für Rechnung dieses Unternehmens gehören und, wenn der Inhaber des Unternehmens ein Einzelkaufmann ist, auch die Anteile, die sonstiges Vermögen des Inhabers sind. Erwerben mehrere Unternehmen gleichzeitig oder nacheinander Anteile im vorbezeichneten Umfang an einem anderen Unternehmen, gilt dies hinsichtlich der Märkte, auf denen das andere Unternehmen tätig ist, auch als Zusammenschluss der sich beteiligenden Unternehmen untereinander;

4. jede sonstige Verbindung von Unternehmen, auf Grund deren ein oder mehrere Unternehmen unmittelbar oder mittelbar einen wettbewerblich erheblichen Einfluss auf ein anderes Unternehmen ausüben können.

(2) Ein Zusammenschluss liegt auch dann vor, wenn die beteiligten Unternehmen bereits vorher zusammengeschlossen waren, es sei denn, der Zusammenschluss führt nicht zu einer wesentlichen Verstärkung der bestehenden Unternehmensverbindung.

(3) ¹Erwerben Kreditinstitute, Finanzinstitute oder Versicherungsunternehmen Anteile an einem anderen Unternehmen zum Zwecke der Veräußerung, gilt dies nicht als Zusammenschluss, solange sie das Stimmrecht aus den Anteilen nicht ausüben und sofern die Veräußerung innerhalb eines Jahres erfolgt. ²Diese Frist kann vom Bundeskartellamt auf Antrag verlängert werden, wenn glaubhaft gemacht wird, dass die Veräußerung innerhalb der Frist unzumutbar war.

§ 38 Berechnung der Umsatzerlöse, der Marktanteile und des Wertes der Gegenleistung. (1) ¹Für die Ermittlung der Umsatzerlöse gilt § 277 Absatz 1 des Handelsgesetzbuchs. ²Verwendet ein Unternehmen für seine regelmäßige Rechnungslegung ausschließlich einen anderen international anerkannten Rechnungslegungsstandard, so ist für die Ermittlung der Umsatzerlöse dieser Standard maßgeblich. ³Umsatzerlöse aus Lieferungen und Leistungen zwischen verbundenen Unternehmen (Innenumsatzerlöse) sowie Verbrauchsteuern bleiben außer Betracht.

(2) Für den Handel mit Waren sind nur drei Viertel der Umsatzerlöse in Ansatz zu bringen.

(3) Für den Verlag, die Herstellung und den Vertrieb von Zeitungen, Zeitschriften und deren Bestandteilen ist das Vierfache der Umsatzerlöse und für die Herstellung, den Vertrieb und die Veranstaltung von Rundfunkprogrammen und den Absatz von Rundfunkwerbezeiten ist das Achtfache der Umsatzerlöse in Ansatz zu bringen.

(4) ¹An die Stelle der Umsatzerlöse tritt bei Kreditinstituten, Finanzinstituten, Bausparkassen sowie bei externen Kapitalverwaltungsgesellschaften im Sinne des § 17 Absatz 2 Nummer 1 des Kapitalanlagegesetzbuchs der Gesamtbetrag der in § 34 Absatz 2 Satz 1 Nummer 1 Buchstabe a bis e der Kreditinstituts-Rechnungslegungsverordnung in der jeweils geltenden Fassung genannten Erträge abzüglich der Umsatzsteuer und sonstiger direkt auf diese Erträge erhobener Steuern. ²Bei Versicherungsunternehmen sind die Prämieneinnahmen des letzten abgeschlossenen Geschäftsjahres maßgebend. ³Prämien-

einnahmen sind die Einnahmen aus dem Erst- und Rückversicherungsgeschäft einschließlich der in Rückdeckung gegebenen Anteile.

(4a) Die Gegenleistung nach § 35 Absatz 1a umfasst
1. alle Vermögensgegenstände und sonstigen geldwerten Leistungen, die der Veräußerer vom Erwerber im Zusammenhang mit dem Zusammenschluss nach § 37 Absatz 1 erhält, (Kaufpreis) und
2. den Wert etwaiger vom Erwerber übernommener Verbindlichkeiten.

(5) [1] Wird ein Zusammenschluss durch den Erwerb von Teilen eines oder mehrerer Unternehmen bewirkt, so ist unabhängig davon, ob diese Teile eigene Rechtspersönlichkeit besitzen, auf Seiten des Veräußerers nur der Umsatz oder der Marktanteil zu berücksichtigen, der auf die veräußerten Teile entfällt. [2] Dies gilt nicht, sofern beim Veräußerer die Kontrolle im Sinne des § 37 Absatz 1 Nummer 2 oder 25 Prozent oder mehr der Anteile verbleiben. [3] Zwei oder mehr Erwerbsvorgänge im Sinne von Satz 1, die innerhalb von zwei Jahren zwischen denselben Personen oder Unternehmen getätigt werden, werden als ein einziger Zusammenschluss behandelt, wenn dadurch die Umsatzschwellen des § 35 Absatz 1 erreicht oder die Voraussetzungen des § 35 Absatz 1a erfüllt werden; als Zeitpunkt des Zusammenschlusses gilt der letzte Erwerbsvorgang.

§ 39 Anmelde- und Anzeigepflicht. (1) [1] Zusammenschlüsse sind vor dem Vollzug beim Bundeskartellamt gemäß den Absätzen 2 und 3 anzumelden. [2] Elektronische Anmeldungen sind zulässig über:
1. die vom Bundeskartellamt eingerichtete zentrale De-Mail-Adresse im Sinne des De-Mail-Gesetzes,
2. die vom Bundeskartellamt eingerichtete zentrale E-Mail-Adresse für Dokumente mit qualifizierter elektronischer Signatur,
3. das besondere elektronische Behördenpostfach sowie
4. eine hierfür bestimmte Internetplattform.

(2) Zur Anmeldung sind verpflichtet:
1. die am Zusammenschluss beteiligten Unternehmen,
2. in den Fällen des § 37 Absatz 1 Nummer 1 und 3 auch der Veräußerer.

(3) [1] In der Anmeldung ist die Form des Zusammenschlusses anzugeben. [2] Die Anmeldung muss ferner über jedes beteiligte Unternehmen folgende Angaben enthalten:
1. die Firma oder sonstige Bezeichnung und den Ort der Niederlassung oder den Sitz;
2. die Art des Geschäftsbetriebes;
3. die Umsatzerlöse im Inland, in der Europäischen Union und weltweit; anstelle der Umsatzerlöse sind bei Kreditinstituten, Finanzinstituten, Bausparkassen sowie bei externen Kapitalverwaltungsgesellschaften im Sinne des § 17 Absatz 2 Nummer 1 des Kapitalanlagegesetzbuchs der Gesamtbetrag der Erträge gemäß § 38 Absatz 4, bei Versicherungsunternehmen die Prämieneinnahmen anzugeben; im Fall des § 35 Absatz 1a ist zusätzlich auch der Wert der Gegenleistung für den Zusammenschluss nach § 38 Absatz 4a, einschließlich der Grundlagen für seine Berechnung, anzugeben;
3a. im Fall des § 35 Absatz 1a Angaben zu Art und Umfang der Tätigkeit im Inland;

14 GWB § 39a Teil 1. Wettbewerbsbeschränkungen

4. die Marktanteile einschließlich der Grundlagen für ihre Berechnung oder Schätzung, wenn diese im Geltungsbereich dieses Gesetzes oder in einem wesentlichen Teil desselben für die beteiligten Unternehmen zusammen mindestens 20 vom Hundert erreichen;
5. beim Erwerb von Anteilen an einem anderen Unternehmen die Höhe der erworbenen und der insgesamt gehaltenen Beteiligung;
6. eine zustellungsbevollmächtigte Person im Inland, sofern sich der Sitz des Unternehmens nicht im Geltungsbereich dieses Gesetzes befindet.

³In den Fällen des § 37 Absatz 1 Nummer 1 oder 3 sind die Angaben nach Satz 2 Nummer 1 und 6 auch für den Veräußerer zu machen. ⁴Ist ein beteiligtes Unternehmen ein verbundenes Unternehmen, sind die Angaben nach Satz 2 Nummer 1 und 2 auch über die verbundenen Unternehmen und die Angaben nach Satz 2 Nummer 3 und Nummer 4 über jedes am Zusammenschluss beteiligte Unternehmen und die mit ihm verbundenen Unternehmen insgesamt zu machen sowie die Konzernbeziehungen, Abhängigkeits- und Beteiligungsverhältnisse zwischen den verbundenen Unternehmen mitzuteilen. ⁵In der Anmeldung dürfen keine unrichtigen oder unvollständigen Angaben gemacht oder benutzt werden, um die Kartellbehörde zu veranlassen, eine Untersagung nach § 36 Absatz 1 oder eine Mitteilung nach § 40 Absatz 1 zu unterlassen.

(4) ¹Eine Anmeldung ist nicht erforderlich, wenn die Europäische Kommission einen Zusammenschluss an das Bundeskartellamt verwiesen hat und dem Bundeskartellamt die nach Absatz 3 erforderlichen Angaben in deutscher Sprache vorliegen. ²Das Bundeskartellamt teilt den beteiligten Unternehmen unverzüglich den Zeitpunkt des Eingangs der Verweisungsentscheidung mit und unterrichtet sie zugleich darüber, inwieweit die nach Absatz 3 erforderlichen Angaben in deutscher Sprache vorliegen.

(5) Das Bundeskartellamt kann von jedem beteiligten Unternehmen Auskunft über Marktanteile einschließlich der Grundlagen für die Berechnung oder Schätzung sowie über den Umsatzerlös bei einer bestimmten Art von Waren oder gewerblichen Leistungen, den das Unternehmen im letzten Geschäftsjahr vor dem Zusammenschluss erzielt hat, sowie über die Tätigkeit eines Unternehmens im Inland einschließlich von Angaben zu Zahlen und Standorten seiner Kunden sowie der Orte, an denen seine Angebote erbracht und bestimmungsgemäß genutzt werden, verlangen.

(6) ¹Anmeldepflichtige Zusammenschlüsse, die entgegen Absatz 1 Satz 1 nicht vor dem Vollzug angemeldet wurden, sind von den beteiligten Unternehmen unverzüglich beim Bundeskartellamt anzuzeigen. ²§ 41 bleibt unberührt.

§ 39a Aufforderung zur Anmeldung künftiger Zusammenschlüsse.

(1) Das Bundeskartellamt kann ein Unternehmen durch Verfügung verpflichten, jeden Zusammenschluss des Unternehmens mit anderen Unternehmen in einem oder mehreren bestimmten Wirtschaftszweigen anzumelden, wenn

1. das Unternehmen im letzten Geschäftsjahr weltweit Umsatzerlöse von mehr als 500 Millionen Euro erzielt hat,
2. objektiv nachvollziehbare Anhaltspunkte dafür bestehen, dass durch künftige Zusammenschlüsse der wirksame Wettbewerb im Inland in den genannten Wirtschaftszweigen erheblich behindert werden könnte und

Kapitel 7. Zusammenschlusskontrolle § 40 GWB 14

3. das Unternehmen in den genannten Wirtschaftszweigen einen Anteil von mindestens 15 Prozent am Angebot oder an der Nachfrage von Waren oder Dienstleistungen in Deutschland hat.

(2) Die Anmeldepflicht nach Absatz 1 gilt nur für Zusammenschlüsse bei denen

1. das zu erwerbende Unternehmen im letzten Geschäftsjahr Umsatzerlöse von mehr als 2 Millionen Euro erzielt hat und
2. mehr als zwei Drittel seiner Umsatzerlöse im Inland erzielt hat.

(3) Eine Verfügung nach Absatz 1 setzt voraus, dass das Bundeskartellamt auf einem der betroffenen Wirtschaftszweige zuvor eine Untersuchung nach § 32e durchgeführt hat.

(4) ¹Die Anmeldepflicht nach Absatz 1 gilt für drei Jahre ab Zustellung der Entscheidung. ²In der Verfügung sind die relevanten Wirtschaftszweige anzugeben.

§ 40 Verfahren der Zusammenschlusskontrolle. (1) ¹Das Bundeskartellamt darf einen Zusammenschluss, der ihm angemeldet worden ist, nur untersagen, wenn es den anmeldenden Unternehmen innerhalb einer Frist von einem Monat seit Eingang der vollständigen Anmeldung mitteilt, dass es in die Prüfung des Zusammenschlusses (Hauptprüfverfahren) eingetreten ist. ²Das Hauptprüfverfahren soll eingeleitet werden, wenn eine weitere Prüfung des Zusammenschlusses erforderlich ist.

(2) ¹Im Hauptprüfverfahren entscheidet das Bundeskartellamt durch Verfügung, ob der Zusammenschluss untersagt oder freigegeben wird. ²Wird die Verfügung nicht innerhalb von fünf Monaten nach Eingang der vollständigen Anmeldung den anmeldenden Unternehmen zugestellt, gilt der Zusammenschluss als freigegeben. ³Die Verfahrensbeteiligten sind unverzüglich über den Zeitpunkt der Zustellung der Verfügung zu unterrichten. ⁴Dies gilt nicht, wenn

1. die anmeldenden Unternehmen einer Fristverlängerung zugestimmt haben,
2. das Bundeskartellamt wegen unrichtiger Angaben oder wegen einer nicht rechtzeitig erteilten Auskunft nach § 39 Absatz 5 oder § 59 die Mitteilung nach Absatz 1 oder die Untersagung des Zusammenschlusses unterlassen hat,
3. eine zustellungsbevollmächtigte Person im Inland entgegen § 39 Absatz 3 Satz 2 Nummer 6 nicht mehr benannt ist.

⁵Die Frist nach Satz 2 wird gehemmt, wenn das Bundeskartellamt von einem am Zusammenschluss beteiligten Unternehmen eine Auskunft nach § 59 erneut anfordern muss, weil das Unternehmen ein vorheriges Auskunftsverlangen nach § 59 aus Umständen, die es ihm zu vertreten sind, nicht rechtzeitig oder nicht vollständig beantwortet hat. ⁶Die Hemmung endet, wenn das Unternehmen dem Bundeskartellamt die Auskunft vollständig übermittelt hat. ⁷Die Frist verlängert sich um einen Monat, wenn ein anmeldendes Unternehmen in einem Verfahren dem Bundeskartellamt erstmals Vorschläge für Bedingungen oder Auflagen nach Absatz 3 unterbreitet.

(3) ¹Die Freigabe kann mit Bedingungen und Auflagen verbunden werden, um sicherzustellen, dass die beteiligten Unternehmen den Verpflichtungen nachkommen, die sie gegenüber dem Bundeskartellamt eingegangen sind, um eine Untersagung abzuwenden. ²Die Bedingungen und Auflagen dürfen sich

431

14 GWB § 41   Teil 1. Wettbewerbsbeschränkungen

nicht darauf richten, die beteiligten Unternehmen einer laufenden Verhaltenskontrolle zu unterstellen.

(3a) [1] Die Freigabe kann widerrufen oder geändert werden, wenn sie auf unrichtigen Angaben beruht, arglistig herbeigeführt worden ist oder die beteiligten Unternehmen einer mit ihr verbundenen Auflage zuwiderhandeln. [2] Im Falle der Nichterfüllung einer Auflage gilt § 41 Absatz 4 entsprechend.

(4) [1] Vor einer Untersagung ist den obersten Landesbehörden, in deren Gebiet die beteiligten Unternehmen ihren Sitz haben, Gelegenheit zur Stellungnahme zu geben. [2] In Verfahren nach § 172a des Fünften Buches Sozialgesetzbuch ist vor einer Untersagung das Benehmen mit den zuständigen Aufsichtsbehörden nach § 90 des Vierten Buches Sozialgesetzbuch herzustellen. [3] Vor einer Untersagung in Verfahren, die den Bereich der bundesweiten Verbreitung von Fernsehprogrammen durch private Veranstalter betreffen, ist das Benehmen mit der Kommission zur Ermittlung der Konzentration im Medienbereich herzustellen.

(5) Die Fristen nach den Absätzen 1 und 2 Satz 2 beginnen in den Fällen des § 39 Absatz 4 Satz 1, wenn die Verweisungsentscheidung beim Bundeskartellamt eingegangen ist und die nach § 39 Absatz 3 erforderlichen Angaben in deutscher Sprache vorliegen.

(6) Wird eine Freigabe des Bundeskartellamts durch gerichtlichen Beschluss rechtskräftig ganz oder teilweise aufgehoben, beginnt die Frist nach Absatz 2 Satz 2 mit Eintritt der Rechtskraft von Neuem.

§ 41 Vollzugsverbot, Entflechtung. (1) [1] Die Unternehmen dürfen einen Zusammenschluss, der vom Bundeskartellamt nicht freigegeben ist, nicht vor Ablauf der Fristen nach § 40 Absatz 1 Satz 1 und Absatz 2 Satz 2 vollziehen oder am Vollzug dieses Zusammenschlusses mitwirken. [2] Rechtsgeschäfte, die gegen dieses Verbot verstoßen, sind unwirksam. [3] Dies gilt nicht
1. für Verträge über Grundstücksgeschäfte, sobald sie durch Eintragung in das Grundbuch rechtswirksam geworden sind,
2. für Verträge über die Umwandlung, Eingliederung oder Gründung eines Unternehmens und für Unternehmensverträge im Sinne der §§ 291 und 292 des Aktiengesetzes, sobald sie durch Eintragung in das zuständige Register rechtswirksam geworden sind, sowie
3. für andere Rechtsgeschäfte, wenn der nicht angemeldete Zusammenschluss nach Vollzug angezeigt und das Entflechtungsverfahren nach Absatz 3 eingestellt wurde, weil die Untersagungsvoraussetzungen nicht vorlagen, oder die Wettbewerbsbeschränkung infolge einer Auflösungsanordnung nach Absatz 3 Satz 2 in Verbindung mit Satz 3 beseitigt wurde oder eine Ministererlaubnis nach § 42 erteilt worden ist.

(1a) Absatz 1 steht der Verwirklichung von Erwerbsvorgängen nicht entgegen, bei denen die Kontrolle, Anteile oder wettbewerblich erheblicher Einfluss im Sinne von § 37 Absatz 1 oder 2 von mehreren Veräußerern entweder im Wege eines öffentlichen Übernahmeangebots oder im Wege einer Reihe von Rechtsgeschäften mit Wertpapieren, einschließlich solchen, die in andere zum Handel an einer Börse oder an einem ähnlichen Markt zugelassene Wertpapiere konvertierbar sind, über eine Börse erworben werden, sofern der Zusammenschluss gemäß § 39 unverzüglich beim Bundeskartellamt angemeldet wird und der Erwerber die mit den Anteilen verbundenen Stimmrechte nicht

Kapitel 7. Zusammenschlusskontrolle **§ 42 GWB 14**

oder nur zur Erhaltung des vollen Wertes seiner Investition auf Grund einer vom Bundeskartellamt nach Absatz 2 erteilten Befreiung ausübt.

(2) ¹Das Bundeskartellamt kann auf Antrag Befreiungen vom Vollzugsverbot erteilen, wenn die beteiligten Unternehmen hierfür wichtige Gründe geltend machen, insbesondere um schweren Schaden von einem beteiligten Unternehmen oder von Dritten abzuwenden. ²Die Befreiung kann jederzeit, auch vor der Anmeldung, erteilt und mit Bedingungen und Auflagen verbunden werden. ³§ 40 Absatz 3a gilt entsprechend.

(3) ¹Ein vollzogener Zusammenschluss, der die Untersagungsvoraussetzungen nach § 36 Absatz 1 erfüllt, ist aufzulösen, wenn nicht die Bundesministerin oder der Bundesminister für Wirtschaft und Energie nach § 42 die Erlaubnis zu dem Zusammenschluss erteilt. ²Das Bundeskartellamt ordnet die zur Auflösung des Zusammenschlusses erforderlichen Maßnahmen an. ³Die Wettbewerbsbeschränkung kann auch auf andere Weise als durch Wiederherstellung des früheren Zustands beseitigt werden.

(4) Zur Durchsetzung seiner Anordnung kann das Bundeskartellamt insbesondere

1. (weggefallen)
2. die Ausübung des Stimmrechts aus Anteilen an einem beteiligten Unternehmen, die einem anderen beteiligten Unternehmen gehören oder ihm zuzurechnen sind, untersagen oder einschränken,
3. einen Treuhänder bestellen, der die Auflösung des Zusammenschlusses herbeiführt.

§ 42 Ministererlaubnis. (1) ¹Die Bundesministerin oder der Bundesminister für Wirtschaft und Energie erteilt auf Antrag die Erlaubnis zu einem vom Bundeskartellamt untersagten Zusammenschluss, wenn im Einzelfall die Wettbewerbsbeschränkung von gesamtwirtschaftlichen Vorteilen des Zusammenschlusses aufgewogen wird oder der Zusammenschluss durch ein überragendes Interesse der Allgemeinheit gerechtfertigt ist. ²Hierbei ist auch die Wettbewerbsfähigkeit der beteiligten Unternehmen auf Märkten außerhalb des Geltungsbereichs dieses Gesetzes zu berücksichtigen. ³Die Erlaubnis darf nur erteilt werden, wenn durch das Ausmaß der Wettbewerbsbeschränkung die marktwirtschaftliche Ordnung nicht gefährdet ist. ⁴Weicht die Entscheidung vom Votum der Stellungnahme ab, die die Monopolkommission nach Absatz 5 Satz 1 erstellt hat, ist dies in der Verfügung gesondert zu begründen.

(2) ¹Die Erlaubnis kann mit Bedingungen und Auflagen verbunden werden. ²§ 40 Absatz 3 Satz 2 und Absatz 3a gilt entsprechend.

(3) ¹Der Antrag ist innerhalb einer Frist von einem Monat seit Zustellung der Untersagung oder einer Auflösungsanordnung nach § 41 Absatz 3 Satz 1 ohne vorherige Untersuchung beim Bundesministerium für Wirtschaft und Energie schriftlich zu stellen. ²Wird die Untersagung angefochten, beginnt die Frist in dem Zeitpunkt, in dem die Untersagung unanfechtbar wird. ³Wird die Auflösungsanordnung nach § 41 Absatz 3 Satz 1 angefochten, beginnt die Frist zu dem Zeitpunkt, zu dem die Auflösungsanordnung unanfechtbar wird.

(4) ¹Die Bundesministerin oder der Bundesminister für Wirtschaft und Energie soll über den Antrag innerhalb von vier Monaten entscheiden. ²Wird die Entscheidung nicht innerhalb dieser Frist getroffen, teilt das Bundesministerium für Wirtschaft und Energie die Gründe hierfür dem Deutschen Bundestag

unverzüglich schriftlich mit. ³ Wird die Verfügung den antragstellenden Unternehmen nicht innerhalb von sechs Monaten nach Eingang des vollständigen Antrags zugestellt, gilt der Antrag auf die Ministererlaubnis als abgelehnt. ⁴ Das Bundesministerium für Wirtschaft und Energie kann die Frist nach Satz 3 auf Antrag der antragstellenden Unternehmen um bis zu zwei Monate verlängern. ⁵ In diesem Fall ist Satz 3 nicht anzuwenden und die Verfügung ist den antragstellenden Unternehmen innerhalb der Frist nach Satz 4 zuzustellen.

(5) ¹ Vor der Entscheidung nach Absatz 4 Satz 1 ist eine Stellungnahme der Monopolkommission einzuholen und den obersten Landesbehörden, in deren Gebiet die beteiligten Unternehmen ihren Sitz haben, Gelegenheit zur Stellungnahme zu geben. ² Im Fall eines Antrags auf Erlaubnis eines untersagten Zusammenschlusses im Bereich der bundesweiten Verbreitung von Fernsehprogrammen durch private Veranstalter ist zusätzlich eine Stellungnahme der Kommission zur Ermittlung der Konzentration im Medienbereich einzuholen. ³ Die Monopolkommission soll ihre Stellungnahme innerhalb von zwei Monaten nach Aufforderung durch das Bundesministerium für Wirtschaft und Energie abgeben.

(6) Das Bundesministerium für Wirtschaft und Energie erlässt Leitlinien über die Durchführung des Verfahrens.

§ 43 Bekanntmachungen. (1) Die Einleitung des Hauptprüfverfahrens durch das Bundeskartellamt nach § 40 Absatz 1 Satz 1 und der Antrag auf Erteilung einer Ministererlaubnis sind unverzüglich im Bundesanzeiger bekannt zu machen.

(2) Im Bundesanzeiger sind bekannt zu machen
1. die Verfügung des Bundeskartellamts nach § 40 Absatz 2,
2. die Ministererlaubnis, deren Widerruf, Änderung oder Ablehnung,
3. die Rücknahme, der Widerruf oder die Änderung der Freigabe des Bundeskartellamts,
4. die Auflösung eines Zusammenschlusses und die sonstigen Anordnungen des Bundeskartellamts nach § 41 Absatz 3 und 4.

(3) Bekannt zu machen nach Absatz 1 und 2 sind jeweils die Angaben nach § 39 Absatz 3 Satz 1 sowie Satz 2 Nummer 1 und 2.

§ 43a Evaluierung. Das Bundesministerium für Wirtschaft und Energie berichtet den gesetzgebenden Körperschaften nach Ablauf von drei Jahren nach Inkrafttreten der Vorschrift über die Erfahrungen mit den Regelungen von § 35 Absatz 1a, § 37 Absatz 1 Nummer 1 und § 38 Absatz 4a.

Kapitel 8. Monopolkommission

§ 44 Aufgaben. (1) ¹ Die Monopolkommission erstellt alle zwei Jahre ein Gutachten, in dem sie den Stand und die absehbare Entwicklung der Unternehmenskonzentration in der Bundesrepublik Deutschland beurteilt, die Anwendung der wettbewerbsrechtlichen Vorschriften anhand abgeschlossener Verfahren würdigt, sowie zu sonstigen aktuellen wettbewerbspolitischen Fragen Stellung nimmt. ² Das Gutachten soll bis zum 30. Juni des Jahres abgeschlossen sein, in dem das Gutachten zu erstellen ist. ³ Die Bundesregierung kann die Monopolkommission mit der Erstattung zusätzlicher Gutachten beauftragen. ⁴ Darüber hinaus kann die Monopolkommission nach ihrem Ermessen Gutachten oder andere Stellungnahmen erstellen. [5] Die Möglichkeit zur Stellungnahme nach § 75 Absatz 5 bleibt unberührt.

(2) [1] Die Monopolkommission ist nur an den durch dieses Gesetz begründeten Auftrag gebunden und in ihrer Tätigkeit unabhängig. [2] Vertritt eine Minderheit bei der Abfassung der Gutachten eine abweichende Auffassung, so kann sie diese in dem Gutachten zum Ausdruck bringen.

(3) [1] Die Monopolkommission leitet ihre Gutachten der Bundesregierung zu. [2] Die Bundesregierung legt Gutachten nach Absatz 1 den gesetzgebenden Körperschaften unverzüglich vor. [3] Die Bundesregierung nimmt zu den Gutachten nach Absatz 1 Satz 1 in angemessener Frist Stellung, zu sonstigen Gutachten nach Absatz 1 kann sie Stellung nehmen, wenn und soweit sie dies für angezeigt hält. [4] Die jeweiligen fachlich zuständigen Bundesministerien und die Monopolkommission tauschen sich auf Verlangen zu den Inhalten der Gutachten aus. [5] Die Gutachten werden von der Monopolkommission veröffentlicht. [6] Bei Gutachten nach Absatz 1 Satz 1 erfolgt dies zu dem Zeitpunkt, zu dem sie von der Bundesregierung der gesetzgebenden Körperschaft vorgelegt werden.

§ 45 Mitglieder. (1) [1] Die Monopolkommission besteht aus fünf Mitgliedern, die über besondere volkswirtschaftliche, betriebswirtschaftliche, sozialpolitische, technologische oder wirtschaftsrechtliche Kenntnisse und Erfahrungen verfügen müssen. [2] Die Monopolkommission wählt aus ihrer Mitte einen Vorsitzenden.

(2) [1] Die Mitglieder der Monopolkommission werden auf Vorschlag der Bundesregierung durch den Bundespräsidenten für die Dauer von vier Jahren berufen. [2] Wiederberufungen sind zulässig. [3] Die Bundesregierung hört die Mitglieder der Kommission an, bevor sie neue Mitglieder vorschlägt. [4] Die Mitglieder sind berechtigt, ihr Amt durch Erklärung gegenüber dem Bundespräsidenten niederzulegen. [5] Scheidet ein Mitglied vorzeitig aus, so wird ein neues Mitglied für die Dauer der Amtszeit des ausgeschiedenen Mitglieds berufen.

(3) [1] Die Mitglieder der Monopolkommission dürfen weder der Regierung oder einer gesetzgebenden Körperschaft des Bundes oder eines Landes noch dem öffentlichen Dienst des Bundes, eines Landes oder einer sonstigen juristischen Person des öffentlichen Rechts, es sei denn als Hochschullehrer oder als Mitarbeiter eines wissenschaftlichen Instituts, angehören. [2] Ferner dürfen sie weder einen Wirtschaftsverband noch eine Arbeitgeber- oder Arbeitnehmerorganisation repräsentieren oder zu diesen in einem ständigen Dienst- oder Geschäftsbesorgungsverhältnis stehen. [3] Sie dürfen auch nicht während des letzten Jahres vor der Berufung zum Mitglied der Monopolkommission eine derartige Stellung innegehabt haben.

§ 46 Beschlüsse, Organisation, Rechte und Pflichten der Mitglieder.

(1) Die Beschlüsse der Monopolkommission bedürfen der Zustimmung von mindestens drei Mitgliedern.

(2) [1] Die Monopolkommission hat eine Geschäftsordnung und verfügt über eine Geschäftsstelle. [2] Diese hat die Aufgabe, die Monopolkommission wissenschaftlich, administrativ und technisch zu unterstützen.

(2a) [1] Die Monopolkommission kann Einsicht in die von der Kartellbehörde geführten Akten einschließlich Betriebs- und Geschäftsgeheimnisse und personenbezogener Daten nehmen, soweit dies zur ordnungsgemäßen Erfüllung ihrer Aufgaben erforderlich ist. ²Dies gilt auch für die Erstellung der Gutachten nach § 78 des Eisenbahnregulierungsgesetzes, § 62 des Energiewirtschaftsgesetzes, § 44 des Postgesetzes sowie nach § 195 Absatz 2 des Telekommunikationsgesetzes.

(2b) ¹Im Rahmen der Akteneinsicht kann die Monopolkommission bei der Kartellbehörde in elektronischer Form vorliegende Daten, einschließlich Betriebs- und Geschäftsgeheimnissen und personenbezogener Daten, selbstständig auswerten, soweit dies zur ordnungsgemäßen Erfüllung ihrer Aufgaben erforderlich ist. ²Dies gilt auch für die Erstellung der Gutachten nach § 78 des Eisenbahnregulierungsgesetzes, § 62 des Energiewirtschaftsgesetzes, § 44 des Postgesetzes sowie nach § 195 Absatz 2 des Telekommunikationsgesetzes.

(3) ¹Die Mitglieder der Monopolkommission und die Angehörigen der Geschäftsstelle sind zur Verschwiegenheit über die Beratungen und die von der Monopolkommission als vertraulich bezeichneten Beratungsunterlagen verpflichtet. ²Die Pflicht zur Verschwiegenheit bezieht sich auch auf Informationen und Daten, die der Monopolkommission gegeben und als vertraulich bezeichnet werden oder die gemäß Absatz 2a oder 2b erlangt worden sind.

(4) ¹Die Mitglieder der Monopolkommission erhalten eine pauschale Entschädigung sowie Ersatz ihrer Reisekosten. ²Diese werden vom Bundesministerium für Wirtschaft und Energie festgesetzt. ³Die Kosten der Monopolkommission trägt der Bund.

§ 47 Übermittlung statistischer Daten. (1) ¹Für die Begutachtung der Entwicklung der Unternehmenskonzentration werden der Monopolkommission vom Statistischen Bundesamt aus Wirtschaftsstatistiken (Statistik im produzierenden Gewerbe, Handwerksstatistik, Außenhandelsstatistik, Steuerstatistik, Verkehrsstatistik, Statistik im Handel und Gastgewerbe, Dienstleistungsstatistik) und dem Statistikregister zusammengefasste Einzelangaben über die Vomhundertanteile der größten Unternehmen, Betriebe oder fachlichen Teile von Unternehmen des jeweiligen Wirtschaftsbereichs

a) am Wert der zum Absatz bestimmten Güterproduktion,

b) am Umsatz,

c) an der Zahl der tätigen Personen,

d) an den Lohn- und Gehaltssummen,

e) an den Investitionen,

f) am Wert der gemieteten und gepachteten Sachanlagen,

g) an der Wertschöpfung oder dem Rohertrag,

h) an der Zahl der jeweiligen Einheiten

übermittelt. ²Satz 1 gilt entsprechend für die Übermittlung von Angaben über die Vomhundertanteile der größten Unternehmensgruppen. ³Für die Zuordnung der Angaben zu Unternehmensgruppen übermittelt die Monopolkommission dem Statistischen Bundesamt Namen und Anschriften der Unternehmen, deren Zugehörigkeit zu einer Unternehmensgruppe sowie Kennzeichen zur Identifikation. ⁴Die zusammengefassten Einzelangaben dürfen nicht weniger als drei Unternehmensgruppen, Unternehmen, Betriebe oder fachliche Teile von Unternehmen betreffen. ⁵Durch Kombination oder zeitliche Nähe mit anderen übermittelten oder allgemein zugänglichen Angaben darf kein Rückschluss auf zusammengefasste Angaben von weniger als drei Unternehmensgruppen, Unternehmen, Betrieben oder fachlichen Teile von Unternehmen möglich sein. ⁶Für die Berechnung von summarischen Konzentrationsmaßen, insbesondere Herfindahl-Indizes und Gini-Koeffizienten, gilt dies entsprechend. ⁷Die statistischen Ämter der Länder stellen die hierfür erforderlichen Einzelangaben dem Statistischen Bundesamt zur Verfügung.

(2) ¹Personen, die zusammengefasste Einzelangaben nach Absatz 1 erhalten sollen, sind vor der Übermittlung zur Geheimhaltung besonders zu verpflichten, soweit sie nicht Amtsträger oder für den öffentlichen Dienst besonders Verpflichtete sind. ²§ 1 Absatz 2, 3 und 4 Nummer 2 des Verpflichtungsgesetzes gilt entsprechend. ³Personen, die nach Satz 1 besonders verpflichtet worden sind, stehen für die Anwendung der Vorschriften des Strafgesetzbuches über die Verletzung von Privatgeheimnissen (§ 203 Absatz 2, 5 und 6; §§ 204, 205) und des Dienstgeheimnisses (§ 353b Absatz 1) den für den öffentlichen Dienst besonders Verpflichteten gleich.

(3) ¹Die zusammengefassten Einzelangaben dürfen nur für die Zwecke verwendet werden, für die sie übermittelt wurden. ²Sie sind zu löschen, sobald der in Absatz 1 genannte Zweck erfüllt ist.

(4) Bei der Monopolkommission muss durch organisatorische und technische Maßnahmen sichergestellt sein, dass nur Amtsträger, für den öffentlichen Dienst besonders Verpflichtete oder Verpflichtete nach Absatz 2 Satz 1 Empfänger von zusammengefassten Einzelangaben sind.

(5) ¹Die Übermittlungen sind nach Maßgabe des § 16 Absatz 9 des Bundesstatistikgesetzes aufzuzeichnen. ²Die Aufzeichnungen sind mindestens fünf Jahre aufzubewahren.

(6) Bei der Durchführung der Wirtschaftsstatistiken nach Absatz 1 sind die befragten Unternehmen schriftlich oder elektronisch zu unterrichten, dass die zusammengefassten Einzelangaben nach Absatz 1 der Monopolkommission übermittelt werden dürfen.

Kapitel 9. Markttransparenzstellen für den Großhandel mit Strom und Gas und für Kraftstoffe

Abschnitt 1. Markttransparenzstelle für den Großhandel im Bereich Strom und Gas

§ 47a Einrichtung, Zuständigkeit, Organisation. (1) ¹Zur Sicherstellung einer wettbewerbskonformen Bildung der Großhandelspreise von Elektrizität und Gas wird eine Markttransparenzstelle bei der Bundesnetzagentur für Elektrizität, Gas, Telekommunikation, Post und Eisenbahnen (Bundesnetzagentur) eingerichtet. ²Sie beobachtet laufend die Vermarktung und den Handel mit Elektrizität und Erdgas auf der Großhandelsstufe.

(2) Die Aufgaben der Markttransparenzstelle nehmen die Bundesnetzagentur und das Bundeskartellamt einvernehmlich wahr.

(3) ¹Die Einzelheiten der einvernehmlichen Zusammenarbeit werden in einer vom Bundesministerium für Wirtschaft und Energie zu genehmigenden Kooperationsvereinbarung zwischen dem Bundeskartellamt und der Bundesnetzagentur näher geregelt. ²In der Vereinbarung ist insbesondere Folgendes zu regeln:

1. die Besetzung und Geschäftsverteilung sowie

2. eine Koordinierung der Datenerhebung und des Daten- und Informationsaustausches.

(4) Das Bundesministerium für Wirtschaft und Energie wird ermächtigt, durch Rechtsverordnung Vorgaben zur Ausgestaltung der Kooperationsvereinbarung zu erlassen.

(5) ¹Entscheidungen der Markttransparenzstelle trifft die Person, die sie leitet. ²§ 51 Absatz 5 gilt für alle Mitarbeiterinnen und Mitarbeiter der Markttransparenzstelle entsprechend.

§ 47b Aufgaben. (1) ¹Die Markttransparenzstelle beobachtet laufend den gesamten Großhandel mit Elektrizität und Erdgas, unabhängig davon, ob er auf physikalische oder finanzielle Erfüllung gerichtet ist, um Auffälligkeiten bei der Preisbildung aufzudecken, die auf Missbrauch von Marktbeherrschung, Insiderinformationen oder auf Marktmanipulation beruhen können. ²Die Markttransparenzstelle beobachtet zu diesem Zweck auch die Erzeugung, den Kraftwerkseinsatz und die Vermarktung von Elektrizität und Erdgas durch die Erzeugungsunternehmen sowie die Vermarktung von Elektrizität und Erdgas als Regelenergie. ³Die Markttransparenzstelle kann Wechselwirkungen zwischen den Großhandelsmärkten für Elektrizität und Erdgas und dem Emissionshandelssystem berücksichtigen.

(2) ¹Die Markttransparenzstelle überwacht als nationale Marktüberwachungsstelle gemäß Artikel 7 Absatz 2 Unterabsatz 2 der Verordnung (EU) Nr. 1227/2011 des Europäischen Parlaments und des Rates vom 25. Oktober 2011 über die Integrität und Transparenz des Energiegroßhandelsmarkts (ABl. L 326 vom 8.12.2011, S. 1) mit der Bundesnetzagentur den Großhandel mit Elektrizität und Erdgas. ²Sie arbeitet dabei mit der Agentur für die Zusammenarbeit der Energieregulierungsbehörden nach Artikel 7 Absatz 2 und Artikel 10 der Verordnung (EU) Nr. 1227/2011 zusammen.

(3) ¹Die Markttransparenzstelle erhebt und sammelt die Daten und Informationen, die sie zur Erfüllung ihrer Aufgaben benötigt. ²Dabei berücksichtigt sie Meldepflichten der Mitteilungsverpflichteten gegenüber den in § 47i genannten Behörden oder Aufsichtsstellen sowie Meldepflichten, die von der Europäischen Kommission nach Artikel 8 Absatz 2 und 6 der Verordnung (EU) Nr. 1227/2011 festzulegen sind. ³Für die Datenerfassung sind nach Möglichkeit bestehende Quellen und Meldesysteme zu nutzen.

(4) Die Bundesnetzagentur kann die Markttransparenzstelle mit der Erhebung und Auswertung von Daten beauftragen, soweit dies zur Erfüllung ihrer Aufgaben nach der Verordnung (EU) Nr. 1227/2011 erforderlich ist.

(5) ¹Die Markttransparenzstelle gibt vor Erlass von Festlegungen nach § 47g in Verbindung mit der nach § 47f zu erlassenden Rechtsverordnung betroffenen Behörden, Interessenvertretern und Marktteilnehmern vorab Gelegenheit zur Stellungnahme innerhalb einer festgesetzten Frist. ²Zur Vorbereitung dieser Konsultationen erstellt und ergänzt die Markttransparenzstelle bei Bedarf eine detaillierte Liste aller Daten und Kategorien von Daten, die ihr die in § 47e Absatz 1 genannten Mitteilungspflichtigen auf Grund der §§ 47e und 47g und der nach § 47f zu erlassenden Rechtsverordnung laufend mitzuteilen haben, einschließlich des Zeitpunkts, an dem die Daten zu übermitteln sind, des Datenformats und der einzuhaltenden Übertragungswege sowie möglicher

alternativer Meldekanäle. ³Die Markttransparenzstelle ist nicht an die Stellungnahmen gebunden.

(6) Die Markttransparenzstelle wertet die erhaltenen Daten und Informationen kontinuierlich aus, um insbesondere festzustellen, ob Anhaltspunkte für einen Verstoß gegen die §§ 1, 19, 20 oder 29 dieses Gesetzes, die Artikel 101 oder 102 des Vertrages über die Arbeitsweise der Europäischen Union[1]), das Wertpapierhandelsgesetz, das Börsengesetz oder die Verbote nach den Artikeln 3 und 5 der Verordnung (EU) Nr. 1227/2011 vorliegen.

(7) ¹Gibt es Anhaltspunkte dafür, dass eine natürliche oder juristische Person gegen die in Absatz 6 genannten gesetzlichen Bestimmungen verstößt, muss die Markttransparenzstelle umgehend die zuständigen Behörden informieren und den Vorgang an sie abgeben. ²Bei Verdacht eines Verstoßes gegen die §§ 1, 19, 20 und 29 dieses Gesetzes oder gegen die Artikel 101 und 102 des Vertrages über die Arbeitsweise der Europäischen Union[1]) informiert die Markttransparenzstelle die zuständige Beschlussabteilung im Bundeskartellamt. ³Kommt die Prüfzuständigkeit mehrerer Behörden in Betracht, so informiert die Markttransparenzstelle jede dieser Behörden über den Verdachtsfall und über die Benachrichtigung der anderen Behörden. ⁴Die Markttransparenzstelle leitet alle von den Behörden benötigten oder angeforderten Informationen und Daten unverzüglich an diese gemäß § 47i weiter.

(8) Die Absätze 1 bis 3 können auch Anwendung finden auf die Erzeugung und Vermarktung im Ausland und auf Handelsgeschäfte, die im Ausland stattfinden, sofern sie sich auf die Preisbildung von Elektrizität und Erdgas im Geltungsbereich dieses Gesetzes auswirken.

§ 47c Datenverwendung. (1) Die Markttransparenzstelle stellt die nach § 47b Absatz 3 erhaltenen Daten ferner folgenden Stellen zur Verfügung:
1. dem Bundeskartellamt für die Durchführung des Monitorings nach § 48 Absatz 3,
2. der Bundesnetzagentur für die Durchführung des Monitorings nach § 35 des Energiewirtschaftsgesetzes,
3. der zuständigen Beschlussabteilung im Bundeskartellamt für Fusionskontrollverfahren nach den §§ 35 bis 41 und für Sektoruntersuchungen nach § 32e sowie
4. der Bundesnetzagentur zur Erfüllung ihrer weiteren Aufgaben nach dem Energiewirtschaftsgesetz, insbesondere zur Überwachung von Transparenzverpflichtungen nach den Anhängen der folgenden Verordnungen:
   a) Verordnung (EG) Nr. 714/2009 des Europäischen Parlaments und des Rates vom 13. Juli 2009 über die Netzzugangsbedingungen für den grenzüberschreitenden Stromhandel und zur Aufhebung der Verordnung (EG) Nr. 1228/2003 (ABl. L 211 vom 14.8.2009, S. 15),
   b) Verordnung (EG) Nr. 715/2009 des Europäischen Parlaments und des Rates vom 13. Juli 2009 über die Bedingungen für den Zugang zu den Erdgasfernleitungsnetzen und zur Aufhebung der Verordnung (EG) Nr. 1775/2005 (ABl. L 211 vom 14.8.2009, S. 36) und
   c) Verordnung (EU) Nr. 994/2010 des Europäischen Parlaments und des Rates vom 20. Oktober 2010 über Maßnahmen zur Gewährleistung der

---
[1]) Nr. **15**.

sicheren Erdgasversorgung und zur Aufhebung der Richtlinie 2004/67/EG des Rates (ABl. L 295 vom 12.11.2010, S. 1).

(2) Die Markttransparenzstelle stellt die Daten ferner dem Bundesministerium für Wirtschaft und Energie und der Bundesnetzagentur zur Erfüllung ihrer Aufgaben nach § 54a des Energiewirtschaftsgesetzes zur Verfügung.

(3) Die Daten können dem Statistischen Bundesamt für dessen Aufgaben nach dem Energiestatistikgesetz und nach § 2 des Gesetzes über die Preisstatistik und der Monopolkommission für deren Aufgaben nach diesem Gesetz und nach § 62 des Energiewirtschaftsgesetzes zur Verfügung gestellt werden.

(4) [1] Die Markttransparenzstelle darf die Daten in anonymisierter Form ferner Bundesministerien für eigene oder in deren Auftrag durchzuführende wissenschaftliche Studien zur Verfügung stellen, wenn die Daten zur Erreichung dieser Zwecke erforderlich sind. [2] Daten, die Betriebs- und Geschäftsgeheimnisse darstellen, dürfen von der Markttransparenzstelle nur herausgegeben werden, wenn ein Bezug zu einem Unternehmen nicht mehr hergestellt werden kann. [3] Die Bundesministerien dürfen die nach Satz 1 von der Markttransparenzstelle erhaltenen Daten auch Dritten zur Durchführung wissenschaftlicher Studien im Auftrag zur Verfügung stellen, wenn diese ihnen gegenüber die Fachkunde nachgewiesen und die vertrauliche Behandlung der Daten zugesichert haben.

§ 47d Befugnisse. (1) [1] Zur Erfüllung ihrer Aufgaben hat die Markttransparenzstelle die Befugnisse nach §§ 59, 59a und 59b gegenüber natürlichen und juristischen Personen. [2] Sie kann nach Maßgabe des § 47f Festlegungen gegenüber einzelnen, einer Gruppe oder allen der in § 47e Absatz 1 genannten Personen und Unternehmen in den in § 47g genannten Festlegungsbereichen treffen zur Datenkategorie, zum Zeitpunkt und zur Form der Übermittlung. [3] Die Markttransparenzstelle ist nach Maßgabe des § 47f befugt, die Festlegung bei Bedarf zu ändern, soweit dies zur Erfüllung ihrer Aufgaben erforderlich ist. [4] Sie kann insbesondere vorgeben, dass eine Internetplattform zur Eingabe der angeforderten Auskünfte sowie der Mitteilungen verwendet werden muss. [5] Die Markttransparenzstelle kann nach Maßgabe des § 47f darüber hinaus vorgeben, dass Auskünfte und Daten an einen zur Datenerfassung beauftragten Dritten geliefert werden; Auswertung und Nutzung findet allein bei der Markttransparenzstelle statt. [6] Die §§ 48 und 49 des Verwaltungsverfahrensgesetzes bleiben unberührt. [7] Die §§ 50f, 54, 56 bis 58, 61 Absatz 1 und 2, die §§ 63, 64, 66, 67, 70, 73 bis 80, 82a, 83, 85, 91 und 92 gelten entsprechend. [8] Für Entscheidungen, die die Markttransparenzstelle durch Festlegungen trifft, kann die Zustellung nach § 61 durch eine öffentliche Bekanntgabe im Bundesanzeiger ersetzt werden. [9] Für Auskunftspflichten nach Satz 1 und Mitteilungspflichten nach § 47e gilt § 55 der Strafprozessordnung entsprechend.

(2) [1] Die Markttransparenzstelle hat als nationale Marktüberwachungsstelle im Sinne des Artikels 7 Absatz 2 Unterabsatz 2 der Verordnung (EU) Nr. 1227/2011 zudem die Rechte gemäß Artikel 7 Absatz 2 Unterabsatz 1, Absatz 3 Unterabsatz 2 Satz 2, Artikel 4 Absatz 2 Satz 2, Artikel 8 Absatz 5 Satz 1 und Artikel 16 der Verordnung (EU) Nr. 1227/2011. [2] Absatz 1 gilt entsprechend.

(3) Die Markttransparenzstelle kann bei der Behörde, an die sie einen Verdachtsfall nach § 47b Absatz 7 Satz 1 abgegeben hat, eine Mitteilung über den Abschluss der Untersuchung anfordern.

Kapitel 9. Markttransparenzstellen § 47e GWB 14

§ 47e Mitteilungspflichten. (1) Folgende Personen und Unternehmen unterliegen neben den in § 47g genannten Mitteilungspflichtigen der Mitteilungspflicht nach den Absätzen 2 bis 5:
1. Großhändler im Sinne des § 3 Nummer 21 des Energiewirtschaftsgesetzes,
2. Energieversorgungsunternehmen im Sinne des § 3 Nummer 18 des Energiewirtschaftsgesetzes,
3. Betreiber von Energieanlagen im Sinne des § 3 Nummer 15 des Energiewirtschaftsgesetzes, ausgenommen Betreiber von Verteileranlagen der Letztverbraucher oder bei der Gasversorgung Betreiber der letzten Absperrvorrichtungen von Verbrauchsanlagen,
4. Kunden im Sinne des § 3 Nummer 24 des Energiewirtschaftsgesetzes, ausgenommen Haushaltskunden im Sinne des § 3 Nummer 22 des Energiewirtschaftsgesetzes und
5. Handelsplattformen.

(2) ¹Die Mitteilungspflichtigen haben der Markttransparenzstelle die nach Maßgabe des § 47f in Verbindung mit § 47g konkretisierten Handels-, Transport-, Kapazitäts-, Erzeugungs- und Verbrauchsdaten aus den Märkten zu übermitteln, auf denen sie tätig sind. ²Dazu gehören Angaben
1. zu den Transaktionen an den Großhandelsmärkten, an denen mit Elektrizität und Erdgas gehandelt wird, einschließlich der Handelsaufträge, mit genauen Angaben über die erworbenen und veräußerten Energiegroßhandelsprodukte, die vereinbarten Preise und Mengen, die Tage und Uhrzeiten der Ausführung, die Parteien und Begünstigten der Transaktionen,
2. zur Kapazität und Auslastung von Anlagen zur Erzeugung und Speicherung, zum Verbrauch oder zur Übertragung oder Fernleitung von Strom oder Erdgas oder über die Kapazität und Auslastung von Anlagen für verflüssigtes Erdgas (LNG-Anlagen), einschließlich der geplanten oder ungeplanten Nichtverfügbarkeit dieser Anlagen oder eines Minderverbrauchs,
3. im Bereich der Elektrizitätserzeugung, die eine Identifikation einzelner Erzeugungseinheiten ermöglichen,
4. zu Kosten, die im Zusammenhang mit dem Betrieb der meldepflichtigen Erzeugungseinheiten entstehen, insbesondere zu Grenzkosten, Brennstoffkosten, CO_2-Kosten, Opportunitätskosten und Anfahrkosten,
5. zu technischen Informationen, die für den Betrieb der meldepflichtigen Erzeugungsanlagen relevant sind, insbesondere zu Mindeststillstandszeiten, Mindestlaufzeiten und zur Mindestproduktion,
6. zu geplanten Stilllegungen oder Kaltreserven,
7. zu Bezugsrechtsverträgen,
8. zu Investitionsvorhaben sowie
9. zu Importverträgen und zur Regelenergie im Bereich Erdgashandel.

(3) ¹Die Daten sind der Markttransparenzstelle nach Maßgabe der §§ 47f und 47g im Wege der Datenfernübertragung und, soweit angefordert, laufend zu übermitteln. ²Stellt die Markttransparenzstelle Formularvorlagen bereit, sind die Daten in dieser Form elektronisch zu übermitteln.

(4) Die jeweilige Mitteilungspflicht gilt als erfüllt, wenn
1. Meldepflichtige nach Absatz 1 die zu meldenden oder angeforderten Informationen entsprechend Artikel 8 der Verordnung (EU) Nr. 1227/2011

14 GWB § 47f   Teil 1. Wettbewerbsbeschränkungen

gemeldet haben und ein zeitnaher Datenzugriff durch die Markttransparenzstelle gesichert ist oder

2. Dritte die zu meldenden oder angeforderten Informationen im Namen eines Meldepflichtigen nach Absatz 1 auch in Verbindung mit § 47f Nummer 3 und 4 übermittelt haben und dies der Markttransparenzstelle mitgeteilt wird oder

3. Meldepflichtige nach Absatz 1 auch in Verbindung mit § 47f Nummer 3 und 4 die zu meldenden oder angeforderten Informationen an einen nach § 47d Absatz 1 Satz 5 in Verbindung mit § 47f Nummer 2 beauftragten Dritten übermittelt haben oder

4. Meldepflichtige nach Absatz 1 Nummer 3 in Verbindung mit § 47g Absatz 6 die zu meldenden oder angeforderten Informationen entsprechend den Anforderungen des Erneuerbare-Energien-Gesetzes oder einer auf dieses Gesetz gestützten Rechtsverordnung an den Netzbetreiber gemeldet haben, dies der Markttransparenzstelle mitgeteilt wird und ein zeitnaher Datenzugriff durch die Markttransparenzstelle gesichert ist.

(5) ¹Die Verpflichtungen nach den Absätzen 1 bis 4 gelten für Unternehmen, wenn sie an einer inländischen Börse zur Teilnahme am Handel zugelassen sind oder wenn sich ihre Tätigkeiten im Geltungsbereich dieses Gesetzes auswirken. ²Übermittelt ein Unternehmen mit Sitz außerhalb des Geltungsbereichs dieses Gesetzes die verlangten Informationen nicht, so kann die Markttransparenzstelle zudem die zuständige Behörde des Sitzstaates ersuchen, geeignete Maßnahmen zur Verbesserung des Zugangs zu diesen Informationen zu treffen.

§ 47f Verordnungsermächtigung. Das Bundesministerium für Wirtschaft und Energie wird ermächtigt, im Wege der Rechtsverordnung, die nicht der Zustimmung des Bundesrates bedarf, im Einvernehmen mit dem Bundesministerium der Finanzen unter Berücksichtigung der Anforderungen von Durchführungsrechtsakten nach Artikel 8 Absatz 2 oder Absatz 6 der Verordnung (EU) Nr. 1227/2011

1. nähere Bestimmungen zu Art, Inhalt und Umfang derjenigen Daten und Informationen, die die Markttransparenzstelle nach § 47d Absatz 1 Satz 2 durch Festlegungen von den zur Mitteilung Verpflichteten anfordern kann, zu erlassen sowie zum Zeitpunkt und zur Form der Übermittlung dieser Daten,

2. nähere Bestimmungen zu Art, Inhalt und Umfang derjenigen Daten und Informationen, die nach § 47d Absatz 1 Satz 5 an beauftragte Dritte geliefert werden sollen, zu erlassen sowie zum Zeitpunkt und zur Form der Übermittlung und zu den Adressaten dieser Daten,

3. vorzusehen, dass folgende Stellen der Markttransparenzstelle laufend Aufzeichnungen der Energiegroßhandelstransaktionen übermitteln:

   a) organisierte Märkte,

   b) Systeme zur Zusammenführung von Kauf- und Verkaufsaufträgen oder Meldesysteme,

   c) Handelsüberwachungsstellen an Börsen, an denen mit Strom und Gas gehandelt wird, sowie

   d) die in § 47i genannten Behörden,

4. vorzusehen, dass eine Börse oder ein geeigneter Dritter die Angaben nach § 47e Absatz 2 in Verbindung mit § 47g auf Kosten der Mitteilungsverpflichteten übermitteln darf oder zu übermitteln hat, und die Einzelheiten hierzu festzulegen oder die Markttransparenzstelle zu entsprechenden Festlegungen zu ermächtigen,
5. angemessene Bagatellgrenzen für die Meldung von Transaktionen und Daten festzulegen und Übergangsfristen für den Beginn der Mitteilungspflichten vorzusehen sowie
6. eine Registrierungspflicht für die Meldepflichtigen vorzusehen und die Markttransparenzstelle zu ermächtigen, den Meldepflichtigen hierfür ein zu nutzendes Registrierungsportal vorzugeben und die inhaltlichen und technischen Details der Registrierung festzulegen.

§ 47g Festlegungsbereiche. (1) Die Markttransparenzstelle entscheidet nach Maßgabe von § 47d Absatz 1 und § 47e sowie der nach § 47f zu erlassenden Rechtsverordnung durch Festlegungen zu den in den Absätzen 2 bis 12 genannten Bereichen, welche Daten und Kategorien von Daten wie zu übermitteln sind.

(2) *(aufgehoben)*

(3) Die Markttransparenzstelle kann festlegen, dass Betreiber von Erzeugungseinheiten mit mehr als 1 Megawatt und bis zu 10 Megawatt installierter Erzeugungskapazität je Einheit jährlich die Gesamtsumme der installierten Erzeugungskapazität aller Erzeugungseinheiten in der jeweiligen Regelzone, getrennt nach Erzeugungsart, angeben.

(4) Die Markttransparenzstelle kann festlegen, dass Betreiber von Verbrauchseinheiten von Elektrizität Angaben zu den folgenden Daten und Kategorien von Daten übermitteln:
1. der geplante und ungeplante Minderverbrauch bei Verbrauchseinheiten mit mehr als 25 Megawatt maximaler Verbrauchskapazität je Verbrauchseinheit und
2. die Vorhaltung und Einspeisung von Regelenergie.

(5) Die Markttransparenzstelle kann festlegen, dass Betreiber von Übertragungsnetzen im Sinne des § 3 Nummer 10 des Energiewirtschaftsgesetzes Angaben zu den folgenden Daten und Kategorien von Daten übermitteln:
1. die Übertragungskapazität an Grenzkuppelstellen auf stündlicher Basis,
2. die Im- und Exportdaten auf stündlicher Basis,
3. die prognostizierte und die tatsächliche Einspeisung von Anlagen, die nach dem Erneuerbare-Energien-Gesetz vergütet werden, auf stündlicher Basis,
4. die Verkaufsangebote, die im Rahmen der Verordnung zur Weiterentwicklung des bundesweiten Ausgleichsmechanismus getätigt wurden, auf stündlicher Basis und
5. die Angebote und Ergebnisse der Regelenergieauktionen.

(6) Die Markttransparenzstelle kann festlegen, dass Betreiber von Anlagen zur Erzeugung von Strom aus erneuerbaren Energien mit mehr als 10 Megawatt installierter Erzeugungskapazität Angaben zu den folgenden Daten und Kategorien von Daten übermitteln:
1. die erzeugten Mengen nach Anlagentyp und

2. die Wahl der Veräußerungsform im Sinne des § 21b Absatz 1 des Erneuerbare-Energien-Gesetzes und die auf die jeweilige Veräußerungsform entfallenden Mengen.

(7) Die Markttransparenzstelle kann festlegen, dass Handelsplattformen für den Handel mit Strom und Erdgas Angaben zu den folgenden Daten und Kategorien von Daten übermitteln:
1. die Angebote, die auf den Plattformen getätigt wurden,
2. die Handelsergebnisse und
3. die außerbörslichen, nicht standardisierten Handelsgeschäfte, bei denen die Vertragspartner individuell bilaterale Geschäfte aushandeln (OTC-Geschäfte), deren geld- und warenmäßige Besicherung (Clearing) über die Handelsplattform erfolgt.

(8) [1]Die Markttransparenzstelle kann festlegen, dass Großhändler im Sinne des § 3 Nummer 21 des Energiewirtschaftsgesetzes, die mit Strom handeln, Angaben zu den in § 47e Absatz 2 Nummer 1 genannten Transaktionen übermitteln, soweit diese Transaktionen nicht von Absatz 7 erfasst sind. [2]Beim Handel mit Strom aus erneuerbaren Energien kann die Markttransparenzstelle auch festlegen, dass Großhändler nach Satz 1 Angaben zur Form der Direktvermarktung im Sinne des § 3 Nummer 16 des Erneuerbare-Energien-Gesetzes sowie zu den danach gehandelten Strommengen übermitteln.

(9) Die Markttransparenzstelle kann festlegen, dass Großhändler im Sinne des § 3 Nummer 21 des Energiewirtschaftsgesetzes, die mit Erdgas handeln, Angaben zu den folgenden Daten und Kategorien von Daten übermitteln:
1. die Grenzübergangsmengen und -preise und einen Abgleich von Import- und Exportmengen,
2. die im Inland geförderten Gasmengen und ihre Erstabsatzpreise,
3. die Importverträge (Grenzübergangsverträge),
4. die Liefermengen getrennt nach Distributionsstufe im Bereich der Verteilung,
5. die getätigten Transaktionen mit Großhandelskunden und Fernleitungsnetzbetreibern sowie mit Betreibern von Speicheranlagen und Anlagen für verflüssigtes Erdgas (LNG-Anlagen) im Rahmen von Gasversorgungsverträgen und Energiederivate nach § 3 Nummer 15a des Energiewirtschaftsgesetzes, die auf Gas bezogen sind, einschließlich Laufzeit, Menge, Datum und Uhrzeit der Ausführung, Laufzeit-, Liefer- und Abrechnungsbestimmungen und Transaktionspreisen,
6. die Angebote und Ergebnisse eigener Erdgasauktionen,
7. die bestehenden Gasbezugs- und Gaslieferverträge und
8. die sonstigen Gashandelsaktivitäten, die als OTC-Geschäfte durchgeführt werden.

(10) Die Markttransparenzstelle kann festlegen, dass Betreiber von Fernleitungsnetzen im Sinne des § 3 Nummer 5 des Energiewirtschaftsgesetzes Angaben zu folgenden Daten und Kategorien von Daten übermitteln:
1. die bestehenden Kapazitätsverträge,
2. die vertraglichen Vereinbarungen mit Dritten über Lastflusszusagen und
3. die Angebote und Ergebnisse von Ausschreibungen über Lastflusszusagen.

(11) Die Markttransparenzstelle kann festlegen, dass Marktgebietsverantwortliche im Sinne des § 2 Nummer 11 der Gasnetzzugangsverordnung Angaben zu folgenden Daten und Kategorien von Daten übermitteln:
1. die bestehenden Regelenergieverträge,
2. die Angebote und Ergebnisse von Regelenergieauktionen und -ausschreibungen,
3. die getätigten Transaktionen an Handelsplattformen und
4. die sonstigen Gashandelsaktivitäten, die als OTC-Geschäfte durchgeführt werden.

(12) Die Markttransparenzstelle kann festlegen, dass im Bereich der Regelenergie und von Biogas Angaben über die Beschaffung externer Regelenergie, über Ausschreibungsergebnisse sowie über die Einspeisung und Vermarktung von Biogas übermittelt werden.

§ 47h Berichtspflichten, Veröffentlichungen. (1) Die Markttransparenzstelle unterrichtet das Bundesministerium für Wirtschaft und Energie über die Übermittlung von Informationen nach § 47b Absatz 7 Satz 1.

(2) ¹Die Markttransparenzstelle erstellt alle zwei Jahre einen Bericht über ihre Tätigkeit. ²Soweit der Großhandel mit Elektrizität und Erdgas betroffen ist, erstellt sie ihn im Einvernehmen mit dem Bundeskartellamt. ³Geschäftsgeheimnisse, von denen die Markttransparenzstelle bei der Durchführung ihrer Aufgaben Kenntnis erhalten hat, werden aus dem Bericht entfernt. ⁴Der Bericht wird auf der Internetseite der Markttransparenzstelle veröffentlicht. ⁵Der Bericht kann zeitgleich mit dem Bericht des Bundeskartellamts nach § 53 Absatz 3 erfolgen und mit diesem verbunden werden.

(3) Die Markttransparenzstelle veröffentlicht die nach § 47b Absatz 5 erstellten Listen und deren Entwürfe auf ihrer Internetseite.

(4) ¹Die Markttransparenzstelle kann im Einvernehmen mit dem Bundeskartellamt zur Verbesserung der Transparenz im Großhandel diejenigen Erzeugungs- und Verbrauchsdaten veröffentlichen, die bisher auf der Transparenzplattform der European Energy Exchange AG und der Übertragungsnetzbetreiber veröffentlicht werden, sobald diese Veröffentlichung eingestellt wird. ²Die nach dem Energiewirtschaftsgesetz und darauf basierenden Rechtsverordnungen sowie die nach europäischem Recht bestehenden Veröffentlichungspflichten der Marktteilnehmer zur Verbesserung der Transparenz auf den Strom- und Gasmärkten bleiben unberührt.

§ 47i Zusammenarbeit mit anderen Behörden und Aufsichtsstellen.

(1) ¹Das Bundeskartellamt und die Bundesnetzagentur arbeiten bei der Wahrnehmung der Aufgaben der Markttransparenzstelle nach § 47b mit folgenden Stellen zusammen:

1. der Bundesanstalt für Finanzdienstleistungsaufsicht,
2. den Börsenaufsichtsbehörden sowie Handelsüberwachungsstellen derjenigen Börsen, an denen Elektrizität und Gas sowie Energiederivate im Sinne des § 3 Nummer 15a des Energiewirtschaftsgesetzes gehandelt werden,
3. der Agentur für die Zusammenarbeit der Energieregulierungsbehörden und der Europäischen Kommission, soweit diese Aufgaben nach der Verordnung (EU) Nr. 1227/2011 wahrnehmen, und

4. den Regulierungsbehörden anderer Mitgliedstaaten.

²Diese Stellen können unabhängig von der jeweils gewählten Verfahrensart untereinander Informationen einschließlich personenbezogener Daten und Betriebs- und Geschäftsgeheimnisse austauschen, soweit dies zur Erfüllung ihrer jeweiligen Aufgaben erforderlich ist. ³Sie können diese Informationen in ihren Verfahren verwerten. ⁴Beweisverwertungsverbote bleiben unberührt. ⁵Die Regelungen über die Rechtshilfe in Strafsachen sowie Amts- und Rechtshilfeabkommen bleiben unberührt.

(2) Die Markttransparenzstelle kann mit Zustimmung des Bundesministeriums für Wirtschaft und Energie Kooperationsvereinbarungen mit der Bundesanstalt für Finanzdienstleistungsaufsicht, den Börsenaufsichtsbehörden sowie Handelsüberwachungsstellen derjenigen Börsen, an denen Elektrizität und Gas sowie Energiederivate im Sinne des § 3 Nummer 15a des Energiewirtschaftsgesetzes gehandelt werden, und der Agentur für die Zusammenarbeit der Energieregulierungsbehörden schließen.

§ 47j Vertrauliche Informationen, operationelle Zuverlässigkeit, Datenschutz. (1) ¹Informationen, die die Markttransparenzstelle bei ihrer Aufgabenerfüllung im gewöhnlichen Geschäftsverkehr erlangt oder erstellt hat, unterliegen der Vertraulichkeit. ²Die Beschäftigten bei der Markttransparenzstelle sind zur Verschwiegenheit über die vertraulichen Informationen im Sinne des Satzes 1 verpflichtet. ³Andere Personen, die vertrauliche Informationen erhalten sollen, sind vor der Übermittlung besonders zur Geheimhaltung zu verpflichten, soweit sie nicht Amtsträger oder für den öffentlichen Dienst besonders Verpflichtete sind. ⁴§ 1 Absatz 2, 3 und 4 Nummer 2 des Verpflichtungsgesetzes gilt entsprechend.

(2) ¹Die Markttransparenzstelle stellt zusammen mit der Bundesnetzagentur die operationelle Zuverlässigkeit der Datenbeobachtung sicher und gewährleistet Vertraulichkeit, Integrität und Schutz der eingehenden Informationen. ²Die Markttransparenzstelle ist dabei an dasselbe Maß an Vertraulichkeit gebunden wie die übermittelnde Stelle oder die Stelle, welche die Informationen erhoben hat. ³Die Markttransparenzstelle ergreift alle erforderlichen Maßnahmen, um den Missbrauch der in ihren Systemen verwalteten Informationen und den nicht autorisierten Zugang zu ihnen zu verhindern. ⁴Die Markttransparenzstelle ermittelt Quellen betriebstechnischer Risiken und minimiert diese Risiken durch die Entwicklung geeigneter Systeme, Kontrollen und Verfahren.

(3) Für Personen, die Daten nach § 47d Absatz 1 Satz 5 erhalten sollen oder die nach § 47c Absatz 4 Daten erhalten, gilt Absatz 1 entsprechend.

(4) Die Markttransparenzstelle darf personenbezogene Daten, die ihr zur Erfüllung ihrer Aufgaben nach § 47b mitgeteilt werden, nur speichern, verändern und nutzen, soweit dies zur Erfüllung der in ihrer Zuständigkeit liegenden Aufgaben und für die Zwecke der Zusammenarbeit nach Artikel 7 Absatz 2 und Artikel 16 der Verordnung (EU) Nr. 1227/2011 erforderlich ist.

(5) Die Akteneinsicht der von den Entscheidungen der Markttransparenzstelle nach § 47b Absatz 5 und 7, § 47d Absatz 1 und 2, den §§ 47e und 47g sowie nach § 81 Absatz 2 Nummer 2 Buchstabe c und d, Nummer 5a und 6 in eigenen Rechten Betroffenen ist beschränkt auf die Unterlagen, die allein dem Rechtsverhältnis zwischen dem Betroffenen und der Markttransparenzstelle zuzuordnen sind.

Abschnitt 2. Markttransparenzstelle für Kraftstoffe

§ 47k Marktbeobachtung im Bereich Kraftstoffe. (1) ¹Beim Bundeskartellamt wird eine Markttransparenzstelle für Kraftstoffe eingerichtet. ²Sie beobachtet den Handel mit Kraftstoffen, um den Kartellbehörden die Aufdeckung und Sanktionierung von Verstößen gegen die §§ 1, 19 und 20 dieses Gesetzes und die Artikel 101 und 102 des Vertrages über die Arbeitsweise der Europäischen Union[1]) zu erleichtern. ³Sie nimmt ihre Aufgaben nach Maßgabe der Absätze 2 bis 9 wahr.

(2) ¹Betreiber von öffentlichen Tankstellen, die Letztverbrauchern Kraftstoffe zu selbst festgesetzten Preisen anbieten, sind verpflichtet, nach Maßgabe der Rechtsverordnung nach Absatz 8 bei jeder Änderung ihrer Kraftstoffpreise diese in Echtzeit und differenziert nach der jeweiligen Sorte an die Markttransparenzstelle für Kraftstoffe zu übermitteln. ²Werden dem Betreiber die Verkaufspreise von einem anderen Unternehmen vorgegeben, so ist das Unternehmen, das über die Preissetzungshoheit verfügt, zur Übermittlung verpflichtet.

(3) ¹Kraftstoffe im Sinne dieser Vorschrift sind Ottokraftstoffe und Dieselkraftstoffe. ²Öffentliche Tankstellen sind Tankstellen, die sich an öffentlich zugänglichen Orten befinden und die ohne Beschränkung des Personenkreises aufgesucht werden können.

(4) ¹Bestehen Anhaltspunkte dafür, dass ein Unternehmen gegen die in Absatz 1 genannten gesetzlichen Bestimmungen verstößt, muss die Markttransparenzstelle für Kraftstoffe umgehend die zuständige Kartellbehörde informieren und den Vorgang an sie abgeben. ²Hierzu oder auf Anfrage einer Kartellbehörde leitet sie die von ihr nach dieser für deren Aufgaben nach diesem Gesetz benötigten oder angeforderten Informationen und Daten unverzüglich an diese weiter. ³Die Markttransparenzstelle für Kraftstoffe stellt die von ihr nach Absatz 2 erhobenen Daten ferner den folgenden Behörden und Stellen zur Verfügung:

1. dem Bundesministerium für Wirtschaft und Energie für statistische Zwecke und zu Evaluierungszwecken sowie

2. der Monopolkommission für deren Aufgaben nach diesem Gesetz.

⁴Standortinformationen, aggregierte oder ältere Daten kann die Markttransparenzstelle für Kraftstoffe auch an weitere Behörden und Stellen der unmittelbaren Bundes- und Landesverwaltung für deren gesetzliche Aufgaben weitergeben.

(5) ¹Die Markttransparenzstelle für Kraftstoffe wird nach Maßgabe der Rechtsverordnung nach Absatz 8 ermächtigt, die nach Absatz 2 erhobenen Preisdaten elektronisch an Anbieter von Verbraucher-Informationsdiensten zum Zweck der Verbraucherinformation weiterzugeben. ²Bei der Veröffentlichung oder Weitergabe dieser Preisdaten an Verbraucherinnen und Verbraucher müssen die Anbieter von Verbraucher-Informationsdiensten die in der Rechtsverordnung nach Absatz 8 Nummer 5 näher geregelten Vorgaben einhalten. ³Die Markttransparenzstelle für Kraftstoffe ist befugt, bei Nichteinhaltung dieser Vorgaben von einer Weitergabe der Daten abzusehen.

---

[1]) Nr. **15**.

(6) Die Markttransparenzstelle für Kraftstoffe stellt die operationelle Zuverlässigkeit der Datenbeobachtung sicher und gewährleistet Vertraulichkeit, Integrität und Schutz der eingehenden Informationen.

(7) Zur Erfüllung ihrer Aufgaben hat die Markttransparenzstelle für Kraftstoffe die Befugnisse nach §§ 59, 59a und 59b.

(8) [1] Das Bundesministerium für Wirtschaft und Energie wird ermächtigt, im Wege der Rechtsverordnung, die nicht der Zustimmung des Bundesrates bedarf, Vorgaben zur Meldepflicht nach Absatz 2 und zur Weitergabe der Preisdaten nach Absatz 5 zu erlassen, insbesondere

1. nähere Bestimmungen zum genauen Zeitpunkt sowie zur Art und Form der Übermittlung der Preisdaten nach Absatz 2 zu erlassen,
2. angemessene Bagatellgrenzen für die Meldepflicht nach Absatz 2 vorzusehen und unterhalb dieser Schwelle für den Fall einer freiwilligen Unterwerfung unter die Meldepflichten nach Absatz 2 nähere Bestimmungen zu erlassen,
3. nähere Bestimmungen zu den Anforderungen an die Anbieter von Verbraucher-Informationsdiensten nach Absatz 5 zu erlassen,
4. nähere Bestimmungen zu Inhalt, Art, Form und Umfang der Weitergabe der Preisdaten durch die Markttransparenzstelle für Kraftstoffe an die Anbieter nach Absatz 5 zu erlassen sowie
5. nähere Bestimmungen zu Inhalt, Art, Form und Umfang der Veröffentlichung oder Weitergabe der Preisdaten an Verbraucherinnen und Verbraucher durch die Anbieter von Verbraucher-Informationsdiensten nach Absatz 5 zu erlassen.

[2] Die Rechtsverordnung ist dem Bundestag vom Bundesministerium für Wirtschaft und Energie zuzuleiten. [3] Sie kann durch Beschluss des Bundestages geändert oder abgelehnt werden. [4] Änderungen oder die Ablehnung sind dem Bundesministerium für Wirtschaft und Energie vom Bundestag zuzuleiten. [5] Hat sich der Bundestag nach Ablauf von drei Sitzungswochen nach Eingang der Rechtsverordnung nicht mit ihr befasst, gilt die Zustimmung des Bundestages als erteilt.

(9) [1] Entscheidungen der Markttransparenzstelle für Kraftstoffe trifft die Person, die sie leitet. [2] § 51 Absatz 5 gilt für alle Mitarbeiterinnen und Mitarbeiter der Markttransparenzstelle für Kraftstoffe entsprechend.

Abschnitt 3. Evaluierung

§ 47l Evaluierung der Markttransparenzstellen. [1] Das Bundesministerium für Wirtschaft und Energie berichtet den gesetzgebenden Körperschaften über die Ergebnisse der Arbeit der Markttransparenzstellen und die hieraus gewonnenen Erfahrungen. [2] Die Berichterstattung für den Großhandel mit Strom und Gas erfolgt fünf Jahre nach Beginn der Mitteilungspflichten nach § 47e Absatz 2 bis 5 in Verbindung mit der Rechtsverordnung nach § 47f. [3] Die Berichterstattung für den Kraftstoffbereich erfolgt drei Jahre nach Beginn der Meldepflicht nach § 47k Absatz 2 in Verbindung mit der Rechtsverordnung nach § 47k Absatz 8 und soll insbesondere auf die Preisentwicklung und die Situation der mittelständischen Mineralölwirtschaft eingehen.

Kapitel 1. Allgemeine Vorschriften §§ 48–50 GWB 14

Teil 2. Kartellbehörden
Kapitel 1. Allgemeine Vorschriften

§ 48 Zuständigkeit. (1) Kartellbehörden sind das Bundeskartellamt, das Bundesministerium für Wirtschaft und Energie und die nach Landesrecht zuständigen obersten Landesbehörden.

(2) [1] Weist eine Vorschrift dieses Gesetzes eine Zuständigkeit nicht einer bestimmten Kartellbehörde zu, so nimmt das Bundeskartellamt die in diesem Gesetz der Kartellbehörde übertragenen Aufgaben und Befugnisse wahr, wenn die Wirkung des wettbewerbsbeschränkenden oder diskriminierenden Verhaltens oder einer Wettbewerbsregel über das Gebiet eines Landes hinausreicht. [2] In allen übrigen Fällen nimmt diese Aufgaben und Befugnisse die nach Landesrecht zuständige oberste Landesbehörde wahr.

(3) [1] Das Bundeskartellamt führt ein Monitoring durch über den Grad der Transparenz, auch der Großhandelspreise, sowie den Grad und die Wirksamkeit der Marktöffnung und den Umfang des Wettbewerbs auf Großhandels- und Endkundenebene auf den Strom- und Gasmärkten sowie an Elektrizitäts- und Gasbörsen. [2] Das Bundeskartellamt wird die beim Monitoring gewonnenen Daten der Bundesnetzagentur unverzüglich zur Verfügung stellen.

§ 49 Bundeskartellamt und oberste Landesbehörde. (1) [1] Leitet das Bundeskartellamt ein Verfahren ein oder führt es Ermittlungen durch, so benachrichtigt es gleichzeitig die oberste Landesbehörde, in deren Gebiet die betroffenen Unternehmen ihren Sitz haben. [2] Leitet eine oberste Landesbehörde ein Verfahren ein oder führt sie Ermittlungen durch, so benachrichtigt sie gleichzeitig das Bundeskartellamt.

(2) [1] Die oberste Landesbehörde hat eine Sache an das Bundeskartellamt abzugeben, wenn nach § 48 Absatz 2 Satz 1 oder nach § 50 Absatz 1 die Zuständigkeit des Bundeskartellamts begründet ist. [2] Das Bundeskartellamt hat eine Sache an die oberste Landesbehörde abzugeben, wenn nach § 48 Absatz 2 Satz 2 die Zuständigkeit der obersten Landesbehörde begründet ist.

(3) [1] Auf Antrag des Bundeskartellamts kann die oberste Landesbehörde eine Sache, für die nach § 48 Absatz 2 Satz 2 ihre Zuständigkeit begründet ist, an das Bundeskartellamt abgeben, wenn dies aufgrund der Umstände der Sache angezeigt ist. [2] Mit der Abgabe wird das Bundeskartellamt zuständige Kartellbehörde.

(4) [1] Auf Antrag der obersten Landesbehörde kann das Bundeskartellamt eine Sache, für die nach § 48 Absatz 2 Satz 1 seine Zuständigkeit begründet ist, an die oberste Landesbehörde abgeben, wenn dies aufgrund der Umstände der Sache angezeigt ist. [2] Mit der Abgabe wird die oberste Landesbehörde zuständige Kartellbehörde. [3] Vor der Abgabe benachrichtigt das Bundeskartellamt die übrigen betroffenen obersten Landesbehörden. [4] Die Abgabe erfolgt nicht, sofern die betroffene oberste Landesbehörde innerhalb einer vom Bundeskartellamt zu setzenden Frist widerspricht.

§ 50 Vollzug des europäischen Rechts. (1) Abweichend von § 48 Absatz 2 ist das Bundeskartellamt für die Anwendung der Artikel 101 und 102 des

Vertrages über die Arbeitsweise der Europäischen Union[1] zuständige Wettbewerbsbehörde im Sinne des Artikels 35 Absatz 1 der Verordnung (EG) Nr. 1/2003[2].

(2) [1] Zuständige Wettbewerbsbehörde für die Mitwirkung an Verfahren der Europäischen Kommission oder der Wettbewerbsbehörden der anderen Mitgliedstaaten der Europäischen Union zur Anwendung der Artikel 101 und 102 des Vertrages über die Arbeitsweise der Europäischen Union[1] ist das Bundeskartellamt. [2] Es gelten die bei der Anwendung dieses Gesetzes maßgeblichen Verfahrensvorschriften.

(3) Die Bediensteten der Wettbewerbsbehörde eines Mitgliedstaates der Europäischen Union und andere von dieser Wettbewerbsbehörde ermächtigte oder benannte Begleitpersonen sind befugt, an Durchsuchungen und Vernehmungen mitzuwirken, die das Bundeskartellamt im Namen und für Rechnung dieser Wettbewerbsbehörde nach Artikel 22 Absatz 1 der Verordnung (EG) Nr. 1/2003 durchführt.

(4) [1] In anderen als in den Absätzen 1 bis 3 bezeichneten Fällen nimmt das Bundeskartellamt die Aufgaben wahr, die den Behörden der Mitgliedstaaten der Europäischen Union in den Artikeln 104 und 105 des Vertrages über die Arbeitsweise der Europäischen Union[1] sowie in Verordnungen nach Artikel 103 des Vertrages über die Arbeitsweise der Europäischen Union[1], auch in Verbindung mit Artikel 43 Absatz 2, Artikel 100 Absatz 2, Artikel 105 Absatz 3 und Artikel 352 Absatz 1 des Vertrages über die Arbeitsweise der Europäischen Union[1], übertragen sind. [2] Im Beratenden Ausschuss für die Kontrolle von Unternehmenszusammenschlüssen nach Artikel 19 der Verordnung (EG) Nr. 139/2004[3] wird die Bundesrepublik Deutschland durch das Bundesministerium für Wirtschaft und Energie oder das Bundeskartellamt vertreten. [3] Absatz 2 Satz 2 gilt entsprechend.

Kapitel 2. Behördenzusammenarbeit

§ 50a Ermittlungen im Netzwerk der europäischen Wettbewerbsbehörden. (1) [1] Das Bundeskartellamt darf im Namen und für Rechnung der Wettbewerbsbehörde eines anderen Mitgliedstaates der Europäischen Union und nach Maßgabe des innerstaatlichen Rechts Durchsuchungen und sonstige Maßnahmen zur Sachverhaltsaufklärung durchführen, um festzustellen, ob Unternehmen oder Unternehmensvereinigungen im Rahmen von Verfahren zur Durchsetzung von Artikel 101 oder 102 des Vertrages über die Arbeitsweise der Europäischen Union[1] die ihnen bei Ermittlungsmaßnahmen obliegenden Pflichten verletzt oder Entscheidungen der ersuchenden Behörde nicht befolgt haben. [2] Das Bundeskartellamt kann von der ersuchenden Behörde die Erstattung aller im Zusammenhang mit diesen Ermittlungsmaßnahmen entstandenen vertretbaren Kosten, einschließlich Übersetzungs-, Personal- und Verwaltungskosten, verlangen, sofern nicht im Rahmen der Gegenseitigkeit auf eine Erstattung verzichtet wurde.

(2) [1] Das Bundeskartellamt kann die Wettbewerbsbehörde eines anderen Mitgliedstaates der Europäischen Union ersuchen, Ermittlungsmaßnahmen

---
[1] Nr. 15.
[2] Nr. 16.
[3] Nr. 17.

Kapitel 2. Behördenzusammenarbeit § 50b GWB 14

nach Absatz 1 durchzuführen. ²Alle im Zusammenhang mit diesen Ermittlungsmaßnahmen entstandenen vertretbaren zusätzlichen Kosten, einschließlich Übersetzungs-, Personal- und Verwaltungskosten, werden auf Antrag der ersuchten Behörde vom Bundeskartellamt erstattet, sofern nicht im Rahmen der Gegenseitigkeit auf eine Erstattung verzichtet wurde.

(3) Die erhobenen Informationen werden in entsprechender Anwendung des § 50d ausgetauscht und verwendet.

§ 50b Zustellung im Netzwerk der europäischen Wettbewerbsbehörden. (1) Auf Ersuchen der Wettbewerbsbehörde eines anderen Mitgliedstaates der Europäischen Union stellt das Bundeskartellamt in deren Namen einem Unternehmen, einer Unternehmensvereinigung oder einer natürlichen Person im Inland folgende Unterlagen zu:
1. jede Art vorläufiger Beschwerdepunkte zu mutmaßlichen Verstößen gegen Artikel 101 oder 102 des Vertrages über die Arbeitsweise der Europäischen Union[1)];
2. Entscheidungen, die Artikel 101 oder 102 des Vertrages über die Arbeitsweise der Europäischen Union[1)] zur Anwendung bringen;
3. sonstige Verfahrensakte, die in Verfahren zur Durchsetzung der Artikel 101 oder 102 des Vertrages über die Arbeitsweise der Europäischen Union[1)] erlassen wurden und nach den Vorschriften des nationalen Rechts zuzustellen sind sowie
4. sonstige Unterlagen, die mit der Anwendung der Artikel 101 oder 102 des Vertrages über die Arbeitsweise der Europäischen Union[1)], einschließlich der Vollstreckung von verhängten Geldbußen oder Zwangsgeldern, in Zusammenhang stehen.

(2) ¹Das Ersuchen um Zustellung von Unterlagen nach Absatz 1 an einen Empfänger, der im Anwendungsbereich dieses Gesetzes ansässig ist, erfolgt durch Übermittlung eines einheitlichen Titels in deutscher Sprache, dem die zuzustellende Unterlage beizufügen ist. ²Der einheitliche Titel enthält:
1. den Namen und die Anschrift sowie gegebenenfalls weitere Informationen, durch die der Empfänger identifiziert werden kann,
2. eine Zusammenfassung der relevanten Fakten und Umstände,
3. eine Zusammenfassung des Inhalts der zuzustellenden Unterlage,
4. Name, Anschrift und sonstige Kontaktinformationen der ersuchten Behörde und
5. die Zeitspanne, innerhalb derer die Zustellung erfolgen sollte, beispielsweise gesetzliche Fristen oder Verjährungsfristen.

(3) ¹Das Bundeskartellamt kann die Zustellung verweigern, wenn das Ersuchen den Anforderungen nach Absatz 2 nicht entspricht oder die Durchführung der Zustellung der öffentlichen Ordnung offensichtlich widersprechen würde. ²Will das Bundeskartellamt die Zustellung verweigern oder werden weitere Informationen benötigt, informiert es die ersuchende Behörde hierü ber. ³Andernfalls stellt es die entsprechenden Unterlagen unverzüglich zu.

(4) ¹Die Zustellung richtet sich nach den Vorschriften des Verwaltungszustellungsgesetzes. ²§ 5 Absatz 4 des Verwaltungszustellungsgesetzes sowie

---

[1)] Nr. 15.

14 GWB § 50c Teil 2. Kartellbehörden

§ 178 Absatz 1 Nummer 2 der Zivilprozessordnung sind auf die Zustellung an Unternehmen und Vereinigungen von Unternehmen entsprechend anzuwenden.

(5) ¹Das Bundeskartellamt ist befugt, die Zustellung seiner Entscheidungen und sonstiger Unterlagen im Sinne des Absatzes 1 durch die Wettbewerbsbehörde eines anderen Mitgliedstaates in seinem Namen zu bewirken. ²Das Ersuchen um Zustellung ist in Form eines einheitlichen Titels entsprechend Absatz 2 nebst einer Übersetzung dieses einheitlichen Titels in die Amtssprache oder eine der Amtssprachen des ersuchten Mitgliedstaates unter Beifügung der zuzustellenden Unterlage an die dort zuständige Wettbewerbsbehörde zu richten. ³Eine Übersetzung der zuzustellenden Unterlage in die Amtssprache oder in eine der Amtssprachen des Mitgliedstaates der ersuchten Behörde ist nur dann erforderlich, wenn das nationale Recht des ersuchten Mitgliedstaates dies vorschreibt. ⁴Zum Nachweis der Zustellung genügt das Zeugnis der ersuchten Behörde.

(6) ¹Auf Verlangen der ersuchten Behörde erstattet das Bundeskartellamt die der ersuchten Behörde infolge der Zustellung entstandenen Kosten, insbesondere für benötigte Übersetzungen oder Personal- und Verwaltungsaufwand, soweit diese Kosten vertretbar sind. ²Das Bundeskartellamt kann ein entsprechendes Verlangen an eine ersuchende Behörde stellen, wenn dem Bundeskartellamt bei der Zustellung für die ersuchende Behörde solche Kosten entstanden sind.

(7) ¹Über Streitigkeiten in Bezug auf die Rechtmäßigkeit einer durch das Bundeskartellamt erstellten und im Hoheitsgebiet einer anderen Wettbewerbsbehörde zuzustellenden Unterlage sowie über Streitigkeiten in Bezug auf die Wirksamkeit einer Zustellung, die das Bundeskartellamt im Namen der Wettbewerbsbehörde eines anderen Mitgliedstaates übernimmt, entscheidet das nach diesem Gesetz zuständige Gericht. ²Es gilt deutsches Recht.

§ 50c Vollstreckung im Netzwerk der europäischen Wettbewerbsbehörden. (1) Auf Ersuchen der Wettbewerbsbehörde eines anderen Mitgliedstaates der Europäischen Union vollstreckt das Bundeskartellamt Entscheidungen, durch die in Verfahren zur Anwendung von Artikel 101 oder 102 des Vertrages über die Arbeitsweise der Europäischen Union[1]) Geldbußen oder Zwangsgelder festgesetzt werden, sofern die zu vollstreckende Entscheidung bestandskräftig ist und die ersuchende Behörde aufgrund hinreichender Bemühungen, die Entscheidung in ihrem Hoheitsgebiet zu vollstrecken, mit Sicherheit feststellen konnte, dass das Unternehmen oder die Unternehmensvereinigung dort über keine zur Einziehung der Geldbuße bzw. des Zwangsgeldes ausreichenden Vermögenswerte verfügt.

(2) ¹Auf Ersuchen der Wettbewerbsbehörde eines anderen Mitgliedstaates der Europäischen Union kann das Bundeskartellamt auch in anderen, von Absatz 1 nicht erfassten Fällen bestandskräftige Entscheidungen, durch die in Verfahren zur Anwendung von Artikel 101 oder 102 des Vertrages über die Arbeitsweise der Europäischen Union[1]) Geldbußen oder Zwangsgelder festgesetzt werden, vollstrecken. ²Dies gilt insbesondere, wenn das Unternehmen oder die Vereinigung von Unternehmen, gegen die die Entscheidung voll-

---

[1]) Nr. 15.

streckbar ist, über keine Niederlassung im Mitgliedstaat der ersuchenden Wettbewerbsbehörde verfügt.

(3) ¹Für das Ersuchen nach Absatz 1 oder Absatz 2 gilt § 50b Absatz 2 mit der Maßgabe, dass die Unterlage, aus der die Vollstreckung begehrt wird, an die Stelle der zuzustellenden Unterlage tritt. ²Der einheitliche Titel umfasst neben den in § 50b Absatz 2 Satz 2 genannten Inhalten:

1. Informationen über die Entscheidung, die die Vollstreckung im Mitgliedstaat der ersuchenden Behörde erlaubt, sofern diese nicht bereits im Rahmen des § 50b Absatz 2 Nummer 3 vorgelegt wurden,
2. den Zeitpunkt, zu dem die Entscheidung bestandskräftig wurde,
3. die Höhe der Geldbuße oder des Zwangsgeldes, sowie
4. im Fall des Absatzes 1 Nachweise, dass die ersuchende Behörde ausreichende Anstrengungen unternommen hat, die Forderung in ihrem Hoheitsgebiet zu vollstrecken

³Die Vollstreckung erfolgt auf Grundlage des einheitlichen Titels, der zur Vollstreckung im ersuchten Mitgliedstaat ermächtigt, ohne dass es eines Anerkennungsaktes bedarf.

(4) ¹Das Bundeskartellamt kann die Vollstreckung im Fall des Absatzes 1 nur verweigern, wenn das Ersuchen den Anforderungen nach Absatz 3 nicht entspricht oder die Durchführung der Vollstreckung der öffentlichen Ordnung offensichtlich widersprechen würde. ²Will das Bundeskartellamt die Vollstreckung verweigern oder benötigt es weitere Informationen, informiert es die ersuchende Behörde hierüber. ³Anderenfalls leitet es unverzüglich die Vollstreckung ein.

(5) ¹Soweit dieses Gesetz keine abweichenden Regelungen trifft, richtet sich die Vollstreckung von Bußgeldern nach §§ 89 ff. des Gesetzes über Ordnungswidrigkeiten und die Vollstreckung von Zwangsgeldern nach den Vorschriften des Verwaltungsvollstreckungsgesetzes. ²Geldbußen oder Zwangsgelder, die in einer anderen Währung verhängt wurden, werden vom Bundeskartellamt nach dem im Zeitpunkt der ausländischen Entscheidung maßgeblichen Kurswert in Euro umgerechnet. ³Der Erlös aus der Vollstreckung fließt der Bundeskasse zu.

(6) ¹Das Bundeskartellamt macht die im Zusammenhang mit der Vollstreckung nach dieser Vorschrift entstandenen Kosten gemeinsam mit dem Buß- oder Zwangsgeld bei dem Unternehmen beziehungsweise der Unternehmensvereinigung geltend, gegen das oder gegen die die Entscheidung vollstreckbar ist. ²Reicht der Vollstreckungserlös nicht aus, um die im Zusammenhang mit der Vollstreckung entstandenen Kosten zu decken, so kann das Bundeskartellamt von der ersuchenden Behörde verlangen, die nach Abzug des Vollstreckungserlöses verbleibenden Kosten zu tragen.

(7) ¹Das Bundeskartellamt ist befugt, die Wettbewerbsbehörde eines anderen Mitgliedstaates der Europäischen Union um die Vollstreckung von Entscheidungen, durch die in Verfahren zur Anwendung von Artikel 101 oder 102 des Vertrages über die Arbeitsweise der Europäischen Union[1)] Geldbußen oder Zwangsgelder festgesetzt werden, zu ersuchen. ²§ 50b Absatz 5 Satz 2 und 3 gilt entsprechend. ³Für den Inhalt des einheitlichen Titels gilt darüber hinaus Absatz 3 Satz 2. ⁴Gelingt es der ersuchten Behörde nicht, die ihr im Zusam-

---

1) Nr. 15.

menhang mit der Vollstreckung entstandenen Kosten, einschließlich Übersetzungs-, Personal- und Verwaltungskosten, aus den beigetriebenen Buß- oder Zwangsgeldern zu decken, so werden diese Kosten auf Antrag der ersuchten Behörde vom Bundeskartellamt erstattet.

(8) [1] Über Streitigkeiten in Bezug auf die Rechtmäßigkeit einer durch das Bundeskartellamt erlassenen und im Hoheitsgebiet einer anderen Wettbewerbsbehörde zu vollstreckenden Entscheidung sowie über die Rechtmäßigkeit des einheitlichen Titels, der zur Vollstreckung einer Entscheidung in einem anderen Mitgliedstaat berechtigt, entscheidet das nach diesem Gesetz zuständige Gericht. [2] Es gilt deutsches Recht. [3] Gleiches gilt für Streitigkeiten in Bezug auf die Durchführung einer Vollstreckung, die das Bundeskartellamt für die Wettbewerbsbehörde eines anderen Mitgliedstaates vornimmt.

§ 50d Informationsaustausch im Netzwerk der europäischen Wettbewerbsbehörden. (1) Das Bundeskartellamt ist nach Artikel 12 Absatz 1 der Verordnung (EG) Nr. 1/2003[1]) befugt, der Europäischen Kommission und den Wettbewerbsbehörden der anderen Mitgliedstaaten der Europäischen Union zum Zweck der Anwendung der Artikel 101 und 102 des Vertrages über die Arbeitsweise der Europäischen Union[2]) und vorbehaltlich Absatz 2

1. tatsächliche und rechtliche Umstände, einschließlich vertraulicher Angaben, insbesondere Betriebs- und Geschäftsgeheimnisse, mitzuteilen und entsprechende Dokumente und Daten zu übermitteln sowie
2. diese Wettbewerbsbehörden um die Übermittlung von Informationen nach Nummer 1 zu ersuchen, diese zu empfangen und als Beweismittel zu verwenden.

(2) Kronzeugenerklärungen dürfen der Wettbewerbsbehörde eines anderen Mitgliedstaates der Europäischen Union nur übermittelt werden, wenn

1. der Steller eines Antrags auf Kronzeugenbehandlung der Übermittlung seiner Kronzeugenerklärung an die andere Wettbewerbsbehörde zustimmt oder
2. bei der anderen Wettbewerbsbehörde von demselben Antragsteller ein Antrag auf Kronzeugenbehandlung eingegangen ist und dieser sich auf ein und dieselbe Zuwiderhandlung bezieht, sofern es dem Antragsteller zu dem Zeitpunkt, zu dem die Kronzeugenerklärung weitergeleitet wird, nicht freisteht, die der anderen Wettbewerbsbehörde vorgelegten Informationen zurückzuziehen.

(3) [1] Das Bundeskartellamt darf die empfangenen Informationen nur zum Zweck der Anwendung von Artikel 101 oder 102 des Vertrages über die Arbeitsweise der Europäischen Union[2]) sowie in Bezug auf den Untersuchungsgegenstand als Beweismittel verwenden, für den sie von der übermittelnden Behörde erhoben wurden. [2] Werden Vorschriften dieses Gesetzes jedoch nach Maßgabe des Artikels 12 Absatz 2 Satz 2 der Verordnung (EG) Nr. 1/2003 angewandt, so können nach Absatz 1 ausgetauschte Informationen auch für die Anwendung dieses Gesetzes verwendet werden.

(4) [1] Informationen, die das Bundeskartellamt nach Absatz 1 erhalten hat, können zum Zweck der Verhängung von Sanktionen gegen natürliche Personen nur als Beweismittel verwendet werden, wenn das Recht der übermit-

---

[1]) Nr. **16**.
[2]) Nr. **15**.

telnden Behörde ähnlich geartete Sanktionen in Bezug auf Verstöße gegen Artikel 101 oder 102 des Vertrages über die Arbeitsweise der Europäischen Union[1] vorsieht. ²Falls die Voraussetzungen des Satzes 1 nicht erfüllt sind, ist eine Verwendung als Beweismittel auch dann möglich, wenn die Informationen in einer Weise erhoben worden sind, die hinsichtlich der Wahrung der Verteidigungsrechte natürlicher Personen das gleiche Schutzniveau wie nach dem für das Bundeskartellamt geltenden Recht gewährleistet. ³Das Beweisverwertungsverbot nach Satz 1 steht einer Verwendung der Beweise gegen juristische Personen oder Personenvereinigungen nicht entgegen. ⁴Die Beachtung verfassungsrechtlich begründeter Verwertungsverbote bleibt unberührt.

§ 50e Sonstige Zusammenarbeit mit ausländischen Wettbewerbsbehörden. (1) Das Bundeskartellamt hat die in § 50d Absatz 1 genannten Befugnisse auch in anderen Fällen, in denen es zum Zweck der Anwendung kartellrechtlicher Vorschriften mit der Europäischen Kommission oder den Wettbewerbsbehörden anderer Staaten zusammenarbeitet.

(2) ¹Das Bundeskartellamt darf Informationen nach § 50d Absatz 1 nur unter dem Vorbehalt übermitteln, dass die empfangende Wettbewerbsbehörde

1. die Informationen nur zum Zweck der Anwendung kartellrechtlicher Vorschriften sowie in Bezug auf den Untersuchungsgegenstand als Beweismittel verwendet, für den sie das Bundeskartellamt erhoben hat, und

2. den Schutz vertraulicher Informationen wahrt und diese nur an Dritte übermittelt, wenn das Bundeskartellamt der Übermittlung zustimmt; das gilt auch für die Offenlegung von vertraulichen Informationen in Gerichts- oder Verwaltungsverfahren.

²Vertrauliche Angaben, einschließlich Betriebs- und Geschäftsgeheimnisse, aus Verfahren der Zusammenschlusskontrolle dürfen durch das Bundeskartellamt nur mit Zustimmung des Unternehmens übermittelt werden, das diese Angaben vorgelegt hat.

(3) Die Regelungen über die Rechtshilfe in Strafsachen sowie Amts- und Rechtshilfeabkommen bleiben unberührt.

§ 50f Zusammenarbeit mit anderen Behörden. (1) ¹Die Kartellbehörden, Regulierungsbehörden, die oder der Bundesbeauftragte für den Datenschutz und die Informationsfreiheit und die Landesbeauftragten für Datenschutz sowie die zuständigen Behörden im Sinne des § 2 des EU-Verbraucherschutzdurchführungsgesetzes[2] können unabhängig von der jeweils gewählten Verfahrensart untereinander Informationen einschließlich personenbezogener Daten und Betriebs- und Geschäftsgeheimnisse austauschen, soweit dies zur Erfüllung ihrer jeweiligen Aufgaben erforderlich ist, sowie diese in ihren Verfahren verwerten. ²Beweisverwertungsverbote bleiben unberührt.

(2) ¹Die Kartellbehörden arbeiten im Rahmen der Erfüllung ihrer Aufgaben mit der Bundesanstalt für Finanzdienstleistungsaufsicht, der Deutschen Bundesbank, den zuständigen Aufsichtsbehörden nach § 90 des Vierten Buches Sozialgesetzbuch und den Landesmedienanstalten sowie der Kommission zur Ermittlung der Konzentration im Medienbereich zusammen. ²Die Kartellbehörden tauschen mit den Landesmedienanstalten und der Kommission zur Ermittlung

---
[1] Nr. **15**.
[2] Nr. **2**.

14 GWB §§ 51, 52 Teil 2. Kartellbehörden

der Konzentration im Medienbereich gegenseitig Erkenntnisse aus, soweit dies für die Erfüllung ihrer jeweiligen Aufgaben erforderlich ist; mit den übrigen in Satz 1 genannten Behörden können sie entsprechend auf Anfrage Erkenntnisse austauschen. ³Dies gilt nicht

1. für vertrauliche Informationen, insbesondere Betriebs- und Geschäftsgeheimnisse, sowie
2. für Informationen, die nach § 50d dieses Gesetzes oder nach Artikel 12 der Verordnung (EG) Nr. 1/2003[1]) erlangt worden sind.

⁴Die Sätze 2 und 3 Nummer 1 lassen die Regelungen des Wertpapiererwerbs- und Übernahmegesetzes sowie des Gesetzes über den Wertpapierhandel über die Zusammenarbeit mit anderen Behörden unberührt.

(3) ¹Das Bundeskartellamt kann Angaben der an einem Zusammenschluss beteiligten Unternehmen, die ihm nach § 39 Absatz 3 gemacht worden sind, an andere Behörden übermitteln, soweit dies zur Verfolgung der in § 4 Absatz 1 Nummer 1 bzw. Nummern 4, 4a und § 5 Absatz 2, 3 des Außenwirtschaftsgesetzes genannten Zwecke erforderlich ist. ²Bei Zusammenschlüssen mit gemeinschaftsweiter Bedeutung im Sinne des Artikels 1 Absatz 1 der Verordnung (EG) Nr. 139/2004[2]) des Rates vom 20. Januar 2004 über die Kontrolle von Unternehmenszusammenschlüssen in ihrer jeweils geltenden Fassung steht dem Bundeskartellamt die Befugnis nach Satz 1 nur hinsichtlich solcher Angaben zu, welche von der Europäischen Kommission nach Artikel 4 Absatz 3 dieser Verordnung veröffentlicht worden sind.

Kapitel 3. Bundeskartellamt

§ 51 Sitz, Organisation. (1) ¹Das Bundeskartellamt ist eine selbstständige Bundesoberbehörde mit dem Sitz in Bonn. ²Es gehört zum Geschäftsbereich des Bundesministeriums für Wirtschaft und Energie.

(2) ¹Die Entscheidungen des Bundeskartellamts werden von den Beschlussabteilungen getroffen, die nach Bestimmung des Bundesministeriums für Wirtschaft und Energie gebildet werden. ²Im Übrigen regelt der Präsident die Verteilung und den Gang der Geschäfte des Bundeskartellamts durch eine Geschäftsordnung; sie bedarf der Bestätigung durch das Bundesministerium für Wirtschaft und Energie.

(3) Die Beschlussabteilungen entscheiden in der Besetzung mit einem oder einer Vorsitzenden und zwei Beisitzenden.

(4) Vorsitzende und Beisitzende der Beschlussabteilungen müssen Beamte auf Lebenszeit sein und die Befähigung zum Richteramt oder zum höheren Verwaltungsdienst haben.

(5) Die Mitglieder des Bundeskartellamts dürfen weder ein Unternehmen innehaben oder leiten noch dürfen sie Mitglied des Vorstandes oder des Aufsichtsrates eines Unternehmens, eines Kartells oder einer Wirtschafts- oder Berufsvereinigung sein.

§ 52 Veröffentlichung allgemeiner Weisungen. Soweit das Bundesministerium für Wirtschaft und Energie dem Bundeskartellamt allgemeine Weisun-

---
[1]) Nr. 16.
[2]) Nr. 17.

gen für den Erlass oder die Unterlassung von Verfügungen nach diesem Gesetz erteilt, sind diese Weisungen im Bundesanzeiger zu veröffentlichen.

§ 53 Tätigkeitsbericht und Monitoringberichte. (1) ¹Das Bundeskartellamt veröffentlicht alle zwei Jahre einen Bericht über seine Tätigkeit sowie über die Lage und Entwicklung auf seinem Aufgabengebiet. ²In den Bericht sind die allgemeinen Weisungen des Bundesministeriums für Wirtschaft und Energie nach § 52 aufzunehmen. ³Es veröffentlicht ferner fortlaufend seine Verwaltungsgrundsätze.

(2) Die Bundesregierung leitet den Bericht des Bundeskartellamts dem Bundestag unverzüglich mit ihrer Stellungnahme zu.

(3) ¹Das Bundeskartellamt erstellt einen Bericht über seine Monitoringtätigkeit nach § 48 Absatz 3 Satz 1 im Einvernehmen mit der Bundesnetzagentur, soweit Aspekte der Regulierung der Leitungsnetze betroffen sind, und leitet ihn der Bundesnetzagentur zu. ²Das Bundeskartellamt erstellt als Teil des Monitorings nach § 48 Absatz 3 Satz 1 mindestens alle zwei Jahre einen Bericht über seine Monitoringergebnisse zu den Wettbewerbsverhältnissen im Bereich der Erzeugung elektrischer Energie. ³Das Bundeskartellamt kann den Bericht unabhängig von dem Monitoringbericht nach Satz 1 veröffentlichen.

(4) Das Bundeskartellamt kann der Öffentlichkeit auch fortlaufend über seine Tätigkeit sowie über die Lage und Entwicklung auf seinem Aufgabengebiet berichten.

(5) ¹Das Bundeskartellamt soll jede Bußgeldentscheidung wegen eines Verstoßes gegen § 1 oder 19 bis 21 oder Artikel 101 oder 102 des Vertrages über die Arbeitsweise der Europäischen Union[1]) spätestens nach Abschluss des behördlichen Bußgeldverfahrens auf seiner Internetseite mitteilen. ²Die Mitteilung soll mindestens Folgendes enthalten:

1. Angaben zu dem in der Bußgeldentscheidung festgestellten Sachverhalt,
2. Angaben zu der Art des Verstoßes und dem Zeitraum, in dem der Verstoß begangen wurde,
3. Angaben zu den Unternehmen, gegen die Geldbußen festgesetzt oder Geldbußen im Rahmen eines Kronzeugenprogramms vollständig erlassen wurden,
4. Angaben zu den betroffenen Waren und Dienstleistungen,
5. den Hinweis, dass Personen, denen aus dem Verstoß ein Schaden entstanden ist, den Ersatz dieses Schadens verlangen können, sowie,
6. wenn die Bußgeldentscheidung bereits rechtskräftig ist, den Hinweis auf die Bindungswirkung von Entscheidungen einer Wettbewerbsbehörde nach § 33b.

---

[1]) Nr. **15**.

Teil 3. Verfahren
Kapitel 1. Verwaltungssachen
Abschnitt 1. Verfahren vor den Kartellbehörden
§ 54 Einleitung des Verfahrens, Beteiligte, Beteiligtenfähigkeit.

(1) [1]Die Kartellbehörde leitet ein Verfahren von Amts wegen oder auf Antrag ein. [2]Die Kartellbehörde kann auf entsprechendes Ersuchen zum Schutz eines Beschwerdeführers ein Verfahren von Amts wegen einleiten. [3]Soweit sich nicht aus den besonderen Bestimmungen dieses Gesetzes Abweichungen ergeben, sind für das Verfahren die allgemeinen Vorschriften der Verwaltungsverfahrensgesetze anzuwenden.

(2) An dem Verfahren vor der Kartellbehörde ist oder sind beteiligt:

1. wer die Einleitung eines Verfahrens beantragt hat;
2. Kartelle, Unternehmen, Wirtschafts- oder Berufsvereinigungen, gegen die sich das Verfahren richtet;
3. Personen und Personenvereinigungen, deren Interessen durch die Entscheidung erheblich berührt werden und die die Kartellbehörde auf ihren Antrag zu dem Verfahren beigeladen hat; Interessen der Verbraucherzentralen und anderer Verbraucherverbände, die mit öffentlichen Mitteln gefördert werden, werden auch dann erheblich berührt, wenn sich die Entscheidung auf eine Vielzahl von Verbrauchern auswirkt und dadurch die Interessen der Verbraucher insgesamt erheblich berührt werden;
4. in den Fällen des § 37 Absatz 1 Nummer 1 oder 3 auch der Veräußerer.

(3) An Verfahren vor obersten Landesbehörden ist auch das Bundeskartellamt beteiligt.

(4) Fähig, am Verfahren vor der Kartellbehörde beteiligt zu sein, sind außer natürlichen und juristischen Personen auch nichtrechtsfähige Personenvereinigungen.

§ 55 Vorabentscheidung über Zuständigkeit. (1) [1]Macht ein Beteiligter die örtliche oder sachliche Unzuständigkeit der Kartellbehörde geltend, so kann die Kartellbehörde über die Zuständigkeit vorab entscheiden. [2]Die Verfügung kann selbstständig mit der Beschwerde angefochten werden; die Beschwerde hat aufschiebende Wirkung.

(2) Hat ein Beteiligter die örtliche oder sachliche Unzuständigkeit der Kartellbehörde nicht geltend gemacht, so kann eine Beschwerde nicht darauf gestützt werden, dass die Kartellbehörde ihre Zuständigkeit zu Unrecht angenommen hat.

§ 56 Anhörung, Akteneinsicht, mündliche Verhandlung. (1) [1]Die Kartellbehörde hat den Beteiligten Gelegenheit zur Stellungnahme zu geben. [2]Über die Form der Anhörung entscheidet die Kartellbehörde nach pflichtgemäßem Ermessen. [3]Die Kartellbehörde kann die Anhörung auch mündlich durchführen, wenn die besonderen Umstände des Falles dies erfordern.

(2) Vertretern der von dem Verfahren berührten Wirtschaftskreise kann die Kartellbehörde in geeigneten Fällen Gelegenheit zur Stellungnahme geben.

Kapitel 1. Verwaltungssachen **§ 57 GWB 14**

(3) ¹Die Beteiligten können bei der Kartellbehörde die das Verfahren betreffenden Akten einsehen, soweit deren Kenntnis zur Geltendmachung oder Verteidigung ihrer rechtlichen Interessen erforderlich ist. ²Die Einsicht erfolgt durch Übersendung von Kopien aus der Verfahrensakte, durch Ausdruck der betreffenden Teile der Verfahrensakte oder durch Übersendung entsprechender elektronischer Dokumente an den Beteiligten auf seine Kosten.

(4) ¹Die Behörde hat die Einsicht in die Unterlagen zu versagen, soweit dies aus wichtigen Gründen, insbesondere zur Sicherstellung der ordnungsgemäßen Erfüllung der Aufgaben der Behörde sowie zur Wahrung des Geheimschutzes oder von Betriebs- oder Geschäftsgeheimnissen oder sonstigen schutzwürdigen Interessen des Betroffenen, geboten ist. ²In Entwürfe zu Entscheidungen, die Arbeiten zu ihrer Vorbereitung und die Dokumente, die Abstimmungen betreffen, wird Akteneinsicht nicht gewährt.

(5) ¹Die Kartellbehörde kann von Dritten Auskünfte aus den ein Verfahren betreffenden Akten erteilen oder Einsicht in diese gewähren, soweit diese hierfür ein berechtigtes Interesse darlegen. ²Absatz 4 gilt entsprechend. ³Soweit die Akteneinsicht oder die Auskunft der Erhebung eines Schadensersatzanspruchs wegen eines Verstoßes nach § 33 Absatz 1 oder der Vorbereitung dieser Erhebung dienen soll, ist sie auf Einsicht in Entscheidungen nach den §§ 32 bis 32d sowie 60 begrenzt.

(6) ¹Die Kartellbehörde kann von den Beteiligten sowie von Dritten verlangen, mit der Übersendung von Anmeldungen, Stellungnahmen, Unterlagen oder sonstigen Auskünften oder im Anschluss an die Übersendung auf die in Absatz 4 genannten Geheimnisse hinzuweisen und diese in den Unterlagen entsprechend kenntlich zu machen. ²Erfolgt dies trotz entsprechenden Verlangens nicht, darf die Kartellbehörde von der Zustimmung zur Offenlegung im Rahmen der Gewährung von Akteneinsicht ausgehen.

(7) ¹Auf Antrag eines Beteiligten oder von Amts wegen kann die Kartellbehörde eine öffentliche mündliche Verhandlung durchführen. ²Für die Verhandlung oder für einen Teil davon ist die Öffentlichkeit auszuschließen, wenn sie eine Gefährdung der öffentlichen Ordnung, insbesondere des Wohls des Bundes oder eines Landes, oder die Gefährdung eines wichtigen Betriebs- oder Geschäftsgeheimnisses besorgen lässt. ³In den Fällen des § 42 hat das Bundesministerium für Wirtschaft und Energie eine öffentliche mündliche Verhandlung durchzuführen; mit Einverständnis der Beteiligten kann ohne mündliche Verhandlung entschieden werden. ⁴In der öffentlichen mündlichen Verhandlung hat die Monopolkommission in den Fällen des § 42 das Recht, gehört zu werden und die Stellungnahme, die sie nach § 42 Absatz 5 erstellt hat, zu erläutern.

(8) Die §§ 45 und 46 des Verwaltungsverfahrensgesetzes sind anzuwenden.

§ 57 Ermittlungen, Beweiserhebung. (1) Die Kartellbehörde kann alle Ermittlungen führen und alle Beweise erheben, die erforderlich sind.

(2) ¹Für den Beweis durch Augenschein, Zeugen und Sachverständige sind § 372 Absatz 1, die §§ 376, 377, 378, 380 bis 387, 390, 395 bis 397, 398 Absatz 1 und die §§ 401, 402, 404, 404a, 406 bis 409, 411 bis 414 der Zivilprozessordnung sinngemäß anzuwenden; Haft darf nicht verhängt werden. ²Für die Entscheidung über die Beschwerde ist das Oberlandesgericht zuständig.

(3) ¹Über die Zeugenaussage soll eine Niederschrift aufgenommen werden, die von dem ermittelnden Mitglied der Kartellbehörde und, wenn ein Urkundsbeamter zugezogen ist, auch von diesem zu unterschreiben ist. ²Die Niederschrift soll Ort und Tag der Verhandlung sowie die Namen der Mitwirkenden und Beteiligten ersehen lassen.

(4) ¹Die Niederschrift ist dem Zeugen zur Genehmigung vorzulesen oder zur eigenen Durchsicht vorzulegen. ²Die erteilte Genehmigung ist zu vermerken und von dem Zeugen zu unterschreiben. ³Unterbleibt die Unterschrift, so ist der Grund hierfür anzugeben.

(5) Bei der Vernehmung von Sachverständigen sind die Bestimmungen der Absätze 3 und 4 entsprechend anzuwenden.

(6) ¹Die Kartellbehörde kann das Amtsgericht um die Beeidigung von Zeugen ersuchen, wenn sie die Beeidigung zur Herbeiführung einer wahrheitsgemäßen Aussage für notwendig erachtet. ²Über die Beeidigung entscheidet das Gericht.

§ 58 Beschlagnahme. (1) ¹Die Bediensteten der Kartellbehörde können Gegenstände, die als Beweismittel für die Ermittlung von Bedeutung sein können, beschlagnahmen. ²Die Beschlagnahme ist dem davon Betroffenen unverzüglich bekannt zu machen.

(2) Die Kartellbehörde soll binnen drei Tagen die gerichtliche Bestätigung bei dem Amtsgericht, in dessen Bezirk sie ihren Sitz hat, beantragen, wenn bei der Beschlagnahme weder der davon Betroffene noch ein erwachsener Angehöriger anwesend war oder wenn der Betroffene und im Fall seiner Abwesenheit ein erwachsener Angehöriger des Betroffenen gegen die Beschlagnahme ausdrücklich Widerspruch erhoben hat.

(3) ¹Der Betroffene kann gegen die Beschlagnahme jederzeit die richterliche Entscheidung nachsuchen. ²Hierüber ist er zu belehren. ³Über den Antrag entscheidet das nach Absatz 2 zuständige Gericht.

(4) ¹Gegen die richterliche Entscheidung ist die Beschwerde zulässig. ²Die §§ 306 bis 310 und 311a der Strafprozessordnung gelten entsprechend.

§ 59 Auskunftsverlangen. (1) ¹Soweit es zur Erfüllung der in diesem Gesetz der Kartellbehörde übertragenen Aufgaben erforderlich ist, kann die Kartellbehörde bis zum Eintritt der Bestandskraft ihrer Entscheidung von Unternehmen und Unternehmensvereinigungen die Erteilung von Auskünften sowie die Herausgabe von Unterlagen verlangen. ²Die Unternehmen und Unternehmensvereinigungen sind verpflichtet, diese innerhalb einer angemessenen Frist zu erteilen oder herauszugeben. ³Die Verpflichtung erstreckt sich auf alle Informationen und Unterlagen, die dem Unternehmen oder der Unternehmensvereinigung zugänglich sind. ⁴Dies umfasst auch allgemeine Marktstudien, die der Einschätzung oder Analyse der Wettbewerbsbedingungen oder der Marktlage dienen und sich im Besitz des Unternehmens oder der Unternehmensvereinigung befinden. ⁵Die Kartellbehörde kann vorgeben, in welcher Form die Auskünfte zu erteilen sind; insbesondere kann sie vorgeben, dass eine Internetplattform zur Eingabe der Informationen verwendet werden muss. ⁶Vertreter des Unternehmens oder der Unternehmensvereinigung können von der Kartellbehörde zu einer Befragung bestellt werden. ⁷Gegenüber juristischen Personen sowie Personenvereinigungen, die keine Unternehmen oder Unternehmensvereinigungen sind, gelten die Sätze 1 bis 6 entsprechend.

(2) ¹Die Inhaber der Unternehmen und ihre Vertretung sowie bei juristischen Personen und Personenvereinigungen auch die zur Vertretung berufenen Personen sind verpflichtet, die verlangten Auskünfte im Namen des Unternehmens, der Unternehmensvereinigung oder der juristischen Person oder Personenvereinigung zu erteilen und die verlangten Unterlagen herauszugeben. ²Gegenüber der Kartellbehörde ist eine für die Erteilung der Auskünfte verantwortliche Leitungsperson zu benennen.

(3) ¹Das Auskunftsverlangen muss verhältnismäßig sein. ²Es darf den Adressaten nicht zum Geständnis einer Straftat, einer Ordnungswidrigkeit oder einer Zuwiderhandlung gegen eine Vorschrift dieses Gesetzes oder gegen Artikel 101 oder 102 des Vertrages über die Arbeitsweise der Europäischen Union[1]) zwingen. ³Soweit natürliche Personen aufgrund von Auskunftsverlangen nach den Absätzen 1 und 2 zur Mitwirkung in Form der Erteilung von Auskünften oder der Herausgabe von Unterlagen verpflichtet sind, müssen sie, falls die Informationserlangung auf andere Weise wesentlich erschwert oder nicht zu erwarten ist, auch Tatsachen offenbaren, die geeignet sind, eine Verfolgung wegen einer Straftat oder einer Ordnungswidrigkeit herbeizuführen. ⁴Jedoch darf eine Auskunft, die die natürliche Person infolge ihrer Verpflichtung nach Absatz 1 und 2 erteilt, in einem Strafverfahren oder in einem Verfahren nach diesem Gesetz oder dem Gesetz über Ordnungswidrigkeiten nur mit Zustimmung der betreffenden natürlichen Person gegen diese oder einen in § 52 Absatz 1 der Strafprozessordnung bezeichneten Angehörigen verwendet werden.

(4) ¹Absatz 1 Satz 1 bis 6 und Absatz 3 Satz 1 gelten entsprechend für Auskunftsverlangen, die an natürliche Personen gerichtet werden. ²Insoweit ist § 55 der Strafprozessordnung entsprechend anzuwenden, es sei denn, dass die Auskunft nur die Gefahr der Verfolgung im kartellbehördlichen Bußgeldverfahren begründet und die Kartellbehörde der natürlichen Person im Rahmen ihres pflichtgemäßen Ermessens eine Nichtverfolgungszusage erteilt hat.

(5) ¹Das Bundesministerium für Wirtschaft und Energie oder die oberste Landesbehörde fordert die Auskunft durch schriftliche Einzelverfügung, das Bundeskartellamt fordert sie durch Beschluss an. ²Darin sind die Rechtsgrundlage, der Gegenstand und der Zweck des Auskunftsverlangens anzugeben und eine angemessene Frist zur Erteilung der Auskunft ist zu bestimmen.

§ 59a Prüfung von geschäftlichen Unterlagen. (1) Soweit es zur Erfüllung der in diesem Gesetz der Kartellbehörde übertragenen Aufgaben erforderlich ist, kann die Kartellbehörde bis zum Eintritt der Bestandskraft ihrer Entscheidung bei Unternehmen und Unternehmensvereinigungen innerhalb der üblichen Geschäftszeiten die geschäftlichen Unterlagen einsehen und prüfen.

(2) Die Inhaber der Unternehmen und ihre Vertretung sowie bei juristischen Personen und Personenvereinigungen auch die zur Vertretung berufenen Personen sind verpflichtet, die geschäftlichen Unterlagen zur Einsichtnahme und Prüfung vorzulegen und die Prüfung dieser geschäftlichen Unterlagen sowie das Betreten von Geschäftsräumen und -grundstücken zu dulden.

(3) Personen, die von der Kartellbehörde mit der Vornahme von Prüfungen beauftragt werden, dürfen die Räume der Unternehmen und Vereinigungen von Unternehmen betreten.

---

[1]) Nr. 15.

(4) Das Grundrecht des Artikels 13 des Grundgesetzes wird durch die Absätze 2 und 3 eingeschränkt.

(5) ¹Das Bundesministerium für Wirtschaft und Energie oder die oberste Landesbehörde ordnet die Prüfung durch schriftliche Einzelverfügung, das Bundeskartellamt ordnet sie durch Beschluss mit Zustimmung des Präsidenten an. ²In der Anordnung sind Zeitpunkt, Rechtsgrundlage, Gegenstand und Zweck der Prüfung anzugeben.

§ 59b Durchsuchungen. (1) ¹Zur Erfüllung der ihr in diesem Gesetz übertragenen Aufgaben kann die Kartellbehörde Geschäftsräume, Wohnungen, Grundstücke und Sachen durchsuchen, wenn zu vermuten ist, dass sich dort Unterlagen befinden, die die Kartellbehörde nach den §§ 59 und 59a einsehen, prüfen oder herausverlangen darf. ²Das Grundrecht des Artikels 13 des Grundgesetzes wird insofern eingeschränkt. ³§ 104 Absatz 1 und 3 der Strafprozessordnung gilt entsprechend.

(2) ¹Durchsuchungen können nur auf Anordnung des Amtsrichters des Gerichts, in dessen Bezirk die Kartellbehörde ihren Sitz hat, vorgenommen werden. ²Auf die Anfechtung dieser Anordnung sind die §§ 306 bis 310 und 311a der Strafprozessordnung entsprechend anzuwenden. ³Bei Gefahr im Verzuge können die von der Kartellbehörde mit der Durchsuchung beauftragten Personen während der Geschäftszeit die erforderlichen Durchsuchungen ohne richterliche Anordnung vornehmen.

(3) ¹Die Bediensteten der Kartellbehörde sowie von dieser ermächtigte oder benannte Personen sind insbesondere befugt,

1. sämtliche Bücher und Geschäftsunterlagen, unabhängig davon, in welcher Form sie vorhanden oder gespeichert sind, zu prüfen und Zugang zu allen Informationen zu erlangen, die für den von der Durchsuchung Betroffenen zugänglich sind,

2. betriebliche Räumlichkeiten, Bücher und Unterlagen jeder Art für die Dauer und in dem Ausmaß zu versiegeln, wie es für den Zweck der Durchsuchung erforderlich ist, und

3. bei der Durchsuchung von Unternehmen oder Unternehmensvereinigungen von allen Vertretern oder Mitarbeitern des Unternehmens oder der Unternehmensvereinigung Informationen, die den Zugang zu Beweismitteln ermöglichen könnten, sowie Erläuterungen zu Fakten oder Unterlagen, die mit dem Gegenstand und dem Zweck der Durchsuchung in Verbindung stehen könnten, zu verlangen und ihre Antworten zu Protokoll zu nehmen; das Verlangen muss unter ausdrücklichem Hinweis auf die Pflicht zur Mitwirkung erfolgen und ist in das Protokoll aufzunehmen.

²Soweit natürliche Personen nach Satz 1 Nummer 3 zur Mitwirkung in Form der Erteilung von Informationen verpflichtet sind, müssen sie, falls die Informationserlangung auf andere Weise wesentlich erschwert oder nicht zu erwarten ist, auch Tatsachen offenbaren, die geeignet sind, eine Verfolgung wegen einer Straftat oder einer Ordnungswidrigkeit herbeizuführen. ³Jedoch darf eine Auskunft, die die natürliche Person infolge ihrer Verpflichtung nach Satz 1 Nummer 3 erteilt, in einem Strafverfahren oder in einem Verfahren nach diesem Gesetz oder dem Gesetz über Ordnungswidrigkeiten nur mit Zustimmung der betreffenden natürlichen Person gegen diese oder einen in § 52

Absatz 1 der Strafprozessordnung bezeichneten Angehörigen verwendet werden.

(4) An Ort und Stelle ist eine Niederschrift über die Durchsuchung und ihr wesentliches Ergebnis aufzunehmen, aus der sich, falls keine richterliche Anordnung ergangen ist, auch die Tatsachen ergeben, die zur Annahme einer Gefahr im Verzuge geführt haben.

(5) ¹§ 108 Absatz 1 und § 110 der Strafprozessordnung gelten entsprechend. ²Die Betroffenen haben die Durchsuchung zu dulden. ³Die Duldung kann im Fall der Durchsuchung von Geschäftsräumen sowie geschäftlich genutzten Grundstücken und Sachen gegenüber Unternehmen und Unternehmensvereinigungen mit einem Zwangsgeld entsprechend § 86a durchgesetzt werden.

§ 60 Einstweilige Anordnungen. Die Kartellbehörde kann bis zur endgültigen Entscheidung über
1. eine Verfügung nach § 31b Absatz 3, § 40 Absatz 2, § 41 Absatz 3 oder einen Widerruf oder eine Änderung einer Freigabe nach § 40 Absatz 3a,
2. eine Erlaubnis nach § 42 Absatz 1, ihren Widerruf oder ihre Änderung nach § 42 Absatz 2 Satz 2 in Verbindung mit § 40 Absatz 3a,
3. eine Verfügung nach § 26 Absatz 4, § 30 Absatz 3 oder § 34 Absatz 1
einstweilige Anordnungen zur Regelung eines einstweiligen Zustandes treffen.

§ 61 Verfahrensabschluss, Begründung der Verfügung, Zustellung.

(1) ¹Verfügungen der Kartellbehörde sind zu begründen und mit einer Belehrung über das zulässige Rechtsmittel den Beteiligten nach den Vorschriften des Verwaltungszustellungsgesetzes zuzustellen. ²§ 5 Absatz 4 des Verwaltungszustellungsgesetzes und § 178 Absatz 1 Nummer 2 der Zivilprozessordnung sind auf Unternehmen und Vereinigungen von Unternehmen sowie auf Auftraggeber im Sinne des § 98 entsprechend anzuwenden. ³Verfügungen, die gegenüber einem Unternehmen mit Sitz außerhalb des Geltungsbereichs dieses Gesetzes ergehen, stellt die Kartellbehörde der im Inland ansässigen Person zu, die das Unternehmen dem Bundeskartellamt als zustellungsbevollmächtigt benannt hat. ⁴Hat das Unternehmen keine zustellungsbevollmächtigte Person benannt und ist bei Unternehmen oder Vereinigungen von Unternehmen mit Sitz innerhalb der Europäischen Union keine Zustellung nach § 50b möglich oder verspricht diese keinen Erfolg, so stellt die Kartellbehörde die Verfügungen durch Bekanntmachung im Bundesanzeiger zu.

(2) Soweit ein Verfahren nicht mit einer Verfügung abgeschlossen wird, die den Beteiligten nach Absatz 1 zugestellt wird, ist seine Beendigung den Beteiligten schriftlich oder elektronisch mitzuteilen.

(3) ¹Verfügungen der Kartellbehörde nach § 30 Absatz 3, § 31b Absatz 3, den §§ 32 bis 32b und 32d sind im Bundesanzeiger bekannt zu machen. ²Entscheidungen nach § 32c Absatz 1 können von der Kartellbehörde veröffentlicht werden.

§ 62 Gebührenpflichtige Handlungen. (1) ¹Im Verfahren vor der Kartellbehörde werden Kosten (Gebühren und Auslagen) zur Deckung des Verwaltungsaufwandes erhoben. ²Als individuell zurechenbare öffentliche Leistungen sind gebührenpflichtig (gebührenpflichtige Handlungen):

14 GWB § 62   Teil 3. Verfahren

1. Anmeldungen nach § 31a Absatz 1 und § 39 Absatz 1; bei von der Europäischen Kommission an das Bundeskartellamt verwiesenen Zusammenschlüssen steht der Verweisungsantrag an die Europäische Kommission oder die Anmeldung bei der Europäischen Kommission der Anmeldung nach § 39 Absatz 1 gleich;
2. Amtshandlungen aufgrund der §§ 19a, 26, 30 Absatz 3, des § 31b Absatz 1 und 3, der §§ 32 bis 32d, 34 – jeweils auch in Verbindung mit den §§ 50 bis 50f – und der §§ 36, 39, 40, 41, 42 und 60;
3. Einstellungen des Entflechtungsverfahrens nach § 41 Absatz 3;
4. Erteilung von beglaubigten Abschriften aus den Akten der Kartellbehörde;
5. Gewährung von Einsicht in kartellbehördliche Akten oder die Erteilung von Auskünften daraus nach § 56 Absatz 5 oder nach § 406e oder 475 der Strafprozessordnung.

³Daneben werden als Auslagen die Kosten der Veröffentlichungen, der öffentlichen Bekanntmachungen und von weiteren Ausfertigungen, Kopien und Auszügen sowie die in entsprechender Anwendung des Justizvergütungs- und -entschädigungsgesetzes zu zahlenden Beträge erhoben. ⁴Auf die Gebühr für die Freigabe oder Untersagung eines Zusammenschlusses nach § 36 Absatz 1 sind die Gebühren für die Anmeldung eines Zusammenschlusses nach § 39 Absatz 1 anzurechnen.

(2) ¹Die Höhe der Gebühren bestimmt sich nach dem personellen und sachlichen Aufwand der Kartellbehörde unter Berücksichtigung der wirtschaftlichen Bedeutung, die der Gegenstand der gebührenpflichtigen Handlung hat. ²Die Gebührensätze dürfen jedoch nicht übersteigen:
1. 50 000 Euro in den Fällen der §§ 36, 39, 40, 41 Absatz 3 und 4 und des § 42;
2. 25 000 Euro in den Fällen der §§ 19a, 31b Absatz 3, der §§ 32 und 32b Absatz 1 sowie des § 32c Absatz 1 und der §§ 32d, 34 und 41 Absatz 2 Satz 1 und 2;
3. 5 000 Euro in den Fällen der Gewährung von Einsicht in kartellbehördliche Akten oder der Erteilung von Auskünften daraus nach § 56 Absatz 5 oder nach § 406e oder 475 der Strafprozessordnung;
4. 5 000 Euro in den Fällen des § 26 Absatz 1 und 2, des § 30 Absatz 3, des § 31a Absatz 1 und des § 31b Absatz 1;
5. 17,50 Euro für die Erteilung beglaubigter Abschriften nach Absatz 1 Satz 2 Nummer 4 sowie
6. folgende Beträge:
   a) in den Fällen des § 40 Absatz 3a auch in Verbindung mit § 41 Absatz 2 Satz 3 und § 42 Absatz 2 Satz 2 den Betrag für die Freigabe, Befreiung oder Erlaubnis,
   b) 250 Euro für Verfügungen in Bezug auf Vereinbarungen oder Beschlüsse der in § 28 Absatz 1 bezeichneten Art,
   c) im Fall des § 26 Absatz 4 den Betrag für die Entscheidung nach § 26 Absatz 1,
   d) in den Fällen der §§ 32a und 60 ein Fünftel der Gebühr in der Hauptsache.

³Ist der personelle oder sachliche Aufwand der Kartellbehörde unter Berücksichtigung des wirtschaftlichen Wertes der gebührenpflichtigen Handlung im

Einzelfall außergewöhnlich hoch, kann die Gebühr bis auf das Doppelte erhöht werden. ⁴Aus Gründen der Billigkeit kann die unter Berücksichtigung der Sätze 1 bis 3 ermittelte Gebühr bis auf ein Zehntel ermäßigt werden.

(3) Zur Abgeltung mehrfacher gleichartiger Amtshandlungen oder gleichartiger Anmeldungen desselben Gebührenschuldners können Pauschgebührensätze, die den geringen Umfang des Verwaltungsaufwandes berücksichtigen, vorgesehen werden.

(4) ¹Gebühren dürfen nicht erhoben werden
1. für mündliche und schriftliche Auskünfte und Anregungen;
2. wenn sie bei richtiger Behandlung der Sache nicht entstanden wären;
3. in den Fällen des § 42, wenn die vorangegangene Verfügung des Bundeskartellamts nach § 36 Absatz 1 oder § 41 Absatz 3 aufgehoben worden ist.

²Nummer 1 findet keine Anwendung, soweit Auskünfte aus einer kartellbehördlichen Akte nach § 56 Absatz 5 oder nach § 406e oder 475 der Strafprozessordnung erteilt werden.

(5) ¹Wird ein Antrag zurückgenommen, bevor darüber entschieden ist, so ist die Hälfte der Gebühr zu entrichten. ²Das gilt auch, wenn die Anmeldung eines Zusammenschlusses zurückgenommen wird, bevor ein Hauptprüfverfahren eingeleitet wurde.

(6) ¹Kostenschuldner ist
1. in den Fällen des Absatzes 1 Satz 2 Nummer 1, wer eine Anmeldung oder einen Verweisungsantrag eingereicht hat;
2. in den Fällen des Absatzes 1 Satz 2 Nummer 2, wer durch einen Antrag oder eine Anmeldung die Tätigkeit der Kartellbehörde veranlasst hat, oder derjenige, gegen den eine Verfügung der Kartellbehörde ergangen ist;
3. in den Fällen des Absatzes 1 Satz 2 Nummer 3, wer nach § 39 Absatz 2 zur Anmeldung verpflichtet war;
4. in den Fällen des Absatzes 1 Satz 2 Nummer 4, wer die Herstellung der Abschriften veranlasst hat;
5. in den Fällen des Absatzes 1 Satz 2 Nummer 5, wer die Gewährung von Einsicht in kartellbehördliche Akten oder die Erteilung von Auskünften daraus nach § 56 Absatz 5 oder nach § 406e oder 475 der Strafprozessordnung beantragt hat.

²Kostenschuldner ist auch, wer die Zahlung der Kosten durch eine vor der Kartellbehörde abgegebene oder ihr mitgeteilte Erklärung übernommen hat oder wer für die Kostenschuld eines anderen kraft Gesetzes haftet. ³Mehrere Kostenschuldner haften als Gesamtschuldner.

(7) ¹Der Anspruch auf Zahlung der Gebühren verjährt in vier Jahren nach der Gebührenfestsetzung. ²Der Anspruch auf Erstattung der Auslagen verjährt in vier Jahren nach ihrer Entstehung.

(8) ¹Die Bundesregierung wird ermächtigt, durch Rechtsverordnung, die der Zustimmung des Bundesrates bedarf, die Gebührensätze und die Erhebung der Gebühren vom Kostenschuldner in Durchführung der Vorschriften der Absätze 1 bis 6 sowie die Erstattung von Auslagen nach Absatz 1 Satz 3 zu regeln. ²Sie kann dabei auch Vorschriften über die Kostenbefreiung von juristischen Personen des öffentlichen Rechts, über die Verjährung sowie über die Kostenerhebung erlassen.

(9) Durch Rechtsverordnung der Bundesregierung, die der Zustimmung des Bundesrates bedarf, wird das Nähere über die Erstattung der durch das Verfahren vor der Kartellbehörde entstehenden Kosten nach den Grundsätzen des § 71 bestimmt.

Abschnitt 2. Gemeinsame Bestimmungen für Rechtsbehelfsverfahren

§ 63 Beteiligte am Rechtsbehelfsverfahren, Beteiligtenfähigkeit.

(1) An dem Rechtsbehelfsverfahren sind beteiligt:
1. der Rechtsbehelfsführer,
2. die Kartellbehörde, deren Verfügung angefochten wird,
3. Personen und Personenvereinigungen, deren Interessen durch die Entscheidung erheblich berührt werden und die die Kartellbehörde auf ihren Antrag zu dem Verfahren beigeladen hat.

(2) Richtet sich der Rechtsbehelf gegen eine Verfügung einer obersten Landesbehörde oder einen Beschluss des Beschwerdegerichts, der eine solche Verfügung betrifft, ist auch das Bundeskartellamt an dem Verfahren beteiligt.

(3) Fähig, am Rechtsbehelfsverfahren beteiligt zu sein, sind außer natürlichen und juristischen Personen auch nichtrechtsfähige Personenvereinigungen.

§ 64 Anwaltszwang.
[1]Die Beteiligten müssen sich durch einen Rechtsanwalt als Bevollmächtigten vertreten lassen. [2]Die Kartellbehörde kann sich durch ein Mitglied der Behörde vertreten lassen.

§ 65 Mündliche Verhandlung.
(1) Das Gericht entscheidet über die Beschwerde und über die Rechtsbeschwerde aufgrund mündlicher Verhandlung; mit Einverständnis der Beteiligten kann ohne mündliche Verhandlung entschieden werden.

(2) Sind die Beteiligten in dem Verhandlungstermin trotz rechtzeitiger Ladung nicht erschienen oder ordnungsgemäß vertreten, so kann gleichwohl in der Sache verhandelt und entschieden werden.

§ 66 Aufschiebende Wirkung.
(1) Rechtsbehelfe haben aufschiebende Wirkung, soweit durch die angefochtene Verfügung
1. eine Verfügung nach § 26 Absatz 4, § 30 Absatz 3, § 31b Absatz 3, § 32 Absatz 2a Satz 1 oder § 34 Absatz 1 getroffen wird oder
2. eine Erlaubnis nach § 42 Absatz 2 Satz 2 in Verbindung mit § 40 Absatz 3a widerrufen oder geändert wird,

oder soweit der angefochtene Beschluss des Beschwerdegerichts eine solche Verfügung betrifft.

(2) [1]Wird eine Verfügung, durch die eine einstweilige Anordnung nach § 60 getroffen wurde, angefochten, so kann das Gericht im Rechtsbehelfsverfahren anordnen, dass die Vollziehung der angefochtenen Verfügung ganz oder teilweise ausgesetzt wird. [2]Die Anordnung kann jederzeit aufgehoben oder geändert werden.

§ 67 Anordnung der sofortigen Vollziehung.
(1) Die Kartellbehörde kann in den Fällen des § 66 Absatz 1 die sofortige Vollziehung der Verfügung anordnen, wenn dies im öffentlichen Interesse oder im überwiegenden Interesse eines Beteiligten geboten ist.

(2) Die Anordnung nach Absatz 1 kann bereits vor der Einreichung der Beschwerde getroffen werden.

(3) ¹Auf Antrag kann das Gericht der Hauptsache die aufschiebende Wirkung ganz oder teilweise wiederherstellen, wenn

1. die Voraussetzungen für die Anordnung nach Absatz 1 nicht vorgelegen haben oder nicht mehr vorliegen oder
2. ernstliche Zweifel an der Rechtmäßigkeit der angefochtenen Verfügung bestehen oder
3. die Vollziehung für den Betroffenen eine unbillige, nicht durch überwiegende öffentliche Interessen gebotene Härte zur Folge hätte.

²In den Fällen, in denen der Rechtsbehelf keine aufschiebende Wirkung hat, kann die Kartellbehörde die Vollziehung aussetzen; die Aussetzung soll erfolgen, wenn die Voraussetzungen des Satzes 1 Nummer 3 vorliegen. ³Das Gericht der Hauptsache kann auf Antrag die aufschiebende Wirkung ganz oder teilweise anordnen, wenn die Voraussetzungen des Satzes 1 Nummer 2 oder 3 vorliegen. ⁴Hat ein Dritter einen Rechtsbehelf gegen eine Verfügung nach § 40 Absatz 2 eingelegt, ist der Antrag des Dritten auf Erlass einer Anordnung nach Satz 3 nur zulässig, wenn dieser geltend macht, durch die Verfügung in seinen Rechten verletzt zu sein.

(4) ¹Der Antrag nach Absatz 3 Satz 1 oder 3 ist schon vor Einreichung der Beschwerde zulässig. ²Die Tatsachen, auf die der Antrag gestützt wird, sind vom Antragsteller glaubhaft zu machen. ³Ist die Verfügung im Zeitpunkt der Entscheidung schon vollzogen, kann das Gericht auch die Aufhebung der Vollziehung anordnen. ⁴Die Wiederherstellung und die Anordnung der aufschiebenden Wirkung können von der Leistung einer Sicherheit oder von anderen Auflagen abhängig gemacht werden. ⁵Sie können auch befristet werden.

(5) Beschlüsse über Anträge nach Absatz 3 können jederzeit geändert oder aufgehoben werden.

§ 68 Einstweilige Anordnungen im Rechtsbehelfsverfahren. ¹§ 60 gilt für Rechtsbehelfsverfahren entsprechend. ²Dies gilt nicht für die Fälle des § 67. ³Für den Erlass einstweiliger Anordnungen im Rechtsbehelfsverfahren ist das Gericht der Hauptsache zuständig.

§ 69 Abhilfe bei Verletzung des Anspruchs auf rechtliches Gehör.

(1) ¹Auf die Rüge eines durch eine gerichtliche Entscheidung beschwerten Beteiligten ist das Verfahren fortzuführen, wenn

1. ein Rechtsmittel oder ein anderer Rechtsbehelf gegen die Entscheidung nicht gegeben ist und
2. das Gericht den Anspruch dieses Beteiligten auf rechtliches Gehör in entscheidungserheblicher Weise verletzt hat.

²Gegen eine der Endentscheidung vorausgehende Entscheidung findet die Rüge nicht statt.

(2) ¹Die Rüge ist innerhalb von zwei Wochen nach Kenntnis von der Verletzung des rechtlichen Gehörs zu erheben; der Zeitpunkt der Kenntniserlangung ist glaubhaft zu machen. ²Nach Ablauf eines Jahres seit Bekanntgabe der angegriffenen Entscheidung kann die Rüge nicht mehr erhoben werden. ³Formlos mitgeteilte Entscheidungen gelten mit dem dritten Tage nach Auf-

gabe zur Post als bekannt gegeben. ⁴Die Rüge ist schriftlich oder zur Niederschrift des Urkundsbeamten der Geschäftsstelle bei dem Gericht zu erheben, dessen Entscheidung angegriffen wird. ⁵Die Rüge soll die angegriffene Entscheidung bezeichnen und das Vorliegen der in Absatz 1 Satz 1 Nummer 2 genannten Voraussetzung darlegen.

(3) Den übrigen Beteiligten ist, soweit erforderlich, Gelegenheit zur Stellungnahme zu geben.

(4) ¹Ist die Rüge nicht statthaft oder nicht in der gesetzlichen Form oder Frist erhoben, so ist sie als unzulässig zu verwerfen. ²Ist die Rüge unbegründet, weist das Gericht sie zurück. ³Die Entscheidung ergeht durch unanfechtbaren Beschluss. ⁴Der Beschluss soll kurz begründet werden.

(5) ¹Ist die Rüge begründet, so hilft ihr das Gericht ab, indem es das Verfahren fortführt, soweit dies aufgrund der Rüge geboten ist. ²Das Verfahren wird in die Lage zurückversetzt, in der es sich vor dem Schluss der mündlichen Verhandlung befand. ³Im schriftlichen Verfahren tritt an die Stelle des Schlusses der mündlichen Verhandlung der Zeitpunkt, bis zu dem Schriftsätze eingereicht werden können. ⁴Für den Ausspruch des Gerichts ist § 343 der Zivilprozessordnung anzuwenden.

(6) § 149 Absatz 1 Satz 2 der Verwaltungsgerichtsordnung ist entsprechend anzuwenden.

§ 70 Akteneinsicht. (1) ¹Die in § 63 Absatz 1 Nummer 1 und 2 und Absatz 2 bezeichneten Beteiligten können die Akten des Gerichts einsehen und sich durch die Geschäftsstelle auf ihre Kosten Ausfertigungen, Auszüge und Abschriften erstellen lassen. ²§ 299 Absatz 3 der Zivilprozessordnung gilt entsprechend.

(2) ¹Einsicht in Vorakten, Beiakten, Gutachten und Auskünfte ist nur mit Zustimmung der Stellen zulässig, denen die Akten gehören oder die die Äußerung eingeholt haben. ²Die Kartellbehörde hat die Zustimmung zur Einsicht in die ihr gehörenden Unterlagen zu versagen, soweit dies aus wichtigen Gründen, insbesondere zur Wahrung von Betriebs- oder Geschäftsgeheimnissen, geboten ist. ³Wird die Einsicht abgelehnt oder ist sie unzulässig, dürfen diese Unterlagen der Entscheidung nur insoweit zugrunde gelegt werden, als ihr Inhalt vorgetragen worden ist. ⁴Das Gericht kann die Offenlegung von Tatsachen oder Beweismitteln, deren Geheimhaltung aus wichtigen Gründen, insbesondere zur Wahrung von Betriebs- oder Geschäftsgeheimnissen, verlangt wird, nach Anhörung der von der Offenlegung Betroffenen durch Beschluss anordnen, soweit es für die Entscheidung auf diese Tatsachen oder Beweismittel ankommt, andere Möglichkeiten der Sachaufklärung nicht bestehen und nach Abwägung aller Umstände des Einzelfalles die Bedeutung der Sache für die Sicherung des Wettbewerbs das Interesse des Betroffenen an der Geheimhaltung überwiegt. ⁵Der Beschluss ist zu begründen. ⁶In dem Verfahren nach Satz 4 muss sich der Betroffene nicht anwaltlich vertreten lassen.

(3) Den in § 63 Absatz 1 Nummer 3 bezeichneten Beteiligten kann das Gericht nach Anhörung des Verfügungsberechtigten Akteneinsicht in gleichem Umfang gewähren.

§ 71 Kostentragung und -festsetzung. ¹Das Gericht kann anordnen, dass die Kosten, die zur zweckentsprechenden Erledigung der Angelegenheit notwendig waren, von einem Beteiligten ganz oder teilweise zu erstatten sind, wenn dies der Billigkeit entspricht. ²Hat ein Beteiligter Kosten durch ein unbegründetes Rechtsmittel oder durch grobes Verschulden veranlasst, so sind ihm die Kosten aufzuerlegen. ³Im Übrigen gelten die Vorschriften der Zivilprozessordnung über das Kostenfestsetzungsverfahren und die Zwangsvollstreckung aus Kostenfestsetzungsbeschlüssen entsprechend.

§ 72 Geltung von Vorschriften des Gerichtsverfassungsgesetzes und der Zivilprozessordnung. Soweit nichts anderes bestimmt ist, gelten entsprechend

1. die Vorschriften der §§ 169 bis 201 des Gerichtsverfassungsgesetzes über Öffentlichkeit, Sitzungspolizei, Gerichtssprache, Beratung und Abstimmung sowie über den Rechtsschutz bei überlangen Gerichtsverfahren;
2. die Vorschriften der Zivilprozessordnung über Ausschließung und Ablehnung eines Richters, über Prozessbevollmächtigte und Beistände, über die Zustellung von Amts wegen, über Ladungen, Termine und Fristen, über die Anordnung des persönlichen Erscheinens der Parteien, über die Verbindung mehrerer Prozesse, über die Erledigung des Zeugen- und Sachverständigenbeweises sowie über die sonstigen Arten des Beweisverfahrens, über die Wiedereinsetzung in den vorigen Stand gegen die Versäumung einer Frist sowie über den elektronischen Rechtsverkehr.

Abschnitt 3. Beschwerde

§ 73 Zulässigkeit, Zuständigkeit. (1) ¹Gegen Verfügungen der Kartellbehörde ist die Beschwerde zulässig. ²Sie kann auch auf neue Tatsachen und Beweismittel gestützt werden.

(2) ¹Die Beschwerde steht den am Verfahren vor der Kartellbehörde Beteiligten im Sinne des § 54 Absatz 2 und 3 zu. ²Gegen eine Verfügung, durch die eine Erlaubnis nach § 42 erteilt wird, steht die Beschwerde einem Dritten nur zu, wenn er geltend macht, durch die Verfügung in seinen Rechten verletzt zu sein.

(3) ¹Die Beschwerde ist auch gegen die Unterlassung einer beantragten Verfügung der Kartellbehörde zulässig, auf deren Vornahme der Antragsteller ein Recht zu haben behauptet. ²Als Unterlassung gilt es auch, wenn die Kartellbehörde den Antrag auf Vornahme der Verfügung ohne zureichenden Grund in angemessener Frist nicht beschieden hat. ³Die Unterlassung ist dann einer Ablehnung gleichzuachten.

(4) ¹Über die Beschwerde entscheidet das für den Sitz der Kartellbehörde zuständige Oberlandesgericht, in den Fällen der §§ 35 bis 42 das für den Sitz des Bundeskartellamts zuständige Oberlandesgericht, und zwar auch dann, wenn sich die Beschwerde gegen eine Verfügung des Bundesministeriums für Wirtschaft und Energie richtet. ²§ 36 der Zivilprozessordnung gilt entsprechend. ³Für Streitigkeiten über Entscheidungen des Bundeskartellamts, die die freiwillige Vereinigung von Krankenkassen nach § 158 des Fünften Buches Sozialgesetzbuch betreffen, gilt § 202 Satz 3 des Sozialgerichtsgesetzes.

(5) Der Bundesgerichtshof entscheidet als Beschwerdegericht im ersten und letzten Rechtszug über sämtliche Streitigkeiten gegen Verfügungen des Bundeskartellamts

1. nach § 19a, auch in Verbindung mit §§ 19, 20 und Artikel 102 des Vertrages über die Arbeitsweise der Europäischen Union[1]) sowie § 32 Absatz 1, 2 und 3,
2. nach den §§ 32a und 32b, soweit diese Vorschriften auf Sachverhalte im Sinne des § 19a angewendet werden,

jeweils einschließlich aller selbständig anfechtbaren Verfahrenshandlungen.

§ 74 Frist und Form. (1) [1] Die Beschwerde ist binnen einer Frist von einem Monat bei der Kartellbehörde, deren Verfügung angefochten wird, schriftlich einzureichen. [2] Die Frist beginnt mit der Zustellung der Verfügung der Kartellbehörde. [3] Wird in den Fällen des § 36 Absatz 1 Antrag auf Erteilung einer Erlaubnis nach § 42 gestellt, so beginnt die Frist für die Beschwerde gegen die Verfügung des Bundeskartellamts mit der Zustellung der Verfügung des Bundesministeriums für Wirtschaft und Energie. [4] Es genügt, wenn die Beschwerde innerhalb der Frist bei dem Beschwerdegericht eingeht.

(2) Ergeht entsprechend § 73 Absatz 3 Satz 2 auf einen Antrag keine Verfügung, so ist die Beschwerde an keine Frist gebunden.

(3) [1] Die Beschwerde ist innerhalb von zwei Monaten nach Zustellung der angefochtenen Verfügung zu begründen. [2] Im Fall des Absatzes 1 Satz 3 beginnt die Frist mit der Zustellung der Verfügung des Bundesministeriums für Wirtschaft und Energie. [3] Wird diese Verfügung angefochten, beginnt die Frist zu dem Zeitpunkt, zu dem die Untersagung unanfechtbar wird. [4] Im Fall des Absatzes 2 beträgt die Frist einen Monat; sie beginnt mit der Einlegung der Beschwerde. [5] Die Frist kann auf Antrag von dem oder der Vorsitzenden des Beschwerdegerichts verlängert werden.

(4) Die Beschwerdebegründung muss enthalten:
1. die Erklärung, inwieweit die Verfügung angefochten und ihre Abänderung oder Aufhebung beantragt wird,
2. die Angabe der Tatsachen und Beweismittel, auf die sich die Beschwerde stützt.

(5) Die Beschwerdeschrift und die Beschwerdebegründung müssen durch einen Rechtsanwalt unterzeichnet sein; dies gilt nicht für Beschwerden der Kartellbehörden.

§ 75 Untersuchungsgrundsatz. (1) Das Beschwerdegericht erforscht den Sachverhalt von Amts wegen.

(2) Der oder die Vorsitzende hat darauf hinzuwirken, dass Formfehler beseitigt, unklare Anträge erläutert, sachdienliche Anträge gestellt, ungenügende tatsächliche Angaben ergänzt, ferner alle für die Feststellung und Beurteilung des Sachverhalts wesentlichen Erklärungen abgegeben werden.

(3) [1] Das Beschwerdegericht kann den Beteiligten aufgeben, sich innerhalb einer zu bestimmenden Frist über aufklärungsbedürftige Punkte zu äußern, Beweismittel zu bezeichnen und in ihren Händen befindliche Urkunden sowie andere Beweismittel vorzulegen. [2] Bei Versäumung der Frist kann nach Lage der Sache ohne Berücksichtigung der nicht beigebrachten Beweismittel entschieden werden.

---

[1]) Nr. **15**.

(4) ¹Wird die Anforderung nach § 59 Absatz 5 oder die Anordnung nach § 59a Absatz 5 mit der Beschwerde angefochten, hat die Kartellbehörde die tatsächlichen Anhaltspunkte glaubhaft zu machen. ²§ 294 Absatz 1 der Zivilprozessordnung findet Anwendung. ³Eine Glaubhaftmachung ist nicht erforderlich, soweit § 20 voraussetzt, dass Unternehmen von Unternehmen in der Weise abhängig sind, dass ausreichende und zumutbare Ausweichmöglichkeiten nicht bestehen.

(5) Der Bundesgerichtshof kann in Verfahren nach § 73 Absatz 5 eine Stellungnahme der Monopolkommission einholen.

§ 76 Beschwerdeentscheidung. (1) ¹Das Beschwerdegericht entscheidet durch Beschluss nach seiner freien, aus dem Gesamtergebnis des Verfahrens gewonnenen Überzeugung. ²Der Beschluss darf nur auf Tatsachen und Beweismittel gestützt werden, zu denen die Beteiligten sich äußern konnten. ³Das Beschwerdegericht kann hiervon abweichen, soweit Beigeladenen aus wichtigen Gründen, insbesondere zur Wahrung von Betriebs- oder Geschäftsgeheimnissen, Akteneinsicht nicht gewährt und der Akteninhalt aus diesen Gründen auch nicht vorgetragen worden ist. ⁴Dies gilt nicht für solche Beigeladene, die an dem streitigen Rechtsverhältnis derart beteiligt sind, dass die Entscheidung auch ihnen gegenüber nur einheitlich ergehen kann.

(2) ¹Hält das Beschwerdegericht die Verfügung der Kartellbehörde für unzulässig oder unbegründet, so hebt es diese auf. ²Hat sich die Verfügung vorher durch Zurücknahme oder auf andere Weise erledigt, so spricht das Beschwerdegericht auf Antrag aus, dass die Verfügung der Kartellbehörde unzulässig oder unbegründet gewesen ist, wenn der Beschwerdeführer ein berechtigtes Interesse an dieser Feststellung hat.

(3) Hat sich eine Verfügung nach den §§ 32 bis 32b oder § 32d wegen nachträglicher Änderung der tatsächlichen Verhältnisse oder auf andere Weise erledigt, so spricht das Beschwerdegericht auf Antrag aus, ob, in welchem Umfang und bis zu welchem Zeitpunkt die Verfügung begründet gewesen ist.

(4) Hält das Beschwerdegericht die Ablehnung oder Unterlassung der Verfügung für unzulässig oder unbegründet, so spricht es die Verpflichtung der Kartellbehörde aus, die beantragte Verfügung vorzunehmen.

(5) ¹Die Verfügung ist auch dann unzulässig oder unbegründet, wenn die Kartellbehörde von ihrem Ermessen fehlsamen Gebrauch gemacht hat, insbesondere, wenn sie die gesetzlichen Grenzen des Ermessens überschritten oder durch die Ermessensentscheidung Sinn und Zweck dieses Gesetzes verletzt hat. ²Die Würdigung der gesamtwirtschaftlichen Lage und Entwicklung ist hierbei der Nachprüfung des Gerichts entzogen.

(6) Der Beschluss ist zu begründen und mit einer Rechtsmittelbelehrung den Beteiligten zuzustellen.

Abschnitt 4. Rechtsbeschwerde und Nichtzulassungsbeschwerde

§ 77 Zulassung, absolute Rechtsbeschwerdegründe. (1) ¹Gegen Beschlüsse der Oberlandesgerichte findet die Rechtsbeschwerde an den Bundesgerichtshof statt, wenn das Oberlandesgericht die Rechtsbeschwerde zugelassen hat. ²Für Beschlüsse des Landessozialgerichts in Streitigkeiten, die die freiwillige Vereinigung von Krankenkassen nach § 158 des Fünften Buches Sozialgesetzbuch betreffen, gilt § 202 Satz 3 des Sozialgerichtsgesetzes.

(2) Die Rechtsbeschwerde ist zuzulassen, wenn
1. eine Rechtsfrage von grundsätzlicher Bedeutung zu entscheiden ist oder
2. die Fortbildung des Rechts oder die Sicherung einer einheitlichen Rechtsprechung eine Entscheidung des Bundesgerichtshofs erfordert.

(3) ¹Über die Zulassung oder Nichtzulassung der Rechtsbeschwerde ist in der Entscheidung des Oberlandesgerichts zu befinden. ²Die Nichtzulassung ist zu begründen.

(4) Einer Zulassung zur Einlegung der Rechtsbeschwerde gegen Entscheidungen des Beschwerdegerichts bedarf es nicht, wenn einer der folgenden Mängel des Verfahrens vorliegt und gerügt wird:
1. wenn das beschließende Gericht nicht vorschriftsmäßig besetzt war,
2. wenn bei der Entscheidung ein Richter mitgewirkt hat, der von der Ausübung des Richteramtes kraft Gesetzes ausgeschlossen oder wegen Besorgnis der Befangenheit mit Erfolg abgelehnt war,
3. wenn einem Beteiligten das rechtliche Gehör versagt war,
4. wenn ein Beteiligter im Verfahren nicht nach Vorschrift des Gesetzes vertreten war, sofern er nicht der Führung des Verfahrens ausdrücklich oder stillschweigend zugestimmt hat,
5. wenn die Entscheidung aufgrund einer mündlichen Verhandlung ergangen ist, bei der die Vorschriften über die Öffentlichkeit des Verfahrens verletzt worden sind, oder
6. wenn die Entscheidung nicht mit Gründen versehen ist.

§ 78 Nichtzulassungsbeschwerde. (1) Die Nichtzulassung der Rechtsbeschwerde kann von den am Beschwerdeverfahren Beteiligten durch Nichtzulassungsbeschwerde angefochten werden.

(2) ¹Über die Nichtzulassungsbeschwerde entscheidet der Bundesgerichtshof durch Beschluss, der zu begründen ist. ²Der Beschluss kann ohne mündliche Verhandlung ergehen.

(3) ¹Die Nichtzulassungsbeschwerde ist binnen einer Frist von einem Monat schriftlich bei dem Oberlandesgericht einzulegen. ²Die Frist beginnt mit der Zustellung der angefochtenen Entscheidung.

(4) ¹Die Nichtzulassungsbeschwerde ist innerhalb von zwei Monaten nach Zustellung der Entscheidung des Beschwerdegerichts zu begründen. ²Die Frist kann auf Antrag von dem oder der Vorsitzenden verlängert werden. ³In der Begründung der Nichtzulassungsbeschwerde müssen die Zulassungsgründe des § 77 Absatz 2 dargelegt werden.

(5) Die Nichtzulassungsbeschwerdeschrift und -begründung müssen durch einen Rechtsanwalt unterzeichnet sein; dies gilt nicht für Nichtzulassungsbeschwerden der Kartellbehörden.

(6) ¹Wird die Rechtsbeschwerde nicht zugelassen, so wird die Entscheidung des Oberlandesgerichts mit der Zustellung des Beschlusses des Bundesgerichtshofs rechtskräftig. ²Wird die Rechtsbeschwerde zugelassen, so wird das Verfahren als Rechtsbeschwerdeverfahren fortgesetzt. ³In diesem Fall gilt die form- und fristgerechte Einlegung der Nichtzulassungsbeschwerde als Einlegung der Rechtsbeschwerde. ⁴Mit der Zustellung der Entscheidung beginnt die Frist für die Begründung der Rechtsbeschwerde.

§ 79 Rechtsbeschwerdeberechtigte, Form und Frist. (1) Die Rechtsbeschwerde steht den am Beschwerdeverfahren Beteiligten zu.

(2) ¹Die Rechtsbeschwerde kann nur darauf gestützt werden, dass die Entscheidung auf einer Verletzung des Rechts beruht; die §§ 546 und 547 der Zivilprozessordnung gelten entsprechend. ²Die Rechtsbeschwerde kann nicht darauf gestützt werden, dass die Kartellbehörde unter Verletzung des § 48 oder des § 50 Absatz 1 ihre Zuständigkeit zu Unrecht angenommen hat.

(3) ¹Die Rechtsbeschwerde ist binnen einer Frist von einem Monat schriftlich bei dem Oberlandesgericht einzulegen. ²Die Frist beginnt mit der Zustellung der angefochtenen Entscheidung.

(4) ¹Die Rechtsbeschwerde ist innerhalb von zwei Monaten nach Zustellung der Entscheidung des Beschwerdegerichts zu begründen. ²Die Frist kann auf Antrag von dem oder der Vorsitzenden verlängert werden. ³Die Begründung muss die Erklärung enthalten, inwieweit die Entscheidung des Beschwerdegerichts angefochten und ihre Abänderung oder Aufhebung beantragt wird. ⁴Ist die Rechtsbeschwerde aufgrund einer Nichtzulassungsbeschwerde zugelassen worden, kann zur Begründung der Rechtsbeschwerde auf die Begründung der Nichtzulassungsbeschwerde Bezug genommen werden.

(5) Die Rechtsbeschwerdeschrift und -begründung müssen durch einen Rechtsanwalt unterzeichnet sein; dies gilt nicht für Rechtsbeschwerden der Kartellbehörden.

(6) Der Bundesgerichtshof ist an die in der angefochtenen Entscheidung getroffenen tatsächlichen Feststellungen gebunden, außer, wenn in Bezug auf diese Feststellungen zulässige und begründete Rechtsbeschwerdegründe vorgebracht sind.

§ 80 Rechtsbeschwerdeentscheidung. (1) Der Bundesgerichtshof entscheidet durch Beschluss.

(2) Ist die Rechtsbeschwerde unzulässig, so verwirft sie der Bundesgerichtshof.

(3) Ist die Rechtsbeschwerde unbegründet, so weist der Bundesgerichtshof die Rechtsbeschwerde zurück.

(4) ¹Ist die Rechtsbeschwerde begründet, so kann der Bundesgerichtshof
1. in der Sache entsprechend § 76 Absatz 2 bis 5 selbst entscheiden,
2. den angefochtenen Beschluss aufheben und die Sache zur anderweitigen Verhandlung und Entscheidung zurückverweisen.

²Der Bundesgerichtshof verweist den Rechtsstreit zurück, wenn der im Rechtsbeschwerdeverfahren entsprechend § 142 Absatz 1 Satz 2 in Verbindung mit § 65 Absatz 2 der Verwaltungsgerichtsordnung Beigeladene ein berechtigtes Interesse daran hat.

(5) Ergibt die Begründung der Beschwerdeentscheidung zwar eine Rechtsverletzung, stellt sich die Beschwerdeentscheidung selbst aber aus anderen Gründen als richtig dar, so ist die Rechtsbeschwerde zurückzuweisen.

(6) Das Beschwerdegericht hat seiner Entscheidung nach einer Zurückverweisung die rechtliche Beurteilung des Bundesgerichtshofs zugrunde zu legen.

(7) Der Beschluss ist zu begründen und den Beteiligten zuzustellen.

Kapitel 2. Bußgeldsachen
Abschnitt 1. Bußgeldvorschriften

§ 81 Bußgeldtatbestände. (1) Ordnungswidrig handelt, wer gegen den Vertrag über die Arbeitsweise der Europäischen Union[1]) in der Fassung der Bekanntmachung vom 9. Mai 2008 (ABl. C 115 vom 9.5.2008, S. 47) verstößt, indem er vorsätzlich oder fahrlässig

1. entgegen Artikel 101 Absatz 1 eine Vereinbarung trifft, einen Beschluss fasst oder Verhaltensweisen aufeinander abstimmt oder
2. entgegen Artikel 102 Satz 1 eine beherrschende Stellung missbräuchlich ausnutzt.

(2) Ordnungswidrig handelt, wer vorsätzlich oder fahrlässig

1. einer Vorschrift der §§ 1, 19, 20 Absatz 1 bis 3 Satz 1, Absatz 3a oder Absatz 5, des § 21 Absatz 3 oder 4, des § 29 Satz 1 oder des § 41 Absatz 1 Satz 1 über das Verbot einer dort genannten Vereinbarung, eines dort genannten Beschlusses, einer aufeinander abgestimmten Verhaltensweise, des Missbrauchs einer marktbeherrschenden Stellung, des Missbrauchs einer Marktstellung oder einer überlegenen Marktmacht, einer unbilligen Behinderung oder unterschiedlichen Behandlung, der Ablehnung der Aufnahme eines Unternehmens, der Ausübung eines Zwangs, der Zufügung eines wirtschaftlichen Nachteils oder des Vollzugs eines Zusammenschlusses zuwiderhandelt,
2. einer vollziehbaren Anordnung nach
   a) § 19a Absatz 2, § 30 Absatz 3, § 31b Absatz 3 Nummer 1 und 3, § 32 Absatz 1, § 32a Absatz 1, § 32b Absatz 1 Satz 1 oder § 41 Absatz 4 Nummer 2, auch in Verbindung mit § 40 Absatz 3a Satz 2, auch in Verbindung mit § 41 Absatz 2 Satz 3 oder § 42 Absatz 2 Satz 2, oder § 60 oder
   b) § 39 Absatz 5 oder
   c) § 47d Absatz 1 Satz 2 in Verbindung mit einer Rechtsverordnung nach § 47f Nummer 1 oder
   d) § 47d Absatz 1 Satz 5 erster Halbsatz in Verbindung mit einer Rechtsverordnung nach § 47f Nummer 2 zuwiderhandelt,
3. entgegen § 39 Absatz 1 einen Zusammenschluss nicht richtig oder nicht vollständig anmeldet,
4. entgegen § 39 Absatz 6 eine Anzeige nicht, nicht richtig, nicht vollständig oder nicht rechtzeitig erstattet,
5. einer vollziehbaren Auflage nach § 40 Absatz 3 Satz 1 oder § 42 Absatz 2 Satz 1 zuwiderhandelt,
5a. einer Rechtsverordnung nach § 47f Nummer 3 Buchstabe a, b oder c oder einer vollziehbaren Anordnung aufgrund einer solchen Rechtsverordnung zuwiderhandelt, soweit die Rechtsverordnung für einen bestimmten Tatbestand auf diese Bußgeldvorschrift verweist,
5b. entgegen § 47k Absatz 2 Satz 1, auch in Verbindung mit Satz 2, jeweils in Verbindung mit einer Rechtsverordnung nach § 47k Absatz 8 Satz 1 Num-

---

[1]) Auszugsweise abgedruckt unter Nr. **15**.

Kapitel 2. Bußgeldsachen **§ 81a GWB 14**

mer 1 oder Nummer 2, eine dort genannte Änderung nicht, nicht richtig, nicht vollständig oder nicht rechtzeitig übermittelt,
6. entgegen § 59 Absatz 2 oder Absatz 4, auch in Verbindung mit § 47d Absatz 1 Satz 1, § 47k Absatz 7 oder § 82b Absatz 1, ein Auskunftsverlangen nicht, nicht richtig, nicht vollständig oder nicht rechtzeitig beantwortet oder Unterlagen nicht, nicht vollständig oder nicht rechtzeitig herausgibt,
7. entgegen § 59 Absatz 1 Satz 6, auch in Verbindung mit § 82b Absatz 1, nicht zu einer Befragung erscheint,
8. entgegen § 59a Absatz 2, auch in Verbindung mit § 47d Absatz 1 Satz 1 und § 47k Absatz 7, geschäftliche Unterlagen nicht, nicht vollständig oder nicht rechtzeitig zur Einsichtnahme und Prüfung vorlegt oder die Prüfung von geschäftlichen Unterlagen sowie das Betreten von Geschäftsräumen und -grundstücken nicht duldet,
9. entgegen § 59b Absatz 5 Satz 2, auch in Verbindung mit § 82b Absatz 1, eine Durchsuchung von Geschäftsräumen oder geschäftlich genutzten Grundstücken oder Sachen nicht duldet,
10. ein Siegel bricht, das von den Bediensteten der Kartellbehörde oder von einer von diesen Bediensteten ermächtigten oder benannten Person gemäß § 59b Absatz 3 Satz 1 Nummer 2, auch in Verbindung mit § 82b Absatz 1, angebracht worden ist, oder
11. ein Verlangen nach § 59b Absatz 3 Satz 1 Nummer 3, auch in Verbindung mit § 82b Absatz 1, nicht, nicht richtig, nicht vollständig oder nicht rechtzeitig beantwortet.

(3) Ordnungswidrig handelt, wer
1. entgegen § 21 Absatz 1 zu einer Liefersperre oder Bezugssperre auffordert,
2. entgegen § 21 Absatz 2 einen Nachteil androht oder zufügt oder einen Vorteil verspricht oder gewährt oder
3. entgegen § 24 Absatz 4 Satz 3 oder § 39 Absatz 3 Satz 5 eine Angabe macht oder benutzt.

§ 81a Geldbußen gegen Unternehmen. (1) Hat jemand als Leitungsperson im Sinne des § 30 Absatz 1 Nummer 1 bis 5 des Gesetzes über Ordnungswidrigkeiten eine Ordnungswidrigkeit nach § 81 begangen, durch die Pflichten, welche das Unternehmen treffen, verletzt worden sind oder das Unternehmen bereichert worden ist oder werden sollte, so kann auch gegen weitere juristische Personen oder Personenvereinigungen, die das Unternehmen zum Zeitpunkt der Begehung der Ordnungswidrigkeit gebildet haben und die auf die juristische Person oder Personenvereinigung, deren Leitungsperson die Ordnungswidrigkeit begangen hat, unmittelbar oder mittelbar einen bestimmenden Einfluss ausgeübt haben, eine Geldbuße festgesetzt werden.

(2) ¹Im Fall einer Gesamtrechtsnachfolge oder einer partiellen Gesamtrechtsnachfolge durch Aufspaltung (§ 123 Absatz 1 des Umwandlungsgesetzes) kann die Geldbuße nach Absatz 1 auch gegen den oder die Rechtsnachfolger festgesetzt werden. ²Im Bußgeldverfahren tritt der Rechtsnachfolger oder treten die Rechtsnachfolger in die Verfahrensstellung ein, in der sich der Rechtsvorgänger zum Zeitpunkt des Wirksamwerdens der Rechtsnachfolge befunden hat. ³§ 30 Absatz 2a Satz 2 des Gesetzes über Ordnungswidrigkeiten findet insoweit keine Anwendung. ⁴Satz 3 gilt auch für die Rechtsnachfolge nach

14 GWB § 81b

§ 30 Absatz 2a Satz 1 des Gesetzes über Ordnungswidrigkeiten, soweit eine Ordnungswidrigkeit nach § 81 zugrunde liegt.

(3) [1]Die Geldbuße nach § 30 Absatz 1 und 2 des Gesetzes über Ordnungswidrigkeiten sowie nach Absatz 1 kann auch gegen die juristischen Personen oder Personenvereinigungen festgesetzt werden, die das Unternehmen in wirtschaftlicher Kontinuität fortführen (wirtschaftliche Nachfolge). [2]Für das Verfahren gilt Absatz 2 Satz 2 entsprechend.

(4) [1]In den Fällen der Absätze 1 bis 3 bestimmen sich das Höchstmaß der Geldbuße und die Verjährung nach dem für die Ordnungswidrigkeit geltenden Recht. [2]Die Geldbuße nach Absatz 1 kann selbstständig festgesetzt werden.

(5) Soweit in den Fällen der Absätze 1 bis 3 gegen mehrere juristische Personen oder Personenvereinigungen wegen derselben Ordnungswidrigkeit Geldbußen festgesetzt werden, finden die Vorschriften zur Gesamtschuld entsprechende Anwendung.

§ 81b Geldbußen gegen Unternehmensvereinigungen. (1) Wird gegen eine Unternehmensvereinigung als juristische Person oder Personenvereinigung im Sinne des § 30 des Gesetzes gegen Ordnungswidrigkeiten eine Geldbuße nach § 81c Absatz 4 festgesetzt und ist die Unternehmensvereinigung selbst nicht zahlungsfähig, so setzt die Kartellbehörde eine angemessene Frist, binnen der die Unternehmensvereinigung von ihren Mitgliedern Beiträge zur Zahlung der Geldbuße verlangt.

(2) Sind die Beiträge zur Zahlung der Geldbuße innerhalb der nach Absatz 1 gesetzten Frist nicht in voller Höhe entrichtet worden, so kann die Kartellbehörde die Zahlung des ausstehenden Betrags der Geldbuße direkt von jedem Unternehmen verlangen, dessen Vertreter den Entscheidungsgremien der Unternehmensvereinigung zum Zeitpunkt der Begehung der Ordnungswidrigkeit angehört haben.

(3) Soweit dies nach einem Verlangen nach Absatz 2 zur vollständigen Zahlung der Geldbuße notwendig ist, kann die Kartellbehörde die Zahlung des ausstehenden Betrags der Geldbuße auch von jedem Mitglied der Unternehmensvereinigung verlangen, das auf dem von der Ordnungswidrigkeit betroffenen Markt tätig war.

(4) Eine Zahlung nach den Absätzen 2 und 3 kann nicht von Unternehmen verlangt werden, die darlegen, dass sie

1. entweder von der Existenz dieses Beschlusses keine Kenntnis hatten oder sich vor Einleitung des Verfahrens der Kartellbehörde aktiv davon distanziert haben und

2. den die Geldbuße nach § 81 begründenden Beschluss der Unternehmensvereinigung nicht umgesetzt haben.

(5) Das Verlangen nach Zahlung des ausstehenden Betrags der Geldbuße darf für ein einzelnes Unternehmen 10 Prozent des in dem der Behördenentscheidung vorausgegangenen Geschäftsjahr erzielten Gesamtumsatzes des jeweiligen Unternehmens nicht übersteigen.

(6) Die Absätze 1 bis 5 finden keine Anwendung in Bezug auf Mitglieder der Unternehmensvereinigung,

1. gegen die im Zusammenhang mit der Ordnungswidrigkeit eine Geldbuße festgesetzt wurde oder

2. denen nach § 81k ein Erlass der Geldbuße gewährt wurde.

§ 81c Höhe der Geldbuße. (1) ¹Die Ordnungswidrigkeit kann in den Fällen des § 81 Absatz 1, 2 Nummer 1, 2 Buchstabe a und Nummer 5 und Absatz 3 mit einer Geldbuße bis zu einer Million Euro geahndet werden. ²In den übrigen Fällen des § 81 kann die Ordnungswidrigkeit mit einer Geldbuße bis zu einhunderttausend Euro geahndet werden.

(2) ¹Im Fall eines Unternehmens oder einer Unternehmensvereinigung kann bei Verstößen nach § 81 Absatz 1, 2 Nummer 1, 2 Buchstabe a und Nummer 5 sowie Absatz 3 über Absatz 1 hinaus eine höhere Geldbuße verhängt werden. ²Die Geldbuße darf 10 Prozent des in dem der Behördenentscheidung vorausgegangenen Geschäftsjahr erzielten Gesamtumsatzes des Unternehmens oder der Unternehmensvereinigung nicht übersteigen.

(3) ¹Im Fall eines Unternehmens oder einer Unternehmensvereinigung kann bei Verstößen nach § 81 Absatz 2 Nummer 2 Buchstabe b, Nummer 3 sowie 6 bis 11 über Absatz 1 hinaus eine höhere Geldbuße verhängt werden. ²Die Geldbuße darf 1 Prozent des in dem der Behördenentscheidung vorausgegangenen Geschäftsjahr erzielten Gesamtumsatzes des Unternehmens oder der Unternehmensvereinigung nicht übersteigen.

(4) ¹Wird gegen eine Unternehmensvereinigung eine Geldbuße wegen einer Ordnungswidrigkeit gemäß § 81 Absatz 1 festgesetzt, die mit den Tätigkeiten ihrer Mitglieder im Zusammenhang steht, so darf diese abweichend von Absatz 2 Satz 2 10 Prozent der Summe des in dem der Behördenentscheidung vorausgegangenen Geschäftsjahr erzielten Gesamtumsatzes derjenigen Mitglieder, die auf dem von der Ordnungswidrigkeit betroffenen Markt tätig waren, nicht übersteigen. ²Dabei bleiben die Umsätze von solchen Mitgliedern unberücksichtigt, gegen die im Zusammenhang mit der Ordnungswidrigkeit bereits eine Geldbuße festgesetzt wurde oder denen nach § 81k ein Erlass der Geldbuße gewährt wurde.

(5) ¹Bei der Ermittlung des Gesamtumsatzes ist der weltweite Umsatz aller natürlichen und juristischen Personen sowie Personenvereinigungen zugrunde zu legen, die als wirtschaftliche Einheit operieren. ²Die Höhe des Gesamtumsatzes kann geschätzt werden.

§ 81d Zumessung der Geldbuße. (1) ¹Bei der Festsetzung der Höhe der Geldbuße ist sowohl die Schwere der Zuwiderhandlung als auch deren Dauer zu berücksichtigen. ²Bei Geldbußen, die gegen Unternehmen oder Unternehmensvereinigungen wegen wettbewerbsbeschränkender Vereinbarungen, Beschlüssen oder abgestimmter Verhaltensweisen nach § 1 dieses Gesetzes oder Artikel 101 des Vertrages über die Arbeitsweise der Europäischen Union[1] oder wegen verbotener Verhaltensweisen nach den §§ 19, 20 oder 21 oder nach Artikel 102 des Vertrages über die Arbeitsweise der Europäischen Union[1] festgesetzt werden, kommen als abzuwägende Umstände insbesondere in Betracht:

1. die Art und das Ausmaß der Zuwiderhandlung, insbesondere die Größenordnung der mit der Zuwiderhandlung in unmittelbarem oder mittelbarem Zusammenhang stehenden Umsätze,

---
[1] Nr. 15.

14 GWB § 81e Teil 3. Verfahren

2. die Bedeutung der von der Zuwiderhandlung betroffenen Produkte und Dienstleistungen,
3. die Art der Ausführung der Zuwiderhandlung,
4. vorausgegangene Zuwiderhandlungen des Unternehmens sowie vor der Zuwiderhandlung getroffene, angemessene und wirksame Vorkehrungen zur Vermeidung und Aufdeckung von Zuwiderhandlungen und
5. das Bemühen des Unternehmens, die Zuwiderhandlung aufzudecken und den Schaden wiedergutzumachen sowie nach der Zuwiderhandlung getroffene Vorkehrungen zur Vermeidung und Aufdeckung von Zuwiderhandlungen.

[3] Bei der Berücksichtigung des Ausmaßes, der Größenordnung und der Bedeutung im Sinne des Satzes 2 Nummer 1 und 2 können Schätzungen zugrunde gelegt werden.

(2) [1] Bei der Zumessung der Geldbuße sind die wirtschaftlichen Verhältnisse des Unternehmens oder der Unternehmensvereinigung maßgeblich. [2] Haben sich diese während oder nach der Tat infolge des Erwerbs durch einen Dritten verändert, so ist eine geringere Höhe der gegenüber dem Unternehmen oder der Unternehmensvereinigung zuvor angemessenen Geldbuße zu berücksichtigen.

(3) [1] § 17 Absatz 4 des Gesetzes über Ordnungswidrigkeiten findet mit der Maßgabe Anwendung, dass der wirtschaftliche Vorteil, der aus der Ordnungswidrigkeit gezogen wurde, durch die Geldbuße nach § 81c abgeschöpft werden kann. [2] Dient die Geldbuße allein der Ahndung, ist dies bei der Zumessung entsprechend zu berücksichtigen.

(4) Das Bundeskartellamt kann allgemeine Verwaltungsgrundsätze über die Ausübung seines Ermessens bei der Bemessung der Geldbuße, insbesondere für die Feststellung der Bußgeldhöhe und für die Zusammenarbeit mit ausländischen Wettbewerbsbehörden, festlegen.

§ 81e Ausfallhaftung im Übergangszeitraum. (1) Erlischt die nach § 30 des Gesetzes über Ordnungswidrigkeiten verantwortliche juristische Person oder Personenvereinigung nach der Bekanntgabe der Einleitung des Bußgeldverfahrens oder wird Vermögen verschoben mit der Folge, dass ihr oder ihrem Rechtsnachfolger gegenüber eine nach den §§ 81c und 81d in Bezug auf das Unternehmen angemessene Geldbuße nicht festgesetzt oder voraussichtlich nicht vollstreckt werden kann, so kann gegen juristische Personen oder Personenvereinigungen, die zum Zeitpunkt der Bekanntgabe der Einleitung des Bußgeldverfahrens das Unternehmen gebildet und auf die verantwortliche juristische Person oder Personenvereinigung oder ihren Rechtsnachfolger unmittelbar oder mittelbar einen bestimmenden Einfluss ausgeübt haben oder die nach der Bekanntgabe der Einleitung des Bußgeldverfahrens Rechtsnachfolger im Sinne des § 81a Absatz 2 oder wirtschaftlicher Nachfolger im Sinne des § 81a Absatz 3 werden, ein Haftungsbetrag in Höhe der nach den §§ 81c und 81d in Bezug auf das Unternehmen angemessenen Geldbuße festgesetzt werden.

(2) § 81a Absatz 2 und 3 gilt für die Haftung nach Absatz 1 entsprechend.

(3) [1] Für das Verfahren zur Festsetzung und Vollstreckung des Haftungsbetrages gelten die Vorschriften über die Festsetzung und Vollstreckung einer Geldbuße entsprechend. [2] Für die Verjährungsfrist gilt das für die Ordnungswidrig-

keit geltende Recht entsprechend. ³ § 31 Absatz 3 des Gesetzes über Ordnungswidrigkeiten gilt mit der Maßgabe entsprechend, dass die Verjährung mit Eintritt der Voraussetzungen nach Absatz 1 beginnt.

(4) Sofern gegen mehrere juristische Personen oder Personenvereinigungen eines Unternehmens wegen derselben Ordnungswidrigkeit Geldbußen und Haftungsbeträge festgesetzt werden, darf im Vollstreckungsverfahren diesen gegenüber insgesamt nur eine Beitreibung bis zur Erreichung des höchsten festgesetzten Einzelbetrages erfolgen.

§ 81f Verzinsung der Geldbuße. ¹ Im Bußgeldbescheid festgesetzte Geldbußen gegen juristische Personen und Personenvereinigungen sind zu verzinsen; die Verzinsung beginnt vier Wochen nach Zustellung des Bußgeldbescheides. ² § 288 Absatz 1 Satz 2 und § 289 Satz 1 des Bürgerlichen Gesetzbuchs sind entsprechend anzuwenden. ³ Die Verjährungsfrist beträgt drei Jahre und beginnt mit dem Ablauf des Kalenderjahres, in dem die festgesetzte Geldbuße vollständig gezahlt oder beigetrieben wurde.

§ 81g Verjährung der Geldbuße. (1) ¹ Die Verjährung der Verfolgung von Ordnungswidrigkeiten nach § 81 bestimmt sich nach den Vorschriften des Gesetzes über Ordnungswidrigkeiten auch dann, wenn die Tat durch Verbreiten von Druckschriften begangen wird. ² Die Verfolgung der Ordnungswidrigkeiten nach § 81 Absatz 1, 2 Nummer 1 und Absatz 3 verjährt in fünf Jahren.

(2) Eine Unterbrechung der Verjährung nach § 33 Absatz 1 Nummer 1 des Gesetzes über Ordnungswidrigkeiten wird auch durch den Erlass des ersten an den Betroffenen gerichteten Auskunftsverlangens nach § 82b Absatz 1 in Verbindung mit § 59 bewirkt, sofern es binnen zwei Wochen zugestellt wird, ansonsten durch dessen Zustellung.

(3) ¹ Die Verjährung ruht, solange die Europäische Kommission oder die Wettbewerbsbehörde eines anderen Mitgliedstaates der Europäischen Union aufgrund einer Beschwerde oder von Amts wegen mit einem Verfahren wegen eines Verstoßes gegen Artikel 101 oder 102 des Vertrages über die Arbeitsweise der Europäischen Union[1] gegen dieselbe Vereinbarung, denselben Beschluss oder dieselbe Verhaltensweise wie die Kartellbehörde befasst ist. ² Das Ruhen der Verjährung beginnt mit den § 33 Absatz 1 des Gesetzes über Ordnungswidrigkeiten sowie Absatz 2 entsprechenden Handlungen dieser Wettbewerbsbehörden. ³ Das Ruhen der Verjährung dauert fort bis zu dem Tag, an dem die andere Wettbewerbsbehörde ihr Verfahren vollständig beendet, indem sie eine abschließende Entscheidung erlässt oder zu dem Schluss gelangt, dass zu weiteren Maßnahmen ihrerseits kein Anlass besteht. ⁴ Das Ruhen der Verjährung wirkt gegenüber allen Unternehmen oder Unternehmensvereinigungen, die an der Zuwiderhandlung beteiligt waren.

(4) ¹ Die Verjährung tritt spätestens mit dem Tag ein, an dem die doppelte Verjährungsfrist verstrichen ist. ² Diese Frist verlängert sich abweichend von § 33 Absatz 3 Satz 2 des Gesetzes über Ordnungswidrigkeiten um den Zeitraum, in dem die Bußgeldentscheidung Gegenstand eines Verfahrens ist, das bei einer gerichtlichen Instanz anhängig ist.

---

[1] Nr. **15**.

Abschnitt 2.[1)] Kronzeugenprogramm

§ 81h Ziel und Anwendungsbereich. (1) Die Kartellbehörde kann an Kartellen beteiligten natürlichen Personen, Unternehmen und Unternehmensvereinigungen (Kartellbeteiligte), die durch ihre Kooperation mit der Kartellbehörde dazu beitragen, ein Kartell aufzudecken, die Geldbuße erlassen oder reduzieren (Kronzeugenbehandlung).

(2) Die Regelungen dieses Abschnitts gelten für Bußgeldverfahren der Kartellbehörden zur Ahndung von Kartellen in Anwendung des § 81 Absatz 1 Nummer 1 dieses Gesetzes in Verbindung mit Artikel 101 des Vertrages über die Arbeitsweise der Europäischen Union[2)] und § 81 Absatz 2 Nummer 1 in Verbindung mit § 1 dieses Gesetzes.

(3) [1]Das Bundeskartellamt kann allgemeine Verwaltungsgrundsätze über die Ausübung seines Ermessens bei der Anwendung des Kronzeugenprogramms sowie der Gestaltung des Verfahrens festlegen. [2]Die Verwaltungsgrundsätze sind im Bundesanzeiger zu veröffentlichen.

§ 81i Antrag auf Kronzeugenbehandlung. (1) [1]Eine Kronzeugenbehandlung ist nur auf Antrag möglich. [2]Kartellbeteiligte können wegen einer verfolgbaren Tat einen Antrag auf Kronzeugenbehandlung bei der zuständigen Kartellbehörde stellen. [3]Der Antrag muss detaillierte Informationen zu allen in § 81m Absatz 1 Satz 2 aufgelisteten Angaben enthalten und zusammen mit den entsprechenden Beweismitteln eingereicht werden.

(2) [1]Ein Antrag auf Kronzeugenbehandlung, der für ein Unternehmen abgegeben wird, gilt, soweit nicht ausdrücklich etwas anderes erklärt wird, für alle juristischen Personen oder Personenvereinigungen, die im Zeitpunkt der Antragstellung das Unternehmen bilden. [2]Er gilt auch für deren derzeitige sowie frühere Mitglieder von Aufsichts- und Leitungsorganen und Mitarbeiter.

(3) [1]Der Antrag kann schriftlich oder nach § 32a der Strafprozessordnung elektronisch in deutscher, in englischer Sprache oder, nach Absprache zwischen der Kartellbehörde und dem Antragsteller, in einer anderen Sprache der Europäischen Union gestellt werden. [2]Nimmt die Kartellbehörde einen Antrag in einer anderen als der deutschen Sprache entgegen, so kann sie vom Antragsteller verlangen, unverzüglich eine deutsche Übersetzung beizubringen. [3]In Absprache mit der Kartellbehörde kann ein Antrag auch in Textform oder mündlich gestellt werden.

(4) Auf Ersuchen des Antragstellers bestätigt die Kartellbehörde den Eingang des Antrags mit Datum und Uhrzeit.

§ 81j Allgemeine Voraussetzungen für die Kronzeugenbehandlung.

(1) Die Kronzeugenbehandlung kann nur gewährt werden, wenn der Antragsteller

1. seine Kenntnis von dem Kartell und seine Beteiligung daran in dem Antrag auf Kronzeugenbehandlung gegenüber der Kartellbehörde offenlegt oder ein Kartellbeteiligter im Fall eines zu seinen Gunsten geltenden Antrags umfassend an der Aufklärung des Sachverhalts mitwirkt;

[1)] Siehe hierzu ua: Leitlinien zum Kronzeugenprogramm v. 23.8.2021 (BAnz AT 14.09.2021 B4).
[2)] Nr. **15**.

2. seine Beteiligung an dem Kartell unmittelbar nach Stellung des Antrags auf Kronzeugenbehandlung beendet, soweit nicht einzelne Handlungen nach Auffassung der Kartellbehörde möglicherweise erforderlich sind, um die Integrität ihrer Untersuchung zu wahren;
3. ab dem Zeitpunkt der Stellung des Antrags auf Kronzeugenbehandlung bis zur Beendigung des kartellbehördlichen Verfahrens gegenüber allen Kartellbeteiligten der Pflicht zur ernsthaften, fortgesetzten und zügigen Kooperation genügt; diese beinhaltet insbesondere, dass er

   a) unverzüglich alle ihm zugänglichen Informationen über und Beweise für das Kartell zur Verfügung stellt,

   b) jede Anfrage beantwortet, die zur Feststellung des Sachverhalts beitragen kann,

   c) dafür sorgt, dass Mitglieder der Aufsichts- und Leitungsorgane sowie sonstige Mitarbeiter für Befragungen zur Verfügung stehen; bei früheren Mitgliedern der Aufsichts- und Leitungsorgane sowie sonstigen früheren Mitarbeitern genügt es, hierauf hinzuwirken,

   d) Informationen über und Beweise für das Kartell nicht vernichtet, verfälscht oder unterdrückt und

   e) weder die Tatsache der Stellung eines Antrags auf Kronzeugenbehandlung noch dessen Inhalt offenlegt, bis die Kartellbehörde ihn von dieser Pflicht entbindet;
4. während er die Stellung des Antrags auf Kronzeugenbehandlung erwogen hat,

   a) Informationen über oder Beweise für das Kartell weder vernichtet, noch verfälscht oder unterdrückt und

   b) weder die beabsichtigte Stellung des Antrags auf Kronzeugenbehandlung noch dessen beabsichtigten Inhalt offengelegt hat; dies gilt mit Ausnahme der Offenlegung gegenüber anderen Wettbewerbsbehörden.

(2) Die Voraussetzungen des Absatzes 1 finden entsprechend Anwendung auf diejenigen Kartellbeteiligten, zu deren Gunsten der Antrag auf Kronzeugenbehandlung gemäß § 81i Absatz 2 gestellt ist.

§ 81k Erlass der Geldbuße. (1) Die Kartellbehörde sieht von der Verhängung einer Geldbuße gegenüber einem Kartellbeteiligten ab, wenn er
1. die in § 81j genannten Voraussetzungen erfüllt und
2. als Erster Beweismittel vorlegt, die die Kartellbehörde zu dem Zeitpunkt, zu dem sie den Antrag auf Kronzeugenbehandlung erhält, erstmals in die Lage versetzen, einen Durchsuchungsbeschluss zu erwirken.

(2) Von der Verhängung einer Geldbuße gegenüber einem Kartellbeteiligten ist in der Regel abzusehen, wenn er
1. die in § 81j genannten Voraussetzungen erfüllt und
2. als Erster Beweismittel vorlegt, die, wenn die Kartellbehörde bereits in der Lage ist, einen Durchsuchungsbeschluss zu erwirken, erstmals den Nachweis der Tat ermöglichen und kein anderer Kartellbeteiligter bereits die Voraussetzungen für einen Erlass nach Absatz 1 erfüllt hat.

(3) Ein Erlass der Geldbuße kommt nicht in Betracht, wenn der Kartellbeteiligte Schritte unternommen hat, um andere Kartellbeteiligte zur Beteiligung am oder zum Verbleib im Kartell zu zwingen.

§ 81l Ermäßigung der Geldbuße. (1) Die Kartellbehörde kann gegenüber einem Kartellbeteiligten die Geldbuße ermäßigen, wenn er

1. die in § 81j genannten Voraussetzungen erfüllt und
2. Beweismittel für das Kartell vorlegt, die im Hinblick auf den Nachweis der Tat gegenüber den Informationen und Beweismitteln, die der Kartellbehörde bereits vorliegen, einen erheblichen Mehrwert aufweisen.

(2) Der Umfang der Ermäßigung richtet sich insbesondere nach dem Nutzen der Informationen und Beweismittel sowie nach dem Zeitpunkt der Anträge auf Kronzeugenbehandlung.

(3) Übermittelt ein Antragsteller als Erster stichhaltige Beweise, die die Kartellbehörde zur Feststellung zusätzlicher Tatsachen heranzieht und zur Festsetzung höherer Geldbußen gegenüber anderen Kartellbeteiligten verwendet, oder wirkt ein Kartellbeteiligter im Fall eines Antrags zu seinen Gunsten an deren erstmaliger Übermittlung umfassend mit, so werden diese Tatsachen bei der Festsetzung der Geldbuße gegen den Antragsteller beziehungsweise gegen den begünstigten Kartellbeteiligten nicht berücksichtigt.

§ 81m Marker. (1) ¹Ein Kartellbeteiligter kann sich an die Kartellbehörde wenden, um zunächst die Bereitschaft zur Zusammenarbeit zu erklären (Marker), um einen Rang in der Reihenfolge des Eingangs der Anträge auf Kronzeugenbehandlung zu erhalten. ²Ein Marker soll mindestens die folgenden Angaben in Kurzform enthalten:

1. den Namen und die Anschrift des Antragstellers,
2. die Namen der übrigen Kartellbeteiligten,
3. die betroffenen Produkte und Gebiete,
4. die Dauer und die Art der Tat, insbesondere auch betreffend die eigene Beteiligung, und
5. Informationen über alle bisherigen oder über etwaige künftige Anträge auf Kronzeugenbehandlung im Zusammenhang mit dem Kartell bei anderen Kartellbehörden, anderen europäischen Wettbewerbsbehörden oder sonstigen ausländischen Wettbewerbsbehörden.

(2) ¹Ein Marker kann mündlich oder in Textform erklärt werden. ²§ 81i Absatz 2, 3 Satz 1 und 2 und Absatz 4 gilt entsprechend.

(3) ¹Die Kartellbehörde setzt eine angemessene Frist, vor deren Ablauf der Antragsteller einen Antrag auf Kronzeugenbehandlung, einschließlich detaillierter Informationen zu allen in Absatz 1 Satz 2 aufgelisteten Angaben zusammen mit den entsprechenden Beweismitteln, einzureichen hat. ²Für den Rang des ausgearbeiteten Antrags auf Kronzeugenbehandlung nach Satz 1 ist der Zeitpunkt des Markers nach Absatz 1 maßgeblich, soweit der Antragsteller die ihm obliegenden Pflichten fortwährend erfüllt. ³In diesem Fall gelten alle ordnungsgemäß bis zum Ablauf der nach Satz 1 gesetzten Frist beigebrachten Informationen und Beweismittel als zum Zeitpunkt des Markers vorgelegt.

§ 81n Kurzantrag. (1) ¹Die Kartellbehörde nimmt von Kartellbeteiligten, die bei der Europäischen Kommission in Bezug auf dasselbe Kartell einen

Antrag auf Kronzeugenbehandlung stellen, einen Kurzantrag an. ²Dies gilt nur, wenn sich der Antrag auf mehr als drei Mitgliedstaaten als von dem Kartell betroffene Gebiete bezieht.

(2) ¹Für Kurzanträge gilt § 81m Absatz 1 Satz 2, Absatz 2 und 3 Satz 3 und 4 entsprechend. ²Zusätzlich sind Angaben über die Mitgliedstaaten zu machen, in denen sich die Beweismittel für das Kartell wahrscheinlich befinden.

(3) Die Kartellbehörde verlangt die Vorlage eines vollständigen Antrags auf Kronzeugenbehandlung, sobald ihr die Europäische Kommission mitgeteilt hat, dass sie den Fall weder insgesamt noch in Teilen weiterverfolgt, oder wenn weitere Angaben für die Abgrenzung oder die Zuweisung des Falles notwendig sind.

(4) Reicht der Antragsteller den vollständigen Antrag auf Kronzeugenbehandlung innerhalb der von der Kartellbehörde festgesetzten Frist ein, gilt der vollständige Antrag als zum Zeitpunkt des Eingangs des Kurzantrags vorgelegt, soweit der Kurzantrag dieselbe Tat, dieselben betroffenen Produkte, Gebiete und Kartellbeteiligten sowie dieselbe Dauer des Kartells erfasst wie der bei der Europäischen Kommission gestellte Antrag auf Kronzeugenbehandlung.

Abschnitt 3. Bußgeldverfahren

§ 82 Zuständigkeiten in Kartellbußgeldsachen. (1) Verwaltungsbehörden im Sinne des § 36 Absatz 1 Nummer 1 des Gesetzes über Ordnungswidrigkeiten sind

1. die Bundesnetzagentur als Markttransparenzstelle für Strom und Gas bei Ordnungswidrigkeiten nach § 81 Absatz 2 Nummer 2 Buchstabe c und d, Nummer 5a, 6, soweit ein Verstoß gegen § 47d Absatz 1 Satz 1 in Verbindung mit § 59 Absatz 2 oder Absatz 4 vorliegt, und Nummer 8, soweit ein Verstoß gegen § 47d Absatz 1 Satz 1 in Verbindung mit § 59a Absatz 2 vorliegt,

2. das Bundeskartellamt als Markttransparenzstelle für Kraftstoffe bei Ordnungswidrigkeiten nach § 81 Absatz 2 Nummer 5b, 6, soweit ein Verstoß gegen § 47k Absatz 7 in Verbindung mit § 59 Absatz 2 oder Absatz 4 vorliegt, und Nummer 8, soweit ein Verstoß gegen § 47k Absatz 7 in Verbindung mit § 59a Absatz 2 vorliegt, und

3. in den übrigen Fällen von § 81 das Bundeskartellamt und die nach Landesrecht zuständige oberste Landesbehörde jeweils für ihren Geschäftsbereich.

(2) ¹Die Kartellbehörde ist für Verfahren wegen der Festsetzung einer Geldbuße gegen eine juristische Person oder Personenvereinigung nach § 30 des Gesetzes über Ordnungswidrigkeiten in Fällen ausschließlich zuständig, denen

1. eine Straftat, die auch den Tatbestand des § 81 Absatz 1, 2 Nummer 1 und Absatz 3 verwirklicht, oder

2. eine vorsätzliche oder fahrlässige Ordnungswidrigkeit nach § 130 des Gesetzes über Ordnungswidrigkeiten, bei der eine mit Strafe bedrohte Pflichtverletzung auch den Tatbestand des § 81 Absatz 1, 2 Nummer 1 und Absatz 3 verwirklicht,

zugrunde liegt. ²Dies gilt nicht, wenn die Behörde das § 30 des Gesetzes über Ordnungswidrigkeiten betreffende Verfahren an die Staatsanwaltschaft abgibt. ³In den Fällen des Satzes 1 sollen sich die Staatsanwaltschaft und die Kartellbehörde gegenseitig frühzeitig über geplante Ermittlungsschritte mit Außenwirkung, insbesondere über Durchsuchungen, unterrichten.

§ 82a Befugnisse und Zuständigkeiten im Verfahren nach Einspruchseinlegung. (1) ¹Im Verfahren nach Einspruch gegen eine Bußgeldentscheidung ist § 69 Absatz 4 und 5 Satz 1 zweiter Halbsatz des Gesetzes über Ordnungswidrigkeiten nicht anzuwenden. ²Die Staatsanwaltschaft hat die Akten an das nach § 83 zuständige Gericht zu übersenden. ³Im gerichtlichen Bußgeldverfahren verfügt die Kartellbehörde über dieselben Rechte wie die Staatsanwaltschaft; im Verfahren vor dem Bundesgerichtshof vertritt allein der Generalbundesanwalt das öffentliche Interesse. ⁴§ 76 des Gesetzes über Ordnungswidrigkeiten ist nicht anzuwenden.

(2) ¹Sofern das Bundeskartellamt als Verwaltungsbehörde des Vorverfahrens tätig war, erfolgt die Vollstreckung der Geldbuße und des Geldbetrages, dessen Einziehung nach § 29a des Gesetzes über Ordnungswidrigkeiten angeordnet wurde, durch das Bundeskartellamt als Vollstreckungsbehörde aufgrund einer von dem Urkundsbeamten der Geschäftsstelle des Gerichts zu erteilenden, mit der Bescheinigung der Vollstreckbarkeit versehenen beglaubigten Abschrift der Urteilsformel entsprechend den Vorschriften über die Vollstreckung von Bußgeldbescheiden. ²Die Geldbußen und die Geldbeträge, deren Einziehung nach § 29a des Gesetzes über Ordnungswidrigkeiten angeordnet wurde, fließen der Bundeskasse zu, die auch die der Staatskasse auferlegten Kosten trägt.

§ 82b Besondere Ermittlungsbefugnisse. (1) ¹In Verfahren zur Festsetzung einer Geldbuße nach § 81 oder zur Festsetzung eines Haftungsbetrages nach § 81e sind über § 46 Absatz 2 des Gesetzes über Ordnungswidrigkeiten hinaus § 59 Absatz 1, 2, 3 Satz 1 und 2, Absatz 4 und 5 und im Rahmen von Durchsuchungen § 59b Absatz 3 Satz 1 und Absatz 5 Satz 2 und 3 entsprechend anzuwenden. ²§ 59 Absatz 4 Satz 2 ist bei Auskunftsverlangen und Herausgabeverlangen nach § 59 Absatz 1 und 2 oder Verlangen nach § 59b Absatz 3 Satz 1 Nummer 3 in Bezug auf natürliche Personen entsprechend anzuwenden.

(2) Absatz 1 Satz 2 und § 59 Absatz 1, 2, 3 Satz 1 und 2, Absatz 4 und 5 gelten für die Erteilung einer Auskunft oder die Herausgabe von Unterlagen an das Gericht entsprechend.

(3) ¹Schriftliche oder protokollierte Auskünfte, die aufgrund von Auskunftsverlangen nach Absatz 1 in Verbindung mit § 59 erteilt wurden, sowie Protokolle nach Absatz 1 in Verbindung mit § 59b Absatz 3 Satz 1 Nummer 3 können als Urkunden in das gerichtliche Verfahren eingebracht werden. ²§ 250 der Strafprozessordnung ist insoweit nicht anzuwenden.

§ 83 Zuständigkeit des Oberlandesgerichts im gerichtlichen Verfahren. (1) ¹Im gerichtlichen Verfahren wegen einer Ordnungswidrigkeit nach § 81 entscheidet das Oberlandesgericht, in dessen Bezirk die zuständige Kartellbehörde ihren Sitz hat; es entscheidet auch über einen Antrag auf gerichtliche Entscheidung (§ 62 des Gesetzes über Ordnungswidrigkeiten) in den Fällen des § 52 Absatz 2 Satz 3 und des § 69 Absatz 1 Satz 2 des Gesetzes über Ordnungswidrigkeiten sowie gegen Maßnahmen, die die Kartellbehörde während des gerichtlichen Bußgeldverfahrens getroffen hat. ²§ 140 Absatz 1 Nummer 1 der Strafprozessordnung in Verbindung mit § 46 Absatz 1 des Gesetzes über Ordnungswidrigkeiten findet keine Anwendung.

(2) Das Oberlandesgericht entscheidet in der Besetzung von drei Mitgliedern mit Einschluss des vorsitzenden Mitglieds.

§ 84 Rechtsbeschwerde zum Bundesgerichtshof. ¹Über die Rechtsbeschwerde (§ 79 des Gesetzes über Ordnungswidrigkeiten) entscheidet der Bundesgerichtshof. ²Hebt er die angefochtene Entscheidung auf, ohne in der Sache selbst zu entscheiden, so verweist er die Sache an das Oberlandesgericht, dessen Entscheidung aufgehoben wird, zurück.

§ 85 Wiederaufnahmeverfahren gegen Bußgeldbescheid. Im Wiederaufnahmeverfahren gegen den Bußgeldbescheid der Kartellbehörde (§ 85 Absatz 4 des Gesetzes über Ordnungswidrigkeiten) entscheidet das nach § 83 zuständige Gericht.

§ 86 Gerichtliche Entscheidungen bei der Vollstreckung. Die bei der Vollstreckung notwendig werdenden gerichtlichen Entscheidungen (§ 104 des Gesetzes über Ordnungswidrigkeiten) werden von dem nach § 83 zuständigen Gericht erlassen.

Kapitel 3. Vollstreckung

§ 86a Vollstreckung. ¹Die Kartellbehörde kann ihre Anordnungen nach den für die Vollstreckung von Verwaltungsmaßnahmen geltenden Vorschriften durchsetzen. ²Die Höhe des Zwangsgeldes gegen Unternehmen oder Unternehmensvereinigungen kann für jeden Tag des Verzugs ab dem in der Androhung bestimmten Zeitpunkt bis zu 5 Prozent des im vorausgegangenen Geschäftsjahr erzielten durchschnittlichen weltweiten Tagesgesamtumsatzes des Unternehmens oder der Unternehmensvereinigung betragen.

Kapitel 4. Bürgerliche Rechtsstreitigkeiten

§ 87 Ausschließliche Zuständigkeit der Landgerichte. ¹Für bürgerliche Rechtsstreitigkeiten, die die Anwendung von Vorschriften des Teils 1, des Artikels 101 oder 102 des Vertrages über die Arbeitsweise der Europäischen Union[1]) oder des Artikels 53 oder 54 des Abkommens über den Europäischen Wirtschaftsraum betreffen, sind ohne Rücksicht auf den Wert des Streitgegenstands die Landgerichte ausschließlich zuständig. ²Satz 1 gilt auch, wenn die Entscheidung eines Rechtsstreits ganz oder teilweise von einer Entscheidung, die nach diesem Gesetz zu treffen ist, oder von der Anwendbarkeit des Artikels 101 oder 102 des Vertrages über die Arbeitsweise der Europäischen Union[1]) oder des Artikels 53 oder 54 des Abkommens über den Europäischen Wirtschaftsraum abhängt.

§ 88 Klageverbindung. Mit der Klage nach § 87 kann die Klage wegen eines anderen Anspruchs verbunden werden, wenn dieser im rechtlichen oder unmittelbaren wirtschaftlichen Zusammenhang mit dem Anspruch steht, der bei dem nach § 87 zuständigen Gericht geltend zu machen ist; dies gilt auch dann, wenn für die Klage wegen des anderen Anspruchs eine ausschließliche Zuständigkeit gegeben ist.

---

[1]) Nr. 15.

§ 89 Zuständigkeit eines Landgerichts für mehrere Gerichtsbezirke.

(1) ¹Die Landesregierungen werden ermächtigt, durch Rechtsverordnung[1] bürgerliche Rechtsstreitigkeiten, für die nach § 87 ausschließlich die Landgerichte zuständig sind, einem Landgericht für die Bezirke mehrerer Landgerichte zuzuweisen, wenn eine solche Zusammenfassung der Rechtspflege in Kartellsachen, insbesondere der Sicherung einer einheitlichen Rechtsprechung, dienlich ist. ²Die Landesregierungen können die Ermächtigung auf die Landesjustizverwaltungen übertragen.

(2) Durch Staatsverträge zwischen Ländern kann die Zuständigkeit eines Landgerichts für einzelne Bezirke oder das gesamte Gebiet mehrerer Länder begründet werden.

(3) Die Parteien können sich vor den nach den Absätzen 1 und 2 bestimmten Gerichten auch anwaltlich durch Personen vertreten lassen, die bei dem Gericht zugelassen sind, vor das der Rechtsstreit ohne die Regelung nach den Absätzen 1 und 2 gehören würde.

§ 89a Streitwertanpassung, Kostenerstattung.

(1) ¹Macht in einer Rechtsstreitigkeit, in der ein Anspruch nach den §§ 33, 33a Absatz 1 oder § 34a geltend gemacht wird, eine Partei glaubhaft, dass die Belastung mit den Prozesskosten nach dem vollen Streitwert ihre wirtschaftliche Lage erheblich gefährden würde, so kann das Gericht auf ihren Antrag anordnen, dass die Verpflichtung dieser Partei zur Zahlung von Gerichtskosten sich nach einem ihrer Wirtschaftslage angepassten Teil des Streitwerts bemisst. ²Das Gericht kann die Anordnung davon abhängig machen, dass die Partei glaubhaft macht, dass die von ihr zu tragenden Kosten des Rechtsstreits weder unmittelbar noch mittelbar von einem Dritten übernommen werden. ³Die Anordnung hat zur Folge, dass die begünstigte Partei die Gebühren ihres Rechtsanwalts ebenfalls nur nach diesem Teil des Streitwerts zu entrichten hat. ⁴Soweit ihr Kosten des Rechtsstreits auferlegt werden oder soweit sie diese übernimmt, hat sie die von dem Gegner entrichteten Gerichtsgebühren und die Gebühren seines Rechtsanwalts nur nach dem Teil des Streitwerts zu erstatten. ⁵Soweit die außergerichtlichen Kosten dem Gegner auferlegt oder von ihm übernommen werden,

---

[1] Die Länder haben hierzu folgende Vorschriften erlassen:
- **Baden- Württemberg:** ZuVOJu v. 20.11.1998 (GBl. S. 680), zuletzt geänd. durch VO v. 26.11. 2020 (GBl. S. 1099)
- **Bayern:** GZVJu v. 11.6.2012 (GVBl. S. 295), zuletzt geänd. durch V v. 8.9.2021 (GVBl. S. 583)
- **Brandenburg:** GerZV v. 2.9.2014 (GVBl. II Nr. 62), zuletzt geänd. durch VO v. 28.9.2021 (GVBl. II Nr. 84)
- **Hessen:** JuZuV v. 3.6.2013 (GVBl. S. 386), zuletzt geänd. durch G v. 8.10.2020 (GVBl. S. 710)
- **Mecklenburg-Vorpommern:** KonzVO M-V v. 28.3.1994 (GVOBl. M-V S. 514), zuletzt geänd. durch VO v. 22.2.2018 (GVOBl. M-V S. 59)
- **Niedersachsen:** ZustVO-Justiz v. 18.12.2009 (Nds. GVBl. S. 506, ber. S. 283), zuletzt geänd. durch VO v. 12.1.2021 (Nds. GVBl. S. 12)
- **Nordrhein-Westfalen:** VO v. 30.8.2011 (GV. NRW. S. 469)
- **Rheinland-Pfalz:** LandesVO v. 22.11.1985 (GVBl. S. 267), zuletzt geänd. durch VO v. 27.11.2019 (GVBl. S. 345)
- **Sachsen:** SächsJOrgVO idF der Bek. v. 7.3.2016 (SächsGVBl. S. 103), zuletzt geänd. durch VO v. 2.12.2019 (SächsGVBl. S. 17)
- **Sachsen-Anhalt:** VO v. 1.9.1992 (GVBl. LSA S. 664), zuletzt geänd. durch VO v. 12.2.2021 (GVBl. LSA S. 57)
- **Schleswig-Holstein:** JZVO v. 15.11.2019 (GVOBl. Schl.-H. S. 546, 548), geänd. durch VO v. 7.12.2020 (GVOBl. Schl.-H. S. 994)

Kapitel 4. Bürgerliche Rechtsstreitigkeiten §89b GWB 14

kann der Rechtsanwalt der begünstigten Partei seine Gebühren von dem Gegner nach dem für diesen geltenden Streitwert beitreiben.

(2) ¹Der Antrag nach Absatz 1 kann vor der Geschäftsstelle des Gerichts zur Niederschrift erklärt werden. ²Er ist vor der Verhandlung zur Hauptsache anzubringen. ³Danach ist er nur zulässig, wenn der angenommene oder festgesetzte Streitwert später durch das Gericht heraufgesetzt wird. ⁴Vor der Entscheidung über den Antrag ist der Gegner zu hören.

(3) ¹Ist in einer Rechtsstreitigkeit, in der ein Anspruch nach § 33a Absatz 1 geltend gemacht wird, ein Nebenintervenient einer Hauptpartei beigetreten, hat der Gegner, soweit ihm Kosten des Rechtsstreits auferlegt werden oder soweit er sie übernimmt, die Rechtsanwaltskosten der Nebenintervention nur nach dem Gegenstandswert zu erstatten, den das Gericht nach freiem Ermessen festsetzt. ²Bei mehreren Nebeninterventionen darf die Summe der Gegenstandswerte der einzelnen Nebeninterventionen den Streitwert der Hauptsache nicht übersteigen.

§ 89b Verfahren. (1) Für die Erteilung von Auskünften gemäß § 33g gilt § 142 der Zivilprozessordnung entsprechend.

(2) § 142 Absatz 2 der Zivilprozessordnung findet mit der Maßgabe Anwendung, dass sich die Zumutbarkeit nach § 33g Absatz 3 bis 6 bestimmt.

(3) ¹Über den Anspruch nach § 33g Absatz 1 oder 2 kann das Gericht durch Zwischenurteil entscheiden, wenn er in dem Rechtsstreit über den Anspruch auf Ersatz des Schadens nach § 33a Absatz 1 gegen die andere Partei erhoben wird. ²Ergeht ein Zwischenurteil, so ist es in Betreff der Rechtsmittel als Endurteil anzusehen.

(4) Das Gericht kann den Rechtsstreit über den auf Schadensersatz gerichteten Anspruch nach § 33a Absatz 1 auf Antrag aussetzen

1. bis zur Erledigung des wegen des Anspruchs nach § 33g Absatz 1 oder 2 geführten Rechtsstreits oder
2. für einen Zeitraum von bis zu zwei Jahren, wenn und solange die Parteien sich an einem Verfahren beteiligen, das zum Ziel hat, den Rechtsstreit über den Schadensersatzanspruch außergerichtlich beizulegen.

(5) ¹Gegen denjenigen, dessen Verstoß gegen eine Vorschrift des Teils 1 oder gegen Artikel 101 oder 102 des Vertrages über die Arbeitsweise der Europäischen Union¹⁾ durch eine gemäß § 33b bindende Entscheidung der Wettbewerbsbehörde festgestellt wurde, kann die Herausgabe dieser Entscheidung der Wettbewerbsbehörde bei Vorliegen der Voraussetzungen des § 33g im Wege der einstweiligen Verfügung auch ohne die Darlegung und Glaubhaftmachung der in den §§ 935 und 940 der Zivilprozessordnung bezeichneten Voraussetzungen angeordnet werden. ²Eine Anordnung nach Satz 1 setzt keine Eilbedürftigkeit voraus. ³Der Antragsgegner ist vor der Anordnung anzuhören.

(6) ¹Auf Antrag kann das Gericht nach Anhörung der Betroffenen durch Beschluss die Offenlegung von Beweismitteln oder die Erteilung von Auskünften anordnen, deren Geheimhaltung aus wichtigen Gründen verlangt wird oder deren Offenlegung beziehungsweise Erteilung nach § 33g Absatz 6 verweigert wird, soweit

---

¹⁾ Nr. **15**.

1. es diese für die Durchsetzung eines Anspruchs nach § 33a Absatz 1 oder die Verteidigung gegen diesen Anspruch als sachdienlich erachtet und
2. nach Abwägung aller Umstände des Einzelfalles das Interesse des Anspruchstellers an der Offenlegung das Interesse des Betroffenen an der Geheimhaltung überwiegt.

²Der Beschluss ist zu begründen. ³Gegen den Beschluss findet sofortige Beschwerde statt.

(7) ¹Das Gericht trifft die erforderlichen Maßnahmen, um den im Einzelfall gebotenen Schutz von Betriebs- und Geschäftsgeheimnissen und anderen vertraulichen Informationen zu gewährleisten. ²Insbesondere kann das Gericht einen öffentlich bestellten Sachverständigen mit einem Gutachten zu dem erforderlichen Umfang des im Einzelfall gebotenen Schutzes beauftragen, sofern dieser Sachverständige berufsrechtlich zur Verschwiegenheit verpflichtet worden ist.

(8) ¹Auf begründeten Antrag einer Partei in einem Rechtsstreit über den Anspruch nach § 33a Absatz 1, § 33g Absatz 1 oder 2 prüft das Gericht die ihm aufgrund des Anspruchs nach § 33g Absatz 4 allein zum Zweck der Prüfung vorgelegten Beweismittel darauf, ob sie Kronzeugenerklärungen oder Vergleichsausführungen, die nicht zurückgezogen wurden, enthalten. ²Das Gericht legt die Beweismittel den Parteien vor, soweit
1. sie keine Kronzeugenerklärungen oder Vergleichsausführungen, die nicht zurückgezogen wurden, enthalten und
2. im Übrigen die Voraussetzungen für die Herausgabe nach § 33g vorliegen.

³Hierüber entscheidet das Gericht durch Beschluss. ⁴Vor Beschlüssen nach diesem Absatz ist die Wettbewerbsbehörde anzuhören, gegenüber der die Kronzeugenerklärung oder Vergleichsausführung abgegeben worden ist. ⁵Die Mitglieder des Gerichts sind zur Geheimhaltung verpflichtet; die Entscheidungsgründe dürfen den Inhalt der geheim gehaltenen Beweismittel nicht erkennen lassen. ⁶Gegen Beschlüsse nach diesem Absatz findet sofortige Beschwerde statt.

§ 89c Offenlegung aus der Behördenakte. (1) ¹In einem Rechtsstreit wegen eines Anspruchs nach § 33a Absatz 1 oder nach § 33g Absatz 1 oder 2 kann das Gericht auf Antrag einer Partei bei der Wettbewerbsbehörde die Vorlegung von Urkunden und Gegenständen ersuchen, die sich in deren Akten zu einem Verfahren befinden oder in einem Verfahren amtlich verwahrt werden, wenn der Antragsteller glaubhaft macht, dass er
1. einen Anspruch auf Schadensersatz nach § 33a Absatz 1 gegen eine andere Partei hat und
2. die in der Akte vermuteten Informationen nicht mit zumutbarem Aufwand von einer anderen Partei oder einem Dritten erlangen kann.

²Das Gericht entscheidet über den Antrag durch Beschluss. ³Gegen den Beschluss findet sofortige Beschwerde statt.

(2) ¹Das Gericht kann dem Antragsteller die vorgelegten Urkunden und Gegenstände zugänglich machen oder ihm Auskünfte daraus erteilen, soweit
1. es seinem Antrag entspricht,

Kapitel 4. Bürgerliche Rechtsstreitigkeiten § 89c GWB 14

2. die Tatsachen oder Beweismittel zur Erhebung eines Anspruchs nach § 33a Absatz 1 oder zur Verteidigung gegen diesen Anspruch erforderlich sind und
3. die Zugänglichmachung oder Auskunftserteilung nicht unverhältnismäßig ist.

[2] Das Gericht hat von der Offenlegung Betroffene und die Wettbewerbsbehörde vor der Zugänglichmachung oder Auskunftserteilung anzuhören. [3] Tatsachen und Beweismittel, deren Geheimhaltung aus wichtigen Gründen verlangt wird, sind von der Zugänglichmachung oder Auskunftserteilung auszunehmen. [4] § 89b Absatz 6 findet entsprechende Anwendung.

(3) [1] Das Ersuchen nach Absatz 1 oder um die Erteilung amtlicher Auskünfte von der Wettbewerbsbehörde ist ausgeschlossen, soweit es unverhältnismäßig ist. [2] Bei der Entscheidung über das Ersuchen nach Absatz 1, über das Ersuchen um die Erteilung amtlicher Auskünfte von der Wettbewerbsbehörde sowie über die Zugänglichmachung oder Auskunftserteilung nach Absatz 2 berücksichtigt das Gericht neben § 33g Absatz 3 insbesondere auch

1. die Bestimmtheit des Antrags hinsichtlich der in der Akte der Wettbewerbsbehörde erwarteten Beweismittel nach deren Art, Gegenstand und Inhalt,
2. die Anhängigkeit des Anspruchs nach § 33a Absatz 1,
3. die Wirksamkeit der öffentlichen Durchsetzung des Kartellrechts, insbesondere den Einfluss der Offenlegung auf laufende Verfahren und auf die Funktionsfähigkeit von Kronzeugenprogrammen und Vergleichsverfahren.

(4) [1] Die Wettbewerbsbehörde kann die Vorlegung von Urkunden und Gegenständen, die sich in ihren Akten zu einem Verfahren befinden oder in einem Verfahren amtlich verwahrt werden, ablehnen, soweit sie Folgendes enthalten:

1. Kronzeugenerklärungen,
2. Vergleichsausführungen, die nicht zurückgezogen wurden,
3. interne Vermerke der Behörden oder
4. Kommunikation der Wettbewerbsbehörden untereinander oder mit der Generalstaatsanwaltschaft am Sitz des für die Wettbewerbsbehörde zuständigen Oberlandesgerichts oder dem Generalbundesanwalt beim Bundesgerichtshof.

[2] § 33g Absatz 5 und § 89b Absatz 8 finden entsprechende Anwendung; letztere Regelung mit der Maßgabe, dass sie auch für die Überprüfung von Urkunden und Gegenständen im Sinne des Satzes 1 Nummer 3 und 4 gilt.

(5) [1] Die §§ 406e und 475 der Strafprozessordnung finden neben den Absätzen 1 bis 3 keine Anwendung, soweit die Einsicht in die kartellbehördliche Akte oder die Auskunft der Erhebung eines Schadensersatzanspruchs wegen eines Verstoßes nach § 33 Absatz 1 oder der Vorbereitung dieser Erhebung dienen soll. [2] Das Recht, aufgrund dieser Vorschriften Einsicht in Bußgeldbescheide zu begehren, die eine Kartellbehörde erlassen hat, bleibt unberührt. [3] § 33g Absatz 1 und 2 findet keine Anwendung auf Wettbewerbsbehörden, die im Besitz von Beweismitteln sind.

(6) [1] Die Regelungen der Absätze 1 bis 5 gelten entsprechend für Behörden und Gerichte, die Akten, Bestandteile oder Kopien von Akten einer Wettbewerbsbehörde in ihren Akten haben. [2] Die Wettbewerbsbehörde, die die Akte führt oder geführt hat, ist nach Absatz 2 Satz 2 zu beteiligen.

§ 89d Beweisregeln. (1) Beweismittel, die allein durch Einsicht in die Akten einer Wettbewerbsbehörde oder nach § 89c erlangt worden sind, können nur Beweis für Tatsachen in einem Rechtsstreit über einen Anspruch auf Schadensersatz wegen eines Verstoßes nach § 33 Absatz 1 erbringen, wenn derjenige, dem die Einsicht gewährt worden ist, oder dessen Rechtsnachfolger Partei in dem Rechtsstreit ist.

(2) Kronzeugenerklärungen und Vergleichsausführungen, die allein durch Einsicht in die Akten einer Behörde oder eines Gerichts oder nach § 89c erlangt worden sind, können keinen Beweis für Tatsachen in einem Rechtsstreit über einen Anspruch auf Schadensersatz wegen eines Verstoßes nach § 33 Absatz 1 erbringen.

(3) Beweismittel im Sinne von § 33g Absatz 5, die allein durch Einsicht in die Akten einer Behörde oder eines Gerichts oder nach § 89c erlangt worden sind, können keinen Beweis für Tatsachen in einem Rechtsstreit über einen Anspruch auf Schadensersatz wegen eines Verstoßes nach § 33 Absatz 1 erbringen, bis die Wettbewerbsbehörde ihr Verfahren vollständig durch Erlass einer Entscheidung oder in anderer Weise gegen jeden Beteiligten beendet hat.

(4) [1]Die §§ 142, 144, § 371 Absatz 2, § 371a Absatz 1 Satz 1, die §§ 421, 422, 428, 429 und 432 der Zivilprozessordnung finden in einem Rechtsstreit über einen Anspruch auf Schadensersatz wegen eines Verstoßes nach § 33 Absatz 1 oder über einen Anspruch nach § 33g Absatz 1 oder Absatz 2 nur Anwendung, soweit in Bezug auf die vorzulegende Urkunde oder den vorzulegenden Gegenstand auch ein Anspruch auf Herausgabe von Beweismitteln nach § 33g gegen den zur Vorlage Verpflichteten besteht, es sei denn, es besteht ein vertraglicher Anspruch auf Vorlage gegen den Verpflichteten. [2]Satz 1 gilt entsprechend für die Vorlage durch Behörden bei Urkunden und Gegenständen, die sich in der Akte einer Wettbewerbsbehörde befinden oder in einem Verfahren amtlich verwahrt werden, mit der Maßgabe, dass in Bezug auf das betreffende Beweismittel auch die Voraussetzungen für eine Vorlage nach § 89c Absatz 1 bis 4 und 6 vorliegen müssen.

§ 89e Gemeinsame Vorschriften für die §§ 33g und 89b bis 89d.

(1) Wettbewerbsbehörden im Sinne der §§ 33g und 89b bis 89d sind

1. das Bundeskartellamt,
2. die nach Landesrecht zuständigen obersten Landesbehörden,
3. die Europäische Kommission und
4. die Wettbewerbsbehörden anderer Mitgliedstaaten der Europäischen Union.

(2) [1]Absatz 1 sowie die §§ 33g, 89b bis 89d finden entsprechende Anwendung auf die Durchsetzung von Schadensersatzansprüchen oder Verteidigung gegen Schadensersatzansprüche wegen Zuwiderhandlungen gegen Bestimmungen des nationalen Rechts eines anderen Mitgliedstaates der Europäischen Union,

1. mit denen überwiegend das gleiche Ziel verfolgt wird wie mit den Artikeln 101 und 102 des Vertrages über die Arbeitsweise der Europäischen Union[1]) und

---

[1]) Nr. **15**.

Kapitel 5. Gemeinsame Bestimmungen § 90 GWB 14

2. die nach Artikel 3 Absatz 1 der Verordnung (EG) Nr. 1/2003[1)] auf denselben Fall und parallel zum Wettbewerbsrecht der Europäischen Union angewandt werden.

[2)]Davon ausgenommen sind nationale Rechtsvorschriften, mit denen natürlichen Personen strafrechtliche Sanktionen auferlegt werden, es sei denn, solche strafrechtlichen Sanktionen dienen als Mittel, um das für Unternehmen geltende Wettbewerbsrecht durchzusetzen.

Kapitel 5. Gemeinsame Bestimmungen
§ 90 Benachrichtigung und Beteiligung der Kartellbehörden.

(1) [1)]Die deutschen Gerichte unterrichten das Bundeskartellamt über alle Rechtsstreitigkeiten, deren Entscheidung ganz oder teilweise von der Anwendung der Vorschriften dieses Gesetzes, von einer Entscheidung, die nach diesen Vorschriften zu treffen ist, oder von der Anwendung von Artikel 101 oder 102 des Vertrages über die Arbeitsweise der Europäischen Union[2)] oder von Artikel 53 oder 54 des Abkommens über den europäischen Wirtschaftsraum abhängt. [2)]Dies gilt auch in den Fällen einer entsprechenden Anwendung der genannten Vorschriften. [3] Satz 1 gilt nicht für Rechtsstreitigkeiten über Entscheidungen nach § 42. [4]Das Gericht hat dem Bundeskartellamt auf Verlangen Abschriften von allen Schriftsätzen, Protokollen, Verfügungen und Entscheidungen zu übersenden.

(2) [1)]Der Präsident des Bundeskartellamts kann, wenn er es zur Wahrung des öffentlichen Interesses als angemessen erachtet, aus den Mitgliedern des Bundeskartellamts eine Vertretung bestellen, die befugt ist, dem Gericht schriftliche Erklärungen abzugeben, auf Tatsachen und Beweismittel hinzuweisen, den Terminen beizuwohnen, in ihnen Ausführungen zu machen und Fragen an Parteien, Zeugen und Sachverständige zu richten. [2)]Schriftliche Erklärungen der vertretenden Person sind den Parteien von dem Gericht mitzuteilen.

(3) Reicht die Bedeutung des Rechtsstreits nicht über das Gebiet eines Landes hinaus, so tritt im Rahmen des Absatzes 1 Satz 4 und des Absatzes 2 die oberste Landesbehörde an die Stelle des Bundeskartellamts.

(4) Die Absätze 1 und 2 gelten entsprechend für Rechtsstreitigkeiten, die die Durchsetzung eines nach § 30 gebundenen Preises gegenüber einem gebundenen Abnehmer oder einem anderen Unternehmen zum Gegenstand haben.

(5) [1)]Das Bundeskartellamt kann auf Antrag eines Gerichts, das über einen Schadensersatzanspruch nach § 33a Absatz 1 Satz 1 zu entscheiden hat, eine Stellungnahme zur Höhe des Schadens abgeben, der durch den Verstoß entstanden ist. [2)]Die Rechte des Präsidenten des Bundeskartellamts nach Absatz 2 bleiben unberührt.

(6) [1)]Absatz 1 Satz 4 und Absatz 2 gelten entsprechend für Streitigkeiten vor Gericht, die erhebliche, dauerhafte oder wiederholte Verstöße gegen verbraucherrechtliche Vorschriften zum Gegenstand haben, die nach ihrer Art oder ihrem Umfang die Interessen einer Vielzahl von Verbraucherinnen und Verbrauchern beeinträchtigen. [2)]Dies gilt nicht, wenn die Durchsetzung der Vorschriften nach Satz 1 in die Zuständigkeit anderer Bundesbehörden fällt.

[1)] Nr. **16**.
[2)] Nr. **15**.

§ 90a Zusammenarbeit der Gerichte mit der Europäischen Kommission und den Kartellbehörden. (1) ¹In allen gerichtlichen Verfahren, in denen der Artikel 101 oder 102 des Vertrages über die Arbeitsweise der Europäischen Union[1] zur Anwendung kommt, übermittelt das Gericht der Europäischen Kommission über das Bundeskartellamt eine Abschrift jeder Entscheidung unverzüglich nach deren Zustellung an die Parteien. ²Das Bundeskartellamt darf der Europäischen Kommission die Unterlagen übermitteln, die es nach § 90 Absatz 1 Satz 4 erhalten hat.

(2) ¹Die Europäische Kommission kann in Verfahren nach Absatz 1 aus eigener Initiative dem Gericht schriftliche Stellungnahmen übermitteln. ²Das Gericht übermittelt der Europäischen Kommission alle zur Beurteilung des Falls notwendigen Schriftstücke, wenn diese darum nach Artikel 15 Absatz 3 Satz 5 der Verordnung (EG) Nr. 1/2003[2] ersucht. ³Das Gericht übermittelt dem Bundeskartellamt und den Parteien eine Kopie einer Stellungnahme der Europäischen Kommission nach Artikel 15 Absatz 3 Satz 3 der Verordnung (EG) Nr. 1/2003. ⁴Die Europäische Kommission kann in der mündlichen Verhandlung auch mündlich Stellung nehmen.

(3) ¹Das Gericht kann in Verfahren nach Absatz 1 die Europäische Kommission um die Übermittlung ihr vorliegender Informationen oder um Stellungnahmen zu Fragen bitten, die die Anwendung des Artikels 101 oder 102 des Vertrages über die Arbeitsweise der Europäischen Union[1] betreffen. ²Das Gericht unterrichtet die Parteien über ein Ersuchen nach Satz 1 und übermittelt diesen und dem Bundeskartellamt eine Kopie der Antwort der Europäischen Kommission.

(4) In den Fällen der Absätze 2 und 3 kann der Geschäftsverkehr zwischen dem Gericht und der Europäischen Kommission auch über das Bundeskartellamt erfolgen.

§ 91 Kartellsenat beim Oberlandesgericht. ¹Bei den Oberlandesgerichten wird ein Kartellsenat gebildet. ²Er entscheidet über die ihm gemäß § 57 Absatz 2 Satz 2, § 73 Absatz 4, §§ 83, 85 und 86 zugewiesenen Rechtssachen sowie über die Berufung gegen Endurteile und die Beschwerde gegen sonstige Entscheidungen in bürgerlichen Rechtsstreitigkeiten nach § 87.

§ 92 Zuständigkeit eines Oberlandesgerichts oder des Obersten Landesgerichts für mehrere Gerichtsbezirke in Verwaltungs- und Bußgeldsachen. (1) ¹Sind in einem Land mehrere Oberlandesgerichte errichtet, so können die Rechtssachen, für die nach § 57 Absatz 2 Satz 2, § 73 Absatz 4, §§ 83, 85 und 86 ausschließlich die Oberlandesgerichte zuständig sind, von den Landesregierungen durch Rechtsverordnung einem oder einigen der Oberlandesgerichte oder dem Obersten Landesgericht zugewiesen werden, wenn eine solche Zusammenfassung der Rechtspflege in Kartellsachen, insbesondere der Sicherung einer einheitlichen Rechtsprechung, dienlich ist. ²Die Landesregierungen können die Ermächtigung auf die Landesjustizverwaltungen übertragen.

---

[1] Nr. 15.
[2] Nr. 16.

(2) Durch Staatsverträge zwischen Ländern kann die Zuständigkeit eines Oberlandesgerichts oder Obersten Landesgerichts für einzelne Bezirke oder das gesamte Gebiet mehrerer Länder begründet werden.

§ 93 Zuständigkeit für Berufung und Beschwerde. § 92 Absatz 1 und 2 gilt entsprechend für die Entscheidung über die Berufung gegen Endurteile und die Beschwerde gegen sonstige Entscheidungen in bürgerlichen Rechtsstreitigkeiten nach § 87.

§ 94 Kartellsenat beim Bundesgerichtshof. (1) Beim Bundesgerichtshof wird ein Kartellsenat gebildet; er entscheidet im ersten und letzten Rechtszug über die in § 73 Absatz 5 genannten Verfügungen des Bundeskartellamts und über folgende Rechtsmittel:

1. in Verwaltungssachen über die Rechtsbeschwerde gegen Entscheidungen der Oberlandesgerichte (§§ 77, 79, 80) und über die Nichtzulassungsbeschwerde (§ 78);
2. in Bußgeldverfahren über die Rechtsbeschwerde gegen Entscheidungen der Oberlandesgerichte (§ 84);
3. in bürgerlichen Rechtsstreitigkeiten nach § 87
   a) über die Revision einschließlich der Nichtzulassungsbeschwerde gegen Endurteile der Oberlandesgerichte,
   b) über die Sprungrevision gegen Endurteile der Landgerichte,
   c) über die Rechtsbeschwerde gegen Beschlüsse der Oberlandesgerichte in den Fällen des § 574 Absatz 1 der Zivilprozessordnung.

(2) Der Kartellsenat gilt im Sinne des § 132 des Gerichtsverfassungsgesetzes in Bußgeldsachen als Strafsenat, in allen übrigen Sachen als Zivilsenat.

§ 95 Ausschließliche Zuständigkeit. Die Zuständigkeit der nach diesem Gesetz zur Entscheidung berufenen Gerichte ist ausschließlich.

§ 96 (weggefallen)

Teil 4. Vergabe von öffentlichen Aufträgen und Konzessionen
Kapitel 1. Vergabeverfahren
Erster Abschnitt. Grundsätze, Definitionen und Anwendungsbereich

§ 97 Grundsätze der Vergabe. (1) [1]Öffentliche Aufträge und Konzessionen werden im Wettbewerb und im Wege transparenter Verfahren vergeben. [2]Dabei werden die Grundsätze der Wirtschaftlichkeit und der Verhältnismäßigkeit gewahrt.

(2) Die Teilnehmer an einem Vergabeverfahren sind gleich zu behandeln, es sei denn, eine Ungleichbehandlung ist aufgrund dieses Gesetzes ausdrücklich geboten oder gestattet.

(3) Bei der Vergabe werden Aspekte der Qualität und der Innovation sowie soziale und umweltbezogene Aspekte nach Maßgabe dieses Teils berücksichtigt.

(4) [1]Mittelständische Interessen sind bei der Vergabe öffentlicher Aufträge vornehmlich zu berücksichtigen. [2]Leistungen sind in der Menge aufgeteilt (Teillose) und getrennt nach Art oder Fachgebiet (Fachlose) zu vergeben. [3]Mehrere Teil- oder Fachlose dürfen zusammen vergeben werden, wenn wirt-

schaftliche oder technische Gründe dies erfordern. ⁴Wird ein Unternehmen, das nicht öffentlicher Auftraggeber oder Sektorenauftraggeber ist, mit der Wahrnehmung oder Durchführung einer öffentlichen Aufgabe betraut, verpflichtet der öffentliche Auftraggeber oder Sektorenauftraggeber das Unternehmen, sofern es Unteraufträge vergibt, nach den Sätzen 1 bis 3 zu verfahren.

(5) Für das Senden, Empfangen, Weiterleiten und Speichern von Daten in einem Vergabeverfahren verwenden Auftraggeber und Unternehmen grundsätzlich elektronische Mittel nach Maßgabe der aufgrund des § 113 erlassenen Verordnungen.

(6) Unternehmen haben Anspruch darauf, dass die Bestimmungen über das Vergabeverfahren eingehalten werden.

§ 98 Auftraggeber. Auftraggeber im Sinne dieses Teils sind öffentliche Auftraggeber im Sinne des § 99, Sektorenauftraggeber im Sinne des § 100 und Konzessionsgeber im Sinne des § 101.

§ 99 Öffentliche Auftraggeber. Öffentliche Auftraggeber sind

1. Gebietskörperschaften sowie deren Sondervermögen,
2. andere juristische Personen des öffentlichen und des privaten Rechts, die zu dem besonderen Zweck gegründet wurden, im Allgemeininteresse liegende Aufgaben nichtgewerblicher Art zu erfüllen, sofern

    a) sie überwiegend von Stellen nach Nummer 1 oder 3 einzeln oder gemeinsam durch Beteiligung oder auf sonstige Weise finanziert werden,

    b) ihre Leitung der Aufsicht durch Stellen nach Nummer 1 oder 3 unterliegt oder

    c) mehr als die Hälfte der Mitglieder eines ihrer zur Geschäftsführung oder zur Aufsicht berufenen Organe durch Stellen nach Nummer 1 oder 3 bestimmt worden sind;

    dasselbe gilt, wenn diese juristische Person einer anderen juristischen Person des öffentlichen oder privaten Rechts einzeln oder gemeinsam mit anderen die überwiegende Finanzierung gewährt, über deren Leitung die Aufsicht ausübt oder die Mehrheit der Mitglieder eines zur Geschäftsführung oder Aufsicht berufenen Organs bestimmt hat,

3. Verbände, deren Mitglieder unter Nummer 1 oder 2 fallen,
4. natürliche oder juristische Personen des privaten Rechts sowie juristische Personen des öffentlichen Rechts, soweit sie nicht unter Nummer 2 fallen, in den Fällen, in denen sie für Tiefbaumaßnahmen, für die Errichtung von Krankenhäusern, Sport-, Erholungs- oder Freizeiteinrichtungen, Schul-, Hochschul- oder Verwaltungsgebäuden oder für damit in Verbindung stehende Dienstleistungen und Wettbewerbe von Stellen, die unter die Nummern 1, 2 oder 3 fallen, Mittel erhalten, mit denen diese Vorhaben zu mehr als 50 Prozent subventioniert werden.

§ 100 Sektorenauftraggeber. (1) Sektorenauftraggeber sind

1. öffentliche Auftraggeber gemäß § 99 Nummer 1 bis 3, die eine Sektorentätigkeit gemäß § 102 ausüben,
2. natürliche oder juristische Personen des privaten Rechts, die eine Sektorentätigkeit gemäß § 102 ausüben, wenn

a) diese Tätigkeit auf der Grundlage von besonderen oder ausschließlichen Rechten ausgeübt wird, die von einer zuständigen Behörde gewährt wurden, oder
b) öffentliche Auftraggeber gemäß § 99 Nummer 1 bis 3 auf diese Personen einzeln oder gemeinsam einen beherrschenden Einfluss ausüben können.

(2) ¹Besondere oder ausschließliche Rechte im Sinne von Absatz 1 Nummer 2 Buchstabe a sind Rechte, die dazu führen, dass die Ausübung dieser Tätigkeit einem oder mehreren Unternehmen vorbehalten wird und dass die Möglichkeit anderer Unternehmen, diese Tätigkeit auszuüben, erheblich beeinträchtigt wird. ²Keine besonderen oder ausschließlichen Rechte in diesem Sinne sind Rechte, die aufgrund eines Verfahrens nach den Vorschriften dieses Teils oder aufgrund eines sonstigen Verfahrens gewährt wurden, das angemessen bekannt gemacht wurde und auf objektiven Kriterien beruht.

(3) Die Ausübung eines beherrschenden Einflusses im Sinne von Absatz 1 Nummer 2 Buchstabe b wird vermutet, wenn ein öffentlicher Auftraggeber gemäß § 99 Nummer 1 bis 3
1. unmittelbar oder mittelbar die Mehrheit des gezeichneten Kapitals des Unternehmens besitzt,
2. über die Mehrheit der mit den Anteilen am Unternehmen verbundenen Stimmrechte verfügt oder
3. mehr als die Hälfte der Mitglieder des Verwaltungs-, Leitungs- oder Aufsichtsorgans des Unternehmens bestellen kann.

§ 101 Konzessionsgeber. (1) Konzessionsgeber sind
1. öffentliche Auftraggeber gemäß § 99 Nummer 1 bis 3, die eine Konzession vergeben,
2. Sektorenauftraggeber gemäß § 100 Absatz 1 Nummer 1, die eine Sektorentätigkeit gemäß § 102 Absatz 2 bis 6 ausüben und eine Konzession zum Zweck der Ausübung dieser Tätigkeit vergeben,
3. Sektorenauftraggeber gemäß § 100 Absatz 1 Nummer 2, die eine Sektorentätigkeit gemäß § 102 Absatz 2 bis 6 ausüben und eine Konzession zum Zweck der Ausübung dieser Tätigkeit vergeben.

(2) § 100 Absatz 2 und 3 gilt entsprechend.

§ 102 Sektorentätigkeiten. (1) ¹Sektorentätigkeiten im Bereich Wasser sind
1. die Bereitstellung oder das Betreiben fester Netze zur Versorgung der Allgemeinheit im Zusammenhang mit der Gewinnung, der Fortleitung und der Abgabe von Trinkwasser,
2. die Einspeisung von Trinkwasser in diese Netze.

²Als Sektorentätigkeiten gelten auch Tätigkeiten nach Satz 1, die im Zusammenhang mit Wasserbau-, Bewässerungs- oder Entwässerungsvorhaben stehen, sofern die zur Trinkwasserversorgung bestimmte Wassermenge mehr als 20 Prozent der Gesamtwassermenge ausmacht, die mit den entsprechenden Vorhaben oder Bewässerungs- oder Entwässerungsanlagen zur Verfügung gestellt wird oder die im Zusammenhang mit der Abwasserbeseitigung oder -behandlung steht. ³Die Einspeisung von Trinkwasser in feste Netze zur Versorgung der Allgemeinheit durch einen Sektorenauftraggeber nach § 100 Absatz 1

Nummer 2 gilt nicht als Sektorentätigkeit, sofern die Erzeugung von Trinkwasser durch den betreffenden Auftraggeber erfolgt, weil dessen Verbrauch für die Ausübung einer Tätigkeit erforderlich ist, die keine Sektorentätigkeit nach den Absätzen 1 bis 4 ist, und die Einspeisung in das öffentliche Netz nur von dem Eigenverbrauch des betreffenden Auftraggebers abhängt und bei Zugrundelegung des Durchschnitts der letzten drei Jahre einschließlich des laufenden Jahres nicht mehr als 30 Prozent der gesamten Trinkwassererzeugung des betreffenden Auftraggebers ausmacht.

(2) Sektorentätigkeiten im Bereich Elektrizität sind

1. die Bereitstellung oder das Betreiben fester Netze zur Versorgung der Allgemeinheit im Zusammenhang mit der Erzeugung, der Fortleitung und der Abgabe von Elektrizität,
2. die Einspeisung von Elektrizität in diese Netze, es sei denn,
    a) die Elektrizität wird durch den Sektorenauftraggeber nach § 100 Absatz 1 Nummer 2 erzeugt, weil ihr Verbrauch für die Ausübung einer Tätigkeit erforderlich ist, die keine Sektorentätigkeit nach den Absätzen 1 bis 4 ist, und
    b) die Einspeisung hängt nur von dem Eigenverbrauch des Sektorenauftraggebers ab und macht bei Zugrundelegung des Durchschnitts der letzten drei Jahre einschließlich des laufenden Jahres nicht mehr als 30 Prozent der gesamten Energieerzeugung des Sektorenauftraggebers aus.

(3) Sektorentätigkeiten im Bereich von Gas und Wärme sind

1. die Bereitstellung oder das Betreiben fester Netze zur Versorgung der Allgemeinheit im Zusammenhang mit der Erzeugung, der Fortleitung und der Abgabe von Gas und Wärme,
2. die Einspeisung von Gas und Wärme in diese Netze, es sei denn,
    a) die Erzeugung von Gas oder Wärme durch den Sektorenauftraggeber nach § 100 Absatz 1 Nummer 2 ergibt sich zwangsläufig aus der Ausübung einer Tätigkeit, die keine Sektorentätigkeit nach den Absätzen 1 bis 4 ist, und
    b) die Einspeisung zielt nur darauf ab, diese Erzeugung wirtschaftlich zu nutzen und macht bei Zugrundelegung des Durchschnitts der letzten drei Jahre einschließlich des laufenden Jahres nicht mehr als 20 Prozent des Umsatzes des Sektorenauftraggebers aus.

(4) Sektorentätigkeiten im Bereich Verkehrsleistungen sind die Bereitstellung oder das Betreiben von Netzen zur Versorgung der Allgemeinheit mit Verkehrsleistungen per Eisenbahn, automatischen Systemen, Straßenbahn, Trolleybus, Bus oder Seilbahn; ein Netz gilt als vorhanden, wenn die Verkehrsleistung gemäß den von einer zuständigen Behörde festgelegten Bedingungen erbracht wird; dazu gehören die Festlegung der Strecken, die Transportkapazitäten und die Fahrpläne.

(5) Sektorentätigkeiten im Bereich Häfen und Flughäfen sind Tätigkeiten im Zusammenhang mit der Nutzung eines geografisch abgegrenzten Gebiets mit dem Zweck, für Luft-, See- oder Binnenschifffahrtsverkehrsunternehmen Flughäfen, See- oder Binnenhäfen oder andere Terminaleinrichtungen bereitzustellen.

(6) Sektorentätigkeiten im Bereich fossiler Brennstoffe sind Tätigkeiten zur Nutzung eines geografisch abgegrenzten Gebiets zum Zweck

Kapitel 1. Vergabeverfahren § 103 GWB 14

1. der Förderung von Öl oder Gas oder
2. der Exploration oder Förderung von Kohle oder anderen festen Brennstoffen.

(7) [1] Für die Zwecke der Absätze 1 bis 3 umfasst der Begriff „Einspeisung" die Erzeugung und Produktion sowie den Groß- und Einzelhandel. [2] Die Erzeugung von Gas fällt unter Absatz 6.

§ 103 Öffentliche Aufträge, Rahmenvereinbarungen und Wettbewerbe. (1) Öffentliche Aufträge sind entgeltliche Verträge zwischen öffentlichen Auftraggebern oder Sektorenauftraggebern und Unternehmen über die Beschaffung von Leistungen, die die Lieferung von Waren, die Ausführung von Bauleistungen oder die Erbringung von Dienstleistungen zum Gegenstand haben.

(2) [1] Lieferaufträge sind Verträge zur Beschaffung von Waren, die insbesondere Kauf oder Ratenkauf oder Leasing, Mietverhältnisse oder Pachtverhältnisse mit oder ohne Kaufoption betreffen. [2] Die Verträge können auch Nebenleistungen umfassen.

(3) [1] Bauaufträge sind Verträge über die Ausführung oder die gleichzeitige Planung und Ausführung
1. von Bauleistungen im Zusammenhang mit einer der Tätigkeiten, die in Anhang II der Richtlinie 2014/24/EU des Europäischen Parlaments und des Rates vom 26. Februar 2014 über die öffentliche Auftragsvergabe und zur Aufhebung der Richtlinie 2004/18/EG (ABl. L 94 vom 28.3.2014, S. 65) und Anhang I der Richtlinie 2014/25/EU des Europäischen Parlaments und des Rates vom 26. Februar 2014 über die Vergabe von Aufträgen durch Auftraggeber im Bereich der Wasser-, Energie- und Verkehrsversorgung sowie der Postdienste und zur Aufhebung der Richtlinie 2004/17/EG (ABl. L 94 vom 28.3.2014, S. 243) genannt sind, oder
2. eines Bauwerkes für den öffentlichen Auftraggeber oder Sektorenauftraggeber, das Ergebnis von Tief- oder Hochbauarbeiten ist und eine wirtschaftliche oder technische Funktion erfüllen soll.

[2] Ein Bauauftrag liegt auch vor, wenn ein Dritter eine Bauleistung gemäß den vom öffentlichen Auftraggeber oder Sektorenauftraggeber genannten Erfordernissen erbringt, die Bauleistung dem Auftraggeber unmittelbar wirtschaftlich zugutekommt und dieser einen entscheidenden Einfluss auf Art und Planung der Bauleistung hat.

(4) Als Dienstleistungsaufträge gelten die Verträge über die Erbringung von Leistungen, die nicht unter die Absätze 2 und 3 fallen.

(5) [1] Rahmenvereinbarungen sind Vereinbarungen zwischen einem oder mehreren öffentlichen Auftraggebern oder Sektorenauftraggebern und einem oder mehreren Unternehmen, die dazu dienen, die Bedingungen für die öffentlichen Aufträge, die während eines bestimmten Zeitraums vergeben werden sollen, festzulegen, insbesondere in Bezug auf den Preis. [2] Für die Vergabe von Rahmenvereinbarungen gelten, soweit nichts anderes bestimmt ist, dieselben Vorschriften wie für die Vergabe entsprechender öffentlicher Aufträge.

(6) Wettbewerbe sind Auslobungsverfahren, die dem Auftraggeber aufgrund vergleichender Beurteilung durch ein Preisgericht mit oder ohne Verteilung von Preisen zu einem Plan oder einer Planung verhelfen sollen.

§ 104 Verteidigungs- oder sicherheitsspezifische öffentliche Aufträge.

(1) Verteidigungs- oder sicherheitsspezifische öffentliche Aufträge sind öffentliche Aufträge, deren Auftragsgegenstand mindestens eine der folgenden Leistungen umfasst:
1. die Lieferung von Militärausrüstung, einschließlich dazugehöriger Teile, Bauteile oder Bausätze,
2. die Lieferung von Ausrüstung, die im Rahmen eines Verschlusssachenauftrags vergeben wird, einschließlich der dazugehörigen Teile, Bauteile oder Bausätze,
3. Liefer-, Bau- und Dienstleistungen in unmittelbarem Zusammenhang mit der in den Nummern 1 und 2 genannten Ausrüstung in allen Phasen des Lebenszyklus der Ausrüstung oder
4. Bau- und Dienstleistungen speziell für militärische Zwecke oder Bau- und Dienstleistungen, die im Rahmen eines Verschlusssachenauftrags vergeben werden.

(2) Militärausrüstung ist jede Ausrüstung, die eigens zu militärischen Zwecken konzipiert oder für militärische Zwecke angepasst wird und zum Einsatz als Waffe, Munition oder Kriegsmaterial bestimmt ist.

(3) Ein Verschlusssachenauftrag im Sinne dieser Vorschrift ist ein Auftrag im speziellen Bereich der nicht-militärischen Sicherheit, der ähnliche Merkmale aufweist und ebenso schutzbedürftig ist wie ein Auftrag über die Lieferung von Militärausrüstung im Sinne des Absatzes 1 Nummer 1 oder wie Bau- und Dienstleistungen speziell für militärische Zwecke im Sinne des Absatzes 1 Nummer 4, und
1. bei dessen Erfüllung oder Erbringung Verschlusssachen nach § 4 des Gesetzes über die Voraussetzungen und das Verfahren von Sicherheitsüberprüfungen des Bundes oder nach den entsprechenden Bestimmungen der Länder verwendet werden oder
2. der Verschlusssachen im Sinne der Nummer 1 erfordert oder beinhaltet.

§ 105 Konzessionen.

(1) Konzessionen sind entgeltliche Verträge, mit denen ein oder mehrere Konzessionsgeber ein oder mehrere Unternehmen
1. mit der Erbringung von Bauleistungen betrauen (Baukonzessionen); dabei besteht die Gegenleistung entweder allein in dem Recht zur Nutzung des Bauwerks oder in diesem Recht zuzüglich einer Zahlung; oder
2. mit der Erbringung und der Verwaltung von Dienstleistungen betrauen, die nicht in der Erbringung von Bauleistungen nach Nummer 1 bestehen (Dienstleistungskonzessionen); dabei besteht die Gegenleistung entweder allein in dem Recht zur Verwertung der Dienstleistungen oder in diesem Recht zuzüglich einer Zahlung.

(2) [1] In Abgrenzung zur Vergabe öffentlicher Aufträge geht bei der Vergabe einer Bau- oder Dienstleistungskonzession das Betriebsrisiko für die Nutzung des Bauwerks oder für die Verwertung der Dienstleistungen auf den Konzessionsnehmer über. [2] Dies ist der Fall, wenn
1. unter normalen Betriebsbedingungen nicht gewährleistet ist, dass die Investitionsaufwendungen oder die Kosten für den Betrieb des Bauwerks oder die Erbringung der Dienstleistungen wieder erwirtschaftet werden können, und

2. der Konzessionsnehmer den Unwägbarkeiten des Marktes tatsächlich ausgesetzt ist, sodass potenzielle geschätzte Verluste des Konzessionsnehmers nicht vernachlässigbar sind.

³ Das Betriebsrisiko kann ein Nachfrage- oder Angebotsrisiko sein.

§ 106 Schwellenwerte. (1) ¹Dieser Teil gilt für die Vergabe von öffentlichen Aufträgen und Konzessionen sowie die Ausrichtung von Wettbewerben, deren geschätzter Auftrags- oder Vertragswert ohne Umsatzsteuer die jeweils festgelegten Schwellenwerte erreicht oder überschreitet. ²§ 114 Absatz 2 bleibt unberührt.

(2) Der jeweilige Schwellenwert ergibt sich

1. für öffentliche Aufträge und Wettbewerbe, die von öffentlichen Auftraggebern vergeben werden, aus Artikel 4 der Richtlinie 2014/24/EU in der jeweils geltenden Fassung; der sich hieraus für zentrale Regierungsbehörden ergebende Schwellenwert ist von allen obersten Bundesbehörden sowie allen oberen Bundesbehörden und vergleichbaren Bundeseinrichtungen anzuwenden,
2. für öffentliche Aufträge und Wettbewerbe, die von Sektorenauftraggebern zum Zweck der Ausübung einer Sektorentätigkeit vergeben werden, aus Artikel 15 der Richtlinie 2014/25/EU in der jeweils geltenden Fassung,
3. für verteidigungs- oder sicherheitsspezifische öffentliche Aufträge aus Artikel 8 der Richtlinie 2009/81/EG des Europäischen Parlaments und des Rates vom 13. Juli 2009 über die Koordinierung der Verfahren zur Vergabe bestimmter Bau-, Liefer- und Dienstleistungsaufträge in den Bereichen Verteidigung und Sicherheit und zur Änderung der Richtlinien 2004/17/EG und 2004/18/EG (ABl. L 216 vom 20.8.2009, S. 76) in der jeweils geltenden Fassung,
4. für Konzessionen aus Artikel 8 der Richtlinie 2014/23/EU des Europäischen Parlaments und des Rates vom 26. Februar 2014 über die Konzessionsvergabe (ABl. L 94 vom 28.3.2014, S. 1) in der jeweils geltenden Fassung.

(3) Das Bundesministerium für Wirtschaft und Energie gibt die geltenden Schwellenwerte unverzüglich, nachdem sie im Amtsblatt der Europäischen Union veröffentlicht worden sind, im Bundesanzeiger bekannt[1].

§ 107 Allgemeine Ausnahmen. (1) Dieser Teil ist nicht anzuwenden auf die Vergabe von öffentlichen Aufträgen und Konzessionen

1. zu Schiedsgerichts- und Schlichtungsdienstleistungen,
2. für den Erwerb, die Miete oder die Pacht von Grundstücken, vorhandenen Gebäuden oder anderem unbeweglichem Vermögen sowie Rechten daran, ungeachtet ihrer Finanzierung,
3. zu Arbeitsverträgen,
4. zu Dienstleistungen des Katastrophenschutzes, des Zivilschutzes und der Gefahrenabwehr, die von gemeinnützigen Organisationen oder Vereinigungen erbracht werden und die unter die Referenznummern des Common Procurement Vocabulary 75250000-3, 75251000-0, 75251100-1, 75251110-4, 75251120-7, 75252000-7, 75222000-8, 98113100-9 und 85143000-3 mit

---

[1] Siehe hierzu Bek. gemäß § 106 Abs. 3 GWB ab 1.1.2018 v. 20.12.2017 (BAnz AT 29.12.2017 B1).

Ausnahme des Einsatzes von Krankenwagen zur Patientenbeförderung fallen; gemeinnützige Organisationen oder Vereinigungen im Sinne dieser Nummer sind insbesondere die Hilfsorganisationen, die nach Bundes- oder Landesrecht als Zivil- und Katastrophenschutzorganisationen anerkannt sind.

(2) [1] Dieser Teil ist ferner nicht auf öffentliche Aufträge und Konzessionen anzuwenden,

1. bei denen die Anwendung dieses Teils den Auftraggeber dazu zwingen würde, im Zusammenhang mit dem Vergabeverfahren oder der Auftragsausführung Auskünfte zu erteilen, deren Preisgabe seiner Ansicht nach wesentlichen Sicherheitsinteressen der Bundesrepublik Deutschland im Sinne des Artikels 346 Absatz 1 Buchstabe a des Vertrags über die Arbeitsweise der Europäischen Union widerspricht, oder
2. die dem Anwendungsbereich des Artikels 346 Absatz 1 Buchstabe b des Vertrags über die Arbeitsweise der Europäischen Union unterliegen.

[2] Wesentliche Sicherheitsinteressen im Sinne des Artikels 346 Absatz 1 des Vertrags über die Arbeitsweise der Europäischen Union können insbesondere berührt sein, wenn der öffentliche Auftrag oder die Konzession verteidigungsindustrielle Schlüsseltechnologien betrifft. [3] Ferner können im Fall des Satzes 1 Nummer 1 wesentliche Sicherheitsinteressen im Sinne des Artikels 346 Absatz 1 Buchstabe a des Vertrags über die Arbeitsweise der Europäischen Union insbesondere berührt sein, wenn der öffentliche Auftrag oder die Konzession

1. sicherheitsindustrielle Schlüsseltechnologien betreffen oder
2. Leistungen betreffen, die
   a) für den Grenzschutz, die Bekämpfung des Terrorismus oder der organisierten Kriminalität oder für verdeckte Tätigkeiten der Polizei oder der Sicherheitskräfte bestimmt sind, oder
   b) Verschlüsselung betreffen

und soweit ein besonders hohes Maß an Vertraulichkeit erforderlich ist.

§ 108 Ausnahmen bei öffentlich-öffentlicher Zusammenarbeit.

(1) Dieser Teil ist nicht anzuwenden auf die Vergabe von öffentlichen Aufträgen, die von einem öffentlichen Auftraggeber im Sinne des § 99 Nummer 1 bis 3 an eine juristische Person des öffentlichen oder privaten Rechts vergeben werden, wenn

1. der öffentliche Auftraggeber über die juristische Person eine ähnliche Kontrolle wie über seine eigenen Dienststellen ausübt,
2. mehr als 80 Prozent der Tätigkeiten der juristischen Person der Ausführung von Aufgaben dienen, mit denen sie von dem öffentlichen Auftraggeber oder von einer anderen juristischen Person, die von diesem kontrolliert wird, betraut wurde, und
3. an der juristischen Person keine direkte private Kapitalbeteiligung besteht, mit Ausnahme nicht beherrschender Formen der privaten Kapitalbeteiligung und Formen der privaten Kapitalbeteiligung ohne Sperrminorität, die durch gesetzliche Bestimmungen vorgeschrieben sind und die keinen maßgeblichen Einfluss auf die kontrollierte juristische Person vermitteln.

(2) [1] Die Ausübung einer Kontrolle im Sinne von Absatz 1 Nummer 1 wird vermutet, wenn der öffentliche Auftraggeber einen ausschlaggebenden Einfluss

auf die strategischen Ziele und die wesentlichen Entscheidungen der juristischen Person ausübt. ²Die Kontrolle kann auch durch eine andere juristische Person ausgeübt werden, die von dem öffentlichen Auftraggeber auf gleiche Weise kontrolliert wird.

(3) ¹Absatz 1 gilt auch für die Vergabe öffentlicher Aufträge, die von einer kontrollierten juristischen Person, die zugleich öffentlicher Auftraggeber im Sinne des § 99 Nummer 1 bis 3 ist, an den kontrollierenden öffentlichen Auftraggeber oder an eine von diesem öffentlichen Auftraggeber kontrollierte andere juristische Person vergeben werden. ²Voraussetzung ist, dass keine direkte private Kapitalbeteiligung an der juristischen Person besteht, die den öffentlichen Auftrag erhalten soll. ³Absatz 1 Nummer 3 zweiter Halbsatz gilt entsprechend.

(4) Dieser Teil ist nicht anzuwenden auf die Vergabe von öffentlichen Aufträgen, bei denen der öffentliche Auftraggeber im Sinne des § 99 Nummer 1 bis 3 über eine juristische Person des privaten oder öffentlichen Rechts zwar keine Kontrolle im Sinne des Absatzes 1 Nummer 1 ausübt, aber

1. der öffentliche Auftraggeber gemeinsam mit anderen öffentlichen Auftraggebern über die juristische Person eine ähnliche Kontrolle ausübt wie jeder der öffentlichen Auftraggeber über seine eigenen Dienststellen,
2. mehr als 80 Prozent der Tätigkeiten der juristischen Person der Ausführung von Aufgaben dienen, mit denen sie von den öffentlichen Auftraggebern oder von einer anderen juristischen Person, die von diesen Auftraggebern kontrolliert wird, betraut wurde, und
3. an der juristischen Person keine direkte private Kapitalbeteiligung besteht; Absatz 1 Nummer 3 zweiter Halbsatz gilt entsprechend.

(5) Eine gemeinsame Kontrolle im Sinne von Absatz 4 Nummer 1 besteht, wenn

1. sich die beschlussfassenden Organe der juristischen Person aus Vertretern sämtlicher teilnehmender öffentlicher Auftraggeber zusammensetzen; ein einzelner Vertreter kann mehrere oder alle teilnehmenden öffentlichen Auftraggeber vertreten,
2. die öffentlichen Auftraggeber gemeinsam einen ausschlaggebenden Einfluss auf die strategischen Ziele und die wesentlichen Entscheidungen der juristischen Person ausüben können und
3. die juristische Person keine Interessen verfolgt, die den Interessen der öffentlichen Auftraggeber zuwiderlaufen.

(6) Dieser Teil ist ferner nicht anzuwenden auf Verträge, die zwischen zwei oder mehreren öffentlichen Auftraggebern im Sinne des § 99 Nummer 1 bis 3 geschlossen werden, wenn

1. der Vertrag eine Zusammenarbeit zwischen den beteiligten öffentlichen Auftraggebern begründet oder erfüllt, um sicherzustellen, dass die von ihnen zu erbringenden öffentlichen Dienstleistungen im Hinblick auf die Erreichung gemeinsamer Ziele ausgeführt werden,
2. die Durchführung der Zusammenarbeit nach Nummer 1 ausschließlich durch Überlegungen im Zusammenhang mit dem öffentlichen Interesse bestimmt wird und

3. die öffentlichen Auftraggeber auf dem Markt weniger als 20 Prozent der Tätigkeiten erbringen, die durch die Zusammenarbeit nach Nummer 1 erfasst sind.

(7) ¹Zur Bestimmung des prozentualen Anteils nach Absatz 1 Nummer 2, Absatz 4 Nummer 2 und Absatz 6 Nummer 3 wird der durchschnittliche Gesamtumsatz der letzten drei Jahre vor Vergabe des öffentlichen Auftrags oder ein anderer geeigneter tätigkeitsgestützter Wert herangezogen. ²Ein geeigneter tätigkeitsgestützter Wert sind zum Beispiel die Kosten, die der juristischen Person oder dem öffentlichen Auftraggeber in dieser Zeit in Bezug auf Liefer-, Bau- und Dienstleistungen entstanden sind. ³Liegen für die letzten drei Jahre keine Angaben über den Umsatz oder einen geeigneten alternativen tätigkeitsgestützten Wert wie zum Beispiel Kosten vor oder sind sie nicht aussagekräftig, genügt es, wenn der tätigkeitsgestützte Wert insbesondere durch Prognosen über die Geschäftsentwicklung glaubhaft gemacht wird.

(8) Die Absätze 1 bis 7 gelten entsprechend für Sektorenauftraggeber im Sinne des § 100 Absatz 1 Nummer 1 hinsichtlich der Vergabe von öffentlichen Aufträgen sowie für Konzessionsgeber im Sinne des § 101 Absatz 1 Nummer 1 und 2 hinsichtlich der Vergabe von Konzessionen.

§ 109 Ausnahmen für Vergaben auf der Grundlage internationaler Verfahrensregeln. (1) Dieser Teil ist nicht anzuwenden, wenn öffentliche Aufträge, Wettbewerbe oder Konzessionen

1. nach Vergabeverfahren zu vergeben oder durchzuführen sind, die festgelegt werden durch
   a) ein Rechtsinstrument, das völkerrechtliche Verpflichtungen begründet, wie eine im Einklang mit den EU-Verträgen geschlossene internationale Übereinkunft oder Vereinbarung zwischen der Bundesrepublik Deutschland und einem oder mehreren Staaten, die nicht Vertragsparteien des Übereinkommens über den Europäischen Wirtschaftsraum sind, oder ihren Untereinheiten über Liefer-, Bau- oder Dienstleistungen für ein von den Unterzeichnern gemeinsam zu verwirklichendes oder zu nutzendes Projekt, oder
   b) eine internationale Organisation oder
2. gemäß den Vergaberegeln einer internationalen Organisation oder internationalen Finanzierungseinrichtung bei vollständiger Finanzierung der öffentlichen Aufträge und Wettbewerbe durch diese Organisation oder Einrichtung zu vergeben sind; für den Fall einer überwiegenden Kofinanzierung öffentlicher Aufträge und Wettbewerbe durch eine internationale Organisation oder eine internationale Finanzierungseinrichtung einigen sich die Parteien auf die anwendbaren Vergabeverfahren.

(2) Für verteidigungs- oder sicherheitsspezifische öffentliche Aufträge ist § 145 Nummer 7 und für Konzessionen in den Bereichen Verteidigung und Sicherheit ist § 150 Nummer 7 anzuwenden.

§ 110 Vergabe von öffentlichen Aufträgen und Konzessionen, die verschiedene Leistungen zum Gegenstand haben. (1) ¹Öffentliche Aufträge, die verschiedene Leistungen wie Liefer-, Bau- oder Dienstleistungen zum Gegenstand haben, werden nach den Vorschriften vergeben, denen der Hauptgegenstand des Auftrags zuzuordnen ist. ²Dasselbe gilt für die Vergabe von

Konzessionen, die sowohl Bau- als auch Dienstleistungen zum Gegenstand haben.

(2) Der Hauptgegenstand öffentlicher Aufträge und Konzessionen, die

1. teilweise aus Dienstleistungen, die den Vorschriften zur Vergabe von öffentlichen Aufträgen über soziale und andere besondere Dienstleistungen im Sinne des § 130 oder Konzessionen über soziale und andere besondere Dienstleistungen im Sinne des § 153 unterfallen, und teilweise aus anderen Dienstleistungen bestehen oder
2. teilweise aus Lieferleistungen und teilweise aus Dienstleistungen bestehen,

wird danach bestimmt, welcher geschätzte Wert der jeweiligen Liefer- oder Dienstleistungen am höchsten ist.

§ 111 Vergabe von öffentlichen Aufträgen und Konzessionen, deren Teile unterschiedlichen rechtlichen Regelungen unterliegen. (1) Sind die verschiedenen Teile eines öffentlichen Auftrags, die jeweils unterschiedlichen rechtlichen Regelungen unterliegen, objektiv trennbar, so dürfen getrennte Aufträge für jeden Teil oder darf ein Gesamtauftrag vergeben werden.

(2) Werden getrennte Aufträge vergeben, so wird jeder einzelne Auftrag nach den Vorschriften vergeben, die auf seine Merkmale anzuwenden sind.

(3) Wird ein Gesamtauftrag vergeben,

1. kann der Auftrag ohne Anwendung dieses Teils vergeben werden, wenn ein Teil des Auftrags die Voraussetzungen des § 107 Absatz 2 Nummer 1 oder 2 erfüllt und die Vergabe eines Gesamtauftrags aus objektiven Gründen gerechtfertigt ist,
2. kann der Auftrag nach den Vorschriften über die Vergabe von verteidigungs- oder sicherheitsspezifischen Aufträgen vergeben werden, wenn ein Teil des Auftrags diesen Vorschriften unterliegt und die Vergabe eines Gesamtauftrags aus objektiven Gründen gerechtfertigt ist,
3. sind die Vorschriften zur Vergabe von öffentlichen Aufträgen durch Sektorenauftraggeber anzuwenden, wenn ein Teil des Auftrags diesen Vorschriften unterliegt und der Wert dieses Teils den geltenden Schwellenwert erreicht oder überschreitet; dies gilt auch dann, wenn der andere Teil des Auftrags den Vorschriften über die Vergabe von Konzessionen unterliegt,
4. sind die Vorschriften zur Vergabe von öffentlichen Aufträgen durch öffentliche Auftraggeber anzuwenden, wenn ein Teil des Auftrags den Vorschriften zur Vergabe von Konzessionen unterliegt und ein anderer Teil des Auftrags den Vorschriften zur Vergabe von öffentlichen Aufträgen durch öffentliche Auftraggeber unterliegt und wenn der Wert dieses Teils den geltenden Schwellenwert erreicht oder überschreitet,
5. sind die Vorschriften dieses Teils anzuwenden, wenn ein Teil des Auftrags den Vorschriften dieses Teils und ein anderer Teil des Auftrags sonstigen Vorschriften außerhalb dieses Teils unterliegt; dies gilt ungeachtet des Wertes des Teils, der sonstigen Vorschriften außerhalb dieses Teils unterliegen würde und ungeachtet ihrer rechtlichen Regelung.

(4) Sind die verschiedenen Teile eines öffentlichen Auftrags, die jeweils unterschiedlichen rechtlichen Regelungen unterliegen, objektiv nicht trennbar,

1. wird der Auftrag nach den Vorschriften vergeben, denen der Hauptgegenstand des Auftrags zuzuordnen ist; enthält der Auftrag Elemente einer Dienst-

leistungskonzession und eines Lieferauftrags, wird der Hauptgegenstand danach bestimmt, welcher geschätzte Wert der jeweiligen Dienst- oder Lieferleistungen höher ist,

2. kann der Auftrag ohne Anwendung der Vorschriften dieses Teils oder gemäß den Vorschriften über die Vergabe von verteidigungs- oder sicherheitsspezifischen öffentlichen Aufträgen vergeben werden, wenn der Auftrag Elemente enthält, auf die § 107 Absatz 2 Nummer 1 oder 2 anzuwenden ist.

(5) Die Entscheidung, einen Gesamtauftrag oder getrennte Aufträge zu vergeben, darf nicht zu dem Zweck getroffen werden, die Auftragsvergabe von den Vorschriften zur Vergabe öffentlicher Aufträge und Konzessionen auszunehmen.

(6) Auf die Vergabe von Konzessionen sind die Absätze 1, 2 und 3 Nummer 1 und 2 sowie die Absätze 4 und 5 entsprechend anzuwenden.

§ 112 Vergabe von öffentlichen Aufträgen und Konzessionen, die verschiedene Tätigkeiten umfassen. (1) Umfasst ein öffentlicher Auftrag mehrere Tätigkeiten, von denen eine Tätigkeit eine Sektorentätigkeit im Sinne des § 102 darstellt, dürfen getrennte Aufträge für die Zwecke jeder einzelnen Tätigkeit oder darf ein Gesamtauftrag vergeben werden.

(2) Werden getrennte Aufträge vergeben, so wird jeder einzelne Auftrag nach den Vorschriften vergeben, die auf seine Merkmale anzuwenden sind.

(3) [1] Wird ein Gesamtauftrag vergeben, unterliegt dieser Auftrag den Bestimmungen, die für die Tätigkeit gelten, für die der Auftrag hauptsächlich bestimmt ist. [2] Ist der Auftrag sowohl für eine Sektorentätigkeit im Sinne des § 102 als auch für eine Tätigkeit bestimmt, die Verteidigungs- oder Sicherheitsaspekte umfasst, ist § 111 Absatz 3 Nummer 1 und 2 entsprechend anzuwenden.

(4) Die Entscheidung, einen Gesamtauftrag oder getrennte Aufträge zu vergeben, darf nicht zu dem Zweck getroffen werden, die Auftragsvergabe von den Vorschriften dieses Teils auszunehmen.

(5) Ist es objektiv unmöglich, festzustellen, für welche Tätigkeit der Auftrag hauptsächlich bestimmt ist, unterliegt die Vergabe

1. den Vorschriften zur Vergabe von öffentlichen Aufträgen durch öffentliche Auftraggeber, wenn eine der Tätigkeiten, für die der Auftrag bestimmt ist, unter diese Vorschriften fällt,
2. den Vorschriften zur Vergabe von öffentlichen Aufträgen durch Sektorenauftraggeber, wenn der Auftrag sowohl für eine Sektorentätigkeit im Sinne des § 102 als auch für eine Tätigkeit bestimmt ist, die in den Anwendungsbereich der Vorschriften zur Vergabe von Konzessionen fallen würde,
3. den Vorschriften zur Vergabe von öffentlichen Aufträgen durch Sektorenauftraggeber, wenn der Auftrag sowohl für eine Sektorentätigkeit im Sinne des § 102 als auch für eine Tätigkeit bestimmt ist, die weder in den Anwendungsbereich der Vorschriften zur Vergabe von Konzessionen noch in den Anwendungsbereich der Vorschriften zur Vergabe öffentlicher Aufträge durch öffentliche Auftraggeber fallen würde.

(6) [1] Umfasst eine Konzession mehrere Tätigkeiten, von denen eine Tätigkeit eine Sektorentätigkeit im Sinne des § 102 darstellt, sind die Absätze 1 bis 4

Kapitel 1. Vergabeverfahren § 113 GWB 14

entsprechend anzuwenden. ²Ist es objektiv unmöglich, festzustellen, für welche Tätigkeit die Konzession hauptsächlich bestimmt ist, unterliegt die Vergabe

1. den Vorschriften zur Vergabe von Konzessionen durch Konzessionsgeber im Sinne des § 101 Absatz 1 Nummer 1, wenn eine der Tätigkeiten, für die die Konzession bestimmt ist, diesen Bestimmungen und die andere Tätigkeit den Bestimmungen für die Vergabe von Konzessionen durch Konzessionsgeber im Sinne des § 101 Absatz 1 Nummer 2 oder Nummer 3 unterliegt,
2. den Vorschriften zur Vergabe von öffentlichen Aufträgen durch öffentliche Auftraggeber, wenn eine der Tätigkeiten, für die die Konzession bestimmt ist, unter diese Vorschriften fällt,
3. den Vorschriften zur Vergabe von Konzessionen, wenn eine der Tätigkeiten, für die die Konzession bestimmt ist, diesen Vorschriften und die andere Tätigkeit weder den Vorschriften zur Vergabe von öffentlichen Aufträgen durch Sektorenauftraggeber noch den Vorschriften zur Vergabe öffentlicher Aufträge durch öffentliche Auftraggeber unterliegt.

§ 113 Verordnungsermächtigung. ¹Die Bundesregierung wird ermächtigt, durch Rechtsverordnungen mit Zustimmung des Bundesrates die Einzelheiten zur Vergabe von öffentlichen Aufträgen und Konzessionen sowie zur Ausrichtung von Wettbewerben zu regeln. ²Diese Ermächtigung umfasst die Befugnis zur Regelung von Anforderungen an den Auftragsgegenstand und an das Vergabeverfahren, insbesondere zur Regelung

1. der Schätzung des Auftrags- oder Vertragswertes,
2. der Leistungsbeschreibung, der Bekanntmachung, der Verfahrensarten und des Ablaufs des Vergabeverfahrens, der Nebenangebote, der Vergabe von Unteraufträgen sowie der Vergabe öffentlicher Aufträge und Konzessionen, die soziale und andere besondere Dienstleistungen betreffen,
3. der besonderen Methoden und Instrumente in Vergabeverfahren und für Sammelbeschaffungen einschließlich der zentralen Beschaffung,
4. des Sendens, Empfangens, Weiterleitens und Speicherns von Daten einschließlich der Regelungen zum Inkrafttreten der entsprechenden Verpflichtungen,
5. der Auswahl und Prüfung der Unternehmen und Angebote sowie des Abschlusses des Vertrags,
6. der Aufhebung des Vergabeverfahrens,
7. der verteidigungs- oder sicherheitsspezifischen Anforderungen im Hinblick auf den Geheimschutz, auf die allgemeinen Regelungen zur Wahrung der Vertraulichkeit, auf die Versorgungssicherheit sowie auf die besonderen Regelungen für die Vergabe von Unteraufträgen,
8. der Voraussetzungen, nach denen Sektorenauftraggeber, Konzessionsgeber oder Auftraggeber nach dem Bundesberggesetz von der Verpflichtung zur Anwendung dieses Teils befreit werden können, sowie des dabei anzuwendenden Verfahrens einschließlich der erforderlichen Ermittlungsbefugnisse des Bundeskartellamtes und der Einzelheiten der Kostenerhebung; Vollstreckungserleichterungen dürfen vorgesehen werden.

³Die Rechtsverordnungen sind dem Bundestag zuzuleiten. ⁴Die Zuleitung erfolgt vor der Zuleitung an den Bundesrat. ⁵Die Rechtsverordnungen können durch Beschluss des Bundestages geändert oder abgelehnt werden. ⁶Der Be-

schluss des Bundestages wird der Bundesregierung zugeleitet. [7]Hat sich der Bundestag nach Ablauf von drei Sitzungswochen seit Eingang der Rechtsverordnungen nicht mit ihnen befasst, so werden die unveränderten Rechtsverordnungen dem Bundesrat zugeleitet.

§ 114 Monitoring und Vergabestatistik. (1) [1]Die obersten Bundesbehörden und die Länder erstatten in ihrem jeweiligen Zuständigkeitsbereich dem Bundesministerium für Wirtschaft und Energie über die Anwendung der Vorschriften dieses Teils und der aufgrund des § 113 erlassenen Rechtsverordnungen bis zum 15. Februar 2017 und danach auf Anforderung schriftlich Bericht. [2]Zu berichten ist regelmäßig über die jeweils letzten drei Kalenderjahre, die der Anforderung vorausgegangen sind.

(2) [1]Das Statistische Bundesamt erstellt im Auftrag des Bundesministeriums für Wirtschaft und Energie eine Vergabestatistik. [2]Zu diesem Zweck übermitteln Auftraggeber im Sinne des § 98 an das Statistische Bundesamt Daten zu öffentlichen Aufträgen im Sinne des § 103 Absatz 1 unabhängig von deren geschätzten Auftragswert und zu Konzessionen im Sinne des § 105. [3]Das Bundesministerium für Wirtschaft und Energie wird ermächtigt, im Einvernehmen mit dem Bundesministerium des Innern, für Bau und Heimat durch Rechtsverordnung mit Zustimmung des Bundesrates die Einzelheiten der Vergabestatistik sowie der Datenübermittlung durch die meldende Stelle einschließlich des technischen Ablaufs, des Umfangs der zu übermittelnden Daten, der Wertgrenzen für die Erhebung sowie den Zeitpunkt des Inkrafttretens und der Anwendung der entsprechenden Verpflichtungen zu regeln.

Zweiter Abschnitt. Vergabe von öffentlichen Aufträgen durch öffentliche Auftraggeber

Unterabschnitt 1. Anwendungsbereich

§ 115 Anwendungsbereich. Dieser Abschnitt ist anzuwenden auf die Vergabe von öffentlichen Aufträgen und die Ausrichtung von Wettbewerben durch öffentliche Auftraggeber.

§ 116 Besondere Ausnahmen. (1) Dieser Teil ist nicht anzuwenden auf die Vergabe von öffentlichen Aufträgen durch öffentliche Auftraggeber, wenn diese Aufträge Folgendes zum Gegenstand haben:
1. Rechtsdienstleistungen, die eine der folgenden Tätigkeiten betreffen:
   a) Vertretung eines Mandanten durch einen Rechtsanwalt in
      aa) Gerichts- oder Verwaltungsverfahren vor nationalen oder internationalen Gerichten, Behörden oder Einrichtungen,
      bb) nationalen oder internationalen Schiedsgerichts- oder Schlichtungsverfahren,
   b) Rechtsberatung durch einen Rechtsanwalt, sofern diese zur Vorbereitung eines Verfahrens im Sinne von Buchstabe a dient oder wenn konkrete Anhaltspunkte dafür vorliegen und eine hohe Wahrscheinlichkeit besteht, dass die Angelegenheit, auf die sich die Rechtsberatung bezieht, Gegenstand eines solchen Verfahrens werden wird,
   c) Beglaubigungen und Beurkundungen, sofern sie von Notaren vorzunehmen sind,

Kapitel 1. Vergabeverfahren **§ 117 GWB 14**

d) Tätigkeiten von gerichtlich bestellten Betreuern, Vormündern, Pflegern, Verfahrensbeiständen, Sachverständigen oder Verwaltern oder sonstige Rechtsdienstleistungen, deren Erbringer durch ein Gericht dafür bestellt oder durch Gesetz dazu bestimmt werden, um bestimmte Aufgaben unter der Aufsicht dieser Gerichte wahrzunehmen, oder

e) Tätigkeiten, die zumindest teilweise mit der Ausübung von hoheitlichen Befugnissen verbunden sind,

2. Forschungs- und Entwicklungsdienstleistungen, es sei denn, es handelt sich um Forschungs- und Entwicklungsdienstleistungen, die unter die Referenznummern des Common Procurement Vocabulary 73000000-2 bis 73120000-9, 73300000-5, 73420000-2 und 73430000-5 fallen und bei denen

a) die Ergebnisse ausschließlich Eigentum des Auftraggebers für seinen Gebrauch bei der Ausübung seiner eigenen Tätigkeit werden und

b) die Dienstleistung vollständig durch den Auftraggeber vergütet wird,

3. den Erwerb, die Entwicklung, die Produktion oder die Koproduktion von Sendematerial für audiovisuelle Mediendienste oder Hörfunkmediendienste, wenn diese Aufträge von Anbietern von audiovisuellen Mediendiensten oder Hörfunkmediendiensten vergeben werden, die Ausstrahlungszeit oder die Bereitstellung von Sendungen, wenn diese Aufträge an Anbieter von audiovisuellen Mediendiensten oder Hörfunkmediendiensten vergeben werden,

4. finanzielle Dienstleistungen im Zusammenhang mit der Ausgabe, dem Verkauf, dem Ankauf oder der Übertragung von Wertpapieren oder anderen Finanzinstrumenten, Dienstleistungen der Zentralbanken sowie mit der Europäischen Finanzstabilisierungsfazilität und dem Europäischen Stabilitätsmechanismus durchgeführte Transaktionen,

5. Kredite und Darlehen, auch im Zusammenhang mit der Ausgabe, dem Verkauf, dem Ankauf oder der Übertragung von Wertpapieren oder anderen Finanzinstrumenten oder

6. Dienstleistungen, die an einen öffentlichen Auftraggeber nach § 99 Nummer 1 bis 3 vergeben werden, der ein auf Gesetz oder Verordnung beruhendes ausschließliches Recht hat, die Leistungen zu erbringen.

(2) Dieser Teil ist ferner nicht auf öffentliche Aufträge und Wettbewerbe anzuwenden, die hauptsächlich den Zweck haben, dem öffentlichen Auftraggeber die Bereitstellung oder den Betrieb öffentlicher Kommunikationsnetze oder die Bereitstellung eines oder mehrerer elektronischer Kommunikationsdienste für die Öffentlichkeit zu ermöglichen.

§ 117 Besondere Ausnahmen für Vergaben, die Verteidigungs- oder Sicherheitsaspekte umfassen. Bei öffentlichen Aufträgen und Wettbewerben, die Verteidigungs- oder Sicherheitsaspekte umfassen, ohne verteidigungs- oder sicherheitsspezifische Aufträge zu sein, ist dieser Teil nicht anzuwenden,

1. soweit der Schutz wesentlicher Sicherheitsinteressen der Bundesrepublik Deutschland nicht durch weniger einschneidende Maßnahmen gewährleistet werden kann, zum Beispiel durch Anforderungen, die auf den Schutz der Vertraulichkeit der Informationen abzielen, die der öffentliche Auftraggeber im Rahmen eines Vergabeverfahrens zur Verfügung stellt,

2. soweit die Voraussetzungen des Artikels 346 Absatz 1 Buchstabe a des Vertrags über die Arbeitsweise der Europäischen Union erfüllt sind,

3. wenn die Vergabe und die Ausführung des Auftrags für geheim erklärt werden oder nach den Rechts- oder Verwaltungsvorschriften besondere Sicherheitsmaßnahmen erfordern; Voraussetzung hierfür ist eine Feststellung darüber, dass die betreffenden wesentlichen Interessen nicht durch weniger einschneidende Maßnahmen gewährleistet werden können, zum Beispiel durch Anforderungen, die auf den Schutz der Vertraulichkeit der Informationen abzielen,
4. wenn der öffentliche Auftraggeber verpflichtet ist, die Vergabe oder Durchführung nach anderen Vergabeverfahren vorzunehmen, die festgelegt sind durch
    a) eine im Einklang mit den EU-Verträgen geschlossene internationale Übereinkunft oder Vereinbarung zwischen der Bundesrepublik Deutschland und einem oder mehreren Staaten, die nicht Vertragsparteien des Übereinkommens über den Europäischen Wirtschaftsraum sind, oder ihren Untereinheiten über Liefer-, Bau- oder Dienstleistungen für ein von den Unterzeichnern gemeinsam zu verwirklichendes oder zu nutzendes Projekt,
    b) eine internationale Übereinkunft oder Vereinbarung im Zusammenhang mit der Stationierung von Truppen, die Unternehmen betrifft, die ihren Sitz in der Bundesrepublik Deutschland oder einem Staat haben, der nicht Vertragspartei des Übereinkommens über den Europäischen Wirtschaftsraum ist, oder
    c) eine internationale Organisation oder
5. wenn der öffentliche Auftraggeber gemäß den Vergaberegeln einer internationalen Organisation oder internationalen Finanzierungseinrichtung einen öffentlichen Auftrag vergibt oder einen Wettbewerb ausrichtet und dieser öffentliche Auftrag oder Wettbewerb vollständig durch diese Organisation oder Einrichtung finanziert wird. Im Falle einer überwiegenden Kofinanzierung durch eine internationale Organisation oder eine internationale Finanzierungseinrichtung einigen sich die Parteien auf die anwendbaren Vergabeverfahren.

§ 118 Bestimmten Auftragnehmern vorbehaltene öffentliche Aufträge. (1) Öffentliche Auftraggeber können das Recht zur Teilnahme an Vergabeverfahren Werkstätten für Menschen mit Behinderungen und Unternehmen vorbehalten, deren Hauptzweck die soziale und berufliche Integration von Menschen mit Behinderungen oder von benachteiligten Personen ist, oder bestimmen, dass öffentliche Aufträge im Rahmen von Programmen mit geschützten Beschäftigungsverhältnissen durchzuführen sind.

(2) Voraussetzung ist, dass mindestens 30 Prozent der in diesen Werkstätten oder Unternehmen Beschäftigten Menschen mit Behinderungen oder benachteiligte Personen sind.

Unterabschnitt 2. Vergabeverfahren und Auftragsausführung

§ 119 Verfahrensarten. (1) Die Vergabe von öffentlichen Aufträgen erfolgt im offenen Verfahren, im nicht offenen Verfahren, im Verhandlungsverfahren, im wettbewerblichen Dialog oder in der Innovationspartnerschaft.

(2) [1] Öffentlichen Auftraggebern stehen das offene Verfahren und das nicht offene Verfahren, das stets einen Teilnahmewettbewerb erfordert, nach ihrer

Wahl zur Verfügung. ²Die anderen Verfahrensarten stehen nur zur Verfügung, soweit dies aufgrund dieses Gesetzes gestattet ist.

(3) Das offene Verfahren ist ein Verfahren, in dem der öffentliche Auftraggeber eine unbeschränkte Anzahl von Unternehmen öffentlich zur Abgabe von Angeboten auffordert.

(4) Das nicht offene Verfahren ist ein Verfahren, bei dem der öffentliche Auftraggeber nach vorheriger öffentlicher Aufforderung zur Teilnahme eine beschränkte Anzahl von Unternehmen nach objektiven, transparenten und nichtdiskriminierenden Kriterien auswählt (Teilnahmewettbewerb), die er zur Abgabe von Angeboten auffordert.

(5) Das Verhandlungsverfahren ist ein Verfahren, bei dem sich der öffentliche Auftraggeber mit oder ohne Teilnahmewettbewerb an ausgewählte Unternehmen wendet, um mit einem oder mehreren dieser Unternehmen über die Angebote zu verhandeln.

(6) ¹Der wettbewerbliche Dialog ist ein Verfahren zur Vergabe öffentlicher Aufträge mit dem Ziel der Ermittlung und Festlegung der Mittel, mit denen die Bedürfnisse des öffentlichen Auftraggebers am besten erfüllt werden können. ²Nach einem Teilnahmewettbewerb eröffnet der öffentliche Auftraggeber mit den ausgewählten Unternehmen einen Dialog zur Erörterung aller Aspekte der Auftragsvergabe.

(7) ¹Die Innovationspartnerschaft ist ein Verfahren zur Entwicklung innovativer, noch nicht auf dem Markt verfügbarer Liefer-, Bau- oder Dienstleistungen und zum anschließenden Erwerb der daraus hervorgehenden Leistungen. ²Nach einem Teilnahmewettbewerb verhandelt der öffentliche Auftraggeber in mehreren Phasen mit den ausgewählten Unternehmen über die Erst- und Folgeangebote.

§ 120 Besondere Methoden und Instrumente in Vergabeverfahren.

(1) Ein dynamisches Beschaffungssystem ist ein zeitlich befristetes, ausschließlich elektronisches Verfahren zur Beschaffung marktüblicher Leistungen, bei denen die allgemein auf dem Markt verfügbaren Merkmale den Anforderungen des öffentlichen Auftraggebers genügen.

(2) ¹Eine elektronische Auktion ist ein sich schrittweise wiederholendes elektronisches Verfahren zur Ermittlung des wirtschaftlichsten Angebots. ²Jeder elektronischen Auktion geht eine vollständige erste Bewertung aller Angebote voraus.

(3) ¹Ein elektronischer Katalog ist ein auf der Grundlage der Leistungsbeschreibung erstelltes Verzeichnis der zu beschaffenden Liefer-, Bau- und Dienstleistungen in einem elektronischen Format. ²Er kann insbesondere beim Abschluss von Rahmenvereinbarungen eingesetzt werden und Abbildungen, Preisinformationen und Produktbeschreibungen umfassen.

(4) ¹Eine zentrale Beschaffungsstelle ist ein öffentlicher Auftraggeber, der für andere öffentliche Auftraggeber dauerhaft Liefer- und Dienstleistungen beschafft, öffentliche Aufträge vergibt oder Rahmenvereinbarungen abschließt (zentrale Beschaffungstätigkeit). ²Öffentliche Auftraggeber können Liefer- und Dienstleistungen von zentralen Beschaffungsstellen erwerben oder Liefer-, Bau- und Dienstleistungsaufträge mittels zentraler Beschaffungsstellen vergeben. ³Öffentliche Aufträge zur Ausübung zentraler Beschaffungstätigkeiten können an eine zentrale Beschaffungsstelle vergeben werden, ohne ein Vergabeverfah-

ren nach den Vorschriften dieses Teils durchzuführen. [4] Derartige Dienstleistungsaufträge können auch Beratungs- und Unterstützungsleistungen bei der Vorbereitung oder Durchführung von Vergabeverfahren umfassen. [5] Die Teile 1 bis 3 bleiben unberührt.

§ 121 Leistungsbeschreibung. (1) [1] In der Leistungsbeschreibung ist der Auftragsgegenstand so eindeutig und erschöpfend wie möglich zu beschreiben, sodass die Beschreibung für alle Unternehmen im gleichen Sinne verständlich ist und die Angebote miteinander verglichen werden können. [2] Die Leistungsbeschreibung enthält die Funktions- oder Leistungsanforderungen oder eine Beschreibung der zu lösenden Aufgabe, deren Kenntnis für die Erstellung des Angebots erforderlich ist, sowie die Umstände und Bedingungen der Leistungserbringung.

(2) Bei der Beschaffung von Leistungen, die zur Nutzung durch natürliche Personen vorgesehen sind, sind bei der Erstellung der Leistungsbeschreibung außer in ordnungsgemäß begründeten Fällen die Zugänglichkeitskriterien für Menschen mit Behinderungen oder die Konzeption für alle Nutzer zu berücksichtigen.

(3) Die Leistungsbeschreibung ist den Vergabeunterlagen beizufügen.

§ 122 Eignung. (1) Öffentliche Aufträge werden an fachkundige und leistungsfähige (geeignete) Unternehmen vergeben, die nicht nach den §§ 123 oder 124 ausgeschlossen worden sind.

(2) [1] Ein Unternehmen ist geeignet, wenn es die durch den öffentlichen Auftraggeber im Einzelnen zur ordnungsgemäßen Ausführung des öffentlichen Auftrags festgelegten Kriterien (Eignungskriterien) erfüllt. [2] Die Eignungskriterien dürfen ausschließlich Folgendes betreffen:
1. Befähigung und Erlaubnis zur Berufsausübung,
2. wirtschaftliche und finanzielle Leistungsfähigkeit,
3. technische und berufliche Leistungsfähigkeit.

(3) Der Nachweis der Eignung und des Nichtvorliegens von Ausschlussgründen nach den §§ 123 oder 124 kann ganz oder teilweise durch die Teilnahme an Präqualifizierungssystemen erbracht werden.

(4) [1] Eignungskriterien müssen mit dem Auftragsgegenstand in Verbindung und zu diesem in einem angemessenen Verhältnis stehen. [2] Sie sind in der Auftragsbekanntmachung, der Vorinformation oder der Aufforderung zur Interessensbestätigung aufzuführen.

§ 123 Zwingende Ausschlussgründe. (1) Öffentliche Auftraggeber schließen ein Unternehmen zu jedem Zeitpunkt des Vergabeverfahrens von der Teilnahme aus, wenn sie Kenntnis davon haben, dass eine Person, deren Verhalten nach Absatz 3 dem Unternehmen zuzurechnen ist, rechtskräftig verurteilt oder gegen das Unternehmen eine Geldbuße nach § 30 des Gesetzes über Ordnungswidrigkeiten rechtskräftig festgesetzt worden ist wegen einer Straftat nach:
1. § 129 des Strafgesetzbuchs (Bildung krimineller Vereinigungen), § 129a des Strafgesetzbuchs (Bildung terroristischer Vereinigungen) oder § 129b des Strafgesetzbuchs (Kriminelle und terroristische Vereinigungen im Ausland),

2. § 89c des Strafgesetzbuchs (Terrorismusfinanzierung) oder wegen der Teilnahme an einer solchen Tat oder wegen der Bereitstellung oder Sammlung finanzieller Mittel in Kenntnis dessen, dass diese finanziellen Mittel ganz oder teilweise dazu verwendet werden oder verwendet werden sollen, eine Tat nach § 89a Absatz 2 Nummer 2 des Strafgesetzbuchs zu begehen,
3. § 261 des Strafgesetzbuchs (Geldwäsche),
4. § 263 des Strafgesetzbuchs (Betrug), soweit sich die Straftat gegen den Haushalt der Europäischen Union oder gegen Haushalte richtet, die von der Europäischen Union oder in ihrem Auftrag verwaltet werden,
5. § 264 des Strafgesetzbuchs (Subventionsbetrug), soweit sich die Straftat gegen den Haushalt der Europäischen Union oder gegen Haushalte richtet, die von der Europäischen Union oder in ihrem Auftrag verwaltet werden,
6. § 299 des Strafgesetzbuchs (Bestechlichkeit und Bestechung im geschäftlichen Verkehr), §§ 299a und 299b des Strafgesetzbuchs (Bestechlichkeit und Bestechung im Gesundheitswesen),
7. § 108e des Strafgesetzbuchs (Bestechlichkeit und Bestechung von Mandatsträgern),
8. den §§ 333 und 334 des Strafgesetzbuchs (Vorteilsgewährung und Bestechung), jeweils auch in Verbindung mit § 335a des Strafgesetzbuchs (Ausländische und internationale Bedienstete),
9. Artikel 2 § 2 des Gesetzes zur Bekämpfung internationaler Bestechung (Bestechung ausländischer Abgeordneter im Zusammenhang mit internationalem Geschäftsverkehr) oder
10. den §§ 232, 232a Absatz 1 bis 5, den §§ 232b bis 233a des Strafgesetzbuches (Menschenhandel, Zwangsprostitution, Zwangsarbeit, Ausbeutung der Arbeitskraft, Ausbeutung unter Ausnutzung einer Freiheitsberaubung).

(2) Einer Verurteilung oder der Festsetzung einer Geldbuße im Sinne des Absatzes 1 stehen eine Verurteilung oder die Festsetzung einer Geldbuße nach den vergleichbaren Vorschriften anderer Staaten gleich.

(3) Das Verhalten einer rechtskräftig verurteilten Person ist einem Unternehmen zuzurechnen, wenn diese Person als für die Leitung des Unternehmens Verantwortlicher gehandelt hat; dazu gehört auch die Überwachung der Geschäftsführung oder die sonstige Ausübung von Kontrollbefugnissen in leitender Stellung.

(4) [1] Öffentliche Auftraggeber schließen ein Unternehmen zu jedem Zeitpunkt des Vergabeverfahrens von der Teilnahme an einem Vergabeverfahren aus, wenn
1. das Unternehmen seinen Verpflichtungen zur Zahlung von Steuern, Abgaben oder Beiträgen zur Sozialversicherung nicht nachgekommen ist und dies durch eine rechtskräftige Gerichts- oder bestandskräftige Verwaltungsentscheidung festgestellt wurde oder
2. die öffentlichen Auftraggeber auf sonstige geeignete Weise die Verletzung einer Verpflichtung nach Nummer 1 nachweisen können.

[2] Satz 1 ist nicht anzuwenden, wenn das Unternehmen seinen Verpflichtungen dadurch nachgekommen ist, dass es die Zahlung vorgenommen oder sich zur Zahlung der Steuern, Abgaben und Beiträge zur Sozialversicherung einschließlich Zinsen, Säumnis- und Strafzuschlägen verpflichtet hat.

(5) ¹ Von einem Ausschluss nach Absatz 1 kann abgesehen werden, wenn dies aus zwingenden Gründen des öffentlichen Interesses geboten ist. ² Von einem Ausschluss nach Absatz 4 Satz 1 kann abgesehen werden, wenn dies aus zwingenden Gründen des öffentlichen Interesses geboten ist oder ein Ausschluss offensichtlich unverhältnismäßig wäre. ³ § 125 bleibt unberührt.

§ 124 Fakultative Ausschlussgründe. (1) Öffentliche Auftraggeber können unter Berücksichtigung des Grundsatzes der Verhältnismäßigkeit ein Unternehmen zu jedem Zeitpunkt des Vergabeverfahrens von der Teilnahme an einem Vergabeverfahren ausschließen, wenn

1. das Unternehmen bei der Ausführung öffentlicher Aufträge nachweislich gegen geltende umwelt-, sozial- oder arbeitsrechtliche Verpflichtungen verstoßen hat,

2. das Unternehmen zahlungsunfähig ist, über das Vermögen des Unternehmens ein Insolvenzverfahren oder ein vergleichbares Verfahren beantragt oder eröffnet worden ist, die Eröffnung eines solchen Verfahrens mangels Masse abgelehnt worden ist, sich das Unternehmen im Verfahren der Liquidation befindet oder seine Tätigkeit eingestellt hat,

3. das Unternehmen im Rahmen der beruflichen Tätigkeit nachweislich eine schwere Verfehlung begangen hat, durch die die Integrität des Unternehmens infrage gestellt wird; § 123 Absatz 3 ist entsprechend anzuwenden,

4. der öffentliche Auftraggeber über hinreichende Anhaltspunkte dafür verfügt, dass das Unternehmen mit anderen Unternehmen Vereinbarungen getroffen oder Verhaltensweisen aufeinander abgestimmt hat, die eine Verhinderung, Einschränkung oder Verfälschung des Wettbewerbs bezwecken oder bewirken,

5. ein Interessenkonflikt bei der Durchführung des Vergabeverfahrens besteht, der die Unparteilichkeit und Unabhängigkeit einer für den öffentlichen Auftraggeber tätigen Person bei der Durchführung des Vergabeverfahrens beeinträchtigen könnte und der durch andere, weniger einschneidende Maßnahmen nicht wirksam beseitigt werden kann,

6. eine Wettbewerbsverzerrung daraus resultiert, dass das Unternehmen bereits in die Vorbereitung des Vergabeverfahrens einbezogen war, und diese Wettbewerbsverzerrung nicht durch andere, weniger einschneidende Maßnahmen beseitigt werden kann,

7. das Unternehmen eine wesentliche Anforderung bei der Ausführung eines früheren öffentlichen Auftrags oder Konzessionsvertrags erheblich oder fortdauernd mangelhaft erfüllt hat und dies zu einer vorzeitigen Beendigung, zu Schadensersatz oder zu einer vergleichbaren Rechtsfolge geführt hat,

8. das Unternehmen in Bezug auf Ausschlussgründe oder Eignungskriterien eine schwerwiegende Täuschung begangen oder Auskünfte zurückgehalten hat oder nicht in der Lage ist, die erforderlichen Nachweise zu übermitteln, oder

9. das Unternehmen
   a) versucht hat, die Entscheidungsfindung des öffentlichen Auftraggebers in unzulässiger Weise zu beeinflussen,
   b) versucht hat, vertrauliche Informationen zu erhalten, durch die es unzulässige Vorteile beim Vergabeverfahren erlangen könnte, oder

c) fahrlässig oder vorsätzlich irreführende Informationen übermittelt hat, die die Vergabeentscheidung des öffentlichen Auftraggebers erheblich beeinflussen könnten, oder versucht hat, solche Informationen zu übermitteln.

(2) § 21 des Arbeitnehmer-Entsendegesetzes, § 98c des Aufenthaltsgesetzes, § 19 des Mindestlohngesetzes*[bis 31.12.2022:* und*]* § 21 des Schwarzarbeitsbekämpfungsgesetzes bleiben unberührt.

§ 125 Selbstreinigung. (1) ¹Öffentliche Auftraggeber schließen ein Unternehmen, bei dem ein Ausschlussgrund nach § 123 oder § 124 vorliegt, nicht von der Teilnahme an dem Vergabeverfahren aus, wenn das Unternehmen nachgewiesen hat, dass es
1. für jeden durch eine Straftat oder ein Fehlverhalten verursachten Schaden einen Ausgleich gezahlt oder sich zur Zahlung eines Ausgleichs verpflichtet hat,
2. die Tatsachen und Umstände, die mit der Straftat oder dem Fehlverhalten und dem dadurch verursachten Schaden in Zusammenhang stehen, durch eine aktive Zusammenarbeit mit den Ermittlungsbehörden und dem öffentlichen Auftraggeber umfassend geklärt hat, und
3. konkrete technische, organisatorische und personelle Maßnahmen ergriffen hat, die geeignet sind, weitere Straftaten oder weiteres Fehlverhalten zu vermeiden.

²§ 123 Absatz 4 Satz 2 bleibt unberührt.

(2) ¹Öffentliche Auftraggeber bewerten die von dem Unternehmen ergriffenen Selbstreinigungsmaßnahmen und berücksichtigen dabei die Schwere und die besonderen Umstände der Straftat oder des Fehlverhaltens. ²Erachten die öffentlichen Auftraggeber die Selbstreinigungsmaßnahmen des Unternehmens als unzureichend, so begründen sie diese Entscheidung gegenüber dem Unternehmen.

§ 126 Zulässiger Zeitraum für Ausschlüsse. Wenn ein Unternehmen, bei dem ein Ausschlussgrund vorliegt, keine oder keine ausreichenden Selbstreinigungsmaßnahmen nach § 125 ergriffen hat, darf es
1. bei Vorliegen eines Ausschlussgrundes nach § 123 höchstens fünf Jahre ab dem Tag der rechtskräftigen Verurteilung von der Teilnahme an Vergabeverfahren ausgeschlossen werden,
2. bei Vorliegen eines Ausschlussgrundes nach § 124 höchstens drei Jahre ab dem betreffenden Ereignis von der Teilnahme an Vergabeverfahren ausgeschlossen werden.

§ 127 Zuschlag. (1) ¹Der Zuschlag wird auf das wirtschaftlichste Angebot erteilt. ²Grundlage dafür ist eine Bewertung des öffentlichen Auftraggebers, ob und inwieweit das Angebot die vorgegebenen Zuschlagskriterien erfüllt. ³Das wirtschaftlichste Angebot bestimmt sich nach dem besten Preis-Leistungs-Verhältnis. ⁴Zu dessen Ermittlung können neben dem Preis oder den Kosten auch qualitative, umweltbezogene oder soziale Aspekte berücksichtigt werden.

(2) Verbindliche Vorschriften zur Preisgestaltung sind bei der Ermittlung des wirtschaftlichsten Angebots zu beachten.

(3) ¹Die Zuschlagskriterien müssen mit dem Auftragsgegenstand in Verbindung stehen. ²Diese Verbindung ist auch dann anzunehmen, wenn sich ein

Zuschlagskriterium auf Prozesse im Zusammenhang mit der Herstellung, Bereitstellung oder Entsorgung der Leistung, auf den Handel mit der Leistung oder auf ein anderes Stadium im Lebenszyklus der Leistung bezieht, auch wenn sich diese Faktoren nicht auf die materiellen Eigenschaften des Auftragsgegenstandes auswirken.

(4) [1] Die Zuschlagskriterien müssen so festgelegt und bestimmt sein, dass die Möglichkeit eines wirksamen Wettbewerbs gewährleistet wird, der Zuschlag nicht willkürlich erteilt werden kann und eine wirksame Überprüfung möglich ist, ob und inwieweit die Angebote die Zuschlagskriterien erfüllen. [2] Lassen öffentliche Auftraggeber Nebenangebote zu, legen sie die Zuschlagskriterien so fest, dass sie sowohl auf Hauptangebote als auch auf Nebenangebote anwendbar sind.

(5) Die Zuschlagskriterien und deren Gewichtung müssen in der Auftragsbekanntmachung oder den Vergabeunterlagen aufgeführt werden.

§ 128 Auftragsausführung. (1) Unternehmen haben bei der Ausführung des öffentlichen Auftrags alle für sie geltenden rechtlichen Verpflichtungen einzuhalten, insbesondere Steuern, Abgaben und Beiträge zur Sozialversicherung zu entrichten, die arbeitsschutzrechtlichen Regelungen einzuhalten und den Arbeitnehmerinnen und Arbeitnehmern wenigstens diejenigen Mindestarbeitsbedingungen einschließlich des Mindestentgelts zu gewähren, die nach dem Mindestlohngesetz, einem nach dem Tarifvertragsgesetz mit den Wirkungen des Arbeitnehmer-Entsendegesetzes für allgemein verbindlich erklärten Tarifvertrag oder einer nach § 7, § 7a oder § 11 des Arbeitnehmer-Entsendegesetzes oder einer nach § 3a des Arbeitnehmerüberlassungsgesetzes erlassenen Rechtsverordnung für die betreffende Leistung verbindlich vorgegeben werden.

(2) [1] Öffentliche Auftraggeber können darüber hinaus besondere Bedingungen für die Ausführung eines Auftrags (Ausführungsbedingungen) festlegen, sofern diese mit dem Auftragsgegenstand entsprechend § 127 Absatz 3 in Verbindung stehen. [2] Die Ausführungsbedingungen müssen sich aus der Auftragsbekanntmachung oder den Vergabeunterlagen ergeben. [3] Sie können insbesondere wirtschaftliche, innovationsbezogene, umweltbezogene, soziale oder beschäftigungspolitische Belange oder den Schutz der Vertraulichkeit von Informationen umfassen.

§ 129 Zwingend zu berücksichtigende Ausführungsbedingungen.

Ausführungsbedingungen, die der öffentliche Auftraggeber dem beauftragten Unternehmen verbindlich vorzugeben hat, dürfen nur aufgrund eines Bundes- oder Landesgesetzes festgelegt werden.

§ 130 Vergabe von öffentlichen Aufträgen über soziale und andere besondere Dienstleistungen. (1) [1] Bei der Vergabe von öffentlichen Aufträgen über soziale und andere besondere Dienstleistungen im Sinne des Anhangs XIV der Richtlinie 2014/24/EU stehen öffentlichen Auftraggebern das offene Verfahren, das nicht offene Verfahren, das Verhandlungsverfahren mit Teilnahmewettbewerb, der wettbewerbliche Dialog und die Innovationspartnerschaft nach ihrer Wahl zur Verfügung. [2] Ein Verhandlungsverfahren ohne Teilnahmewettbewerb steht nur zur Verfügung, soweit dies aufgrund dieses Gesetzes gestattet ist.

(2) Abweichend von § 132 Absatz 3 ist die Änderung eines öffentlichen Auftrags über soziale und andere besondere Dienstleistungen im Sinne des Anhangs XIV der Richtlinie 2014/24/EU ohne Durchführung eines neuen Vergabeverfahrens zulässig, wenn der Wert der Änderung nicht mehr als 20 Prozent des ursprünglichen Auftragswertes beträgt.

§ 131 Vergabe von öffentlichen Aufträgen über Personenverkehrsleistungen im Eisenbahnverkehr. (1) ¹Bei der Vergabe von öffentlichen Aufträgen, deren Gegenstand Personenverkehrsleistungen im Eisenbahnverkehr sind, stehen öffentlichen Auftraggebern das offene und das nicht offene Verfahren, das Verhandlungsverfahren mit Teilnahmewettbewerb, der wettbewerbliche Dialog und die Innovationspartnerschaft nach ihrer Wahl zur Verfügung. ²Ein Verhandlungsverfahren ohne Teilnahmewettbewerb steht nur zur Verfügung, soweit dies aufgrund dieses Gesetzes gestattet ist.

(2) ¹Anstelle des § 108 Absatz 1 ist Artikel 5 Absatz 2 der Verordnung (EG) Nr. 1370/2007 des Europäischen Parlaments und des Rates vom 23. Oktober 2007 über öffentliche Personenverkehrsdienste auf Schiene und Straße und zur Aufhebung der Verordnungen (EWG) Nr. 1191/69 und (EWG) Nr. 1107/70 des Rates (ABl. L 315 vom 3.12.2007, S. 1) anzuwenden. ²Artikel 5 Absatz 5 und Artikel 7 Absatz 2 der Verordnung (EG) Nr. 1370/2007 bleiben unberührt.

(3) ¹Öffentliche Auftraggeber, die öffentliche Aufträge im Sinne von Absatz 1 vergeben, sollen gemäß Artikel 4 Absatz 5 der Verordnung (EG) Nr. 1370/2007 verlangen, dass bei einem Wechsel des Betreibers der Personenverkehrsleistung der ausgewählte Betreiber die Arbeitnehmerinnen und Arbeitnehmer, die beim bisherigen Betreiber für die Erbringung dieser Verkehrsleistung beschäftigt waren, übernimmt und ihnen die Rechte gewährt, auf die sie Anspruch hätten, wenn ein Übergang gemäß § 613a des Bürgerlichen Gesetzbuchs erfolgt wäre. ²Für den Fall, dass ein öffentlicher Auftraggeber die Übernahme von Arbeitnehmerinnen und Arbeitnehmern im Sinne von Satz 1 verlangt, beschränkt sich das Verlangen auf diejenigen Arbeitnehmerinnen und Arbeitnehmer, die für die Erbringung der übergehenden Verkehrsleistung unmittelbar erforderlich sind. ³Der öffentliche Auftraggeber soll Regelungen vorsehen, durch die eine missbräuchliche Anpassung tarifvertraglicher Regelungen zu Lasten des neuen Betreibers zwischen der Veröffentlichung der Auftragsbekanntmachung und der Übernahme des Betriebes ausgeschlossen wird. ⁴Der bisherige Betreiber ist nach Aufforderung durch den öffentlichen Auftraggeber verpflichtet, alle hierzu erforderlichen Angaben zu machen.

§ 132 Auftragsänderungen während der Vertragslaufzeit. (1) ¹Wesentliche Änderungen eines öffentlichen Auftrags während der Vertragslaufzeit erfordern ein neues Vergabeverfahren. ²Wesentlich sind Änderungen, die dazu führen, dass sich der öffentliche Auftrag erheblich von dem ursprünglich vergebenen öffentlichen Auftrag unterscheidet. ³Eine wesentliche Änderung liegt insbesondere vor, wenn

1. mit der Änderung Bedingungen eingeführt werden, die, wenn sie für das ursprüngliche Vergabeverfahren gegolten hätten,

   a) die Zulassung anderer Bewerber oder Bieter ermöglicht hätten,

   b) die Annahme eines anderen Angebots ermöglicht hätten oder

   c) das Interesse weiterer Teilnehmer am Vergabeverfahren geweckt hätten,

2. mit der Änderung das wirtschaftliche Gleichgewicht des öffentlichen Auftrags zugunsten des Auftragnehmers in einer Weise verschoben wird, die im ursprünglichen Auftrag nicht vorgesehen war,
3. mit der Änderung der Umfang des öffentlichen Auftrags erheblich ausgeweitet wird oder
4. ein neuer Auftragnehmer den Auftragnehmer in anderen als den in Absatz 2 Satz 1 Nummer 4 vorgesehenen Fällen ersetzt.

(2) ¹Unbeschadet des Absatzes 1 ist die Änderung eines öffentlichen Auftrags ohne Durchführung eines neuen Vergabeverfahrens zulässig, wenn
1. in den ursprünglichen Vergabeunterlagen klare, genaue und eindeutig formulierte Überprüfungsklauseln oder Optionen vorgesehen sind, die Angaben zu Art, Umfang und Voraussetzungen möglicher Auftragsänderungen enthalten, und sich aufgrund der Änderung der Gesamtcharakter des Auftrags nicht verändert,
2. zusätzliche Liefer-, Bau- oder Dienstleistungen erforderlich geworden sind, die nicht in den ursprünglichen Vergabeunterlagen vorgesehen waren, und ein Wechsel des Auftragnehmers
   a) aus wirtschaftlichen oder technischen Gründen nicht erfolgen kann und
   b) mit erheblichen Schwierigkeiten oder beträchtlichen Zusatzkosten für den öffentlichen Auftraggeber verbunden wäre,
3. die Änderung aufgrund von Umständen erforderlich geworden ist, die der öffentliche Auftraggeber im Rahmen seiner Sorgfaltspflicht nicht vorhersehen konnte, und sich aufgrund der Änderung der Gesamtcharakter des Auftrags nicht verändert oder
4. ein neuer Auftragnehmer den bisherigen Auftragnehmer ersetzt
   a) aufgrund einer Überprüfungsklausel im Sinne von Nummer 1,
   b) aufgrund der Tatsache, dass ein anderes Unternehmen, das die ursprünglich festgelegten Anforderungen an die Eignung erfüllt, im Zuge einer Unternehmensumstrukturierung, wie zum Beispiel durch Übernahme, Zusammenschluss, Erwerb oder Insolvenz, ganz oder teilweise an die Stelle des ursprünglichen Auftragnehmers tritt, sofern dies keine weiteren wesentlichen Änderungen im Sinne des Absatzes 1 zur Folge hat, oder
   c) aufgrund der Tatsache, dass der öffentliche Auftraggeber selbst die Verpflichtungen des Hauptauftragnehmers gegenüber seinen Unterauftragnehmern übernimmt.

²In den Fällen des Satzes 1 Nummer 2 und 3 darf der Preis um nicht mehr als 50 Prozent des Wertes des ursprünglichen Auftrags erhöht werden. ³Bei mehreren aufeinander folgenden Änderungen des Auftrags gilt diese Beschränkung für den Wert jeder einzelnen Änderung, sofern die Änderungen nicht mit dem Ziel vorgenommen werden, die Vorschriften dieses Teils zu umgehen.

(3) ¹Die Änderung eines öffentlichen Auftrags ohne Durchführung eines neuen Vergabeverfahrens ist ferner zulässig, wenn sich der Gesamtcharakter des Auftrags nicht ändert und der Wert der Änderung
1. die jeweiligen Schwellenwerte nach § 106 nicht übersteigt und
2. bei Liefer- und Dienstleistungsaufträgen nicht mehr als 10 Prozent und bei Bauaufträgen nicht mehr als 15 Prozent des ursprünglichen Auftragswertes beträgt.

Kapitel 1. Vergabeverfahren §§ 133, 134 GWB 14

²Bei mehreren aufeinander folgenden Änderungen ist der Gesamtwert der Änderungen maßgeblich.

(4) Enthält der Vertrag eine Indexierungsklausel, wird für die Wertberechnung gemäß Absatz 2 Satz 2 und 3 sowie gemäß Absatz 3 der höhere Preis als Referenzwert herangezogen.

(5) Änderungen nach Absatz 2 Satz 1 Nummer 2 und 3 sind im Amtsblatt der Europäischen Union bekannt zu machen.

§ 133 Kündigung von öffentlichen Aufträgen in besonderen Fällen.

(1) Unbeschadet des § 135 können öffentliche Auftraggeber einen öffentlichen Auftrag während der Vertragslaufzeit kündigen, wenn

1. eine wesentliche Änderung vorgenommen wurde, die nach § 132 ein neues Vergabeverfahren erfordert hätte,
2. zum Zeitpunkt der Zuschlagserteilung ein zwingender Ausschlussgrund nach § 123 Absatz 1 bis 4 vorlag oder
3. der öffentliche Auftrag aufgrund einer schweren Verletzung der Verpflichtungen aus dem Vertrag über die Arbeitsweise der Europäischen Union oder aus den Vorschriften dieses Teils, die der Europäische Gerichtshof in einem Verfahren nach Artikel 258 des Vertrags über die Arbeitsweise der Europäischen Union[1]) festgestellt hat, nicht an den Auftragnehmer hätte vergeben werden dürfen.

(2) ¹Wird ein öffentlicher Auftrag gemäß Absatz 1 gekündigt, kann der Auftragnehmer einen seinen bisherigen Leistungen entsprechenden Teil der Vergütung verlangen. ²Im Fall des Absatzes 1 Nummer 2 steht dem Auftragnehmer ein Anspruch auf Vergütung insoweit nicht zu, als seine bisherigen Leistungen infolge der Kündigung für den öffentlichen Auftraggeber nicht von Interesse sind.

(3) Die Berechtigung, Schadensersatz zu verlangen, wird durch die Kündigung nicht ausgeschlossen.

§ 134 Informations- und Wartepflicht. (1) ¹Öffentliche Auftraggeber haben die Bieter, deren Angebote nicht berücksichtigt werden sollen, über den Namen des Unternehmens, dessen Angebot angenommen werden soll, über die Gründe der vorgesehenen Nichtberücksichtigung ihres Angebots und über den frühesten Zeitpunkt des Vertragsschlusses unverzüglich in Textform zu informieren. ²Dies gilt auch für Bewerber, denen keine Information über die Ablehnung ihrer Bewerbung zur Verfügung gestellt wurde, bevor die Mitteilung über die Zuschlagsentscheidung an die betroffenen Bieter ergangen ist.

(2) ¹Ein Vertrag darf erst 15 Kalendertage nach Absendung der Information nach Absatz 1 geschlossen werden. ²Wird die Information auf elektronischem Weg oder per Fax versendet, verkürzt sich die Frist auf zehn Kalendertage. ³Die Frist beginnt am Tag nach der Absendung der Information durch den Auftraggeber; auf den Tag des Zugangs beim betroffenen Bieter und Bewerber kommt es nicht an.

(3) ¹Die Informationspflicht entfällt in Fällen, in denen das Verhandlungsverfahren ohne Teilnahmewettbewerb wegen besonderer Dringlichkeit gerechtfertigt ist. ²Im Fall verteidigungs- oder sicherheitsspezifischer Aufträge

---

[1]) Nr. **15**.

können öffentliche Auftraggeber beschließen, bestimmte Informationen über die Zuschlagserteilung oder den Abschluss einer Rahmenvereinbarung nicht mitzuteilen, soweit die Offenlegung den Gesetzesvollzug behindert, dem öffentlichen Interesse, insbesondere Verteidigungs- oder Sicherheitsinteressen, zuwiderläuft, berechtigte geschäftliche Interessen von Unternehmen schädigt oder den lauteren Wettbewerb zwischen ihnen beeinträchtigen könnte.

§ 135 Unwirksamkeit. (1) Ein öffentlicher Auftrag ist von Anfang an unwirksam, wenn der öffentliche Auftraggeber

1. gegen § 134 verstoßen hat oder
2. den Auftrag ohne vorherige Veröffentlichung einer Bekanntmachung im Amtsblatt der Europäischen Union vergeben hat, ohne dass dies aufgrund Gesetzes gestattet ist,

und dieser Verstoß in einem Nachprüfungsverfahren festgestellt worden ist.

(2) [1] Die Unwirksamkeit nach Absatz 1 kann nur festgestellt werden, wenn sie im Nachprüfungsverfahren innerhalb von 30 Kalendertagen nach der Information der betroffenen Bieter und Bewerber durch den öffentlichen Auftraggeber über den Abschluss des Vertrags, jedoch nicht später als sechs Monate nach Vertragsschluss geltend gemacht worden ist. [2] Hat der Auftraggeber die Auftragsvergabe im Amtsblatt der Europäischen Union bekannt gemacht, endet die Frist zur Geltendmachung der Unwirksamkeit 30 Kalendertage nach Veröffentlichung der Bekanntmachung der Auftragsvergabe im Amtsblatt der Europäischen Union.

(3) [1] Die Unwirksamkeit nach Absatz 1 Nummer 2 tritt nicht ein, wenn

1. der öffentliche Auftraggeber der Ansicht ist, dass die Auftragsvergabe ohne vorherige Veröffentlichung einer Bekanntmachung im Amtsblatt der Europäischen Union zulässig ist,
2. der öffentliche Auftraggeber eine Bekanntmachung im Amtsblatt der Europäischen Union veröffentlicht hat, mit der er die Absicht bekundet, den Vertrag abzuschließen, und
3. der Vertrag nicht vor Ablauf einer Frist von mindestens zehn Kalendertagen, gerechnet ab dem Tag nach der Veröffentlichung dieser Bekanntmachung, abgeschlossen wurde.

[2] Die Bekanntmachung nach Satz 1 Nummer 2 muss den Namen und die Kontaktdaten des öffentlichen Auftraggebers, die Beschreibung des Vertragsgegenstands, die Begründung der Entscheidung des Auftraggebers, den Auftrag ohne vorherige Veröffentlichung einer Bekanntmachung im Amtsblatt der Europäischen Union zu vergeben, und den Namen und die Kontaktdaten des Unternehmens, das den Zuschlag erhalten soll, umfassen.

Abschnitt 3. Vergabe von öffentlichen Aufträgen in besonderen Bereichen und von Konzessionen

Unterabschnitt 1. Vergabe von öffentlichen Aufträgen durch Sektorenauftraggeber

§ 136 Anwendungsbereich. Dieser Unterabschnitt ist anzuwenden auf die Vergabe von öffentlichen Aufträgen und die Ausrichtung von Wettbewerben durch Sektorenauftraggeber zum Zweck der Ausübung einer Sektorentätigkeit.

Kapitel 1. Vergabeverfahren §§ 137, 138 GWB 14

§ 137 Besondere Ausnahmen. (1) Dieser Teil ist nicht anzuwenden auf die Vergabe von öffentlichen Aufträgen durch Sektorenauftraggeber zum Zweck der Ausübung einer Sektorentätigkeit, wenn die Aufträge Folgendes zum Gegenstand haben:

1. Rechtsdienstleistungen im Sinne des § 116 Absatz 1 Nummer 1,
2. Forschungs- und Entwicklungsdienstleistungen im Sinne des § 116 Absatz 1 Nummer 2,
3. Ausstrahlungszeit oder Bereitstellung von Sendungen, wenn diese Aufträge an Anbieter von audiovisuellen Mediendiensten oder Hörfunkmediendiensten vergeben werden,
4. finanzielle Dienstleistungen im Sinne des § 116 Absatz 1 Nummer 4,
5. Kredite und Darlehen im Sinne des § 116 Absatz 1 Nummer 5,
6. Dienstleistungen im Sinne des § 116 Absatz 1 Nummer 6, wenn diese Aufträge aufgrund eines ausschließlichen Rechts vergeben werden,
7. die Beschaffung von Wasser im Rahmen der Trinkwasserversorgung,
8. die Beschaffung von Energie oder von Brennstoffen zur Energieerzeugung im Rahmen der Energieversorgung oder
9. die Weiterveräußerung oder Vermietung an Dritte, wenn
   a) dem Sektorenauftraggeber kein besonderes oder ausschließliches Recht zum Verkauf oder zur Vermietung des Auftragsgegenstandes zusteht und
   b) andere Unternehmen die Möglichkeit haben, den Auftragsgegenstand unter den gleichen Bedingungen wie der betreffende Sektorenauftraggeber zu verkaufen oder zu vermieten.

(2) Dieser Teil ist ferner nicht anzuwenden auf die Vergabe von öffentlichen Aufträgen und die Ausrichtung von Wettbewerben, die Folgendes zum Gegenstand haben:

1. Liefer-, Bau- und Dienstleistungen sowie die Ausrichtung von Wettbewerben durch Sektorenauftraggeber nach § 100 Absatz 1 Nummer 2, soweit sie anderen Zwecken dienen als einer Sektorentätigkeit, oder
2. die Durchführung von Sektorentätigkeiten außerhalb des Gebietes der Europäischen Union, wenn der Auftrag in einer Weise vergeben wird, die nicht mit der tatsächlichen Nutzung eines Netzes oder einer Anlage innerhalb dieses Gebietes verbunden ist.

§ 138 Besondere Ausnahme für die Vergabe an verbundene Unternehmen. (1) Dieser Teil ist nicht anzuwenden auf die Vergabe von öffentlichen Aufträgen,

1. die ein Sektorenauftraggeber an ein verbundenes Unternehmen vergibt oder
2. die ein Gemeinschaftsunternehmen, das ausschließlich mehrere Sektorenauftraggeber zur Durchführung einer Sektorentätigkeit gebildet haben, an ein Unternehmen vergibt, das mit einem dieser Sektorenauftraggeber verbunden ist.

(2) Ein verbundenes Unternehmen im Sinne des Absatzes 1 ist

1. ein Unternehmen, dessen Jahresabschluss mit dem Jahresabschluss des Auftraggebers in einem Konzernabschluss eines Mutterunternehmens entsprechend § 271 Absatz 2 des Handelsgesetzbuchs nach den Vorschriften über die Vollkonsolidierung einzubeziehen ist, oder

2. ein Unternehmen, das
   a) mittelbar oder unmittelbar einem beherrschenden Einfluss nach § 100 Absatz 3 des Sektorenauftraggebers unterliegen kann,
   b) einen beherrschenden Einfluss nach § 100 Absatz 3 auf den Sektorenauftraggeber ausüben kann oder
   c) gemeinsam mit dem Auftraggeber aufgrund der Eigentumsverhältnisse, der finanziellen Beteiligung oder der für das Unternehmen geltenden Bestimmungen dem beherrschenden Einfluss nach § 100 Absatz 3 eines anderen Unternehmens unterliegt.

(3) Absatz 1 gilt für Liefer-, Bau- oder Dienstleistungsaufträge, sofern unter Berücksichtigung aller Liefer-, Bau- oder Dienstleistungen, die von den verbundenen Unternehmen während der letzten drei Jahre in der Europäischen Union erbracht wurden, mindestens 80 Prozent des im jeweiligen Leistungssektor insgesamt erzielten durchschnittlichen Umsatzes dieses Unternehmens aus der Erbringung von Liefer-, Bau- oder Dienstleistungen für den Sektorenauftraggeber oder andere mit ihm verbundene Unternehmen stammen.

(4) Werden gleiche oder gleichartige Liefer-, Bauoder Dienstleistungen von mehr als einem mit dem Sektorenauftraggeber verbundenen und mit ihm wirtschaftlich zusammengeschlossenen Unternehmen erbracht, so werden die Prozentsätze nach Absatz 3 unter Berücksichtigung des Gesamtumsatzes errechnet, den diese verbundenen Unternehmen mit der Erbringung der jeweiligen Liefer-, Dienst- oder Bauleistung erzielen.

(5) Liegen für die letzten drei Jahre keine Umsatzzahlen vor, genügt es, wenn das Unternehmen etwa durch Prognosen über die Tätigkeitsentwicklung glaubhaft macht, dass die Erreichung des nach Absatz 3 geforderten Umsatzziels wahrscheinlich ist.

§ 139 Besondere Ausnahme für die Vergabe durch oder an ein Gemeinschaftsunternehmen. (1) Dieser Teil ist nicht anzuwenden auf die Vergabe von öffentlichen Aufträgen,
1. die ein Gemeinschaftsunternehmen, das mehrere Sektorenauftraggeber ausschließlich zur Durchführung von Sektorentätigkeiten gebildet haben, an einen dieser Auftraggeber vergibt oder
2. die ein Sektorenauftraggeber, der einem Gemeinschaftsunternehmen im Sinne der Nummer 1 angehört, an dieses Gemeinschaftsunternehmen vergibt.

(2) Voraussetzung ist, dass
1. das Gemeinschaftsunternehmen im Sinne des Absatzes 1 Nummer 1 gebildet wurde, um die betreffende Sektorentätigkeit während eines Zeitraums von mindestens drei Jahren durchzuführen, und
2. in dem Gründungsakt des Gemeinschaftsunternehmens festgelegt wird, dass die das Gemeinschaftsunternehmen bildenden Sektorenauftraggeber dem Gemeinschaftsunternehmen mindestens während desselben Zeitraums angehören werden.

§ 140 Besondere Ausnahme für unmittelbar dem Wettbewerb ausgesetzte Tätigkeiten. (1) [1]Dieser Teil ist nicht anzuwenden auf öffentliche Aufträge, die zum Zweck der Ausübung einer Sektorentätigkeit vergeben werden, wenn die Sektorentätigkeit unmittelbar dem Wettbewerb auf Märkten ausgesetzt ist, die keiner Zugangsbeschränkung unterliegen. ²Dasselbe gilt für Wettbewerbe, die im Zusammenhang mit der Sektorentätigkeit ausgerichtet werden.

(2) ¹Für Gutachten und Stellungnahmen, die aufgrund der nach § 113 Satz 2 Nummer 8 erlassenen Rechtsverordnung vorgenommen werden, erhebt das Bundeskartellamt Kosten (Gebühren und Auslagen) zur Deckung des Verwaltungsaufwands. ²§ 62 Absatz 1 Satz 3 und Absatz 2 Satz 1, Satz 2 Nummer 1, Satz 3 und 4, Absatz 5 Satz 1 sowie Absatz 6 Satz 1 Nummer 2, Satz 2 und 3 gilt entsprechend. ³Hinsichtlich der Möglichkeit zur Beschwerde über die Kostenentscheidung gilt § 73 Absatz 1 und 4 entsprechend.

§ 141 Verfahrensarten. (1) Sektorenauftraggebern stehen das offene Verfahren, das nicht offene Verfahren, das Verhandlungsverfahren mit Teilnahmewettbewerb und der wettbewerbliche Dialog nach ihrer Wahl zur Verfügung.

(2) Das Verhandlungsverfahren ohne Teilnahmewettbewerb und die Innovationspartnerschaft stehen nur zur Verfügung, soweit dies aufgrund dieses Gesetzes gestattet ist.

§ 142 Sonstige anwendbare Vorschriften. Im Übrigen gelten für die Vergabe von öffentlichen Aufträgen durch Sektorenauftraggeber zum Zweck der Ausübung von Sektorentätigkeiten die §§ 118 und 119, soweit in § 141 nicht abweichend geregelt, die §§ 120 bis 129, 130 in Verbindung mit Anhang XVII der Richtlinie 2014/25/EU sowie die §§ 131 bis 135 mit der Maßgabe entsprechend, dass

1. Sektorenauftraggeber abweichend von § 122 Absatz 1 und 2 die Unternehmen anhand objektiver Kriterien auswählen, die allen interessierten Unternehmen zugänglich sind,
2. Sektorenauftraggeber nach § 100 Absatz 1 Nummer 2 ein Unternehmen nach § 123 ausschließen können, aber nicht ausschließen müssen,
3. § 132 Absatz 2 Satz 2 und 3 nicht anzuwenden ist.

§ 143 Regelung für Auftraggeber nach dem Bundesberggesetz.

(1) ¹Sektorenauftraggeber, die nach dem Bundesberggesetz berechtigt sind, Erdöl, Gas, Kohle oder andere feste Brennstoffe aufzusuchen oder zu gewinnen, müssen bei der Vergabe von Liefer-, Bau- oder Dienstleistungsaufträgen oberhalb der Schwellenwerte nach § 106 Absatz 2 Nummer 2 zur Durchführung der Aufsuchung oder Gewinnung von Erdöl, Gas, Kohle oder anderen festen Brennstoffen die Grundsätze der Nichtdiskriminierung und der wettbewerbsorientierten Auftragsvergabe beachten. ²Insbesondere müssen sie Unternehmen, die ein Interesse an einem solchen Auftrag haben können, ausreichend informieren und bei der Auftragsvergabe objektive Kriterien zugrunde legen. ³Die Sätze 1 und 2 gelten nicht für die Vergabe von Aufträgen, deren Gegenstand die Beschaffung von Energie oder Brennstoffen zur Energieerzeugung ist.

(2) ¹Die Auftraggeber nach Absatz 1 erteilen der Europäischen Kommission über das Bundesministerium für Wirtschaft und Energie Auskunft über die Vergabe der unter diese Vorschrift fallenden Aufträge nach Maßgabe der Entscheidung 93/327/EWG der Kommission vom 13. Mai 1993 zur Festlegung der Voraussetzungen, unter denen die öffentlichen Auftraggeber, die geogra-

phisch abgegrenzte Gebiete zum Zwecke der Suche oder Förderung von Erdöl, Gas, Kohle oder anderen Festbrennstoffen nutzen, der Kommission Auskunft über die von ihnen vergebenen Aufträge zu erteilen haben (ABl. L 129 vom 27.5.1993, S. 25). ²Sie können über das Verfahren gemäß der Rechtsverordnung nach § 113 Satz 2 Nummer 8 unter den dort geregelten Voraussetzungen eine Befreiung von der Pflicht zur Anwendung dieser Bestimmung erreichen.

Unterabschnitt 2. Vergabe von verteidigungs- oder sicherheitsspezifischen öffentlichen Aufträgen

§ 144 Anwendungsbereich. Dieser Unterabschnitt ist anzuwenden auf die Vergabe von verteidigungs- oder sicherheitsspezifischen öffentlichen Aufträgen durch öffentliche Auftraggeber und Sektorenauftraggeber.

§ 145 Besondere Ausnahmen für die Vergabe von verteidigungs- oder sicherheitsspezifischen öffentlichen Aufträgen. Dieser Teil ist nicht anzuwenden auf die Vergabe von verteidigungs- oder sicherheitsspezifischen öffentlichen Aufträgen, die

1. den Zwecken nachrichtendienstlicher Tätigkeiten dienen,
2. im Rahmen eines Kooperationsprogramms vergeben werden, das
   a) auf Forschung und Entwicklung beruht und
   b) mit mindestens einem anderen Mitgliedstaat der Europäischen Union für die Entwicklung eines neuen Produkts und gegebenenfalls die späteren Phasen des gesamten oder eines Teils des Lebenszyklus dieses Produkts durchgeführt wird;

   beim Abschluss eines solchen Abkommens teilt die Europäische Kommission den Anteil der Forschungs- und Entwicklungsausgaben an den Gesamtkosten des Programms, die Vereinbarung über die Kostenteilung und gegebenenfalls den geplanten Anteil der Beschaffungen je Mitgliedstaat mit,
3. in einem Staat außerhalb der Europäischen Union vergeben werden; zu diesen Aufträgen gehören auch zivile Beschaffungen im Rahmen des Einsatzes von Streitkräften oder von Polizeien des Bundes oder der Länder außerhalb des Gebiets der Europäischen Union, wenn der Einsatz es erfordert, dass im Einsatzgebiet ansässige Unternehmen beauftragt werden; zivile Beschaffungen sind Beschaffungen nicht-militärischer Produkte und Beschaffungen von Bau- oder Dienstleistungen für logistische Zwecke,
4. die Bundesregierung, eine Landesregierung oder eine Gebietskörperschaft an eine andere Regierung oder an eine Gebietskörperschaft eines anderen Staates vergibt und die Folgendes zum Gegenstand haben:
   a) die Lieferung von Militärausrüstung im Sinne des § 104 Absatz 2 oder die Lieferung von Ausrüstung, die im Rahmen eines Verschlusssachenauftrags im Sinne des § 104 Absatz 3 vergeben wird,
   b) Bau- und Dienstleistungen, die in unmittelbarem Zusammenhang mit dieser Ausrüstung stehen,
   c) Bau- und Dienstleistungen speziell für militärische Zwecke oder
   d) Bau- und Dienstleistungen, die im Rahmen eines Verschlusssachenauftrags im Sinne des § 104 Absatz 3 vergeben werden,
5. Finanzdienstleistungen mit Ausnahme von Versicherungsdienstleistungen zum Gegenstand haben,

6. Forschungs- und Entwicklungsdienstleistungen zum Gegenstand haben, es sei denn, die Ergebnisse werden ausschließlich Eigentum des Auftraggebers für seinen Gebrauch bei der Ausübung seiner eigenen Tätigkeit und die Dienstleistung wird vollständig durch den Auftraggeber vergütet, oder
7. besonderen Verfahrensregeln unterliegen,
   a) die sich aus einem internationalen Abkommen oder einer internationalen Vereinbarung ergeben, das oder die zwischen einem oder mehreren Mitgliedstaaten der Europäischen Union und einem oder mehreren Staaten, die nicht Vertragsparteien des Übereinkommens über den Europäischen Wirtschaftsraum sind, geschlossen wurde,
   b) die sich aus einem internationalen Abkommen oder einer internationalen Vereinbarung im Zusammenhang mit der Stationierung von Truppen ergeben, das oder die Unternehmen eines Mitgliedstaates der Europäischen Union oder eines anderen Staates betrifft, oder
   c) die für eine internationale Organisation gelten, wenn diese für ihre Zwecke Beschaffungen tätigt oder wenn ein Mitgliedstaat öffentliche Aufträge nach diesen Regeln vergeben muss.

§ 146 Verfahrensarten. [1]Bei der Vergabe von verteidigungs- oder sicherheitsspezifischen öffentlichen Aufträgen stehen öffentlichen Auftraggebern und Sektorenauftraggebern das nicht offene Verfahren und das Verhandlungsverfahren mit Teilnahmewettbewerb nach ihrer Wahl zur Verfügung. [2]Das Verhandlungsverfahren ohne Teilnahmewettbewerb und der wettbewerbliche Dialog stehen nur zur Verfügung, soweit dies aufgrund dieses Gesetzes gestattet ist.

§ 147 Sonstige anwendbare Vorschriften. [1]Im Übrigen gelten für die Vergabe von verteidigungs- oder sicherheitsspezifischen öffentlichen Aufträgen die §§ 119, 120, 121 Absatz 1 und 3 sowie die §§ 122 bis 135 mit der Maßgabe entsprechend, dass ein Unternehmen gemäß § 124 Absatz 1 auch dann von der Teilnahme an einem Vergabeverfahren ausgeschlossen werden kann, wenn das Unternehmen nicht die erforderliche Vertrauenswürdigkeit aufweist, um Risiken für die nationale Sicherheit auszuschließen. [2]Der Nachweis, dass Risiken für die nationale Sicherheit nicht auszuschließen sind, kann auch mit Hilfe geschützter Datenquellen erfolgen.

Unterabschnitt 3. Vergabe von Konzessionen

§ 148 Anwendungsbereich. Dieser Unterabschnitt ist anzuwenden auf die Vergabe von Konzessionen durch Konzessionsgeber.

§ 149 Besondere Ausnahmen. Dieser Teil ist nicht anzuwenden auf die Vergabe von:
1. Konzessionen zu Rechtsdienstleistungen im Sinne des § 116 Absatz 1 Nummer 1,
2. Konzessionen zu Forschungs- und Entwicklungsdienstleistungen im Sinne des § 116 Absatz 1 Nummer 2,
3. Konzessionen zu audiovisuellen Mediendiensten oder Hörfunkmediendiensten im Sinne des § 116 Absatz 1 Nummer 3,
4. Konzessionen zu finanziellen Dienstleistungen im Sinne des § 116 Absatz 1 Nummer 4,

5. Konzessionen zu Krediten und Darlehen im Sinne des § 116 Absatz 1 Nummer 5,
6. Dienstleistungskonzessionen, die an einen Konzessionsgeber nach § 101 Absatz 1 Nummer 1 oder Nummer 2 aufgrund eines auf Gesetz oder Verordnung beruhenden ausschließlichen Rechts vergeben werden,
7. Dienstleistungskonzessionen, die an ein Unternehmen aufgrund eines ausschließlichen Rechts vergeben werden, das diesem im Einklang mit den nationalen und unionsrechtlichen Rechtsvorschriften über den Marktzugang für Tätigkeiten nach § 102 Absatz 2 bis 6 gewährt wurde; ausgenommen hiervon sind Dienstleistungskonzessionen für Tätigkeiten, für die die Unionsvorschriften keine branchenspezifischen Transparenzverpflichtungen vorsehen; Auftraggeber, die einem Unternehmen ein ausschließliches Recht im Sinne dieser Vorschrift gewähren, setzen die Europäische Kommission hierüber binnen eines Monats nach Gewährung dieses Rechts in Kenntnis,
8. Konzessionen, die hauptsächlich dazu dienen, dem Konzessionsgeber im Sinne des § 101 Absatz 1 Nummer 1 die Bereitstellung oder den Betrieb öffentlicher Kommunikationsnetze oder die Bereitstellung eines oder mehrerer elektronischer Kommunikationsdienste für die Öffentlichkeit zu ermöglichen,
9. Konzessionen im Bereich Wasser, die
    a) die Bereitstellung oder das Betreiben fester Netze zur Versorgung der Allgemeinheit im Zusammenhang mit der Gewinnung, dem Transport oder der Verteilung von Trinkwasser oder die Einspeisung von Trinkwasser in diese Netze betreffen oder
    b) mit einer Tätigkeit nach Buchstabe a im Zusammenhang stehen und einen der nachfolgend aufgeführten Gegenstände haben:
        aa) Wasserbau-, Bewässerungs- und Entwässerungsvorhaben, sofern die zur Trinkwasserversorgung bestimmte Wassermenge mehr als 20 Prozent der Gesamtwassermenge ausmacht, die mit den entsprechenden Vorhaben oder Bewässerungs- oder Entwässerungsanlagen zur Verfügung gestellt wird, oder
        bb) Abwasserbeseitigung oder -behandlung,
10. Dienstleistungskonzessionen zu Lotteriedienstleistungen, die unter die Referenznummer des Common Procurement Vocabulary 92351100-7 fallen, und die einem Unternehmen auf der Grundlage eines ausschließlichen Rechts gewährt werden,
11. Konzessionen, die Konzessionsgeber im Sinne des § 101 Absatz 1 Nummer 2 und 3 zur Durchführung ihrer Tätigkeiten in einem nicht der Europäischen Union angehörenden Staat in einer Weise vergeben, die nicht mit der physischen Nutzung eines Netzes oder geografischen Gebiets in der Europäischen Union verbunden ist, oder
12. Konzessionen, die im Bereich der Luftverkehrsdienste auf der Grundlage der Erteilung einer Betriebsgenehmigung im Sinne der Verordnung (EG) Nr. 1008/2008 des Europäischen Parlaments und des Rates vom 24. September 2008 über gemeinsame Vorschriften für die Durchführung von Luftverkehrsdiensten in der Gemeinschaft (ABl. L 293 vom 31.10.2008, S. 3) vergeben werden, oder von Konzessionen, die die Beförderung von Personen im Sinne des § 1 des Personenbeförderungsgesetzes betreffen.

§ 150 Besondere Ausnahmen für die Vergabe von Konzessionen in den Bereichen Verteidigung und Sicherheit. Dieser Teil ist nicht anzuwenden auf die Vergabe von Konzessionen in den Bereichen Verteidigung und Sicherheit,

1. bei denen die Anwendung der Vorschriften dieses Teils den Konzessionsgeber verpflichten würde, Auskünfte zu erteilen, deren Preisgabe seines Erachtens den wesentlichen Sicherheitsinteressen der Bundesrepublik Deutschland zuwiderläuft, oder wenn die Vergabe und Durchführung der Konzession als geheim zu erklären sind oder von besonderen Sicherheitsmaßnahmen gemäß den geltenden Rechts- oder Verwaltungsvorschriften begleitet sein müssen, sofern der Konzessionsgeber festgestellt hat, dass die betreffenden wesentlichen Interessen nicht durch weniger einschneidende Maßnahmen gewahrt werden können, wie beispielsweise durch Anforderungen, die auf den Schutz der Vertraulichkeit der Informationen abzielen, die Konzessionsgeber im Rahmen eines Konzessionsvergabeverfahrens zur Verfügung stellen,

2. die im Rahmen eines Kooperationsprogramms vergeben werden, das

    a) auf Forschung und Entwicklung beruht und

    b) mit mindestens einem anderen Mitgliedstaat der Europäischen Union für die Entwicklung eines neuen Produkts und gegebenenfalls die späteren Phasen des gesamten oder eines Teils des Lebenszyklus dieses Produkts durchgeführt wird,

3. die die Bundesregierung an eine andere Regierung für in unmittelbarem Zusammenhang mit Militärausrüstung oder sensibler Ausrüstung stehende Bau- und Dienstleistungen oder für Bau- und Dienstleistungen speziell für militärische Zwecke oder für sensible Bau- und Dienstleistungen vergibt,

4. die in einem Staat, der nicht Vertragspartei des Übereinkommens über den Europäischen Wirtschaftsraum ist, im Rahmen des Einsatzes von Truppen außerhalb des Gebiets der Europäischen Union vergeben werden, wenn der Einsatz erfordert, dass diese Konzessionen an im Einsatzgebiet ansässige Unternehmen vergeben werden,

5. die durch andere Ausnahmevorschriften dieses Teils erfasst werden,

6. die nicht bereits gemäß den Nummern 1 bis 5 ausgeschlossen sind, wenn der Schutz wesentlicher Sicherheitsinteressen der Bundesrepublik Deutschland nicht durch weniger einschneidende Maßnahmen garantiert werden kann, wie beispielsweise durch Anforderungen, die auf den Schutz der Vertraulichkeit der Informationen abzielen, die Konzessionsgeber im Rahmen eines Konzessionsvergabeverfahrens zur Verfügung stellen, oder

7. die besonderen Verfahrensregeln unterliegen,

    a) die sich aus einem internationalen Abkommen oder einer internationalen Vereinbarung ergeben, das oder die zwischen einem oder mehreren Mitgliedstaaten der Europäischen Union und einem oder mehreren Staaten, die nicht Vertragsparteien des Übereinkommens über den Europäischen Wirtschaftsraum sind, geschlossen wurde,

    b) die sich aus einem internationalen Abkommen oder einer internationalen Vereinbarung im Zusammenhang mit der Stationierung von Truppen ergeben, das oder die Unternehmen eines Mitgliedstaates der Europäischen Union oder eines anderen Staates betrifft, oder

14 GWB §§ 151–154 Teil 4. Vergabe öffentl. Aufträge und Konzessionen

c) die für eine internationale Organisation gelten, wenn diese für ihre Zwecke Beschaffungen tätigt oder wenn ein Mitgliedstaat der Europäischen Union Aufträge nach diesen Regeln vergeben muss.

§ 151 Verfahren. [1] Konzessionsgeber geben die Absicht bekannt, eine Konzession zu vergeben. [2] Auf die Veröffentlichung der Konzessionsvergabeabsicht darf nur verzichtet werden, soweit dies aufgrund dieses Gesetzes zulässig ist. [3] Im Übrigen dürfen Konzessionsgeber das Verfahren zur Vergabe von Konzessionen vorbehaltlich der aufgrund dieses Gesetzes erlassenen Verordnung zu den Einzelheiten des Vergabeverfahrens frei ausgestalten.

§ 152 Anforderungen im Konzessionsvergabeverfahren. (1) Zur Leistungsbeschreibung ist § 121 Absatz 1 und 3 entsprechend anzuwenden.

(2) Konzessionen werden an geeignete Unternehmen im Sinne des § 122 vergeben.

(3) [1] Der Zuschlag wird auf der Grundlage objektiver Kriterien erteilt, die sicherstellen, dass die Angebote unter wirksamen Wettbewerbsbedingungen bewertet werden, sodass ein wirtschaftlicher Gesamtvorteil für den Konzessionsgeber ermittelt werden kann. [2] Die Zuschlagskriterien müssen mit dem Konzessionsgegenstand in Verbindung stehen und dürfen dem Konzessionsgeber keine uneingeschränkte Wahlfreiheit einräumen. [3] Sie können qualitative, umweltbezogene oder soziale Belange umfassen. [4] Die Zuschlagskriterien müssen mit einer Beschreibung einhergehen, die eine wirksame Überprüfung der von den Bietern übermittelten Informationen gestatten, damit bewertet werden kann, ob und inwieweit die Angebote die Zuschlagskriterien erfüllen.

(4) Die Vorschriften zur Auftragsausführung nach § 128 und zu den zwingend zu berücksichtigenden Ausführungsbedingungen nach § 129 sind entsprechend anzuwenden.

§ 153 Vergabe von Konzessionen über soziale und andere besondere Dienstleistungen. Für das Verfahren zur Vergabe von Konzessionen, die soziale und andere besondere Dienstleistungen im Sinne des Anhangs IV der Richtlinie 2014/23/EU betreffen, sind die §§ 151 und 152 anzuwenden.

§ 154 Sonstige anwendbare Vorschriften. Im Übrigen sind für die Vergabe von Konzessionen einschließlich der Konzessionen nach § 153 folgende Vorschriften entsprechend anzuwenden:

1. § 118 hinsichtlich vorbehaltener Konzessionen,
2. die §§ 123 bis 126 mit der Maßgabe, dass
   a) Konzessionsgeber nach § 101 Absatz 1 Nummer 3 ein Unternehmen unter den Voraussetzungen des § 123 ausschließen können, aber nicht ausschließen müssen,
   b) Konzessionsgeber im Fall einer Konzession in den Bereichen Verteidigung und Sicherheit ein Unternehmen von der Teilnahme an einem Vergabeverfahren ausschließen können, wenn das Unternehmen nicht die erforderliche Vertrauenswürdigkeit aufweist, um Risiken für die nationale Sicherheit auszuschließen; der Nachweis kann auch mithilfe geschützter Datenquellen erfolgen,
3. § 131 Absatz 2 und 3 und § 132 mit der Maßgabe, dass

a) § 132 Absatz 2 Satz 2 und 3 für die Vergabe von Konzessionen, die Tätigkeiten nach § 102 Absatz 2 bis 6 betreffen, nicht anzuwenden ist und
b) die Obergrenze des § 132 Absatz 3 Nummer 2 für Bau- und Dienstleistungskonzessionen einheitlich 10 Prozent des Wertes der ursprünglichen Konzession beträgt,

4. die §§ 133 bis 135,
5. § 138 hinsichtlich der Vergabe von Konzessionen durch Konzessionsgeber im Sinne des § 101 Absatz 1 Nummer 2 und 3 an verbundene Unternehmen,
6. § 139 hinsichtlich der Vergabe von Konzessionen durch Konzessionsgeber im Sinne des § 101 Absatz 1 Nummer 2 und 3 an ein Gemeinschaftsunternehmen oder durch Gemeinschaftsunternehmen an einen Konzessionsgeber im Sinne des § 101 Absatz 1 Nummer 2 und 3 und
7. § 140 hinsichtlich der Vergabe von Konzessionen durch Konzessionsgeber im Sinne des § 101 Absatz 1 Nummer 2 und 3 für unmittelbar dem Wettbewerb ausgesetzte Tätigkeiten.

Kapitel 2. Nachprüfungsverfahren
Abschnitt 1. Nachprüfungsbehörden

§ 155 Grundsatz. Unbeschadet der Prüfungsmöglichkeiten von Aufsichtsbehörden unterliegt die Vergabe öffentlicher Aufträge und von Konzessionen der Nachprüfung durch die Vergabekammern.

§ 156 Vergabekammern. (1) Die Nachprüfung der Vergabe öffentlicher Aufträge und der Vergabe von Konzessionen nehmen die Vergabekammern des Bundes für die dem Bund zuzurechnenden öffentlichen Aufträge und Konzessionen, die Vergabekammern der Länder für die diesen zuzurechnenden öffentlichen Aufträge und Konzessionen wahr.

(2) Rechte aus § 97 Absatz 6 sowie sonstige Ansprüche gegen Auftraggeber, die auf die Vornahme oder das Unterlassen einer Handlung in einem Vergabeverfahren gerichtet sind, können nur vor den Vergabekammern und dem Beschwerdegericht geltend gemacht werden.

(3) Die Zuständigkeit der ordentlichen Gerichte für die Geltendmachung von Schadensersatzansprüchen und die Befugnisse der Kartellbehörden zur Verfolgung von Verstößen insbesondere gegen die §§ 19 und 20 bleiben unberührt.

§ 157 Besetzung, Unabhängigkeit. (1) Die Vergabekammern üben ihre Tätigkeit im Rahmen der Gesetze unabhängig und in eigener Verantwortung aus.

(2) ¹Die Vergabekammern entscheiden in der Besetzung mit einem Vorsitzenden und zwei Beisitzern, von denen einer ein ehrenamtlicher Beisitzer ist. ²Der Vorsitzende und der hauptamtliche Beisitzer müssen Beamte auf Lebenszeit mit der Befähigung zum höheren Verwaltungsdienst oder vergleichbar fachkundige Angestellte sein. ³Der Vorsitzende oder der hauptamtliche Beisitzer muss die Befähigung zum Richteramt haben; in der Regel soll dies der Vorsitzende sein. ⁴Die Beisitzer sollen über gründliche Kenntnisse des Vergabewesens, die ehrenamtlichen Beisitzer auch über mehrjährige praktische Erfahrungen auf dem Gebiet des Vergabewesens verfügen. ⁵Bei der Überprü-

fung der Vergabe von verteidigungs- oder sicherheitsspezifischen Aufträgen im Sinne des § 104 können die Vergabekammern abweichend von Satz 1 auch in der Besetzung mit einem Vorsitzenden und zwei hauptamtlichen Beisitzern entscheiden.

(3) [1] Die Kammer kann das Verfahren dem Vorsitzenden oder dem hauptamtlichen Beisitzer ohne mündliche Verhandlung durch unanfechtbaren Beschluss zur alleinigen Entscheidung übertragen. [2] Diese Übertragung ist nur möglich, sofern die Sache keine wesentlichen Schwierigkeiten in tatsächlicher oder rechtlicher Hinsicht aufweist und die Entscheidung nicht von grundsätzlicher Bedeutung sein wird.

(4) [1] Die Mitglieder der Kammer werden für eine Amtszeit von fünf Jahren bestellt. [2] Sie entscheiden unabhängig und sind nur dem Gesetz unterworfen.

§ 158 Einrichtung, Organisation. (1) [1] Der Bund richtet die erforderliche Anzahl von Vergabekammern beim Bundeskartellamt ein. [2] Einrichtung und Besetzung der Vergabekammern sowie die Geschäftsverteilung bestimmt der Präsident des Bundeskartellamts. [3] Ehrenamtliche Beisitzer und deren Stellvertreter ernennt er auf Vorschlag der Spitzenorganisationen der öffentlich-rechtlichen Kammern. [4] Der Präsident des Bundeskartellamts erlässt nach Genehmigung durch das Bundesministerium für Wirtschaft und Energie eine Geschäftsordnung und veröffentlicht diese im Bundesanzeiger.

(2) [1] Die Einrichtung, Organisation und Besetzung der in diesem Abschnitt genannten Stellen (Nachprüfungsbehörden) der Länder bestimmen die nach Landesrecht zuständigen Stellen, mangels einer solchen Bestimmung die Landesregierung, die die Ermächtigung weiter übertragen kann. [2] Die Länder können gemeinsame Nachprüfungsbehörden einrichten.

§ 159 Abgrenzung der Zuständigkeit der Vergabekammern. (1) Die Vergabekammer des Bundes ist zuständig für die Nachprüfung der Vergabeverfahren

1. des Bundes;
2. von öffentlichen Auftraggebern im Sinne des § 99 Nummer 2, von Sektorenauftraggebern im Sinne des § 100 Absatz 1 Nummer 1 in Verbindung mit § 99 Nummer 2 und Konzessionsgebern im Sinne des § 101 Absatz 1 Nummer 1 in Verbindung mit § 99 Nummer 2, sofern der Bund die Beteiligung überwiegend verwaltet oder die sonstige Finanzierung überwiegend gewährt hat oder über die Leitung überwiegend die Aufsicht ausübt oder die Mitglieder des zur Geschäftsführung oder zur Aufsicht berufenen Organs überwiegend bestimmt hat, es sei denn, die an dem Auftraggeber Beteiligten haben sich auf die Zuständigkeit einer anderen Vergabekammer geeinigt;
3. von Sektorenauftraggebern im Sinne des § 100 Absatz 1 Nummer 2 und von Konzessionsgebern im Sinne des § 101 Absatz 1 Nummer 3, sofern der Bund auf sie einen beherrschenden Einfluss ausübt; ein beherrschender Einfluss liegt vor, wenn der Bund unmittelbar oder mittelbar die Mehrheit des gezeichneten Kapitals des Auftraggebers besitzt oder über die Mehrheit der mit den Anteilen des Auftraggebers verbundenen Stimmrechte verfügt oder mehr als die Hälfte der Mitglieder des Verwaltungs-, Leitungs- oder Aufsichtsorgans des Auftraggebers bestellen kann;

Kapitel 2. Nachprüfungsverfahren **§§ 160, 161 GWB 14**

4. von Auftraggebern im Sinne des § 99 Nummer 4, sofern der Bund die Mittel überwiegend bewilligt hat;
5. die im Rahmen der Organleihe für den Bund durchgeführt werden;
6. in Fällen, in denen sowohl die Vergabekammer des Bundes als auch eine oder mehrere Vergabekammern der Länder zuständig sind.

(2) ¹Wird das Vergabeverfahren von einem Land im Rahmen der Auftragsverwaltung für den Bund durchgeführt, ist die Vergabekammer dieses Landes zuständig. ²Ist in entsprechender Anwendung des Absatzes 1 Nummer 2 bis 5 ein Auftraggeber einem Land zuzuordnen, ist die Vergabekammer des jeweiligen Landes zuständig.

(3) ¹In allen anderen Fällen wird die Zuständigkeit der Vergabekammern nach dem Sitz des Auftraggebers bestimmt. ²Bei länderübergreifenden Beschaffungen benennen die Auftraggeber in der Vergabebekanntmachung nur eine zuständige Vergabekammer.

Abschnitt 2. Verfahren vor der Vergabekammer

§ 160 Einleitung, Antrag. (1) Die Vergabekammer leitet ein Nachprüfungsverfahren nur auf Antrag ein.

(2) ¹Antragsbefugt ist jedes Unternehmen, das ein Interesse an dem öffentlichen Auftrag oder der Konzession hat und eine Verletzung in seinen Rechten nach § 97 Absatz 6 durch Nichtbeachtung von Vergabevorschriften geltend macht. ²Dabei ist darzulegen, dass dem Unternehmen durch die behauptete Verletzung der Vergabevorschriften ein Schaden entstanden ist oder zu entstehen droht.

(3) ¹Der Antrag ist unzulässig, soweit
1. der Antragsteller den geltend gemachten Verstoß gegen Vergabevorschriften vor Einreichen des Nachprüfungsantrags erkannt und gegenüber dem Auftraggeber nicht innerhalb einer Frist von zehn Kalendertagen gerügt hat; der Ablauf der Frist nach § 134 Absatz 2 bleibt unberührt,
2. Verstöße gegen Vergabevorschriften, die aufgrund der Bekanntmachung erkennbar sind, nicht spätestens bis zum Ablauf der in der Bekanntmachung benannten Frist zur Bewerbung oder zur Angebotsabgabe gegenüber dem Auftraggeber gerügt werden,
3. Verstöße gegen Vergabevorschriften, die erst in den Vergabeunterlagen erkennbar sind, nicht spätestens bis zum Ablauf der Frist zur Bewerbung oder zur Angebotsabgabe gegenüber dem Auftraggeber gerügt werden,
4. mehr als 15 Kalendertage nach Eingang der Mitteilung des Auftraggebers, einer Rüge nicht abhelfen zu wollen, vergangen sind.

²Satz 1 gilt nicht bei einem Antrag auf Feststellung der Unwirksamkeit des Vertrags nach § 135 Absatz 1 Nummer 2. ³§ 134 Absatz 1 Satz 2 bleibt unberührt.

§ 161 Form, Inhalt. (1) ¹Der Antrag ist schriftlich bei der Vergabekammer einzureichen und unverzüglich zu begründen. ²Er soll ein bestimmtes Begehren enthalten. ³Ein Antragsteller ohne Wohnsitz oder gewöhnlichen Aufenthalt, Sitz oder Geschäftsleitung im Geltungsbereich dieses Gesetzes hat einen Empfangsbevollmächtigten im Geltungsbereich dieses Gesetzes zu benennen.

(2) Die Begründung muss die Bezeichnung des Antragsgegners, eine Beschreibung der behaupteten Rechtsverletzung mit Sachverhaltsdarstellung und die Bezeichnung der verfügbaren Beweismittel enthalten sowie darlegen, dass die Rüge gegenüber dem Auftraggeber erfolgt ist; sie soll, soweit bekannt, die sonstigen Beteiligten benennen.

§ 162 Verfahrensbeteiligte, Beiladung. [1] Verfahrensbeteiligte sind der Antragsteller, der Auftraggeber und die Unternehmen, deren Interessen durch die Entscheidung schwerwiegend berührt werden und die deswegen von der Vergabekammer beigeladen worden sind. [2] Die Entscheidung über die Beiladung ist unanfechtbar.

§ 163 Untersuchungsgrundsatz. (1) [1] Die Vergabekammer erforscht den Sachverhalt von Amts wegen. [2] Sie kann sich dabei auf das beschränken, was von den Beteiligten vorgebracht wird oder ihr sonst bekannt sein muss. [3] Zu einer umfassenden Rechtmäßigkeitskontrolle ist die Vergabekammer nicht verpflichtet. [4] Sie achtet bei ihrer gesamten Tätigkeit darauf, dass der Ablauf des Vergabeverfahrens nicht unangemessen beeinträchtigt wird.

(2) [1] Die Vergabekammer prüft den Antrag darauf, ob er offensichtlich unzulässig oder unbegründet ist. [2] Dabei berücksichtigt die Vergabekammer auch einen vorsorglich hinterlegten Schriftsatz (Schutzschrift) des Auftraggebers. [3] Sofern der Antrag nicht offensichtlich unzulässig oder unbegründet ist, übermittelt die Vergabekammer dem Auftraggeber eine Kopie des Antrags und fordert bei ihm die Akten an, die das Vergabeverfahren dokumentieren (Vergabeakten). [4] Der Auftraggeber hat die Vergabeakten der Kammer sofort zur Verfügung zu stellen. [5] Die §§ 57 bis 59 Absatz 1 bis 4, § 59a Absatz 1 bis 3 und § 59b sowie § 61 gelten entsprechend.

§ 164 Aufbewahrung vertraulicher Unterlagen. (1) Die Vergabekammer stellt die Vertraulichkeit von Verschlusssachen und anderen vertraulichen Informationen sicher, die in den von den Parteien übermittelten Unterlagen enthalten sind.

(2) Die Mitglieder der Vergabekammern sind zur Geheimhaltung verpflichtet; die Entscheidungsgründe dürfen Art und Inhalt der geheim gehaltenen Urkunden, Akten, elektronischen Dokumente und Auskünfte nicht erkennen lassen.

§ 165 Akteneinsicht. (1) Die Beteiligten können die Akten bei der Vergabekammer einsehen und sich durch die Geschäftsstelle auf ihre Kosten Ausfertigungen, Auszüge oder Abschriften erteilen lassen.

(2) Die Vergabekammer hat die Einsicht in die Unterlagen zu versagen, soweit dies aus wichtigen Gründen, insbesondere des Geheimschutzes oder zur Wahrung von Betriebs- oder Geschäftsgeheimnissen, geboten ist.

(3) [1] Jeder Beteiligte hat mit Übersendung seiner Akten oder Stellungnahmen auf die in Absatz 2 genannten Geheimnisse hinzuweisen und diese in den Unterlagen entsprechend kenntlich zu machen. [2] Erfolgt dies nicht, kann die Vergabekammer von seiner Zustimmung auf Einsicht ausgehen.

(4) Die Versagung der Akteneinsicht kann nur im Zusammenhang mit der sofortigen Beschwerde in der Hauptsache angegriffen werden.

Kapitel 2. Nachprüfungsverfahren §§ 166–169 GWB 14

§ 166 Mündliche Verhandlung. (1) ¹Die Vergabekammer entscheidet aufgrund einer mündlichen Verhandlung, die sich auf einen Termin beschränken soll. ²Alle Beteiligten haben Gelegenheit zur Stellungnahme. ³Mit Zustimmung der Beteiligten oder bei Unzulässigkeit oder bei offensichtlicher Unbegründetheit des Antrags kann nach Lage der Akten entschieden werden.

(2) Auch wenn die Beteiligten in dem Verhandlungstermin nicht erschienen oder nicht ordnungsgemäß vertreten sind, kann in der Sache verhandelt und entschieden werden.

§ 167 Beschleunigung. (1) ¹Die Vergabekammer trifft und begründet ihre Entscheidung schriftlich innerhalb einer Frist von fünf Wochen ab Eingang des Antrags. ²Bei besonderen tatsächlichen oder rechtlichen Schwierigkeiten kann der Vorsitzende im Ausnahmefall die Frist durch Mitteilung an die Beteiligten um den erforderlichen Zeitraum verlängern. ³Dieser Zeitraum soll nicht länger als zwei Wochen dauern. ⁴Er begründet diese Verfügung schriftlich.

(2) ¹Die Beteiligten haben an der Aufklärung des Sachverhalts mitzuwirken, wie es einem auf Förderung und raschen Abschluss des Verfahrens bedachten Vorgehen entspricht. ²Den Beteiligten können Fristen gesetzt werden, nach deren Ablauf weiterer Vortrag unbeachtet bleiben kann.

§ 168 Entscheidung der Vergabekammer. (1) ¹Die Vergabekammer entscheidet, ob der Antragsteller in seinen Rechten verletzt ist und trifft die geeigneten Maßnahmen, um eine Rechtsverletzung zu beseitigen und eine Schädigung der betroffenen Interessen zu verhindern. ²Sie ist an die Anträge nicht gebunden und kann auch unabhängig davon auf die Rechtmäßigkeit des Vergabeverfahrens einwirken.

(2) ¹Ein wirksam erteilter Zuschlag kann nicht aufgehoben werden. ²Hat sich das Nachprüfungsverfahren durch Erteilung des Zuschlags, durch Aufhebung oder durch Einstellung des Vergabeverfahrens oder in sonstiger Weise erledigt, stellt die Vergabekammer auf Antrag eines Beteiligten fest, ob eine Rechtsverletzung vorgelegen hat. ³§ 167 Absatz 1 gilt in diesem Fall nicht.

(3) ¹Die Entscheidung der Vergabekammer ergeht durch Verwaltungsakt. ²Die Vollstreckung richtet sich, auch gegen einen Hoheitsträger, nach den Verwaltungsvollstreckungsgesetzen des Bundes und der Länder. ³Die Höhe des Zwangsgeldes beträgt mindestens 1 000 Euro und höchstens 10 Millionen Euro. ⁴§ 61 Absatz 1 und 2 gilt entsprechend.

§ 169 Aussetzung des Vergabeverfahrens. (1) Informiert die Vergabekammer den Auftraggeber in Textform über den Antrag auf Nachprüfung, darf dieser vor einer Entscheidung der Vergabekammer und dem Ablauf der Beschwerdefrist nach § 172 Absatz 1 den Zuschlag nicht erteilen.

(2) ¹Die Vergabekammer kann dem Auftraggeber auf seinen Antrag oder auf Antrag des Unternehmens, das nach § 134 vom Auftraggeber als das Unternehmen benannt ist, das den Zuschlag erhalten soll, gestatten, den Zuschlag nach Ablauf von zwei Wochen seit Bekanntgabe dieser Entscheidung zu erteilen, wenn unter Berücksichtigung aller möglicherweise geschädigten Interessen sowie des Interesses der Allgemeinheit an einem raschen Abschluss des Vergabeverfahrens die nachteiligen Folgen einer Verzögerung der Vergabe bis zum Abschluss der Nachprüfung die damit verbundenen Vorteile überwiegen. ²Bei der Abwägung ist das Interesse der Allgemeinheit an einer wirtschaftlichen

531

14 GWB §§ 170, 171 Teil 4. Vergabe öffentl. Aufträge und Konzessionen

Erfüllung der Aufgaben des Auftraggebers zu berücksichtigen; bei verteidigungs- oder sicherheitsspezifischen Aufträgen im Sinne des § 104 sind zusätzlich besondere Verteidigungs- und Sicherheitsinteressen zu berücksichtigen.
³ Die besonderen Verteidigungs- und Sicherheitsinteressen überwiegen in der Regel, wenn der öffentliche Auftrag oder die Konzession im unmittelbaren Zusammenhang steht mit

1. einer Krise,

2. einem mandatierten Einsatz der Bundeswehr,

3. einer einsatzgleichen Verpflichtung der Bundeswehr oder

4. einer Bündnisverpflichtung.

⁴ Die Vergabekammer berücksichtigt dabei auch die allgemeinen Aussichten des Antragstellers im Vergabeverfahren, den Auftrag oder die Konzession zu erhalten. ⁵ Die Erfolgsaussichten des Nachprüfungsantrags müssen nicht in jedem Fall Gegenstand der Abwägung sein. ⁶ Das Beschwerdegericht kann auf Antrag das Verbot des Zuschlags nach Absatz 1 wiederherstellen; § 168 Absatz 2 Satz 1 bleibt unberührt. ⁷ Wenn die Vergabekammer den Zuschlag nicht gestattet, kann das Beschwerdegericht auf Antrag des Auftraggebers unter den Voraussetzungen der Sätze 1 bis 4 den sofortigen Zuschlag gestatten. ⁸ Für das Verfahren vor dem Beschwerdegericht gilt § 176 Absatz 2 Satz 1 und 2 und Absatz 3 entsprechend. ⁹ Eine sofortige Beschwerde nach § 171 Absatz 1 ist gegen Entscheidungen der Vergabekammer nach diesem Absatz nicht zulässig.

(3) ¹ Sind Rechte des Antragstellers aus § 97 Absatz 6 im Vergabeverfahren auf andere Weise als durch den drohenden Zuschlag gefährdet, kann die Kammer auf besonderen Antrag mit weiteren vorläufigen Maßnahmen in das Vergabeverfahren eingreifen. ² Sie legt dabei den Beurteilungsmaßstab des Absatzes 2 Satz 1 zugrunde. ³ Diese Entscheidung ist nicht selbständig anfechtbar. ⁴ Die Vergabekammer kann die von ihr getroffenen weiteren vorläufigen Maßnahmen nach den Verwaltungsvollstreckungsgesetzen des Bundes und der Länder durchsetzen; die Maßnahmen sind sofort vollziehbar. ⁵ § 86a Satz 2 gilt entsprechend.

(4) ¹ Macht der Auftraggeber das Vorliegen der Voraussetzungen nach § 117 Nummer 1 bis 3 oder § 150 Nummer 1 oder 6 geltend, entfällt das Verbot des Zuschlags nach Absatz 1 fünf Werktage nach Zustellung eines entsprechenden Schriftsatzes an den Antragsteller; die Zustellung ist durch die Vergabekammer unverzüglich nach Eingang des Schriftsatzes vorzunehmen. ² Auf Antrag kann das Beschwerdegericht das Verbot des Zuschlags wiederherstellen. ³ § 176 Absatz 1 Satz 1, Absatz 2 Satz 1 sowie Absatz 3 und 4 ist entsprechend anzuwenden.

§ 170 Ausschluss von abweichendem Landesrecht. Soweit dieser Abschnitt Regelungen zum Verwaltungsverfahren enthält, darf hiervon durch Landesrecht nicht abgewichen werden.

Abschnitt 3. Sofortige Beschwerde

§ 171 Zulässigkeit, Zuständigkeit. (1) ¹ Gegen Entscheidungen der Vergabekammer ist die sofortige Beschwerde zulässig. ² Sie steht den am Verfahren vor der Vergabekammer Beteiligten zu.

(2) Die sofortige Beschwerde ist auch zulässig, wenn die Vergabekammer über einen Antrag auf Nachprüfung nicht innerhalb der Frist des § 167 Absatz 1 entschieden hat; in diesem Fall gilt der Antrag als abgelehnt.

(3) ¹Über die sofortige Beschwerde entscheidet ausschließlich das für den Sitz der Vergabekammer zuständige Oberlandesgericht. ²Bei den Oberlandesgerichten wird ein Vergabesenat gebildet.

(4) ¹Rechtssachen nach den Absätzen 1 und 2 können von den Landesregierungen durch Rechtsverordnung anderen Oberlandesgerichten oder dem Obersten Landesgericht zugewiesen werden. ²Die Landesregierungen können die Ermächtigung auf die Landesjustizverwaltungen übertragen.

§ 172 Frist, Form, Inhalt. (1) Die sofortige Beschwerde ist binnen einer Notfrist von zwei Wochen, die mit der Zustellung der Entscheidung, im Fall des § 171 Absatz 2 mit dem Ablauf der Frist beginnt, schriftlich bei dem Beschwerdegericht einzulegen.

(2) ¹Die sofortige Beschwerde ist zugleich mit ihrer Einlegung zu begründen. ²Die Beschwerdebegründung muss enthalten:
1. die Erklärung, inwieweit die Entscheidung der Vergabekammer angefochten und eine abweichende Entscheidung beantragt wird,
2. die Angabe der Tatsachen und Beweismittel, auf die sich die Beschwerde stützt.

(3) ¹Die Beschwerdeschrift muss durch einen Rechtsanwalt unterzeichnet sein. ²Dies gilt nicht für Beschwerden von juristischen Personen des öffentlichen Rechts.

(4) Mit der Einlegung der Beschwerde sind die anderen Beteiligten des Verfahrens vor der Vergabekammer vom Beschwerdeführer durch Übermittlung einer Ausfertigung der Beschwerdeschrift zu unterrichten.

§ 173 Wirkung. (1) ¹Die sofortige Beschwerde hat aufschiebende Wirkung gegenüber der Entscheidung der Vergabekammer. ²Die aufschiebende Wirkung entfällt zwei Wochen nach Ablauf der Beschwerdefrist. ³Hat die Vergabekammer den Antrag auf Nachprüfung abgelehnt, so kann das Beschwerdegericht auf Antrag des Beschwerdeführers die aufschiebende Wirkung bis zur Entscheidung über die Beschwerde verlängern.

(2) ¹Das Gericht lehnt den Antrag nach Absatz 1 Satz 3 ab, wenn unter Berücksichtigung aller möglicherweise geschädigten Interessen die nachteiligen Folgen einer Verzögerung der Vergabe bis zur Entscheidung über die Beschwerde die damit verbundenen Vorteile überwiegen. ²Bei der Abwägung ist das Interesse der Allgemeinheit an einer wirtschaftlichen Erfüllung der Aufgaben des Auftraggebers zu berücksichtigen; bei verteidigungs- oder sicherheitsspezifischen Aufträgen im Sinne des § 104 sind zusätzlich besondere Verteidigungs- und Sicherheitsinteressen zu berücksichtigen. ³Die besonderen Verteidigungs- und Sicherheitsinteressen überwiegen in der Regel, wenn der öffentliche Auftrag oder die Konzession im unmittelbaren Zusammenhang steht mit
1. einer Krise,
2. einem mandatierten Einsatz der Bundeswehr,
3. einer einsatzgleichen Verpflichtung der Bundeswehr oder
4. einer Bündnisverpflichtung.

⁴ Das Gericht berücksichtigt bei seiner Entscheidung auch die Erfolgsaussichten der Beschwerde, die allgemeinen Aussichten des Antragstellers im Vergabeverfahren, den öffentlichen Auftrag oder die Konzession zu erhalten, und das Interesse der Allgemeinheit an einem raschen Abschluss des Vergabeverfahrens.

(3) Hat die Vergabekammer dem Antrag auf Nachprüfung durch Untersagung des Zuschlags stattgegeben, so unterbleibt dieser, solange nicht das Beschwerdegericht die Entscheidung der Vergabekammer nach § 176 oder § 178 aufhebt.

§ 174 Beteiligte am Beschwerdeverfahren. An dem Verfahren vor dem Beschwerdegericht beteiligt sind die an dem Verfahren vor der Vergabekammer Beteiligten.

§ 175 Verfahrensvorschriften. (1) ¹ Vor dem Beschwerdegericht müssen sich die Beteiligten durch einen Rechtsanwalt als Bevollmächtigten vertreten lassen. ² Juristische Personen des öffentlichen Rechts können sich durch Beamte oder Angestellte mit Befähigung zum Richteramt vertreten lassen.

(2) Die §§ 65, 69 bis 72 mit Ausnahme der Verweisung auf § 227 Absatz 3 der Zivilprozessordnung, § 75 Absatz 1 bis 3, § 76 Absatz 1 und 6, die §§ 165 und 167 Absatz 2 Satz 1 sind entsprechend anzuwenden.

§ 176 Vorabentscheidung über den Zuschlag. (1) ¹ Auf Antrag des Auftraggebers oder auf Antrag des Unternehmens, das nach § 134 vom Auftraggeber als das Unternehmen benannt ist, das den Zuschlag erhalten soll, kann das Gericht den weiteren Fortgang des Vergabeverfahrens und den Zuschlag gestatten, wenn unter Berücksichtigung aller möglicherweise geschädigten Interessen die nachteiligen Folgen einer Verzögerung der Vergabe bis zur Entscheidung über die Beschwerde die damit verbundenen Vorteile überwiegen. ² Bei der Abwägung ist das Interesse der Allgemeinheit an einer wirtschaftlichen Erfüllung der Aufgaben des Auftraggebers zu berücksichtigen; bei verteidigungs- oder sicherheitsspezifischen Aufträgen im Sinne des § 104 sind zusätzlich besondere Verteidigungs- und Sicherheitsinteressen zu berücksichtigen. ³ Die besonderen Verteidigungs- und Sicherheitsinteressen überwiegen in der Regel, wenn der öffentliche Auftrag oder die Konzession im unmittelbaren Zusammenhang steht mit

1. einer Krise,
2. einem mandatierten Einsatz der Bundeswehr,
3. einer einsatzgleichen Verpflichtung der Bundeswehr oder
4. einer Bündnisverpflichtung.

⁴ Das Gericht berücksichtigt bei seiner Entscheidung auch die Erfolgsaussichten der sofortigen Beschwerde, die allgemeinen Aussichten des Antragstellers im Vergabeverfahren, den öffentlichen Auftrag oder die Konzession zu erhalten, und das Interesse der Allgemeinheit an einem raschen Abschluss des Vergabeverfahrens.

(2) ¹ Der Antrag ist schriftlich zu stellen und gleichzeitig zu begründen. ² Die zur Begründung des Antrags vorzutragenden Tatsachen sowie der Grund für die Eilbedürftigkeit sind glaubhaft zu machen. ³ Bis zur Entscheidung über den Antrag kann das Verfahren über die Beschwerde ausgesetzt werden.

(3) ¹Die Entscheidung ist unverzüglich, längstens innerhalb von fünf Wochen nach Eingang des Antrags zu treffen und zu begründen; bei besonderen tatsächlichen oder rechtlichen Schwierigkeiten kann der Vorsitzende im Ausnahmefall die Frist durch begründete Mitteilung an die Beteiligten um den erforderlichen Zeitraum verlängern. ²Die Entscheidung kann ohne mündliche Verhandlung ergehen. ³Ihre Begründung erläutert Rechtmäßigkeit oder Rechtswidrigkeit des Vergabeverfahrens. ⁴§ 175 ist anzuwenden.

(4) Gegen eine Entscheidung nach dieser Vorschrift ist ein Rechtsmittel nicht zulässig.

§ 177 Ende des Vergabeverfahrens nach Entscheidung des Beschwerdegerichts. Ist der Auftraggeber mit einem Antrag nach § 176 vor dem Beschwerdegericht unterlegen, gilt das Vergabeverfahren nach Ablauf von zehn Tagen nach Zustellung der Entscheidung als beendet, wenn der Auftraggeber nicht die Maßnahmen zur Herstellung der Rechtmaßigkeit des Verfahrens ergreift, die sich aus der Entscheidung ergeben; das Verfahren darf nicht fortgeführt werden.

§ 178 Beschwerdeentscheidung. ¹Hält das Gericht die Beschwerde für begründet, so hebt es die Entscheidung der Vergabekammer auf. ²In diesem Fall entscheidet das Gericht in der Sache selbst oder spricht die Verpflichtung der Vergabekammer aus, unter Berücksichtigung der Rechtsauffassung des Gerichts über die Sache erneut zu entscheiden. ³Auf Antrag stellt es fest, ob das Unternehmen, das die Nachprüfung beantragt hat, durch den Auftraggeber in seinen Rechten verletzt ist. ⁴§ 168 Absatz 2 gilt entsprechend.

§ 179 Bindungswirkung und Vorlagepflicht. (1) Wird wegen eines Verstoßes gegen Vergabevorschriften Schadensersatz begehrt und hat ein Verfahren vor der Vergabekammer stattgefunden, ist das ordentliche Gericht an die bestandskräftige Entscheidung der Vergabekammer und die Entscheidung des Oberlandesgerichts sowie gegebenenfalls des nach Absatz 2 angerufenen Bundesgerichtshofs über die Beschwerde gebunden.

(2) ¹Will ein Oberlandesgericht von einer Entscheidung eines anderen Oberlandesgerichts oder des Bundesgerichtshofs abweichen, so legt es die Sache dem Bundesgerichtshof vor. ²Der Bundesgerichtshof entscheidet anstelle des Oberlandesgerichts. ³Der Bundesgerichtshof kann sich auf die Entscheidung der Divergenzfrage beschränken und dem Beschwerdegericht die Entscheidung in der Hauptsache übertragen, wenn dies nach dem Sach- und Streitstand des Beschwerdeverfahrens angezeigt scheint. ⁴Die Vorlagepflicht gilt nicht im Verfahren nach § 173 Absatz 1 Satz 3 und nach § 176.

§ 180 Schadensersatz bei Rechtsmissbrauch. (1) Erweist sich der Antrag nach § 160 oder die sofortige Beschwerde nach § 171 als von Anfang an ungerechtfertigt, ist der Antragsteller oder der Beschwerdeführer verpflichtet, dem Gegner und den Beteiligten den Schaden zu ersetzen, der ihnen durch den Missbrauch des Antrags- oder Beschwerderechts entstanden ist.

(2) Ein Missbrauch des Antrags- oder Beschwerderechts ist es insbesondere,

1. die Aussetzung oder die weitere Aussetzung des Vergabeverfahrens durch vorsätzlich oder grob fahrlässig vorgetragene falsche Angaben zu erwirken;

2. die Überprüfung mit dem Ziel zu beantragen, das Vergabeverfahren zu behindern oder Konkurrenten zu schädigen;
3. einen Antrag in der Absicht zu stellen, ihn später gegen Geld oder andere Vorteile zurückzunehmen.

(3) Erweisen sich die von der Vergabekammer entsprechend einem besonderen Antrag nach § 169 Absatz 3 getroffenen vorläufigen Maßnahmen als von Anfang an ungerechtfertigt, hat der Antragsteller dem Auftraggeber den aus der Vollziehung der angeordneten Maßnahme entstandenen Schaden zu ersetzen.

§ 181 Anspruch auf Ersatz des Vertrauensschadens. [1] Hat der Auftraggeber gegen eine den Schutz von Unternehmen bezweckende Vorschrift verstoßen und hätte das Unternehmen ohne diesen Verstoß bei der Wertung der Angebote eine echte Chance gehabt, den Zuschlag zu erhalten, die aber durch den Rechtsverstoß beeinträchtigt wurde, so kann das Unternehmen Schadensersatz für die Kosten der Vorbereitung des Angebots oder der Teilnahme an einem Vergabeverfahren verlangen. [2] Weiterreichende Ansprüche auf Schadensersatz bleiben unberührt.

§ 182 Kosten des Verfahrens vor der Vergabekammer. (1) [1] Für Amtshandlungen der Vergabekammern werden Kosten (Gebühren und Auslagen) zur Deckung des Verwaltungsaufwandes erhoben. [2] Das Verwaltungskostengesetz vom 23. Juni 1970 (BGBl. I S. 821) in der am 14. August 2013 geltenden Fassung ist anzuwenden.

(2) [1] Die Gebühr beträgt mindestens 2 500 Euro; dieser Betrag kann aus Gründen der Billigkeit bis auf ein Zehntel ermäßigt werden. [2] Die Gebühr soll den Betrag von 50 000 Euro nicht überschreiten; sie kann im Einzelfall, wenn der Aufwand oder die wirtschaftliche Bedeutung außergewöhnlich hoch ist, bis zu einem Betrag von 100 000 Euro erhöht werden.

(3) [1] Soweit ein Beteiligter im Verfahren unterliegt, hat er die Kosten zu tragen. [2] Mehrere Kostenschuldner haften als Gesamtschuldner. [3] Kosten, die durch Verschulden eines Beteiligten entstanden sind, können diesem auferlegt werden. [4] Hat sich der Antrag vor Entscheidung der Vergabekammer durch Rücknahme oder anderweitig erledigt, ist die Hälfte der Gebühr zu entrichten. [5] Die Entscheidung, wer die Kosten zu tragen hat, erfolgt nach billigem Ermessen. [6] Aus Gründen der Billigkeit kann von der Erhebung von Gebühren ganz oder teilweise abgesehen werden.

(4) [1] Soweit ein Beteiligter im Nachprüfungsverfahren unterliegt, hat er die zur zweckentsprechenden Rechtsverfolgung oder Rechtsverteidigung notwendigen Aufwendungen des Antragsgegners zu tragen. [2] Die Aufwendungen der Beigeladenen sind nur erstattungsfähig, soweit sie die Vergabekammer aus Billigkeit der unterlegenen Partei auferlegt. [3] Hat sich der Antrag durch Rücknahme oder anderweitig erledigt, erfolgt die Entscheidung, wer die zur zweckentsprechenden Rechtsverfolgung oder Rechtsverteidigung notwendigen Aufwendungen anderer Beteiligter zu tragen hat, nach billigem Ermessen; in Bezug auf die Erstattung der Aufwendungen der Beigeladenen gilt im Übrigen Satz 2 entsprechend. [4] § 80 Absatz 1, 2 und 3 Satz 2 des Verwaltungsverfahrensgesetzes und die entsprechenden Vorschriften der Verwaltungsverfahrensgesetze der Länder gelten entsprechend. [5] Ein gesondertes Kostenfestsetzungsverfahren findet nicht statt.

Teil 6. Übergangs- und Schlussbestimmungen §§ 183–186 GWB 14

§ 183 Korrekturmechanismus der Kommission. (1) Erhält die Bundesregierung im Laufe eines Vergabeverfahrens vor Abschluss des Vertrags eine Mitteilung der Europäischen Kommission, dass diese der Auffassung ist, es liege ein schwerer Verstoß gegen das Recht der Europäischen Union zur Vergabe öffentlicher Aufträge oder zur Vergabe von Konzessionen vor, der zu beseitigen sei, teilt das Bundesministerium für Wirtschaft und Energie dies dem Auftraggeber mit.

(2) Der Auftraggeber ist verpflichtet, innerhalb von 14 Kalendertagen nach Eingang dieser Mitteilung dem Bundesministerium für Wirtschaft und Energie eine umfassende Darstellung des Sachverhalts zu geben und darzulegen, ob der behauptete Verstoß beseitigt wurde, oder zu begründen, warum er nicht beseitigt wurde, ob das Vergabeverfahren Gegenstand eines Nachprüfungsverfahrens ist oder aus sonstigen Gründen ausgesetzt wurde.

(3) Ist das Vergabeverfahren Gegenstand eines Nachprüfungsverfahrens oder wurde es ausgesetzt, so ist der Auftraggeber verpflichtet, das Bundesministerium für Wirtschaft und Energie unverzüglich über den Ausgang des Verfahrens zu informieren.

§ 184 Unterrichtungspflichten der Nachprüfungsinstanzen. Die Vergabekammern und die Oberlandesgerichte unterrichten das Bundesministerium für Wirtschaft und Energie bis zum 31. Januar eines jeden Jahres über die Anzahl der Nachprüfungsverfahren des Vorjahres und deren Ergebnisse.

Teil 5. Anwendungsbereich der Teile 1 bis 3

§ 185 Unternehmen der öffentlichen Hand, Geltungsbereich.

(1) ¹Die Vorschriften des Ersten bis Dritten Teils dieses Gesetzes sind auch auf Unternehmen anzuwenden, die ganz oder teilweise im Eigentum der öffentlichen Hand stehen oder die von ihr verwaltet oder betrieben werden. ²Die §§ 19, 20 und 31b Absatz 5 sind nicht anzuwenden auf öffentlich-rechtliche Gebühren oder Beiträge. ³Die Vorschriften des Ersten bis Dritten Teils dieses Gesetzes sind nicht auf die Deutsche Bundesbank und die Kreditanstalt für Wiederaufbau anzuwenden.

(2) Die Vorschriften des Ersten bis Dritten Teils dieses Gesetzes sind auf alle Wettbewerbsbeschränkungen anzuwenden, die sich im Geltungsbereich dieses Gesetzes auswirken, auch wenn sie außerhalb des Geltungsbereichs dieses Gesetzes veranlasst werden.

(3) Die Vorschriften des Energiewirtschaftsgesetzes stehen der Anwendung der §§ 19, 20 und 29 nicht entgegen, soweit in § 111 des Energiewirtschaftsgesetzes keine andere Regelung getroffen ist.

Teil 6. Übergangs- und Schlussbestimmungen

§ 186 Übergangsbestimmungen. (1) § 29 ist nach dem 31. Dezember 2022 nicht mehr anzuwenden.

(2) Vergabeverfahren, die vor dem 18. April 2016 begonnen haben, einschließlich der sich an diese anschließenden Nachprüfungsverfahren sowie am 18. April 2016 anhängige Nachprüfungsverfahren werden nach dem Recht zu Ende geführt, das zum Zeitpunkt der Einleitung des Verfahrens galt.

14 GWB § 186 Teil 6. Übergangs- und Schlussbestimmungen

(3) ¹Mit Ausnahme von § 33c Absatz 5 sind die §§ 33a bis 33f nur auf Schadensersatzansprüche anwendbar, die nach dem 26. Dezember 2016 entstanden sind. ²§ 33h ist auf nach dem 26. Dezember 2016 entstandene Ansprüche nach § 33 Absatz 1 oder § 33a Absatz 1 sowie auf vor dem 27. Dezember 2016 entstandene Unterlassungs-, Beseitigungs- und Schadensersatzansprüche wegen eines Verstoßes gegen eine Vorschrift im Sinne des § 33 Absatz 1 oder gegen eine Verfügung der Kartellbehörde anzuwenden, die am 9. Juni 2017 noch nicht verjährt waren. ³Der Beginn, die Hemmung, die Ablaufhemmung und der Neubeginn der Verjährung der Ansprüche, die vor dem 27. Dezember 2016 entstanden sind, bestimmen sich jedoch für die Zeit bis zum 8. Juni 2017 nach den bisher für diese Ansprüche jeweils geltenden Verjährungsvorschriften.

(4) § 33c Absatz 5 und die §§ 33g sowie 89b bis 89e sind unabhängig vom Zeitpunkt der Entstehung der Schadensersatzansprüche nur in Rechtsstreiten anzuwenden, in denen nach dem 26. Dezember 2016 Klage erhoben worden ist.

(5) ¹§ 81a findet Anwendung, wenn das Erlöschen der nach § 30 des Gesetzes über Ordnungswidrigkeiten verantwortlichen juristischen Person oder Personenvereinigung oder die Verschiebung von Vermögen nach dem 9. Juni 2017 erfolgt. ²War die Tat zu diesem Zeitpunkt noch nicht beendet, gehen die Regelungen des § 81 Absatz 3a bis 3e vor.

(6) § 30 Absatz 2b findet nur Anwendung auf Vereinbarungen, die nach dem 9. Juni 2017 und vor dem 31. Dezember 2027 wirksam geworden sind.

(7) ¹Für einen Zusammenschluss, für den die Anmeldung nach § 39 zwischen dem 1. März 2020 und dem Ablauf des 31. Mai 2020 beim Bundeskartellamt eingegangen ist, beträgt die Frist nach § 40 Absatz 1 Satz 1 zwei Monate und die Frist nach § 40 Absatz 2 Satz 2 sechs Monate. ²Satz 1 gilt auch im Fall des § 40 Absatz 5. ³Die Sätze 1 und 2 gelten nicht, wenn am 29. Mai 2020

1. die Frist nach § 40 Absatz 1 Satz 1 abgelaufen war, ohne dass das Bundeskartellamt den anmeldenden Unternehmen mitgeteilt hat, dass es in die Prüfung des Zusammenschlusses (Hauptprüfverfahren) eingetreten ist,
2. die Frist nach § 40 Absatz 2 Satz 2 abgelaufen war oder
3. der Zusammenschluss vom Bundeskartellamt freigegeben worden war.

(8) § 81f Satz 1 ist in der Zeit bis zum Ablauf des 30. Juni 2021 nicht anzuwenden, soweit für die Zahlung einer Geldbuße Zahlungserleichterungen nach § 18 oder § 93 des Gesetzes über Ordnungswidrigkeiten gewährt sind.

(9) ¹Die §§ 35 bis 41 sind nicht anzuwenden auf einen Zusammenschluss im Krankenhausbereich, soweit

1. der Zusammenschluss eine standortübergreifende Konzentration von mehreren Krankenhäusern oder einzelnen Fachrichtungen mehrerer Krankenhäuser zum Gegenstand hat,
2. dem Zusammenschluss keine anderen wettbewerbsrechtlichen Vorschriften entgegenstehen und dies das Land bei Antragstellung nach § 14 Absatz 2 Nummer 3 Buchstabe a der Krankenhausstrukturfonds-Verordnung bestätigt hat,
3. das Vorliegen der weiteren Voraussetzungen für eine Förderung nach § 12a Absatz 1 Satz 4 des Krankenhausfinanzierungsgesetzes in Verbindung mit

§ 11 Absatz 1 Nummer 2 der Krankenhausstrukturfonds-Verordnung in einem Auszahlungsbescheid nach § 15 der Krankenhausstrukturfonds-Verordnung festgestellt wurde und
4. der Zusammenschluss bis zum 31. Dezember 2027 vollzogen wird.

²Ein Zusammenschluss im Sinne des Satzes 1 ist dem Bundeskartellamt nach Vollzug anzuzeigen. ³Für die Evaluierung dieser Regelung sind die §§ 32e und 21 Absatz 3 Satz 8 des Krankenhausentgeltgesetzes entsprechend anzuwenden. ⁴Für die Zwecke der Evaluierung und zur Untersuchung der Auswirkungen dieser Regelung auf die Wettbewerbsverhältnisse und die Versorgungsqualität können Daten aus der amtlichen Krankenhausstatistik zusammengeführt werden.

Anlage. *(aufgehoben)*

15. Vertrag über die Arbeitsweise der Europäischen Union[1) 2) 3)]

In der Fassung der Bekanntmachung vom 9. Mai 2008[4)]

(ABl. C 115 S. 47)

(ABl. 2010 C 83 S. 47)[5)]

(ABl. 2012 C 326 S. 47)[5)]

(ABl. 2016 C 202 S. 47, ber. ABl. C 400 S. 1)[6)]

Celex-Nr. 1 1957 E

zuletzt geänd. durch Art. 2 ÄndBeschl. 2012/419/EU v. 11.7.2012 (ABl. L 204 S. 131)

– Auszug –

Erster Teil. Grundsätze

Titel II. Allgemein geltende Bestimmungen

Art. 10 [Bekämpfung von Diskriminierungen; Querschnittsklausel]

Bei der Festlegung und Durchführung ihrer Politik und ihrer Maßnahmen zielt die Union darauf ab, Diskriminierungen aus Gründen des Geschlechts, der Rasse, der ethnischen Herkunft, der Religion oder der Weltanschauung, einer Behinderung, des Alters oder der sexuellen Ausrichtung zu bekämpfen.

Dritter Teil. Die internen Politiken und Maßnahmen der Union

Titel II. Der freie Warenverkehr

Kapitel 3. Verbot von mengenmäßigen Beschränkungen zwischen den Mitgliedstaaten

Art. 34 [Verbot von Einfuhrbeschränkungen] Mengenmäßige Einfuhrbeschränkungen sowie alle Maßnahmen gleicher Wirkung sind zwischen den Mitgliedstaaten verboten.

[1)] Vertragsparteien sind Belgien, Bulgarien, Dänemark, Deutschland, Estland, Finnland, Frankreich, Griechenland, Irland, Italien, Kroatien, Lettland, Litauen, Luxemburg, Malta, die Niederlande, Österreich, Polen, Portugal, Rumänien, Schweden, Slowakei, Slowenien, Spanien, Tschechien, Ungarn und Zypern; die EU-Mitgliedschaft des Vereinigten Königreichs Großbritannien und Nordirland endete mit Ablauf des 31.1.2020 (siehe ABl. L 29 vom 31.1.2020, S. 189).

[2)] Die Artikelfolge und Verweise/Bezugnahmen auf Vorschriften des EUV sind gemäß Art. 5 des Vertrags von Lissabon iVm den Übereinstimmungstabellen zum EUV bzw. AEUV an die neue Nummerierung angepasst worden.

[3)] Zu den Assoziationsregelungen und sonstigen Vereinbarungen und Vorschriften, die sich auf den EU-Arbeitsweisevertrag beziehen, vgl. den jährlich zum 31.12. abgeschlossenen Fundstellennachweis B der geltenden völkerrechtlichen Vereinbarungen der Bundesrepublik Deutschland unter dem Datum 25.3.1957.

[4)] Konsolidierte Fassung des Vertrags zur Gründung der Europäischen Gemeinschaft v. 25.3.1957 (BGBl. II S. 766). Die Bundesrepublik Deutschland hat dem Vertrag von Lissabon mit G. v. 8.10.2008 (BGBl. II S. 1038) zugestimmt; Inkrafttreten am 1.12.2009, siehe Bek. v. 13.11.2009 (BGBl. II S. 1223).

[5)] Der Wortlaut dieser konsolidierten Fassung entspricht dem hier wiedergegebenen.

[6)] Der Wortlaut dieser konsolidierten Fassung (inkl. Berichtigung) entspricht dem hier wiedergegebenen.

Art. 35 [Verbot von Ausfuhrbeschränkungen] Mengenmäßige Ausfuhrbeschränkungen sowie alle Maßnahmen gleicher Wirkung sind zwischen den Mitgliedstaaten verboten.

Art. 36 [Ausnahmen] ¹ Die Bestimmungen der Artikel 34 und 35 stehen Einfuhr-, Ausfuhr- und Durchfuhrverboten oder -beschränkungen nicht entgegen, die aus Gründen der öffentlichen Sittlichkeit, Ordnung und Sicherheit, zum Schutze der Gesundheit und des Lebens von Menschen, Tieren oder Pflanzen, des nationalen Kulturguts von künstlerischem, geschichtlichem oder archäologischem Wert oder des gewerblichen und kommerziellen Eigentums gerechtfertigt sind. ² Diese Verbote oder Beschränkungen dürfen jedoch weder ein Mittel zur willkürlichen Diskriminierung noch eine verschleierte Beschränkung des Handels zwischen den Mitgliedstaaten darstellen.

Art. 37 [Staatliche Handelsmonopole] (1) *[1]* Die Mitgliedstaaten formen ihre staatlichen Handelsmonopole derart um, dass jede Diskriminierung in den Versorgungs- und Absatzbedingungen zwischen den Angehörigen der Mitgliedstaaten ausgeschlossen ist.

[2] ¹ Dieser Artikel gilt für alle Einrichtungen, durch die ein Mitgliedstaat unmittelbar oder mittelbar die Einfuhr oder die Ausfuhr zwischen den Mitgliedstaaten rechtlich oder tatsächlich kontrolliert, lenkt oder merklich beeinflusst. ² Er gilt auch für die von einem Staat auf andere Rechtsträger übertragenen Monopole.

(2) Die Mitgliedstaaten unterlassen jede neue Maßnahme, die den in Absatz 1 genannten Grundsätzen widerspricht oder die Tragweite der Artikel über das Verbot von Zöllen und mengenmäßigen Beschränkungen zwischen den Mitgliedstaaten einengt.

(3) Ist mit einem staatlichen Handelsmonopol eine Regelung zur Erleichterung des Absatzes oder der Verwertung landwirtschaftlicher Erzeugnisse verbunden, so sollen bei der Anwendung dieses Artikels gleichwertige Sicherheiten für die Beschäftigung und Lebenshaltung der betreffenden Erzeuger gewährleistet werden.

Titel VII. Gemeinsame Regeln betreffend Wettbewerb, Steuerfragen und Angleichung der Rechtsvorschriften

Kapitel 1. Wettbewerbsregeln

Abschnitt 1. Vorschriften für Unternehmen

Art. 101[1)] **[Kartellverbot]** (1) Mit dem Binnenmarkt unvereinbar und verboten sind alle Vereinbarungen zwischen Unternehmen, Beschlüsse von Unternehmensvereinigungen und aufeinander abgestimmte Verhaltensweisen, welche den Handel zwischen Mitgliedstaaten zu beeinträchtigen geeignet sind und eine Verhinderung, Einschränkung oder Verfälschung des Wettbewerbs innerhalb des Binnenmarkts bezwecken oder bewirken, insbesondere

a) die unmittelbare oder mittelbare Festsetzung der An- oder Verkaufspreise oder sonstiger Geschäftsbedingungen;

[1)] Siehe ua die Leitlinien zur Anwendung von Artikel 101 des Vertrags über die Arbeitsweise der Europäischen Union auf Technologietransfer-Vereinbarungen v. 28.3.2014 (ABl. C 89 S. 3).

b) die Einschränkung oder Kontrolle der Erzeugung, des Absatzes, der technischen Entwicklung oder der Investitionen;

c) die Aufteilung der Märkte oder Versorgungsquellen;

d) die Anwendung unterschiedlicher Bedingungen bei gleichwertigen Leistungen gegenüber Handelspartnern, wodurch diese im Wettbewerb benachteiligt werden;

e) die an den Abschluss von Verträgen geknüpfte Bedingung, dass die Vertragspartner zusätzliche Leistungen annehmen, die weder sachlich noch nach Handelsbrauch in Beziehung zum Vertragsgegenstand stehen.

(2) Die nach diesem Artikel verbotenen Vereinbarungen oder Beschlüsse sind nichtig.

(3) Die Bestimmungen des Absatzes 1 können für nicht anwendbar erklärt werden auf

– Vereinbarungen oder Gruppen von Vereinbarungen zwischen Unternehmen,

– Beschlüsse oder Gruppen von Beschlüssen von Unternehmensvereinigungen,

– aufeinander abgestimmte Verhaltensweisen oder Gruppen von solchen,

die unter angemessener Beteiligung der Verbraucher an dem entstehenden Gewinn zur Verbesserung der Warenerzeugung oder -verteilung oder zur Förderung des technischen oder wirtschaftlichen Fortschritts beitragen, ohne dass den beteiligten Unternehmen

a) Beschränkungen auferlegt werden, die für die Verwirklichung dieser Ziele nicht unerlässlich sind, oder

b) Möglichkeiten eröffnet werden, für einen wesentlichen Teil der betreffenden Waren den Wettbewerb auszuschalten.

Art. 102 [Missbrauch einer marktbeherrschenden Stellung] *[1]* Mit dem Binnenmarkt unvereinbar und verboten ist die missbräuchliche Ausnutzung einer beherrschenden Stellung auf dem Binnenmarkt oder auf einem wesentlichen Teil desselben durch ein oder mehrere Unternehmen, soweit dies dazu führen kann, den Handel zwischen Mitgliedstaaten zu beeinträchtigen.

[2] Dieser Missbrauch kann insbesondere in Folgendem bestehen:

a) der unmittelbaren oder mittelbaren Erzwingung von unangemessenen Einkaufs- oder Verkaufspreisen oder sonstigen Geschäftsbedingungen;

b) der Einschränkung der Erzeugung, des Absatzes oder der technischen Entwicklung zum Schaden der Verbraucher;

c) der Anwendung unterschiedlicher Bedingungen bei gleichwertigen Leistungen gegenüber Handelspartnern, wodurch diese im Wettbewerb benachteiligt werden;

d) der an den Abschluss von Verträgen geknüpften Bedingung, dass die Vertragspartner zusätzliche Leistungen annehmen, die weder sachlich noch nach Handelsbrauch in Beziehung zum Vertragsgegenstand stehen.

Art. 103 [Erlass von Verordnungen und Richtlinien] (1) Die zweckdienlichen Verordnungen oder Richtlinien zur Verwirklichung der in den Artikeln 101 und 102 niedergelegten Grundsätze werden vom Rat auf Vorschlag der Kommission und nach Anhörung des Europäischen Parlaments beschlossen.

(2) Die in Absatz 1 vorgesehenen Vorschriften bezwecken insbesondere,

a) die Beachtung der in Artikel 101 Absatz 1 und Artikel 102 genannten Verbote durch die Einführung von Geldbußen und Zwangsgeldern zu gewährleisten;
b) die Einzelheiten der Anwendung des Artikels 101 Absatz 3 festzulegen; dabei ist dem Erfordernis einer wirksamen Überwachung bei möglichst einfacher Verwaltungskontrolle Rechnung zu tragen;
c) gegebenenfalls den Anwendungsbereich der Artikel 101 und 102 für die einzelnen Wirtschaftszweige näher zu bestimmen;
d) die Aufgaben der Kommission und des Gerichtshofs der Europäischen Union bei der Anwendung der in diesem Absatz vorgesehenen Vorschriften gegeneinander abzugrenzen;
e) das Verhältnis zwischen den innerstaatlichen Rechtsvorschriften einerseits und den in diesem Abschnitt enthaltenen oder aufgrund dieses Artikels getroffenen Bestimmungen andererseits festzulegen.

Art. 104 [Übergangsbestimmung] Bis zum Inkrafttreten der gemäß Artikel 103 erlassenen Vorschriften entscheiden die Behörden der Mitgliedstaaten im Einklang mit ihren eigenen Rechtsvorschriften und den Bestimmungen der Artikel 101, insbesondere Absatz 3, und 102 über die Zulässigkeit von Vereinbarungen, Beschlüssen und aufeinander abgestimmten Verhaltensweisen sowie über die missbräuchliche Ausnutzung einer beherrschenden Stellung auf dem Binnenmarkt.

Art. 105 [Wettbewerbsaufsicht] (1) [1] Unbeschadet des Artikels 104 achtet die Kommission auf die Verwirklichung der in den Artikeln 101 und 102 niedergelegten Grundsätze. [2] Sie untersucht auf Antrag eines Mitgliedstaats oder von Amts wegen in Verbindung mit den zuständigen Behörden der Mitgliedstaaten, die ihr Amtshilfe zu leisten haben, die Fälle, in denen Zuwiderhandlungen gegen diese Grundsätze vermutet werden. [3] Stellt sie eine Zuwiderhandlung fest, so schlägt sie geeignete Mittel vor, um diese abzustellen.

(2) [1] Wird die Zuwiderhandlung nicht abgestellt, so trifft die Kommission in einem mit Gründen versehenen Beschluss die Feststellung, dass eine derartige Zuwiderhandlung vorliegt. [2] Sie kann den Beschluss veröffentlichen und die Mitgliedstaaten ermächtigen, die erforderlichen Abhilfemaßnahmen zu treffen, deren Bedingungen und Einzelheiten sie festlegt.

(3) Die Kommission kann Verordnungen zu den Gruppen von Vereinbarungen erlassen, zu denen der Rat nach Artikel 103 Absatz 2 Buchstabe b eine Verordnung oder Richtlinie erlassen hat.

Art. 106 [Öffentliche Unternehmen; Dienstleistungen von allgemeinem wirtschaftlichem Interesse] (1) Die Mitgliedstaaten werden in Bezug auf öffentliche Unternehmen und auf Unternehmen, denen sie besondere oder ausschließliche Rechte gewähren, keine den Verträgen und insbesondere den Artikeln 18 und 101 bis 109 widersprechende Maßnahmen treffen oder beibehalten.

(2) [1] Für Unternehmen, die mit Dienstleistungen von allgemeinem wirtschaftlichem Interesse betraut sind oder den Charakter eines Finanzmonopols haben, gelten die Vorschriften der Verträge, insbesondere die Wettbewerbsregeln, soweit die Anwendung dieser Vorschriften nicht die Erfüllung der ihnen übertragenen besonderen Aufgabe rechtlich oder tatsächlich verhindert. [2] Die Entwicklung des Handelsverkehrs darf nicht in einem Ausmaß beeinträchtigt werden, das dem Interesse der Union zuwiderläuft.

(3) Die Kommission achtet auf die Anwendung dieses Artikels und richtet erforderlichenfalls geeignete Richtlinien oder Beschlüsse an die Mitgliedstaaten.

Abschnitt 2. Staatliche Beihilfen

Art. 107 [Beihilfeverbot; Ausnahmen] (1) Soweit in den Verträgen nicht etwas anderes bestimmt ist, sind staatliche oder aus staatlichen Mitteln gewährte Beihilfen gleich welcher Art, die durch die Begünstigung bestimmter Unternehmen oder Produktionszweige den Wettbewerb verfälschen oder zu verfälschen drohen, mit dem Binnenmarkt unvereinbar, soweit sie den Handel zwischen Mitgliedstaaten beeinträchtigen.

(2) Mit dem Binnenmarkt vereinbar sind:

a) Beihilfen sozialer Art an einzelne Verbraucher, wenn sie ohne Diskriminierung nach der Herkunft der Waren gewährt werden;

b) Beihilfen zur Beseitigung von Schäden, die durch Naturkatastrophen oder sonstige außergewöhnliche Ereignisse entstanden sind;

c) Beihilfen für die Wirtschaft bestimmter, durch die Teilung Deutschlands betroffener Gebiete der Bundesrepublik Deutschland, soweit sie zum Ausgleich der durch die Teilung verursachten wirtschaftlichen Nachteile erforderlich sind. Der Rat kann fünf Jahre nach dem Inkrafttreten des Vertrags von Lissabon auf Vorschlag der Kommission einen Beschluss erlassen, mit dem dieser Buchstabe aufgehoben wird.

(3) Als mit dem Binnenmarkt vereinbar können angesehen werden:

a) Beihilfen zur Förderung der wirtschaftlichen Entwicklung von Gebieten, in denen die Lebenshaltung außergewöhnlich niedrig ist oder eine erhebliche Unterbeschäftigung herrscht, sowie der in Artikel 349 genannten Gebiete unter Berücksichtigung ihrer strukturellen, wirtschaftlichen und sozialen Lage;

b) Beihilfen zur Förderung wichtiger Vorhaben von gemeinsamem europäischem Interesse oder zur Behebung einer beträchtlichen Störung im Wirtschaftsleben eines Mitgliedstaats;

c) Beihilfen zur Förderung der Entwicklung gewisser Wirtschaftszweige oder Wirtschaftsgebiete, soweit sie die Handelsbedingungen nicht in einer Weise verändern, die dem gemeinsamen Interesse zuwiderläuft;

d) Beihilfen zur Förderung der Kultur und der Erhaltung des kulturellen Erbes, soweit sie die Handels- und Wettbewerbsbedingungen in der Union nicht in einem Maß beeinträchtigen, das dem gemeinsamen Interesse zuwiderläuft;

e) sonstige Arten von Beihilfen, die der Rat durch einen Beschluss auf Vorschlag der Kommission bestimmt.

Art. 108 [Beihilfeaufsicht] (1) [1] Die Kommission überprüft fortlaufend in Zusammenarbeit mit den Mitgliedstaaten die in diesen bestehenden Beihilferegelungen. [2] Sie schlägt ihnen die zweckdienlichen Maßnahmen vor, welche die fortschreitende Entwicklung und das Funktionieren des Binnenmarkts erfordern.

(2) [1] Stellt die Kommission fest, nachdem sie den Beteiligten eine Frist zur Äußerung gesetzt hat, dass eine von einem Staat oder aus staatlichen Mitteln gewährte Beihilfe mit dem Binnenmarkt nach Artikel 107 unvereinbar ist oder dass sie missbräuchlich angewandt wird, so beschließt sie, dass der betreffende Staat sie binnen einer von ihr bestimmten Frist aufzuheben oder umzugestalten hat.

[2] Kommt der betreffende Staat diesem Beschluss innerhalb der festgesetzten Frist nicht nach, so kann die Kommission oder jeder betroffene Staat in Abweichung von den Artikeln 258 und 259 den Gerichtshof der Europäischen Union unmittelbar anrufen.

[3] ¹Der Rat kann einstimmig auf Antrag eines Mitgliedstaats beschließen, dass eine von diesem Staat gewährte oder geplante Beihilfe in Abweichung von Artikel 107 oder von den nach Artikel 109 erlassenen Verordnungen als mit dem Binnenmarkt vereinbar gilt, wenn außergewöhnliche Umstände einen solchen Beschluss rechtfertigen. ²Hat die Kommission bezüglich dieser Beihilfe das in Unterabsatz 1 dieses Absatzes vorgesehene Verfahren bereits eingeleitet, so bewirkt der Antrag des betreffenden Staates an den Rat die Aussetzung dieses Verfahrens, bis der Rat sich geäußert hat.

[4] Äußert sich der Rat nicht binnen drei Monaten nach Antragstellung, so beschließt die Kommission.

(3) ¹Die Kommission wird von jeder beabsichtigten Einführung oder Umgestaltung von Beihilfen so rechtzeitig unterrichtet, dass sie sich dazu äußern kann. ²Ist sie der Auffassung, dass ein derartiges Vorhaben nach Artikel 107 mit dem Binnenmarkt unvereinbar ist, so leitet sie unverzüglich das in Absatz 2 vorgesehene Verfahren ein. ³Der betreffende Mitgliedstaat darf die beabsichtigte Maßnahme nicht durchführen, bevor die Kommission einen abschließenden Beschluss erlassen hat.

(4) Die Kommission kann Verordnungen zu den Arten von staatlichen Beihilfen erlassen, für die der Rat nach Artikel 109 festgelegt hat, dass sie von dem Verfahren nach Absatz 3 ausgenommen werden können.

Art. 109 [Erlass von Durchführungsverordnungen] Der Rat kann auf Vorschlag der Kommission und nach Anhörung des Europäischen Parlaments alle zweckdienlichen Durchführungsverordnungen zu den Artikeln 107 und 108 erlassen und insbesondere die Bedingungen für die Anwendung des Artikels 108 Absatz 3 sowie diejenigen Arten von Beihilfen festlegen, die von diesem Verfahren ausgenommen sind.

Kapitel 2. Steuerliche Vorschriften

Art. 110 [Diskriminierungs- und Protektionsverbot] *[1]* Die Mitgliedstaaten erheben auf Waren aus anderen Mitgliedstaaten weder unmittelbar noch mittelbar höhere inländische Abgaben gleich welcher Art, als gleichartige inländische Waren unmittelbar oder mittelbar zu tragen haben.

[2] Die Mitgliedstaaten erheben auf Waren aus anderen Mitgliedstaaten keine inländischen Abgaben, die geeignet sind, andere Produktionen mittelbar zu schützen.

Art. 111 [Privilegierungsverbot für Rückvergütungen] Werden Waren in das Hoheitsgebiet eines Mitgliedstaats ausgeführt, so darf die Rückvergütung für inländische Abgaben nicht höher sein als die auf die ausgeführten Waren mittelbar oder unmittelbar erhobenen inländischen Abgaben.

Art. 112 [Kompensationsverbot unter Genehmigungsvorbehalt] Für Abgaben außer Umsatzsteuern, Verbrauchsabgaben und sonstigen indirekten Steuern sind Entlastungen und Rückvergütungen bei der Ausfuhr nach anderen Mitgliedstaaten sowie Ausgleichsabgaben bei der Einfuhr aus den Mitgliedstaaten nur zulässig, soweit der Rat sie vorher auf Vorschlag der Kommission für eine begrenzte Frist genehmigt hat.

Art. 113 [Harmonisierung der indirekten Steuern] Der Rat erlässt gemäß einem besonderen Gesetzgebungsverfahren und nach Anhörung des Europäischen Parlaments und des Wirtschafts- und Sozialausschusses einstimmig die Bestimmungen zur Harmonisierung der Rechtsvorschriften über die Umsatzsteuern, die Verbrauchsabgaben und sonstige indirekte Steuern, soweit diese Harmonisierung für die Errichtung und das Funktionieren des Binnenmarkts und die Vermeidung von Wettbewerbsverzerrungen notwendig ist.

Kapitel 3. Angleichung der Rechtsvorschriften

Art. 114 [Rechtsangleichung im Binnenmarkt] (1) ¹Soweit in den Verträgen nichts anderes bestimmt ist, gilt für die Verwirklichung der Ziele des Artikels 26 die nachstehende Regelung. ²Das Europäische Parlament und der Rat erlassen gemäß dem ordentlichen Gesetzgebungsverfahren und nach Anhörung des Wirtschafts- und Sozialausschusses die Maßnahmen zur Angleichung der Rechts- und Verwaltungsvorschriften der Mitgliedstaaten, welche die Errichtung und das Funktionieren des Binnenmarkts zum Gegenstand haben.

(2) Absatz 1 gilt nicht für die Bestimmungen über die Steuern, die Bestimmungen über die Freizügigkeit und die Bestimmungen über die Rechte und Interessen der Arbeitnehmer.

(3) ¹Die Kommission geht in ihren Vorschlägen nach Absatz 1 in den Bereichen Gesundheit, Sicherheit, Umweltschutz und Verbraucherschutz von einem hohen Schutzniveau aus und berücksichtigt dabei insbesondere alle auf wissenschaftliche Ergebnisse gestützten neuen Entwicklungen. ²Im Rahmen ihrer jeweiligen Befugnisse streben das Europäische Parlament und der Rat dieses Ziel ebenfalls an.

(4) Hält es ein Mitgliedstaat nach dem Erlass einer Harmonisierungsmaßnahme durch das Europäische Parlament und den Rat beziehungsweise durch den Rat oder die Kommission für erforderlich, einzelstaatliche Bestimmungen beizubehalten, die durch wichtige Erfordernisse im Sinne des Artikels 36 oder in Bezug auf den Schutz der Arbeitsumwelt oder den Umweltschutz gerechtfertigt sind, so teilt er diese Bestimmungen sowie die Gründe für ihre Beibehaltung der Kommission mit.

(5) Unbeschadet des Absatzes 4 teilt ferner ein Mitgliedstaat, der es nach dem Erlass einer Harmonisierungsmaßnahme durch das Europäische Parlament und den Rat beziehungsweise durch den Rat oder die Kommission für erforderlich hält, auf neue wissenschaftliche Erkenntnisse gestützte einzelstaatliche Bestimmungen zum Schutz der Umwelt oder der Arbeitsumwelt aufgrund eines spezifischen Problems für diesen Mitgliedstaat, das sich nach dem Erlass der Harmonisierungsmaßnahme ergibt, einzuführen, die in Aussicht genommenen Bestimmungen sowie die Gründe für ihre Einführung der Kommission mit.

(6) *[1]* Die Kommission beschließt binnen sechs Monaten nach den Mitteilungen nach den Absätzen 4 und 5, die betreffenden einzelstaatlichen Bestimmungen zu billigen oder abzulehnen, nachdem sie geprüft hat, ob sie ein Mittel zur willkürlichen Diskriminierung und eine verschleierte Beschränkung des Handels zwischen den Mitgliedstaaten darstellen und ob sie das Funktionieren des Binnenmarkts behindern.

[2] Erlässt die Kommission innerhalb dieses Zeitraums keinen Beschluss, so gelten die in den Absätzen 4 und 5 genannten einzelstaatlichen Bestimmungen als gebilligt.

[3] Die Kommission kann, sofern dies aufgrund des schwierigen Sachverhalts gerechtfertigt ist und keine Gefahr für die menschliche Gesundheit besteht, dem betreffenden Mitgliedstaat mitteilen, dass der in diesem Absatz genannte Zeitraum gegebenenfalls um einen weiteren Zeitraum von bis zu sechs Monaten verlängert wird.

(7) Wird es einem Mitgliedstaat nach Absatz 6 gestattet, von der Harmonisierungsmaßnahme abweichende einzelstaatliche Bestimmungen beizubehalten oder einzuführen, so prüft die Kommission unverzüglich, ob sie eine Anpassung dieser Maßnahme vorschlägt.

(8) Wirft ein Mitgliedstaat in einem Bereich, der zuvor bereits Gegenstand von Harmonisierungsmaßnahmen war, ein spezielles Gesundheitsproblem auf, so teilt er dies der Kommission mit, die dann umgehend prüft, ob sie dem Rat entsprechende Maßnahmen vorschlägt.

(9) In Abweichung von dem Verfahren der Artikel 258 und 259 kann die Kommission oder ein Mitgliedstaat den Gerichtshof der Europäischen Union unmittelbar anrufen, wenn die Kommission oder der Staat der Auffassung ist, dass ein anderer Mitgliedstaat die in diesem Artikel vorgesehenen Befugnisse missbraucht.

(10) Die vorgenannten Harmonisierungsmaßnahmen sind in geeigneten Fällen mit einer Schutzklausel verbunden, welche die Mitgliedstaaten ermächtigt, aus einem oder mehreren der in Artikel 36 genannten nichtwirtschaftlichen Gründe vorläufige Maßnahmen zu treffen, die einem Kontrollverfahren der Union unterliegen.

Art. 115 [Nationales Recht mit unmittelbarer Auswirkung auf den Binnenmarkt; Rechtsangleichung] Unbeschadet des Artikels 114 erlässt der Rat gemäß einem besonderen Gesetzgebungsverfahren einstimmig und nach Anhörung des Europäischen Parlaments und des Wirtschafts- und Sozialausschusses Richtlinien für die Angleichung derjenigen Rechts- und Verwaltungsvorschriften der Mitgliedstaaten, die sich unmittelbar auf die Errichtung oder das Funktionieren des Binnenmarkts auswirken.

Art. 116 [Behandlung bestehender wettbewerbsverzerrender Vorschriften] *[1]* Stellt die Kommission fest, dass vorhandene Unterschiede in den Rechts- und Verwaltungsvorschriften der Mitgliedstaaten die Wettbewerbsbedingungen auf dem Binnenmarkt verfälschen und dadurch eine Verzerrung hervorrufen, die zu beseitigen ist, so tritt sie mit den betreffenden Mitgliedstaaten in Beratungen ein.

[2] [1] Führen diese Beratungen nicht zur Beseitigung dieser Verzerrung, so erlassen das Europäische Parlament und der Rat gemäß dem ordentlichen Gesetzgebungsverfahren die erforderlichen Richtlinien. [2] Es können alle sonstigen in den Verträgen vorgesehenen zweckdienlichen Maßnahmen erlassen werden.

Art. 117 [Behandlung geplanter wettbewerbsverzerrender Vorschriften] (1) [1] Ist zu befürchten, dass der Erlass oder die Änderung einer Rechts- oder Verwaltungsvorschrift eine Verzerrung im Sinne des Artikels 116 verursacht, so setzt sich der Mitgliedstaat, der diese Maßnahmen beabsichtigt, mit der Kommission ins Benehmen. ²Diese empfiehlt nach Beratung mit den Mitgliedstaaten den beteiligten Staaten die zur Vermeidung dieser Verzerrung geeigneten Maßnahmen.

(2) ¹Kommt der Staat, der innerstaatliche Vorschriften erlassen oder ändern will, der an ihn gerichteten Empfehlung der Kommission nicht nach, so kann nicht gemäß Artikel 116 verlangt werden, dass die anderen Mitgliedstaaten ihre innerstaatlichen Vorschriften ändern, um die Verzerrung zu beseitigen. ²Verursacht ein Mitgliedstaat, der die Empfehlung der Kommission außer Acht lässt, eine Verzerrung lediglich zu seinem eigenen Nachteil, so findet Artikel 116 keine Anwendung.

Art. 118 [Schutz des geistigen Eigentums] *[1]* Im Rahmen der Verwirklichung oder des Funktionierens des Binnenmarkts erlassen das Europäische Parlament und der Rat gemäß dem ordentlichen Gesetzgebungsverfahren Maßnahmen zur Schaffung europäischer Rechtstitel über einen einheitlichen Schutz der Rechte des geistigen Eigentums in der Union sowie zur Einführung von zentralisierten Zulassungs-, Koordinierungs- und Kontrollregelungen auf Unionsebene.

[2] ¹Der Rat legt gemäß einem besonderen Gesetzgebungsverfahren durch Verordnungen die Sprachenregelungen für die europäischen Rechtstitel fest. ²Der Rat beschließt einstimmig nach Anhörung des Europäischen Parlaments.

Sechster Teil. Institutionelle Bestimmungen und Finanzvorschriften

Titel I. Vorschriften über die Organe

Kapitel 1.[1)] Die Organe

Abschnitt 5. Der Gerichtshof der Europäischen Union

Art. 258 [Vertragsverletzungsverfahren] *[1]* Hat nach Auffassung der Kommission ein Mitgliedstaat gegen eine Verpflichtung aus den Verträgen verstoßen, so gibt sie eine mit Gründen versehene Stellungnahme hierzu ab; sie hat dem Staat zuvor Gelegenheit zur Äußerung zu geben.

[2] Kommt der Staat dieser Stellungnahme innerhalb der von der Kommission gesetzten Frist nicht nach, so kann die Kommission den Gerichtshof der Europäischen Union anrufen.

Art. 259 [Vertragsverletzungsverfahren; Anrufung durch einen Mitgliedstaat] *[1]* Jeder Mitgliedstaat kann den Gerichtshof der Europäischen Union anrufen, wenn er der Auffassung ist, dass ein anderer Mitgliedstaat gegen eine Verpflichtung aus den Verträgen verstoßen hat.

[2] Bevor ein Mitgliedstaat wegen einer angeblichen Verletzung der Verpflichtungen aus den Verträgen gegen einen anderen Staat Klage erhebt, muss er die Kommission damit befassen.

[3] Die Kommission erlässt eine mit Gründen versehene Stellungnahme; sie gibt den beteiligten Staaten zuvor Gelegenheit zu schriftlicher und mündlicher Äußerung in einem kontradiktorischen Verfahren.

[1)] Vgl. zu diesem Kapitel auch die „Erklärung zur Erweiterung der Europäischen Union" (Erklärung Nr. 20) zur Schlussakte v. 16.2.2001 (ABl. C 80 S. 70) der Konferenz von Nizza.

EU-Arbeitsweisevertrag

[4] Gibt die Kommission binnen drei Monaten nach dem Zeitpunkt, in dem ein entsprechender Antrag gestellt wurde, keine Stellungnahme ab, so kann ungeachtet des Fehlens der Stellungnahme vor dem Gerichtshof geklagt werden.

Art. 260 [Wirkung und Durchsetzung von Urteilen; Zwangsgeld]

(1) Stellt der Gerichtshof der Europäischen Union fest, dass ein Mitgliedstaat gegen eine Verpflichtung aus den Verträgen verstoßen hat, so hat dieser Staat die Maßnahmen zu ergreifen, die sich aus dem Urteil des Gerichtshofs ergeben.

(2) *[1]* ¹Hat der betreffende Mitgliedstaat die Maßnahmen, die sich aus dem Urteil des Gerichtshofs ergeben, nach Auffassung der Kommission nicht getroffen, so kann die Kommission den Gerichtshof anrufen, nachdem sie diesem Staat zuvor Gelegenheit zur Äußerung gegeben hat. ²Hierbei benennt sie die Höhe des von dem betreffenden Mitgliedstaat zu zahlenden Pauschalbetrags oder Zwangsgelds, die sie den Umständen nach für angemessen hält.

[2] Stellt der Gerichtshof fest, dass der betreffende Mitgliedstaat seinem Urteil nicht nachgekommen ist, so kann er die Zahlung eines Pauschalbetrags oder Zwangsgelds verhängen.

[3] Dieses Verfahren lässt den Artikel 259 unberührt.

(3) *[1]* Erhebt die Kommission beim Gerichtshof Klage nach Artikel 258, weil sie der Auffassung ist, dass der betreffende Mitgliedstaat gegen seine Verpflichtung verstoßen hat, Maßnahmen zur Umsetzung einer gemäß einem Gesetzgebungsverfahren erlassenen Richtlinie mitzuteilen, so kann sie, wenn sie dies für zweckmäßig hält, die Höhe des von dem betreffenden Mitgliedstaat zu zahlenden Pauschalbetrags oder Zwangsgelds benennen, die sie den Umständen nach für angemessen hält.

[2] ¹Stellt der Gerichtshof einen Verstoß fest, so kann er gegen den betreffenden Mitgliedstaat die Zahlung eines Pauschalbetrags oder eines Zwangsgelds bis zur Höhe des von der Kommission genannten Betrags verhängen. ²Die Zahlungsverpflichtung gilt ab dem vom Gerichtshof in seinem Urteil festgelegten Zeitpunkt.

Art. 261 [Ermessensnachprüfung; Zwangsmaßnahmen]

Aufgrund der Verträge vom Europäischen Parlament und vom Rat gemeinsam sowie vom Rat erlassene Verordnungen können hinsichtlich der darin vorgesehenen Zwangsmaßnahmen dem Gerichtshof der Europäischen Union eine Zuständigkeit übertragen, welche die Befugnis zu unbeschränkter Ermessensnachprüfung und zur Änderung oder Verhängung solcher Maßnahmen umfasst.

Art. 262[1]) [Rechtsstreitigkeiten im Bereich des geistigen Eigentums]

¹Unbeschadet der sonstigen Bestimmungen der Verträge kann der Rat gemäß einem besonderen Gesetzgebungsverfahren nach Anhörung des Europäischen Parlaments einstimmig Bestimmungen erlassen, mit denen dem Gerichtshof der Europäischen Union in dem vom Rat festgelegten Umfang die Zuständigkeit übertragen wird, über Rechtsstreitigkeiten im Zusammenhang mit der Anwendung von aufgrund der Verträge erlassenen Rechtsakten, mit denen europäische Rechtstitel für das geistige Eigentum geschaffen werden, zu entscheiden. ²Diese

---

[1]) Vgl. zu dieser Vorschrift auch die Erklärung Nr. 17 zur Schlussakte v. 16.2.2001 (ABl. C 80 S. 70) der Konferenz von Nizza.

Bestimmungen treten nach Zustimmung der Mitgliedstaaten im Einklang mit ihren jeweiligen verfassungsrechtlichen Vorschriften in Kraft.

Art. 263 [Nichtigkeitsklage] *[1]* ¹Der Gerichtshof der Europäischen Union überwacht die Rechtmäßigkeit der Gesetzgebungsakte sowie der Handlungen des Rates, der Kommission und der Europäischen Zentralbank, soweit es sich nicht um Empfehlungen oder Stellungnahmen handelt, und der Handlungen des Europäischen Parlaments und des Europäischen Rates mit Rechtswirkung gegenüber Dritten. ²Er überwacht ebenfalls die Rechtmäßigkeit der Handlungen der Einrichtungen oder sonstigen Stellen der Union mit Rechtswirkung gegenüber Dritten.

[2] Zu diesem Zweck ist der Gerichtshof der Europäischen Union für Klagen zuständig, die ein Mitgliedstaat, das Europäische Parlament, der Rat oder die Kommission wegen Unzuständigkeit, Verletzung wesentlicher Formvorschriften, Verletzung der Verträge oder einer bei ihrer Durchführung anzuwendenden Rechtsnorm oder wegen Ermessensmissbrauchs erhebt.

[3] Der Gerichtshof der Europäischen Union ist unter den gleichen Voraussetzungen zuständig für Klagen des Rechnungshofs, der Europäischen Zentralbank und des Ausschusses der Regionen, die auf die Wahrung ihrer Rechte abzielen.

[4] Jede natürliche oder juristische Person kann unter den Bedingungen nach den Absätzen 1 und 2 gegen die an sie gerichteten oder sie unmittelbar und individuell betreffenden Handlungen sowie gegen Rechtsakte mit Verordnungscharakter, die sie unmittelbar betreffen und keine Durchführungsmaßnahmen nach sich ziehen, Klage erheben.

[5] In den Rechtsakten zur Gründung von Einrichtungen und sonstigen Stellen der Union können besondere Bedingungen und Einzelheiten für die Erhebung von Klagen von natürlichen oder juristischen Personen gegen Handlungen dieser Einrichtungen und sonstigen Stellen vorgesehen werden, die eine Rechtswirkung gegenüber diesen Personen haben.

[6] Die in diesem Artikel vorgesehenen Klagen sind binnen zwei Monaten zu erheben; diese Frist läuft je nach Lage des Falles von der Bekanntgabe der betreffenden Handlung, ihrer Mitteilung an den Kläger oder in Ermangelung dessen von dem Zeitpunkt an, zu dem der Kläger von dieser Handlung Kenntnis erlangt hat.

Art. 264 [Nichtigkeitsklage; Urteilswirkung] *[1]* Ist die Klage begründet, so erklärt der Gerichtshof der Europäischen Union die angefochtene Handlung für nichtig.

[2] Erklärt der Gerichtshof eine Handlung für nichtig, so bezeichnet er, falls er dies für notwendig hält, diejenigen ihrer Wirkungen, die als fortgeltend zu betrachten sind.

Art. 265 [Untätigkeitsklage] *[1]* ¹Unterlässt es das Europäische Parlament, der Europäische Rat, der Rat, die Kommission oder die Europäische Zentralbank unter Verletzung der Verträge, einen Beschluss zu fassen, so können die Mitgliedstaaten und die anderen Organe der Union beim Gerichtshof der Europäischen Union Klage auf Feststellung dieser Vertragsverletzung erheben. ²Dieser Artikel gilt entsprechend für die Einrichtungen und sonstigen Stellen der Union, die es unterlassen, tätig zu werden.

[2] ¹Diese Klage ist nur zulässig, wenn das in Frage stehende Organ, die in Frage stehende Einrichtung oder sonstige Stelle zuvor aufgefordert worden ist, tätig zu werden. ²Hat es bzw. sie binnen zwei Monaten nach dieser Aufforderung nicht Stellung genommen, so kann die Klage innerhalb einer weiteren Frist von zwei Monaten erhoben werden.

[3] Jede natürliche oder juristische Person kann nach Maßgabe der Absätze 1 und 2 vor dem Gerichtshof Beschwerde darüber führen, dass ein Organ oder eine Einrichtung oder sonstige Stelle der Union es unterlassen hat, einen anderen Akt als eine Empfehlung oder eine Stellungnahme an sie zu richten.

Art. 266 [Verpflichtung aus dem Urteil] *[1]* Die Organe, Einrichtungen oder sonstigen Stellen, denen das für nichtig erklärte Handeln zur Last fällt oder deren Untätigkeit als vertragswidrig erklärt worden ist, haben die sich aus dem Urteil des Gerichtshofs der Europäischen Union ergebenden Maßnahmen zu ergreifen.

[2] Diese Verpflichtung besteht unbeschadet der Verpflichtungen, die sich aus der Anwendung des Artikels 340 Absatz 2 ergeben.

Art. 267 [Vorabentscheidungsverfahren] *[1]* Der Gerichtshof der Europäischen Union entscheidet im Wege der Vorabentscheidung

a) über die Auslegung der Verträge,

b) über die Gültigkeit und die Auslegung der Handlungen der Organe, Einrichtungen oder sonstigen Stellen der Union.

[2] Wird eine derartige Frage einem Gericht eines Mitgliedstaats gestellt und hält dieses Gericht eine Entscheidung darüber zum Erlass seines Urteils für erforderlich, so kann es diese Frage dem Gerichtshof zur Entscheidung vorlegen.

[3] Wird eine derartige Frage in einem schwebenden Verfahren bei einem einzelstaatlichen Gericht gestellt, dessen Entscheidungen selbst nicht mehr mit Rechtsmitteln des innerstaatlichen Rechts angefochten werden können, so ist dieses Gericht zur Anrufung des Gerichtshofs verpflichtet.

[4] Wird eine derartige Frage in einem schwebenden Verfahren, das eine inhaftierte Person betrifft, bei einem einzelstaatlichen Gericht gestellt, so entscheidet der Gerichtshof innerhalb kürzester Zeit.

Art. 268 [Schadenersatzklage] Der Gerichtshof der Europäischen Union ist für Streitsachen über den in Artikel 340 Absätze 2 und 3 vorgesehenen Schadensersatz zuständig.

16. Verordnung (EG) Nr. 1/2003 des Rates vom 16. Dezember 2002 zur Durchführung der in den Artikeln 81 und 82 des Vertrags niedergelegten Wettbewerbsregeln

(Text von Bedeutung für den EWR)

(ABl L 1 S. 1)

Celex-Nr. 3 2003 R 0001

zuletzt geänd. durch Anh. I ÄndVO (EG) 487/2009 v. 25.5.2009 (ABl. L 148 S. 1)

DER RAT DER EUROPÄISCHEN UNION

gestützt auf den Vertrag zur Gründung der Europäischen Gemeinschaft, insbesondere auf Artikel 83,

auf Vorschlag der Kommission[1)],

nach Stellungnahme des Europäischen Parlaments[2)],

nach Stellungnahme des Wirtschafts- und Sozialausschusses[3)],

in Erwägung nachstehender Gründe:

(1) Zur Schaffung eines Systems, das gewährleistet, dass der Wettbewerb im Gemeinsamen Markt nicht verfälscht wird, muss für eine wirksame und einheitliche Anwendung der Artikel 81 und 82 des Vertrags in der Gemeinschaft gesorgt werden. Mit der Verordnung Nr. 17 des Rates vom 6. Februar 1962, Erste Durchführungsverordnung zu den Artikeln 81 und 82[4)] des Vertrags[5)], wurden die Voraussetzungen für die Entwicklung einer Gemeinschaftspolitik im Bereich des Wettbewerbsrechts geschaffen, die zur Verbreitung einer Wettbewerbskultur in der Gemeinschaft beigetragen hat. Es ist nunmehr jedoch an der Zeit, vor dem Hintergrund der gewonnenen Erfahrung die genannte Verordnung zu ersetzen und Regeln vorzusehen, die den Herausforderungen des Binnenmarkts und einer künftigen Erweiterung der Gemeinschaft gerecht werden.

(2) Zu überdenken ist insbesondere die Art und Weise, wie die in Artikel 81 Absatz 3 des Vertrags enthaltene Ausnahme vom Verbot wettbewerbsbeschränkender Vereinbarungen anzuwenden ist. Dabei ist nach Artikel 83 Absatz 2 Buchstabe b) des Vertrags dem Erfordernis einer wirksamen Überwachung bei möglichst einfacher Verwaltungskontrolle Rechnung zu tragen.

(3) Das durch die Verordnung Nr. 17 geschaffene zentralisierte System ist nicht mehr imstande, diesen beiden Zielsetzungen in ausgewogener Weise gerecht zu werden. Dieses System schränkt die Gerichte und die Wettbewerbsbehörden der Mitgliedstaaten bei der Anwendung der gemein-

---

[1)] **Amtl. Anm.:** ABl. C 365 E vom 19.12.2000, S. 284.

[2)] **Amtl. Anm.:** ABl. C 72 E vom 21.03.2002, S. 305.

[3)] **Amtl. Anm.:** ABl. C 155 vom 29.5.2001, S. 73.

[4)] **Amtl. Anm.:** Der Titel der Verordnung Nr. 17 wurde angepasst, um der Umnummerierung der Artikel des EG-Vertrags gemäß Artikel 12 des Vertrags von Amsterdam Rechnung zu tragen; ursprünglich wurde auf die Artikel 85 und 86 Bezug genommen.

[5)] **Amtl. Anm.:** ABl. 13 vom 21.2.1962, S. 204/62. Zuletzt geändert durch die Verordnung (EG) Nr. 1216/1999 (ABl. L 148 vom 15.6.1999, S. 5).

schaftlichen Wettbewerbsregeln ein, und das mit ihm verbundene Anmeldeverfahren hindert die Kommission daran, sich auf die Verfolgung der schwerwiegendsten Verstöße zu konzentrieren. Darüber hinaus entstehen den Unternehmen durch dieses System erhebliche Kosten.

(4) Das zentralisierte Anmeldesystem sollte daher durch ein Legalausnahmesystem ersetzt werden, bei dem die Wettbewerbsbehörden und Gerichte der Mitgliedstaaten nicht nur zur Anwendung der nach der Rechtsprechung des Gerichtshofs der Europäischen Gemeinschaften direkt anwendbaren Artikel 81 Absatz 1 und Artikel 82 des Vertrags befugt sind, sondern auch zur Anwendung von Artikel 81 Absatz 3 des Vertrags.

(5) Um für die wirksame Durchsetzung der Wettbewerbsvorschriften der Gemeinschaft zu sorgen und zugleich die Achtung der grundlegenden Verteidigungsrechte zu gewährleisten, muss in dieser Verordnung die Beweislast für die Artikel 81 Absatz 1 und Artikel 82 des Vertrags geregelt werden. Der Partei oder Behörde, die den Vorwurf einer Zuwiderhandlung gegen Artikel 81 und 82 des Vertrags erhebt, sollte es obliegen, diese Zuwiderhandlung gemäß den einschlägigen rechtlichen Anforderungen nachzuweisen. Den Unternehmen oder Unternehmensverbänden, die sich gegenüber der Feststellung einer Zuwiderhandlung auf eine Rechtfertigung berufen möchten, sollte es obliegen, im Einklang mit den einschlägigen rechtlichen Anforderungen den Nachweis zu erbringen, dass die Voraussetzungen für diese Rechtfertigung erfüllt sind. Diese Verordnung berührt weder die nationalen Rechtsvorschriften über das Beweismaß noch die Verpflichtung der Wettbewerbsbehörden und Gerichte der Mitgliedstaaten, zur Aufklärung rechtserheblicher Sachverhalte beizutragen, sofern diese Rechtsvorschriften und Anforderungen im Einklang mit den allgemeinen Grundsätzen des Gemeinschaftsrechts stehen.

(6) Die wirksame Anwendung der Wettbewerbsregeln der Gemeinschaft setzt voraus, dass die Wettbewerbsbehörden der Mitgliedstaaten stärker an der Anwendung beteiligt werden. Dies wiederum bedeutet, dass sie zur Anwendung des Gemeinschaftsrechts befugt sein sollten.

(7) Die einzelstaatlichen Gerichte erfüllen eine wesentliche Aufgabe bei der Anwendung der gemeinschaftlichen Wettbewerbsregeln. In Rechtsstreitigkeiten zwischen Privatpersonen schützen sie die sich aus dem Gemeinschaftsrecht ergebenden subjektiven Rechte, indem sie unter anderem den durch die Zuwiderhandlung Geschädigten Schadenersatz zuerkennen. Sie ergänzen in dieser Hinsicht die Aufgaben der einzelstaatlichen Wettbewerbsbehörden. Ihnen sollte daher gestattet werden, die Artikel 81 und 82 des Vertrags in vollem Umfang anzuwenden.

(8) Um die wirksame Durchsetzung der Wettbewerbsregeln der Gemeinschaft und das reibungslose Funktionieren der in dieser Verordnung enthaltenen Formen der Zusammenarbeit zu gewährleisten, müssen die Wettbewerbsbehörden und die Gerichte in den Mitgliedstaaten verpflichtet sein, auch die Artikel 81 und 82 des Vertrags anzuwenden, wenn sie innerstaatliches Wettbewerbsrecht auf Vereinbarungen und Verhaltensweisen, die den Handel zwischen den Mitgliedstaaten beeinträchtigen können, anwenden. Um für Vereinbarungen, Beschlüsse von Unternehmensvereinigungen und aufeinander abgestimmte Verhaltensweisen gleiche Bedingungen im Binnenmarkt zu schaffen, ist es ferner erforderlich, auf der Grundlage von Artikel 83 Absatz 2 Buchstabe e) des Vertrags das Verhältnis zwischen dem

innerstaatlichen Recht und dem Wettbewerbsrecht der Gemeinschaft zu bestimmen. Dazu muss gewährleistet werden, dass die Anwendung innerstaatlichen Wettbewerbsrechts auf Vereinbarungen, Beschlüsse und abgestimmte Verhaltensweisen im Sinne von Artikel 81 Absatz 1 des Vertrags nur dann zum Verbot solcher Vereinbarungen, Beschlüsse und abgestimmten Verhaltensweisen führen darf, wenn sie auch nach dem Wettbewerbsrecht der Gemeinschaft verboten sind. Die Begriffe Vereinbarungen, Beschlüsse und abgestimmte Verhaltensweisen sind autonome Konzepte des Wettbewerbsrechts der Gemeinschaft für die Erfassung eines koordinierten Verhaltens von Unternehmen am Markt im Sinne der Auslegung dieser Begriffe durch die Gerichte der Gemeinschaft. Nach dieser Verordnung darf den Mitgliedstaaten nicht das Recht verwehrt werden, in ihrem Hoheitsgebiet strengere innerstaatliche Wettbewerbsvorschriften zur Unterbindung oder Ahndung einseitiger Handlungen von Unternehmen zu erlassen oder anzuwenden. Diese strengeren einzelstaatlichen Rechtsvorschriften können Bestimmungen zum Verbot oder zur Ahndung missbräuchlichen Verhaltens gegenüber wirtschaftlich abhängigen Unternehmen umfassen. Ferner gilt die vorliegende Verordnung nicht für innerstaatliche Rechtsvorschriften, mit denen natürlichen Personen strafrechtliche Sanktionen auferlegt werden, außer wenn solche Sanktionen als Mittel dienen, um die für Unternehmen geltenden Wettbewerbsregeln durchzusetzen.

(9) Ziel der Artikel 81 und 82 des Vertrags ist der Schutz des Wettbewerbs auf dem Markt. Diese Verordnung, die der Durchführung dieser Vertragsbestimmungen dient, verwehrt es den Mitgliedstaaten nicht, in ihrem Hoheitsgebiet innerstaatliche Rechtsvorschriften zu erlassen, die andere legitime Interessen schützen, sofern diese Rechtsvorschriften im Einklang mit den allgemeinen Grundsätzen und übrigen Bestimmungen des Gemeinschaftsrechts stehen. Sofern derartige Rechtsvorschriften überwiegend auf ein Ziel gerichtet sind, das von dem des Schutzes des Wettbewerbs auf dem Markt abweicht, dürfen die Wettbewerbsbehörden und Gerichte in den Mitgliedstaaten solche Rechtsvorschriften in ihrem Hoheitsgebiet anwenden. Dementsprechend dürfen die Mitgliedstaaten im Rahmen dieser Verordnung in ihrem Hoheitsgebiet innerstaatliche Rechtsvorschriften anwenden, mit denen unlautere Handelspraktiken – unabhängig davon, ob diese einseitig ergriffen oder vertraglich vereinbart wurden – untersagt oder geahndet werden. Solche Rechtsvorschriften verfolgen ein spezielles Ziel, das die tatsächlichen oder vermuteten Wirkungen solcher Handlungen auf den Wettbewerb auf dem Markt unberücksichtigt lässt. Das trifft insbesondere auf Rechtsvorschriften zu, mit denen Unternehmen untersagt wird, bei ihren Handelspartnern ungerechtfertigte, unverhältnismäßige oder keine Gegenleistungen umfassende Bedingungen zu erzwingen, zu erhalten oder den Versuch hierzu zu unternehmen.

(10) Aufgrund von Verordnungen des Rates wie 19/65/EWG[1], (EWG) Nr. 2821/71[2], (EWG) Nr. 3976/87[3], (EWG) Nr. 1534/91[4] oder (EWG)

---

[1] **Amtl. Anm.:** Verordnung Nr. 19/65/EWG des Rates vom 2. März 1965 über die Anwendung von Artikel 81 Absatz 3 (Die Titel der Verordnungen wurden geändert, um der Umnummerierung der Artikel des EG-Vertrags gemäß Artikel 12 des Vertrags von Amsterdam Rechnung zu tragen; ursprünglich wurde auf Artikel 85 Absatz 3 Bezug genommen.) des Vertrags auf Gruppen von Vereinbarungen und aufeinander abgestimmten Verhaltensweisen (ABl. 36 vom 6.3.1965, S. 533). →

Nr. 479/92[1]) ist die Kommission befugt, Artikel 81 Absatz 3 des Vertrags durch Verordnung auf bestimmte Gruppen von Vereinbarungen, Beschlüssen von Unternehmensvereinigungen und aufeinander abgestimmten Verhaltensweisen anzuwenden. In den durch derartige Verordnungen bestimmten Bereichen hat die Kommission so genannte Gruppenfreistellungsverordnungen erlassen, mit denen sie Artikel 81 Absatz 1 des Vertrags auf Gruppen von Vereinbarungen, Beschlüssen oder aufeinander abgestimmten Verhaltensweisen für nicht anwendbar erklärt, und sie kann dies auch weiterhin tun. Soweit Vereinbarungen, Beschlüsse oder aufeinander abgestimmte Verhaltensweisen, auf die derartige Verordnungen Anwendung finden, dennoch Wirkungen haben, die mit Artikel 81 Absatz 3 des Vertrags unvereinbar sind, sollten die Kommission und die Wettbewerbsbehörden der Mitgliedstaaten die Befugnis haben, in einem bestimmten Fall den Rechtsvorteil der Gruppenfreistellungsverordnung zu entziehen.

(11) Zur Erfüllung ihrer Aufgabe, für die Anwendung des Vertrags Sorge zu tragen, sollte die Kommission an Unternehmen oder Unternehmensvereinigungen Entscheidungen mit dem Ziel richten können, Zuwiderhandlungen gegen die Artikel 81 und 82 des Vertrags abzustellen. Sie sollte, sofern ein berechtigtes Interesse besteht, auch dann Entscheidungen zur Feststellung einer Zuwiderhandlung erlassen können, wenn die Zuwiderhandlung beendet ist, selbst wenn sie keine Geldbuße auferlegt. Außerdem sollte der Kommission in dieser Verordnung ausdrücklich die ihr vom Gerichtshof zuerkannte Befugnis übertragen werden, Entscheidungen zur Anordnung einstweiliger Maßnahmen zu erlassen.

(Fortsetzung der Anm. von voriger Seite)
Verordnung zuletzt geändert durch die Verordnung (EG) Nr. 1215/1999 (ABl. L 148 vom 15.6.1999, S. 1).
[2]) **Amtl. Anm.:** Verordnung (EWG) Nr. 2821/71 des Rates vom 20. Dezember 1971 über die Anwendung von Artikel 81 Absatz 3 (Die Titel der Verordnungen wurden geändert, um der Umnummerierung der Artikel des EG-Vertrags gemäß Artikel 12 des Vertrags von Amsterdam Rechnung zu tragen; ursprünglich wurde auf Artikel 85 Absatz 3 Bezug genommen.) des Vertrags auf Gruppen von Vereinbarungen, Beschlüssen und aufeinander abgestimmten Verhaltensweisen (ABl. L 285 vom 29.12.1971, S. 46). Verordnung zuletzt geändert durch die Beitrittsakte von 1994.
[3]) **Amtl. Anm.:** Verordnung (EWG) Nr. 3976/87 des Rates vom 14. Dezember 1987 zur Anwendung von Artikel 81 Absatz 3 (Die Titel der Verordnungen wurden geändert, um der Umnummerierung der Artikel des EG-Vertrags gemäß Artikel 12 des Vertrags von Amsterdam Rechnung zu tragen; ursprünglich wurde auf Artikel 85 Absatz 3 Bezug genommen.) des Vertrags auf bestimmte Gruppen von Vereinbarungen und aufeinander abgestimmten Verhaltensweisen im Luftverkehr (ABl. L 374 vom 31.12.1987, S. 9). Verordnung zuletzt geändert durch die Beitrittsakte von 1994.
[4]) **Amtl. Anm.:** Verordnung (EWG) Nr. 1534/91 des Rates vom 31. Mai 1991 über die Anwendung von Artikel 81 Absatz 3 (Die Titel der Verordnungen wurden geändert, um der Umnummerierung der Artikel des EG-Vertrags gemäß Artikel 12 des Vertrags von Amsterdam Rechnung zu tragen; ursprünglich wurde auf Artikel 85 Absatz 3 Bezug genommen.) des Vertrags auf bestimmte Gruppen von Vereinbarungen, Beschlüssen und aufeinander abgestimmten Verhaltensweisen im Bereich der Versicherungswirtschaft (ABl. L 143 vom 7.6.1991, S. 1).
[1]) **Amtl. Anm.:** Verordnung (EWG) Nr. 479/92 des Rates vom 25. Februar 1992 über die Anwendung des Artikels 81 Absatz 3 (Die Titel der Verordnungen wurden geändert, um der Umnummerierung der Artikel des EG-Vertrags gemäß Artikel 12 des Vertrags von Amsterdam Rechnung zu tragen; ursprünglich wurde auf Artikel 85 Absatz 3 Bezug genommen.) des Vertrags auf bestimmte Gruppen von Vereinbarungen, Beschlüssen und aufeinander abgestimmten Verhaltensweisen zwischen Seeschifffahrtsunternehmen (Konsortien) (ABl. L 55 vom 29.2.1992, S. 3). Verordnung zuletzt geändert durch die Beitrittsakte von 1994.

(12) Mit dieser Verordnung sollte der Kommission ausdrücklich die Befugnis übertragen werden, unter Beachtung des Grundsatzes der Verhältnismäßigkeit alle strukturellen oder auf das Verhalten abzielenden Maßnahmen festzulegen, die zur effektiven Abstellung einer Zuwiderhandlung erforderlich sind. Maßnahmen struktureller Art sollten nur in Ermangelung einer verhaltensorientierten Maßnahme von gleicher Wirksamkeit festgelegt werden, oder wenn letztere im Vergleich zu Maßnahmen struktureller Art mit einer größeren Belastung für das betroffene Unternehmen verbunden wäre. Änderungen an der Unternehmensstruktur, wie sie vor der Zuwiderhandlung bestand, sind nur dann verhältnismäßig, wenn ein erhebliches, durch die Struktur eines Unternehmens als solcher bedingtes Risiko anhaltender oder wiederholter Zuwiderhandlungen gegeben ist.

(13) Bieten Unternehmen im Rahmen eines Verfahrens, das auf eine Verbotsentscheidung gerichtet ist, der Kommission an, Verpflichtungen einzugehen, die geeignet sind, die Bedenken der Kommission auszuräumen, so sollte die Kommission diese Verpflichtungszusagen durch Entscheidung für die Unternehmen bindend erklären können. Ohne die Frage zu beantworten, ob eine Zuwiderhandlung vorgelegen hat oder noch vorliegt, sollte in solchen Entscheidungen festgestellt werden, dass für ein Tätigwerden der Kommission kein Anlass mehr besteht. Entscheidungen bezüglich Verpflichtungszusagen lassen die Befugnisse der Wettbewerbsbehörden und der Gerichte der Mitgliedstaaten, das Vorliegen einer Zuwiderhandlung festzustellen und über den Fall zu entscheiden, unberührt. Entscheidungen bezüglich Verpflichtungszusagen sind für Fälle ungeeignet, in denen die Kommission eine Geldbuße aufzuerlegen beabsichtigt.

(14) In Ausnahmefällen, wenn es das öffentliche Interesse der Gemeinschaft gebietet, kann es auch zweckmäßig sein, dass die Kommission eine Entscheidung deklaratorischer Art erlässt, mit der die Nichtanwendung des in Artikel 81 oder Artikel 82 des Vertrags verankerten Verbots festgestellt wird, um die Rechtslage zu klären und eine einheitliche Rechtsanwendung in der Gemeinschaft sicherzustellen; dies gilt insbesondere in Bezug auf neue Formen von Vereinbarungen oder Verhaltensweisen, deren Beurteilung durch die bisherige Rechtsprechung und Verwaltungspraxis noch nicht geklärt ist.

(15) Die Kommission und die Wettbewerbsbehörden der Mitgliedstaaten sollen gemeinsam ein Netz von Behörden bilden, die die EG-Wettbewerbsregeln in enger Zusammenarbeit anwenden. Zu diesem Zweck müssen Informations- und Konsultationsverfahren eingeführt werden. Nähere Einzelheiten betreffend die Zusammenarbeit innerhalb des Netzes werden von der Kommission in enger Abstimmung mit den Mitgliedstaaten festgelegt und überarbeitet.

(16) Der Austausch von Informationen, auch solchen vertraulicher Art, und die Verwendung solcher Informationen zwischen den Mitgliedern des Netzwerks sollte ungeachtet anders lautender einzelstaatlicher Vorschriften zugelassen werden. Diese Informationen dürfen für die Anwendung der Artikel 81 und 82 des Vertrags sowie für die parallel dazu erfolgende Anwendung des nationalen Wettbewerbsrechts verwendet werden, sofern letztere Anwendung den gleichen Fall betrifft und nicht zu einem anderen Ergebnis führt. Werden die ausgetauschten Informationen von der empfangenden Behörde dazu verwendet, Unternehmen Sanktionen aufzuerle-

gen, so sollte für die Verwendung der Informationen keine weitere Beschränkung als nur die Verpflichtung gelten, dass sie ausschließlich für den Zweck eingesetzt werden, für den sie zusammengetragen worden sind, da Sanktionen, mit denen Unternehmen belegt werden können, in allen Systemen von derselben Art sind. Die Verteidigungsrechte, die Unternehmen in den einzelnen Systemen zustehen, können als hinreichend gleichwertig angesehen werden. Bei natürlichen Personen dagegen können Sanktionen in den verschiedenen Systemen erheblich voneinander abweichen. In solchen Fällen ist dafür Sorge zu tragen, dass die Informationen nur dann verwendet werden, wenn sie in einer Weise erhoben wurden, die hinsichtlich der Wahrung der Verteidigungsrechte natürlicher Personen das gleiche Schutzniveau wie nach dem für die empfangende Behörde geltenden innerstaatlichen Recht gewährleistet.

(17) Um eine einheitliche Anwendung der Wettbewerbsregeln und gleichzeitig ein optimales Funktionieren des Netzwerks zu gewährleisten, muss die Regel beibehalten werden, dass die Wettbewerbsbehörden der Mitgliedstaaten automatisch ihre Zuständigkeit verlieren, sobald die Kommission ein Verfahren einleitet. Ist eine Wettbewerbsbehörde eines Mitgliedstaats in einem Fall bereits tätig und beabsichtigt die Kommission, ein Verfahren einzuleiten, sollte sie sich bemühen, dies so bald wie möglich zu tun. Vor der Einleitung eines Verfahrens sollte die Kommission die betreffende nationale Behörde konsultieren.

(18) Um eine optimale Verteilung der Fälle innerhalb des Netzwerks sicherzustellen, sollte eine allgemeine Bestimmung eingeführt werden, wonach eine Wettbewerbsbehörde ein Verfahren mit der Begründung aussetzen oder einstellen kann, dass sich eine andere Behörde mit demselben Fall befasst hat oder noch befasst. Ziel ist es, dass jeder Fall nur von einer Behörde bearbeitet wird. Diese Bestimmung sollte nicht der der Kommission durch die Rechtsprechung des Gerichtshofs zuerkannten Möglichkeit entgegenstehen, eine Beschwerde wegen fehlenden Gemeinschaftsinteresses abzuweisen, selbst wenn keine andere Wettbewerbsbehörde die Absicht bekundet hat, sich des Falls anzunehmen.

(19) Die Arbeitsweise des durch die Verordnung Nr. 17 eingesetzten Beratenden Ausschusses für Kartell- und Monopolfragen hat sich als sehr befriedigend erwiesen. Dieser Ausschuss fügt sich gut in das neue System einer dezentralen Anwendung des Wettbewerbsrechts ein. Es gilt daher, auf der Grundlage der Bestimmungen der Verordnung Nr. 17 aufzubauen und gleichzeitig die Arbeit effizienter zu gestalten. Hierzu ist es zweckmäßig, die Möglichkeit eines schriftlichen Verfahrens für die Stellungnahme vorzusehen. Der Beratende Ausschuss sollte darüber hinaus als Diskussionsforum für die von den Wettbewerbsbehörden der Mitgliedstaaten gerade bearbeiteten Fälle dienen können, um auf diese Weise dazu beizutragen, dass die Wettbewerbsregeln der Gemeinschaft einheitlich angewandt werden.

(20) Der Beratende Ausschuss sollte sich aus Vertretern der Wettbewerbsbehörden der Mitgliedstaaten zusammensetzen. In Sitzungen, in denen allgemeine Fragen zur Erörterung stehen, sollten die Mitgliedstaaten einen weiteren Vertreter entsenden dürfen. Unbeschadet hiervon können sich die Mitglieder des Ausschusses durch andere Experten des jeweiligen Mitgliedstaats unterstützen lassen.

(21) Die einheitliche Anwendung der Wettbewerbsregeln erfordert außerdem, Formen der Zusammenarbeit zwischen den Gerichten der Mitgliedstaaten und der Kommission vorzusehen. Dies gilt für alle Gerichte der Mitgliedstaaten, die die Artikel 81 und 82 des Vertrags zur Anwendung bringen, unabhängig davon, ob sie die betreffenden Regeln in Rechtsstreitigkeiten zwischen Privatparteien anzuwenden haben oder ob sie als Wettbewerbsbehörde oder als Rechtsmittelinstanz tätig werden. Insbesondere sollten die einzelstaatlichen Gerichte die Möglichkeit erhalten, sich an die Kommission zu wenden, um Informationen oder Stellungnahmen zur Anwendung des Wettbewerbsrechts der Gemeinschaft zu erhalten. Der Kommission und den Wettbewerbsbehörden der Mitgliedstaaten wiederum muss die Möglichkeit gegeben werden, sich mündlich oder schriftlich vor einzelstaatlichen Gerichten zu äußern, wenn Artikel 81 oder 82 des Vertrags zur Anwendung kommt. Diese Stellungnahmen sollten im Einklang mit den einzelstaatlichen Verfahrensregeln und Gepflogenheiten, einschließlich derjenigen, die die Wahrung der Rechte der Parteien betreffen, erfolgen. Hierzu sollte dafür gesorgt werden, dass die Kommission und die Wettbewerbsbehörden der Mitgliedstaaten über ausreichende Informationen über Verfahren vor einzelstaatlichen Gerichten verfügen.

(22) In einem System paralleler Zuständigkeiten müssen im Interesse der Rechtssicherheit und der einheitlichen Anwendung der Wettbewerbsregeln der Gemeinschaft einander widersprechende Entscheidungen vermieden werden. Die Wirkungen von Entscheidungen und Verfahren der Kommission auf Gerichte und Wettbewerbsbehörden der Mitgliedstaaten müssen daher im Einklang mit der Rechtsprechung des Gerichtshofs geklärt werden. Von der Kommission angenommene Entscheidungen bezüglich Verpflichtungszusagen berühren nicht die Befugnis der Gerichte und der Wettbewerbsbehörden der Mitgliedstaaten, die Artikel 81 und 82 des Vertrags anzuwenden.

(23) Die Kommission sollte die Befugnis haben, im gesamten Bereich der Gemeinschaft die Auskünfte zu verlangen, die notwendig sind, um gemäß Artikel 81 des Vertrags verbotene Vereinbarungen, Beschlüsse und aufeinander abgestimmte Verhaltensweisen sowie die nach Artikel 82 des Vertrags untersagte missbräuchliche Ausnutzung einer beherrschenden Stellung aufzudecken. Unternehmen, die einer Entscheidung der Kommission nachkommen, können nicht gezwungen werden, eine Zuwiderhandlung einzugestehen; sie sind auf jeden Fall aber verpflichtet, Fragen nach Tatsachen zu beantworten und Unterlagen vorzulegen, auch wenn die betreffenden Auskünfte dazu verwendet werden können, den Beweis einer Zuwiderhandlung durch die betreffenden oder andere Unternehmen zu erbringen.

(24) Die Kommission sollte außerdem die Befugnis haben, die Nachprüfungen vorzunehmen, die notwendig sind, um gemäß Artikel 81 des Vertrags verbotene Vereinbarungen, Beschlüsse und aufeinander abgestimmte Verhaltensweisen sowie die nach Artikel 82 des Vertrags untersagte missbräuchliche Ausnutzung einer beherrschenden Stellung aufzudecken. Die Wettbewerbsbehörden der Mitgliedstaaten sollten bei der Ausübung dieser Befugnisse aktiv mitwirken.

(25) Da es zunehmend schwieriger wird, Verstöße gegen die Wettbewerbsregeln aufzudecken, ist es für einen wirksamen Schutz des Wettbewerbs

notwendig, die Ermittlungsbefugnisse der Kommission zu ergänzen. Die Kommission sollte insbesondere alle Personen, die eventuell über sachdienliche Informationen verfügen, befragen und deren Aussagen zu Protokoll nehmen können. Ferner sollten die von der Kommission beauftragten Bediensteten im Zuge einer Nachprüfung für die hierfür erforderliche Zeit eine Versiegelung vornehmen dürfen. Die Dauer der Versiegelung sollte in der Regel 72 Stunden nicht überschreiten. Die von der Kommission beauftragten Bediensteten sollten außerdem alle Auskünfte im Zusammenhang mit Gegenstand und Ziel der Nachprüfung einholen dürfen.

(26) Die Erfahrung hat gezeigt, dass in manchen Fällen Geschäftsunterlagen in der Wohnung von Führungskräften und Mitarbeitern der Unternehmen aufbewahrt werden. Im Interesse effizienter Nachprüfungen sollten daher die Bediensteten der Kommission und die anderen von ihr ermächtigten Personen zum Betreten aller Räumlichkeiten befugt sein, in denen sich Geschäftsunterlagen befinden können, einschließlich Privatwohnungen. Die Ausübung der letztgenannten Befugnis sollte jedoch eine entsprechende gerichtliche Entscheidung voraussetzen.

(27) Unbeschadet der Rechtsprechung des Gerichtshofs ist es sinnvoll, die Tragweite der Kontrolle darzulegen, die das nationale Gericht ausüben kann, wenn es, wie im innerstaatlichen Recht vorgesehen und als vorsorgliche Maßnahme, die Unterstützung durch Verfolgungsbehörden genehmigt, um sich über einen etwaigen Widerspruch des betroffenen Unternehmens hinwegzusetzen, oder wenn es die Vollstreckung einer Entscheidung zur Nachprüfung in anderen als Geschäftsräumen gestattet. Aus der Rechtsprechung ergibt sich, dass das nationale Gericht insbesondere von der Kommission weitere Klarstellungen anfordern kann, die es zur Ausübung seiner Kontrolle benötigt und bei deren Fehlen es die Genehmigung verweigern könnte. Ferner bestätigt die Rechtsprechung die Befugnis der nationalen Gerichte, die Einhaltung der für die Durchführung von Zwangsmaßnahmen geltenden Vorschriften des innerstaatlichen Rechts zu kontrollieren.

(28) Damit die Wettbewerbsbehörden der Mitgliedstaaten mehr Möglichkeiten zu einer wirksamen Anwendung der Artikel 81 und 82 des Vertrags erhalten, sollten sie einander im Rahmen von Nachprüfungen und anderen Maßnahmen zur Sachaufklärung Unterstützung gewähren können.

(29) Die Beachtung der Artikel 81 und 82 des Vertrags und die Erfüllung der den Unternehmen und Unternehmensvereinigungen in Anwendung dieser Verordnung auferlegten Pflichten sollten durch Geldbußen und Zwangsgelder sichergestellt werden können. Hierzu sind auch für Verstöße gegen Verfahrensvorschriften Geldbußen in angemessener Höhe vorzusehen.

(30) Um für eine tatsächliche Einziehung der Geldbußen zu sorgen, die Unternehmensvereinigungen wegen von ihnen begangener Zuwiderhandlungen auferlegt werden, müssen die Bedingungen festgelegt werden, unter denen die Kommission von den Mitgliedern der Vereinigung die Zahlung der Geldbuße verlangen kann, wenn die Vereinigung selbst zahlungsunfähig ist. Dabei sollte die Kommission der relativen Größe der der Vereinigung angehörenden Unternehmen und insbesondere der Lage der kleinen und mittleren Unternehmen Rechnung tragen. Die Zahlung der Geldbuße durch eines oder mehrere der Mitglieder einer Vereinigung erfolgt unbe-

schadet der einzelstaatlichen Rechtsvorschriften, die einen Rückgriff auf andere Mitglieder der Vereinigung zur Erstattung des gezahlten Betrags ermöglichen.

(31) Die Regeln über die Verjährung bei der Auferlegung von Geldbußen und Zwangsgeldern sind in der Verordnung (EWG) Nr. 2988/74 des Rates[1] enthalten, die darüber hinaus Sanktionen im Verkehrsbereich zum Gegenstand hat. In einem System paralleler Zuständigkeiten müssen zu den Handlungen, die die Verjährung unterbrechen können, auch eigenständige Verfahrenshandlungen der Wettbewerbsbehörden der Mitgliedstaaten gerechnet werden. Im Interesse einer klareren Gestaltung des Rechtsrahmens empfiehlt es sich daher, die Verordnung (EWG) Nr. 2988/74 so zu ändern, dass sie im Anwendungsbereich der vorliegenden Verordnung keine Anwendung findet, und die Verjährung in der vorliegenden Verordnung zu regeln.

(32) Das Recht der beteiligten Unternehmen, von der Kommission gehört zu werden, sollte bestätigt werden. Dritten, deren Interessen durch eine Entscheidung betroffen sein können, sollte vor Erlass der Entscheidung Gelegenheit zur Äußerung gegeben werden, und die erlassenen Entscheidungen sollten auf breiter Ebene bekannt gemacht werden. Ebenso unerlässlich wie die Wahrung der Verteidigungsrechte der beteiligten Unternehmen, insbesondere des Rechts auf Akteneinsicht, ist der Schutz der Geschäftsgeheimnisse. Es sollte sichergestellt werden, dass die innerhalb des Netzwerks ausgetauschten Informationen vertraulich behandelt werden.

(33) Da alle Entscheidungen, die die Kommission nach Maßgabe dieser Verordnung erlässt, unter den im Vertrag festgelegten Voraussetzungen der Überwachung durch den Gerichtshof unterliegen, sollte der Gerichtshof gemäß Artikel 229 des Vertrags die Befugnis zu unbeschränkter Ermessensnachprüfung bei Entscheidungen der Kommission über die Auferlegung von Geldbußen oder Zwangsgeldern erhalten.

(34) Nach den Regeln der Verordnung Nr. 17 zur Durchführung der in den Artikeln 81 und 82 des Vertrags niedergelegten Grundsätze kommt den Organen der Gemeinschaft eine zentrale Stellung zu. Diese gilt es zu bewahren, doch müssen gleichzeitig die Mitgliedstaaten stärker an der Anwendung der Wettbewerbsregeln der Gemeinschaft beteiligt werden. Im Einklang mit dem in Artikel 5 des Vertrags niedergelegten Subsidiaritäts- und Verhältnismäßigkeitsprinzip geht die vorliegende Verordnung nicht über das zur Erreichung ihres Ziels einer wirksamen Anwendung der Wettbewerbsregeln der Gemeinschaft Erforderliche hinaus.

(35) Um eine ordnungsgemäße Anwendung des gemeinschaftlichen Wettbewerbsrechts zu erreichen, sollten die Mitgliedstaaten Behörden bestimmen, die sie ermächtigen, Artikel 81 und 82 des Vertrags im öffentlichen Interesse anzuwenden. Sie sollten die Möglichkeit erhalten, sowohl Verwaltungsbehörden als auch Gerichte mit der Erfüllung der den Wettbewerbsbehörden in dieser Verordnung übertragenen Aufgaben zu betrauen. Mit der vorliegenden Verordnung wird anerkannt, dass für die Durchsetzung der Wettbewerbsregeln im öffentlichen Interesse in den Mitglied-

---

[1] **Amtl. Anm.:** Verordnung (EWG) Nr. 2988/74 des Rates vom 26. November 1974 über die Verfolgungs- und Vollstreckungsverjährung im Verkehrs- und Wettbewerbsrecht der Europäischen Wirtschaftsgemeinschaft (ABl. L 319 vom 29.11.1974, S. 1).

staaten sehr unterschiedliche Systeme bestehen. Die Wirkung von Artikel 11 Absatz 6 dieser Verordnung sollte sich auf alle Wettbewerbsbehörden erstrecken. Als Ausnahme von dieser allgemeinen Regel sollte, wenn eine mit der Verfolgung von Zuwiderhandlungen betraute Verwaltungsbehörde einen Fall vor ein von ihr getrenntes Gericht bringt, Artikel 11 Absatz 6 für die verfolgende Behörde nach Maßgabe der Bedingungen in Artikel 35 Absatz 4 dieser Verordnung gelten. Sind diese Bedingungen nicht erfüllt, sollte die allgemeine Regel gelten. Auf jeden Fall sollte Artikel 11 Absatz 6 nicht für Gerichte gelten, soweit diese als Rechtsmittelinstanzen tätig werden.

(36) Nachdem der Gerichtshof in seiner Rechtsprechung klargestellt hat, dass die Wettbewerbsregeln auch für den Verkehr gelten, muss dieser Sektor den Verfahrensvorschriften der vorliegenden Verordnung unterworfen werden. Daher sollte die Verordnung Nr. 14 des Rates vom 26. November 1962 über die Nichtanwendung der Verordnung Nr. 17 des Rates auf den Verkehr[1] aufgehoben werden und die Verordnungen des Rates (EWG) Nr. 1017/68[2], (EWG) Nr. 4056/86[3] und (EWG) Nr. 3975/87[4] sollten so geändert werden, dass die darin enthaltenen speziellen Verfahrensvorschriften aufgehoben werden.

(37) Diese Verordnung wahrt die Grundrechte und steht im Einklang mit den Prinzipien, die insbesondere in der Charta der Grundrechte der Europäischen Union verankert sind. Demzufolge ist diese Verordnung in Übereinstimmung mit diesen Rechten und Prinzipien auszulegen und anzuwenden.

(38) Rechtssicherheit für die nach den Wettbewerbsregeln der Gemeinschaft tätigen Unternehmen trägt zur Förderung von Innovation und Investition bei. In Fällen, in denen ernsthafte Rechtsunsicherheit entsteht, weil neue oder ungelöste Fragen in Bezug auf die Anwendung dieser Regeln auftauchen, können einzelne Unternehmen den Wunsch haben, mit der Bitte um informelle Beratung an die Kommission heranzutreten. Diese Verordnung lässt das Recht der Kommission, informelle Beratung zu leisten, unberührt –

HAT FOLGENDE VERORDNUNG ERLASSEN:

---

[1] **Amtl. Anm.:** ABl. 124 vom 28.11.1962, S. 2751/62. Geändert durch die Verordnung Nr. 1002/67/EWG (ABl. 306 vom 16.12.1967, S. 1).

[2] **Amtl. Anm.:** Verordnung (EWG) Nr. 1017/68 des Rates vom 19. Juli 1968 über die Anwendung von Wettbewerbsregeln auf dem Gebiet des Eisenbahn-, Straßen- und Binnenschiffsverkehrs (ABl. L 175 vom 23.7.1968, S. 1). Zuletzt geändert durch die Beitrittsakte von 1994.

[3] **Amtl. Anm.:** Verordnung (EWG) Nr. 4056/86 des Rates vom 22. Dezember 1986 über die Einzelheiten der Anwendung der Artikel 81 und 82 (Die Titel der Verordnungen wurden geändert, um der Umnummerierung der Artikel des EG-Vertrags gemäß Artikel 12 des Vertrags von Amsterdam Rechnung zu tragen; ursprünglich wurde auf Artikel 85 Absatz 3 Bezug genommen.) des Vertrags auf den Seeverkehr (ABl. L 378 vom 31.12.1986, S. 4). Verordnung zuletzt geändert durch die Beitrittsakte von 1994.

[4] **Amtl. Anm.:** Verordnung (EWG) Nr. 3975/87 des Rates vom 14. Dezember 1987 über die Einzelheiten der Anwendung der Wettbewerbsregeln auf Luftfahrtunternehmen (ABl. L 374 vom 31.12.1987, S. 1). Verordnung zuletzt geändert durch die Verordnung (EWG) Nr. 2410/92 (ABl. L 240 vom 24.8.1992, S. 18).

Kapitel I. Grundsätze

Art. 1 Anwendung der Artikel 81 und 82 des Vertrags. (1) Vereinbarungen, Beschlüsse und aufeinander abgestimmte Verhaltensweisen im Sinne von Artikel 81 Absatz 1 des Vertrags, die nicht die Voraussetzungen des Artikels 81 Absatz 3 des Vertrags erfüllen, sind verboten, ohne dass dies einer vorherigen Entscheidung bedarf.

(2) Vereinbarungen, Beschlüsse und aufeinander abgestimmte Verhaltensweisen im Sinne von Artikel 81 Absatz 1 des Vertrags, die die Voraussetzungen des Artikels 81 Absatz 3 des Vertrags erfüllen, sind nicht verboten, ohne dass dies einer vorherigen Entscheidung bedarf.

(3) Die missbräuchliche Ausnutzung einer marktbeherrschenden Stellung im Sinne von Artikel 82 des Vertrags ist verboten, ohne dass dies einer vorherigen Entscheidung bedarf.

Art. 2 Beweislast. [1] In allen einzelstaatlichen und gemeinschaftlichen Verfahren zur Anwendung der Artikel 81 und 82 des Vertrags obliegt die Beweislast für eine Zuwiderhandlung gegen Artikel 81 Absatz 1 oder Artikel 82 des Vertrags der Partei oder der Behörde, die diesen Vorwurf erhebt. [2] Die Beweislast dafür, dass die Voraussetzungen des Artikels 81 Absatz 3 des Vertrags vorliegen, obliegt den Unternehmen oder Unternehmensvereinigungen, die sich auf diese Bestimmung berufen.

Art. 3 Verhältnis zwischen den Artikeln 81 und 82 des Vertrags und dem einzelstaatlichen Wettbewerbsrecht. (1) [1] Wenden die Wettbewerbsbehörden der Mitgliedstaaten oder einzelstaatliche Gerichte das einzelstaatliche Wettbewerbsrecht auf Vereinbarungen zwischen Unternehmen, Beschlüsse von Unternehmensvereinigungen und aufeinander abgestimmte Verhaltensweisen im Sinne des Artikels 81 Absatz 1 des Vertrags an, welche den Handel zwischen Mitgliedstaaten im Sinne dieser Bestimmung beeinträchtigen können, so wenden sie auch Artikel 81 des Vertrags auf diese Vereinbarungen, Beschlüsse und aufeinander abgestimmten Verhaltensweisen an. [2] Wenden die Wettbewerbsbehörden der Mitgliedstaaten oder einzelstaatliche Gerichte das einzelstaatliche Wettbewerbsrecht auf nach Artikel 82 des Vertrags verbotene Missbräuche an, so wenden sie auch Artikel 82 des Vertrags an.

(2) [1] Die Anwendung des einzelstaatlichen Wettbewerbsrechts darf nicht zum Verbot von Vereinbarungen zwischen Unternehmen, Beschlüssen von Unternehmensvereinigungen und aufeinander abgestimmten Verhaltensweisen führen, welche den Handel zwischen Mitgliedstaaten zu beeinträchtigen geeignet sind, aber den Wettbewerb im Sinne des Artikels 81 Absatz 1 des Vertrags nicht einschränken oder die Bedingungen des Artikels 81 Absatz 3 des Vertrags erfüllen oder durch eine Verordnung zur Anwendung von Artikel 81 Absatz 3 des Vertrags erfasst sind. [2] Den Mitgliedstaaten wird durch diese Verordnung nicht verwehrt, in ihrem Hoheitsgebiet strengere innerstaatliche Vorschriften zur Unterbindung oder Ahndung einseitiger Handlungen von Unternehmen zu erlassen oder anzuwenden.

(3) Die Absätze 1 und 2 gelten unbeschadet der allgemeinen Grundsätze und sonstigen Vorschriften des Gemeinschaftsrechts nicht, wenn die Wettbewerbsbehörden und Gerichte der Mitgliedstaaten einzelstaatliche Gesetze über die Kontrolle von Unternehmenszusammenschlüssen anwenden, und ste-

hen auch nicht der Anwendung von Bestimmungen des einzelstaatlichen Rechts entgegen, die überwiegend ein von den Artikeln 81 und 82 des Vertrags abweichendes Ziel verfolgen.

Kapitel II. Zuständigkeit

Art. 4 Zuständigkeit der Kommission. Zur Anwendung der Artikel 81 und 82 des Vertrags verfügt die Kommission über die in dieser Verordnung vorgesehenen Befugnisse.

Art. 5 Zuständigkeit der Wettbewerbsbehörden der Mitgliedstaaten.
[1] [1] Die Wettbewerbsbehörden der Mitgliedstaaten sind für die Anwendung der Artikel 81 und 82 des Vertrags in Einzelfällen zuständig. [2] Sie können hierzu von Amts wegen oder aufgrund einer Beschwerde Entscheidungen erlassen, mit denen
– die Abstellung von Zuwiderhandlungen angeordnet wird,
– einstweilige Maßnahmen angeordnet werden,
– Verpflichtungszusagen angenommen werden oder
– Geldbußen, Zwangsgelder oder sonstige im innerstaatlichen Recht vorgesehene Sanktionen verhängt werden.

[2] Sind die Voraussetzungen für ein Verbot nach den ihnen vorliegenden Informationen nicht gegeben, so können sie auch entscheiden, dass für sie kein Anlass besteht, tätig zu werden.

Art. 6 Zuständigkeit der Gerichte der Mitgliedstaaten. Die einzelstaatlichen Gerichte sind für die Anwendung der Artikel 81 und 82 des Vertrags zuständig.

Kapitel III. Entscheidungen der Kommission

Art. 7 Feststellung und Abstellung von Zuwiderhandlungen. (1) [1] Stellt die Kommission auf eine Beschwerde hin oder von Amts wegen eine Zuwiderhandlung gegen Artikel 81 oder Artikel 82 des Vertrags fest, so kann sie die beteiligten Unternehmen und Unternehmensvereinigungen durch Entscheidung verpflichten, die festgestellte Zuwiderhandlung abzustellen. [2] Sie kann ihnen hierzu alle erforderlichen Abhilfemaßnahmen verhaltensorientierter oder struktureller Art vorschreiben, die gegenüber der festgestellten Zuwiderhandlung verhältnismäßig und für eine wirksame Abstellung der Zuwiderhandlung erforderlich sind. [3] Abhilfemaßnahmen struktureller Art können nur in Ermangelung einer verhaltensorientierten Abhilfemaßnahme von gleicher Wirksamkeit festgelegt werden, oder wenn letztere im Vergleich zu Abhilfemaßnahmen struktureller Art mit einer größeren Belastung für die beteiligten Unternehmen verbunden wäre. [4] Soweit die Kommission ein berechtigtes Interesse hat, kann sie auch eine Zuwiderhandlung feststellen, nachdem diese beendet ist.

(2) Zur Einreichung einer Beschwerde im Sinne von Absatz 1 befugt sind natürliche und juristische Personen, die ein berechtigtes Interesse darlegen, sowie die Mitgliedstaaten.

Art. 8 Einstweilige Maßnahmen. (1) Die Kommission kann in dringenden Fällen, wenn die Gefahr eines ernsten, nicht wieder gutzumachenden Schadens für den Wettbewerb besteht, von Amts wegen auf der Grundlage einer prima facie festgestellten Zuwiderhandlung durch Entscheidung einstweilige Maßnahmen anordnen.

(2) Die Entscheidung gemäß Absatz 1 hat eine befristete Geltungsdauer und ist – sofern erforderlich und angemessen – verlängerbar.

Art. 9 Verpflichtungszusagen. (1) [1] Beabsichtigt die Kommission, eine Entscheidung zur Abstellung einer Zuwiderhandlung zu erlassen, und bieten die beteiligten Unternehmen an, Verpflichtungen einzugehen, die geeignet sind, die ihnen von der Kommission nach ihrer vorläufigen Beurteilung mitgeteilten Bedenken auszuräumen, so kann die Kommission diese Verpflichtungszusagen im Wege einer Entscheidung für bindend für die Unternehmen erklären. [2] Die Entscheidung kann befristet sein und muss besagen, dass für ein Tätigwerden der Kommission kein Anlass mehr besteht.

(2) Die Kommission kann auf Antrag oder von Amts wegen das Verfahren wieder aufnehmen,

a) wenn sich die tatsächlichen Verhältnisse in einem für die Entscheidung wesentlichen Punkt geändert haben,

b) wenn die beteiligten Unternehmen ihre Verpflichtungen nicht einhalten oder

c) wenn die Entscheidung auf unvollständigen, unrichtigen oder irreführenden Angaben der Parteien beruht.

Art. 10 Feststellung der Nichtanwendbarkeit. *[1]* Ist es aus Gründen des öffentlichen Interesses der Gemeinschaft im Bereich der Anwendung der Artikel 81 und 82 des Vertrags erforderlich, so kann die Kommission von Amts wegen durch Entscheidung feststellen, dass Artikel 81 des Vertrags auf eine Vereinbarung, einen Beschluss einer Unternehmensvereinigung oder eine abgestimmte Verhaltensweise keine Anwendung findet, weil die Voraussetzungen des Artikels 81 Absatz 1 des Vertrags nicht vorliegen oder weil die Voraussetzungen des Artikels 81 Absatz 3 des Vertrags erfüllt sind.

[2] Die Kommission kann eine solche Feststellung auch in Bezug auf Artikel 82 des Vertrags treffen.

Kapitel IV. Zusammenarbeit

Art. 11 Zusammenarbeit zwischen der Kommission und den Wettbewerbsbehörden der Mitgliedstaaten. (1) Die Kommission und die Wettbewerbsbehörden der Mitgliedstaaten arbeiten bei der Anwendung der Wettbewerbsregeln der Gemeinschaft eng zusammen.

(2) [1] Die Kommission übermittelt den Wettbewerbsbehörden der Mitgliedstaaten eine Kopie der wichtigsten Schriftstücke, die sie zur Anwendung der Artikel 7, 8, 9, 10 und 29 Absatz 1 zusammengetragen hat. [2] Die Kommission übermittelt der Wettbewerbsbehörde eines Mitgliedstaates auf Ersuchen eine Kopie anderer bestehender Unterlagen, die für die Beurteilung des Falls erforderlich sind.

(3) [1] Werden die Wettbewerbsbehörden der Mitgliedstaaten aufgrund von Artikel 81 oder Artikel 82 des Vertrags tätig, so unterrichten sie hierüber schriftlich die Kommission vor Beginn oder unverzüglich nach Einleitung der

ersten förmlichen Ermittlungshandlung. ²Diese Unterrichtung kann auch den Wettbewerbsbehörden der anderen Mitgliedstaaten zugänglich gemacht werden.

(4) ¹Spätestens 30 Tage vor Erlass einer Entscheidung, mit der die Abstellung einer Zuwiderhandlung angeordnet wird, Verpflichtungszusagen angenommen werden oder der Rechtsvorteil einer Gruppenfreistellungsverordnung entzogen wird, unterrichten die Wettbewerbsbehörden der Mitgliedstaaten die Kommission. ²Zu diesem Zweck übermitteln sie der Kommission eine zusammenfassende Darstellung des Falls, die in Aussicht genommene Entscheidung oder, soweit diese Unterlage noch nicht vorliegt, jede sonstige Unterlage, der die geplante Vorgehensweise zu entnehmen ist. ³Diese Informationen können auch den Wettbewerbsbehörden der anderen Mitgliedstaaten zugänglich gemacht werden. ⁴Auf Ersuchen der Kommission stellt die handelnde Wettbewerbsbehörde der Kommission sonstige ihr vorliegende Unterlagen zur Verfügung, die für die Beurteilung des Falls erforderlich sind. ⁵Die der Kommission übermittelten Informationen können den Wettbewerbsbehörden der anderen Mitgliedstaaten zugänglich gemacht werden. ⁶Die einzelstaatlichen Wettbewerbsbehörden können zudem Informationen untereinander austauschen, die zur Beurteilung eines von ihnen nach Artikel 81 und 82 des Vertrags behandelten Falls erforderlich sind.

(5) Die Wettbewerbsbehörden der Mitgliedstaaten können die Kommission zu jedem Fall, in dem es um die Anwendung des Gemeinschaftsrechts geht, konsultieren.

(6) ¹Leitet die Kommission ein Verfahren zum Erlass einer Entscheidung nach Kapitel III ein, so entfällt damit die Zuständigkeit der Wettbewerbsbehörden der Mitgliedstaaten für die Anwendung der Artikel 81 und 82 des Vertrags. ²Ist eine Wettbewerbsbehörde eines Mitgliedstaats in einem Fall bereits tätig, so leitet die Kommission ein Verfahren erst ein, nachdem sie diese Wettbewerbsbehörde konsultiert hat.

Art. 12 Informationsaustausch. (1) Für die Zwecke der Anwendung der Artikel 81 und 82 des Vertrags sind die Kommission und die Wettbewerbsbehörden der Mitgliedstaaten befugt, einander tatsächliche oder rechtliche Umstände einschließlich vertraulicher Angaben mitzuteilen und diese Informationen als Beweismittel zu verwenden.

(2) ¹Die ausgetauschten Informationen werden nur zum Zweck der Anwendung von Artikel 81 oder 82 des Vertrags sowie in Bezug auf den Untersuchungsgegenstand als Beweismittel verwendet, für den sie von der übermittelnden Behörde erhoben wurden. ²Wird das einzelstaatliche Wettbewerbsrecht jedoch im gleichen Fall und parallel zum gemeinschaftlichen Wettbewerbsrecht angewandt und führt es nicht zu anderen Ergebnissen, so können nach diesem Artikel ausgetauschte Informationen auch für die Anwendung des einzelstaatlichen Wettbewerbsrechts verwendet werden.

(3) Nach Absatz 1 ausgetauschte Informationen können nur als Beweismittel verwendet werden, um Sanktionen gegen natürliche Personen zu verhängen, wenn

– das Recht der übermittelnden Behörde ähnlich geartete Sanktionen in Bezug auf Verstöße gegen Artikel 81 oder 82 des Vertrags vorsieht oder, falls dies nicht der Fall ist, wenn

– die Informationen in einer Weise erhoben worden sind, die hinsichtlich der Wahrung der Verteidigungsrechte natürlicher Personen das gleiche Schutzniveau wie nach dem für die empfangende Behörde geltenden innerstaatlichen Recht gewährleistet. Jedoch dürfen in diesem Falle die ausgetauschten Informationen von der empfangenden Behörde nicht verwendet werden, um Haftstrafen zu verhängen.

Art. 13 Aussetzung und Einstellung des Verfahrens. (1) ¹Sind die Wettbewerbsbehörden mehrerer Mitgliedstaaten aufgrund einer Beschwerde oder von Amts wegen mit einem Verfahren gemäß Artikel 81 oder Artikel 82 des Vertrags gegen dieselbe Vereinbarung, denselben Beschluss oder dieselbe Verhaltensweise befasst, so stellt der Umstand, dass eine Behörde den Fall bereits bearbeitet, für die übrigen Behörden einen hinreichenden Grund dar, ihr Verfahren auszusetzen oder die Beschwerde zurückzuweisen. ²Auch die Kommission kann eine Beschwerde mit der Begründung zurückweisen, dass sich bereits eine Wettbewerbsbehörde eines Mitgliedstaats mit dieser Beschwerde befasst.

(2) Ist eine einzelstaatliche Wettbewerbsbehörde oder die Kommission mit einer Beschwerde gegen eine Vereinbarung, einen Beschluss oder eine Verhaltensweise befasst, die bereits von einer anderen Wettbewerbsbehörde behandelt worden ist, so kann die Beschwerde abgewiesen werden.

Art. 14 Beratender Ausschuss. (1) Vor jeder Entscheidung, die nach Maßgabe der Artikel 7, 8, 9, 10 und 23, Artikel 24 Absatz 2 und Artikel 29 Absatz 1 ergeht, hört die Kommission einen Beratenden Ausschuss für Kartell- und Monopolfragen.

(2) ¹Für die Erörterung von Einzelfällen setzt der Beratende Ausschuss sich aus Vertretern der Wettbewerbsbehörden der Mitgliedstaaten zusammen. ²Für Sitzungen, in denen andere Fragen als Einzelfälle zur Erörterung stehen, kann ein weiterer für Wettbewerbsfragen zuständiger Vertreter des jeweiligen Mitgliedstaats bestimmt werden. ³Die Vertreter können im Falle der Verhinderung durch andere Vertreter ersetzt werden.

(3) ¹Die Anhörung kann in einer von der Kommission einberufenen Sitzung, in der die Kommission den Vorsitz führt, frühestens 14 Tage nach Absendung der Einberufung, der eine Darstellung des Sachverhalts unter Angabe der wichtigsten Schriftstücke sowie ein vorläufiger Entscheidungsvorschlag beigefügt wird, erfolgen. ²Bei Entscheidungen nach Artikel 8 kann die Sitzung sieben Tage nach Absendung des verfügenden Teils eines Entscheidungsentwurfs abgehalten werden. ³Enthält eine von der Kommission abgesendete Einberufung zu einer Sitzung eine kürzere Ladungsfrist als die vorerwähnten Fristen, so kann die Sitzung zum vorgeschlagenen Zeitpunkt stattfinden, wenn kein Mitgliedstaat einen Einwand erhebt. ⁴Der Beratende Ausschuss nimmt zu dem vorläufigen Entscheidungsvorschlag der Kommission schriftlich Stellung. ⁵Er kann seine Stellungnahme auch dann abgeben, wenn einzelne Mitglieder des Ausschusses nicht anwesend und nicht vertreten sind. ⁶Auf Antrag eines oder mehrerer Mitglieder werden die in der Stellungnahme aufgeführten Standpunkte mit einer Begründung versehen.

(4) ¹Die Anhörung kann auch im Wege des schriftlichen Verfahrens erfolgen. ²Die Kommission muss jedoch eine Sitzung einberufen, wenn ein Mitgliedstaat dies beantragt. ³Im Fall eines schriftlichen Verfahrens setzt die Kommission den Mitgliedstaaten eine Frist von mindestens 14 Tagen für die Über-

mittlung ihrer Bemerkungen, die an die anderen Mitgliedstaaten weitergeleitet werden. ⁴ In Bezug auf Entscheidungen nach Artikel 8 gilt eine Frist von sieben anstatt von 14 Tagen. ⁵ Legt die Kommission für das schriftliche Verfahren eine kürzere Frist als die vorerwähnten Fristen fest, so gilt die vorgeschlagene Frist, sofern kein Einwand seitens der Mitgliedstaaten erhoben wird.

(5) ¹ Die Kommission berücksichtigt soweit wie möglich die Stellungnahme des Ausschusses. ² Sie unterrichtet den Ausschuss darüber, inwieweit sie seine Stellungnahme berücksichtigt hat.

(6) ¹ Gibt der Beratende Ausschuss eine schriftliche Stellungnahme ab, so wird diese Stellungnahme dem Entscheidungsentwurf beigefügt. ² Empfiehlt der Beratende Ausschuss die Veröffentlichung seiner Stellungnahme, so trägt die Kommission bei der Veröffentlichung dem berechtigten Interesse der Unternehmen an der Wahrung ihrer Geschäftsgeheimnisse Rechnung.

(7) *[1]* ¹ Die Kommission setzt auf Antrag der Wettbewerbsbehörde eines Mitgliedstaats Fälle, die nach Artikel 81 und 82 des Vertrags von einer Wettbewerbsbehörde eines Mitgliedstaats behandelt werden, auf die Tagesordnung des Beratenden Ausschusses. ² Die Kommission kann dies auch aus eigener Initiative tun. ³ In beiden Fällen wird die betreffende Wettbewerbsbehörde von ihr vorab unterrichtet.

[2] Ein entsprechender Antrag kann insbesondere von der Wettbewerbsbehörde eines Mitgliedstaats gestellt werden, wenn es sich um einen Fall handelt, bei dem die Kommission die Einleitung eines Verfahrens mit den Wirkungen des Artikels 11 Absatz 6 beabsichtigt.

[3] ¹ Zu den Fällen, die von den Wettbewerbsbehörden der Mitgliedstaaten behandelt werden, gibt der Beratende Ausschuss keine Stellungnahme ab. ² Der Beratende Ausschuss kann auch allgemeine Fragen des gemeinschaftlichen Wettbewerbsrechts erörtern.

Art. 15 Zusammenarbeit mit Gerichten der Mitgliedstaaten. (1) Im Rahmen von Verfahren, in denen Artikel 81 oder 82 des Vertrags zur Anwendung kommt, können die Gerichte der Mitgliedstaaten die Kommission um die Übermittlung von Informationen, die sich in ihrem Besitz befinden, oder um Stellungnahmen zu Fragen bitten, die die Anwendung der Wettbewerbsregeln der Gemeinschaft betreffen.

(2) ¹ Die Mitgliedstaaten übermitteln der Kommission eine Kopie jedes schriftlichen Urteils eines einzelstaatlichen Gerichts über die Anwendung des Artikels 81 oder 82 des Vertrags. ² Die betreffende Kopie wird unverzüglich übermittelt, nachdem das vollständige schriftliche Urteil den Parteien zugestellt wurde.

(3) *[1]* ¹ Die einzelstaatlichen Wettbewerbsbehörden können von sich aus den Gerichten ihres Mitgliedstaats schriftliche Stellungnahmen zur Anwendung des Artikels 81 oder 82 des Vertrags übermitteln. ² Mit Erlaubnis des betreffenden Gerichts können sie vor den Gerichten ihres Mitgliedstaats auch mündlich Stellung nehmen. ³ Sofern es die kohärente Anwendung der Artikel 81 oder 82 des Vertrags erfordert, kann die Kommission aus eigener Initiative den Gerichten der Mitgliedstaaten schriftliche Stellungnahmen übermitteln. ⁴ Sie kann mit Erlaubnis des betreffenden Gerichts auch mündlich Stellung nehmen.

[2] Zum ausschließlichen Zweck der Ausarbeitung ihrer Stellungnahmen können die Wettbewerbsbehörden der Mitgliedstaaten und die Kommission das

betreffende Gericht des Mitgliedstaats ersuchen, ihnen alle zur Beurteilung des Falls notwendigen Schriftstücke zu übermitteln oder für deren Übermittlung zu sorgen.

(4) Umfassendere Befugnisse zur Abgabe von Stellungnahmen vor einem Gericht, die den Wettbewerbsbehörden der Mitgliedstaaten nach ihrem einzelstaatlichen Recht zustehen, werden durch diesen Artikel nicht berührt.

Art. 16 Einheitliche Anwendung des gemeinschaftlichen Wettbewerbsrechts. (1) [1]Wenn Gerichte der Mitgliedstaaten nach Artikel 81 oder 82 des Vertrags über Vereinbarungen, Beschlüsse oder Verhaltensweisen zu befinden haben, die bereits Gegenstand einer Entscheidung der Kommission sind, dürfen sie keine Entscheidungen erlassen, die der Entscheidung der Kommission zuwiderlaufen. [2]Sie müssen es auch vermeiden, Entscheidungen zu erlassen, die einer Entscheidung zuwiderlaufen, die die Kommission in einem von ihr eingeleiteten Verfahren zu erlassen beabsichtigt. [3]Zu diesem Zweck kann das einzelstaatliche Gericht prüfen, ob es notwendig ist, das vor ihm anhängige Verfahren auszusetzen. [4]Diese Verpflichtung gilt unbeschadet der Rechte und Pflichten nach Artikel 234 des Vertrags.

(2) Wenn Wettbewerbsbehörden der Mitgliedstaaten nach Artikel 81 oder 82 des Vertrags über Vereinbarungen, Beschlüsse oder Verhaltensweisen zu befinden haben, die bereits Gegenstand einer Entscheidung der Kommission sind, dürfen sie keine Entscheidungen treffen, die der von der Kommission erlassenen Entscheidung zuwiderlaufen würden.

Kapitel V. Ermittlungsbefugnisse

Art. 17 Untersuchung einzelner Wirtschaftszweige und einzelner Arten von Vereinbarungen. (1) [1] [1]Lassen die Entwicklung des Handels zwischen Mitgliedstaaten, Preisstarrheiten oder andere Umstände vermuten, dass der Wettbewerb im Gemeinsamen Markt möglicherweise eingeschränkt oder verfälscht ist, so kann die Kommission die Untersuchung eines bestimmten Wirtschaftszweigs oder – Sektor übergreifend – einer bestimmten Art von Vereinbarungen durchführen. [2]Im Rahmen dieser Untersuchung kann die Kommission von den betreffenden Unternehmen oder Unternehmensvereinigungen die Auskünfte verlangen, die zur Durchsetzung von Artikel 81 und 82 des Vertrags notwendig sind, und die dazu notwendigen Nachprüfungen vornehmen.

[2] Die Kommission kann insbesondere von den betreffenden Unternehmen und Unternehmensvereinigungen verlangen, sie von sämtlichen Vereinbarungen, Beschlüssen und aufeinander abgestimmten Verhaltensweisen zu unterrichten.

[3] Die Kommission kann einen Bericht über die Ergebnisse ihrer Untersuchung bestimmter Wirtschaftszweige oder – Sektor übergreifend – bestimmter Arten von Vereinbarungen veröffentlichen und interessierte Parteien um Stellungnahme bitten.

(2) Die Artikel 14, 18, 19, 20, 22, 23 und 24 gelten entsprechend.

Art. 18 Auskunftsverlangen. (1) Die Kommission kann zur Erfüllung der ihr durch diese Verordnung übertragenen Aufgaben durch einfaches Auskunftsverlangen oder durch Entscheidung von Unternehmen und Unternehmensvereinigungen verlangen, dass sie alle erforderlichen Auskünfte erteilen.

(2) Bei der Versendung eines einfachen Auskunftsverlangens an ein Unternehmen oder eine Unternehmensvereinigung gibt die Kommission die Rechtsgrundlage, den Zweck des Auskunftsverlangens und die benötigten Auskünfte an, legt die Frist für die Übermittlung der Auskünfte fest und weist auf die in Artikel 23 für den Fall der Erteilung einer unrichtigen oder irreführenden Auskunft vorgesehenen Sanktionen hin.

(3) [1] Wenn die Kommission durch Entscheidung von Unternehmen und Unternehmensvereinigungen zur Erteilung von Auskünften verpflichtet, gibt sie die Rechtsgrundlage, den Zweck des Auskunftsverlangens und die geforderten Auskünfte an und legt die Frist für die Erteilung der Auskünfte fest. [2] Die betreffende Entscheidung enthält ferner einen Hinweis auf die in Artikel 23 vorgesehenen Sanktionen und weist entweder auf die in Artikel 24 vorgesehenen Sanktionen hin oder erlegt diese auf. [3] Außerdem weist sie auf das Recht hin, vor dem Gerichtshof gegen die Entscheidung Klage zu erheben.

(4) [1] Die Inhaber der Unternehmen oder deren Vertreter oder – im Fall von juristischen Personen, Gesellschaften und Vereinigungen ohne Rechtspersönlichkeit – die nach Gesetz oder Satzung zur Vertretung berufenen Personen erteilen die verlangten Auskünfte im Namen des betreffenden Unternehmens bzw. der Unternehmensvereinigung. [2] Ordnungsgemäß bevollmächtigte Rechtsanwälte können die Auskünfte im Namen ihrer Mandanten erteilen. [3] Letztere bleiben in vollem Umfang dafür verantwortlich, dass die erteilten Auskünfte vollständig, sachlich richtig und nicht irreführend sind.

(5) Die Kommission übermittelt der Wettbewerbsbehörde des Mitgliedstaats, in dessen Hoheitsgebiet sich der Sitz des Unternehmens bzw. der Unternehmensvereinigung befindet, sowie der Wettbewerbsbehörde des Mitgliedstaats, dessen Hoheitsgebiet betroffen ist, unverzüglich eine Kopie des einfachen Auskunftsverlangens oder der Entscheidung.

(6) Die Regierungen und Wettbewerbsbehörden der Mitgliedstaaten erteilen der Kommission auf Verlangen alle Auskünfte, die sie zur Erfüllung der ihr mit dieser Verordnung übertragenen Aufgaben benötigt.

Art. 19 Befugnis zur Befragung. (1) Zur Erfüllung der ihr durch diese Verordnung übertragenen Aufgaben kann die Kommission alle natürlichen und juristischen Personen befragen, die der Befragung zum Zweck der Einholung von Information, die sich auf den Gegenstand einer Untersuchung bezieht, zustimmen.

(2) [1] Findet eine Befragung nach Absatz 1 in den Räumen eines Unternehmens statt, so informiert die Kommission die Wettbewerbsbehörde des Mitgliedstaats, in dessen Hoheitsgebiet die Befragung erfolgt. [2] Auf Verlangen der Wettbewerbsbehörde dieses Mitgliedstaats können deren Bedienstete die Bediensteten der Kommission und die anderen von der Kommission ermächtigten Begleitpersonen bei der Durchführung der Befragung unterstützen.

Art. 20 Nachprüfungsbefugnisse der Kommission. (1) Die Kommission kann zur Erfüllung der ihr durch diese Verordnung übertragenen Aufgaben bei Unternehmen und Unternehmensvereinigungen alle erforderlichen Nachprüfungen vornehmen.

(2) Die mit den Nachprüfungen beauftragten Bediensteten der Kommission und die anderen von ihr ermächtigten Begleitpersonen sind befugt,

a) alle Räumlichkeiten, Grundstücke und Transportmittel von Unternehmen und Unternehmensvereinigungen zu betreten;
b) die Bücher und sonstigen Geschäftsunterlagen, unabhängig davon, in welcher Form sie vorliegen, zu prüfen;
c) Kopien oder Auszüge gleich welcher Art aus diesen Büchern und Unterlagen anzufertigen oder zu erlangen;
d) betriebliche Räumlichkeiten und Bücher oder Unterlagen jeder Art für die Dauer und in dem Ausmaß zu versiegeln, wie es für die Nachprüfung erforderlich ist;
e) von allen Vertretern oder Mitgliedern der Belegschaft des Unternehmens oder der Unternehmensvereinigung Erläuterungen zu Tatsachen oder Unterlagen zu verlangen, die mit Gegenstand und Zweck der Nachprüfung in Zusammenhang stehen, und ihre Antworten zu Protokoll zu nehmen.

(3) [1] Die mit Nachprüfungen beauftragten Bediensteten der Kommission und die anderen von ihr ermächtigten Begleitpersonen üben ihre Befugnisse unter Vorlage eines schriftlichen Auftrags aus, in dem der Gegenstand und der Zweck der Nachprüfung bezeichnet sind und auf die in Artikel 23 vorgesehenen Sanktionen für den Fall hingewiesen wird, dass die angeforderten Bücher oder sonstigen Geschäftsunterlagen nicht vollständig vorgelegt werden oder die Antworten auf die nach Maßgabe von Absatz 2 des vorliegenden Artikels gestellten Fragen unrichtig oder irreführend sind. [2] Die Kommission unterrichtet die Wettbewerbsbehörde des Mitgliedstaats, in dessen Hoheitsgebiet die Nachprüfung vorgenommen werden soll, über die Nachprüfung rechtzeitig vor deren Beginn.

(4) [1] Die Unternehmen und Unternehmensvereinigungen sind verpflichtet, die Nachprüfungen zu dulden, die die Kommission durch Entscheidung angeordnet hat. [2] Die Entscheidung bezeichnet den Gegenstand und den Zweck der Nachprüfung, bestimmt den Zeitpunkt des Beginns der Nachprüfung und weist auf die in Artikel 23 und Artikel 24 vorgesehenen Sanktionen sowie auf das Recht hin, vor dem Gerichtshof Klage gegen die Entscheidung zu erheben. [3] Die Kommission erlässt diese Entscheidungen nach Anhörung der Wettbewerbsbehörde des Mitgliedstaats, in dessen Hoheitsgebiet die Nachprüfung vorgenommen werden soll.

(5) [1] Die Bediensteten der Wettbewerbsbehörde des Mitgliedstaats, in dessen Hoheitsgebiet die Nachprüfung vorgenommen werden soll, oder von dieser Behörde entsprechend ermächtigte oder benannte Personen unterstützen auf Ersuchen dieser Behörde oder der Kommission die Bediensteten der Kommission und die anderen von ihr ermächtigten Begleitpersonen aktiv. [2] Sie verfügen hierzu über die in Absatz 2 genannten Befugnisse.

(6) Stellen die beauftragten Bediensteten der Kommission und die anderen von ihr ermächtigten Begleitpersonen fest, dass sich ein Unternehmen einer nach Maßgabe dieses Artikels angeordneten Nachprüfung widersetzt, so gewährt der betreffende Mitgliedstaat die erforderliche Unterstützung, gegebenenfalls unter Einsatz von Polizeikräften oder einer entsprechenden vollziehenden Behörde, damit die Bediensteten der Kommission ihren Nachprüfungsauftrag erfüllen können.

(7) ¹Setzt die Unterstützung nach Absatz 6 nach einzelstaatlichem Recht eine Genehmigung eines Gerichts voraus, so ist diese zu beantragen. ²Die Genehmigung kann auch vorsorglich beantragt werden.

(8) ¹Wird die in Absatz 7 genannte Genehmigung beantragt, so prüft das einzelstaatliche Gericht die Echtheit der Entscheidung der Kommission sowie, ob die beantragten Zwangsmaßnahmen nicht willkürlich und, gemessen am Gegenstand der Nachprüfung, nicht unverhältnismäßig sind. ²Bei der Prüfung der Verhältnismäßigkeit der Zwangsmaßnahmen kann das einzelstaatliche Gericht von der Kommission unmittelbar oder über die Wettbewerbsbehörde des betreffenden Mitgliedstaats ausführliche Erläuterungen anfordern, und zwar insbesondere zu den Gründen, die die Kommission veranlasst haben, das Unternehmen einer Zuwiderhandlung gegen Artikel 81 oder 82 des Vertrags zu verdächtigen, sowie zur Schwere der behaupteten Zuwiderhandlung und zur Art der Beteiligung des betreffenden Unternehmens. ³Das einzelstaatliche Gericht darf jedoch weder die Notwendigkeit der Nachprüfung in Frage stellen noch die Übermittlung der in den Akten der Kommission enthaltenen Informationen verlangen. ⁴Die Prüfung der Rechtmäßigkeit der Kommissionsentscheidung ist dem Gerichtshof vorbehalten.

Art. 21 Nachprüfungen in anderen Räumlichkeiten. (1) Besteht ein begründeter Verdacht, dass Bücher oder sonstige Geschäftsunterlagen, die sich auf den Gegenstand der Nachprüfung beziehen und die als Beweismittel für einen schweren Verstoß gegen Artikel 81 oder 82 des Vertrags von Bedeutung sein könnten, in anderen Räumlichkeiten, auf anderen Grundstücken oder in anderen Transportmitteln – darunter auch die Wohnungen von Unternehmensleitern und Mitgliedern der Aufsichts- und Leitungsorgane sowie sonstigen Mitarbeitern der betreffenden Unternehmen und Unternehmensvereinigungen – aufbewahrt werden, so kann die Kommission durch Entscheidung eine Nachprüfung in diesen anderen Räumlichkeiten, auf diesen anderen Grundstücken oder in diesen anderen Transportmitteln anordnen.

(2) ¹Die Entscheidung bezeichnet den Gegenstand und den Zweck der Nachprüfung, bestimmt den Zeitpunkt ihres Beginns und weist auf das Recht hin, vor dem Gerichtshof gegen die Entscheidung Klage zu erheben. ²Insbesondere werden die Gründe genannt, die die Kommission zu der Annahme veranlasst haben, dass ein Verdacht im Sinne von Absatz 1 besteht. ³Die Kommission trifft die Entscheidungen nach Anhörung der Wettbewerbsbehörde des Mitgliedstaats, in dessen Hoheitsgebiet die Nachprüfung durchgeführt werden soll.

(3) [1] ¹Eine gemäß Absatz 1 getroffene Entscheidung kann nur mit der vorherigen Genehmigung des einzelstaatlichen Gerichts des betreffenden Mitgliedstaats vollzogen werden. ²Das einzelstaatliche Gericht prüft die Echtheit der Entscheidung der Kommission und dass die beabsichtigten Zwangsmaßnahmen weder willkürlich noch unverhältnismäßig sind insbesondere gemessen an der Schwere der zur Last gelegten Zuwiderhandlung, der Wichtigkeit des gesuchten Beweismaterials, der Beteiligung des betreffenden Unternehmens und der begründeten Wahrscheinlichkeit, dass Bücher und Geschäftsunterlagen, die sich auf den Gegenstand der Nachprüfung beziehen, in den Räumlichkeiten aufbewahrt werden, für die die Genehmigung beantragt wird. ³Das einzelstaatliche Gericht kann die Kommission unmittelbar oder über die Wettbewerbsbehörde des betreffenden Mitgliedstaats um ausführliche Erläute-

rungen zu den Punkten ersuchen, deren Kenntnis zur Prüfung der Verhältnismäßigkeit der beabsichtigten Zwangsmaßnahmen erforderlich ist.

[2] ¹Das einzelstaatliche Gericht darf jedoch weder die Notwendigkeit der Nachprüfung in Frage stellen noch die Übermittlung der in den Akten der Kommission enthaltenen Informationen verlangen. ²Die Prüfung der Rechtmäßigkeit der Kommissionsentscheidung ist dem Gerichtshof vorbehalten.

(4) ¹Die von der Kommission mit der Durchführung einer gemäß Absatz 1 angeordneten Nachprüfung beauftragten Bediensteten und die anderen von ihr ermächtigten Begleitpersonen haben die in Artikel 20 Absatz 2 Buchstaben a), b) und c) aufgeführten Befugnisse. ²Artikel 20 Absätze 5 und 6 gilt entsprechend.

Art. 22 Ermittlungen durch Wettbewerbsbehörden der Mitgliedstaaten.

(1) ¹Die Wettbewerbsbehörde eines Mitgliedstaats darf im Hoheitsgebiet dieses Mitgliedstaats nach Maßgabe des innerstaatlichen Rechts im Namen und für Rechnung der Wettbewerbsbehörde eines anderen Mitgliedstaats alle Nachprüfungen und sonstigen Maßnahmen zur Sachverhaltsaufklärung durchführen, um festzustellen, ob eine Zuwiderhandlung gegen Artikel 81 oder 82 des Vertrags vorliegt. ²Der Austausch und die Verwendung der erhobenen Informationen erfolgen gemäß Artikel 12.

(2) *[1]* ¹Auf Ersuchen der Kommission nehmen die Wettbewerbsbehörden der Mitgliedstaaten die Nachprüfungen vor, die die Kommission gemäß Artikel 20 Absatz 1 für erforderlich hält oder die sie durch Entscheidung gemäß Artikel 20 Absatz 4 angeordnet hat. ²Die für die Durchführung dieser Nachprüfungen verantwortlichen Bediensteten der einzelstaatlichen Wettbewerbsbehörden sowie die von ihnen ermächtigten oder benannten Personen üben ihre Befugnisse nach Maßgabe ihrer innerstaatlichen Rechtsvorschriften aus.

[2] Die Bediensteten der Kommission und andere von ihr ermächtigte Begleitpersonen können auf Verlangen der Kommission oder der Wettbewerbsbehörde des Mitgliedstaats, in dessen Hoheitsgebiet die Nachprüfung vorgenommen werden soll, die Bediensteten dieser Behörde unterstützen.

Kapitel VI. Sanktionen

Art. 23 Geldbußen. (1) Die Kommission kann gegen Unternehmen und Unternehmensvereinigungen durch Entscheidung Geldbußen bis zu einem Höchstbetrag von 1 % des im vorausgegangenen Geschäftsjahr erzielten Gesamtumsatzes festsetzen, wenn sie vorsätzlich oder fahrlässig

a) bei der Erteilung einer nach Artikel 17 oder Artikel 18 Absatz 2 verlangten Auskunft unrichtige oder irreführende Angaben machen;

b) bei der Erteilung einer durch Entscheidung gemäß Artikel 17 oder Artikel 18 Absatz 3 verlangten Auskunft unrichtige, unvollständige oder irreführende Angaben machen oder die Angaben nicht innerhalb der gesetzten Frist machen;

c) bei Nachprüfungen nach Artikel 20 die angeforderten Bücher oder sonstigen Geschäftsunterlagen nicht vollständig vorlegen oder in einer Entscheidung nach Artikel 20 Absatz 4 angeordnete Nachprüfungen nicht dulden;

d) in Beantwortung einer nach Artikel 20 Absatz 2 Buchstabe e) gestellten Frage

– eine unrichtige oder irreführende Antwort erteilen oder
– eine von einem Mitglied der Belegschaft erteilte unrichtige, unvollständige oder irreführende Antwort nicht innerhalb einer von der Kommission gesetzten Frist berichtigen oder
– in Bezug auf Tatsachen, die mit dem Gegenstand und dem Zweck einer durch Entscheidung nach Artikel 20 Absatz 4 angeordneten Nachprüfung in Zusammenhang stehen, keine vollständige Antwort erteilen oder eine vollständige Antwort verweigern;
e) die von Bediensteten der Kommission oder anderen von ihr ermächtigten Begleitpersonen nach Artikel 20 Absatz 2 Buchstabe d) angebrachten Siegel erbrochen haben.

(2) *[1]* Die Kommission kann gegen Unternehmen und Unternehmensvereinigungen durch Entscheidung Geldbußen verhängen, wenn sie vorsätzlich oder fahrlässig

a) gegen Artikel 81 oder Artikel 82 des Vertrags verstoßen oder
b) einer nach Artikel 8 erlassenen Entscheidung zur Anordnung einstweiliger Maßnahmen zuwiderhandeln oder
c) durch Entscheidung gemäß Artikel 9 für bindend erklärte Verpflichtungszusagen nicht einhalten.

[2] Die Geldbuße für jedes an der Zuwiderhandlung beteiligte Unternehmen oder jede beteiligte Unternehmensvereinigung darf 10 % seines bzw. ihres jeweiligen im vorausgegangenen Geschäftsjahr erzielten Gesamtumsatzes nicht übersteigen.

[3] Steht die Zuwiderhandlung einer Unternehmensvereinigung mit der Tätigkeit ihrer Mitglieder im Zusammenhang, so darf die Geldbuße 10 % der Summe der Gesamtumsätze derjenigen Mitglieder, die auf dem Markt tätig waren, auf dem sich die Zuwiderhandlung der Vereinigung auswirkte, nicht übersteigen.

(3) Bei der Festsetzung der Höhe der Geldbuße ist sowohl die Schwere der Zuwiderhandlung als auch deren Dauer zu berücksichtigen.

(4) *[1]* Wird gegen eine Unternehmensvereinigung eine Geldbuße unter Berücksichtigung des Umsatzes ihrer Mitglieder verhängt und ist die Unternehmensvereinigung selbst nicht zahlungsfähig, so ist sie verpflichtet, von ihren Mitgliedern Beiträge zur Deckung des Betrags dieser Geldbuße zu fordern.

[2] Werden diese Beiträge innerhalb einer von der Kommission gesetzten Frist nicht geleistet, so kann die Kommission die Zahlung der Geldbuße unmittelbar von jedem Unternehmen verlangen, dessen Vertreter Mitglieder in den betreffenden Entscheidungsgremien der Vereinigung waren.

[3] Nachdem die Kommission die Zahlung gemäß Unterabsatz 2 verlangt hat, kann sie, soweit es zur vollständigen Zahlung der Geldbuße erforderlich ist, die Zahlung des Restbetrags von jedem Mitglied der Vereinigung verlangen, das auf dem Markt tätig war, auf dem die Zuwiderhandlung erfolgte.

[4] Die Kommission darf jedoch Zahlungen gemäß Unterabsatz 2 oder 3 nicht von Unternehmen verlangen, die nachweisen, dass sie den die Zuwiderhandlung begründenden Beschluss der Vereinigung nicht umgesetzt haben und entweder von dessen Existenz keine Kenntnis hatten oder sich aktiv davon distanziert haben, noch ehe die Kommission mit der Untersuchung des Falls begonnen hat.

[5] Die finanzielle Haftung eines Unternehmens für die Zahlung der Geldbuße darf 10 % seines im letzten Geschäftsjahr erzielten Gesamtumsatzes nicht übersteigen.

(5) Die nach den Absätzen 1 und 2 getroffenen Entscheidungen haben keinen strafrechtlichen Charakter.

Art. 24 Zwangsgelder. (1) Die Kommission kann gegen Unternehmen und Unternehmensvereinigungen durch Entscheidung Zwangsgelder bis zu einem Höchstbetrag von 5 % des im vorausgegangenen Geschäftsjahr erzielten durchschnittlichen Tagesumsatzes für jeden Tag des Verzugs von dem in ihrer Entscheidung bestimmten Zeitpunkt an festsetzen, um sie zu zwingen,

a) eine Zuwiderhandlung gegen Artikel 81 oder Artikel 82 des Vertrags gemäß einer nach Artikel 7 getroffenen Entscheidung abzustellen;

b) einer gemäß Artikel 8 erlassenen Entscheidung zur Anordnung einstweiliger Maßnahmen nachzukommen;

c) durch Entscheidung gemäß Artikel 9 für bindend erklärte Verpflichtungszusagen einzuhalten;

d) eine Auskunft vollständig und genau zu erteilen, die die Kommission durch Entscheidung gemäß Artikel 17 oder Artikel 18 Absatz 3 angefordert hat;

e) eine Nachprüfung zu dulden, die die Kommission in einer Entscheidung nach Artikel 20 Absatz 4 angeordnet hat.

(2) [1] Sind die Unternehmen oder Unternehmensvereinigungen der Verpflichtung nachgekommen, zu deren Erfüllung das Zwangsgeld festgesetzt worden war, so kann die Kommission die endgültige Höhe des Zwangsgelds auf einen Betrag festsetzen, der unter dem Betrag liegt, der sich aus der ursprünglichen Entscheidung ergeben würde. [2] Artikel 23 Absatz 4 gilt entsprechend.

Kapitel VII. Verjährung

Art. 25 Verfolgungsverjährung. (1) Die Befugnis der Kommission nach den Artikeln 23 und 24 verjährt

a) in drei Jahren bei Zuwiderhandlungen gegen Vorschriften über die Einholung von Auskünften oder die Vornahme von Nachprüfungen,

b) in fünf Jahren bei den übrigen Zuwiderhandlungen.

(2) [1] Die Verjährungsfrist beginnt mit dem Tag, an dem die Zuwiderhandlung begangen worden ist. [2] Bei dauernden oder fortgesetzten Zuwiderhandlungen beginnt die Verjährung jedoch erst mit dem Tag, an dem die Zuwiderhandlung beendet ist.

(3) [1] Die Verjährung der Befugnis zur Festsetzung von Geldbußen oder Zwangsgeldern wird durch jede auf Ermittlung oder Verfolgung der Zuwiderhandlung gerichtete Handlung der Kommission oder der Wettbewerbsbehörde eines Mitgliedstaats unterbrochen. [2] Die Unterbrechung tritt mit dem Tag ein, an dem die Handlung mindestens einem an der Zuwiderhandlung beteiligten Unternehmen oder einer beteiligten Unternehmensvereinigung bekannt gegeben wird. [3] Die Verjährung wird unter anderem durch folgende Handlungen unterbrochen:

a) schriftliche Auskunftsverlangen der Kommission oder der Wettbewerbsbehörde eines Mitgliedstaats,
b) schriftliche Nachprüfungsaufträge, die die Kommission oder die Wettbewerbsbehörde eines Mitgliedstaats ihren Bediensteten erteilen,
c) die Einleitung eines Verfahrens durch die Kommission oder durch die Wettbewerbsbehörde eines Mitgliedstaats,
d) die Mitteilung der von der Kommission oder der Wettbewerbsbehörde eines Mitgliedstaats in Betracht gezogenen Beschwerdepunkte.

(4) Die Unterbrechung wirkt gegenüber allen an der Zuwiderhandlung beteiligten Unternehmen und Unternehmensvereinigungen.

(5) [1] Nach jeder Unterbrechung beginnt die Verjährung von neuem. [2] Die Verjährung tritt jedoch spätestens mit dem Tag ein, an dem die doppelte Verjährungsfrist verstrichen ist, ohne dass die Kommission eine Geldbuße oder ein Zwangsgeld festgesetzt hat. [3] Diese Frist verlängert sich um den Zeitraum, in dem die Verjährung gemäß Absatz 6 ruht.

(6) Die Verfolgungsverjährung ruht, solange wegen der Entscheidung der Kommission ein Verfahren vor dem Gerichtshof anhängig ist.

Art. 26 Vollstreckungsverjährung. (1) Die Befugnis der Kommission zur Vollstreckung von in Anwendung der Artikel 23 und 24 erlassenen Entscheidungen verjährt in fünf Jahren.

(2) Die Verjährung beginnt mit dem Tag, an dem die Entscheidung bestandskräftig geworden ist.

(3) Die Vollstreckungsverjährung wird unterbrochen

a) durch die Bekanntgabe einer Entscheidung, durch die der ursprüngliche Betrag der Geldbuße oder des Zwangsgelds geändert oder ein Antrag auf eine solche Änderung abgelehnt wird,
b) durch jede auf zwangsweise Beitreibung der Geldbuße oder des Zwangsgelds gerichtete Handlung der Kommission oder eines Mitgliedstaats auf Antrag der Kommission.

(4) Nach jeder Unterbrechung beginnt die Verjährung von neuem.

(5) Die Vollstreckungsverjährung ruht,

a) solange eine Zahlungserleichterung bewilligt ist,
b) solange die Zwangsvollstreckung durch eine Entscheidung des Gerichtshofs ausgesetzt ist.

Kapitel VIII. Anhörungen und Berufsgeheimnis

Art. 27 Anhörung der Parteien, der Beschwerdeführer und sonstiger Dritter. (1) [1] Vor einer Entscheidung gemäß den Artikeln 7, 8, 23 oder 24 Absatz 2 gibt die Kommission den Unternehmen und Unternehmensvereinigungen, gegen die sich das von ihr betriebene Verfahren richtet, Gelegenheit, sich zu den Beschwerdepunkten zu äußern, die sie in Betracht gezogen hat. [2] Die Kommission stützt ihre Entscheidung nur auf die Beschwerdepunkte, zu denen sich die Parteien äußern konnten. [3] Die Beschwerdeführer werden eng in das Verfahren einbezogen.

(2) ¹Die Verteidigungsrechte der Parteien müssen während des Verfahrens in vollem Umfang gewahrt werden. ²Die Parteien haben Recht auf Einsicht in die Akten der Kommission, vorbehaltlich des berechtigten Interesses von Unternehmen an der Wahrung ihrer Geschäftsgeheimnisse. ³Von der Akteneinsicht ausgenommen sind vertrauliche Informationen sowie interne Schriftstücke der Kommission und der Wettbewerbsbehörden der Mitgliedstaaten. ⁴Insbesondere ist die Korrespondenz zwischen der Kommission und den Wettbewerbsbehörden der Mitgliedstaaten oder zwischen den Letztgenannten, einschließlich der gemäß Artikel 11 und Artikel 14 erstellten Schriftstücke, von der Akteneinsicht ausgenommen. ⁵Die Regelung dieses Absatzes steht der Offenlegung und Nutzung der für den Nachweis einer Zuwiderhandlung notwendigen Informationen durch die Kommission in keiner Weise entgegen.

(3) ¹Soweit die Kommission es für erforderlich hält, kann sie auch andere natürliche oder juristische Personen anhören. ²Dem Antrag natürlicher oder juristischer Personen, angehört zu werden, ist stattzugeben, wenn sie ein ausreichendes Interesse nachweisen. ³Außerdem können die Wettbewerbsbehörden der Mitgliedstaaten bei der Kommission die Anhörung anderer natürlicher oder juristischer Personen beantragen.

(4) ¹Beabsichtigt die Kommission eine Entscheidung gemäß Artikel 9 oder 10 zu erlassen, so veröffentlicht sie zuvor eine kurze Zusammenfassung des Falls und den wesentlichen Inhalt der betreffenden Verpflichtungszusagen oder der geplanten Vorgehensweise. ²Interessierte Dritte können ihre Bemerkungen hierzu binnen einer Frist abgeben, die von der Kommission in ihrer Veröffentlichung festgelegt wird und die mindestens einen Monat betragen muss. ³Bei der Veröffentlichung ist dem berechtigten Interesse der Unternehmen an der Wahrung ihrer Geschäftsgeheimnisse Rechnung zu tragen.

Art. 28 Berufsgeheimnis. (1) Unbeschadet der Artikel 12 und 15 dürfen die gemäß den Artikeln 17 bis 22 erlangten Informationen nur zu dem Zweck verwertet werden, zu dem sie eingeholt wurden.

(2) ¹Unbeschadet des Austauschs und der Verwendung der Informationen gemäß den Artikeln 11, 12, 14, 15 und 27 sind die Kommission und die Wettbewerbsbehörden der Mitgliedstaaten und ihre Beamten, ihre Bediensteten und andere unter ihrer Aufsicht tätigen Personen sowie die Beamten und sonstigen Bediensteten anderer Behörden der Mitgliedstaaten verpflichtet, keine Informationen preiszugeben, die sie bei der Anwendung dieser Verordnung erlangt oder ausgetauscht haben und die ihrem Wesen nach unter das Berufsgeheimnis fallen. ²Diese Verpflichtung gilt auch für alle Vertreter und Experten der Mitgliedstaaten, die an Sitzungen des Beratenden Ausschusses nach Artikel 14 teilnehmen.

Kapitel IX. Freistellungsverordnungen

Art. 29 Entzug des Rechtsvorteils in Einzelfällen. (1) Hat die Kommission aufgrund der ihr durch eine Verordnung des Rates wie z.B. den Verordnungen Nr. 19/65/EWG, (EWG) Nr. 2821/71, (EWG) Nr. 3976/87, (EWG) Nr. 1534/91 oder (EWG) Nr. 479/92 eingeräumten Befugnis, Artikel 81 Absatz 3 des Vertrags durch Verordnung anzuwenden, Artikel 81 Absatz 1 des Vertrags für nicht anwendbar auf bestimmte Gruppen von Vereinbarungen, Beschlüssen von Unternehmensvereinigungen oder aufeinander abgestimmten

Verhaltensweisen erklärt, so kann sie von Amts wegen oder auf eine Beschwerde hin den Rechtsvorteil einer entsprechenden Gruppenfreistellungsverordnung entziehen, wenn sie in einem bestimmten Fall feststellt, dass eine Vereinbarung, ein Beschluss oder eine abgestimmte Verhaltensweise, für die die Gruppenfreistellungsverordnung gilt, Wirkungen hat, die mit Artikel 81 Absatz 3 des Vertrags unvereinbar sind.

(2) Wenn Vereinbarungen, Beschlüsse von Unternehmensvereinigungen oder aufeinander abgestimmte Verhaltensweisen, die unter eine Verordnung der Kommission im Sinne des Absatzes 1 fallen, in einem bestimmten Fall Wirkungen haben, die mit Artikel 81 Absatz 3 des Vertrags unvereinbar sind und im Gebiet eines Mitgliedstaats oder in einem Teilgebiet dieses Mitgliedstaats, das alle Merkmale eines gesonderten räumlichen Marktes aufweist, auftreten, so kann die Wettbewerbsbehörde dieses Mitgliedstaats den Rechtsvorteil der Gruppenfreistellungsverordnung in diesem Gebiet entziehen.

Kapitel X. Allgemeine Bestimmungen

Art. 30 Veröffentlichung von Entscheidungen. (1) Die Kommission veröffentlicht die Entscheidungen, die sie nach den Artikeln 7 bis 10 sowie den Artikeln 23 und 24 erlässt.

(2) [1] Die Veröffentlichung erfolgt unter Angabe der Beteiligten und des wesentlichen Inhalts der Entscheidung einschließlich der verhängten Sanktionen. [2] Sie muss dem berechtigten Interesse der Unternehmen an der Wahrung ihrer Geschäftsgeheimnisse Rechnung tragen.

Art. 31 Nachprüfung durch den Gerichtshof. [1] Bei Klagen gegen Entscheidungen, mit denen die Kommission eine Geldbuße oder ein Zwangsgeld festgesetzt hat, hat der Gerichtshof die Befugnis zu unbeschränkter Nachprüfung der Entscheidung. [2] Er kann die festgesetzte Geldbuße oder das festgesetzte Zwangsgeld aufheben, herabsetzen oder erhöhen.

Art. 32 *(aufgehoben)*

Art. 33 Erlass von Durchführungsvorschriften. (1) [1] Die Kommission ist befugt, alle sachdienlichen Vorschriften zur Durchführung dieser Verordnung zu erlassen. [2] Diese können unter anderem Folgendes zum Gegenstand haben:

a) Form, Inhalt und sonstige Modalitäten der Beschwerden gemäß Artikel 7 sowie das Verfahren zur Abweisung einer Beschwerde,

b) die praktische Durchführung des Informationsaustauschs und der Konsultation nach Artikel 11,

c) die praktische Durchführung der Anhörungen gemäß Artikel 27.

(2) [1] Vor dem Erlass von Maßnahmen nach Absatz 1 veröffentlicht die Kommission einen Entwurf dieser Maßnahmen und fordert alle Beteiligten auf, innerhalb einer von ihr gesetzten Frist, die einen Monat nicht unterschreiten darf, zu dem Entwurf Stellung zu nehmen. [2] Vor der Veröffentlichung des Entwurfs einer Maßnahme und vor ihrem Erlass hört die Kommission den Beratenden Ausschuss für Kartell- und Monopolfragen.

Kapitel XI. Übergangs-, Änderungs- und Schlussbestimmungen

Art. 34 Übergangsbestimmungen. (1) Bei der Kommission nach Artikel 2 der Verordnung Nr. 17 gestellte Anträge, Anmeldungen gemäß den Artikeln 4 und 5 der Verordnung Nr. 17 sowie entsprechende Anträge und Anmeldungen gemäß den Verordnungen (EWG) Nr. 1017/68, (EWG) Nr. 4056/86 und (EWG) Nr. 3975/87 werden mit Anwendbarkeit der vorliegenden Verordnung unwirksam.

(2) Die Wirksamkeit von nach Maßgabe der Verordnung Nr. 17 und der Verordnungen (EWG) Nr. 1017/68, (EWG) Nr. 4056/87 und (EWG) Nr. 3975/87 vorgenommenen Verfahrensschritten bleibt für die Anwendung der vorliegenden Verordnung unberührt.

Art. 35 Bestimmung der Wettbewerbsbehörden der Mitgliedstaaten.

(1) [1] Die Mitgliedstaaten bestimmen die für die Anwendung der Artikel 81 und 82 des Vertrags zuständige(n) Wettbewerbsbehörde(n) so, dass die Bestimmungen dieser Verordnung wirksam angewandt werden. [2] Sie ergreifen vor dem 1. Mai 2004 die notwendigen Maßnahmen, um diesen Behörden die Befugnis zur Anwendung der genannten Artikel zu übertragen. [3] Zu den bestimmten Behörden können auch Gerichte gehören.

(2) Werden einzelstaatliche Verwaltungsbehörden und Gerichte mit der Durchsetzung des Wettbewerbsrechts der Gemeinschaft betraut, so können die Mitgliedstaaten diesen unterschiedliche Befugnisse und Aufgaben zuweisen.

(3) [1] Die Wirkung von Artikel 11 Absatz 6 erstreckt sich auf die von den Mitgliedstaaten bestimmten Wettbewerbsbehörden, einschließlich der Gerichte, die Aufgaben in Bezug auf die Vorbereitung und den Erlass der in Artikel 5 vorgesehenen Arten von Entscheidungen wahrnehmen. [2] Die Wirkung von Artikel 11 Absatz 6 erstreckt sich nicht auf Gerichte, insoweit diese als Rechtsmittelinstanzen in Bezug auf die in Artikel 5 vorgesehenen Arten von Entscheidungen tätig werden.

(4) Unbeschadet des Absatzes 3 ist in den Mitgliedstaaten, in denen im Hinblick auf den Erlass bestimmter Arten von Entscheidungen nach Artikel 5 eine Behörde Fälle vor ein separates und von der verfolgenden Behörde verschiedenes Gericht bringt, bei Einhaltung der Bestimmungen dieses Absatzes die Wirkung von Artikel 11 Absatz 6 auf die mit der Verfolgung des betreffenden Falls betraute Behörde begrenzt, die ihren Antrag bei dem Gericht zurückzieht, wenn die Kommission ein Verfahren eröffnet; mit der Zurücknahme des Antrags wird das nationale Verfahren vollständig beendet.

Art. 36–42 *(nicht wiedergegebene Änderungsvorschriften)*

Art. 43 Aufhebung der Verordnungen Nrn. 17 und 141. (1) Die Verordnung Nr. 17 wird mit Ausnahme von Artikel 8 Absatz 3 aufgehoben, der für Entscheidungen, die nach Artikel 81 Absatz 3 des Vertrags vor dem Beginn der Anwendbarkeit der vorliegenden Verordnung angenommen wurden, bis zum Ende der Gültigkeitsdauer dieser Entscheidungen weiterhingilt.

(2) Die Verordnung Nr. 141 wird aufgehoben.

(3) Bezugnahmen auf die aufgehobenen Verordnungen gelten als Bezugnahmen auf die vorliegende Verordnung.

Art. 44 Berichterstattung über die Anwendung der vorliegenden Verordnung. *[1]* Die Kommission erstattet dem Europäischen Parlament und dem Rat fünf Jahre nach Inkrafttreten dieser Verordnung Bericht über das Funktionieren der Verordnung, insbesondere über die Anwendung von Artikel 11 Absatz 6 und Artikel 17.

[2] Auf der Grundlage dieses Berichts schätzt die Kommission ein, ob es zweckmäßig ist, dem Rat eine Überarbeitung dieser Verordnung vorzuschlagen.

Art. 45 Inkrafttreten. *[1]* Diese Verordnung tritt am zwanzigsten Tag nach ihrer Veröffentlichung[1] im *Amtsblatt der Europäischen Gemeinschaften* in Kraft.

[2] Sie gilt ab dem 1. Mai 2004.

Diese Verordnung ist in allen ihren Teilen verbindlich und gilt unmittelbar in jedem Mitgliedstaat.

---

[1] Veröffentlicht am 4.1.2003.

17. Verordnung (EG) Nr. 139/2004 des Rates vom 20. Januar 2004 über die Kontrolle von Unternehmenszusammenschlüssen („EG-Fusionskontrollverordnung")[1)]

(Text von Bedeutung für den EWR)
(ABl. L 24 S. 1)
Celex-Nr. 3 2004 R 0139

DER RAT DER EUROPÄISCHEN UNION –

gestützt auf den Vertrag zur Gründung der Europäischen Gemeinschaft, insbesondere auf die Artikel 83 und 308,

auf Vorschlag der Kommission[2)],

nach Stellungnahme des Europäischen Parlaments[3)],

nach Stellungnahme des Europäischen Wirtschafts- und Sozialausschusses[4)],

in Erwägung nachstehender Gründe:

(1) Die Verordnung (EWG) Nr. 4064/89 des Rates vom 21. Dezember 1989 über die Kontrolle von Unternehmenszusammenschlüssen[5)] ist in wesentlichen Punkten geändert worden. Es empfiehlt sich daher aus Gründen der Klarheit, im Rahmen der jetzt anstehenden Änderungen eine Neufassung dieser Verordnung vorzunehmen.

(2) Zur Verwirklichung der allgemeinen Ziele des Vertrags ist der Gemeinschaft in Artikel 3 Absatz 1 Buchstabe g) die Aufgabe übertragen worden, ein System zu errichten, das den Wettbewerb innerhalb des Binnenmarkts vor Verfälschungen schützt. Nach Artikel 4 Absatz 1 des Vertrags ist die Tätigkeit der Mitgliedstaaten und der Gemeinschaft dem Grundsatz einer offenen Marktwirtschaft mit freiem Wettbewerb verpflichtet. Diese Grundsätze sind für die Fortentwicklung des Binnenmarkts wesentlich.

(3) Die Vollendung des Binnenmarkts und der Wirtschafts- und Währungsunion, die Erweiterung der Europäischen Union und die Reduzierung der internationalen Handels- und Investitionshemmnisse werden auch weiterhin erhebliche Strukturveränderungen bei den Unternehmen, insbesondere durch Zusammenschlüsse, bewirken.

(4) Diese Strukturveränderungen sind zu begrüßen, soweit sie den Erfordernissen eines dynamischen Wettbewerbs entsprechen und geeignet sind, zu einer Steigerung der Wettbewerbsfähigkeit der europäischen Industrie, zu einer Verbesserung der Wachstumsbedingungen sowie zur Anhebung des Lebensstandards in der Gemeinschaft zu führen.

[1)] Siehe hierzu auch die VO (EG) Nr. 802/2004 der Kommission vom 7. April 2004 (ABl. L 133 S. 1, ber. ABl. L 172 S. 1) zur Durchführung dieser VO.
[2)] **Amtl. Anm.:** ABl. C 20 vom 28.1.2003, S. 4.
[3)] **Amtl. Anm.:** Stellungnahme vom 9. Oktober 2003 (noch nicht im Amtsblatt veröffentlicht).
[4)] **Amtl. Anm.:** Stellungnahme vom 24. Oktober 2003 (noch nicht im Amtsblatt veröffentlicht).
[5)] **Amtl. Anm.:** ABl. L 395 vom 30.12.1989, S. 1. Berichtigte Fassung im ABl. L 257 vom 21.9.1990, S. 13. Verordnung zuletzt geändert durch die Verordnung (EG) Nr. 1310/97 (ABl. L 180 vom 9.7.1997, S. 1), Berichtigung im ABl. L 40 vom 13.2.1998, S. 17.

(5) Allerdings ist zu gewährleisten, dass der Umstrukturierungsprozess nicht eine dauerhafte Schädigung des Wettbewerbs verursacht. Das Gemeinschaftsrecht muss deshalb Vorschriften für solche Zusammenschlüsse enthalten, die geeignet sind, wirksamen Wettbewerb im Gemeinsamen Markt oder in einem wesentlichen Teil desselben erheblich zu beeinträchtigen.

(6) Daher ist ein besonderes Rechtsinstrument erforderlich, das eine wirksame Kontrolle sämtlicher Zusammenschlüsse im Hinblick auf ihre Auswirkungen auf die Wettbewerbsstruktur in der Gemeinschaft ermöglicht und das zugleich das einzige auf derartige Zusammenschlüsse anwendbare Instrument ist. Mit der Verordnung (EWG) Nr. 4064/89 konnte eine Gemeinschaftspolitik in diesem Bereich entwickelt werden. Es ist jedoch nunmehr an der Zeit, vor dem Hintergrund der gewonnenen Erfahrung die genannte Verordnung neu zu fassen, um den Herausforderungen eines stärker integrierten Markts und der künftigen Erweiterung der Europäischen Union besser gerecht werden. Im Einklang mit dem Subsidiaritätsprinzip und dem Grundsatz der Verhältnismäßigkeit nach Artikel 5 des Vertrags geht die vorliegende Verordnung nicht über das zur Erreichung ihres Ziels, der Gewährleistung eines unverfälschten Wettbewerbs im Gemeinsamen Markt entsprechend dem Grundsatz einer offenen Marktwirtschaft mit freiem Wettbewerb, erforderliche Maß hinaus.

(7) Die Artikel 81 und 82 des Vertrags sind zwar nach der Rechtsprechung des Gerichtshofs auf bestimmte Zusammenschlüsse anwendbar, reichen jedoch nicht aus, um alle Zusammenschlüsse zu erfassen, die sich als unvereinbar mit dem Vertrag geforderten System des unverfälschten Wettbewerbs erweisen könnten. Diese Verordnung ist daher nicht nur auf Artikel 83, sondern vor allem auf Artikel 308 des Vertrags zu stützen, wonach sich die Gemeinschaft für die Verwirklichung ihrer Ziele zusätzliche Befugnisse geben kann; dies gilt auch für Zusammenschlüsse auf den Märkten für landwirtschaftliche Erzeugnisse im Sinne des Anhangs I des Vertrags.

(8) Die Vorschriften dieser Verordnung sollten für bedeutsame Strukturveränderungen gelten, deren Auswirkungen auf den Markt die Grenzen eines Mitgliedstaats überschreiten. Solche Zusammenschlüsse sollten grundsätzlich nach dem Prinzip der einzigen Anlaufstelle und im Einklang mit dem Subsidiaritätsprinzip ausschließlich auf Gemeinschaftsebene geprüft werden. Unternehmenszusammenschlüsse, die nicht im Anwendungsbereich dieser Verordnung liegen, fallen grundsätzlich in die Zuständigkeit der Mitgliedstaaten.

(9) Der Anwendungsbereich dieser Verordnung sollte anhand des geografischen Tätigkeitsbereichs der beteiligten Unternehmen bestimmt und durch Schwellenwerte eingegrenzt werden, damit Zusammenschlüsse von gemeinschaftsweiter Bedeutung erfasst werden können. Die Kommission sollte dem Rat über die Anwendung der Schwellenwerte und Kriterien Bericht erstatten, damit dieser sie ebenso wie die Vorschriften für Verweisungen vor einer Anmeldung gemäß Artikel 202 des Vertrags regelmäßig anhand der gewonnenen Erfahrungen überprüfen kann. Hierzu ist es erforderlich, dass die Mitgliedstaaten der Kommission statistische Angaben übermitteln, auf deren Grundlage die Kommission ihre Berichte erstellen und etwaige Änderungen vorschlagen kann. Die Berichte und Vorschläge der Kommission sollten sich auf die von den Mitgliedstaaten regelmäßig übermittelten Angaben stützen.

(10) Ein Zusammenschluss von gemeinschaftsweiter Bedeutung sollte dann als gegeben gelten, wenn der Gesamtumsatz der beteiligten Unternehmen die festgelegten Schwellenwerte überschreitet und sie in erheblichem Umfang in der Gemeinschaft tätig sind, unabhängig davon, ob der Sitz der beteiligten Unternehmen sich in der Gemeinschaft befindet oder diese dort ihr Hauptgeschäft ausüben.

(11) Die Regeln für die Verweisung von Zusammenschlüssen von der Kommission an die Mitgliedstaaten und von den Mitgliedstaaten an die Kommission sollten angesichts des Subsidiaritätsprinzips als wirksames Korrektiv wirken. Diese Regeln wahren in angemessener Weise die Wettbewerbsinteressen der Mitgliedstaaten und tragen dem Bedürfnis nach Rechtssicherheit sowie dem Grundsatz einer einzigen Anlaufstelle Rechnung.

(12) Zusammenschlüsse können in den Zuständigkeitsbereich mehrerer nationaler Fusionskontrollregelungen fallen, wenn sie die in dieser Verordnung genannten Schwellenwerte nicht erreichen. Die mehrfache Anmeldung desselben Vorhabens erhöht die Rechtsunsicherheit, die Arbeitsbelastung und die Kosten der beteiligten Unternehmen und kann zu widersprüchlichen Beurteilungen führen. Das System, nach dem die betreffenden Mitgliedstaaten Zusammenschlüsse an die Kommission verweisen können, sollte daher weiterentwickelt werden.

(13) Die Kommission sollte in enger und stetiger Verbindung mit den zuständigen Behörden der Mitgliedstaaten handeln und deren Bemerkungen und Mitteilungen entgegennehmen.

(14) Die Kommission sollte gemeinsam mit den zuständigen Behörden der Mitgliedstaaten ein Netz von Behörden bilden, die ihre jeweiligen Zuständigkeiten in enger Zusammenarbeit durch effiziente Regelungen für Informationsaustausch und Konsultation wahrnehmen, um sicherzustellen, dass jeder Fall unter Beachtung des Subsidiaritätsprinzips von der für ihn am besten geeigneten Behörde behandelt wird und um Mehrfachanmeldungen weitestgehend auszuschließen. Verweisungen von Zusammenschlüssen von der Kommission an die Mitgliedstaaten und von den Mitgliedstaaten an die Kommission sollten in einer effizienten Weise erfolgen, die weitestgehend ausschließt, dass ein Zusammenschluss sowohl vor als auch nach seiner Anmeldung von einer Stelle an eine andere verwiesen wird.

(15) Die Kommission sollte einen angemeldeten Zusammenschluss mit gemeinschaftsweiter Bedeutung an einen Mitgliedstaat verweisen können, wenn er den Wettbewerb in einem Markt innerhalb dieses Mitgliedstaats, der alle Merkmale eines gesonderten Marktes aufweist, erheblich zu beeinträchtigen droht. Beeinträchtigt der Zusammenschluss den Wettbewerb auf einem solchen Markt und stellt dieser keinen wesentlichen Teil des gemeinsamen Marktes dar, sollte die Kommission verpflichtet sein, den Fall ganz oder teilweise auf Antrag an den betroffenen Mitgliedstaat zu verweisen. Ein Mitgliedstaat sollte einen Zusammenschluss ohne gemeinschaftsweite Bedeutung an die Kommission verweisen können, wenn er den Handel zwischen den Mitgliedstaaten beeinträchtigt und den Wettbewerb in seinem Hoheitsgebiet erheblich zu beeinträchtigen droht. Weitere Mitgliedstaaten, die für die Prüfung des Zusammenschlusses ebenfalls zuständig sind, sollten die Möglichkeit haben, dem Antrag beizutreten. In diesem Fall sollten nationale Fristen ausgesetzt werden, bis eine Entscheidung über die Verweisung des Falles getroffen wurde, um die Effizienz und Berechen-

barkeit des Systems sicherzustellen. Die Kommission sollte befugt sein, einen Zusammenschluss für einen antragstellenden Mitgliedstaat oder mehrere antragstellende Mitgliedstaaten zu prüfen und zu behandeln.

(16) Um das System der Fusionskontrolle innerhalb der Gemeinschaft noch effizienter zu gestalten, sollten die beteiligten Unternehmen die Möglichkeit erhalten, vor Anmeldung eines Zusammenschlusses die Verweisung an die Kommission oder an einen Mitgliedstaat zu beantragen. Um die Effizienz des Systems sicherzustellen, sollten die Kommission und die einzelstaatlichen Wettbewerbsbehörden in einem solchen Fall innerhalb einer kurzen, genau festgelegten Frist entscheiden, ob der Fall an die Kommission oder an den betreffenden Mitgliedstaat verwiesen werden sollte. Auf Antrag der beteiligten Unternehmen sollte die Kommission einen Zusammenschluss mit gemeinschaftsweiter Bedeutung an einen Mitgliedstaat verweisen können, wenn der Zusammenschluss den Wettbewerb auf einem Markt innerhalb dieses Mitgliedstaats, der alle Merkmale eines gesonderten Marktes aufweist, erheblich beeinträchtigen könnte, ohne dass dazu von den beteiligten Unternehmen der Nachweis verlangt werden sollte, dass die Auswirkungen des Zusammenschlusses wettbewerbsschädlich sein würden. Die Kommission sollte einen Zusammenschluss nicht an einen Mitgliedstaat verweisen dürfen, wenn dieser eine solche Verweisung abgelehnt hat. Die beteiligten Unternehmen sollten ferner vor der Anmeldung bei einer einzelstaatlichen Behörde beantragen dürfen, dass ein Zusammenschluss ohne gemeinschaftsweite Bedeutung, der nach dem innerstaatlichen Wettbewerbsrecht mindestens dreier Mitgliedstaaten geprüft werden könnte, an die Kommission verwiesen wird. Solche Anträge auf eine Verweisung vor der Anmeldung an die Kommission wären insbesondere dann angebracht, wenn der betreffende Zusammenschluss den Wettbewerb über das Hoheitsgebiet eines Mitgliedstaats hinaus beeinträchtigen würde. Wird ein Zusammenschluss, der nach dem Wettbewerbsrecht mindestens dreier Mitgliedstaaten geprüft werden könnte, vor seiner Anmeldung bei einer einzelstaatlichen Behörde an die Kommission verwiesen, so sollte die ausschließliche Zuständigkeit für die Prüfung dieses Zusammenschlusses auf die Kommission übergehen, wenn keiner der für die Prüfung des betreffenden Falls zuständigen Mitgliedstaaten sich dagegen ausspricht; für diesen Zusammenschluss sollte dann die Vermutung der gemeinschaftsweiten Bedeutung gelten. Ein Zusammenschluss sollte jedoch nicht vor seiner Anmeldung von den Mitgliedstaaten an die Kommission verwiesen werden, wenn mindestens einer der für die Prüfung des Falles zuständigen Mitgliedstaaten eine solche Verweisung abgelehnt hat.

(17) Der Kommission ist vorbehaltlich der Nachprüfung ihrer Entscheidungen durch den Gerichtshof die ausschließliche Zuständigkeit für die Anwendung dieser Verordnung zu übertragen.

(18) Die Mitgliedstaaten dürfen auf Zusammenschlüsse von gemeinschaftsweiter Bedeutung ihr innerstaatliches Wettbewerbsrecht nur anwenden, soweit es in dieser Verordnung vorgesehen ist. Die entsprechenden Befugnisse der einzelstaatlichen Behörden sind auf die Fälle zu beschränken, in denen ohne ein Tätigwerden der Kommission wirksamer Wettbewerb im Gebiet eines Mitgliedstaats erheblich behindert werden könnte und die Wettbewerbsinteressen dieses Mitgliedstaats sonst durch diese Verordnung nicht hinreichend geschützt würden. Die betroffenen Mitgliedstaaten müssen in

derartigen Fällen so schnell wie möglich handeln. Diese Verordnung kann jedoch wegen der Unterschiede zwischen den innerstaatlichen Rechtsvorschriften keine einheitliche Frist für den Erlass endgültiger Entscheidungen nach innerstaatlichem Recht vorschreiben.

(19) Im Übrigen hindert die ausschließliche Anwendung dieser Verordnung auf Zusammenschlüsse von gemeinschaftsweiter Bedeutung die Mitgliedstaaten unbeschadet des Artikels 296 des Vertrags nicht daran, geeignete Maßnahmen zum Schutz anderer berechtigter Interessen als derjenigen zu ergreifen, die in dieser Verordnung berücksichtigt werden, sofern diese Maßnahmen mit den allgemeinen Grundsätzen und den sonstigen Bestimmungen des Gemeinschaftsrechts vereinbar sind.

(20) Der Begriff des Zusammenschlusses ist so zu definieren, dass er Vorgänge erfasst, die zu einer dauerhaften Veränderung der Kontrolle an den beteiligten Unternehmen und damit an der Marktstruktur führen. In den Anwendungsbereich dieser Verordnung sollten daher auch alle Gemeinschaftsunternehmen einbezogen werden, die auf Dauer alle Funktionen einer selbstständigen wirtschaftlichen Einheit erfüllen. Ferner sollten Erwerbsvorgänge, die eng miteinander verknüpft sind, weil sie durch eine Bedingung miteinander verbunden sind oder in Form einer Reihe von innerhalb eines gebührend kurzen Zeitraums getätigten Rechtsgeschäften mit Wertpapieren stattfinden, als ein einziger Zusammenschluss behandelt werden.

(21) Diese Verordnung ist auch dann anwendbar, wenn die beteiligten Unternehmen sich Einschränkungen unterwerfen, die mit der Durchführung des Zusammenschlusses unmittelbar verbunden und dafür notwendig sind. Eine Entscheidung der Kommission, mit der ein Zusammenschluss in Anwendung dieser Verordnung für mit dem Gemeinsamen Markt vereinbar erklärt wird, sollte automatisch auch alle derartigen Einschränkungen abdecken, ohne dass die Kommission diese im Einzelfall zu prüfen hätte. Auf Antrag der beteiligten Unternehmen sollte die Kommission allerdings im Fall neuer oder ungelöster Fragen, die zu ernsthafter Rechtsunsicherheit führen können, gesondert prüfen, ob eine Einschränkung mit der Durchführung des Zusammenschlusses unmittelbar verbunden und dafür notwendig ist. Ein Fall wirft dann eine neue oder ungelöste Frage auf, die zu ernsthafter Rechtsunsicherheit führen kann, wenn sie nicht durch die entsprechende Bekanntmachung der Kommission oder eine veröffentlichte Entscheidung der Kommission geregelt ist.

(22) Bei der Regelung der Kontrolle von Unternehmenszusammenschlüssen ist unbeschadet des Artikels 86 Absatz 2 des Vertrags der Grundsatz der Nichtdiskriminierung zwischen dem öffentlichen und dem privaten Sektor zu beachten. Daher sind im öffentlichen Sektor bei der Berechnung des Umsatzes eines am Zusammenschluss beteiligten Unternehmens unabhängig von den Eigentumsverhältnissen oder von den für sie geltenden Regeln der verwaltungsmäßigen Zuordnung die Unternehmen zu berücksichtigen, die eine mit einer autonomen Entscheidungsbefugnis ausgestattete wirtschaftliche Einheit bilden.

(23) Es ist festzustellen, ob die Zusammenschlüsse von gemeinschaftsweiter Bedeutung mit dem Gemeinsamen Markt vereinbar sind; dabei ist von dem Erfordernis auszugehen, im Gemeinsamen Markt wirksamen Wettbewerb aufrechtzuerhalten und zu entwickeln. Die Kommission muss sich

VO über Kontrolle v. Zusammenschl. **FKVO 17**

bei ihrer Beurteilung an dem allgemeinen Rahmen der Verwirklichung der grundlegenden Ziele der Gemeinschaft gemäß Artikel 2 des Vertrags zur Gründung der Europäischen Gemeinschaft und Artikel 2 des Vertrags über die Europäische Union orientieren.

(24) Zur Gewährleistung eines unverfälschten Wettbewerbs im Gemeinsamen Markt im Rahmen der Fortführung einer Politik, die auf dem Grundsatz einer offenen Marktwirtschaft mit freiem Wettbewerb beruht, muss diese Verordnung eine wirksame Kontrolle sämtlicher Zusammenschlüsse entsprechend ihren Auswirkungen auf den Wettbewerb in der Gemeinschaft ermöglichen. Entsprechend wurde in der Verordnung (EWG) Nr. 4064/89 der Grundsatz aufgestellt, dass Zusammenschlüsse von gemeinschaftsweiter Bedeutung, die eine beherrschende Stellung begründen oder verstärken, durch welche ein wirksamer Wettbewerb im Gemeinsamen Markt oder in einem wesentlichen Teil desselben in erheblichem Ausmaß behindert wird, für mit dem Gemeinsamen Markt unvereinbar zu erklären sind.

(25) In Anbetracht der Auswirkungen, die Zusammenschlüsse in oligopolistischen Marktstrukturen haben können, ist die Aufrechterhaltung wirksamen Wettbewerbs in solchen Märkten umso mehr geboten. Viele oligopolistische Märkte lassen ein gesundes Maß an Wettbewerb erkennen. Unter bestimmten Umständen können Zusammenschlüsse, in deren Folge der beträchtliche Wettbewerbsdruck beseitigt wird, den die fusionierenden Unternehmen aufeinander ausgeübt haben, sowie der Wettbewerbsdruck auf die verbleibenden Wettbewerber gemindert wird, zu einer erheblichen Behinderung wirksamen Wettbewerbs führen, auch wenn eine Koordinierung zwischen Oligopolmitgliedern unwahrscheinlich ist. Die Gerichte der Gemeinschaft haben jedoch bisher die Verordnung (EWG) Nr. 4064/89 nicht ausdrücklich dahingehend ausgelegt, dass Zusammenschlüsse, die solche nicht koordinierten Auswirkungen haben, für mit dem Gemeinsamen Markt unvereinbar zu erklären sind. Daher sollte im Interesse der Rechtssicherheit klargestellt werden, dass diese Verordnung eine wirksame Kontrolle solcher Zusammenschlüsse dadurch vorsieht, dass grundsätzlich jeder Zusammenschluss, der einen wirksamen Wettbewerb im Gemeinsamen Markt oder einem wesentlichen Teil desselben erheblich behindern würde, für mit dem Gemeinsamen Markt unvereinbar zu erklären ist. Für die Anwendung der Bestimmungen des Artikels 2 Absätze 2 und 3 wird beabsichtigt, den Begriff „erhebliche Behinderung wirksamen Wettbewerbs" dahin gehend auszulegen, dass er sich über das Konzept der Marktbeherrschung hinaus ausschließlich auf diejenigen wettbewerbsschädigenden Auswirkungen eines Zusammenschlusses erstreckt, die sich aus nicht koordiniertem Verhalten von Unternehmen ergeben, die auf dem jeweiligen Markt keine beherrschende Stellung haben würden.

(26) Eine erhebliche Behinderung wirksamen Wettbewerbs resultiert im Allgemeinen aus der Begründung oder Stärkung einer beherrschenden Stellung. Im Hinblick darauf, dass frühere Urteile der europäischen Gerichte und die Entscheidungen der Kommission gemäß der Verordnung (EWG) Nr. 4064/89 weiterhin als Orientierung dienen sollten und gleichzeitig die Übereinstimmung mit den Kriterien für einen Wettbewerbsschaden, die die Kommission und die Gerichte der Gemeinschaft bei der Prüfung der Vereinbarkeit eines Zusammenschlusses mit dem Gemeinsamen Markt angewendet haben, gewahrt werden sollte, sollte diese Verordnung dem-

entsprechend den Grundsatz aufstellen, dass Zusammenschlüsse von gemeinschaftsweiter Bedeutung, die wirksamen Wettbewerb im Gemeinsamen Markt oder in einem wesentlichen Teil desselben erheblich behindern würden, insbesondere infolge der Begründung oder Stärkung einer beherrschenden Stellung, für mit dem Gemeinsamen Markt unvereinbar zu erklären sind.

(27) Außerdem sollten die Kriterien in Artikel 81 Absätze 1 und 3 des Vertrags auf Gemeinschaftsunternehmen, die auf Dauer alle Funktionen einer selbstständigen wirtschaftlichen Einheit erfüllen, insoweit angewandt werden, als ihre Gründung eine spürbare Einschränkung des Wettbewerbs zwischen unabhängig bleibenden Unternehmen zur Folge hat.

(28) Um deutlich zu machen und zu erläutern, wie die Kommission Zusammenschlüsse nach dieser Verordnung beurteilt, sollte sie Leitlinien veröffentlichen, die einen soliden wirtschaftlichen Rahmen für die Beurteilung der Vereinbarkeit von Zusammenschlüssen mit dem Gemeinsamen Markt bieten sollten.

(29) Um die Auswirkungen eines Zusammenschlusses auf den Wettbewerb im Gemeinsamen Markt bestimmen zu können, sollte begründeten und wahrscheinlichen Effizienzvorteilen Rechnung getragen werden, die von den beteiligten Unternehmen dargelegt werden. Es ist möglich, dass die durch einen Zusammenschluss bewirkten Effizienzvorteile die Auswirkungen des Zusammenschlusses auf den Wettbewerb, insbesondere den möglichen Schaden für die Verbraucher, ausgleichen, so dass durch den Zusammenschluss wirksamer Wettbewerb im Gemeinsamen Markt oder in einem wesentlichen Teil desselben, insbesondere durch Begründung oder Stärkung einer beherrschenden Stellung, nicht erheblich behindert würde. Die Kommission sollte Leitlinien veröffentlichen, in denen sie die Bedingungen darlegt, unter denen sie Effizienzvorteile bei der Prüfung eines Zusammenschlusses berücksichtigen kann.

(30) Ändern die beteiligten Unternehmen einen angemeldeten Zusammenschluss, indem sie insbesondere anbieten, Verpflichtungen einzugehen, die den Zusammenschluss mit dem Gemeinsamen Markt vereinbar machen, sollte die Kommission den Zusammenschluss in seiner geänderten Form für mit dem Gemeinsamen Markt vereinbar erklären können. Diese Verpflichtungen müssen in angemessenem Verhältnis zu dem Wettbewerbsproblem stehen und dieses vollständig beseitigen. Es ist ebenfalls zweckmäßig, Verpflichtungen vor der Einleitung des Verfahrens zu akzeptieren, wenn das Wettbewerbsproblem klar umrissen ist und leicht gelöst werden kann. Es sollte ausdrücklich vorgesehen werden, dass die Kommission ihre Entscheidung an Bedingungen und Auflagen knüpfen kann, um sicherzustellen, dass die beteiligten Unternehmen ihren Verpflichtungen so effektiv und rechtzeitig nachkommen, dass der Zusammenschluss mit dem Gemeinsamen Markt vereinbar wird. Während des gesamten Verfahrens sollte für Transparenz und eine wirksame Konsultation der Mitgliedstaaten und betroffener Dritter gesorgt werden.

(31) Die Kommission sollte über geeignete Instrumente verfügen, damit sie die Durchsetzung der Verpflichtungen sicherstellen und auf Situationen reagieren kann, in denen die Verpflichtungen nicht eingehalten werden. Wird eine Bedingung nicht erfüllt, unter der die Entscheidung über die Vereinbarkeit des Zusammenschlusses mit dem Gemeinsamen Markt ergangen

ist, so tritt der Zustand der Vereinbarkeit des Zusammenschlusses mit dem Gemeinsamen Markt nicht ein, so dass der Zusammenschluss damit in der vollzogenen Form von der Kommission nicht genehmigt ist. Wird der Zusammenschluss vollzogen, sollte er folglich ebenso behandelt werden wie ein nicht angemeldeter und ohne Genehmigung vollzogener Zusammenschluss. Außerdem sollte die Kommission die Auflösung eines Zusammenschlusses direkt anordnen dürfen, um den vor dem Vollzug des Zusammenschlusses bestehenden Zustand wieder herzustellen, wenn sie bereits zu dem Ergebnis gekommen ist, dass der Zusammenschluss ohne die Bedingung mit dem Gemeinsamen Markt unvereinbar wäre. Wird eine Auflage nicht erfüllt, mit der die Entscheidung über die Vereinbarkeit eines Zusammenschlusses mit dem Gemeinsamen Markt ergangen ist, sollte die Kommission ihre Entscheidung widerrufen können. Ferner sollte die Kommission angemessene finanzielle Sanktionen verhängen können, wenn Bedingungen oder Auflagen nicht eingehalten werden.

(32) Bei Zusammenschlüssen, die wegen des begrenzten Marktanteils der beteiligten Unternehmen nicht geeignet sind, wirksamen Wettbewerb zu behindern, kann davon ausgegangen werden, dass sie mit dem Gemeinsamen Markt vereinbar sind. Unbeschadet der Artikel 81 und 82 des Vertrags besteht ein solches Indiz insbesondere dann, wenn der Marktanteil der beteiligten Unternehmen im Gemeinsamen Markt oder in einem wesentlichen Teil desselben 25 % nicht überschreitet.

(33) Der Kommission ist die Aufgabe zu übertragen, alle Entscheidungen über die Vereinbarkeit oder Unvereinbarkeit der Zusammenschlüsse von gemeinschaftsweiter Bedeutung mit dem Gemeinsamen Markt sowie Entscheidungen, die der Wiederherstellung des Zustands vor dem Vollzug eines für mit dem Gemeinsamen Markt unvereinbar erklärten Zusammenschlusses dienen, zu treffen.

(34) Um eine wirksame Überwachung zu gewährleisten, sind die Unternehmen zu verpflichten, Zusammenschlüsse von gemeinschaftsweiter Bedeutung nach Vertragsabschluss, Veröffentlichung des Übernahmeangebots oder des Erwerbs einer die Kontrolle begründenden Beteiligung und vor ihrem Vollzug anzumelden. Eine Anmeldung sollte auch dann möglich sein, wenn die beteiligten Unternehmen der Kommission gegenüber ihre Absicht glaubhaft machen, einen Vertrag über einen beabsichtigten Zusammenschluss zu schließen und ihr beispielsweise anhand von allen beteiligten Unternehmen unterzeichneten Grundsatzvereinbarung, Übereinkunft oder Absichtserklärung darlegen, dass der Plan für den beabsichtigten Zusammenschluss ausreichend konkret ist, oder im Fall eines Übernahmeangebots öffentlich ihre Absicht zur Abgabe eines solchen Angebots bekundet haben, sofern der beabsichtigte Vertrag oder das beabsichtigte Angebot zu einem Zusammenschluss von gemeinschaftsweiter Bedeutung führen würde. Der Vollzug eines Zusammenschlusses sollte bis zum Erlass der abschließenden Entscheidung der Kommission ausgesetzt werden. Auf Antrag der beteiligten Unternehmen sollte es jedoch gegebenenfalls möglich sein, hiervon abzuweichen. Bei der Entscheidung hierüber sollte die Kommission alle relevanten Faktoren, wie die Art und die Schwere des Schadens für die beteiligten Unternehmen oder Dritte sowie die Bedrohung des Wettbewerbs durch den Zusammenschluss, berücksichtigen. Im

Interesse der Rechtssicherheit ist die Wirksamkeit von Rechtsgeschäften zu schützen, soweit dies erforderlich ist.

(35) Es ist eine Frist festzulegen, innerhalb derer die Kommission wegen eines angemeldeten Zusammenschlusses das Verfahren einzuleiten hat; ferner sind Fristen vorzusehen, innerhalb derer die Kommission abschließend zu entscheiden hat, ob ein Zusammenschluss mit dem Gemeinsamen Markt vereinbar oder unvereinbar ist. Wenn die beteiligten Unternehmen anbieten, Verpflichtungen einzugehen, um den Zusammenschluss mit dem Gemeinsamen Markt vereinbar zu machen, sollten diese Fristen verlängert werden, damit ausreichend Zeit für die Prüfung dieser Angebote, den Markttest und für die Konsultation der Mitgliedstaaten und interessierter Dritter bleibt. Darüber hinaus sollte in begrenztem Umfang eine Verlängerung der Frist, innerhalb derer die Kommission abschließend entscheiden muss, möglich sein, damit ausreichend Zeit für die Untersuchung des Falls und für die Überprüfung der gegenüber der Kommission vorgetragenen Tatsachen und Argumente zur Verfügung steht.

(36) Die Gemeinschaft achtet die Grundrechte und Grundsätze, die insbesondere mit der Charta der Grundrechte der Europäischen Union[1]) anerkannt wurden. Diese Verordnung sollte daher im Einklang mit diesen Rechten und Grundsätzen ausgelegt und angewandt werden.

(37) Die beteiligten Unternehmen müssen das Recht erhalten, von der Kommission gehört zu werden, sobald das Verfahren eingeleitet worden ist. Auch den Mitgliedern der geschäftsführenden und aufsichtsführenden Organe sowie den anerkannten Vertretern der Arbeitnehmer der beteiligten Unternehmen und betroffenen Dritten ist Gelegenheit zur Äußerung zu geben.

(38) Um Zusammenschlüsse ordnungsgemäß beurteilen zu können, sollte die Kommission alle erforderlichen Auskünfte einholen und alle erforderlichen Nachprüfungen in der Gemeinschaft vornehmen können. Zu diesem Zweck und im Interesse eines wirksamen Wettbewerbsschutzes müssen die Untersuchungsbefugnisse der Kommission ausgeweitet werden. Die Kommission sollte insbesondere alle Personen, die eventuell über sachdienliche Informationen verfügen, befragen und deren Aussagen zu Protokoll nehmen können.

(39) Wenn beauftragte Bedienstete der Kommission Nachprüfungen vornehmen, sollten sie alle Auskünfte im Zusammenhang mit Gegenstand und Zweck der Nachprüfung einholen dürfen. Sie sollten ferner bei Nachprüfungen Versiegelungen vornehmen dürfen, insbesondere wenn triftige Gründe für die Annahme vorliegen, dass ein Zusammenschluss ohne vorherige Anmeldung vollzogen wurde, dass der Kommission unrichtige, unvollständige oder irreführende Angaben gemacht wurden oder dass die betreffenden Unternehmen oder Personen Bedingungen oder Auflagen einer Entscheidung der Kommission nicht eingehalten haben. Eine Versiegelung sollte in jedem Fall nur unter außergewöhnlichen Umständen und nur während der für die Nachprüfung unbedingt erforderlichen Dauer, d.h. normalerweise nicht länger als 48 Stunden, vorgenommen werden.

---

[1]) **Amtl. Anm.:** ABl. C 364 vom 18.12.2000, S. 1.

VO über Kontrolle v. Zusammenschl. **FKVO 17**

(40) Unbeschadet der Rechtsprechung des Gerichtshofs ist es auch zweckmäßig, den Umfang der Kontrolle zu bestimmen, die ein einzelstaatliches Gericht ausüben kann, wenn es nach Maßgabe des einzelstaatlichen Rechts vorsorglich die Unterstützung durch die Vollzugsorgane für den Fall genehmigt, dass ein Unternehmen sich weigern sollte, eine durch Entscheidung der Kommission angeordnete Nachprüfung oder Versiegelung zu dulden. Nach ständiger Rechtsprechung kann das einzelstaatliche Gericht die Kommission insbesondere um weitere Auskünfte bitten, die für die Ausübung seiner Kontrolle erforderlich sind und in Ermangelung dieser Auskünfte die Genehmigung verweigern. Des Weiteren sind die einzelstaatlichen Gerichte nach ständiger Rechtsprechung für die Kontrolle der Anwendung der einzelstaatlichen Vorschriften für die Vollstreckung von Zwangsmaßnahmen zuständig. Die zuständigen Behörden der Mitgliedstaaten sollten bei der Ausübung der Untersuchungsbefugnisse der Kommission aktiv mitwirken.

(41) Wenn Unternehmen oder natürliche Personen Entscheidungen der Kommission nachkommen, können sie nicht gezwungen werden, Zuwiderhandlungen einzugestehen; sie sind jedoch in jedem Fall verpflichtet, Sachfragen zu beantworten und Unterlagen beizubringen, auch wenn diese Informationen gegen sie oder gegen andere als Beweis für eine begangene Zuwiderhandlung verwendet werden können.

(42) Im Interesse der Transparenz sollten alle Entscheidungen der Kommission, die nicht rein verfahrensrechtlicher Art sind, auf breiter Ebene bekannt gemacht werden. Ebenso unerlässlich wie die Wahrung der Verteidigungsrechte der beteiligten Unternehmen, insbesondere des Rechts auf Akteneinsicht, ist der Schutz von Geschäftsgeheimnissen. Die Vertraulichkeit der innerhalb des Netzes sowie mit den zuständigen Behörden von Drittländern ausgetauschten Informationen sollte gleichfalls gewahrt werden.

(43) Die Einhaltung dieser Verordnung sollte, soweit erforderlich, durch Geldbußen und Zwangsgelder sichergestellt werden. Dabei sollte dem Gerichtshof nach Artikel 229 des Vertrags die Befugnis zu unbeschränkter Ermessensnachprüfung übertragen werden.

(44) Die Bedingungen, unter denen Zusammenschlüsse in Drittländern durchgeführt werden, an denen Unternehmen beteiligt sind, die ihren Sitz oder ihr Hauptgeschäft in der Gemeinschaft haben, sollten aufmerksam verfolgt werden; es sollte die Möglichkeit vorgesehen werden, dass die Kommission vom Rat ein Verhandlungsmandat mit dem Ziel erhalten kann, eine nichtdiskriminierende Behandlung für solche Unternehmen zu erreichen.

(45) Diese Verordnung berührt in keiner Weise die in den beteiligten Unternehmen anerkannten kollektiven Rechte der Arbeitnehmer, insbesondere im Hinblick auf die nach Gemeinschaftsrecht oder nach innerstaatlichem Recht bestehende Pflicht, die anerkannten Arbeitnehmervertreter zu unterrichten oder anzuhören.

(46) Die Kommission sollte ausführliche Vorschriften für die Durchführung dieser Verordnung entsprechend den Modalitäten für die Ausübung der der Kommission übertragenen Durchführungsbefugnisse festlegen können. Beim Erlass solcher Durchführungsbestimmungen sollte sie durch einen Beratenden Ausschuss unterstützt werden, der gemäß Artikel 23 aus Vertretern der Mitgliedstaaten besteht –

HAT FOLGENDE VERORDNUNG ERLASSEN:

Art. 1 Anwendungsbereich. (1) Unbeschadet des Artikels 4 Absatz 5 und des Artikels 22 gilt diese Verordnung für alle Zusammenschlüsse von gemeinschaftsweiter Bedeutung im Sinne dieses Artikels.

(2) Ein Zusammenschluss hat gemeinschaftsweite Bedeutung, wenn folgende Umsätze erzielt werden:

a) ein weltweiter Gesamtumsatz aller beteiligten Unternehmen zusammen von mehr als 5 Mrd. EUR und

b) ein gemeinschaftsweiter Gesamtumsatz von mindestens zwei beteiligten Unternehmen von jeweils mehr als 250 Mio. EUR;

dies gilt nicht, wenn die beteiligten Unternehmen jeweils mehr als zwei Drittel ihres gemeinschaftsweiten Gesamtumsatzes in ein und demselben Mitgliedstaat erzielen.

(3) Ein Zusammenschluss, der die in Absatz 2 vorgesehenen Schwellen nicht erreicht, hat gemeinschaftsweite Bedeutung, wenn

a) der weltweite Gesamtumsatz aller beteiligten Unternehmen zusammen mehr als 2,5 Mrd. EUR beträgt,

b) der Gesamtumsatz aller beteiligten Unternehmen in mindestens drei Mitgliedstaaten jeweils 100 Mio. EUR übersteigt,

c) in jedem von mindestens drei von Buchstabe b) erfassten Mitgliedstaaten der Gesamtumsatz von mindestens zwei beteiligten Unternehmen jeweils mehr als 25 Mio. EUR beträgt und

d) der gemeinschaftsweite Gesamtumsatz von mindestens zwei beteiligten Unternehmen jeweils 100 Mio. EUR übersteigt;

dies gilt nicht, wenn die beteiligten Unternehmen jeweils mehr als zwei Drittel ihres gemeinschaftsweiten Gesamtumsatzes in ein und demselben Mitgliedstaat erzielen.

(4) Vor dem 1. Juli 2009 erstattet die Kommission dem Rat auf der Grundlage statistischer Angaben, die die Mitgliedstaaten regelmäßig übermitteln können, über die Anwendung der in den Absätzen 2 und 3 vorgesehenen Schwellen und Kriterien Bericht, wobei sie Vorschläge gemäß Absatz 5 unterbreiten kann.

(5) Der Rat kann im Anschluss an den in Absatz 4 genannten Bericht auf Vorschlag der Kommission mit qualifizierter Mehrheit die in Absatz 3 aufgeführten Schwellen und Kriterien ändern.

Art. 2 Beurteilung von Zusammenschlüssen. (1) *[1]* Zusammenschlüsse im Sinne dieser Verordnung sind nach Maßgabe der Ziele dieser Verordnung und der folgenden Bestimmungen auf ihre Vereinbarkeit mit dem Gemeinsamen Markt zu prüfen.

[2] Bei dieser Prüfung berücksichtigt die Kommission:

a) die Notwendigkeit, im Gemeinsamen Markt wirksamen Wettbewerb aufrechtzuerhalten und zu entwickeln, insbesondere im Hinblick auf die Struktur aller betroffenen Märkte und den tatsächlichen oder potenziellen Wettbewerb durch innerhalb oder außerhalb der Gemeinschaft ansässige Unternehmen;

VO über Kontrolle v. Zusammenschl. **Art. 3 FKVO 17**

b) die Marktstellung sowie die wirtschaftliche Macht und die Finanzkraft der beteiligten Unternehmen, die Wahlmöglichkeiten der Lieferanten und Abnehmer, ihren Zugang zu den Beschaffungs- und Absatzmärkten, rechtliche oder tatsächliche Marktzutrittsschranken, die Entwicklung des Angebots und der Nachfrage bei den jeweiligen Erzeugnissen und Dienstleistungen, die Interessen der Zwischen- und Endverbraucher sowie die Entwicklung des technischen und wirtschaftlichen Fortschritts, sofern diese dem Verbraucher dient und den Wettbewerb nicht behindert.

(2) Zusammenschlüsse, durch die wirksamer Wettbewerb im Gemeinsamen Markt oder in einem wesentlichen Teil desselben nicht erheblich behindert würde, insbesondere durch Begründung oder Verstärkung einer beherrschenden Stellung, sind für mit dem Gemeinsamen Markt vereinbar zu erklären.

(3) Zusammenschlüsse, durch die wirksamer Wettbewerb im Gemeinsamen Markt oder in einem wesentlichen Teil desselben erheblich behindert würde, insbesondere durch Begründung oder Verstärkung einer beherrschenden Stellung, sind für mit dem Gemeinsamen Markt unvereinbar zu erklären.

(4) Soweit die Gründung eines Gemeinschaftsunternehmens, das einen Zusammenschluss gemäß Artikel 3 darstellt, die Koordinierung des Wettbewerbsverhaltens unabhängig bleibender Unternehmen bezweckt oder bewirkt, wird eine solche Koordinierung nach den Kriterien des Artikels 81 Absätze 1 und 3 des Vertrags beurteilt, um festzustellen, ob das Vorhaben mit dem Gemeinsamen Markt vereinbar ist.

(5) Bei dieser Beurteilung berücksichtigt die Kommission insbesondere, ob
– es auf dem Markt des Gemeinschaftsunternehmens oder auf einem diesem vor- oder nachgelagerten Markt oder auf einem benachbarten oder eng mit ihm verknüpften Markt eine nennenswerte und gleichzeitige Präsenz von zwei oder mehr Gründerunternehmen gibt;
– die unmittelbar aus der Gründung des Gemeinschaftsunternehmens erwachsende Koordinierung den beteiligten Unternehmen die Möglichkeit eröffnet, für einen wesentlichen Teil der betreffenden Waren und Dienstleistungen den Wettbewerb auszuschalten.

Art. 3 Definition des Zusammenschlusses. (1) Ein Zusammenschluss wird dadurch bewirkt, dass eine dauerhafte Veränderung der Kontrolle in der Weise stattfindet, dass

a) zwei oder mehr bisher voneinander unabhängige Unternehmen oder Unternehmensteile fusionieren oder dass

b) eine oder mehrere Personen, die bereits mindestens ein Unternehmen kontrollieren, oder ein oder mehrere Unternehmen durch den Erwerb von Anteilsrechten oder Vermögenswerten, durch Vertrag oder in sonstiger Weise die unmittelbare oder mittelbare Kontrolle über die Gesamtheit oder über Teile eines oder mehrerer anderer Unternehmen erwerben.

(2) Die Kontrolle wird durch Rechte, Verträge oder andere Mittel begründet, die einzeln oder zusammen unter Berücksichtigung aller tatsächlichen oder rechtlichen Umstände die Möglichkeit gewähren, einen bestimmenden Einfluss auf die Tätigkeit eines Unternehmens auszuüben, insbesondere durch:

a) Eigentums – oder Nutzungsrechte an der Gesamtheit oder an Teilen des Vermögens des Unternehmens;

b) Rechte oder Verträge, die einen bestimmenden Einfluss auf die Zusammensetzung, die Beratungen oder Beschlüsse der Organe des Unternehmens gewähren.

(3) Die Kontrolle wird für die Personen oder Unternehmen begründet,

a) die aus diesen Rechten oder Verträgen selbst berechtigt sind, oder

b) die, obwohl sie aus diesen Rechten oder Verträgen nicht selbst berechtigt sind, die Befugnis haben, die sich daraus ergebenden Rechte auszuüben.

(4) Die Gründung eines Gemeinschaftsunternehmens, das auf Dauer alle Funktionen einer selbstständigen wirtschaftlichen Einheit erfüllt, stellt einen Zusammenschluss im Sinne von Absatz 1 Buchstabe b) dar.

(5) Ein Zusammenschluss wird nicht bewirkt,

a) wenn Kreditinstitute, sonstige Finanzinstitute oder Versicherungsgesellschaften, deren normale Tätigkeit Geschäfte und den Handel mit Wertpapieren für eigene oder fremde Rechnung einschließt, vorübergehend Anteile an einem Unternehmen zum Zweck der Veräußerung erwerben, sofern sie die mit den Anteilen verbundenen Stimmrechte nicht ausüben, um das Wettbewerbsverhalten des Unternehmens zu bestimmen, oder sofern sie die Stimmrechte nur ausüben, um die Veräußerung der Gesamtheit oder von Teilen des Unternehmens oder seiner Vermögenswerte oder die Veräußerung der Anteile vorzubereiten, und sofern die Veräußerung innerhalb eines Jahres nach dem Zeitpunkt des Erwerbs erfolgt; diese Frist kann von der Kommission auf Antrag verlängert werden, wenn die genannten Institute oder Gesellschaften nachweisen, dass die Veräußerung innerhalb der vorgeschriebenen Frist unzumutbar war;

b) wenn der Träger eines öffentlichen Mandats aufgrund der Gesetzgebung eines Mitgliedstaats über die Auflösung von Unternehmen, die Insolvenz, die Zahlungseinstellung, den Vergleich oder ähnliche Verfahren die Kontrolle erwirbt;

c) wenn die in Absatz 1 Buchstabe b) bezeichneten Handlungen von Beteiligungsgesellschaften im Sinne von Artikel 5 Absatz 3 der Vierten Richtlinie 78/660/EWG des Rates vom 25. Juli 1978 aufgrund von Artikel 54 Absatz 3 Buchstabe g) des Vertrages über den Jahresabschluss von Gesellschaften bestimmter Rechtsformen[1)] vorgenommen werden, jedoch mit der Einschränkung, dass die mit den erworbenen Anteilen verbundenen Stimmrechte, insbesondere wenn sie zur Ernennung der Mitglieder der geschäftsführenden oder aufsichtsführenden Organe der Unternehmen ausgeübt werden, an denen die Beteiligungsgesellschaften Anteile halten, nur zur Erhaltung des vollen Wertes der Investitionen und nicht dazu benutzt werden, unmittelbar oder mittelbar das Wettbewerbsverhalten dieser Unternehmen zu bestimmen.

Art. 4 Vorherige Anmeldung von Zusammenschlüssen und Verweisung vor der Anmeldung auf Antrag der Anmelder. (1) *[1]* Zusammenschlüsse von gemeinschaftsweiter Bedeutung im Sinne dieser Verordnung sind nach Vertragsabschluss, Veröffentlichung des Übernahmeangebots oder Erwerb

---

[1)] **Amtl. Anm.:** ABl. L 222 vom 14.8.1978, S. 11. Richtlinie zuletzt geändert durch die Richtlinie 2003/51/EG des Europäischen Parlaments und des Rates (ABl. L 178 vom 17.7.2003, S. 16).

VO über Kontrolle v. Zusammenschl.   **Art. 4   FKVO   17**

einer die Kontrolle begründenden Beteiligung und vor ihrem Vollzug bei der Kommission anzumelden.

[2] Eine Anmeldung ist auch dann möglich, wenn die beteiligten Unternehmen der Kommission gegenüber glaubhaft machen, dass sie gewillt sind, einen Vertrag zu schließen, oder im Fall eines Übernahmeangebots öffentlich ihre Absicht zur Abgabe eines solchen Angebots bekundet haben, sofern der beabsichtigte Vertrag oder das beabsichtigte Angebot zu einem Zusammenschluss von gemeinschaftsweiter Bedeutung führen würde.

[3] ¹Im Sinne dieser Verordnung bezeichnet der Ausdruck „angemeldeter Zusammenschluss" auch beabsichtigte Zusammenschlüsse, die nach Unterabsatz 2 angemeldet werden. ²Für die Zwecke der Absätze 4 und 5 bezeichnet der Ausdruck „Zusammenschluss" auch beabsichtigte Zusammenschlüsse im Sinne von Unterabsatz 2.

(2) ¹Zusammenschlüsse in Form einer Fusion im Sinne des Artikels 3 Absatz 1 Buchstabe a) oder in Form der Begründung einer gemeinsamen Kontrolle im Sinne des Artikels 3 Absatz 1 Buchstabe b) sind von den an der Fusion oder der Begründung der gemeinsamen Kontrolle Beteiligten gemeinsam anzumelden. ²In allen anderen Fällen ist die Anmeldung von der Person oder dem Unternehmen vorzunehmen, die oder das die Kontrolle über die Gesamtheit oder über Teile eines oder mehrerer Unternehmen erwirbt.

(3) ¹Stellt die Kommission fest, dass ein Zusammenschluss unter diese Verordnung fällt, so veröffentlicht sie die Tatsache der Anmeldung unter Angabe der Namen der beteiligten Unternehmen, ihres Herkunftslands, der Art des Zusammenschlusses sowie der betroffenen Wirtschaftszweige. ²Die Kommission trägt den berechtigten Interessen der Unternehmen an der Wahrung ihrer Geschäftsgeheimnisse Rechnung.

(4)¹⁾ *[1]* Vor der Anmeldung eines Zusammenschlusses gemäß Absatz 1 können die Personen oder Unternehmen im Sinne des Absatzes 2 der Kommission in einem begründeten Antrag mitteilen, dass der Zusammenschluss den Wettbewerb in einem Markt innerhalb eines Mitgliedstaats, der alle Merkmale eines gesonderten Marktes aufweist, erheblich beeinträchtigen könnte und deshalb ganz oder teilweise von diesem Mitgliedstaat geprüft werden sollte.

[2] ¹Die Kommission leitet diesen Antrag unverzüglich an alle Mitgliedstaaten weiter. ²Der in dem begründeten Antrag genannte Mitgliedstaat teilt innerhalb von 15 Arbeitstagen nach Erhalt dieses Antrags mit, ob er der Verweisung des Falles zustimmt oder nicht. ³Trifft der betreffende Mitgliedstaat eine Entscheidung nicht innerhalb dieser Frist, so gilt dies als Zustimmung.

[3] Soweit dieser Mitgliedstaat der Verweisung nicht widerspricht, kann die Kommission, wenn sie der Auffassung ist, dass ein gesonderter Markt besteht und der Wettbewerb in diesem Markt durch den Zusammenschluss erheblich beeinträchtigt werden könnte, den gesamten Fall oder einen Teil des Falles an die zuständigen Behörden des betreffenden Mitgliedstaats verweisen, damit das Wettbewerbsrecht dieses Mitgliedstaats angewandt wird.

[4] ¹Die Entscheidung über die Verweisung oder Nichtverweisung des Falls gemäß Unterabsatz 3 ergeht innerhalb von 25 Arbeitstagen nach Eingang des begründeten Antrags bei der Kommission. ²Die Kommission teilt ihre Ent-

---
¹⁾ Siehe hierzu ua Verweisung von Fusionssachen und Leitfaden zur Anwendung des Verweisungssystems nach Artikel 22 der Fusionskontrollverordnung auf bestimmte Kategorien von Vorhaben.

scheidung den übrigen Mitgliedstaaten und den beteiligten Personen oder Unternehmen mit. ³Trifft die Kommission innerhalb dieser Frist keine Entscheidung, so gilt der Fall entsprechend dem von den beteiligten Personen oder Unternehmen gestellten Antrag als verwiesen.

[5] ¹Beschließt die Kommission die Verweisung des gesamten Falles oder gilt der Fall gemäß den Unterabsätzen 3 und 4 als verwiesen, erfolgt keine Anmeldung gemäß Absatz 1, und das Wettbewerbsrecht des betreffenden Mitgliedstaats findet Anwendung. ²Artikel 9 Absätze 6 bis 9 finden entsprechend Anwendung.

(5)¹⁾ *[1]* Im Fall eines Zusammenschlusses im Sinne des Artikels 3, der keine gemeinschaftsweite Bedeutung im Sinne von Artikel 1 hat und nach dem Wettbewerbsrecht mindestens dreier Mitgliedstaaten geprüft werden könnte, können die in Absatz 2 genannten Personen oder Unternehmen vor einer Anmeldung bei den zuständigen Behörden der Kommission in einem begründeten Antrag mitteilen, dass der Zusammenschluss von der Kommission geprüft werden sollte.

[2] Die Kommission leitet diesen Antrag unverzüglich an alle Mitgliedstaaten weiter.

[3] Jeder Mitgliedstaat, der nach seinem Wettbewerbsrecht für die Prüfung des Zusammenschlusses zuständig ist, kann innerhalb von 15 Arbeitstagen nach Erhalt dieses Antrags die beantragte Verweisung ablehnen.

[4] ¹Lehnt mindestens ein Mitgliedstaat gemäß Unterabsatz 3 innerhalb der Frist von 15 Arbeitstagen die beantragte Verweisung ab, so wird der Fall nicht verwiesen. ²Die Kommission unterrichtet unverzüglich alle Mitgliedstaaten und die beteiligten Personen oder Unternehmen von einer solchen Ablehnung.

[5] ¹Hat kein Mitgliedstaat gemäß Unterabsatz 3 innerhalb von 15 Arbeitstagen die beantragte Verweisung abgelehnt, so wird die gemeinschaftsweite Bedeutung des Zusammenschlusses vermutet und er ist bei der Kommission gemäß den Absätzen 1 und 2 anzumelden. ²In diesem Fall wendet kein Mitgliedstaat sein innerstaatliches Wettbewerbsrecht auf den Zusammenschluss an.

(6) ¹Die Kommission erstattet dem Rat spätestens bis 1. Juli 2009 Bericht über das Funktionieren der Absätze 4 und 5. ²Der Rat kann im Anschluss an diesen Bericht auf Vorschlag der Kommission die Absätze 4 und 5 mit qualifizierter Mehrheit ändern.

Art. 5 Berechnung des Umsatzes. (1) *[1]* ¹Für die Berechnung des Gesamtumsatzes im Sinne dieser Verordnung sind die Umsätze zusammenzuzählen, welche die beteiligten Unternehmen im letzten Geschäftsjahr mit Waren und Dienstleistungen erzielt haben und die dem normalen geschäftlichen Tätigkeitsbereich der Unternehmen zuzuordnen sind, unter Abzug von Erlösschmälerungen, der Mehrwertsteuer und anderer unmittelbar auf den Umsatz bezogener Steuern. ²Bei der Berechnung des Gesamtumsatzes eines beteiligten Unternehmens werden Umsätze zwischen den in Absatz 4 genannten Unternehmen nicht berücksichtigt.

[2] Der in der Gemeinschaft oder in einem Mitgliedstaat erzielte Umsatz umfasst den Umsatz, der mit Waren und Dienstleistungen für Unternehmen

---

¹⁾ Siehe hierzu ua Verweisung von Fusionssachen und Leitfaden zur Anwendung des Verweisungssystems nach Artikel 22 der Fusionskontrollverordnung auf bestimmte Kategorien von Vorhaben.

oder Verbraucher in der Gemeinschaft oder in diesem Mitgliedstaat erzielt wird.

(2) *[1]* Wird der Zusammenschluss durch den Erwerb von Teilen eines oder mehrerer Unternehmen bewirkt, so ist unabhängig davon, ob diese Teile eigene Rechtspersönlichkeit besitzen, abweichend von Absatz 1 aufseiten des Veräußerers nur der Umsatz zu berücksichtigen, der auf die veräußerten Teile entfällt.

[2] Zwei oder mehr Erwerbsvorgänge im Sinne von Unterabsatz 1, die innerhalb von zwei Jahren zwischen denselben Personen oder Unternehmen getätigt werden, werden hingegen als ein einziger Zusammenschluss behandelt, der zum Zeitpunkt des letzten Erwerbsvorgangs stattfindet.

(3) An die Stelle des Umsatzes tritt

a) bei Kredit- und sonstigen Finanzinstituten die Summe der folgenden in der Richtlinie 86/635/EWG des Rates[1] definierten Ertragsposten gegebenenfalls nach Abzug der Mehrwertsteuer und sonstiger direkt auf diese Erträge erhobener Steuern:

i) Zinserträge und ähnliche Erträge,

ii) Erträge aus Wertpapieren:

– Erträge aus Aktien, anderen Anteilsrechten und nicht festverzinslichen Wertpapieren,

– Erträge aus Beteiligungen,

– Erträge aus Anteilen an verbundenen Unternehmen,

iii) Provisionserträge,

iv) Nettoerträge aus Finanzgeschäften,

v) sonstige betriebliche Erträge.

Der Umsatz eines Kredit- oder Finanzinstituts in der Gemeinschaft oder in einem Mitgliedstaat besteht aus den vorerwähnten Ertragsposten, die die in der Gemeinschaft oder dem betreffenden Mitgliedstaat errichtete Zweig- oder Geschäftsstelle des Instituts verbucht;

b) bei Versicherungsunternehmen die Summe der Bruttoprämien; diese Summe umfasst alle vereinnahmten sowie alle noch zu vereinnahmenden Prämien aufgrund von Versicherungsverträgen, die von diesen Unternehmen oder für ihre Rechnung abgeschlossen worden sind, einschließlich etwaiger Rückversicherungsprämien und abzüglich der aufgrund des Betrags der Prämie oder des gesamten Prämienvolumens berechneten Steuern und sonstigen Abgaben. Bei der Anwendung von Artikel 1 Absatz 2 Buchstabe b) und Absatz 3 Buchstaben b), c) und d) sowie den letzten Satzteilen der genannten beiden Absätze ist auf die Bruttoprämien abzustellen, die von in der Gemeinschaft bzw. in einem Mitgliedstaat ansässigen Personen gezahlt werden.

(4) Der Umsatz eines beteiligten Unternehmens im Sinne dieser Verordnung setzt sich unbeschadet des Absatzes 2 zusammen aus den Umsätzen

a) des beteiligten Unternehmens;

b) der Unternehmen, in denen das beteiligte Unternehmen unmittelbar oder mittelbar entweder

---

[1] **Amtl. Anm.:** ABl. L 372 vom 31.12.1986, S. 1. Richtlinie zuletzt geändert durch die Richtlinie 2003/51/EG des Europäischen Parlaments und des Rates.

i) mehr als die Hälfte des Kapitals oder des Betriebsvermögens besitzt oder
ii) über mehr als die Hälfte der Stimmrechte verfügt oder
iii) mehr als die Hälfte der Mitglieder des Aufsichtsrats, des Verwaltungsrats oder der zur gesetzlichen Vertretung berufenen Organe bestellen kann oder
iv) das Recht hat, die Geschäfte des Unternehmens zu führen;
c) der Unternehmen, die in dem beteiligten Unternehmen die unter Buchstabe b) bezeichneten Rechte oder Einflussmöglichkeiten haben;
d) der Unternehmen, in denen ein unter Buchstabe c) genanntes Unternehmen die unter Buchstabe b) bezeichneten Rechte oder Einflussmöglichkeiten hat;
e) der Unternehmen, in denen mehrere der unter den Buchstaben a) bis d) genannten Unternehmen jeweils gemeinsam die in Buchstabe b) bezeichneten Rechte oder Einflussmöglichkeiten haben.

(5) Haben an dem Zusammenschluss beteiligte Unternehmen gemeinsam die in Absatz 4 Buchstabe b) bezeichneten Rechte oder Einflussmöglichkeiten, so gilt für die Berechnung des Umsatzes der beteiligten Unternehmen im Sinne dieser Verordnung folgende Regelung:

a) Nicht zu berücksichtigen sind die Umsätze mit Waren und Dienstleistungen zwischen dem Gemeinschaftsunternehmen und jedem der beteiligten Unternehmen oder mit einem Unternehmen, das mit diesen im Sinne von Absatz 4 Buchstaben b) bis e) verbunden ist.
b) Zu berücksichtigen sind die Umsätze mit Waren und Dienstleistungen zwischen dem Gemeinschaftsunternehmen und jedem dritten Unternehmen. Diese Umsätze sind den beteiligten Unternehmen zu gleichen Teilen zuzurechnen.

Art. 6 Prüfung der Anmeldung und Einleitung des Verfahrens.

(1) Die Kommission beginnt unmittelbar nach dem Eingang der Anmeldung mit deren Prüfung.

a) Gelangt sie zu dem Schluss, dass der angemeldete Zusammenschluss nicht unter diese Verordnung fällt, so stellt sie dies durch Entscheidung fest.
b) Stellt sie fest, dass der angemeldete Zusammenschluss zwar unter diese Verordnung fällt, jedoch keinen Anlass zu ernsthaften Bedenken hinsichtlich seiner Vereinbarkeit mit dem Gemeinsamen Markt gibt, so trifft sie die Entscheidung, keine Einwände zu erheben und erklärt den Zusammenschluss für vereinbar mit dem Gemeinsamen Markt.
Durch eine Entscheidung, mit der ein Zusammenschluss für vereinbar erklärt wird, gelten auch die mit seiner Durchführung unmittelbar verbundenen und für sie notwendigen Einschränkungen als genehmigt.
c) Stellt die Kommission unbeschadet des Absatzes 2 fest, dass der angemeldete Zusammenschluss unter diese Verordnung fällt und Anlass zu ernsthaften Bedenken hinsichtlich seiner Vereinbarkeit mit dem Gemeinsamen Markt gibt, so trifft sie die Entscheidung, das Verfahren einzuleiten. Diese Verfahren werden unbeschadet des Artikels 9 durch eine Entscheidung nach Artikel 8 Absätze 1 bis 4 abgeschlossen, es sei denn, die beteiligten Unternehmen haben der Kommission gegenüber glaubhaft gemacht, dass sie den Zusammenschluss aufgegeben haben.

VO über Kontrolle v. Zusammenschl. **Art. 7 FKVO 17**

(2) *[1]* Stellt die Kommission fest, dass der angemeldete Zusammenschluss nach Änderungen durch die beteiligten Unternehmen keinen Anlass mehr zu ernsthaften Bedenken im Sinne des Absatzes 1 Buchstabe c) gibt, so erklärt sie gemäß Absatz 1 Buchstabe b) den Zusammenschluss für vereinbar mit dem Gemeinsamen Markt.

[2] Die Kommission kann ihre Entscheidung gemäß Absatz 1 Buchstabe b) mit Bedingungen und Auflagen verbinden, um sicherzustellen, dass die beteiligten Unternehmen den Verpflichtungen nachkommen, die sie gegenüber der Kommission hinsichtlich einer mit dem Gemeinsamen Markt zu vereinbarenden Gestaltung des Zusammenschlusses eingegangen sind.

(3) Die Kommission kann eine Entscheidung gemäß Absatz 1 Buchstabe a) oder b) widerrufen, wenn

a) die Entscheidung auf unrichtigen Angaben, die von einem beteiligten Unternehmen zu vertreten sind, beruht oder arglistig herbeigeführt worden ist oder

b) die beteiligten Unternehmen einer in der Entscheidung vorgesehenen Auflage zuwiderhandeln.

(4) In den in Absatz 3 genannten Fällen kann die Kommission eine Entscheidung gemäß Absatz 1 treffen, ohne an die in Artikel 10 Absatz 1 genannten Fristen gebunden zu sein.

(5) Die Kommission teilt ihre Entscheidung den beteiligten Unternehmen und den zuständigen Behörden der Mitgliedstaaten unverzüglich mit.

Art. 7 Aufschub des Vollzugs von Zusammenschlüssen. (1) Ein Zusammenschluss von gemeinschaftsweiter Bedeutung im Sinne des Artikels 1 oder ein Zusammenschluss, der von der Kommission gemäß Artikel 4 Absatz 5 geprüft werden soll, darf weder vor der Anmeldung noch so lange vollzogen werden, bis er aufgrund einer Entscheidung gemäß Artikel 6 Absatz 1 Buchstabe b) oder Artikel 8 Absätze 1 oder 2 oder einer Vermutung gemäß Artikel 10 Absatz 6 für vereinbar mit dem Gemeinsamen Markt erklärt worden ist.

(2) Absatz 1 steht der Verwirklichung von Vorgängen nicht entgegen, bei denen die Kontrolle im Sinne von Artikel 3 von mehreren Veräußerern entweder im Wege eines öffentlichen Übernahmeangebots oder im Wege einer Reihe von Rechtsgeschäften mit Wertpapieren, einschließlich solchen, die in andere zum Handel an einer Börse oder an einem ähnlichen Markt zugelassene Wertpapiere konvertierbar sind, erworben wird, sofern

a) der Zusammenschluss gemäß Artikel 4 unverzüglich bei der Kommission angemeldet wird und

b) der Erwerber die mit den Anteilen verbundenen Stimmrechte nicht ausübt oder nur zur Erhaltung des vollen Wertes seiner Investition aufgrund einer von der Kommission nach Absatz 3 erteilten Freistellung ausübt.

(3) [1] Die Kommission kann auf Antrag eine Freistellung von den in Absatz 1 oder Absatz 2 bezeichneten Pflichten erteilen. [2] Der Antrag auf Freistellung muss mit Gründen versehen sein. [3] Die Kommission beschließt über den Antrag unter besonderer Berücksichtigung der möglichen Auswirkungen des Aufschubs des Vollzugs auf ein oder mehrere an dem Zusammenschluss beteiligte Unternehmen oder auf Dritte sowie der möglichen Gefährdung des Wettbewerbs durch den Zusammenschluss. [4] Die Freistellung kann mit Bedingungen

17 FKVO Art. 8   III. Kartellrecht

und Auflagen verbunden werden, um die Voraussetzungen für einen wirksamen Wettbewerb zu sichern. [5] Sie kann jederzeit, auch vor der Anmeldung oder nach Abschluss des Rechtsgeschäfts, beantragt und erteilt werden.

(4) [1] Die Wirksamkeit eines unter Missachtung des Absatzes 1 abgeschlossenen Rechtsgeschäfts ist von einer nach Artikel 6 Absatz 1 Buchstabe b) oder nach Artikel 8 Absätze 1, 2 oder 3 erlassenen Entscheidung oder von dem Eintritt der in Artikel 10 Absatz 6 vorgesehenen Vermutung abhängig.

[2] Dieser Artikel berührt jedoch nicht die Wirksamkeit von Rechtsgeschäften mit Wertpapieren, einschließlich solcher, die in andere Wertpapiere konvertierbar sind, wenn diese Wertpapiere zum Handel an einer Börse oder an einem ähnlichen Markt zugelassen sind, es sei denn, dass die Käufer und die Verkäufer wussten oder hätten wissen müssen, dass das betreffende Rechtsgeschäft unter Missachtung des Absatzes 1 geschlossen wurde.

Art. 8 Entscheidungsbefugnisse der Kommission. (1) [1] Stellt die Kommission fest, dass ein angemeldeter Zusammenschluss dem in Artikel 2 Absatz 2 festgelegten Kriterium und – in den in Artikel 2 Absatz 4 genannten Fällen – den Kriterien des Artikels 81 Absatz 3 des Vertrags entspricht, so erlässt sie eine Entscheidung, mit der der Zusammenschluss für vereinbar mit dem Gemeinsamen Markt erklärt wird.

[2] Durch eine Entscheidung, mit der ein Zusammenschluss für vereinbar erklärt wird, gelten auch die mit seiner Durchführung unmittelbar verbundenen und für sie notwendigen Einschränkungen als genehmigt.

(2) [1] Stellt die Kommission fest, dass ein angemeldeter Zusammenschluss nach entsprechenden Änderungen durch die beteiligten Unternehmen dem in Artikel 2 Absatz 2 festgelegten Kriterium und – in den in Artikel 2 Absatz 4 genannten Fällen – den Kriterien des Artikels 81 Absatz 3 des Vertrags entspricht, so erlässt sie eine Entscheidung, mit der der Zusammenschluss für vereinbar mit dem Gemeinsamen Markt erklärt wird.

[2] Die Kommission kann ihre Entscheidung mit Bedingungen und Auflagen verbinden, um sicherzustellen, dass die beteiligten Unternehmen den Verpflichtungen nachkommen, die sie gegenüber der Kommission hinsichtlich einer mit dem Gemeinsamen Markt zu vereinbarenden Gestaltung des Zusammenschlusses eingegangen sind.

[3] Durch eine Entscheidung, mit der ein Zusammenschluss für vereinbar erklärt wird, gelten auch die mit seiner Durchführung unmittelbar verbundenen und für sie notwendigen Einschränkungen als genehmigt.

(3) Stellt die Kommission fest, dass ein Zusammenschluss dem in Artikel 2 Absatz 3 festgelegten Kriterium entspricht oder – in den in Artikel 2 Absatz 4 genannten Fällen – den Kriterien des Artikels 81 Absatz 3 des Vertrags nicht entspricht, so erlässt sie eine Entscheidung, mit der der Zusammenschluss für unvereinbar mit dem Gemeinsamen Markt erklärt wird.

(4) [1] Stellt die Kommission fest, dass ein Zusammenschluss

a) bereits vollzogen wurde und dieser Zusammenschluss für unvereinbar mit dem Gemeinsamen Markt erklärt worden ist oder
b) unter Verstoß gegen eine Bedingung vollzogen wurde, unter der eine Entscheidung gemäß Absatz 2 ergangen ist, in der festgestellt wird, dass der Zusammenschluss bei Nichteinhaltung der Bedingung das Kriterium des Artikels 2 Absatz 3 erfüllen würde oder – in den in Artikel 2 Absatz 4

genannten Fällen – die Kriterien des Artikels 81 Absatz 3 des Vertrags nicht erfüllen würde, kann sie die folgenden Maßnahmen ergreifen:

– Sie kann den beteiligten Unternehmen aufgeben, den Zusammenschluss rückgängig zu machen, insbesondere durch die Auflösung der Fusion oder die Veräußerung aller erworbenen Anteile oder Vermögensgegenstände, um den Zustand vor dem Vollzug des Zusammenschlusses wiederherzustellen. Ist es nicht möglich, den Zustand vor dem Vollzug des Zusammenschlusses dadurch wiederherzustellen, dass der Zusammenschluss rückgängig gemacht wird, so kann die Kommission jede andere geeignete Maßnahme treffen, um diesen Zustand soweit wie möglich wiederherzustellen.

– Sie kann jede andere geeignete Maßnahme anordnen, um sicherzustellen, dass die beteiligten Unternehmen den Zusammenschluss rückgängig machen oder andere Maßnahmen zur Wiederherstellung des früheren Zustands nach Maßgabe ihrer Entscheidung ergreifen.

[2] In den in Unterabsatz 1 Buchstabe a) genannten Fällen können die dort genannten Maßnahmen entweder durch eine Entscheidung nach Absatz 3 oder durch eine gesonderte Entscheidung auferlegt werden.

(5) Die Kommission kann geeignete einstweilige Maßnahmen anordnen, um wirksamen Wettbewerb wiederherzustellen oder aufrecht zu erhalten, wenn ein Zusammenschluss

a) unter Verstoß gegen Artikel 7 vollzogen wurde und noch keine Entscheidung über die Vereinbarkeit des Zusammenschlusses mit dem Gemeinsamen Markt ergangen ist;

b) unter Verstoß gegen eine Bedingung vollzogen wurde, unter der eine Entscheidung gemäß Artikel 6 Absatz 1 Buchstabe b) oder Absatz 2 des vorliegenden Artikels ergangen ist;

c) bereits vollzogen wurde und für mit dem Gemeinsamen Markt unvereinbar erklärt wird.

(6) Die Kommission kann eine Entscheidung gemäß Absatz 1 oder Absatz 2 widerrufen, wenn

a) die Vereinbarkeitserklärung auf unrichtigen Angaben beruht, die von einem der beteiligten Unternehmen zu vertreten sind, oder arglistig herbeigeführt worden ist oder

b) die beteiligten Unternehmen einer in der Entscheidung vorgesehenen Auflage zuwiderhandeln.

(7) Die Kommission kann eine Entscheidung gemäß den Absätzen 1 bis 3 treffen, ohne an die in Artikel 10 Absatz 3 genannten Fristen gebunden zu sein, wenn

a) sie feststellt, dass ein Zusammenschluss vollzogen wurde

i) unter Verstoß gegen eine Bedingung, unter der eine Entscheidung gemäß Artikel 6 Absatz 1 Buchstabe b) ergangen ist oder

ii) unter Verstoß gegen eine Bedingung, unter der eine Entscheidung gemäß Absatz 2 ergangen ist, mit der in Einklang mit Artikel 10 Absatz 2 festgestellt wird, dass der Zusammenschluss bei Nichterfüllung der Bedingung Anlass zu ernsthaften Bedenken hinsichtlich seiner Vereinbarkeit mit dem Gemeinsamen Markt geben würde oder

b) eine Entscheidung gemäß Absatz 6 widerrufen wurde.

(8) Die Kommission teilt ihre Entscheidung den beteiligten Unternehmen und den zuständigen Behörden der Mitgliedstaaten unverzüglich mit.

Art. 9[1] **Verweisung an die zuständigen Behörden der Mitgliedstaaten.**
(1) Die Kommission kann einen angemeldeten Zusammenschluss durch Entscheidung unter den folgenden Voraussetzungen an die zuständigen Behörden des betreffenden Mitgliedstaats verweisen; sie unterrichtet die beteiligten Unternehmen und die zuständigen Behörden der übrigen Mitgliedstaaten unverzüglich von dieser Entscheidung.

(2) Ein Mitgliedstaat kann der Kommission, die die beteiligten Unternehmen entsprechend unterrichtet, von Amts wegen oder auf Aufforderung durch die Kommission binnen 15 Arbeitstagen nach Erhalt der Kopie der Anmeldung mitteilen, dass

a) ein Zusammenschluss den Wettbewerb auf einem Markt in diesem Mitgliedstaat, der alle Merkmale eines gesonderten Marktes aufweist, erheblich zu beeinträchtigen droht oder

b) ein Zusammenschluss den Wettbewerb auf einem Markt in diesem Mitgliedstaat beeinträchtigen würde, der alle Merkmale eines gesonderten Marktes aufweist und keinen wesentlichen Teil des Gemeinsamen Marktes darstellt.

(3) *[1]* Ist die Kommission der Auffassung, dass unter Berücksichtigung des Marktes der betreffenden Waren oder Dienstleistungen und des räumlichen Referenzmarktes im Sinne des Absatzes 7 ein solcher gesonderter Markt und eine solche Gefahr bestehen,

a) so behandelt sie entweder den Fall nach Maßgabe dieser Verordnung selbst oder

b) verweist die Gesamtheit oder einen Teil des Falls an die zuständigen Behörden des betreffenden Mitgliedstaats, damit das Wettbewerbsrecht dieses Mitgliedstaats angewandt wird.

[2] Ist die Kommission dagegen der Auffassung, dass ein solcher gesonderter Markt oder eine solche Gefahr nicht besteht, so stellt sie dies durch Entscheidung fest, die sie an den betreffenden Mitgliedstaat richtet, und behandelt den Fall nach Maßgabe dieser Verordnung selbst.

[3] In Fällen, in denen ein Mitgliedstaat der Kommission gemäß Absatz 2 Buchstabe b) mitteilt, dass ein Zusammenschluss in seinem Gebiet einen gesonderten Markt beeinträchtigt, der keinen wesentlichen Teil des Gemeinsamen Marktes darstellt, verweist die Kommission den gesamten Fall oder den Teil des Falls, der den gesonderten Markt betrifft, an die zuständigen Behörden des betreffenden Mitgliedstaats, wenn sie der Auffassung ist, dass ein gesonderter Markt betroffen ist.

(4) Die Entscheidung über die Verweisung oder Nichtverweisung nach Absatz 3 ergeht

a) in der Regel innerhalb der in Artikel 10 Absatz 1 Unterabsatz 2 genannten Frist, falls die Kommission das Verfahren nach Artikel 6 Absatz 1 Buchstabe b) nicht eingeleitet hat; oder

---

[1] Siehe hierzu ua Verweisung von Fusionssachen und Leitfaden zur Anwendung des Verweisungssystems nach Artikel 22 der Fusionskontrollverordnung auf bestimmte Kategorien von Vorhaben.

VO über Kontrolle v. Zusammenschl. **Art. 10 FKVO 17**

b) spätestens 65 Arbeitstage nach der Anmeldung des Zusammenschlusses, wenn die Kommission das Verfahren nach Artikel 6 Absatz 1 Buchstabe c) eingeleitet, aber keine vorbereitenden Schritte zum Erlass der nach Artikel 8 Absätze 2, 3 oder 4 erforderlichen Maßnahmen unternommen hat, um wirksamen Wettbewerb auf dem betroffenen Markt aufrechtzuerhalten oder wiederherzustellen.

(5) Hat die Kommission trotz Erinnerung durch den betreffenden Mitgliedstaat innerhalb der in Absatz 4 Buchstabe b) bezeichneten Frist von 65 Arbeitstagen weder eine Entscheidung gemäß Absatz 3 über die Verweisung oder Nichtverweisung erlassen noch die in Absatz 4 Buchstabe b) bezeichneten vorbereitenden Schritte unternommen, so gilt die unwiderlegbare Vermutung, dass sie den Fall nach Absatz 3 Buchstabe b) an den betreffenden Mitgliedstaat verwiesen hat.

(6) *[1]* Die zuständigen Behörden des betreffenden Mitgliedstaats entscheiden ohne unangemessene Verzögerung über den Fall.

[2] ¹Innerhalb von 45 Arbeitstagen nach der Verweisung von der Kommission teilt die zuständige Behörde des betreffenden Mitgliedstaats den beteiligten Unternehmen das Ergebnis einer vorläufigen wettbewerbsrechtlichen Prüfung sowie die gegebenenfalls von ihr beabsichtigten Maßnahmen mit. ²Der betreffende Mitgliedstaat kann diese Frist ausnahmsweise hemmen, wenn die beteiligten Unternehmen die noch nach seinem innerstaatlichen Wettbewerbsrecht zu übermittelnden erforderlichen Angaben nicht gemacht haben.

[3] Schreibt das einzelstaatliche Recht eine Anmeldung vor, so beginnt die Frist von 45 Arbeitstagen an dem Arbeitstag, der auf den Eingang der vollständigen Anmeldung bei der zuständigen Behörde des betreffenden Mitgliedstaats folgt.

(7) ¹Der räumliche Referenzmarkt besteht aus einem Gebiet, auf dem die beteiligten Unternehmen als Anbieter oder Nachfrager von Waren oder Dienstleistungen auftreten, in dem die Wettbewerbsbedingungen hinreichend homogen sind und das sich von den benachbarten Gebieten unterscheidet; dies trifft insbesondere dann zu, wenn die in ihm herrschenden Wettbewerbsbedingungen sich von denen in den letztgenannten Gebieten deutlich unterscheiden. ²Bei dieser Beurteilung ist insbesondere auf die Art und die Eigenschaften der betreffenden Waren oder Dienstleistungen abzustellen, ferner auf das Vorhandensein von Zutrittsschranken, auf Verbrauchergewohnheiten sowie auf das Bestehen erheblicher Unterschiede bei den Marktanteilen der Unternehmen oder auf nennenswerte Preisunterschiede zwischen dem betreffenden Gebiet und den benachbarten Gebieten.

(8) In Anwendung dieses Artikels kann der betreffende Mitgliedstaat nur die Maßnahmen ergreifen, die zur Aufrechterhaltung oder Wiederherstellung wirksamen Wettbewerbs auf dem betreffenden Markt unbedingt erforderlich sind.

(9) Zwecks Anwendung seines innerstaatlichen Wettbewerbsrechts kann jeder Mitgliedstaat nach Maßgabe der einschlägigen Vorschriften des Vertrags beim Gerichtshof Klage erheben und insbesondere die Anwendung des Artikels 243 des Vertrags beantragen.

Art. 10 Fristen für die Einleitung des Verfahrens und für Entscheidungen. (1) *[1]* ¹Unbeschadet von Artikel 6 Absatz 4 ergehen die Entscheidungen nach Artikel 6 Absatz 1 innerhalb von höchstens 25 Arbeitstagen. ²Die Frist beginnt mit dem Arbeitstag, der auf den Tag des Eingangs der Anmeldung folgt, oder, wenn die bei der Anmeldung zu erteilenden Auskünfte unvollständig sind, mit dem Arbeitstag, der auf den Tag des Eingangs der vollständigen Auskünfte folgt.

[2] Diese Frist beträgt 35 Arbeitstage, wenn der Kommission ein Antrag eines Mitgliedstaats gemäß Artikel 9 Absatz 2 zugeht oder wenn die beteiligten Unternehmen gemäß Artikel 6 Absatz 2 anbieten, Verpflichtungen einzugehen, um den Zusammenschluss in einer mit dem Gemeinsamen Markt zu vereinbarenden Weise zu gestalten.

(2) Entscheidungen nach Artikel 8 Absatz 1 oder 2 über angemeldete Zusammenschlüsse sind zu erlassen, sobald offenkundig ist, dass die ernsthaften Bedenken im Sinne des Artikels 6 Absatz 1 Buchstabe c) – insbesondere durch von den beteiligten Unternehmen vorgenommene Änderungen – ausgeräumt sind, spätestens jedoch vor Ablauf der nach Absatz 3 festgesetzten Frist.

(3) *[1]* ¹Unbeschadet des Artikels 8 Absatz 7 müssen die in Artikel 8 Absätze 1 bis 3 bezeichneten Entscheidungen über angemeldete Zusammenschlüsse innerhalb einer Frist von höchstens 90 Arbeitstagen nach der Einleitung des Verfahrens erlassen werden. ²Diese Frist erhöht sich auf 105 Arbeitstage, wenn die beteiligten Unternehmen gemäß Artikel 8 Absatz 2 Unterabsatz 2 anbieten, Verpflichtungen einzugehen, um den Zusammenschluss in einer mit dem Gemeinsamen Markt zu vereinbarenden Weise zu gestalten, es sei denn, dieses Angebot wurde weniger als 55 Arbeitstage nach Einleitung des Verfahrens unterbreitet.

[2] ¹Die Fristen gemäß Unterabsatz 1 werden ebenfalls verlängert, wenn die Anmelder dies spätestens 15 Arbeitstage nach Einleitung des Verfahrens gemäß Artikel 6 Absatz 1 Buchstabe c) beantragen. ²Die Anmelder dürfen eine solche Fristverlängerung nur einmal beantragen. ³Ebenso kann die Kommission die Fristen gemäß Unterabsatz 1 jederzeit nach Einleitung des Verfahrens mit Zustimmung der Anmelder verlängern. ⁴Die Gesamtdauer aller etwaigen Fristverlängerungen nach diesem Unterabsatz darf 20 Arbeitstage nicht übersteigen.

(4) *[1]* Die in den Absätzen 1 und 3 genannten Fristen werden ausnahmsweise gehemmt, wenn die Kommission durch Umstände, die von einem an dem Zusammenschluss beteiligten Unternehmen zu vertreten sind, eine Auskunft im Wege einer Entscheidung nach Artikel 11 anfordern oder im Wege einer Entscheidung nach Artikel 13 eine Nachprüfung anordnen musste.

[2] Unterabsatz 1 findet auch auf die Frist gemäß Artikel 9 Absatz 4 Buchstabe b) Anwendung.

(5) *[1]* Wird eine Entscheidung der Kommission, die einer in diesem Artikel festgesetzten Frist unterliegt, durch Urteil des Gerichtshofs ganz oder teilweise für nichtig erklärt, so wird der Zusammenschluss erneut von der Kommission geprüft; die Prüfung wird mit einer Entscheidung nach Artikel 6 Absatz 1 abgeschlossen.

[2] Der Zusammenschluss wird unter Berücksichtigung der aktuellen Marktverhältnisse erneut geprüft.

[3] ¹Ist die ursprüngliche Anmeldung nicht mehr vollständig, weil sich die Marktverhältnisse oder die in der Anmeldung enthaltenen Angaben geändert haben, so legen die Anmelder unverzüglich eine neue Anmeldung vor oder

ergänzen ihre ursprüngliche Anmeldung. ²Sind keine Änderungen eingetreten, so bestätigen die Anmelder dies unverzüglich.

[4] Die in Absatz 1 festgelegten Fristen beginnen mit dem Arbeitstag, der auf den Tag des Eingangs der vollständigen neuen Anmeldung, der Anmeldungsergänzung oder der Bestätigung im Sinne von Unterabsatz 3 folgt.

[5] Die Unterabsätze 2 und 3 finden auch in den in Artikel 6 Absatz 4 und Artikel 8 Absatz 7 bezeichneten Fällen Anwendung.

(6) Hat die Kommission innerhalb der in Absatz 1 beziehungsweise Absatz 3 genannten Fristen keine Entscheidung nach Artikel 6 Absatz 1 Buchstabe b) oder c) oder nach Artikel 8 Absätze 1, 2 oder 3 erlassen, so gilt der Zusammenschluss unbeschadet des Artikels 9 als für mit dem Gemeinsamen Markt vereinbar erklärt.

Art. 11 Auskunftsverlangen. (1) Die Kommission kann zur Erfüllung der ihr durch diese Verordnung übertragenen Aufgaben von den in Artikel 3 Absatz 1 Buchstabe b) bezeichneten Personen sowie von Unternehmen und Unternehmensvereinigungen durch einfaches Auskunftsverlangen oder durch Entscheidung verlangen, dass sie alle erforderlichen Auskünfte erteilen.

(2) Richtet die Kommission ein einfaches Auskunftsverlangen an eine Person, ein Unternehmen oder eine Unternehmensvereinigung, so gibt sie darin die Rechtsgrundlagen und den Zweck des Auskunftsverlangens, die Art der benötigten Auskünfte und die Frist für die Erteilung der Auskünfte an und weist auf die in Artikel 14 für den Fall der Erteilung einer unrichtigen oder irreführenden Auskunft vorgesehenen Sanktionen hin.

(3) ¹Verpflichtet die Kommission eine Person, ein Unternehmen oder eine Unternehmensvereinigung durch Entscheidung zur Erteilung von Auskünften, so gibt sie darin die Rechtsgrundlage, den Zweck des Auskunftsverlangens, die Art der benötigten Auskünfte und die Frist für die Erteilung der Auskünfte an. ²In der Entscheidung ist ferner auf die in Artikel 14 beziehungsweise Artikel 15 vorgesehenen Sanktionen hinzuweisen; gegebenenfalls kann auch ein Zwangsgeld gemäß Artikel 15 festgesetzt werden. ³Außerdem enthält die Entscheidung einen Hinweis auf das Recht, vor dem Gerichtshof gegen die Entscheidung Klage zu erheben.

(4) ¹Zur Erteilung der Auskünfte sind die Inhaber der Unternehmen oder deren Vertreter, bei juristischen Personen, Gesellschaften und nicht rechtsfähigen Vereinen die nach Gesetz oder Satzung zur Vertretung berufenen Personen verpflichtet. ²Ordnungsgemäß bevollmächtigte Personen können die Auskünfte im Namen ihrer Mandanten erteilen. ³Letztere bleiben in vollem Umfang dafür verantwortlich, dass die erteilten Auskünfte vollständig, sachlich richtig und nicht irreführend sind.

(5) ¹Die Kommission übermittelt den zuständigen Behörden des Mitgliedstaats, in dessen Hoheitsgebiet sich der Wohnsitz der Person oder der Sitz des Unternehmens oder der Unternehmensvereinigung befindet, sowie der zuständigen Behörde des Mitgliedstaats, dessen Hoheitsgebiet betroffen ist, unverzüglich eine Kopie der nach Absatz 3 erlassenen Entscheidung. ²Die Kommission übermittelt der zuständigen Behörde eines Mitgliedstaats auch die Kopien einfacher Auskunftsverlangen in Bezug auf einen angemeldeten Zusammenschluss, wenn die betreffende Behörde diese ausdrücklich anfordert.

(6) Die Regierungen und zuständigen Behörden der Mitgliedstaaten erteilen der Kommission auf Verlangen alle Auskünfte, die sie zur Erfüllung der ihr durch diese Verordnung übertragenen Aufgaben benötigt.

(7) *[1]* ¹Zur Erfüllung der ihr durch diese Verordnung übertragenen Aufgaben kann die Kommission alle natürlichen und juristischen Personen befragen, die dieser Befragung zum Zweck der Einholung von Informationen über einen Untersuchungsgegenstand zustimmen. ²Zu Beginn der Befragung, die telefonisch oder mit anderen elektronischen Mitteln erfolgen kann, gibt die Kommission die Rechtsgrundlage und den Zweck der Befragung an.

[2] ¹Findet eine Befragung weder in den Räumen der Kommission noch telefonisch oder mit anderen elektronischen Mitteln statt, so informiert die Kommission zuvor die zuständige Behörde des Mitgliedstaats, in dessen Hoheitsgebiet die Befragung erfolgt. ²Auf Verlangen der zuständigen Behörde dieses Mitgliedstaats können deren Bedienstete die Bediensteten der Kommission und die anderen von der Kommission zur Durchführung der Befragung ermächtigten Personen unterstützen.

Art. 12 Nachprüfungen durch Behörden der Mitgliedstaaten. (1) ¹Auf Ersuchen der Kommission nehmen die zuständigen Behörden der Mitgliedstaaten diejenigen Nachprüfungen vor, die die Kommission gemäß Artikel 13 Absatz 1 für angezeigt hält oder die sie in einer Entscheidung gemäß Artikel 13 Absatz 4 angeordnet hat. ²Die mit der Durchführung der Nachprüfungen beauftragten Bediensteten der zuständigen Behörden der Mitgliedstaaten sowie die von ihnen ermächtigten oder benannten Personen üben ihre Befugnisse nach Maßgabe ihres innerstaatlichen Rechts aus.

(2) Die Bediensteten der Kommission und andere von ihr ermächtigte Begleitpersonen können auf Anweisung der Kommission oder auf Ersuchen der zuständigen Behörde des Mitgliedstaats, in dessen Hoheitsgebiet die Nachprüfung vorgenommen werden soll, die Bediensteten dieser Behörde unterstützen.

Art. 13 Nachprüfungsbefugnisse der Kommission. (1) Die Kommission kann zur Erfüllung der ihr durch diese Verordnung übertragenen Aufgaben bei Unternehmen und Unternehmensvereinigungen alle erforderlichen Nachprüfungen vornehmen.

(2) Die mit den Nachprüfungen beauftragten Bediensteten der Kommission und die anderen von ihr ermächtigten Begleitpersonen sind befugt,

a) alle Räumlichkeiten, Grundstücke und Transportmittel der Unternehmen und Unternehmensvereinigungen zu betreten,

b) die Bücher und sonstigen Geschäftsunterlagen, unabhängig davon, in welcher Form sie vorliegen, zu prüfen,

c) Kopien oder Auszüge gleich in welcher Form aus diesen Büchern und Geschäftsunterlagen anzufertigen oder zu verlangen,

d) alle Geschäftsräume und Bücher oder Unterlagen für die Dauer der Nachprüfung in dem hierfür erforderlichen Ausmaß zu versiegeln,

e) von allen Vertretern oder Beschäftigten des Unternehmens oder der Unternehmensvereinigung Erläuterungen zu Sachverhalten oder Unterlagen zu verlangen, die mit Gegenstand und Zweck der Nachprüfung in Zusammenhang stehen, und ihre Antworten aufzuzeichnen.

VO über Kontrolle v. Zusammenschl. **Art. 14 FKVO 17**

(3) ¹Die mit der Nachprüfung beauftragten Bediensteten der Kommission und die anderen von ihr ermächtigten Begleitpersonen üben ihre Befugnisse unter Vorlage eines schriftlichen Auftrags aus, in dem der Gegenstand und der Zweck der Nachprüfung bezeichnet sind und in dem auf die in Artikel 14 vorgesehenen Sanktionen für den Fall hingewiesen wird, dass die angeforderten Bücher oder sonstigen Geschäftsunterlagen nicht vollständig vorgelegt werden oder die Antworten auf die nach Absatz 2 gestellten Fragen unrichtig oder irreführend sind. ²Die Kommission unterrichtet die zuständige Behörde des Mitgliedstaats, in dessen Hoheitsgebiet die Nachprüfung vorgenommen werden soll, rechtzeitig vor deren Beginn über den Prüfungsauftrag.

(4) ¹Unternehmen und Unternehmensvereinigungen sind verpflichtet, die Nachprüfungen zu dulden, die die Kommission durch Entscheidung angeordnet hat. ²Die Entscheidung bezeichnet den Gegenstand und den Zweck der Nachprüfung, bestimmt den Zeitpunkt des Beginns der Nachprüfung und weist auf die in Artikel 14 und Artikel 15 vorgesehenen Sanktionen sowie auf das Recht hin, vor dem Gerichtshof Klage gegen die Entscheidung zu erheben. ³Die Kommission erlässt diese Entscheidung nach Anhörung der zuständigen Behörde des Mitgliedstaats, in dessen Hoheitsgebiet die Nachprüfung vorgenommen werden soll.

(5) ¹Die Bediensteten der zuständigen Behörde des Mitgliedstaats, in dessen Hoheitsgebiet die Nachprüfung vorgenommen werden soll, sowie die von dieser Behörde ermächtigten oder benannten Personen unterstützen auf Anweisung dieser Behörde oder auf Ersuchen der Kommission die Bediensteten der Kommission und die anderen von ihr ermächtigten Begleitpersonen aktiv. ²Sie verfügen hierzu über die in Absatz 2 genannten Befugnisse.

(6) Stellen die Bediensteten der Kommission oder die anderen von ihr ermächtigten Begleitpersonen fest, dass sich ein Unternehmen einer aufgrund dieses Artikels angeordneten Nachprüfung, einschließlich der Versiegelung der Geschäftsräume, Bücher oder Geschäftsunterlagen, widersetzt, so leistet der betreffende Mitgliedstaat die erforderliche Amtshilfe, gegebenenfalls unter Einsatz der Polizei oder anderer gleichwertiger Vollzugsorgane, damit die Bediensteten der Kommission und die anderen von ihr ermächtigten Begleitpersonen ihren Nachprüfungsauftrag erfüllen können.

(7) ¹Setzt die Amtshilfe nach Absatz 6 nach einzelstaatlichem Recht eine gerichtliche Genehmigung voraus, so ist diese zu beantragen. ²Die Genehmigung kann auch vorsorglich beantragt werden.

(8) ¹Wurde eine gerichtliche Genehmigung gemäß Absatz 7 beantragt, prüft das einzelstaatliche Gericht die Echtheit der Kommissionsentscheidung und vergewissert sich, dass die beabsichtigten Zwangsmaßnahmen weder willkürlich noch – gemessen am Gegenstand der Nachprüfung – unverhältnismäßig sind. ²Bei der Prüfung der Verhältnismäßigkeit der Zwangsmaßnahmen kann das einzelstaatliche Gericht die Kommission unmittelbar oder über die zuständige Behörde des betreffenden Mitgliedstaats um ausführliche Erläuterungen zum Gegenstand der Nachprüfung ersuchen. ³Das einzelstaatliche Gericht darf jedoch weder die Notwendigkeit der Nachprüfung in Frage stellen noch Auskünfte aus den Akten der Kommission verlangen. ⁴Die Prüfung der Rechtmäßigkeit der Kommissionsentscheidung ist dem Gerichtshof vorbehalten.

Art. 14 Geldbußen. (1) Die Kommission kann gegen die in Artikel 3 Absatz 1 Buchstabe b) bezeichneten Personen, gegen Unternehmen und Unternehmensvereinigungen durch Entscheidung Geldbußen bis zu einem Höchstbetrag von 1 % des von dem beteiligten Unternehmen oder der beteiligten Unternehmensvereinigung erzielten Gesamtumsatzes im Sinne von Artikel 5 festsetzen, wenn sie vorsätzlich oder fahrlässig

a) in einem Antrag, einer Bestätigung, einer Anmeldung oder Anmeldungsergänzung nach Artikel 4, Artikel 10 Absatz 5 oder Artikel 22 Absatz 3 unrichtige oder irreführende Angaben machen,

b) bei der Erteilung einer nach Artikel 11 Absatz 2 verlangten Auskunft unrichtige oder irreführende Angaben machen,

c) bei der Erteilung einer durch Entscheidung gemäß Artikel 11 Absatz 3 verlangten Auskunft unrichtige, unvollständige oder irreführende Angaben machen oder die Auskunft nicht innerhalb der gesetzten Frist erteilen,

d) bei Nachprüfungen nach Artikel 13 die angeforderten Bücher oder sonstigen Geschäftsunterlagen nicht vollständig vorlegen oder die in einer Entscheidung nach Artikel 13 Absatz 4 angeordneten Nachprüfungen nicht dulden,

e) in Beantwortung einer nach Artikel 13 Absatz 2 Buchstabe e) gestellten Frage
   – eine unrichtige oder irreführende Antwort erteilen,
   – eine von einem Beschäftigten erteilte unrichtige, unvollständige oder irreführende Antwort nicht innerhalb einer von der Kommission gesetzten Frist berichtigen oder
   – in Bezug auf Fakten im Zusammenhang mit dem Gegenstand und dem Zweck einer durch Entscheidung nach Artikel 13 Absatz 4 angeordneten Nachprüfung keine vollständige Antwort erteilen oder eine vollständige Antwort verweigern,

f) die von den Bediensteten der Kommission oder den anderen von ihr ermächtigten Begleitpersonen nach Artikel 13 Absatz 2 Buchstabe d) angebrachten Siegel gebrochen haben.

(2) Die Kommission kann gegen die in Artikel 3 Absatz 1 Buchstabe b) bezeichneten Personen oder die beteiligten Unternehmen durch Entscheidung Geldbußen in Höhe von bis zu 10 % des von den beteiligten Unternehmen erzielten Gesamtumsatzes im Sinne von Artikel 5 festsetzen, wenn sie vorsätzlich oder fahrlässig

a) einen Zusammenschluss vor seinem Vollzug nicht gemäß Artikel 4 oder gemäß Artikel 22 Absatz 3 anmelden, es sei denn, dies ist ausdrücklich gemäß Artikel 7 Absatz 2 oder aufgrund einer Entscheidung gemäß Artikel 7 Absatz 3 zulässig,

b) einen Zusammenschluss unter Verstoß gegen Artikel 7 vollziehen,

c) einen durch Entscheidung nach Artikel 8 Absatz 3 für unvereinbar mit dem Gemeinsamen Markt erklärten Zusammenschluss vollziehen oder den in einer Entscheidung nach Artikel 8 Absatz 4 oder 5 angeordneten Maßnahmen nicht nachkommen,

d) einer durch Entscheidung nach Artikel 6 Absatz 1 Buchstabe b), Artikel 7 Absatz 3 oder Artikel 8 Absatz 2 Unterabsatz 2 auferlegten Bedingung oder Auflage zuwiderhandeln.

(3) Bei der Festsetzung der Höhe der Geldbuße ist die Art, die Schwere und die Dauer der Zuwiderhandlung zu berücksichtigen.

(4) Die Entscheidungen aufgrund der Absätze 1, 2 und 3 sind nicht strafrechtlicher Art.

Art. 15 Zwangsgelder. (1) Die Kommission kann gegen die in Artikel 3 Absatz 1 Buchstabe b) bezeichneten Personen, gegen Unternehmen oder Unternehmensvereinigungen durch Entscheidung ein Zwangsgeld bis zu einem Höchstbetrag von 5 % des durchschnittlichen täglichen Gesamtumsatzes des beteiligten Unternehmens oder der beteiligten Unternehmensvereinigung im Sinne von Artikel 5 für jeden Arbeitstag des Verzugs von dem in ihrer Entscheidung bestimmten Zeitpunkt an festsetzen, um sie zu zwingen,

a) eine Auskunft, die sie in einer Entscheidung nach Artikel 11 Absatz 3 angefordert hat, vollständig und sachlich richtig zu erteilen,

b) eine Nachprüfung zu dulden, die sie in einer Entscheidung nach Artikel 13 Absatz 4 angeordnet hat,

c) einer durch Entscheidung nach Artikel 6 Absatz 1 Buchstabe b), Artikel 7 Absatz 3 oder Artikel 8 Absatz 2 Unterabsatz 2 auferlegten Auflage nachzukommen oder

d) den in einer Entscheidung nach Artikel 8 Absatz 4 oder 5 angeordneten Maßnahmen nachzukommen.

(2) Sind die in Artikel 3 Absatz 1 Buchstabe b) bezeichneten Personen, Unternehmen oder Unternehmensvereinigungen der Verpflichtung nachgekommen, zu deren Erfüllung das Zwangsgeld festgesetzt worden war, so kann die Kommission die endgültige Höhe des Zwangsgeldes auf einen Betrag festsetzen, der unter dem Betrag liegt, der sich aus der ursprünglichen Entscheidung ergeben würde.

Art. 16 Kontrolle durch den Gerichtshof. Bei Klagen gegen Entscheidungen der Kommission, in denen eine Geldbuße oder ein Zwangsgeld festgesetzt ist, hat der Gerichtshof die Befugnis zu unbeschränkter Ermessensnachprüfung der Entscheidung im Sinne von Artikel 229 des Vertrags; er kann die Geldbuße oder das Zwangsgeld aufheben, herabsetzen oder erhöhen.

Art. 17 Berufsgeheimnis. (1) Die bei Anwendung dieser Verordnung erlangten Kenntnisse dürfen nur zu dem mit der Auskunft, Ermittlung oder Anhörung verfolgten Zweck verwertet werden.

(2) Unbeschadet des Artikels 4 Absatz 3 sowie der Artikel 18 und 20 sind die Kommission und die zuständigen Behörden der Mitgliedstaaten sowie ihre Beamten und sonstigen Bediensteten, alle sonstigen, unter Aufsicht dieser Behörden handelnden Personen und die Beamten und Bediensteten anderer Behörden der Mitgliedstaaten verpflichtet, Kenntnisse nicht preiszugeben, die sie bei Anwendung dieser Verordnung erlangt haben und die ihrem Wesen nach unter das Berufsgeheimnis fallen.

(3) Die Absätze 1 und 2 stehen der Veröffentlichung von Übersichten oder Zusammenfassungen, die keine Angaben über einzelne Unternehmen oder Unternehmensvereinigungen enthalten, nicht entgegen.

Art. 18 Anhörung Beteiligter und Dritter. (1) Vor Entscheidungen nach Artikel 6 Absatz 3, Artikel 7 Absatz 3, Artikel 8 Absätze 2 bis 6, Artikel 14 und Artikel 15 gibt die Kommission den betroffenen Personen, Unternehmen und Unternehmensvereinigungen Gelegenheit, sich zu den ihnen gegenüber geltend gemachten Einwänden in allen Abschnitten des Verfahrens bis zur Anhörung des Beratenden Ausschusses zu äußern.

(2) Abweichend von Absatz 1 können Entscheidungen nach Artikel 7 Absatz 3 und Artikel 8 Absatz 5 vorläufig erlassen werden, ohne den betroffenen Personen, Unternehmen oder Unternehmensvereinigungen zuvor Gelegenheit zur Äußerung zu geben, sofern die Kommission dies unverzüglich nach dem Erlass ihrer Entscheidung nachholt.

(3) [1] Die Kommission stützt ihre Entscheidungen nur auf die Einwände, zu denen die Betroffenen Stellung nehmen konnten. [2] Das Recht der Betroffenen auf Verteidigung während des Verfahrens wird in vollem Umfang gewährleistet. [3] Zumindest die unmittelbar Betroffenen haben das Recht der Akteneinsicht, wobei die berechtigten Interessen der Unternehmen an der Wahrung ihrer Geschäftsgeheimnisse zu berücksichtigen sind.

(4) [1] Sofern die Kommission oder die zuständigen Behörden der Mitgliedstaaten es für erforderlich halten, können sie auch andere natürliche oder juristische Personen anhören. [2] Wenn natürliche oder juristische Personen, die ein hinreichendes Interesse darlegen, und insbesondere Mitglieder der Leitungsorgane der beteiligten Unternehmen oder rechtlich anerkannte Vertreter der Arbeitnehmer dieser Unternehmen einen Antrag auf Anhörung stellen, so ist ihrem Antrag stattzugeben.

Art. 19 Verbindung mit den Behörden der Mitgliedstaaten. (1) [1] Die Kommission übermittelt den zuständigen Behörden der Mitgliedstaaten binnen dreier Arbeitstage eine Kopie der Anmeldungen und sobald wie möglich die wichtigsten Schriftstücke, die in Anwendung dieser Verordnung bei ihr eingereicht oder von ihr erstellt werden. [2] Zu diesen Schriftstücken gehören auch die Verpflichtungszusagen, die die beteiligten Unternehmen der Kommission angeboten haben, um den Zusammenschluss gemäß Artikel 6 Absatz 2 oder Artikel 8 Absatz 2 Unterabsatz 2 in einer mit dem Gemeinsamen Markt zu vereinbarenden Weise zu gestalten.

(2) [1] Die Kommission führt die in dieser Verordnung vorgesehenen Verfahren in enger und stetiger Verbindung mit den zuständigen Behörden der Mitgliedstaaten durch; diese sind berechtigt, zu diesen Verfahren Stellung zu nehmen. [2] Im Hinblick auf die Anwendung des Artikels 9 nimmt sie die in Artikel 9 Absatz 2 bezeichneten Mitteilungen der zuständigen Behörden der Mitgliedstaaten entgegen; sie gibt ihnen Gelegenheit, sich in allen Abschnitten des Verfahrens bis zum Erlass einer Entscheidung nach Artikel 9 Absatz 3 zu äußern und gewährt ihnen zu diesem Zweck Akteneinsicht.

(3) Ein Beratender Ausschuss für die Kontrolle von Unternehmenszusammenschlüssen ist vor jeder Entscheidung nach Artikel 8 Absätze 1 bis 6 und Artikel 14 oder 15, ausgenommen vorläufige Entscheidungen nach Artikel 18 Absatz 2, zu hören.

(4) [1] Der Beratende Ausschuss setzt sich aus Vertretern der zuständigen Behörden der Mitgliedstaaten zusammen. [2] Jeder Mitgliedstaat bestimmt einen oder zwei Vertreter, die im Fall der Verhinderung durch jeweils einen anderen Vertreter ersetzt werden können. [3] Mindestens einer dieser Vertreter muss für Kartell- und Monopolfragen zuständig sein.

(5) [1] Die Anhörung erfolgt in einer gemeinsamen Sitzung, die die Kommission anberaumt und in der sie den Vorsitz führt. [2] Der Einladung zur Sitzung

sind eine Darstellung des Sachverhalts unter Angabe der wichtigsten Schriftstücke sowie ein Entscheidungsentwurf für jeden zu behandelnden Fall beizufügen. ³Die Sitzung findet frühestens zehn Arbeitstage nach Versendung der Einladung statt. ⁴Die Kommission kann diese Frist in Ausnahmefällen entsprechend verkürzen, um schweren Schaden von einem oder mehreren an dem Zusammenschluss beteiligten Unternehmen abzuwenden.

(6) ¹Der Beratende Ausschuss gibt seine Stellungnahme zu dem Entscheidungsentwurf der Kommission – erforderlichenfalls durch Abstimmung – ab. ²Der Beratende Ausschuss kann seine Stellungnahme abgeben, auch wenn Mitglieder des Ausschusses und ihre Vertreter nicht anwesend sind. ³Diese Stellungnahme ist schriftlich niederzulegen und dem Entscheidungsentwurf beizufügen. ⁴Die Kommission berücksichtigt soweit wie möglich die Stellungnahme des Ausschusses. ⁵Sie unterrichtet den Ausschuss darüber, inwieweit sie seine Stellungnahme berücksichtigt hat.

(7) ¹Die Kommission übermittelt den Adressaten der Entscheidung die Stellungnahme des Beratenden Ausschusses zusammen mit der Entscheidung. ²Sie veröffentlicht die Stellungnahme zusammen mit der Entscheidung unter Berücksichtigung der berechtigten Interessen der Unternehmen an der Wahrung ihrer Geschäftsgeheimnisse.

Art. 20 Veröffentlichung von Entscheidungen. (1) Die Kommission veröffentlicht die nach Artikel 8 Absätze 1 bis 6 sowie Artikel 14 und 15 erlassenen Entscheidungen, ausgenommen vorläufige Entscheidungen nach Artikel 18 Absatz 2, zusammen mit der Stellungnahme des Beratenden Ausschusses im *Amtsblatt der Europäischen Union*.

(2) Die Veröffentlichung erfolgt unter Angabe der Beteiligten und des wesentlichen Inhalts der Entscheidung; sie muss den berechtigten Interessen der Unternehmen an der Wahrung ihrer Geschäftsgeheimnisse Rechnung tragen.

Art. 21 Anwendung dieser Verordnung und Zuständigkeit. (1) Diese Verordnung gilt allein für Zusammenschlüsse im Sinne des Artikels 3; die Verordnungen (EG) Nr. 1/2003[1)2)], (EWG) Nr. 1017/68[3)], (EWG) Nr. 4056/86[4)] und (EWG) Nr. 3975/87[5)] des Rates gelten nicht, außer für Gemeinschaftsunternehmen, die keine gemeinschaftsweite Bedeutung haben und die Koordinierung des Wettbewerbsverhaltens unabhängig bleibender Unternehmen bezwecken oder bewirken.

(2) Vorbehaltlich der Nachprüfung durch den Gerichtshof ist die Kommission ausschließlich dafür zuständig, die in dieser Verordnung vorgesehenen Entscheidungen zu erlassen.

(3) [1] Die Mitgliedstaaten wenden ihr innerstaatliches Wettbewerbsrecht nicht auf Zusammenschlüsse von gemeinschaftsweiter Bedeutung an.

[1)] Nr. **16**.
[2)] **Amtl. Anm.:** ABl. L 1 vom 4.1.2003, S. 1.
[3)] **Amtl. Anm.:** ABl. L 175 vom 23.7.1968, S. 1. Verordnung zuletzt geändert durch die Verordnung (EG) Nr. 1/2003 (ABl. L 1 vom 4.1.2003, S. 1).
[4)] **Amtl. Anm.:** ABl. L 378 vom 31.12.1986, S. 4. Verordnung zuletzt geändert durch die Verordnung (EG) Nr. 1/2003.
[5)] **Amtl. Anm.:** ABl. L 374 vom 31.12.1987, S. 1. Verordnung zuletzt geändert durch die Verordnung (EG) Nr. 1/2003.

[2] Unterabsatz 1 berührt nicht die Befugnis der Mitgliedstaaten, die zur Anwendung des Artikels 4 Absatz 4 oder des Artikels 9 Absatz 2 erforderlichen Ermittlungen vorzunehmen und nach einer Verweisung gemäß Artikel 9 Absatz 3 Unterabsatz 1 Buchstabe b) oder Artikel 9 Absatz 5 die in Anwendung des Artikels 9 Absatz 8 unbedingt erforderlichen Maßnahmen zu ergreifen.

(4) *[1]* Unbeschadet der Absätze 2 und 3 können die Mitgliedstaaten geeignete Maßnahmen zum Schutz anderer berechtigter Interessen als derjenigen treffen, welche in dieser Verordnung berücksichtigt werden, sofern diese Interessen mit den allgemeinen Grundsätzen und den übrigen Bestimmungen des Gemeinschaftsrechts vereinbar sind.

[2] Im Sinne des Unterabsatzes 1 gelten als berechtigte Interessen die öffentliche Sicherheit, die Medienvielfalt und die Aufsichtsregeln.

[3] ¹Jedes andere öffentliche Interesse muss der betreffende Mitgliedstaat der Kommission mitteilen; diese muss es nach Prüfung seiner Vereinbarkeit mit den allgemeinen Grundsätzen und den sonstigen Bestimmungen des Gemeinschaftsrechts vor Anwendung der genannten Maßnahmen anerkennen. ²Die Kommission gibt dem betreffenden Mitgliedstaat ihre Entscheidung binnen 25 Arbeitstagen nach der entsprechenden Mitteilung bekannt.

Art. 22[1]) **Verweisung an die Kommission.** (1) *[1]* Auf Antrag eines oder mehrerer Mitgliedstaaten kann die Kommission jeden Zusammenschluss im Sinne von Artikel 3 prüfen, der keine gemeinschaftsweite Bedeutung im Sinne von Artikel 1 hat, aber den Handel zwischen Mitgliedstaaten beeinträchtigt und den Wettbewerb im Hoheitsgebiet des beziehungsweise der antragstellenden Mitgliedstaaten erheblich zu beeinträchtigen droht.

[2] Der Antrag muss innerhalb von 15 Arbeitstagen, nachdem der Zusammenschluss bei dem betreffenden Mitgliedstaat angemeldet oder, falls eine Anmeldung nicht erforderlich ist, ihm anderweitig zur Kenntnis gebracht worden ist, gestellt werden.

(2) *[1]* Die Kommission unterrichtet die zuständigen Behörden der Mitgliedstaaten und die beteiligten Unternehmen unverzüglich von einem nach Absatz 1 gestellten Antrag.

[2] Jeder andere Mitgliedstaat kann sich dem ersten Antrag innerhalb von 15 Arbeitstagen, nachdem er von der Kommission über diesen informiert wurde, anschließen.

[3] ¹Alle einzelstaatlichen Fristen, die den Zusammenschluss betreffen, werden gehemmt, bis nach dem Verfahren dieses Artikels entschieden worden ist, durch wen der Zusammenschluss geprüft wird. ²Die Hemmung der einzelstaatlichen Fristen endet, sobald der betreffende Mitgliedstaat der Kommission und den beteiligten Unternehmen mitteilt, dass er sich dem Antrag nicht anschließt.

(3) *[1]* ¹Die Kommission kann spätestens zehn Arbeitstage nach Ablauf der Frist gemäß Absatz 2 beschließen, den Zusammenschluss zu prüfen, wenn dieser ihrer Ansicht nach den Handel zwischen Mitgliedstaaten beeinträchtigt und den Wettbewerb im Hoheitsgebiet des bzw. der Antrag stellenden Mitgliedstaaten erheblich zu beeinträchtigen droht. ²Trifft die Kommission inner-

---

[1]) Siehe hierzu ua Verweisung von Fusionssachen und Leitfaden zur Anwendung des Verweisungssystems nach Artikel 22 der Fusionskontrollverordnung auf bestimmte Kategorien von Vorhaben.

VO über Kontrolle v. Zusammenschl. **Art. 23 FKVO 17**

halb der genannten Frist keine Entscheidung, so gilt dies als Entscheidung, den Zusammenschluss gemäß dem Antrag zu prüfen.

[2] [1] Die Kommission unterrichtet alle Mitgliedstaaten und die beteiligten Unternehmen von ihrer Entscheidung. [2] Sie kann eine Anmeldung gemäß Artikel 4 verlangen.

[3] Das innerstaatliche Wettbewerbsrecht des bzw. der Mitgliedstaaten, die den Antrag gestellt haben, findet auf den Zusammenschluss nicht mehr Anwendung.

(4) *[1]* [1] Wenn die Kommission einen Zusammenschluss gemäß Absatz 3 prüft, finden Artikel 2, Artikel 4 Absätze 2 und 3, die Artikel 5 und 6 sowie die Artikel 8 bis 21 Anwendung. [2] Artikel 7 findet Anwendung, soweit der Zusammenschluss zu dem Zeitpunkt, zu dem die Kommission den beteiligten Unternehmen mitteilt, dass ein Antrag eingegangen ist, noch nicht vollzogen worden ist.

[2] Ist eine Anmeldung nach Artikel 4 nicht erforderlich, beginnt die Frist für die Einleitung des Verfahrens nach Artikel 10 Absatz 1 an dem Arbeitstag, der auf den Arbeitstag folgt, an dem die Kommission den beteiligten Unternehmen ihre Entscheidung mitteilt, den Zusammenschluss gemäß Absatz 3 zu prüfen.

(5) [1] Die Kommission kann einem oder mehreren Mitgliedstaaten mitteilen, dass ein Zusammenschluss nach ihrem Dafürhalten die Kriterien des Absatzes 1 erfüllt. [2] In diesem Fall kann die Kommission diesen Mitgliedstaat beziehungsweise diese Mitgliedstaaten auffordern, einen Antrag nach Absatz 1 zu stellen.

Art. 23 Durchführungsbestimmungen. (1) Die Kommission ist ermächtigt, nach dem Verfahren des Absatzes 2 Folgendes festzulegen:

a) Durchführungsbestimmungen über Form, Inhalt und andere Einzelheiten der Anmeldungen und Anträge nach Artikel 4,

b) Durchführungsbestimmungen zu den in Artikel 4 Absätze 4 und 5 und den Artikeln 7, 9, 10 und 22 bezeichneten Fristen,

c) das Verfahren und die Fristen für das Angebot und die Umsetzung von Verpflichtungszusagen gemäß Artikel 6 Absatz 2 und Artikel 8 Absatz 2,

d) Durchführungsbestimmungen für Anhörungen nach Artikel 18.

(2) Die Kommission wird von einem Beratenden Ausschuss unterstützt, der sich aus Vertretern der Mitgliedstaaten zusammensetzt.

a) Die Kommission hört den Beratenden Ausschuss, bevor sie einen Entwurf von Durchführungsvorschriften veröffentlicht oder solche Vorschriften erlässt.

b) Die Anhörung erfolgt in einer Sitzung, die die Kommission anberaumt und in der sie den Vorsitz führt. Der Einladung zur Sitzung ist ein Entwurf der Durchführungsbestimmungen beizufügen. Die Sitzung findet frühestens zehn Arbeitstage nach Versendung der Einladung statt.

c) Der Beratende Ausschuss gibt seine Stellungnahme zu dem Entwurf der Durchführungsbestimmungen – erforderlichenfalls durch Abstimmung – ab. Die Kommission berücksichtigt die Stellungnahme des Ausschusses in größtmöglichem Umfang.

Art. 24 Beziehungen zu Drittländern. (1) Die Mitgliedstaaten unterrichten die Kommission über die allgemeinen Schwierigkeiten, auf die ihre Unternehmen bei Zusammenschlüssen gemäß Artikel 3 in einem Drittland stoßen.

(2) ¹Die Kommission erstellt erstmals spätestens ein Jahr nach Inkrafttreten dieser Verordnung und in der Folge regelmäßig einen Bericht, in dem die Behandlung von Unternehmen, die ihren Sitz oder ihr Hauptgeschäft in der Gemeinschaft haben, im Sinne der Absätze 3 und 4 bei Zusammenschlüssen in Drittländern untersucht wird. ²Die Kommission übermittelt diese Berichte dem Rat und fügt ihnen gegebenenfalls Empfehlungen bei.

(3) Stellt die Kommission anhand der in Absatz 2 genannten Berichte oder aufgrund anderer Informationen fest, dass ein Drittland Unternehmen, die ihren Sitz oder ihr Hauptgeschäft in der Gemeinschaft haben, nicht eine Behandlung zugesteht, die derjenigen vergleichbar ist, die die Gemeinschaft den Unternehmen dieses Drittlands zugesteht, so kann sie dem Rat Vorschläge unterbreiten, um ein geeignetes Mandat für Verhandlungen mit dem Ziel zu erhalten, für Unternehmen, die ihren Sitz oder ihr Hauptgeschäft in der Gemeinschaft haben, eine vergleichbare Behandlung zu erreichen.

(4) Die nach diesem Artikel getroffenen Maßnahmen müssen mit den Verpflichtungen der Gemeinschaft oder der Mitgliedstaaten vereinbar sein, die sich – unbeschadet des Artikels 307 des Vertrags – aus internationalen bilateralen oder multilateralen Vereinbarungen ergeben.

Art. 25 Aufhebung. (1) Die Verordnungen (EWG) Nr. 4064/89 und (EG) Nr. 1310/97 werden unbeschadet des Artikels 26 Absatz 2 mit Wirkung vom 1. Mai 2004 aufgehoben.

(2) Bezugnahmen auf die aufgehobenen Verordnungen gelten als Bezugnahmen auf die vorliegende Verordnung und sind nach Maßgabe der Entsprechungstabelle im Anhang zu lesen.

Art. 26 Inkrafttreten und Übergangsbestimmungen. (1) *[1]* Diese Verordnung tritt am zwanzigsten Tag nach ihrer Veröffentlichung[1]) im *Amtsblatt der Europäischen Union* in Kraft.

[2] Sie gilt ab dem 1. Mai 2004.

(2) Die Verordnung (EWG) Nr. 4064/89 findet vorbehaltlich insbesondere der Vorschriften über ihre Anwendbarkeit gemäß ihrem Artikel 25 Absätze 2 und 3 sowie vorbehaltlich des Artikels 24 der Verordnung (EWG) Nr. 1310/97 weiterhin Anwendung auf Zusammenschlüsse, die vor dem Zeitpunkt der Anwendbarkeit der vorliegenden Verordnung Gegenstand eines Vertragsabschlusses oder einer Veröffentlichung im Sinne von Artikel 4 Absatz 1 der Verordnung (EWG) Nr. 4064/89 gewesen oder durch einen Kontrollerwerb im Sinne derselben Vorschrift zustande gekommen sind.

(3) Für Zusammenschlüsse, auf die diese Verordnung infolge des Beitritts eines neuen Mitgliedstaats anwendbar ist, wird das Datum der Geltung dieser Verordnung durch das Beitrittsdatum ersetzt.

---

[1]) Veröffentlicht am 29.1.2004.

VO über Kontrolle v. Zusammenschl. **Anh. FKVO 17**

Anhang.
Entsprechungstabelle

Verordnung (EWG) Nr. 4064/89	Diese Verordnung
Artikel 1 Absätze 1, 2 und 3	Artikel 1 Absätze 1, 2 und 3
Artikel 1 Absatz 4	Artikel 1 Absatz 4
Artikel 1 Absatz 5	Artikel 1 Absatz 5
Artikel 2 Absatz 1	Artikel 2 Absatz 1
–	Artikel 2 Absatz 2
Artikel 2 Absatz 2	Artikel 2 Absatz 3
Artikel 2 Absatz 3	Artikel 2 Absatz 4
Artikel 2 Absatz 4	Artikel 2 Absatz 5
Artikel 3 Absatz 1	Artikel 3 Absatz 1
Artikel 3 Absatz 2	Artikel 3 Absatz 4
Artikel 3 Absatz 3	Artikel 3 Absatz 2
Artikel 3 Absatz 4	Artikel 3 Absatz 3
–	Artikel 3 Absatz 4
Artikel 3 Absatz 5	Artikel 3 Absatz 5
Artikel 4 Absatz 1 Satz 1	Artikel 4 Absatz 1 Unterabsatz 1
Artikel 4 Absatz 1 Satz 2	–
–	Artikel 4 Absatz 1 Unterabsätze 2 und 3
Artikel 4 Absätze 2 und 3	Artikel 4 Absätze 2 und 3
–	Artikel 4 Absätze 4 bis 6
Artikel 5 Absätze 1 bis 3	Artikel 5 Absätze 1 bis 3
Artikel 5 Absatz 4 Einleitungsteil	Artikel 5 Absatz 4 Einleitungsteil
Artikel 5 Absatz 4 Buchstabe a)	Artikel 5 Absatz 4 Buchstabe a)
Artikel 5 Absatz 4 Buchstabe b) Einleitungsteil	Artikel 5 Absatz 4 Buchstabe b) Einleitungsteil
Artikel 5 Absatz 4 Buchstabe b) erster Gedankenstrich	Artikel 5 Absatz 4 Buchstabe b) Ziffer i)
Artikel 5 Absatz 4 Buchstabe b) zweiter Gedankenstrich	Artikel 5 Absatz 4 Buchstabe b) Ziffer ii)
Artikel 5 Absatz 4 Buchstabe b) dritter Gedankenstrich	Artikel 5 Absatz 4 Buchstabe b) Ziffer iii)
Artikel 5 Absatz 4 Buchstabe b) vierter Gedankenstrich	Artikel 5 Absatz 4 Buchstabe b) Ziffer iv)
Artikel 5 Absatz 4 Buchstaben c), d) und e)	Artikel 5 Absatz 4 Buchstaben c), d) und e)
Artikel 5 Absatz 5	Artikel 5 Absatz 5
Artikel 6 Absatz 1 Einleitungsteil	Artikel 6 Absatz 1 Einleitungsteil
Artikel 6 Absatz 1 Buchstaben a) und b)	Artikel 6 Absatz 1 Buchstaben a) und b)
Artikel 6 Absatz 1 Buchstabe c)	Artikel 6 Absatz 1 Buchstabe c) Satz 1

Verordnung (EWG) Nr. 4064/89	Diese Verordnung
Artikel 6 Absätze 2 bis 5	Artikel 6 Absätze 2 bis 5
Artikel 7 Absatz 1	Artikel 7 Absatz 1
Artikel 7 Absatz 3	Artikel 7 Absatz 2
Artikel 7 Absatz 4	Artikel 7 Absatz 3
Artikel 7 Absatz 5	Artikel 7 Absatz 4
Artikel 8 Absatz 1	Artikel 6 Absatz 1 Buchstabe c) Unterabsatz 2
Artikel 8 Absatz 2	Artikel 8 Absätze 1 und 2
Artikel 8 Absatz 3	Artikel 8 Absatz 3
Artikel 8 Absatz 4	Artikel 8 Absatz 4
–	Artikel 8 Absatz 5
Artikel 8 Absatz 5	Artikel 8 Absatz 6
Artikel 8 Absatz 6	Artikel 8 Absatz 7
–	Artikel 8 Absatz 8
Artikel 9 Absätze 1 bis 9	Artikel 9 Absätze 1 bis 9
Artikel 9 Absatz 10	–
Artikel 10 Absätze 1 und 2	Artikel 10 Absätze 1 und 2
Artikel 10 Absatz 3	Artikel 10 Absatz 1 Unterabsatz 1 Satz 1
–	Artikel 10 Absatz 3 Unterabsatz 1 Satz 2
–	Artikel 10 Absatz 3 Unterabsatz 2
Artikel 10 Absatz 4	Artikel 10 Absatz 4 Unterabsatz 1
–	Artikel 10 Absatz 4 Unterabsatz 2
Artikel 10 Absatz 5	Artikel 10 Absatz 5 Unterabsätze 1 und 4
–	Artikel 10 Absatz 5 Unterabsätze 2, 3 und 5
Artikel 10 Absatz 6	Artikel 10 Absatz 6
Artikel 11 Absatz 1	Artikel 11 Absatz 1
Artikel 11 Absatz 2	–
Artikel 11 Absatz 3	Artikel 11 Absatz 2
Artikel 11 Absatz 4	Artikel 11 Absatz 4 Satz 1
–	Artikel 11 Absatz 4 Sätze 2 und 3
Artikel 11 Absatz 5 Satz 1	–
Artikel 11 Absatz 5 Satz 2	Artikel 11 Absatz 3
Artikel 11 Absatz 6	Artikel 11 Absatz 5
–	Artikel 11 Absätze 6 und 7
Artikel 12	Artikel 12
Artikel 13 Absatz 1 Unterabsatz 1	Artikel 13 Absatz 1
Artikel 13 Absatz 1 Unterabsatz 2 Einleitungsteil	Artikel 13 Absatz 2 Einleitungsteil

Anh. FKVO 17

Verordnung (EWG) Nr. 4064/89	Diese Verordnung
Artikel 13 Absatz 1 Unterabsatz 2 Buchstabe a)	Artikel 13 Absatz 2 Buchstabe b)
Artikel 13 Absatz 1 Unterabsatz 2 Buchstabe b)	Artikel 13 Absatz 2 Buchstabe c)
Artikel 13 Absatz 1 Unterabsatz 2 Buchstabe c)	Artikel 13 Absatz 2 Buchstabe e)
Artikel 13 Absatz 1 Unterabsatz 2 Buchstabe d)	Artikel 13 Absatz 2 Buchstabe a)
–	Artikel 13 Absatz 2 Buchstabe d)
Artikel 13 Absatz 2	Artikel 13 Absatz 3
Artikel 13 Absatz 3	Artikel 13 Absatz 4 Sätze 1 und 2
Artikel 13 Absatz 4	Artikel 13 Absatz 4 Satz 3
Artikel 13 Absatz 5	Artikel 13 Absatz 5 Satz 1
–	Artikel 13 Absatz 5 Satz 2
Artikel 13 Absatz 6 Satz 1	Artikel 13 Absatz 6
Artikel 13 Absatz 6 Satz 2	–
–	Artikel 13 Absätze 7 und 8
Artikel 14 Absatz 1 Einleitungsteil	Artikel 14 Absatz 1 Einleitungsteil
Artikel 14 Absatz 1 Buchstabe a)	Artikel 14 Absatz 2 Buchstabe a)
Artikel 14 Absatz 1 Buchstabe b)	Artikel 14 Absatz 1 Buchstabe a)
Artikel 14 Absatz 1 Buchstabe c)	Artikel 14 Absatz 1 Buchstaben b) und c)
Artikel 14 Absatz 1 Buchstabe d)	Artikel 14 Absatz 1 Buchstabe d)
–	Artikel 14 Absatz 1 Buchstaben e) und f)
Artikel 14 Absatz 2 Einleitungsteil	Artikel 14 Absatz 2 Einleitungsteil
Artikel 14 Absatz 2 Buchstabe a)	Artikel 14 Absatz 2 Buchstabe d)
Artikel 14 Absatz 2 Buchstaben b) und c)	Artikel 14 Absatz 2 Buchstaben b) und c)
Artikel 14 Absatz 3	Artikel 14 Absatz 3
Artikel 14 Absatz 4	Artikel 14 Absatz 4
Artikel 15 Absatz 1 Einleitungsteil	Artikel 15 Absatz 1 Einleitungsteil
Artikel 15 Absatz 1 Buchstaben a) und b)	Artikel 15 Absatz 1 Buchstaben a) und b)
Artikel 15 Absatz 2 Einleitungsteil	Artikel 15 Absatz 1 Einleitungsteil
Artikel 15 Absatz 2 Buchstabe a)	Artikel 15 Absatz 1 Buchstabe c)
Artikel 15 Absatz 2 Buchstabe b)	Artikel 15 Absatz 1 Buchstabe d)
Artikel 15 Absatz 3	Artikel 15 Absatz 2
Artikel 16 bis 20	Artikel 16 bis 20
Artikel 21 Absatz 1	Artikel 21 Absatz 2
Artikel 21 Absatz 2	Artikel 21 Absatz 3
Artikel 21 Absatz 3	Artikel 21 Absatz 4

Verordnung (EWG) Nr. 4064/89	Diese Verordnung
Artikel 22 Absatz 1	Artikel 21 Absatz 1
Artikel 22 Absatz 3	–
–	Artikel 22 Absätze 1 bis 3
Artikel 22 Absatz 4	Artikel 22 Absatz 4
Artikel 22 Absatz 5	–
–	Artikel 22 Absatz 5
Artikel 23	Artikel 23 Absatz 1
–	Artikel 23 Absatz 2
Artikel 24	Artikel 24
–	Artikel 25
Artikel 25 Absatz 1	Artikel 26 Absatz 1 Unterabsatz 1
–	Artikel 26 Absatz 1 Unterabsatz 2
Artikel 25 Absatz 2	Artikel 26 Absatz 2
Artikel 25 Absatz 3	Artikel 26 Absatz 3
–	Anhang

18. Verordnung (EU) Nr. 330/2010 der Kommission vom 20. April 2010 über die Anwendung von Artikel 101 Absatz 3 des Vertrags über die Arbeitsweise der Europäischen Union auf Gruppen von vertikalen Vereinbarungen und abgestimmten Verhaltensweisen

(Text von Bedeutung für den EWR)

(ABl. L 102 S. 1)

Celex-Nr. 3 2010 R 0330

DIE EUROPÄISCHE KOMMISSION –

gestützt auf den Vertrag über die Arbeitsweise der Europäischen Union[1],

gestützt auf die Verordnung Nr. 19/65/EWG des Rates vom 2. März 1965 über die Anwendung von Artikel 85 Absatz 3 des Vertrages auf Gruppen von Vereinbarungen und aufeinander abgestimmten Verhaltensweisen[2], insbesondere auf Artikel 1,

nach Veröffentlichung des Entwurfs dieser Verordnung,

nach Anhörung des Beratenden Ausschusses für Kartell- und Monopolfragen,

in Erwägung nachstehender Gründe:

(1) Nach der Verordnung Nr. 19/65/EWG ist die Kommission ermächtigt, Artikel 101 Absatz 3 des Vertrages über die Arbeitsweise der Europäischen Union[3] durch Verordnung auf Gruppen von vertikalen Vereinbarungen und entsprechenden abgestimmten Verhaltensweisen anzuwenden, die unter Artikel 101 Absatz 1 AEUV fallen.

(2) Verordnung (EG) Nr. 2790/1999 der Kommission vom 22. Dezember 1999 über die Anwendung von Artikel 81 Absatz 3 des Vertrages auf Gruppen von vertikalen Vereinbarungen und Gruppen von aufeinander abgestimmten Verhaltensweisen[4] definiert eine Gruppe von vertikalen Vereinbarungen, die nach Auffassung der Kommission in der Regel die Voraussetzungen des Artikels 101 Absatz 3 AEUV erfüllen. Angesichts der insgesamt positiven Erfahrungen mit der Anwendung der genannten Verordnung, die am 31. Mai 2010 außer Kraft tritt und angesichts der seit ihrem Erlass gesammelten Erfahrungen sollte eine neue Gruppenfreistellungsverordnung erlassen werden.

(3) Die Gruppe von Vereinbarungen, die in der Regel die Voraussetzungen des Artikels 101 Absatz 3 AEUV erfüllen, umfasst vertikale Vereinbarungen über den Bezug oder Verkauf von Waren oder Dienstleistungen, die zwischen nicht miteinander im Wettbewerb stehenden Unternehmen,

---

[1] Auszugsweise abgedruckt unter Nr. **15**.
[2] **Amtl. Anm.:** ABl. 36 vom 6.3.1965, S. 533.
[3] **Amtl. Anm.:** Mit Wirkung vom 1. Dezember 2009 ist an die Stelle des Artikels 81 EG-Vertrag der Artikel 101 des Vertrags über die Arbeitsweise der Europäischen Union (AEUV) getreten. Artikel 81 EG-Vertrag und Artikel 101 AEUV sind im Wesentlichen identisch. Im Rahmen dieser Verordnung sind Bezugnahmen auf Artikel 101 AEUV als Bezugnahmen auf Artikel 81 EG-Vertrag zu verstehen, wo dies angebracht ist.
[4] **Amtl. Anm.:** ABl. L 336 vom 29.12.1999, S. 21.

zwischen bestimmten Wettbewerbern sowie von bestimmten Vereinigungen des Wareneinzelhandels geschlossen werden; diese Gruppe umfasst ferner vertikale Vereinbarungen, die Nebenabreden über die Übertragung oder Nutzung von Rechten des geistigen Eigentums enthalten. Der Begriff „vertikale Vereinbarungen" sollte entsprechende abgestimmte Verhaltensweisen umfassen.

(4) Für die Anwendung von Artikel 101 Absatz 3 AEUV durch Verordnung ist es nicht erforderlich, die vertikalen Vereinbarungen zu definieren, die unter Artikel 101 Absatz 1 AEUV fallen können. Bei der Prüfung einzelner Vereinbarungen nach Artikel 101 Absatz 1 AEUV sind mehrere Faktoren, insbesondere die Marktstruktur auf der Angebots- und Nachfrageseite, zu berücksichtigen.

(5) Die durch diese Verordnung bewirkte Gruppenfreistellung sollte nur vertikalen Vereinbarungen zugute kommen, von denen mit hinreichender Sicherheit angenommen werden kann, dass sie die Voraussetzungen des Artikels 101 Absatz 3 AEUV erfüllen.

(6) Bestimmte Arten von vertikalen Vereinbarungen können die wirtschaftliche Effizienz innerhalb einer Produktions- oder Vertriebskette erhöhen, weil sie eine bessere Koordinierung zwischen den beteiligten Unternehmen ermöglichen. Insbesondere können sie dazu beitragen, die Transaktions- und Vertriebskosten der beteiligten Unternehmen zu verringern und deren Umsätze und Investitionen zu optimieren.

(7) Die Wahrscheinlichkeit, dass derartige effizienzsteigernde Auswirkungen stärker ins Gewicht fallen als etwaige von Beschränkungen in vertikalen Vereinbarungen ausgehende wettbewerbswidrige Auswirkungen, hängt von der Marktmacht der an der Vereinbarung beteiligten Unternehmen ab und somit von dem Ausmaß, in dem diese Unternehmen dem Wettbewerb anderer Anbieter von Waren oder Dienstleistungen ausgesetzt sind, die von ihren Kunden aufgrund ihrer Produkteigenschaften, ihrer Preise und ihres Verwendungszwecks als austauschbar oder substituierbar angesehen werden.

(8) Solange der auf jedes an der Vereinbarung beteiligten Unternehmen entfallende Anteil am relevanten Markt jeweils 30 % nicht überschreitet, kann davon ausgegangen werden, dass vertikale Vereinbarungen, die nicht bestimmte Arten schwerwiegender Wettbewerbsbeschränkungen enthalten, im Allgemeinen zu einer Verbesserung der Produktion oder des Vertriebs und zu einer angemessenen Beteiligung der Verbraucher an dem daraus entstehenden Gewinn führen.

(9) Oberhalb dieser Marktanteilsschwelle von 30 % kann nicht davon ausgegangen werden, dass vertikale Vereinbarungen, die unter Artikel 101 Absatz 1 AEUV fallen, immer objektive Vorteile mit sich bringen, die in Art und Umfang ausreichen, um die Nachteile auszugleichen, die sie für den Wettbewerb mit sich bringen. Es kann allerdings auch nicht davon ausgegangen werden, dass diese vertikalen Vereinbarungen entweder unter Artikel 101 Absatz 1 AEUV fallen oder die Voraussetzungen des Artikels 101 Absatz 3 AEUV nicht erfüllen.

(10) Diese Verordnung sollte keine vertikalen Vereinbarungen freistellen, die Beschränkungen enthalten, die wahrscheinlich den Wettbewerb beschränken und den Verbrauchern schaden oder die für die Herbeiführung der effizienzsteigernden Auswirkungen nicht unerlässlich sind; insbesondere

vertikale Vereinbarungen, die bestimmte Arten schwerwiegender Wettbewerbsbeschränkungen enthalten, wie die Festsetzung von Mindest- oder Festpreisen für den Weiterverkauf oder bestimmte Arten des Gebietsschutzes, sollten daher ohne Rücksicht auf den Marktanteil der beteiligten Unternehmen von dem mit dieser Verordnung gewährten Rechtsvorteil der Gruppenfreistellung ausgeschlossen werden.

(11) Die Gruppenfreistellung sollte an bestimmte Bedingungen geknüpft werden, die den Zugang zum relevanten Markt gewährleisten und Kollusion auf diesem Markt vorbeugen. Zu diesem Zweck sollte die Freistellung von Wettbewerbsverboten auf Verbote mit einer bestimmten Höchstdauer beschränkt werden. Aus demselben Grund sollten alle unmittelbaren oder mittelbaren Verpflichtungen, die die Mitglieder eines selektiven Vertriebssystems veranlassen, die Marken bestimmter konkurrierender Anbieter nicht zu führen, vom Rechtsvorteil dieser Verordnung ausgeschlossen werden.

(12) Durch die Begrenzung des Marktanteils, den Ausschluss bestimmter vertikaler Vereinbarungen von der Gruppenfreistellung und die nach dieser Verordnung zu erfüllenden Voraussetzungen ist in der Regel sichergestellt, dass Vereinbarungen, auf die die Gruppenfreistellung Anwendung findet, den beteiligten Unternehmen keine Möglichkeiten eröffnen, den Wettbewerb für einen wesentlichen Teil der betreffenden Produkte auszuschalten.

(13) Nach Artikel 29 Absatz 1 der Verordnung (EG) Nr. 1/2003[1)] des Rates vom 16. Dezember 2002 zur Durchführung der in den Artikeln 81 und 82 des Vertrags niedergelegten Wettbewerbsregeln[2)] kann die Kommission den Rechtsvorteil der Gruppenfreistellung entziehen, wenn sie in einem bestimmten Fall feststellt, dass eine Vereinbarung, für die die Gruppenfreistellung nach dieser Verordnung gilt, dennoch Wirkungen hat, die mit Artikel 101 Absatz 3 AEUV unvereinbar sind.

(14) Die mitgliedstaatlichen Wettbewerbsbehörden können, nach Artikel 29 Absatz 2 der Verordnung (EG) Nr. 1/2003[1)] den aus dieser Verordnung erwachsenden Rechtsvorteil für das Hoheitsgebiet des betreffenden Mitgliedstaats oder einen Teil dieses Hoheitsgebiets entziehen, wenn in einem bestimmten Fall eine Vereinbarung, für die die Gruppenfreistellung nach dieser Verordnung gilt, dennoch im Hoheitsgebiet des betreffenden Mitgliedstaats oder in einem Teil dieses Hoheitsgebiets, das alle Merkmale eines gesonderten räumlichen Marktes aufweist, Wirkungen hat, die mit Artikel 101 Absatz 3 AEUV unvereinbar sind.

(15) Bei der Entscheidung, ob der aus dieser Verordnung erwachsende Rechtsvorteil nach Artikel 29 der Verordnung (EG) Nr. 1/2003[1)] entzogen werden sollte, sind die wettbewerbsbeschränkenden Wirkungen, die sich daraus ergeben, dass der Zugang zu einem relevanten Markt oder der Wettbewerb auf diesem Markt durch gleichartige Auswirkungen paralleler Netze vertikaler Vereinbarungen erheblich eingeschränkt werden, von besonderer Bedeutung. Derartige kumulative Wirkungen können sich etwa aus selektiven Vertriebssystemen oder aus Wettbewerbsverboten ergeben.

[1)] Nr. **16**.
[2)] **Amtl. Anm.:** ABl. L 1 vom 4.1.2003, S. 1.

(16) Um die Überwachung paralleler Netze vertikaler Vereinbarungen zu verstärken, die gleichartige wettbewerbsbeschränkende Auswirkungen haben und mehr als 50 % eines Marktes abdecken, kann die Kommission durch Verordnung erklären, dass diese Verordnung auf vertikale Vereinbarungen, die bestimmte auf den betroffenen Markt bezogene Beschränkungen enthalten, keine Anwendung findet, und dadurch die volle Anwendbarkeit von Artikel 101 AEUV auf diese Vereinbarungen wiederherstellen –

HAT FOLGENDE VERORDNUNG ERLASSEN:

Art. 1 Begriffsbestimmungen. (1) Für die Zwecke dieser Verordnung gelten folgende Begriffsbestimmungen:

a) „vertikale Vereinbarung" ist eine Vereinbarung oder abgestimmte Verhaltensweise, die zwischen zwei oder mehr Unternehmen, von denen jedes für die Zwecke der Vereinbarung oder der abgestimmten Verhaltensweise auf einer anderen Ebene der Produktions- oder Vertriebskette tätig ist, geschlossen wird und die die Bedingungen betrifft, zu denen die beteiligten Unternehmen Waren oder Dienstleistungen beziehen, verkaufen oder weiterverkaufen dürfen;

b) „vertikale Beschränkung" ist eine Wettbewerbsbeschränkung in einer vertikalen Vereinbarung, die unter Artikel 101 Absatz 1 AEUV[1] fällt;

c) „Wettbewerber" ist ein tatsächlicher oder potenzieller Wettbewerber; ein „tatsächlicher Wettbewerber" ist ein Unternehmen, das auf demselben relevanten Markt tätig ist; ein „potenzieller Wettbewerber" ist ein Unternehmen, bei dem realistisch und nicht nur hypothetisch davon ausgegangen werden kann, dass es ohne die vertikale Vereinbarung als Reaktion auf einen geringen, aber anhaltenden Anstieg der relativen Preise wahrscheinlich innerhalb kurzer Zeit die zusätzlichen Investitionen tätigen oder sonstigen Umstellungskosten auf sich nehmen würde, die erforderlich wären, um in den relevanten Markt einzutreten;

d) „Wettbewerbsverbot" ist eine unmittelbare oder mittelbare Verpflichtung, die den Abnehmer veranlasst, keine Waren oder Dienstleistungen herzustellen, zu beziehen, zu verkaufen oder weiterzuverkaufen, die mit den Vertragswaren oder -dienstleistungen im Wettbewerb stehen, oder eine unmittelbare oder mittelbare Verpflichtung des Abnehmers, auf dem relevanten Markt mehr als 80 % seines Gesamtbezugs an Vertragswaren oder -dienstleistungen und ihren Substituten, der anhand des Werts des Bezugs oder, falls in der Branche üblich, anhand des bezogenen Volumens im vorangehenden Kalenderjahr berechnet wird, vom Anbieter oder von einem anderen vom Anbieter benannten Unternehmen zu beziehen;

e) „selektive Vertriebssysteme" sind Vertriebssysteme, in denen sich der Anbieter verpflichtet, die Vertragswaren oder -dienstleistungen unmittelbar oder mittelbar nur an Händler zu verkaufen, die anhand festgelegter Merkmale ausgewählt werden, und in denen sich diese Händler verpflichten, die betreffenden Waren oder Dienstleistungen nicht an Händler zu verkaufen, die innerhalb des vom Anbieter für den Betrieb dieses Systems festgelegten Gebiets nicht zum Vertrieb zugelassen sind;

---

[1] Nr. 15.

f) „Rechte des geistigen Eigentums" umfassen unter anderem gewerbliche Schutzrechte, Know-how, Urheberrechte und verwandte Schutzrechte;
g) „Know-how" ist eine Gesamtheit nicht patentgeschützter praktischer Kenntnisse, die der Anbieter durch Erfahrung und Erprobung gewonnen hat und die geheim, wesentlich und identifiziert sind; in diesem Zusammenhang bedeutet „geheim", dass das Know-how nicht allgemein bekannt oder leicht zugänglich ist; „wesentlich" bedeutet, dass das Know-how für den Abnehmer bei der Verwendung, dem Verkauf oder dem Weiterverkauf der Vertragswaren oder -dienstleistungen bedeutsam und nützlich ist; „identifiziert" bedeutet, dass das Know-how so umfassend beschrieben ist, dass überprüft werden kann, ob es die Merkmale „geheim" und „wesentlich" erfüllt;
h) „Abnehmer" ist auch ein Unternehmen, das auf der Grundlage einer unter Artikel 101 Absatz 1 AEUV[1]) fallenden Vereinbarung Waren oder Dienstleistungen für Rechnung eines anderen Unternehmens verkauft;
i) „Kunde des Abnehmers" ist ein nicht an der Vereinbarung beteiligtes Unternehmen, das die Vertragswaren oder -dienstleistungen von einem an der Vereinbarung beteiligten Abnehmer bezieht.

(2) *[1]* Für die Zwecke dieser Verordnung schließen die Begriffe „Unternehmen", „Anbieter" und „Abnehmer" die jeweils mit diesen verbundenen Unternehmen ein.

[2] „Verbundene Unternehmen" sind:
a) Unternehmen, in denen ein an der Vereinbarung beteiligtes Unternehmen unmittelbar oder mittelbar
 i) die Befugnis hat, mehr als die Hälfte der Stimmrechte auszuüben, oder
 ii) die Befugnis hat, mehr als die Hälfte der Mitglieder des Leitungs- oder Aufsichtsorgans oder der zur gesetzlichen Vertretung berufenen Organe zu bestellen, oder
 iii) das Recht hat, die Geschäfte des Unternehmens zu führen;
b) Unternehmen, die in einem an der Vereinbarung beteiligten Unternehmen unmittelbar oder mittelbar die unter Buchstabe a aufgeführten Rechte oder Befugnisse haben;
c) Unternehmen, in denen ein unter Buchstabe b genanntes Unternehmen unmittelbar oder mittelbar die unter Buchstabe a aufgeführten Rechte oder Befugnisse hat;
d) Unternehmen, in denen ein an der Vereinbarung beteiligtes Unternehmen gemeinsam mit einem oder mehreren der unter den Buchstaben a, b und c genannten Unternehmen oder in denen zwei oder mehr der zuletzt genannten Unternehmen gemeinsam die unter Buchstabe a aufgeführten Rechte oder Befugnisse haben;
e) Unternehmen, in denen die folgenden Unternehmen gemeinsam die unter Buchstabe a aufgeführten Rechte oder Befugnisse haben:
 i) an der Vereinbarung beteiligte Unternehmen oder mit ihnen jeweils verbundene Unternehmen im Sinne der Buchstaben a bis d, oder
 ii) eines oder mehrere der an der Vereinbarung beteiligten Unternehmen oder eines oder mehrere der mit ihnen verbundenen Unternehmen im Sinne der Buchstaben a bis d und ein oder mehrere dritte Unternehmen.

---

[1]) Nr. 15.

Art. 2 Freistellung. (1) *[1]* Nach Artikel 101 Absatz 3 AEUV[1]) und nach Maßgabe dieser Verordnung gilt Artikel 101 Absatz 1 AEUV[1]) nicht für vertikale Vereinbarungen.

[2] Diese Freistellung gilt, soweit solche Vereinbarungen vertikale Beschränkungen enthalten.

(2) ¹Die Freistellung nach Absatz 1 gilt nur dann für vertikale Vereinbarungen zwischen einer Unternehmensvereinigung und ihren Mitgliedern oder zwischen einer solchen Vereinigung und ihren Anbietern, wenn alle Mitglieder der Vereinigung Wareneinzelhändler sind und wenn keines ihrer Mitglieder zusammen mit seinen verbundenen Unternehmen einen jährlichen Gesamtumsatz von mehr als 50 Mio. EUR erwirtschaftet. ²Vertikale Vereinbarungen solcher Vereinigungen werden von dieser Verordnung unbeschadet der Anwendbarkeit von Artikel 101 AEUV[1]) auf horizontale Vereinbarungen zwischen den Mitgliedern einer solchen Vereinigung sowie auf Beschlüsse der Vereinigung erfasst.

(3) ¹Die Freistellung nach Absatz 1 gilt für vertikale Vereinbarungen, die Bestimmungen enthalten, die die Übertragung von Rechten des geistigen Eigentums auf den Abnehmer oder die Nutzung solcher Rechte durch den Abnehmer betreffen, sofern diese Bestimmungen nicht Hauptgegenstand der Vereinbarung sind und sofern sie sich unmittelbar auf die Nutzung, den Verkauf oder den Weiterverkauf von Waren oder Dienstleistungen durch den Abnehmer oder seine Kunden beziehen. ²Die Freistellung gilt unter der Voraussetzung, dass diese Bestimmungen für die Vertragswaren oder -dienstleistungen keine Wettbewerbsbeschränkungen enthalten, die denselben Zweck verfolgen wie vertikale Beschränkungen, die durch diese Verordnung nicht freigestellt sind.

(4) ¹Die Freistellung nach Absatz 1 gilt nicht für vertikale Vereinbarungen zwischen Wettbewerbern. ²Sie findet jedoch Anwendung, wenn Wettbewerber eine nicht gegenseitige vertikale Vereinbarung treffen und

a) der Anbieter zugleich Hersteller und Händler von Waren ist, der Abnehmer dagegen Händler, jedoch kein Wettbewerber auf der Herstellungsebene; oder

b) der Anbieter ein auf mehreren Handelsstufen tätiger Dienstleister ist, der Abnehmer dagegen Waren oder Dienstleistungen auf der Einzelhandelsstufe anbietet und auf der Handelsstufe, auf der er die Vertragsdienstleistungen bezieht, kein Wettbewerber ist.

(5) Diese Verordnung gilt nicht für vertikale Vereinbarungen, deren Gegenstand in den Geltungsbereich einer anderen Gruppenfreistellungsverordnung fällt, es sei denn, dies ist in einer solchen Verordnung vorgesehen.

Art. 3 Marktanteilsschwelle. (1) Die Freistellung nach Artikel 2 gilt nur, wenn der Anteil des Anbieters an dem relevanten Markt, auf dem er die Vertragswaren oder -dienstleistungen anbietet, und der Anteil des Abnehmers an dem relevanten Markt, auf dem er die Vertragswaren oder -dienstleistungen bezieht, jeweils nicht mehr als 30 % beträgt.

(2) Bezieht ein Unternehmen im Rahmen einer Mehrparteienvereinbarung die Vertragswaren oder -dienstleistungen von einer Vertragspartei und verkauft

---

[1]) Nr. **15**.

es sie anschließend an eine andere Vertragspartei, so gilt die Freistellung nach Artikel 2 nur, wenn es die Voraussetzungen des Absatzes 1 als Abnehmer wie auch als Anbieter erfüllt.

Art. 4 Beschränkungen, die zum Ausschluss des Rechtsvorteils der Gruppenfreistellung führen – Kernbeschränkungen. Die Freistellung nach Artikel 2 gilt nicht für vertikale Vereinbarungen, die unmittelbar oder mittelbar, für sich allein oder in Verbindung mit anderen Umständen unter der Kontrolle der Vertragsparteien Folgendes bezwecken:

a) Die Beschränkung der Möglichkeit des Abnehmers, seinen Verkaufspreis selbst festzusetzen; dies gilt unbeschadet der Möglichkeit des Anbieters, Höchstverkaufspreise festzusetzen oder Preisempfehlungen auszusprechen, sofern sich diese nicht infolge der Ausübung von Druck oder der Gewährung von Anreizen durch eines der beteiligten Unternehmen tatsächlich wie Fest- oder Mindestverkaufspreise auswirken,

b) die Beschränkung des Gebiets oder der Kundengruppe, in das oder an die ein an der Vereinbarung beteiligter Abnehmer, vorbehaltlich einer etwaigen Beschränkung in Bezug auf den Ort seiner Niederlassung, Vertragswaren oder -dienstleistungen verkaufen darf, mit Ausnahme

   i) der Beschränkung des aktiven Verkaufs in Gebiete oder an Kundengruppen, die der Anbieter sich selbst vorbehalten oder ausschließlich einem anderen Abnehmer zugewiesen hat, sofern dadurch der Verkauf durch die Kunden des Abnehmers nicht beschränkt wird,

   ii) der Beschränkung des Verkaufs an Endverbraucher durch Abnehmer, die auf der Großhandelsstufe tätig sind,

   iii) der Beschränkung des Verkaufs an nicht zugelassene Händler durch die Mitglieder eines selektiven Vertriebssystems innerhalb des vom Anbieter für den Betrieb dieses Systems festgelegten Gebiets,

   iv) der Beschränkung der Möglichkeit des Abnehmers, Teile, die zur Weiterverwendung geliefert werden, an Kunden zu verkaufen, die diese Teile für die Herstellung derselben Art von Waren verwenden würden, wie sie der Anbieter herstellt;

c) die Beschränkung des aktiven oder passiven Verkaufs an Endverbraucher durch auf der Einzelhandelsstufe tätige Mitglieder eines selektiven Vertriebssystems; dies gilt unbeschadet der Möglichkeit, Mitgliedern des Systems zu untersagen, Geschäfte von nicht zugelassenen Niederlassungen aus zu betreiben;

d) die Beschränkung von Querlieferungen zwischen Händlern innerhalb eines selektiven Vertriebssystems, auch wenn diese auf verschiedenen Handelsstufen tätig sind;

e) die zwischen einem Anbieter von Teilen und einem Abnehmer, der diese Teile weiterverwendet, vereinbarte Beschränkung der Möglichkeit des Anbieters, die Teile als Ersatzteile an Endverbraucher oder an Reparaturbetriebe oder andere Dienstleister zu verkaufen, die der Abnehmer nicht mit der Reparatur oder Wartung seiner Waren betraut hat.

Art. 5 Nicht freigestellte Beschränkungen. (1) *[1]* Die Freistellung nach Artikel 2 gilt nicht für die folgenden, in vertikalen Vereinbarungen enthaltenen Verpflichtungen:

a) unmittelbare oder mittelbare Wettbewerbsverbote, die für eine unbestimmte Dauer oder für eine Dauer von mehr als fünf Jahren vereinbart werden;
b) unmittelbare oder mittelbare Verpflichtungen, die den Abnehmer veranlassen, Waren oder Dienstleistungen nach Beendigung der Vereinbarung nicht herzustellen, zu beziehen, zu verkaufen oder weiterzuverkaufen;
c) unmittelbare oder mittelbare Verpflichtungen, die die Mitglieder eines selektiven Vertriebssystems veranlassen, Marken bestimmter konkurrierender Anbieter nicht zu verkaufen.

[2] Für die Zwecke des Unterabsatz 1 Buchstabe a gelten Wettbewerbsverbote, deren Dauer sich über den Zeitraum von fünf Jahren hinaus stillschweigend verlängert, als für eine unbestimmte Dauer vereinbart.

(2) Abweichend von Absatz 1 Buchstabe a gilt die Begrenzung auf fünf Jahre nicht, wenn die Vertragswaren oder -dienstleistungen vom Abnehmer in Räumlichkeiten und auf Grundstücken verkauft werden, die im Eigentum des Anbieters stehen oder von diesem von nicht mit dem Abnehmer verbundenen Dritten gemietet oder gepachtet worden sind und das Wettbewerbsverbot nicht über den Zeitraum hinausreicht, in dem der Abnehmer diese Räumlichkeiten und Grundstücke nutzt.

(3) *[1]* In Abweichung von Absatz 1 Buchstabe b gilt die Freistellung nach Artikel 2 für unmittelbare oder mittelbare Verpflichtungen, die den Abnehmer veranlassen, Waren oder Dienstleistungen nach Beendigung der Vereinbarung nicht herzustellen, zu beziehen, zu verkaufen oder weiterzuverkaufen, wenn die folgenden Bedingungen erfüllt sind:
a) die Verpflichtungen beziehen sich auf Waren oder Dienstleistungen, die mit den Vertragswaren oder -dienstleistungen im Wettbewerb stehen;
b) die Verpflichtungen beschränken sich auf Räumlichkeiten und Grundstücke, von denen aus der Abnehmer während der Vertragslaufzeit seine Geschäfte betrieben hat;
c) die Verpflichtungen sind unerlässlich, um dem Abnehmer vom Anbieter übertragenes Know-how zu schützen;
d) die Dauer der Verpflichtungen ist auf höchstens ein Jahr nach Beendigung der Vereinbarung begrenzt.

[2] Absatz 1 Buchstabe b gilt unbeschadet der Möglichkeit, Nutzung und Offenlegung von nicht allgemein zugänglichem Know-how unbefristeten Beschränkungen zu unterwerfen.

Art. 6 Nichtanwendung dieser Verordnung. Nach Artikel 1a der Verordnung Nr. 19/65/EWG kann die Kommission durch Verordnung erklären, dass in Fällen, in denen mehr als 50 % des relevanten Marktes von parallelen Netzen gleichartiger vertikaler Beschränkungen abgedeckt werden, die vorliegende Verordnung auf vertikale Vereinbarungen, die bestimmte Beschränkungen des Wettbewerbs auf diesem Markt enthalten, keine Anwendung findet.

Art. 7 Anwendung der Marktanteilsschwelle. Für die Anwendung der Marktanteilsschwellen im Sinne des Artikels 3 gelten folgende Vorschriften:
a) Der Marktanteil des Anbieters wird anhand des Absatzwerts und der Marktanteil des Abnehmers anhand des Bezugswerts berechnet. Liegen keine Angaben über den Absatz- bzw. Bezugswert vor, so können zur Ermittlung des Marktanteils des betreffenden Unternehmens Schätzungen vorgenom-

men werden, die auf anderen verlässlichen Marktdaten unter Einschluss der Absatz- und Bezugsmengen beruhen;
b) Die Marktanteile werden anhand der Angaben für das vorangegangene Kalenderjahr ermittelt;
c) Der Marktanteil des Anbieters schließt Waren oder Dienstleistungen ein, die zum Zweck des Verkaufs an vertikal integrierte Händler geliefert werden;
d) Beträgt ein Marktanteil ursprünglich nicht mehr als 30 % und überschreitet er anschließend diese Schwelle, jedoch nicht 35 %, so gilt die Freistellung nach Artikel 2 im Anschluss an das Jahr, in dem die Schwelle von 30 % erstmals überschritten wurde, noch für zwei weitere Kalenderjahre;
e) Beträgt ein Marktanteil ursprünglich nicht mehr als 30 % und überschreitet er anschließend 35 %, so gilt die Freistellung nach Artikel 2 im Anschluss an das Jahr, in dem die Schwelle von 35 % erstmals überschritten wurde, noch für ein weiteres Kalenderjahr;
f) Die unter den Buchstaben d und e genannten Rechtsvorteile dürfen nicht in der Weise miteinander verbunden werden, dass ein Zeitraum von zwei Kalenderjahren überschritten wird;
g) Der Marktanteil der in Artikel 1 Absatz 2 Unterabsatz 2 Buchstabe e genannten Unternehmen wird zu gleichen Teilen jedem Unternehmen zugerechnet, das die in Artikel 1 Absatz 2 Unterabsatz 2 Buchstabe a aufgeführten Rechte oder Befugnisse hat.

Art. 8 Anwendung der Umsatzschwelle. (1) [1] Für die Berechnung des jährlichen Gesamtumsatzes im Sinne des Artikels 2 Absatz 2 sind die Umsätze zu addieren, die das jeweilige an der vertikalen Vereinbarung beteiligte Unternehmen und die mit ihm verbundenen Unternehmen im letzten Geschäftsjahr mit allen Waren und Dienstleistungen ohne Steuern und sonstige Abgaben erzielt haben. [2] Dabei werden Umsätze zwischen dem an der vertikalen Vereinbarung beteiligten Unternehmen und den mit ihm verbundenen Unternehmen oder zwischen den mit ihm verbundenen Unternehmen nicht mitgerechnet.

(2) Die Freistellung nach Artikel 2 bleibt bestehen, wenn der jährliche Gesamtumsatz im Zeitraum von zwei aufeinanderfolgenden Geschäftsjahren die Schwelle um nicht mehr als 10 % überschreitet.

Art. 9 Übergangszeitraum. Das Verbot nach Artikel 101 Absatz 1 AEUV[1]) gilt in der Zeit vom 1. Juni 2010 bis zum 31. Mai 2011 nicht für bereits am 31. Mai 2010 in Kraft befindliche Vereinbarungen, die zwar die Freistellungskriterien dieser Verordnung nicht erfüllen, aber am 31. Mai 2010 die Freistellungskriterien der Verordnung (EG) Nr. 2790/1999 erfüllt haben.

Art. 10 Geltungsdauer. *[1]* Diese Verordnung tritt am 1. Juni 2010 in Kraft. *[2] Sie gilt bis zum 31. Mai 2022.*

Diese Verordnung ist in allen ihren Teilen verbindlich und gilt unmittelbar in jedem Mitgliedstaat.

---

[1]) Nr. **15**.

19. Gesetz zum Schutz von Geschäftsgeheimnissen (GeschGehG)[1])

Vom 18. April 2019

(BGBl. I S. 466)

FNA 427-1

Inhaltsübersicht
Abschnitt 1. Allgemeines

§ 1 Anwendungsbereich
§ 2 Begriffsbestimmungen
§ 3 Erlaubte Handlungen
§ 4 Handlungsverbote
§ 5 Ausnahmen

Abschnitt 2. Ansprüche bei Rechtsverletzungen

§ 6 Beseitigung und Unterlassung
§ 7 Vernichtung; Herausgabe; Rückruf; Entfernung und Rücknahme vom Markt
§ 8 Auskunft über rechtsverletzende Produkte; Schadensersatz bei Verletzung der Auskunftspflicht
§ 9 Anspruchsausschluss bei Unverhältnismäßigkeit
§ 10 Haftung des Rechtsverletzers
§ 11 Abfindung in Geld
§ 12 Haftung des Inhabers eines Unternehmens
§ 13 Herausgabeanspruch nach Eintritt der Verjährung
§ 14 Missbrauchsverbot

Abschnitt 3. Verfahren in Geschäftsgeheimnisstreitsachen

§ 15 Sachliche und örtliche Zuständigkeit; Verordnungsermächtigung
§ 16 Geheimhaltung
§ 17 Ordnungsmittel
§ 18 Geheimhaltung nach Abschluss des Verfahrens
§ 19 Weitere gerichtliche Beschränkungen
§ 20 Verfahren bei Maßnahmen nach den §§ 16 bis 19
§ 21 Bekanntmachung des Urteils
§ 22 Streitwertbegünstigung

Abschnitt 4. Strafvorschriften

§ 23 Verletzung von Geschäftsgeheimnissen

Abschnitt 1. Allgemeines

§ 1 Anwendungsbereich. (1) Dieses Gesetz dient dem Schutz von Geschäftsgeheimnissen vor unerlaubter Erlangung, Nutzung und Offenlegung.

(2) Öffentlich-rechtliche Vorschriften zur Geheimhaltung, Erlangung, Nutzung oder Offenlegung von Geschäftsgeheimnissen gehen vor.

(3) Es bleiben unberührt:

---

[1]) Verkündet als Art. 1 G v. 18.4.2019 (BGBl. I S. 466); Inkrafttreten gem. Art. 6 dieses G am 26.4.2019.

Amtl. Anm. zum ArtikelG: Artikel 1 dieses Gesetzes dient der Umsetzung der Richtlinie (EU) 2016/943 des Europäischen Parlaments und des Rates vom 8. Juni 2016 über den Schutz vertraulichen Know-hows und vertraulicher Geschäftsinformationen (Geschäftsgeheimnisse) vor rechtswidrigem Erwerb sowie rechtswidriger Nutzung und Offenlegung (ABl. L 157 vom 15.6.2016, S. 1).

1. der berufs- und strafrechtliche Schutz von Geschäftsgeheimnissen, deren unbefugte Offenbarung von § 203 des Strafgesetzbuches erfasst wird,
2. die Ausübung des Rechts der freien Meinungsäußerung und der Informationsfreiheit nach der Charta der Grundrechte der Europäischen Union (ABl. C 202 vom 7.6.2016, S. 389), einschließlich der Achtung der Freiheit und der Pluralität der Medien,
3. die Autonomie der Sozialpartner und ihr Recht, Kollektivverträge nach den bestehenden europäischen und nationalen Vorschriften abzuschließen,
4. die Rechte und Pflichten aus dem Arbeitsverhältnis und die Rechte der Arbeitnehmervertretungen.

§ 2 Begriffsbestimmungen. Im Sinne dieses Gesetzes ist
1. Geschäftsgeheimnis
eine Information
   a) die weder insgesamt noch in der genauen Anordnung und Zusammensetzung ihrer Bestandteile den Personen in den Kreisen, die üblicherweise mit dieser Art von Informationen umgehen, allgemein bekannt oder ohne Weiteres zugänglich ist und daher von wirtschaftlichem Wert ist und
   b) die Gegenstand von den Umständen nach angemessenen Geheimhaltungsmaßnahmen durch ihren rechtmäßigen Inhaber ist und
   c) bei der ein berechtigtes Interesse an der Geheimhaltung besteht;
2. Inhaber eines Geschäftsgeheimnisses
jede natürliche oder juristische Person, die die rechtmäßige Kontrolle über ein Geschäftsgeheimnis hat;
3. Rechtsverletzer
jede natürliche oder juristische Person, die entgegen § 4 ein Geschäftsgeheimnis rechtswidrig erlangt, nutzt oder offenlegt; Rechtsverletzer ist nicht, wer sich auf eine Ausnahme nach § 5 berufen kann;
4. rechtsverletzendes Produkt
ein Produkt, dessen Konzeption, Merkmale, Funktionsweise, Herstellungsprozess oder Marketing in erheblichem Umfang auf einem rechtswidrig erlangten, genutzten oder offengelegten Geschäftsgeheimnis beruht.

§ 3 Erlaubte Handlungen. (1) Ein Geschäftsgeheimnis darf insbesondere erlangt werden durch
1. eine eigenständige Entdeckung oder Schöpfung;
2. ein Beobachten, Untersuchen, Rückbauen oder Testen eines Produkts oder Gegenstands, das oder der
   a) öffentlich verfügbar gemacht wurde oder
   b) sich im rechtmäßigen Besitz des Beobachtenden, Untersuchenden, Rückbauenden oder Testenden befindet und dieser keiner Pflicht zur Beschränkung der Erlangung des Geschäftsgeheimnisses unterliegt;
3. ein Ausüben von Informations- und Anhörungsrechten der Arbeitnehmer oder Mitwirkungs- und Mitbestimmungsrechte der Arbeitnehmervertretung.

(2) Ein Geschäftsgeheimnis darf erlangt, genutzt oder offengelegt werden, wenn dies durch Gesetz, aufgrund eines Gesetzes oder durch Rechtsgeschäft gestattet ist.

§ 4 Handlungsverbote. (1) Ein Geschäftsgeheimnis darf nicht erlangt werden durch

1. unbefugten Zugang zu, unbefugte Aneignung oder unbefugtes Kopieren von Dokumenten, Gegenständen, Materialien, Stoffen oder elektronischen Dateien, die der rechtmäßigen Kontrolle des Inhabers des Geschäftsgeheimnisses unterliegen und die das Geschäftsgeheimnis enthalten oder aus denen sich das Geschäftsgeheimnis ableiten lässt, oder
2. jedes sonstige Verhalten, das unter den jeweiligen Umständen nicht dem Grundsatz von Treu und Glauben unter Berücksichtigung der anständigen Marktgepflogenheit entspricht.

(2) Ein Geschäftsgeheimnis darf nicht nutzen oder offenlegen, wer

1. das Geschäftsgeheimnis durch eine eigene Handlung nach Absatz 1
   a) Nummer 1 oder
   b) Nummer 2
   erlangt hat,
2. gegen eine Verpflichtung zur Beschränkung der Nutzung des Geschäftsgeheimnisses verstößt oder
3. gegen eine Verpflichtung verstößt, das Geschäftsgeheimnis nicht offenzulegen.

(3) [1]Ein Geschäftsgeheimnis darf nicht erlangen, nutzen oder offenlegen, wer das Geschäftsgeheimnis über eine andere Person erlangt hat und zum Zeitpunkt der Erlangung, Nutzung oder Offenlegung weiß oder wissen müsste, dass diese das Geschäftsgeheimnis entgegen Absatz 2 genutzt oder offengelegt hat. [2]Das gilt insbesondere, wenn die Nutzung in der Herstellung, dem Anbieten, dem Inverkehrbringen oder der Einfuhr, der Ausfuhr oder der Lagerung für diese Zwecke von rechtsverletzenden Produkten besteht.

§ 5 Ausnahmen. Die Erlangung, die Nutzung oder die Offenlegung eines Geschäftsgeheimnisses fällt nicht unter die Verbote des § 4, wenn dies zum Schutz eines berechtigten Interesses erfolgt, insbesondere

1. zur Ausübung des Rechts der freien Meinungsäußerung und der Informationsfreiheit, einschließlich der Achtung der Freiheit und der Pluralität der Medien;
2. zur Aufdeckung einer rechtswidrigen Handlung oder eines beruflichen oder sonstigen Fehlverhaltens, wenn die Erlangung, Nutzung oder Offenlegung geeignet ist, das allgemeine öffentliche Interesse zu schützen;
3. im Rahmen der Offenlegung durch Arbeitnehmer gegenüber der Arbeitnehmervertretung, wenn dies erforderlich ist, damit die Arbeitnehmervertretung ihre Aufgaben erfüllen kann.

Abschnitt 2. Ansprüche bei Rechtsverletzungen

§ 6 Beseitigung und Unterlassung. [1]Der Inhaber des Geschäftsgeheimnisses kann den Rechtsverletzer auf Beseitigung der Beeinträchtigung und bei Wiederholungsgefahr auch auf Unterlassung in Anspruch nehmen. [2]Der Anspruch auf Unterlassung besteht auch dann, wenn eine Rechtsverletzung erstmalig droht.

§ 7 Vernichtung; Herausgabe; Rückruf; Entfernung und Rücknahme vom Markt. Der Inhaber des Geschäftsgeheimnisses kann den Rechtsverletzer auch in Anspruch nehmen auf

1. Vernichtung oder Herausgabe der im Besitz oder Eigentum des Rechtsverletzers stehenden Dokumente, Gegenstände, Materialien, Stoffe oder elektronischen Dateien, die das Geschäftsgeheimnis enthalten oder verkörpern,
2. Rückruf des rechtsverletzenden Produkts,
3. dauerhafte Entfernung der rechtsverletzenden Produkte aus den Vertriebswegen,
4. Vernichtung der rechtsverletzenden Produkte oder
5. Rücknahme der rechtsverletzenden Produkte vom Markt, wenn der Schutz des Geschäftsgeheimnisses hierdurch nicht beeinträchtigt wird.

§ 8 Auskunft über rechtsverletzende Produkte; Schadensersatz bei Verletzung der Auskunftspflicht. (1) Der Inhaber des Geschäftsgeheimnisses kann vom Rechtsverletzer Auskunft über Folgendes verlangen:

1. Name und Anschrift der Hersteller, Lieferanten und anderer Vorbesitzer der rechtsverletzenden Produkte sowie der gewerblichen Abnehmer und Verkaufsstellen, für die sie bestimmt waren,
2. die Menge der hergestellten, bestellten, ausgelieferten oder erhaltenen rechtsverletzenden Produkte sowie über die Kaufpreise,
3. diejenigen im Besitz oder Eigentum des Rechtsverletzers stehenden Dokumente, Gegenstände, Materialien, Stoffe oder elektronischen Dateien, die das Geschäftsgeheimnis enthalten oder verkörpern, und
4. die Person, von der sie das Geschäftsgeheimnis erlangt haben und der gegenüber sie es offenbart haben.

(2) Erteilt der Rechtsverletzer vorsätzlich oder grob fahrlässig die Auskunft nicht, verspätet, falsch oder unvollständig, ist er dem Inhaber des Geschäftsgeheimnisses zum Ersatz des daraus entstehenden Schadens verpflichtet.

§ 9 Anspruchsausschluss bei Unverhältnismäßigkeit. Die Ansprüche nach den §§ 6 bis 8 Absatz 1 sind ausgeschlossen, wenn die Erfüllung im Einzelfall unverhältnismäßig wäre, unter Berücksichtigung insbesondere

1. des Wertes oder eines anderen spezifischen Merkmals des Geschäftsgeheimnisses,
2. der getroffenen Geheimhaltungsmaßnahmen,
3. des Verhaltens des Rechtsverletzers bei Erlangung, Nutzung oder Offenlegung des Geschäftsgeheimnisses,
4. der Folgen der rechtswidrigen Nutzung oder Offenlegung des Geschäftsgeheimnisses,
5. der berechtigten Interessen des Inhabers des Geschäftsgeheimnisses und des Rechtsverletzers sowie der Auswirkungen, die die Erfüllung der Ansprüche für beide haben könnte,
6. der berechtigten Interessen Dritter oder
7. des öffentlichen Interesses.

§ 10 Haftung des Rechtsverletzers. (1) [1]Ein Rechtsverletzer, der vorsätzlich oder fahrlässig handelt, ist dem Inhaber des Geschäftsgeheimnisses zum

Ersatz des daraus entstehenden Schadens verpflichtet. ² § 619a des Bürgerlichen Gesetzbuchs bleibt unberührt.

(2) ¹ Bei der Bemessung des Schadensersatzes kann auch der Gewinn, den der Rechtsverletzer durch die Verletzung des Rechts erzielt hat, berücksichtigt werden. ² Der Schadensersatzanspruch kann auch auf der Grundlage des Betrages bestimmt werden, den der Rechtsverletzer als angemessene Vergütung hätte entrichten müssen, wenn er die Zustimmung zur Erlangung, Nutzung oder Offenlegung des Geschäftsgeheimnisses eingeholt hätte.

(3) Der Inhaber des Geschäftsgeheimnisses kann auch wegen des Schadens, der nicht Vermögensschaden ist, von dem Rechtsverletzer eine Entschädigung in Geld verlangen, soweit dies der Billigkeit entspricht.

§ 11 Abfindung in Geld. (1) Ein Rechtsverletzer, der weder vorsätzlich noch fahrlässig gehandelt hat, kann zur Abwendung der Ansprüche nach den §§ 6 oder 7 den Inhaber des Geschäftsgeheimnisses in Geld abfinden, wenn dem Rechtsverletzer durch die Erfüllung der Ansprüche ein unverhältnismäßig großer Nachteil entstehen würde und wenn die Abfindung in Geld als angemessen erscheint.

(2) ¹ Die Höhe der Abfindung in Geld bemisst sich nach der Vergütung, die im Falle einer vertraglichen Einräumung des Nutzungsrechts angemessen wäre. ² Sie darf den Betrag nicht übersteigen, der einer Vergütung im Sinne von Satz 1 für die Länge des Zeitraums entspricht, in dem dem Inhaber des Geschäftsgeheimnisses ein Unterlassungsanspruch zusteht.

§ 12 Haftung des Inhabers eines Unternehmens. ¹ Ist der Rechtsverletzer Beschäftigter oder Beauftragter eines Unternehmens, so hat der Inhaber des Geschäftsgeheimnisses die Ansprüche nach den §§ 6 bis 8 auch gegen den Inhaber des Unternehmens. ² Für den Anspruch nach § 8 Absatz 2 gilt dies nur, wenn der Inhaber des Unternehmens vorsätzlich oder grob fahrlässig die Auskunft nicht, verspätet, falsch oder unvollständig erteilt hat.

§ 13 Herausgabeanspruch nach Eintritt der Verjährung. ¹ Hat der Rechtsverletzer ein Geschäftsgeheimnis vorsätzlich oder fahrlässig erlangt, offengelegt oder genutzt und durch diese Verletzung eines Geschäftsgeheimnisses auf Kosten des Inhabers des Geschäftsgeheimnisses etwas erlangt, so ist er auch nach Eintritt der Verjährung des Schadensersatzanspruchs nach § 10 zur Herausgabe nach den Vorschriften des Bürgerlichen Gesetzbuchs über die Herausgabe einer ungerechtfertigten Bereicherung verpflichtet. ² Dieser Anspruch verjährt sechs Jahre nach seiner Entstehung.

§ 14 Missbrauchsverbot. ¹ Die Geltendmachung der Ansprüche nach diesem Gesetz ist unzulässig, wenn sie unter Berücksichtigung der gesamten Umstände missbräuchlich ist. ² Bei missbräuchlicher Geltendmachung kann der Anspruchsgegner Ersatz der für seine Rechtsverteidigung erforderlichen Aufwendungen verlangen. ³ Weitergehende Ersatzansprüche bleiben unberührt.

Abschnitt 3. Verfahren in Geschäftsgeheimnisstreitsachen

§ 15 Sachliche und örtliche Zuständigkeit; Verordnungsermächtigung. (1) Für Klagen vor den ordentlichen Gerichten, durch die Ansprüche nach diesem Gesetz geltend gemacht werden, sind die Landgerichte ohne Rücksicht auf den Streitwert ausschließlich zuständig.

(2) ¹Für Klagen nach Absatz 1 ist das Gericht ausschließlich zuständig, in dessen Bezirk der Beklagte seinen allgemeinen Gerichtsstand hat. ²Hat der Beklagte im Inland keinen allgemeinen Gerichtsstand, ist nur das Gericht zuständig, in dessen Bezirk die Handlung begangen worden ist.

(3) ¹Die Landesregierungen werden ermächtigt, durch Rechtsverordnung einem Landgericht die Klagen nach Absatz 1 der Bezirke mehrerer Landgerichte zuzuweisen. ²Die Landesregierungen können diese Ermächtigung durch Rechtsverordnung auf die Landesjustizverwaltungen übertragen. ³Die Länder können außerdem durch Vereinbarung die den Gerichten eines Landes obliegenden Klagen nach Absatz 1 insgesamt oder teilweise dem zuständigen Gericht eines anderen Landes übertragen.

§ 16 Geheimhaltung. (1) Bei Klagen, durch die Ansprüche nach diesem Gesetz geltend gemacht werden (Geschäftsgeheimnisstreitsachen) kann das Gericht der Hauptsache auf Antrag einer Partei streitgegenständliche Informationen ganz oder teilweise als geheimhaltungsbedürftig einstufen, wenn diese ein Geschäftsgeheimnis sein können.

(2) Die Parteien, ihre Prozessvertreter, Zeugen, Sachverständige, sonstige Vertreter und alle sonstigen Personen, die an Geschäftsgeheimnisstreitsachen beteiligt sind oder die Zugang zu Dokumenten eines solchen Verfahrens haben, müssen als geheimhaltungsbedürftig eingestufte Informationen vertraulich behandeln und dürfen diese außerhalb eines gerichtlichen Verfahrens nicht nutzen oder offenlegen, es sei denn, dass sie von diesen außerhalb des Verfahrens Kenntnis erlangt haben.

(3) Wenn das Gericht eine Entscheidung nach Absatz 1 trifft, darf Dritten, die ein Recht auf Akteneinsicht haben, nur ein Akteninhalt zur Verfügung gestellt werden, in dem die Geschäftsgeheimnisse enthaltenden Ausführungen unkenntlich gemacht wurden.

§ 17 Ordnungsmittel. ¹Das Gericht der Hauptsache kann auf Antrag einer Partei bei Zuwiderhandlungen gegen die Verpflichtungen nach § 16 Absatz 2 ein Ordnungsgeld bis zu 100 000 Euro oder Ordnungshaft bis zu sechs Monaten festsetzen und sofort vollstrecken. ²Bei der Festsetzung von Ordnungsgeld ist zugleich für den Fall, dass dieses nicht beigetrieben werden kann, zu bestimmen, in welchem Maße Ordnungshaft an seine Stelle tritt. ³Die Beschwerde gegen ein nach Satz 1 verhängtes Ordnungsmittel entfaltet aufschiebende Wirkung.

§ 18 Geheimhaltung nach Abschluss des Verfahrens. ¹Die Verpflichtungen nach § 16 Absatz 2 bestehen auch nach Abschluss des gerichtlichen Verfahrens fort. ²Dies gilt nicht, wenn das Gericht der Hauptsache das Vorliegen des streitgegenständlichen Geschäftsgeheimnisses durch rechtskräftiges Urteil verneint hat oder sobald die streitgegenständlichen Informationen für Personen in den Kreisen, die üblicherweise mit solchen Informationen umgehen, bekannt oder ohne Weiteres zugänglich werden.

§ 19 Weitere gerichtliche Beschränkungen. (1) ¹Zusätzlich zu § 16 Absatz 1 beschränkt das Gericht der Hauptsache zur Wahrung von Geschäfts-

geheimnissen auf Antrag einer Partei den Zugang ganz oder teilweise auf eine bestimmte Anzahl von zuverlässigen Personen
1. zu von den Parteien oder Dritten eingereichten oder vorgelegten Dokumenten, die Geschäftsgeheimnisse enthalten können, oder
2. zur mündlichen Verhandlung, bei der Geschäftsgeheimnisse offengelegt werden könnten, und zu der Aufzeichnung oder dem Protokoll der mündlichen Verhandlung.

²Dies gilt nur, soweit nach Abwägung aller Umstände das Geheimhaltungsinteresse das Recht der Beteiligten auf rechtliches Gehör auch unter Beachtung ihres Rechts auf effektiven Rechtsschutz und ein faires Verfahren übersteigt. ³Es ist jeweils mindestens einer natürlichen Person jeder Partei und ihren Prozessvertretern oder sonstigen Vertretern Zugang zu gewähren. ⁴Im Übrigen bestimmt das Gericht nach freiem Ermessen, welche Anordnungen zur Erreichung des Zwecks erforderlich sind.

(2) Wenn das Gericht Beschränkungen nach Absatz 1 Satz 1 trifft,
1. kann die Öffentlichkeit auf Antrag von der mündlichen Verhandlung ausgeschlossen werden und
2. gilt § 16 Absatz 3 für nicht zugelassene Personen.

(3) Die §§ 16 bis 19 Absatz 1 und 2 gelten entsprechend im Verfahren der Zwangsvollstreckung, wenn das Gericht der Hauptsache Informationen nach § 16 Absatz 1 als geheimhaltungsbedürftig eingestuft oder zusätzliche Beschränkungen nach Absatz 1 Satz 1 getroffen hat.

§ 20 Verfahren bei Maßnahmen nach den §§ 16 bis 19. (1) Das Gericht der Hauptsache kann eine Beschränkung nach § 16 Absatz 1 und § 19 Absatz 1 ab Anhängigkeit des Rechtsstreits anordnen.

(2) ¹Die andere Partei ist spätestens nach Anordnung der Maßnahme vom Gericht zu hören. ²Das Gericht kann die Maßnahmen nach Anhörung der Parteien aufheben oder abändern.

(3) Die den Antrag nach § 16 Absatz 1 oder § 19 Absatz 1 stellende Partei muss glaubhaft machen, dass es sich bei der streitgegenständlichen Information um ein Geschäftsgeheimnis handelt.

(4) ¹Werden mit dem Antrag oder nach einer Anordnung nach § 16 Absatz 1 oder einer Anordnung nach § 19 Absatz 1 Satz 1 Nummer 1 Schriftstücke und sonstige Unterlagen eingereicht oder vorgelegt, muss die den Antrag stellende Partei diejenigen Ausführungen kennzeichnen, die nach ihrem Vorbringen Geschäftsgeheimnisse enthalten. ²Im Fall des § 19 Absatz 1 Satz 1 Nummer 1 muss sie zusätzlich eine Fassung ohne Preisgabe von Geschäftsgeheimnissen vorlegen, die eingesehen werden kann. ³Wird keine solche um die Geschäftsgeheimnisse reduzierte Fassung vorgelegt, kann das Gericht von der Zustimmung zur Einsichtnahme ausgehen, es sei denn, ihm sind besondere Umstände bekannt, die eine solche Vermutung nicht rechtfertigen.

(5) ¹Das Gericht entscheidet über den Antrag durch Beschluss. ²Gibt es dem Antrag statt, hat es die Beteiligten auf die Wirkung der Anordnung nach § 16 Absatz 2 und § 18 und Folgen der Zuwiderhandlung nach § 17 hinzuweisen. ³Beabsichtigt das Gericht die Zurückweisung des Antrags, hat es die den Antrag stellende Partei darauf und auf die Gründe hierfür hinzuweisen und ihr binnen einer zu bestimmenden Frist Gelegenheit zur Stellungnahme zu geben.

⁴Die Einstufung als geheimhaltungsbedürftig nach § 16 Absatz 1 und die Anordnung der Beschränkung nach § 19 Absatz 1 können nur gemeinsam mit dem Rechtsmittel in der Hauptsache angefochten werden. ⁵Im Übrigen findet die sofortige Beschwerde statt.

(6) Gericht der Hauptsache im Sinne dieses Abschnitts ist

1. das Gericht des ersten Rechtszuges oder
2. das Berufungsgericht, wenn die Hauptsache in der Berufungsinstanz anhängig ist.

§ 21 Bekanntmachung des Urteils. (1) ¹Der obsiegenden Partei einer Geschäftsgeheimnisstreitsache kann auf Antrag in der Urteilsformel die Befugnis zugesprochen werden, das Urteil oder Informationen über das Urteil auf Kosten der unterliegenden Partei öffentlich bekannt zu machen, wenn die obsiegende Partei hierfür ein berechtigtes Interesse darlegt. ²Form und Umfang der öffentlichen Bekanntmachung werden unter Berücksichtigung der berechtigten Interessen der im Urteil genannten Personen in der Urteilsformel bestimmt.

(2) Bei den Entscheidungen über die öffentliche Bekanntmachung nach Absatz 1 Satz 1 ist insbesondere zu berücksichtigen:

1. der Wert des Geschäftsgeheimnisses,
2. das Verhalten des Rechtsverletzers bei Erlangung, Nutzung oder Offenlegung des Geschäftsgeheimnisses,
3. die Folgen der rechtswidrigen Nutzung oder Offenlegung des Geschäftsgeheimnisses und
4. die Wahrscheinlichkeit einer weiteren rechtswidrigen Nutzung oder Offenlegung des Geschäftsgeheimnisses durch den Rechtsverletzer.

(3) Das Urteil darf erst nach Rechtskraft bekannt gemacht werden, es sei denn, das Gericht bestimmt etwas anderes.

§ 22 Streitwertbegünstigung. (1) Macht bei Geschäftsgeheimnisstreitsachen eine Partei glaubhaft, dass die Belastung mit den Prozesskosten nach dem vollen Streitwert ihre wirtschaftliche Lage erheblich gefährden würde, so kann das Gericht auf ihren Antrag anordnen, dass die Verpflichtung dieser Partei zur Zahlung von Gerichtskosten sich nach dem ihrer Wirtschaftslage angepassten Teil des Streitwerts bemisst.

(2) Die Anordnung nach Absatz 1 bewirkt auch, dass

1. die begünstigte Partei die Gebühren ihres Rechtsanwalts ebenfalls nur nach diesem Teil des Streitwerts zu entrichten hat,
2. die begünstigte Partei, soweit ihr Kosten des Rechtsstreits auferlegt werden oder soweit sie diese übernimmt, die von dem Gegner entrichteten Gerichtsgebühren und die Gebühren seines Rechtsanwalts nur nach diesem Teil des Streitwerts zu erstatten hat und
3. der Rechtsanwalt der begünstigten Partei seine Gebühren von dem Gegner nach dem für diesen geltenden Streitwert beitreiben kann, soweit die außergerichtlichen Kosten dem Gegner auferlegt oder von ihm übernommen werden.

(3) ¹Der Antrag nach Absatz 1 ist vor der Verhandlung zur Hauptsache zu stellen. ²Danach ist er nur zulässig, wenn der angenommene oder festgesetzte

Streitwert durch das Gericht heraufgesetzt wird. ³Der Antrag kann vor der Geschäftsstelle des Gerichts zur Niederschrift erklärt werden. ⁴Vor der Entscheidung über den Antrag ist der Gegner zu hören.

Abschnitt 4. Strafvorschriften

§ 23 Verletzung von Geschäftsgeheimnissen. (1) Mit Freiheitsstrafe bis zu drei Jahren oder mit Geldstrafe wird bestraft, wer zur Förderung des eigenen oder fremden Wettbewerbs, aus Eigennutz, zugunsten eines Dritten oder in der Absicht, dem Inhaber eines Unternehmens Schaden zuzufügen,

1. entgegen § 4 Absatz 1 Nummer 1 ein Geschäftsgeheimnis erlangt,
2. entgegen § 4 Absatz 2 Nummer 1 Buchstabe a ein Geschäftsgeheimnis nutzt oder offenlegt oder
3. entgegen § 4 Absatz 2 Nummer 3 als eine bei einem Unternehmen beschäftigte Person ein Geschäftsgeheimnis, das ihr im Rahmen des Beschäftigungsverhältnisses anvertraut worden oder zugänglich geworden ist, während der Geltungsdauer des Beschäftigungsverhältnisses offenlegt.

(2) Ebenso wird bestraft, wer zur Förderung des eigenen oder fremden Wettbewerbs, aus Eigennutz, zugunsten eines Dritten oder in der Absicht, dem Inhaber eines Unternehmens Schaden zuzufügen, ein Geschäftsgeheimnis nutzt oder offenlegt, das er durch eine fremde Handlung nach Absatz 1 Nummer 2 oder Nummer 3 erlangt hat.

(3) Mit Freiheitsstrafe bis zu zwei Jahren oder mit Geldstrafe wird bestraft, wer zur Förderung des eigenen oder fremden Wettbewerbs oder aus Eigennutz entgegen § 4 Absatz 2 Nummer 2 oder Nummer 3 ein Geschäftsgeheimnis, das eine ihm im geschäftlichen Verkehr anvertraute geheime Vorlage oder Vorschrift technischer Art ist, nutzt oder offenlegt.

(4) Mit Freiheitsstrafe bis zu fünf Jahren oder mit Geldstrafe wird bestraft, wer

1. in den Fällen des Absatzes 1 oder des Absatzes 2 gewerbsmäßig handelt,
2. in den Fällen des Absatzes 1 Nummer 2 oder Nummer 3 oder des Absatzes 2 bei der Offenlegung weiß, dass das Geschäftsgeheimnis im Ausland genutzt werden soll, oder
3. in den Fällen des Absatzes 1 Nummer 2 oder des Absatzes 2 das Geschäftsgeheimnis im Ausland nutzt.

(5) Der Versuch ist strafbar.

(6) Beihilfehandlungen einer in § 53 Absatz 1 Satz 1 Nummer 5 der Strafprozessordnung genannten Person sind nicht rechtswidrig, wenn sie sich auf die Entgegennahme, Auswertung oder Veröffentlichung des Geschäftsgeheimnisses beschränken.

(7) ¹§ 5 Nummer 7 des Strafgesetzbuches gilt entsprechend. ²Die §§ 30 und 31 des Strafgesetzbuches gelten entsprechend, wenn der Täter zur Förderung des eigenen oder fremden Wettbewerbs oder aus Eigennutz handelt.

(8) Die Tat wird nur auf Antrag verfolgt, es sei denn, dass die Strafverfolgungsbehörde wegen des besonderen öffentlichen Interesses an der Strafverfolgung ein Einschreiten von Amts wegen für geboten hält.

20. Verordnung (EU) 2019/1150 des Europäischen Parlaments und des Rates vom 20. Juni 2019 zur Förderung von Fairness und Transparenz für gewerbliche Nutzer von Online-Vermittlungsdiensten

(Text von Bedeutung für den EWR)

(ABl. L 186 S. 57)[1]

CELEX 3 2019 R 1150

Art. 1 Gegenstand und Anwendungsbereich. (1) Mit dieser Verordnung soll zum reibungslosen Funktionieren des Binnenmarkts beigetragen werden, indem Vorschriften festgelegt werden, mit denen sichergestellt wird, dass für gewerbliche Nutzer von Online-Vermittlungsdiensten und Nutzer mit Unternehmenswebsite im Hinblick auf Suchmaschinen eine angemessene Transparenz, Fairness und wirksame Abhilfemöglichkeiten geschaffen werden.

(2) Diese Verordnung gilt für Online-Vermittlungsdienste und Online-Suchmaschinen, unabhängig vom Niederlassungsort oder Sitz der Anbieter dieser Dienste und unabhängig vom ansonsten anzuwendenden Recht, die gewerblichen Nutzern und Nutzern mit Unternehmenswebsite bereitgestellt bzw. zur Bereitstellung angeboten werden, die ihre Niederlassung oder ihren Wohnsitz in der Europäischen Union haben und die über diese Online-Vermittlungsdienste oder Online-Suchmaschinen Waren oder Dienstleistungen in der Europäischen Union befindlichen Verbrauchern anbieten.

(3) Diese Verordnung gilt nicht für Online-Zahlungsdienste, Online-Werbeinstrumente oder Online-Werbebörsen, die nicht bereitgestellt werden, um die Anbahnung direkter Transaktionen zu vermitteln, und bei denen kein Vertragsverhältnis mit Verbrauchern besteht.

(4) ¹Diese Verordnung gilt unbeschadet der Vorschriften der Mitgliedstaaten, durch die im Einklang mit dem Unionsrecht einseitige Handlungen oder unlautere Geschäftspraktiken verboten oder geahndet werden, soweit die relevanten Aspekte nicht durch diese Verordnung geregelt werden. ²Diese Verordnung berührt nicht das nationale Zivilrecht, insbesondere das Vertragsrecht, etwa die Bestimmungen über die Wirksamkeit, das Zustandekommen, die Wirkungen oder die Beendigung eines Vertrags, soweit die Vorschriften des nationalen Zivilrechts mit dem Unionsrecht in Einklang stehen und soweit die relevanten Aspekte nicht durch diese Verordnung geregelt werden.

(5) Diese Verordnung gilt unbeschadet der Rechtsvorschriften der Union, insbesondere jener für die Bereiche justizielle Zusammenarbeit in Zivilsachen, Wettbewerb, Datenschutz, Schutz von Geschäftsgeheimnissen, Verbraucherschutz, elektronischer Geschäftsverkehr und Finanzdienstleistungen.

Art. 2 Begriffsbestimmungen. Für die Zwecke dieser Verordnung bezeichnet der Ausdruck:

1. „gewerblicher Nutzer" jede im Rahmen einer geschäftlichen oder beruflichen Tätigkeit handelnde Privatperson oder jede juristische Person, die

---

[1] Veröffentlicht am 11.7.2019.

über Online-Vermittlungsdienste und für Zwecke im Zusammenhang mit ihrer gewerblichen, geschäftlichen, handwerklichen oder beruflichen Tätigkeit Verbrauchern Waren oder Dienstleistungen anbietet;

2. „Online-Vermittlungsdienste" Dienste, die alle nachstehenden Anforderungen erfüllen:

a) Es handelt sich um Dienste der Informationsgesellschaft im Sinne des Artikels 1 Absatz 1 Buchstabe b der Richtlinie (EU) 2015/1535 des Europäischen Parlaments und des Rates[1].

b) Sie ermöglichen es gewerblichen Nutzern, Verbrauchern Waren oder Dienstleistungen anzubieten, indem sie die Einleitung direkter Transaktionen zwischen diesen gewerblichen Nutzern und Verbrauchern vermitteln, unabhängig davon, wo diese Transaktionen letztlich abgeschlossen werden.

c) Sie werden gewerblichen Nutzern auf der Grundlage eines Vertragsverhältnisses zwischen dem Anbieter dieser Dienste und den gewerblichen Nutzern, die den Verbrauchern Waren oder Dienstleistungen anbieten, bereitgestellt;

3. „Anbieter von Online-Vermittlungsdiensten" jede natürliche oder juristische Person, die gewerblichen Nutzern Online-Vermittlungsdienste bereitstellt oder zur Bereitstellung anbietet;

4. „Verbraucher" jede natürliche Person, die zu Zwecken handelt, die außerhalb der gewerblichen, geschäftlichen, handwerklichen oder beruflichen Tätigkeit dieser Person liegen;

5. „Online-Suchmaschine" einen digitalen Dienst, der es Nutzern ermöglicht, in Form eines Stichworts, einer Spracheingabe, einer Wortgruppe oder einer anderen Eingabe Anfragen einzugeben, um prinzipiell auf allen Websites oder auf allen Websites in einer bestimmten Sprache eine Suche zu einem beliebigen Thema vorzunehmen und Ergebnisse in einem beliebigen Format angezeigt zu bekommen, über die sie Informationen im Zusammenhang mit dem angeforderten Inhalt finden können;

6. „Anbieter von Online-Suchmaschinen" eine natürliche oder juristische Person, die Verbrauchern Online-Suchmaschinen bereitstellt oder zur Bereitstellung anbietet;

7. „Nutzer mit Unternehmenswebsite" eine natürliche oder juristische Person, die über eine Online-Schnittstelle, d.h. über eine Software (darunter Websites oder Teile davon und Anwendungen, einschließlich mobiler Anwendungen) und für Zwecke im Zusammenhang mit ihrer gewerblichen, geschäftlichen, handwerklichen oder beruflichen Tätigkeit Verbrauchern Waren oder Dienstleistungen anbietet;

8. „Ranking" die relative Hervorhebung von Waren und Dienstleistungen, die über Online-Vermittlungsdienste angeboten werden, oder die Relevanz, die Suchergebnissen von Online-Suchmaschinen zugemessen wird, wie von Anbietern von Online-Vermittlungsdiensten bzw. von Anbietern von Online-Suchmaschinen organisiert, dargestellt und kommuniziert, un-

---

[1] **Amtl. Anm.:** Richtlinie (EU) 2015/1535 des Europäischen Parlaments und des Rates vom 9. September 2015 über ein Informationsverfahren auf dem Gebiet der technischen Vorschriften und der Vorschriften für die Dienste der Informationsgesellschaft (ABl. L 241 vom 17.9.2015, S. 1).

abhängig von den für diese Darstellung, Organisation oder Kommunikation verwendeten technischen Mitteln;
9. „Kontrolle" das Eigentum an einem Unternehmen oder die Fähigkeit, bestimmenden Einfluss auf ein Unternehmen auszuüben, im Sinne von Artikel 3 Absatz 2 der Verordnung (EG) Nr. 139/2004[1]) des Rates[2]);
10. „allgemeine Geschäftsbedingungen" alle Bedingungen oder Bestimmungen, die unabhängig von ihrer Bezeichnung oder Form das Vertragsverhältnis zwischen dem Anbieter von Online-Vermittlungsdiensten und ihren gewerblichen Nutzern regeln und einseitig vom Anbieter der Online-Vermittlungsdienste festgelegt werden, wobei diese einseitige Festlegung auf der Grundlage einer Gesamtbewertung festgestellt wird, im Rahmen derer die relative Größe der betroffenen Parteien, die Tatsache, dass Verhandlungen stattgefunden haben, oder die Tatsache, dass einzelne Bestimmungen in diesen Bedingungen möglicherweise Gegenstand von Verhandlungen waren und gemeinsam von dem jeweiligen Anbieter und dem jeweiligen gewerblichen Nutzer festgelegt wurden, für sich genommen nicht entscheidend ist;
11. „Nebenwaren und -dienstleistungen" Waren und Dienstleistungen, die dem Verbraucher vor Abschluss der Transaktion, die mittels der Online-Vermittlungsdienste angebahnt wurde, zusätzlich und ergänzend zu der vom gewerblichen Nutzer über die Online-Vermittlungsdienste angebotenen Hauptware oder -dienstleistung angeboten werden;
12. „Mediation" ein strukturiertes Verfahren im Sinne des Artikels 3 Buchstabe a der Richtlinie 2008/52/EG;
13. „dauerhafter Datenträger" jedes Medium, das es gewerblichen Nutzern gestattet, an sie persönlich gerichtete Informationen so zu speichern, dass sie sie in der Folge für eine den Zwecken der Informationen angemessene Dauer abrufen und einsehen können, und das die unveränderte Wiedergabe der gespeicherten Informationen ermöglicht.

Art. 3 Allgemeine Geschäftsbedingungen. (1) Anbieter von Online-Vermittlungsdiensten stellen sicher, dass ihre allgemeinen Geschäftsbedingungen
a) klar und verständlich formuliert sind;
b) für gewerbliche Nutzer zu jedem Zeitpunkt ihrer Geschäftsbeziehung mit dem Anbieter von Online-Vermittlungsdiensten, auch während der Phase vor Vertragsabschluss, leicht verfügbar sind;
c) die Gründe benennen, bei deren Vorliegen entschieden werden kann, die Bereitstellung ihrer Online-Vermittlungsdienste für gewerbliche Nutzer vollständig oder teilweise auszusetzen oder zu beenden oder sie in irgendeiner anderen Art einzuschränken;
d) Informationen über zusätzliche Vertriebskanäle oder etwaige Partnerprogramme enthalten, über die der Anbieter von Online-Vermittlungsdiensten die vom gewerblichen Nutzer angebotenen Waren und Dienstleistungen vermarkten konnte;

---

[1]) Nr. **17**.
[2]) **Amtl. Anm.:** Verordnung (EG) Nr. 139/2004 des Rates vom 20. Januar 2004 über die Kontrolle von Unternehmenszusammenschlüssen („EG-Fusionskontrollverordnung") (ABl. L 24 vom 29.1. 2004, S. 1).

e) allgemeine Informationen zu den Auswirkungen der allgemeinen Geschäftsbedingungen auf die Inhaberschaft und die Kontrolle von Rechten des geistigen Eigentums gewerblicher Nutzer enthalten.

(2) *[1]* Anbieter von Online-Vermittlungsdiensten unterrichten die betroffenen gewerblichen Nutzer auf einem dauerhaften Datenträger über jegliche vorgeschlagene Änderung ihrer allgemeinen Geschäftsbedingungen.

[2] ¹Die vorgeschlagenen Änderungen dürfen erst nach Ablauf einer im Hinblick auf Art und Umfang der geplanten Änderungen und deren Folgen für den betroffenen gewerblichen Nutzer angemessenen und verhältnismäßigen Frist umgesetzt werden. ²Diese Frist beträgt mindestens 15 Tage ab dem Zeitpunkt, an dem der Anbieter der Online-Vermittlungsdienste die betroffenen gewerblichen Nutzer über die vorgeschlagenen Änderungen unterrichtet hat. ³Die Anbieter von Online-Vermittlungsdiensten müssen längere Fristen einräumen, wenn dies erforderlich ist, um es gewerblichen Nutzern zu ermöglichen, die aufgrund der Änderung notwendigen technischen oder geschäftlichen Anpassungen vorzunehmen.

[3] ¹Der betroffene gewerbliche Nutzer hat das Recht, den Vertrag mit dem Anbieter der Online-Vermittlungsdienste vor Ablauf der Frist zu kündigen. ²Eine entsprechende Kündigung entfaltet innerhalb von 15 Tagen nach Eingang der Mitteilung gemäß Unterabsatz 1 Wirkung, sofern für den Vertrag keine kürzere Frist gilt.

[4] Die betroffenen gewerblichen Nutzer können nach Erhalt der Mitteilung nach Unterabsatz 1 jederzeit entweder durch eine schriftliche Erklärung oder eine eindeutige bestätigende Handlung auf die in Unterabsatz 2 genannte Frist verzichten.

[5] ¹Das Einstellen neuer Waren oder Dienstleistungen in den Online-Vermittlungsdiensten vor Ablauf der Frist ist als eindeutige bestätigende Handlung zu betrachten, durch die auf die Frist verzichtet wird, außer in den Fällen, in denen die angemessene und verhältnismäßige Frist mehr als 15 Tage beträgt, weil der gewerbliche Nutzer aufgrund der Änderungen der allgemeinen Geschäftsbedingungen erhebliche technische Anpassungen an seinen Waren oder Dienstleistungen vornehmen muss. ²In diesen Fällen gilt das Einstellen neuer Waren und Dienstleistungen durch den gewerblichen Nutzer nicht automatisch als Verzicht auf die Frist.

(3) Allgemeine Geschäftsbedingungen oder darin enthaltene Einzelbestimmungen, die den Anforderungen des Absatzes 1 nicht genügen, sowie vom Anbieter von Online-Vermittlungsdiensten vorgenommene Änderungen der allgemeinen Geschäftsbedingungen, die den Bestimmungen von Absatz 2 zuwiderlaufen, sind nichtig.

(4) Die Frist nach Absatz 2 Unterabsatz 2 gilt nicht, wenn ein Anbieter von Online-Vermittlungsdiensten

a) aufgrund gesetzlicher oder behördlich angeordneter Verpflichtungen Änderungen der allgemeinen Geschäftsbedingungen in einer Art und Weise vornehmen muss, die es ihm nicht gestatten, die in Absatz 2 Unterabsatz 2 genannte Frist einzuhalten;

b) in Ausnahmefällen seine allgemeinen Geschäftsbedingungen zur Abwehr einer unvorhergesehenen und unmittelbar drohenden Gefahr ändern muss, um die Online-Vermittlungsdienste, Verbraucher oder gewerbliche Nutzer vor Betrug, Schadsoftware, Spam, Verletzungen des Datenschutzes oder anderen Cybersicherheitsrisiken zu schützen.

(5) Anbieter von Online-Vermittlungsdiensten stellen sicher, dass die Identität der gewerblichen Nutzer, die Waren und Dienstleistungen über die Online-Vermittlungsdienste anbieten, klar erkennbar ist.

Art. 4 Einschränkung, Aussetzung und Beendigung. (1) Beschließt ein Anbieter von Online-Vermittlungsdiensten, die Bereitstellung seiner Online-Vermittlungsdienste für einen bestimmten gewerblichen Nutzer in Bezug auf einzelne von diesem gewerblichen Nutzer angebotene Waren oder Dienstleistungen einzuschränken oder auszusetzen, so übermittelt er dem betroffenen gewerblichen Nutzer vor oder gleichzeitig mit dem Wirksamwerden der Aussetzung oder Einschränkung auf einem dauerhaften Datenträger eine Begründung dieser Entscheidung.

(2) Beschließt ein Anbieter von Online-Vermittlungsdiensten, die Bereitstellung seiner Online-Vermittlungsdienste für einen bestimmten gewerblichen Nutzer vollständig zu beenden, so übermittelt er dem betroffenen gewerblichen Nutzer mindestens 30 Tage vor dem Wirksamwerden der Beendigung auf einem dauerhaften Datenträger eine Begründung dieser Entscheidung.

(3) [1] Im Falle einer Einschränkung, Aussetzung oder Beendigung bietet der Anbieter von Online-Vermittlungsdiensten dem gewerblichen Nutzer die Möglichkeit, die Sachverhalte und Umstände im Rahmen des internen Beschwerdemanagementverfahrens gemäß Artikel 11 zu klären. [2] Wird die Einschränkung, Aussetzung oder Beendigung durch den Anbieter von Online-Vermittlungsdiensten aufgehoben, setzt er den gewerblichen Nutzer umgehend wieder ein, wozu auch der Zugang zu personenbezogenen oder sonstigen Daten oder beidem gehört, die durch die Nutzung der einschlägigen Online-Vermittlungsdienste vor dem Wirksamwerden der Einschränkung, Aussetzung oder Beendigung generiert wurden.

(4) *[1]* Die Frist gemäß Absatz 2 gilt nicht, wenn ein Anbieter von Online-Vermittlungsdiensten

a) gesetzlichen oder behördlich angeordneten Verpflichtungen unterliegt, die eine vollständige Beendigung der Bereitstellung der Online-Vermittlungsdienste für einen bestimmten gewerblichen Nutzer erfordern und ihm dabei keine Einhaltung der Frist erlauben;

b) sein Recht auf Beendigung aufgrund eines zwingenden Grunds nach nationalem Recht, das im Einklang mit dem Unionsrecht steht, ausübt;

c) nachweisen kann, dass der betroffene gewerbliche Nutzer wiederholt gegen die geltenden allgemeinen Geschäftsbedingungen verstoßen hat, was zur vollständigen Beendigung der betreffenden Online-Vermittlungsdienste geführt hat.

[2] In den Fällen, in denen die in Absatz 2 genannte Frist nicht gilt, stellt der Anbieter von Online-Vermittlungsdiensten dem betroffenen gewerblichen Nutzer unverzüglich eine Begründung für seine Entscheidung auf einem dauerhaften Datenträger zur Verfügung.

(5) *[1]* In der in den Absätzen 1 und 2 und Absatz 4 Unterabsatz 2 genannten Begründung gibt der Anbieter der Online-Vermittlungsdienste die konkreten Tatsachen oder Umstände, einschließlich des Inhalts der Mitteilungen Dritter,

die ihn zu seiner Entscheidung bewogen haben, und die für diese Entscheidung geltenden Gründe gemäß Artikel 3 Absatz 1 Buchstabe c an.

[2] Ein Anbieter von Online-Vermittlungsdiensten ist nicht verpflichtet, eine Begründung abzugeben, wenn er aufgrund gesetzlicher oder behördlich angeordneter Verpflichtungen die konkreten Tatsachen oder Umstände und den zutreffenden Grund bzw. die zutreffenden Gründe nicht offenlegen darf, oder wenn er nachweisen kann, dass der betroffene gewerbliche Nutzer wiederholt gegen die geltenden allgemeinen Geschäftsbedingungen verstoßen hat, was zur vollständigen Beendigung der betreffenden Online-Vermittlungsdienste geführt hat.

Art. 5 Ranking. (1) Anbieter von Online-Vermittlungsdiensten stellen in ihren allgemeinen Geschäftsbedingungen die das Ranking bestimmenden Hauptparameter und die Gründe für die relative Gewichtung dieser Hauptparametergegenüber anderen Parametern dar.

(2) [1] Die Anbieter von Online-Suchmaschinen stellen die Hauptparameter, die einzeln oder gemeinsam für die Festlegung des Rankings am wichtigsten sind, und die relative Gewichtung dieser Hauptparameter dar, indem sie in ihren Online-Suchmaschinen klar und verständlich formulierte Erläuterungen bereitstellen, die öffentlich und leicht verfügbar sind. [2] Sie sorgen dafür, dass diese Beschreibungen stets aktuell sind.

(3) Enthalten die Hauptparameter die Möglichkeit, dass die gewerblichen Nutzer oder die Nutzer mit Unternehmenswebsite das Ranking beeinflussen können, indem sie dem jeweiligen Anbieter direkt oder indirekt ein Entgelt entrichten, so erläutert der Anbieter diese Möglichkeit und legt gemäß den in Absatz 1 und 2 genannten Anforderungen dar, wie sich derartige Entgelte auf das Ranking auswirken.

(4) Hat der Anbieter einer Online-Suchmaschine die Reihenfolge des Rankings in einem konkreten Fall geändert oder eine bestimmte Website infolge der Mitteilung eines Dritten ausgelistet, bietet der Anbieter dem Nutzer mit Unternehmenswebsite die Möglichkeit, den Inhalt der Mitteilung einzusehen.

(5) Die in den Absätzen 1, 2 und 3 genannten Erläuterungen müssen den gewerblichen Nutzern oder den Nutzern mit Unternehmenswebsite ein angemessenes Verständnis der Frage ermöglichen, ob und gegebenenfalls wie und in welchem Umfang der Rankingmechanismus Folgendes berücksichtigt:

a) die Merkmale der Waren und Dienstleistungen, die Verbrauchern über Online-Vermittlungsdienste oder Online-Suchmaschinen angeboten werden;

b) die Relevanz dieser Merkmale für diese Verbraucher;

c) im Falle von Online-Suchmaschinen die Gestaltungsmerkmale der Website, die von Nutzern mit Unternehmenswebsite verwendet werden.

(6) [1] Die Anbieter von Online-Vermittlungsdiensten und Anbieter von Online-Suchmaschinen sind zur Einhaltung der Anforderungen dieses Artikels nicht verpflichtet, Algorithmen oder Informationen offenzulegen, die mit hinreichender Sicherheit dazu führen würden, dass eine Täuschung oder Schädigung von Verbrauchern durch die Manipulation von Suchergebnissen möglich wird. [2] Dieser Artikel gilt unbeschadet der Richtlinie (EU) 2016/943.

(7) Um die Anbieter von Online-Vermittlungsdiensten und die Anbieter von Online-Suchmaschinen bei der Einhaltung der Anforderungen dieses

Artikels zu unterstützen und um deren Durchsetzung zu erleichtern, begleitet die Kommission die in diesem Artikel festgelegten Transparenzanforderungen durch Leitlinien.

Art. 6 Nebenwaren und -dienstleistungen. Wenn Verbrauchern über die Online-Vermittlungsdienste entweder durch den Anbieter von Online-Vermittlungsdiensten oder durch Dritte Nebenwaren und -dienstleistungen, einschließlich Finanzprodukten, angeboten werden, nimmt der Anbieter von Online-Vermittlungsdiensten in seine allgemeinen Geschäftsbedingungen eine Beschreibung der Art der angebotenen Nebenwaren und -dienstleistungen und eine Angabe dazu auf, ob und unter welchen Bedingungen der gewerbliche Nutzer ebenfalls berechtigt ist, seine eigenen Nebenwaren und -dienstleistungen über die Online-Vermittlungsdienste anzubieten.

Art. 7 Differenzierte Behandlung. (1) ¹Die Anbieter von Online-Vermittlungsdiensten erläutern in ihren allgemeinen Geschäftsbedingungen jegliche etwaige differenzierte Behandlung von Waren und Dienstleistungen, die Verbrauchern über diese Online-Vermittlungsdienste einerseits entweder von diesem Anbieter selbst oder von gewerblichen Nutzern, die von diesem Anbieter kontrolliert werden, und andererseits von sonstigen gewerblichen Nutzern angeboten werden. ²Diese Erläuterung bezieht sich auf die wichtigsten wirtschaftlichen, geschäftlichen oder rechtlichen Erwägungen, die einer solchen differenzierten Behandlung zugrunde liegen.

(2) Die Anbieter von Online-Suchmaschinen erläutern jegliche etwaige differenzierte Behandlung von Waren und Dienstleistungen, die Verbrauchern über diese Online-Suchmaschinen einerseits entweder von diesem Anbieter selbst oder von Nutzern mit Unternehmenswebsite, die von diesem Anbieter kontrolliert werden, und andererseits von sonstigen Nutzern mit Unternehmenswebsite angeboten werden.

(3) Die in den Absätzen 1 und 2 genannte Erläuterung umfasst gegebenenfalls insbesondere Angaben zu jeglicher differenzierten Behandlung durch konkrete Maßnahmen oder durch das Verhalten des Anbieters von Online-Vermittlungsdiensten oder des Anbieters von Online-Suchmaschinen in Bezug auf Folgendes:

a) etwaiger Zugang des Anbieters oder der gewerblichen Nutzer, oder der Nutzer mit Unternehmenswebsite, die der Anbieter kontrolliert, zu personenbezogenen oder sonstigen Daten oder beidem, die gewerbliche Nutzer, Nutzer mit Unternehmenswebsite oder Verbraucher für die Nutzung der betreffenden Online-Vermittlungsdienste oder der betreffenden Online-Suchmaschinen zur Verfügung stellen oder die im Zuge der Bereitstellung dieser Dienste generiert werden;

b) Ranking oder andere Einstellungen, die der Anbieter anwendet und die den Zugang der Verbraucher zu Waren oder Dienstleistungen beeinflussen, die von anderen gewerblichen Nutzern über diese Online-Vermittlungsdienste oder von anderen Nutzern mit Unternehmenswebsite über diese Online-Suchmaschinen angeboten werden;

c) etwaige direkte oder indirekte Entgelte für die Nutzung der betreffenden Online-Vermittlungsdienste oder Online-Suchmaschinen;

d) Zugang zu den Diensten, Funktionen oder technischen Schnittstellen, die für den gewerblichen Nutzer oder den Nutzer mit Unternehmenswebsite relevant sind und mit der Nutzung der betreffenden Online-Vermittlungsdienste oder Online-Suchmaschinen unmittelbar im Zusammenhang stehen oder eine Ergänzung zu deren Nutzung sind, sowie die Bedingungen und die direkt oder indirekt erhobene Vergütung für die Nutzung dieser Dienste, Funktionen oder technischen Schnittstellen.

Art. 8 Besondere Vertragsbestimmungen. Um sicherzustellen, dass die Vertragsbeziehungen zwischen den Anbietern von Online-Vermittlungsdiensten und den gewerblichen Nutzern nach Treu und Glauben und auf der Grundlage des redlichen Geschäftsverkehrs gestaltet werden, sind die Anbieter von Online-Vermittlungsdiensten zu Folgendem verpflichtet:

a) Sie erlegen keine rückwirkenden Änderungen an den allgemeinen Geschäftsbedingungen auf, es sei denn, dies geschieht in Erfüllung einer gesetzlichen oder behördlich angeordneten Verpflichtung oder die rückwirkenden Änderungen sind für die gewerblichen Nutzer von Vorteil;

b) Sie sorgen dafür, dass ihre allgemeinen Geschäftsbedingungen Informationen über die Bedingungen enthalten, unter denen die gewerblichen Nutzer die Vertragsbeziehung mit dem Anbieter von Online-Vermittlungsdiensten beenden können; und

c) Sie nehmen in ihre allgemeinen Geschäftsbedingungen eine Beschreibung des vorhandenen oder nicht vorhandenen technischen und vertraglichen Zugangs zu den von dem gewerblichen Nutzer bereitgestellten oder generierten Informationen auf, den sie behalten, nachdem der Vertrag zwischen dem Anbieter von Online-Vermittlungsdiensten und dem gewerblichen Nutzer abgelaufen ist.

Art. 9 Datenzugang. (1) Die Anbieter von Online-Vermittlungsdiensten erläutern in ihren allgemeinen Geschäftsbedingungen den technischen und vertraglichen Zugang oder das Fehlen eines solchen Zugangs für gewerbliche Nutzer zu personenbezogenen oder sonstigen Daten oder beidem, die gewerbliche Nutzer oder Verbraucher für die Nutzung der betreffenden Online-Vermittlungsdienste zur Verfügung stellen oder die im Zuge der Bereitstellung dieser Dienste generiert werden.

(2) Mittels der in Absatz 1 genannten Erläuterung informieren die Anbieter von Online-Vermittlungsdiensten gewerbliche Nutzer angemessen insbesondere darüber,

a) ob der Anbieter der Online-Vermittlungsdienste Zugang zu personenbezogenen oder sonstigen Daten oder zu beidem hat, die gewerbliche Nutzer oder Verbraucher für die Nutzung dieser Dienste zur Verfügung stellen oder die im Zuge der Bereitstellung dieser Dienste generiert werden, sowie gegebenenfalls darüber, zu welchen Kategorien dieser Daten und zu welchen Bedingungen er Zugang hat;

b) ob ein gewerblicher Nutzer Zugang zu personenbezogenen oder sonstigen Daten oder beidem hat, die dieser gewerbliche Nutzer im Zusammenhang mit der Nutzung der betreffenden Online-Vermittlungsdienste durch den gewerblichen Nutzer zur Verfügung gestellt hat oder die im Zuge der Bereitstellung dieser Dienste für diesen gewerblichen Nutzer und die Verbraucher der Waren oder Dienstleistungen des gewerblichen Nutzers generiert wur-

den, sowie gegebenenfalls darüber, zu welchen Kategorien dieser Daten und zu welchen Bedingungen er Zugang hat;
c) zusätzlich zu Buchstabe b, ob ein gewerblicher Nutzer Zugang zu personenbezogenen Daten oder sonstigen Daten oder beidem, auch in aggregierter Form, hat, die im Zuge der allen gewerblichen Nutzern und Verbrauchern bereitgestellten Online-Vermittlungsdienste zur Verfügung gestellt oder generiert wurden, und gegebenenfalls darüber, zu welchen Kategorien dieser Daten und zu welchen Bedingungen er Zugang hat; und
d) ob die unter Buchstabe a genannten Daten Dritten zur Verfügung gestellt werden, einschließlich, wenn die Bereitstellung dieser Daten für Dritte für das ordnungsgemäße Funktionieren der Online-Vermittlungsdienste nicht erforderlich ist, Informationen zur Konkretisierung des Zwecks einer solchen Datenweitergabe sowie Möglichkeiten, die gewerblichen Nutzern für eine Ablehnung dieser Datenweitergabe offenstehen.

(3) Dieser Artikel lässt die Anwendung der Verordnung (EU) 2016/679, der Richtlinie (EU) 2016/680 und der Richtlinie 2002/58/EC unberührt.

Art. 10 Einschränkung der Möglichkeit, andere Bedingungen auf anderem Wege anzubieten. (1) ¹Schränken die Anbieter von Online-Vermittlungsdiensten bei der Bereitstellung ihrer Dienste gewerbliche Nutzer in ihrer Möglichkeit ein, Verbrauchern dieselben Waren und Dienstleistungen zu anderen Bedingungen auf anderem Wege als über ihre Dienste anzubieten, müssen sie in ihren allgemeinen Geschäftsbedingungen die Gründe für diese Einschränkung angeben und diese öffentlich leicht verfügbar machen. ²Hierbei sind die wichtigsten wirtschaftlichen, geschäftlichen oder rechtlichen Gründe für die Einschränkungen anzugeben.

(2) Die in Absatz 1 genannte Verpflichtung berührt nicht etwaige Verbote oder Beschränkungen in Bezug auf die Auferlegung solcher Einschränkungen, die sich für Anbieter von Online-Vermittlungsdiensten aus der Anwendung anderer Unionsrechtsakte oder von nationalem Recht ergeben, das im Einklang mit dem Unionsrecht steht, denen der Anbieter von Online-Vermittlungsdiensten unterliegt.

Art. 11 Internes Beschwerdemanagementsystem. (1) *[1]* Die Anbieter von Online-Vermittlungsdiensten richten ein internes System für die Bearbeitung von Beschwerden gewerblicher Nutzer ein.

[2] ¹Dieses interne Beschwerdemanagementsystem muss für gewerbliche Nutzer leicht zugänglich und kostenfrei sein, und eine Bearbeitung innerhalb eines angemessenen Zeitrahmens muss sichergestellt sein. ²Es muss auf den Grundsätzen der Transparenz, der Gleichbehandlung in gleichen Situationen und der Behandlung von Beschwerden in einer Art und Weise beruhen, die ihrer Bedeutung und ihrer Komplexität angemessen ist. ³Es muss gewerblichen Nutzern die Möglichkeit bieten, Beschwerden in Bezug auf die folgenden Probleme direkt bei dem betreffenden Anbieter einzureichen:
a) die mutmaßliche Nichteinhaltung einer der in dieser Verordnung festgelegten Verpflichtungen durch den Anbieter, die sich auf den Beschwerde führenden gewerblichen Nutzer (im Folgenden „Beschwerdeführer") auswirkt,

b) technische Probleme, die in direktem Zusammenhang mit der Bereitstellung von Online-Vermittlungsdiensten stehen und die sich auf den Beschwerdeführer auswirken;
c) Maßnahmen oder Verhaltensweisen des Anbieters, die in direktem Zusammenhang mit der Bereitstellung der Online-Vermittlungsdienste stehen und die sich auf den Beschwerdeführer auswirken.

(2) Im Rahmen ihres internen Beschwerdemanagementsystems haben Anbieter von Online-Vermittlungsdiensten folgende Pflichten:
a) die sorgfältige Prüfung der eingereichten Beschwerden und die möglicherweise notwendige weitere Bearbeitung der Beschwerden, um eine angemessene Lösung für das Problem herbeizuführen;
b) die zügige und wirksame Bearbeitung von Beschwerden unter Berücksichtigung der Bedeutung und Komplexität des Problems;
c) die individuelle sowie klar und verständlich formulierte Unterrichtung des Beschwerdeführers über das Ergebnis des internen Beschwerdemanagementverfahrens.

(3) Die Anbieter von Online-Vermittlungsdiensten stellen in ihren allgemeinen Geschäftsbedingungen alle einschlägigen Informationen zur Verfügung, die sich auf den Zugang zu ihrem internen Beschwerdemanagementsystem und dessen Funktionsweise beziehen.

(4) *[1]* [1]Die Anbieter von Online-Vermittlungsdiensten erstellen Informationen zur Funktionsweise und Wirksamkeit ihres internen Beschwerdemanagementsystems und machen diese Informationen öffentlich leicht verfügbar. [2]Sie überprüfen die Informationen mindestens einmal jährlich und aktualisieren sie, wenn wesentliche Änderungen erforderlich sind.

[2] Hierbei sind die Anzahl der eingereichten Beschwerden, die wichtigsten Arten von Beschwerden, der durchschnittliche Zeitbedarf für die Bearbeitung der Beschwerden und aggregierte Informationen über das Ergebnis der Beschwerden anzugeben.

(5) Die Bestimmungen dieses Artikels gelten nicht für Anbieter von Online-Vermittlungsdiensten, bei denen es sich um kleine Unternehmen im Sinne des Anhangs zur Empfehlung 2003/361/EG der Kommission handelt.

Art. 12 Mediation. (1) *[1]* Die Anbieter von Online-Vermittlungsdiensten geben in ihren allgemeinen Geschäftsbedingungen zwei oder mehr Mediatoren an, mit denen sie bereit sind zusammenzuarbeiten, um mit gewerblichen Nutzern eine außergerichtliche Beilegung etwaiger Streitigkeiten zwischen dem Anbieter und dem gewerblichen Nutzer zu erzielen, die sich auf die Bereitstellung der betreffenden Online-Vermittlungsdienste, darunter auch auf Beschwerden beziehen, die nicht mit den in Artikel 11 genannten Mitteln des internen Beschwerdemanagementsystems gelöst werden können.

[2] Die Anbieter von Online-Vermittlungsdiensten können nur dann Mediatoren benennen, die ihre Mediationsdienste von einem Ort außerhalb der Europäischen Union erbringen, wenn sichergestellt ist, dass den betroffenen gewerblichen Nutzern effektiv kein im Unionsrecht oder dem Recht eines Mitgliedstaats festgelegter Rechtsschutz infolge der Tatsache vorenthalten wird, dass die Mediatoren ihre Mediationsdienste von außerhalb der Europäischen Union erbringen.

(2) Die in Absatz 1 genannten Mediatoren müssen folgende Bedingungen erfüllen:
a) Sie sind unparteiisch und unabhängig.
b) Ihre Mediationsdienste sind für gewerbliche Nutzer der betreffenden Online-Vermittlungsdienste erschwinglich.
c) Sie sind in der Lage, ihre Mediationsdienste in der Sprache der allgemeinen Geschäftsbedingungen zu erbringen, die das Vertragsverhältnis zwischen dem Anbieter der Online-Vermittlungsdienste und dem betroffenen gewerblichen Nutzer regeln.
d) Sie sind entweder physisch am Ort der Niederlassung oder am Wohnsitz des gewerblichen Nutzers oder mittels Kommunikationstechnik aus der Ferne leicht zu erreichen.
e) Sie können ihre Mediationsdienste unverzüglich erbringen.
f) Sie verfügen über ein ausreichendes Verständnis der allgemeinen Geschäftsbeziehungen zwischen Unternehmen, so dass sie wirksam zum Versuch der Streitbeilegung beitragen können.

(3) Ungeachtet des freiwilligen Charakters der Mediation beteiligen sich Anbieter von Online-Vermittlungsdiensten und gewerbliche Nutzer nach Treu und Glauben an allen Mediationsversuchen, die gemäß diesem Artikel unternommen werden.

(4) [1] Die Anbieter von Online-Vermittlungsdiensten tragen in jedem Einzelfall einen angemessenen Anteil an den Gesamtkosten der Mediation. [2] Der angemessene Anteil an den Gesamtkosten wird ausgehend von einem Vorschlag des Mediators unter Berücksichtigung aller einschlägigen Elemente des jeweiligen Falls, insbesondere der Stichhaltigkeit der Forderungen der Streitparteien, des Verhaltens der Parteien sowie der Größe und der Finanzstärke der Parteien im Verhältnis zueinander, bestimmt.

(5) Jeder Versuch, nach diesem Artikel eine Einigung über die Streitbeilegung durch Mediation herbeizuführen, berührt nicht das Recht der betreffenden Anbieter von Online-Vermittlungsdiensten und der betroffenen gewerblichen Nutzer, zu jedem Zeitpunkt vor, während oder nach der Mediation Klage vor Gericht zu erheben.

(6) Auf Ersuchen eines gewerblichen Nutzers müssen die Anbieter von Online-Vermittlungsdiensten vor oder während einer Mediation Informationen über das Funktionieren und die Wirksamkeit der Mediation im Zusammenhang mit ihren Tätigkeiten bereitstellen.

(7) Die in Absatz 1 genannte Verpflichtung gilt nicht für Anbieter von Online-Vermittlungsdiensten, bei denen es sich um kleine Unternehmen im Sinne des Anhangs zur Empfehlung 2003/361/EG handelt.

Art. 13 Spezialisierte Mediatoren. Die Kommission fordert in enger Zusammenarbeit mit den Mitgliedstaaten Anbieter von Online-Vermittlungsdiensten sowie Organisationen und Verbände, die diese vertreten, auf, einzeln oder gemeinsam eine oder mehrere Organisationen zu gründen, die Mediationsdienste anbieten und die in Artikel 12 Absatz 2 genannten Bedingungen erfüllen, um speziell die außergerichtliche Beilegung von Streitigkeiten mit gewerblichen Nutzern im Zusammenhang mit der Bereitstellung von Online-Vermittlungsdiensten und unter besonderer Berücksichtigung des grenzüberschreitenden Charakters dieser Dienste zu erleichtern.

Art. 14 Klageeinreichung vor Gericht durch repräsentative Organisationen oder Verbände und durch öffentliche Stellen. (1) Organisationen und Verbände, die ein berechtigtes Interesse an der Vertretung gewerblicher Nutzer oder von Nutzern mit Unternehmenswebsite haben, sowie in den Mitgliedstaaten eingerichtete öffentliche Stellen haben das Recht, zuständige nationale Gerichte in der Europäischen Union anzurufen, und zwar entsprechend den Rechtsvorschriften des Mitgliedstaats, in dem die Klage gegen einen Anbieter von Online-Vermittlungsdiensten oder von Online-Suchmaschinen wegen der Nichteinhaltung der einschlägigen, in dieser Verordnung festgelegten Bestimmungen mit dem Ziel eingereicht wird, diese Nichteinhaltung zu beenden oder zu untersagen.

(2) Die Kommission ermutigt die Mitgliedstaaten, bewährte Verfahren und Informationen mit anderen Mitgliedstaaten auf der Grundlage von Registern rechtswidriger Handlungen, die Gegenstand von Unterlassungsverfügungen seitens nationaler Gerichte waren, auszutauschen, sofern solche Register von den einschlägigen öffentlichen Stellen oder Behörden eingerichtet wurden.

(3) *[1]* Organisationen oder Verbände haben das in Absatz 1 genannte Recht nur dann, wenn sie alle folgenden Bedingungen erfüllen:

a) Sie sind nach dem Recht eines Mitgliedstaats ordnungsgemäß errichtet.

b) Sie verfolgen Ziele, die im kollektiven Interesse der Gruppe gewerblicher Nutzer oder der Nutzer mit Unternehmenswebsite sind, die sie dauerhaft vertreten.

c) Sie verfolgen keine Gewinnerzielungsabsicht.

d) Ihre Entscheidungsfindung wird nicht unangemessen durch Drittgeldgeber, insbesondere durch Anbieter von Online-Vermittlungsdiensten oder Online-Suchmaschinen, beeinflusst.

[2] Zu diesem Zweck veröffentlichen die Organisationen und Verbände alle Informationen darüber, wer ihre Mitglieder sind, und über ihre Finanzierungsquellen.

(4) In Mitgliedstaaten, in denen öffentliche Stellen eingerichtet wurden, sind diese berechtigt, das in Absatz 1 genannte Recht auszuüben, sofern sie nach dem Recht des betreffenden Mitgliedstaats damit beauftragt wurden, die kollektiven Interessen von gewerblichen Nutzern oder von Nutzern mit Unternehmenswebsite wahrzunehmen, oder dafür zu sorgen, dass die in dieser Verordnung festgelegten Bestimmungen eingehalten werden.

(5) [1] Die Mitgliedstaaten können

a) Organisationen oder Verbände mit Sitz in ihrem Mitgliedstaat, die mindestens die Anforderungen des Absatzes 3 erfüllen, auf deren Antrag sowie

b) öffentlichen Stellen mit Sitz in ihrem Mitgliedstaat, die die Anforderungen des Absatzes 4 erfüllen,

benennen, die das in Absatz 1 genannte Recht erhalten. [2] Die Mitgliedstaaten teilen der Kommission Namen und Zweck aller solcher benannten Organisationen, Verbände oder öffentlichen Stellen mit.

(6) [1] Die Kommission erstellt ein Verzeichnis der gemäß Absatz 5 benannten Organisationen, Verbände und öffentlichen Stellen. [2] Dieses Verzeichnis enthält den Zweck dieser Organisationen, Verbände und öffentlichen Stellen. [3] Es wird im *Amtsblatt der Europäischen Union* veröffentlicht. [4] Änderungen an diesem

Verzeichnis werden umgehend veröffentlicht, und ein aktualisiertes Verzeichnis wird alle sechs Monate veröffentlicht.

(7) Die Gerichte akzeptieren die Liste nach Absatz 6 als Nachweis der Berechtigung der Organisation, des Verbands oder der öffentlichen Stelle zur Klageerhebung unbeschadet ihres Rechts zu prüfen, ob der Zweck des Klägers dessen Klageerhebung im Einzelfall rechtfertigt.

(8) Äußert ein Mitgliedstaat oder die Kommission Bedenken hinsichtlich der Erfüllung der in Absatz 3 genannten Kriterien durch eine Organisation oder einen Verband oder der in Absatz 4 genannten Kriterien durch eine öffentliche Stelle, so prüft der Mitgliedstaat, der die Organisation, den Verband oder die öffentliche Stelle nach Absatz 5 benannt hat, die Bedenken und widerruft gegebenenfalls die Benennung, wenn eines oder mehrere der Kriterien nicht erfüllt sind.

(9) Das in Absatz 1 genannte Recht gilt unbeschadet des Rechts gewerblicher Nutzer und der Nutzer mit Unternehmenswebsite, vor den zuständigen nationalen Gerichten und entsprechend dem Recht des Mitgliedstaats, in dem die Klage eingereicht wird, eine Klage zu erheben, die auf individuellen Rechten beruht und darauf abzielt, eine Nichteinhaltung der einschlägigen in dieser Verordnung festgelegten Bestimmungen durch Anbieter von Online-Vermittlungsdiensten oder Anbieter von Online-Suchmaschinen zu unterbinden.

Art. 15 Durchsetzung. (1) Jeder Mitgliedstaat sorgt für eine angemessene und wirksame Durchsetzung dieser Verordnung.

(2) [1] Die Mitgliedstaaten erlassen Vorschriften über die Maßnahmen, die bei Verstößen gegen diese Verordnung anwendbar sind, und stellen deren Umsetzung sicher. [2] Die Maßnahmen müssen wirksam, verhältnismäßig und abschreckend sein.

Art. 16 Überwachung. [1] Die Kommission überwacht sorgfältig und in enger Zusammenarbeit mit den Mitgliedstaaten die Auswirkungen dieser Verordnung auf die Beziehungen zwischen Online-Vermittlungsdiensten und ihren gewerblichen Nutzern einerseits und Online-Suchmaschinen und Nutzern mit Unternehmenswebsite andererseits. [2] Zu diesem Zweck sammelt die Kommission, auch durch Durchführung einschlägiger Studien, relevante Informationen, mit deren Hilfe die Entwicklung dieser Beziehungen überwacht werden kann. [3] Die Mitgliedstaaten unterstützen die Kommission, indem sie auf Anfrage alle einschlägigen gesammelten Informationen, auch zu konkreten Fällen, übermitteln. [4] Die Kommission kann für die Zwecke dieses Artikels und des Artikels 18 Informationen von Anbietern von Online-Vermittlungsdiensten einholen.

Art. 17 Verhaltenskodex. (1) Die Kommission fordert die Anbieter von Online-Vermittlungsdiensten sowie Organisationen und Verbände, die diese vertreten, auf, zusammen mit gewerblichen Nutzern, einschließlich KMU, und ihren Vertretungsorganisationen Verhaltenskodizes auszuarbeiten, die die ordnungsgemäße Anwendung dieser Verordnung unterstützen und die den besonderen Merkmalen der verschiedenen Branchen, in denen Online-Vermittlungsdienste angeboten werden, sowie den besonderen Merkmalen von KMU Rechnung tragen.

(2) Die Kommission fordert die Anbieter von Online-Suchmaschinen sowie Organisationen und Verbände, die diese vertreten, auf, Verhaltenskodizes auszuarbeiten, die speziell darauf ausgerichtet sind, die ordnungsgemäße Anwendung von Artikel 5 zu unterstützen.

(3) Die Kommission fordert die Anbieter von Online-Vermittlungsdiensten auf, branchenspezifische Verhaltenskodizes anzunehmen und umzusetzen, wenn solche branchenspezifischen Verhaltenskodizes existieren und weit verbreitet sind.

Art. 18 Überprüfung. (1) Bis zum 13. Januar 2022 und danach alle drei Jahre wird die Kommission diese Verordnung evaluieren und dem Europäischen Parlament, dem Rat und dem Europäischen Wirtschafts- und Sozialausschuss einen Bericht vorlegen.

(2) *[1]* Bei der ersten Evaluierung dieser Verordnung wird vor allem auf Folgendes geachtet:

a) Bewertung der Einhaltung der in den Artikeln 3 bis 10 festgelegten Verpflichtungen und deren Auswirkungen auf die Online-Plattformwirtschaft;

b) Bewertung der Auswirkungen und der Wirksamkeit etwaiger erstellter Verhaltenskodizes bei der Verbesserung von Fairness und Transparenz;

c) weitere Untersuchung der Probleme, die durch die Abhängigkeit gewerblicher Nutzer von Online-Vermittlungsdiensten verursacht werden, und der Probleme, die durch unlautere Geschäftspraktiken von Anbietern von Online-Vermittlungsdiensten verursacht werden, und genauere Feststellung, in welchem Maß diese Praktiken weiterhin weit verbreitet sind;

d) Untersuchung der Frage, ob zwischen Waren und Dienstleistungen, die durch einen gewerblichen Nutzer angeboten werden, und Waren und Dienstleistungen, die von einem Anbieter von Online-Vermittlungsdiensten angeboten oder kontrolliert werden, ein lauterer Wettbewerb herrscht, und ob die Anbieter von Online-Vermittlungsdiensten diesbezüglich privilegierte Daten missbräuchlich nutzen;

e) Bewertung der Auswirkung dieser Verordnung auf etwaige Ungleichgewichte in den Beziehungen zwischen den Anbietern von Betriebssystemen und ihren gewerblichen Nutzern;

f) Bewertung der Frage, ob der Geltungsbereich der Verordnung, insbesondere hinsichtlich der Bestimmung des Begriffs „gewerblicher Nutzer", geeignet ist, Scheinselbständigkeit keinen Vorschub zu leisten.

[2] [1]Durch die erste und die folgenden Evaluierungen wird ermittelt, ob zusätzliche Vorschriften, etwa zur Durchsetzung, möglicherweise notwendig sind, um für ein faires, vorhersehbares, tragfähiges und vertrauenswürdiges Online-Geschäftsumfeld im Binnenmarkt zu sorgen. [2]Im Anschluss an die Evaluierungen ergreift die Kommission geeignete Maßnahmen, wozu auch Gesetzgebungsvorschläge gehören können.

(3) Die Mitgliedstaaten übermitteln der Kommission alle ihnen vorliegenden einschlägigen Informationen, die diese für die Ausarbeitung des in Absatz 1 genannten Berichts benötigt.

(4) [1]Bei der Evaluierung dieser Verordnung berücksichtigt die Kommission unter anderem die Stellungnahmen und Berichte, die ihr von der Expertengruppe für die Beobachtungsstelle für die Online-Plattformwirtschaft vorgelegt

werden. ²Außerdem berücksichtigt sie den Inhalt und die Funktionsweise der Verhaltenskodizes, die gegebenenfalls nach Artikel 17 erstellt wurden.

Art. 19 Inkrafttreten und Geltungsbeginn. (1) Diese Verordnung tritt am zwanzigsten Tag nach ihrer Veröffentlichung im *Amtsblatt der Europäischen Union* in Kraft.

(2) Sie gilt ab dem 12. Juli 2020.

Diese Verordnung ist in allen ihren Teilen verbindlich und gilt unmittelbar in jedem Mitgliedstaat.

Sachverzeichnis

Die fetten Zahlen kennzeichnen die Nummern der Verträge, Abkommen usw. in dieser Ausgabe, die mageren Zahlen die jeweiligen Artikel, Paragraphen usw.

Abfindung, GeschGehG **19** 11
Abmahnung, UWG **1** 13
Abschluss von Verträgen auf elektronischem Weg, e-commerce-RiLi **7** 9 ff.
Absolute Schutzhindernisse, Definitionen **10** 8; Löschung **10** 162; **11** 42; Löschungsverfahren **10** 54; Nichtigkeit **10** 50, 106; Prüfung **10** 37, 113, 156
Agentenmarken, MarkenG **10** 11
Aggresivität, geschäftlicher Handlungen **1** 4 a
Akteneinsicht, GWB **14** 56, 70, 165
Alleinbelieferungsverpflichtung, Vertikal-GVO **18** 1
Anspruchsdurchsetzung, UWG **1** 12
Auktion, elektronische **14** 120
Anspruchsdurchsetzung, UWG **1** 12
Ausfuhrbeschränkungen, Verbot mengenmäßiger **15** 29
Auskunft, GeschGehG **19** 8; GWB **14** 59; MarkenG **10** 19
Ausnahmen, KartellG **14** 107 ff., 116 f.; 137 ff., 145, 149 f.; allgemeine **14** 107; besondere **14** 116 f.; 137 ff., 145, 149 f.; für öffentlich-öffentliche Zusammenarbeit **14** 108; für unmittelbar dem Wettbewerb ausgesetzte Tätigkeiten **14** 140; für Vergaben an oder durch ein Gemeinschaftsunternehmen **14** 139; für Vergaben an verbundene Unternehmen **14** 138; für Vergaben auf Grundlage internationaler Verfahrensregeln **14** 109; für Vergaben von Konzessionen in den Bereichen der Verteidigung und Sicherheit **14** 150; für Verteidigungs- oder Sicherheitsaspekte umfassende Vergaben **14** 117
Ausstellungspriorität, GemeinschaftsmarkenVO **12** 33; MarkenG **10** 35

Bauspardarlehen, PAngV **3** 6
Bausparkassen, PAngV **3** 6
Beeinflussung, Unzulässigkeit **1** 4a; Verbraucherverhalten **1** 2
Beherbergungsbetriebe, PangV **3** 7
Belästigung, unzumutbare, UWG **1** 7
Beschaffungsstelle, zentrale **14** 120
Beschaffungssystem, dynamisches **14** 120
Beschlagnahme, Aufhebung **10** 147; bei der Verletzung von Kennzeichenrechten **10** 146; Beschlagnahme bei widerrechtlicher Kennzeichnung mit geographischen Herkunftsangaben **10** 151; Beschlagnahme nach der VO (EG) Nr. 3295/94 **10** 150; Einziehung **10** 147; GWB **14** 58; Rechtsmittel **10** 148; Schadenersatz bei ungerechtfertigter Beschlagnahme **10** 149; Widerspruch **10** 147; Zuständigkeiten **10** 148
Beschwerde, Akteneinsicht **14** 72; allgemein **14** 63 ff.; Anordnung der sofortigen Vollziehung **14** 65; Anwaltszwang **14** 68; aufschiebende Wirkung **14** 64; Beteiligte **14** 67; Entscheidung **14** 76; Frist und Form **14** 74; MarkenG **10** 66 ff.; mündliche Verhandlung **14** 69; Untersuchungsgrundsatz **14** 75; Zulässigkeit **14** 73; Zuständigkeit **14** 73
Beschwerdemanagement-System 20 11
Beseitigung, GeschGehG **19** 6; UWG **1** 8
Besichtigungsansprüche, MarkenG **10** 19a
Bildmarken, MarkenV **11** 8
Binnenmarkt, e-commerce-RiLi **7** 3
Boykottverbot, KartellG **14** 21
Bundesgerichtshof, Anwendung weiterer Vorschriften **10** 88; Beschwerdeberechtigung **10** 84; Beschwerdegründe **10** 84; Entscheidung über die Rechtsbeschwerde **10** 89; förmliche Voraussetzungen **10** 85; gemeinsame Vorschriften **10** 91 ff.; Kostenentscheidung **10** 90; mehrere Beteiligte **10** 87; Prüfung der Zulässigkeit **10** 86; zugelassene und zulassungsfreie Rechtsbeschwerde **10** 83
Bundeskartellamt, Kartellbehörden **14** 49, 51 ff.; Organisation **14** 51; Sitz **14** 51; Tätigkeitsbericht **14** 53; Veröffentlichung allgemeiner Weisungen **14** 52
Bundesnetzagentur, 14 47 b
Bußgeldvorschriften, GWB **14** 81 ff.; UWG **1** 20, UWG **1** 19
Bußgeldverfahren, allgemein **14** 81 ff.; Befugnisse und Zuständigkeiten im gerichtlichen Bußgeldverfahren **14** 82a; gerichtliche Entscheidungen bei der Vollstreckung **14** 86; Rechtsbeschwerde zum BGH **14** 84; Vollstreckung **14** 86 a; Vorschriften **14** 81; Wiederaufnahmeverfahren gegen Bescheid **14** 85; Zuständigkeit des OLG im gerichtlichen Verfahren **14** 83; Zuständigkeit für Verfahren wegen der Festsetzung einer Geldbuße gegen eine juristische Person oder Personenvereinigung **14** 82

Sachverzeichnis fette Zahlen = Nummern der Verträge, Abkommen

Caching, e-commerce-RiLi **7** 13

Datenschutz, 14 47 j; GWB **14** 47 ff.; MarkenG **10** 62a
Datenschutzrichtlinie s. Richtlinie über den Datenschutz in der elektronischen Kommunikation **8**
Datenverwendung, 14 47 c; Festlegungsbereiche **14** 47 g
Diskriminierungsverbot, AEUV **15** 12; KartellG **14** 20
Dreidimensionale Marken, MarkenV **11** 9

e-commerce-Richtlinie, Abgabe einer Bestellung **7** 11; Abschluß von Verträgen auf elektronischem Weg **7** 9 ff.; Adressaten **7** 24; Allgemeine Informationspflichten **7** 5; Anwendungsbereich **7** 1; außergerichtliche Beilegung von Streitigkeiten **7** 17; Begriffsbestimmungen **7** 2; Behandlung von Verträgen **7** 9; Binnenmarkt **7** 3; Caching **7** 13; Grundsatz der Zulassungsfreiheit **7** 4; Hosting **7** 14; Informationspflichten **7** 5 f., 10; Inkrafttreten **7** 23; keine allgemeine Überwachungspflicht **7** 15; Klagemöglichkeiten **7** 18; kommerzielle Kommunikationen **7** 6 ff.; nicht angeforderte kommerzielle Kommunikationen **7** 7; Niederlassung und Informationspflichten **7** 4 ff.; reglementierte Berufe **7** 8; reine Durchleitung **7** 12; Sanktionen **7** 20; Überprüfung **7** 21; Umsetzung **7** 16 ff., 22; Verantwortlichkeit der Vermittler **7** 12 ff.; Verhaltenskodizes **7** 16; Zielsetzung **7** 1; Zusammenarbeit **7** 19
„Effektiver Jahreszins", Begriff **3** 6
EG-Verbraucherschutzdurchsetzungsgesetz s. VerbraucherschutzdurchsetzungsG
Einfuhrbeschränkungen, Verbot mengenmäßiger **15** 28
Einigungsstellen, UWG **1** 15
Einstweilige Maßnahmen, GemeinschaftsmarkenVO **12** 103; GWB **14** 32 a, 60
Eintragungsbewilligungsklage, MarkenG **10** 44
Eintragungshindernisse, absolute **12** 7; relative **12** 8
Eintragungsverfahren, MarkenG **10** 32
Elektrizität, PangV **3** 3; KartellG **14** 29
Energiewirtschaft, KartellG **14** 29
Entfernung vom Markt, GeschGehG **19** 7
Entzug der Freistellung, 18 6
Erschöpfung, Gemeinschaftsmarke **12** 13; MarkenG **10** 24; MarkenRiLi **13** 7

Fachlose, KartellG **14** 97
Fairness bei Online-Vermittlungsdiensten (P2B-VO) 20, AGB **20** 3; Aussetzung und Beendigung **20** 4; Begriffe **20** 2, Beschwerden **20** 11; Datenzugang **20** 9; Klage **20** 14; Mediation **20** 2, 12f.; Ranking **20** 2,5, 7; Überprüfung **20** 18; Verhalten **20** 17
Fernwärme, PangV **3** 3
Finanzierungshilfen, entgeltliche **3** 6 c
Freistellung, Entzug **14** 32 d, Vereinbarung **14** 2
Fusionskontrollverordnung, Anhörung Beteiligter und Dritter **17** 18; Anwendung dieser Verordnung und Zuständigkeit **17** 21; Anwendungsbereich **17** 1; Aufhebung **17** 25; Aufschub des Vollzugs von Zusammenschlüssen **17** 7; Auskunftsverlangen **17** 11; Berechnung des Umsatzes **17** 5; Berufsgeheimnis **17** 17; Beurteilung von Zusammenschlüssen **17** 2; Beziehungen zu Drittländern **17** 24; Definition des Zusammenschlusses **17** 3; Durchführungsbestimmungen **17** 23; Entscheidungsbefugnisse der Kommission **17** 8; Fristen für die Einleitung des Verfahrens und für Entscheidungen **17** 10; Geldbußen **17** 14; Inkrafttreten **17** 26; Kontrolle durch den Gerichtshof **17** 16; Nachprüfungen durch Behörden der Mitgliedstaaten **17** 12; Nachprüfungsbefugnisse der Kommission **17** 13; Prüfung der Anmeldung und Einleitung des Verfahrens **17** 6; Verbindung mit den Behörden der Mitgliedstaaten **17** 19; Veröffentlichung von Entscheidungen **17** 20; Verweisung an die Kommission **17** 22; Verweisung an die zuständigen Behörden der Mitgliedstaaten **17** 9; vorherige Anmeldung von Zusammenschlüssen und Verweisung vor der Anmeldung auf Antrag der Anmelder **17** 4; Zwangsgelder **17** 15

Garantie- und Gewährleistungsmarken, MarkenRiLi **13** 15
Gas, PangV **3** 3
Gaststätten, PangV **3** 7
Geldbußen, GWB **14** 81 a ff.
Gemeinschaftskollektivmarke, Änderung der Markensatzung **12** 71; Begriff **12** 66; Bemerkungen Dritter **12** 69; Benutzung **12** 70; Erhebung der Verletzungsklage **12** 72; Markensatzung **12** 67; Nichtigkeitsgründe **12** 72; Verfallsgründe **12** 73; Zurückweisung der Anmeldung **12** 68
Gemeinschaftsmarke, Anmeldung beim Patentamt **10** 125 a; Erteilung der Vollstreckungsklausel **10** 125 l; Gemeinschaftsmarkengerichte **10** 125 e; Gemeinschaftsmarkenstreitsachen **10** 125 e Gemeinschaftsmarkenverletzung **10** 143 a; Insolvenzverfahren **10** 125 h; nachträgliche

magere Zahlen = Artikel, Paragraphen

Feststellung der Ungültigkeit einer Marke **10** 125 c; örtliche Zuständigkeit der Gemeinschaftsmarkengerichte **10** 125 g; Umwandlung **10** 125 d; Unterrichtung der Kommission **10** 125 f

Gemeinschaftsmarkenverordnung, Abhilfe in einseitigen Verfahren **12** 61; Abhilfe in mehrseitigen Verfahren **12** 62; Absolute Eintragungshindernisse **12** 7, 37, 154; Absolute Nichtigkeitsgründe **12** 52; Akteneinsicht **12** 88; Ältere Rechte von örtlicher Bedeutung **12** 111; Amt **12** 2, 115 ff.; Amtshilfe **12** 90; Änderung **12** 48; Anmeldetag **12** 27; Anmeldung **12** 25 ff.; Anmeldung der Gemeinschaftsmarke als Gegenstand des Vermögens **12** 24; Antrag auf Erklärung des Verfalls oder der Nichtigkeit **12** 56; Antrag auf territoriale Ausdehnung des Schutzes im Anschluss an eine internationale Registrierung **12** 149; Ausschließung und Ablehnung **12** 137; Ausstellungspriorität **12** 33; Austausch von Veröffentlichungen **12** 91; Beendigung von Zahlungsverpflichtungen **12** 84; Begriff und Erwerb **12** 4 ff.; Bemerkungen Dritter **12** 40; Benutzung **12** 15; Benutzung einer Marke, die Gegenstand einer internationalen Registrierung ist **12** 160; Beschwerdeberechtigte **12** 59; Beschwerdekammern **12** 135; Beschwerdeverfahren **12** 58 ff.; Bestimmungen über die Erweiterung der Gemeinschaft **12** 165; Dauer, Verlängerung, Änderung und Teilung der Gemeinschaftsmarke **12** 46 ff.; Dingliche Rechte **12** 19; Durchführung der Verfahren **12** 130 ff.; Einreden **12** 99; Einreichung einer internationalen Anmeldung **12** 146; Einreichung und Erfordernisse **12** 25 ff.; Einreichung, Veröffentlichung und Übermittlung des Umwandlungsantrags **12** 113; Einsetzung eines Ausschusses und Verfahren für die Annahme der Durchführungsvorschriften **12** 163; Einstweilige Maßnahmen einschl. Sicherungsmaßnahmen **12** 103; Eintragung **12** 45; Eintragungsverfahren **12** 36 ff.; Einzelstaatliches Recht zum Zweck der Untersagung der Benutzung **12** 110 f.; Entscheidung über die Beschwerde **12** 61; ergänzende Anwendung des einzelstaatlichen Rechts bei Verletzung **12** 14; Ersatz einer Gemeinschaftsmarke durch eine internationale Registrierung **12** 157; Erschöpfung des Rechts aus der Gemeinschaftsmarke **12** 13; Erwerb **12** 6; Finanzvorschriften **12** 143; Form und Inhalt der internationalen Anmeldung **12** 147; Gebührenordnung **12** 144; Gemeinschaftliche Durchführungsbestimmungen **12** 162;

Sachverzeichnis

Gemeinschaftskollektivmarken **12** 66 ff.; Gemeinschaftsmarke als Gegenstand des Vermögens **12** 16 ff.; Gemeinschaftsmarkengerichte **12** 95; Gerichtsstands- und Vollstreckungsübereinkommen **12** 94; Gleichstellung der Gemeinschaftsmarke mit der nationalen Marke **12** 16; Haftung des Amtes **12** 118; Haushalt- und Finanzkontrolle **12** 138 ff.; Haushaltsausschuss **12** 138; Haushaltsplan **12** 140; Immunität **12** 117; Inanspruchnahme des Zeitrangs einer nationalen Marke **12** 34 f.; Inhaber von Gemeinschaftsmarken **12** 5; Inkrafttreten **12** 167; Insolvenzverfahren **12** 21; Internationale Gebühren **12** 150; Internationale Registrierung von Marken **12** 145 ff.; Internationale Registrierungen, in denen die Europäische Gemeinschaft benannt ist **12** 151 ff.; Internationale Zuständigkeit **12** 97; Klage beim Gerichtshof **12** 65; Klassifizierung **12** 28; Kosten **12** 85 f.; Kostenverteilung **12** 85; Leitung des Amtes **12** 124 ff.; Lizenz **12** 22; Löschung oder Widerruf **12** 80; Markenformen **12** 4; Markensatzung **12** 67; Markenverwaltungs- und Rechtsabteilung **12** 133; Materielles Markenrecht **12** 4 ff.; Nationale Gerichte **12** 107; Nationales Verfahren **12** 112; Nichtigerklärung der Wirkung einer internationalen Registrierung **12** 158; Nichtigkeitsabteilung **12** 134; Nichtigkeitsgründe **12** 52 ff.; Personal **12** 116; Präsident **12** 124; Priorität **12** 29 ff.; Prioritätsrecht **12** 29, 31; Prüfer **12** 131; Prüfung auf absolute Eintragungshindernisse **12** 37, 154; Prüfung der Anmeldung **12** 36 f.; Prüfung der Beschwerde **12** 63; Recherche **12** 38, 155; Rechnungsprüfung und Kontrolle **12** 141 f.; Recht aus der Gemeinschaftsmarke **12** 9; Recht der Mitgliedstaaten **12** 109 ff.; Rechtsfähigkeit **12** 3; Rechtsübergang **12** 17; Register für Gemeinschaftsmarken **12** 87; Relative Eintragungshindernisse **12** 8; Relative Nichtigkeitsgründe **12** 53; Sanktionen **12** 102; Sicherungsmaßnahmen **12** 103; Sprache **12** 119; Streitigkeiten über die Verletzung und Rechtsgültigkeit der Gemeinschaftsmarken **12** 95 ff.; Teilung der Anmeldung **12** 44; Teilung der Eintragung **12** 49; Terminus **12** 1; Übertragung einer Agentenmarke **12** 18; Umwandlung in eine Anmeldung für eine nationale Marke **12** 112 ff.; Unabhängigkeit der Mitglieder der Beschwerdekammern **12** 136; Unterrichtung der Öffentlichkeit und der Behörden der Mitgliedstaaten **12** 87 ff.; Untersagung der Benutzung der Gemeinschaftsmarke **12** 110; Untersagung der Benutzung der Gemein-

Sachverzeichnis fette Zahlen = Nummern der Verträge, Abkommen

schaftsmarke, die für einen Agenten oder Vertreter eingetragen ist **12** 11; Vereinbarkeit mit anderen Bestimmungen der Gemeinschaft **12** 165; Verfahren zur Erklärung des Verfalls oder der Nichtigkeit vor dem Amt **12** 56 f.; Verfallsgründe **12** 51; Verlängerung **12** 47; Vermutung der Rechtsgültigkeit **12** 99; Veröffentlichung der Anmeldung **12** 39; Veröffentlichung des Amtes **12** 120; Vertretung **12** 92 f.; Verwaltungsrat **12** 126 ff.; Verwirkung durch Duldung **12** 54; Verzicht **12** 50; Vollstreckung der Entscheidungen, die Kosten festsetzen **12** 86; Vorrechte des Amtes **12** 117; Weiterbehandlung **12** 82; Widerklage **12** 100; Widerspruch **12** 41, 156; Widerspruchsabteilungen **12** 132; Wiedereinsetzung in den vorigen Stand **12** 81; Wiedergabe der Gemeinschaftsmarke in Wörterbüchern **12** 10; Wirkung **12** 9 ff.; Wirkung einer nationalen Hinterlegung der Anmeldung **12** 32; Wirkung gegenüber Dritten **12** 23; Wirkungen des Verfalls und der Nichtigkeit **12** 55; Zeitrang **12** 153; Zivilrechtliche Klagen aufgrund mehrerer Marken **12** 109; Zugang zu Dokumenten **12** 123; Zurücknahme, Einschränkung, Änderung und Teilung der Anmeldung **12** 43 f.; Zurückweisung der Anmeldung **12** 68; Zuständigkeit und Verfahren für Klagen **12** 94 ff.; Zustellung **12** 79; Zwangsvollstreckung **12** 20; Zweite Instanz **12** 105

Geographische Herkunftsangaben, als geographische Herkunftsangaben geschützte Namen, Angaben oder Zeichen **10** 126; Antrag auf Änderung der Spezifikation **10** 131; Antrag auf Eintragung einer geographischen Angabe oder Ursprungsbezeichnung **10** 130; Beschlagnahme bei widerrechtlicher Kennzeichnung mit geographischen Herkunftsangaben **10** 151; Einspruchsverfahren **10** 132; Schadenersatzanspruch **10** 128, 135; Schutzinhalt **10** 127; strafbare Benutzung **10** 144; Überwachung **10** 134; Unterlassungsanspruch **10** 128, 135; Verjährung **10** 129, 150; Zuständigkeiten im Patentamt; Rechtsmittel **10** 133

Gesamtpreis 1 5 a; **3** 1, 2, 9, 10

Gesamtumsatz, Ermittlung 18 10

Geschäftliche Handlungen, Aggressivität **1** 4 a; Definition **1** 2; Verbot **1** 3

Geschäftsgeheimnisschutzgesetz (GeschGehG) 19; Abfindung **19** 11; Anwendungsbereich **19** 1; Auskunft **19** 8; Begriffe **19** 2; Bekanntmachung des Urteils **19** 21; Beseitigung **19** 6; Erlaubte Handlungen **19** 3; Haftung **19** 10, 12; Handlungsverbote **19** 4; Herausgabe **19** 7, 13; Unter-

lassung **19** 6; Missbrauchsverbot **19** 14; Ordnungsmittel **19** 17; Streitwertbegünstigung **19** 22; Verletzung **19** 23; Zuständigkeit **19** 15

Geschäftspraktiken, Begriff **9** 2; aggressive **9** 8, 9; irreführende **9** 6, 7; unlautere **9** 5; Schwarze Liste **9** Anh I

Gesetz gegen den unlauteren Wettbewerb (UWG), Abmahnung **1** 13; Anspruchsdurchsetzung **1** 12; Beispiele **1** 4; Beseitigung **1** 8; Bußgeld **1** 20; Definitionen **1** 2; Einigungsstellen **1** 15; einstweiliger Rechtsschutz **1** 12; fairer Wettbewerb **1** 15a; geschäftliche Handlungen **1** 2, 3, 4 a; Gewinnabschöpfung **1** 10; Haftung **1** 8c, 13; Missbrauch **1** 8c; Ordnungswidrigkeit **1** 20; sachliche und örtliche Zuständigkeit **1** 14; Prozesskosten **1** 12; qualifizierte Wirtschaftsverbände **1** 8b; Rechtsbruch **1** 3a; Sachliche Zuständigkeit **1** 13; Schadenersatz **1** 9; strafbare Werbung **1** 16; Strafvorschriften **1** 16; Streitwertminderung **1** 12; Unlauterkeit **1** 3, 4, 5 a; Unterlassung **1** 8; unseriöse Geschäftspraktiken **1** 7, 20; unzumutbare Belästigungen **1** 7; Verbot unlauterer geschäftlicher Handlungen **1** 3; vergleichende Werbung **1** 6; Verjährung **1** 11; Verleiten und Erbieten zum Verrat **1** 19; Vertragsstrafe **1** 13a; Veröffentlichungsbefugnis **1** 12; Zweck **1** 1

Gesetz gegen Wettbewerbsbeschränkungen (GWB) s. Kartellgesetz **14**

Gesetz zum Schutz zum Geschäftsgeheimnissen siehe GeschäftsgeheimnisschutzG

Gesetz zur Stärkung des fairen Wettbewerbs 1 1 ff., 15a; **4** 17

Gewährleistungsmarken 10 106a ff.; Inhaberschaft **10** 106b; Klagebefugnis **10** 106c; Nichtigkeit **10** 106h; Schadenersatz **10** 106c; Verfall **10** 106g

Gewinnabschöpfung, UWG **1** 10

Gini-Koeffizient, 14 47

Grundpreis, PangV **3** 2

Gruppenfreistellungsverordnung (vertikal), Begriffe **18;** Ermittlung der Marktanteils **18** 3, 7; Fortgeltung **18** 9 f.; Inkrafttreten **18** 9 f.; Marktanteilsschwelle **18** 3, 7; Umsatzschwelle **18** 8

Haftung, GeschGehG **19** 10, 12; UWG **1** 8c, 13

Handel, PangV **3** 4

Herausgabe, GeschGehG **19** 7, 13

Herfindahl-Hirschman-Index (HHI), 14 47

Hörmarken, MarkenV **11** 11

Hosting, e-commerce-RiLi **7** 14

magere Zahlen = Artikel, Paragraphen

Sachverzeichnis

Immobiliar-Verbraucherdarlehensvertrag, PangV 3 6a
Informationspflichten, e-commerce-RiLi 7 4ff.
Insolvenzverfahren, MarkenG 10 29, 125h
Irreführende Werbung, UWG 1 5; s.a. Richtlinie 2006/114/EG über irreführende und vergleichende Werbung 6
Irreführung durch Unterlassen, UWG 1 5a

Kartellbehörden, allgemein 14 48ff., Befugnisse 14 32ff.; Behördenzusammenarbeit 14 50a–50c; Bundeskartellamt 14 49, 51–53; Verfahren 14 54ff.; Vollzug des europäischen Rechts 14 50; Zuständigkeit 14 48
Kartellgesetz, Abschluss des Verfahrens 14 61; Absolute Rechtsbeschwerdegründe 14 74; Abstellung und nachträgliche Feststellung von Zuwiderhandlungen 14 32; Akteneinsicht 14 56, 70, 165; Anhörung 14 56; Anmeldepflicht 14 39; Anordnung der sofortigen Vollziehung 14 65; Anwaltszwang im Beschwerdeverfahren 14 64; Anwendung des europäischen Wettbewerbsrechts 14 22f.; Anzeigepflicht 14 64; Anwendungsbereich des Ersten bis Dritten Teils des Gesetzes 14 185; Aufschiebende Wirkung der Beschwerde 14 64; Auskunftsverlangen 14 33g, 59; Ausnahmen 14 107ff., 116f., 137ff., 145, 149f.; Befugnisse der Kartellbehörden 14 32ff.; Befugnisse und Zuständigkeiten in gerichtlichen Bußgeldverfahren 14 82a; Behördenzusammenarbeit 14 50c; Bekanntmachungen 14 27, 43, 62; Benachrichtigung und Beteiligung der Kartellbehörden 14 90; Berechnung der Umsatzerlöse und Marktanteile 38; Beschlagnahme 14 58; Beschwerde 14 73ff.; Beschwerdeentscheidung 14 71; Beteiligte am Beschwerdeverfahren 14 67, 174; Beseitigungsanspruch 14 33; Beteiligtenfähigkeit 14 77; Beweiserhebung 14 57; Bindungswirkung 14 33b; Boykottverbot 11 21; Bundeskartellamt 14 49, 51ff.; Bürgerliche Rechtsstreitigkeiten 14 87ff.; Bußgeldverfahren 14 82ff.; Bußgeldvorschriften 14 81ff.; Datenübermittlung 14 114; Dokumentenübermittlung, elektronische 14 78a; Durchsuchungen 14 58b; dynamisches Beschaffungssystem 14 120; Einleitung des Verfahrens 14 54, 107; Einstweilige Anordnungen 14 60; Einstweilige Maßnahmen 14 32a; Energiewirtschaft 14 29; Entflechtung 14 41; Entscheidung der Vergabekammer 14 168; Entzug der Freistellung 14

32d; Ermittlungen 14 57; freigestellte Vereinbarungen 14 2; gebührenpflichtige Handlungen 14 80; Geldbußen 14 81 a ff.; Geltung der Vorschriften des GVG und der ZPO 14 73; Gemeinsame Bestimmungen 14 77ff., 90ff.; gerichtliche Entscheidungen bei der Vollstreckung 14 86; Gesamtschuldnerische Haftung 14 33d; Herausgabe 14 33g; Kartellbehörden 14 48ff.; Kartellsenat beim BGH 14 94; Kartellsenat beim OLG 14 91; kein Anlass zum Tätigwerden 14 32c; Konzessionen 14 105; Konzessionsvergabeverfahren 14 148ff.; Kosten des Verfahrens vor der Vergabekammer 14 182; Kostenfestsetzung 14 78; Kostentragung 14 78; Kronzeuge 14 33c; Kronzeugenprogramm 14 81hff.; Kraftstoffe 14 47kff.; Landwirtschaft 14 28; Leistungsbeschreibung 14 121; Markttransparenzstellen 14 47aff.; Ministererlaubnis 14 42; Missbrauch einer marktbeherrschenden Stellung 14 19f.; Mittelstandskartelle 14 3; Monitoring 14 114; Monopolkommission 14 44ff.; mündliche Verhandlung 14 56, 65, 69; Nachprüfungsverfahren 14 155ff.; Netzwerk der europäischen Wettbewerbsbehörden 14 50aff.; Nichtzulassungsbeschwerde 14 78; Oberste Landesbehörde 14 49; Öffentliche Aufträge 14 97ff.; Organisation der Nachprüfungsbehörden 14 158; Organisation des Bundeskartellamts 14 51; Presse 14 30; Preisbindung bei Zeitungen und Zeitschriften 14 30; Rechtsbehelfsverfahren 14 63ff.; Rechtsbeschwerde 14 77ff.; Rechtsbeschwerde zum BGH 14 84; Sanktionen 14 32ff.; Schadenersatz bei Rechtsmissbrauch 14 180; Schadenersatz und Vorteilsabschöpfung 14 33ff; Schadensersatzpflicht 14 33a; Schwellenwerte 14 106; Sektorentätigkeit 14 102; Selbstreinigung 14 125; Sitz des Bundeskartellamts 14 51; sofortige Beschwerde 14 171ff.; Sonderregeln für bestimmte Wirtschaftsbereiche 14 28ff.; Streitwertanpassung 14 89a; Strom und Gas 14 47aff.; Tätigkeitsbericht 14 53; Übergangsbestimmungen 14 186; Übermittlung statistischer Daten 14 47; Unterlassungsanspruch 14 33; Untersuchungen einzelner Wirtschaftszweige und einzelner Arten von Vereinbarungen 14 32e; Untersuchungsgrundsatz 14 75, 163; Verbot unbilliger Behinderung 14 20; Verbot wettbewerbsbeschränkender Vereinbarungen 14 1; Verfahren der Zusammenschlusskontrolle 14 40; Verfahren vor den Kartellbehörden 14 54ff.; Verfahren vor der Vergabekammer 14 160ff.; Verfahrensvorschriften im Beschwerdeverfah-

655

Sachverzeichnis   fette Zahlen = Nummern der Verträge, Abkommen

ren **14** 175; Vergabe öffentlicher Aufträge **14** 97 ff.; Vergabekammern **14** 156, 160 ff., 128; Vergabeprüfstellen **14** 183; Vergabeverfahren **14** 97 ff.; Verhältnis dieses Gesetzes zu den Artikeln 101 und 102 des Vertrages über die Arbeitsweise der Europäischen Union **14** 22; Verjährung **14** 33 h; Veröffentlichung allgemeiner Weisungen **14** 52; Veröffentlichung von Wettbewerbsregeln **14** 27; Verpflichtungszusagen **14** 32 b; Vertrauensschadenersatzanspruch **14** 126; Verwaltungssachen **14** 54 ff.; Vollstreckung **14** 86 a; Vollzug des europäischen Rechts **14** 50; Vollzugsverbot **14** 41; Vorabentscheidung über den Zuschlag **14** 176; Vorabentscheidung über Zuständigkeit **14** 55; Vorteilsabschöpfung durch die Kartellbehörde **14** 34; Vorteilsabschöpfung durch Verbände und Einrichtungen **14** 34 a; Wettbewerbsbeschränkungen **14** 1 ff.; Wettbewerbsregeln **14** 24 ff.; Wiederaufnahmeverfahren gegen Bußgeldbescheid **14** 85; zentrale Beschaffungsstelle **14** 20; Zusammenarbeit der Gerichte mit der Europäischen Kommission und den Kartellbehörden **14** 90 a; Zusammenarbeit im Netzwerk der europäischen Wettbewerbsbehörden **14** 50 a f.; Zusammenarbeit mit ausländischen Wettbewerbsbehörden **14** 50 b; Zusammenschlusskontrolle **14** 35 ff.; Zuschlag **14**, 127; Zuständigkeit des OLG im gerichtlichen Verfahren **14** 83; Zuständigkeit eines OLG oder ObLG für mehrere Gerichtsbezirke in Verwaltungs- und Bußgeldsachen **14** 92; Zuständigkeit für Berufung und Beschwerde **14** 93; Zuständigkeit für Verfahren wegen der Festsetzung einer Geldbuße gegen eine juristische Person oder Personenvereinigung **14** 82

Kartellverfahrensverordnung, Anhörung der Parteien, der Beschwerdeführer und sonstiger Dritter **16** 27; Anwendung des Artikel 81 und 82 des Vertrags **16** 1; Aufhebung der Verordnungen Nr. 17 und 141 **16** 43; Auskunftsverlangen **16** 18; Ausnahmen im Anwendungsbereich **16** 32; Aussetzung und Einstellung des Verfahrens **16** 13; Befugnis zur Befragung **16** 19; beratender Ausschuss **16** 14; Berichterstattung über die Anwendung der vorliegenden Verordnung **16** 44; Berufsgeheimnis **16** 28; Bestimmung der Wettbewerbsbehörden der Mitgliedstaaten **16** 35; Beweislast **16** 2; einheitliche Anwendung des gemeinschaftlichen Wettbewerbsrechts **16** 16; einstweilige Maßnahmen **16** 8; Entscheidungen der Kommission **16** 7 ff.; Entzug des Rechtsvorteils in Einzelfällen **16** 29; Erlass von Durchführungsvorschriften **16** 33; Ermittlungen durch Wettbewerbsbehörden der Mitgliedstaaten **16** 22; Ermittlungsbefugnisse **16** 17 ff.; Feststellung der Nichtanwendbarkeit **16** 10; Feststellung und Abstellung von Zuwiderhandlungen **16** 7; Freistellungsverordnungen **16** 29; Geldbußen **16** 23; Informationsaustausch **16** 12; Inkrafttreten **16** 45; Nachprüfung durch den Gerichtshof **16** 31; Nachprüfungen in anderen Räumlichkeiten **16** 21; Nachprüfungsbefugnisse der Kommission **16** 20; Sanktionen **16** 23 f.; Übergangsbestimmungen **16** 34; Untersuchung einzelner Wirtschaftszweige und einzelner Arten von Vereinbarungen **16** 17; Verfolgungsverjährung **16** 25; Verhältnis zwischen den Artikeln 81 und 82 des Vertrags und dem einzelstaatlichen Wettbewerbsrecht **16** 3; Verjährung **16** 25 f.; Veröffentlichung von Entscheidungen **16** 30; Verpflichtungszusagen **16** 9; Vollstreckungsverjährung **16** 26; Zusammenarbeit mit Gerichten der Mitgliedstaaten **16** 15; Zusammenarbeit zwischen der Kommission und den Wettbewerbsbehörden der Mitgliedstaaten **16** 11; Zuständigkeit der Gerichte der Mitgliedstaaten **16** 6; Zuständigkeit der Kommission **16** 4; Zuständigkeit der Wettbewerbsbehörden der Mitgliedstaaten **16** 5; Zwangsgelder **6** 24

Kennfadenmarken, MarkenV **11** 10

Kennzeichenstreitsachen, Begriff **10** 140; Beschlagnahme **10** 146; Gerichtsstand bei Ansprüchen nach dem MarkenG dem Gesetz gegen den unlauteren Wettbewerb **10** 141; Kennzeichenverletzung **10** 143; Streitwertbegünstigung **10** 142

Know-how, Vertikal-GVO **18** 1

Kollektivmarken, Anmeldung **11** 4; Begriff **10** 97; Benutzung **10** 100; Eintragbarkeit von geographischen Herkunftsangaben als Kollektivmarke **10** 99; Inhaberschaft **10** 98; Klagebefugnis **10** 101; MarkenRiLi **13** 15; Markensatzung **10** 102, 104; Nichtigkeit wegen absoluter Schutzhindernisse **10** 106; Prüfung der Anmeldung **10** 103; Schadenersatz **10** 101; Schranken des Schutzes **10** 100; Verfall **10** 105

Kommunikation, elektronische s. e-commerce-Richtlinie **7**, s. Richtlinie über den Datenschutz in der elektronischen Kommunikation **8**

Konzessionen, Definition **14** 105; Konzessionsgeber **14** 101; Vergabeverfahren **14** 148 ff.

Konzessionsgeber, KartellG **14** 101

Kronzeugen, GWB **14** 81 h ff.

magere Zahlen = Artikel, Paragraphen

Sachverzeichnis

Landwirtschaft, KartellG 14 28
Lebensmittel, KartellG 14 20
Leistungsbeschreibung, KartellG 14 121
Lizenzen, MarkenG 10 30, 155; Marken-RiLi 13 8
Löschung, Löschungsverfahren vor dem Patentamt wegen absoluter Schutzhindernisse 10 54; Löschungsverfahren vor den ordentlichen Gerichten 10 55; wegen absoluter Schutzhindernisse 10 162; 11 42; wegen des Bestehens älterer Rechte 10 163; wegen Verfalls 10 53; 11 41
Löschungsverfahren, vor dem Patentamt wegen absoluter Schutzhindernisse 10 54; vor den ordentlichen Gerichten 10 55

Madrider Abkommen über die internationale Registrierung von Marken vom 14. April 1814 1, Antrag auf internationale Registrierung 10 108; 11 45; Ausschluß von Ansprüchen wegen mangelnder Benutzung 10 117; Eintragung im Register 10 110; Gebühren 10 109; nachträgliche Schutzentziehung 10 115; nachträgliche Schutzerstreckung 10 111; Prüfung auf absolute Schutzhindernisse 10 113; Widerspruch 10 114; Widerspruch und Antrag auf Löschung aufgrund einer international registrierten Marke 10 116; Wirkung der internationalen Registrierung 10 112; Zustimmung bei Übertragungen international registrierter Marken 10 118
Madrider Markenabkommen – Protokoll, Antrag auf internationale Registrierung 10 120; 11 44; Eintragung im Register 10 122; entsprechende Anwendung der Vorschriften über die Wirkung der nach dem Madrider Markenabkommen international registrierten Marken 10 124; Gebühren 10 121; nachträgliche Schutzerstreckung 10 123; Umwandlung einer internationalen Registrierung 10 125; Vermerk in den Akten 10 122
Markengesetz, absolute Schutzhindernisse 10 8; Agentenmarken 10 11; Akteneinsicht 10 62, 82; Allgemeine Vorschriften für das Verfahren vor dem Patentamt 10 56 ff.; als Marke schutzfähige Zeichen 10 3; Amtssprache 10 93; Anfechtbarkeit 10 82; angemeldete Marken 10 31; angemeldete oder eingetragene Marken als relative Schutzhindernisse 10 9; Anmeldetag 10 33; Anmeldung von Gemeinschaftsmarken beim Patentamt 10 125 a; Anspruch auf Eintragung 10 33; Ansprüche gegen Agenten oder Vertreter 10 17; Antrag auf Änderung der Spezifikation 10 131; Antrag auf internationale Registrierung 10 108, 120;

Anwendung anderer Vorschriften 10 2; Auskunftsanspruch 10 19; ausländische Priorität 10 34; ausschließliches Recht des Inhabers einer geschäftlichen Bezeichnung 10 15; ausschließliches Recht des Inhabers einer Marke 10 14; Ausschließung und Ablehnung 10 57, 72; Ausschluß von Ansprüchen bei Bestandskraft der Eintragung einer Marke mit jüngerem Zeitrang 10 22; Ausschluß von Ansprüchen bei mangelnder Benutzung 10 25; Ausstellungspriorität 10 35; Bekanntmachung und Eintragung 10 157; Benutzung der Marke 10 26, 100; Benutzung von Namen und beschreibenden Angaben 10 23; Berichtigung des Registers und von Veröffentlichungen 10 45; Berichtigung; Teilung; Schutzdauer und Verlängerung 10 45 ff.; Beschlagnahme bei der Verletzung von Kennzeichenrechten 10 146 ff.; Beschlagnahme bei widerrechtlicher Kennzeichnung mit geographischen Herkunftsangaben 10 151; Beschlagnahme von Waren bei der Einfuhr und Ausfuhr 10 146 ff.; beschleunigte Prüfung 10 38; Beschlüsse; Rechtsmittelbelehrung 10 61; Beschwerde 10 66; Beschwerdeberechtigung BGH 10 84; Beschwerdegründe BGH 10 84; Beschwerdesenate 10 67; Beteiligung des Präsidenten des Patentamts 10 68; Beweiserhebung 10 74; Beweiswürdigung 10 78; Bußgeldvorschriften 10 145; dingliche Rechte 10 29, 146; durch Benutzung erworbene Marken und geschäftliche Bezeichnungen mit älterem Zeitrang 10 12; Durchgriffsbeschwerde 10 164; Einrede mangelnder Benutzung 10 43; Einreichung elektronischer Dokumente 10 95 a; Einspruchsverfahren 10 132; Eintragbarkeit von Kollektivmarken 10 99; Eintragung 10 41, 110, 122; Eintragungsbewilligungsklage 10 44; Eintragungsverfahren 10 32; Einziehung 10 147; Entschädigung von Zeugen, Vergütung von Sachverständigen 10 93 a; Entscheidung über den Widerspruch 10 43; Entscheidung über die Beschwerde 10 75; Entscheidung über die Rechtsbeschwerde BGH 10 89; Entstehung des Markenschutzes 10 4; Erinnerung 10 64, 104; Ermächtigung zum Erlaß von Rechtsverordnungen 10 137 ff.; Ermittlung des Sachverhalts 10 59, 73; Ermittlungen; Anhörungen; Niederschrift 10 60; Ersatzvorschrift 10 65; Erschöpfung 10 24; Erteilung der Vollstreckungsklausel 10 125 l; förmliche Voraussetzungen BGH 10 85; Gang der Verhandlung 10 76; Gebühren 10 109, 121; gemeinsame Vorschriften 10 91 ff.; Ge-

Sachverzeichnis fette Zahlen = Nummern der Verträge, Abkommen

meinschaftsmarken **10** 125 a ff.; Gemeinschaftsmarkengerichte **10** 125 e; Gemeinschaftsmarkenstreitsachen **10** 125 e; geographische Herkunftsangaben **10** 126 ff.; Gerichtssprache **10** 93; Gerichtsstand bei Ansprüchen nach diesem Gesetz und dem Gesetz gegen den unlauteren Wettbewerb **10** 141; geschäftliche Bezeichnungen **10** 5; geschützte Marken und sonstige Kennzeichen **10** 1; Gutachten **10** 58; Inhaberschaft **10** 7, 98; Inlandsvertreter **10** 96; Insolvenzverfahren **10** 29, 125 h; Kennzeichenstreitsachen **10** 140 ff.; Klagebefugnis **10** 101; Kollektivmarken **10** 97 ff.; Konkursverfahren **10** 154; Kosten des Beschwerdeverfahrens **10** 71; Kosten des Verfahrens **10** 63; Kostenentscheidung BGH **10** 90; Kostenregelungen im Verfahren vor dem Patentamt **10** 64 a; Ladungen **10** 75; Lizenzen **10** 30, 155; Löschung durch das Patentamt wegen Verfalls **10** 53; Löschung einer eingetragenen Marke wegen absoluter Schutzhindernisse **10** 162; Löschung einer eingetragenen Marke wegen des Bestehens älterer Rechte **10** 163; Löschungsverfahren vor dem Patentamt wegen absoluter Schutzhindernisse **10** 54; Löschungsverfahren vor den ordentlichen Gerichten **10** 55; Marken als Gegenstand des Vermögens **10** 27 ff.; Marken und geschäftliche Bezeichnungen; Vorrang und Zeitrang **10** 3 ff.; Markensatzung **10** 102, 104; mehrere Beteiligte BGH **10** 87; mündliche Verhandlung **10** 69; nachträgliche Feststellung der Ungültigkeit einer Marke **10** 125 c; nachträgliche Schutzentziehung **10** 115; nachträgliche Schutzerstreckung **10** 111, 123; nähere Bestimmungen zum Schutz einzelner geographischer Herkunftsangaben **10** 137; Nichtigkeit wegen absoluter Schutzhindernisse **10** 50, 106; Nichtigkeit wegen des Bestehens älterer Rechte **10** 51; Niederschrift **10** 77; notorisch bekannte Marken **10** 10; Öffentlichkeit der Verhandlung **10** 67; örtliche Zuständigkeit der Gemeinschaftsmarkengerichte **10** 125 g; Prüfung angemeldeter Marken auf absolute Schutzhindernisse **10** 156; Prüfung auf absolute Schutzhindernisse **10** 37, 113; Prüfung der Anmeldung **10** 103; Prüfung der Anmeldungserfordernisse **10** 36; Prüfung der Zuständigkeit BGH **10** 86; rechtliches Gehör **10** 59, 78; Rechtshilfe **10** 95; Rechtsübergang **10** 27; Rechtsverordnungsermächtigung **10** 65; Registereinsicht **10** 62; Schadenersatz bei ungerechtfertigter Beschlagnahme **10** 149; Schadenersatzanspruch **10** 14 f., 101, 128, 135; Schranken des Schutzes **10** 20 ff., 100; Schranken für die Geltendmachung von Verletzungsansprüchen **10** 153; Schutz von geographischen Angaben und Ursprungsbezeichnungen gemäß der Verordnung (EWG) Nr. 2081/92 **10** 130 ff.; Schutz von Marken nach dem Madrider Markenabkommen und nach dem Protokoll zum Madrider Markenabkommen; Gemeinschaftsmarken **10** 107 ff.; Schutzdauer und Verlängerung **10** 47, 160; Schutzinhalt; Rechtsverletzungen **10** 14 ff.; sonstige ältere Rechte **10** 13; Straf- und Bußgeldvorschriften; Beschlagnahme bei der Einfuhr und Ausfuhr **10** 143 ff.; strafbare Benutzung geographische Herkunftsangaben **10** 144; strafbare Kennzeichenverletzung **10** 143; strafbare Verletzung der Gemeinschaftsmarke **10** 143 a; Streitwertbegünstigung **10** 142; Teilung der Anmeldung **10** 40, 159; Teilung der Eintragung **10** 46; Übergangsvorschriften **10** 152 ff., 165; Überwachung **10** 134; Umwandlung einer internationalen Registrierung **10** 125; Umwandlung von Gemeinschaftsmarken **10** 125 d; Unterlassungsanspruch **10** 14 f., 128, 135; Unterrichtung der Kommission **10** 125 f; Verfahren in Kennzeichenstreitsachen **10** 140 ff.; Verfahren in Markenangelegenheiten **10** 32 ff.; Verfahren vor dem Bundesgerichtshof **10** 83 ff.; Verfahren vor dem Patentgericht **10** 66 ff.; Verfall **10** 49 ff., 105; Verjährung **10** 20, 129, 136; Verkündigung; Zustellung; Begründung **10** 79; Vermutung der Rechtsinhaberschaft **10** 28; Vernichtungsanspruch **10** 18; Veröffentlichung der Eintragung **10** 33; Vertretung **10** 81; Verwirkung von Ansprüchen **10** 21; Verzicht **10** 48; Verzicht, Verfall und Nichtigkeit; Löschungsverfahren **10** 48 ff.; Vollmacht **10** 81; Voraussetzungen für den Schutz von Marken durch Eintragung **10** 7 ff.; Voraussetzungen, Inhalt und Schranken des Schutzes von Marken und geschäftlichen Bezeichnungen; Übertragung und Lizenz **10** 3 ff.; Vorbereitung der mündlichen Verhandlung **10** 73; Vorrang und Zeitrang **10** 6; Wahrheitspflicht **10** 92; Widerspruch **10** 42, 114; Widerspruch und Antrag auf Löschung aufgrund international registrierter Marke **10** 116; Widerspruchsverfahren **10** 158; Wiedereinsetzung **10** 91; Wiedergabe einer eingetragenen Marke in Nachschlagewerken **10** 16; Wirkung der internationalen Registrierung **10** 112; Wirkungen der Löschung wegen Verfalls oder Nichtigkeit **10** 52; Zeitrang **10** 6, 12, 22; zugelassene und zulassungsfreie Rechtsbeschwerde **10** 83;

658

magere Zahlen = Artikel, Paragraphen

Sachverzeichnis

Zurücknahme, Einschränkung und Berichtigung der Anmeldung **10** 39; Zuständigkeiten im Patentamt **10** 56, 133; Zustellungen **10** 94; Zustellung an den Inhaber **10** 28; Zwangsvollstreckung **10** 29, 154; s. a. Bundesgerichtshof; Gemeinschaftsmarken; Patentamt; Patentgericht

Markenrichtlinie, Anwendungsbereich **13** 1; Benutzung der Marke **13** 10; Beschränkungen **13** 6; Eintragungshindernisse **13** 3 f.; Erschöpfung **13** 7; Garantie- u. Gewährleistungsmarken **13** 15; Kollektivmarken **13** 15; Lizenz **13** 8; Markenformen **13** 2; Mitteilungspflicht **13** 16; Rechte aus der Marke **13** 5 ff.; Sanktionen **13** 11; Verfallsgründe **13** 12 f.; Verwirkung durch Duldung **13** 9; Ungültigkeitsgründe **13** 3 f., 13 f.

Markenverordnung, Akteneinsicht **11** 50; Änderung der Klasseneinteilung **11** 22; Änderungen der Spezifikation **11** 55; Angaben zum Anmelder od. zu seinem Vertreter **11** 5; Angaben zur Markenform **11** 6; Anmeldung von Kollektivmarken **11** 4; Anmeldungen **11** 2 ff.; Antrag auf internationale Registrierung nach dem Madrider Markenabkommen und nach dem Protokoll zum Madrider Markenabkommen **11** 45; Antrag auf internationale Registrierung nach dem Protokoll zum Madrider Markenabkommen **11** 44; Antrag auf teilweise Verlängerung **11** 38; Außerkrafttreten **11** 58; Aussetzung **11** 32; Berufung auf eine im Ursprungsland eingetragene Marke **11** 17; Bescheinigungen **11** 26; Bildmarken **11** 8; dreidimensionale Marken **11** 9; Einspruch **11** 53; Einspruchsverfahren **11** 54; Eintragungsantrag **11** 47; einzelne Verfahren **11** 29 ff.; Entscheidung über den Antrag **11** 52; Entscheidung über die Klassifizierung **11** 21; fremdsprachige Anmeldungen **11** 15; gemeinsame Entscheidung über mehrere Widersprüche **11** 31; Hörmarken **11** 11; Inhalt der Veröffentlichung der Eintragung **11** 28; Inhalt des Registers **11** 25; Inhalt des Widerspruchs **11** 30; Inkrafttreten **11** 58; internationale Registrierungen **11** 43 ff.; Kennfadenmarken **11** 10; Klasseneinteilung von Waren und Dienstleistungen **11** 19 f.; Löschung **11** 41 f.; Löschung wegen absoluter Schutzhindernisse **11** 42; Löschung wegen Verfalls **11** 41, Muster und Modelle **11** 13; Ort und Form der Veröffentlichung **11** 27; Ort und Form des Registers **11** 24; Prüfung des Antrags **11** 48; Rechtsübergang, dingliche Rechte, Insolvenzverfahren und Maßnahmen der Zwangsvollstreckung bei Anmeldungen **11** 34; Register,

Urkunde, Veröffentlichung **11** 24 ff.; Schriftstücke in fremden Sprachen **11** 16; Schutzverweigerung **11** 46; sonstige Markenformen **11** 12; Stellungnahme, erneute Prüfung **11** 51; Teilübergang einer eingetragenen Marke **11** 33; Teilübergang, Teilung von Anmeldungen und Eintragungen **11** 33 ff.; Teilung von Anmeldungen **11** 35; Teilung von Eintragungen **11** 36; Übergangsregeln **11** 56 f.; Urkunde **11** 26; Verfahren bis zur Eintragung **11** 1; Verfahren in Markenangelegenheiten **11** 1; Verfahren nach der Verordnung (EWG) Nr. 2081/92 zum Schutz von geographischen Angaben und Ursprungsbezeichnungen für Agrarerzeugnisse und Lebensmittel **11** 47 f.; Verlängerung **11** 37 ff.; Verlängerung durch Gebührenzahlung **11** 37; Veröffentlichung der Anmeldung **11** 23; Veröffentlichung des Antrags **11** 49; Verschiebung des Zeitrangs bei Verkehrsdurchsetzung **11** 18; Verwendung fremdsprachiger Formblätter **11** 14; Verzeichnis der Waren und Dienstleistungen **11** 20; Verzicht **11** 39 f.; Wortmarken **11** 7; Zustimmung Dritter zum Verzicht **11** 40

Marktanteilsermittlung, allgemein **18** 3, 7; KartellG **14** 38

Marktanteilsschwelle, Vertikal-GVO **18** 3, 7; siehe auch Marktanteilsermittlung

Marktbeherrschung, Missbrauch einer marktbeherrschenden Stellung, AEUV **15** 102; Missbrauch einer marktbeherrschenden Stellung, KartellG **14** 18 ff. Vermutung **14** 18; Missbrauch **14** 19

Marktbeobachtung, im Bereich Kraftstoffe **14** 47 k

Marktmacht, relative **14** 20

Marktstellung, Bewertung **14** 18

Marktteilnehmer, Definition **1** 2

Markttransparenzstelle, Aufgaben **14** 47 b, Befugnisse **14** 47 d, Berichtspflichten **14** 47 h; Evaluierung **14** 47 l; Festlegungsbereiche **14** 47 g; Kraftstoffe **14** 47k; Strom und Gas **14** 47a–47j; Veröffentlichungen **14** 47 h, Zuständigkeit **14** 47 a

Mediation 20 2, 12 f.

Mehrerlösabschöpfung, KartellG **14** 34

Mengeneinheit, PangV **3** 2

Ministererlaubnis, Zusammenschlusskontrolle **14** 42

Missbrauch, einer marktbeherrschenden Stellung **14** 19 f.; **15** 102; Anschein **14** 20; UWG **1** 8c

Missbrauchsverbot, GeschGehG **19** 14

Mitbewerber Definition **1** 2; Schutz **1** 4

Mitteilungspflichten 14 47 e

Mittelstandskartelle, KartellG **14** 3

Sachverzeichnis fette Zahlen = Nummern der Verträge, Abkommen

Monitoring, KartellG **14** 114
Monopolartige Unternehmen, AEUV **15** 101 ff.
Monopolkommission, Aufgaben **14** 44; Beschlüsse, Organisation, Rechte und Pflichten der Mitglieder **14** 46; Mitglieder **14** 45
Mündliche Verhandlung, GWB **14** 56, 65, 69
Muster und Modelle, MarkenV **11** 13

Nachprüfungsverfahren, allgemein **14** 155 ff.; Grundsatz **14** 155; Nachprüfungsbehörde **14** 156; Verfahren vor der Vergabekammer **14** 160 ff.; Vergabekammern **14** 156; Sofortige Beschwerde **14** 171 ff.; Zuständigkeitsabgrenzung **14** 159
Nachschlagewerke, MarkenG **10** 16
Netzwerk der europäischen Wettbewerbsbehörden, GWB **14** 50 a ff.
Nichtigkeit, GemeinschaftsmarkenV **12** 51 ff.; wegen absoluter Schutzhindernisse **10** 50, 106; wegen des Bestehens älterer Rechte **10** 51; Wirkung der Löschung **10** 52
Nichtzulassungsbeschwerde, Rechtsbeschwerde **14** 78
Notorisch bekannte Marken, MarkenG **10** 10

Öffentliche Aufträge, allgemein **14** 97 ff.; Auftraggeber **14** 98 ff.; Auftragsänderungen **14** 132; Auftragsausführung **14** 128 f.; Definition **14** 103; Kündigung **14** 133; Unwirksamkeit **14** 135; Nachprüfungsverfahren **14** 115 ff.; Sofortige Beschwerde **14** 171 ff.; Verfahren vor der Vergabekammer **14** 160 ff.; Vergabeverfahren **14** 97 ff.; s. a. Nachprüfungsverfahren; Sofortige Beschwerde; Vergabekammer
Online-Marktplatz 1 2
Online-Suchmaschine 20 2
Online-Vermittlungsdienste, Fairness und Transparenz **20**
Ordnungswidrigkeiten, PangV **3** 10; UWG **1** 20

Parkplätze, PangV **3** 8
Patentamt, Ablehnung **10** 57; Akteneinsicht **10** 62; Anhörungen **10** 60; Ausschließung **10** 57; Beschlüsse **10** 61; Erinnerung **10** 64; Ermittlung des Sachverhalts **10** 59; Ermittlungen **10** 60; gemeinsame Vorschriften **10** 91 ff.; Gemeinschaftsmarken **10** 125 a; Gutachten **10** 58; Kosten des Verfahrens **10** 63; Kostenregelungen **10** 64 f.; Löschungsverfahren **10** 54; Niederschrift **10** 60; rechtliches Gehör **10** 59; Rechtsmittelbelehrung **10** 61; Rechtsverordnungsermächtigung **10** 65; Registereinsicht **10** 62; Zuständigkeiten **10** 56, 133
Patentgericht, Ablehnung **10** 72; Akteneinsicht **10** 82; Anfechtbarkeit **10** 82; Ausschließung **10** 72; Begründung **10** 79; Berichtigungen **10** 80; Beschwerde **10** 66; Beschwerdesenate **10** 67; Beteiligung des Präsidenten des Patentamtes **10** 68; Beweiserhebung **10** 74; Beweiswürdigung **10** 78; Entscheidung über die Beschwerde **10** 70; Ermittlung des Sachverhalts **10** 73; Gang der Verhandlung **10** 76; gemeinsame Vorschriften **10** 91 ff.; Kosten des Beschwerdeverfahrens **10** 71; Ladungen **10** 75; mündliche Verhandlung **10** 69; Niederschrift **10** 77; Öffentlichkeit der Verhandlung **10** 67; rechtliches Gehör **10** 78; Verkündung **10** 79; Vertretung **10** 81; Vollmacht **10** 81; Vorbereitung der mündlichen Verhandlung **10** 73; Zustellung **10** 79
Preisangabenverordnung (PangV), Ausnahmen **3** 9; Elektrizität, Gas, Fernwärme und Wasser **3** 3; entgeltliche Finanzierungshilfen **3** 6 c; Gaststätten, Beherbergungsbetriebe **3** 7; Grundpreis **3** 2; Grundvorschriften **3** 1; Handel **3** 4; Leistungen **3** 5; Ordnungswidrigkeiten **3** 10; Tankstellen, Parkplätze **3** 8; Verbraucherdarlehen **3** 6, 6 a
Preisangabenverordnung 2022 (PangV 2022); Begriffe **3a** 2; Elektrizität **3a** 14; Finanzdienstleistungen **3a** 16 ff.; Gas **3a** 14; Gesamtpreis **3a** 3ff.; Gaststätten **3a** 13; Ordnungswidrigkeiten **3a** 20; Tankstellen **3a** 15; Verbraucherdarlehen **3a** 16 f.; Wasser **3a** 14
Preisbindung, Zeitungen und Zeitschriften **14** 30
Preisverzeichnis, PangV **3** 7, 8
Priorität, Ausstellungspriorität **12** 33; GemeinschaftsmarkenVO, allgemein **12** 29 ff.
P2B-VO 20; siehe auch Fairness bei Online-Vermittlungsdiensten

Ranking, Begriff **1** 2; **20** 2, 5, 7
Rechtsbeschwerde, Absolute Rechtsbeschwerdegründe **14** 77; allgemein **14** 77 ff.; Berechtigte **14** 79; Frist und Form **14** 79; Nichtzulassungsbeschwerde **14** 78; Zulassung **14** 77
Rechtsbruch, UWG **1** 3 a
Relative Schutzhindernisse, Definition **10** 9
Relevanter Markt, Vertikal-GVO **18** 3
Richtlinie 2006/164/EG über irreführende und vergleichende Werbung, Be-

magere Zahlen = Artikel, Paragraphen

dingungen für die Zulässigkeit vergleichender Werbung **6** 4; Beurteilungskriterien irreführende Werbung **6** 3; Definition **6** 2; freiwillige Kontrolle **6** 6; Regelungsziel **6** 1; Sanktionsmittel **6** 5
Richtlinie über den Datenschutz in der elektronischen Kommunikation, Adressaten **8** 2; andere Standortdaten als Verkehrsdaten **8** 9; Anwendung einzelner Bestimmungen der Richtlinie 95/46/EG **8** 15; Anzeige der Rufnummer des Anrufers und des Angerufenen und deren Unterdrückung **8** 8; Aufhebung **8** 19; automatische Anrufweiterschaltung **8** 11; Begriffsbestimmungen **8** 2; Betriebssicherheit **8** 4; betroffene Dienste **8** 3; Einzelgebührennachweis **8** 7, Geltungsbereich **8** 1; Inkrafttreten **8** 20; technische Merkmale und Normung **8** 14; Teilnehmerverzeichnis **8** 12; Übergangsbestimmungen **8** 16; Überprüfung **8** 18; Umsetzung **8** 17; unerbetene Nachrichten **8** 13; Verkehrsdaten **8** 6; Vertraulichkeit der Kommunikation **8** 5; Zielsetzung **8** 1
Richtlinie über den elektronischen Geschäftsverkehr s. e-commerce-Richtlinie **7**
Rücknahme, GeschGehG **19** 7
Rückruf, GeschGehG **19** 7; MarkenG **10** 18

Schadenersatz, geographische Herkunftsangaben **10** 128, 135; GeschGehG **10a** 8; Kartellgesetz **14** 33; Kollektivmarken **10** 101; MarkenG **10** 14 f.; ungerechtfertigte Beschlagnahme **10** 149; UWG **1** 9; VO EWG 2081/92 **10** 135
Schlichtungsverfahren, UKlaG **4** 14, 16
Sektorenauftragsgeber, KartellG **14** 100
Sektorentätigkeit, KartellG **14** 102
Selbstreinigung, KartellG **14** 125
Selektive Vertriebssysteme, allgemein **18** 1
Sofortige Beschwerde, allgemein **14** 171 ff.; Beschwerdeentscheidung **14** 178; Beteiligte **14** 174; Form und Frist **14** 172; Korrekturmechanismus der Kommission **14** 183; Kosten des Verfahrens **14** 182; Schadensersatz bei Rechtsmissbrauch **14** 180; Unterrichtspflichten **14** 184; Wirkung **14** 173; Verfahrensvorschriften **14** 175; Vorabentscheidung **14** 176; Vorlagepflicht **14** 179; Zulässigkeit **14** 171, Zuständigkeit **14** 171
Spezialisierungskartelle, KartellG **14** 3
Sport, KartellG **14** 31
Staatliche Handelsmonopole, AEUV **15** 37
Strafbare Werbung, UWG **1** 16

Sachverzeichnis

Streitwertbegünstigung, GeschGehG **19** 22; MarkenG **10** 142
Streitwertminderung, UWG **1** 12

Tankstellen, PangV **3** 8
Teillose, KartellG **14** 97
Telefonwerbung, Einwilligung **1** 7a
Transparenz bei Online-Vermittlungsdiensten 20, siehe auch Fairness

Übermittlung statistischer Daten 14 47; Festlegungsbereiche **14** 47 g
Umsatzerlöse, Berechnung **14** 38
Unionsmarken 10 125a ff.
Unionsmarkenverordnung siehe Gemeinschaftsmarkenverordnung
Unlautere Geschäftspraktiken, Richtlinie **9**
Unlauterkeit, Beispiele **1** 4; geschäftlicher Handlungen **1** 3; Vorenthalten von Informationen **1** 5 a; s. auch Gesetz gegen den unlauteren Wettbewerb
Unterlassung, geographische Herkunftsangaben **10** 128, 135; GeschGehG **19** 6; Kartellgesetz **14** 33; MarkenG **10** 14 f.; UWG **1** 5 a, 8; VO EWG 2081/92 **10** 135
Unterlassungsklagengesetz (UKlaG) 4; Allgemeine Geschäftsbedingungen **4** 1; Anspruchsberechtigte Stellen **4** 3; Anwendung d. ZPO **4** 5; Arbeitsrechtl. Ausnahmen **4** 15; Auskunftsanspruch d. anspruchsberechtigten Stellen **4** 13; Berichtspflichten **4** 5; Bes. Vorschriften für Klagen nach § 1 **4** 8 ff.; Bes. Vorschriften für Klagen nach § 2 **4** 12; Bußgeld **4** 16; Eintragung **4** 4a ff.; Mitteilungspflichten **4** 4b; fairer Wettbewerb **4** 17; Qualifizierte Einrichtungen **4** 4; Schlichtungsverfahren **4** 14, 16; Unterlassungsanspruch bei verbraucherschutzwidrigen Praktiken **4** 2; Verfahrensvorschriften **4** 5 ff.; Veröffentlichungsbefugnis **4** 7; Zahlungsverzug **4** 1 a; Zuständigkeit **4** 6
Unternehmer, Definition **1** 2
Untersuchungsgrundsatz, GWB **14** 75, 163
Unzumutbarkeit, UWG **1** 7
UWG s. Gesetz gegen den unlauteren Wettbewerb **1**

Verbot, Boykottverbot **14** 21; mengenmäßiger Ausfuhrbeschränkungen **15** 35; mengenmäßiger Einfuhrbeschränkungen **15** 34; sonstigen wettbewerbsbeschränkenden Verhaltens **14** 21; unlauterer geschäftlicher Handlungen **1** 3; wettbewerbsbeschränkender Vereinbarungen **14** 1; wettbewerbsbeschränkender Vereinbarungen und Verhaltensweisen **15** 101 ff.

Sachverzeichnis fette Zahlen = Nummern der Verträge, Abkommen

Verbotenes Verhalten, unlautere geschäftliche Handlungen **1** 5 c; von marktbeherrschenden Unterrnehmen **14** 19; von Unternehmen mit relativer oder überlegener Marktmacht **14** 20

Verbraucher, Darlehen **3** 6, 6 a; Schlichtungsstelle **4** 14; Schutzrechte **4** 2; Waren- und Leistungsangebot **3** 1

Verbraucherdarlehen, 3 6

VerbraucherrechteRL Umsetzung **1** 5 a; **3** 1, 2, 9, 10; **4** 2

VerbraucherschutzdurchsetzungsG 2; Anwendungsbereich **2** 1; Anwaltszwang **2** 17; Außenverkehr **2** 8; Behörde **2** 2, 4 ff.; Beschwerdeverfahren **2** 16, 20; Bußgeld **2** 9; Duldungspflicht **2** 6; Kosten **2** 11; Mitwirkungspflicht **2** 6; Vollstreckung **2** 10; Zulässigkeit **2** 13

Verbundene Unternehmen, Vertikal-GVO **18** 11

Verfahren, Anhörung **14** 56; Auskunftsverlangen **14** 59; Begründung **14** 61; Bekanntmachung **14** 62; Beschlagnahme **14** 58; Beweiserhebung **14** 57; Einleitung **14** 54; Einstweilige Anordnungen **14** 60; Ermittlungen **14** 57; Konzession **14** 148 ff.; mündliche Verhandlung **14** 56; öffentliche Aufträge **14** 97 ff.; Verfahrensabschluss **14** 61; Vorabentscheidung über Zuständigkeit **14** 55; Zustellung **14** 61

Vergabekammer, Akteneinsicht **14** 165; allgemein **14** 156 ff.; Antrag **14** 160; Aufbewahrung vertraulicher Unterlagen **14** 164; Aussetzung **14** 169; Beiladung **14** 162; Beschleunigung **14** 167; Besetzung **14** 157; Beteiligte **14** 162; Einleitung **14** 160; Entscheidung **14** 168; Form **14** 161; mündliche Verhandlung **14** 166; Nachprüfungsbehörde **14** 155 ff.; Organisation **14** 158; Untersuchungsgrundsatz **14** 164; Verfahren **14** 160 ff.; Zuständigkeit **14** 159

Vergabeprüfstelle, KartellG **14** 155 ff.

Vergabeverfahren, allgemein **14** 97 ff.; Auftraggeber **14** 98 ff.; Auftragsänderungen **14** 132; Auftragskündigung **14** 133; Ausnahmen **14** 107 ff., 116 f., 145, 149 f.; Ausschlussgründe vom Verfahren **14** 123 f.; Definition **14** 103; Eignung **14** 122; Grundsätze **14** 97; Informationspflichten **14** 134; Instrumente **14** 120; Konzessionen **14** 105; Konzessionsvergabeverfahren **14** 148 ff.; Monitoring **14** 114; öffentliche Aufträge **14** 103; Schwellenwerte **14** 106; Selbstreinigung **14** 125; Übermittlung von Vergabedaten **14** 114; Unwirksamkeit **14** 135; Verfahrensarten **14** 119, 141, 146; Verordnungsermächtigung **14** 113; Zuschlag **14** 127

Vergleichende Werbung, UWG **1** 6; s. a. Richtlinie 2006/114/EG über irreführende und vergleichende Werbung **6**

Verhaltenskodex 1 2; **20** 17

Verjährung, KartellverfahrensVO **16** 25 f.; MarkenG **10** 20, 129, 136

Verkehrsdaten, Datenschutzrichtlinie **8** 6, 9

Verletzung, GeschGehG **19** 23; Verbraucherinteressen **1** 5 c

Vernichtung, GeschGehG **19** 7; MarkenG **10** 18

Vernichtungsanspruch, MarkenG **10** 18

Veröffentlichungsbefugnis, UWG **1** 12

Verordnung (EG) Nr. 330/2015 s. Vertikal-Gruppenfreistellungsverordnung **18**

Verordnungsermächtigung, Bundesministerium für Wirtschaft und Technologie **14** 47 f

Verpflichtungszusagen, KartellG **14** 32 b

Verrat, UWG **1** 17, 19

Vertikale Beschränkungen, Leitlinien, siehe Vertikale Vereinbarungen **18**

Vertikale Vereinbarungen, 18; Begriffe **18** 1; Beschränkungen **18** 4 f.; Freistellung **18** 2; Kernbeschränkungen **18** 4; Marktanteilsermittlung **18** 3, 7; Marktanteilsschwelle **18** 3, 7; relevanter Markt **18** 3; selektive Vertriebssysteme **18** 1; Umsatzschwelle **18** 8; verbundene Unternehmen **18** 1; Wettbewerber **18** 1; Wettbewerbsverbote **18** 1

Vertrag über die Arbeitsweise der Europäischen Union, Angleichung der Rechtsvorschriften **15** 101 ff.; Behandlung wettbewerbsverfälschender Vorschriften **15** 116 f.; Diskriminierungsverbot **15** 10; Durchführungsverordnungen **15** 109; freier Warenverkehr **15** 34 ff.; gemeinsame Regeln betreffend Wettbewerb **15** 101 ff.; geplante wettbewerbsverzerrende Vorschriften **15** 117; Maßnahmen gegen unstatthafte Beihilfen **15** 107 ff.; Missbrauch einer marktbeherrschenden Stellung **15** 102; öffentliche und monopolartige Unternehmen **15** 106; Organe der Gemeinschaft **15** 258 ff.; staatliche Beihilfen **15** 107 ff.; staatliche Handelsmonopole **15** 37; steuerliche Vorschriften **15** 110 ff.; Unzulässigkeit von Beihilfen **15** 107 ff.; Verbot mengenmäßiger Ausfuhrbeschränkungen **15** 35; Verbot mengenmäßiger Einfuhrbeschränkungen **15** 34; Verbot von mengenmäßigen Beschränkungen zwischen den Mitgliedstaaten **15** 34 ff.; Verbot wettbewerbsbeschränkender Vereinbarungen und Verhaltensweisen **15** 101 ff.; Verfahren bei Zuwiderhandlungen **15** 105; Verordnungen und Richtlinien **15** 103; Wettbewerbsregeln **15** 101 ff.

magere Zahlen = Artikel, Paragraphen

Sachverzeichnis

Vertragsstrafe, UWG **1** 13a
Vertrauliche Informationen 14 47 j
Verwaltungssachen, s. Beschwerde, Rechtsbeschwerde, Verfahren
Vorlageansprüche, MarkenG **10** 19a
Vorteilsabschöpfung, KartellG **14** 34 f.,

Warenverkehr, freier **15** 34 ff.
Wasser, PangV **3** 3
Wasserwirtschaft, Verträge der **14** 31; Meldepflicht **14** 31 a; Aufgaben und Befugnisse der Kartellbehörde **14** 31 b; Sanktionen **14** 31 b
Werbung, irreführende **1** 5; strafbare **1** 16; unseriöse Geschäftspraktiken **1** 7, 20; unzumutbare Belästigungen **1** 7; Verbraucherdarlehen **3** 6 a; vergleichende **1** 6; RiLi über irreführende und vergleichende Werbung **6**
Wettbewerbsbeschränkungen, 1. Abschnitt KartellG: wettbewerbsbeschränkende Vereinbarungen, Beschlüsse und abgestimmte Verhaltensweisen **14** 1 ff.; 2. Abschnitt KartellG: Marktbeherrschung, wettbewerbsbeschränkendes Verhalten **14** 18ff.; 3. Abschnitt KartellG: Anwendung des europäischen Wettbewerbsrechts **14** 22f.; 4. Abschnitt KartellG: Wettbewerbsregeln **14** 24ff.; 5. Abschnitt KartellG: Sonderregeln für bestimmte Wirtschaftsbereiche **14** 28ff.; 6. Abschnitt KartellG: Befugnisse der Kartellbehörden, Sanktionen **14** 32ff.; 7. Abschnitt KartellG: Zusammenschlusskontrolle **14** 35ff.; 8. Abschnitt KartellG: Monopolkommission **14** 44ff.; s.a. Kartellgesetz
Wettbewerbsregeln, allgemein **14** 24 ff.; Anerkennung **14** 26; Antrag auf Anerkennung **14** 24; Begriff **14** 24; Bekanntmachungen **14** 27; Stellungnahme Dritter **14** 25; Veröffentlichung **14** 27
Wettbewerbsverbot, Vertikal-GVO **18** 1
Wortmarken, MarkenV **11** 7
Wirtschaftsstatistiken, Durchführung von **14** 47

Zahlungsverzug Beschränkung der Haftung 4 1 a
Zeitrang, MarkenG **10** 6, 12, 22; MarkenV **11** 18
Zeitungen und Zeitschriften, Preisbindung **14** 30
Zulassungsfreiheit, Grundsatz **7** 4
Zusammenarbeit, mit anderen Behörden und Aufsichtsstellen **14** 47 i
Zusammenschlüsse, allgemein **14** 35 ff.; Beurteilung **17** 2; Definition **17** 3; vorherige Anmeldung und Verweisung vor der Anmeldung auf Antrag der Anmelder **17** 4; s. a. Fusionskontrollverordnung **17**
Zusammenschlusskontrolle, allgemein **14** 35 ff.; Anmeldepflicht **14** 39; Anzeigepflicht **14** 39; Berechnung der Umsatzerlöse und der Marktanteile **14** 38; Entflechtung **14** 41; Geltungsbereich **14** 35; Grundsätze **14** 36; Ministererlaubnis **14** 42; Verfahren **14** 40; Vollzugsverbot **14** 41; Zusammenschluss **14** 37
Zuständigkeit, örtliche UWG **1** 14; GeschGehG **19** 15; sachliche UWG **1** 13; GeschGehG **19** 15; GemeinschaftsmarkenV **12** 90 ff.
Zwangsvollstreckung, MarkenG **10** 29

663